Découvrez l'histoire par les archives de presse

RETRONEWS

Le site de presse de la BnF

www.retronews.fr

2ᵉ Année. — 4ᵉ Volume

BUREAUX : 24 & 26, PASSAGE COLBERT, A PARIS

Nº 74. — 6 Juillet 1876.

Chaque volume, broché, 14 Fr.
Pour les Abonnés le prix du semestre.

(Pour les conditions d'abonnement voir au verso)

Un Numéro, 50 centimes
Pris aux bureaux et chez tous libraires

L'EXPLORATEUR

L'EXPLORATEUR

JOURNAL HEBDOMADAIRE ILLUSTRÉ

SOUS LE PATRONAGE DE LA SOCIÉTÉ DE GÉOGRAPHIE COMMERCIALE DE PARIS

Ce journal a été fondé au mois de janvier 1875, par MM. CHARLES HERTZ et ADOLPHE PUISSANT, sous le patronage de la Commission de géographie commerciale, déléguée par la Société de géographie et les Chambres syndicales de Paris, Commission qui s'est transformée depuis en société autonome, avec le concours de souscripteurs et de collaborateurs qui répudient, au point de vue des entreprises de la France à l'extérieur, toute affirmation doctrinale de secte ou de parti.

L'Explorateur a déjà publié trois forts vol. gr. in-4° contenant la matière de plus de quarante volumes in-12 (texte, gravures et cartes originales). Il constitue une encyclopédie permanente et constamment à jour des connaissances géographiques. La géographie, telle que notre publication l'envisage, est une application de toutes les sciences aux conditions d'existence et d'activité de l'homme sur les différents points du globe.

BUREAUX DE L'EXPLORATEUR, ADMINISTRATION & RÉDACTION, 24 et 26, passage Colbert, PARIS.

Toutes les communications relatives soit à la direction, soit à l'administration, doivent être adressées à M. HERTZ, directeur du journal.

Les lettres non affranchies sont refusées. — On ne s'engage pas à rendre les manuscrits.

Les documents (texte et dessins) transmis à la Rédaction ne peuvent être rétribués qu'après une approbation signée du Directeur et antérieure à la publication.

ABONNEMENTS			INSERTIONS	
Paris	Un an. . 25 fr. »	Six mois. . 18 fr. »	Annonces commerciales. . . . . la ligne. . . . . 1 fr. »	
Départements, Algérie, et pays			Réclames. . . . . — . . . . 2 »	
de l'Union postale	Un an. . 30 »	Six mois. . 16 »	Faits divers . . . . — . . . . 3 »	
Autres pays : le port en sus de l'abonnement de Paris.			Les Annonces financières sont traitées de gré à gré, mais sous la réserve de l'approbation d'un comité d'examen.	

Le meilleur mode d'abonnement est l'envoi, à M. Hertz, d'un mandat-poste ou d'une valeur négociable à vue, sur les places de Paris ou de Londres.
Pour changements d'adresse, envoyer la dernière bande imprimée avec 50 centimes en timbres-poste.

SOCIÉTÉ EN COMMANDITE DE L'EXPLORATEUR

CAPITAL 160,000 FRANCS

En actions de 400 francs, payables chacune en quatre versements mensuels successifs de cent francs à partir de la souscription.

Chaque action à souscrire peut être transformée en un abonnement à vie. Dans le cas contraire, elle donne droit à un intérêt annuel de 5 0/0 et à la répartition d'un tiers des bénéfices au profit des actionnaires, mais elle ne comporte qu'un abonnement gratuit de six mois pour les souscripteurs. Tout souscripteur d'action est inscrit sur la liste des fondateurs du journal. Cette liste comprend les noms des membres actifs les plus autorisés de la Société de géographie de Paris et de la Société de géographie commerciale, de souverains, de hautes notabilités de la France et de l'étranger. Elle est restée ouverte par suite d'une décision de la dernière assemblée générale des Actionnaires.

POUR LES ANNONCES
DE
L'EXPLORATEUR
S'ADRESSER A L'ADMINISTRATION
24 et 26, Passage Colbert, 24 et 26 — Paris

PUBLICATIONS EN PRIMES
OU EN
BROCHURES EXTRAITES DE L'EXPLORATEUR
En vente au Bureau du Journal, 24 et 26, passage Colbert, Paris.

Doudart de la Grée, capitaine de frégate, chef de l'exploration du Mé-kong et de l'Indo-Chine, exécutée en 1866-67-08, par ordre et aux frais du gouvernement français, et la **Question du Tong-king**, par M. A.-B. DE VILLEMERFUIL, capitaine de frégate, membre du Congrès international des sciences géographiques, de la Société de géographie de Paris et de plusieurs Sociétés des départements. 1 broch. in-8°; avec 1 carte hors texte. Prix : 1 fr.

Les tracés du Chemin de fer Central-Asiatique, projetés par MM. *F. de Lesseps et Cotard*, par A. STUART, ingénieur. — Une brochure in-8°, avec trois cartes hors texte. Prix : 1 fr. 50 cent.

Étude sur le desséchement des marais et sur la colonisation nécessaire des côtes et des plaines orientales et occidentales de la Corse, adressé à la Commission de géographie commerciale de Paris par Hector-Auguste CHARPENTIER, membre de la Société de géographie de Bordeaux; membre correspondant de la Commission de géographie commerciale de Paris; membre de la Société des auteurs, compositeurs et éditeurs de musique de France, etc., etc. — Une brochure in-8°. Prix : 50 cent.

Les Ruines de Carthage, par E. DE SAINTE-MARIE. — Une broch. in-8°, avec cartes, plans et gravures hors texte. Prix : 1 fr. 50.

Chemin de fer Central-Asiatique. Communication faite à la Société de géographie dans sa séance annuelle du 20 décembre 1875, par M. Ch. COTARD, ingénieur. — Une brochure in-8°. Prix : 50 c.

Organisation d'une expédition dans l'archipel indien (*Exploration et colonisation*). Rapport sur le projet de M. BRAU DE SAINT-POL-LIAS, présenté à la Commission de géographie commerciale dans sa séance du 23 décembre 1875, par M. le comte MEYNERS-D'ESTREY. — Une brochure in-8°. Prix : 50 cent.

Les Isthmes américains. Projet d'une exploration géographique internationale des terrains qui semblent présenter le plus de facilités pour le percement d'un *canal maritime interocéanique*, par M. Léon DROUILLET, ingénieur, membre de la Société de géographie et de la Commission de géographie commerciale de Paris. — Une brochure in-8° avec une carte hors texte. Prix : 50 cent.

Etat actuel de l'hydrographie maritime, d'après la carte dressée par le commandant HULL, de l'amirauté anglaise, avec les modifications du lieutenant de vaisseau PESCETTO, de la marine italienne. — Planisphère hydrographique. Prix : 50 cent.

Tableau général de navigation ou des *routes à travers les* Océans, indiquant les directions les plus généralement suivies dans la pratique de la navigation. — Grand planisphère. Prix : 3 fr.

CANCER — Tumeurs, Plaies, Ulcères cancéreux et Vices du sang, guéris radicalement par le **CONDURANGO DE LOJA**, le meilleur dépuratif du sang dans les maladies chroniques. **Vin, Elixir et Extrait fluide.** Lotion et poudre pour usage externe. — Bouteille, 5 francs; envoi *franco* de port contre mandat de 15 fr. (3 bouteilles), ou de 25 fr. (6 bouteilles). — *Pharmacie anglaise*, P. BON, 4, rue Meyerbeer, Paris.

Plus de **TETES CHAUVES!** Découverte sans précédent! REPOUSSE CERTAINE et ARRÊT des chutes (à forfait). Env. gratis renseig. et preuves. On jugera.— MALLERON, 110, r. Rivoli, Paris.

MALADES ET BLESSÉS

Soulagés par lits et fauteuils mécaniques.

Vente et location

DUPONT, successeur de Gellé.

18, rue Serpente, à Paris.

EN VENTE A LA LIBRAIRIE DE VICTOR PALMÉ

25, RUE GRENELLE-SAINT-GERMAIN, A PARIS

LA MISSION DU THIBET

De 1855 à 1870

Comprenant l'exposé des affaires religieuses et divers documents sur ce pays, accompagnée d'une carte du Thibet, d'après les lettres de M. l'abbé *Desgodins*, miss. apost., par C.-H. DESGODINS. — Prix : 6 fr. (un fort vol. in-8°).

L'ANNAM ET LE CAMBODGE

Accompagnés d'une carte, par C.-E. BOUILLEAUX, miss. apost. — Prix : 6 fr. (un fort vol. in-8°).

HISTOIRE DE L'ÉGLISE DE CORÉE

Précédée d'une introduction sur l'histoire, les institutions, es mœurs et coutumes coréennes; avec carte et planches, par Ch. DALLET, miss. apost. — Prix : 12 fr. (deux forts vol. in-8°).

MARIAGES

Rue 7, Grange-Batelière, Paris. D. PINCHART Rue Grange-Batelière, 7 Paris.

MAISON UNIQUE

comme

LOYAUTÉ — DELICATESSE — DISCRÉTION

E. PLON ET Cie, ÉDITEURS-IMPRIMEURS

8 ET 10, RUE GARANCIÈRE, PARIS

Sahara et Laponie. — 1° Un mois au sud de l'Atlas; 2° Un voyage au cap Nord, par le comte Goblet d'Alviella. 2° édition, joli volume in-18, enrichi de 18 gravures. Prix : 4 francs.

Le Brigandage en Italie, depuis les temps les plus reculés jusqu'à nos jours, par Armand Dubaray. Joli volume in-18. Prix : 4 francs.

Voyage d'un jeune garçon autour du monde, édité par Samuel Smiles, auteur de « *Self-Help* », traduit de l'anglais par madame Charles Deshorties de Beaulieu. 1 volume in-18, orné de gravures et de cartes. Prix : 3 francs.

POMPES HYDROPNEUMATIQUES

Appareils LABURTHE perfectionnés

OPÉRANT A TOUTE PROFONDEUR ET A TOUTE HAUTEUR LE PUISAGE ET LA DISTRIBUTION DES EAUX DE SOURCES PUITS, CITERNES, LACS, RIVIÈRES, PAR L'ACTION DE L'AIR COMPRIMÉ.

1er prix du Génie militaire au camp de Châlons, 1868. Médailles de bronze et d'argent au concours et à l'exposit, de 1861.

SEUL SYSTÈME pouvant utiliser à GRANDES DISTANCES toutes sortes de **Moteurs**, animés ou mécaniques, sans perte sensible de l'effort moteur initial, sans organe rigide de transmission (ni arbre de couche, ni chaîne, ni tringle, ni courroies), à l'aide de simples **Tubes conducteurs** de l'air et de l'eau.

Installations faciles, promptes et économiques, n'exigeant aucun travail souterrain, ni maçonneries, ni scellements, ni descente d'ouvriers au fond des puits.

AUBRY, constr., 103, rue Boudreauville, Paris

HISTOIRE NATURELLE

A. BOUVIER

55, Quai des Grands-Augustins, PARIS

FAUNES PARTICULIÈRES — COLLECTIONS D'AMATEUR. SÉRIES D'ÉTUDES — GENERA DE ZOOLOGIE

Préparations pour Musées et Amateurs

Envoi de Catalogues sur demandes

Alexandre QUINET

PHOTOGRAPHE DE L'EXPLORATEUR

AGRÉÉ PAR LA

COMMISSION EXÉCUTIVE DU CONGRÈS DE 1875 DES SCIENCES GÉOGRAPHIQUES

49, rue Cadet, 49 — Paris

Médaille de première classe et mention 1874.

Les maisons qui désirent avoir un *agent spécial* en **Australie**, peuvent écrire à M. D. B. Z., ex-agent de *maisons anglaises à Paris*. S'adresser aux bureaux de l'*Explorateur*, 24 et 26, passage Colbert, à Paris.

Chez GERMER-BAILLIÈRE, 17, rue de l'Ecole-de-Médecine

ERREURS ET PRÉJUGÉS POPULAIRES

Par Adolphe PUISSANT

Un volume in-18. — Prix : 3 fr. 50

DU MÊME AUTEUR :

DE L'ÉCONOMIE DOMESTIQUE

ET DE

L'ÉDUCATION DANS LES CLASSES OUVRIÈRES

Brochure in-18. — Prix : 50 centimes

AUX BOURGEOIS

Brochure grand in-8°............... 50 cent.

LA FIGURINE

Journal des Modes, donne environ 500 gravures et lithographies par an. — *Confections, robes et nouveautés. — Figurines coloriées. — Publications littéraires.*

Abonnement d'un an : Paris, 24 fr. — Province, 28 fr. — Etranger, le port en sus.

Administration : 5, rue du Quatre-Septembre.

REVUE POLITIQUE ET LITTERAIRE

Revue des cours littéraires (2° série)

REVUE SCIENTIFIQUE

Revue des cours scientifiques (2° série)

Directeurs : MM. Eug. YUNG et Em. ALGLAVE

PRIX D'ABONNEMENT :

Une seule revue séparément	Six mois	Un an	Les deux Revues ensemble	Six mois	Un an
Paris	12 fr.	20 fr.	Paris	20 fr.	36 fr.
Départements	15	25	Départements	25	42
Etranger	18	30	Etranger	30	50

L'abonnement part du 1er juillet, du 1er octobre, du 1er janvier et du 1er avril de chaque année.

Chaque volume de la première série se vend : broché............... 15 fr.
—   —   relié............... 20 fr.
Chaque année de la 2° série, formant 2 vol., se vend : broché............... 20 fr.
—   —   —   relié............... 25 fr.

Port à la charge du destinataire.

Prix de la collection de la première série :

Prix de la collection complète de la *Revue des cours littéraires* ou de la *Revue des cours scientifiques* (1864-1870), 7 vol. in-4............... 105 fr.
Prix de la collection complète des deux *Revues* prises en même temps, 14 vol. 1-4......... 182 fr.

Prix de la collection complète des deux séries :

Revue des cours littéraires et *Revue politique et littéraire*, ou *Revue des cours scientifiques* et *Revue scientifiqu.* (décembre 1863.— juillet 1876), 17 vol. in-4............... 205 fr.
La *Revue des cours littéraires* et la *Revue politique et littéraire*, avec la *Revue des cours scientifiques* et la *Revue scientifique*, 34 volumes in-4............... 362 fr.

6512,76 — Boulogne (Seine). — Imp. JULES BOYER. — Administration : 11. rue Neuve-Saint-Augustin, à Paris.

Nos lecteurs trouveront dans le présent numéro une feuille de quatre pages destinée à remplacer le feuillet du numéro précédent sur lequel est imprimée la carte du Volta. Une erreur d'imprimerie avait rendu cette carte illisible par le renversement de la légende.

LA PETITE ÉDITION DE L'*EXPLORATEUR*

Chacun de nos abonnés recevra, dans deux jours, un exemplaire du premier numéro, en spécimen, et de la petite édition dont nous commençons la publication sous le titre de *Nouvel Explorateur*. Cette petite édition qui a pour but de propager les connaissances géographiques en se mettant à la portée de toutes les bourses, paraîtra tous les dimanches et se vendra au prix de 10 centimes le numéro de huit pages, format de l'*Explorateur*. Les abonnements au *Nouvel Explorateur* sont de 6 francs par an ; six mois, 3 fr. 25 ; trois mois, 1 fr. 80 pour la France et l'Algérie. Notre petit journal contiendra autant d'illustrations, cartes et dessins, que le grand, seulement ces illustrations seront empruntées à nos clichés déjà parus. Dans ces conditions exceptionnelles, nous avons pu faire du *Nouvel Explorateur* le meilleur marché des journaux illustrés.

Les deux éditions ont leur raison d'être : la grande, parce qu'elle restera la seule qui puisse satisfaire les véritables amis de la géographie ; la petite, parce qu'elle éveillera le goût des études et des entreprises géographiques dans un monde qui leur est resté à peu près étranger jusqu'à ce jour.

Nous comptons donc que nos lecteurs, en restant attachés au grand *Explorateur*, accréditeront l'enfant auquel il vient de donner le jour. Nous y comptons d'autant plus que les fondateurs de nos publications n'ont jamais entendu faire œuvre de spéculation, mais acte de patriotisme et de propagande.

C. HERTZ.

LISTE DES FONDATEURS DE L'*EXPLORATEUR*

La liste comprend les noms de toutes les personnes qui ont souscrit une ou plusieurs actions de 400 fr. Les noms précédés d'un astérisque sont ceux de nouveaux souscripteurs. Les noms précédés de deux astérisques sont ceux des personnes qui se sont inscrits à la fois sur l'ancienne liste et sur la nouvelle. — Cette liste n'est pas encore close.

BABINET, conseiller à la Cour de cassation, à Paris.
BAINIER, sous-directeur de l'Ecole supérieure de commerce de Marseille.
BARTHOLONY (François), à Paris.
*BAZIN, ingénieur, à Paris.
BEAUMIER (Auguste), ancien consul de France à Mogador (Maroc).
BEAUVOIR (le comte de), attaché d'ambassade, à Paris.
* BEBLE, consul de Fradce à Florence (Italie).
BENOIST-D'AZY (le baron), directeur des colonies françaises, à Paris.
** BERGE, ancien notaire, faubourg Saint-Honoré, 240, à Paris.
* BIONNE, ancien officier de marine, 25, rue Las-Cases, Paris.
** BIZEMONT (de), lieutenant de vaisseau, officier d'ordonnance du ministre do la marine, à Paris.
BLANC (Paul), conseiller général, à Alger.
BOCQUET, au château de Saint-Leu-Taverny.
** BOUTET (Paul), ancien secrétaire de la rédaction du *Mémorial diplomatique*, à Paris.
BOYER et Cie, imprimeurs, à Boulogne-sur-Seine.
* BOUVIER (A.), naturaliste, 55, quai des Grands-Augustins, à Paris.
BRANICKI (le comte X.), à Paris.
* BRAU DE SAINT-POL-LIAS, à Paris.
BRUEL, à Moulins.
* BURDIN, fondeur, à Lyon.
CAMBOURG (le baron de), conseiller général de Maine-et-Loire.
CAUVIN, médecin de la marine, Sénégal.
CAIX DE SAINT-AYMOUR, au château d'Ognon (Oise).
CAVE (Paul), lieutenant de vaisseau, à Cherbourg.
CHODZKO, lieutenant-général de l'armée du Caucase, à Tiflis (Russie).
* COLLANGETTES, receveur de l'enregistrement, à Vic-le-Comte (Puy-de-Dôme).
CORTAMBERT (E.), ancien président de la Société de géographie de Paris.
CORTAMBERT (R.), ancien secrétaire de la Société de géographie de Paris.
* COTARD (Charles), ingénieur, à Paris.
CRISTALLERIES ET VERRERIES DE FRANCE (la Chambre syndicale des).
DASTUGUE (le général), commandant la division de Batna (Algérie).
DELAGRANGE, capitaine de frégate, à Paris.

* DELAIRE (Alexis), ancien élève de l'Ecole polytechnique, à Paris.
DELAMARRE (Casimir), directeur de la Banque de la Nouvelle-Calédonie (Paris).
DELESSE, ancien président du Conseil de la Société de Géographie de Paris.
DES BASSYNS de RICHERAT, sénateur à Versailles.
DESMARAIS, négociant à Paris.
DESTRÉES, consul de France à Bagdad (Turquie d'Asie).
DOLLFUS (Jean), négociant à Paris.
DOM PEDRO II d'Alcantara, empereur du Brésil.
DREYFUS, à Paris.
ERHARD, graveur géographe, à Paris.
FORGES DE L'HRMEE (la Compagnie des), à Saint-Chamond.
FOUCHER DE CAREIL (le comte), sénateur, à Paris.
GARDIEN (Auguste), à Noailles (Oise).
GARNIER (Jules), ingénieur, à Paris.
GERMER BAILLIÈRE, libraire-éditeur, à Paris.
GILBERT (Th.), vice-consul de France à Erzeroum (Turquie d'Asie).
GRANDIDIER (Alfred), à Paris.
** GROS (Jules), publiciste, à Paris.
GUIMET, négociant à Lyon.
HAINCQUE DE SAINT-SENOCH, conseiller référendaire à la Cour des comptes, Paris.
HAUSERMAN, graveur géographe, à Paris.
** HERTZ, secrétaire général de la Société de géog. comm. de Paris.
HORELLES, à Port-au-Prince, (Haïti).
JACOMEL (de), propriétaire à Communay (Isère).
JACQUETY, à Marseille.
LA BARRE DU PARCQ (de), col. du génie, direct. des fortifications à Brest.
LABORDE, consul de France à Tananarive (Madagascar).
LAGRANGE (Théodore), 5, rue Carnot.
LA RONCIÈRE LE NOURY (l'amiral baron de), prés. de la Soc. de géog. de Paris.
LASSAILLY frères, éditeurs géographes. Paris.
* LAURENT, à Paris.
LANZI, à Paris.

L'EXPÉDITION FRANÇAISE DANS L'AFRIQUE ÉQUATORIALE

A M. Hertz, directeur de l'Explorateur, secrétaire général de la Société de géographie commerciale de Paris.

Je viens de recevoir avec un assez grand retard, parce qu'elle a été me chercher au Caire, une longue lettre de mon excellent ami et ancien compagnon de voyage, M. Marche, qui m'adresse son journal du 19 décembre (Sam-Quita) au 17 février (Lopé). Il est inutile de dire que le récit fait par M. Marche des événements qui se sont accomplis pendant ces sept semaines, coïncide entièrement avec celui que de Brazza a envoyé à la Société de géographie ; j'en extrais cependant ou j'en résume quelques passages que je ne trouve pas dans la narration du chef de l'expédition.

Voici d'abord un renseignement des plus importants, suivant moi :

« 23 *décembre* 1875. — Ce matin, des chefs Bakalais sont venus m'avertir qu'ils connaissaient un chemin menant par terre de *Sam-Quita* au *pays des Okanda* : ils disent que l'on peut aller en peu de temps, en quatre ou cinq jours, pensent la plupart, jusqu'à Lopé. On rencontre en chemin deux grands villages Bakalais, et il faut traverser plusieurs cours d'eau; on les franchit sur des ponts en lianes, dans le genre de ceux qu'a décrits Duchaillu. Bien que cette route soit assez pénible, elle est des plus intéressantes à vérifier, car en l'améliorant un peu, il serait facile d'ouvrir un débouché important aux produits de l'Okanda, qui jusqu'ici, s'arrêtent devant la barrière infranchissable des rapides ; je vais écrire à de Brazza et s'il le permet, je partirai par cette route de terre avec les laptots qui sont gênants dans les pirogues et sont au contraire dans d'excellentes conditions pour marcher par la voie de terre. » — Pour différentes raisons, de Brazza a préféré que Marche ne quittât pas le fleuve ; mais il serait facile aux gérants des factoreries de Lombaréné et d'Adanlinanlango de s'assurer du degré de viabilité de cette route si importante pour eux. Il paraît, écrit Marche, qu'il existerait aussi une route menant de Sam-Quita au N'gounié; seulement il n'a pu savoir à quelle hauteur cette route atteignait la rivière.

Ceux qui ont lu le récit de nos voyages se rappellent les difficultés que nous avaient faites, lors de notre passage, les Okôta, difficultés qui ont failli dégénérer en une lutte à main armée; cette année, ils se sont montrés plus mauvais encore ; c'est pour échapper au pillage de ses bagages que Marche a été dans la nécessité absolue de faire usage de ses armes, et, après deux coups tirés en l'air, blesser, non pas tuer, comme l'a dit un journal anglais, un homme de cette tribu.

En combinant les récits de de Brazza et de Marche, je suis persuadé que la malveillance et l'avidité de ces mêmes Okôta ne sont pas étrangers aux accidents désastreux arrivés dans les rapides aux pirogues de l'expédition française. Outre une quantité de marchandises et de provisions, nos compatriotes ont fait des pertes irréparables : ainsi la carte, entre Lombaréné et les premiers rapides, que de Brazza avait faite au grand détriment de sa santé, et avec une extrême minutie, a été entièrement effacée par l'eau et toute une caisse d'objets d'histoire naturelle, contenant plusieurs pièces que nous n'avions pas eu la bonne fortune de nous procurer pendant notre premier voyage, a été irrévocablement perdue.

Il semble qu'en ce moment, de tous les membres de l'expédition, Marche, qui avait été si malade au commencement de notre premier voyage, soit celui qui supporte le mieux le climat du Gabon. Le docteur, M. Ballay, et le quartier-maître, M. Hammond, ont été si malades qu'ils ont dû rester en arrière, à Lombaréné ; de Brazza a été violemment éprouvé par plusieurs accès de fièvre et il est, m'écrit Marche, bien changé et bien affaibli. Son ardeur et son courage ne se ralentissent pas du reste ; il espère que le séjour de Lopé le rétablira complètement. Seulement je crains que de Brazza ne se fasse illusion sur le climat de l'Okanda ; il serait bien à désirer, si toutefois il peut aller en avant, qu'il attende le moins longtemps possible dans ce pays.

Je vois avec plaisir, d'après la lettre de Marche, que les laptots (à part ceux qu'il a fallu renvoyer pour cause de maladie) ont une excellente tenue et semblent tout dévoués à leur chef, malheureusement ils sont très-exigeants pour leur nourriture et refusent de manger du singe. Marche et moi, nous n'étions pas aussi difficiles.

On ne saurait trop admirer la persévérance du docteur Lenz qui, après deux ans d'efforts, et réduit à une extrême anémie, n'a pas perdu tout espoir de pénétrer dans l'intérieur. Ce voyageur a, paraît-il, été horriblement exploité par les Okanda qui l'ont, m'écrit Marche, volé constamment avec une impudence sans égale. D'après les informations du docteur Lenz, il paraît qu'un village Osyéba s'est déjà formé sur la rive gauche de l'Ofoué ; ces peuples ont ainsi franchi la limite qui les séparait des Okanda.

Je veux terminer ces renseignements recueillis dans la correspondance de Marche, par un appel énergique, dont l'*Explorateur* se fera, je l'espère, l'écho auprès de la Société de géographie. Dans le désastreux accident des rapides de l'Okôta, Brazza a eu sept pirogues chavirées sur onze, il a perdu une immense quantité de marchandises, d'instruments, de vivres et de munitions. Tous ces objets étaient à peu près indispensables, et le chef de l'expédition a immédiatement écrit aux factoreries du Gabon et en France, pour se les faire réexpédier *à ses propres frais*. Or est-il juste que de Brazza qui a déjà (je le sais pertinemment) fait, en vue de cette exploration, des déboursés importants, en fasse aujourd'hui de plus considérables encore ? N'est-ce pas assez pour lui et pour les siens de payer de leurs personnes, de leurs souffrances, de leurs dangers, sans avoir encore à payer de leur fortune, et peut-être à se priver ainsi des moyens de se donner tout le bien-être et tous les soins que réclameront, à leur retour, leurs santés délabrées ? Souvenons-nous qu'en pareil cas, lorsque le docteur Güssfeld perdit à Sierra-Leone presque tout son matériel d'expédition, ce matériel fut immédiatement remplacé par les Sociétés allemandes. Je crois donc, mon cher collègue, que c'est un véritable devoir pour l'*Explorateur* d'employer toute l'influence qu'il a si légitimement acquise auprès de notre Société de géographie, afin qu'elle subvienne aux pertes faites par M. de Brazza dans l'*exercice de sa mission*. Je sais que les ressources de la Société de géographie de Paris sont restreintes, mais son influence ne l'est pas. Je suis persuadé qu'en s'adressant au ministère de l'Instruction publique qui a envoyé la mission française, en faisant appel aux membres de la Société qui tous prennent si vivement à cœur le succès de cette expédition, ou en employant tout autre moyen qu'elle saura trouver, la Société peut venir largement en aide à nos explorateurs. Un semblable don ne leur sera pas seulement utile au point de vue matériel, il grandira leur courage en leur montrant avec quel intérêt nous suivons de loin et nous sommes tout prêts à seconder leur glorieuse entreprise.

Agréez, mon cher collègue, l'assurance de ma parfaite considération et de mon entier dévouement.

Marquis de COMPIÈGNE.

Secrétaire général de la Société khédiviale de géographie du Caire.

P. S. — J'ai lu dans votre dernier numéro une longue lettre de M. Robert-Bruce-Napoléon Walker qui me maltraite fort. M. Walker avait déjà concentré ses attaques dans un article publié par l'*Athænéum* anglais : j'ai déjà répondu dans ce même journal ce que je croyais devoir dire pour ma justification.

La plupart des reproches qui m'étaient adressés, portaient soit sur quelques fautes d'impression dues à la hâte avec laquelle mon volume avait été imprimé, soit surtout sur une foule de noms Mpongoué que j'aurais écrit de travers. Je crois les avoir écrit tels qu'ils sont en réalité ; M. Walker soutient le contraire, je regrette qu'il n'y ait pas de dictionnaire de l'Académie Mpongoué pour trancher entre nous (1). M. Walker prétend que j'ai fait toutes sortes d'erreurs dans le chapitre consacré à l'industrie du pays ; j'en suis étonné, car ces renseignements se retrouvent sur mes notes, écrits pour ainsi dire sous la dictée des agents de la factorerie du confluent de l'Ogooué, employés, tout comme M. Walker l'était alors, de la maison Hatton et Cookson.

En tout cas, pour ceci, comme pour toutes les autres prétendues erreurs que j'aurais commises dans mes deux volumes, je ne rentrerai plus avec lui dans aucune polémique. Je préfère m'en remettre au jugement des voyageurs qui sont actuellement dans le pays : si le témoignage de M. de Brazza, dont toutes les descriptions envoyées jusqu'ici concordent exactement avec les miennes, paraît suspect, j'accepte pleinement et entièrement celui du docteur Lenz que je ne connais pas et qui suivant M. Walker aurait signalé les *agissements* (2) de Marche et les miens dans l'Okanda. Aussitôt son retour, il sera, s'il le veut bien, l'arbitre de notre querelle, et partout où il démontrera que je me suis trompé, je reconnaîtrai mon erreur et en ferai amende honorable.

En attendant, si le correspondant anonyme de M. Walker trouve que mon ouvrage n'a aucune valeur, je suis heureux de voir que le ministre de l'Instruction publique ne pense pas de même ; car, ainsi que M. de Watteville a bien voulu me l'apprendre il y a quelques jours, le ministère de l'instruction publique vient d'honorer mes deux volumes de sa souscription. J'ajouterai que je me trouve amplement dédommagé des attaques de M. Robert-Bruce-Napoléon Walker par les paroles flatteuses que M. Malte-Brun, président de la Commission centrale de la Société de géographie a bien voulu m'adresser publiquement dans la séance de mercredi dernier.

M. Walker me saura gré, je l'espère, de n'avoir introduit dans cette réponse aucun argument *ad hominem*. L'acharnement avec lequel il me poursuit, ne m'a pas encore fait oublier l'hospitalité que j'ai reçue de lui.

Si M. Walker veut faire de la publicité autour de son nom, qu'il écrive un livre sur le Gabon ; il peut, je le reconnais hautement, le faire mieux que tout autre, il se fera aussi plus d'honneur qu'en dénigrant les écrits de ceux qui ont été dans ces contrées, non pas pour faire du commerce et s'enrichir, mais pour le progrès de la science et de la civilisation ; —en tous cas je le supplie d'être bien persuadé que je n'emploie pas mon temps à tramer contre lui des *machinations secrètes;* j'ai autre chose à faire.   Mis de C.

---

(1) Je rappellerai que d'après la communication faite par de Brazza à la Société de géographie, ses Pahouins ont parfaitement compris le vocabulaire Osyéba que je lui avais remis.

(2) Le docteur Lenz, tout comme Marche, a pu en effet, constater que les Osyéba avaient menacé de venger sur les blancs les hommes que Marche et moi nous avions tués ; mais cela ne veut pas dire, ainsi que l'impliquait l'article de M. Walker dans le *Geographical Magazine*, que nous ayions eu tort de faire usage de nos armes ; je le répète, quand nous avons tiré le premier coup de fusil, nous avions déjà six de nos hommes tués ou blessés, et suivant les paroles mêmes de Marche, *ipsissima verba*, l'expression est de M. Walker, nous ne l'avons fait qu'à la dernière extrémité et pour défendre notre vie.

LA COTE DE GUINÉE

RECONNAISSANCE DU FLEUVE VOLTA PAR M. J. BONNAT

(Suite.) (1)

Jeudi 30 décembre 1875. —Le matin je fais mes préparatifs de départ, et, vers les trois heures et demie de l'après-midi je me mets en route avec mes deux grandes pirogues. Vers les cinq heures je passe à Agramam, puis je continue ma route jusqu'au troisième village; j'y arrive au moment où le soleil allait disparaître. Je suis forcé de me fâcher contre quelques-uns de mes compagnons, entre autres avec Coffei, le messager de Codjio-Adé, qui se trouvant ivre, a failli se noyer en tombant de la pirogue dans le fleuve.

Vendredi 31 décembre. — Nous remontons les rapides de Sempé et nous nous arrêtons au village de même nom. Le chef me présente du vin de palme et du poisson. A onze heures nous continuons notre route, passant devant Apouma et Amaufro, deux petits villages sur la rive droite du fleuve. — Vers trois heures nous arrivons à Nkognan-Usuma, petit village sur la rive gauche; composé de quelques misérables huttes dont deux sont mises à ma disposition. Je compte m'y arrêter quelques jours et faire une expédition dans l'intérieur avec M. Bonnerman, qui, parti avec moi, est resté en arrière et aura sans doute été arrêté par les rapides de Sempé.

Samedi 1er *janvier* 1876. — Vers les deux heures de l'après-midi arrive M. Bonnerman avec plusieurs pirogues qui ont eu de la peine à traverser les rapides. Il s'installe dans deux huttes semblables aux miennes. Dans l'excursion que je projette il s'agit de rétablir la paix entre la grande tribu sur le territoire duquel nous sommes et celle des Awoumiens. Un chef de Nkami qui m'a prié d'arranger l'affaire veut m'accompagner, étant lui-même un des intéressés. En même temps arrive le *Kiami* ou interprète du chef des adversaires, pour m'annoncer qu'on est prêt à me recevoir. Je me fais annoncer pour lundi.

Dimanche 2 *janvier*. — Dans l'après-midi je fais une excursion à Bobokrume, à un demi-mille plus haut, sur la rive opposée. De là on jouit d'un vaste point de vue. Au nord-est la rivière est visible à plus de 10 milles, en ligne droite, avec ses bords escarpés et couverts de lianes aux mille couleurs... L'eau est claire et le courant n'est pas assez fort pour faire entendre ce murmure favori des romanciers quand ils dérivent *a lovely place*. A environ neuf ou dix milles à l'est, j'aperçois une chaîne de montagnes assez haute qui court du nord au sud. L'une d'elles, de forme arrondie, s'élève isolée au milieu de la plaine. C'est au pied de ces montagnes qu'habitent les Nkagnans, qui comptent vingt-sept villages assez importants, paraît-il, quoiqu'ils aient eu beaucoup à souffrir de l'invasion des Achantis en 1869. Mais un grand nombre a profité des troubles causés ensuite par l'expédition anglaise, pour revenir dans leur pays. J'en reconnais plusieurs, entre autres un habitant d'Assabi qui a été sauvé de la captivité par la petite vérole. — Près d'ici, à environ un demi-mille au nord, est l'embouchure de la rivière Bossum, qui vient du nord-ouest et dont j'ai traversé les sources dans mon voyage d'Atebobo.

Lundi 3 *janvier*. — Nous partons avec M. Bonnermann, Casserekoo et nos gens, et nous dirigeant à l'est, nous passons auprès de la montagne isolée ont j'ai parlé. Nous arrivons après dix heures à Ntumena, village situé au pied des montagnes, au milieu d'une forêt de palmiers et des plus riches plantations. Comme nous sommes les premiers Européens qui aient jamais pénétré dans ce pays, nous excitons une immense curiosité chez les naturels qui accourent en foule sur notre passage en se tenant à une respectueuse distance. La plupart sont vêtus de pagnes, mais plusieurs, spécialement les jeunes filles, n'ont aucun vêtement. Comme race, ces indigènes sont supérieurs à beaucoup d'autres Africains et ressemblent fort aux Achantis.

En arrivant nous fûmes nous asseoir sous un arbre. A l'exception de Kpando et d'Akuamou, Ntumena est une des plus grandes villes que j'ai vues dans ces parages. Elle contient environ 1,200 habitants. Sa situation est splendide, à cause du voisinage de la montagne.

Je fis annoncer mon arrivée au chef, en lui faisant savoir que je le verrais après notre dîner et après nous être reposés.

Dans l'après-midi l'entrevue eut lieu sous l'arbre principal du village. Je fis part de l'objet commercial de mon voyage, ce qui réjouit tout le monde. Je leur demandai entre autres choses, s'ils pourraient fabriquer une grande quantité d'huile de palmes. Ils me répondirent d'un air étonné « Tu ne seras jamais capable d'acheter tout ce que nous fabriquerons. » Je les assurai, en riant, qu'ils se trompaient, mais sans pouvoir les convaincre.

Ils m'engagèrent beaucoup à m'établir parmi eux. Profitant de leur bonne disposition d'esprit, j'amenai délicatement la question de leur conflit avec les Awoumiens. Ils me répondirent que, l'individu le plus intéressé au conflit étant dans un village voisin, il conviendrait de renvoyer au lendemain. On voulait avoir le temps, d'ailleurs, de rassembler les principaux chefs en assemblée générale. J'acceptai leur proposition pour ne pas les contrarier.

Ici, comme à Kpando, il n'y a pas de rues régulières; on s'assemble sous des arbres aux vastes rameaux et aux racines déterrées; c'est là que se tiennent d'ordinaire les désœuvrés. Sous plusieurs de ces arbres j'aperçus cependant des tisseurs occupés à faire jouer prestement leur navette sur un étroit métier. Les greniers à riz ou à manioc sont ici plus nombreux, plus solides et plus élégants qu'à Kpando. Ils sont en forme d'urne supportée par trois, cinq ou sept pieds, reposant eux-mêmes sur des pierres. Les petites et moyennes urnes ont un couvercle en terre; mais les plus grandes ont un chapiteau portatif en paille.

Les vivres sont à très-bon marché. On a trois racines d'ignames pour 5 « streins » de 35 cauris chacun, ce qui représente une valeur de 12 centimes.

Mardi 4 *janvier*. — Le roi me fait dire qu'à cause des distances la réunion ne pourra avoir lieu que le lendemain. — J'accepte et pendant ce temps je vais faire une excursion à Aouroupou, la principale ville de la tribu. Cette ville peut contenir 1,500 habitants dont la plupart étaient aux champs, occupés à récolter leur riz et à arracher leurs ignames. Le chef nous dit qu'il était très-affligé que nous ne l'ayons pas prévenu de notre arrivée. — Nous lui

expliquâmes qu'il ne s'agissait que d'une promenade qui ne devait pas le déranger.

Je vis là un tissu naturel formé de la sous-écorce d'un certain arbre. A distance, cela ressemble à une étoffe. J'en achetai un bel échantillon pour l'envoyer en Angleterre. La ville est ornée de places sur la plus grande desquelles se trouve un temple de fétiches. On y voit exposés deux immenses tam-tams auxquels sont suspendus des têtes humaines, des amulettes et des ossements.

Vers cinq heures du soir nous étions de retour à Ntumena.

Mercredi 5 *janvier*. — L'assemblée a lieu. Tous sont heureux de connaître mon but commercial et me remercient. Ensuite vient l'affaire entre eux et les Awoumiens, représentés par Casserekoo. Voici le fait. Casserekoo et les Awoumiens, lors de l'invasion de ce côté du fleuve par les Achantis, se rangèrent, par force ou par crainte, du côté de ces derniers. Après la guerre, sous prétexte que les Achantis avaient emmené en captivité plusieurs membres de sa famille, un nommé Amachné se saisit de deux individus des Nkamis, qu'il vendit comme esclaves. Dernièrement ces deux Awoumiens se sauvèrent et revinrent dans leur pays. Le propriétaire alla réclamer son argent à Amachné, qui leur désigna un autre individu comme ayant été témoin de l'évasion, qu'il aurait dû empêcher. Ce dernier, qui paraît animé de très-bonnes intentions, a dû vendre plusieurs de ses enfants pour satisfaire à ces injustes réclamations. Il se jette à mes pieds pour obtenir satisfaction. Je leur fais une remontrance sur leur injustice, et M. Bonnerman et moi portons un jugement d'après lequel nous condamnons Amachné à restituer au malheureux la somme qu'il lui a fait payer.

Vers huit heures du soir, nous regagnons les bords du fleuve par une route longue et très-difficile.

Samedi 8 *janvier*. — Je fais quelques transactions en huile de palme. Par malheur, n'ayant personne sur qui je puisse compter, je ne peux construire une petite factorerie qui ne manquerait pas de réussir. En attendant, je confie une certaine quantité de sel à un naturel qui achètera des huiles pour moi au prix de trois mesures et demie d'huile pour une de sel, soit 3 1/2 tonnes d'huile pour une de sel. C'est magnifique.

Hier, j'ai arboré le pavillon français devant le port. Je dois tout aux Anglais, car ce sont eux qui m'ont délivré de ma captivité. Eh bien ! leur pavillon couvrira ma marchandise, mais mon cœur ne battra que sous le pavillon français.

Mon drapeau n'a pas été facile à faire, le *bleu* a été emprunté à un vieux pantalon, le *blanc* à une de mes chemises et le *rouge* à la ceinture de M. Bonnerman. Néanmoins, le pavillon tricolore est fort admiré, et c'est la première fois qu'il flotte dans ces parages.

Mardi 11 *janvier*. — Nous remontons péniblement le fleuve le long d'un banc de gravier et par des eaux très-basses. Ce gravier est composé de pierres polies des plus belles couleurs. Les rochers sont riches en quartz et en fer. Nous arrivons enfin au village de Coobo, rive droite, en face de l'embouchure d'une rivière appelée Assucoco, qui signifie « rivière rouge. » Sur la rive droite de cette rivière, et à environ cinq cents mètres du Volta, se trouve Akroso, autrefois ville très-importante, aujourd'hui réduite à une douzaine de huttes par l'invasion des Achantis.

Mercredi 12 *janvier*. — Nous partons de bonne heure pour remonter les rapides. Devant nous se présente bientôt une ligne de rochers formés de cailloux ronds réunis par un ciment couleur de fer. On dirait qu'il n'y a aucun passage et que la rivière finit là. Mais, en tournant sur la droite, nous trouvons un passage assez étroit où l'eau se précipite avec violence.

La profondeur est si grande que les perches ne servent à rien. Là, je trouvai M. Bonnerman occupé à décharger ses pirogues et à faire porter ses barils de sel par-dessus les rochers, en les roulant jusqu'au haut des rapides. Je me mis à en faire autant. Puis, à l'aide de cordes, ayant réussi à faire passer nos pirogues, nous les rechargeâmes au haut des rapides. A mon retour, au milieu du passage, j'étais sur un rocher lorsque je crus remarquer quelque hésitation chez l'équipage de la *Janua-Cœli*. Comprenant que mes piroguiers allaient perdre la tête, je me jetai à l'eau et le courant m'emporta en trente secondes jusque sur la pirogue. J'étais arrivé à temps pour les retenir. J'appelle ce passage « la Porte de fer. »

Vendredi 14 *janvier*. — Nous passons devant l'embouchure d'une jolie rivière qu'on nous dit s'appeler *Oti*. Elle a plus de 150 mètres de large. La rivière est barrée en plusieurs endroits, et ce n'est qu'à grand'peine que nous parvenons à remonter les étroits couloirs entre les rochers, où l'eau est aussi rapide que profonde.

Lundi 17 *janvier*. — Plus haut nous rencontrons « l'Abeille, » le rapide le plus dangereux de la rivière et le dernier avant d'arriver à Crockey ou Craké. C'est une chute de 15 à 18 pieds sur une largeur de 500 mètres, où l'eau écume à travers des milliers de rochers. Je déchargeai une pirogue sur un rocher, et, en redescendant, nous fûmes entraînés avec une telle force sur un rocher que la pirogue se fendit. Nous voilà obligés de nous arrêter jusqu'à ce qu'elle soit réparée. Un petit village se trouve à quelque distance. Les habitants sont très-polis. Ils viennent nous voir et parlent achanti, quoique ayant un langage à eux. Le chef, qui est malade, me fait saluer et m'envoie comme présent une poule.

Mardi 18 *janvier.* — Je vais rendre visite au chef dans son village, situé à un mille de mon camp, au milieu des herbes et des arbres à beurre végétal.

Ce chef est aveugle. Il me reçoit très-amicalement et m'apprend que je serais très-bien reçu à Crakey dont nous ne sommes éloignés que de quelques milles. Il laisse percer la frayeur de sa tribu pour les Achantis dont ils ont tué un grand nombre et dont ils redoutent la vengeance.

Mercredi 19 *janvier.* — Au-dessus des rapides, la rivière fait un coude vers le nord-ouest à quatre milles plus haut, j'entends plusieurs coups de feu. C'est M. Bonnerman qui essaie ses revolvers pour être prêt à toute éventualité. Je lui réponds par cinq coups de feu et bientôt je le rejoins. J'envoie en avant un de mes canots avec Coffi, mon messager, et Quakan, le messager de M. Bonnerman, pour annoncer notre arrivée aux chefs de Crakey. Nous fourbissons nos armes et nous faisons toilette. Je mets un turban frais à mon chapeau, un coussin rouge sur ma chaise. Je suis tout en blanc avec une ceinture violette. Nous exhibons le pavillon, et à trois heures, nous sommes en route.

M. Bonnerman prend l'avant-garde. Les autres pirogues suivent à la file en laissant entre elles un intervalle de 15 mètres. Ma pirogue forme l'arrière-garde. Vers six heures, nous arrivons à Crakey, nous sommes guidés par le long pavillon de la *Santa-Maria*, que j'avais envoyée en avant avec mes messagers. Le rivage est couvert de naturels qui attendent *le blanc.*

Nous apprenons que les chefs et le roi s'étaient assis en public pour nous recevoir, mais, qu'impatientés de notre retour, ils s'étaient éloignés. Comme le soleil allait se coucher, nous préférâmes camper dehors, sur un banc de sable, plutôt que d'entrer dans la ville, afin de montrer aux naturels que nous pouvions nous passer d'eux ; notre camp faisait un effet charmant. Il était pavoisé de dix-huit pavillons au milieu desquels flottait le pavillon anglais.

J'envoyai au roi deux bouteilles de gin avec mes excuses. Trois quarts d'heure après, six délégués du chef parmi lesquels se trouvait un féticheur, vinrent me remercier et me souhaiter la bienvenue. Vers les neuf heures nous étions déjà couchés, lorsque les mêmes hommes revinrent demander à M. Bonnerman ce que signifiaient tous ces pavillons où l'on voyait tant de rouge, tandis qu'à sa première visite il s'était présenté avec un drapeau blanc en signe de paix.

M. Bonnerman leur répondit que les deux principaux étaient ceux de la France et de l'Angleterre, les deux principales nations européennes, que nous étions décidés à porter beaucoup plus loin que Crakey, que ces pavillons n'étaient point un signe de guerre, mais qu'en tout cas, nous étions prêts à toute éventualité. Et le faisceau d'armes qui brillait au milieu de notre camp donnait du poids à ces paroles.

J'apprends du reste par un Accraman que mon arrivée était attendue ici depuis deux mois, et que, depuis mon départ d'Akuamou, ma marche en avant avait été suivie pas à pas. On faisait toutes sortes de questions sur moi aux naturels de la côte, entre autres, celle-ci : « Croyez-vous que le blanc pense pouvoir passer pour aller à Salaga ? » Un naturel d'Accra, à qui la question était posée, répondit sagement que je ne lui avais point communiqué mes intentions mais qu'ils pouvaient l'apprendre par moi-même quand je serais arrivé. J'apprends de la même source qu'ensuite d'un ordre du grand féticheur les gens de Salaga ont été empêchés de venir ici, où se trouvent un grand nombre de traitants venus de la cité et qu'on a empêchés aussi d'aller à Salaga. Les gens de Crakey tiennent avant tout à conserver seuls le commerce de transit qui leur rapporte des bénéfices immenses.

J'apprends aussi qu'il y a une quantité de Djuabins réfugiés, depuis leur défaite par les Achantis.

Jeudi 20 *janvier.* A huit heures nous traversons le petit bras de rivière qui nous sépare de la rive et nous montons au village à l'entrée duquel nous nous arrêtons pour donner aux chefs le temps de se rassembler. Nous sommes accompagnés de la plus grande partie de nos gens, armés sous les pavillons anglais et français.

Vingt minutes après le chef ou roi nous fait dire qu'il est prêt à nous recevoir. Nous nous mettons en marche, nous traversons d'abord un village composé de cent huttes rondes très-mal placées sur des rochers. Puis nous nous dirigeons sur un autre village, à une centaine de mètres du premier. Là nous trouvons le roi, les chefs et toute la population mâle du village. Nous saluons à la manière du pays.

Dans l'assemblée je vois un chef djuabin et le *porte-épée* qui m'arrêta à Altobobo. Je leur tends la main en souriant et en leur demandant des nouvelles de leurs chefs. Ils veulent faire contre fortune bon cœur, mais je vois la sueur perler sur leurs fronts et sur leurs poitrines nues. Ils jugent, à voir ma suite, que ma position a bien changé depuis lors.

Après avoir salué l'assemblée qui garde le plus profond silence, nous allons nous asseoir en face du chef. On nous demande le motif de notre visite. Nous répondons que notre principal but est le commerce, et que nous nous dirigeons sur Salaga dans l'espérance d'étendre le commerce des Européens dans l'intérieur.

Pendant que l'interprète reproduit nos paroles, je regarde fixement le roi qui est un vieillard de soixante-dix ans. Je vois l'anxiété, la peur, l'embarras peints sur sa figure et lorsqu'il tourne les yeux vers moi, il les détourne aussitôt.

Quand l'interprète eut fini, le roi dit qu'il avait entendu et qu'il allait se retirer. Dès qu'il fut levé, tous l'imitèrent, et nous aussi. Ordre fut donné de nous montrer l'endroit qui nous était assigné à l'entrée du premier village. Nous choisîmes deux huttes et un large espace de terrain pour établir notre camp. Une partie des hommes alla chercher nos bagages et l'autre s'occupa de construire un vaste abri contre le soleil qui était accablant. A midi, nous étions installés. Les chefs des Djuabins m'envoyèrent leurs salutations comme les autres. Mais je ne pus m'empêcher de leur expédier quelques sarcasmes auxquels ils ne répondirent pas. Un d'eux me dit : « Comment se fait-il que toi, qui parlais de paix et de commerce, tu sois devenu un homme de guerre? » En même temps, il jetait un regard significatif sur nos faisceaux d'armes.

Je fis semblant de ne pas comprendre, car on venait de m'avertir que l'opinion des naturels en voyant notre déploiement de forces (cinq revolvers, six fusils à aiguille, six à silex, deux pistolets et deux sabres) était que nous prétextions le commerce, mais que notre attitude signifiait tout autre chose. J'étais très-content de voir ces barbares intimidés et je ne cherchais pas à détromper des coquins qui avaient massacré des milliers d'Achantis depuis deux ans.

Nous apprenons qu'ils se disposent à consulter leur grand féticheur pour lui demander comment ils doivent agir à notre égard.

Crakey est la capitale d'une douzaine d'autres villes ou villages sur lesquels elle exerce une grande influence.

Crakey, 21 *janvier* 1876. — Je fais présent aux féticheurs d'un baril de sel de 450 livres, d'une cuvette magnifique, d'un bracelet d'argent, d'un collier, d'une serviette, de cinq bouteilles de gin, de quatre flacons, de deux plateaux à liqueurs, d'un plateau à limonade avec verres et carafes, le tout peint et doré. J'accompagne ces présents de protestations de bonnes intentions, cependant je les prie de ne point croire que je sollicitais d'eux, par ce moyen, la permission de passer, car, à mon avis, la route appartenait de droit aux Européens et je passerais quoiqu'il arrivât.

Samedi 22 *janvier.* — Sous prétexte de chasse, nous allons faire une reconnaissance sur la route de Salaga, sous la conduite d'un de mes serviteurs, Nolly, qui a déjà fait le chemin. De retour à Crakey, on nous interroge de nouveau sur nos intentions, avant de consulter le féticheur, et l'on cherche des faux-fuyants pour nous empêcher de continuer notre voyage. Je réponds que les drapeaux de France et d'Angleterre ne sont pas habitués à retourner sur leur pas.

Le féticheur se prononce en ma faveur; mais je m'en défie, car c'est lui qui jadis a reproché au roi d'Altobobo de ne point m'avoir tué.

Dimanche 23 *janvier.* — Vers les huit heures les principaux chefs et le chef des Djuabin viennent m'annoncer que nous pouvons continuer notre route. Dans l'après-midi nous tirons vingt et un coup de canon comme salut aux pavillons français et anglais. Deux hommes de Salaza viennent nous prévenir que nous sommes attendus avec joie.

Lundi 24 *janvier.* — En route pour Salaga. Nous arrivons vers sept heures à Ketinkpoé. Là je m'aperçois qu'un certain nombre de naturels et de marchands du pays de Crépé s'est faufilé parmi nous, ce qui avait été interdit par les chefs de Crakey. Je crus donc de mon devoir d'en avertir le chef du village afin qu'il fît savoir à Crakey que nous n'avions point consenti à accepter parmi nous ces étrangers. A midi nous arrivons à Talessou, village assez important composé de cinq à six hameaux contenant ensemble de 15 à 18000 habitants. Les maisons sont plus spacieuses et mieux construites qu'à Crakey. Il y a ici de grandes plantations de tabac. Lorsque la feuille est assez sèche on la pile dans un mortier et on en fait des boules oblongues qu'on sèche au soleil.

Le pays produit en outre deux espèces de millet dont les naturels se nourrissent et font une espèce de bière. J'y achète deux défenses d'hippopotame pour cent cauris. Les léopards et les lions abondent, paraît-il, dans le voisinage. Je fais présent au roi d'un bracelet de 60 centimes et d'environ un franc de fil rouge, vert et jaune. Il est très-content.   *(A suivre.)*

AUSTRALIE. — L'EXPLORATION DE BURKE

M. le comte de Beauvoir est un de ces voyageurs à qui des conditions de fortune personnelle et une suite de circonstances heureuses ont permis de faire le tour du monde d'une façon spécialement fructueuse. Les ouvrages qu'il a publiés chez l'éditeur Plon et qui lui ont valu une haute récompense de l'Académie française se sont ressentis de ces conditions exceptionnellement favorables et sont remplis de détails qu'on chercherait vainement ailleurs.

Le beau livre, qui comprend tout un voyage autour du monde, a été publié en un seul volume grand in-8° enrichi de 116 gravures, cartes et fac-simile. L'édition que nous avons sous les yeux et dont nous extrayons trois gravures se décompose en trois volumes, l'un ayant trait à l'Australie, le second comprenant Java, Siam et Canton; le troisième enfin, Pékin, Yeddo, San Francisco. Bien que résolu à faire connaître à nos lecteurs ces trois volumes par des extraits et par la publication de quelques-unes des belles gravures qui les enrichissent, nous ne nous occuperons aujourd'hui que du premier.

M. de Beauvoir accompagnait dans son voyage M. le duc de Penthièvre, fils du prince de Joinville. Grâce à son noble compagnon de route, il fut partout reçu et fêté par de grands personnages qui lui faisaient, avec une prévenance et une somptuosité peu communes les honneurs de leur patrie.

On trouve donc dans le livre de M. de Beauvoir des détails pré-

VALLÉE DES FOUGÈRES, ARBRES (Van Diémen). — Gravure extraite du *Voyage autour du Monde*, par M. le comte DE BEAUVOIR.

cieux sur la constitution politique des peuples au milieu desquels il a passé, et sur la vie intime des princes et des grands chez lesquels il a eu l'honneur de pénétrer.

Dans son volume sur l'Australie, nous aurions pu suivre notre voyageur à Melbourne, aux mines d'or de Ballarat, à Bendigo, dans l'intérieur, à Victoria, puis dans l'île de Van Diémen. Nous aurions pu l'accompagner à Sydney, puis au détroit de Torrès. Grâce à ce volume toujours gai et toujours vivant, nous aurions assisté à des choses merveilleuses, nous aurions vu les sauvages indigènes camper, courir sus aux kangouroos, pêcher dans leurs grandes rivières. Nous aurions parcouru ce pays bizarre où l'on rencontre des oiseaux, les casoars, qui ont un moignon à la place des ailes et chez lesquels c'est le mâle qui couve les œufs ; où un animal moitié canard moitié fourrure, pond et couve, puis allaite ses petits ; où certaines branches d'arbre jetées à l'eau vont au fond tandis que certaines pierres flottent à la surface ; où les cerises portent leurs noyaux en dehors ; où les feuilles au lieu de vous garantir du soleil se présentent en profil devant l'astre du jour ; où les kanguroos ont une poche pour y cacher leurs petits, même sevrés, marchent et courent sur deux pattes et s'assoient sur leur queue comme un marchand de coco sur son bâton ; où l'on rencontre des prairies de 100 lieues sans pierres et des déserts de cailloux si grands qu'on ne peut les traverser sans que les bêtes, chevaux ou chameaux, y meurent de faim.

Tout dans l'Australie inspire le sentiment de l'extraordinaire ; on se demande si ce n'est point une terre inachevée contenant les matières nécessaires pour en faire un continent comme les autres, mais les contenant séparés, ici la terre, ici les pierres, là les eaux; comme on voit dans un chantier de construction, mis à part, les matériaux qui vont servir à élever un édifice.

Nous aurions pu aussi, suivant les explorations des terres intérieures, les chasses aux kangouroos ou aux cacatois, les promenades dans les prairies au milieu des innombrables troupeaux de moutons et de bœufs, parcourir le continent australien, visiter les riches mines d'or, les immenses forêts de fougères arbres et les grands cours d'eau de Van Diémen. Nous avons préféré extraire de ce volume si bien rempli le récit d'une des plus aventureuses et des plus dramatiques explorations qui aient jamais été faites ; nous voulons parler du voyage de Burke.

Les lecteurs de l'*Explorateur* nous sauront gré, nous l'espérons, de profiter de cette circonstance pour leur exposer le récit fidèle d'une des plus glorieuses expéditions qui aient jamais été tentées et que les intrépides explorateurs qui l'ont faite ont payée de leur vie.

« ..... Pendant plus de vingt ans, les colonies voisines avaient fait à l'envi des efforts répétés pour explorer l'intérieur de l'Australie ; au milieu de ce concours de toutes les énergies en une aventureuse arène, celle de Victoria avait semblé rester à l'écart, soit qu'elle fût fiévreusement tourmentée par la recherche de l'or ou absorbée dans le paisible élevage des troupeaux. Mais en 1860, le don de 25,000 francs fait par un citoyen désireux d'encourager une tentative de la part de sa cité d'adoption, donna soudain à la grande colonie de l'or un essor nouveau vers un nouveau but, et l'expédition qu'elle projeta dès lors, a autant éclipsé les autres par la magnificence de ses préparatifs que par la grandeur des désastres de la fin, expédition baptisée par les souffrances, payée de la vie de dix hommes, mais féconde en résultats admirables.

C'est le 20 août 1860 que les hardis pionniers se mettent en route, ils sont 17, et Burke en tête, ils partent au milieu des acclamations de tout un peuple. Jamais la population de Melbourne n'avait vu si imposant spectacle : ils étaient fiers, ils avaient de grandes choses dans le cœur, les vœux de tous les suivaient ; le gouvernement avait donné 250,000 francs ; les particuliers 50,000 ; ils avaient 27 chameaux qu'on avait été tout exprès chercher aux Indes, 27 chevaux des plus robustes, des tentes, des vêtements et des vivres pour quinze mois.....

Jusqu'au Murray la route fut longue. Burke, trop dur pour lui-même, ne ménageait point assez les autres ; il était parti blessé et rongé par une peine de cœur, n'entrevoyant plus qu'une douleur amère, malgré l'espoir du triomphe ; il était trop fougueux, trop anxieux de l'avenir, pour commander avec calcul. Trois des siens se disputent avec lui et le quittent ; il les remplace mal à la frontière des terres parcourues par les troupeaux, et l'union désormais

APFLUENT DU TAMAR (Van Diémen). — Gravure extraite du *Voyage autour du Monde*, de M. le comte DE BEAUVOIR.

sans obstacle de la fougueuse énergie du chef et de la douceur docile de son jeune lieutenant Wills sera la cause de toute la série de leurs affreux malheurs.

La route qu'il traça à travers ce continent immense, peut se diviser en trois principales étapes : Menindie, à 600 kilomètres de Melbourne ; Cooper's-Creek, à 600 kilomètres plus au nord, presqu'au centre du continent ; à l'extrémité nord enfin, à plus de 1,000 kilom. du centre, le rivage de l'océan Pacifique.

Les débuts sont pénibles ; trop de bagages et trop de vivres à porter retardent chaque jour une impatiente ardeur. Tous les hommes sont pourtant de solides *bushmen*, expression australienne que *homme des bois* ne réussit pas à traduire. Ne craindre ni la pluie ni le soleil, coucher dans la boue, n'avoir d'autre ambition que de sonder l'horizon des prairies ou des forêts sans fin, galoper à l'aventure, porter la barbe d'un patriarche et le costume d'un bandit découvrir les terres, qu'elles produisent or ou gazon, forêts ou pierres, mais les découvrir avant tout et leur donner son nom, voilà le bushman. Mais cette vie des bois, qui faisait des hommes cent fois plus durs aux fatigues et aux privations que les bêtes de somme et les chameaux, donna à Burke des compagnons que l'habitude de l'infini du désert rendait inexacts et insouciants.

Il laisse le 19 octobre 1860, la moitié de ses gens, de ses bêtes et de ses bagages à Menindie, sous le commandement de son autre lieutenant Wright, avec l'*ordre exprès* de le rejoindre après un court temps de repos, à Cooper's-Creek, où sera formé son grand dépôt central ; et ce n'est qu'à la fin de janvier 1861 que Wright se remet en marche vers le rendez-vous indiqué par son chef !

(*A suivre.*)

J. GROS,

LA MARINE MARCHANDE

La Société de géographie commerciale de Bordeaux nous prie de reproduire la note suivante :

Note sur la marine marchande et sur les moyens de lui venir en aide sans charger le budget et sans compromettre la liberté commerciale, par M. J.-B. Pastoureau-Labesse, ingénieur de la marine en retraite, ancien chef du bureau des constructions navales au ministère de la marine, membre de la Société de Géographie commerciale de Bordeaux ; suivie des conclusions soumises à M. le Ministre de l'Agriculture et du Commerce par la Société de Bordeaux.

I

La Société de géographie commerciale de Bordeaux a constitué, dans son sein, une commission pour étudier la question de la marine marchande.

Appelé comme témoin devant cette commission, j'ai mis en écrit ma déposition en l'accompagnant des développements que le sujet m'a paru comporter.

En entreprenant ce travail, dont je ne méconnais pas les difficultés, je me suis attaché avec le plus grand soin à dépouiller mon esprit de toute idée préconçue. Il s'agit d'intérêts nombreux, tous également respectables et fréquemment opposés l'un à l'autre. Je me suis donc surtout préoccupé d'exposer des faits ; et si j'ai été conduit à en tirer des conclusions, j'ai eu soin d'appuyer ces conclusions des motifs qui m'avaient déterminé, afin de permettre à chacun de les corriger, s'il y a lieu, dans ce qu'elles peuvent avoir d'erroné.

Il est difficile d'admettre que la situation fâcheuse de notre marine marchande résulte, comme quelques personnes le pensent, de l'introduction des bateaux à vapeur dans les transports du commerce. Cette introduction a commencé en Europe il y a près de cinquante ans. Depuis cette époque (1), les bateaux à vapeur se sont développés graduellement aussi bien dans les autres pays qu'en France, dans ceux qui prospèrent maritimement comme dans ceux qui ne prospèrent pas. La marine anglaise est florissante avec 30 p. 100 de bateaux à vapeur, et la marine allemande avec 9 p. 100. Au contraire, la marine française ne prospère pas avec la proportion intermédiaire de 19 p. 100. Ces divers chiffres, répartis sur une période de cinquante années, n'ont pu produire leur effet que d'une manière très-lente, et par conséquent peu sensible. Chaque armateur a pu se préparer de longue main à la transformation, l'effectuer quand il l'a jugée avantageuse, au fur et à mesure des extinctions de ses navires, dont la durée moyenne ne dépasse pas quinze ans.

A la vérité, l'ouverture du canal de Suez a pu produire une perturbation plus grande, parce qu'elle a été plus brusque. Le trafic, par cette voie, s'effectue, comme on sait, exclusivement par bateaux à vapeur. Au contraire, le trafic par voie du Cap s'effectuait jadis presque exclusivement par navires à voiles. Ces navires à voiles, devenus sans emploi, ont donc dû se déverser sur d'autres lignes et y déterminer un brusque abaissement dans le prix des frets.

Pour apprécier cette influence, il faut se reporter au développement du trafic par voie de Suez. Depuis l'ouverture du Canal en 1870, voici quel a été son mouvement maritime annuel :

Mouvement maritime.

Année	Mouvement maritime (tonneaux)
1870	654,000
1871	1,142,000
1872	1,744,000
1873	2,085,000
1874	2,423,000
1875 (6 mois)	1,546,000

Il résulte de ce tableau que le mouvement maritime, par le Canal de Suez, n'est encore que d'environ 3,100,000 tonneaux par an. Or, le mouvement maritime de tous les pays réunis s'élève approximativement à 237,000,000 de tonneaux (1) par an. Le mouvement maritime, résultant des navires à voiles rendus disponibles par l'ouverture du canal ne représente donc la fraction $\frac{3,100,000}{237,000,000}$ — 1/3 p. 100 du mouvement maritime, total sur lequel ces navires se sont déversés. Si l'on ajoute que cette faible addition a mis six années à se produire, on en conclura facilement qu'elle n'a pu déterminer que des effets insensibles sur l'ensemble de l'industrie maritime.

Ce n'est donc pas aux bateaux à vapeur ni à l'isthme de Suez qu'il faut attribuer le malaise de notre marine commerciale ; ce malaise tient à d'autres causes beaucoup plus puissantes. Pour découvrir ces causes, il faut étudier avec attention les variations de l'effectif maritime français.

Je choisis avec intention les indications de l'effectif ; je les crois plus exactes que celles fournies par le mouvement maritime. L'activité des transactions commerciales n'est pas toujours une preuve de prospérité. Quand un navire existe, il faut bien le faire naviguer, même avec un fret peu rémunérateur ; car on éprouverait un préjudice encore plus grand en le conservant inactif. Si, dans son ensemble, ce navire a donné de la perte, l'armateur ne le remplacera pas, quand il sera usé ; au contraire, s'il a donné du bénéfice, l'armateur le remplacera ou même en fera construire d'autres. L'accroissement de l'effectif est donc un indice certain de prospérité maritime ; sa diminution est l'indice non moins certain d'une fâcheuse situation (2).

Cela posé, voici quelles ont été les variations de l'effectif français entre 1845 et 1875. J'ai choisi le point de départ de 1845, parce que la loi du tonnage a été changée peu d'années auparavant.

Années.	Effectifs maritimes.	Nombres proportionnels.	Variations moyennes.
1845	621,192 ton	100.9	}
1850	688,180 —	110.7	} + 4.02 0/0
1855	872,146 —	140.3	}
1860	996,124 —	160.8	}
1865	1,008,084 —	160.3	} + 1.40 0/0
1869	1,074,056 —	172.9	}
1874	1,087,272 —	166.9	} — 1.20 0/0

Il est facile de conclure de ce tableau, à l'aide des nombres proportionnels qu'il renferme, qu'avant 1860, notre effectif maritime augmentait à raison de 4,02 p. 100 par an. C'était une augmentation très-satisfaisante, supérieure même à l'augmentation anglaise, laquelle était alors d'environ 3 p. 100 par an. A partir de 1860, notre accroissement effectif n'a plus été aussi grand : il est tombé à 1.40 p. 100 par an. Enfin, à partir de 1869, l'accroissement a disparu tout à fait et a été remplacé par une diminution moyenne de 1.20 p. 100 par an.

Il est à remarquer que, pendant les trois périodes, le fret maritime n'a pas cessé de croître dans nos ports, et cela dans de très-fortes proportions. C'est ce qui résulte du tableau suivant, qui présente réunies nos importations et exportations par voie de mer, pendant les trente dernières années.

Ces importations et exportations réunies donnent la mesure du fret :

Années	Importation et exportation par voie de mer.	Nombres proportionnels.	Variations moyennes par an.
1845	1.736,000,000	110.0	}
1850	1.954,000,000	112.5	} + 7.55 0/0
1855	2.662,000,000	158.5	}
1860	3.705,000,000	213.4	}
1865	5,380,000,000	309.9	} + 11.57 0/0
1869	5,514,000,000	317.6	}
1874	6,016,000,000	346.5	} + 4.81 0/0

On voit par ce tableau qu'avant 1860, notre fret maritime croissait en moyenne de 7.56 p. 0/0 par an. A partir de 1860, et grâce aux traités de

---

(1) Les premiers bateaux à vapeur ont apparu, sur l'Hudson, en 1807. En 1814, les Américains avaient déjà 3,600 tonneaux de bateaux à vapeur. Le cabotage à vapeur a commencé en 1826 sur les côtes d'Angleterre, et la navigation à vapeur transatlantique en 1838.

Aujourd'hui, l'Angleterre (colonies comprises) a un effectif de 7,898,000 tonneaux, dont 2,332,000 tonneaux de bateaux à vapeur ; proportion, 30 p. 100. La France, sur un effectif total de 1,037,000 tonneaux, compte 195,000 tonneaux de bateaux à vapeur : proportion, 19 p. 100. L'Allemagne, sur un effectif total de 1,151,000 tonneaux, compte 105,000 tonneaux de bateaux à vapeur : proportion, 9 p. 100.

(1) D'après ce tableau que j'ai sous les yeux, l'effectif maritime de tous les pays réunis s'élèverait à 18,800,000 tonneaux. Dans ce chiffre, la France figurerait pour 1,037,000 tonneaux. Or, la France a un mouvement maritime de 13,101,000 tonneaux (cabotage non compris). En admettant la proportionnalité avec les effectifs, le mouvement maritime de tous les pays réunis s'élèverait à 13,101,000 tonneaux $\frac{18,800,000}{1,037,000}$ = 237,000,000 de tonneaux par an.

Il est bien entendu que nous ne donnons ici qu'une *évaluation approximative*, le chiffre véritable étant inconnu.

(2) On connaît la diction des maçons : « Quand le bâtiment va, tout va. » Cette maxime populaire, d'une grande vérité, s'applique aussi à la marine.

...ommerce, l'accroissement annuel a atteint l'énorme chiffre de 11.57 p. 0/0. Enfin, malgré nos désastres, l'accroissement a persisté à raison de 4.81 p. 0/0 par an entre 1869 et 1874.

Les résultats qui précèdent sont mis en regard dans ce troisième tableau :

Périodes.	Variations par an	
	du fret maritime.	de l'effectif maritime.
de 1845 à 1860	+ 7.56 0/0	+ 4.02 0/0
de 1860 à 1869	+ 11.57 0/0	1.40 0/0
de 1869 à 1874	4.81 0/0	1.20 0/0

Des chiffres de ce tableau et des considérations qui l'ont précédé, tout esprit impartial nous semble devoir tirer les conclusions suivantes :

« Le régime économique inauguré en 1860 et continué en 1866 a été très-« favorable au développement de notre fret maritime.

« Ce même régime a été défavorable au développement de notre effectif « mais il a été favorable au développement de l'effectif étranger. »

On comprend, en effet, que si la matière transportable, augmentant dans nos ports, notre effectif reste stationnaire ou diminue, c'est que les navires étrangers, admis en libre concurrence, prennent une part plus grande à ce fret qui leur est offert.

Ainsi donc, la proportion de fret, absorbée par les marines étrangères dans les ports français, a dû aller en croissant, et c'est, en effet, ce qu'on peut démontrer directement à l'aide des états de la douane. Si je ne fais pas ce travail ici, c'est qu'il a été fait par d'autres et que les résultats n'en sont que trop connus des intéressés.

Les personnes qui ont une confiance, d'ailleurs justifiée, dans les bons résultats du nouveau régime économique, répugnent à admettre ces conclusions, qu'elles considèrent comme contraires aux principes de l'économie politique, et par conséquent erronées. Mais les conclusions ne sont pas en désaccord avec les principes ; bien loin de là, elles les corroborent et les confirment. En effet, que dit la science ? Chaque pays a des aptitudes propres, naturelles ou acquises, pour la production de certains articles. Si vous faites tomber les barrières qui entravent le commerce de deux pays, chacun de ces pays verra se développer la production de ces articles pour lesquels il a l'aptitude propre. De là résulteront des abaissements de prix qui seront, de chaque côté, favorables au consommateur.

Naturellement, lorsque deux pays produisent le même article, celui des deux qui a l'aptitude le plus grande, naturelle ou acquise, doit voir sa production augmenter et celle de l'autre diminuer. Et ici encore, le résultat final est au profit du consommateur.

Si, pour une cause ou pour une autre, certains pays étrangers, tels que l'Angleterre, les Etats-Unis, la Norvége, l'Allemagne et l'Italie, peuvent livrer les navires ou le fret à meilleur marché que la France, étant donnée la liberté absolue des transactions, il n'y a rien de surprenant à ce que leur effectif maritime augmente, alors que le nôtre diminue. Cela n'est pas plus surprenant que de voir les manufactures de soieries de Coventry et de Macclesfield s'effacer devant celles de Lyon.

Le fait peut être désagréable à contester, mais il ne sert a rien de se faire illusion sur ce point. La marine marchande française qui, avant 1860, occupait le troisième rang dans le monde, n'occupe plus aujourd'hui que le sixième, comme on peut le voir par le tableau suivant, qui présente l'effectif des six principaux peuples maritimes ;

	Effectif maritime.
Angleterre (colonies comprises). . . . tx.	7,533,000
Etats-Unis (marine des lacs comprise). . .	4,852,000
Suède et Norvége	1,350,000
Allemagne.	1,151,000
Italie.	1,123,000
France.	1,037,000

Toutes ces conclusions sont la conséquence rigoureuse et nécessaire des principes de l'économie politique, principes qui sont indiscutables ; et c'est parce que toutes les conséquences de ces principes n'ont pas été prévues en 1860 et surtout en 1866, que notre marine commerciale a perdu trois rangs.

Est-ce à dire, pour cela, que le nouveau régime soit contraire aux intérêts généraux du pays, et qu'il faille détruire pour revenir en arrière ? Il est facile de démontrer que ce serait une faute grave au point de vue économique.

Le capital engagé chaque année dans le commerce maritime proprement dit, s'élève, comme on a vu, au chiffre énorme de 6,016,000,000 Au contraire, le capital engagé dans l'industrie maritime avec un matériel naval de 1,037,000 tonneaux et au prix moyen de 400 francs la tonne (1), ne représente que 415,000,000.

Ainsi, aux profits commerciaux que l'on peut faire sur un capital de 6,016,000,000, la marine ne peut opposer que les profits industriels qu'elle peut sur un capital de 415,000,000. Les premiers dépassent bien des fois les derniers. Il serait donc contraire à l'économie de sacrifier le commerce maritime à l'industrie maritime ; c'est pourtant ce qui arriverait si on dénonçait les traités de 1860 et si on abrogeait la loi du 19 mai 1866 qui en a été la conséquence. Toute mesure dans cette voie appellerait nécessairement des représailles.

Si la marine marchande était une industrie ordinaire, comme beaucoup d'autres qui souffrent, elle aussi, de la liberté commerciale, il faudrait donc en prendre son parti et accepter son effacement, en vue de l'avantage plus grand que cette liberté procure au commerce général, dans l'intérêt final du consommateur.

Mais, fort heureusement pour elle, la marine marchande a une raison d'être toute spéciale : c'est elle qui fournit les marins qui montent nos vaisseaux de guerre, contribuent à la défense du pays, protége son commerce extérieur et ses colonies. En tout temps et chez tous les peuples, la marine marchande a été le fondement de la marine militaire. C'est en vertu de cette cause qu'elle a droit à l'appui et aux faveurs de l'Etat. Si donc, comme la discussion ci-dessus semble le démontrer, elle s'efface depuis quelques années devant les marines étrangères, il faut se hâter de lui venir en aide, sans compromettre d'autres intérêts dont on a vu toute l'importance.

II

Je vais maintenant indiquer les causes qui peuvent expliquer l'infériorité de la marine commerciale française, sous le rapport de la production économique des navires et du fret. Je commencerai par ce qui concerne les navires.

Le prix de revient d'un bâtiment de mer comprend trois éléments distincts :

La matière ;

La main d'œuvre ;

Les frais généraux.

Si à ces trois éléments on ajoute le bénéfice, on aura le prix de vente.

Les principales matières employées dans la construction navale sont les bois, s'il s'agit d'un navire en bois, et les fers, s'il s'agit d'un navire en fer. Les autres matières étant relativement beaucoup moins importantes, peuvent être négligées dans la comparaison.

Pour les bois, les constructeurs de France sont à peu près dans les mêmes conditions que ceux de la Grande-Bretagne. Dans les deux pays, la terre a une grande valeur, et les forêts sont depuis longtemps dépeuplées dans le voisinage des ports. Il faut donc faire venir le bois des localités éloignées de l'intérieur ou même des pays étrangers. Il n'en est point ainsi dans le nord de l'Amérique, en Norvége et sur les bords de la Baltique ; là, la terre a peu de valeur, les bois sont abondants et à proximité du chantier. Le même avantage existe, dit-on, en Italie, à Livourne, et sur les rives de l'Arno. Ainsi, en ce qui concerne le coût et les facilités d'approvisionnement de bois, nos constructeurs sont dans des conditions très-défavorables, comparativement à leurs concurrents des Etats-Unis, du Canada, de Norvége, de la Baltique et de l'Italie.

Pour les fers, les chantiers français sont pareillement très-éloignés des grandes forges et laminoirs où s'exécutent les tôles et cornières employées dans les constructions navales. Presque partout, en France, les grandes forges sont établies dans l'intérieur du pays. Ainsi, par exemple, en ce qui concerne Bordeaux, les tôles pour navires en fer proviennent habituellement du Creusot (Saône-et-Loire), c'est-à-dire de 600 kilomètres de distance. En Angleterre, il n'en est point ainsi : à Glasgow, et surtout à Newcastle et à Stockton, les laminoirs sont à proximité du chantier ; souvent même ils sont établis dans son enceinte, et les tôles sont encore chaudes quand elles arrivent à pied-d'œuvre : les commandes faites le matin peuvent être reçues le soir. Elles peuvent être formulées avec la plus extrême précision, et en quelque sorte sur mesure. Les pièces défectueuses sont remplacées sans délai, les déchets repris et reportés à la forge. Si l'on observe, au contraire, qu'à Bordeaux il faut près de deux mois pour recevoir une livraison de tôles dont les dimensions ont été relevées sur plan ou sur modèle à petite échelle, on comprendra tous les avantages économiques et autres que procure aux constructeurs anglais la proximité des grandes forges. (A suivre.)

(1) Les navires de commerce supposés neufs coûtent, en moyenne, 450 francs la tonne, dans un calcul d'ensemble, on doit les supposer demi-usés, ce qui les réduit à 225 francs la tonne. Il faut ajouter à cela le fonds de roulement et la valeur des chantiers. Cela le met ainsi à environ 400 francs la tonne.

LA VINGT-TROISIÈME ÉLECTION PRÉSIDENTIELLE AUX ÉTATS-UNIS

Le mode d'opération pour l'élection d'un président et d'un vice-président aux États-Unis a été réglé par acte du congrès du 1ᵉʳ mars 1792, et, sauf de légères modifications, il est le même qui subsiste encore aujourd'hui. Le président et le vice-président sont élus par des colléges électoraux composés dans chaque État d'autant de membres que cet État compte de sénateurs et de représentants au congrès, avec cette réserve qu'aucune personne occupant un emploi fédéral ne peut faire partie du collége électoral. Les électeurs sont choisis au suffrage universel par bulletin de liste comprenant autant de noms que l'État a de votes. Le vote pour leur nomination a lieu le mardi qui suit le premier lundi de novembre dans l'année où ont lieu les élections présidentielles, et les élections présidentielles ont lieu elles-mêmes le premier mercredi de décembre.

Le président et le vice-président ne peuvent pas être choisis dans le même État, et les *qualifications* sont les mêmes pour l'un et pour l'autre, en sorte que le vice-président, pas plus que le président, ne peut pas être de naissance étrangère aux États-Unis.

Aussitôt la fermeture du scrutin présidentiel dans chaque État, il en est fait un relevé en trois exemplaires, dont l'un est envoyé par un messager spécial et un autre par la poste au président du sénat à Washington; le troisième est déposé entre les mains du juge du tribunal des États-Unis dans le district où a lieu le vote. Ici se termine le rôle des électeurs.

Le sénat et la chambre des représentants se réunissent le second mercredi de février pour faire le dépouillement officiel des votes par États, inscrits sur des certificats qui sont ouverts par le président du sénat. La majorité absolue est nécessaire pour l'élection. Si aucun candidat n'obtient la majorité, la chambre des représentants se réunit immédiatement et choisit le président parmi ceux, — au maximum de trois — qui ont obtenu le plus de voix. Dans ce cas, les membres de la chambre ne votent pas personnellement, mais par États, en sorte que chaque État ne compte que pour un vote; le Rhode Island et le Delaware, qui sont les deux plus petits États de l'Union, pèsent du même poids dans la balance que New-York et l'Ohio.

Autrefois il n'était pas fait de distinction au scrutin entre le président et le vice-président; la première place était dévolue à celui qui avait le plus de voix et la deuxième à celui qui venait en second ordre. Cette disposition a été changée par le 12ᵉ amendement à la constitution de 1804, et depuis ce temps le président et le vice-président sont élus par vote distinct et chacun avec le titre qui lui appartient.

Enfin, en cas de mort, de démission ou de révocation du président, le vice-président le remplace avec les mêmes attributions et les mêmes pouvoirs, pendant le restant de la période pour laquelle il a été élu. A défaut du vice-président, le président *pro tempore* du sénat prend sa place, et à défaut de celui-ci le *speaker* de la chambre.

Voici les noms des présidents et vice-présidents élus dans ces conditions depuis l'origine jusqu'à nos jours.

Année.	Président.	Vice-Président.
1789	Washington	Adams
1793	Washington	Adams
1797	Adams	Jefferson
1801	Jefferson	Burr
1805	Jefferson	Clinton
1809	Madison	Clinton
1813	Madison	Gerry
1817	Monroe	Tompkins
1821	Monroe	Tompkins
1825	Adams	Calhoun
1829	Jackson	Calhoun
1833	Jackson	Van Buren
1837	Van Buren	Johnson
1841	Harrison	Tyler
1845	Polk	Clay
1849	Taylor	Fillmore
1853	Pierce	King
1857	Buchanan	Breckenridge
1860	Lincoln	Hamlin
1864	Lincoln	Johnson
	Johnson remplace Lincoln assassiné.	
1868	Grant	Colfax
1872	Grant	Wilson

La Convention nationale du parti républicain vient de tenir sa sixième session à Cincinnati en vue de désigner les candidats qu'elle adopte pour la présidence et la vice-présidence. Ce sont MM. Hayes et Wheeler. Le dernier est peu connu.

Quant à M. Rutherford Hayes il est actuellement et pour la troisième fois, dit le *Mémorial diplomatique*, gouverneur de l'Ohio, le plus considérable des États de l'Union après le New-York et la Pennsylvanie. C'est un ancien avocat qui a quitté le barreau pour prendre part à la guerre de sécession, et qui a fait toute la campagne comme simple soldat d'abord, et, en dernier lieu, comme major général. Il a aujourd'hui cinquante-quatre ans, passe pour avoir beaucoup lu, et est considéré comme un homme d'un esprit droit et modéré. Sur la question monétaire, qui a en ce moment une grande importance aux États-Unis, M. Hayes a des opinions très-orthodoxes : il est hostile à l'extension de la circulation fiduciaire et partisan de celle en espèces métalliques. Sans être un homme éminent, M. Hayes se recommande donc à ses concitoyens par des qualités solides et une excellente réputation.

La Convention nationale des démocrates, qui sont en opposition avec le parti dit républicain, s'est réunie de son côté à Saint-Louis, le 27 juin.

Son premier soin a été la rédaction d'une *platform* (programme) électorale, qui ne diffère guère de celle des républicains que par des déclarations fort nettes en faveur du libre-échange et contre l'immigration chinoise. Les démocrates demandent en outre, comme leurs adversaires, la reprise des payements en espèces, la réforme de l'administration pour mettre fin aux abus criants des derniers temps, l'égalité politique de tous les citoyens, la séparation totale de l'Eglise et de l'Etat, l'enseignement laïque dans les écoles publiques; ils protestent de leur confiance dans la durée de l'Union et de leur dévouement à la Constitution.

Elle a ensuite désigné ses candidats qui sont, pour la présidence, M. Tilden, et, pour la vice-présidence, M. Hendricks.

M. Tilden est gouverneur de New-York; il s'est recommandé par l'énergie avec laquelle il a poursuivi les spéculations officielles, son hostilité contre l'usage du papier-monnaie et ses prédilections pour le libre-échange. M. Hendricks est gouverneur de l'Indiana.

Lesquels des candidats des deux grands partis en présence l'emporteront à l'élection définitive ? C'est ce qu'il est difficile de prévoir quoique les chances soient actuellement favorables au parti républicain. On ne peut rien augurer de certain avant les premiers jours de novembre. D'ici là, l'anxiété et les intrigues seront à l'ordre du jour.   H.

LA CHINE MÉRIDIONALE ET LE VOYAGE DE M. MARGARY

On se rappelle la fin malheureuse de M. Margary assassiné dans le Yun-nan en cherchant à frayer le passage déjà plusieurs fois tenté de Birmanie en Chine, route bien importante pour le commerce anglais, puisqu'elle mettrait en communication directe leur empire des Indes avec les riches provinces de la Chine occidentale. Cet assassinat faillit un moment allumer la guerre entre l'Angleterre et la Chine et a donné lieu à une enquête sévère dont nous ne connaissons pas encore le résultat. Nous trouvons dans le *Times* du 28 juin, des détails inédits sur le voyage de M. Margary, extraits de son journal qu'ont pu rapporter ses compagnons après avoir failli partager son malheureux sort.

« Augustus-Raymond Margary était un de ces jeunes hommes dont l'Angleterre s'enorgueillit avec raison. Choisi pour accomplir une tâche à la fois difficile et périlleuse, il s'acquitta de son devoir avec succès, et si, après avoir traversé des régions que n'avait encore explorées aucun Européen, il tomba victime d'une trahison; on peut dire que cette catastrophe lamentable n'ôte rien au mérite et aux résultats de son œuvre. A vingt et un ans, M. Margary passait avec succès l'examen d'élève interprète en Chine. Il employa les six années subséquentes à se rendre complétement maître de la langue et à se mettre au courant des mœurs et coutumes du pays.

« On sait que l'importance de l'ouverture d'une route commerciale entre l'Inde et la Chine par la Birmanie a été longtemps discutée dans l'Inde. En 1868, une mission dirigée par le major Sladen passa la frontière birmane et atteignit la ville de Momien, dans la province chinoise du Yun-nan. Il revint sur ses pas, n'ayant pu pénétrer plus avant à cause des troubles qui régnaient dans cette province où la guerre civile faisait rage entre les autorités chinoises et les rebelles musulmans. En 1874, cette guerre cessa par la défaite de la faction musulmane qui fut exterminée ; l'autorité du Fils du Ciel fut donc rétablie jusqu'à la frontière de Birmanie. L'occasion était favorable pour faire une nouvelle tentative ; une mission sous les ordres du colonel Browne fut chargée par le gouvernement de l'Inde de traverser la Chine méridionale de Bhamo à Shanghaï ; on avait antérieurement obtenu du gouvernement de Pékin des promesses de sauf-conduits et de passe-ports. En même temps, la mission ayant besoin d'un interprète, et dans le but de faire clairement entendre aux mandarins que le colonel Browne et sa troupe appartenaient à la nation si bien connue dans la capitale et sur la côte, le ministre d'Angleterre à Pékin dut envoyer un officier à travers la Chine au-devant de l'expédition pour lui servir d'interprète et de guide. C'est cette mission qui fut confiée à M. Margary et dont nous avons sous les yeux l'intéressante relation.

« M. Margary était déjà en route et même fort avancé dans l'intérieur du pays, lorsqu'on réfléchit que le plus court et le plus sûr serait de l'envoyer joindre la mission en Birmanie par mer. Mais notre voyageur préféra ne pas revenir en arrière et craignit d'ailleurs de perdre les avantages du plan primitif, dont le principal était de trouver de la part des mandarins un accueil plus cordial, au voyage de retour, comme étant déjà avec eux en relations d'amitié. La facilité relative avec laquelle M. Margary put accomplir la première partie de son voyage semble prouver la sagesse de sa détermination.

« Il n'est peut-être pas inutile de rappeler ici qu'en 1874 les relations politiques entre l'Angleterre et la Chine n'étaient pas des plus satisfaisantes. On craignait alors qu'une nouvelle guerre n'éclatât entre ces deux nations, d'autant plus que la leçon infligée à la génération précédente quinze ans auparavant était perdue pour la nouvelle. Cette considération aurait pu arrêter M. Margary dans son entreprise ; mais il semble n'avoir jamais envisagé la situation de cette manière. Au contraire, il écrivait à ce sujet que « c'était une magnifique occasion de se distinguer » ; et, quoique sa santé ne fût pas en parfait état, il se mit en route avec une confiance absolue. Le secret dont on entoura sa mission ajouta aux embarras du départ. Il fallait qu'il fît tous ses préparatifs, qu'il prît ses mesures pour se procurer de l'argent dans l'intérieur du pays, qu'il s'assurât d'un cuisinier, d'un courrier et d'un secrétaire, et qu'il se mît en marche sans éveiller aucun soupçon. Quant au voyage, il ne fut facile que dans les débuts. Les premiers 500 milles se firent sur le Yang-tse-Kiang à bord des magnifiques steamers américains qui ont le monopole du commerce sur cette rivière. Il remonta ensuite le fleuve sur une mauvaise embarcation étroite du pays ; plus loin, il fut porté sur un palanquin à travers des routes détestables ; et, enfin, alors qu'il se voyait près d'atteindre le but de son voyage, il dut recourir pour son bagage et pour lui à des poneys qui le conduisirent à Bhamo, sur la frontière de Birmanie. On avait compté sur trois mois pour ce voyage ; mais M. Margary était parti de Shanghaï le 23 août et il ne put atteindre Bhamo que le 17 janvier 1875 : il avait donc mis cinq mois. Si nous ajoutons que pendant la plus grande partie de la route ; il était abattu par la fièvre et la dyssenterie, et si affaibli qu'il pouvait à peine se tenir debout ; que, dans une ou deux occasions, il eut à lutter contre les indigènes qui auraient bien pu, malgré la protection impériale, couper court à son exploration, on s'étonne encore qu'il ait pu atteindre la frontière. Il faut, toutefois, reconnaître, à la louange de la population et des mandarins, qu'en somme, il fut reçu presque partout avec bienveillance et cordialité. Mais ce n'est pas le bon peuple, en Chine comme partout ailleurs, qui se rend coupable de désordres et d'agressions. Il suffit d'un faible levain de méchanceté pour mettre toute une masse en fermentation ; c'est ce qui arriva dans cette lointaine province, à peine replacée après une lutte sanglante sous le joug de l'autorité impériale. En résumé, Margary fut mis à mort par une bande de brigands dans une ville qu'il venait de traverser peu de temps auparavant en se louant de la courtoisie des habitants. Ces petits ramassis de gens sans aveu sont souvent plus forts que la majorité des populations ; il est probable que les autorités de Pékin n'ont pas en pareil cas plus de pouvoir pour contenir la populace du Yun-nan que le roi d'Écosse n'en avait au XVIᵉ siècle pour dominer les Highlanders de la côte ouest ou les brigands de la frontière anglaise.

« En arrivant, soit en bateau, soit en palanquin à l'endroit où il devait prendre son repos, il se rendait chez les autorités qui le recevaient avec plus ou moins de civilité, parfois avec beaucoup, parfois avec très-peu. Après avoir pris connaissance de ses papiers, on le congédiait avec un officier pour l'escorter jusqu'à la station suivante où les mêmes formalités avaient lieu. Généralement le peuple, quoique curieux et indiscret, se montrait poli et bien élevé. Ainsi, à un endroit appelé *Pu-an*, situé dans le haut pays, la foule se pressait autour de son palanquin au point de l'incommoder ; il adressa des remontrances à celui des habitants qui lui parut le plus âgé et ce digne homme le pria d'excuser la curiosité de ses compatriotes attendu qu'ils n'avaient jamais rien vu jusque-là qui ressemblât à ses gants. M. Margary ajoute que partout en effet ses gants étaient un objet de curiosité.

« Beaucoup des mandarins étaient vraiment instruits sur l'histoire d'Angleterre. A Loshan, sur le Yang-tse, il y en avait un qui était fort occupé d'un livre écrit par un de ses compatriotes dans ses voyages aux contrées étrangères, et qui lui fit cette réflexion : « Ah ! votre pays doit être un beau pays. » M. Margary lui emprunta son livre qui lui inspira la remarque suivante : « Quelle est la vue de Londres que vous pensez avoir frappé le plus notre critique chinois ? »—« La vue de Piccadilly la nuit avec sa double rangée de becs de gaz montant et descendant suivant les inégalités du sol de ce noble faubourg. » Cela lui rappelait un dragon doré ! Et c'était la plus belle vue qu'il eût trouvée en Europe !

« Heureusement pour M. Margary, que, faisant un si long voyage avec toute une suite de domestiques auxquels il fallait ajouter parfois les mandarins d'ordre inférieur qui l'escortaient, il put emporter avec lui des marchandises pour faire des cadeaux aux autorités des villes qu'il traversait. Le champagne, le sherry, le soda-water et, par-dessus tout, les cigarrettes de fabrication russe étaient fort appréciés des mandarins ; il eut occasion de gagner le cœur d'un officier en lui offrant une tasse de café, breuvage auquel il n'avait jamais goûté jusqu'alors.

« Ce fut le 27 octobre que M. Margary atteignit la limite de son voyage en bateau, à la grande ville de Chen-yuan-fu. Là il laissa sa barque ; en revanche il y prit la fièvre et la dyssenterie ; trouva peu de protection chez les autorités, eut à lutter contre une populace brutale et fut expulsé de la ville. On apprit dans la suite que ces énergumènes retournèrent leur colère contre les bateliers qui avaient amené dans le pays le *diable étranger*, et détruisirent en partie leur bateau ; les autorités de Pékin promirent que les coupables seraient sévèrement châtiés ; il faut souhaiter que cette promesse a été tenue. M. Margary voyagea ensuite en palanquin jusqu'à Yunnan-pu, dans la province de Yunnan près de la frontière septentrionale de Birmanie, qu'il atteignit le 29 novembre. Il se trouvait fort bien d'avoir changé son bateau pour un palanquin ou pour un cheval de selle et se louait de la population et des mandarins qui se montraient très-hospitaliers, en sorte que c'était comme *une marche triomphale*. La curiosité du peuple des villes était toujours sans bornes ; et il ne pouvait rien faire sans être « sous le regard silencieux des yeux fixés aux innombrables crevasses des murs et aux fenêtres de son logement. »

Un autre ennui, c'était la fumée incessante dans les chambres à coucher, car la température avait singulièrement baissé et, si notre voyageur se trouvait dans le pays du charbon, d'autre part on avait complétement oublié de pratiquer des cheminées au-dessus des foyers. Cependant sa santé était devenue excellente, et les occasions de sport ne manquaient pas. Partout la désolation de la guerre civile s'étalait dans la pauvreté de toutes les classes d'habitants et dans les squelettes des grandes cités qu'il fallait traverser. Quant aux routes, elles étaient exécrables et coupées de toutes parts par les rebelles.

Yunnan-fu est la capitale de la province, mais une autre ville Tali-fu s'est acquis une certaine notoriété comme quartier-général des rebelles et comme théâtre de leur défaite finale. Les autorités manifestaient une répugnance évidente à laisser pénétrer M. Margary dans cette ville, et essayaient de lui persuader de prendre une autre route pour gagner la frontière; mais il insista pour suivre son itinéraire, entra dans Tali-fu le 17 décembre et put admirer en paix ses blanches murailles, ses pagodes et son splendide lac.

Une fois dans les murs de la ville, il fut reçu avec grande courtoisie par le général tartare, véritable colosse, qui lui posa d'innombrables questions sur l'Angleterre et la Birmanie, et l'invita à revenir le voir dans son voyage de retour et à séjourner auprès de lui. Quittant Tali-fu le 18 décembre, il passa le jour de Noël en route, ordonnant à son cuisinier de lui faire un dîner pantagruélique avec des viandes de conserve et les rares vivres que l'on pouvait se procurer. Dans cette partie de son voyage, M. Margary l'échappa belle : il poursuivait dans la prairie une troupe d'animaux qu'il crut d'abord être des chevreuils, puis des léopards, et qui, finalement, se trouvèrent être des tigres. Mais ils cédèrent généreusement le terrain sans s'attaquer à l'audacieux voyageur qui les poursuivait avec deux charges de gros plomb dans un fusil de chasse.

C'est ainsi que M. Margary traversa un magnifique pays de chasse jusqu'à Manwyne, où il fit la connaissance d'un ex-brigand « qui s'était distingué, raconte le voyageur, dans une attaque contre notre expédition de 1867, et avait reçu dernièrement la récompense de ses services contre les rebelles en recevant le commandement suprême sur tout ce pays. A ma grande surprise, il se prosterna devant moi, et me rendit les plus grands honneurs. J'eus avec lui une entrevue des plus satisfaisantes ». C'est ce même homme, dont le nom est écrit par M. Margary, Li-Hsieh-Taï, que, sous une autre appellation, on avait accusé tout d'abord d'avoir été le principal instrument de sa mort.

Quelle que fût ultérieurement sa conduite, il prit alors grand soin du voyageur anglais : « Il fit connaître aux habitants de la ville et au chef de la tribu sauvage des Shans que j'étais venu sous la protection d'un édit impérial et qu'ils devaient me traiter de leur mieux. ». M. Margary demeura quelques jours à Manwyne, chassant les canards sauvages et admirant « les merveilleux turbans de crêpe noir que portent les femmes, s'enroulant en plis concentriques plus haut que le bonnet à poils d'un garde de la Reine et s'étendant sur plus d'un pied de largeur au-dessus du front. »

Le 17 janvier, il écrit: « Maintenant j'ai franchi le sommet des montagnes sauvages, et j'ai pu enfin serrer des mains de compatriotes. Quelles délices de descendre des hauteurs escarpées vers la plaine birmane, où l'on retrouve autour de soi la demi-civilisation de l'Inde! Le colonel Browne et sa bande d'officiers distingués m'ont fait un chaleureux accueil, en me félicitant de mon splendide voyage ». Il n'est pas surprenant qu'ils fussent heureux de le voir, car les autorités indiennes le croyaient perdu et avaient télégraphié pour demander un autre interprète qui fut envoyé par mer, de sorte que l'expédition en eut deux au lieu d'un.

Le départ de l'expédition fut retardé d'un mois par des difficultés de diverses sortes. Le 15 février on se mit en route, mais pas pour longtemps. Des bruits inquiétants leur parvinrent à la frontière : on disait que les Kakyens, tribu sauvage de la montagne, se soulevaient pour leur barrer la route. Margary se chargea de tirer l'affaire au clair : il avait traversé ce pays sans obstacle, il était connu des mandarins, il irait droit à Manwyne et préparerait la route pour l'expédition. Le 19 février, il traversa la frontière avec son secrétaire chinois et ses domestiques, atteignit Seray sain et sauf, et la mission l'y suivit bientôt. C'était le 21 février; le 22, la tempête éclata, le camp fut environné de bandes armées, tandis que des lettres, envoyées par des agents birmans à Manwyne annonçaient que, la veille, M. Margary avait été brutalement assassiné dans cette ville. Sur cette nouvelle, l'expédition, qui ne devait son salut qu'à la ferme attitude de son escorte de Birmans, repassa la frontière en combattant. A Bhamo, elle chercha à se renseigner sur le sort de M. Margary, mais sans beaucoup de succès.

Le récit le plus digne de foi était qu'on l'avait vu se promenant avec des Chinois dans la matinée du 21, et qu'il avait quitté la ville pour aller visiter une source d'eau chaude sur l'invitation de quelques Chinois qui, aussitôt hors de la ville, l'avaient jeté en bas de son poney et l'avaient massacré. Ainsi finit la seconde mission anglaise de Birmanie en Chine.

La mort de M. Margary, comme on sait, excita de graves soupçons sur la trahison des autorités chinoises en général et de Li-Hsieh-Taï en particulier. En conséquence, M. Grosvenor fut envoyé en mission, suivant les traces de M. Margary, traversant les districts sud-ouest de la Chine, et procédant à une enquête solennelle dans Manwyne même. Le résultat de cette enquête n'a pas encore été rendu public, quoique le bruit ait couru que Li-Hsieh-Taï avait été disgracié et dégradé. En admettant que ce fait soit exact, il ne prouverait pas grand chose, car à Pékin on n'est jamais à court de boucs émissaires pour dissimuler la faiblesse du gouvernement central. Il est très-possible que Li-Hsieh-Taï, ayant laissé passer le voyageur une fois, se soit figuré avoir suffisamment rempli les ordres impériaux et avoir lavé ses mains par avance. Toutefois, il n'est pas moins possible que ce mandarin se soit trouvé impuissant à contenir les tribus sauvages soumises nominalement à son autorité; mais quelle qu'en soit la cause, cette journée du 21 février 1875 a privé l'Angleterre d'un de ses serviteurs les plus capables. On ne peut songer sans tristesse que c'est au moment où il avait virtuellement accompli sa mission que le fil de ses jours a été tranché d'une manière si soudaine et si mystérieuse.

Vicomte H. de Bizemont.

LE PORTUGAL A L'EXPOSITION GÉOGRAPHIQUE DE 1875

L'Exposition ouverte l'été passé au palais des Tuileries à l'occasion du Congrès international des sciences géographiques, est close depuis plusieurs mois. De nombreux comptes rendus ont été publiés qui en ont apprécié les merveilleux et inattendus résultats. Tous les pays du monde sont venus successivement défiler devant une critique en général favorable. Une seule nation paraît n'avoir pas obtenu dans cette série d'impartiales études la place qui lui était due, nous voulons parler du Portugal.

Il ne faudrait pas aller chercher bien loin les causes de cette fâcheuse omission. A notre estime, il n'en existe qu'une seule, et, sans plus tarder, la voici. L'Exposition portugaise, arrêtée presque au dernier jour, n'a été organisée qu'après l'époque de l'ouverture officielle, alors que le Congrès avait déjà commencé ses séances. Elle s'est pour ainsi dire improvisée. Ses collections ne figuraient point au catalogue général; les éléments divers qui la composaient s'étant fait attendre, les premiers visiteurs n'en ont pas eu connaissance. Contre-temps regrettable; car, à coup sûr, après les avoir attirés, elle les eût retenus. Sans doute tous les envois ne se recommandaient pas par une égale importance, et il s'en rencontrait d'imparfaits, mais nul n'a contesté la valeur de l'ensemble. Plusieurs même des apports, dont l'intérêt compensait le petit nombre, offraient un attrait susceptible de captiver les amateurs spéciaux.

Nous avons pensé que cette exhibition ne pouvait que gagner à être mieux connue, et que c'était justice, en réparant l'oubli dont les circonstances l'ont rendue victime, de dire ce qu'elle a été et de lui décerner le témoignage qu'elle mérite.

L'Exposition des œuvres géographiques du Portugal, dont le très-gracieux et très-obligeant commissaire général faisait lui-même les honneurs, se trouvait classée au premier étage du palais, à droite et en contre-haut de la galerie conduisant à la salle des Etats. Elle occupait, entre l'Espagne et l'annexe allemande, au milieu d'une file de pièces prenant vue sur la Seine, la salle XXI qu'elle remplissait totalement.

Ce qui frappait tout d'abord, c'est le caractère officiel qui y dominait. Le Ministère de la marine et des colonies, la Direction générale de géographie, avec le service photographique du gouvernement, l'Observatoire météorologique de Lisbonne, tant par leurs propres documents que par les productions privées adjointes pour complément, absorbaient sa composition presque entière. Le concours des particuliers, sollicité trop tard, n'avait pu utilement se produire. Cette insuffisance de la collaboration individuelle lui a interdit l'éclat exceptionnel qui autrement n'eût pas manqué de la distinguer.

Le Ministère de la marine n'avait guères expédié que quelques volumes relatifs à l'histoire et à la géographie du pays, parmi lesquels il convient de mentionner le rapport présenté à la Chambre des députés, dans sa session de 1875, par l'éminent secrétaire d'Etat des affaires extérieures, chargé par interim du département, M. de Andrade Corvo, que la Société de géographie de Paris a dernièrement élu au nombre de ses correspondants étrangers, rapport couronné par le jury du cinquième groupe. Nous n'aurons garde d'oublier davantage une carte intéressante et un atlas des plus curieux assurément dignes de nous arrêter un instant.

La carte dont il s'agit, reproduite d'un manuscrit du quinzième siècle conservé au British Museum et intitulé : *Insularium illustratum Henrici Martelli Germani*, n'est autre que la célèbre mappemonde de Martellus (1489). Elle présente, sur la conformation et la composition de la terre, l'état général des connaissances à l'époque où les découvertes des explorateurs méridionaux viennent d'ouvrir à l'activité humaine, de nouveaux horizons.

Dans ce précieux document on voit figurer, conformément aux données les plus récentes, les contrées du vieux monde, avec leurs limites aujourd'hui modifiées, l'emplacement des endroits principaux, les contours souvent inexacts des continents et des îles, les systèmes imparfaits des eaux et des montagnes, puis la configuration si défectueuse encore de cette mystérieuse Afrique dont les rivages à peine dévoilés s'y découpent en déchirures bizarres et multipliées, la vaste étendue des mers, en un mot l'économie physique du globe.

Des légendes et une nomenclature détaillée signalent les points du littoral africain successivement touchés par les Portugais et le terme réputé extrême de la navigation de Barthélemy Diaz. Tout cela sans doute renferme bien des erreurs, des suppositions hasardées. Et, cependant, que de progrès, révélés par cette œuvre contemporaine, n'avaient pas déjà réalisés, depuis un siècle, dans l'étude de notre planète, les hardies investigations des marins du Portugal ! Et comme ces pacifiques conquêtes reléguaient dans un passé, de jour en jour plus lointain, les grandes hypothèses et les conjectures fameuses des âges écoulés !

Ces hypothèses et ces conjectures, on les trouvait pour ainsi dire condensées dans le remarquable atlas dû aux patientes recherches du savant vicomte de Santarem. Après avoir exercé dans son pays les plus hautes fonctions de l'Etat, Manoel-Francisco de Barros y Souza, vicomte de Santarem, vint, vers 1833, se fixer à Paris où il s'adonna à des travaux politiques, historiques et géographiques sur le Portugal. L'étude de la cartographie et de la cosmographie du moyen âge, si bien traitée depuis par tant d'érudits distingués, et à laquelle tout récemment encore MM. Vivien de Saint-Martin et Gabriel Gravier, ont consacré d'intéressantes pages, paraît avoir obtenu ses faveurs. Il en fit, notamment, l'objet de deux grands ou-

vrages, l'un, exposé au Congrès, qu'il compléta par le récit des principales expéditions nautiques et terrestres de l'ère moderne; l'autre destiné à prouver, contrairement à une opinion peu étayée alors, mais à laquelle une critique approfondie attribue aujourd'hui un sérieux crédit, la priorité de la découverte par ses compatriotes des côtes occidentales d'Afrique au-delà du cap Bojador. C'est à ces ouvrages qu'il voulut donner pour démonstration vivante l'atlas dont nous parlons.

Cet album se divise naturellement en deux parties, la première composée de *mappemondes, de portulans et de cartes hydrographiques et historiques depuis le sixième jusqu'au dix-septième siècle*, relatifs à l'œuvre sur les progrès de la géographie; la seconde comprenant des documents de semblable nature, aboutissant à la même période, mais partant du onzième siècle seulement et compulsés à l'appui des conclusions du travail sur le passage du Bojador. Ces monuments, pour la plupart inédits à l'époque de l'apparition du recueil qui les renferme et tirés de nombreuses bibliothèques où ils dormaient ignorés, furent mis au jour sous les auspices du gouvernement portugais.

L'atlas de M. de Santarem est bien connu; nous n'insisterons donc pas sur les détails de sa composition. Nous n'estimons point cependant inopportun de déclarer qu'à part les belles productions de M. Jomard (1), il semble difficile d'imaginer rien de plus instructif que cette magnifique publication. Toutes les cartes susceptibles d'édifier le mieux sur le degré du savoir géographique à l'une quelconque des périodes antérieures à la Renaissance, depuis les temps du moyen âge où l'on songea pour la première fois à en établir, se voient là rassemblées avec leurs formes d'abord extraordinaires, leurs légendes mystérieuses et bizarres, leur agencement incomplet, parfois ridicule, leurs symboles, leurs accessoires grotesques, leurs enjolivements aux colorations variées, puis les améliorations que leur fait subir peu à peu le progrès, leur simplicité croissante, leur netteté et leur précision plus grandes, leur exactitude plus marquée : avec cet ensemble enfin qui rappelle les primitives ignorances, les croyances naïves, les tâtonnements successifs précédant l'avancement des connaissances et qui, plein d'un charme inexprimable, retient la main prête à tourner la feuille. On y trouve les roses des vents divisées en douze rumbs, d'après les manuscrits contemporains.

A l'origine, les diverses contrées du globe s'y voient indiquées tantôt par leurs habitants, avec leurs mœurs, leurs coutumes, leurs institutions, tantôt par les animaux plus ou moins fantastiques que l'imagination donne pour hôtes à leurs forêts, tantôt encore par les arbres qui croissent sur les montagnes ou dans les plaines, le tout revêtu de peintures appropriées. Dans cette attrayante succession de scènes animées, une terre se figure par une idée. C'est le tableau aussi vivant que fidèle de la marche lente, mais continue, de l'humanité vers la science du globe. Ce sont les traces primordiales d'aspirations et d'efforts que l'on n'a jamais senti se ralentir et qui, au milieu d'alternatives d'insuccès et de victoires, écartent chaque jour un nouveau coin du voile qui nous dérobe le secret des mondes.

Le vicomte de Santarem méritait assurément la médaille dont le jury du septième groupe a honoré sa mémoire, la confiant au gouvernement qui avait favorisé ses travaux.

La Direction générale officielle de géographie nous a paru sérieusement représentée. Son exposition, plus nombreuse que celle du Ministère de la marine, formait une collection très-satisfaisante. A côté des écrits de M. Folque sur la trigonométrie, les calculs astronomiques, l'hydrographie, on remarquait de bonnes cartes du Portugal et de ses colonies, cartes géographiques du continent au 1/500.000 et chorographique au 1/100.000 (quelques feuilles seulement de cette dernière), cartes politiques, topographiques, coupes géologiques, etc. Les beaux plans de la barre du port de Lisbonne, de l'embouchure du Douro, de l'entrée du Tage, de l'anse de Péniche et des îles voisines, — ouvrages, pour la plupart, de savants ingénieurs et officiers, — se détachaient spécialement par le mérite de l'ensemble, la

(1) Dans ses *Monuments de la géographie* où se distingue, entre autres curiosités, une splendide mappemonde peinte sur parchemin par ordre du roi de France Henri II.

ruéglarité des détails, le soin des contours, la correction des lignes, le fini du coup d'œil général. Nous avons entendu bien des voix autorisées exprimer le regret que l'envoi des productions de ce genre ait été aussi restreint, et que la noble et sympathique nation portugaise ne se soit pas trouvée davantage en mesure de profiter de l'occasion solennelle qui s'offrait pour prouver qu'à ce point de vue, non moins qu'à beaucoup d'autres, elle a su se placer avec succès sur le terrain du perfectionnement scientifique.

Le jury du second groupe a attribué une médaille au dépôt hydrographique en raison du tracé des plans dont il vient d'être question, et celui du cinquième une mention honorable au Ministère des travaux publics pour un projet officiel d'amélioration du port de la capitale, d'agrandissement de la ville et de régularisation d'une partie du cours du Tage (1), auquel ils servent d'annexes. La section géologique et paléontologique a reçu, de son côté, une médaille de première classe (quatrième groupe), à l'occasion de mémoires distingués dont il sera dit un mot plus loin. Enfin, l'ensemble de son exposition a valu à la Direction générale de géographie elle-même, de la part du jury du premier groupe, la plus haute des récompenses dont il pût disposer, une lettre de distinction, et le public a unanimement ratifié la sentence.

______

(1) Notre regretté Thomé de Gamond avait publié, il y a quelques années, une étude sur ce sujet.

La photographie a provoqué dans ces derniers temps une série d'intelligentes études, origine de considérables progrès. Sans parler des essais nombreux tentés pour obtenir la figuration immédiate des objets avec leurs couleurs naturelles, essais qui, si l'on en croit de récentes communications, auraient abouti à un ingénieux, bien qu'assez imparfait encore, procédé d'héliochromie, il a fallu notamment—son emploi devenant de jour en jour plus fréquent, sa nécessité se répandant davantage — trouver le moyen d'en multiplier les épreuves. Ce ne sont plus, en effet, seulement les affections de famille, les souvenirs de l'amitié qu'intéresse actuellement la rapide reproduction des clichés. La recherche du savant, le levé de l'ingénieur, l'œuvre de l'artiste, la découverte du voyageur, l'active propagation des nouvelles, l'investigation du magistrat elle-même dont les besoins l'ont faite le précieux, nous allions dire l'indispensable auxiliaire, en recueillent d'inestimables facilités. De là ces branches distinctes qui vont se perfectionnant à l'envi et toutes convergeant au même but, la transformation des épreuves en planches métalliques susceptibles de fournir sur la presse un tirage étendu.

A. TROCHON,
Procureur de la République à Mortain,
Membre de la Société de géographie scientifique et commerciale de Paris.

______

NOUVELLES DÉCOUVERTES GÉOGRAPHIQUES AU TIBET

Le Tibet, situé au nord de l'Hindoustan, au sud du Turkestan chinois et de la Mongolie, du Khoukhou-noor, à l'ouest de la province chinoise de Ssetchhouan, et au nord-ouest de l'Indo-Chine, peut être considéré comme la contrée la plus centrale de l'Asie. C'est un pays d'une vaste étendue, car sa superficie est de 1,500,000 kilom. carrés, sa longueur d'environ 2,000 kilomètres de l'ouest à l'est, et sa largeur de 1,000 kilomètres du nord au sud. Au point de vue politique, il est sous la suzeraineté de la Chine, qui y entretient des agents et des fonctionnaires de l'ordre supérieur.

Quoique depuis plusieurs années le reste du Céleste Empire nous soit à peu près connu, que des missionnaires et des voyageurs européens ou américains aient pénétré dans toutes ses provinces, cette portion du monde asiatique, comme nous avons déjà eu occasion de le faire observer (voir le n° 11 de l'*Explorateur*, 15 avril 1875) (1), est encore à peu de chose près inconnue pour la science; du moins n'a-t-on encore recueilli sur sa géographie, sa nature en général, que des notions partielles, incomplètes et peu précises.

Le Tibet, il est vrai, est séparé des contrées qui lui confinent, par des montagnes d'une grande élévation, les plus hautes mêmes du globe : les monts Himalaya, au sud et au sud-ouest; les monts Thsoungling, Karakoroum, Kouen-lun, Baïan-kharat, au nord. Mais ces limites naturelles ne sont plus de notre temps des barrières insurmontables, ainsi que le prouvent d'ailleurs les quelques excursions qui ont été tentées jusqu'au cœur même du pays et qui ont été relativement couronnées de succès dans une certaine mesure.

Nous l'avons déjà dit, l'obstacle réel, principal, c'est le mauvais vouloir des autorités tibétaines et chinoises ; la jalousie des marchands indigènes contre le commerce du dehors, dont ils redoutent la concurrence; il faut ajouter aussi, en certaines localités, le fanatisme religieux, qui regarde le Tibet comme la « terre sacrée... » que ne doit pas profaner la présence des étrangers!

C'est, en effet, le berceau et le foyer le plus ardent du bouddhisme ; Lhassa, la capitale, est le séjour du grand lama, le souverain pontife de cette croyance, qui domine sur la presque totalité de l'Asie. Ce n'est qu'en courant les plus grands dangers que les voyageurs parviennent à pénétrer au delà des énormes montagnes qui semblent isoler cette contrée au milieu des immenses empires qui l'environnent et ce n'est qu'en prenant les plus sages et les plus ingénieuses précautions, en ayant recours à des stratagèmes, à des expédients, à des déguisements que la plus légère imprudence, le moindre hasard peuvent trahir.

Pour prévenir autant que possible ces contre-temps, ces mauvaises chances, le colonel Montgomerie, directeur de la géodésie dans l'Inde, a eu, il y a déjà plusieurs années, l'heureuse idée de choisir de jeunes Indiens intelligents, auxquels il a fait donner une éducation spéciale propre à les rendre capables d'explorer les contrées encore inconnues ou imparfaitement connues, voisines des possessions britanniques.

L'*Explorateur*, dans le numéro que nous avons cité plus haut, relate les résultats qu'ont déjà produits les explorations tentées dans ces conditions. Parmi ceux qui y ont pris part, figure en première ligne le *Pundit* ou brahmane

______

(1) V. aussi vol. II, page 400.

lettré Nain Sing, natif du district montagneux de Milam, dans le Koumaon. Dès 1856, il commence ses voyages dans les régions qu'il était appelé à faire connaître plus exactement qu'aucun des voyageurs qui l'y avaient précédé ; nous le voyons, en effet, au Kachmir et au Ladak en 1856 ou en 1857: en 1865 ou en 1866, il était à Lhassa; l'année suivante, il explorait les mines d'or de Thok-Djalong, et en 1873 il accompagnait la mission de sir Douglas Forthey dans l'Yarkand.

A peine de retour de cette dernière expédition, Nain-Sing se met de nouveau en marche pour aller explorer cet intérieur du Tibet, qu'il n'avait fait encore que visiter en quelque sorte sommairement ou passagèrement. Cette fois il a examiné, étudié les contrées qu'il a pu parcourir en détail, avec soin, et les informations ainsi que les plans qu'il en a rapportés sont de nature à agrandir considérablement la sphère des connaissances qu'on possède jusqu'ici sur ce pays, si difficile encore à aborder.

Nous allons résumer le récit de cette récente et décisive exploration, d'après les notes publiées par le *geographical Magazine* de Londres.

« Au mois de juillet de l'année 1873, Nain-Sing partit de Leh, dans l'intention de traverser le vaste plateau lacustre du Tibet jusqu'à Lhassa et de descendre de là dans la province d'Assam. Il arriva à Taukse, près de la frontière, le 21 juillet, et entra dans le Tibet, à Chagra, en se faisant passer pour un *lama* désireux d'aller en pèlerinage à un temple situé dans le voisinage de Rudok. Il suivit d'abord la route qui conduit de Chang-chenmo à Yarkand, en franchissant le Marsemik-la à une hauteur de 18,420 pieds audessus du niveau de la mer; ensuite il tourna à l'est par la route qui passe sur le Kin-la, montagne plus élevée encore que le Marsemik-la, et il parvint à Noh, petit village du district de Rudok. La marche était lente, par la raison que tous les bagages étaient portés par des moutons, auxquels on ne donne jamais à manger et qui ne subsistent qu'en broutant l'herbe des bords de la route. Chaque animal ne portait guère que 20 à 25 livres. De vingt-six moutons qu'on avait pris à Tankse, quatre seulement arrivèrent à Lhasa, ayant porté leur charge sur un parcours de plus de mille milles.

La contrée qu'on traverse de Tankse à Noh forme la partie septentrionale du Nuri ou Tibet occidental. Dans ce coin ouest du plateau la route qui mène à Khotan s'élève à 15,500 pieds sur une étendue de 40 milles, puis descend presque à pic vers les plaines du Turkestan oriental. A 7 milles à l'est de Noh se trouve la limite, du côté de l'est, de la série des lacs Pangkong, qui a une centaine de milles de long. Nain-Sing reconnut cette limite orientale et en fit le relevé: c'est la première fois qu'elle était constatée. Il est à remarquer que l'eau des lacs Pangkong est douce et bonne à boire à l'extrémité est, tandis qu'elle est très-saumâtre à l'extrémité ouest. Ces lacs sont les plus occidentaux du système de lacs intérieurs où converge l'écoulement des cours d'eau du vaste plateau du Tibet à une distance de 800 milles.

A partir de Noh la route qui franchit le plateau dans la direction de l'est passe le long d'une large vallée, où l'herbe abonde; on y rencontre en divers endroits des cabanes de bergers, et des troupeaux considérables d'ânes sauvages, d'antilopes et de moutons d'une taille gigantesque (*ovis ammon*). On y

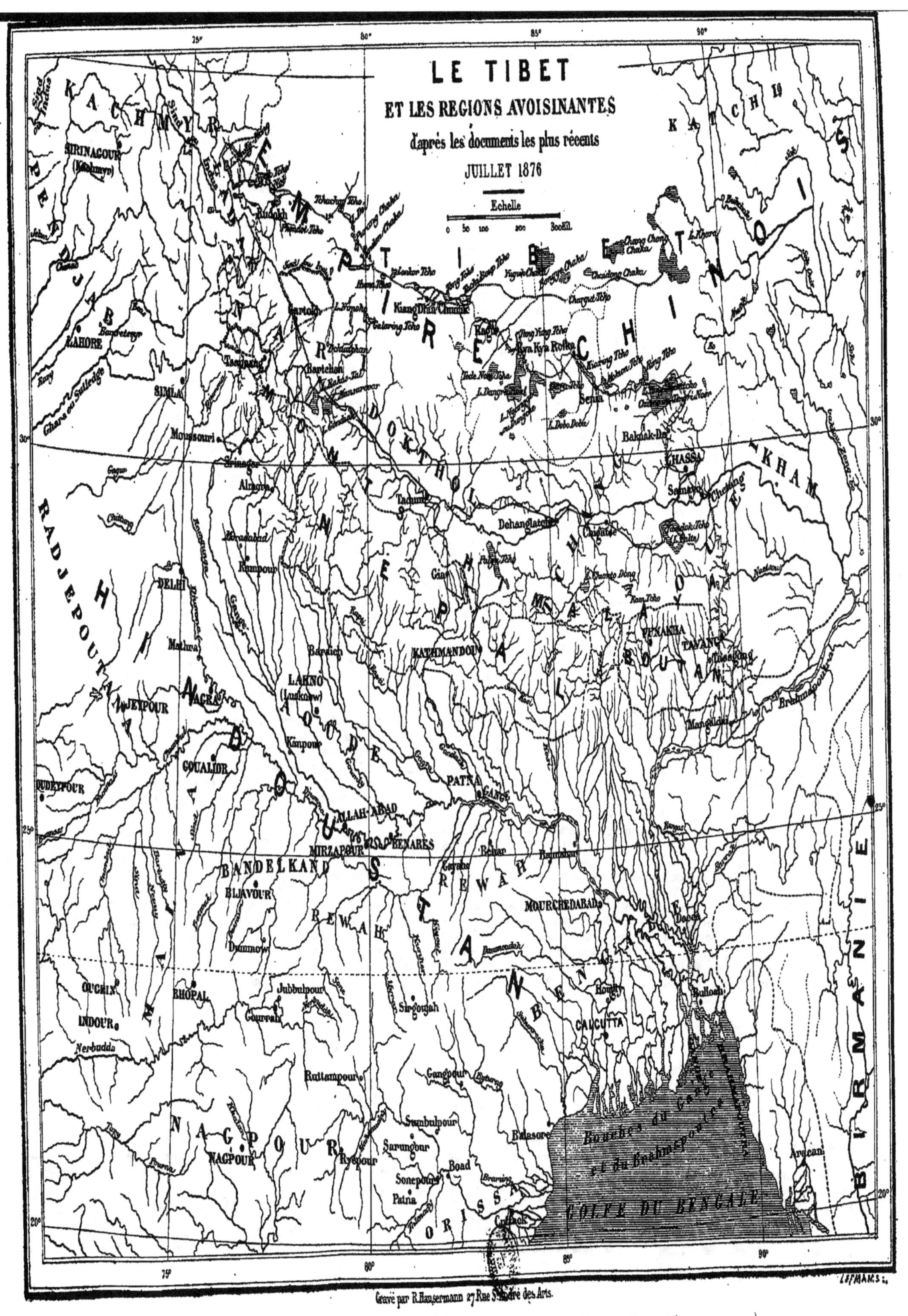

LE TIBET
ET LES RÉGIONS AVOISINANTES
d'après les documents les plus récents
JUILLET 1876
Echelle
0 50 100 200 300 Kil.
Gravé par R.Hausermann 27 Rue St André des Arts.
L'itinéraire des Pundits en 1865-1866 est désigné par un trait — en 1867 par un trait brisé ···· en 1874 par une ligne ponctuée ·····

trouve aussi souvent de grandes nappes d'eau, généralement salées, mais parfois alimentées par des courants d'eau douce. Le plateau est à une altitude de 13,700 à 15,000 pieds. Cette contrée occidentale est habitée par les Kampas, tribu qui a émigré du Tibet oriental il y a environ un quart de siècle. Voici la description qu'en fait le Pundit : ce sont des hommes de belle prestance, aux larges épaules ; ils sont bien armés, leur costume consiste en une casaque de peau de mouton, en un chapeau de feutre et en bottes de cuir, dont les bouts de pied sont recourbés en pointe. Ils sont grands chasseurs; hommes et femmes sont constamment à cheval, Leurs tentes noires sont faites en crin d'Yak. Ils fabriquent une espèce de drap de laine très-grossier. Ils vivent de viande, de beurre, de fromage, de lait et d'un peu de farine pour épaissir leur soupe.

Le 17 septembre, Nain-Sing atteignit les gisements aurifères de Thok-dauraka, qui ne sont pas aussi importants que ceux de Thok-djalung, qu'il avait explorés en 1867. Il y a en outre deux placers de moindre étendue, appelés Tang-djong et Sarka-shyar, plus loin à l'est. Toutes ces mines sont sous la surveillance d'un fonctionnaire envoyé de Lhassa avec le titre de *Sarpon*. La totalité de l'or qu'elles produisent, environ 8,000 livres sterling (200,000 francs) par an — est envoyé à Gartokh, d'où il gagne les ports de mer.

Continuant sa marche à travers le plateau, notre voyageur eut pendant plusieurs jours à franchir des plaines élevées, couvertes d'un gazon velouté et fréquentées par de nombreux troupeaux d'antilopes Au sud il rencontra les sommets neigeux de la chaîne septentrionale de l'Himalaya (Gangdis-ri), qu'il longea sur un parcours de 180 milles. Le pic le plus haut, appelé Targot-yap, est à 25,000 pieds au-dessus du niveau de la mer. Nain-Sing fut informé qu'au sud des montagnes coulait une rivière nommée Hota-sangpo, qui finissait par aller au nord se jeter dans le lac Kyaring.

Au pied du versant septentrional du Targot-yap s'étend le lac Dangra-youm, sur les bords duquel se trouve le district de Nakchang-Ombo, entouré de montagnes couvertes de neige. Cette contrée renferme plusieurs villages, dont les maisons sont construites en pierre, et l'orge s'y cultive en grande quantité. Un fait qui mérite d'être signalé, c'est que ce district d'Ombo, bien qu'il soit à une altitude presque égale à celle du reste du plateau, est le seul endroit où il y ait quelque culture depuis Chabouk-zinga, à la distance de 35 jours de marche d'un côté, jusqu'à Lhassa, à 39 jours de marche de l'autre. L'altitude d'Ombo est de 15,240 pieds. C'est une tradition chez les habitants qu'il y a plusieurs siècles un grand et puissant *Gyalpo* ou roi vivait à Ombo et régnait sur tout le pays du Hor. Il fut soumis par le *Gyalpo* de Lhassa.

De là au grand lac de Tengrinor ou Namchou le pays est élevé à 15,000 ou 16,000 pieds au-dessus du niveau de la mer, ses eaux découlant des montagnes qui séparent le plateau de la vallée du Brahmapoutra vont former au nord le vaste système de lacs intérieurs découverts par Nain-Sing. Tous ces lacs sont nouveaux pour les géographes, à l'exception du Tengri-nor. Les plus considérables sont le Dangra-youm-cho, qui a 45 milles de long sur 25 de large, et le Kyaring-cho, d'une longueur de 40 milles et d'une largeur de 8 à 12 milles. Ces lacs sont remplis de poisson et fréquentés par des milliers d'oiseaux sauvages.

Après avoir longé la rive nord du Tengri-nor, Nain-Sing suivit la route qu'avait prise un autre pundit en 1872 pour se rendre à Lhassa. Il arriva dans cette ville le 18 novembre. Dans la crainte, qui n'était que trop bien fondée, d'être découvert, il ne demeura que deux jours à Lhassa, d'où il alla à l'ancien monastère de Sama-yé-gonpa, qui renferme une riche bibliothèque bouddhiste, et où les images du temple sont en or pur.

Ensuite il passa deux jours à descendre le cours du Brahmapoutra, qu'il traversa au point le plus bas connu en amont, où le fleuve a 500 mètres environ de largeur et 20 pieds de profondeur, avec un courant assez lent. Il arriva à une grande ville appelée Chetang, située sur la droite où il y a deux monastères avec 700 lamas. Là il constata que le Brahmapoutra continue de couler vers l'est jusqu'à une distance de 30 milles et tourne ensuite au sud-est.

A Chetang la route remonte la vallée du Yelung, affluent du Brahmapoutra sur sa rive droite, lequel coule à travers une riche et fertile vallée, où l'on rencontre des arbres fruitiers et de grands morceaux de terre semés de blé et d'orge. A 36 milles plus loin, Nain-Sing atteignit la plaine herbeuse de Dalatang, qui va sur une étendue de 15 milles, jusqu'à la passe de Karkang-la, traversant la chaîne centrale de l'Himalaya, à une altitude de 16,210 pieds. Une marche de 70 milles, dans la direction du sud, à travers un pays élevé amena le voyageur à la passe de Kya-kya, qui conduit dans la vallée du Tawang, sur les versants méridionaux de la chaîne du sud. Là, à Chondjong, dans la vallée de Choukhang, se tient un grand marché, où les marchands du Tibet viennent faire des échanges avec ceux d'Assam. Ce marché, lorsqu'il est le plus florissant, contient plusieurs centaines de boutiques. Nain-Sing fut retenu quelques mois à Tawang, et enfin arriva à Odalgouri, dans la province d'Assam, le 1er mars 1875, et à Calcutta, le 11 du même mois.

Cette curieuse exploration, qui a duré près de deux années, a produit de précieux résultats pour la géographie.

La distance des lacs Pangkong, par Lhassa, à Odalgoury est de 1,319 milles, comprenant des contrées inconnues auparavant, sauf une très-courte partie traversée par un autre pundit en 1872; 1,200 milles étaient entièrement inconnus; et Nain-Sing a parcouru toute cette étendue en se livrant à des recherches dans tous les sens : il a fait 276 observations astronomiques pour prendre des latitudes, et 497 pour s'assurer de l'élévation des lieux au-dessus du niveau de la mer. Il a déterminé l'extrémité occidentale des lacs Pangkong, découvert un système de nombreux lacs et de nombreuses rivières, clairement démontré l'existence de la vaste chaîne de l'Himalaya septentrional (Gangdis-ri) aux neiges éternelles, fixé l'élévation de plusieurs pics, fait connaître 30 milles du cours du Brahmapoutra, et levé le plan de la route du Tibet à l'Inde par Tawang.

L'Explorateur, dans ses numéros 67, 68 et 69, a publié le résumé d'un voyage au Tibet, entrepris par M. T. T. Cooper. Nous ne croyons pas devoir revenir ici sur les conséquences de cette excursion, faite d'abord dans un but tout à fait différent de celui que poursuivent les savants indiens envoyés indirectement par le gouvernement de l'Inde pour étudier les pays limitrophes des possessions britaniques.

M. Cooper comme il s'intitule lui-même est à proprement parler un « pionnier du commerce, » c'est-à-dire qu'il est parti à la recherche non pas de détails scientifiques, ethnographiques, géographiques qui sont le principal but de l'exploration des *pundits*; il avait presque exclusivement en vue de chercher et de se frayer de l'Inde vers la Chine méridionale, une route que pût suivre dorénavant le commerce indo-britannique, et comme il avait été démontré que les chemins n'étaient pas sûrs par la Birmanie, il a tenté de passer sur le territoire Tibétain sans se préoccuper d'autre chose que de s'assurer des facilités et de la sécurité de la nouvelle voie.

Nous ferons observer, au surplus, que le voyage de M. Cooper remonte déjà à quelques années, puisqu'il était de retour à Calcutta en 1868. Les explorations du Pundit, qui font l'objet de cet article, sont plus récentes, et nous maintenons qu'elles ont eu des résultats plus complets, puisqu'elles ont apporté les renseignements les plus exacts et les plus minutieux tant au commerce qu'à la science en général.

P. B.

Tibet. — *Commerce avec l'Inde.* Le commerce de l'Inde avec le Tibet n'a eu jusqu'ici qu'une valeur à peu près nominale; car les exportations d'après les dernières statistiques, sont évaluées seulement à 16, 450 livres sterling (411, 250 fr.), et les importations à 7,505 livres (187,650 fr.)

Cela est dû sans doute au manque ou à la difficulté des communications entre les deux pays; aussi, de son côté, le gouvernement de l'Inde s'efforce-t-il d'ouvrir des routes dans cette direction. On annonce que celle de Dardjeeling, qui passe par Sikkim, est achevée jusqu'à 20 milles de la passe de Chola: c'est une grande facilité déjà offerte au commerce avec le Tibet, qu'on espère voir s'accroître dans un avenir prochain.

L'AQUARIUM DE BRIGHTON

Je demanderai aux lecteurs de l'*Explorateur* de m'accorder quelques instants, pour leur faire connaître un monument que, dans son genre, l'on peut regarder comme le plus beau qui existe, aussi bien au point de vue scientifique que sous le rapport de ses dispositions architecturales et de son aménagement intérieur. Je veux parler de l'aquarium de Brighton. Beaucoup de personnes ne le connaissent que de nom, je crois utile de donner l'historique de ce monument, la disposition des réservoirs et les procédés employés pour la conduite et le renouvellement des eaux. J'ai visité l'aquarium l'année dernière, mais M. J. Reeves Smith, le directeur général, a bien voulu, il y a quelque temps, m'envoyer des renseignements destinés à compléter ou modifier mes notes, la population d'un aquarium étant de celles qui changent chaque jour.

L'idée de construire un aquarium modèle, dans lequel rien ne serait épargné pour en faire le plus beau du monde, vint pour la première fois à M. E. Birch, ingénieur et architecte. En 1866, M. E. Birch étant à Boulogne-sur-Mer, visita l'aquarium de cette ville, en fit une étude consciencieuse, et, ayant noté ses qualités comme ses imperfections, revint en Angleterre avec l'idée bien arrêtée de construire un aquarium sur une vaste échelle. Cependant, il s'écoula quelque temps avant que le projet de M. Birch eût des chances de succès; on hésitait surtout sur le choix de l'emplacement. Enfin, Brighton fut choisi comme le lieu le plus convenable. Jamais choix ne fut plus heureux. Brighton, grande ville de 100,000 habitants, est situé au bord de la mer. C'est une ville de plaisirs, le Nice de l'Angleterre; presque jamais de brouillards, un hiver très-doux, un ciel sans nuages. La plage et les falaises sur lesquelles est construite la ville, s'étendent sur une longueur de près de quatre milles, sans former de port. Les quelques bateaux que l'on voit à Brighton, sont des bateaux pêcheurs ou des barques d'agrément; tout mouvement commercial maritime semble banni de cette ville, comme si cela devait en troubler les distractions et la poésie. Il y a toujours beaucoup d'étrangers à Brighton, une nombreuse population flottante, car on y va l'été pour prendre des bains de mer et l'hiver on y envoie les personnes que leur santé force à quitter les régions froides ou à fuir les brouillards que l'on trouve dans l'intérieur des terres. Brighton est protégé contre les vents du nord par une chaîne de dunes situées à trois milles environ derrière la ville. Tel est en quelques mots le lieu choisi pour y bâtir l'aquarium.

L'emplacement restait à trouver. Brighton ayant deux jetées, on fut d'abord d'avis d'ériger le bâtiment au pied de la nouvelle jetée (Westpier) à l'extrémité qui touche le rivage, mais le conseil de la ville ayant élevé des objections, les promoteurs de l'œuvre allèrent alors s'adresser à la Compagnie de la vieille jetée (Chain pier), lui demandant d'utiliser pour l'installation de l'aquarium un chemin qui conduisait à cette jetée. La proposition ayant été acceptée, il fut convenu qu'une requête serait portée au Parlement, pour mettre les auteurs du projet à même d'acquérir l'emplacement nécessaire d'obtenir l'espace suffisant pour établir le long du bord de la mer, une voie, qui, prenant à fa jonction de King's road et de Marine parade, devait donner un nouvel accès à la jetée. Le projet contenait encore la clause suivante : Marine parade devait être élargie à son extrémité ouest, c'est-à-dire au point où elle rencontre King's road, par l'adjonction d'une partie des terrains concédés à la Compagnie d'aquarium. En considération de l'embellissement qui devait résulter de ces mesures pour la ville, et des avantages qu'elle retirerait de l'établissement de l'aquarium, le conseil voulut bien entrer dans les frais de construction pour une somme de 175,000 francs (7,000 liv. st.).

Mais le plus difficile n'était pas fait. L'emplacement choisi se prêtait aussi peu que possible à l'établissement d'un aquarium. En effet, Marine parade est, pour ainsi dire, la continuation ou le prolongement de King's road; seulement si l'on se dirige vers Marine parade, au point de jonction, le chemin commence à monter, gravissant une falaise à pic, qui ne laisse entre elle et la mer qu'un espace de plage très-petit et cette plage est presque couverte par la mer, quand celle-ci est trop forte. C'est ce terrain au pied de la falaise, muré pour lui donner plus de consistance à cette extrémité de Marine parade, c'est cette sorte de chemin conduisant à l'ancienne jetée qui devint la propriété de la Compagnie de l'aquarium. Il s'agissait donc de lutter contre l'envahissement de la mer, et, d'un autre côté, de faire le monument assez bas pour que le toit ne dépassât pas les falaises. En agissant ainsi on aurait enlevé la vue de la mer aux maisons construites du côté nord de Marine parade, et un monument construit dans de telles conditions aurait, d'ailleurs, choqué l'œil.

On a remédié au premier de ces inconvénients en construisant une forte

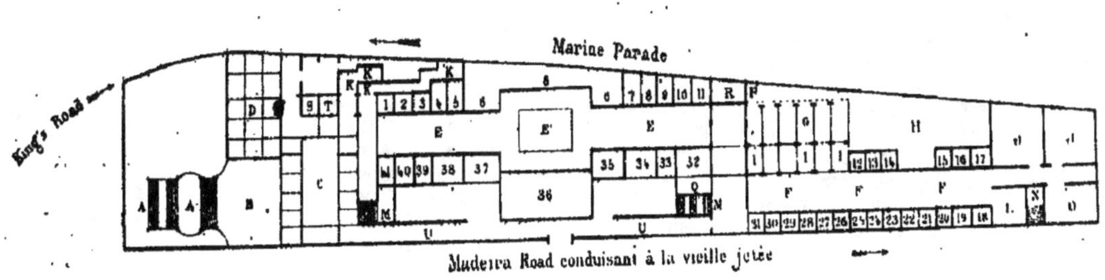

PLAN DE L'AQUARIUM

digue de béton et de pierre de Portland, et, au second, en faisant de telles fondations, que le toit en terrasse de l'aquarium est de niveau avec King's road.

Telles furent les difficultés qu'il fallut vaincre, difficultés en apparence insurmontables, mais qui ne découragèrent cependant pas M. E. Birch, ingénieur et architecte, par les soins duquel l'aquarium fut érigé et disposé, tel qu'il est aujourd'hui.

L'acte du Parlement, autorisant la construction de l'aquarium, fut rendu en juillet 1868; ce fut en automne 1869 que les travaux commencèrent.

Avant d'entrer dans la description même de l'aquarium, je prierai le lecteur de jeter un regard sur le petit plan que je joins à ce travail, et qui est absolument nécessaire pour bien comprendre la disposition intérieure du bâtiment.

La construction mesure 715 pieds de long (le pied vaut 30 centim. 479) pour une largeur moyenne de 100 pieds; comme on peut le voir, le bâtiment est très-étroit par rapport à sa longueur, mais on ne s'étonnera pas de cette particularité, si l'on se rappelle ce que j'ai dit plus haut, c'est-à-dire que l'espace compris entre les falaises de Marine parade et la mer est fort restreint. Vu extérieurement, le monument est étrange plutôt que joli; cependant le style italien qui domine dans l'architecture plaît à l'œil, on remarque surtout le toit à l'italienne, formant terrasse. On se rend à cette terrasse par des escaliers placés à l'intérieur de l'aquarium, ou par des chemins en plan incliné qui en facilitent l'accès aux petites voitures dans lesquelles on promène les malades. Là sont placés de grands vases pleins de fleurs, et des sièges qui permettent, tout en se reposant, de respirer l'air frais de la mer et d'en admirer l'immensité. Les diverses sculptures que l'on rencontre sont dues au ciseau de M. H. Pinker junior de Brighton, et elles sont exécutées avec beaucoup d'adresse. Les chapiteaux des quatres colonnes qui soutiennent la salle centrale, représentent les quatre saisons : à gauche, le Printemps et l'Eté; à droite l'Automne et l'Hiver.

Pour pénétrer dans l'aquarium par l'extrémité ouest, c'est-à-dire à la jonction de King's road et de Marine parade, le visiteur descend un escalier de granit de 20 pieds de large et d'un très-bel effet, conduisant à la cour d'entrée, qui n'a pas moins de 60 pieds de long sur 40 de large. La façade du bâtiment n'a que 18 pieds de haut, et se compose de cinq arches reposant sur des colonnes et ornées de terres cuites; au-dessus de ces arches, sur la frise qui les sépare du balcon de la terrasse, sont inscrites ces paroles : « And God said : let the waters bring forth abundantly the moving creature that hath life ». Et Dieu dit : Que les eaux apportent en abondance la créature qui possède le mouvement et la vie. »

Lorsque l'on est dans la cour d'entrée, on a à sa gauche un restaurant et à sa droite un mur qui soutient le chemin que la Compagnie s'était engagée à faire entre l'aquarium et la mer, et qui donne seul accès à l'ancienne jetée. Dans ce mur sont pratiquées des niches ornées de vases. Trois portes conduisent de cette cour dans la salle d'entrée qui a 80 pieds de long sur 45 de large. Là, sont disposées des tables chargées de journaux et de revues. Entre les quatre colonnes dont nous avons déjà parlé à propos des sculptures, se trouvent de beaux piédestaux d'un modèle très-artistique, surmontés de vases en verre, contenant les spécimens des plus petits des animaux d'eau douce et d'eau salée, qui, placés dans les grands réservoirs, eussent été perdus et invisibles. Dans un enfoncement du mur, faisant face à la porte d'entrée principale, sont placés quatre microscopes fixes, dans lesquels on peut voir des sujets d'histoire naturelle ayant trait au monde de la mer. A gauche de cette salle d'entrée, où sont également exposés les squelettes et les corps conservés de quelques animaux intéressants morts dans l'aquarium, se trouvent le cabinet du Directeur, des salons de repos, les cuisines du restaurant, etc.;

et au fond, du même côté, c'est-à-dire à l'est, est l'entrée du grand corridor ouest (EE'E) qui est en même temps l'entrée de l'aquarium proprement dit. Ce corridor mesure 220 pieds de long sur 45 de large. Le plafond, qui est à arêtes, est construit en briques de différentes couleurs et s'appuie sur des piliers en pierres de bath, en serpentine et en granit d'Aberdeen. Les chapiteaux de ces colonnes représentent des sujets marins. Le jour arrive dans cette longue salle par les réservoirs qui sont placés de chaque côté, et par une prise de lumière qui se fait au milieu du corridor en E' au moyen de verres de couleurs, sortes de hublots disposés au plafond. Vingt et un réservoirs garnissent ce corridor; ils vont en augmentant de grandeur depuis 11 pieds de long sur 10 de large, jusqu'à 100 pieds de long sur 40 de large, dimension du réservoir n° 7 qui contient 110,000 gallons d'eau (le gallon vaut 4 lit. 543). Ce réservoir colossal est formé par des verres de 1 pouce d'épaisseur (le pouce vaut centimètres 2,539), c'est le plus grand de tous et il est réservé aux animaux de grandes dimensions; marsouins, tortues, esturgeons, etc. Celui qui vient après comme grandeur porte le n° 36, il mesure 50 pieds de long sur 30 de large, et fait face à l'autre. A l'extrémité du corridor dont nous sortons, se trouve une serre qui conduit à des rochers du sommet desquels se précipite une cascade, puis au second grand corridor est (FFF) qui limite la partie sud de l'aquarium et s'étend le long d'une magnifique serre à fougères. Les rochers dont nous avons parlé plus haut forment aussi des bassins où l'on a placé les phoques.

Entre la serre (G) et le corridor est, sont disposées six tables formant réservoir à leur surface. Ces tables-réservoirs sont de forme octogone et donnent asile aux sujets marins les plus délicats et les plus rares; à l'extrémité est se trouvent des appareils servant à montrer le développement des œufs de truite et de saumon.

La longueur entière du second corridor est de 160 pieds environ. Un espace de 90 pieds de long sur 23 de large dans la partie est du corridor est consacré à l'exposition des animaux d'eau douce. Lorsque l'on arrive à l'extrémité du corridor on se trouve en face du cabinet des naturalistes, dans lequel sont disposés des réservoirs ouverts, des machines et des pompes pour amener l'eau et l'aérer constamment.

L'eau salée qui sert à alimenter les réservoirs est prise directement de la mer et conduite par des pompes à vapeur dans des bassins construits sous les corridors, ces mêmes pompes la font ensuite monter dans les réservoirs. Les bassins peuvent contenir 500,000 gallons d'eau et être remplis en 10 heures environ. Cette eau est sans cesse aérée et mise en mouvement par un courant d'air comprimé auquel des machines spéciales placées sous les réservoirs donnent naissance, tout en maintenant la température de l'eau et en faisant disparaître les impuretés organiques que cette eau pourrait contenir. Ce système que l'on a adopté est de beaucoup préférable à tous ceux employés jusqu'à ce jour.

Nous n'entrerons pas dans une description détaillée des réservoirs, ils ressemblent à tous ceux qui ont été établis dans les autres aquariums et ne s'en distinguent que par leur dimension. Ces réservoirs sont au nombre de quarante et un en tout.

Nous nous contenterons de signaler encore quelques parties de l'aquarium, qui prouveront avec quel soin il a été construit et comme toutes choses ont été établies pour la plus grande commodité de chacun, en priant le lecteur de se reporter au plan où l'on trouvera la disposition des cabinets des naturalistes, des bureaux des gardiens, des appareils de chauffage, etc...

Deux naturalistes sont attachés à l'aquarium : MM. F. Buckland et Henry Lee; et un ingénieur, M. E. Birch.

L'aquarium tel que nous venons de le décrire ne fut livré au public qu'au mois d'avril 1872. A Pâques de la même année, il avait été ouvert, provisoirement, à l'occasion de la visite à Brighton de S. A. R. le prince Arthur; mais on le referma aussitôt après le départ du prince. Quelques mois plus tard, on profita du séjour à Brighton de l'Association britannique et l'ouverture se fit en présence des membres les plus distingués de l'Association, du lord maire de Londres, et de Sir John bordy Burrows, alors maire de Brighton.

Il ne faudrait pas croire que, comme cela arrive trop souvent en France, le savant seul puisse trouver de l'intérêt à visiter l'aquarium. En effet, les distractions qui, par leur nature même, sont à la portée de tout le monde, n'ont pas été exclues de l'établissement. Un très-bon orchestre se fait entendre chaque jour près de la cascade, et, comme nous l'avons déjà dit, des brochures et des journaux sont gracieusement mis à la disposition des visiteurs; enfin, dernier détail, futile en apparence, mais qui prouve le soin que l'on prend en Angleterre de ne rien épargner pour le bien-être et l'amusement de chacun, on a établi depuis quelque temps, un club de joueurs d'échecs où les membres des autres clubs peuvent se livrer à leur jeu favori.

Malgré la distance qui sépare Londres de Brighton (80 kilomètres par le chemin de fer), les moyens de locomotion sont si faciles et le prix en est si peu élevé (4 shillings ou 5 francs aller et retour) que tout le monde est ainsi mis à même de visiter une des plus grandes curiosités du Royaume-Uni.

Ici finissent les renseignements que j'ai regardés comme indispensables pour donner un aperçu de cette œuvre capitale, et je commencerai maintenant la liste des animaux que renferme l'aquarium, liste quelque peu aride, j'en conviens, mais que j'essayerai de donner sous sa forme la moins sèche. Je présenterai aux lecteurs les animaux dans l'ordre de classification suivi par le Dr Gunther, dans son catalogue du musée britannique m'attachant à donner sur chacun d'eux que les détails que j'appellerai originaux, renvoyant aux livres spéciaux d'histoire naturelle pour tous les autres renseignements.

LAURENT.

(A suivre.)

INFORMATIONS

SOCIÉTÉ ITALIENNE DE GÉOGRAPHIE

Séance du 18 juin. — Présidence de M. CORRENTI.

La question de la mer intérieure du Sahara. — Le président Correnti a ouvert la séance en expliquant le motif de la prorogation et en annonçant que la prochaine assemblée solennelle se tiendra dans le nouveau local du Collège romain dont les aménagements sont déjà achevés. Ensuite il a signalé, parmi les informations géographiques les plus importantes, celles qui concernent l'exploration des chotts tunisiens, accomplie par le capitaine Roudaire, qui annonce avoir trouvé pleinement confirmées ses conjectures relativement à la possibilité de rouvrir le canal Tritonien et de ramener les eaux de la Méditerranée dans le marais de Paladiu qui ne serait autre que le chott de Melrir.

Le Président, tout en rappelant que l'expédition italienne de Gabès avait abouti à des observations contraires à l'assertion du capitaine Roudaire, exprime le vœu que les conclusions de meilleur augure de l'expédition française soient couronnées de succès. Enfin, il a dit quelques mots des études dont le grand désert est l'objet, des nouvelles difficultés qu'on rencontre pour le rendre accessible et habitable, des tentatives des Anglais sur la partie du Sahara qui confine à l'océan Atlantique.

Le professeur Uzielli a pris ensuite la parole. Il a lu et commenté deux lettres du comte Savorgnan de Brazza, sur l'Ogooué, puis il a raconté comment il est parvenu à trouver les manuscrits du comte Annibal Ranuzzi de Bologne, auteur du premier annuaire géographique italien et fondateur, il y a plus de trente ans, d'un Institut géographique, dont la Société italienne de géographie se prépare à honorer dignement le souvenir, en associant au nom de Ranuzzi ceux d'autres précurseurs des études géographiques, G.-P. Cart Zuccagni-Orlandini et Marmocchi.

En dernier lieu, après avoir donné lecture des noms des nouveaux membres et de la liste des nombreux dons adressés pendant le mois à la Société, le président a prévenu que l'Association pour la protection des émigrants, qui a trouvé l'hospitalité dans le local de la Société de géographie, se propose d'adresser des remontrances au gouvernement national pour que, au lieu d'entraver l'émigration, il la régularise et la mène à bien, au moyen de subventions appropriées; elle fait la proposition que la Société de géographie se joigne dans ce but à la société-sœur.

Nécrologie. — On annonce la mort du savant géographe allemand, Petermann, à qui ses *communications* (Mittheilungen) *géographiques* ont acquis une si grande et si juste célébrité dans le monde scientifique.

Auguste-Henri Petermann était né le 18 avril 1822, à Bleicherode, petite ville de la Saxe prussienne. Il montra de très-bonne heure un goût particulier pour l'étude de la géographie; en 1839 il devint élève de l'Académie spéciale que venait de fonder, à Potsdam, le savant géographe Berghaus, dont il fut ensuite, pendant six ans, le secrétaire et le bibliothécaire, ainsi que le collaborateur, car il prit une part active à la confection du grand *Atlas physique* de son maître. L'édition anglaise, parue à Édimbourg en 1847, porte même son nom. Il fut mis alors en relations avec les illustrations de la science, notamment avec le baron de Humboldt, pour qui il dressa la carte de l'Asie centrale.

En 1845, il quitta l'Allemagne pour se rendre à Édimbourg, puis, deux ans après, à Londres, où il fut reçu membre de la Société royale de géographie.

il écrivit de nombreux et remarquables articles sur les progrès de la géographie dans le journal l'*Athenæum* et l'*Encyclopædin britannica*, publia l'*Atlas de géographie physique* en collaboration avec le révérend Thomas Miluer, et un *tableau de l'Afrique centrale* d'après les explorations les plus récentes. C'est en grande partie, grâce à son influence, à ses incessantes sollicitations que le gouvernement anglais confia aux voyageurs allemands Barth, Overweg et Vogel des missions qui n'ont pas été stériles et pour la science et pour le commerce.

Petermann s'est aussi occupé des régions polaires; l'autorité de ses opinions relativement à la géographie arctique a été longtemps mise en doute; malheureusement la découverte de la terre François-Joseph les a considérablement discréditées. C'est lui qui, de 1865 à 1868, organisa une expédition prussienne au pôle Nord, qui devait se combiner avec une expé dition américaine et l'expédition française projetée par le capitaine Lambert. En 1854, il accepta la chaire de géographie, que lui offrit le duc de Saxe-Cobourg, à l'université de Gotha; et en 1855 il reçut de Goettingue le diplôme de docteur en philosophie. C'est à partir de cette époque qu'il a pris la direction du grand établissement géographique de l'éditeur Justus Perthes de Gotha, et qu'il a présidé à la publication des célèbres *Mittheilungen*, revue mensuelle d'une si haute importance scientifique.

Il ne faut pas confondre le géographe Auguste-Henri Petermann, dont nous venons de rappeler sommairement les titres à l'estime et aux regrets du monde savant, avec Jules-Henri Petermann, dont la mort récente est également annoncée : Celui-ci était un orientaliste distingué, né à Glauchau, en Saxe, en 1805. Il avait été professeur de littérature orientale à Berlin, en 1837, et consul de Prusse à Jérusalem, 1867-1868. On lui doit des grammaires arménienne, arabe, chaldéenne et hébraïque, et plusieurs ouvrages curieux sur les littératures de l'Orient.

Marine française. — *Mort de l'amiral Bénic.* — Le contre-amiral Bénic commandant en chef la division navale des Antilles, est mort par suite d'un transport au cerveau, à bord du croiseur la *Minerve*, où flottait son pavillon. L'honorable amiral, par un testament qu'il fit au mois de juillet 1875, au moment de son départ, aurait institué pour son légataire universel la Société centrale de sauvetage des naufragés.

Un Congrès philologique aura lieu à Copenhague du 18 au 21 de ce mois. Bien que le caractère général de cette assemblée soit scandinave, les philologues de tous les pays y sont invités; l'invitation est faite par un comité de professeurs des cinq universités de Danemark, de Suède et de Norvège.

En outre des réunions générales, le Congrès se partagera en quatre sections distinctes, savoir : 1º philologie classique; 2º philologie du nord et germanique; 3º langues modernes; 4º discussion philologico-pédagogique (enseignement de la philologie).

Colonies françaises. — *Compte rendu des travaux de la commission de surveillance de l'Exposition permanente des colonies pendant les mois de mars, avril et mai 1876.* — La commission a continué à s'occuper, pendant ces trois derniers mois, de la question de la ramie; elle possède déjà une bonne machine pour l'extraction des fibres des tiges sèches, et l'inventeur de cette dernière, M. Roland, n'attend, pour parfaire l'appareil destiné à manipuler les tiges fraîches, que la coupe des premières pousses de la plantation faite par M. Martin Servais dans le département de Vaucluse. Déjà, également, des échantillons de peignés et de blouses, préparés suivant les procédés du docteur Graugnard, ont été envoyés à divers filateurs et fabricants de draps; enfin, deux compagnies françaises sont, en ce moment, en voie de formation pour la préparation de la ramie dont les usines de Wakefield avaient jusqu'à présent le monopole, au grand détriment de nos industriels auxquels les détenteurs anglais refusaient de livrer la matière peignée et blanchie.

Les procédés français différeront sensiblement de ceux en usage chez nos voisins; au lieu de cotonniser les fibres, ce qui leur enlève la plus grande partie de leur force, ou leur fera subir une légère désagrégation ayant une certaine analogie avec le rouissage du lin, et on les travaillera à l'état écru, c'est-à-dire en leur conservant tout leur nerf.

Suivant M. Verdure, de Lille, les fils ainsi préparés ont peu d'apparence, mais leur torsion se maintient parfaitement et ils ne sont pas duveteux, ce qui n'a pas lieu pour les produits anglais; en outre, lorsqu'ils sont soumis au lessivage, au blanchiment ou à la teinture, ils prennent le brillant, le soyeux de la ramie cotonnisée sans que leur force de résistance en soit en aucune façon altérée.

Le procédé Verdure permet d'obtenir au peignage un rendement de 48 à 55 0/0, en brins d'une longueur double, ou peu s'en faut, de ceux que fournit la matière cotonnisée et très-propres à la fabrication des nºs 80, 90, 100 et au-dessus, numérotage du lin; il permet également l'emploi des machines à filer le lin, dont beaucoup chôment en ce moment.

Parmi les instructions complètes envoyées dans nos colonies sur la culture de la ramie, figurent en première ligne les recommandations : 1º De ne pas laisser la plante dépasser la hauteur d'un mètre 30 au plus, les fibres atteignant à ce moment leur plus grande valeur; 2º de la couper bien au ras du sol et enfin de restituer à ce dernier, après l'extraction des fibres, les cendres des déchets provenant de cette opération. Ces cendres contiennent 32,37 0/0 de potasse, 16,39 0/0 de soude, et 9,61 0/0 d'acide phosphorique. On recommande également de ne pas faire rouir les tiges sur les lieux de production, vu la difficulté de bien conduire cette opération dans les pays chauds; elle est, en effet, considérée comme dangereuse en Chine et à Sumatra où on se contente de faire tremper les fibres aussitôt après leur extraction, pendant une période de temps variant de 12 heures à 3 jours.

Déjà des machines Roland ont été envoyées à la Guyane, en Cochinchine, à la Réunion, à la Guadeloupe, etc., etc., et il est probable que, dans quelques années, nos colonies, aujourd'hui si éprouvées par l'avilissement du prix des sucres et la baisse des vanilles, trouveront d'importantes ressources dans l'exportation de la ramie.

D'habiles ingénieurs font actuellement des essais pour élever le rendement en veson de la canne à sucre de 60 à 75 et même à 80 0/0; on peut donc encore espérer que l'industrie sucrière de nos établissements d'outre-mer se relèvera jusqu'à un certain point; mais l'emploi de la vanilline, s'il se généralise, menace la principale culture secondaire de la Réunion. Préparée d'abord avec la séve des sapins, cette matière s'extrait maintenant des goudrons de houille et son prix est déjà tombé de 17 fr. à 3 fr. le gramme, ce qui semble défier toute concurrence.

Le commerce des gommes du Sénégal paraît également menacé, tant à cause d'une grande baisse de prix, résultant de la découverte d'apprêts meilleurs pour les étoffes, que par suite de la diminution inquiétante des quantités apportées par les Maures dans les escales du fleuve. Il est donc nécessaire que cette colonie se crée de nouvelles ressources : déjà les essais de naturalisation de la ramie y ont donné de bons résultats; la culture du gros mil (Sorghum vulgare) va y être en outre très-étendue, en vue de l'exportation; on en tire 41 0/0 d'alcool à 95º, sans arrière goût, ce qui le rend propre aux mélanges. — Signalons encore l'envoi du Sénégal à Paris, à titre d'essai, de 500 kil. de bonne ichthyocolle, de graines de Benaïté (Moringa Pterigosperma) pour fabrication d'huile d'horlogerie, et de divers autres produits en ce moment à l'étude.

La commission de surveillance de l'Exposition a également reçu de la Nouvelle-Calédonie un échantillon de laine en suint, présentant un grand intérêt comme production nouvelle et appelée à un grand avenir. Suivant M. de Montagnac, de Sedan, cette laine perd 35 0/0 au dégraissage; par sa hauteur et son peu de finesse, elle ne peut être employée que pour le peigne; mais, par sa nature assez soyeuse et exempte de jarres, elle serait certainement recherchée. Dégraissée, elle vaudrait 5 fr. 50 le kil. au minimum et 6 fr. au maximum, ce qui représente, *en gros*, un prix de 3 fr. 75 à 4 fr. le kilogramme.

L'échantillon dégraissé présente des qualités remarquables; la laine en est suivie et régulière, pleine, à très-longs brins et d'une douceur qui la distingue des autres laines communes. Elle pourrait être facilement améliorée par des croisements faits avec intelligence.

De grands efforts sont faits par le comité d'exposition de la Nouvelle-Calédonie pour développer les ressources que possède la colonie; l'arbre à pain et le muscadier vont y être propagés par ses soins et on se prépare à y introduire des oiseaux insectivores pour combattre les sauterelles; enfin, on s'occupe d'y rechercher les terrains les plus propres à la culture du quinquina.

Déjà dans un des bulletins précédents nous avons fait connaître les heureux résultats des tentatives faites pour l'introduction de ce précieux végétal à la Réunion; le dernier coup de vent qui a ravagé ce pays a malheureusement très-maltraité les jeunes plantations, mais sans décourager nos colons.

La commission de surveillance étudie avec soin, en ce moment, les procédés employés par les Anglais pour la production du thé et du quinquina dans les Nilgherries (Jude) et ne néglige rien pour doter de ces cultures toutes celles de nos possessions placées dans des conditions climatériques analogues.

France. — *La marine marchande.* — M. Lecesne, député de la Seine-Inférieure, vient de déposer le 16 juin dernier sur le bureau de la Chambre une proposition de loi que le journal *le Bon Sens* résume en ces termes :

1º Maintien de l'abolition des surtaxes de pavillon;

2º Maintien des surtaxes d'entrepôt;

3º Extension des franchises de pilotage;

4º La visite ne sera plus exercée que tous les six mois;

5º Abrogation de la loi du 30 janvier 1872, pour les droits de mutation sur vente de navires; retour à la loi du 21 avril 1818;

6º Réduction du droit proportionnel de la patente des armateurs sur le navire.

7º Inscription au budget d'un crédit de 2 millions par an, pendant dix années, pour favoriser la construction, qui ne jouirait plus de l'entrée en franchise des matières premières ;

8° Création d'un fonds de crédit de 30 millions à ouvrir à la marine, par un contrat à passer entre l'Etat et une société de crédit.

9° Inscription au budget d'un crédit de huit millions par an, pendant dix années, pour venir en aide à la navigation maritime : chaque unité de tonnage recevrait, par mois de navigation, une prime variant de cinquante centimes à deux francs, selon l'âge du navire, lorsque ce tonnage ne s'applique ni à la grande ni à la petite pêche, ni à une navigation subventionnée.

Les taxes postales pour les colonies françaises. — Depuis le 1er juillet 1876, le prix d'affranchissement des correspondances expédiées de a France et de l'Algérie à destination des colonies ou établissements français sans exception, et des Indes orientales britanniques (Hindoustan, Birmanie britannique et Aden) est uniformément fixé comme suit :

Lettres ordinaires, 0 fr. 40 par 15 grammes.

Lettres recommandées, 0 fr. 40 par 15 grammes, et droit fixe de 0 fr. 50.

Cartes postales ordinaires, 0 fr. 20.

Cartes postales recommandées, 0 fr. 45.

Papiers d'affaires, échantillons, journaux et autres imprimés : ordinaires, 0 fr. 08 par 50 grammes; recommandés : 0 fr. 08 par 50 grammes et droit fixe de 0 fr. 25.

Les lettres non affranchies provenant des colonies françaises et des Indes orientales britanniques sont passibles, à la charge des destinataires, d'une taxe de 0 fr. 60 par 15 grammes.

École de commerce de Lyon. — Cette école fondée par la chambre de commerce et placée sous son patronage, prend chaque jour de nouveaux développements.

C'est ainsi qu'elle s'est d'abord complétée par un internat où seront reçus les élèves du dehors. Cette première amélioration, demandée dès le début par un grand nombre de familles, sera réalisée à la rentrée de novembre.

Aujourd'hui, il s'agit d'annexer à l'Ecole de commerce une école théorique et pratique de tissage. C'est une nouvelle institution entée sur la première.

Lyon étant, par excellence, la ville du tissage, on se demandait comment, jusqu'à présent, aucune école supérieure de ce genre n'y avait été fondée. tandis qu'il en existait à Rouen, à Reims, à Saint-Quentin et dans un grand nombre d'autres villes de France et de l'étranger.

Cette lacune va être comblée. La chambre de commerce, qui a toujours considéré la prospérité et les destinées de notre industrie comme liées à la propagation et à la diffusion de l'instruction sous toutes ses formes, a voté, dans sa séance du jeudi 29 juin, une subvention de 50,000 francs en faveur de cette nouvelle fondation.

Les élèves de l'école de tissage devront, avant d'y être admis, avoir suivi pendant un an au moins les cours de l'école de commerce et seront soumis au règlement général de l'école.

Cette nouvelle institution, s'ajoutera à toutes celles que Lyon possède déjà en si grand nombre : l'école de la Martinière, l'école centrale, l'école Saint Pierre, les cours de l'enseignement professionnel, l'école de commerce.

Un nouveau port à Boulogne-sur-Mer. — Le Conseil général des ponts et chaussées a émis un avis favorable à la création d'un nouveau port à Boulogne. La dépense est évaluée à 17 millions, qui seraient fournis par une Compagnie anglo-française. L'assentiment des Chambres sera demandé dans le cours de la prochaine session.

Le port de Cette. — Depuis quelques années surtout, le mouvement des affaires commerciales, et parallèlement celui de la navigation ont pris, dans ce port situé à l'extrémité sud-est du département de l'Hérault, un développement considérable qui va toujours en progressant, de sorte que le port marchand n'est plus assez vaste pour contenir les navires de toute sorte qui le fréquentent.

La ville de Cette est construite sur un isthme entre la Méditerranée et l'étang de Than. Or, des ingénieurs sont occupés depuis quelque temps à opérer des sondages dans l'étang, dans le but de s'assurer si des bâtiments d'un très-fort tonnage pourraient y trouver un abri convenable. Les expériences ont jusqu'ici donné des résultats satisfaisants, et si le rapport que doivent présenter les ingénieurs est favorable au projet, il serait question de rien de moins que de percer l'isthme en arrière de la ville et de transporter le port dans l'étang. Par suite de cette combinaison, la ville serait presque tout entière déplacée ; mais le port ne tarderait sans doute pas à acquérir une importance presque égale à celui de Marseille.

Corse. — *La sériciculture.* — La campagne séricicole n'a pas été aussi heureuse que l'on était en droit de l'espérer. L'éclosion des vers à soie a eu lieu dans les meilleures conditions, les graines étaient parfaites, mais les changements atmosphériques et les pluies torrentielles qui sont survenues en dernier lieu ont causé les plus grands dommages. Les feuilles de mûrier saturées d'eau étaient mauvaises et froides, et les jeunes vers qui les mangeaient n'ont pas tardé à périr, malgré toutes les précautions prises par les éducateurs. Quelques-uns, néanmoins, ont très-bien réussi, et j'en connais qui pourront livrer au commerce de fort beaux cocons et des graines de premier ordre en quantité relativement assez considérable.

De mémoire d'hommes, on n'a vu un printemps aussi pluvieux et aussi froid que celui que nous venons de subir cette année en Corse. Les anciens du pays affirment n'en avoir pas connu d'aussi inclément. Les céréales ont souffert aussi, ainsi que la vigne. Les oliviers, par contre, promettent la récolte la plus abondante.

W.-A. Charpentier,

Angleterre. — *Honneurs décernés à Cameron.* — Les honneurs dont le lieutenant Cameron a été l'objet de la part de ses compatriotes et du gouvernement anglais depuis son retour d'Afrique, en même temps qu'ils les sont une juste récompense accordée au mérite et au courage, montrent quel prix l'Angleterre attache aux explorations destinées à ouvrir de nouveaux débouchés à son commerce, et peut-être aussi une nouvelle carrière à son influence et à sa domination. L'explorateur du Tanganiyka a été créé compagnon de l'ordre royal du Bain ; c'est la première fois que cette distinction a été conférée à un officier d'un grade si peu élevé.

Angleterre. — *Tonnage de la marine marchande.* — M. Brassey a lu récemment à l'Institution royale des services unis un Mémoire sur la marine marchande considérée comme auxiliaire de la marine royale, dans lequel il dit que les forces de la marine marchande doivent être mises en réquisition et organisées de manière à pouvoir être utilisées militairement en cas de besoin.

Cette marine, dont le tonnage est de 1,825,000 tonnes pour les bâtiments à vapeur, possède 8 bâtiments à vapeur de 2,000 tonnes et plus ; 24, de 2,500 à 3,000 tonnes; 55, de 2,000 à 2,500 tonnes ; 165, de 1,500 à 2,000 tonnes; 167, de 1,200 à 1,500 tonnes. Les petits steamers de moins de 200 tonnes, au nombre de 11,373, pourraient être transformés aisément en bâtiments de guerre au moyen d'un ou deux canons, et de la torpille de Harvey.

Berlin port de mer. — On sait que des études se font en ce moment sur la Seine, afin de la rendre navigable pour les navires, et par suite de faire de Paris un port de mer. Cette transformation de la capitale de la République française a, paraît-il, excité l'esprit d'émulation de la capitale de l'empire allemand, qui prétend aussi aux honneurs maritimes. Il faut reconnaître d'ailleurs que la mer est moins éloignée de Berlin que de Paris ; en effet, la petite baie de l'Oder, dans la Baltique, n'est qu'à une distance de 30 lieues (120 kilomètres environ) de Berlin ; et il suffirait de construire un canal de dimensions appropriées, allant de la baie à la ville, pour amener les navires au centre de celle-ci. On évalue à 15 millions de thalers les dépenses d'une pareille entreprise.

Le canal projeté serait de 4 lieues (16 kilomètres) plus court que le canal de l'isthme de Suez.

Cap de Bonne-Espérance. — La colonie du Cap vient de réussir à s'adjoindre les territoires voisins de Fingaland et de Noman'sland (la terre de personne) et la Réserve d'Idutylva.

La reine Victoria a signé les lettres patentes, scellées du grand sceau, qui sanctionnent cette annexion.

Suède. — *État déplorable des affaires.* — *Le port de Drammen.* — L'année 1875 a été malheureuse pour le commerce et la navigation en Suède. Le commerce des bois qui était autrefois brillant a complétement cessé. Les scieries sont au repos et les machines à vapeur ne marchent que le jour. D'énormes quantités de bois s'accumulent dans les chantiers et il ne se présente aucun marchand en gros. On ne peut prendre en ligne de compte les exportations insignifiantes qui ont lieu presque continuellement. La plus grande partie est expédiée en Allemagne. Les affaires des marchands d'objets de manufacture sont dans le plus mauvais état. Ils sont contraints pour faire face à leurs affaires de vendre et de réaliser à tout prix.

On a vu, ce dont on ne se souvient pas depuis de longues années, un grand nombre de bâtiments rester inactifs dans le port pendant toute la saison, ce qui prouve que le prix du fret est non-seulement très-minime mais encore que ce fret est en lui-même peu important. Les armateurs se plaignent des pertes qu'ils ont subies par suite de la rareté du trafic. Plusieurs de leurs bâtiments ont éprouvé des avaries ruineuses pour les armateurs et les assureurs. Plusieurs bâtiments ont fait naufrage.

Les chantiers de construction de Drammen ont livré en 1875, 6 bâtiments jaugeant ensemble 3,020 tonnes; plusieurs autres sont en construction.

Les chantiers de Drammen jouissent dans le Nord d'une certaine réputation et presque tous les vaisseaux des ports de la Norvége viennent à Drammen pour y réparer leurs avaries.

L'avant-port de Svelvig a deux chantiers excellents; l'eau n'y gèle presque jamais.

La pêche du chien de mer a complétement manqué en 1875 pour le port de Drammen.

Les marchands de fourrures ont fait de mauvaises affaires parce qu'ils ne peuvent vendre à l'étranger les peaux de chèvres et de veaux.

Le commerce et la navigation de Drammen avec l'Allemagne sont restés en 1875 à peu près dans les mêmes chiffres qu'en 1874.

Le commerce d'importation à Drammen, de Hambourg par Christiania, a compris 116,767 livres d'objets manufacturés, 195,619 de café, 15,154 de plumes et de duvet, 16,920 de sirops, 15,154 de cuir et de maroquin, 2,020 de thé, 29,930 de vin.

En 1875, l'exportation des bois a atteint 89.184 tonnes, ou 42,470 komzlstaks contre 69,000 komzlstaks en 1874 et 77,934 en 1873.

La valeur totale des importations a atteint 1,205,510 marcs (marc 1,25) contre 1,161,549 en 1874, 812 contre 585,336 marcs en 1874.

La valeur totale des exportations a été de 794,812 contre 585,336 marcs en 1874.

En 1875, 72 bateaux allemands jaugeant 7,316 tonnes sont entrés dans le port de Drammen. Le nombre des bâtiments étrangers venus à Drammen des ports de l'Allemagne est de 72. Les bâtiments non-allemands venant de Drammen et qui sont entrés dans les ports allemands sont au nombre de 55 et jugeant ensemble 6,882 tonnes.

Le chemin de fer du Saint-Gothard. — D'après le dernier rapport mensuel du Conseil fédéral, voici quel était l'état des travaux de la ligne du Saint-Gothard au 31 mars 1876 :

Dans le grand tunnel du Saint-Gothard, la galerie de direction avait atteint à cette date, du côté de Gœschenen, 29,654 mètres et du côté d'Airolo, 28,854 mètres, total, 58,508 mètres; l'élargissement en calotte était fait sur 3,182 mètres, la cunette du strosse était ouverte sur 2,637 mètres et le strosse sur 1,668 mètres.

Du côté de Gœschenen, des infiltrations d'eau peu considérables, mais continues, se sont produites sous formes de gouttes et de pluie s'échappant des joints des couches, surtout dans une longueur de 2,890 et 2,930 mètres. Le débit d'eau total, mesuré à 700 mètres de l'embouchure, a été de 34 litres 5 par seconde; cette eau avait une température de 19°54. La température de l'eau provenant des nouvelles infiltrations a été de 19°6, c'est-à-dire qu'elle a été inférieure à la température moyenne des infiltrations qui s'étaient produites sous la plaine d'Andermatt.

Il n'y a eu en moyenne, pendant le mois de mars, que quatre groupes de compresseurs en activité; le cinquième se trouvait en réparation.

Du côté d'Airolo, de nouvelles infiltrations d'eau, d'un débit d'environ 3 litres par seconde, se sont produites en mars, à 2,810 mètres, sous forme de jets, de pluie et de forte source, surtout à la paroi ouest de la galerie; à 2,347 mètres, un joint de couche a laissé échapper une nouvelle quantité d'eau aussi forte que la première; sous forme de jet, de pluie et de gouttes. Le débit total d'eau, au moment où le tunnel avait atteint une profondeur d'environ 2,837 mètres, s'élevait, le 1er avril, à 238,5 litres par seconde.

Sur les lignes des vallées tessinoises, dans la section Lugano-Chiasso, tous les ponts sauf deux, sont complétement terminés, et les plus grands ont été de nouveau soumis à une épreuve définitive. Le nombre des ouvriers occupés était de 367 par jour en moyenne, et n'ont pas dépassé 505 en un jour au maximum.

Sur les sections de Biasca-Bellinzone et Bellinzone-Locarno, l'épreuve officielle et définitive des ponts les plus importants a aussi eu lieu au commencement de mars.

Pendant ce mois, le temps a été très-défavorable aux travaux en plein air; néanmoins, l'état sanitaire des ouvriers a été satisfaisant.

Le nombre moyen des ouvriers occupés en un jour a été de 474 sur les lignes des vallées tessinoises, et de 3,560 sur la ligne entière du Saint-Gothard. En février, ce nombre avait été de 3,728. Les ouvriers occupés aux travaux préparatoires, sondages, etc., ne sont pas compris dans ce chiffre.

(Correspondance Havas.)

Les volcans des îles Éoliennes. — A quarante-cinq kilomètres au nord de la Sicile, en face de Melazza (Italie), on rencontre dans la Méditerranée un groupe de dix-sept îlots hérissés de montagnes volcaniques et qui, si l'on en excepte le Stromboli, dont les éruptions sont permanentes, se terminent tous par des cratères éteints.

Ce groupe, connu autrefois sous le nom d'îles Éoliennes, porte aujourd'hui celui de Lipari.

Depuis des milliers d'années, le feu souterrain couve dans cette partie de la Méditerranée.

Les correspondances de Naples nous annoncent qu'une éruption vient de se produire sur l'un de ces îlots, celui de Vulcano, qui a jailli du sein des eaux vers les premiers temps de la république romaine.

Le cratère de Vulcano s'était refermé en 1444; le 5 février de cette année, une violente commotion ébranla toute la Sicile, et la montagne vomit pendant plusieurs jours des tourbillons de feu et des matières embrasées.

L'éruption actuelle, qui a commencé le 25 mai, durait encore à la date du 10 juin. Le volcan lançait de la lave, des cendres, des blocs de pierres au milieu d'épaisses colonnes de fumée, et avec un grondement effrayant.

Les voyageurs qui arrivent de l'île racontent que l'on y a ressenti plusieurs secousses de tremblement de terre.

A Lipari, l'îlot le plus ancien du groupe, on craignait que le cratère du Mont Saint-Angelo, éteint depuis deux siècles, ne se remît aussi en travail.

Trieste. — Depuis la restitution de Venise au royaume d'Italie, la ville de Trieste, sur l'Adriatique, est à peu près le seul port de mer important que l'Autriche possède aujourd'hui, de sorte qu'on peut, dans une certaine mesure, juger de l'activité du commerce maritime de l'empire entier par le mouvement de ce port.

Dans le cours de l'année 1875, il est entré dans la rade de Trieste, 12,152 navires, dont 6,616 voiliers, jaugeant ensemble 363,367 tonneaux, et 1,536 vapeurs, d'un jaugeage réuni de 638,971 tonneaux. C'est une légère diminution, comparativement à l'année précédente, où les entrées s'étaient élevées à 12,282, dont 6,857 bâtiments à voiles, de 381,740 tonneaux, et 1,425 navires à vapeur, jaugeant 583,550 tonneaux.

Comme on le voit, le nombre et le tonnage des bâtiments à voiles tend à diminuer, tandis que le tonnage à vapeur va en augmentant.

Voici la part que notre marine marchande a prise à ce mouvement :

En 1875, il est entré dans le port de Trieste 5 navires à voiles français, d'un jaugeage de 1,268 tonneaux; et 5 bâtiments à vapeurs jaugeant 390 tonneaux; — en tout : 10 navires et 1,658 tonneaux. En 1874, on avait compté 8 voiliers français, jaugeant ensemble 1,608 tonneaux; et 1 vapeur de 654 tonneaux; — en tout : 9 navires et 2,262 tonneaux. — C'est donc une augmentation pour le nombre, mais une diminution pour le tonnage.

La population en Turquie. — L'attention se porte en ce moment sur l'Orient. Il nous a donc semblé qu'il ne serait pas sans intérêt de publier quelques renseignements statistiques sur ce pays, séparé de nous moins encore par la distance que par la différence des mœurs. *Le Petit Marseillais* les emprunte à la *Revue orientale*, rédigée par des hommes spéciaux :

« La Turquie d'Europe, en mettant à part les Etats vassaux et en ne comprenant pas le district de Constantinople, qui forme une division particulière, est partagée en six vilayets (gouvernements généraux) ou provinces.

« 1° La Bosnie, divisée en 7 *sandschaks*, parmi lesquels l'Herzégovine ; 2° le vilayet de Monastir, comprenant la plus grande partie du pays montagneux de l'Albanie et s'étendant de la mer Adriatique à l'Archipel ; il est divisé en 6 sandschaks ; le vilayet de Janina, qui comprend l'ancienne Thessalie et l'Epire : 5 sandschaks ; 4° le vilayet de Salonique, répondant à l'ancienne Macédoine, et divisé en trois cercles ; le vilayet d'Andrinople, l'ancienne Thrace : 5 cercles ; le vilayet du Danube, embrassant tout le pays entre le Danube et les Balkans d'une part, de l'autre entre la frontière orientale de la Serbie et la mer Noire : 7 sandschaks.

Constantinople forme, comme nous avons dit, une division à part, dont le rayon ne s'étend pas beaucoup au delà de la banlieue de cette ville, soit sur la rive d'Europe, soit sur celle d'Asie. Sur la rive d'Europe, ce cercle a une superficie de 46 milles carrés, avec une population de 680,000 hommes ; c'est le territoire le plus peuplé de la Turquie d'Europe. Vient ensuite la province d'Andrinople, avec une population relative de 2,168 habitants par mille carré ; Janina, 2,153 ; Salonique, 1,227 ; la Bosnie, 1,095 ; Monastir, 1,015 ; la province du Danube, 960, chiffres tous inférieurs à la moyenne de la population des Etats d'Europe, où l'on compte 1,696 habitants par mille carré. En Espagne même et en Suède, on compte pour la première 1,804, pour la seconde 1,600 habitants par mille carré. La Russie et la Grèce seules sont inférieures, sous ce rapport, à la Turquie ; la première compte 732, la seconde 421 habitants au mille carré. Mais si l'on veut tenir la balance égale, il faut porter en compte la fertilité du sol de la Turquie, sa position méridionale, sa situation sur trois mers.

Voici le relevé de la population en Turquie indiquant le chiffre d'habitants qui appartiennent à l'islamisme et le nombre de ceux qui appartiennent à d'autres religions :

1. Vilayet de Bosnie : mahométans 309,522, non mahométans, 306,707 ;
2. Vilayet de Monastir : mahométans, 485,993 ; non mahométans, 417,805 ;
3. Vilayet de Janina : mahométans, 250,749 ; non mahométans, 467,601 ;
4. Vilayet de Salonique : mahométans, 124,828 ; non mahométans 124,157 ;
5. Vilayet d'Andrinople : mahométans, 235,587 ; non mahométans, 401, 148 ;
7. Vilayet de la province du Danube : mahométans, 455,768 ; non mahométans, 715,938.

D'après ce relevé, la population mâle dans les provinces européennes de l'empire ottoman est de 4,205,803, dont 1,862,447 mahométans et 2,433,356 non mahométans. La population mahométane ne l'emporte que dans 11 sandschaks; dans 22 autres, ce sont les chrétiens qui forment la majorité. La population chrétienne est donc à la mahométane dans la proportion de 57 à 43.

Le chemin de fer français dans l'Afrique centrale. — Nous lisons dans l'*Akhbar, journal de l'Algérie*, sous la signature du rédacteur en chef de ce journal, M. Ponthus de Montlouis :

« Au cours d'une étude publiée au mois de mars dernier, par l'*Explorateur*, sous ce titre : LE CHEMIN DE FER FRANÇAIS DANS L'AFRIQUE CENTRALE, M. Duponchel, auteur de ce remarquable travail, raconte qu'il a été guidé dans ses préférences, pour la ligne à suivre au travers du désert, par les précieuses indications de M. le colonel Colonieu.

« On sait que M. Colonieu fit partie du corps expéditionnaire qui fut chargé de châtier les Oulad-Sidi-Cheik révoltés, et qu'il fit, dans ces lointains parages, un séjour assez long pour avoir le temps d'admirer ces riches oasis, d'en étudier les ressources, et d'acquérir la conviction que cette région recélait des richesses inexploitées qu'il était possible d'amener sur nos marchés français.

« Or, pendant le court séjour que j'ai fait dernièrement à Mostaganem, j'ai eu la bonne fortune d'être présenté à M. le colonel Colonieu qui commande la subdivision. Naturellement, j'ai demandé à M. le colonel ce qu'il pensait de ce gigantesque projet, de ce chemin de fer transsaharien qui doit mettre, un jour, l'Algérie en communication directe avec Timbouctou.

« — Ce que j'en pense, me répondit M. Colonieu, vous allez le voir.

« Et le colonel voulut bien me donner communication de l'étude dont nous commençons aujourd'hui la publication.

« — L'idée de M. Duponchel a été singulièrement accueillie, me dit le colonel et beaucoup de gens regardent ce projet comme l'œuvre d'un fou. Eh ! bien, moi qui connais ce pays, je dis que le chemin de fer transsaharien n'est pas une utopie. Certes, je ne prétends pas qu'il faille mettre demain les ouvriers en chantier. C'est l'œuvre de l'avenir. Etudions d'abord, d'autres continueront ce que nous aurons commencé.

« On va faire la ligne de Mostaganem à Tiaret, avec prolongement sur Aïn-Beïda. Voilà notre tête de ligne. C'est le chemin de fer d'aujourd'hui, de demain. Celui que nous étudions, c'est LE CHEMIN DE FER DE L'AVENIR ! »

L'étude de M. le colonel Colonieu paraît devoir prendre des proportions trop considérables pour qu'il nous soit permis de la reproduire *in extenso*. L'*Explorateur* en donnera une analyse aussi complète que possible.

Égypte. — *Le retour de l'armée d'Abyssinie.* — *Nouvelles du colonel Gordon.* — On a reçu ces jours derniers à Venise une lettre de M. Hansal, consul austro-hongrois à Khartoum. Dans cette lettre, M. Hansal parle de la réception magnifique que la ville de Khartoum a faite à l'Hokindar du Soudan et au second vainqueur du Darfour, Ismaïl Pacha Ajus. Ce prince a fait son entrée à Khartoum le 30 avril, après une absence de plus de deux années. Les illuminations ont duré trois jours. Les principaux habitants de la ville ont tenu en son honneur de grandes soirées. Les réjouissances se sont terminées par une grande fête organisée aux frais et par les soins du Pacha. D'après des nouvelles reçues de Lado, Gordon est parti pour Kerri et Duffilé pour se rendre à Magongo par le steamer qui est prêt à se mettre en route dans les premiers jours d'avril. Gessi est parti pour le lac avec deux barques à voiles en fer, et le voyageur Piaggia, que le colonel Gordon avait engagé et auquel il avait ordonné de se rendre à Mogongo. Il a élevé à 40 hommes les gens de sa suite, et il marche à la vapeur. Comme le bateau à vapeur de Gordon n'est pas arrivé à Ghasal, Lucas doit conduire sa barque sur l'ordre du Vakil à Lado, puis retourner à Meschra el Reck. Lucas suivra la route de Schweinfurth ou au moins la même direction. Un Allemand, le docteur Snitzer, de la Silésie prussienne, qui se fait passer pour musulman de Constantinople, et qui a pris le nom d'Emin Effendi, s'est mis au service de Gordon, ainsi qu'un machiniste français. Ils se sont dirigés récemment sur Lado avec le bateau à vapeur. Un naturaliste, le docteur Junker, de Saint-Pétersbourg, est arrivé avec M. Kopp, de Stuttgard. Il attend à Khartoum que l'époque des pluies soit passée, il s'enfoncera alors dans le Darfour, s'il n'est pas arrêté par les mêmes obstacles que Marno.

Afrique centrale. — *L'expédition de M. Stanley.* — Voilà plus d'un an qu'on est sans nouvelles certaines du voyageur américain Stanley. Ses dernières lettres, datées des mois de mars et d'avril de l'an passé, avaient annoncé son arrivée sur les bords du lac Victoria-Niyanza ; mais depuis lors, des correspondances, des informations plus récentes apportées par le colonel Gordon ou quelques-unes des officiers de son état-major, ont laissé planer des doutes, des inquiétudes même, sur le sort qui aurait pu échoir à l'intrépide explorateur, obligé de traverser des contrées peuplées de tribus indigènes sauvages et hostiles aux étrangers blancs.

Le *World* de Londres annonce que le capitaine Burnaby, à qui ses voyages dans l'Asie centrale ont acquis une certaine notoriété, est à la veille de s'embarquer pour l'Afrique, dans le but d'aller à la recherche de M. Stanley et de ses compagnons.   P. B.

Afrique orientale. — *Exploration au Mozambique.* — Le savant Portugais M. J.-J. Monteiro, à qui l'on doit un ouvrage sur Angola et le fleuve Congo, est parti dernièrement d'Angleterre pour se rendre dans la baie de Lagoa, au sud de la côte de Mozambique, dans l'intention de faire une étude de l'histoire naturelle de cette partie du continent africain.

Turquie d'Asie. — *La traite des noirs.* — Un correspondant d'un journal anglais qui a dernièrement visité les ports de la mer Rouge, constate qu'environ sept mille esclaves sont annuellement introduits dans les ports de Hodesda, Koonfidah, Dohéra, Yambo, Moka et Djeddah. Dans les quatre premiers les esclaves sont amenés ouvertement et admis au payement de 25 0/0 de leur valeur, comme prime au gouvernement turc. Comme il existe deux consuls, un français et un anglais, à Djeddah, les esclaves n'arrivent dans ce port que nuitamment, ce qui n'empêche pas qu'il existe un marché régulier dans le voisinage.

Le prix des garçons varie de 250 à 375 francs, celui des filles de 300 à 500, et celui des adultes de 600 à 1,000, suivant la qualité.

Le correspondant ajoute : « J'ai moi-même visité incognito plusieurs de ces marchés à esclaves, mais rien n'efface de mon esprit la cruelle impression qui y est restée gravée ».

(*Journal des Miss. évangéliques*, juin 1876.)

Sibérie. — Pendant qu'une expédition allemande, sous la direction du docteur Finsch, — dont nous avons donné des nouvelles dans notre dernier numéro, — explore l'ouest de la Sibérie, une autre expédition, allemande aussi, partie de Moscou, le 11 mai dernier, vient de pénétrer également dans la partie occidentale de la Sibérie, mais avec la mission spéciale d'explorer l'embouchure du fleuve Obi.

Une fois arrivée à Sunlent, cette expédition y attendra celle que dirige le docteur Finsch, qui doit en effet, dès qu'elle sera parvenue à Barnaul, descendre le cours de l'Obi jusqu'à la mer. Là, les deux groupes de voyageurs se réuniront pour reprendre les chemins de l'Allemagne, probablement vers le milieu de l'automne.

La Russie dans l'Asie centrale. — Une dépêche reçue de Taschkent, en date du 15 juin, annonce que le fils de l'émir de Boukhara, qui est admis au corps des pages de l'empereur de Russie, est arrivé à Samarcande accompagné d'une mission envoyée au gouverneur général du Turkestan. Le fils de l'émir se rend à Saint-Pétersbourg en passant par Taschkent.

Relations de l'Angleterre avec la Chine. — S'il faut en croire le journal de Londres, *The Hour*, les rapports de l'Angleterre avec le gouvernement de Pékin ne seraient rien moins qu'amicaux ; toutes les rumeurs qui ont circulé depuis quelque temps au sujet du meurtre du jeune Margary et de la satisfaction que l'Angleterre aurait reçue dans cette affaire n'auraient été que « beaucoup de bruit pour rien. »

Voici en effet les nouvelles dont la feuille anglaise se fait l'écho d'après son correspondant de Hong-kong qui lui écrit à la date du 15 mai dernier :

« On rapporte confidentiellement que toute l'affaire Margary va être en-
« tamée de nouveau par les autorités anglaises, qui, depuis longtemps, sen-
« taient la nécessité de la traiter d'une nouvelle manière et avec plus de
« vigueur. On ajoute que des mesures énergiques auraient été adoptées, il y
« a un an, si les Anglais avaient été prêts pour des opérations hostiles. Les re-
« tards avec lesquels on a traîné en longueur les négociations et la mission
« de M. Grosvenor avaient pour but de déguiser l'incapacité dans laquelle
« on était d'agir sur-le-champ. On considère maintenant comme certain que
« l'enquête du Yunnan n'aura aucun résultat pratique. MM. Grosvenor et Baber
« n'ont, dit-on, rien fait, et le mandarin Si-Ham-Chang n'a point présenté de
« rapport sur lequel on puisse fonder l'espoir d'obtenir la réparation qui au-
« rait été stipulée.

« Les communications amicales entre M. Wade, le ministre anglais, et les
« fonctionnaires de Pékin ont presque cessé. L'escadre anglaise a reçu l'ordre
« de se tenir prête à Chéfou. »

Nous reproduisons ces nouvelles telles quelles ; mais quelque inattendues qu'elles soient, la conduite antérieure des mandarins chinois dans plus d'une affaire de ce genre, et en général dans leurs rapports avec les Européens, n'est pas de nature à les rendre invraisemblables.

La réaction en Chine. — Une correspondance de Shang-haï, en date du 6 mai 1876, donne au *Moniteur de la Flotte* les renseignements suivants :

« Le gouvernement chinois paraît moins disposé que jamais à suivre la voie de réformes et de progrès dans laquelle les Européens voudraient le voir s'engager. Les Mandarins, loin de favoriser de nouvelles entreprises, semblent prendre à tâche d'apporter des entraves non-seulement à celles qui sont en cours d'exécution mais encore à celles qui sont sur le point d'être achevées. C'est ainsi que la Société danoise qui s'était fondée pour l'établissement d'une ligne télégraphique entre Fow-Chow et Amoy vient d'être obligée de se dissoudre, après avoir été remboursée de ses frais, et après avoir remis son matériel entre les mains des Mandarins. De même, les travaux presque terminés du chemin de fer de Woosung à Shang-haï viennent d'être suspendus, sous le fallacieux prétexte que la Compagnie anglaise, qui s'était chargée de la construction de cette voie ferrée, n'avait obtenu que la concession d'un tramway et non celle d'un véritable chemin de fer.

« Le gouvernement de Pékin accuse, en outre, une tendance de plus en plus marquée à vouloir revivre de sa vie propre, et à se rendre indépendant des étrangers. C'est ainsi que les Européens chargés de former des employés chinois sont évincés et remerciés au fur et à mesure que, dans les diverses branches de l'administration publique, un service quelconque semble pouvoir marcher avec des fonctionnaires indigènes.

« Les Chinois déploient une grande activité dans leurs armements : le gouvernement, dit-on, fait construire deux cuirassés en Angleterre; sur tous les points de la côte, on travaille aux fortifications; dans les arsenaux, on fabrique sans cesse des projectiles, des armes et de la poudre; toutes les canonnières sont armées et vont de port en port semblant se livrer à des exercices sérieux. Force poudre se brûle et à bord et à terre.

« En résumé, tout semble prouver que le gouvernement chinois veut se mettre en mesure de tenir tête aux barbares, et le fait est, qu'à l'avenir, les difficultés que ceux-ci auront à surmonter pour obtenir réparation de leurs griefs deviendront de plus en plus grandes. Il ne suffirait plus, dès aujourd'hui, comme autrefois, de quelques frégates et de quelques canonnières pour forcer des passes et remonter des rivières défendues par les torpilles et la grosse artillerie que les Chinois possèdent actuellement; 15,000 hommes de débarquement ne suffiraient probablement plus pour se frayer un chemin jusqu'à Pékin.

« Il est à reconnaître, toutefois, que l'aptitude des Chinois à imiter les engins de guerre nouveaux dont l'Europe leur envoie les modèles, ne se trouve pas corroborée chez eux par l'aptitude au métier des armes. De longtemps encore le gouvernement du Céleste Empire ne pourra disposer d'un personnel en rapport avec le matériel qui, dès à présent, se trouve en sa possession. »

Inde. — Les superstitions. — Un procès singulier a eu lieu dernièrement au tribunal secondaire de Malabar. Un brahme était entré dans un temple à un moment où il avait perdu sa caste pour quelques jours, par suite d'une faute quelconque. D'après les croyances indoues, sa présence dans ces conditions constituait une profanation du sanctuaire, et les cérémonies de purification causèrent au propriétaire du temple une dépense de 69 roupies (159 francs). Il intenta un procès au brahme afin de recouvrer cette somme en dommages-intérêts. Toutefois, le tribunal débouta le plaignant de sa demande et donna gain de cause à son adversaire. (*Bombay Times.*)

— La porte de Sanganir, située dans la ville de Djeypore, est considérée comme sacrée par les traditions populaires. Il y a quelques semaines, raconte le journal d'Ajenere, des croque-morts de l'endroit eurent la maladresse de faire passer sous cette porte un cadavre qu'on allait enterrer. Une grande émotion populaire s'ensuivit, l'autorité compétente fit son rapport au maharajah, et Sa Hautesse fit immédiatement mettre en prison la sentinelle qui se trouvait de garde; ainsi que tous les parents du mort. Ces malheureux restèrent enfermés jusqu'à ce qu'il ait plu au maharajah de penser à eux, et de donner l'ordre de les faire sortir. (*Bombay Times.*)

Une agitation singulière règne en ce moment parmi les classes inférieures de la population indigène de Singapour, tels que jardiniers, domestiques, bateliers, etc. On doit prochainement terminer des conduites d'eau pour la ville, et la population s'est persuadée que les autorités désirent avoir quelques centaines de têtes fraîchement coupées pour exposer aux fêtes de l'inauguration. Dans ce but on aurait recommandé aux agents de police de s'en procurer une quantité aussi grande que possible, et, afin d'activer leur zèle, on leur aurait promis une prime de 40 dollars (200 francs) par tête. Il s'ensuit qu'une fois la nuit tombée, il est impossible de persuader à un domestique de faire une course quelconque; quant aux bateliers, le soir venu, ils se réfugient sur leurs barques pour y passer la nuit. On ignore complétement l'origine de cette absurde croyance. (*London and China Telegraph.*)

Écueil en mer. — Le capitaine Love, de la barque américaine *Malouy*, rapporte que, en passant de Cooktown à Newcastle (Nouvelle-Galles du Sud), il a découvert un banc de corail isolé d'un mille environ de circonférence, qui forme un écueil des plus dangereux. Il est situé par 17 degrés 58 minutes de latitude sud, et par 149 degrés 20 minutes de longitude est. Il en regarde la situation comme exactement déterminée, attendu qu'il était parti de la baie de Starald la veille du jour où il en a fait la découverte.

Une exploration française à la Nouvelle-Guinée. — M. Raffray, chargé d'une mission scientifique, par le ministre de l'instruction publique, se propose d'explorer les îles de la Sonde et la Nouvelle-Guinée, au point de vue surtout de l'histoire naturelle, il emmène avec lui, pour l'aider dans ses travaux, M. Maurice Maindrow attaché au laboratoire d'entomologie du Muséum. Nos voyageurs s'embarqueront à Toulon le 20 de ce mois, à destination de Singapoor, sur un transport de l'Etat, sur lequel M. le ministre de la marine veut bien leur accorder le passage gratuit. De Singapoor, passant par Batavia, M. Raffray se rendra à Ternate et de là à l'île Waigiou où les voyageurs comptent séjourner jusqu'au printemps de 1877. Se rendant ensuite à Dorey, ils tâcheront d'aborder sur la côte du pays d'Aropin au sud de la baie de Geelvinck, région qui n'a pas été visitée par les voyageurs italiens, MM. Beccari et d'Albertis.

M. Raffray pense que son voyage durera de deux à trois ans, suivant l'état de sa santé.

Tahiti. — *Une visite officielle à la reine Pomaré.* — Nous lisons dans le *Messager de Tahiti*, journal officiel des établissements français de l'Océanie : M. Michaux, nommé récemment commandant des établissements français de l'Océanie et Commissaire de la République aux Iles de la Société et dépendances, en remplacement de M. O. Gilbert Pierre, a fait, le 23 avril, à S. M. la reine Pomaré sa première visite officielle.

A son arrivée au palais, M. le commandant, accompagné du personnel des affaires indigènes, a été reçu par Sa Majesté, entourée de quelques dames de la famille royale.

M. le commandant Michaux, en remettant à Sa Majesté sa lettre de nomination, signée du Maréchal-Président, a prononcé quelques paroles dont voici le sens :

« Madame,

« J'ai l'honneur de vous remettre la dépêche par laquelle M. le maréchal Mac-Mahon, président de la République française, m'accrédite auprès de Votre Majesté en qualité de Commissaire du Gouvernement et de Représentant du Protectorat de la France sur les Iles de la Société.

« J'ai vivement regretté que votre absence du chef-lieu, au moment de mon arrivée dans le pays, ne m'ait pas permis de venir présenter plus tôt à Votre Majesté l'hommage de mon profond respect. Je suis donc heureux de pouvoir remplir aujourd'hui ce devoir et de donner en même temps à Votre Majesté l'assurance de mon vif désir de contribuer par mes travaux, comme par une entente cordiale qui sera le but constant de mes efforts, à la prospérité du pays et au bien-être des sujets tahitiens. »

La Reine, après avoir gracieusement remercié le Commandant des sentiments d'affection qu'il vient de lui montrer, a fait des vœux, dont elle sent déjà la facile réalisation, pour que l'harmonie, si nécessaire à la prospérité du pays, ne cesse de régner entre elle et le représentant du grand peuple dont elle a accepté la protection.

Sa Majesté et le Commandant, assis côte à côte, ont ensuite causé quelques instants; puis le Commandant a pris congé, en priant la Reine de lui permettre de la voir souvent en ami.

Produits curieux de l'Océanie. — Nous avons eu cette semaine dans l'Orangerie du Jardin des Plantes de Paris une exposition fort curieuse des objets que l'expédition scientifique française pour l'observation du passage de Vénus a rapportés de son séjour aux Antipodes, c'est-à-dire à l'île Campbell, et qui ont été donnés à notre muséum par les naturalistes de l'expédition, MM. Filhol et G. de l'Isle. Ces objets sont actuellement répartis dans les galeries du muséum de Paris.

Voici d'abord le squelette d'un vieil habitant de l'île Fidji; à ses pieds sont placés une quinzaine de crânes qui portent encore les traces du feu. Ces crânes proviennent des naturels de l'île Viti, qui ont été mangés par le vieux Fidji, dont le squelette est là. Il paraît que l'on ne peut encore établir exactement si ces anthropophages font rôtir leurs semblables avant de les manger, ou bien s'ils les mangent crus. D'après les explications données par les savants, séance tenante, cette dernière opinion devrait prévaloir, et alors il faut se figurer ces sauvages jetant au feu l'os du morceau dont ils viennent de consommer la chair.

Plus loin, on admire un magnifique oiseau tout couvert d'un duvet soyeux, d'une finesse remarquable. C'est une espèce d'*albatros* (dromeda); il reste un an dans son nid, et est aussi grand que ses parents quand il sort. Cet albatros vit très-longtemps. Sa chair est mauvaise et n'a aucune valeur. Les pattes seules, dont les visiteurs de l'île font des blagues, sont fort recherchées.

Voici, dans une autre catégorie, le *Ladoicou seychellarum*. C'est un arbre gigantesque des îles Séchelles, mais dont on n'a qu'un tronçon. Il porte un fruit phénoménal qui met dix ans à mûrir et mesure près d'un mètre de diamètre. On voit l'un des trois pepins que contient le fruit. Ce pepin a le volume d'un gros melon et affecte une forme qu'il serait difficile d'expliquer autrement qu'en latin.

La collection de M. Filhol contient, en outre; un squelette de Fidjien, le seul qui existe en Europe; des pieuvres bien plus grandes que les nôtres; d'adorables pigeons jaunes, verts, rouges, jolis à ravir, et inconnus jusqu'à ce jour. Il y a aussi un insecte bien curieux. C'est l'insecte-feuille, dont les ailes imitent de la façon la plus complète une vraie feuille d'arbre avec ses nervures et tous ses détails; il y a l'insecte feuille-verte et l'insecte feuille-morte. Toutes ces choses si curieuses viennent des îles Fidji.

De l'île Campbell, M. Filhol a rapporté un lion marin, terrible animal qui se jette sur l'homme dès qu'il l'aperçoit et dont l'aspect de la mâchoire seule donne l'effroi.

La collection rapportée par M. de l'Isle, bien que comprenant surtout la botanique, est des plus intéressantes. Nous avons pu voir des algues et mousses thermales, vivant dans l'eau à 43°; des fougères et des mousses d'Amsterdam, véritables dentelles de la plus rare perfection. Plus loin, voici le fruit du « Lodoïcea Seychellarum » ou coco des Séchelles, fruit fort laid, tandis que les feuilles de l'arbre servent à confectionner d'admirables éventails, des paniers légers, de gracieuses corbeilles qui ne seraient pas déplacées sur les plus élégantes étagères. Voici aussi les champignons de Bourbon, dont quelques-uns sont gigantesques; l'eau vous vient à la bouche en apprenant qu'ils ne sont pas vénéneux; mais il paraît qu'ils ne sont pas non plus mangeables, à part une seule espèce.

Nous avons flairé l'odeur du faham, qui rappelle celle de la fève tonka; et il faut avouer que les habitants des îles Saint-Paul ont un singulier goût lorsqu'ils emploient cette plante en guise de thé.

Ne quittons pas le coin des comestibles sans citer encore de grands poissons, dits morues d'Amsterdam, dont la chair est, paraît-il, exquise; des langoustes de Saint-Paul, qui se prennent à la main : on peut en saisir vingt ou trente à la minute.

Navigation dans le Pacifique. — *Un nouveau service entre Callao et Hong-kong.* — Le Pérou et l'État de l'Amérique du Sud, qui entretient les relations les plus suivies avec la Chine, d'où depuis plusieurs années un grand nombre de *coolies* ont été transportés pour travailler à la terre et aux mines de l'ancien pays des Incas. Il n'est donc pas surprenant que le gouvernement péruvien cherche les moyens de faciliter et d'étendre de plus en plus les communications avec le Céleste Empire. On écrit de Hong-kong, à la date du 15 mai, que le ministre du Pérou a conclu un arrangement préliminaire pour l'établissement d'une ligne de paquebots à vapeur entre Callao et Hong-kong, destinés au transport des malles-poste, des passagers et des marchandises.

Canal interocéanique. — Nous avons rapporté, dans notre dernier numéro, que M. Antoine de Gogorza, faisait en ce moment des démarches auprès du gouvernement colombien pour faire agréer son plan de percement de l'isthme de Darien.

Les choses, paraît-il, seraient plus avancées que nous ne l'avons dit, car nous voyons par une correspondance datée de Panama, le 1er juin, que le président de la République aurait déjà demandé au Congrès, l'autorisation de conclure un contrat avec M. de Gogorza, en vue de procéder aux explorations et aux études préliminaires pour la construction d'une route, et, si c'est possible, d'un canal navigable aux navires à travers l'isthme du Darien.

Le correspondant ajoute que l'idée d'un canal intérocéanique est populaire, et que l'autorisation dont il s'agit ne peut manquer d'être accordée.

Nous pensons que ces informations sont erronées. Le gouvernement colombien n'a aucun intérêt à devancer les décisions que doit prendre prochainement le Comité international pour le percement d'un canal interocéanique, comité dont la section française constituée par notre Commission de géographie commerciale est en fonction depuis bientôt deux mois.

On sait que la presse d'Amérique se prête assez aisément à l'insertion de fausses nouvelles et que la spéculation tire trop souvent parti de ces coupables facilités.

Chili. — *Nomination d'un nouveau président.* — D'après une dépêche télégraphique datée de Pernambuco 28 juin, Anibal Pinto a été nommé président de la République du Chili.

Pérou. — *La mission de M. Ch. Wiéner.* — Les informations de tout genre plus ou moins exactes qui ont circulé ces derniers jours sur les résultats de notre mission française au Pérou, ne peuvent être contrôlées que par la lettre suivante de M. Charles Wiéner lui-même :

« Infantas, le 25 avril 1876.

« J'ai eu le plaisir, dans mes lettres précédentes, de vous annoncer que j'avais déjà fait quelques bonnes fouilles, particulièrement à Pachacamac. Depuis lors je me suis transporté à Ancon, petit port à quelques lieues au nord du Callao.

« J'ai été assez heureux pour y trouver M. l'amiral commandant la station des mers du Sud, qui a bien voulu mettre à ma disposition un certain nombre de matelots de son bord, et j'ai pu obtenir ainsi, sans trop de dépense, des résultats tout à fait satisfaisants.

« J'envoie sur le *Lagalissonnière* onze caisses, et sur le *Limier* seize autres caisses, en tout vingt-sept caisses renfermant le produit de mon exploration dans la nécropole d'Ancon. Parmi ces objets se trouvent trois vases en or pesant ensemble douze cents francs, des bracelets en argent, un en or, des bagues en argent, des armes en cuivre, en bois, en pierre, des frondes, etc., des vêtements, des poteries parfois communes, parfois très-belles; mais comme le musée américain est essentiellement un musée ethnographique, je n'ai pas été difficile pour la beauté des objets, pourvu qu'ils présentassent d'ailleurs un intérêt archéologique quelconque.

« J'envoie également une série assez curieuse de colliers en corail, en graines de toute sorte, des instruments de travail, des fuseaux, etc., en dernier lieu une collection d'idoles, enfin des spécimens de tout ce que renferme ce sol si curieux pour le chercheur assidu.

« Je ne dois pas oublier de mentionner une très-belle série de crânes. Tous ces objets partent incessamment pour la France.

« En résumé, j'expédie à bord du bâtiment amiral environ 1,100 objets contenus dans les caisses dont j'ai parlé plus haut, plus une magnifique collection d'objets de toute nature, que M. Quesnel, industriel français à Lima veut bien offrir au musée du Louvre.

« Je ne me rappelle pas, si dans ma dernière lettre datée de Pachacamac, vous ai parlé de ce fait que je considère comme un des plus grands succès de ma mission, grâce à la générosité de notre compatriote.

« Cette collection est déjà emballée et prête à partir. Mes envois comportent quatre tonneaux et ceux de M. Quesnel autant. Jugez par là de leur importance.

« Ma première lettre vous sera adressée de Truchillo, mais permettez-moi en attendant de vous offrir, etc.   « *Signé*: Charles Wiéner. »

Bolivie. — *Une révolution militaire.* — Le 4 mai dernier, l'armée bolivienne s'est soulevée contre le président de la République Frias et l'a emprisonné avec tous ses ministres. Elle a proclamé Daza comme chef du gouvernement.

Cette révolution militaire aurait été accompagnée de toutes sortes d'excès s'il faut en croire le *Courrier des Etats-Unis*.

Amérique du Sud. — *Exploration dans les Andes.* — MM. Harper Brothers de New-York ont publié récemment sous le titre : *The Andes and the Amazon* le récit d'un voyage organisé en 1837 par la Smithsonian institution. La professeur James Orton qui faisait partie de cette expédition a visité à nouveau ces pays l'année dernière et il y a joint des détails d'un grand intérêt. M. Orton parle dans un chapitre du chemin de fer de l'océan Pacifique au lac Titicaca. A plusieurs points de vue, ce chemin de fer a quelque chose de plus grandiose que celui du Pacifique ou que le tunnel du Mont-Cenis. Il est le plus long de tous ceux de l'hémisphère sud. Il mesure 325 milles, et la distance à vol d'oiseau de la mer au lac est de 175 milles. Il est aussi le plus élevé de tous les chemins de fer actuellement en exploitation; celui d'Oroya sera à mille pieds plus haut. Il n'en existe pas qui ait demandé un transport de terres aussi considérable. Il a été construit aux frais du gouvernement par Henry Meiggs et a coûté 220 millions de francs. La ligne passe à travers des volcans éteints. La plus grande pente est de 4 0/0.

Les freins sont tellement nécessaires qu'il faut les changer à chaque voyage entre Mollendo et Arequipa. Il a fallu 3 millions de livres de poudre entre ces deux villes pour construire la voie, bien qu'il n'y ait point de tunnel.

On voit parallèlement à la ligne un aqueduc qui fait le plus grand honneur à l'ingénieur qui l'a construit. C'est le plus grand aqueduc en fer du monde, il mesure vingt-cinq milles de long et traverse les montagnes pour fournir de l'eau fraîche à Mollendo à une altitude de 7,000 pieds. Le pays que traverse le chemin de fer porte les traces des ravages que lui ont causé tour à tour l'eau et le feu.

La station de Cachendo ne compte que trois maisons et un réservoir; elle se trouve à l'extrémité ouest du grand désert d'Islay.

On remonte successivement la chaîne de montagnes de Pichu-Pichu, le magnifique volcan de Misti, l'un des plus beaux de ceux qui couronnent les Andes, le Chichani aux flancs abruptes et semés de précipices, le Coropuna d'une grande élévation, les bains ferrugineux de Tengo.

La ville d'Arequipa est à 107 milles ou huit heures de chemin de Mollendo.

On compte 218 milles d'Arequipa à Puno. La ligne passe sur un pont en fer et gravit ensuite une montagne désolée où abondent des roches semblables aux dolmens de Bretagne. Pendant dix milles de suite, on passe sur les remblais et entre les tranchées les plus grands du monde, et qui ont exigé le déplacement de 100,000 yards cubes. Le remblai le plus élevé a 41 pieds, la tranchée la plus profonde a 127 pieds. On évalue à dix millions de yards cubes la quantité de terre remuée sur ces dix milles de longueur. La plupart des travaux ont été faits à 3,000 pieds plus haut que le mont Washington.

La ligne traverse l'affreuse pampa de Arrieros à une altitude de 13,000 pieds. Vimamayo, à 100 milles d'Arequipa, est le seul village important de la ligne et le plus élevé du monde. Il compte un hôtel américain, des maisons pour les chauffeurs, les mécaniciens, les employés, des magasins et des hangars. L'air est tellement raréfié qu'il faut y être très-habitué pour y dormir. Le chemin de fer gagne ensuite l'Alto de Crucero, couvert de neige, à 14,660 pieds au-dessus du niveau de l'océan Pacifique. Rien ne saurait peindre la désolation de cette région. L'air est froid et l'on n'y entend pas le bruit le plus léger; la terre est couverte d'une herbe courte et, çà et là, de buissons d'*ichu* à pointes d'aiguille.

Le chemin descend ensuite à travers des vallées sauvages et tourmentées jusqu'au lac Titicaca, le théâtre de l'antique civilisation américaine. C'est là e naquit Mamo Capou, le premier des Incas, le fondateur d'un empire us grand que celui de Charlemagne.

Tout autour de ce lac, on admire des débris de monuments qui ne peuvent e attribués qu'à un peuple industrieux et civilisé. Le lac Titicaca est la and'route naturelle entre Puno et la Bolivie. Les eaux du Titicaca sont actuellement sillonnées par deux petits steamers de cent tonnes chacun dont le ansport de la côte a coûté autant que le bâtiment lui-même. Ils sont très-mal trotenus, ne sont pas employés la moitié du temps et ne peuvent pas aller -delà de cinq milles de Puno, à cause des bas-fonds. Il y a encore deux ou ois avisos de commerce ; mais la *Balsa* est le principal bateau employé. La *alsa* est un simple fagot de buissons bien entrelacés, avec une natte pour oile. Le gouvernail et le mât sont seuls en bois. Mais la vapeur fera une révolution complète dans la marine des Incas. Puno, comme tête de ligne, est jà devenu un point important, et lorsqu'il sera relié, comme on l'a projeté, vec Cuzco et la Paz, il sera un centre commercial comme les Incas n'en ont mais rêvé. La vallée de l'Amazone est la contrée la moins peuplée du monde, l'on excepte les grands déserts et les zones polaires. Il n'y a pas 40,000 âmes ur les bords des rivières dans toute la province des Amazones et du bas aranon. La plupart des villes indiquées sur les cartes n'existent pas ou ne ont représentées que par une chaumière en palmier. La population visible se rouve presque toute dans la vallée, comme à Para, près de l'embouchure de a rivière, à Moyobamba et à Tarapoto, sur le flanc oriental des Andes, à la rinidad, à Santa Cruz, à Cochabamba et à la Paz, aux sources de la Madeira. e grand bassin est occupé par une forêt vierge où le jour pénètre avec peine qui est rarement visitée par les hommes. La plupart des tribus indiennes ui peuplent, dit-on, ces immenses solitudes, comptent au plus une centaine 'individus toujours en guerre. La tribu la plus importante, celle de Mundurucu ne dépasse pas 8,000 personnes, hommes, femmes et enfants.

On ne retrouve aucun vestige d'une civilisation antique. Pendant l'hiver, es tribus indiennes, qui vivent toutes dans une grande misère, sont contraintes de se réfugier sur les lieux élevés pour se soustraire aux inondations. e fléau arrive très-régulièrement et ne leur permet pas de s'occuper de l'élevage des animaux domestiques.

Les Indiens de l'Amazone ne se distinguent pas en général par leur bravoure. Leurs principales armes de chasse sont des lances en bois de chonta u des tubes en palmiers, faits avec deux morceaux de bois séparés, perforés et réunis avec soin. Ce tube a dix pieds de long et leur sert à lancer des lèches provenant des tiges du palmier et munies pour contre-poids de bourre le soie et empoisonnées avec le jus de l'*urari*. Avec cette arme, les indigènes uent à 150 mètres.

Citons au nombre des animaux que l'on rencontre dans ces contrées, le inge, le coati à moustaches blanches, qui a quatre jambes et une queue nouée, le tapir, connu sous le nom d'antoi, de *danta*, de gros bestia, de vacanel monstre, qui pèse 500 livres lorsqu'il a atteint son plein développement, le hevreuil, le *peccary*, le porc indigène, qui erre en vastes troupeaux ; l'armadille, le petit *pacia*, le *manati*, recherché pour son huile, son lard et sa peau qui est très-épaisse.

Les canards, les oies, les poules, les dindes, les cujubins, les paons sont ort nombreux.

Les tortues sont l'objet d'un commerce important sur le fleuve des Amazones, sur le Solimoens et surtout dans le Maranon et dans tous les tributaires du premier fleuve. Cabballoucha est considéré comme l'endroit le plus favorable. Dans une seule saison on en a pris jusqu'à 4,000. Une grosse tortue coûte dix francs. L'iguane, qui atteint jusqu'à dix pieds de long, est très-recherché pour sa chair qui est excellente, paraît-il, en fricassée.

Les principaux poissons qui peuplent les cours d'eau sont de la famille des silurides, le cachalot, qui est abondant et que les indigènes prennent en empoisonnant l'eau ou en se servant de flèches, de lances, etc. ; le pira-rucu, le payshi ou anatto, la morue des Indiens est, après le caoutchouc et le cacao, l'objet de commerce le plus important. On en trouve qui mesurent jusqu'à dix pieds de long et qui pèsent 300 livres.

Les moustiques sont très-redoutables. Les insectes sont fort nombreux.

L'Exposition de Philadelphie. — *Plainte des Exposants français.* — Les Exposants français ont adressé à leur commissaire M. Roulleaux-Dugage la plainte suivante :

Philadelphie, 27 mai 1876.

Les soussignés ont l'honneur de vous informer qu'en raison de la rigueur des règlements de la commission américaine, les intérêts des exposants et représentants français se trouvent lésés d'une façon déplorable.

Les pertes et frais de toutes sortes que nous avons à supporter journellement nous obligent à venir vous demander l'amendement de ces règlements, *en nous permettant de tirer parti dans l'exposition de tous nos produits importés qui ne garnissent pas nos vitrines et montres.*

A cet effet, nous prenons l'engagement de payer, s'il le faut, un certain taux pour cent à la commission américaine sur le montant de nos ventes.

D'autre part, nous satisferons la douane, en lui payant les entrées de nos marchandises au fur et à mesure de nos ventes. En un mot nous demandons les moyens de faire honneur à nos affaires dans un pays étranger, et nous sommes persuadés, monsieur le commissaire, que vous ferez tous vos effort pour nous faire obtenir la satisfaction que nous sollicitons, en présence d'une situation intolérable pour ceux qui ont l'honneur de faire appel à votre autorité.

Dans l'attente d'une favorable réponse, recevez, monsieur le commissaire, l'assurance de nos sentiments distingués.

Etats-Unis. — *Le nouveau chemin de fer transcontinental.* — Une dépêche de San-Francisco (Californie) annonce que la voie du chemin de fer Sud-Pacifique vient d'être prolongée jusqu'à Tehachopa, c'est-à-dire jusqu'à l crête de la Sierra-Nevada. Les trains peuvent circuler maintenant entre San Francisco et Keene, dans la direction de Los Angeles, qui sera bientôt réunie par une ligne ferrée au réseau du Southern-Pacific railroad.

Etats-Unis. — *La guerre des blancs et des rouges.* — Le général Crook commandant l'une des expéditions envoyées contre les Sioux dans le pays du Big-Korse, a eu un engagement très-vif le 21 juin. Apprenant l'existence d'un village considérable à 50 milles au nord de son camp, il entreprit une marche forcée avec une colonne de cavalerie forte de 1,200 hommes, y compris les Indiens des tribus amies, les Snakes et les Craws.

Les Sioux, ayant eu vent de ce mouvement, se sont avancés au nombre de 2,500 hommes et ont eu une rencontre avec le général Crook, à quelques milles du village sur les bords du Rosebud-Creek. La lutte a duré quatre heures. Les troupes ont perdu 10 hommes tués et 24 blessés. La perte des Peaux-Rouges n'est pas connue ; mais 13 corps gisaient sur le champ de bataille.

Les Sioux paraissent s'être battus jusqu'au complet déménagement de leur village, après quoi ils ont abandonné le champ de bataille avec précipitation. Les soldats se sont retirés dans leur camp, emportant avec eux leurs blessés.

Le général Crook a eu son cheval tué sous lui. Il a fait venir des renforts d'infanterie du camp Fetterman, car les Craws l'ont abandonné après le combat pour s'en retourner chez eux.

Marine marchande des Etats-Unis. — Au 31 décembre 1875, la marine marchande des Etats-Unis comptait 32,285 bâtiments, jaugeant ensemble de 4,888,732 tonneaux.

Sur ce nombre total la navigation intérieure possédait 1,070 bateaux à vapeur, 1,842 barques et 212 navires à voiles, jaugeant ensemble 418,964 tonneaux, naviguant sur les fleuves et les lacs de l'ouest ; et 891 bateaux à vapeur, 2,702 bâtiments de canaux, 1,210 navires à voiles et 193 barques d'un jaugeage total de 737,891 tonneaux, sur les lacs du nord.

La navigation du littoral du Pacifique est desservie par 255 bateaux à vapeur, 884 bâtiments à voiles et 86 barques jaugeant ensemble 229,257 tonneaux.

Au versant de l'Océan Atlantique et aux Etats riverains du golfe du Mexique appartiennent les autres bâtiments, lesquels forment environ les trois quarts du nombre total et se répartissent comme il suit, savoir : 15,548 navires à voiles, — 2,019 bâtiments à vapeur, — 5,100 bateaux de canaux, 767 barques, ce qui fait un total de 23,440 bâtiments de tout genre.

Dans le cours de 1875 il a été construit dans les divers chantiers de l'Union, 114 navires et barques, 22 bricks, 502 goëlettes, 340 sloops, bateaux et barques de canaux, et 340 bâtiments à vapeur, en tout 1'328 ; c'est une grande diminution comparativement aux années précédentes.

États-Unis. — *Montagnes de sel.* — Les énormes montagnes de sel que l'on rencontre aux États-Unis, dans l'État de Névada, sur les bords de la rivière Virgin, sont l'une des productions naturelles les plus étonnantes du monde. Le sel est en masse tellement compacte qu'il a la dureté et l'éclat du marbre. On y remarque des filons de matières étrangères comme dans presque toutes les carrières.

Les montagnes de sel s'étendent pendant plus de trente milles le long des rivières Virgin et Ferry. On y a pratiqué de larges ouvertures qui ont mis au jour une sorte de sel gris sombre contenant 92 0/0 de sel pur et qui ressemble au granit commun, grossier et gris. Ces ouvertures sont toutes du côté est de la rivière Virgin, d'un quart de mille à un demi-mille de ses rives. On admire sur le côté ouest une montagne de sel cristallisé d'une grande pureté, blanc comme la neige et transparent comme le verre. Les blocs de sel que l'on en extrait ont l'apparence de la glace que l'on égalise avant de l'introduire dans la glacière. Ils sont d'une telle limpidité que l'on peut lire parfaitement à travers un morceau de glace de six pouces. Le sol sur lequel se trouvent les montagnes de glace est rougeâtre ou couleur orange.

Au-dessous des dépôts de sel et même dans l'intérieur de ces dépôts, on remarque une espèce particulière de granit micacé sédimentaire.

A un mille au nord de ces montagnes, on admire une source naturelle d'eau salée mesurant 100 mètres de circonférence, et à 9 mètres au-dessous du niveau du sol environnant. On y arrive par une descente abrupte et très-rapide.

L'eau est extrêmement salée, beaucoup plus que toutes celles que l'on connaît; elle a 50 mètres de profondeur. C'est un bain magnifique, les personnes qui veulent en profiter restent à la surface avec autant de facilité qu'un morceau d'écorce d'arbre sur de l'eau ordinaire.

Les savants pensent généralement que la source d'eau salée est tout ce qui reste d'un grand lac salé qui a fini par s'envaser.　　　　　T. L.

États-Unis. — *Acclimatation du thé.*—Le *News-Boy* raconte que le district de Jasper, dans le Texas, produit d'excellent thé. Les plantations ont parfaitement réussi et ne sont pas inférieures, comme qualité et comme rendement, à celles de la Chine ou du Japon.

États-Unis. — *Le guano de poisson.* — Les poissons de toute espèce sont aux États-Unis l'objet d'un commerce considérable; mais tous ne sont pas de la même qualité. Certaines espèces même sont trop huileuses, trop dures ou ont un goût trop désagréable pour servir à l'alimentation. Une grande partie du poisson que l'on pêche sur les côtes de l'océan Atlantique de New-Jersey à Provinces est employée très-avantageusement comme engrais sous le nom de guano de poisson. On en distingue trois qualités suivant la plus ou moins grande quantité de matières étrangères qui entrent dans sa composition.

Celui qui contient de 55 à 55 0/0 de mélange se vend de 45 à 60 fr. la tonne; celui qui n'en a que de 20 à 40 0/0 vaut de 75 à 90 fr. la tonne. Le guano dit guano pur que de 8 à 20 0/0 de mélange atteint jusqu'à 200 fr. la tonne.

Pour fabriquer ce guano, on met le poisson dans d'énormes tonnes en bois garnies d'armatures en fer et on les soumet à l'ébullition pendant plusieurs heures de suite. On les soumet ensuite à une pression de 115 à 120 livres le pouce carré, et même 160 livres.

Le guano qui provient de cette première manipulation a de 50 à 55 0/0 de mélange.

On le purifie en l'écrasant et en le faisant bouillir de nouveau.

Un guano bien sec remplace parfaitement le guano du Pérou et vaut les meilleurs engrais connus. En réalité, dit le professeur Groessman dans le rapport qu'il a adressé à ce sujet au gouvernement des États-Unis, tous les véritables engrais, y compris celui du Pérou, doivent plus au moins aux poissons leurs principes constitutifs.

Le meilleur procédé pour fabriquer le guano consiste à faire sécher le poisson, à le broyer et à le traiter à l'acide sulfurique. L'acide phosphorique devient ainsi soluble et le nitrogène se transforme en sulfate d'ammoniaque.

Des industriels anglais ont entrepris en grand l'application de ce procédé.

On évalue à 54,000 tonnes environ la quantité totale de guano produit en 1875.

Pendant un seul mois, l'Angleterre en a importé 5,000 tonnes et elle a fait ensuite des commandes importantes.

Les États-Unis en exportent aussi d'énormes chargements dans l'Amérique du Sud.　　　　　T. L.

La traite des nègres. — Le président des États-Unis, le général Grant, a été informé par un clergyman américain résidant à Rio de Janeiro que les steamers de poste des États-Unis avaient l'habitude de transporter des esclaves d'un pays à l'autre. Les agents de la ligne de New-York ont nié le fait. Le plus grand nombre des personnes de couleur reçues à bord des bâtiments a été de 20 et ces personnes n'étaient que des domestiques des voyageurs qui avaient pris cabines. Le clergyman a déclaré que 106 esclaves avaient été transportés en une seule fois par un steamer. Il a demandé à sir Edward Thornton de contrôler un steamer de la Compagnie anglaise, le *Nellie-Martin*, qui, dit-il, est arrivé le 1er mars à Rio de Janeiro avec onze esclaves qu'il était chargé de livrer.

Le général Grant et sir Edward ont promis d'ouvrir une enquête.

Nouvelle-Calédonie. — *Alimentation d'eau à Nouméa.* — On espère que l'eau jaillira à Nouméa dans les premiers jours de septembre; l'eau vient de la ferme domaniale d'Yahoué, reliée à la capitale par vingt kilomètres de tuyaux; la prise d'eau doit donner 28 litres par seconde.

Les barils en papier. — Parmi les nombreux et nouveaux usages, dit l'*Engineer*, auxquels est affecté le papier, l'on peut aujourd'hui ranger la confection des barils destinés à loger la farine, le sucre, etc. Ces barils sont confectionnés avec du papier grossier d'enveloppe, placé par couches successives cimentées entre elles et soumises à une très-forte pression. Les débris de paille forment la matière première de ce papier. Les barils ainsi formés sont cylindriques, ce qui procure un avantage d'environ 25 0/0 relativement à l'encombrement. Leur poids est environ moitié de celui d'un baril en bois de même capacité, la proportion de poids mort d'un fret serait donc ainsi considérablement abaissée.

D'après les inventeurs, ces barils peuvent supporter un effort à l'écrasement quatre fois plus grand que les barils ordinaires ; ils peuvent être livrés à 20 0/0 de moins que les barils en bois.

Deux usines se livrent depuis plusieurs mois à cette fabrication : à l'usine Wivona dans le Wisconsin, et l'autre à Deborah, dans l'État de Jowa. Dans cette dernière usine, on produit journellement 1,600 barils avec une consommation de 5 tonnes de papier. Leur fermeture est hermétique, et ils peuvent très-bien résister à l'humidité.

Régions polaires. — Nous avons déjà eu l'occasion, notamment dans le n° 71 de l'*Explorateur*, de signaler que toutes les informations, reçues récemment des points les plus extrêmes qu'aient atteints des navires cette année dans la direction du nord, concourent à représenter la température comme exceptionnellement douce dans ces contrées, où l'hiver est ordinairement d'une rigueur excessive.

Par contre, on a observé que la pression atmosphérique dans ces derniers temps a été telle que le baromètre a monté très-haut dans les régions du nord, tandis qu'il a descendu comparativement assez bas dans les régions du midi. Il en est résulté que des vents soufflant du pôle arctique ont dominé sur le continent européen. Sous cette influence, on a vu des glaces du Groënland et du Spitzberg descendre au nord-est de l'Islande, en couvrir la mer aussi loin que l'œil pouvait atteindre. On suppose que, pour déterminer ce mouvement des glaces, les vents polaires ont été renforcés par d'autres vents soufflant du sud, dont la présence a dû en même temps adoucir la température des mers hyperboréennes et y faire régner, du moins y prolonger plus que d'ordinaire, une saison tolérable pour les intrépides marins qui cherchent en ce moment un passage au delà du pôle.

Un nouveau système de comptabilité. — Nous sommes à une époque où la solidarité commerciale des nations s'affirme de plus en plus, aussi les économistes s'efforcent-ils de faire adopter des types monétaires uniformes, un étalon de mesures, pour tous les peuples civilisés, etc, ; ce sont là des tendances auxquelles nous ne pouvons qu'applaudir.

Mais puisque l'on entre enfin dans cette voie, qu'il nous soit permis, à nous dont la mission est essentiellement internationale, qu'il nous soit permis d'indiquer un autre progrès du même ordre que nous appelons de tous nos vœux : c'est l'adoption d'une comptabilité claire, exacte, précise, qui mette tous les peuples au même diapason pour les relations d'affaires.

C'est dans ce but que nous recommandons à nos lecteurs, le travail que vient de faire publier l'un de nos plus éminents professeurs de comptabilité, M. Cornet-Bichat, expert-comptable, officier de l'instruction publique, professeur à l'association polytechnique, etc.

Son ouvrage a pour titre :

Le *Nouveau Journal Grand-Livre*, ou la Tenue des Livres pratiquée au moyen d'un seul registre (1). La méthode de M. Cornet-Bichat est claire, concise, elle dégage la tenue des livres de ces anciens errements, de ces vieilles formules qui contribuent à la rendre confuse, incompréhensible pour beaucoup de gens et qui l'ont fait si justement qualifier, par les critiques, de tenue des livres en *parties troubles*.

Ici, tout est limpide, évident à première vue; les opérations commerciales de tout genre, dans leur ensemble et leur détail, y sont mises à la portée de tous : aussi le patron y voit-il aussi clair que le commis qu'il a chargé de cette besogne; ce dernier ne peut commettre la moindre erreur, sans que l'autre ne s'en aperçoive aussitôt. Bref, la comptabilité n'est plus un mécanisme plein de mystères, dont le comptable a seul le secret. Cette méthode a, en outre, le mérite d'être uniformément applicable à tous les genres de commerce et d'industries, au banquier comme au fabricant, à l'armateur comme au notaire, à l'agriculteur, à l'agent de change, au commissionnaire, aux sociétés coopératives, aux agents consulaires, etc., etc. Aussi plusieurs jurisconsultes distingués, frappés de sa lucidité, estiment-ils qu'elle devrait faire loi, que c'est un type qui mériterait d'être imposé au commerce par le législateur.

« Depuis l'établissement des chemins de fer, dit M. Cornet-Bichat dans sa préface, le commerce, la banque et l'industrie ont pris un développement si considérable, et les opérations qui en dérivent se sont tellement multipliées, que leur application sur les livres de commerce donne lieu à de nombreuses complications et à des difficultés que des comptables, même expérimentés, ne peuvent pas toujours résoudre. De là, quantité de procès que nos magistrats et nos experts ont souvent de la peine à arbitrer.

« La comptabilité, cependant, est essentiellement nécessaire à la conservation comme à l'accroissement des richesses privées et de la fortune publique. En effet, prenant le capital au jour même de son émission, la comptabilité le suit dans les transformations diverses qu'il éprouve, et, montrant exactement les causes de ces variations, donne au commerçant le moyen d'apprécier à leur juste valeur chacune de ces opérations, le met en garde contre lui-même et devient ainsi son meilleur guide, son plus sûr conducteur.

« Les livres sont réellement l'âme du commerce ; c'est par eux qu'on juge de la capacité et de la moralité du commerçant. Reproduction fidèle et exacte de ses opérations, bonnes ou mauvaises; ils attestent sa bonne foi ou

(1) Chez l'auteur, à Paris, 33, rue Turbigo, prix : 2 fr. 50.

sa déloyauté ; ils le protégent et le défendent en cas de malheur immérité comme aussi ils deviennent ses plus terribles accusateurs en cas de fraude ou de dol.

« Voilà pourquoi le législateur a formellement imposé au commerçant, tout en lui laissant le choix du mode de comptabilité, l'obligation de tenir régulièrement des livres, et qu'il a même édicté des peines sévères contre ceux qui manquent à cette obligation. »

Simple ouvrier d'abord, mais ayant acquis rapidement l'instruction que tout homme de bonne volonté peut trouver à Paris, M. Cornet-Bichat se sentit de bonne heure des aptitudes particulières pour la comptabilité ; après avoir essayé les divers systèmes en usage, tous, plus ou moins compliqués, plus ou moins obscurs, il resta stupéfait, et se demanda comment le commerce pouvait se reconnaître dans un pareil dédale ; il comprit alors de quelle importance serait, pour les relations commerciales, une méthode claire, normale, débarrassée de tous ces inutiles rouages. C'est ainsi qu'il a été conduit au résultat que nous venons de signaler.

En outre, comprenant qu'on ne peut être véritablement comptable qu'en joignant à la tenue des livres la science du droit commercial, qui régit la matière, il en fit l'objet d'études approfondies, de sorte qu'à vingt-huit ans,

il professait publiquement à l'association polytechnique, et qu'il était nommé professeur au Collège arménien, et qu'il fut bientôt récompensé de ses efforts par les palmes d'officier de l'Instruction publique. A. L.

Dimanche dernier, M. le général Robin a fait, au géorama de Montsouris, une conférence très-intéressante sur l'organisation civile, religieuse et militaire de la Chine. — Un long séjour comme officier d'infanterie de marine, dans l'empire du Milieu, a permis au général Robin d'étudier, d'une façon toute spéciale, la législation aussi compliquée que complète du peuple chinois.

M. le général Robin, notre nouveau collègue à la Société de géographie commerciale, nous promet de faire, dans une des prochaines réunions générales de cette Société, une communication des plus importantes sur cette question encore si peu connue. J. G.

Chaque demande de changement d'adresse doit être accompagnée de la dernière bande et de 50 centimes en timbres-poste pour frais de réimpression.

ASSEMBLÉE DU CANAL DE SUEZ

EXTRAIT DU RAPPORT
DE M. FERDINAND DE LESSEPS

(Le rapport, in extenso, est envoyé à toute personne qui en fait la demande à l'administration, à Paris, 9, rue Clary.)

La recette propre à l'exercice 1875 s'est élevée à.................... 30.827.294 72
La dépense a été de........... 17.798.408 09
Le bénéfice net (déduction faite de l'intérêt du capital social etc., est de............... 1.061.709 35

Les 71 pour 100 réservés aux actionnaires, sur les bénéfices nets, donneront lieu à une distribution de 1 fr. 88 c. par action.

Pendant l'année 1875, 1,494 navires jaugeant ensemble 2,940.708 tonnes de capacité réelle, ont passé le Canal, donnant une recette de.................... 28.886.302 27

La superficie des terrains vendus au profit du Domaine commun, a été de 9,926 mètres 57. La recette générale du service s'est élevée à la somme de 891,022 fr. 39. Le prix moyen des ventes de terrains a été de 48 fr. 28 par mètre.

La recette du service des eaux a été de 60,487 fr. 49.

En 1875, comme en 1874, les travaux ont été limités à l'entretien du canal et des ports. L'entretien de l'avant-port de Port-Saïd comprend deux opérations distinctes : 1° le curage du chenal effectué, à l'abri des jetées, par les dragues ordinaires ; 2° l'enlèvement, par la drague marine, des apports du large.

Le curage du chenal a donné en 1875, un déblai de...................... 236.500m 3
Le dragage, en dehors des jetées. 140.000 3
En 1874, le même travail avait exigé le déblai dans le chenal de............ 405.000m 3
en rade, de.................. 179.000 »

Cette diminution importante nous permettrait de croire que nous avons résolu de la manière la plus économique possible le problème de l'entretien permanent de l'entrée du chenal.

L'entretien des gares et de la cuvette du canal sur toute sa longueur a donné lieu, à un déblai à la drague de 721,000 mètres cubes. Les déblais à sec ne se sont élevés, d'une mer à l'autre, qu'à 52,700 mètres cubes.

Le transit, effectué avec la plus grande facilité, de navires à vapeur ayant près de 8 mètres de tirant d'eau et longs de 130 mètres, a démontré le parfait état de navigabilité du canal.

Situation générale

Notre rapport du 2 août 1875 vous avait rendu compte des négociations entamées, à Constantinople, à la suite de la réduction de tarif qui nous avait été imposée. En même temps, nous vous avions annoncé que ces négociations avait été rompues de notre fait, parce que nous avions les raisons de croire à une tendance fort dangereuse, celle d'une ingérence gouvernementale étrangère, ayant pour objet de faire administrer le Canal par une Commission internationale dans le genre de la Commission des bouches du Danube.

Après avoir déclaré qu'une Société privée, ayant engagé ses fonds en vertu d'un contrat public, sans garantie ni intervention d'aucun gouvernement étranger, ne pouvait reconnaître à une conférence diplomatique la faculté d'interpréter et de remanier arbitrairement ses actes constitutifs, nous restions dans la position de la réserve de tous nos droits, sous protestation légale, et nous attendions des circonstances favorables pour obtenir justice.

Un événement imprévu est venu changer la situation. Le gouvernement égyptien céda au gouvernement anglais la participation financière qu'il avait acquise, lors de la fondation de notre Société, pour éviter les inconvénients de l'abstention du capital anglais. En effet, le créateur du Canal de Suez, S. A. Mohamed-Saïd, avait fait publier, dès le principe, qu'il tenait à la disposition de l'Angleterre et des autres pays étrangers le solde du capital social dont il était détenteur, afin que les actionnaires français ne fussent pas seuls engagés et que la Compagnie restât légalement constituée par la souscription de la totalité des actions.

La lumière s'étant faite subitement dans la politique du cabinet britannique, et les avantages d'une participation régulière dans notre entreprise étant devenus évidents à ses yeux, la possession des actions égyptiennes allait faire de nos anciens adversaires de véritables associés dont l'intérêt n'était plus de nous combattre.

C'est de cette manière que nous avons considéré la question, dès que le fait si important de l'acquisition par l'Angleterre de 176,602 actions du Canal de Suez fut annoncé et, contrairement aux craintes manifestées alors de toutes parts, nous n'hésitâmes point à faire connaître publiquement notre opinion à ce sujet.

Dans la séance du 8 février dernier, à la Chambre des communes, M. Disraeli envisagea la question au même point de vue et rappela loyalement les incidents divers qui avaient précédé et suivi la décision de Constantinople.

Ici, Messieurs, nous citerons textuellement les déclarations des membres du ministère anglais parce qu'elles constituent des engagements formels tout à fait rassurants pour les esprits qui auraient conservé des inquiétudes au souvenir de nos anciennes luttes :

« Les choses en étaient arrivées à un tel point, dit le premier ministre d'Angleterre, qu'une armée de dix mille hommes avait reçu l'ordre de se rendre sur le théâtre de l'action, et ce ne fut qu'au dernier moment que le Président du Canal renonça à ses préparatifs d'hostilité en protestant ; protestation continuellement renouvelée, rendant la Porte ottomane responsable d'un remboursement en compensation des pertes que la Compagnie subit par l'application du tarif qui lui a été imposé par la force. A partir de ce moment, ce fut une question de haut intérêt pour ceux qui avaient la responsabilité du gouvernement de l'Angleterre de rechercher par quels moyens il serait possible de remédier à l'état des rapports avec le canal de Suez. La question ne se pose pas comme une alternative entre le droit abstrait et la force écrasante. Ce n'est pas ainsi que le monde est gouverné. Le monde est gouverné par la conciliation, par les compromis, les influences, la diversité des intérêts, la reconnaissance des droits personnels, et, en outre, par l'opinion publique se formant et résultant des explications, de bonne entente, de l'intérêt qu'ont toutes les parties à ce que les affaires soient traitées d'une manière satisfaisante et pacifique. »

Le même jour, à la Chambre des Lords, lord Derby, ministre des affaires étrangères, dit :

« Je ne veux pas accuser lord Palmerston, mais je constate que le canal a été fait en dépit de l'opposition anglaise. Le khédive voulait vendre ses actions. Le canal est la grande route de l'Inde et les quatre cinquièmes des navires qui transitent sont anglais ; nous avons vu un moyen d'acquérir une influence et nous n'avons pas laissé l'occasion s'échapper...

« Des pourparlers ont eu lieu avec M. Ferdinand de Lesseps, en Egypte, pour arriver à un règlement des diverses questions qui se sont élevées entre la Compagnie de Suez et les clients du canal maritime, et aussi dans le but de rechercher un moyen d'introduire un élément anglais dans l'administration de l'entreprise. Il n'y a rien eu de secret dans ce qui a été fait et je dirai simplement que nous avons profité d'une occasion qui nous était offerte. Après que l'émotion de la surprise se sera calmée, je ne pense pas qu'il subsiste, dans aucune partie du monde, le moindre sentiment de défiance contre notre politique à cet égard. »

Dans une séance du 14 février, sir H. Northcote, chancelier de l'Echiquier, s'est exprimé ainsi :

« La grande entreprise du canal de Suez est une affaire qui, depuis sa conception première, a attiré l'attention de l'Angleterre. Elle a été le sujet de beaucoup de critiques et de beaucoup de doutes. On doutait grandement, d'abord, que le projet pût se réaliser, et l'on doutait ensuite que, réalisé, il fût de quelque avantage pour l'Angleterre. On craignait aussi qu'au moment où le canal serait fait, il se produisit des conséquences politiques qui pourraient nuire à l'Angleterre. C'est pourquoi le Parlement et le gouvernement anglais s'abstinrent, au début de l'entreprise, de la soutenir, et non-seulement ils s'abstinrent, mais ils cherchèrent à décourager les fondateurs et (cela peut être dit) ils opposèrent des empêchements aux opérations du promoteur. Je pense que les événements qui se sont produits par la suite ont montré que l'incrédulité a aussi ses dupes, car je ne puis m'empêcher de déclarer que si la nation anglaise avait adopté une voie différente dès le commencement de l'entreprise, quelques-uns des inconvénients éprouvés dans les dernières années auraient pu être évités. Les doutes que l'on avait très-honnêtement et très-naturellement, ont été à peu près dissipés par les faits. Le Canal a été achevé. Il a été ouvert. Il a prouvé qu'il était d'un grand avantage pour l'Angleterre, tandis que les ennuis politiques redoutés ne se sont pas produits jusqu'à présent. Le Canal est un fait...

« Nous croyons que l'achat des actions a été et sera très-avantageux à toutes les parties intéressées ; nous croyons qu'il sera à l'avantage de l'Angleterre, à l'avantage du souverain de l'Egypte et à l'avantage de la grande Compagnie à laquelle nous sommes maintenant associés.

« Nos sentiments à l'égard de la grande Compagnie du Canal de Suez, de son fondateur et de ses principaux promoteurs sont d'entière amitié, et nous avons le désir de nous associer de toutes façons à cette importante entreprise. Je pense que l'Angleterre a commis une grande faute d'incrédulité au début et j'espère qu'il n'est pas trop tard maintenant, pour nous associer à cette entreprise, bien qu'elle soit dans une ère de prospérité. Nous croyons que les conséquences de notre attitude, en ne séparant pas nos intérêts de clients de nos intérêts d'actionnaires, mais plutôt en les combinant tous les deux, seront de fortifier et d'assurer la durée de cette grande œuvre. Elle est destinée à demeurer la possession éternelle de la race humaine et ce sera, j'en suis certain, une orgueilleuse satisfaction pour nous de voir l'Angleterre remplir son rôle en assurant et en consolidant l'avenir de cette grande entreprise. »

Dans la séance du 21 février, à la Chambre des communes, la question de l'achat des actions étant de nouveau à l'ordre du jour, le marquis de Hartington dit :

« Le gouvernement anglais ne s'est nullement substitué aux droits de souveraineté du khédive sur le Canal, et lord Derby l'a reconnu lorsqu'il a écrit au major général Stanton, le 6 décembre 1875 : Vous expliquerez que le gouvernement de Sa Majesté regarderait comme une violation du firman de la Porte et comme incompatible avec l'intégrité de l'empire ottoman, tout acte par lequel le khédive se déposséderait d'une façon quelconque de l'autorité sur le Canal de Suez, qui a été assurée à Son Altesse par les concessions et les statuts de la Compagnie et confirmée par la Porte ottomane. »

Vous comprenez, messieurs, en présence de pareilles manifestations, les dispositions conciliantes de votre Conseil. Nous avons donc été autorisé à conclure en Egypte, avec l'honorable colonel Stokes, dûment autorisé, de son côté, par son gouvernement, un arrangement *ad referendum*. Cet arrangement vous sera soumis dès que le cabinet de Londres, qui lui a déjà donné son approbation, nous fera connaître le résultat de ses négociations.

Prenant en considération l'article 34 des statuts en vertu duquel notre Société doit être adminis-

frée par un nombre de sept membres représentant les principales nationalités intéressées dans l'entreprise, nous nous sommes spontanément engagés, à défaut de vacances dans le Conseil, et en dehors de notre convention, à demander au khédive d'Egypte d'approuver à l'avance une modification des statuts pour élever le nombre des administrateurs de vingt et un à vingt-quatre, afin que la nationalité anglaise, intéressée dans l'entreprise, y fût représentée.

Nous aurons à vous proposer, avec la modification des statuts, l'élection de trois administrateurs anglais qui nous ont été désignés pour remplir leurs fonctions au même titre et avec les mêmes obligations que leurs collègues français. Nous avions toujours pensé que plus on examinerait avec attention tous les détails de notre gestion plus on s'intéresserait à notre entreprise et plus on en deviendrait le partisan convaincu et dévoué. En vertu de ce principe, nous étions désireux d'admettre, dans notre Conseil, des représentants de notre nouvelle et grande associée, l'Angleterre, qui est en même temps la principale cliente du Canal.

En ce qui concerne la question du tonnage qui nous maintenait à l'état d'hostilité envers une politique adverse, nous aurions compté sur la persévérance dont vous nous avez donné tant de preuves s'il avait fallu poursuivre la lutte, mais le moment de la conciliation est arrivé à son heure. Un sage esprit de conciliation, dont le premier ministre d'Angleterre parlait avec tant d'éloquence, est souvent le salut des sociétés menacées. Nous avons montré au milieu de nos plus graves difficultés et après d'énergiques résistances, que nous savions nous y conformer.

Un fait important s'est produit en Egypte depuis cette dernière réunion. C'est l'adoption par tous les Etats et le bon fonctionnement de la réforme judiciaire. Nous nous félicitons d'avoir contribué à ce résultat éminemment civilisateur, malgré les critiques dont la Compagnie a été l'objet à ce sujet.

C'est aujourd'hui surtout que l'on peut comprendre combien cette réforme était de nature à influer sur la sécurité des relations commerciales et financières de l'Egypte avec les nations étrangères. Elle a été la base et nous espérons qu'elle deviendra la garantie d'une institution non moins importante, celle de la réforme financière confiée à des administrateurs éminents choisis en Europe. Nous avons personnellement la confiance que cette heureuse innovation relèvera le crédit égyptien en proportion des immenses ressources du pays.

Nous nous félicitons, Messieurs, de n'avoir pour la première fois, aucune difficulté à vous signaler dans la marche de notre entreprise et de vous voir entrer dans la période du succès incontesté et de la récompense.

Résolutions

1° L'ASSEMBLÉE approuve le rapport lu par M. Ferd. de Lesseps, président-directeur de la Compagnie, au nom du conseil d'administration ;

2° L'ASSEMBLÉE fixe le dividende de l'exercice 1875 à 1 fr. 88 par action ;

3° L'ASSEMBLÉE approuve les comptes des recettes et des dépenses de l'exercice 1874 ;

4° L'ASSEMBLÉE,

Vu l'article 24 des statuts :

Considérant qu'il y a lieu d'assurer la représentation des intérêts anglais au sein du Conseil, en

raison de la part importante que la Grande-Bretagne a acquise dans le capital social ;

Attendu qu'en vue d'assurer cette représentation un accord est intervenu entre le gouvernement de Sa Majesté Britannique et le Conseil d'administration proposant la création de trois nouvelles places d'administrateurs, et l'obligation de réserver ces places, tant que le gouvernement de Sa Majesté restera possesseur des actions acquises par lui, à des candidats désignés par ledit gouvernement, présentés par le Conseil et nommés par l'Assemblée suivant les formes usitées ;

Adopte la résolution suivante :

Le nombre des administrateurs que l'article 21 des statuts, modifié par une résolution de l'Assemblée générale du 24 août 1871, a fixé à 21, est porté à 24.

Les trois places ainsi créées seront, dès à présent, et au fur et à mesure des vacances qui se produiraient, remplies dans les conditions ci-dessus spécifiées.

5° L'assemblée nomme membres du Conseil d'administration :

MM. le colonel John Stokes, C. B. Rivers Wilson, Edward James Standen.

6° L'assemblée nomme membres du Conseil d'administration :

MM. le général comte de Clérembault, V. Delamalle, E. Mourette.

Administrateurs sortants.

7° L'assemblée confirme la nomination de M. Corbin de Mangoux en qualité d'administrateur, en remplacement de M. Morellet.

8° L'assemblée renvoie les comptes des dépenses et des recettes de l'exercice 1875, à l'examen d'une Commission de vérification, pour le rapport en être présenté à l'assemblée générale ordinaire de 1877.

CANAL DE SUEZ

COUPONS EN PAYEMENT (*échéance 1er juillet*).

	Brut.	Net.
Coupon d'action n° 35...	14.38	13.13
Coupon de délégation n° 14...	15.27	14.06
Coupon de délégation de jouissance n° 1...	2.77	2.60 1/2
Part de fondateur...	106.17	102.98 1/2

Le Directeur-gérant : C. HERTZ.

6294.76. — Boulogne (Seine). — Imp. JULES BOYER

SUR L'ÉTABLISSEMENT DES PREMIERS GRANDS CENTRES COLONIAUX

Les grands peuples nés du christianisme comprennent, depuis plusieurs siècles déjà, le devoir qui leur incombe de civiliser les races encore barbares, sur la destinée desquelles peut s'étendre leur influence. Cependant ils ne le remplissent que d'une manière intermittente et avec peu de méthode : d'où la lenteur de leurs progrès dans cette voie, sauf pour l'Angleterre.

Cette puissance qui semble avoir repris dans nos temps modernes le brillant rôle des Phéniciens et qui compte sur le sol de ses possessions étrangères 203,907,300 habitants, tandis que les Pays-Bas, la Russie, l'Espagne, la France, le Portugal, le Danemark et la Suède réunis n'ont ensemble que 54,417,700, sait fort bien coloniser (1). A l'exemple des Phéniciens qui assuraient leurs vastes possessions continentales en se saisissant des plus belles îles de la Méditerranée : Chypre, Rhodes, la Crète, la Sicile, la Sardaigne, Iviça, etc..., les Anglais n'ont pas négligé, alors qu'ils prenaient l'Amérique du Nord, l'Inde, le sud de l'Afrique et l'Australie, d'occuper aussi des positions maritimes presque imprenables: Helgoland, Gibraltar, Périm, Aden, Singapour, Hong-kong, etc..., qui leur fournissent de fermes points d'appui et leur ménagent de sûrs refuges.

Ce premier principe de colonisation durable, que les deux plus grands peuples maritimes connus ont mis en pratique pour s'assurer l'empire des mers, doit être également suivi sur la terre ferme. Le célèbre voyageur Barthe a dit à ce propos avec une incontestable autorité :

« Je pense que le seul moyen d'implanter la civilisation en Afrique « serait l'établissement de centres coloniaux sur les principaux « fleuves, afin que de ces points il se produisit un rayonnement « salutaire et un courant civilisateur qui ne tarderait pas à les joindre « l'un à l'autre (2). »

En effet, s'emparer d'îles ou de stations faciles à défendre, dans le lit ou sur les bords des grands fleuves, ces « chemins qui marchent » et qui constituent les premières lignes de commerce, est une mesure d'importance capitale. Néanmoins, pour les *joindre l'un à l'autre*, il est également indispensable de découvrir entre eux, et d'occuper solidement des positions que la nature ou l'art aient fortifiées : et c'est là justement un second principe, non moins évident que le précédent, en vertu duquel il faut recourir à l'entremise des explorateurs après celle des navigateurs. « Toutes les routes qui, « des grands marchés de l'extrême Orient, de l'Inde, de la Chaldée, « de l'Arabie, etc., se dirigeaient vers l'Occident, venaient aboutir à « Sidon et à Tyr... Il est certain que les marchands phéniciens s'é- « taient établis aussi loin que possible sur les grandes voies de « commerce et en avaient occupé les points principaux au gué des « rivières et au *défilé des montagnes* (3). »

Mais, avant tout, est-il juste de s'emparer du territoire ou d'une portion de territoire d'un peuple quelconque, auquel on n'a d'ailleurs aucun grief à reprocher? Non, certes, et c'est pourquoi on ne lui demandera que la liberté des transactions et la location des terrains nécessaires à l'établissement d'entrepôts, fabriques et ports. Par malheur, les barbares repoussent les étrangers, les pillent et violent les traités les plus solennels ; en sorte qu'au bout de peu de temps il devient presque toujours nécessaire de les dompter, pour assurer chez eux le triomphe du droit des gens.

L'explorateur qui vient étudier une région peu ou point connue, pour éclairer le monde sur les richesses de diverses sortes que la nature y a rassemblées, et pour en préparer l'exploitation pacifique, est souvent la première victime de ses sauvages habitants. Aussi convient-il, en général, après avoir recueilli des voyageurs et commerçants du pays tous les renseignements possibles, de recourir préalablement, comme le font actuellement les Anglais dans le Thibet, à des pionniers indigènes qui passent plus inaperçus. Quoi qu'il en soit, l'objectif principal des explorateurs serait donc de déterminer les postes propres à relier entre elles les lignes de stations fluviales, ou de conduire d'un poste ou d'une station donnés, jusqu'à la mer, ce réservoir commun des fleuves. Ainsi le comprenait, à juste titre, le général Faidherbe lorsque, dans ses instructions au lieutenant de vaisseau Mage en 1863, il indiquait son but de créer quatre postes « distants d'une trentaine de lieues entre Médine « sur le Sénégal et Bamakou, un autre point voisin sur le Niger (1)». Or, il suffit de l'heureux accomplissement d'une tâche de ce genre pour illustrer à jamais un Livingstone ou un Cameron, par ce qu'elle devient des plus ardues et des plus périlleuses lorsque, pour la remplir, il faut franchir d'immenses régions inconnues et d'arides déserts, comme il en existe entre le Niger et le Nil, entre Timbouctou et El-Goléa. Mais pour réussir ici, il est besoin de l'appui d'un gouvernement habile et soucieux de l'avenir, ou, à son défaut, de celui de sociétés de géographie ou de grandes compagnies marchandes; et le choix entre le patronage des unes ou de l'autre dépend des circonstances. L'état n'engage le drapeau national qu'à bon escient, c'est-à-dire s'il est devenu nécessaire de protéger un droit naturel méconnu tel que celui de circuler et trafiquer, ou bien de venger quelque attentat absolument condamné par le droit des gens. Toutefois il use souvent d'initiative, ou s'unit aux sociétés et compagnies pour défrayer les explorateurs quand ils appartiennent à un corps constitué, à titre d'officiers, de médecins militaires, de professeurs, etc... En réalité, les errements adoptés sont bons ; seulement on s'arrête volontiers en chemin et l'on pêche par inconstance. Ainsi, n'est-il pas affligeant d'avoir à constater que l'on n'a point tiré les avantages justement espérés de Mage au Soudan? Le roi de Segou lui a remis, le 2 mai 1864, un traité par lequel « il ouvre toutes les routes du pays qu'il commande vers nos comptoirs (2); » et cependant nous n'avons pas même pris possession du premier poste indiqué en partant de Médine : celui de « Bafoulabé, « confluent du Bafing et du Bakhoy, dont nous nous occupons « déjà *depuis longtemps* », écrit le général Faidherbe *en* 1863 ! — On discute vivement les moyens de franchir le Sahara en chemin de fer ; mais l'une des principales chances d'exécution du projet serait d'être éclairé sur les ressources et l'importance du lieu d'arrivée. Or, l'abandon de l'étude du haut Niger et notre indifférence à y prendre pied ayant prolongé notre ignorance à cet égard, on verra peut-être l'entreprise exotique du percement de l'isthme de Panama séduire l'opinion publique, de préférence à celle d'un établissement rapide au Soudan, où nous pourrions pourtant retrouver l'équivalent de l'Inde perdue au siècle dernier.

Le moment où surgissent d'aussi graves et toutes nouvelles difficultés est celui où, après avoir mené à bien les explorations, il s'agit d'établir à demeure, dans les stations ou postes désignés, des agents capables et régulièrement rétribués. En premier lieu, il faut obtenir des indigènes, au moyen de présents ou par la force, la vente, ou tout au moins la location, du terrain nécessaire à cet établissement; et cela, en vertu du droit primordial d'exercer le commerce avec tous les hommes; commerce qui implique des entrepôts pour les marchandises et les approvisionnements, des logements pour les trafiquants ou passagers, des lieux de retraite pour les bêtes de somme et, surtout, quelque solide réduit d'où l'on puisse repousser l'attaque des pillards. La satisfaction de besoins si multiples doit sans doute entraîner à de lourdes dépenses ; mais des compagnies armées d'un monopole temporaire qui leur permettrait de s'enrichir presque à coup sûr, comme le fit celle des Indes, y suffiraient déjà; d'ailleurs l'Etat ne ferait que se conformer à son

---

(1) Voir, pour ces chiffres, les tableaux d'ensemble de l'Institut de Gotha rapportés par l'*Explorateur* à la suite de la préface du premier volume.
(2) *Tour du Monde*, 1868, t. I, p. 112.
(3) *Histoire ancienne des peuples de l'Orient*, Maspero, p. 433. Movers, *Die Phönizier*, t. II, p. 159-165.

(1) *Tour du Monde*, 1868, t. I, p. 6.
(2) *Tour du Monde*, 1868, t. I, p. 104 et 107.

plus réel intérêt, s'il s'en chargeait le plus souvent lui-même, comme dans telle ville de Chine : « Schang-haï appartient à tout le monde « et n'appartient à personne ; il y a concession française, anglaise, « américaine; le gouvernement chinois a la bonté de se croire pro- « priétaire du sol, et nous sommes censés, moyennant redevance, « n'être que locataires; mais nous y sommes, etc... (1) ».

En second lieu, il conviendrait d'organiser le personnel des agents dont il est question en une sorte de corps spécial, qui eût sa carrière assurée, qui ne se sentît pas menacé d'un ingrat et subit abandon comme les sentinelles perdues, et qui serait utilement rattaché à la direction générale des consulats. Les services à attendre d'eux, sont, en effet, de la plus haute importance, puisque, pour bien remplir leur mission, ils auront à assurer la libre circulation d'un poste à l'autre, à établir des courriers, à faciliter les transports, à faire des excursions en des pays difficiles, à indiquer le tracé des voies futures, à faire héberger et à protéger au besoin, pour une modeste rétribution, les négociants ou voyageurs de tout pays et de toute race, les missionnaires, les naturalistes, les savants, les artistes, etc... D'un autre côté, il importerait au dernier point, pour l'affermissement de leur influence, qu'ils rendissent d'incontestables services aux populations dont ils seront entourés; aussi devraient-ils être en mesure de fournir des remèdes pour les nombreuses maladies au sujet desquelles ils seront avidement consultés, d'acclimater les animaux utiles ainsi que les plantes comestibles et médicinales, de distribuer des instruments de travail et des livres élémentaires, de répandre les connaissances les plus usuelles, et, par dessous tout, d'échanger la plus grande quantité possible d'articles

(1) *Pékin, Yeddo, San-Francisco*, par le comte de Beauvoir, p. 7.

de commerce contre les produits du pays. Enfin, ils auraient à déployer bien des qualités précieuses mais peu conciliables : l'énergie et la patience, l'esprit d'entreprise et la circonspection, le goût des améliorations praticables et le respect des coutumes établies; et, avec cela, le tact qui tire bon parti de ces mille incidents imprévus qu'une maladresse envenimerait au contraire, si même elle ne les tranformait en *casus belli*. L'étude approfondie de ce qui a été fait sous ce rapport par les Russes et les Anglais, dans leurs colossales conquêtes de l'Asie, serait pleine de féconds enseignements.

Considérons, pour finir, que si nous reculions davantage devant les sacrifices qu'exige la création méthodique de premiers centres coloniaux, d'autres États constitueraient en notre lieu et place toutes les grandes lignes commerciales qui restent encore à établir. A eux iraient les richesses que méritent ceux qui sèment pour récolter ; à eux seuls, aussi, reviendrait dans l'histoire l'éternel honneur d'avoir porté les derniers coups à l'esclavage, en substituant à la traite infâme des noirs un commerce régulier et pacifique ! Commençons donc par relier Médine au Niger, puisque quatre ou cinq postes y suffisent et qu'un traité nous en concède déjà le chemin. Pour aller plus loin, nous suivrons les conseils d'éminents compatriotes qui savent attirer à nos congrès les délégués de l'Europe bienveillante, qui unissent les mers l'une à l'autre par des travaux sans rivaux dans le passé, ou qui manient à souhait les plus délicats ressorts de la diplomatie.

Orléans, le 1er juillet 1876.

DE SEGUIER,

Conseiller à la Cour d'appel d'Orléans, membre du congrès international des Sciences géographiques et des Sociétés de géographie scientifique et commerciale de Paris.

LA MARINE MARCHANDE

(Suite.)

Ainsi donc, nos constructeurs sont placés dans des conditions défavorables, en ce qui concerne les matières, soit qu'il s'agisse de navires en bois, soit qu'il s'agisse de navires en fer.

En ce qui concerne la main-d'œuvre, il semble au premier abord que l'avantage soit de leur côté. Le charpentier de navire qui, en France, se paie 5 francs par jour, se paie, en Angleterre, 5 et 6 schellings (6 fr. 25 à 7 fr. 50).

L'augmentation est encore plus grande dans l'Amérique du Nord. Toutefois, il ne faut pas conclure de là que la main-d'œuvre, proprement dite, soit plus élevée en Angleterre qu'en France. On sait très-bien aujourd'hui que l'ouvrier mieux payé, se nourrit mieux, et produit plus de travail dans le même temps.

Il y a, d'ailleurs, un autre élément beaucoup plus important que le prix de la journée, dont il convient de tenir compte dans la comparaison : c'est celui de la quantité de travail dont dispose le constructeur. Quand ce travail est abondant et régulier, on peut le diviser davantage, ce qui amène une grande réduction dans le prix de la main-d'œuvre. Je vais entrer dans quelques détails à ce sujet :

La marine de Bordeaux comprend actuellement 393 navires, jaugeant ensemble 133,604 tonneaux. Ces navires durent quinze ans en moyenne. Il faut donc, pour le renouvellement de la marine bordelaise, construire chaque année une moyenne de $\frac{133.604}{15}$ = 8,013 tonneaux. Si tous ces navires s'exécutaient à Bordeaux (ce qui n'est malheureusement pas le cas), le nombre des chantiers y étant de 10, chacun de ces chantiers aurait à construire une moyenne annuelle de 801 tonneaux.

Cela posé, je trouve dans mes notes que, pendant l'année 1869, il a été construit 108,563 tonneaux dans les ports de la Clyde. Il y a sur cette rivière trente et un chantiers de construction. La production moyenne d'un de ces chantiers serait donc de $\frac{108,563}{31}$ = 6 405 tonneaux par an.

Ainsi, pendant qu'un chantier de la Gironde ne produit en moyenne que 801 tonneaux, un chantier de la Clyde produit 6,405 tonneaux. Le travail peut donc être *divisé* dans le premier beaucoup plus que dans le second, et cela dans la proprtion de $\frac{6,405}{801}$ = 7,10. Or, personne n'ignore que la *division du travail* est un puissant moyen de réduire la main-d'œuvre. C'est sur la division du travail qu'est fondé tout le système manufacturier moderne.

La division du travail, en outre de ses avantages propres et directs, a

encore pour conséquence de conduire à l'emploi des *machines-outils*, qui sont un autre moyen puissant de réduire la main-d'œuvre. En voici un exemple entre cent :

A Bordeaux, on ne construit guère que des navires en bois ; il n'y a pas un seul chantier de construction qui possède des *machines à scier* les bois de membrure. Dans tous, on effectue ce travail avec des *scieurs de long*. Or, le sciage à bras coûte deux fois plus que le sciage mécanique. Nos constructeurs n'ignorent pas ce fait ; cependant ils n'installent pas de machines à scier dans leurs chantiers ; ils agissent en cela sagement, car ces machines étant le plus souvent inoccupées, leur emploi finirait par devenir plus onéreux que celui des scieurs de long. Ainsi, par suite du peu d'abondance du travail et de son intermittence, le sciage, dans les chantiers français, coûte deux fois plus cher qu'il ne coûterait avec un aliment suffisant et régulier.

Arrivons maintenant aux *frais généraux*. Ils comprennent, comme on sait, l'intérêt du capital engagé dans le chantier, l'entretien et l'amortissement de l'outillage, les impôts et assurances, la patente et le traitement des principaux employés qui sont permanents, et quelques autres menus frais. Tous ces articles restent les mêmes ou varient peu, quel que soit le travail dont dispose le constructeur. Si ce travail est sept fois plus grand dans le chantier de la Clyde qu'à Bordeaux, les frais généraux doivent y être sept fois moindres, toutes choses égales d'ailleurs.

Il est à remarquer, en ce qui concerne les frais de chantiers, que l'État, propriétaire du rivage, cède gratuitement aux constructeurs français l'usage du sol sur lequel ils s'établissent. Cette mesure libérale paraît, au premier abord, favorable aux constructions navales. En réalité, elle tend indirectement à élever les prix, car elle a conduit à augmenter le nombre des chantiers *outre mesure* c'est-à-dire au delà du chiffre qui serait résulté du libre jeu de l'offre et de la demande. Il est à remarquer, d'ailleurs, que la plupart des chantiers actuels ayant été créés il y a de longues années, les concessionnaires primitifs les ont vendus à des successeurs. La faveur première ne profite donc pas aux constructeurs actuels, et l'État se trouve, en fin de compte, avoir stimulé une concurrence déjà trop grande, sans aucun profit pour le Trésor. Il n'en est point ainsi en Angleterre. Là, le rivage est une propriété privée. Le nombre des chantiers s'y est donc limité de lui-même, ce qui est favorable à l'augmentation du travail, sur un même point; et, par suite, à l'abaissement du prix de revient.

Je crois avoir établi, par les détails qui précèdent, que les constructeurs français sont dans des conditions beaucoup moins favorables que leurs concurrents étrangers, pour la production économique des bâtiments de mer, soit en bois, soit en fer. On peut dire d'eux, avec quelque vérité, qu'*ils construisent des navires*, alors que les Anglais et les Américains *manufacturent des navires*. On s'explique aussi comment, depuis la loi du 19 mai 1866, qui a permis l'introduction des navires étrangers moyennant le droit insignifiant de 1/2 p. 0/0 de leur valeur, la construction navale française a diminué de 50 p. 0/0.

Il me resterait à dire, pour compléter le sujet, quels sont, par tonneau de jauge, les prix comparatifs de navires français et étrangers. Il est assez difficile de répondre exactement à cette question. Les prix des navires par tonneau de jauge sont, en effet, très-différents, suivant la grandeur du navire, les conditions du devis, celles de l'inventaire, la manière de mesurer le tonnage (laquelle est extrêmement variable), la saison, la durée de la construction, la réputation plus ou moins grande du constructeur, la quantité de travail dont ce dernier dispose, etc., etc. Tous ces éléments varient à l'infini.

J'ai vu, dans les ports de l'Amérique du Nord, traiter des navires depuis 50 dollars le tonneau, complétement armés, mais sans doublage, ce qui fait environ 285 francs avec doublage. J'ai retrouvé à peu près les mêmes prix à Dantzig, sur la Baltique ; au Canada, les navires complets, mais sans doublage, peuvent s'obtenir à 8 livres sterling et 10 schelling le tonneau. Pour les navires en fer, on peut traiter en Angleterre depuis 13 livres sterling le tonneau. Tous ces prix se rapportent à des navires de commerce ordinaires, construits dans les ports secondaires, où la main-d'œuvre est moins élevée. Dans les grands ports et chez les constructeurs renommés, ces prix s'élèvent de 10, 20, p. 100, et même au delà.

Comparés aux prix français, dans les mêmes conditions, on constate une majoration de 20 à 25 p. 100 sur ces derniers. Toutefois, il ne faut pas l'oublier, les navires du Canada sont exécutés avec des bois d'essence tendre, venus dans des terrains humides. Quoique robustement construits, ces navires ne durent guère que la moitié de la durée des bâtiments construits en bon chêne de France ou d'Angleterre. D'un autre côté, les fers anglais, principalement ceux employés dans les ports de l'est, sont loin de valoir les fers français. Enfin, quand on fait construire à l'étranger, il faut ajouter les frais accessoires occasionnés par les envois d'argent, et par la surveillance, d'autant plus nécessaire et plus coûteuse qu'elle est plus lointaine. En tenant compte de toutes ces circonstances, les personnes qui réclament la protection pour les constructions navales admettent qu'elle devrait être de 40 francs par tonne pour les navires en bois, et de 60 francs par tonne pour les navires en fer. Ces chiffres, sans être absolus, sont ceux le plus généralement acceptés.

Je vais maintenant indiquer les causes qui peuvent expliquer la plus grande cherté du fret sur les navires français.

Les armateurs de notre pays ne sont pas seulement propriétaires de navires (*shipowners*), comme leurs confrères anglais. Il leur arrive aussi fréquemment d'être en même temps négociants. Or, comme la valeur de la cargaison dépasse habituellement celle du navire, et que, d'ailleurs, cette cargaison se renouvelle plusieurs fois par an, l'intérêt de l'armateur comme négociant prime souvent son intérêt comme propriétaire de navires. Dans ces conditions, l'armateur négociant considère le navire comme le moyen, non comme le but. Préoccupé d'intérêts plus grands, il *ne s'attache pas assez à perfectionner son outil*.

C'est sans doute à cette cause qu'il faut attribuer un fait souvent observé : au lieu de consulter préalablement un constructeur sur les dimensions et devis les plus convenables pour le service qu'il a en vue, l'armateur français lui impose habituellement les unes et les autres. A cet effet, il se règle sur d'anciens devis, conservés dans les archives de sa maison, et se rapportant à des navires célèbres par les bons résultats financiers qu'ils ont donnés jadis. Ce n'est pas le meilleur moyen de soutenir la concurrence dans une époque de transformation et de progrès.

On reproche aux navires français d'être plus petits que ceux employés par les Anglais et les Américains. Or, des bâtiments plus petits marchent moins vite et naviguent plus coûteusement. Si l'on compare deux navires géométriquement semblables, les capacités de ces navires seront entre elles comme les volumes ou *les cubes d'une dimension*. Les résistances ne seront entre elles que comme les surfaces ou *les carrés d'une dimension*. Or, les voiles, les gréements, les équipages, les vivres, les doublages, les chaînes, les ancres, les machines à vapeur, le charbon, etc., ne croissent que comme les résistances. Certains articles, tels que les montres marines, instruments nautiques, cartes, etc., sont les mêmes pour tous les bâtiments. On s'explique ainsi comment les grands navires peuvent transporter plus économiquement que les petits.

Les états de la douane ne fournissent pas assez de détails circonstanciés, pour qu'on puisse, dans chaque cas, comparer les grandeurs des navires employés dans les divers pays pour le même trafic ; mais on trouve quelques indications sur ce point dans d'autres publications. J'ai remis à la Société de géographie un travail sur la marine des États-Unis, extrait du *Mémorial du Génie maritime*, de 1858. Il résulte de ce travail que les Américains, dans leur trafic avec la France, emploient des navires du tonnage moyen de 835 ton. Les Français, dans leur commerce avec les États-Unis, n'emploient que des navires du tonnage moyen de 465 tonneaux. Sans doute, il est plus facile de trouver à charger 465 tonneaux que 835 tonneaux ; cependant, il est difficile d'admettre que cette seule cause puisse justifier un pareil écart dans un commerce réciproque, depuis longtemps établi.

On reproche aux navires français d'être plus courts que ceux des Anglais et des Américains. On rencontre encore dans nos ports beaucoup de bâtiments dont la longueur égale à peine *quatre fois le bau*. Or, on peut, sans inconvénients sérieux, porter le rapport à *cinq fois le bau* pour les navires à voiles, et bien au-delà pour les bateaux à vapeur. Étant donnée la même section transversale, et, partant, les mêmes frais d'armement, le navire ayant cinq fois le bau portera 25 p. 100 de plus que le navire n'ayant que quatre fois le bau. Sauf quelques exceptions justifiées par des circonstances toutes locales, nos navires pourraient avec avantage être faits plus longs.

On remarquera encore que nos bâtiments ont, à égalité de tonnage, des équipages plus nombreux que ceux de l'Angleterre et des États-Unis. Ce fait se trouve constaté dans le numéro du *Mémorial du Génie maritime* précité. On y voit que les Américains, dans leur trafic avec la France, arment leurs navires avec 2 hommes 5 par 100 tonneaux, alors que les Français, dans leur trafic avec les États-Unis, mettent 4 hommes 7 par 100 tonneaux. Cette différence tient en partie à ce que les Américains emploient des navires plus grands. Mais elle tient aussi à ce qu'ils emploient, beaucoup plus que les Français, les moyens mécaniques destinés à réduire la main-d'œuvre à bord ; j'ai vu aux États-Unis des navires de 600 tonneaux qui n'avaient que sept hommes d'équipage, soit à raison de 1,17 pour 100 tonneaux : ce sont les goëlettes à trois mâts (*three mastedschooners*). Leurs voiles, toutes auriques, se manœuvrent de dessus le pont au moyen de petits treuils placés chacun au pied de chaque mât. Ce genre de gréement est extrêmement avantageux au point de vue de la réduction de la main-d'œuvre. Aussi est-il très en faveur près des armateurs américains (1). Il vient quelquefois de ces goëlettes à trois mâts sur rade de Bordeaux. Elles y passent inaperçues.

En France, la moyenne générale des équipages employés dans le commerce extérieur s'élève, d'après les états de la douane, au chiffre de 4 hommes 2 par 100 tonneaux. En Angleterre, cette moyenne n'est aujourd'hui que de 2 h. 9 par 100 tonneaux. On voit que nos voisins ont fait de très-grands progrès sous ce rapport, et ils ne cessent de marcher dans cette voie, ainsi qu'on le constate dans le tableau suivant, qui donne les effectifs de vingt-deux navires anglais à voiles, à trois époques différentes.

Années.	Effectif de 22 navires.	Nombre proportionnels.
1849	463	100
1859	317	90
1869	848	75

Cette réduction de 25 0/0 opérée en 20 années par les armateurs anglais dans les équipages *des mêmes navires* est bien digne de fixer l'attention.

En Angleterre, la majeure partie des bâtiments de mer qui se construisent aujourd'hui sont exécutés en fer (2). En France, la majeure partie sont exécutés en bois. C'est encore une grande cause de cherté pour nos armements, car les navires en fer ont la coque plus légère et la muraille plus mince que les navires en bois. A dimensions extérieures égales, ils portent plus de marchandises lourdes ou logent plus de marchandises encombrantes. Si l'on représente par 1,000 tonneaux les déplacements d'eau ou les poids des deux navires chargés, l'un en bois, l'autre en fer, construit sur le même plan, les poids de la cargaison seront approximativement :

Pour le navire en bois...................... 600 tonneaux
Pour le navire en fer...................... 700 —

Ainsi, à égalité de grandeur, et par conséquent à égalité dans les frais, le navire en fer portera 700 tonneaux, quand le navire en bois ne portera que 600 tonneaux.

Le prix de revient du fret sur le premier sera donc moindre que sur le second, à peu près dans le rapport de 7 à 6, c'est-à-dire de 15 0/0. En réalité, l'avantage des navires en fer est encore plus grand ; car ils demandent moins de réparations, durent plus longtemps, conservent mieux leurs formes, ne sont pas sujets à l'imbibition, peuvent être faits plus longs, tirent moins d'eau à chargement égal, etc. Leurs inconvénients sous le rapport du salissement des carènes et de la variation des compas ont été fort exagérés et n'empêchent pas les Anglais de les employer de plus en plus. Tout porte à croire que c'est

(1) Sur 17,236 navires à voiles, qui constituent la flotte commerciale des États-Unis, il y a 11,480 goëlettes à deux ou trois mâts.
(2) En 1868, il a été construit 309,843 tonneaux de navires en Angleterre ; sur ce nombre 208,101, soit 56 0/0 étaient en fer.

à l'adoption des navires en fer que nos voisins doivent leur supériorité actuelle sur les Américains. Cette supériorité est toute récente, et il serait difficile de bien l'expliquer autrement

Les armateurs français persistent à employer des navires à voiles pour le cabotage des côtes de France et des mers d'Europe. Les Anglais pour ces deux services, emploient presque exclusivement des bateaux à vapeur. On remarque que leur cabotage est prospère et que le nôtre décroît, ce qu'on attribue à la concurrence des chemins de fer. Il y a cependant encore plus de chemins de fer en Angleterre qu'en France. Mais ces chemins de fer ne peuvent lutter contre les bateaux à vapeur pour l'économie, et ils leur sont peu supérieurs pour la régularité quand il s'agit de la petite vitesse. Tout porte à croire que notre cabotage ne dépérit que parce qu'il emploie presque exclusivement des navires à voiles, dont l'économie ne compense pas la lenteur et l'irrégularité.

Il ne faudrait pas cependant porter ce raisonnement à l'extrême. Lorsque la distance est grande, le bateau à vapeur ne peut lutter contre le navire à voiles : il lui faut embarquer au départ une trop grande quantité de charbon, ce qui réduit beaucoup trop la cargaison. Les Anglais, quand ils ont appliqué le navire à vapeur aux lignes à grande distance, ont éprouvé et éprouvent encore de grandes déceptions. Les seules lignes de ce genre qui prospèrent, sont celles subventionnées par l'Etat pour le transport des dépêches. Il y a donc une limite dans l'emploi des bateaux à vapeur, limite qui s'est étendue avec les progrès survenus dans les machines marines, mais qui est encore fort restreinte. Il faut surtout des lignes courtes, de fret abondant et des moyens rapides de chargement et de déchargement.

Les causes d'infériorité que je viens d'énumérer semblent toutes indiquer *un moindre esprit d'entreprise* chez les armateurs français comparativement à leurs concurrents étrangers. Il y a certainement de nombreuses et honorables exceptions, et je ne parle ici que de l'ensemble. Je me hâte d'ajouter que diverses causes, conséquence de notre législation, tendent à paralyser l'initiative de nos nationaux.

L'armateur anglais, quand il forme son équipage, le compose comme il lui plaît. Il a à sa disposition toute la population du Royaume-Uni. Au contraire, l'armateur français est obligé de prendre cet équipage dans le personnel restreint qui constitue l'*inscription maritime*; ce personnel, éparpillé sur toutes nos côtes et sur toutes les mers, ne s'élève en totalité qu'à 151,829 hommes. On comprend très-bien que, sur un bâtiment de mer, il faille un certain nombre de marins exercés, pour manier le gouvernail, manœuvrer les voiles hautes,

travailler au gréement, caponner les ancres, etc. Mais les marins exercés ne sont plus indispensables quand il s'agit de laver les cordages, haler sur les manœuvres, virer au cabestan, balayer les ponts, etc. Les travaux de cet ordre peuvent être confiés au premier venu, alors même qu'il n'aurait jamais mis le pied sur un navire.

Il n'est pas rare, sur les bâtiments anglais, de rencontrer des hommes faits qui naviguent pour la première fois. On les appelle *green hands* (mains inexpérimentées.) Ces hommes faits, quel que soit leur âge, reçoivent invariablement, à leur premier voyage, le même salaire que les mousses. Souvent même, comme les apprentis de certains métiers, ils ne reçoivent pas de salaire du tout et se contentent de la table et du logement. A leur second voyage, les *green hands* deviennent *ordinary seamen* (marins ordinaires, et leur salaire augmente un peu. Il s'élève ensuite graduellement jusqu'à ce qu'il atteigne celui des marins exercés, que l'on appelle *able seamen* (marins capables), et qui reçoivent le salaire complet . On estime aujourd'hi, sur les navires anglais, il n'y a pas plus de 45 0/0 d'*able seamen*. Ces dispostions très-favorables à l'économie, ne sont pas praticables en France. Tous les marins du commerce proviennent de l'inscription maritime. Tous ont fait un certain service à l'Etat. Tous reçoivent le même salaire.

Les armateurs anglais, dans leurs contrats d'engagement avec leurs hommes, traitent généralement au voyage, et les armateurs français au mois. Le premier mode est beaucoup plus avantageux que le second, aussi bien pour le marin que pour le patron.

On comprend, en effet, que ce marin, recevant le même salaire, que le voyage soit long ou court, a intérêt à le faire court, c'est-à-dire à naviguer rapidement, charger et décharger rapidement. Ce stimulant n'existe pas avec le système français. Au contraire, l'homme y est incité à naviguer lentement pour s'assurer plus longtemps du travail. Il faut que la navigation au voyage présente de bien grands avantages, puisque nous voyons ce système adopté par les grandes Compagnies de navigation anglaise. Ainsi, la plus ancienne et la plus prospère de ces Compagnies, celle de M. Cunard, qui fait depuis trente-huit ans un service régulier entre Liverpool et New-York, ne cesse pas d'engager ses hommes au voyage. A l'arrivée de chaque paquebot à Liverpool, elle congédie son équipage. Quelques jours après, elle contracte avec les mêmes hommes un engagement nouveau pour le voyage suivant.

J.-B. Pastoureau-Labesse,
Ingénieur de la marine en retraite.

(A suivre.)

LE GULF-STREAM

CE QU'ON EN SAIT, CE QU'ON EN DIT, CE QU'ON N'EN SAIT PAS, ET CE QU'IL IMPORTERAIT QU'ON EN SÛT. — SA VITESSE, SA TEMPÉRATURE, SA COLONISATION, SA FORME. — *DESIDERATA.*

Les livres qui traitent de Géographie nous disent que, de tous les courants marins, celui qui porte le nom de Gulf-Stream (courant du golfe) est le mieux connu.

Nous avons lu tout ce qui a été, « à notre connaissance, » écrit sur cet intéressant sujet, et nous sommes forcé d'avouer que, à moins de nous contenter des banalités qui ont été imprimées en France dans les Dictionnaires et dans les livres dits spéciaux, nous avons trouvé au contraire qu'il n'est pas un courant dont les origines soient plus obscures et dont la manière de se comporter soit moins expliquée.

Quand on récapitule les spéciosités, les contradictions et les sornettes inextricables auxquelles de prétendues explications qui n'expliquent rien ont donné naissance, on peut mettre au défi de s'être formé une opinion raisonnée, nette et complète de ce phénomène, quiconque a eu la curiosité de chercher à s'éclairer sur la question du Gulf-Stream.

Alors, à bout de réflexions, on finit par se demander — le Gulf-Stream étant, au dire des livres, le mieux connu de tous les courants marins — quelle ne doit pas être l'ignorance en ce qui concerne les autres courants moins bien connus !

Nous avons pensé qu'il serait utile de résumer les principaux renseignements obtenus et rapportés par divers écrivains, dont quelques-uns sont très-sérieux, nous réservant de signaler les inexactitudes et de demander que la lumière soit faite sur les obscurités.

Le Gulf-Stream est un fleuve marin d'eau chaude qui sort du golfe du Mexique par le détroit de la Floride.

Ce fleuve marin, — dont la température est, dans toute son épaisseur, de 1,080 mètres au début, de 30 degrés, — coule, nettement limité, au-dessus de la zone d'eau qui accuse normalement 15 degrés, et au-dessous de laquelle on atteint par une décroissance rapide le flux polaire qui marque 4, puis 2 degrés, lequel, se relevant verticalement le long de la côte américaine, encaisse de ce côté le Gulf-Stream et porte le nom de « Mur froid ». Du côté opposé, on ne sait pas exactement comment cela se passe.

Il se dirige d'abord vers le Nord, en suivant les côtes d'Amérique à une certaine distance toutefois, car il est séparé du littoral par un courant inverse d'eau froide que les Américains ont appelé le *Mur froid.*

Après avoir dépassé les Bermudes, ce courant se divise, en forme d'éventail, en plusieurs branches dont l'une contourne exactement, comme une muraille, la mer des Sargasses pour ensuite s'infléchir et rentrer dans le courant équatorial, tandis que les autres branches se portent vers l'est et le nord-est.

Nulle part sa profondeur n'excède 1,080 mètres qui paraissent être son épaisseur initiale — quoique l'on ait pu lire dans plus d'un récit le chiffre de 180 mètres; évidemment une faute typographique, mais une faute consentie par les auteurs qui probablement ne s'étaient pas rendu compte et n'en savaient pas plus long.

Sorti de sa passe de la Floride qui, dit-on, a une largeur de 25 lieues (d'autres disent 50 lieues !) ce courant possède encore vis-à-vis de Sandy-Hook (?) une largeur de 25 lieues (60 milles).

Tous nos auteurs français s'accordent sur ce dernier point, s'étant tous copiés l'un sur l'autre; mais aucun ne donne la largeur du courant à son point de départ, ni la distance qui existe entre ce point de départ et Sandy-Hook; aucun ne dit ce qu'est Sandy-Hook ni ne désigne sa position. Il semblerait que Sandy-Hook doit être connu du monde entier puisqu'on néglige de dire ce que c'est et où cela se trouve; et pourtant les cartes géographiques ne l'inscrivent pas.

On explique ainsi la formation du Gulf-Stream :

Le courant équatorial, poussé (attiré ou aspiré serait plus juste) par les vents alizés, pénètre en partie dans la mer Caraïbe ou des Antilles, tamisé par les innombrables îles qui, en l'entourant du côté de l'est, en font presque une mer intérieure; l'autre partie du courant équatorial longe cette sorte de barrière à claire-voie, et court vers le nord, où elle va accompagner le Gulf-Stream.

De la mer Caraïbe ou des Antilles, le courant entre dans une autre mer intérieure, le golfe du Mexique, par le détroit d'Yucatan, large de 25 lieues, (d'autres disent 50 lieues, comme pour le détroit de Floride); puis il en sort à l'état de Gulf-Stream, se dirigeant d'abord vers le nord, puis vers l'est, tant par la position des côtes des Etats-Unis que par la différence de vitesse du mouvement de la Terre entre les parallèles qu'il traverse pour se rapprocher du nord.

De plus, les eaux du Gulf-Stream diffèrent des eaux limitrophes et adjacentes par leur couleur qui semble être d'un bleu indigo intense, tandis que celle des eaux qui l'encaissent est d'un vert émeraude bien marqué. Le concetraste de couleurs est si tranché et si appréciable, qu'un navire qui longe la limite gauche du courant voit, d'un côté, une mer bleue, et, de l'autre côté, une mer verte. Cette couleur bleue des eaux du Gulf-Stream est attribuée, sans preuves, à un excès de salinité.

Les appréciations des navigateurs concordant entre elles, on a trouvé tout naturel de s'en tenir là.

On a constaté divers effets, tels que : — vitesse extraordinaire du courant supérieure à celle qui anime le Mississipi et le fleuve des Amazones), — une température anormale (qu'on ne retrouve nulle part, ni dans les courants, ni dans les mers intérieures plus rapprochées de l'équateur), — une différence de coloration (qui n'a de similaire que dans le Pacifique), etc., etc., et personne ne paraît avoir cherché à connaître les causes de ces anomalies et à quelles lois ces effets obéissent.

Ainsi, même après les observations que nous connaissons du *Challenger*, dernier explorateur, le Gulf-Stream reste encore pour nous un mystère, une énigme, un problème, un sphinx.

On comprendrait la projection des eaux du Gulf-Stream, si ces eaux arrivaient dans le golfe du Mexique avec grande abondance, par un large passage, et en sortaient par un passage plus étroit. Mais il n'en est rien. A l'entrée par le détroit d'Yucatan, et à la sortie, par le détroit de la Floride, les passages ont la même dimension. Nulle part, d'ailleurs, nous n'avons trouvé l'indication que les eaux eussent à leur arrivée, par le premier passage, la vitesse de 10 kilomètres à l'heure, qu'elles accusent à leur sortie par le second passage.

Si, pour faciliter l'explication de la vitesse de sortie, nous admettons que cette vitesse est la même à l'entrée, il devient impossible de s'expliquer l'augmentation considérable de température que les eaux ont acquise à leur sortie du golfe, ni la transformation subite de la couleur verte en couleur bleue, ni la forme bombée, lenticulaire, que présente le Gulf-Stream à sa surface, forme tellement accusée, que les objets abandonnés au milieu de ce fleuve dérivent rapidement à droite ou à gauche jusqu'à la mer plane qui l'encaisse.

Or, pour expliquer la différence de température, on prétend que les eaux sont chauffées par le soleil pendant leur séjour dans le golfe du Mexique. Mais il est avéré que, même sous la zone torride, même dans les mers fermées, la température des eaux à la surface ne dépasse pas 26 degrés, et que cette température ne descend pas à plus de 200 mètres de profondeur; comment admettre une exception pour le golfe du Mexique ? Pourquoi, en ce seul lieu, le soleil produirait-il une augmentation de 4 degrés ? Et pourquoi cette élévation de calorique se propagerait-elle jusqu'à 1,080 mètres de profondeur ?

Si les eaux du golfe pouvaient par extraordinaire acquérir une telle température, ce ne serait qu'à la suite d'un séjour prolongé ; et c'est précisément une chose impossible, car le courant qui présente une masse d'eau de 100 kilomètres de largeur sur plus d'un kilomètre d'épaisseur, en s'écoulant avec une vitesse de 10 kilomètres à l'heure, soit 240 kilomètres par jour, offrirait un débit assez considérable (240 milliards de mètres cubes) pour ne pas laisser aux eaux le temps de séjourner dans le golfe et de s'y échauffer assez. D'ailleurs la continuité d'un pareil courant, en supposant qu'il soit semblable à l'entrée comme à la sortie, a dû tracer entre les deux détroits une route plus directe et plus naturelle que celle qui cotoie les rivages.

Pour donner à l'eau le temps de passer de 26 degrés à 30 degrés, nos théoriciens supposent que le courant, en arrivant par le Yucatan, se dirige d'abord à l'ouest, descend au sud, tourne encore à l'ouest, remonte vers le nord, s'étend vers l'est, redescend au sud et s'engage à l'est dans le détroit de la Floride.

Voilà un courant de bonne composition et qui y met bien de la complaisance, quand il lui serait si facile et beaucoup plus commode d'incliner tout simplement vers l'est de façon à faire sept ou huit fois moins de chemin.

Il est bien évident que ce n'est pas par ce procédé aussi hypothétique qu'enfantin de nos géographes que les eaux du Gulf-Stream acquièrent 30 degrés de chaleur.

L'expulsion violente de ce courant se comprend quand on considère que l'on a affaire à des eaux surchauffées, d'une température de près de 10 à 15 degrés, supérieure à celle des eaux au milieu desquelles il se meut, parce que c'est le propre de la chaleur comme de la lumière d'imprimer un mouvement d'éloignement aux corps qui subissent leur influence.

La chaleur expliquerait à la rigueur leur vitesse ; mais, la cause de cette chaleur, quelle est-elle ?

Rien ne prouve que ce soit la lumière solaire, puisque son effet calorique ne va pas jusqu'à 200 mètres de profondeur et que son effet actinique ne dépasse pas 500 mètres.

Il est bien évident que ces phénomènes de vitesse, de chaleur, de couleur se produisent à certain endroit donné. Mais l'explication sérieuse de ces mystères au moyen de faits observés, constatés, contrôlés ne paraît pas avoir jusqu'à présent tenté personne en France, que nous sachions.

Peut-être les Anglais et les Américains sont-ils plus avancés que nous en ce qui concerne le Gulf-Stream ; peut-être aussi nos fabricants de livres de géographie découvriront-ils un jour ce que d'autres ont déjà découvert.

En attendant nous sommes forcés de nous contenter de leur ignorance.

Il eût pourtant été bien intéressant de savoir, en outre des problèmes que nous venons d'indiquer, comment il se fait que ce fleuve marin conserve jusqu'à plus de 1,000 mètres de profondeur une température de 30 degrés, quand les océans qui accusent 26 degrés maximum à leur surface voient cette température décroître si rapidement qu'elle n'est plus guère que de 15 degrés, quelquefois 10 degrés à une profondeur moindre.

Il est vrai que cette température de 30 degrés ne reste pas constante à la même profondeur, et qu'à 300 lieues de son point de départ, l'épaisseur de la couche à 30 degrés, n'a plus que 200 mètres.

Il n'eût pas été moins intéressant de connaître les causes vraies de la division du Gulf-Stream en plusieurs branches distinctes, à la hauteur d'Halifax. Peut-être qu'en interrogeant les fonds où a lieu la rupture du courant on saurait à quoi s'en tenir. Peut-être aussi pourrait-on découvrir pourquoi l'eau du Gulf-Stream ressemble tant à celle de l'océan Pacifique ; et, partant de ce principe que le golfe du Mexique expulse plus d'eau qu'il n'en reçoit, faire du Gulf-Stream un courant subtellurique provenant du Pacifique, chauffé volcaniquement, et sourdant sur un long espace de sable entre Cuba et la Floride. Vu la différence de niveau des deux océans on aurait l'explication simultanée de la vitesse, de la température, de la couleur de et la forme bombée du Gulf-Stream.

J. DENIZET.

L'AQUARIUM DE BRIGHTON

LISTE DES HABITANTS DE L'AQUARIUM.

Division : Vertebrata.

Classe : *Mammalia*. — Ordre : *Cetacea*. — Classe : *Reptilia*.

Marsouin. (*Phocœna communis*). — Orque (*Grampus griseus*), — Caïman à museau de brochet (*Alligator mississipiensis*). — Crocodile du Nil (*Crocodilus nilensis*). — Lézard extraordinaire (*Monitor Gouldi*). — Tortues. Crapauds d'Abyssinie (*Bufo*). — Grenouilles vertes d'Italie (*Hyla europea*). — Salamandres, Axolotes (*Axolotes guttatus*). — Protée (*Proteus anguinus*).

Classe : *Pisces*. — Sous-classe : *Dipnoi*.

Loche (*Crotopterus annectens*).

Sous-classe : *Chondropterygii*.

Chien de mer (*Mustelus vulgaris*).

Ordre : *Plagiostoma*. — Sous-ordre : *Selachoidei*.

Milandre (*Galeus canis*). — Acanthias (*Acanthias vulgaris*). — Roussette (*Scyllium stellare et canicula*).

Sous-ordre : *Bataidei*.

Raies (*Raia clarata, maculata*, etc.). — Pastenague (*Trygon pastinaca*).

Sous-classe : *Ganoidei*.

Esturgeon (*Acipenser sturio*). — Sterlet (*Acipenser ruthenus*).

Sous-classe : *Teleostei.* — Ordre : *Acanthopterygii.*

Epinoche (*Gasterosteus spinulosus*). — Perches, Gardons, Surmulets, Brèmes, Meuniers, Rougets (*Trigla lineata, gurnardus, lyra*). — Aspidophores, Vive (*Trachinus vipera*). — Maquereau (*Scomber scomber*). — Zée ou Dorée (*Zeus faber*). — Sanglier (*Capros aper*). — Gobie, Callionyme, Lompe, Eperlan, Baudroie (*Lophius piscatorius*).— Blennies (*Blennius ocellatus et blennius pholis*). — Muge capiton (*Mugil capito*).

Ordre : *Anacanthini.*

Morue (*Gadus morrhua*). — Merlans (*Gadus merlangus, pollachius, lusuus*). — Têtard (*Raniceps trifurcus*). — Ammodyte (*Ammodytes tobianus*). — Turbots, Carrelets, Soles.

Ordre : *Physostomi.*

Saumon (*Salmo salar*). — Truites (*Salmo fario*). — Brochet (*Esox lucius*). — Orphie (*Belone vulgaris*). — Carpe (*Cyprinus carpio*). — Carrassin (*Carassius auratus*). — Goujons, Tanches, Hareng (*Clupea harengus*). — Esprot ou Sprat, Sardine, Congre.

Ordre : *Lophobranchii.*

Aiguille (*Syngnathus acus*). — Hippocampes.

Sous-classe : *Lyclostoma.*

Lamproie (*Petromyzon fluviatilis*).

Division : **Invertebrata.**

Sous-règne : *Mollusca.*

Poulpe (*Octopus vulgaris*). — Buccins, Aphysies, Huîtres, Moules, etc.

Division : *Molluscoida.*

Coralline (*Membranipora membranacea*). Ascidie (*Ascidia vitrea*). — Zoophytes et Tuniciers de diverses sortes.

Vue extérieure de l'aquarium de Brighton

Sous-règne : *Annulosa.* — Classe : *Crustacea.*

Homard, Langouste, Pagure, Carcin, |Portune étrille, Bernard- l'Hermite, Coryste, Dromie, Maïa squinade, Limule d'Amérique, Crevettes, Salicoques.

Classe : *Annelida.*

Aphrodite hérissée (*Aphrodite aculeata*). — Serpule ou ver à coquille tubuleuse (*Serpula contortuplicata*). — Sabelles.

Classe : *Echinodermata.*

Astéries (*Uraster rubens et uraster glacialis, Solaster papposa, Goniaster templetoni, Palmipes membranaceus*). — Linckie, Oursins.

Sous-règne : *Cœlenterata.*

Alcyon digité (*Alcyonium digitatum*). — Corail ordinaire (*Corallium rubrum*).

Sous-règne : *Protozoa.*

Éponges : Euplectella de Owen.

L'énumération des habitants de l'aquarium étant finie, je vais maintenant donner des détails sur quelques-uns d'entre eux, tout en suivant l'ordre dans lequel je les ai présentés.

Les Marsouins que j'ai signalés ne sont plus visibles à l'aquarium depuis assez longtemps déjà; malgré tous les soins possibles, ils n'ont vécu que quelques mois. L'Orque est mort également; pris en 1875 à Sidlesham, près Chichester, il succomba dans un bassin au bout de vingt-quatre heures. Son squelette est exposé dans la salle d'entrée. L'animal avait 8 pieds de long et 3 pieds 8 pouces de tour.

De nombreux spécimens d'Axolotls, ce curieux reptile que l'on trouve dans les lacs aux environs de Mexico, sont exposés dans les vases de la première salle, quatre d'eux sont blancs (albinos), ils vivent bien depuis le commencement de l'année 1875, mais ils semblent plus sensibles à la lumière que les axolots ordinaires.

Les loches sont difficiles à voir dans les réservoirs à cause de l'habitude que ce poisson a de se réfugier dans la vase, aussi les Anglais l'appellent-ils *mud fish* ou poisson de vase.

Plusieurs milandres sont nés à l'aquarium même : on a remarqué qu'ils n'atteignaient leur entier développement (6 pieds) qu'à la fin de la deuxième année. La roussette est un sujet curieux, elle pond des œufs transparents, ce qui permet de suivre la formation de l'embryon et tous les développements postérieurs.

Les esturgeons qui sont à Brighton se font remarquer par leur taille ; l'un, long de plus de 7 pieds, a été pris à Bognot (près Portsmouth) ; l'autre de 6 pieds fut capturé dans la baie de Ryo (Surrey). Un acte d'Edouard III, qui a été rappor, donne à la couronne le droit de réclamer tout esturgeon pris dans les eaux du Royaume-Uni, excepté dans certaines places privilé-giées.

Les vives ont, comme on le sait, les épines du dos très-dangereuses, il est à noter que la loi anglaise défend de les porter au marché avant de leur avoir enlevé les plus grosses.

Conformément à ce que l'on pourrait croire, le maquereau est très-difficile à garder en captivité et très-susceptible à l'exposition à l'air atmosphé-rique ; plusieurs spécimens se sont mutilés en se précipitant contre les rochers des réservoirs.

Le nom de Dorée que nous avons donné au Zée est le nom vulgaire ; on l'appelle aussi poisson de Saint-Pierre dans la Méditerranée, John Dory en Angleterre, et dans la légende *Il janitore*.

L'aquarium possède une baudroie de 5 pieds de long, plusieurs autres sujets ont péri au bout de peu de temps.

A propos de la morue, je crois utile de donner quelques chiffres intéres-sants : on en exporte annuellement de Terre-Neuve pour une valeur de 100,000 livres (10,000,000 de francs). Les morues sont d'ailleurs d'une fécon-dité remarquable, M. F. Buckland cite un spécimen pesant 7 livres 3/4, et contenant 6,870,000 œufs ; elles ont frayé à l'aquarium, elles ne semblent pas dépourvues d'intelligence et paraissent attachées aux gardiens qui les nourrissent.

L'histoire du spécimen de têtard qui vit actuellement dans un des réser-voirs mérite d'être racontée. Un maître d'hôtel de Bognor reçut d'un pêcheur de la ville un de ces poissons très-rares en Angleterre. Il essaya de le rappeler à la vie en le plaçant dans l'eau douce, mais cet essai n'ayant pas eu de succès, l'idée vint au maître d'hôtel de faire avaler une cuillerée d'eau-de-vie à l'animal, tout en prévenant la Société de l'aquarium de la capture d'un dauphin. De Brighton, on envoya immédiatement quelqu'un à Bognor avec

Vue intérieure de l'aquarium de Brighton

un vaste réservoir portatif, mais la personne revint bientôt avec un animal qui n'avait pas tout à fait 12 pouces, et qui, placé dans un réservoir, alla se réfugier dans le coin le plus sombre, où il vit encore aujourd'hui.

Nous ne pouvons passer devant la truite, le saumon et le brochet sans nous y arrêter quelques instants. De nombreux saumoneaux sont nés à l'aqua-rium même. En avril 1873, on apporta de la rivière Usk trois grands saumons ainsi que quelques jeunes ; la plupart moururent des fatigues du voyage et du manque d'espace : deux cependant résistèrent et grandirent. Malheureu-sement, l'un se tua en sautant sur un rocher, l'autre fait encore l'admiration des visiteurs. Les truites viennent toutes de Newstead-Abbey, elles sont très-bien acclimatées. On s'occupe beaucoup à l'aquarium de l'élevage et de l'éclosion artificielle des œufs de brochets, de truites et de saumons.

L'espèce de carpe nommée carassin fut introduite pour la première fois en Angleterre, en 1691, mais elle resta à peu près inconnue jusqu'en 1728. Le lord-maire de Londres à cette époque, sir Matthew Dokker, en reçut en présent une quantité considérable, il s'empressa d'en offrir à ses nombreux amis et l'espèce se répandit dès lors très-promptement.

C'est à peu près tout ce que j'avais à dire sur les vertébrés, j'ajouterai seu-lement que des harengs vivent depuis trois ans dans les réservoirs ce qui est à noter, car le hareng est très-difficile à garder en captivité. Je vais mainte-nant jeter un coup d'œil rapide sur les invertébrés.

En tête nous voyons le poulpe. Le spécimen de l'aquarium n'a de remar-quable que sa taille, nous ne nous y arrêterons pas.

La Coraline qui, avec l'*ascidia vitrea*, bien connue des naturalistes, repré-sente les deux premières branches de la division des Molluscoïdes (polyzoa, tunicata et brachiopoda) s'est installée sur la glace de devant d'un des réser-voirs, et fait l'admiration des visiteurs qui peuvent ainsi l'étudier de près.

Les homards et les langoustes se sont reproduits en captivité, ils vivent avec les crabes pagures, carcins, bernard-l'hermite, etc. ; sur le dos de ce dernier, il n'est pas rare de voir des anémones qui s'y sont fixées.

Tous les sujets qui représentent les autres classes de la grande division des invertébrés n'offrent rien de remarquable pris séparément, beaucoup cepen-dant sont curieux, mais ce que je pourrais en dire se trouvant dans toutes les histoires naturelles, je regarde comme inutile de venir fatiguer encore le lecteur par des récits trop longs.

Je pense, par cet aperçu rapide, avoir donné à ceux qui ont bien voulu me lire une idée exacte de ce qu'est l'aquarium royal de Brighton et avoir montré combien sont intéressantes les visites que l'on y fait. Là, du moins, était mon but, puissé-je l'avoir atteint !

LAURENT,

Membre de la Société de géographie commerciale de Paris.

LA COTE DE GUINÉE

RECONNAISSANCE DU FLEUVE VOLTA PAR M. J. BONNAT

(Suite.)

Mardi 25 janvier. — Nous traversons une plaine récemment incendiée, encore couverte de cendres, puis nous atteignons les bords ombragés du Dabs et nous arrivons vers le soir à Bediamosso, village de 500 habitants, où nous comptons passer la nuit. Le Volta coule près de là. J'y vais faire une excursion et je le trouve large et superbe, ce qui me fait penser que malgré les cataractes, ce serait encore une voie préférable à la voie de terre pour transporter les marchandises de Salaga à la côte.

Mercredi 26 janvier. — Nous traversons aujourd'hui la rivière Daka, qui a environ 120 mètres de longueur et est très-profonde. Nous arrivons le soir à un village dont les habitants ont l'air effrayé. C'est peut-être pour cela qu'on nous dit qu'ils se disposent à jouer du *sokoda* et à danser, mais qu'ils n'osent. Je leur fis dire que cela me ferait plaisir et j'assistai un instant à leur fête, pour leur prouver que je n'avais aucune mauvaise intention.

Jeudi 27 janvier. — Le matin je fais reposer mes gens et j'en profite pour redescendre la rivière Daka jusqu'au Volta. J'y trouve, sur un banc de rocher, de très-belles huîtres. Sous les arbres du rivage, on voit des poules de Guinée, et beaucoup de singes de grande taille.

Vendredi 28 janvier. — Partis de bonne heure, nous rencontrons une douzaine de femmes esclaves conduites par quatre soldats mahométans armés d'arcs et de flèches. Ils s'arrêtent et récitent pour moi quelques versets du Coran.

Nous arrivons à cinq heures à Crompé qui est un des plus anciens villages du pays. Il n'a conservé du désastre que les Achantis lui ont fait subir que 40 ou 50 maisons reliées entre elles par des murs, ce qui donne au village l'air d'une forteresse, et un magnifique banian sous l'ombrage duquel est assis un chef mahométan. On nous engage à y passer la nuit. On accourt pour nous voir. Les femmes se prosternent devant nous. Elles sont assez bien et ont les yeux doux, mais leur défaut est d'être trop tatouées surtout dans la figure, le cou, la poitrine et les bras.

Le soir, concert de sokoda (corne de buffle), de cymbales, de tam-tam et danses, à la lueur d'un feu d'herbes.

Samedi 29 janvier. — A huit heures nous arrivons en vu de Pémé, capitale du Sérima et résidence du roi de Salaga. Quatre ou cinq guerriers viennent à notre rencontre et nous apportent un grand pot de bière de millet, de la part du chef. Puis nous arborons nos drapeaux et nous avançons en bon ordre. Nous traversons d'abord une longue ligne de maisons rondes, puis nous entrons sur une immense place couverte d'herbes que nous traversons pour nous rendre auprès d'un grand chef qui nous attend sous un arbre, par ordre du roi. Ce chef est assis à l'orientale sur plusieurs peaux entassées et est à demi couché sur un coussin brodé. Il nous dit avoir été envoyé par le roi pour nous demander les communications que nous avions à lui faire. Cela nous surprit et nous déplut en même temps, car il était probable que le roi refusait de nous voir. C'était la conséquence des faux bruits que faisaient courir les gens de Crakey. Je résolus de contrarier leur dessein en me montrant aussi affable que possible.

Ils voulurent me questionner mais je leur répondis que j'étais fatigué, et je les priai de m'indiquer un logement. Le chef m'indiqua une maison voisine, mais je répondis que leurs huttes étaient inhabitables pour nous le jour comme la nuit; je le priai de me désigner un arbre sous lequel je pusse m'installer. Il m'engagea à choisir et je fis déposer nos bagages sous deux arbres ombrageant une large place. Nous fûmes bientôt entourés des curieux de la ville qui ne compte pas moins de six mille habitants. Il en vint même, surtout des riches, sur leurs chevaux arabes, de Salaga ou Saraha (qui est le vrai nom), où le bruit de notre arrivée s'était répandu.

Vers le soir, le roi me fit saluer et m'envoya dire qu'il me recevrait publiquement le lendemain.

Dimanche 30 janvier. — Dès le matin la foule afflue de Salaga. Vers midi arrivent plus de trois cents cavaliers. Enfin, à une heure, des messagers viennent m'annoncer que le roi était prêt à me recevoir.

Revêtu de mon plus beau costume blanc, accompagné de M. Bonnerman et de ma suite, précédé des messagers, je me rendis sur la grande place où j'avais vu les cavaliers se diriger. Là, je trouvais deux immenses groupes. Je fus d'abord conduit vers le moins nombreux, présidé par le chef que j'avais vu hier, espèce de second roi, à qui appartient la moitié de Pémé. Après avoir salué ce groupe, nous fûmes conduits vers le principal. Je m'inclinais devant deux vieillards richement vêtus et accroupis à l'orientale sur des peaux de lion, de léopard, etc. Entourés de leurs femmes et de leurs enfants, ils égru-

naient des chapelets. Je ne savais lequel était le roi. Je me tournai enfin vers un troisième groupe où je ne vis personne de marque. C'était cependant là que se trouvait le roi, comme je l'appris plus tard.

Après avoir salué, je fus conduit de nouveau vers le premier groupe où deux chaises attendaient M. Bonnerman et moi. On nous demanda d'expliquer le but de notre visite. A l'effet de répondre, nous fîmes transporter nos chaises devant le groupe principal où M. Bonnerman lut un discours qu'il avait préparé, et dans lequel il parlait de son précédent voyage, de Codjo-Adé et de l'opposition qu'on nous avait faite à Crakey, sans dire un mot de commerce ou du but de notre voyage. Aussitôt qu'il eut terminé son patois d'Akra, que l'interprète traduisait en achanti, je commençai à parler en anglais, mais m'apercevant que l'interprète traduisait mal ma pensée (traduttore traditore), je me servis moi-même de l'achanti.

Je parlai de ma captivité chez les Achantis, qui m'avait permis de connaître l'importance de Saraha jusqu'alors ignorée des Européens, du désir que j'avais de connaître cette ville et d'y fonder un établissement commercial qui ouvrirait des relations importantes entre les marchés de l'intérieur et les Européens de la côte. Je parlai des entraves que j'avais rencontrées et je conclus en m'estimant heureux d'être venu jusque dans une ville célèbre par son commerce, et d'être le premier Européen qui me fût mis en relation avec elle.

Quand j'eus terminé, je vis apparaître, au milieu du groupe de gauche, une tête que je n'avais pas remarquée. C'était celle d'un vieillard qui, couché jusqu'alors, se leva, secoua le capuchon d'un riche burnous rouge, et s'appuya d'un bras sur le coussin. C'était le roi. Il me fit répondre par son interprète qu'il était très-heureux de me recevoir et d'apprendre mes bonnes intentions, que Saraha et sa ville appartenaient au commerce de toutes les nations, que si jusqu'alors la porte en avait été fermée à la côte, c'était par l'ordre des Achantis qui avaient été leurs oppresseurs, mais qu'il avait confiance dans la réalisation de mes vœux. Cependant que ferais-je si les Achantis venaient de nouveau troubler le pays ?

Je répondis que le passé était passé et que, pour l'avenir, il fallait s'en remettre entre les mains de Dieu.

Le pauvre vieux roi s'imaginait que nous étions venus pour aider son rival, le chef qui nous avait reçu la veille, à le détrôner. C'était encore une intrigue des gens de Crakey. Mais, celui qu'on accusait, un de nos suivants, nommé Croukou, ayant prêté serment, en jetant une pierre derrière lui, qu'il n'avait jamais eu ce dessein, la méfiance du vieux roi fut écartée et la journée gagnée.

Salaga et son commerce, ainsi que l'Afrique centrale, étaient enfin ouverts aux Européens !

Après la cérémonie, j'envoyai des présents au roi, à son adversaire et au chef des mahométans.

Le roi m'envoya remercier ; son adversaire vint en personne, et le chef des mahométans vint aussi, monté sur son cheval couvert d'amulettes et curieusement caparaçonné.

Un instant après le roi m'envoya un messager tout effrayé pour me dire qu'un autre blanc arrivait par la route de l'Achanty. Il me priait de lui apprendre ce que j'en savais.

Je répondis que j'avais entendu le gouverneur de la côte exprimer l'intention de venir à Salaga, mais que je doutais que ce fût lui, et que je pouvais lui assurer sur serment qu'en tout cas, cet Européen ne venait que dans de bonnes intentions.

Quoique l'après-dîner fut fort avancée, nous résolûmes, M. Bonnerman et moi, d'aller faire une excursion à Salaga. Un instant après nous étions en route, transportés dans nos hamacs et suivis de nos gens. Dix minutes après, nous étions en vue de Salaga, assise, dans une large ondulation de la plaine. Les milliers de huttes de la ville formaient une ligne immense et compacte de plus d'un kilomètre et demi. De grands arbres s'élevaient çà et là au-dessus des habitations. Nos gens étaient enthousiasmés, nos porteurs couraient plutôt qu'ils ne marchaient. Nous traversâmes de nombreux troupeaux de chèvres, de vaches, de moutons, d'ânes et de chevaux, et bientôt nous arrivâmes aux premières huttes. La foule accourait sur notre passage. Nous fûmes obligés de mettre pied à terre. Le marché offrait le coup d'œil le plus africain que j'aie jamais vu. Au bout du marché nous apprîmes que l'Européen annoncé était arrivé et se reposait sous un arbre. — Si c'était Goldsbury ? me dit M. Bonnerman. (M. Goldsbury était le commandant de la ville d'Accra.) C'était lui, en effet, que nous eûmes la surprise de rencontrer. J'appris le lendemain qu'il avait fait huit jours de marche forcée depuis Usuta où il avait appris notre présence dans le haut Volta, laissant en arrière ses bagages, son lit, ses domestiques, il avait cherché à arriver premier, et s'était trompé de quarante-huit heures !

Aussi à mon cordial salut répondit-il un peu froidement. Je l'engageai à nous suivre à Pémé, ce qu'il accepta, et nous reprîmes le chemin de nos quartiers. Il m'apprit qu'il était resté deux mois dans l'Achanty pour obtenir du roi 500 onces d'or, amende infligée en raison de la défaite des Djuabins. Cela me parut peu délicat ; il n'en aurait été rien fait si j'eusse été là !

Une autre nouvelle était celle de l'arrivée du lieutenant Cameron dans le golfe de Bénin, après avoir traversé l'Afrique centrale.

Goldsbury était accompagné de quelques hommes et d'un policeman. A Pémé nous soupâmes ensemble en buvant à la santé de la reine d'Angleterre.

Lundi 31 janvier. — Dans la matinée les bagages du commandant arrivent. Ses gens sont exténués de fatigue. Je propose au commandant, qui ne peut avoir une entrevue aujourd'hui avec le roi, de m'accompagner à cheval à Salaga où j'ai à m'entendre avec quelques chefs de caravanes. C'est la première fois que je monte à cheval et je m'en tire fort bien. A Salaga nous nous abouchons avec le chef des Mossas et celui des Massees. Le gouverneur leur apprend qu'il se propose d'ouvrir une route à la côte, le long du Volta. « Tout cela est très-bon, répondent-ils, mais ce qu'il nous faut à nous, ce sont des « colas nut », fruit très-recherché à Salaga.

Nous passons devant deux mosquées. L'une d'elles a de 12 à 14 pieds de murs en pisé. Devant la façade se trouve un mur en pente douce qui a dû être un escalier et qui sert encore au marabout pour monter sur le toit en terrasse et appeler les croyants à la prière. En quinze minutes nous retournons au galop à Pémé. Quoique le gouvernement anglais ait mal agi envers moi, je me mets entièrement à la disposition du gouverneur. Il m'apprend que son gouvernement a l'intention d'empêcher les Achantis de venir à Salaga. Je combats cette opinion. Salaga, en effet, devait contenir, avant la guerre avec les Achantis, de 40 à 45,000 habitants avec une immense population flottante. Aujourd'hui plus des trois quarts de ses maisons sont vides et ombent en ruines, tandis que la population en est réduite à 15 ou 18,000 habitants. C'est pourquoi je force le commandant à reconnaître que, sans les Achantis, Salaga perdrait toute son importance commerciale. Mais il est évident que le gouverneur anglais a connaissance de mon monopole, de l'attachement que j'ai pour les Achantis et qu'ils me rendent. Et il en a peur. Il me dit que le monopole ne peut se soutenir, que l'espérance de lord Carnarvon est de voir le commerce descendre par le Volta à la côte, que, quant à lui Goldsbury, son but est d'ouvrir une voie de terre sur la rive gauche du Volta et d'emmener avec lui de nombreuses caravanes à la côte.

Je réponds que la rivière est dans un tel état qu'elle rendra un monopole facile, que lord Carnarvon ferait bien d'abord de la débarrasser de ses quinze grands rapides et que, quant aux caravanes, comme elles ne transportent que des esclaves, la principale marchandise du marché de Salaga, je ne pensais pas que les Anglais se chargeraient de les escorter.

Mardi 1er février. — La réception du commandant a lieu. Il avait revêtu son uniforme rouge. Nous l'accompagnons, M. Bonnerman et moi. Il parle de son projet de route par Craey et Crepé, en s'étendant sur le bien que cela procurerait au pays.

Ces paroles sont accueillies assez froidement ; alors M. Goldsbury leur dit : « Préférez-vous que les Achantis rétablissent l'ancien état de choses ? » — Un murmure général précéda la réponse, qui ne fut faite qu'après mûres réflexions. Après avoir pris conseil des autres chefs, l'un d'eux, le roi de Canpuassi, prit la parole. « C'est très-bien, dit-il ; ce que tu nous as dit nous fait plaisir. Nous n'aurons pas les Achantis, mais nous voulons des *colas nut.* C'est ce fruit qui a toujours fait l'importance de notre grand marché.

Le commandant les rassura sur ce point en les assurant qu'ils en trouveraient à la côte. Il dit qu'il s'en vendait déjà à Akuamou et à Krobo.

Le soir, j'engage le commandant à m'accompagner dans une excursion que je compte faire au nord et au nord-est pour visiter l'Aoua, une partie du Dagomba et Nomosé et y établir des relations commerciales. Nous recevons du roi de Canquassi (Assoumané, tandis que le roi de Salaga s'appelle Dossi) le présent d'un bœuf et de vingt charges d'ignames. Nous les partageons entre le gouverneur, M. Bonnerman et moi.

Mercredi 2 février. — Je transporte mon domicile à Salaga, où je monte une petite boutique. La difficulté des transactions est que les cauris n'ont point ici la même valeur qu'à la côte. Je suis obligé de fixer cette valeur moi-même. Ainsi, je donne la valeur d'un shelling à 1,000 cauris. Mon étalage attirait beaucoup de curieux, mais peu d'acheteurs. Tout leur paraissait trop cher ; je fus forcé de baisser considérablement mes prix.

Jeudi 3 février. — Je vends quelques parures d'argent en me contentant du 80 0/0. J'achète quelques petites dents d'ivoire à 60 centimes la livre, et 40 livres de cire à 30 centimes. Le sel est assez abondant sur le marché et je crains de ne pas gagner sur le mien ce que j'espérais, à cause du transport de Crakey, qui n'est pas de moins de 25 dollars par tonne ; encore je pourrais bien, à cause de la mauvaise volonté des gens de Crakey, ne pas trouver de porteurs. De dix charges que j'avais préparées et que mon hôte m'avait promis d'envoyer, aucune ne m'est parvenue.

(A suivre.)

M.-J. BONNAT.

AUSTRALIE. — L'EXPLORATION DE BURKE

Cependant les mois avaient succédé aux mois ; juin commençait et aucune nouvelle de Burke n'était arrivée à Melbourne. Il était pourtant expressément convenu que le chef donnerait, de temps à autre, de ses nouvelles, afin que le comité institué à cet effet pût venir à son secours. La pensée que ces malheureux étaient perdus et mouraient de faim dans le désert, remua toutes les âmes. Melbourne tout entier, fiévreusement agité, organise une contre-expédition pour rechercher les explorateurs et la confie au jeune Howitt. Les autres colonies sont émues et l'imitent ; Mac-Kiclay part d'Adélaïde, Walker de la Terre de la Reine, Landsborough aborde avec un navire au golfe de Carpentaria. Ainsi, ces quatre colonnes de gens de cœur en quelques jours équipées et bien fournies, tendant toutes vers le centre, espérant couper dans les cercles répétés qu'elles décriront, la trace du grand explorateur perdu, partent de quatre points différents, du nord, du sud, du sud-ouest et du nord-est, de quatre points distants de près de 800 lieues les uns des autres. Admirable élan d'une nation généreuse !....

Pourtant au fond, leur but était atteint ; mais le spectre de la faim était là, dans toute son horreur, devant leurs yeux. Ils avaient emporté pour douze semaines de vivres, ils étaient à moitié route, et il leur en restait à peine pour cinq. L'angoisse poignante que leur inspirait la disette grandissait chaque jour davantage, et la précipitation qu'elle causait dans leur marche de retour a dû précipiter aussi, par son excès, la mort de leurs bêtes et leur propre épuisement. Le 6 mars Burke est presque mourant pour avoir mangé un morceau de grand serpent qu'il a fait cuire ! Le 20, ils commencent à alléger la charge de leurs chameaux qui ne peuvent plus avancer, et à jeter, par bête environ 60 livres de ces provisions, dont ils craignent tant de manquer.....

Après avoir enduré les plus horribles souffrances, ils arrivent enfin à l'oasis, le 21 avril, au soir, ils n'étaient plus que des squelettes vivants..... L'oasis est déserte, pas une voix humaine ne répond à leur appel ! En cherchant, éperdus, ils voient inscrit sur une écorce d'arbre, *dig* (cherche) ; ils fouillent : quelques provisions de vivres avaient été laissées par Brahe dans la caisse en fer ; des papiers y étaient aussi ; expliquant les motifs du départ et ils étaient datés..... du jour même, du 21 avril au matin.

Que devenir ? Epuisés au point de ne pouvoir faire quelques pas, devaient-ils tenter, avec des bêtes demi-mortes, de suivre, pendant 600 kilomètres, une caravane bien montée et longtemps reposée, de courir après le salut, à quelques milles en avant, sans pouvoir jamais l'atteindre.

Certes c'eût pourtant été le parti le plus sage..... Mais Burke se souvient qu'il y a près du mont Désespoir, à 150 kilomètres de là, une *station* de moutons : celle-là au moins ne fuira pas devant lui ; et, malgré eux, après 2 jours de repos, il y entraîne Wills et King avec quelques provisions. Il dépose dans la caisse de fer le journal de toute sa découverte et y annonce sa marche vers le mont Désespoir.....

Pendant que les malheureux perdaient de vue l'oasis et se dirigaient à l'ouest, Brahe et Wright, revenaient, poussés par le remords, pour s'assurer que personne n'était de retour..... Aussi légers qu'imprudents, ils ne songèrent pas à creuser dans le sable et à fouiller la cachette. Ils auraient trouvé le dépôt de Burke et son itinéraire....., ils l'auraient sauvé !...

Cependant les trois explorateurs descendent la vallée du Cooper, emportant avec eux les provisions de l'oasis. Un chameau tombe de fatigue, ils le tuent et sèchent sa chair au soleil..... A bout de ressources, ils se traînent jusqu'à une tribu aborigène chez laquelle un pareil spectacle fait taire les plus féroces instincts; elle les prend en pitié et partage avec eux sa misérable nourriture... et ils vivent ainsi jusqu'au 15 mai !

Tout d'un coup, par un réveil d'habitudes nomades, les noirs s'enfuient et ne reparaissent plus..... Alors la nécessité pousse les malheureux à continuer leur marche vers le mont Désespoir et à se traîner jusqu'au 24 mai sur une terre sablonneuse et brûlante. Ne découvrant rien sur l'horizon, ils tombent de fatigue et renoncent désormais à cette dernière espérance. Vraiment le malheur les poursuivait, car depuis on a suivi leurs traces et on a trouvé que, s'ils avaient marché seulement un jour de plus, ils auraient vu la montagne, et ils auraient été sauvés !

Le 27 mai ils sont de retour à Cooper's Creek..... « Ils viennent, écrivent-ils, revoir l'oasis et mourir ! » et ils enfouissent dans la caisse la relation en quelques lignes de leur dernière tentative. Combien de temps dura cette demi-mort, c'est ce que nous apprennent encore les mots tracés de temps à autre par Wills ou Burke, et déposés comme le testament de leurs dernières heures, dans la caisse en fer au pied de l'arbre !.....

Le 20 juin, deux lignes de Wills disent «qu'il est trop douloureux de se sentir abandonné et que, pour lui, il ne peut plus durer».

Le 22, il écrit «qu'il se couche et se blottit sur le sable pour ne plus se relever, que désormais ce sera King, le plus valide, qui portera ses derniers adieux dans la cachette». Du 26 juin sont datés ses derniers mots : c'est une lettre à son père, pleine de douceur

Une mine d'or en Australie.
(Gravure tirée du *Voyage autour du monde* de M. le comte de Beauvoir.)

et de résignation : « Ma mort est certaine d'ici à quelques heures, mais mon âme est calme ! »

Le jeune Howitt ne trouva plus sous l'arbre de triste mémoire, rien d'autre qui pût l'éclairer sur le sort de Wills..... Les derniers mots de Burke sont datés d'un jour plus tôt, du 28 juin : quoique faible et mourant, il voulait encore chercher la tribu des noirs, son unique espoir de salut ! ses adieux portaient plus de vigueur, mais autant d'héroïque résignation :

« King survivra, j'espère; il a montré une grande âme : notre tâche est remplie; nous avons les premiers gagné les rivages de l'Océan....., mais nous avons été aband.....» ce dernier mot n'était pas achevé; il n'eut pas le courage de l'écrire.

Ils avaient expiré sans doute, lui et les siens, et ils étaient restés sans sépulture après avoir fermé la tombe où étaient enfermés leurs écrits qui dévoileraient les mystères du continent et qui témoigneraient de leurs douleurs surhumaines.....

Howitt chercha dans toutes les directions environnantes, trompé chaque jour par des empreintes de pieds de chameaux qui le ramenaient, par de longs détours, toujours à l'oasis, quand enfin, le 10 septembre, au milieu des traces de pieds nus d'une tribu de naturels, il trouve l'empreinte d'une chaussure!... C'est pour lui un moment d'angoisse et bientôt, découvrant au milieu des bois les feux des noirs, il y arrive soudain et aperçoit un malheureux couvert de guenilles, une ombre d'être humain, faible à ne pouvoir se tenir debout, témoignant par des yeux étincelants une joie délirante, mais pouvant à peine proférer un son !

C'était un survivant de la grande expédition ! c'était King !...

Ceux de nos lecteurs qu'intéressent ces merveilleuses aventures en trouveront le complément et le dénouement dans le bel ouvrage de M. le Comte de Beauvoir, ils y verront comment King parvint à échapper à la mort qui enleva sous ses yeux ses deux compagnons; comment les restes de ces deux héros furent rapportés à la colonie de Victoria et comment un superbe monument en bronze pour les éterniser, a réuni les trois intrépides explorateurs, sur un haut piédestal. — Jules GROS.

LE PORTUGAL A L'EXPOSITION GÉOGRAPHIQUE DE 1875

(Suite.)

C'est d'abord l'héliogravure, aux genres divers, qui doit ses premières améliorations à l'ingénieur Poitevin et sa diffusion industrielle à Baldus ; c'est ensuite l'albertypie, une de ses variétés; puis la photozincographie qui en diffère en ce que l'opérateur se sert d'une planche de zinc au lieu d'une plaque de verre ; la photogravure typographique, application de la photographie à la typographie; et, si répandue maintenant pour l'usage du négoce, la photolithographie ; la photoglyptie, qui multiplie rapidement les exemplaires, etc. A quelles magnifiques, à quelles utiles reproductions de portraits, de gravures, de cartes géographiques, de manuscrits, d'imprimés, d'échantillons commerciaux, de dessins de toute sorte ces innovations merveilleuses n'ont-elles pas donné naissance ? Il serait puéril de chercher à dénombrer les signalés services qu'elles ont rendus au progrès de l'art, à la science, aux nécessités de la civilisation.

Le Portugal n'est pas resté en arrière du mouvement. L'exposition organisée aux Tuileries par le service royal photographique a permis d'apprécier quelles puissantes ressources ne peut manquer d'offrir à ses géographes l'usage de manières nouvelles dont aucune ne paraît étrangère aux artistes du pays. Il y a plus : ceux-ci, à leur tour, se sont faits inventeurs. Non contents d'imiter, quittant la voie battue, ils ont enrichi de procédés inconnus le domaine si largement déjà exploité auparavant. C'est à eux qu'on doit l'utilisation de l'étain pour l'héliotypographie des cartes. C'est ainsi encore que, par l'emploi de plaques de zinc convenablement disposées, ils ont réussi à obtenir des clichés photographiques relevant les demi-teintes de l'original. Nous ne nous étendrons pas sur les modes intéressants de préparation des divers systèmes de photographie introduits par les savants portugais, sur leur valeur, sur les inconvénients qu'on leur reproche : une pareille étude excéderait les bornes et la compétence d'un compte rendu géographique. Constatons simplement que les spécimens exposés ont paru pleinement réussis et donné pour l'avenir les meilleures espérances.

Ces spécimens étaient nombreux et agréablement choisis dans tous les genres. Cartes, plans, gravures, vues d'appareils, végétaux, vieux manuscrits, imprimés réduits à des proportions presque microscopiques, écritures contemporaines, parmi lesquelles le fac-simile des signatures du roi et de la reine de Portugal et d'une lettre autographe de l'astronome Warren de la Rue, charmaient l'œil à l'envi et attiraient les connaisseurs. Sous des vitrines se voyaient étalés les instruments utiles à l'héliogravure, entre autres les feuilles de zinc sur lesquelles se dessinent les clichés de l'impression phototypographique.

C'est M. José Julio Rodrigues, le commissaire-général dont il a été parlé plus haut, que la confiance du gouvernement a investi de la direction de l'office photographique. Professeur à l'École polytechnique de Lisbonne et à l'Université de Coïmbre, membre de l'académie des sciences, M. Rodrigues a grandement contribué à l'avancement d'un art qui lui est cher. La récompense ne s'est pas fait attendre. En 1874, le jury de l'exposition française de photographie, estimant la valeur des envois effectués, crut devoir décerner une médaille à son administration ; il n'est pas douteux, en présence des résultats dernièrement constatés, qu'au concours ouvert présentement à Paris, celle-ci n'obtienne encore de nouveaux succès.

L'Observatoire météorologique de don Luis, à Lisbonne, avait voulu, lui aussi, payer son tribut à la riche exhibition de notre capitale. Une importante série de travaux magnétiques, de curieuses reproductions photographiques du soleil et de ses taches, des études avec planches sur plusieurs courants aériens et sous-marins par le directeur actuel de l'établissement, M. João Carlos de Brito Capello, de patients calculs astronomiques, des rapports et résumés d'expériences, enfin deux volumes d'annales formaient une collection que la commission du cinquième groupe a jugée, avec raison, digne d'une de ses premières distinctions.

Il importe de ne pas terminer cette revue rapide des trois sections principales de l'Exposition géographique portugaise sans dire un mot de ceux des travaux particuliers incorporés que le choix officiel en dehors des récompenses d'ensemble, a cru pouvoir spécialement remarquer. Il convenait, en effet, dans cette solennelle et impartiale attribution des mérites, de ne pas oublier les plus appréciés d'entre les éléments qui avaient concouru au succès de l'entreprise.

C'était d'abord, couronné par le jury du second groupe, l'important *Routier de la côte occidentale d'Afrique*, dû aux observations de M. Alexandro Magno de Castildo, qui s'est beaucoup occupé de cette partie du littoral de l'Atlantique, et a consigné dans deux mémoires édités à la fois en français et en portugais(1) le fruit de ses recherches sur les navigations de Barthélemy Dias et de Diego Cam en ces parages, et sur les *Padrons* (colonnes commémoratives qu'ils y élevèrent en souvenir de leurs découvertes. Venaient ensuite les publications concernant les roches et terrains (carte), l'anthro-

pologie et l'archéologie préhistoriques (planches) du Portugal, de MM. Carlos Ribeiro, chef des travaux géologiques du gouvernement, et Delgado, honorées d'une médaille de première classe (troisième groupe); la *Chorographie moderne du royaume*, par le colonel de Oliveira et son fils, distinguée par le jury du cinquième groupe ; enfin les *Notices et considérations*, de M. F. Travassos Valdez, sur l'Afrique occidentale, et l'*Examen des voyages du docteur Livingstone*, du D. José de Lacerda, récompensés par le jury du septième. Toutes ces productions dénotent une vraie science, un savoir étendu, des investigations laborieuses, des réflexions profondes, une manifeste sûreté de vues; elles méritaient pleinement, sous tous les rapports, l'attention favorable qui s'est fixée sur elles.

L'Exposition du royaume de Portugal, ainsi qu'il a été vu ci-dessus, ne se composait pas uniquement des envois, en majorité officiels, qui viennent d'être mentionnés. A côté de ces objets figurait un petit nombre d'apports privés, individuellement disposés. Nous citerons surtout le grand ouvrage de l'éminent géodésien capitaine Gerardo A. Pery sur la géographie, la statistique et la géologie du Portugal continental et colonial, accompagné d'une bonne carte et d'un atlas et couronné au cinquième groupe.

Et maintenant il faut conclure.

La part prise par le Portugal au Congrès international de 1875 a été sans contredit brillante et à la hauteur du progrès contemporain. Nous avons eu occasion, dans la suite de la présente étude, d'en faire la remarque en signalant les plus réussies parmi les œuvres soumises au jugement du public dans la salle XXI.

Est-ce à dire que cette exhibition ait donné tout ce qu'on devait en attendre et réalisé les espérances qu'il était légitimement permis d'en concevoir? L'affirmer serait peut-être téméraire.

Pourquoi d'abord n'y avoir pas fait figurer les feuilles déjà parues de la grande carte d'état-major au 1/100,000? Pourquoi avoir réservé ces cartes murales du royaume, objet de si justes louanges, à l'Exposition universelle de Vienne? Et les reliefs, n'en dresse-t-on point en Portugal? Et les globes, les cartes agricoles, industrielles, de statistique, etc., les atlas, les instruments spéciaux, les livres didactiques, où tout cela était-il?

D'un autre côté, les archives nationales renferment des trésors géographiques dont il eût été souverainement attrayant de connaître au moins les pièces principales. Le gouvernement, les administrations, les particuliers possèdent sur les découvertes terrestres et maritimes des temps modernes des richesses de premier ordre qu'on ne rencontrerait nulle part ailleurs. Les voyages des explorateurs fameux, ceux des marins plus modestes qui, conduits par la noble ambition de servir leur patrie et l'humanité, cédant aussi parfois à l'esprit d'aventures, visitèrent l'Afrique, l'Amérique, jusqu'aux extrémités de l'Asie orientale, et atteignirent les rivages de l'archipel Indien ont laissé de nombreux souvenirs aux lieux d'où ils s'élancèrent à la poursuite de l'inconnu : d'antiques relations, cartes, plans, routiers, portulans, actes divers précieux entre tous, y témoignent des circonstances et des résultats de leurs audacieuses pérégrinations. Quel merveilleux intérêt n'aurait pas excité cette réunion peut-être unique! Comme la nation eût été fière de dérouler aux yeux des savants, dans l'internationale solennité à laquelle on les avait conviés, les annales de ses pacifiques victoires, de sa plus glorieuse période! Nous n'avons pas à répéter par quelle fortuite occurrence notre espoir a été déçu et comment les belles années de son histoire géographique se sont trouvées si insuffisamment représentées.

Quoi qu'il en soit, nous donnons rendez-vous au Portugal pour le prochain Congrès et, auparavant, pour la nouvelle Exposition universelle de Paris en 1878. Là, bien prévenu et bien préparé, il tiendra à honneur de révéler les curieux documents enfouis au fond de ses bibliothèques, de ses musées, de ses collections publiques et privées, en même temps qu'il fournira, par un ensemble plus complet d'apports, la claire démonstration que ses connaissances en la matière sont au niveau des investigations, des données, des inventions les plus récentes, qu'elles répondent aux besoins de l'avancement des études, et qu'à ce point de vue il peut marcher de pair avec les États plus importants par l'étendue et la population.

---

(1) Voir à ce propos une critique très-intéressante de ces mémoires dans le *Bulletin de la Société de géographie de Paris* de 1876, intitulée : *Découverte de la côte d'Afrique depuis le cap Sainte-Catherine jusqu'à la rivière Great Fish, et padrons plantés sur cette côte par les Portugais pendant les années 1484-1488*, par

M. J. Codinh.

C'est qu'en effet son ardeur pour la science du monde, qui resplendit dans le passé et fut si profitable à la civilisation, ne semble pas en voie de s'éteindre. Depuis longtemps des Sociétés de géographie fonctionnent dans la plupart des capitales de l'Europe et de l'Amérique ; l'an dernier, plusieurs ont fait leur apparition à Bukarest, au Caire, au sein des cités commerçantes de Lyon, de Bordeaux, de Marseille et jusque parmi les étudiants de la docte Université de Vienne. Par une contradiction singulière, les deux nations de la péninsule ibérique, qui illuminèrent de l'éclat de leurs découvertes les derniers jours du moyen âge et les siècles de la Renaissance et contribuèrent plus qu'aucune autre à reculer les bornes de l'humanité, avaient manqué jusqu'à ce jour d'un si puissant moyen d'étude et d'action. Cette lacune est actuellement comblée.

En Espagne, le colonel Coëllo s'est occupé avec le talent et le zèle qu'on lui connaît, de l'établissement d'une association de ce genre et ses efforts ont été couronnés de succès.

Quant au Portugal, un décret du 17 février 1876 a créé à Lisbonne une *Commission centrale permanente de géographie*, spécialement *chargée de collectionner et d'employer au profit de la science et de la nation tous les documents importants qui pourront intéresser la géographie, l'histoire ethnologique et l'histoire naturelle du territoire portugais et principalement de ses colonies.* Ce Comité, présidé par le Ministre de la marine et des colonies et divisé en trois sections, se compose de dix-huit membres effectifs et d'un chiffre indéterminé de délégués étrangers. Au nombre des premiers, le choix royal a appelé l'ambassadeur de la monarchie en France, S. Exc. M. Jose de Silva Mendes Leal, diplomate instruit et apprécié, plusieurs auteurs d'œuvres exposées au Congrès de 1875, enfin M. Jose Julio Rodrigues qui a préparé, avec une infatigable activité, l'organisation du bureau et en est devenu le premier secrétaire général. Fondée sous les auspices de M. de Andrade Corvo, écrivain aussi goûté que savant distingué et homme d'Etat auquel revient la gloire d'avoir porté le coup suprême à l'esclavage dans les colonies portugaises, la nouvelle institution peut compter sur un avenir plein de promesses.

Peu avant la naissance de ce Comité officiel, avait apparu une société libre de géographie, analogue à celles des autres pays, et qui siége également dans la capitale du royaume.

Ces deux créations vivront. Elles prospéreront comme prospère à cette heure, sous le ciel charmant de cet heureux et paisible pays tout ce qui, de près ou de loin, se rapporte à leur objet.

A la suite des réformes opérées par les derniers souverains, notamment par celui qui dirige maintenant les destinées nationales, des progrès considérables ont été accomplis dans les diverses branches du labeur général. Le commerce a pris un accroissement inattendu ; l'industrie agricole et manufacturière s'est largement développée ; le mouvement économique, grâce à l'impulsion bienfaisante de M. de Andrade Corvo, favorisé d'ailleurs par l'amélioration de la situation financière, l'extension des voies de communication, la révision des tarifs douaniers et aussi par les tendances sagement libérales qui règnent dans les hautes sphères de l'Etat, s'est accentué sous ses multiples faces et semble, en décuplant les sources de la fortune publique, présager au Portugal, avec une ère brillante de régénération, le retour de sa splendeur perdue.

Puisse ce pays, et c'est le vœu par lequel nous voulons finir, grâce à l'accord persistant du gouvernement et du peuple, la recouvrer un jour ! En attendant, qu'il se garde d'en négliger la mémoire, qu'il en recherche et étudie les vénérables monuments, que, par des explorations bien conduites ou encouragées, il s'efforce, comme autrefois, d'agrandir le champ du savoir géographique, et qu'aux prochaines sessions des concours internationaux il intéresse aux persistants efforts qu'il tente pour son relèvement en montrant, par ce qu'il a été dans le passé, ce qu'il est capable de faire encore dans l'avenir.

Albert Trochon,

Procureur de la République à Mortain, officier d'Académie, membre de la Société de géographie et de la Société de géographie commerciale de Paris, de la Société de législation comparée, de la Société des sciences et arts de l'île de la Réunion, etc.

CHEMINS DE FER TURCS

Le *Monatsschrift für den Orient*, bulletin du *Muséum oriental* de Vienne, publie la communication suivante datée de Constantinople, juin 1876, et signée Eugène Rappaport (1).

Ce travail présente un double intérêt tant au point de vue des relations commerciales que l'Autriche s'efforce d'entretenir avec la Turquie qu'en raison du rôle que les chemins de fer sont appelés à jouer dans la guerre actuelle.

« Dans l'état où se trouvent les Etats européens, il semble que l'Orient, par la nature de son sol, de son climat et les qualités spéciales de sa population, soit appelé à remplir les lacunes de la production occidentale, et qu'en revanche l'Occident ait à fournir à l'Orient les produits de l'art et de l'industrie. Si cet échange naturel s'effectue, il comporte son système analogue de communications internationales. Si celles-ci manquent ou sont interrompues il en résulte pour les pays qui sont en dehors du système général, un état maladif qui ne tarde pas à se produire au grand jour.

« Si nous appliquons ces réflexions à l'Autriche-Hongrie, nous voyons partir de Vienne, prise comme centre du système, des lignes ferrées qui s'en vont en rayonnant vers toutes les parties du monde. Seulement la ligne la plus importante pour l'Autriche, celle qui se dirige au sud-est vers la mer Noire ou la mer Egée, la route qui ouvrirait à l'Autriche le transit du commerce universel, accuse une lacune d'autant plus grave qu'à partir de la Méditerranée de nouveaux courants commerciaux pénétrent jusque dans l'intérieur de la péninsule des Balkans, et nuisent ainsi considérablement aux intérêts de l'Autriche.

« Il n'y a pas bien longtemps encore que Constantinople et toute la Roumélie s'approvisionnaient de produits autrichiens, tels que les draps de Brün, les verreries de Bohême, les produits de l'industrie de Vienne, la farine de Hongrie, l'eau de vie et le vin, un grand nombre d'articles de quincaillerie, les sels de Hongrie, etc. En revanche les produits de la Roumélie tels que les laines, les pelisses, les cheveux, les cuirs, etc., étaient exportés et trouvaient un débouché important en Autriche ou par l'Autriche. Les négociants turcs avaient formé à Vienne et à Pesth de véritables colonies qui

(1) Nous reproduisons ici une note sur l'état des lignes turques en exploitation, qui a déjà été publiée par l'*Explorateur*, vol. II, pag. 603 :

Constantinople — Andrinople	319 kilomètres.
Andrinople — Sarembey	243 —
Boulleli — Bourgers — Dedeagh	112 —
Firnova — Samboli	104 —
Salonique — Mitrovitza	363 —
Banjaluka (frontière autrichienne)	102 —
Roustschuk — Varna	224 —

Longueur totale des lignes de chemins de fer de la Turquie d'Europe . . . 1.467 kilom.

Ces lignes ont été ouvertes à la circulation aux époques suivantes :

Dedeagh — Andrinople	130 kil.	— le 19 août 1872
Banjaluka (frontière autrichienne)	102	— le 10 déc. 1872
Andrinople — Sarembey	243	— le 6 juin 1873
Constantinople — Andrinople	319	— le 23 juin 1873
Salonique — Uskup	243	— le 1er août 1873
Uskup — Mitrovitza	120	— le 4 déc. 1874
Firnova — Samboli	104	— le 23 déc. 1884

CARTE
DES CHEMINS DE FER
ET DU SERVICE
TÉLÉGRAPHIQUE INTERNATIONAL
DE LA
TURQUIE D'EUROPE
d'après des documents officiels
1876

RUSSIE
MOLDAVIE
JASSY
AUTRICHE HONGRIE
VALACHIE
BULGARIE
SERBIE
BOSNIE
HERZÉGOVINE
DALMATIE
MONTÉNÉGRO
MER ADRIATIQUE
ITALIE
GRÈCE
MER DE MARMARA
CANDIE

BELGRADE
BOUKHAREST
Craiova
Nicopoli
Sofia
Philippopoli
ANDRINOPLE
Yambolou
Salonique
LARISSE
Brousse
Scutari
Aidin
Pristina
Uskup
Nissa
Semlin
Galatz
Ismail
Cernavoda
Silistrie

se chargeaient de ces transactions ; les marchands rouméliens avaient leurs relations suivies avec les banques de Vienne, etc.

« La guerre de Crimée donna aux Français et aux Anglais l'occasion d'apprendre à connaître le pays, les habitants et les besoins de l'Orient, et ils commencèrent à faire concurrence à l'Autriche. Favorisés par ses transports de chemins de fer ou par mer, à bon marché, ils purent facilement, grâce à l'agio qui faiblissait en Autriche, et aux communications qui lui manquaient, rejeter cette puissance hors du marché. Puis on se mit à construire les lignes de fer de Constantinople, de Dedeagh et de Salonique. Les articles adoptés dans les ports purent être dirigés vers l'intérieur dans de bonnes conditions et, là aussi, firent une concurrence énorme aux produits autrichiens.

« Si maintenant nos fabriques chôment, si nous ne faisons que retomber d'une crise dans l'autre, il faut en chercher la cause dans ce fait que nous avons perdu nos débouchés naturels et que nous avons été dépassés de beaucoup dans le domaine de l'industrie par nos concurrents.

« Il eût été certes difficile de prévoir une pareille situation. Elle se produisit sans qu'on s'en fût douté, car dans la convention du 18 mai 1872, entre la Compagnie et le gouvernement turc, il était stipulé que les lignes de Salonique — Sarembey et de Salonique-Mitrovitza — viendraient se rejoindre au réseau autrichien, en trois ans, c'est-à-dire pour le 18 mai 1875... Mais une nouvelle année s'est écoulée depuis sans que ce raccordement ait fait un pas en avant.

« Le gouvernement turc avait bien pris l'engagement formel de commencer les travaux au mois de mai 1875, mais d'un côté l'état déplorable des finances de l'Empire, de l'autre les troubles politiques l'empêchèrent de remplir son devoir à cet égard.

« Espérons maintenant que Mourad V, en montant sur le trône, comprendra la nécessité de ces chemins de fer au point de vue commercial et stratégique, et ne tardera pas à rendre au commerce et à l'industrie les avantages qui leur ont si longtemps manqué et qui pourront ramener pour l'Autriche une ère nouvelle. »

Traduit de l'allemand par · W. R.

NAVIGATION DU DANUBE. — La guerre qui vient d'éclater entre la Serbie et la Turquie soulève une question importante relativement à la navigation du Danube, qui est, après le Volga, celui de tous les fleuves de l'Europe qui a le cours le plus étendu et le volume d'eau le plus puissant. Il prend sa source dans la Forêt-Noire, dans le grand-duché de Bade et va se jeter dans la Mer-Noire par trois bras principaux, à Nilia, à Sulina et à Georgienskoï, dans la Roumanie, après un parcours d'environ 380 myriamètres, formant ainsi la grande voie de communication fluviale entre le centre de l'Europe. Il commence à être navigable à Ulm, dans le Wurtemberg, où il peut supporter des bâtiments d'un jaugeage de 100 tonneaux.

A partir de ce point jusqu'à son embouchure, le Danube passé successivement sous la domination de plusieurs Etats : c'est d'abord le royaume de Wurtemberg, qui en occupe les deux rives ; en second lieu l'Autriche et la Hongrie conjointement, mais sur une très-courte distance ; puis la Hongrie, d'abord seule et ensuite avec la Serbie ; enfin la Roumanie avec la Turquie. A ces riverains le traité d'Andrinople était venu, en 1829, en ajouter un nouveau, la Russie, qui dominait toute la partie du fleuve située depuis le confluent du Pruth jusqu'à la mer ; mais il a été mis fin à cette possession de la Russie par le traité de 1856, qui a rendu aux principautés Moldo-Valaques la portion de la Bessarabie sur laquelle passe ce bras du Danube.

Ce même traité a réglementé les droits respectifs des Etats riverains, que chacun d'eux exerçait jusque-là au détriment des autres et en général de la navigation du fleuve, qui a été, par l'acte du 7 novembre 1857, déclarée libre aux navires de toutes les nations.

On conçoit l'émotion qu'a causée parmi le commerce la menace attribuée à la Turquie de bloquer les bouches du Danube et de faire monter des canonnières jusqu'à Belgrade pour empêcher des convois d'armes et de munitions de parvenir à ses adversaires ou pour bombarder leur capitale; d'autant plus qu'à cette menace, le prince Serbe aurait opposé son droit, qu'il prétend tenir des règles universellement admises du droit des gens, d'user de tous les moyens en son pouvoir pour protéger ses intérêts les plus vitaux, notamment la défense de son pays, et en conséquence d'établir des torpilles dans le fleuve qui baigne son territoire. Le premier effet d'une pareille mesure eût été d'intercepter le passage aux navires austro-hongrois ou autres, qui eussent tenté de le forcer, au risque d'être détruits par les terribles engins dont le moindre contact pourrait déterminer l'explosion.

Il est à peu près certain que cette éventualité est maintenant hors de cause, la Turquie ayant renoncé à l'emploi de canonnières sur le Danube.

BULLETIN DES SOCIÉTÉS

SOCIÉTÉ DE GÉOGRAPHIE DE PARIS
Séance du 5 juillet 1876. — Présidence de M. MALTE-BRUN.

Après lecture faite du procès-verbal par M. le secrétaire Jules Girard, la parole est donnée à M. Maunoir, secrétaire général, pour la lecture de la correspondance :

Afrique centrale. — *Expédition du colonel Gordon.* — M. Romolo Gessi, officier attaché à l'état-major du colonel Gordon, transmet à la Société le tracé qu'il a fait de la partie du fleuve entre Dufli et le lac Albert, monté sur le steamer *Khédive*. Ce tracé est accompagné d'une note extraite d'une lettre du docteur Behm. D'après ce document, nous apprenons que M. Romolo Gessi a effectué la circumnavigation du lac Albert, qui n'a que 140 milles de longueur.

« Vous vous rappelez, dit M. Behm, le *Luta Nzigé*, ou petit lac de Speke, par comparaison avec le Victoria Nyanza. Il n'a pas de communication avec le Tanganyika, contrairement à ce que Burton et Baker avaient avancé, et ses eaux se déversent réellement dans le Nil. L'antique question des sources du grand fleuve est donc ainsi définitivement résolue. Il ne subsiste plus l'ombre d'un doute, quant à l'assertion de Speke, d'après laquelle le Nil venait de Victoria et traversait l'Albert-Nyanza. Ces deux lacs sont les lacs du Nil de Ptolémée ; le Shimiyou, découvert par Stanley, doit être considéré comme la source principale et le plus lointain affluent du Victoria-Nyanza.

« Je suis très-content d'avoir toujours défendu le pauvre Speke dans les *Mittheilungen*, contre tous ses adversaires en Angleterre et en Allemagne, surtout contre le capitaine Burton. Il est glorieusement justifié aujourd'hui, et j'espère que les sociétés de géographie feront quelque chose pour reconnaître publiquement et solennellement Speke comme le *découvreur des sources du Nil*. Votre Société, en qualité de la plus ancienne, devrait prendre les devants à cet effet. »

Un nouveau projet d'expédition dans le Sahara. — M. L. Say, officier de marine, un des compagnons de M. Largeau dans son voyage à Ghadamès, instruit la Société des résultats succincts de son voyage. C'est le résumé de la relation qu'il a adressée à M. le ministre de la marine.

M. Say s'est attaché à démontrer surtout l'importance commerciale, scientifique et politique des explorations dans le Hoggar, et il prie la Société de l'appuyer auprès du ministre de la marine pour qu'il puisse obtenir non-seulement l'autorisation de repartir au mois de septembre prochain, mais encore une subvention (1).

Les résultats du voyage accompli se résument ainsi :

1° Constatation de l'importance du commerce qui traverse le Sahara ;

2° Sympathie des Touaregs pour les Français ;

3° Accroissement du prestige de l'autorité française ;

4° Supériorité de la situation commerciale de l'Algérie ;

5° Enfin, rapidité avec laquelle l'Algérie deviendrait, par les Touaregs, maîtresse absolue des routes commerciales qui, du bassin de Niger, vont aboutir au Maroc et à Tripoli.

« Voilà le but que nous poursuivons, ajoute M. Say ; ce n'est pas une chose à créer, ce n'est pas une innovation. Il existe tout un mouvement commercial longeant nos frontières d'Algérie ; nous voulons simplement en profiter, persuadés que la possession des routes du Sahara ajoutera encore à la grandeur de l'Algérie en faisant de ses ports les têtes de ligne des routes du désert, et nous désirons donner à la France la prépondérance dans les affaires de l'Afrique du Nord en substituant — Mogador, à Tanger et à Tripoli, — à Oran, Alger et Philippeville. »

Les notes que M. Say a envoyées à M. le ministre de la marine, comprennent :

A. — *L'importance commerciale du bassin du Niger*, prouvée par :

Les chiffres d'affaires des villes de la côte.

Le chiffre présumé du mouvement commercial du Sahara.

Le tracé des courants commerciaux (carte française).

---

(1) Le congé a été accordé, mais non la subvention.

Note de la Rédaction.

Les cartes du Sahara occidental, du Maroc et de la Tripolitaine.

L'exposé des entreprises des Anglais au Darfour, aux Achantis, au Taganet et au Maroc, toutes dirigées vers le bassin du Niger.

Enfin, une carte anglaise avec les routes qu'ils suivent.

B. — *Les Touaregs.*

Leur territoire de parcours.

Leur caractère, leur nature, leurs instincts.

Leur supériorité morale et intellectuelle sur les Arabes, preuves qu'ils nous en ont données.

Berbères comme le sont les Kabyles; ils sont industrieux et loyaux comme eux, et ils se relèveront comme eux par le travail. — La race arabe, viciée par ses institutions politiques et religieuses, disparaîtra du Sahara comme elle s'éteint en Algérie (20,000 par an).

La dénudation de leur pays et leur misère ont fait des Touaregs des coupeurs de routes ou des convoyeurs de caravanes. L'Algérie, en leur offrant les armes, les vêtements, la nourriture que les Arabes ne leur vendent qu'au poids de l'or, peut seulement les attirer chez elle.

De brigands qu'ils sont, nous pouvons en faire les meilleurs chameliers du Sahara.

Par eux, l'autorité de la France s'éteindra.

Peu à peu, les courants commerciaux, dont ils sont les protecteurs et lès maîtres, reprendront leur route naturelle (suivie au xvi⁰ siècle) et viendront aboutir en Algérie.

C. — *Entrevue avec M. Delaporte, consul de France.*

Son opinion sur la situation commerciale de l'Algérie.

Exposé de ce que fait l'Archevêque d'Alger, ligne de conduite qui devrait nous servir d'exemple pour l'extension de notre influence et de nos relations commerciales.

Rôle de la marine (grâce à notre possession commerciale). — Généreuse émulation que la présence d'officiers de marine, dans le Sahara, peut susciter chez les officiers de l'armée.

Projet de voyage pour l'hiver 76-77.

Route à suivre : 1⁰ Biskra, Touggourt, Ouargla;

2⁰ Aïn-Teiba;

3⁰ Temassinn;

4⁰ Idelès.

Jusqu'à Ouargla, les transports militaires sont assurés aux explorateurs par le général Chanzy. — A partir d'Ouargla, Chameaux.

Escorte. — Chameliers : 5 Kabyles et 10 Touaregs.

Tous ces hommes seront armés de carabines et de revolvers par M. Say. Il emmènera 2 docteurs; 1 médecin de marine et 1 de la Faculté de Paris se sont offerts pour le suivre.

Quant aux ressources pécuniaires qu'il a déjà à sa disposition, M. Say annonce qu'il prend à sa charge personnelle tous les frais de l'expédition, dans le cas où aucune subvention ne pourrait lui être accordée par le Ministère. et, où aucune souscription ne serait recueillie. Il a, à sa disposition 15,000 francs.

M. Say ajoute à ces renseignements, une note donnant le tableau des résultats acquis par le dernier voyage de Ghadamès. M. Largeau se proposant de lire, dans la prochaine séance de la Société, un rapport circonstancié sur cette exploration, nous aurons l'occasion de reparler longuement de ces résultats et des décisions qui auront été prises par les Société de géographie de Paris.

Australie. — *Figures antiques gravées sur roches.* — M. F. de Castelnau, consul de France à Melbourne, adresse à la Société de géographie copie de figures gravées sur des roches dans la colonie de Queensland. Il les tient de M. Staiger, directeur du Musée de Brisbane, qui lui donne les renseignements suivants :

La roche est de grès appartenant à formation carbonifère (*coald sand stone*) ; les dessins ont été gravés au moyen d'un instrument très-acéré, ayant à peu près un demi pouce de largeur. Ils ont été trouvés près de la rivière Burnett, et les indigènes disent que, d'après leurs traditions, ils y sont de temps immémorial. Le lieu se nomme *Bingera*, et il est curieux de remarquer qu'une localité de la Nouvelle-Galles du sud, où des dessins semblables ont été trouvés, porte le même nom.

M. Staiger dit aussi que son musée possède un morceau de palmier parfaitement fossile, trouvé sur une colline à 200 pieds au-dessus de la rivière Burnett, qui a été évidemment travaillé de mains d'hommes et au moyen d'un instrument beaucoup plus parfait que les tamahacks de pierres faits par les naturels. Le morceau se fendit probablement avant d'être fini, avant de passer à l'état de fossile.

M. de Castelnau promet de fournir à la Société tous les renseignements qu'il pourra se procurer sur la présence antédiluvienne de l'homme en Australie.

Les derniers Aborigènes de Tasmanie. — M. de Castelnau, envoie en outre la traduction d'un journal de Tasmanie sur les derniers Aborigènes de cette île, dont la race est sur le point de s'éteindre.

Parmi les invités à un bal donné il y a quelque temps par le gouverneur de Tasmanie, se trouvaient quatre Aborigènes. Ce sont les seuls restes d'une race qui, au commencement de ce siècle, et de mémoire de beaucoup d'hommes vivant encore au milieu de nous, comptait six à sept mille individus.

Lors du commencement de la colonisation de Tasmanie le nombre des Aborigènes était évalué à 7,000; ils diminuèrent rapidement, par suite des mauvais traitements des premiers colons. Le gouverneur Collins mérito certainement des éloges pour les efforts qu'il fit dans le but d'arrêter le massacre de ce peuple infortuné, mais sous le gouvernement des colone's Davy et Sorrell, les blancs recommencèrent leur œuvre meurtrière jusqu'à ce que, poussés à bout par ces cruautés, les sauvages, qui jusqu'alors n'avaient opposé aucune résistance, se tournèrent contre leurs oppresseurs et imitèrent leurs atrocités.

Quand le colonel Arthur prit le commandement de la colonie, il forma le projet de reléguer tous les noirs dans un coin de l'île. Pour l'accomplissement de ce dessein les colons, avec un certain nombre de convicts qu'ils s'étaient adjoints, formèrent une ligne qui devait s'étendre complètement à travers le pays, et qui en se resserrant aurait enfermé les Aborigènes.

Le 1⁰ octobre 1830, tous les colons se mirent en marche et toute l'île fut investie. Les blancs étaient au nombre d'environ 5,000, bien armés, et les noirs, qui ne se doutaient de rien, ne dépassaient pas 1,500 à 2,000, en comprenant les femmes et les enfants, et n'avaient pas d'autres armes que leurs épieux et leurs massues. Ils avaient été déjà réduits à ce nombre par suite de leurs relations avec les colons. Malgré cela la *guerre noire* échoua complètement. Des centaines de recrues s'échappèrent pour retourner chez eux, avant que la campagne fût à moitié faite, bien qu'elle n'ait duré guère plus d'un mois. A la fin on dut y renoncer et les seuls résultats obtenus furent deux Aborigènes capturés et un soldat blessé.

Durant les quelques années suivantes, les malheureux indigènes furent fusillés, empoisonnés ou détruits par d'autres moyens violents.

L'insuccès de ces rigoureuses mesures suggéra une politique plus persuasive; au lieu de la rigueur on employa la ruse, et ayant à la fin décidé les restes des diverses tribus, s'élevant à environ 700, à se rendre, ils furent transportés dans l'île Flinders, où une station leur avait été préparée. Mais entassés dans une île si petite, et regrettant constamment leurs vieilles forêts qu'ils apercevaient encore à l'horizon, ils diminuèrent rapidement de nombre et il y a peu d'années, le misérable reste de ce peuple infortuné, fut envoyé à Oyster Bay près d'Hobart Town. Là, ils continuèrent à décroître, et aujourd'hui une vieille femme, nommée Trucanini, est la seule représentante des Aborigènes de Tasmanie.

M. le consul général de France à Melbourne joint à son envoi deux cartes, l'une faisant connaître la région qui forma la base de la presqu'île de Carpentaria, et l'autre s'étendant dans l'extrême intérieur de Queensland entre les 20⁰ et 21⁰ degrés de latitude sud. Cette carte est surtout curieuse en ce qu'elle montre qu'aussitôt qu'une région est découverte, elle est divisée en lots pour l'élevage des bestiaux.

La Société des colons explorateurs. — M. l'administrateur délégué des messageries maritimes, annonce à la Société qu'en raison des missions scientifiques qui leur sont confiées et de leur titre de membres de la Société de géographie, une importante réduction leur serait accordée sur le prix de leurs passage.

Algérie. — *Voyage de M. E. Masqueray dans l'Aourâs.* — M. Henri Duveyrier rappelle à la Société que M. Masqueray, chargé d'une mission archéologique et linguistique dans le sud du département de Constantine, a commencé, l'année dernière, ses travaux par l'exploration des ruines romaines de Timgâd. Dans le mois de janvier de cette année, il se disposait à parcourir le Bellezma et le Hodna.

La chaîne de montagnes qui forme la route naturelle du Tell et du Sahara, dans le département de Constantine, était le terrain que M. Masqueray avait choisi, avant son départ, comme théâtre principal de ses recherches. Il n'a pu, qu'au mois de mai, aborder ces montagnes très-intéressantes, et le rapport, qui est lu à la Société, indique l'importance des travaux qui sont le fruit de la première partie du travail de M. Masqueray dans l'Aourâs (*mons aurasius* des Romains), l'un des berceaux de la civilisation berbère, dont la géodésie et la topographie étaient infiniment mieux connues que l'histoire, l'ethnologie et la linguistique, sciences sur lesquelles ont surtout porté les études de M. Masqueray.

Le cadre géographique des travaux décrits dans la mémoire du savant voyageur est indiqué, au nord et à l'ouest, par la route française de Batna à Biskra; au sud et à l'est, par les premières pentes du Djebel-Ahmar-Khaddou.

M. Masqueray avait traversé le massif de montagnes à l'est de la route française : une première fois, du nord au sud, de Batna, par Lambèse, la vallée de l'Ouad'Abdi et l'oasis de Berânis à Biskra; il était, il y a vingt jours à Mezer, et il continuait son exploration dans la montagne en longeant, sa première route, du sud vers le nord.

Il suffit, dit M. Duveyrier, de rappeler les découvertes archéologiques de

M. Masqueray au nord de l'Aourâs pour faire deviner les matériaux nouveaux relatifs à l'histoire de l'occupation romaine que nous réserve la suite de son voyage.

Dans les montagnes qui, jusqu'à notre conquête, ont servi de citadelle et de refuge aux races primitives de toute cette contrée, M. Masqueray a trouvé et exploré une quantité de monuments que nous appellerons préhistoriques en attendant que la science leur assigne une date, et précise quels hommes en furent les auteurs. Le rapport du savant archéologue traite surtout des populations berbères actuelles des montagnes de l'Aouâras et d'autres montagnes voisines de celles-ci. Nulle part cette question n'a été traitée jusqu'à présent d'une façon aussi complète ni aussi scientifique...

La nature purement scientifique et spéciale de ce travail nous empêche de donner, dans l'*Explorateur*, une analyse qui pourrait paraître aride à certains de nos lecteurs et que les autres regretteraient de trouver incomplète. Nous nous bornerons en conséquence à en extraire un passage relatif aux mœurs et aux coutumes légales des gens de Menaa, de Nara et de l'Ouad'Abd i (Roumania).

Condition de la femme. — Mœurs et coutumes. — « Les mœurs ont été profondément modifiées depuis que nous avons établi la paix dans cette région, surtout depuis que nous y avons établi le gâdhi musulman et le Code Sidi Khelil. Néanmoins on est encore surpris de constater la liberté dont jouit la femme dans ces montagnes. Les femmes vont partout librement à de grandes distances, moissonnent et travaillent au dehors avec les hommes, absolument comme nos paysannes de France. Leurs ornements et leurs bijoux qui sont en argent et jamais en or, ne ressemblent en rien aux bijoux arabes. Les hommes ne portent, que par exception, la chachiya et le haïk. Le fait le plus frappant est la célébration des fêtes véritablement romaines ou chrétiennes que nous pourrions nommer Noël, le jour de l'an, les rogations, et la fête de l'automne, les vendanges. Par contre, les fêtes musulmanes sont encore négligées, à part le *Haïd-el-Kebir* et le *Aïd-es-Ceghir*. Le *Mouloud* est presque inconnu.

Noël. — Notre fête de Noël porte le nom de Boû-ïni, chez les Chaouïa Roumanïa. Elle se célèbre à Menaa et on ne la trouve pas chez les Abdi. Huit jours avant la fin de l'année, les femmes de Menaa changent une pierre du foyer et renouvellent la terre qui l'entoure. Cette cérémonie ne donne lieu ni à des chants, ni à des danses, ni à des visites, ni à des salutations.

Jour de l'an. — Notre jour de l'an se nomme dans toute cette région *Innâr* (Janvier). On célèbre l'année nouvelle pendant la nuit qui la précède, par un repas dans lequel on sert de la viande et des œufs; on lave tous les vêtements, on change tous les objets usés. On chante, on danse. La salutation et le baiser ont été transportés à la fête musulmane du Aïd-el-Kebir.

Rogations. — Un mois et demi après Innâr, au commencement du printemps dans cette région, les gens de Menaa, hommes, femmes et enfants sortent tous, dès le matin, sans avoir pris de nourriture et vont à la montagne. Chacun en rapporte des branches et des herbes vertes, et cette promenade a lieu au son des flûtes. Ils rentrent dans la ville, et, après le déjeuner, les femmes, d'un côté, jouent à la balle, et les hommes, de l'autre, tirent des coups de fusil jusqu'au soir.

Le lendemain et le surlendemain, ils restent dans la ville; mais ces deux ours sont également jours de fête. Depuis le matin jusqu'à quatre heures du soir, on chante et on danse. Ensuite on joue à la balle.

Les gens de Menaa sont les seuls qui sortent dans la campagne dès le premier jour. Du reste, cette fête se célèbre aussi bien à Tâgoust et à Boû-Zina que dans tous les villages de l'Ouad-Abdi.

Fête de l'Automne. — Cette fête commune aux Abdi, à Menaa, à Boû-Zina, à Tâgoust, à El-Arba, a lieu quand tous les grains sont battus et rentrés, au mois de septembre. Elle dure trois jours. C'est l'époque des mariages. Pendant trois jours, on chante, on danse, on joue à la balle. On sert de la viande; le plus pauvre en achète pour en manger.

Coutumes légales. — Les coutumes légales sont lettre morte aujourd'hui. Chaque village avait les siennes. On peut dire la coutume de Tâgoust, comme nous disons la coutume de Bourges; la coutume des Abdi, comme nous disons la coutume des Francs ou des Burgondes. Je prends soin, partout où je passe, de recueillir ces vieilles institutions, en interrogeant les Kebâr (notables), et en dressant des listes analogues à celles qu'ont publiées MM. Letourneux et Hanoteau dans leur grand ouvrage sur la Kabylie.

J'y trouve comme chez tous les peuples semi-barbares le système de la compensation. Le plaignant et la djemaa prélèvent une certaine somme sur les biens du coupable dans les cas de vol, d'insulte, de coups et blessures.

L'homicide est généralement puni par le ravage complet des biens du meurtrier, un exil d'un ou deux ans et le payement de la *dîya* excepté à Nâru où elle est inconnue. L'adultère paye la diya comme le meurtrier.

La femme est toujours incapable, elle n'hérite point. L'acte de mariage consiste en une simple déclaration par devant le tâleb (lettré). Le divorce n'est soumis à aucune règle.

Ces coutumes légales varient dans le détail suivant les lieux; mais elles se renferment toutes presque exclusivement dans les limites du Code pénal. Les simples contestations étaient réglées par des décisions de la djemaa.

Gouvernement. — La forme du gouvernement était la même à Menaa, à Nâra, à Beni-Ferah, à Tâgoust, à Boû-Zina, à El-Arbaa. Les Abdi seuls faisaient exception. A Menaa, par exemple, le souverain était l'assemblée et cette assemblée n'avait pas de président; elle n'était pas non plus divisée en partis. Elle se composait, en nombre variable, de tous les notables du village.

Cette constitution diffère essentiellement des vieilles constitutions kabyles zouassa, dans lesquelles nous trouvons l'amîn président, et l'Assemblée partagée en deux ou trois çoff (partis ou ligues). Elle diffère aussi bien de la constitution théocratique des Beni-Mezâb. L'Assemblée de Menaa, ou de Nâra, ou de Beni-Ferah, chargeait de l'exécution de ses ordres quelques hommes d'une force ou d'une bravoure reconnues, que l'on désignait, du temps des Turcs, par le nom de Kobdji. Le pouvoir de cette commission semble avoir été très-respecté.

Le peuple entier, dans certains cas, s'associait aux Kobdji pour punir quelque grand criminel d'une manière éclatante.

La constitution des Abdi était particulièrement curieuse. Pour la bien expliquer il est nécessaire que j'ajoute ici quelques traits de leur histoire.

Les Abdi, qui se disent eux-mêmes fraction de Touâba, étaient partagés primitivement en quatre tribus distinctes, quand ils montèrent vers le nord, en partant des environs de Djemôra, pour envahir une partie du pays abandonné par les Oulâd Azziz; ils arrivèrent tous ensemble dans le passage de Tarhit. (*Tarhit* a le sens de défilé en berbère). Ils bâtirent un gros village sur un mamelon à l'ouest du village actuel. Ce village s'appelle encore Thaquelètaoûssert (village vieux). De là ils descendirent dans la vallée qui porte leur nom, fondèrent encore un autre gros village détruit aujourd'hui au-dessus de Ghezât, et enfin se dispersèrent de colline en colline dans la direction de l'est jusqu'à Bali et au pays des Oulad Azzoûz, qu'ils auraient colonisé.

Des Touâba durent venir se joindre à eux vers cette époque; car les trois villages de Halaoua furent, dit-on, fondés par un Touâbi.

Les quatre tribus constitutives des Abdi, réparties dans une quinzaine de villages, se firent peut-être la guerre. Du moins les deux premières sont regardées comme sœurs, ainsi que les deux dernières. Il en résulte deux groupes qui se distinguent encore aujourd'hui,

Un jour vint ou quelque ordonnateur puissant imagina de les confondre en les répartissant par parties égales, toutes dans chaque village. Aujourd'hui chaque village des Abdi contient quatre fractions qui portent encore les noms des tribus primitives. Il en résulta le singulier gouvernement qui donna à ce groupe des Abdi, son caractère spécial avant notre arrivée.

Dans chaque village, un ancien représentait une fraction; il jugeait suivant la coutume, et ses décisions avaient force de loi. Par suite le gouvernement se composait de quatre personnages qui formaient une sorte de sénat dont l'autorité était incontestée. La djemaa, toute-puissante chez les autres, était inconnue chez les Abdi. Lorsqu'une contestation s'élevait entre deux ou trois hommes de tribus différentes, le débat était porté devant deux ou trois des quatre anciens.

Ces quatre personnages disposaient d'une force armée comme la djemaa de Menaa ou de Tagoust et cette force consistait, dans le village de Chir, en quarante Kobdji dont dix appartenaient à chacune des tribus. Ces Kobdji n'étaient pas payés : *l'honneur vaut mieux que l'argent*, me dit à ce propos mon interlocuteur Châwi. Ils n'avaient ni costume, ni insigne spécial; ils travaillaient à leur champ comme tous les autres; mais eux seuls allaient saisir les criminels, et ils marchaient en tête quand les tribus sortaient pour repousser les ennemis.

On voit par cette citation de quel vif intérêt est le mémoire de M. Masqueray. Ce document précieux au point de vue historique et ethnographique trouvera certainement sa place dans le bulletin de la Société, où nos lecteurs désireux d'étudier à fond la question s'empresseront de le chercher.

Océanie. — *Exploration de la Nouvelle-Guinée.* — M. Raffray annonce à la Société son prochain départ pour une exploration scientifique dans la Nouvelle-Guinée. Il fait connaître l'itinéraire qu'il se propose de suivre et les recherches auxquelles il désire se livrer. Ces recherches ont surtout pour objet l'histoire naturelle.

Amérique méridionale. — *Exploration du territoire des Missions.* — M. le baron H. de Russe, donne à la Société la suite et la fin du récit de l'exploration qu'il a faite des territoires des Missions situés sur l'Uruguay, dans l'Amérique méridionale.

Dans cette nouvelle partie de son voyage, M. le baron H. de Russe débarque à Ytuzaingo, port nouveau du Haut Parana où les bateaux fluviaux peuvent aborder régulièrement pendant toute l'année. De là, prenant l'ancienne route des Missions qui, à des distances variables, longe le cours du fleuve, il arrive la Trinchera San José qui remplace l'ancienne Candelaria, première capitale des Missions de Corrientes.

M. de Rasse fait une description intéressante des grandes estanuas ou fermes à bétail situées dans ces parages et sur les bords de l'Uruguay et il donne des détails curieux sur les mœurs des habitants de ces contrées peu connues et sur l'histoire des missionnaires jésuites qui y ont autrefois commandé en maîtres.

M. Brau de Saint-Pol-Lias, directeur de la Société des Colons-Explorateurs, prononcé à titre d'adieu à la Société, l'allocution suivante :

« MESSIEURS,

« Permettez-moi de vous annoncer la fondation de la Société des Colons-Explorateurs, que je poursuivais depuis plus d'un an, et que j'ai pu enfin réaliser dans des conditions meilleures que je n'aurais osé l'espérer tout d'abord.

« En outre des noms de nos sociétaires, nous avons eu la bonne fortune d'inscrire sur notre acte d'association, trois noms que je considère comme un favorable augure pour notre entreprise, car ils représentent les plus grandes œuvres géographiques actuellement à l'état de projet ou en cours d'exécution : c'est celui du capitaine Roudaire, qui recevait à notre dernière séance encore, pour son grand projet de la mer Intérieure, un hommage si mérité, et d'une si haute valeur, puisqu'il lui était rendu par MM. de Lesseps et d'Abbadie ! — Celui de M. Léon Drouillet, qui a donné une nouvelle impulsion à la question si importante du percement de l'isthme de Panama, et celui de M. Jules Gros, le plus dévoué collaborateur de notre grand organe géographique, le journal l'Explorateur, qui a puissamment contribué à mettre en lumière à l'étranger nos institutions géographiques françaises, et à provoquer chez nous ce mouvement salutaire d'où naissent aujourd'hui la Société de géographie commerciale et la Société des études coloniales et maritimes. — J'ai eu l'honneur d'être appelé à prendre part à la fondation de ces deux Sociétés, parce que l'œuvre que je poursuis est aussi dans ce mouvement des esprits qui tend à réagir contre l'humeur casanière de notre pays, et parce que je vais tenter avec mes compagnons, un commencement de réalisation, de mise en pratique immédiate des idées que ces Sociétés ont pour objet de soutenir et de propager.

« M. Wallon, notre ingénieur, M. le docteur O'Rorke, notre médecin, un voyageur qui a parcouru le globe dans tous les sens, de la côte septentrionale d'Afrique à l'Amérique du Sud, du détroit de Behring à la Nouvelle-Zélande, de Panamá à l'archipel Indien qu'il connaît déjà, — et M. Charles Chapel, membre de cette Société, se sont embarqués le 2 juillet, à Marseille, pour Singapour d'où ils reviendront à Delhi, en reconnaître, par une exploration rapide, les points les plus favorables à notre premier établissement.

« Là, je ne tarderai probablement pas moi-même à les rejoindre, — et je prie la Société de recevoir ici mes adieux.

« Je lui exprime de nouveau toute ma gratitude, et particulièrement à notre éminent président, M. l'amiral de la Roncière le Noury, à notre sympathique secrétaire général, M. Maunoir, à l'honorable M. Malte-Brun, président du comité central, qui ont bien voulu nous prêter encore dernièrement leur bienveillant appui dans une démarche dont vous venez d'apprendre le succès. Nous ferons tous nos efforts pour justifier cette faveur.

« Nous tâcherons de réaliser cette partie de notre programme qui a pu paraître intéressante à la Société de géographie : donner aux études et aux explorations scientifiques une base matérielle qui leur a trop souvent fait défaut. Il y a, en effet, dans notre sujet un côté agricole, industriel, commercial qui augmente au lieu de l'amoindrir l'intérêt qu'il peut offrir au point de vue de la science pure. Cela vous a été dit déjà avec des développements sur lesquels je ne reviendrai pas. Nous nous sommes placés dans de telles conditions que nous n'avons à solliciter des fonds ni du public, ni des Sociétés savantes, ni des Ministères ; nous pouvons leur offrir gratuitement de servir les intérêts scientifiques qui leur sont chers et qui ne nous sont pas moins chers à nous-mêmes, mettant notre industrie et notre bourse au service de la science, à laquelle nous fournissons en quelque sorte un cautionnement ; — et si, comme nous l'espérons, nos intérêts matériels aussi prospèrent dans cette colonisation, ce ne sera pas au détriment mais au profit des intérêts scientifiques.

« Continuez-nous donc, Messieurs, ces sympathies qui nous ont été un précieux appui. Elles seront toujours notre meilleur encouragement. — S'il plaît à Dieu que nous revenions de l'archipel Indien où il y a tant d'inconnu encore, avec des documents intéressants, ce sera d'abord à la tribune de la Société de géographie que nous serons heureux de les produire, comme un hommage reconnaissant. »

Le président remercie M. Brau de Saint-Pol-Lias des sentiments qu'il vient d'exprimer à la Société :

« Nous lui retournons, dit M. Malte-Brun, ses bonnes paroles. La Société fait des vœux pour sa prospérité et la réussite de son entreprise. Nous le suivrons avec le plus vif intérêt, lui et les siens, sur la terre lointaine et nous serons fiers et joyeux d'enregistrer leurs succès. »

De chaleureux applaudissements ont accueilli ces souhaits sympathiques auxquels nous nous associons de tout cœur.

M. de Lesseps a vivement félicité, à la fin de la séance, le fondateur de la Société des Colons-Explorateurs.

Ile d'Amsterdam. — Naufrage du « Fernand. » — M. Velain, a adressé de vive voix à la Société les informations suivantes :

Dans les diverses communications que j'ai faites à la Société au sujet de l'expédition astronomique de l'île Saint-Paul, j'ai eu souvent à citer le nom d'une goëlette de la marine marchande de la Réunion, le Fernand, et celui de son commandant, le capitaine Hermann en raison des services qu'il nous avait rendus ; c'est en particulier sur ce petit navire que j'avais fait la traversée de l'île Saint-Paul à l'île d'Amsterdam , et c'est à son commandant que je devais d'avoir pu aborder cette île inhospitalière que personne n'avait encore pu explorer à cause de son accès difficile.

M. Hermann a voulu tenter de nouveau ce voyage au commencement de l'année et j'ai le regret d'avoir aujourd'hui à annoncer son naufrage.

M. Hermann, séduit par la pêche exceptionnelle qu'il avait faite à l'île Saint-Paul, lors de notre séjour, avait résolu d'y faire une nouvelle campagne avec un équipage nombreux. Il nous avait alors informés, le commandant Mouchez et moi, qu'il avait l'intention de pousser jusqu'à l'île d'Amsterdam si le temps lui paraissait favorable et surtout si ce voyage pouvait être de quelque profit pour la science ; le commandant lui écrivit pour l'engager fortement à faire ce voyage et lui donna des instructions. Je lui demandai de mon côté de rapporter des ossements de baleine que je savais être sur une petite plage de galets dans le nord, et quelques roches volcaniques dont je lui indiquais les gisements ; enfin, je le priai surtout de faire préparer par ses matelots de nombreux squelettes d'otaries et de rechercher particulièrement la grande espèce que les pêcheurs nomment éléphant de mer et qui n'aborde guère l'île qu'en janvier.

C'est au commencement de cette année, alors que sa campagne de pêche était terminée, que M. Hermann quitta l'île Saint-Paul sur le Fernand pour gagner Amsterdam. Mais une tempête violente, comme toutes celles qui sont pour ainsi dire en permanence dans ces parages, emporta la goëlette qui vint se briser sur les falaises de la côte ouest d'Amsterdam. Déjà quand j'avais fait cette traversée sur cette même goëlette avec M. Hermann, nous avions été jetés sur cette côte par un temps aussi affreux, mais nous avions pu nous en tirer, aussi en souvenir de cette journée d'angoisse j'avais donné plus tard le nom de « Fernand » à la haute montagne qui domine les falaises contre lesquelles nous avions failli nous perdre. Par une amère ironie du sort, c'est là encore, et, pour ainsi dire, sous cette montagne qui doit porter son nom, que le Fernand est venu se perdre. Quinze hommes ont péri dans cette catastrophe. M. Hermann avec deux matelots ont été seuls sauvés, ils ont vécu misérablement de poisson cru et de viande d'otarie pendant trente-deux jours sur cette île déserte ; c'est un bâtiment italien qui a aperçu leurs signaux et qui les a rapatriés à l'île Saint-Paul d'où ils ont pu ensuite gagner l'île de la Réunion.

M. Hermann, en m'annonçant cette triste nouvelle, m'écrit que son naufrage ne sera préjudiciable qu'à lui seul, car il a préparé, avec son couteau, les squelettes d'otaries que je lui avais demandés ; il a recueilli également les roches dont je lui avais parlé ; quant aux ossements de baleine il n'en existait plus trace sur la plage : la mer avait tout repris ; il m'informe que ces collections embarquées sur le bâtiment italien, m'arriveront très-prochainement.

C'est pour que cet acte de dévouement à la science ne restât ignoré que je suis venu en informer aujourd'hui la Société de géographie.

Carte de l'Ile Amsterdam. — M. Velain présente une carte géologique de cette île Amsterdam sur laquelle il avait pu, grâce à M. Hermann, séjourner plus d'une semaine ; il a rappelé, alors que cette île, découverte au XVIIe siècle était encore très-peu connue. En 1702, Beautemps-Beaupré, lors du voyage d'Entrecasteaux, avait donné un levé sous voile de la côte S.-O. Plus récemment, en 1872, une frégate anglaise (la Perle), dont le commandant, le Commodore Goodenough, a péri si misérablement, avait été envoyé pour en faire l'hydrographie.

Les officiers de cette expédition ont ajouté au tracé de la côte S.-O. déjà connu, celui de la côte N.-O., puis ils ont rejoint tous les points de la côte en un sommet unique de manière à figurer une montagne conique. La forme d'Amsterdam est loin d'être si simple : son sommet est masqué par un grand plateau marécageux élevé de 720 mètres, entrecoupé de cratères et de cônes de scories, et d'où émergent deux grands sommets qui ne sont autre chose que les restes d'un ancien cratère terminal aujourd'hui effondré. M. Velain a donné au plus élevé des deux, 911 mètres, le nom du bâtiment de guerre qui a porté l'expédition française à Saint-Paul « la Dives, » et au second, 829 mètres, le nom du Fernand.

Jules GROS.

SOCIÉTÉ DE GÉOGRAPHIE DE MUNICH.

La Société bavaroise de géographie de Munich a tenu une séance le 22 juin dans la salle Liebig. Cette Société, dont la fondation remonte à 1869, compte actuellement 340 membres. Elle est placée sous la protection de Son Altesse le prince Louis de Bavière.

À l'ouverture de la séance, il a été procédé à l'élection des deux présidents, MM. Jolly et Schlagintweit-Sakunlunsky, du docteur Morice Wagner, en qualité d'archiviste, du libraire Oldenbourg, comme caissier ; du général Tann, du conseiller aulique Haubenschmied, du conseiller intime von Giesebrecht, des professeurs Gittel et Kluokhohn, du major Straub et du docteur Ratzel, comme assesseurs.

On a ensuite entendu la lecture des mémoires et des rapports sur des voyages dans l'Asie centrale, dans l'Afrique centrale, sur celui de la *Gazelle* au Congo, sur l'expédition du *Challenger*, de la *Hansa*, sur la Norvége, sur la Californie, etc. Le professeur Geistbeck a fait ensuite une conférence sur les montagnes et leur importance pour la géographie. Le docteur Gunther a terminé la séance, par une conférence relative à l'influence des corps célestes sur le temps.

SOCIÉTÉ KHÉDIVIALE DE GÉOGRAPHIE DU CAIRE.

Nous avons annoncé qu'à la suite de la démission de M. Schweinfurth la présidence de la Société de géographie du Caire avait été déférée au prince héritier S. A. Mohamed-Tewfik Pacha.

Le 13 juin courant, le général Stone et Mahmoud-Bey, vice-présidents de la Société khédiviale de Géographie ont présenté à S. A. le prince héritier une adresse rédigée par la Commission centrale, au nom de tous les membres de la Société, dont la prospérité déjà si florissante ne peut que s'accroître encore par suite du grand honneur qu'elle reçoit en la personne de son nouveau Président.

S. A. Mohammed-Tewfick Pacha a accepté avec empressement l'hommage qui lui était ainsi rendu. Par la voie de ses vice-présidents auxquels il a fait le plus gracieux accueil, il a assuré la Société khédiviale de Géographie du vif intérêt personnel qu'il a toujours porté, ainsi que Son Auguste Père, à cette Société, qui, fondée il y a un an à peine, compte aujourd'hui près de 400 membres et se trouve, dès à présent, en relation avec toutes les autres Sociétés de Géographie du monde entier, au milieu desquelles elle a déjà su conquérir une place qui pourrait être enviée par beaucoup de ses aînées.

Les bruits les plus divers ont circulé sur la démission de M. Schweinfurth. Nous recevons, à ce sujet, du savant géographe, la lettre suivante que nous nous empressons de porter à la connaissance de nos lecteurs.

Le Caire, 2 juillet 1876.

Monsieur le rédacteur en chef,

Dans le numéro 72 de l'*Explorateur* se trouve la remarque que ma démission comme président de la Société khédiviale de Géographie est la conséqnce d'un différend que j'ai eu avec le général Stone. Permettez-moi, monsieur, de vous expliquer que ce n'était pas là la cause. Il ne convenait pas à ma dignité de conserver la présidence lorsqu'on eut traité d'une manière inconvenante M. de Heuglin qui était réclamé ici par le gouvernement et par mon intermédiaire. Le différend avec le général Stone n'était qu'une des conséquences de ce fait regrettable. Toutefois je n'ai pas quitté l'Egypte parce que je veux y compléter mes études sur la flore du pays.

Cette résolution explique également pourquoi j'ai renoncé à la chaire de géographie à l'Université de Leipzig.

Recevez, etc.

Dr G. SCHWEINFURTH.

INFORMATIONS

Les marques de fabrique française au Brésil. — M. le ministre de l'Agriculture et du Commerce vient de communiquer à la Chambre de commerce de Paris les dispositions de la loi brésilienne, relatives à la protection des marques de fabrique françaises dans l'Empire du Brésil.

Les personnes que ce document intéresse sont prévenues qu'elles peuvent en prendre connaissance au secrétariat de la Chambre de commerce, 2, place de la Bourse, tous les jours de 10 à 4 heures.

La navigation fluviale en France. — *Des chômages.* — On vient d'afficher dans Paris un tableau indicatif dressé par le ministère des travaux publics et présentant les époques et la durée des chômages, en 1876, des canaux et rivières canalisées de l'est et du centre de la France.

Le chômage le plus long sera celui de la Meuse, de la frontière à Verdun ; il durera soixante jours, du 15 juillet au 15 septembre.

Vient ensuite le canal du Nivernais, de Decize à Clamecy, qui chômera trente-sept jours, du 10 août au 16 septembre.

Le chômage sur la Marne, de Dizy à Charenton, commencera le 16 août et finira le 30 août. Sur le canal du Rhône au Rhin il durera un mois, du 10 août au 10 septembre, et trente et un jours sur celui d'Orléans, du 16 août au 16 septembre.

Ne chômeront pas en 1876 les cours d'eau suivants : Moselle canalisée, canal de la Marne au Rhin, entre Vitry et Dombasle, canal latéral à la Marne, canaux de Briare et du Loing, canal de Bourgogne, Saône dans tout son parcours navigable, canal de Pont-de-Vaux (Ain), canal du Nivernais (de Clamecy à Auxerre), enfin Seine et Yonne dans tout leur parcours navigable.

Les bateaux sont autorisés à circuler à leurs risques et périls au delà des époques fixées pour la fermeture de la navigation, partout où les circonstances permettront de maintenir une hauteur d'eau suffisante dans les biefs. Les eaux ne seront, d'ailleurs, baissées que pendant le temps strictement nécessaire aux travaux. Aussitôt après, elles seront remises au niveau de la navigation.

Commerce extérieur de l'Angleterre. — Dans notre n° 73 nous avons publié un résumé du rapport mensuel du *Board of trade* (Direction du commerce) pour le mois de mai. Voici celui du mois de juin. Le chiffre des importations surpasse sensiblement celui des exportations.

Les importations sont évaluées à 28,330,880 livres sterling (708,422,000 fr.) : c'est une diminution de 3,611,940 livres (80,298,650 fr.) sur le mois correspondant de 1875, et de 5,691,778 livres (142,294,450 fr.) sur juin 1873.

Pendant les six derniers mois finissant au 30 juin 1876, les importations se sont élevées à 185,120,196 livres sterling (13,628,004,900 fr.), chiffre qui constitue une augmentation sur les six premiers mois de 1875 de 1,276,109 livres (31,905,725 fr.), mais une diminution, comparativement au premier semestre de 1874, de 1,278,173 livres (32,054,325 fr.)

Quant aux exportations, ils sont évaluées pour juin 1876 à 15,848,260 livres sterling (386,206,500 francs) : soit une diminution de 2,487,869 livres sterling (122,180,725 fr.) sur juin 1875, et de 3,519,352 livres (87,883,800 fr.) sur juin 1874. Pendant la période de six mois finissant le 30 juin dernier, il a été exporté des marchandises pour une valeur de 99,210,059 livres sterling (248,025,457 fr.) : comparativement au premier semestre de l'année précédente c'est une diminution de 10,633,291 livres (73,821,275 fr.), et de 18,021,155 livres (465,528,875 fr.) relativement à la même période de 1874.

Serbie. — — *Novi-Bazar et les places fortes du sud.* — La ville de Novi-Bazar a une importance considérable au point de vue stratégique. Elle commande un défilé qui mène au cœur de la Serbie. Les forts de Novi-Bazar sont en très-mauvais état ainsi que les fortifications. La Drina et la Bosna, affluents de la Save, coulent parallèlement du nord au sud, dans des vallées étroites et romanesques. A quelques kilomètres avant de se jeter dans la Save, elles traversent des plaines larges et fertiles mais parfois montagneuses. Entre les deux rivières, on rencontre de nombreuses montagnes presque toutes couvertes de forêts-impénétrables, et qui sont toutes dans la direction du nord au sud, comme toutes celles de l'ouest de la Turquie. La Drina et la Bosna reçoivent, à leur tour, un grand nombre d'affluents. Les forteresses serbes de Shabatz, d'Ushitza et Sokol, un véritable nid d'aigle, ont été occupées par les Turcs jusqu'en 1868. Serajevo (Bosna-Sérai) capitale de la province, près de la source de la Bosna, a près de 48,000 habitants. Serajevo n'est pas fortifiée. Elle est commandée par un plateau sur lequel Omar-Pacha a construit autrefois un baraquement, et qui défend parfaitement les approches de la ville.

Trois routes viennent s'embrancher à Serajevo. La meilleure mène à Brod (Autriche), sur la Save ; la seconde, à la forteresse de Zvornick, et la dernière à Vishegrad. Ces deux places sont sur la Drina et sont unies par une route, le long de la rivière, sur laquelle on trouve deux ponts.

La ville forte de Zvornick compte 10,000 habitants. Elle est construite en amphithéâtre. Les routes qui ont été tracées dans le voisinage sont impraticables à l'artillerie ; les cavaliers y courent eux-mêmes les plus grands dangers. Sur la rive droite de la Duna, Zvornick a fondé autrefois une colonie dite Mali-Zvornick (Petite-Zvornick), qui est défendue par un fort.

Les hautes montagnes de cette partie de la Serbie sont éminemment favorables à une guerre défensive et à une guerre de partisans.

Le colonel Gordon. — Tout le monde sait avec quelle intelligence, quel zèle, quelle intrépidité cet officier anglais s'est acquitté de la mission dont le vice-roi d'Egypte l'avait chargé ; tout le monde est à même d'apprécier les immenses services qu'il a rendus à ce prince, aux possessions duquel il a ajouté des contrées entières, ainsi qu'au commerce et à la science, en faisant connaître, en ouvrant des pays jusqu'alors inexplorés ; à l'humanité et à la civilisation, en combattant l'infâme trafic des esclaves ; et au prix de quelles souffrances physiques et morales cette tâche n'a-t-elle pas été accomplie ! Le chef de ces lointaines et périlleuses expéditions a vu ses compagnons, ses lieutenants, Chippendale, Linant de Bellefonds, Anson Long, Marno, succomber, les uns après les autres, à la fièvre, à la peine, à la fatigue, au découragement. On conçoit qu'après de tels labeurs, de si cruelles épreuves il sente, lui aussi, le besoin du repos, le désir de revoir sa patrie, d'où il s'est exilé depuis tant d'années, volontairement il est vrai.

L'engagement que le colonel Gordon a contracté au service du Khédive expire à la fin de cette année. Le journal l'*Overland Mail* croit savoir que le célèbre explorateur n'a pas l'intention de le renouveler. Si cela est vrai, il est à craindre que, le chef manquant, le service expéditionnaire qu'il dirigeait ne se désorganise, et que les conquêtes qu'il avait tentées ne soient perdues à la fois pour l'Egypte et pour la civilisation.

Egypte. — *Le chemin de fer vers le Soudan.* — Les travaux du chemin de fer du Soudan vont êtres poussés avec une nouvelle activité, car nous sommes à l'époque de l'année, où l'agriculture laissant le plus de gens disponibles, il sera possible de les réquisitionner pour travailler aux remblais de la voie ferrée dans la seconde section de la ligne.

Le commerce dans le Soudan égyptien. — M. Ernest Marno, l'un des compagnons de l'expédition du colonel Gordon, dans le centre de l'Afrique vient de publier dans le *Monatsschrift für der Orient* un article remarquable sur les ressources commerciales du Soudan égyptien. Nous en résumons les principaux traits.

Ce pays, d'une fertilité extraordinaire, n'a été malheureusement jusqu'à aujourd'hui cultivé que de la manière la plus primitive et a manqué surtout de débouchés capables de mettre ses précieux produits à la portée du commerce universel.

Son principal objet d'exportation était l'ivoire, mais depuis que le gouvernement égyptien en a fait un monopole, le commerce de ce produit a beaucoup diminué, surtout à Khartoum, dont il était jadis la ressource principale. Il en est de même des plumes d'autruche qui viennent du Kordofan, du Dar-Four et du Sennaar, mais dont le marché s'apauvrit de jour en jour.

On récolte encore dans le Soudan la gomme arabique (produit de l'*Acacia Haschati* et de l'*Acacia Falha*), le séné, la coloquinte, la cire, le tamarin, les peaux et le coton. Ce dernier, quoique cultivé en grande quantité, suffit à peine à la consommation locale. Il en est de même de l'arbre à pain, cultivé surtout entre Khartoum et Waad-Medineh, mais qui n'est point exporté, pas plus que l'huile de Sésame (*Sesamum orientale*).

On trouve du sel à l'embouchure de l'Atbara dans le Nil et dans quelques autres endroits. On cultive un peu le tabac à Bahr-el-Azrak, mais avec trop de négligence pour un produit qui pourrait devenir une source de richesse.

Les substances tinctoriales, les bois de construction, le musc sont encore des produits bruts, dont le commerce pourrait profiter.

Quant aux produits manufacturés, tels que les cordes, les tissus, les pailles tressées, les bois sculptés, les objets de métal, ils en sont encore à un degré très-primitif. Cependant les travaux d'or et d'argent, et particulièrement les filigranes témoignent d'un art assez avancé.

L'importation est relativement très-importante, mais se compose des produits les plus communs et les moins chers. C'est ainsi que le Soudan reçoit de l'Egypte septentrionale des fruits, du sucre et de l'esprit-de-vin, de l'Angleterre les cotonnades, de la France des vins, des liqueurs et des cierges.

Les télégraphes qui relient actuellement ce pays à la basse Egypte sont beaucoup moins utiles à la population qu'à l'administration égyptienne et ne peuvent être considérés jusqu'à présent que comme un coûteux caprice du Khédive. L'Egypte prolonge ses lignes du Caire jusqu'à Berber, de Suakin jusqu'à Berber, de Massana, par Cassala, à Berber. De là part une ligne par Chartuen jusqu'à Sennaar, et une autre à El Obéid dans le Kordofan. Une nouvelle ligne est en construction de cette dernière localité jusqu'à Dar-Four et une autre de Sennaar à Quedaref. Enfin deux lignes projetées iront l'une à Bahr el Sebel et une autre de Donquolah à Dar-Four.

L'institution des postes s'est aussi étendue dans les derniers temps jusqu'au Soudan. Du Caire à Siut les lettres sont transportées par la voie ferrée, de là à Quorosko par des messagers, de là par Abu Hammed à Berber et à Chartum à dos de chameau. Et l'on doit déjà considérer comme un grand progrès que les lettres mettent de 25 à 28 jours pour parvenir du Caire à Chartum.

Outre le chemin de fer qui va jusqu'à Siut, il existe une ligne pour le transport des marchandises qui conduit, autour de la première cataracte d'Assuan, au village de Schellal. Un tronçon partant de Wadi Halfa est déjà construit.

Mais le moyen de transport le plus important du pays, c'est la navigation. Jusqu'à Assuan le Nil est navigable pour les voyageurs comme pour les marchandises. Les ports de la mer Rouge : Yambo, Djedda, Sauakin et Massaua, sont visités par les paquebots de l'Azizie ; arrivées à Assouan les marchandises sont transportées de l'autre côté de la première cataracte, puis rechargées sur les barques pour être transportées à Quorosko ou à Wadi Halfa.

En somme, ce qui manque au Soudan égyptien pour tirer avantage de ses précieux produits, c'est surtout le travail que l'on pourrait facilement demander aux peuplades nègres avoisinantes.

Actuellement le commerce du pays est entre les mains des Syriens, des Grecs, des Koptes et des Juifs, qui s'occupent surtout de petit commerce. Beaucoup de maisons d'Alexandrie et du Caire ont leurs succursales à El Obéid, à Chartum et à Cassala et y pratiquent l'importation et l'exportation.

Une des difficultés du commerce dans ce pays, c'est la différence des monnaies courantes. Dans tout le Soudan, par exemple, c'est le thaler de Marie-Thérèse qui a cours, mais il est refusé dans le Kordofan, et il en est de même de la plupart des autres monnaies.

WILLIAM REYMOND.

La mer intérieure du Sahara. — Le journal algérien l'*Akhbar*, en reproduisant le dernier article que nous avons publié sur les travaux du capitaine Roudaire, donne à ses lecteurs une carte fort bien gravée de la région des chotts et du bassin probable de la mer intérieure. Nous devons nous féliciter de voir la presse périodique s'associer à nos efforts et solliciter le goût du public pour les études géographiques, par la reproduction de cartes.

Un nouveau voyageur en Afrique. — Le docteur Erwin de Bary, actuellement à Tripoli, a fait l'hiver passé un voyage de préparation dans le Djebel-Ghurian, descendit au sud jusqu'au Beny-Debain et retourna par Bibel el Msid et Kasr-Ghurian. Il a envoyé à Malte les collections de géologie et de paléontologie rapportées de ce voyage.

Le docteur de Bary a l'intention d'aller de Tripoli à Aïn-Salah par Ghadamès.

Maroc. — *L'embourbement des ports.* — Le gouvernement Marocain, après d'ailleurs s'être entendu à cet égard avec les représentants des puissances étrangères, a adopté des mesures sévères afin d'empêcher les capitaines de navires de jeter le surplus de leur lest d ns les rades des ports.

Les ports de Laraohe de Mazagan et même de Tanger, ont été déjà gravement endommagés par l'habitude qu'on avait contractée de les encombrer ainsi de matières lourdes et embarrassantes.

L'expédition du nord-ouest de l'Afrique, dont nous avons annoncé dernièrement le départ d'Angleterre, sous la direction de M. Donald Mackenzie, est arrivée le 16 juin à Madère, et dans la matinée du 19 à Lanzarote (îles Canaries). Une goëlette attendait les voyageurs pour les transporter en quelques jours sur le continent Africain.

Cap de Bonne-Espérance. — *Recensement, projet de fédération.* — D'après un recensement qui vient d'être publié dans la colonie, la population au mois de mars 1875, était de 720,984 individus, dont 369,628 hommes et 351,356 femmes. Voici comment ce total se répartit suivant les différentes races : Européens et blancs, 236,782 ; Caffres, 214,133 ; Hottentots, 98,561 ; métis, 87,184 ; fingos, 73,506 ; Malais, 10,817.

Un nouveau service de transport doit être établi entre la ville du Cap et les champs de Diamants (*Diamonds Fields*), où il y a toujours affluence.

Le bruit s'étant répandu que le gouvernement métropolitain, dans le but de régler toute contestation relativement à la possession des *Diamond Fields*, avait l'intention de céder la terre des Basoutos à l'Etat libre d'Orange, cette nouvelle avait excité une vive inquiétude parmi les indigènes de cette contrée et les missionnaires protestants français qui, depuis quarante ans, travaillent avec succès à les civiliser. La Société protectrice des Aborigènes a écrit au secrétaire d'Etat pour les Colonies, lord Carnarvon, afin de savoir ce qu'il y avait d'exact dans le dessein ainsi prêté au gouvernement anglais ; il lui a été répondu que le bruit d'une cession projetée de la terre des Basoutos ne repose sur aucun fondement.

Le projet de Confédération est loin de gagner du terrain. Le président de l'Etat du Transvaal a informé le *Vollksraad*, législature de la République, qu'il donnerait sa démission, si une majorité des habitants se prononçait en faveur d'une confédération sous le drapeau anglais.

On a parlé de désaccord entre le président Burgors et le Conseil législatif du Transvaal : la question de l'enseignement religieux dans les écoles paraît en avoir été le sujet. En revenant d'Europe, M. Burgers a amené avec lui des professeurs pour les écoles de la République; voici en quels termes il les a présentés aux autorités de Prétoria :

« ... Pendant mon absence, le conseil a cru bon d'introduire dans nos écoles la lecture de la Bible et l'enseignement de l'histoire biblique. Si j'avais été présent, j'aurais combattu cette disposition. Le Livre saint n'est pas à sa place là où l'on enseigne la science. Il n'a que faire dans l'école, le temple de la science ; sa place est sur l'autel domestique, où nous adorons notre Dieu. Nous n'allons pas à un convoi funèbre en habits de bal, pas plus qu'en habits de deuil à un bal. De même la Bible a sa place marquée. Je crois qu'un pays ne peut progresser sans religion et sans vraie piété ; mais c'est parce que je suis profondément pénétré de cette vérité, que je ne veux pas déshonorer ce qui est sacré en l'introduisant là où il n'appartient pas. C'est pourquoi je vous amène des hommes capables de développer notre jeunesse des écoles, sans leur avoir posé de question sur leurs opinions religieuses. Je me suis seulement enquis de savoir s'ils sont versés dans leur spécialité, et de l'honorabilité de leur caractère... »

Le gouvernement du Transvaal a organisé une expédition de 2,000 hommes pour aller châtier les chefs sococomi et venger les incursions qu'ils font sans cesse sur le territoire de la République. On craint que cette entreprise, qui est au-dessus des forces du Transvaal, ne réveille les vieilles inimitiés des Européens et des indigènes. Les Zoulous, sous la conduite de leur chef Cotywago, se concentrent sur les frontières occidentales de la République et ont appelé les Seccocomi à leur secours. La réponse de ces derniers a été interceptée par les autorités du Transvaal. Ils s'excusent, parce qu'ils vont, disent-ils, avoir à lutter contre la République.   *T. L.*

Afrique centrale. — *La Colonisation anglaise.*— La Société anglaise des Missions de l'église vient d'adresser au roi Mtésa une lettre en français, en arabe et en swuaheli, pour la remercier de la demande de missionnaires qu'il a faite à Stanley. Dans cette lettre, la Société fait ressortir la grandeur de l'Angleterre et les avantages que le roi retirera en ouvrant son pays au commerce. Elle annonce l'envoi de missionnaires par Zanzibar et Unyanyembé au mois d'octobre prochain. Elle prie le roi Mtésa d'envoyer un certain nombre de ses gens pour transporter à Uganda, les bagages des missionnaires. Elle demande également l'envoi à Karagué de quelques bateaux. Le président de la Société termine cette lettre en exprimant l'espoir que roi Mtésa fera une alliance avec le roi de Karagué et que le roi Rumanika pourra recevoir des ministres anglicans. Une double copie de cette lettre a été adressée au roi Mtésa par le Nil et par Zanzibar.   *T. L.*

Le trafic des esclaves en Afrique.— Dans notre numéro 70, en donnant le texte de la proclamation que le sultan de Zanzibar a publiée le 2 mai dernier pour interdire la traite des esclaves dans les territoires rangés sous sa domination, nous avons laissé présumer que la suppression de cet infâme trafic ne serait pas accueillie sans opposition par les sujets du prince mahométan, que le gouvernement anglais couvre aujourd'hui de son protectorat.

Seyid-Bargasch nous l'apprend lui-même dans la lettre suivante qu'il adresse au docteur Dadger, l'agent de Sa Majesté Britannique :

« Nous portons à votre connaissance ce qui s'est passé le 18 mai par suite de la publication de nos proclamations concernant l'abolition du trafic des esclaves.

« Lorsque, conformément à nos ordres, le gouverneur de Kilwah a affiché la proclamation à la porte de la douane, le peuple s'assembla en masse pour l'arracher, au point que le gouverneur était disposé à employer la force contre la foule. Il nous écrivit pour nous prévenir de la circonstance. Après nous être consulté avec le consul général anglais, il fut décidé d'envoyer le lendemain un de nos vapeurs avec un détachement de troupes à Kilwah, où le consul général s'offrit de se rendre en même temps. Le vapeur et les troupes partirent en effet le 10 ; mais nous devons dire que, grâce à la prévoyance de notre cher ami le docteur Kirk, la *Thétis* avait été envoyée dans ces parages, où elle était arrivée le lendemain des troubles. Le capitaine était allé sur-le-champ voir le gouverneur, auquel il promit son concours partout où il le réclamerait. Cette démarche suffit pour calmer la ferveur des mécontents, et quelques temps après la présence de notre vapeur, à bord duquel était le consul, leur a entièrement imposé silence, et les a fait rentrer dans le devoir. Le docteur Kirk est revenu ici le 31 mai, après avoir laissé garnison à Kilwah.

« Mon cher ami, vous verrez d'après cela que nous faisons tout ce qui dépend de nous, nonobstant d'assez graves difficultés, pour satisfaire les désirs du peuple et du gouvernement anglais dans cette affaire. Nous sommes tout à fait reconnaissant de l'aide du gouvernement et de l'appui puissant que nous a prêté notre ami le docteur Kirk. »

La suppression de la traite a causé de grandes pertes aux commerçants du Zanzibar, qui, dit-on, n'ont pas moins de 40,000 livres sterling (100,000 fr.) de marchandises destinées à l'achat d'esclaves dans le pays de Nyassa, d'où les caravanes ne reviennent qu'en courant de grands dangers.

On regarde la traite comme cessée dans le Banadir et dans les ports de la côte des Somalis dépendant du Zanzibar; en revanche, le commerce licite paraît prendre un développement important dans les États du sultan.

Nous recevons d'autre part les informations suivantes :

Les gouverneurs des frontières et les fonctionnaires des états de Zanzibar ont fait de grands profits dans la traite des nègres, et ils ne considèrent pas ce commerce comme un crime. Actuellement ce sont les Arabes de la plus belle classe, tous étrangers à Zanguebar, quise livrent à ce trafic honteux. Ils achètent des esclaves à Pemba ou à Lamo, et chargent leurs employés moyennant une forte rétribution de les conduire à Kilwah. Lorsque ces employés se voient en pleine mer ou sur le point de tomber entre les mains des bâtiments qui font la croisière, ils n'hésitent pas à faire feu sur leurs adversaires et préfèrent couler bas avec leurs esclaves plutôt que de se rendre.

Un nouveau journal pour l'Algérie. — Nous apprenons l'apparition d'un nouvel organe à Paris, intitulé : *La France algérienne.* Cette feuille, exclusivement commerciale, se dévoue aux intérêts de l'Algérie qu'elle a pour but de faire connaître, surtout au point de vue des richesses qu'elle renferme, et de détourner le courant d'émigration du Nouveau-Monde, pour le ramener vers son véritable point centrale.

A ce titre, l'*Explorateur* devait à son nouveau confrère quelques lignes de bienvenue.

Un Congrès scientifique russe doit se réunir dans le courant du mois de septembre prochain à Varsovie.

Parmi les questions qui doivent y être discutées figure celle de l'adoption par la Russie du calendrier grégorien.

On sait que les Russes dans leur chronologie suivent encore le calendrier grec, qui est de douze jours en retard sur le nôtre ; il en résulte de fréquentes et graves confusions par rapport aux dates des correspondances, des journaux, en général des nouvelles, provenant de la Russie et de ceux des autres pays de l'Occident ; on ne peut donc que désirer une réforme qui y mettrait fin, et dont l'accomplissement n'a été retardé jusqu'ici que par des considérations purement ecclésiastiques : une douzaine de fêtes consacrées de l'Église orthodoxe seraient supprimées par le saut qu'il faudrait faire par-dessus les douze jours en retard ; toutefois il est à observer que ces douze fêtes ne le seraient qu'une fois, et l'année suivante les choses reprendraient leur cours d'usage.

Afrique centrale. — *Les Wabûdjoua.* — Les Wabûdjoua sont tributaires du roi de Karougo et leurs chefs et les premières classes sont, d'après le lieutenant Cameron, de la même race que les Waguhha et les Warua. Mais les classes inférieures sont bien différentes. L'un des traits les plus caractéristiques des femmes des Wabûdjoua, c'est qu'elles ont l'habitude de se percer la lèvre supérieure et d'y introduire une pierre ovale ou un morceau de bois ou d'ivoire, dont ils augmentent le diamètre jusqu'à 1 pouce et demi.

La lèvre supérieure est aussi rejetée en avant. Elles paraissent avoir un bec de canard et elles parlent avec quelque difficulté. Elles portent en outre autour de la ceinture des sortes de bonnets coniques en cuir et affectant la forme de cornes de bœufs et qui remplacent les caleçons en usage chez la plupart des sauvages.

Les dames élégantes en ont jusqu'à trois et quatre. On voit un certain nombre de femmes remplacer cette sorte de vêtement par une ceinture à laquelle elles attachent un morceau de cuir. Toutes les femmes des Wabûdjoua portent des colliers, des bracelets, etc.

Le chef le plus puissant des Wabûdjoua se nomme Pakouanyoua.

Le lieutenant Cameron s'est arrêté plusieurs jours près de son village et a reçu la visite de Pakouanyoua et de sa femme. Celle-ci était très-peu vêtue. Elle avait pris cependant ses habits de cérémonie et était ornée de perles en verre et de cauries.

Elle avait des bracelets au poignet, au coude, des glands de soie aux oreilles et plusieurs colliers, tous un bonnes perles. Sa chevelure était arrangée d'une façon très-élégante et ornée d'objets en cuir et en argent. Elle avait fait tracer sur son front des lignes jaunes et rouges.

La femme du chef des Wabûdjoua ne manquait pas d'élégance et elle en était convaincue.   *T. L.*

Le projet de chemin de fer central-asiatique de MM. de Lesseps et Cotard. — La *Revue du droit international* qui se publie à Gand (Belgique), formule sur ce projet les appréciations suivantes :

Deux brochures que nous avons sous les yeux, l'une de M. CH. COTARD, intitulée : *Le chemin de fer central-asiatique* (Paris, 1876) (1), l'autre de M. A. STUART, ingénieur : *Les tracés du chemin de fer central-asiatique projetés par MM. F. de Lesseps et Cotard* (Paris, 1875), toutes deux extraites du journal l'*Explorateur*, nous prouvent que ce grand projet n'est pas abandonné, et nous croyons devoir souhaiter, dans l'intérêt du droit et de la paix internationale, qu'il ne le soit point. Il est vrai que de grands travaux sont nécessaires, qu'il existe d'autres projets ; mais, outre que celui de MM. de

---

(1) Communication faite à la Société de géographie dans sa séance annuelle du 20 décembre 1875.

Lesseps et Cotard est plus court, il y a quelque chose de séduisant à voir attaquer de front la barbarie, la percer, pour ainsi dire, d'outre en outre, Il est vrai encore que si la Russie paraît sympathique à ce projet, — et M. Cotard invoque sous ce rapport l'opinion si autorisée du général Kaufmann, — l'Angleterre semble l'accueillir avec plus de froideur et garder à son égard une prudente réserve. Nous ne pouvons croire cependant qu'elle ait quelque motif de considérer sa sécurité comme compromise par l'exécution du chemin de fer. Certes, ni la Russie, ni l'Angleterre, n'ont intérêt à s'agrandir en Asie aux dépens l'une de l'autre. Leur véritable intérêt c'est de ne plus devoir être sans cesse les armes à la main contre les populations à demi-barbares qui occupent l'immense intervalle entre les frontières des deux empires, et pour cela il n'y a qu'un moyen, c'est qu'elles se tendent la main et qu'elles s'entr'aident dans leur mission commune, qui semble être la civilisation de l'Orient.

Il y a au surplus un intérêt européen de premier ordre à ce que le canal de Suez ne reste pas la seule voie, relativement rapide, de communication entre l'Europe continentale et l'Inde. L'existence d'une voie de terre, à certains égards concurrente, ne peut qu'empêcher les abus, neutraliser les violences possibles, diminuer les effets désastreux d'une guerre maritime. Il ne faut pas qu'il puisse dépendre de la puissance qui se rendrait maîtresse du canal, de mettre pour ainsi dire toute l'Asie sous séquestre, ou du moins de forcer le commerce à reprendre ses anciennes routes, si longues et si coûteuses.

Les répugnances momentanées et la jalousie d'une partie du public anglais, sont les mêmes qu'au début de l'entreprise de Suez. Nous pensons que, cette fois encore, elles n'ont de raison d'être ni en droit ni en fait. En droit, elles se rattachent à un système aujourd'hui absolument condamné, celui qui considère comme légitime l'exploitation d'une colonie dans l'intérêt égoïste de la métropole. Ce ne sont pas seulement la *Russie* et l'*Europe*, c'est l'*Inde* qui a droit au chemin de fer central-asiatique. En fait, il ne serait peut-être pas difficile de prouver que, une fois le chemin de fer terminé, l'Angleterre serait en état de nuire à la Russie, bien plus que la Russie à l'Angleterre.   ALB. R.

La Russie dans l'Asie centrale. — Le gouvernement russe travaille sérieusement à assurer la position prédominante qu'il a acquise récemment dans la Bokharie et le Turkestan, et à en tirer tous les avantages possibles, tant au point de vue politique que sous le rapport commercial.

On est en train d'ouvrir une route pour les caravanes entre Krasnovodsk, Kounya, Ourgentch et Khiva, où les voyageurs et les marchands trouveront protection et sécurité, grâce à des postes permanents établis sur différents points du parcours.

La Russie vient aussi de conclure un traité d'amitié et de commerce avec Yakoub khan, l'émir du Kashgar, le pays qui sépare de la Chine les nouvelles possessions russes, auxquelles ce traité assure la tranquillité du côté de l'ouest, du moins pour un certain laps de temps.

Chine. — *Un manifeste incendiaire.* — *Les persécutions.* — Nous avons parlé dans le dernier numéro de l'*Explorateur* de l'attitude pleine de défiance adoptée depuis quelque temps par le gouvernement chinois contre les Européens et des obstacles qu'il a opposés à la transformation en chemin de fer du tramway qu'il a concédé. Le gouvernement chinois est poussé dans cette voie par un grand nombre de lettrés qui lui représentent dans les termes les plus haineux les agissements des Européens pour ébranler son pouvoir. On nous signale un manifeste attribué au chancelier littéraire de Szechuen et répandu dans toutes les classes instruites de la Chine. Dans ce manifeste qui ne serait d'ailleurs, paraît-il, qu'une réédition de celui qui amena le massacre de Tien-tsin, l'auteur dit que « les Chinois et les Barbares ne peuvent pas vivre dans les mêmes lieux et qu'aucune partie de l'Empire ne peut être partagée avec eux, Il rappelle au gouvernement ses anciens griefs contre les Occidentaux. Il demande l'expulsion par les armes de ces hordes d'hommes cruels et sanguinaires. Le gouvernement doit profiter des dispositions excellentes des populations, il doit envoyer des circulaires de toutes parts, faire exterminer cette race maudite et brûler les églises. »

Les étrangers, dit le document, ne peuvent combattre avantageusement qu'en été et sur la mer. En outre, ils appartiennent à des nations éloignées. Nous vivons au centre du pays. Ils croient en Jésus et nous en Confucius et en Mencius. Ces croyances diffèrent comme l'erreur et la vérité. Ils devront se procurer des vivres. Nous avons des provisions en abondance. Ils viennent de loin et sont sujets à beaucoup d'infirmités tandis que nous sommes chez nous et que nous n'avons pas à redouter les maladies et que nous pouvons attendre leur complet épuisement.   T. L.

Chine. — *Guerre contre le Kachgar.* — *Défaite des Chinois.* — Les nouvelles que le gouvernement chinois a reçues au mois de mai du théâtre de la guerre à l'extrême ouest sont peu favorables. Les troupes qu'il avait envoyées pour combattre les Kashgariens ont été repoussées avec de grandes pertes et ont dû battre en retraite. L'Empire est envahi par des hordes de Kashgars qui ont pénétré dans le Kansouh, tandis que leurs alliés se sont emparés de la passe de Kiayu au nord-ouest de la province de ce nom, près de la grande muraille. C'est dans la grande muraille qu'est située la ville fermée de murs de Suh-Chan où Tso-Tsung-tang, vice-roi de la province,

battu par les Kashgars a dû se réfugier avec les débris de son armée. Tso-Tsung avait fait quelques progrès dans l'ouest et était même parvenu à repousser les Mahométans du Kansouh ; mais il a dû s'arrêter faute de provisions et a vu ensuite ses communications coupées par les cavaliers nomades des Dounganies.

Son armée qui comptait jusqu'à 60,000 hommes est maintenant réduite à 22,000 hommes. L'échec subi par Tso-Tsung est d'autant plus désastreux pour le gouvernement qu'il se trouve dans l'impossibilité d'envoyer des renforts et que l'argent lui fait complétement défaut. Il a épuisé toutes les branches des impôts pour faire face aux frais d'armements et de constructions de bâtiments de guerre, de forteresses, de retranchements, etc.   T. L.

— D'après les informations reçues à Taschkent, dit la *Gazette du Turkestan* Yacoubbek aurait pris l'initiative des hostilités contre les Chinois. On sait que le souverain du Kaschgar a passé six mois dans l'est de ses États, près de Karaschar, à organiser son armée ; celle-ci, qui est forte de quarante mille hommes bien armés et disciplinés, marche sur les villes dounghanes de Hami, de Barkoul et de Goutchen, qui sont occupées par les Chinois.

Chine. — *Le marché du thé.* — Le marché du thé s'est ouvert le 8 mai, à Kinkiang, et le 13, à Hankow. Les marchands anglais ont à lutter contre une redoutable concurrence, c'est celle des marchands russes qui achètent à des prix fort élevés. Ils se voient, par suite des frais énormes qu'entraîne le transport en Europe, obligés de renoncer très-souvent aux achats qu'ils se proposaient de faire, c'est là une des raisons de la cherté du thé.   T. L.

Relation de l'Angleterre avec la Chine. — Les nouvelles peu favorables, transmises à ce sujet au journal *The hour* par son correspondant de Hong-Kong à la date du 15 mai, sont confirmées par celles qu'a reçues de San-Francisco, le 26 juin, le *Herald* de New-York.

L'anxiété continue relativement aux rapports entre la Chine et l'Angleterre. Le refus du représentant de cette dernière puissance d'entretenir des communications amicales avec les autorités de Pékin a répandu l'alarme parmi les Chinois de toutes les classes.

4,000 hommes de troupes anglaises ont été envoyés dans le Birman, prêts à franchir la frontière en cas de besoin ; d'autre part l'escadre anglaise stationne dans le golfe du Petchéli, qui est la voie la plus directe et la plus courte pour aller par mer à Pékin.

Chine. — Les antipathies de race ou de nation sont bien difficiles à extirper ; la Chine en est une preuve irréfragable. Les puissances de l'Occident ont eu beau conclure des traités avec le gouvernement chinois ou en obtenir des promesses, des protestations solennelles pour assurer la sécurité de leurs nationaux qui habitent ou parcourent le Céleste Empire ; de temps à autre et sur certains points, nous voyons se renouveler les actes d'hostilité contre « les Barbares » qui ont provoqué ces traités même des guerres, dont les autorités chinoises ne doivent pas avoir encore perdu le souvenir.

Dans le courant du mois d'avril dernier, le district de Kiangpeh, au nord de la rivière en face de Chunking, a été le théâtre de troubles, dont la haine des chrétiens paraît avoir été le mobile, sans qu'on connaisse encore la cause ou les circonstances qui l'ont fait ainsi éclater.

Dans la journée du 24 avril, 300 maisons ont été livrées au pillage, démolies ou brûlées ; quatorze chrétiens ont été massacrés, dont deux brûlés vifs. Les habitants qui ne professent pas le christianisme n'ont pas eux-mêmes été épargnés : ils ont eu quatre d'entre eux tués et plusieurs maisons détruites pour avoir cherché à secourir leurs voisins chrétiens.

Ce qu'il importe de signaler, c'est la conduite des autorités chinoises en pareille occurrence. Loin de tenter de mettre un frein à la fureur de la population, le magistrat de Kiangpeh a fait proclamer, au son du *gong*, que quiconque viendrait en aide aux chrétiens serait traité comme eux. De son côté, le *Taotai* de Chunking n'a pas montré de meilleures dispositions à rétablir l'ordre, il n'a pris aucune mesure efficace pour y parvenir, ni même publié aucune proclamation qui en manifestât l'intention. Cette indifférence, pour ne pas dire plus, des autorités a pour résultat naturel que les perturbateurs pensent que les mandarins sont en leur faveur ; et cette présomption ne fait qu'accroître leur audace et leur férocité.

Des désordres semblables ont eu également lieu sur d'autres points de l'Empire, où les fonctionnaires du gouvernement n'ont déployé ni plus d'empressement ni plus de vigueur en vue de les réprimer.

Une réforme au Japon. — Un arrêt du gouvernement japonais consacre une réforme qui ne pourra que faciliter et rendre plus amicales les relations commerciales avec ce pays, relations qui n'ont pas toujours été sans danger. Le gouvernement vient donc de défendre aux soldats de terre ou de marine de porter le sabre en dehors du service. Jusqu'à présent, il n'y avait que la classe des Samurai qui ait eu la permission de sortir sans porter les deux glaives obligés. La mesure décrétée est d'autant plus satisfaisante pour les gens du pays et pour les étrangers, que l'obligation générale au service militaire existe au Japon depuis 1873. On en doit l'initiative au ministre de la guerre, Yamagata Aritomo.

W. R.

Birmanie. — *Expédition anglaise à Bhamo et à Seekun.* — L'expédition que le gouvernement anglais a envoyée en Hindoustan dans la Birmanie n'a rencontré aucune difficulté sur sa route. Elle compte en tout de 150 à 180 hommes; son arrivée à Bhamo le 3 mai dernier a causé une profonde sensation. Toute la population est sortie dans la rue sur son passage. Les indigènes paraissaient frappés de terreur et n'osaient prononcer une seule parole. Ce qui a vivement frappé leur imagination c'est que le gouvernement anglais mît tant de monde en mouvement pour venger la mort d'un seul homme.

Les membres de l'expédition sont partis le 20 de Bhamo et ont traversé la grande rue. La ville est une réunion de misérables huttes rangées le long d'une longue rue étroite, pavée en partie de briques.

La résidence du gouverneur est une maison grossière avec grande estacade et une garde de vingt Indiens : Au dehors du rempart sont quelques huttes où s'arrêtent les Kakheens lorsqu'il visitent Bhamo, parce que les habitants ont peur d'eux. Ils ne leur permettent pas de rester dans la ville pendant la nuit. Les habitants de Bhamo sont un mélange de Birmans, de Chinois, de Shans, de Sham-Birmans et de Sham-Chinois. Le commerce est de peu d'importance et se trouve tout entier entre les mains des Chinois, à travers les montagnes du Yunnan et de la Chine. Le lendemain à neuf heures du soir, l'expédition est arrivée à Italore, à 20 milles de Bhamo sur la rive droite du Tapeng. Le long de la route, elle a rencontré des Kakheens se rendant à Bhamo et armés de daos, de lances et de fusils. Plusieurs membres de l'expédition qui étaient allés à la chasse ont tué une sarcelle. Ils ont vu de petits daims mais il leur a été impossible de les approcher.

Les indigènes ont rôdé longtemps autour du camp; mais on ne leur a pas permis d'y pénétrer. Il ne montraient d'ailleurs aucun sentiment d'hostilité.

L'expédition est partie le 5 pour Seekan et y arriva le soir même après avoir perdu du temps au passage d'une rivière. Pendant la nuit, une sorte de milice birmane a veillé autour du camp pour le protéger contre les rôdeurs, armés de daos, de lances, et de fusils. L'expédition est restée quelques jours à Seekan en attendant l'arrivée, de Manywne, de 650 mulets. Elle avait dressé des tentes près du village, sur la rive droite de la rivière. A gauche, on voit une chaîne de montagnes qui s'étend dans la direction du nord-est et se rapproche à un mille de la rivière. Plusieurs indigènes qui accompagnaient l'expédition se sont énivrés dans cet intervalle avec le *Shamshu*, sorte de liqueur qu'il avaient achetée à des habitants du village. Le shamshu est un alcool très-fort obtenu par la distillation du riz et qui brûle avec beaucoup d'énergie lorsqu'on l'approche du feu.

Le chef de l'expédition, le colonel Cook a laissé à Seekan une forte arrière-garde à cause des difficultés sans nombre que l'on rencontre dans le passage des montagnes. Le pays ne possède pas comme l'Hindoustan des éléphants, des chameaux et des buffles. Il faut tout faire porter à dos de mules à travers des sentiers qui montent quelque fois jusqu'à 5,000 pieds. Les boys que le colonel Cook avait pris avec lui ont causé plus d'embarras qu'il ne lui ont rendu de services. Ils sont très-mauvais marcheurs et ne pouvaient s'accommoder des bottes qui leur avait été données. Ils se tirent bien mieux d'affaire pieds nus ou avec des sandales. Les Kakheens qui ont l'habitude de pressurer tous ceux qui passent dans leurs montagnes ont été très-étonnés de voir que les Européens, les *Gogoks*, comme ils les appellent, ont beaucoup d'argent. Le pays aux environs de Seekan est magnifique. On y remarque les plus beaux spécimens de végétation.

Télégraphie maritime. — *Le câble de Singapore à Batavia.* — Un avis du département des télégraphes annonce que le câble sous-marin qui relie Singapore à Batavia est endommagé. Les dépêches à destination de l'île de Java et de l'Australie sont transportées par les paquebots-poste, sans modification de tarif.

Projet des lignes télégraphiques pour la Réunion et la Nouvelle-Calédonie. — Deux de nos colonies, — et ce ne sont pas les moins importantes : l'île de la Réunion, dans l'océan Indien, et la Nouvelle-Calédonie, dans les mers océaniennes, — ne sont pas encore pourvues de communications télégraphiques directes avec la métropole.

La Nouvelle-Calédonie reçoit ses correspondances d'Europe par l'Australie, principalement par des paquebots venant de Sydney (Nouvelle-Galles du Sud); mais il y a lieu d'espérer qu'elle sera prochainement reliée à la nouvelle ligne télégraphique, dont, ainsi que nous l'avons signalé dans notre dernier numéro, on étudie en ce moment la pose entre San Francisco et la Nouvelle-Zélande.

Quant à l'île de la Réunion, elle est obligée d'aller chercher à l'île Maurice, colonie anglaise, les informations télégraphiques d'Europe. La Chambre de commerce de Saint-Denis, chef-lieu de l'île française, vient d'adresser aux Chambres de commerce de nos principaux ports, ainsi que de Paris, de Lyon et de Saint-Etienne, une lettre dans laquelle elle appelle l'attention de ces corporations sur les avantages qui résulteraient de l'établissement d'un câble télégraphique entre Maurice et la Réunion.

En ce qui concerne l'île elle-même, cette lettre fait observer que les cyclones, quiparfois causent tant de dégâts dans la colonie et sur les rades, n'atteignent souvent la Réunion que douze heures et même dix-huit heures après leur passage à Maurice, de sorte que, si le câble en question existait, la marine pourrait être prévenue à temps et aurait toutes facilités pour prendre les précautions nécessaires.

La Compagnie anglaise *Hooper's Télégraph works* ne demande que 1,200,000 francs pour poser un câble entre les deux îles; or on évalue à plus de 1,525,000 francs les dommages occasionnés par le cyclone qui a ravagé la Réunion dans le mois de février dernier, sans compter les personnes qui ont péri, au nombre de plus de soixante. Et l'on pourrait sans doute prévenir le retour de pareils désastres, en mettant à exécution un projet dont on s'étonne à bon droit de voir retarder si longtemps la réalisation.

Iles Fidji. — *Révolte d'indigènes.* — La possession de cette nouvelle annexé à son vaste empire d'outre-mer est loin d'être sans tracas pour l'Angleterre.

Notons, pour commencer, que la situation commerciale de la nouvelle colonie, n'est rien moins que prospère; de plus, la tranquillité est troublée par des conflits fréquents entre les blancs, les indigènes qui ont reconnu la domination anglaise, et les tribus sauvages encore insoumises.

Vers la fin d'avril, l'île Viti-Levu notamment, la plus importante du groupe, celle où réside le gouverneur anglais, a été le théâtre d'une lutte de ce genre d'une certaine gravité. Les tribus de la partie sud-ouest de l'île, sur la rivière Sigatoke, ont attaqué les indigènes soumis qui habitent l'embouchure de la rivière ; ils ont brûlé six villages, tué et blessé quatorze personnes, principalement des femmes et des enfants. Cette attaque a provoqué des représailles, qui ont eu pour résultat l'intervention de la police avec un détachement de troupes, le refoulement des agresseurs dont plusieurs ont été tués et entr'autres le fameux chef Nabisiki.

Les côtes du Chili et le détroit de Magellan. — Le capitaine de la corvette anglaise *O'Higgins* rapporte que le 27 mars dernier il a élevé à la Pointe-Basse (*Punta-Baja*), dans la Terre-de-Feu, une pyramide destinée à indiquer aux marins, à une très-grande distance, l'extrémité méridionale de l'entrée de la première passe du détroit de Magellan.

Cette pyramide a la forme d'un triangle et une hauteur de 33 pieds au-dessus de terre ; elle a une largeur de 24 pieds à sa base, et au sommet est fixé un mât de 15 pieds de haut, surmonté d'un baril. La pyramide est dressée sur une éminence qui s'élève derrière la petite pointe qui s'avance dans la mer à la Pointe-Basse, et se trouve à trois quarts de mille de la côte. La face de la balise tournée du côté de la première passe est peinte en blanc, et celle qui regarde la seconde passe est en rouge. A une différence insignifiante près, ses angles sont couverts par le mont Dixon et la pointe de Barranca. La balise est située, selon la carte anglaise n° 1,336, à 52 degrés 32 minutes 30 secondes de latitude sud, et à 69 degrés 35 minutes 20 secondes de longitude ouest. Le capitaine ajoute qu'en quittant la baie de Gregorio par un temps très-clair, il a vu la pyramide de la Pointe-Basse à une distance de 15 milles (20 kilomètres environ).

Le capitaine Bossi, du bateau à vapeur *Charrua*, déclare qu'à diverses reprises naviguant dans l'anse de Cove, il a cherché vainement le rocher Boyle, que les cartes marquent comme étant à l'entrée de cette anse, et qu'il y a tout lieu de supposer que cet écueil n'existe pas.

Se trouvant dans la large passe par 49 degrés 20 minutes de latitude sud, longeant la grande île située à 25 milles (33 kilomètres) au sud de l'île de Crossover, il l'a trouvée plus longue, du nord au sud, que ne l'indiquent les cartes modernes. De plus, cette île forme une belle baie avec un bon mouillage, qu'avait déjà découvert en 1843 le commandant de la goëlette chilienne *Ancud*, qui lui avait donné le nom de Port Horatio.

Ce Port Horatio, situé au sud de l'île, par 49 degrés 20 minutes 20 secondes de latitude sud et 74 degrés 24 minutes 15 secondes de longitude ouest, suivant la carte de l'amirauté anglaise n° 24, offre une rade commode; toutefois il faut observer qu'à un point sud de l'île, il y a, à un quart de mille du rivage, un rocher isolé, que les eaux ne couvrent pas à la marée basse. Ni rade ni le rocher ne sont marqués sur aucune carte moderne.

Par contre, la baie indiquée sur les cartes sous la dénomination de Baie du Vent (*Windward bay*), avec neuf brasses d'eau, est un très-mauvais refuge quand soufflent les vents 3° et 4° de l'octant ; elle a en outre un fond formé de rochers, dans lequel les navires sont exposés à perdre leurs ancres.

Le capitaine Bossi rectifie aussi une erreur, qui, dit-il, peut coûter cher au marin qui s'aventure sans défiance dans la passe des Spartiates (*Spartan pass*) : la terre qu'on désigne sous le nom de l'île Monte Corso n'est pas une île séparée du cap Brenton, comme l'indiquent toutes les cartes nautiques, mais bien une presqu'île fermement réunie au cap Brenton par une terre basse visible seulement à quelques milles. Sur le côté nord de cet isthme on rencontre une infinité d'îlots et de rochers, et, sur le côté nord, est un mouillage excellent, auquel il a donné le nom de Baie de Bossi. Sa profondeur sur une étendue de 10 milles est de 10 brasses, avec fond de sable mêlé de vase. A l'est du cap Brenton s'ouvre un canal, supposé déboucher dans l'océan Pacifique, à environ 10 milles au nord du Cap, qui forme ainsi une grande île avec Monte Corso.

Chili. — *Recensement* — D'après le dernier recensement, la population du Chili était de 2,067,524 habitants à la fin de 1875 ; elle n'était que de 1,819,223 en 1865 : c'est une augmentation de 248,301 dans une période de dix années.

La république est divisée en 58 départements, dont les plus peuplés sont : celui de Santiago, qui renferme la capitale et qui compte 193,517 habitants, et celui de Valparaiso, dans lequel est compris le port principal du Chili, et dont la population est de 100,926 âmes.

Dans ces deux départements, l'augmentation a été assez considérable ; car dans le premier, la population n'était que de 168,553 et de 74,731 dans le second, il y a dix ans. Mais c'est dans le département de Nacimiento que l'accroissement est le plus remarquable : là la population a presque doublé : de 17,169 en 1865, elle a atteint, en 1875, le chiffre de 32,394. Le résultat contraire s'observe dans le département de Curico, où le nombre des habitants, qui s'élevait à 90,589, en 1865, est tombé à 56,285 en 1875.

Amérique du Sud. — *Ralentissement de l'émigration.* — Nous avons déjà constaté un ralentissement assez notable de l'émigration européenne aux Etats-Unis. Les documents officiels que nous recevons de Buenos-Ayres constatent également une diminution assez importante dans le nombre des étrangers venus dans cette ville avec l'intention de se fixer dans le pays.

Ainsi en 1875, on n'a enregistré que 42,060 émigrants soit un tiers de moins qu'en 1873 et en 1874. Il faut attribuer, croyons-nous, cette diminution aux troubles qui désolent presque continuellement l'Amérique du Sud. C'est un véritable malheur que les émigrants s'opiniâtrent à rester dans les villes et refusent de s'enfoncer dans l'intérieur où ils auraient à leur disposition des ressources très-variées ; car, lorsqu'une crise commerciale ou financière survient, ils font retomber sur le gouvernement du pays où se trouvent la misère et les difficultés de tout genre avec lesquelles ils se voient aux prises. L'immigration, dit le président de la république de la Plata, est une source de richesses pour un pays.

Les colonies de Santa-Fé qui ne produisaient que 681,045 arrobes de grain en 1870 ont vu leur récolte s'élever jusqu'à 2,992,200 arrobes. En 1870, l'exportation des produits agricoles de Santa-Fé était insignifiante. En 1875, elle a atteint 1,351,000 arrobes. Le commissaire de l'immigration a installé 9,828 émigrants dans les plaines de Buenos-Ayres et des diverses provinces. 3,440 nouveaux-venus ont trouvé des occupations dans la ville même.

La colonie de Chubut a reçu 450 nouveaux colons allemands. M. Dillon a envoyé de son côté des familles à Reconquista, à trois colonies dans le Chaco, et sur le chemin de fer de l'Est de la république Argentine.

Le prix pour la plantation de mûriers a été accordé à trois colons de Tortugas. T. L.

Pérou. — *Description de la ville de Tarapoto.* — Tarapoto, dit le docteur Coates qui a fait un voyage au Pérou, compte 5,000 habitants. Elle est située au centre d'une plaine élevée, de 20 ou 30 milles de diamètre. La contrée environnante est magnifique, le climat agréable et salubre, et le sol riche et fertile. Le docteur Coates préfère Tarapoto à toutes les villes qu'il a vues entre les océans Atlantique et Pacifique, pendant un voyage de 3,500 milles. Il y pousse des herbages très-élevés et qui peuvent parfaitement nourrir des troupeaux. L'eau est bonne et abondante. Les chevaux, les bêtes à cornes, les moutons et les porcs prospèrent rapidement. On y cultive la canne à sucre, le café, le tabac, le riz, le blé, l'orge, les fèves, les pommes de terre Yucas, une grande variété de légumes et tous les fruits du tropique, de la pomme de pin au chirimoya. Les bananes produisent pendant cinquante ou soixante ans. Le coton donne une récolte au bout de six mois, le blé indien au bout de trois mois, le riz après cinq mois. L'indigotier croît à l'état sauvage. Les forêts sont pleines d'arbres d'une grande valeur pour les constructions.

On y recueille la soga ou vigne vierge sauvage à corde, qui remplace parfaitement la corde. T. L.

Bolivie. — *Richesses incomparables de la province de Santa-Cruz.* — La république de Bolivie qui possède des territoires d'une fertilité incomparable, est malheureusement beaucoup trop loin des grands courants européens. Pour apprendre la manœuvre d'un simple bâtiment à vapeur ou à voiles, les indigènes sont obligés de traverser la chaîne des Andes, le désert d'Atacama où ils ont à endurer tous les tourments de la soif. En un mot, il leur faut parcourir 320 lieues pour arriver à Cobija.

Le département de Santa-Cruz avec la province de Chiquito et celle de Beni, située dans une vaste plaine, s'étend entre 60 et 71 degrés de longitude du méridien de Paris.

Elle possède 200,000 habitants.

Le climat y est très-doux, et l'on y rencontre toutes les productions des contrées des tropiques. L'hiver n'y est pas rigoureux, et en été de fréquentes ondées viennent rafraîchir l'air et arroser la terre. Les laboureurs peuvent faire leurs récoltes quelques mois après avoir ensemencé leurs terres. Les deux tiers des eaux de la Bolivie coulent dans le département de Santa-Cruz, et vont se jeter dans les affluents du fleuve des Amazones.

L'une des principales branches de commerce du département de Santa-Cruz est le sucre qui sert à la consommation intérieure de la République. Lorsque la récolte est abondante, les prix descendent à moins d'un *peso* l'arrobe.

Il n'y a qu'un très-petit nombre de cultivateurs qui s'occupent de la plantation des cannes à sucre.

Chiquito produit, outre les grains et les fruits de la Bolivie orientale, de la cire d'abeilles qui est employée très-avantageusement en chirurgie.

A San Javier, on trouve des pépites d'or. Les Indiens les échangent pour de simples instruments de travail, pour des vêtements et du rhum qu'on leur fait payer fort cher.

C'est avec ces pépites qu'ils peuvent se procurer les deux pesos de capitation qu'ils sont obligés de payer chaque année au gouvernement. A l'époque du paiement de ce tribut, ils vont à deux lieues environ de la ville, et en reviennent quelques jours après afin de livrer le dimanche, le jour fixé pour cette perception, les deux *adarmes* d'or. Avec le reste, ils boivent et mangent pendant deux jours. Il est à remarquer que pendant cette expédition ils se livrent à la chasse pour se nourrir.

L'Indien qui a un *chaco* de 100 à 150 mètres carrés planté de bananes, n'a d'autres occupations que d'en recueillir quelques fruits tous les jours pour sa nourriture. Il consacre chaque année deux semaines pour semer le maïs, le manioc et le riz qui croissent avec une facilité extraordinaire. Les indigènes ont, en outre, à leur disposition d'immenses troupeaux de bêtes à cornes et ils font la chasse avec des arcs et des flèches aux oiseaux et aux animaux de tout genre qui peuplent ces contrées. T. L.

Antilles. — *Les Iles sous le Vent.* — La Barbade qui a été si agitée, il y a deux mois environ, a une superficie totale de 166 milles carrés et une population de 175,000 habitants. On sait que la cause de ces troubles c'est la proposition du gouverneur en chef anglais des Antilles d'établir une confédération entre ces îles en leur laissant leur trésor particulier. Mais les riches planteurs de la Barbade étaient presque tous d'avis que les profits qu'ils en retireraient ne compenseraient pas les désavantages qui leur en résulteraient : ils furent soutenus dans leur résistance par la presse locale qui leur peignit sous les couleurs les plus sombres l'état des finances de Saint-Vincent, de Sainte-Lucie, de Tabago, de Grenade et les Grenadines qui toutes demandaient à grands cris l'établissement de la confédération. Il paraît cependant que l'on avait beaucoup exagéré et que sans être prospères, les affaires de ces îles sont loin d'être aussi mauvaises qu'on s'était plu à le répandre. Ainsi, Sainte-Lucie a une dette publique de 100,000 francs qui sera éteinte cette année par amortissements. La dette de Grenade est de 175,000 francs.

Le revenu total de toutes ces îles est de 2,250,000 francs par an. La divergence d'opinion entre la Barbade et les autres îles ne vient pas d'un antagonisme de race ou d'une diversité de croyance. Dans les cinq îles, l'immense majorité de la population est noire ; sur quatre îles favorables à la confédération, deux, Saint-Vincent et Tabago sont, comme la Barbade, presque exclusivement protestantes, tandis que les catholiques forment la grande majorité à Sainte-Lucie et à Grenade.

Les cinq îles ont une superficie totale de 600 milles carrés et ne comptent que 125,000 habitants. La Barbade a pris des mesures pour faciliter l'émigration de ses rivages, tandis que les îles voisines qui n'en sont pas éloignées de 100 milles importent à grands frais des coolies de Madras et de Calcutta pour pouvoir suffire aux travaux.

Le but que l'on se proposait d'atteindre par la confédération, c'était la réduction des frais considérables qu'entraîne l'entretien des autorités civiles que l'on trouve établies de la même manière dans toutes les îles. Le principal magistrat ne reçoit que 20,000 francs au plus par an, l'attorney général de 5,000 à 10,000 francs.

Les lois de Saint-Vincent, de Grenade, de Sainte-Lucie et de Tabago sont dans un état de confusion impossible à décrire. Elles ont été faites par des hommes inhabiles et n'ont pas été révisées ou corrigées depuis plus de cinquante ans. Des lois et des procédures différentes sont en vigueur dans ces îles et les frais de justice sont extrêmement coûteux et les procès traînent toujours en longueur. T. L.

Brésil. — *Un nouvel Etat nègre.* — La gazette allemande de Porto-Alegro parle d'une république de nègres qui existe dans les Sierras du Brésil, sur les bords du Jequitinhonha, fleuve très riche en diamants. Là vivent, au milieu de rochers inaccessibles, de 2 à 3,000 esclaves nègres fugitifs qui, au cœur même de l'Empire brésilien, ont fondé une république indépendante. Tout autour de leurs rochers, ils ont creusé des fossés profonds et planté des piquets de fer dans les herbes, pour rendre leur retraite plus impénétrable encore. A plusieurs reprises, le gouvernement brésilien a envoyé des expéditions armées contre eux, mais elles ont toujours été repoussées. Le sentier qui conduit dans la retraite de ces noirs républicains a à peine deux pieds de large, et il est dominé par des rochers d'où les nègres attaqués jetaient de grosses pierres sur leurs assaillants ou les criblaient de balles adroitement dirigées. C'est ainsi que la république nègre a réussi à maintenir son indépendance jusqu'à aujourd'hui. Ces nègres achètent en secret ce qui leur manque en vivres et en bétail de leurs voisins, les Fazendeiros, qu'ils paient généreusement, ou bien ils attaquent des convois de mulets et forcent les propriétaires à leur vendre leur pacotille. On n'a pas d'exemple que ces républicains noirs se soient jamais livrés à un vol ou à un assassinat. Parfois, poussés par la nécessité, ils sont allés enlever le bétail de leurs voisins pendant la nuit, mais ces derniers ont toujours trouvé le prix de la marchandise déposé sur le seuil de leur porte.

Ils n'ont été découverts que tout dernièrement, et des voyageurs tels que Tschudi, Lallemant et autres, qui ont parcouru les environs de Diamantina paraissent ignorer l'existence de ce petit Etat. On ne le connaît que depuis une dizaine d'années. Du reste, le cas n'est pas isolé. Aux seizième et dix-septième siècles, des esclaves fugitifs avaient fondé un Etat analogue à Palmarès, près de Pernambuco, et en étaient arrivés au chiffre de vingt mille âmes. Après une vigoureuse résistance, ils finirent par être conquis par les Portugais, entre les mains desquels ils ne laissèrent que les femmes, les vieillards, les enfants et les blessés. Les hommes s'étaient fait tuer jusqu'au dernier.

La Sierra de Pedra-Redonda, d'où sort le Rio-Jequetinhonha est une des contrées les plus pittoresques du Brésil. Le Rio de Belmonte y forme une magnifique cascade de 140 pieds de haut. Mais les républicains noirs qui habitent ces magnifiques solitudes en empêcheront longtemps l'accès aux Européens, à moins qu'ils ne finissent par succomber, comme leurs prédécesseurs de Palmarès.   W. R.

Mexique. — *Création d'un port sur le Pacifique.* — Le gouvernement mexicain a tenté depuis quelque temps de créer un nouveau port sur le littoral du Pacifique, dans un endroit nommé Maruata, situé par 18 degrés 27 minutes de latitude nord et 103 degrés 33 minutes de longitude ouest; mais il est à présumer que cette tentative, sans avorter absolument, n'est pas appelée à un avenir bien fécond.

Marnata, qui n'est qu'un amas de huttes indiennes, auxquelles est venue se joindre la douane mexicaine construite simplement en feuilles de palmier, se trouve sur le côté nord d'une petite baie, qui communique avec la mer et une lagune d'une certaine étendue. L'ancrage passe pour y être mauvais, car le fond se compose de sable mou, et les caboteurs mouillent, par 3 brasses et demi d'eau, à une encâblure du rivage; l'abri est à peu près nul, étant exposé à tous les vents de mer, excepté ceux du nord-ouest. De plus, la localité est peu saine, les vivres sont rares et l'eau mauvaise. La ville la plus proche est à une distance de 150 milles (environ 200 kilomètres) : c'est Colima, chef-lieu de l'Etat dans lequel Marnata est compris. Jusqu'à présent les affaires de ce port n'ont guère consisté qu'en expéditions de bois du Brésil pendant la bonne saison.

Ce qui a sans doute contribué à décider le choix d'une localité si peu avantageuse, c'est qu'il existe des gisements aurifères à 15 milles (20 kilomètres) au nord-ouest, sur les bords de la rivière Ostula, et des mines d'argent à 120 milles (160 kilomètres environ) dans l'intérieur, non loin de la ville de Cualcoman : si ces richesses minières viennent à être convenablement exploitées, il leur faudra un débouché sur la mer.

L'Exposition allemande à Philadelphie. — Le professeur Reuleaux, commissaire général de la section allemande à l'exposition de Philadelphie, vient d'adresser à la *National-Zeitung* une lettre dans laquelle il s'exprime avec une excessive sévérité sur le compte de l'industrie allemande.

« Il ne faut pas se le dissimuler, dit M. Reuleaux, il faut au contraire le proclamer bien haut : l'Allemagne a subi une grave défaite à l'exposition de Philadelphie. La presse germano-américaine « tombe avec une véritable fureur » sur la section allemande de l'exposition et met à nu sans pitié les défectuosités malheureusement trop réelles de l'industrie allemande. Cette fureur, ajoute le commissaire général, est le fruit du désenchantement des Germano-Américains qui croyaient aux progrès dont leurs compatriotes restés au pays ne cessaient de se vanter, tandis qu'ils viennent maintenant de faire un aussi honteux fiasco.

« La nouvelle Allemagne, dit textuellement M. Reuleaux, a été gâtée par ses adulateurs; on lui a souvent jeté à la figure la phrase de la mission de l'Allemagne, de la position de l'Allemagne; on a si souvent chanté sa gloire qu'elle a complètement perdu de vue ce qu'on pouvait attendre d'elle à un concours international comme celui de Philadelphie. Et c'est bien ainsi, notre défaite

est incontestable. » Plus loin, M. Reuleaux donne comme suite la quintessence des attaques de la presse germano-américaine contre l'industrie et les industriels allemands : « 1° L'industrie allemande a pour principe fondamental : à bon marché et mauvais. 2° Dans les arts industriels comme dans les arts plastiques l'Allemagne ne connaît plus d'autres motifs que des motifs à tendance patriotique (*patriotisch-tendenziös*) qui n'ont rien à faire à un concours international et dont les autres nations ne se sont pas inspirées; l'Allemagne n'a plus le sentiment du beau en soi, du beau sans tendance. » — « Manque de goût dans l'industrie purement technique » — voilà ce qu'on reproche en général à l'industrie allemande, en ajoutant que dans toutes les sections de l'exposition de Philadelphie on peut apprendre quelque chose, excepté dans la section allemande. — « C'est dur, mais presque vrai, » dit M. Reuleaux.

L'auteur de la lettre à la *National-Zeitung* promet d'énumérer pourtant par la suite quelques exceptions consolantes.

Citons encore le passage suivant de la philippique de M. Reuleaux : « Et dans la galerie des machines! Il paraît que les sept huitièmes de l'espace ont été livrés à M. Krupp, pour ses canons-monstres, ses « machines à tuer » (*killingmachines*), comme on les a appelés, qui font l'effet d'une menace au milieu de tous les produits des arts de la paix exposés par les autres nations. Est-ce donc vraiment là l'expression de la « mission » de l'Allemagne ? Faut-il admettre que le chauvinisme et le byzantisme sont arrivés chez nous à leur apogée? Et ne forçons-nous pas nous-mêmes les autres nations à le supposer? »

Les constructions de navires français au Canada. — Monsieur le rédacteur en chef. — Permettez-moi de répondre à une remarque que vous avez faite dans l'avant-dernier numéro de votre excellent journal. Vous vous demandiez pourquoi le gouvernement français avait fait construire les deux goëlettes destinées à faire le service des pêcheries de Terre-Neuve, dans les chantiers du Canada et non dans ceux de nos ports.

Sans vouloir entrer dans l'examen de la conduite du gouvernement, laissez-moi vous donner une raison qui se présente naturellement à l'esprit.

Vous avez dit vous-même que la misère était énorme, au Canada, et que beaucoup d'ouvriers français se voyaient sans ouvrage et réduits à un dénûment complet. Malgré les louables efforts du Comité des secours, quelques-uns seulement ont pu être secourus. N'était-il donc pas naturel que le gouvernement contribuât pour sa part à cette œuvre de charité? D'ailleurs les bois de construction sont supérieurs à ceux d'Europe, et en agissant ainsi qu'il l'a fait, le gouvernement n'avait pas à payer les frais de transport.

Veuillez agréer, etc.

Un Marin.

Paris, le 4 juillet 1876.

Pôle. — *La Terre François-Joseph.* — Le dernier numéro des *Mittheilungen* de l'Institut de Gotha contient un document d'une grande importance pour la géographie des régions arctiques: c'est la description complète, avec carte achevée, de la Terre de François-Joseph, découverte en 1873 par la seconde expédition austro-hongroise au pôle nord, après toute une année de pénible louvoiement au milieu des glaces.

Jusqu'ici il n'avait été publié qu'un résumé sommaire de ces découvertes; le nouveau compte rendu est basé sur les résultats définitifs du relevé des observations barométriques du lieutenant Payer (1).

La Terre de François-Joseph, aussi loin qu'on l'a vue, peut être comparée au Spitzberg pour l'étendue; elle comprend plusieurs groupes d'îles assez considérables. Les plus grandes sont la Terre de Wilczek à l'est, et la Terre de Zichy à l'ouest. Le large détroit d'Autriche (*Austria-Sound*) sépare ces masses de terre dans le sens longitudinal, bifurquant au nord par 81 degrés 40 minutes à la Terre du Prince-Rodolphe, où il forme le bras du nord-est, auquel on a donné le nom de détroit de Rawlinson.

Les Italiens à l'étranger. — Sous ce titre, le journal italien *Il Giornale delle* examine *Colonie* les conditions dans lesquelles se trouvent nos compatriotes qui « vivent loin de la patrie, au delà des mers, sous des cieux divers, luttant pour gagner leur vie ou recueillant les fruits d'un pénible labeur. » Naturellement ces conditions dépendent en grande partie de la situation des contrées où ils séjournent.

Ainsi dans l'Egypte, entraînée dans des dépenses exagérées par des tentatives de conquête et de guerres dont les résultats n'ont pas répondu aux espérances qu'on en avait conçues, les commerçants italiens ont vivement ressenti le contre-coup de l'état obéré des finances du pays : ils ont vu décroître leurs bénéfices, s'évanouir leurs espoirs et se restreindre le champ de leur activité.

La position des Italiens qui habitent les faubourgs de Constantinople ou sont répandus dans les vastes possessions de la Turquie est encore moins avantageuse dans les circonstances actuelles, où d'un instant à l'autre le capitale peut devenir le théâtre d'une révolution, tandis que la guerre qui désole plu-

(1) V. l'*Explorateur*, vol. 1, p. 36 et 37.

...urs provinces menace d'allumer un incendie plus considérable encore. De stagnation complète des affaires; les chemins de fer en construction, qui donnaient de l'ouvrage et du pain à des centaines d'Italiens, sont abandonnés; beaucoup de ces travailleurs sont retournés dans leur pays, et d'autres, cédant à des sentiments de sympathie ou simplement poussés par le besoin de subsister, sont allés grossir les rangs des insurgés.

Dans la Turquie d'Asie, à Alep, à Beyrouth, à Damas, à Chypre, partout, en un mot, on vit dans la crainte de conflits, de représailles, de massacres; aussi ne pense-t-on pas à augmenter ses richesses, son commerce, mais à conserver à grand peine ce qu'on a acquis.

Si nous passons dans l'Inde, nous voyons les paquebots Rubattino à Bombay, le Lloyd italien à Calcutta soutenir vaillamment la concurrence étrangère, en attendant de la réorganisation des lignes maritimes italiennes un surcroît de forces nouvelles pour étendre leur sphère de mouvement au delà de l'Inde, au delà de Singapore, jusqu'à la Chine et au Japon. Dans ces vastes empires de l'extrême Orient, qui s'initient chaque jour de plus en plus à la civilisation européenne, les Italiens, ramassés dans les villes du littoral, et en petit nombre, ont une influence à peu près nulle, et les échanges avec l'Italie n'ont encore eu que des résultats « microscopiques. »

Traversons l'Océan: à l'heure qu'il est l'Italie occupe un rang qui lui fait honneur dans le concours universel des nations ouvert à Philadelphie. Du reste il existe dans tous les États-Unis des colonies italiennes, qui se distinguent par leur activité laborieuse et la variété de leurs aptitudes; malheureusement la crise des dernières années a laissé encore des traces trop profondes pour que le commerce avec l'Italie ainsi que ses représentants en Amérique n'aient pas eu à en souffrir.

Au Mexique et dans les petites Républiques de l'Amérique centrale, des Italiens sont aussi allés chercher du travail; mais ils sont peu nombreux, disséminés au milieu des populations incapables de leur offrir la sécurité ni cette stabilité sociale et politique si nécessaire au développement du commerce et de l'industrie.

Le Venezuela et la Colombie séduisent les émigrants italiens; mais la plupart y trouvent les plus amères déceptions. Détournés du Paraguay et de la Bolivie par les troubles presque constants qui désolent ces Républiques, les Italiens se laissent cependant attirer à peine par le Chili, qui jouit d'une tranquillité et d'une prospérité exceptionnelles; puis, il faut l'avouer, ceux qui s'y établissent ont en quelque sorte oublié tout rapport avec la mère patrie.

C'est dans la République Argentine, à l'Uruguay et au Pérou que se porte de préférence l'émigration italienne, à qui ces pays offrent toujours de grandes ressources; mais en ce moment ils traversent une crise qui ne manque pas d'influer sur leur commerce et sur leurs relations internationales; aussi l'émigration diminue-t-elle, diminuant en même temps un élément très-important de la navigation italienne vers la Plata et partant, une source féconde de travail pour un grand nombre d'Italiens.

Nous ne parlerons que pour mémoire du Brésil, où le bon ordre et la sécurité sont suffisamment garantis, mais les conditions du travail difficiles et l'immigration mal rémunérée.

Au delà du Pacifique, l'élément italien est aujourd'hui répandu en assez grand nombre dans l'Australie et la Nouvelle-Zélande, où il tire parti des capacités qui lui sont propres; mais, il ne faut pas se le dissimuler, la lutte est rude là où les Anglo-Saxons se sont emparés déjà de toutes les meilleures positions.

Sur le continent africain, les tentatives d'émigration italienne au Maroc, en Algérie, au Soudan ont été successivement abandonnées, ainsi que celles de nouer des rapports de commerce plus étroits et plus avantageux avec la Tunisie.

Quoique les faits qui ressortent de cette revue sommaire ne soient rien moins qu'encourageants, le journal italien les considère comme des accidents purement passagers, dont il attribue la cause aux difficultés des temps, à l'état troublé de l'horizon, et comme ne pouvant exercer une action décisive sur le développement du nom, de la prospérité et de l'influence de l'Italie à l'étranger. C'est pourquoi il conserve l'espoir que toute la partie vigoureuse, toute la meilleure partie de l'émigration italienne attendra de pied ferme un avenir plus propice.

La course des navires à thé. — Le quartier de Mincing lane, à Londres, qui est habité par les marchands de thé, a illuminé samedi dernier en l'honneur du clipper écossais *Glenartney*, le vainqueur du *Great Shang-haï Ocean race*.

Ce navire venait d'arriver le premier à London bridge, apportant des thés de la récolte d'avril. C'est la troisième fois que le *Glenartney* l'emporte sur ses rivaux dans cette lutte de vitesse.

La durée du voyage depuis Woosung (Chine) jusqu'à Londres n'a été que de 41 jours et demi. Les deux autres steamers chargés de la nouvelle récolte de thé, le *Hankow* et le *Glenearn*, sont aussi entrés dans la Tamise, à quelques heures d'intervalle.

Sinistres maritimes. — La direction du *Bureau Veritas* vient de publier la statistique suivante des sinistres maritimes, signalés pendant le mois de mai 1876, concernant tous les pavillons :

Navires à voiles signalés perdus. — 25 anglais, 14 français, 11 américains, 7 allemands, 4 autrichiens, 4 italiens, 3 norvégiens, 3 hollandais, 2 portugais, 2 russes, 2 suédois, 1 danois, 10 pavillons inconnus; total : 89. Dans ce nombre sont compris 12 navires supposés perdus, par suite de défaut de nouvelles.

Navires à vapeur signalés perdus. — 5 anglais, 1 américain, 3 pavillons inconnus; total : 9.

Expédition scientifique. — L'expédition envoyée dans le Caucase par la Société russe d'entomologie est arrivée à Etchmiadsine, limite extrême de son itinéraire.

Vers le milieu du mois de mai, le froid était encore très-rigoureux, et la neige très-haute dans cette localité.

Les membres de l'expédition sont satisfaits des résultats qu'ils ont obtenus jusqu'ici.

Conférences géographiques. — M. Jules Gros a fait dimanche passé, au *Géorama* de Montsouris, une conférence sur l'Océanie et particulièrement l'île de Tahiti. Quoique le sujet fût un peu scabreux, puisqu'il s'agissait de décrire les mœurs relâchées de cette île merveilleuse, que Bougainville a appelée *la nouvelle Cythère*, M. Gros a su présenter à un public de dames, les faits les plus intéressants et les plus étranges. L'important, en effet, dans cette campagne géographique entreprise par les conférenciers du *Géorama*, c'est de rendre la science attrayante, de faire ressortir les bizarreries de mœurs les plus capables de nous frapper dans l'étude des diverses populations de la terre, et de répandre aussi de plus en plus en France la connaissance des pays étrangers. On nous promet pour dimanche prochain une *conférence* de M. William Reymond, sur *la condition des Femmes chez les divers peuples.*

Journal du commerce maritime. — Sous ce titre, notre collaborateur M. Paul Dreyfus publie une feuille hebdomadaire destinée à devenir l'organe spécial de la marine marchande et des industries qui s'y rattachent. Son cadre est des plus étendus; car chaque numéro du *Journal du commerce maritime*, outre une étude des questions maritimes ou commerciales du jour, et un résumé des nouvelles de la semaine, contient une analyse des rapports consulaires sur le commerce extérieur, un compte rendu des causes judiciaires en matière de fret, de cargaisons, d'avaries, le transports, d'assurances, etc.; une liste des brevets d'invention, de perfectionnement; un état du mouvement de la navigation au long cours; une nomenclature des sinistres, des avaries de mer, des vents, des faillites, des constitutions ou des dissolutions de sociétés intéressant le commerce maritime français, sans compter une revue financière et un catalogue complet des publications sur la marine et tout ce qui y tient.

Comme on le voit, la tâche que s'est imposée l'éditeur n'est pas des moins compliquées et surtout des moins ardues; mais M. Dreyfus est un travailleur sérieux, qui a, du reste, l'expérience de la matière qu'il traite; aussi le *Journal du commerce maritime*, dans les quelques numéros qu'il compte aujourd'hui, a répondu pleinement aux espérances que son programme avait fait concevoir, et l'on peut dire dès maintenant que c'est le répertoire le plus utile et le plus complet qu'aient jamais eu à consulter les nombreuses professions qu'intéressent la navigation et le commerce maritimes.

États-Unis. — *La pêche du saumon.* — La pêche du saumon aux États-Unis et surtout dans la rivière de Columbia (Orégon) est l'objet d'un immense commerce. Elle dure d'avril en août sans interruption et produit annuellement de 350,000 à 400,000 caisses de poissons, ce qui représente un poids de 200 millions de livres. Cette année, on ne compte pas moins de dix-sept pêcheries particulières établies dans le voisinage de la ville d'Astoria. Si l'on se rend compte maintenant que 20 0/0 du saumon pris se perd en le purifiant et en l'apprêtant, si l'on ajoute ensuite l'énorme quantité de ce poisson que l'on sale ou qui sert à la nourriture des blancs et des Indiens, on est fondé à évaluer à plus de 40 millions de livres la masse de saumons qui est pris chaque année dans la Columbia. En 1875, il y avait sur cette rivière 15 établissements qui employaient chaque jour 1,500 saumons du poids moyen de vingt livres et cela pendant tout le temps de la pêche. D'après ce calcul, on arrive au chiffre colossal de 45 millions de livres.

En Angleterre, la pêche du saumon est loin d'avoir de telles proportions. En 1875, elle n'a pas dépassé 10 millions de livres représentées par 80,000 caisses.

Le saumon de l'Orégon a causé la ruine de tous les autres établissements qui s'occupaient de préparer ce poisson.

En 1875, l'Angleterre a importé 165,600 caisses de saumon de l'Orégon; la Nouvelle-Zélande, 2,400; l'Amérique du sud, 1,500; l'Australie, 14,190; New-York et la côte de l'océan Atlantique, 57,571.

Les demandes de l'Europe aux établissements de la rivière Columbia sont de plus en plus importantes.

Le saumon représente pour l'Orégon un revenu annuel de plus de 12 millions de francs. Le général Adair, ancien receveur général des États-Unis, raconte qu'en 1841, 30,000 Indiens étaient occupés à la pêche du saumon et que, depuis cette époque, cette pêche a toujours été aussi abondante. Elle ne se fait que la nuit et les filets ont des mailles de huit pouces et demi de largeur pour laisser passer tout le poisson que l'on ne voit pas encore assez développé. Mais il faut s'attendre à voir la pêche du saumon diminuer dans quelques années sur l'Orégon si les demandes continuent à augmenter, C'est dans cette prévision, que plusieurs pêcheurs songent à aller s'établir dans l'Alaska, où il existe des rivières qui fourmillent de saumons.   T. L.

Russie. — *Foire de Nijni-Novgorod.* — La grande foire annuelle russe qui a été transférée il y a soixante ans des prairies du monastère de Macarieva à Nijni-Novgorod, commence le 25 juin, vieux style, et dure jusqu'au mois de septembre. M. Doria, secrétaire de l'ambassade anglaise à Saint-Pétersbourg, dit dans un rapport adressé à son gouvernement, qu'un million de personnes ont visité cette foire l'année dernière, et que 150,000 d'entre elles sont restées à Nijni-Novgorod pendant la foire, un temps plus ou moins long. La valeur des marchandises vendues à cette foire s'est élevée à 49 millions de roubles en 1847, à 165 millions en 1874, où l'on ne comptait pas moins de 6,000 boutiques.

La position de Nijni-Novgorod au confluent de l'Oka et du Volga n'a pas de rivale dans tout l'empire russe pour les nombreuses communications par eau. Entre le grand marché et l'immense fossé qui l'entoure, se trouve la célèbre galerie souterraine arrosée par les eaux du lac Mestcherski qui s'élance avec impétuosité dans cette galerie et la purifie complétement. Les eaux enlèvent tous les débris dans la rivière Oka dont le niveau est à 6 yards au-dessous de celui du lac. Tout le commerce en fer sous différentes formes s'est élevé en 1874 à 5,557,800 pouds de 36 livres chacune, vendus 15,955,000 roubles. Il a été vendu cette même année plus de dix millions de roubles de thé. Le long du rivage on voit entassées d'innombrables caisses de ce produit. Ces caisses de thé connues sous le nom de « tsibiki », sont imperméables à la pluie et à l'humidité. En dehors de la caisse de bois est une couverture faite avec un treillis de cannes et de bambous. Ces caisses viennent de Chine et sont données en échange à Kiakhta ou Maïmatchim, sur la frontière russe, pour des étoffes de laine ou de coton.

Le transport ne se fait qu'à dos de chameaux jusqu'à Orenbourg, et ensuite sur des chars grossiers jusqu'au Kamma et au Volga. Ce sont ces tsibiki qui contiennent ce thé de Kiakhta et de Baïkhoff dont le goût et l'arôme sont incomparablement meilleurs que tous ceux importés de Chine en Europe. Mais le thé de Kiakhta rencontre maintenant un rival formidable dans le thé importé par le canal de Suez et Odessa, ainsi que celui qui vient d'Angleterre et qui porte le nom de thé de Canton.

On vend à Nijni-Novgorod d'énormes quantités de blé et de cuir, de fruits de la Perse, de vins et de garance du Caucase, et de cotons et de peaux de Boukharie.   T. L.

Allemagne. — *Le jute.* — Nous avons parlé dernièrement dans l'*Explorateur* de l'industrie du jute en Hindoustan et en Angleterre.

Voici quelques détails empruntés à l'*Allgemeine Zeitung* d'Augsbourg, sur cette même industrie en Allemagne.

Il n'existe actuellement dans ce pays que trois grands établissements pour le filage et le tissage du jute. En 1874, l'Allemagne possédait 17,056 aiguilles et 546 siéges de machine ; l'Autriche une fabrique de jute avec 2,840 aiguille et 147 siéges. La France produit pour près d'un million de toile de jute.

L'industrie du jute existe en Allemagne depuis 1864, et la première fabrique a été fondée à Bechelde, près de Brunswick.

En 1870, l'Allemagne comptait sept fabriques. On a essayé de mélanger le jute à la laine et au coton, mais ces tentatives n'ont pas donné de bons résultats et on a dû y renoncer.

Après beaucoup de recherches, des filateurs sont parvenus à donner plus de souplesse au jute pour le mêler au coton. C'est surtout en Angleterre que cette fraude se pratique sur une grande échelle. L'industrie du jute ne se développe que très-lentement en Allemagne, parce qu'elle a à lutter contre la concurrence redoutable de l'Angleterre. Bien que le jute puisse être employé beaucoup plus qu'il ne l'est actuellement, les trois grands établissements allemands ne peuvent suffire au quart des nombreuses demandes qui leur arrivent de toutes parts. Le jute sort en Allemagne comme toile d'emballage, comme voile, comme grosses couvertures. Mais il n'a pas été possible encore de vendre des étoffes de jute mélangé au coton ou à la laine, en quantités aussi considérables qu'en Angleterre.   T. L.

La cession de l'île Heligoland à l'Allemagne. — On lit dans la *Liberté* :

« Nous avons démenti les bruits de cession de l'île d'Héligoland par l'Angleterre à l'Allemagne. Notre correspondant de Francfort nous donne à ce sujet, l'énumération des obstacles contre lesquels cette négociation serait venue heurter. D'abord le gouvernement anglais n'aurait consenti à se dessaisir de cette position que moyennant une indemnité de quatre millions de marcs que l'Allemagne n'est guère disposée à accorder. De plus, il aurait mis aux travaux de l'Allemagne pour fortifier cette position, certaines restrictions difficiles à accepter. En se dessaisissant de cette île, l'Angleterre aurait perdu une station qui lui servait à limiter la prépondérance de la Russie dans la mer du Nord ; enfin les habitants de l'île montraient, paraît-il, une assez vive répugnance à passer sous la domination allemande. Notre correspondant ajoute que, néanmoins, des pourparlers relatifs à cette cession vont être prochainement engagés, non par l'empire d'Allemagne, mais par la couronne de Prusse. Nous ne donnons cette nouvelle que sous toute réserve. »

Montenegro. — *Le carnaval.* — Le correspondant de l'*Allgemeine Zeitung* d'Augsbourg a assisté le 29 février 1875 à la fête du carnaval au Montenegro dans une prairie près du village de Jugowitsch, à trois quarts d'heure de chemin de Santa Luca.

En arrivant, dit-il, au pied de la colline qui domine le village, j'aperçus une foule immense. J'étais venu jusque-là au galop, mais j'arrêtai mon cheval pour attendre mes compagnons de voyage, car je remarquai que les habitants songeaient à faire une démonstration en notre honneur. Notre partie comprenant six personnes à cheval, savoir moi et mon collègue, Bajo, Georgio, le Potnatchalnick et le maître d'école Drogourtsch. Nous nous dirigeâmes au pas vers la place et nous fûmes accueillis par une salve vraiment terrible de coups de fusil. Les habitants nous souhaitèrent ensuite la bienvenue à la manière de leur pays. Ils nous embrassèrent les mains et nous remercièrent de l'honneur que nous leur faisions d'être venus prendre part à leurs réjouissances. On nous offrit des siéges bas couverts de peaux et recouverts d'une sorte de baldaquin. Les autres personnes s'assirent à terre ou se rangèrent en cercle autour de nous. On donna alors le signal de la danse. Dès que la nouvelle de notre arrivée se fût répandue dans la vallée, tous les habitants et surtout les femmes prirent leurs plus beaux vêtements. Le plus grand nombre des hommes portait des habits de velours vert, rouge ou bleu ornés de magnifiques broderies en or. Les femmes avaient sur le front une sorte de diadème de clochettes ou grelots d'argent (Tschakmaks), qui nous faisaient une singulière impression, par leurs tintements aigus et leur vif éclat. Elles avaient en outre aux extrémités de leurs longues tresses noires des cheveux, de rosettes faites avec des pièces de monnaie et qui pendant la danse s'agitaient avec plus de coquetterie que de grâce.

En général, cette danse pleine de brio et de gaieté ne manquait ni de caractère ni d'originalité. Lorsque la danse fut terminée, on nous invita à monter sur une petite colline où l'on avait déjà porté nos siéges. Nous eûmes alors sous les yeux le spectacle des réjouissances populaires. D'un côté de la plaine apparut vêtu d'une manière comique un homme caché dans une peau de mouton et suivi d'une multitude de femmes.

L'homme représentait le berger, les femmes ; les brebis. Ces dernières étaient gardées par cinq ou six hommes qui jouaient le rôle de chiens avec beaucoup d'entrain. Le troupeau s'approcha peu à peu de nous. Les hommes et les femmes qui le composaient imitaient de leur mieux la voix et les mouvements de l'animal qu'ils étaient chargés de représenter. Le berger qui était caché des pieds à la tête dans une peau de mouton s'était noirci le visage et en avait recouvert la moitié avec un bonnet en peau d'une grandeur démesurée. Il faisait une foule de plaisanteries et excitait l'hilarité générale. Il avait à la main un énorme bâton taillé grossièrement sous forme d'un fusil. Il avait sur l'épaule un sac plein de son dont il frappait tous ceux qui s'approchaient de son troupeau. Il jetait à terre tous ceux qui lui tombaient sous la main et il exécutait ensuite en poussant des cris et en faisant des plaisanteries la scène peu esthétique du bourreau coupant la tête d'un supplicié. Tout à coup, on voit apparaître deux loups à l'extrémité de la vallée au pied des collines. Ces loups avaient les jambes nues et noircies avec du charbon. Leur costume était très-bien imité et ils jouaient admirablement leurs rôles. Bientôt on les vit se cacher derrière des rochers, puis se jeter sur le troupeau et enlever une brebis. Cet enlèvement n'eut pas lieu sans combat ; plusieurs brebis furent blessées, plusieurs chiens mordus et le berger manifestait la plus vive colère Enfin, on donna la chasse aux loups ; le berger réunit ses brebis dispersées, donna des coups de bâton aux chiens et guérit la brebis blessée à la manière antique, au milieu des grands éclats de rire de tous les spectateurs.

Cette scène dura plus d'une heure. Les loups que l'on croyait perdus reparurent tout à coup et l'un d'eux parvint même à enlever un enfant. Les jeux se terminèrent par des danses très-animées.   T. L.

Roumanie. — *La pêche.* — Les eaux de la Roumanie, dit l'*Economiste roumain*, sont très-riches en poissons ; mais entre toutes, il faut distinguer le Danube, qui, dans son lit et surtout dans les lacs ou marais, *baltas*, qu'il forme sur la rive roumaine, présente des pêcheries considérables. Un grand nombre de villages situés le long de ces baltas, sont exclusivement adonnés cette industrie ; ils la pratiquent en gros comme en détail. Aussi, au printemps et en automne, lorsque les eaux baissent, dans les baltas, les pêcheurs ablissent aux embouchures de ces canaux des digues qui empêchent le poisson de suivre le courant de l'eau, et alors ils se servent de harpons et de ques pour assommer les grosses \pièces 'et les retirer de l'eau avec le menu etin et les écrevisses qui viennent à encombrer les claies des digues. Ils mploient cependant aussi pour la pêche dans les baltas du Danube, dans les vières et les étangs du pays, de grands filets dits *navod*, des dragues, des asses, des coques, des lignes, etc.

Les engins de pêche varient suivant les localités et la nature des eaux. On peut u reste distinguer les pêcheries en plusieurs catégories, à avoir : les pêcheries o la mer Noire, appliquées sur la côte de la Bessarabie, principalement par es habitants de l'île de Viliove, les pêcheries du Danube et de ses baltas qui sont les plus remarquables ; les pêcheries des étangs, dont quelques-uns nt une étendue considérable ; enfin les pêcheries des rivières et des torrents o la montagne. On prend dans la mer Noire les diverses espèces d'esturgeons ar de forts hameçons suspendus à des pieux que l'on fixe le long de la côte ; es poissons atteignent parfois la longueur de cinq et six mètres.

Les habitants de Viliove les font fumer et saler après en avoir extrait les organes intérieurs ; cette préparation dont le commerce est assez considérable orte, comme en Russie, le nom de *batoy*, les cartillages de l'esturgeon apelés *vizoga*, sont aussi employés comme comestible ; les œufs, d'une coueur noire d'ardoise et désignés sous le nom de *caviar*, sont une excellente ourriture ; on les consomme frais ou salés et pressés en pâte compacte. Les pêcheries de Viliove ne donnent à la Roumanie qu'une minime partie du caviar qui s'y consomme. On y mange aussi les œufs du brochet et de la carpe qui sont d'une couleur rouge et d'un goût beaucoup plus fade que ceux de l'esturgeon.

Les poissons que l'on pêche dans les lacs et les baltas du Danube, dans les étangs et même quelques rivières importantes, se consomment frais, surtout pendant les carêmes ; le peuple se nourrit aussi de poissons salés et séchés que les pêcheurs de profession préparent. Dans les localités piscifères, cette opération qui ne laisse au poisson qu'un goût médiocre, se fait ainsi : Après avoir extrait les organes intérieurs du poisson, on les sale très-fortement au gros sel, on les égoutte et on les expose à la fumée des cheminées. On soumet à une préparation toute particulière les truites prises dans les ruisseaux des montagnes et les barbeaux pêchés sous la glace dans l'Olto ; on établit dans une usine des étagères en claies d'osier qu'on recouvre de feuilles de noyers dans lesquelles on enveloppe le poisson : on remplit la pièce de fumée de bois pourri pendant plusieurs jours, au bout desquels le poisson acquiert une couleur ambrée et un goût exquis ; on en fait ensuite des paquets, que l'on entoure de branches de sapin, ce qui vient leur ajouter un nouveau parfum.

On consomme aussi beaucoup de poissons marinés ; les truites, les barbeaux, les esturgeons et la sélure sont toujours recherchés pour ce genre de préparation.

La pêche est presque entièrement libre ; les paysans ont le droit de pêcher dans les eaux courantes sans avoir rien à payer.

Les espèces de poissons que l'on rencontre le plus communément dans les eaux de la Roumanie, sont : les cyclostommes, les sturconiens, l'acipe, l'esturgeon, le grand est ou échtyocolle, l'est ou sterlet, le saumon, la truite, le forio, le clupe, l'érore, le brochet, le cyprin, la carpe, l'hamburg, la tanche, le gardon, le cubit, le misgurh, le silure, le mal, la percho, la perche des rivières, le carasse, le barbeau.

Une fois par an, au printemps, des bandes plus ou moins considérables de harengs, remontent le Danube jusqu'à Gurgevo et rarement au-delà. On estime fort les différentes espèces de *caravanes* que fournissent les lacs intérieurs de la Roumanie, et, entre autres, l'espèce dite en langue roumaine, *plática* que l'on pêche dans le lac de Inagove. La truite des montagnes est petite, mais d'un goût exquis.

L'exportation du poisson a une importance beaucoup moindre que la consommation locale, elle se montait à peine en 1869 à 335,760,'francs, tandis qu'on évaluait à 7,610,000 francs la consommation intérieure du poisson frais et salé.   T. L.

Bulgarie. — *Mœurs des habitants.* — Les Bulgares de la Roumélie, dit le *Fremdenblatt*, de Vienne, sont d'une taille au-dessus de la moyenne. Ils sont forts, robustes, et ont la physionomie intelligente. Ils sont très-bienveillants, laborieux, mais défiants à l'excès contre tous ceux qui portent un vêtement *alla franca*. Le Bulgare ne salue pas, il secoue la tête comme les Turcs beyaliks quand il veut répondre affirmativement.

Les femmes bulgares sont petites ; la beauté est une exception chez elle. La chevelure noire est assez rare chez les deux sexes ; mais ils ont en général les yeux noirs. Les Bulgares sont considérés comme des idiots par les peuples voisins ; mais ils ont cependant la figure très-animée.

Ceux qui vivent dans le voisinage des Turcs parlent turc et bulgare ; dans les petites villes, ils parlent aussi le grec. On rencontre fréquemment des marchands qui connaissent le bulgare, le turc, le grec, l'italien et le français, et le parlent et l'écrivent avec beaucoup de facilité.

La femme bulgare est très-modeste et elle se cache à l'approche des Francs, surtout lorsqu'elle est jeune et belle.

Les Bulgares vivent dans des localités soigneusement encloses de murs. Leurs maisons sont en pisé, en paille ou en treilles. Elles sont ordinairement très-propres ; mais elles ne sont pas spacieuses. Les rues sont étroites. Les tables, les siéges et les divans (mender) ne sont connus dans les villes que des riches Bulgares. On trouve quelquefois dans les maisons un simple banc. Les lits leur sont inconnus. Ils se couchent sur des nattes et des matelas qu'ils étendent le soir. Tous les membres de la famille reposent pêle-mêle avec de petits cochons, des oies, des poules, etc.

Les Bulgares ne se déshabillent qu'une fois par semaine pour changer de linge et s'approprier. Les maisons sont infectées d'insectes de tout genre, et les hommes se rasent la tête afin de moins en souffrir. Les Bulgares qui veulent adopter la mode franque, laissent croître leurs cheveux, ils se tiennent en général très-propres et n'aiment pas à porter des vêtements déchirés. Les Bulgares allument au milieu de la chambre un feu autour duquel se réunit la famille.

Bien que les Bulgares aient une assez bonne nourriture, ils se privent souvent de viande et observent assez rigoureusement les prescriptions de la religion grecque. Ils ne mangent ni lait ni œufs et se servent presque toujours d'huile pour la préparation de leurs aliments. Ils vivent presque toute l'année de pain et d'oignons, et ne se permettent l'usage du poisson que les dimanches et les jours de fêtes.

Les églises bulgares sont mal entretenues. Elles sont enfoncées dans la terre et il n'y a guère que le toit avec sa croix grecque qui puisse trahir l'existence d'une église.

Les églises nouvellement construites sont plus grandes et plus belles, mais elles n'ont ni tours, ni cloches. Les Mahométans seraient très-mécontents d'entendre le son des cloches et de voir les tours dépasser en hauteur leurs minarets.

On ne compte pas moins de cent sept jours de fête de l'année. On solemnise non-seulement les fêtes de la Vierge, mais aussi celles d'un grand nombre de saints. Ces jours sont des jours de réjouissances. On tue des moutons et des brebis ; on construit des tentes où le vin et le kakic jouent un grand rôle, et les jeunes gens chantent et dansent au son d'une musette.

Les popes font une tournée et remplissent leurs sacs de provisions qu'ils choisissent à leur gré et dont ils prennent autant qu'ils veulent. Les mendiants arrivent aussi à leur tour et tout le monde se livre à l'allégresse.

Les Bulgares ont fait récemment de grands efforts pour introduire l'instruction primaire.

La plupart des villages ont des écoles, et un certain nombre d'elles sont assez bien munies de livres et de cartes. Les instituteurs reçoivent de la commune de 200 à 400 florins. On leur fait en outre des cadeaux de pain, d'œufs, de volailles et d'agneaux. Le plus grand nombre des jeunes Bulgares savent lire et écrire. Ceux qui savent écrire portent à la ceinture tout ce qui est nécessaire. Beaucoup de Bulgares vont cultiver sur les bords du Danube, dans de vastes jardins, des oignons, des paprillas, des melons, des fèves. Ils reviennent dans leur pays en automne, quand les travaux sont terminés. Les femmes sont très-habiles dans les travaux de couture, dans le tissage des étoffes de laine, dans la tapisserie, etc.

Les Bulgares portent des pantalons en étoffe de laine noire ou brune qui leur tombent jusqu'aux genoux. Ils ont un corsage à larges manches, brodé sur la poitrine et les épaules avec des fils de diverses couleurs. En hiver, ils prennent une jaquette de laine qui est également richement brodée, et autour du corps une ceinture rouge dans laquelle ils mettent un couteau, les objets nécessaires pour écrire, des briquets, du tabac et du papier à cigarettes. Ils se couvrent la tête avec un bonnet en peau et se mettent aux pieds des sandales ou des chaussures turques.

Les femmes ont toujours une chemise blanche richement brodée, un vêtement de laine brune et un jupon de diverses couleurs orné de franges ou de dessins variés. Le vêtement et le jupon sont retenus à la taille par une ceinture qui est ornée ordinairement de paillettes de métal. Elles donnent un soin particulier à leur chevelure et y entrelacent des fleurs, des pièces de monnaie attachées ensemble, etc. Elles portent en outre des bracelets, des bagues et des colliers. Elles sont vaines et se fardent avec des couleurs rouges et blanches. Elles vieillissent très-rapidement, et on a souvent de la peine à reconnaître à l'âge de vingt ans une femme que l'on avait vue trois ou quatre ans auparavant.

Les Bulgares n'ont pas de nom de famille. Les nouveau-nés reçoivent un nom de baptême et le nom du père en y ajoutant les terminaisons *vic* ou *tic*. Ainsi, si le père se nomme Georgi ou Petro, le fils est Georgoff ou Petroff. Mais on ne sait pas leur âge exactement, parce que les livres d'église (il ne s'agit pas ici des Bulgares non catholiques) ne sont pas en usage dans le pays. Il y a ordinairement dans le village une vieille femme qui sait à peu près l'âge de tous les habitants.   T. L.

Italie. — *La ville de Viareggio.* Lucques, le 2 juin 1876. — Monsieur le rédacteur en chef. — Il ne m'est jamais arrivé de me trouver une seule fois sur le beau littoral de Viareggio, sans éprouver un sentiment de véritable surprise, en voyant avec quelle constance et avec quelle régularité la mer ne cesse de subir le mouvement de recul auquel elle est assujettie depuis déjà plusieurs siècles.

Cette plage uniforme et sablonneuse sur toute son énorme étendue, offre une longueur de 12 lieues environ depuis l'embouchure de l'Arno à l'embouchure de la Magra. C'est aux terrains d'alluvion et aux matières bourbeuses apportés par ces deux fleuves, qu'est dû le phénomène constant qui se produit sur ce littoral ; puisqu'il est de toute notoriété, que sur le long parcours qui existe entre l'embouchure de ces deux fleuves, la mer subit invariablement tous les ans un mouvement de recul de plus de deux mètres.

Il résulte, en effet, de tous les documents que j'ai pu consulter dans les archives d'État de cette ancienne principauté, que vers la fin du treizième siècle la mer baignait encore le pied des collines situées entre Chiesa, Massarosa et Montramito, tandis qu'elle s'en trouve éloignée aujourd'hui par une étendue d'une lieue environ.

L'industrie proverbiale de ce peuple ne néglige pas de mettre aussitôt en culture, selon les diverses localités, les terrains que la mer abandonne ainsi.

Les terrains, sablonneux mais secs, sont soumis, au moyen de forts engrais, à la culture de la vigne, du murier, du blé, du maïs et des autres céréales. Ils s'étendent depuis Viareggio jusqu'à l'embouchure de la Magra, c'est-à-dire de l'est à l'ouest.

Les autres localités sont entièrement marécageuses, et s'étendent de l'ouest à l'est, sur le long parcours qui comprend au pied des collines les villages de Montramito, de Massarosa, de Chiesa, de Massaciuccoli et de Vecchiano. C'est sur toute l'étendue de ces marais que se fait la culture du riz : culture qui quoique contrariée et même défendue depuis par le gouvernement du prince Charles de Bourbon, sous prétexte de salubrité publique, tend à prendre chaque jour un grand développement, devenant ainsi une véritable source de prospérité pour ce pays, où la population est de beaucoup supérieure à l'étendue du territoire qu'elle occupe. C'est par cette puissante raison que les habitants de cette province se trouvent dans la dure nécessité d'émigrer périodiquement, soit en Corse, soit à Marseille, soit aussi en Algérie, où je serais heureux (dans l'intérêt de notre colonie), de les voir accourir en plus grand nombre, à cause des excellentes méthodes agricoles de ces cultivateurs.

La ville de Viareggio qui compte aujourd'hui une population de 14,000 âmes n'était au commencement de ce siècle qu'une modeste et bien pauvre bourgade de pêcheurs, comptant à peine une population de 1,500 habitants environ. Les fièvres miasmatiques contre lesquelles le gouvernement de l'ancienne république de Lucques n'avait jamais voulu prendre aucun abri, décimaient cette population pendant la saison d'été.

La sage administration de la princesse Élisa Bacciocchi releva Viareggio de sa décadence. Les belles écluses que cette princesse fit aussitôt exécuter et qu'on admire encore aujourd'hui, assainirent entièrement ce pays, et l'on peut dire que c'est de cette époque que date sa croissante prospérité.

Viareggio commence à devenir depuis quelques années une station d'hiver fréquentée par les Anglais et par les Américains. Son climat est assez tempéré par suite, sans doute, de la chaîne de montagnes qui l'abrite des vents du nord. La vie animale se maintient encore dans des prix très-modérés, eu égard surtout, aux autres localités du littoral des deux corniches, telles que la Spezia, Saint-Remo et Nice.

Pendant l'été Viareggio est peut-être la station de bains de mer la plus recherchée de toute l'Italie centrale, sans en excepter même Rimini. Sa plage entièrement sablonneuse sur toute son étendue, se prête admirablement pour les enfants et pour les gens infirmes qui viennent y recouvrer la santé.

Les habitants de Viareggio sont presque tous marins. Très-entreprenants et très-courageux, ils luttent avec une constance qui leur fait le plus grand honneur, contre les obstacles que leur oppose sans cesse la nature. Ils sont de bons constructeurs et auraient même le goût et la manie des navires de fort tonnage, mais leur port-canal s'y oppose malheureusement, par la raison que toujours après les orages, il se passe quelque temps avant que le canal d'entrée soit assez dégagé des matières bourbeuses et sablonneuses qui l'encombrent. C'est surtout quand les vents impétueux du sud-ouest viennent à souffler que ces inconvénients se produisent sans faute : et le canal deviendrait dès lors absolument impraticable, sans le prompt, et j'ajouterais même continuel emploi des dragues.

Le gouvernement du roi, dans la mesure de ses finances, tâche de prolonger les deux jetées à l'entrée du canal, mais il est à regretter qu'aucun heureux résultat n'ait encore été obtenu jusqu'ici.

Veuillez agréer, etc.

D. ALBERTINI,
Agent Vice-Consul de France, Membre correspondant
de la Société de Géographie Commerciale.

Une plume merveilleuse. — M. H. de Parville signale, dans son feuilleton scientifique aux *Débats*, une invention originale qui excite depuis quelque temps la curiosité des visiteurs de *Royal Institution* à Londres : la plume électrique de M. Edyson.

Toute écriture, tout dessin à l'aide de cette plume peut se reproduire à un aussi grand nombre d'exemplaires qu'on le désire. Ce n'est plus un calque, c'est une reproduction fidèle, un *fac-simile* très-net que l'on obtient avec cette plume électrique.

Le porte-plume porte à son sommet un moteur électrique infiniment petit, qui tiendrait dans le chaton d'une bague. Cette machine possède cependant assez de force pour pousser une aiguille qui perce le papier avec une vitesse de 5 à 6,000 trous par minute. C'est une merveille de rapidité. On ne voit rien, et cependant l'aiguille accomplit très-régulièrement son œuvre invisible. Partout où va la plume, le papier est perforé ; il est comme percé à jour sous le trait d'encre, il y a des centaines de petits trous.

Il suffit de déposer sur une feuille blanche le papier patron ainsi préparé et de passer sur lui un rouleau imbibé d'encre pour obtenir un *fac-simile* du dessin ou de l'écriture.

L'encre pénètre par tous les petits trous et reproduit sur la feuille les caractères ou les lignes tracés par la plume. On peut se procurer ainsi quatre à cinq *fac-simile* par minute, et un seul dessin ou patron pointillé suffit pour imprimer mille exemplaires.

Un voyage autour du monde en 80 jours. — Deux impresarii américains, MM. Jorett et Palmer, directeurs du Booth's théâtre, de New-York, viennent d'imaginer, de réaliser, même en la dépassant, la fiction de Jules Verne et d'effectuer en 80 jours le voyage autour du monde.

Le 1er juin, en effet, les touristes ont quitté New-York, au nombre de vingt-cinq. Parmi eux se trouvent des artistes dramatiques qui doivent donner des représentations le long de la route, des journalistes et de riches amateurs.

Le train qui les a emportés est parti de la capitale des États-Unis pour San Francisco, effectuant une lieue par trois minutes.

Il a franchi la distance énorme qui sépare ces deux villes en trois jours et douze heures, arrivant deux jours et demi en avance sur le train express, porteur des malles. On a gagné deux heures et demie sur la durée primitivement arrêtée de ce trajet.

Une réception magnifique attendait à San-Francisco les voyageurs qui déjà avaient été fêtés à leur départ de New-York et dans les principales villes où le train qui les portait était passé sans y faire, comme on le comprend bien, un long séjour.

Au départ du courrier qui a porté ces nouvelles en Europe, les auteurs de ce hardi projet allaient se remettre en route. Ils ont été une première fois vainqueurs sur terre, mais il y a l'Océan, mais il y a bien d'autres obstacles à braver pour que, après avoir fait le tour de l'hémisphère, ils puissent être à leur point de départ avant le délai fixé.

Un diamant phénoménal. — L'*Echo du Japon* annonce, d'après le journal japonais *Hotchi-Chimboun*, qu'il existe au Japon un diamant d'une grosseur extraordinaire ; il appartient à un particulier du nom de Okada Tchobei, lequel demeure à Otsoutchimoura, dans le *ken* de Iwade. Ce diamant, qui a *un pied et trois pouces* de diamètre et pèse 800 *mommés* (environ 3 kilog.), a été trouvé il y a cinq cents ans dans la montagne d'Otsoutchimoura. On a ignoré jusqu'à présent que ce fût un diamant : on le prenait pour une pierre précieuse d'une espèce inconnue. Son propriétaire l'a apporté à Tokio et l'a présenté au gouverneur pour lui demander son appréciation. Il dit que si c'est un diamant véritable, il veut en faire hommage à Sa Majesté le mikado.

Le Directeur-gérant, C. HERTZ.

6510.76. — Boulogne (Seine). — Imprimerie JULES BOYER.

SOCIÉTÉ DE GÉOGRAPHIE COMMERCIALE DE PARIS

(ANCIENNE COMMISSION DE GÉOGRAPHIE COMMERCIALE.)

MM. les membres ordinaires de la Société de géographie commerciale de Paris (ancienne Commission de géographie commerciale) sont prévenus qu'une réunion aura lieu demain soir, 3, rue Christine pour la constitution du bureau de la Société.

La Société de géographie a voulu témoigner ses sympathies à la Société de géographie commerciale en lui laissant, cette année, la libre disposition de son local pour la tenue de ses assemblées générales.

Nous rappelons à tous nos lecteurs que les conditions d'admission à la Société de géographie commerciale ont été réduites au minimum de cotisation (12 francs par an et 8 francs pour droit de diplôme une fois payés). Ceux d'entre eux qui veulent s'associer à nos travaux sont priés d'adresser leur demande au Secrétariat, 26, passage Colbert à Paris ; on leur transmettra gratuitement un exemplaire des Statuts. — De nombreuses adhésions nous sont déjà parvenues.

Il y a lieu d'espérer que la nouvelle Société rendra d'éminents service au pays ; déjà comme Commission, et alors qu'elle devait apporter la plus grande réserve dans ses actes d'initiative, elle a pu donner naissance à des entreprises de la plus haute importance et déterminer en France et à l'étranger la création de Sociétés analogues qui sont en pleine voie de prospérité.

EXPLORATION FRANÇAISE DANS L'AFRIQUE OCCIDENTALE

La Société de géographie de Paris, réunie le 14 du courant en commission centrale, a résolu, à l'unanimité, d'organiser une souscription nationale pour une grande exploration française dans l'Afrique occidentale, et en particulier dans le Hoggar, centre montagneux qui sert de résidence aux Touareg, et l'une des contrées les plus mystérieuses du Sahara.

Il a été décidé, en outre, dans la même séance, que M. Largeau, qui s'est tout récemment signalé par deux brillantes expéditions dans le Grand-Désert, serait chargé de cette exploration.

Toutes les Sociétés de géographie de la France vont être conviées à s'associer à cette belle entreprise.

L'initiative prise dans cette circonstance par la Société de géographie de Paris est d'autant plus louable que nous avons été plus indifférents au mouvement des autres peuples dans l'expansion de leur civilisation.

Tandis que, chez nous, des hommes de bonne volonté, pleins de courage et d'ardeur, se consumaient au milieu de l'indifférence générale, nos voisins Anglais et Allemands consacraient des sommes considérables aux expéditions lointaines, et lançaient, à travers les contrées mystérieuses du centre de l'Afrique, cette cohorte de vaillants explorateurs dont les découvertes sont autant de titres de gloire pour leur patrie.

Mais, notre indifférence séculaire tend enfin à s'évanouir ; le sentiment de notre mission civilisatrice se réveille, nos entreprises s'accusent et se multiplient. Nous apprenons avec plaisir que l'Assemblée nationale elle-même s'apprête à prêcher d'exemple en organisant, dans son sein, une souscription en faveur de l'exploration dont vient d'être chargé notre collègue.

Cette exploration sera accompagnée d'une entreprise parallèle qu'un des compagnons de M. Largeau, M. Louis Say, veut exécuter à ses propres frais dans la partie orientale du Hoggar.

LE CANAL INTEROCÉANIQUE

Nous lisons ce qui suit dans le *Daily Globe* de Boston, du 27 juin dernier :

« A l'*Editeur* du Globe.

« Monsieur,

« Malgré l'intérêt absorbant des fêtes du centenaire et la grande exposition de Philadelphie ; quoique nous soyons au début et dans la surexcitation de la campagne politique de cette année ; quoique les effets de la crise financière et commerciale soient encore visibles, et que cette crise ne soit peut-être pas encore à sa fin, — le peuple américain ne doit pas perdre de vue qu'il est une grande entreprise projetée dans notre hémisphère ; le caractère international de cette entreprise n'enlève rien à l'importance qu'elle a au point de vue de la prospérité des Etats-Unis dont elle réclame la sérieuse attention : il s'agit de l'ouverture d'un canal à travers l'isthme américain, pour réunir l'Atlantique au Pacifique. C'est certainement le moment le plus propice pour poser les bases de ce travail, quand se trouvent réunis, à Philadelphie, tant d'hommes de haute intelligence représentant toutes les grandes nations du globe.

« Quoi que nous puissions faire aux Etats-Unis, il est toujours intéressant d'apprendre que quelque chose de pratique a été fait en France pour l'avancement de cette question : c'est une preuve de l'intérêt que l'on y porte partout. La Société de géographie de Paris et la Commission de géographie commerciale, qui est une institution tout à fait dépendante et résultante de la première, ont, au premier appel d'un jeune ingénieur français, M. Léon Drouillet, vigoureusement pris en main l'étude d'un canal interocéanique américain. Dans plusieurs réunions que ces deux Sociétés ont tenues pendant l'hiver et au commencement du printemps, un plan d'organisation a été résolu, et on en est arrivé à une solution définitive le 11 mai 1876, jour où la première réunion de la section française du Comité international pour les études des explorations de l'isthme américain était tenue au siége de la Société géographique de Paris.

On y a fait l'élection des membres qui composent la section française, et, parmi eux, nous pouvons noter les noms bien connus suivants : M. Ferdinand de Lesseps, président ; M. l'amiral baron de La

Roncière le Noury et M. Meurand, vice-présidents ; M. Léon Drouillet, secrétaire ; M. Levasseur, membre de la commission française pour le Contenaire à Philadelphie ; M. Charles Hertz, et plusieurs autres.

« Le président de la Compagnie du Canal de Suez a offert gracieusement un des salons du rez-de-chaussée de son vaste hôtel de la rue Clary, pour l'usage du Comité, afin qu'il y pût tenir ses réunions y loger ses livres, ses cartes, ses documents, et y organiser les bureaux de son secrétariat.

« Cet acte seul de M. de Lesseps montre tout l'intérêt qu'il porte à notre canal, et combien il désire son ouverture ; cela prouve combien était peu fondée l'opinion, quelquefois émise, qu'il y était opposé comme devant être une concurrence pour le canal de Suez. M. de Lesseps est un homme trop intelligent pour avoir une idée si mesquine et si égoïste ; il sait trop bien que rien n'est capable d'augmenter les relations commerciales du monde autant que l'ouverture du canal américain, dont les bénéfices rejailliront certainement sur celui qui a été creusé en Egypte.

Activité de la section française.

« La section française s'est empressée de nouer des relations avec toutes les Sociétés géographiques du monde, entre autres avec l'Institut géographique de Washington et la Société américaine de géographie de New-York, pour leur expliquer l'objet de la formation du nouveau comité à Paris, et pour leur demander assistance et coopération. Le gouvernement français avait assuré au comité une certaine somme pour les dépenses annuelles ; de différents autres côtés, d'autres sommes sont espérées, sinon formellement promises.

« L'objet principal de ce comité, ou Congrès international, suivant la dénomination donnée par son secrétaire, est d'obtenir toutes les informations possibles sur les différentes routes proposées pour le canal projeté ; ensuite, quand on aura clairement démontré quelle est la meilleure, et qu'on aura trouvé les fonds suffisants, d'envoyer une expédition qui explorera avec le plus grand soin la ligne qui aura paru la plus avantageuse. Dans la discussion qui eut lieu à ce sujet, à Paris, dans la réunion du comité, le 11 mai, les membres présents semblaient être d'opinion qu'il serait possible de trouver une route pour construire un canal sans écluses, ou peut-être avec une seule, et qu'on ne s'arrêterait à l'idée de construire un canal avec écluses qu'après avoir reconnu l'impossibilité de l'établissement d'un canal sans écluses. Les explorations récemment faites, sous les auspices des Etats-Unis, et dont on vient de publier les résultats, prouveraient non-seulement qu'il n'existe aucune route possible sans écluse, mais encore qu'un tunnel serait nécessaire pour la traversée du Darien. Cependant le secrétaire du comité de Paris m'a annoncé qu'il ne pensait point que tout le pays eût été exploré, et qu'il avait l'espoir que l'on trouverait à la fin une bonne route sur laquelle aucun rapport soigneusement établi n'avait encore été fait.

« Quoi qu'il en soit, la formation du comité ou Congrès international à Paris, est un pas important dans la voie utile ; c'est un corps composé d'hommes de science des plus grandes nations du monde, initiés aux entreprises réellement internationales, qui peut, d'un moment à l'autre, se transformer en compagnie pour mettre ce travail à exécution, et qui doit être regardé comme le noyau de cette future Société. En outre, son organisation est assurée par le concours pécuniaire du gouvernement français, de telle sorte que sa marche ne peut être arrêtée ni même entravée, comme cela pourrait avoir lieu s'il était à la merci de personnes qui ne portent qu'un médiocre intérêt au but de l'entreprise.

« Il ne doit exister aucune jalousie ni en Angleterre ni aux Etats-Unis, de ce que ce projet est né en France ; au contraire, cette entreprise doit être énergiquement soutenue, non-seulement par les Sociétés géographiques, mais aussi par les particuliers des deux grandes nations parlant la langue anglaise, qui prendront ainsi l'avance sur toutes les autres. Nous désirons que le canal soit creusé le plus tôt possible ; le commerce du monde en a besoin, et les deux nations qui ont le plus à y gagner, sont assurément la grande-Bretagne et notre propre pays.

« Préparons-nous à demander la présence ici de M. de Lesseps. M. de Lesseps établissait à la réunion qu'il avait passé dix ans de sa vie à l'étude du canal de Suez avant de commencer ses travaux, cinq ans passés dans son cabinet, étudiant les livres, les cartes, les tracés, et cinq ans sur le terrain lui-même. Ces préliminaires ne doivent pas décourager ceux qui pensent que notre canal peut être bientôt terminé. Mais il faut que nous ayons M. Ferdinand de Lesseps, le héros du canal de Suez ; il est nécessaire qu'il vienne aux Etats-Unis, parce qu'il est le seul qui puisse imprimer à cette entreprise une *poussée*, un entrain tels qu'aucun autre ne pourrait lui donner. Non-seulement nous avons besoin de lui pour réchauffer nos capitalistes dans les centres financiers de l'Est et dans tout le pays, pour y exciter l'enthousiasme de cette entreprise et la mettre aux mains des chambres de commerce et la produire sur les marchés où tout sera entraîné par le magnétisme de sa présence et par la solidité de ses vues. Nous l'engagerons aussi à aller lui-même dans l'isthme américain, et à y faire une sorte d'exploration pour vérifier, autant que possible, les résultats des explorations que nous y avons déjà faites. Nous ne devons pas attendre plus longtemps. M. de Lesseps est actuellement plein de vigueur et de force, solide de corps et d'esprit, comme je puis le témoigner moi-même, l'ayant vu la veille de mon départ de Paris ; mais il a aussi, je le crois du moins, environ soixante-dix ans, et ses goûts pour les voyages n'iront pas en s'accroissant tous les jours.

Nathan APPLETON.

« Navire le *China*, juin 1876. »

Cette lettre, dont nous avons voulu respecter les formes dans la traduction, a été lue à la dernière réunion de la Section française qui en a approuvé vivement l'esprit et s'est montrée fort sensible à l'adhésion et au concours d'un homme aussi autorisé que M. Appleton. Les membres de la Section ont cru cependant qu'il était bon de faire quelques réserves, relativement aux conclusions extrêmes que notre public pourrait tirer du document américain.

En premier lieu, nous avons insisté sur cette idée que la France n'entend se prévaloir en aucune façon de son initiative et que la Section française, en préparant les questions, n'entend ni imprimer une direction aux travaux du Congrès international, ni préjuger ses décisions

La seconde réserve a trait au concours pécuniaire apporté par le gouvernement français. Ce concours ne saurait être considéré en aucune façon comme une intervention de notre politique ou de notre diplomatie. La subvention accordée à la section française provient des fonds qui sont spécialement affectés aux entreprises scientifiques. Le comité l'a sollicitée en déclarant que ses études étaient circonscrites dans l'organisation d'une reconnaissance purement géographique des régions propres au percement d'un canal interocéanique ; à son avis, la question du percement du canal ne venait qu'en seconde ligne et ne faisait pas l'objet direct de ses préoccupations. Il se peut, en effet, que l'exploration projetée ne donne pas, à ce dernier point de vue, de solution satisfaisante ; mais il lui semble que les résultats scientifiques seront, en tout cas, d'une importance assez grande pour que toutes les sociétés savantes du globe s'associent à une exploration géographique internationale.

Enfin, et pour conclure par une information qui sera sans doute agréable à M. Appleton, nous dirons que M. de Lesseps s'est montré très-disposé à accéder à l'invitation qui lui serait faite par les citoyens des Etats-Unis. Déjà un autre membre de notre comité, M. Levasseur de l'Institut, a été chargé de seconder les efforts de notre section en faisant prévaloir ses vues auprès des hommes influents des Etats-Unis. Le secrétaire de la section française, M. Léon Drouillet, qui vient de partir pour Philadelphie, a reçu de nouvelles instructions à ce sujet.

C. HERTZ.

LES VOIES COMMERCIALES DU TONG-KING

Dans un mémoire sur le Tong-King, lu à la Société asiatique de Changhaï par M. Henri Cordier, bibliothécaire honoraire de la succursale de cette société pour le nord de la Chine, nous trouvons le complément, en quelque sorte, des efforts tentés par MM. Doudart de Lagrée, Francis Garnier et leurs compagnons en vue de mettre la Cochinchine en communication avec le midi de la Chine par les cours d'eau qui traversent la contrée intermédiaire du Tong-King (voir les n°° 23, 24, 25 et 26 et notamment les pages 489 à 495 du deuxième volume de l'*Explorateur*); c'est l'exposé de nouvelles explorations entreprises depuis lors dans le même but, et des résultats plus heureux auxquels elles ont abouti.

Nous n'avons pas besoin de signaler l'importance de cette communication qui est faite par un Anglais et que nous relevons dans un recueil italien fort estimé le *Cosmos* de M. Guido Cora (1) :

Si l'on jette les yeux sur une ancienne carte de Tong-king, on aperçoit un grand fleuve nommé le Foo-liang-kiang, qui se jette dans la mer par un grand nombre de branches. Le Foo-liang-kiang, en s'approchant de l'empire chinois, change de nom et s'appelle successivement Li-hoa-kiang, Lien-hoa-tang et Ho-ti-kiang.

Le Foo-liang-kiang reçoit diverses rivières, dont quelques-unes sont assez considérables : la Ly-sien-kiang (à droite près de Hung-hoa), qui change son nom (He-ho ou Hacho, la rivière noire) avant d'atteindre l'affluent principal; et à gauche la Tsin-ho (la rivière limpide), qui passe à Ko-yang, ville habitée par les rebelles de l'étendard jaune.

Le fleuve du Tong-king est connu aujourd'hui sous le nom chinois de Hong-kiang, le fleuve rouge, à cause de la couleur de ses eaux dans les marées hautes, et sous le nom annamite de Song-koï, Song-ka. Dans l'Yunnan il conserve continuellement le nom de Ho-ti-kiang.

Le capitaine Doudart de la Grée arriva à Yuen-kiang sur l'Ho-ti-kiang le 20 novembre 1867. Son lieutenant Francis Garnier écrivait : « L'Ho-ti-kiang, « près d'Yuen-kiang (par 23 degrés 17 minutes et 54 secondes de latitude « nord, et 99 degrés 10 minutes de longitude est) a de 150 à 200 mètres de « largeur; ses eaux sont basses et tranquilles. Nous avons descendu le fleuve « dans des bateaux le 26 novembre.

« De Pou-pio l'expédition a repris la voie de terre pour se rendre à Che-« pin et à Lin-gnan; j'ai continué tout seul à descendre l'Ho-ti-kiang dans « un bateau. M. de La Grée n'a fixé aucune limite à mon exploration. Il m'a « seulement donné Lin-gnan comme lieu de retour, où le premier arrivé « devait attendre l'autre. » (*Voyage d'exploration en Indo-Chine effectué pendant les années 1866, 1867 et 1868 par une Commission française présidée par le capitaine de frégate Doudart de la Grée*).

Mais les cataractes contraignirent M. Garnier à abandonner l'exploration et à s'en aller à Lin-gnan. Le problème qu'il cherchait en vain à résoudre a été plus tard résolu par M. Dupuis.

M. Dupuis est un négociant français, qui a demeuré longtemps à Han-kéou, où il vendait des armes et des munitions aux Chinois, qui à cette époque faisaient la guerre aux rebelles mahométans dans l'Yunnan. La longue distance qu'il fallait parcourir, la difficulté de transporter les marchandises dans une province si éloignée lui inspirèrent, en 1864, l'idée de chercher une route plus courte et plus facile que celle qu'on avait suivie jusqu'alors, en partant de Han-kéou.

La nécessité de découvrir une nouvelle voie pour gagner les provinces méridionales de la Chine et le Tibet s'était déjà fait sentir aux deux grandes puissances qui occupent le sud-est de l'Asie, les Anglais dans l'Inde et les Français dans la Cochinchine; à ce propos il suffit de rappeler les importantes expéditions organisées par les gouvernements de la Grande-Bretagne et de la France, notamment celle du major Sladen dans l'Irraouaddy et celle du capitaine Doudart de la Grée dans le Mé-kong ; malheureusement ces expéditions n'ont donné aucun résultat pratique.

M. Dupuis fit à Han-kéou la connaissance des explorateurs du Mé-kong; dans le cours de l'année 1868 il partit lui-même pour l'Yunnan; mais, comme cette province était alors envahie par les rebelles, il ne put poursuivre son voyage jusqu'au Tong-King.

Il fut plus heureux en 1870 et en 1871; il réussit en effet à descendre l'Ho-ti-Kiang, je crois, jusqu'à So'n-tây. Il reconnut que le fleuve est navigable depuis Mang-hao, la dernière ville de l'Yunnan, jusqu'à une distance de 414 milles de la mer. Mang-hao est le magasin de dépôt où se chargent les marchandises dirigées sur l'Annam et provenant de ce pays; le grand marché est à Mong-tsé, ville située plus au nord.

Le lieutenant Garnier écrivait déjà en 1867 : « Il est dommage que les con-« ditions du pays ne nous permettent pas de continuer notre exploration vers « l'est. Nous avions entendu parler de Mong-tsé, ville située sur les bords de « l'Ho-ti-Kiang à trois journées de marche de Mang-hao; de plus c'est le « centre d'un grand commerce, et le point où, selon les informations que j'ai « reçues pendant mon expédition le fleuve commence à être navigable. En « aval de Mang-hao, sur le territoire annamite, dans le voisinage du fleuve « se trouve la ville de Lao-Kaï, à deux journées de la capitale du Tong-« King. De nombreuses mines d'or, d'argent et de cuivre se rencontrent dans « le département chinois de Kaï-Choa, baigné par le Nan-si-ho, qui se jette « dans le Song-koy ou fleuve du Tong-King (1).

Je ne crois pas sans intérêt de reproduire ici l'opinion de quelques-uns de nos prédécesseurs sur le commerce du Tong-King. « Si les Français ont résolu « de s'établir dans l'intérieur du Tong-King, je ne vois en dehors du Siam « aucun endroit avec lequel ils pourraient communiquer avec autant de « facilité, de commodité et d'avantage....

« ... Il est évident que les Français pourraient faire au Tong-King le commerce « que font les compagnies de Hollande et d'Angleterre.» (*Lettres édifiantes— Extrait d'un mémoire sur les différents objets de commerce qui ont cours à la Cochinchine et au Tong-King.*)

Écoutons l'autre partie. Barrow écrit : « Si cet événement n'avait pas eu « lieu (une dispute entre l'évêque d'Adran et le gouverneur français de Pon-« dichéry en 1789), il est difficile d'établir quelles auraient pu être les con-« séquences d'un semblable traité (entre la France et la Cochinchine) pour « nos possessions dans l'Inde et pour le commerce de la compagnie des Indes « orientales avec la Chine; mais il est suffisamment évident que ce traité « avait pour objet la destruction de ces possessions et de ce commerce » (*Voyage to Cochinchina in the years 1792 and 1793, by John Barrow.*)

Qu'en diraient les commerçants de nos jours ?

Le Hong-kiang se jette dans la mer par un grand nombre d'embouchures, dont trois s'appellent Daï, Lao, Balat, et sont les plus méridionales. Les deux bras du Song-koï, qui viennent du midi, s'unissent devant la montagne de Ha-nôi; sur l'un est construit Ninh-binh; sur l'autre Nam-dinh et Hung-yen ; ces deux cours d'eau communiquent entre eux au moyen de canaux, et sur un d'eux est située Fouli. Un autre bras du Song-koï forme la rivière Thaï-binh, qui passe dans le Haï-dzuong. Entre ce bras et celui, dit Hanôi, du fleuve Rouge, s'étend le canal de Song-chi. Un troisième bras d'une grande importance, au nord de ceux que nous venons d'indiquer, c'est la rivière de Cam, qui baigne la ville de Haï-dzuong. L'embouchure de la rivière de Cam s'appelle Cua-Cam (cua veut dire *port*, le port interdit), ou en chinois Ninh-haï (la mer Pacifique).

Voici le calcul des distances dressé par M. Dupuis :

	Milles géographiques.
De l'embouchure du Thaï-binh à Ha-nôi	110
De Ha-nôi à Son-tay	32
De Son-tay aux postes avancés annamites	87
Du camp annamite à Lao-kaï	115
De Lao-kaï à Mang-hao	70
De la mer à Mang-hao	414

Le capitaine Senez, qui est venu à bord du *Bourayne*, au mois d'octobre 1872, pour aider M. Dupuis au début de sa troisième expédition, peut être considéré comme l'explorateur de la rivière de Cam. Il a exécuté de nombreux calculs en allant à Ha-nôi et déterminé ainsi la position de plusieurs villes :

	Latitude nord.	Longitude est.
Ha-nôi	21° 2'	103° 31'
Haï-dzuong	20° 55' 00"	103° 59' 00"
Càm	20° 50' 00"	104° 25' 00"
Quang-yen	20° 54' 20"	104° 32' 30"

(*Traduit par* P. B.)

(1) Voir les cartes de l'Indo-Chine et du Tong-king, p. 408 et 401 du deuxième volume de l'*Explorateur*.

(1). La rivière du nom de Nan-si-ho forme la frontière entre l'Annam et la Chine. Lao-Kaï est située au point où la rivière se jette dans le Song-Koï. Bien qu'on prétende que la ville soit sous la juridiction de la cour de Hué, la souveraineté des Annamites sur Lao-Kaï est purement nominale, attendu que la ville est occupée depuis plusieurs années par les rebelles.

LA CHINE

AGRICULTURE, INDUSTRIE, COMMERCE, BUREAUCRATIE

La dernière livraison du *Bulletin de la Société de géographie* publie une relation de l'expédition en Chine du colonel Sosnovsky, que le *Journal de Saint-Pétersbourg* croit devoir signaler à l'attention de ses lecteurs, parce qu'elle contient un tableau bien tracé, quoique succinct, de la situation économique du Céleste-Empire et fournit en outre quelques éléments précieux pour la solution de la question si controversée des progrès du peuple chinois.

L'agriculture et les systèmes d'exploitation rurale, dit le colonel Sosnovski, atteignent en Chine un degré de perfection qu'on ne rencontre que rarement en Europe. La terre ne connaît pas de repos, elle est fumée avec le plus grand soin et le débit des engrais forme une branche importante du commerce chinois. L'irrigation des champs est de même très-bien organisée; on trouve des canaux jusque sur les pentes des montagnes; dans les endroits que l'eau n'atteint pas par la force du courant, elle est amenée au moyen d'appareils mécaniques; des associations entières de travailleurs s'en vont de ferme en ferme, d'un champ à un autre, pour y effectuer des travaux d'irrigation, y creuser des puits et y établir des roues hydrauliques. Ce qui caractérise l'agriculture chinoise c'est qu'elle réussit à obtenir de la terre un maximum de produits sans jamais l'épuiser; mais aussi quel travail, quelle infinité de soins et quelle assiduité de la part du cultivateur! Il faut le voir grimper le long des pentes des ravins, y établir des plants artificiels et souvent prendre la place du cheval ou du bœuf devant la charrue. Le bon marché des produits est étonnant; d'après nos idées un *tchokh* (1/5 de centime) représente une valeur infiniment petite, tandis qu'en Chine on achète un pain à ce prix et que 50 *tchokhs* suffisent pour faire vivre une famille entière pendant une journée.

L'industrie manufacturière, dit M. Sosnovsky, s'est développée d'une manière originale et atteint sous plus d'un rapport des résultats d'une remarquable perfection; la division du travail, la répartition des industries en branches indépendantes est poussée excessivement loin. Les tissus de soie se distinguent par un brillant, une solidité et un éclat de couleurs remarquables, les porcelaines jouissant d'une notoriété universelle, les articles ciselés étonnent par la finesse de l'exécution. On a bien fait la remarque que quelques industries ont baissé dans les derniers temps, mais cela tient à des causes passagères, les troubles et les luttes intestines des dernières années. Il faut remarquer que les Chinois se montrent habiles non-seulement par rapport aux industries florissant de longue date dans le pays, mais qu'ils témoignent d'une même aptitude pour les arts d'importation européenne. Ainsi, après la dernière expédition anglo-française le gouvernement chinois se mit à réorganiser les arsenaux et les usines où se fabriquent les engins de guerre; au début les établissements furent dirigés par des Européens, maintenant le personnel technique des usines se recrute de préférence parmi les indigènes, qui se trouvent parfaitement à même de fabriquer des canons en acier se chargeant par la culasse, de la poudre aussi bonne que celle dont se servent les armées ouro-péennes, et de construire des frégates.

Le commerce possède une organisation excellente, accordant une large part au principe de la coopération. Il est de règle en Chine de répartir les bénéfices d'une maison de commerce de la manière suivante: 3/10 des bénéfices servent à former un capital de réserve; le patron, propriétaire du fond reçoit pour sa part de trois à cinq dixièmes des recettes nettes, un dixième forme la rétribution du principal commis et le reste est réparti entre le personnel; chacun est libre de se faire remettre sa part des bénéfices ou de la placer dans l'entreprise; dans ce dernier cas il devient associé.

Les commerçants chinois ne se montrent pas moins avancés sous d'autres rapports: les opérations de change et de transfert ne sont pas entravées par d'inutiles formalités; les caisses de prêts sur gage particulières sont placées sous le contrôle sévère de la législation; les intérêts qu'elles ont le droit de prélever sont également fixés à un taux modéré; il existe aussi la prescription que les gages ne peuvent être vendus avant l'expiration d'un terme de trois ans, alors même que l'avance n'aurait été consentie qu'à courte échéance. Dans chaque ville et même dans les bourgs importants, les commerçants sont organisés en corporations, qui conduisent les affaires communes sans l'ingérence de l'administration.

Les étrangers ont eu occasion de se convaincre que la concurrence avec les marchands chinois n'est pas chose aisée; bientôt après la dernière guerre les Anglais donnèrent une grande extension à leurs opérations commerciales en Chine et le nombre des maisons et des agences anglaises s'accrut considérablement dans ce pays. Les Chinois se montrèrent d'abord interdits, l'activité énergique des Européens et les grands capitaux dont ils disposaient leur firent baisser pavillon, et il pouvait sembler qu'ils subissaient passivement l'hégémonie naissante des étrangers sur les marchés intérieurs; bientôt cependant se fit jour une réaction modérée, lente mais puissante par son énergique continuité et à l'heure qu'il est, de l'avis des consuls anglais eux-mêmes, si le total des affaires entre la Grande-Bretagne et la Chine n'a pas baissé, le nombre des affaires traitées directement entre les producteurs indigènes et les Anglais a notablement diminué; à Hankow, par exemple, sur 200 maisons anglaises établies il y a une quinzaine d'années, il n'en reste plus que 50 ou 60. Chez nous aussi, dans le Transbaïkal, on a commencé à se plaindre depuis quelques années de l'immigration chinoise et de ce que les négociants chinois ont accaparé toutes les affaires. Un fait à noter, c'est que même dans les ports de mer où l'influence des Européens est beaucoup plus solidement établie que dans l'intérieur du pays, toutes les transactions, grandes et petites ne se font jamais que par l'entremise de commissionnaires chinois, des *comprador* comme on les nomme.

Ainsi, dit M. Sosnovsky, en se résumant, nous trouvons dans le pays tous les côtés pratiques de la vie arrivés à un haut degré de développement, nous y rencontrons une masse considérable de travail productif et nous voyons à l'état latent des forces intellectuelles qui n'ont pas à redouter le contact des nations civilisées. Est-il possible, dans ces conditions, de parler d'un organisme mort? D'autre part cependant l'histoire nous apprend qu'à une époque reculée, préhistorique, pour ainsi dire, la Chine était déjà en possession d'une haute culture et que les grandes inventions du seizième siècle y étaient connues longtemps avant notre ère chrétienne. De deux choses l'une: ou bien cette culture antique était loin d'être aussi parfaite que ce que nous voyons maintenant, et alors il y a bien eu un progrès que seule la connaissance imparfaite que nous avons de la Chine nous empêchait de discerner, ou bien il se poursuit dans le pays pendant des siècles ou même des milliers d'années une lutte sourde, mais acharnée, contre une force occulte qui entrave le progrès. Mais si cette seconde supposition est fondée on n'a pas le droit, pas plus que dans la première, de parler de stagnation et d'arrêt, parce que la continuité même de cette lutte témoigne en faveur de la vitalité de la société chinoise.

Quelle est donc cette force occulte? Je pose la question sans avoir la prétention de la résoudre, dit M. Sosnovsky; il y aurait de la légèreté à hasarder une solution après n'avoir fait dans le pays qu'un séjour relativement court; d'autre part cependant je ne crois pas devoir passer sous silence les impressions que j'ai pu recueillir.

Le voyageur est frappé en Chine par un dualisme étrange, par un singulier antagonisme qui existe entre les deux éléments dont se compose la société: les employés, la bureaucratie d'une part, et la population agricole, industrielle et traficante d'autre part. La barrière qui les sépare est le résultat du système de l'instruction; l'instruction, en Chine, ne poursuit qu'un but unique — former les employés du gouvernement, et ce n'est que pour eux qu'il existe des écoles et que l'Etat entretient les instituteurs et les professeurs; le reste de la population est abandonné à ses propres efforts, mais c'est là précisément ce qui lui permet de conserver intactes ses facultés naturelles et ce bon sens pratique que détruit fondamentalement le système absurde d'enseignement auquel sont soumis les futurs employés du gouvernement. Ceux-ci, après avoir reçu les premiers éléments d'instruction dans la famille ou dans une école populaire, entrent à l'école provinciale, où l'on peut rester une trentaine d'années à étudier, d'après les livres classiques, la poésie, la littérature, la morale, les rites sacrés, la musique et la mimique. Si enfin les examens, qui se répètent tous les ans, font voir que l'étudiant s'est suffisamment imbu de cette science, il passe à une école supérieure, d'où il se présente aux examens d'Etat, après lesquels, s'il réussit, il pose le pied sur le premier échelon de cette interminable échelle hiérarchique dont les tristes représentants personnifient la Chine aux yeux de l'Europe. Il ne manque cependant pas de gens dans le Céleste-Empire pour juger sévèrement l'absurdité de ce système; ainsi Tso-tsun-tan, le commandant des troupes qui combattaient les insurgés des provinces orientales, ne cachait pas le mépris que lui inspirait la bureaucratie de son pays. « Leur besogne, disait-il à M. Sosnovsky, c'est de manger, de boire et de faire des vers. »

Le colonel Sosnvosky cite un curieux exemple de l'inopportunité de cette dernière occupation. Se trouvant à Goutchen il envoya son interprète prendre des informations sur la route à suivre; celui-ci revint lui annoncer qu'il avait réuni toutes les autorités locales, mais qu'il lui avait été impossible de recevoir les informations désirées parce que toute l'assistance était profondément absorbée par une question de versification: il s'agissait de savoir s'il fallait dire « le vent mugit » ou « le vent siffle. » Cela se passait, qu'on ne l'oublie pas, à 120 verstes d'Ouroussi, le foyer de l'insurrection, et pendant que les troupes chinoises qui faisaient face aux révoltés mouraient de faim.

Il est heureux pour la Chine, poursuit M. Sosnovsky, que le nombre des employés soit peu considérable en comparaison de la population totale; on n'en compte que quatorze mille. Il n'est pas besoin d'être prophète pour dire que si une fois le gouvernement rompt en visière avec les traditions de la bureaucratie, s'il aborde la voie des réformes, on verra se reproduire en Chine les mêmes progrès étonnants qui s'accomplissent au Japon, car la population est exempte du fanatisme religieux qu'on trouve dans les pays musulmans.

LA MARINE MARCHANDE

(Suite et fin.)

Les armateurs anglais traitent aussi avec leurs hommes pour le voyage simple ou la traversée, et les congédient, dans ce cas, aussitôt après l'arrivée à destination. C'est ce qui a lieu notamment pour les voyages dans l'Inde : arrivés à Calcutta, les capitaines anglais débarquent leurs hommes, et les remplacent par des lascars indiens, beaucoup moins payés et qui se nourrissent de riz. Ces lascars font le débarquement, souvent même exécutent quelques voyages sur la côte; lorsqu'un fret rémunérateur est trouvé pour l'Europe, le capitaine anglais débarque ses Indiens et engage un équipage européen, avec lequel il revient en Europe.

Les opérations de ce genre, très-avantageuses à l'armement, sont interdites au capitaine français; car, d'après l'article 270 du Code de commerce, *le capitaine ne peut, dans aucun cas, congédier un matelot en pays étranger*. Par suite de cet article inconsidéré, nos armements au long cours coûtent plus cher, et nos capitaines, pour arrêter les dépenses, sont fréquemment conduits à accepter des frets insuffisants.

L'armateur anglais a toute faculté d'embarquer des marins étrangers, et il embarque, en effet, des Norvégiens, des Danois, etc., qui sont moins payés, plus sobres et plus disciplinés que les marins anglais. Cela est avantageux au point de vue de l'économie, et aussi quand il y a des grèves dans les ports nationaux ou des épidémies à l'étranger. Le capitaine français ne peut en faire autant, ou du moins il n'a pas, sous ce rapport, une liberté complète, puisque les règlements limitent *au quart de l'effectif* la proportion d'étrangers qu'il peut embarquer. Il est à remarquer qu'en Angleterre, malgré la liberté illimitée, la proportion des étrangers répartie sur l'ensemble ne s'élève qu'à 12 0/0 du total, ce qui n'a rien de bien inquiétant : ainsi, la liberté illimitée n'a pas, dans ce cas, et à beaucoup près, les conséquences qu'on redoute.

Les considérations qui précèdent montrent que notre législation maritime s'est beaucoup moins préoccupée de pousser à l'économie, dans la marine marchande, que d'assurer à l'Etat le moyen d'augmenter, de suivre et de retrouver au besoin très-promptement le personnel inscrit qui forme la *réserve de l'armée navale*. Cette convenance a eu sa raison d'être à d'autres époques. En est-il de même aujourd'hui ?

Il y a quarante ans, tous nos grands navires de guerre étaient à voiles. Les vaisseaux de ligne, pourvus d'une voilure étendue et d'une artillerie nombreuse, nécessitaient de grands équipages. Ainsi, l'*Hercule*, de 100 canons, dont le déplacement était de 4,440 tonneaux, nécessitait 915 hommes, c'est-à-dire 22 hommes par 100 tonneaux. Aujourd'hui, le vaisseau à voiles a disparu pour faire place au navire cuirassé à vapeur : ce dernier a peu de voilure, ses canons, peu nombreux et d'un énorme calibre, se manœuvrent en partie par des moyens mécaniques; il ne demande, par suite, qu'un faible équipage. Le cuirassé de premier rang le *Richelieu*, dont le déplacement est de 8,417 tonneaux, n'a qu'un équipage de 689 hommes, soit à raison de 8 hommes par 100 tonneaux. Les Anglais possèdent même des cuirassés, tels que la *Dévastation*, la *Jury*, le *Thunderer*, qui sont entièrement dépourvus de voiles; leur déplacement est de 9,062 tonneaux, et leur équipage de 329 hommes seulement, soit à raison de 3 h. 6 par 100 tonneaux.

Ainsi donc, le navire de guerre moderne ne demande qu'un équipage *trois fois* moindre, à tonnage égal, que le navire de guerre ancien.

Parallèlement à cette réduction dans les besoins, les ressources ont augmenté d'une manière notable. Ainsi, en 1840, le personnel de l'inscription maritime s'élevait à 98,706 hommes; aujourd'hui il est de 151,829 hommes (1).

Le personnel de l'inscription maritime à la disposition de l'Etat a donc *augmenté de moitié*, alors que le nombre d'hommes nécessaires à la flotte de combat a *diminué des deux tiers*. Si donc ce personnel était considéré comme suffisant en 1840, il doit être exagéré aujourd'hui. On peut conclure de là que l'inscription maritime peut, sans danger pour notre force navale, se relâcher de ses rigueurs, de manière à permettre à nos armateurs de faire fonctionner leurs navires dans les mêmes conditions économiques que leurs concurrents étrangers.

Est-ce à dire, pour cela, qu'il faille aller plus loin et supprimer tout à fait l'inscription maritime, comme quelques armateurs le demandent, en basant le recrutement du personnel de la flotte sur le *volontariat*, comme en Angleterre ?

Je crois que ce serait une faute grave, et voici pourquoi : La *presse des matelots*, avec laquelle la Grande-Bretagne a fait toutes ses guerres maritimes, n'a été abolie qu'en 1835. Le système du *volontariat*, qui lui a succédé, n'a encore fonctionné qu'en temps de paix; même dans ces conditions favorables, ce système fonctionne mal, car il est bien connu que les armements anglais s'effectuent avec une extrême lenteur, en ce qui concerne le personnel.

Frappés de cet inconvénient, rendu manifeste en 1854, pendant l'expédition de Crimée, nos voisins ont institué *la Royal naval Réserve*, de la force nominale de 50,000 hommes, fondée sur le volontariat stimulé par une allocation annuelle de 150 fr. Moyennant cette somme, chaque marin de la réserve se tient constamment dans le voisinage des ports militaires, à la disposition de l'amirauté, pour un service purement éventuel. Malgré cette allocation annuelle pour un service purement éventuel, la réserve anglaise ne se forme que très-difficilement, et son effectif nominal de 50,000 hommes n'a encore pu atteindre que 18,000 hommes en réalité. Cependant, les Anglais possèdent une marine marchande *septuple* de la nôtre.

Il est facile de conclure de ces chiffres qu'une réserve navale, basée sur le principe du volontariat, ne parviendrait pas à se constituer en France.

Tous les peuples du continent ont, sous une forme ou sous une autre, constitué leurs réserves navales sur le principe du *service obligatoire*. Et nous avons vu les Allemands adopter ce même principe dans l'organisation de leur *seewehr*, laquelle est peut-être destinée à jouer dans le monde le rôle fort imprévu que nous a révélé la *landwehr*, constituée sur les mêmes bases.

Je crois avoir établi, dans le présent chapitre, que notre marine commerciale, sous le rapport du prix de revient du fret, est dans l'impossibilité de lutter contre les marines commerciales étrangères, dans le champ libre de la concurrence. Cette situation est, sans aucun doute, susceptible de s'améliorer sur beaucoup de points. Mais, d'un côté, les réformes législatives, quand elles s'attaquent à la force publique, ne doivent être effectuées qu'avec une extrême prudence, c'est-à-dire avec lenteur. D'un autre côté, les armateurs qui perdent de l'argent sont peu disposés à transformer leurs navires pour courir de nouveau les aventures. L'expérience nous apprend qu'ils préfèrent liquider, et porter ailleurs leurs capitaux. Si donc on veut arrêter une décadence aujourd'hui commencée, il faut prendre d'autres mesures plus immédiates pour relever une industrie dont l'existence est si nécessaire à la défense publique.

IV.

Je vais maintenant indiquer quelles pourraient être ces mesures susceptibles d'améliorer la situation de nos constructions navales et de nos armements.

Le rétablissement des surtaxes d'entrepôt, surtaxes de pavillon et droit de francisation, en un mot le retour au régime antérieur à 1860, est réclamé à Bordeaux par la majorité des armateurs et des constructeurs. Malheureusement ce régime, outre qu'il ne serait applicable qu'à l'expiration de tous les traités, aurait à cette époque le grave inconvénient de nous attirer des *représailles* de la part des étrangers. Ces représailles se feraient sentir à notre commerce maritime dont on a vu toute l'importance et dont il convient de ne pas compromettre la prospérité.

Le retour au régime antérieur à 1860 devant pour ce motif, être écarté, il ne reste que *l'allocation des primes* aux constructions et aux armements.

La prime aux constructions navales n'est pas une chose nouvelle. Elle est appliquée aujourd'hui par les Anglais dans leur colonie du Canada et elle a

---

(1) En 1840, le personnel inscrit s'élevait, en réalité, à 110,458 hommes ; mais ce nombre comprenait 11,752 ouvriers des professions maritimes. En les retranchant, il restait 98,706 marins.

D'après les documents fournis à la commission de 1873, le personnel inscrit serait aujourd'hui de 151,829 hommes. Ce personnel ne comprend plus les ouvriers des professions maritimes qui, depuis quatorze ans, ne sont plus soumis à l'inscription.

puissamment contribué à développer la principale industrie de ce pays. La prime aux constructions navales faisait aussi partie du système maritime de Colbert, car nous trouvons que par un arrêt du 7 novembre 1679, le roi Louis XIV promettait *des gratifications à ceux de ses sujets qui feraient construire des vaisseaux dans le royaume.* Enfin l'histoire nous apprend que le gouvernement espagnol, après la découverte de l'Amérique accorda des primes pour *encourager la construction des bâtiments de 600 tonnes à 1,000 tonnes,* les caravelles de l'époque ayant été reconnues troppetites pour traverser l'Atlantique avec sécurité. L'allocation de primes aux constructions navales présente donc de nombreux précédents qui tous ont réussi.

C'est le système des primes qui a été adopté par la commission formée par décret du 15 octobre 1873, pour chercher les moyens de venir en aide à la marine marchande. Chacun sait que l'éminent rapporteur de cette commission, M. Dupuy de Lôme, a proposé d'allouer savoir :

1° Pour 4,000 chevaux nominaux de machines à vapeur à 675 kil. par cheval et à 10 fr. 55 les 100 kil. . . . . 284,850 fr.

2° Pour 20,605 tonneaux de navires en fer, à raison de 40 fr. par tonneau. 824,200

3° Pour 22,000 tonneaux de grands et moyens navires en bois à 14 fr. le tonneau. 308,000

4° Pour 30,715 tonneaux de petits navires en bois à 7 fr. le tonneau 215,005

Total. . . . . 1,632,055 fr.

M. Dupuy de Lôme en fixant les primes ci-dessus à allouer aux constructions navales, s'est attaché uniquement à faire rentrer cette industrie sous le régime de la protection douanière actuellement accordée en France aux autres ouvrages dans l'exécution desquels il entre du fer. *Envisagé au point de vue du droit strict, son raisonnement nous paraît inattaquable.* Mais ses conclusions ont l'inconvénient de faire trop peu pour les navires en bois comparativement à ceux en fer, ce qui serait d'autant plus fâcheux que la plupart des chantiers français ne sont outillés que pour le travail du bois. D'autre part ces conclusions tendraient à encourager l'acquisition des navires en bois du Canada et de la Baltique ce qui n'est point un résultat désirable sous le rapport du progrès technique.

En adoptant un autre principe c'est-à-dire en réglant les primes de façon à permettre à nos constructeurs maritimes de soutenir la concurrence avec les étrangers, aussi bien pour le bois que pour le fer, nous avons vu qu'il y aurait lieu de leur allouer 60 francs par tonneau de navires en fer, et 40 francs par tonneau de navires en bois. En ajoutant à la prime de 40 francs par tonneau, proposée par M. Dupuy de Lôme pour les navires en fer, le produit de la vente des pouvoirs d'introduction, produit que cet ingénieur évalue à 22 francs par tonneau, on trouve que son chiffre de 40 francs par tonneau revient en réalité à 62 francs par tonneau, ce qui est sensiblement le chiffre de 60 francs que nous-mêmes avons reconnu nécessaire.

Nous sommes ainsi conduits à *proposer pour les navires soit en bois soit en fer, la prime unique* de 40 francs par tonneau de jauge à laquelle viendrait s'ajouter pour les fers, le produit de la vente des pouvoirs d'introduction.

En ce qui concerne les armements, la commission de 1873 propose d'allouer une prime de 1 franc par jour et par homme embarqué, ce qui pour un personnel de 18,300 hommes employés dans la navigation de concurrence nécessiterait une dépense annuelle de 6,679,000 francs, soit en chiffres ronds. 6,700,000 fr.

Ce mode d'allocation donne lieu aux trois observations suivantes :

En premier lieu, il tend à encourager l'emploi d'équipages nombreux, ce qui n'est point un progrès au point de vue de l'économie des armements, mais ce qui est au contraire, comme on l'a vu, une des causes de notre infériorité vis-à-vis de nos concurrents.

En second lieu l'équipage et par suite la prime étant la même pour le navire vieux que pour le navire neuf, et le premier étant considérablement moins coûteux que le second, la prime par homme embarqué tendrait à encourager l'emploi d'anciens bâtiments. Avec ce système nos ports deviendraient bientôt le *réceptacle de tous les vieux navires* de l'Europe.

Enfin l'encouragement à l'emploi d'anciens bâtiments tendrait à retarder d'autant la transformation de notre matériel naval, transformation déjà si lente et qu'il faudrait au contraire accélérer.

Ces trois inconvénients peuvent être évités sans rien changer à l'allocation proposée pour les armements par la commission de 1873, 1° en faisant porter la prime, non sur l'équipage, mais sur le tonnage, 2° en faisant décroître cette prime avec l'âge, de manière qu'elle disparaisse entièrement après la 15° année, terme moyen de la durée de nos navires.

D'après les tableaux publiés par l'Administration des douanes, les bâtiments français employés dans la navigation de concurrence reçoivent un équipage moyen de 4 hommes 2 ; par 100 tonneaux, une prime de 1 franc par jour et par homme, reviendrait donc à 365 fr. $\times \frac{4.2}{100} = 15,33$, soit en chiffres ronds 15 francs par an, et par tonneau de jauge de navire armé.

Ce chiffre établi, *afin de stimuler la transformation,* nous proposerions de le doubler, c'est-à-dire de fixer la prime à 30 fr. par tonne pour le navire neuf, et de la faire décroître ensuite à raison de 2 fr. par an d'âge de manière à disparaître tout à fait après la 15° année. La prime moyenne allouée aux navires neufs et vieux serait ainsi de 15 fr. par tonne et nous arriverions à la même allocation totale que la commission de 1873.

En résumé, nous proposons d'allouer :

1° Une prime de 10 fr. 55 par 100 kil. de machines marines, ce qui nécessiterait. . . . . 824,200 fr.

2° Une prime de 40 fr. par tonne de jauge pour toutes les constructions neuves, ce qui nécessiterait :

Navires en fer. 824,850

Navires en bois grands et moyens. 880,000

Petits navires en bois. 1,228,600

3° Une prime annuelle de 30 fr. par tonne de jauge pour chaque navire neuf armé, avec décroissance de 2 fr. par tonne pour chaque année d'âge. Pour les navires déjà construits, la prime serait réglée, suivant leur âge, d'après les mêmes bases. Le total pour tous les armements de navires neufs ou vieux s'élèverait à. 6,700,000

Total général des primes. . . . . 9,914,600 fr

Soit, en chiffres ronds, *dix millions.*

En réalité, cette allocation annuelle de *dix millions* pour relever la marine marchande, serait loin d'être dépensée. Quoi qu'on fasse, il s'achètera toujours un certain nombre de navires à l'étranger ; et, d'un autre côté, un certain nombre de bâtiments ayant dépassé la durée normale de 15 années, ne recevront pas de prime.

L'allocation des primes comme encouragement à la marine marchande, ne semble pas de nature à soulever de grandes difficultés diplomatiques, puisque ces primes existent aujourd'hui dans la colonie anglaise du Canada. Les navires de cette colonie font cependant concurrence à nos constructions navales, sans que le gouvernement français en ait fait l'objet d'aucune réclamation (1).

Mais on ne saurait le nier, l'allocation des primes peut donner lieu à des observations très-fondées de la part de l'administration des finances ; et si nous sommes bien informés, ces réclamations se sont déjà produites contre le rapport de la commission de 1873. Il est donc très-désirable qu'on puisse trouver le moyen d'épargner à notre trésor public cette nouvelle charge. Voici la combinaison que nous proposerions à cet effet.

Chacun sait que les ports maritimes de France, et leurs nombreux accessoires, sont livrés à peu près gratuitement à la navigation, aussi bien des étrangers que des Français. Les travaux maritimes, les docks, le dragage, quel qu'ait été leur coût, souvent fort élevé, sont exécutés entièrement avec les fonds alloués par le budget au ministère des travaux publics. Il en est de même des phares, des feux fixes ou flottants et du balisage.

A la vérité, des droits sont perçus sur quelques points, et notamment à Bordeaux, où une redevance de 20 centimes par tonne est perçue par la Chambre de commerce, à l'occasion des docks en construction. Mais cette redevance n'a point pour but de rembourser l'État de ses dépenses. Elle est simplement destinée à rembourser la chambre de commerce, de la différence entre l'intérêt de 5 1/2 p. 100 auquel cette chambre a emprunté une somme de 10 millions avancée par elle à l'État, et l'intérêt de 4 p. 100 qui lui est servi par l'État dans les annuités de remboursement.

La redevance de 20 centimes est, pour ce motif, minime, et de plus, elle doit disparaître quand la Chambre aura été remboursée par l'État, seul propriétaire des docks.

Les choses ne se passent pas ainsi dans les pays étrangers, et notamment en Angleterre. Là, les travaux maritimes, docks, jetées, dragage, phares, etc., sont exécutés par des corporations locales, ou même par de simples particuliers. Ces corporations, constituées par acte du Parlement, sont autorisées à

(1) Les gratifications pour constructions navales accordées en 1679 par le roi Louis XIV ne paraissent avoir donné lieu à aucune difficulté diplomatique. Il n'en fut pas de même de la taxe de 2 livres 10 sols qui fut appliquée vers cette époque aux navires étrangers admis dans les ports français. Cette surtaxe de pavillon nous valut une guerre avec les Hollandais ; de plus, elle conduisit les Anglais à insérer l'article suivant dans leur *Acte de navigation :*

Tout vaisseau français qui, après le 20 octobre 1660, abordera en quelque port ou havre d'Angleterre et d'Irlande pour y embarquer ou débarquer des passagers ou marchandises, payera aux receveurs du Roi 5 shellings par tonneau..... Lesdits vaisseaux français ne pourront sortir du port ou havre sans avoir payé ledit impôt, qui continuera tant que l'impôt de 2 livres 10 sols par tonneau sera levé par la France sur les vaisseaux des sujets de Sa Majesté.

On voit par ces détails que la surtaxe de pavillon n'est pas aussi facile à établir qu'on le suppose.

percevoir certains droits calculés de manière à les rembourser de toutes leurs dépenses, *capital, intérêts, frais d'entretien et d'administration*. — Lorsqu'il y a excédant, les corporations emploient cet excédant à exécuter de nouveaux travaux ou à réduire les droits.

C'est pour cette raison que les frais de port sont beaucoup plus élevés en Angleterre qu'en France. Dans certains ports anglais, au lieu de payer 20 centimes par tonne pour les docks, comme à Bordeaux, on paye jusqu'à 3 fr. 75 par tonne. Pour les phares, qui sont entièrement gratuits en France, on paye jusqu'à 20 centimes par tonne, et 20 centimes pour les feux flottants.

Ainsi, les navires étrangers qui viennent en France n'y payent pas de droits de port ou de phare, ou ne payent que des droits très-faibles, alors que les navires français qui vont à l'étranger y payent des droits de port et de phare extrêmement élevés.

Cet état de choses est d'autant plus choquant que les armateurs français, en tant que contribuables, fournissent leur contingent au budget des travaux publics. Ils se trouvent ainsi avoir à *payer de leur poche pour qu'on fournisse gratuitement l'usage de nos ports à leur concurrents*.

On fera cesser un état de choses aussi contraire à l'équité en soumettant les navires qui entrent dans les ports de France, à un droit spécial calculé de manière à rembourser l'Etat de toutes ses dépenses pour la construction, l'entretien et l'administration des ports et des phares, dans les mêmes conditions qui se pratiquent à l'étranger.

Pour évaluer d'une manière approximative, ce que pourrait produire un pareil droit, je vais citer quelques chiffres :

En Angleterre et en Ecosse, les droits de ports perçus par les corporations ou les particuliers s'élèvent à.............................. 76.000.000 fr.

Les mêmes droits en Irlande produisent.................. 11.000.000

Les droits de phare et de feux, perçus par la corporation anglaise de *Trinity House* produisent........................ 8.500.000

Droits de phare en Écosse et Irlande.................... pour mémoire

Total des droits de port et de phare, au moins.......... 95.500.000 fr.

Le mouvement maritime des ports d'Angleterre (cabotage non compté) s'élève à 42.501.000 tonneaux. Celui des ports de France (cabotage non compté) s'élève à 13.100.000 tonneaux. Les droits de port et de phare, établis comme en Angleterre, devraient donc produire :

$$95.500.000 \text{ fr.} \times \frac{13.100.000}{42.501.000} = 31.500.000 \text{ fr.}$$

Il faut déduire de ce chiffre les droits actuels, dont je ne connais pas le chiffre total. En l'évaluant à 7.500.000 fr. je serai probablement au dessus de la vérité. On aurait ainsi *un produit net de 24 millions.*

Ainsi il serait possible, en adoptant les mêmes principes et appliquant les mêmes tarifs que dans les ports anglais, de faire entrer dans les caisses de l'Etat une somme annuelle de 24 *millions*. Cette somme serait plus que suffisante pour rembourser celle de 10 *millions*, que nous avons reconnu être nécessaire pour relever la marine marchande française.

A la vérité une partie des droits, le tiers environ, seraient payés par les navires français, car, d'après les traités de commerce, les droits de tonnage, quand il en est établi, doivent être les mêmes pour tous les pavillons. Mais il ne résulterait de là aucun désavantage comparatif pour nos nationaux, puisque la redevance serait la même pour leur concurrents. On pourrait du reste, si cela était jugé nécessaire, augmenter la prime d'une quantité correspondante à leur contingent, la marge qui existe entre le chiffre de 24 millions et celui de 10 millions étant plus que suffisante à cette effet.

Ici encore nous ne voyons aucun motif légitime de réclamations de la part des étrangers, puisque nous ne ferions qu'appliquer chez nous les principes et les tarifs qui s'appliquent chez eux, sans que nous ayons jusqu'à ce jour, soulevé des réclamations (1).

En résumé, nous proposons, d'ailleurs aux constructions navales et aux armements, les primes détaillées ci-dessus, et s'élevant à la somme de 10 *millions* par an.

Nous proposons simultanément, de frapper tous les navires entrant dans les ports français, de droits de port et de phares calculés de manière à faire rentrer dans les caisses de l'Etat cette même somme de 10 millions, ou même une somme un peu plus forte, si l'on jugeait nécessaire d'élever un peu les primes.

Nous pensons que les primes, ainsi allouées sans aucune charge pour le Trésor public, tout en faisant disparaître une inégalité choquante, constitueraient pour la marine française, un puissant encouragement avec la combinaison que nous avons adoptée.

Ces primes auraient, en outre, l'avantage de stimuler énergiquement la transformation de notre matériel, transformation sans laquelle aucune concurrence sérieuse n'est possible.

Dans notre opinion, les primes devraient être allouées pour dix ans, au minimum. Après ce temps, leur chiffre pourrait être réduit, si le résultat obtenu était favorable.

Les forêts du nord de l'Amérique ne seront pas éternelles. Les mines de houille et de fer, que possède l'Angleterre, vont, elles aussi, en s'épuisant. Nos désavantages naturels, en ce qui concerne les constructions navales, iront donc en s'effaçant.

Notre matériel naval transformé, et notre législation maritime améliorée, nos armements peuvent, eux aussi, prétendre à une activité plus grande, que justifierait si bien notre heureuse situation à cheval sur les trois mers les plus fréquentées du globe.

On peut donc espérer qu'avec des mesures énergiques et immédiates, notre marine commerciale reprendrait, en peu d'années, son ancienne prospérité.

Bordeaux, 8 mai 1876.

J.-B. Pastoureau-Labesse.

La Société de géographie commerciale de Bordeaux, après avoir entendu le remarquable rapport, a formulé les conclusions suivantes :

La Société de géographie commerciale de Bordeaux :

Considérant que la crise qui sévit sur la marine marchande française sévit avec la même intensité sur les marines commerciales des autres pays, et notamment sur les marines de la Grande-Bretagne, des Etats-Unis d'Amérique et de l'empire d'Allemagne;

Considérant que cette crise s'étend aussi à la marine à vapeur, ce qui est démontré par le désarmement simultané de nombreux paquebots dans les ports anglais et allemands, et par quelques liquidations récentes de matériel naval neuf ou presque neuf, opérées dans ces mêmes ports à des conditions désastreuses;

Qu'il est donc incontestable que cette crise générale provient d'un excédant du tonnage disponible pour les besoins actuels du marché universel ; qu'en conséquence les moyens empiriques proposés de divers côtés, seraient impuissants à conjurer le mal dont souffre la marine marchande française, tout en présentant l'inconvénient mortel d'empêcher le développement des affaires, et de diminuer finalement la masse du fret à déplacer ;

Que dans cette situation, il est plus rationnel de chercher les moyens de perfectionner notre outillage, en accordant temporairement à l'industrie maritime, si nécessaire à la sécurité et à la grandeur commerciale de notre pays, l'aide qui lui est nécessaire pour traverser une crise redoutable, et mettre cette industrie en mesure de lutter avec succès sur le marché universel, le jour où le tonnage se sera de nouveau nivelé avec la quantité de fret à transporter;

Considérant que le rapport présenté à la Société de géographie commerciale, par l'un de ses membres, M. J.-B. Pastoureau-Labesse, répond aux nécessités actuelles de l'industrie de la marine marchande sans sacrifier la liberté commerciale, devenue absolument indispensable, tout en poussant à l'amélioration de l'outillage maritime, au lieu d'encourager l'acquisition du matériel de rebut des autres peuples, comme cela résulterait infailliblement de l'adoption du système proposé par la commission de 1873 ;

La Société de géographie commerciale vote en conséquence des remerciements à M. J.-B. Pastoureau-Labesse, et décide que son remarquable rapport suivi de la présente délibération, sera adressé incessamment à M. le ministre de l'agriculture et du commerce, avec prière d'en appuyer les conclusions auprès de MM. les ministres de la marine, des travaux publics, des finances et des affaires étrangères.

Délibéré en assemblée générale, le 15 mai 1876.

Pour extrait du procès-verbal,
Le Secrétaire général,
P. Foncin.

---

(1) On pourrait du reste, pour faire disparaître tout prétexte aux réclamations, donner aux perceptions de droits un caractère purement *local*, en en chargeant les chambres de commerce maritime, constituées comme les corporations anglaises. Ces chambres pourraient être aussi chargées de distribuer les primes.

UNE EXCURSION EN SAVOIE

LES GROTTES DE BAUGE ET DE PRÉ-ROUGE

Nous partons d'Aix-les-Bains et nous prenons la route des Bauges. Après avoir traversé Saint-Simon, célèbre aussi par ses eaux minérales, nous arrivons à Grésy-sur-Aix, où tout le monde a encore présent à la mémoire la catastrophe de Madame de Brod, arrivée le 10 juin 1813. On sait que cette dame d'honneur de la reine Hortense, était la sœur de la maréchale Ney. A la réunion du Siérot et de la Daisse se trouvait les moulins de Grésy, et ces rivières en se réunissant forment des cascades remarquables. C'est en les visitant que madame de Brod, prise de vertige en passant sur la frêle planche et pour n'avoir pas voulu accepter la main que lui tendait le meunier, se laissa tomber dans le torrent où, malgré tous les secours qu'on tenta de lui apporter, elle fut noyée. Un monument en marbre noir rappelle le souvenir de ce triste événement.

De Grésy, nous montons par une route très-pittoresque jusqu'à Cusy, en passant par Saint-Ours. Ici, on est à l'entrée des Bauges, et l'on n'a plus qu'à descendre pendant 4 kilomètres pour arriver au pont de Bauge qui, dit-on, remonte au temps de la domination romaine dans le pays.

Ce pont est établi sur le Chéran, rivière rapide et torrentueuse, venant des montagnes des Bauges. Lors de la fonte des neiges, au mois de mai, du haut de ce pont, le voyageur étonné s'arrête pour jouir d'un spectacle magnifique, car la masse des eaux poussées par une force irrésistible, est forcée de se resserrer pour passer entre les fissures des rochers qui barrent le lit de la rivière. Toutefois, l'excédent de ces eaux qui ne peut s'écouler vient se briser, avec un bruit épouvantable contre les rochers, là le torrent se tord en sifflant, se roule avec fracas ; l'onde écume, elle bondit sans pouvoir franchir l'obstacle et se résout en vapeur pour retomber sur les rochers eux-mêmes en une pluie abondante. Si le spectateur a cette masse d'eau entre lui et le soleil, il jouit d'un spectacle splendide et l'œil ne peut se rassasier du jeu varié et des brillantes couleurs de ce prisme gigantesque. J'ai peu trouvé, dans mes voyages, de spectacles qui m'aient plus ému que celui-là.

A un kilomètre plus loin, on arrive au Martinez. C'est de là que l'on part habituellement pour visiter la grotte de Bauge, il serait plus rationnel de dire la grotte des Bauges. C'est une obligation pour le touriste de visiter cette grotte.

Le chemin part du Martinez, petite scierie à eau qui est mue par un ruisseau bouillonnant et écumeux. Ce ruisseau doit sortir de la grotte de Bauge, car bien des fois déjà, on a jeté de la sciure de bois sur le lac qui termine cette grotte et chaque fois le ruisseau de Martinez en a ramené.

La montée depuis la scierie est très-raide et se fait par un mauvais sentier, mais, en moins d'un quart d'heure, on arrive sur la plate-forme qui précède les entrées de la grotte de Bauge.

On est ici à l'extrémité ouest du Semnoz (du grec Semnos, sacré, vénérable) dont l'altitude et de 1,800 mètres. Cette belle montagne s'étend depuis la grotte de Bauge jusqu'au lac d'Annecy.

Le Semnoz est le dernier contrefort des montagnes des Bauges vers le nord; de son sommet la vue s'étend de l'est sur le massif du Mont-Blanc sur lequel on a une vue admirable. Il semble qu'on n'ait qu'à étendre le bras pour y toucher, tant l'illusion est grande. Vers le nord, on a sous ses pieds le Chablais, le Faucigny qui ressemblent avec leur récoltes diverses à un vaste damier ; plus loin on distingue le lac de Genève avec les montagnes de la Suisse. A ses pieds, on a les lacs d'Annecy et du Bourget, tandis qu'au sud on aperçoit des centaines de pics des Alpes du Dauphiné.

Mais revenons à la grotte : on distingue deux entrées, celle du nord et celle du Sud. L'aspect de la première est grandiose, on dirait le portail taillé et décoré d'une immense cathédrale, tandis que celle de la seconde en serait le portail latéral. Au-dessus, la montagne est coupée à pic, tandis qu'en avant se trouve une plate-forme magnifique qui sert de salle à manger aux nombreux visiteurs. Les uns apportent des vivres et des provisions toutes préparées, tandis que les autres font eux-mêmes leur cuisine au grand air ; tous mangent avec un grand appétit. Les crêpes à la savoyarde sortent toutes chaudes de la poêle.

La partie de la grotte qui correspond à l'entrée principale n'est qu'un boyau long et étroit et parcouru dans toute sa longueur par un petit ruisseau qui va se perdre dans le lac. De nombreuses stalactites et stalagmites en obstruent le passage ; aussi, quoique autrefois ce fût la seule voie pour aller au lac, est-elle maintenant complétement abandonnée.

Entrons donc par la porte du sud. Dès les premiers pas, on se trouve d'abord dans une première chambre, vaste et spacieuse, de 30 mètres de longueur sur 7 à 8 de largeur et de 3 à 4 mètres de hauteur. Cette cavité, se termine par un étranglement ayant la forme d'un seuil où, vers 1858, un Anglais, enthousiaste de la grotte, avait fait placer une porte dont il ne reste plus que les montants. De là, on entre dans un couloir de 4 à 5 mètres de large sur environ 3 mètres 1/2 de hauteur, couloir qui se continue avec des détours divers jusqu'au fond de la grotte où l'on descend par une pente légère et continue.

Les parois de la grotte sont revêtues de cristallisations plus ou moins grossières dont quelques-unes, frappées par la lumière des bougies, jettent parfois un éclat assez vif. Çà et là, dans des enfoncements, on aperçoit des petits tas de sable extraits du lac, sable excessivement pur et agrémenté, comme une mosaïque, de petits cailloux de couleurs et de formes diverses. Ces tas de sable ont été déposés dans ces lieux par le touriste anglais, qui était à la recherche de la poudre d'or que le Chéran, depuis la grotte de Bauge, roule en petite quantité dans ses flots. Mais le peu qu'on en a retiré n'a pas suffi pour payer la main-d'œuvre, et l'on a dû abandonner cette trop faible récolte.

En avançant dans l'intérieur, on aperçoit de temps à autre, une ouverture trop étroite pour être explorée et qui semble gardée par des sphinx aux formes bizarres : ce sont des stalactites formées des dépôts calcaires entraînés par l'eau découlant de la voûte.

Aux deux tiers environ de la grotte, on arrive à un endroit portant les traces de la main de l'homme. Une masse de dépôts gypseux s'était formée dans ce lieu et avait presque complétement fermé le passage ; ce n'était qu'à grande peine et en rampant que l'on pouvait traverser cet endroit difficile. Mais le touriste, dont nous avons parlé, y a fait faire une tranchée et pratiquer des escaliers dans les lieux où la pente est la plus forte.

En continuant sa marche, on arrive bientôt au lac qui termine la grotte de Bauge; mais, à une dizaine de mètres en avant, la galerie correspondante à l'entrée du nord vient rejoindre l'allée principale.

Ce lac, qui est la partie la plus intéressante et la plus curieuse de la grotte se trouve à 80 mètres environ au-dessous de l'entrée principale, et sa circonférence mesure à peu près 100 mètres. Il est terminé par un groupe de rochers descendant à pic dans l'eau. C'est là que se trouve un tourbillon qui, dit-on, donne naissance au ruisseau qui fait mouvoir la scierie du Martinez. Sa profondeur est considérable, surtout vers ces rochers ; par 100 mètres, avec un fil à plomb, on ne trouve pas de fond.

Généralement, les visiteurs ont soin de se munir de petites planchettes sur lesquelles on fixe des bouts de bougies et qu'on lance alors sur l'eau ; on les voit d'abord s'éloigner lentement, puis, une fois dans le mouvement gyratoire des eaux du lac, marcher plus vite pour venir en tournoyant s'éteindre près du tourbillon et des rochers.

C'est un spectacle bien curieux que celui de cette voûte, haute de 12 à 15 mètres, éclairée par les torches des amateurs et par l'illumination du lac. Ces effets de lumière réverbérés par l'eau produisent des reflets de toute beauté qu'on aime à voir et à revoir encore.

La longueur de la grotte est de 250 mètres environ et sa température ordinaire, comme celle des eaux du lac, est de 10° centigrades.

A 500 mètres environ de la grotte de Bauge et à l'extrémité Est des monts d'Azye se trouve une autre grotte, moins belle peut-être, mais, à mon point de vue, tout aussi intéressante que celle de Bauge, c'est celle de Pré-Rouge. Autant la première est connue des touristes, autant la deuxième en est ignorée.

L'entrée de cette grotte est peu attrayante : c'est une modeste ouverture dans le rocher ; la première cavité qui a environ 40 mètres de longueur sur 20 de large et de 1^m,20 de hauteur n'a rien au premier aspect de bien remarquable, si ce n'est son sol, formé d'un seul bloc uni comme une glace et incliné vers le sud.

Seulement si l'on jette une pierre du côté de la pente on entend que cette pierre va tomber dans un lac souterrain.

Dès que l'on a traversé cette partie de la grotte on arrive à un passage étroit où peut à peine entrer une personne et l'on arrive dans une deuxième chambre qui peut avoir 60 mètres de longueur sur 15 de largeur et haute de 4 à 5 mètres. Tout autour se trouvent des stalactites énormes qui ont l'air d'avoir été placées là pour orner cette pièce. Au centre il existe un petit lac intermittent. Tantôt la cuvette de ce lac est pleine à déborder; quelques heures plus tard, il n'y a plus une seule goutte d'eau.

Le lac souterrain qui existe dans la première cavité se continue au bas de celle-ci ; et en jetant des pierres au loin, on les entend parfois retomber dans l'eau.

Le lac intermittent est peu profond alors même qu'il est rempli, 3 mètres environ, mais il suffirait pour emprisonner les curieux qui s'engageraient dans les parties les plus profondes de la grotte ; j'ai failli moi-même y être pris, voici comment :

Accompagné d'un ami, nous étions allés visiter les grottes; attirés à celle de Pré-Rouge, nous y avons trouvé le petit lac à sec, puis nous étant occupés de chercher des cristaux de roche dans le fond de la grotte, nous ne nous sommes pas aperçus que l'eau rentrait dans la cuvette du lac; toutefois en nous hâtant, nous en avons été quittes pour avoir de l'eau jusqu'aux genoux.

Nous avons remarqué que l'eau y montait lentement, graduellement, perçant le fond du lac, mais sans aucun bouillonnement. Ce lac est-il régulièrement intermittent, c'est ce que je ne saurais affirmer.

Il m'a été dit que lors des grandes eaux, il devenait imp ssible d'entrer dans cette grotte dont l'eau sortait à grande masse par l'entrée.

On nomme cette grotte Pré-Rouge, à cause de la prairie qui se trouve au-devant. On raconte qu'au xᵉ siècle, alors que les Sarrasins occupaient les Bauges et qu'ils menaçaient, en suivant le cours du Chéran, d'envahir le fertile bassin de Rumilly, les habitants d'Allères et autres lieux circonvoisins se portèrent à leur rencontre et leur livrèrent, près de la grotte, un combat sanglant, à la suite duquel ils les refoulèrent dans les Bauges. Depuis lors ce lieu est appelé Pré-Rouge ou Pré des Sarrasins.

Poly, membre corespondant
de la Société de géographie commerciale.

On sait que la Commission des transports nommée par l'Assemblée nationale a procédé à une enquête orale sur la question du trafic des chemins de fer; cette enquête a déterminé, de la part de la Chambre de commerce de Paris, des propositions de réforme parmi lesquelles on peut signaler les suivantes:

« Révision des tarifs généraux, spéciaux, différentiels et communs, et adoption d'un tarif égal pour tous, uniforme pour toutes les Compagnies, comprenant un certain nombre de séries ayant pour base la valeur, le poids et le volume de la marchandise;

« Obligation à chaque Compagnie de prendre le chemin le plus court pour les expéditions;

« Abaissement des tarifs généraux;

« Interdiction de relever les tarifs abaissés;

« Vitesse accélérée mixte;

« Raccordement entre nos grandes lignes et nos usines;

« Création de nouvelles agences de transport, etc., etc. «

Il est probable que ces propositions de réforme, qui sont d'ailleurs accompagnées de beaucoup d'autres, donneront lieu à de longues discussions. Nous avons pensé toutefois qu'il serait intéressant de comparer les prix des chemins de fer de la France avec ceux des Etats-Unis et nous avons reçu à ce sujet de notre collègue à la Société de géographie, M. James Jackson, la note suivante:

LES VOYAGES EN CHEMIN DE FER EN FRANCE ET AUX ÉTATS-UNIS

Pour édifier les lecteurs de l'*Explorateur* d'une manière aussi satisfaisante que possible, sur le prix comparé des voyages en chemin de fer en France et aux Etats-Unis, je crois devoir établir au préalable un tableau comparatif de ces prix.

Note sur le prix des voyages aux Etats-Unis.

ITINÉRAIRES	Milles anglais parcourus	Prix du voyage en dollars papier (Currency.)	Prix de revient du mille en cents.
New-York à Philadelphie	90	3.25	3 6
Philadelphie à Washington	141	4.50	3 2
Washington à la Nouvelle-Orléans (par Richemond, Charleston, Savannah, Macon et Mobile)	1.376	50.00	3 65
Jacksonville (Floride) à Savannah	272	7.00	2 57
Nouvelle-Orléans à Saint-Louis (par Cairo et du Quoin)	708	27.00	3 81
St-Louis à Cincinnati (par Vandalia)	352	1.00	0 284
Cincinnatti à Pittsburg	313	8.00	2 55
Pittsburg à New-York (par Philadelphie)	444	12.50	2 81
New-York à Niagara Falls et retour	894	18.50	2 09
New-York à New-Hamburgh	04	1.28	2
Fishkill à New-York	58	1.16	2
New-York à Saratoga et retour	360	8.30	2 34
New-York à Boston (par Worcester)	234	6.00	2 56
Boston à Quincy et retour	13	0.34	2 6
Boston à New-York (par Providence)	230	6.00	2 61
New-York à Minneapolis (Minesota) (par Erie, Chicago, lacs Pépin et St-Paul)	1.381	34.30	2 483
Saint-Paul à Minnéapolis et retour	22	0.50	2 27
Saint-Paul à Mankato (Minnesota)	86	4.30	5
Mankato à Chicago (Wiscona, Madison et Harwaed junction)	432	14.80	3 424
Chicago à Boston (par Détroit, Toronto, Prescott, Montréal, Richmond (Me), Portland	1.253	24.00	1 0154
Prescott à Ottawa et retour (argent canadien — or), (doll. 3.15 or —. doll. 3.54 papier)	108	3.54	3 260
Boston à Worcester et retour	88	2.50	2 84
Worcester à Providence	44	1.35	3 07
Providence à Boston	44	1.35	3 07
Boston à New-York, par Worcester	234	6 »	2 56
Ensemble	9.241	247.47	
Prix moyen du mille parcouru (en cents)			2 68

Comparaison des prix des chemins de fer français avec ceux des chemins de fer des Etats-Unis.

ITINÉRAIRES	Kil m. parcourus.	PRIX DES PLACES		
		1ʳᵉ lasse.	2ᵉ Classe.	3ᵉ Classe.
Paris à Marseille	864	105 30	70 75	58 45
— au Havre	228	28 10	21 05	15 45
— à Brest	623	67 75	57 55	42 20
— à Bordeaux	585	72 95	54 05	39 65
Bordeaux à Cette	476	58 60	44 »	32 20
Paris à Calais	297	36 55	27 40	20 10
— à Avricourt	410	50 45	37 85	27 75
Ensemble	3.483	418 80	321 65	235 80
Soit, une moyenne kilométrique (en centimes) de		12,1	0,235	6,54

92 milles anglais parcourus, coûtant doll., 247 47 (Currency) le mille revient à doll. 41,268.

Le mille anglais valant 1,609 mètres, et le dollar-papier (Currency) (agio 12 0/0), valant f. 4 50, on aura, en mesures françaises:

Parcours, 14,869 kilomètres, soit, on moyenne, 7·1/2 centimes par kilomètre, coûtant f. 1,113 75.

Ce parcours aurait coûté, en France, en 1ʳᵉ classe...... fr. 1.790 75
2ᵒ classe...... fr. 1.373 15
3ᵒ classe...... fr. 1,006 65

Dans le tableau ci-joint, un parcours de 9,241 milles a coûté $ 247.47 papier (Currency) à raison de 2,67 cents par mille, soit 7 1/2 centimes par kilomètre. Ce prix est intermédiaire entre les prix de parcours de la 2ᵒ et de la 3ᵒ classe en France, qui sont respectivement de 0,235 centimes et de 0,54 centimes par kilomètre. La différence des prix est de beaucoup en faveur des Etats-Unis; aussi les voyages, ainsi facilités, y sont autrement fréquents quoique généralement beaucoup plus longs.

Les Compagnies ne publient guère qu'exceptionnellement leurs prix qui sont sujets à changer selon leur gré, selon les besoins du trafic ou les nécessités de la concurrence et qui sont très-variables selon la région du pays où l'on se trouve. Ainsi, dans le tableau ci-joint, le trajet de Saint-Paul à Mankato (Minnesota) est calculé à raison de 5 cents par mille et celui de Saint-Louis à Cincinnati (par Vandalia), à raison de 0,284 cents par mille. Les petits parcours sont plus chers que les autres, les Compagnies s'efforçant d'encourager le voyageur à consommer une plus grande quantité de la marchandise qu'elles lui offrent. Dans l'ouest et dans le sud où la concurrence est rare, le prix des petits parcours peut être calculé à raison de 5 cents par mille; dans le Colorado, où les voies ferrées ne sont pas nombreuses, il ne faut pas s'étonner d'un tarif de 15 cents, tandis que dans l'est où chacun peut avoir le choix entre deux ou trois lignes pour un même voyage, les prix descendent à 3 ou 2 cents.

Voilà à peu près un aperçu des prix courants; mais l'esprit de concurrence apporte, selon les circonstances, des modifications considérables à ces chiffres. J'ai eu occasion de me rendre une fois de Saint-Louis à Cincinnati par Vandalia pour 1 dollar, soit environ 1/4 de cent par mille ou 8/10 de centime par kilomètre. La Compagnie de Vandalia voulant retirer aux deux ou trois Compagnies rivales tout le trafic entre ses deux points extrêmes avait abaissé son tarif de $ 8.50 à $ 1.", mais au bout de peu de jours, la guerre cessa et les anciens tarifs rentrèrent en vigueur. Pendant longtemps, on a pu voir affiché à $ 100." le prix du trajet de New-York à San-Francisco (3,368 milles, 5,419 kilomètres); un jour, il fut porté subitement à $ 125." sans avertissement préalable. Une entente s'était établie avec la Compagnie rivale, celle du Pacific-Mail dont l'itinéraire passe par Panama.

On considère habituellement que les voyageurs ne sont pas divisés par classes comme en Europe. Cette appréciation n'est qu'à peu près exacte. On peut voyager à prix réduit dans le sud, à condition de rester dans le wagon des fumeurs qui est le plus souvent rempli de nègres. Chaque train express ou rapide porte un ou plusieurs wagons-salons ou wagons-lits, appartenant à une Compagnie spéciale, qui perçoit un excédant de 2 dollars environ pour un parcours d'une journée, d'une nuit ou d'une demi-journée. Ces wagons commencent à être introduits en Europe depuis quelques années. Ils sont montés sur deux chariots ayant chacun 2, 3 ou même 4 couples de roues; ils sont très-élégants et très-lourds et on les laisse presque toujours à l'arrière du train, de manière qu'en cas d'accidents, ils aillent se précipiter sur les wagons précédents au lieu de recevoir le choc de ceux qui seraient derrière eux. C'est un gage de sécurité pour les voyageurs qui prennent ces voitures spéciales. Tous les wagons sont d'ailleurs installés sur le même principe et montés sur deux chariots, ce qui leur permet de contourner facilement les courbes du plus faible rayon. Il y a certainement moins de fatigue à voyager trois jours de suite en chemin de fer aux États-Unis, où l'on peut toujours circuler d'un bout à l'autre du train, qu'à passer vingt heures dans un de nos compartiments où l'on ne peut se retourner et se remuer à son aise.

La vitesse des trains express ne dépasse guère en moyenne 30 milles, soit 48 kilomètres à l'heure; dernièrement pourtant un train spécial a parcouru en quatre-vingt-trois heures les 3,368 milles qui séparent New-York de San-Francisco, avec une vitesse moyenne de 65 kilomètres à l'heure, stations comprises.

On ne prend pas toujours son billet en arrivant à la station. Il existe dans toutes les villes des bureaux où le voyageur achète à l'avance son billet en donnant l'ordre à la Compagnie de faire chercher ses bagages. Il reçoit en échange un *check*, petit morceau de cuivre marqué d'un numéro et portant l'indication du parcours à effectuer; un *check* tout à fait semblable est attaché au colis par une courroie. En arrivant à destination, il remet contre reçu le *check* à un employé spécial qui envoie aussitôt le bagage à l'adresse indiquée. Le transport des bagages en chemin de fer est presque toujours gratuit. Toute cette organisation est si simple et fonctionne si bien qu'on n'entend jamais parler d'un colis égaré ou perdu.

Le bas prix et la facilité des voyages sont tels qu'il n'y a pas à s'étonner que les Américains voyagent autant, dans leur pays comme ailleurs, car ils ont supprimé chez eux la meilleure partie des ennuis et des fatigues, qui, en Europe, sont inséparables du déplacement.

J. J.

LA COTE DE GUINÉE

RECONNAISSANCE DU FLEUVE VOLTA PAR M. J. BONNAT

(Suite et fin.)

Je me décide à partir pour Yegiy où j'essaierai de descendre et d'explorer le fleuve jusqu'à Craké, afin de voir s'il serait possible de remonter avec un de mes grands canots, ce qui diminuerait considérablement le prix du transport. Pendant ce temps M. Bonnerman et le commandant se disposent à retourner à Craké par la voie de terre.

Vendredi 4 février. — A cinq heures du matin je me mets en route, guidé par un jeune Achanti de Usuta qui avait servi de guide à Goldsbury et qui s'en retourne. Je lui donne une lettre pour le prince Ansah.

J'ai avec moi mes deux Akouamou et Oimé. Au bout d'une journée nous atteignons le Volta en constatant que Salaga se trouve à 22 milles du fleuve. J'ai rencontré plusieurs antilopes. Sur la rive je trouve une quarantaine de huttes temporaires habitées par les femmes de Yegiy, ville située à un mille de la rivière, sur la rive opposée. Elles ont été envoyées là par crainte d'une invasion des Achantis. Elles me reçoivent d'abord très-froidement, mais quand je leur eus parlé dans leur langue, elles devinrent fort aimables et m'offrirent de la nourriture et de la bière de millet.

J'entendais les tam-tams et les *sokodas* (cornes de buffle) que jouaient les Yegiyens. J'envoyai un messager au roi de Yegiy pour lui annoncer que j'avais une communication à lui faire. Une heure et demie après mon messager revint, accompagné d'une vingtaine d'individus et d'un linguiste. Ils venaient me souhaiter la bienvenue de la part de leur chef et me prier de me rendre à son village. Ils ajoutèrent que si j'étais trop fatigué, ils me porteraient. Comme j'étais déjà couché je refusai d'abord, puis je me rendis à leurs pressantes sollicitations, pensant d'ailleurs qu'ainsi je pourrais repartir de meilleure heure le lendemain. Je fis rouler mon lit et nous traversâmes la rivière sur une grande quantité de petits canots ne pouvant contenir que quatre hommes chacun, encore fallait-il se tenir bien tranquille pour ne pas chavirer.

Vingt minutes après nous arrivions à Yegiy où l'on me fit une réception publique à la lueur des torches. J'expliquai au roi le but de ma visite. Il me dit qu'il me répondrait demain. J'étendis ma natte sous un arbre et me disposai à dormir. Le roi m'envoya un pot de bière et vint me souhaiter la bienvenue en m'offrant un logement. Mais, malgré la mortification des naturels qui pensaient que je me défiais d'eux, je persistai à coucher sous mon arbre.

Jusqu'à minuit les jeunes gens, qui étaient ivres, continuèrent leur musique et leur danse et finirent par s'approcher de moi. Mais à la vue de mon revolver et de ma carabine, ils finirent par s'éloigner.

Samedi 5 février. — Dès le matin a lieu une assemblée présidée par le roi qui me presse de passer un jour avec lui, ce que je refuse. Puis il me dit qu'il n'a pas de canots sur le fleuve et que d'ailleurs des rochers obstruent la navigation. Il m'offre en conséquence des porteurs pour transporter mon sel par la voie de terre. Je me défiai de ces paroles et je répondis que j'étais décidé à affronter ces fameux rochers ; que je ne demandais pas même un guide, mais un canot que j'offrais de payer. Voyant que j'étais décidé à redescendre le fleuve à tout prix, ils me confièrent trois petits canots et quatre hommes pour m'accompagner. Ces hommes furent longs à se préparer. Nous ne pûmes partir que vers le midi. Nous avançâmes lentement, car il n'y avait qu'une pagaye par canot. Nous arrivâmes vers les quatre heures au village de Padjiaye. Je fus saluer le chef et l'on m'envoya des vivres. En revanche je leur envoyai un peu de sel, et je passai le reste de la journée à fabriquer des pagayes qui nous manquaient.

Dimanche 6 février. — Après avoir passé devant deux ou trois îles, nous arrivons à l'un des rapides les plus dangereux. Nous passons nos pirogues en les roulant sur les rochers du bord. Après un minutieux examen de cette chute de 10 pieds de haut sur 50 mètres de large, nous rencontrons un banc de rocher que nous tournons par la rive gauche. Nous trouvons d'autre petits rapides près de Tam-Kran-Kou, au dessus de l'embouchure de la Daka. Plus loin nous trouvons des pêcheries assez bien organisées par les naturels, et nous allons passer la nuit, à Akané, qu'on nous dit être tout près et qui est à un bon mille du fleuve. Devant les pêcheries se trouve une île à laquelle je donne le nom de Goldsbury. J'appris à Akané, d'un esclave qui avait beaucoup voyagé, que le Volta remontait très-haut dans l'intérieur et qu'il forme deux branches à deux ou trois journées en dessus de Yegiy.

Lundi 7 février. — Vers dix heures, nous arrivons à Bediamesso après avoir capturé un aigle magnifique ; il avait été pris dans une trappe et l'avait brisée, mais il en portait une partie attachée à sa patte, ce qui le fit tomber dans la rivière où nous nous en emparâmes. Je fis demander au chef de Bediamesso un guide pour traverser le prochain rapide; il me fit répondre que personne n'y avait passé et que si je voulais prendre la route de terre, il me ferait accompagner. Mes guides de Yegly refusèrent aussi d'aller plus loin. Je ne les retins pas. En échange de la plus grande pirogue que je gardais, je leur donnai une pièce de soie en otage et je partis avec mes trois compagnons.

A cinq milles environ je vis s'élever devant nous une muraille de rochers, aux pieds de laquelle je trouvai plusieurs passages. J'en choisis un dans lequel le courant nous entraîna avec la rapidité d'une flèche, mais nous en vînmes à bout. En montant le fleuve on peut toujours reculer, mais en le redescendant il est souvent impossible d'arrêter l'élan de la pirogue.

Mardi 8 février. — Après avoir traversé encore deux rapides dangereux, nous arrivons à Craké vers les trois heures de l'après-midi. J'y trouvai M. Bonnerman et le commandant arrivés depuis deux jours. Ils eurent de la peine à croire que j'avais réussi à descendre la rivière en canot. Sur mes indications et après avoir consulté ma carte, ils résolurent de remonter la rivière jusqu'à Yegiy. Du reste, depuis leurs derniers voyages ils se plaisaient à considérer la route de Salaga à la côte comme étant définitivement ouverte à tout le monde.

Mercredi 9 février. — J'ai beaucoup de peine à faire transporter ma grande pirogue au dessus de la cataracte. J'y réussis grâce à 50 hommes, la portant pendant plus d'un mille. Je fais rouler cinq barils de sel jusqu'au dessus des cataractes et le jeudi, à quatre heures de l'après-midi, je me remets en route pour remonter le Volta.

....

A dater de ce moment M. Bonnat refait, en remontant le Volta, la même route que nous venons de lui voir parcourir en le descendant. De retour à Yegiy, le 15 février, il étonne les naturels par son prompt retour et par la vue de sa grande pirogue, si miraculeusement parvenue à cette hauteur du fleuve, malgré les nombreux rapides qui en rendent la navigation difficile et même périlleuse. Tandis que M. Bonnat fait transporter son sel et ses autres marchandises à Salaga il laisse ses quatre Akouamuos à Yegiy pour lui construire une hutte dans laquelle il puisse déposer ses marchandises. Il retourne à Salaga où il avait laissé son employé During. Celui-ci avait acheté pendant ce temps quelques dents d'éléphant, de la cire et du beurre végétal. M. Bonnerman ayant besoin d'argent et de chevaux, avait vendu son sel à 30 0/0 de perte. En apprenant cela M. Bonnat n'hésite pas à élever ses prix de 800 à 900 cauris les trois livres de sel et arrive même au chiffre de 1,000 cauris, ce qui sauve le commerce compromis par son concurrent. Il est fort contrarié aussi par son correspondant de la côte qui ne lui envoie pas les marchandises dont il a besoin. Il laisse ensuite le soin de sa factorerie de Yegiy à l'un de ses amis, Ernest, qui était venu le rejoindre à Salaga, et repart pour Nkami. Nous ne le suivrons pas dans ce second voyage de descente du fleuve pendant lequel nous retrouvons les mêmes rapides, les rencontres d'hippopotames, les haltes dans les villages sur l'une et l'autre rive du Volta. A Nkami il trouve enfin déposées les marchandises qu'il avait si longtemps attendues. Cependant il lui manque le sel et les fûts pour l'huile de palme, sans lesquels il ne peut établir ses trois factoreries projetées de Salaga, Nkogan et Nkami. En attendant, il préside à la construction de sa maison sur un monticule qui commande une vue magnifique, et envoie ses marchandises à Salaga. Quant à lui, il redescend le fleuve jusqu'à Akouamou. Il n'y trouve pas le sel qu'il croyait y charger. Il se met alors en route pour Coffee-Coffee où son correspondant, M. Sprackett, fait bâtir une maison splendide. M. Bonnat y charge enfin la cargaison de sel qu'il attendait en vain depuis si longtemps. Il y reçoit en outre la lettre suivante de son commanditaire de Liverpool.

« Liverpool, mars 1876.

« Cher Monsieur,

« Comme vous avez cassé une des principales clauses de votre engagement, j'ai donné des instructions à mon agent M. Sprackett pour vous décharger de mon service immédiatement, sans vous payer aucun salaire. Mes droits contre vous, à cause de votre manquement à votre engagement dépassent de beaucoup la somme qui peut vous être due. Quoique vous vous soyez engagé à employer tout votre temps à mon service, vous avez *choisi de travailler* pour M. Camus, pendant votre engagement avec moi, et cela lorsque vous viviez à mes dépens et voyagiez avec mon argent.

« M. Sprackett a mes pleins pouvoirs pour agir comme il jugera à propos dans cette affaire.

Votre, etc.

« Signé : DE CARDI. »

« Ainsi donc, s'écria M. Bonnat, après avoir lutté, après avoir maîtrisé tous les obstacles depuis plus d'un an, après être arrivé à un succès splendide, après m'être refusé le nécessaire, par la plus stricte économie, après avoir consacré à mon entreprise tout mon courage et mon énergie, voilà comme je suis remercié !

« Je dis simplement à M. Sprackett : Je regrette ce qui arrive, plus encore pour M. de Cardi que pour moi, car en faisant ce qu'il vient de faire M. de Cardi donne le coup de mort à son entreprise qui promettait les plus beaux résultats. Quant à moi, j'espère être bientôt dans le haut Volta où je profiterai de mon expérience.

« M. Sprackett me proposa, pour arranger l'affaire, d'aller à Coumassie pour y faire casser le traité de M. Camus. Je répondis que ce traité n'était pas mon œuvre, que je m'étais borné à présenter au roi d'Achanty une lettre de M. Camus et que je ne souillerais pas ma conscience en me prêtant à ce qu'on me demandait. Je suis décidé à me rendre à Accra pour y attaquer M. de Cardi devant les tribunaux.

« A Adah on m'apprend que le bruit court que j'ai pris un double engagement, que j'avais demandé au roi d'Achanty de me faire chef, que j'ai *bu le fétiche avec lui*, et autres absurdités. »

M. Bonnat se décide enfin à rentrer en Angleterre pour y établir ses droits. Il s'embarque sur le *Benin* pour Sierra-Léone ; à Cape-Coast il apprend que le prince Ansah, le seul homme qui puisse lui servir de témoin contre M. de Cardi, est de retour de Coumassie. Il va le voir et y trouve plusieurs Achantis, tous enchantés de le revoir. On lui dit que dans ce pays tout le monde reconnaît que son affaire d'Atebobo a sauvé l'Achanty. Le prince dépose officiellement en sa faveur devant l'officier faisant fonctions de juge de paix.

Le *Benin* va mouiller dans la rade d'Elmina, la plus belle ville de la Côte d'Or, défendue par une forteresse formidable. Le 20 avril, le navire touche à Secondié, très-joli village fortifié, et le lendemain à Assinie, puis à Cap-Palmas, et à plusieurs petits ports de la République de Libéria. Enfin le 26 avril il arrive à Sierra-Léone, d'où nous laisserons M. Bonnat partir pour l'Angleterre où il se trouve actuellement et d'où il a bien voulu nous envoyer les notes de voyage qu'on vient de lire.

Pour extrait :
William REYMOND.

LE CHEMIN DE FER TRANSSAHARIEN
ET LE VOYAGE PROJETÉ DE M. LARGEAU

Depuis quelque temps, l'*Explorateur* patronne un projet qui, dès l'origine, a dû faire traiter d'utopiste celui qui a eu l'audace de le concevoir et de l'exposer.

Je veux parler du projet formulé par M. l'ingénieur Duponchel, pour la construction d'un chemin de fer transsaharien destiné à relier le Soudan à l'Algérie et à mettre en communication directe et rapide les rives du Niger avec le littoral méditerranéen.

Lorsque je rentrai à Alger après mon premier voyage dans l'Erg, M. Ville, ingénieur en chef des mines en Algérie, me remit, de la part de M. Duponchel, un questionnaire auquel j'étais prié de répondre.

Ainsi que chacun sait, le but de mes voyages consiste bien à établir une grande voie commerciale directe entre l'Algérie et le Soudan ; mais ce projet de chemin de fer, dont on me mettait sous les yeux un exposé sommaire, m'étonna à tel point que je ne sus d'abord que répondre. Cette idée me parut non-seulement prématurée, mais encore dangereuse à exposer en France, où (avouons-le) non pas seulement l'Afrique, mais l'Algérie elle-même, passent pour des pays mystérieux, peuplés de sauvages et d'animaux féroces ; bref, elle me parut de nature à effrayer les timides et à entraver les efforts que nous faisions déjà pour pousser peu à peu les esprits vers les études géographiques et les préparer à la conception des grandes entreprises.

Malheureusement, je n'avais pu, faute d'argent, pousser mon

premier voyage aussi loin que je l'avais espéré (1) ; j'avais bien recueilli quelques renseignements sur les différentes routes suivies par les caravanes, ainsi que sur les ressources que présentent ces routes ; mais ces renseignements (comme tous ceux que l'on emprunte aux indigènes) étaient trop vagues pour que je pusse rien donner de précis à M. Duponchel ; j'hésitai, j'attendis, et, finalement, je ne répondis pas.

Je commis ainsi une impolitesse (pourquoi ne pas l'avouer ?) ; j'en demande donc aujourd'hui publiquement pardon à M. Duponchel, qui, j'en suis persuadé, est trop Français pour m'en garder rancune.

Depuis lors, et tout en gardant le silence, j'ai longuement réfléchi à son projet, j'ai pris des renseignements, et j'en suis arrivé à cette conclusion :

Que le projet de M. Duponchel d'établir un chemin de fer à travers le Sahara n'est pas plus une utopie que le projet de M. le capitaine Roudaire de poursuivre la création d'une mer intérieure au sud de l'Algérie.

Beaucoup de gens se sont d'abord moqué de M. Roudaire ; il a eu à vaincre bien des incrédulités, bien des jalousies et bien des mauvaises volontés devant lesquelles cent autres se seraient rebutés : il a tenu bon : il a marché avec une persévérance, une ténacité dont est seul capable un homme convaincu et d'un esprit supérieur ; il en est arrivé à prouver d'une façon péremptoire que son projet est plus facile même à réaliser que l'a été le percement de l'isthme de Suez pour l'exécution duquel il a fallu la science, le courage, la persévérance d'un Ferdinand de Lesseps.

Mais il y a cette différence entre le projet de M. Roudaire et celui de M. Duponchel, que l'un a été étudié sur le terrain même, tandis que l'autre a été élaboré de loin, avec patience et talent, il est vrai, mais sans vérification de terrain.

Dans mon intime conviction, le chemin de fer transsaharien sera, à un moment donné, aussi utile à l'Algérie et à la France que l'est actuellement le chemin de fer transaméricain pour les Etats-Unis du Nord. Je crois même non-seulement que ce chemin de fer sera d'une exécution facile et relativement peu coûteuse, mais encore qu'il pourra très-vite donner des bénéfices, à la condition qu'il soit poussé sans interruption jusque dans le bassin du Sénégal.

Mais pour être sincère jusqu'au bout, je dois ajouter que, quoique j'en reconnaisse la possibilité d'exécution, je n'en considère pas moins ce projet comme prématuré, parce qu'il est de règle élémentaire que, pour faire un chemin de fer, il importe d'être bien renseigné sur les points suivants :

1° Quelle est la somme des productions des pays qui sont à portée du point précis où il doit aboutir ? 2° quelle est la nature des contrées qu'il doit traverser, et quelles ressources offrent ces contrées en eau, etc. ? 3° quelles seront les difficultés à vaincre, et, par suite, le coût approximatif de l'entreprise ?

Or, les renseignements précis de M. Duponchel ne vont pas au delà d'Ouargla.

Quoique les renseignements que j'ai recueillis soient aussi vagues que tous les renseignements que l'on peut recueillir auprès des Arabes, je puis cependant déjà démontrer qu'il y aurait d'importantes modifications à apporter au projet de M. Duponchel, projet que son auteur n'a pas eu l'idée, je pense, de présenter comme définitif.

C'est justement sur ces trois questions capitales que se sont portées mes recherches pendant l'exécution de mes trop courts voyages ; or, à la suite du résultat de ces recherches et jusqu'à plus complète exploration du Grand-Désert, voici le tracé que je propose, ou plutôt, voici les modifications que j'apporterais déjà au tracé de M. Duponchel.

Ma tête de ligne serait Philippeville, d'où un chemin de fer existe déjà jusqu'à Constantine ; bientôt ce chemin de fer sera poussé jusqu'à Batna ; or, de Batna à Biskra il n'y a qu'un pas.

De Biskra, je descendrais à Ouargla par Touggourt.

Ce parcours présente les avantages suivants :

1° Nous longeons la mer intérieure dont les nivellements viennent d'être si heureusement achevés par le capitaine Roudaire ; 2° exploitation des immenses plaines d'alfa qui s'étendent entre Touggourt et El-Oued-Souf ; 3° trafic des laines et des dattes que produisent abondamment les oasis de cette partie du Sahara algérien ; 4° sources artésiennes partout très-abondantes ; 5° enfin, centres populeux très-rapprochés les uns des autres.

D'Ouargla, j'irais directement à Aïn-Çalah par le lit de l'Oued-Mia, qui n'est desséché que superficiellement ; ce sont en effet les eaux souterraines de l'Oued-Mia qui, avec celles de l'Igharghar et d'autres cours d'eau disparus, forment le grand bassin artésien de l'Oued-Rirh, où M. de Lillo a obtenu des sondages ne donnant pas moins de 4,000 litres à la minute ; en outre, la voie traverserait, dans ce parcours, des plaines de pierres très-unies sur lesquelles il n'y aurait, pour ainsi dire, qu'à poser les traverses.

Aïn-Çalah est l'une des principales oasis d'une contrée très-riche et très-peuplée, qui s'étend vers le N.-O. jusqu'à Temimoun ; on peut tirer de là des laines en quantité.

Jusqu'ici je ne me suis que fort peu écarté du tracé de M. Duponchel. Quant à la partie comprise entre Aïn-Çalah et Tinbouctou, voici, des divers itinéraires que j'ai recueillis, celui qui paraît le plus avantageux. L'échelle de ma carte est trop restreinte pour que j'y puisse indiquer toutes les stations des caravanes ; je n'en ai donc indiqué qu'une sur deux ; mais j'en donne ici la liste complète, avec toutes les indications que j'ai recueillies et l'orthographe des noms telle qu'elle m'a été donnée par le chérif Si Snoussi-ben-el-Hadj-Hamed-Mqora, de Tinbouctou, qui, le premier, m'a renseigné sur cette route.

Les caravanes peu chargées peuvent aller d'Aïn-Çalah à Tinbouctou en 45 jours, en passant par les points suivants :

1er jour. *Er Rhaba*, pas d'eau ;
2° — *Oued* (vallée) (1) *El-Had*, du nom d'une plante ; pas d'eau, plaine de pierres ;
3° — *Tokchoumin*, source salée, sans arbres ;
4° — *Oued* (vallée) *Sbat*, plaine de pierres dans laquelle pousse l'alfa (2), pas d'eau ;
5° — *Oued* (vallée) *Thalah* (3), pas d'eau ;
6° — *Inrhelel*, oued mort, tamarix sur les bords, eau presque à la surface ;
7° — *Tekdhedbatin*, source de mauvaise eau, pierres noires ;
8° — *El-Modhieg*, pas d'eau, plaine de pierres ;
9° — *El-Gouérat-el-Had*, ou les *petits gours du Had*, pas d'eau ;
10° — *Areg-el-Ouassar*, petites dunes, pas d'eau ;
11° — *Glebet-Raoua*, plaine de grès, pas d'eau ;
12° — *Ez-Ziza*, ou *la Mamelle*, haute colline, 110 grands lacs d'eau douce, quelques plantes ;
13° — *Tanezereft*, plaine de grès, pas d'eau ;
14° — *Foumtarhit*, plaine graveleuse, pas d'eau ;
15° — *Oued* (vallée) *Tleha*, plaine, pas d'eau ;
16° — *Tedjemalet*, plaine de pierres, pas d'eau ;
17° — *El-Morra*, plaine de pierres, pas d'eau ;
18° — *Temissaou*, pas d'eau ;
19° — *Anafis*, lac, bonne eau, touffes d'alfa ;
20° — *Loueïd*, plaine de pierres, pas d'eau ;
21° — *Oued* (vallée) *El-Hachich*, beaucoup d'herbes, pas d'eau ;
22° — *Dlemıya*, plaine de pierres, pas d'eau ;
23° — *Infennal*, oued mort, eau en creusant avec les mains ;
24° — *Boughassa*, oued mort, eau en creusant avec les mains ;
25° — *Ilouzzan*, oued mort, bonne eau par le même procédé que la veille ;
26° — *Nebk-el-Méız*, plaine de pierres et hautes collines, pas d'eau ;
27° — *Embey et El-Debda*, c'est-à-dire le *Lit de la Hyène*, plaine de pierres, petites plantes, pas d'eau ;

---

(1) Je suis profondément humilié qu'il en ait été de même pour le second ; espérons qu'il n'en sera pas ainsi pour la troisième.

(1) *Oued* signifie en même temps *rivière* et *vallée*.

(2) Je n'ai jamais vu l'alfa pousser dans les plaines de pierres, si ce n'est dans quelques parties sablonneuses de ces plaines.

(3) Le *Thalah* est l'*acacia gommifera*.

28° — *Takankat*, grande rivière à sec, beaucoup de plantes, eau en creusant à un mètre ;

29° — *Tadjidaït*, sources qui descendent de hautes montagnes, grands arbres, contrée hantée par les lions ;

30° — *Tagmart*, oued mort dans une plaine, montagnes au loin, pas d'eau ;

31° — *Telemsi*, plaine de pierres, pas d'eau ;

32° — *Tirkecht*, plaine de pierres tranchantes, pas d'eau ;

33° — *Aslâ*, un puits d'eau amère ;

34° — *Oued-Inourhi*, mort, eau en creusant avec la main ;

35° — *Agârak*, plaine, pas d'eau ;

36° — *Ouelirhda*, plaine, pas d'eau ;

37° — *Abdoquel*, puits de 25 coudées, bonne eau ;

38° — *Et-Thouil*, puits de 60 coudées, bonne eau ;

39° — *Embaksa*, puits de 20 coudées, bonne eau ;

40° — *Cherihâ*, puits de 25 à 30 coudées, bonne eau ;

41° — *Tintehoun*, puits de 40 coudées, bonne eau ;

42° — *Tinguelhai*, puits de 40 coudées, bonne eau ;

43° — *Atilet-el-Meguil*, plaine de graviers, pas d'eau ;

44° — *Egmaria*, sur le *Bahar-en-Nil* (Niger) ; pas de maisons, mais beaucoup de grands arbres appelés *talah* ;

45° — *Tinbouctou*.

El-Kahia-Brahim, des Mnemora, est actuellement roi de Tinbouctou ; le pays est tranquille.

Les caravanes très-chargées mettent jusqu'à 60 jours pour faire ce trajet.

Je n'ai pas besoin de m'étendre pour faire ressortir les avantages et les inconvénients de cette route : je dirai seulement brièvement que ses avantages sont les suivants :

1° Elle s'avance en ligne presque droite vers le sud-ouest jusqu'à Tinbouctou, à travers des contrées très-peu accidentées ;

2° Elle rencontre trois grands bassins d'eau douce, qui sont ceux d'*Ez Ziza* le 12° jour, d'*Anafis* le 19° jour, et de *Tadjidaït* le vingt-neuvième jour ;

3° Elle traverse nombre de rivières desséchées (*oueds morts*), dans lesquelles il suffirait de sondages peu profonds pour trouver de l'eau en abondance.

4° Comme sur le projet de M. Duponchel, elle aboutit à Tinbouctou, d'où elle peut être prolongée d'une part vers le sud-ouest jusqu'au Sénégal, de façon à mettre en communication Sego, dans le Bambara ; sur le Niger, avec Médine, qui est un centre sénégalien, et d'autre part vers le sud-est en descendant le Niger jusqu'à Sinder et au delà ;

5° Toutes les contrées comprises dans le haut Sénégal et dans le coude formé par le haut et le moyen Niger seraient forcément tributaires de cette voie ferrée ; or, s'il faut s'en rapporter au dire des Arabes et des voyageurs européens à qui il a été donné de les entrevoir, les Indes seules sont comparables, par leurs richesses naturelles, aux immenses contrées arrosées par le Sénégal, le Niger et leurs affluents.

Le seul inconvénient de ce tracé est de passer par Aïn-Çalah, pays dont le Maroc pourrait être poussé à nous disputer la possession. Car il faut aussi prévoir que nos adversaires feront tous leurs efforts pour nous empêcher de leur enlever le commerce du Soudan qui fait la prospérité commerciale de Malte et de Gibraltar.

Mais on pourrait très-bien éviter toute complication en gagnant, u sud-est d'Ouargla, le bassin de l'Igharghar ; il faut pousser droit au sud en remontant ce grand fleuve desséché dont le cours souterrain forme, avec celui de l'Oued-Mia, le bassin artésien de l'Oued-Rirh ; on gagnerait ainsi *Temacinin*, petite oasis arrosée par deux sources très-abondantes, située à moitié route entre Aïn-Çalah et Rhadamès, et par où passent actuellement les caravanes qui font le commerce entre ces deux centres sahariens ; de Temacinin, on gagnerait Idelès, bourgade de Touareg, située sur le plateau de Hoggar, dans un pays très-arrosé ; de là on gagnerait le lac d'Anafis en descendant le lit desséché de l'Oued-Tarhit, et d'Anafis on continuerait de suivre l'itinéraire indiqué.

Cette route présente le double inconvénient de traverser des contrées très-accidentées où les travaux d'art seront très-coûteux, et d'être plus longue que la première ; cependant, elle présente aus cet avantage que depuis Idelès on pourrait, à un moment donné, diriger un embranchement vers le lac Tschad, à Koukaoua, par le pays d'Aïr, le Damergou, le Sinder et le Bernou.

Tels sont les renseignements, bien vagues comme on le voit, que je puis donner ; on peut tenir pour certain que, dans l'état actuel de nos connaissances géographiques, il n'est guère possible d'en avoir de plus complets sur la partie du parcours comprise entre Aïn-Çalah et Tinbouctou.

Je ne rappellerai pas à M. Duponchel les termes un peu vifs dont il s'est servi au début de ses articles pour condamner les tentatives d'explorations isolées ; notre rédacteur en chef m'a affirmé qu'il ne persistait point dans cette opinion. Il est évident qu'un ingénieur dont l'autorité et la compétence sont incontestées, ne pouvait établir un premier projet que sur les relations des explorateurs ; c'est d'ailleurs sur les informations fournies par d'autres explorateurs qu'il a modifié son premier itinéraire. Ce sont encore les explorateurs qui peuvent confirmer ses vues et les accréditer auprès du public. Il faut des témoins sérieux, éclairés, qui aient parcouru au moins une fois les routes en perspective ; il faut que leurs profils aient été ébauchés ; que l'on ait des renseignements à peu près précis sur les ressources qu'elles présentent, sur les peuples dont elles traversent les territoires ; il faut que l'on possède des données plus positives sur la nature et sur la somme des produits que l'on pourrait tirer des pays de production ; car, si aujourd'hui nous sommes convaincus que ces contrées sont d'une grande richesse, il ne nous est cependant pas possible de donner des chiffres, même approximatifs.

Je suis donc obligé de conclure que le projet de M. Duponchel, tout réalisable qu'il soit, est prématuré, et qu'avant de penser à sa réalisation, il faut commencer pas explorer le pays qu'il parcourt.

C'est justement cette exploration que je me dispose à faire, et je promets d'avance de ne rien négliger pour recueillir tous les renseignements qui seront de nature à intéresser l'éminent initiateur du chemin de fer transsaharien.

Je compte partir en automne pour me rendre à Ouargla, qui est mon point de départ. Ainsi qu'on peut s'en rendre compte par la carte ci-jointe, mon projet est d'aller en droite ligne d'Algérie sur les côtes d'Assinie en passant par Aïn-Çalah et Tinbouctou. Cependant, je m'écarterai de ma route pour aller passer l'été prochain dans le Hoggar, contrée mystérieuse que j'aurais déjà explorée, grâce aux bonnes relations que je me suis créées parmi les Touareg, si le manque d'argent ne m'eût obligé à rentrer en France.

Encore maintenant, je suis loin d'avoir la somme nécessaire ; mais j'espère que, comprenant enfin combien il est humiliant pour notre pays de rester en dehors du grand mouvement géographique qui se produit à l'étranger, nos compatriotes n'hésiteront plus à répondre, en grand nombre, à l'appel qui va leur être adressé par la Société de géographie.

Tandis que je me dispose à aller étudier la grande voie commerciale du sud-ouest, M. Say, enseigne de vaisseau, l'un de mes compagnons dans mon dernier voyage, dont le courage et le désintéressement pourraient servir d'exemple à plus d'un fils de famille, se prépare à remonter à ses frais le lit de l'ancien fleuve Igharghar, pour se rendre dans les plateaux du Sahara central, où il compte séjourner assez longtemps parmi les Touaregs pour faire une étude complète de ces peuples et des intéressantes contrées qu'ils habitent. Nous nous rendrons ensemble à Ouargla, où nous nous séparerons pour aller, l'un vers le sud-ouest, et l'autre vers le sud-est. Puisse Dieu couronner nos efforts !

VICTOR LARGEAU.

Assurément l'exemple donné par MM. Largeau et Say est de nature à toucher profondément toutes les personnes qui s'intéressent à l'honneur du nom français. Nous aurions depuis longtemps convié nos lecteurs à contribuer à ces entreprises par une souscription particulière, mais il nous a semblé plus convenable d'attendre que l'initiative d'une souscription générale et publique ait été prise par la Société de géographie de Paris. Nous ouvrirons prochainement notre souscription dans la grande et dans la petite édition de *l'Explorateur*.

C. H.

La source Aïn-el-Kerma, près de l'oasis de Sidi-Khelil, sur la route de Biskra à Touggourt,
d'après un dessin de M. LARGEAU.

La source Aïn-el-Tharfaïan, sur la route de Biskra à Touggourt, d'après un dessin de M. LARGEAU.

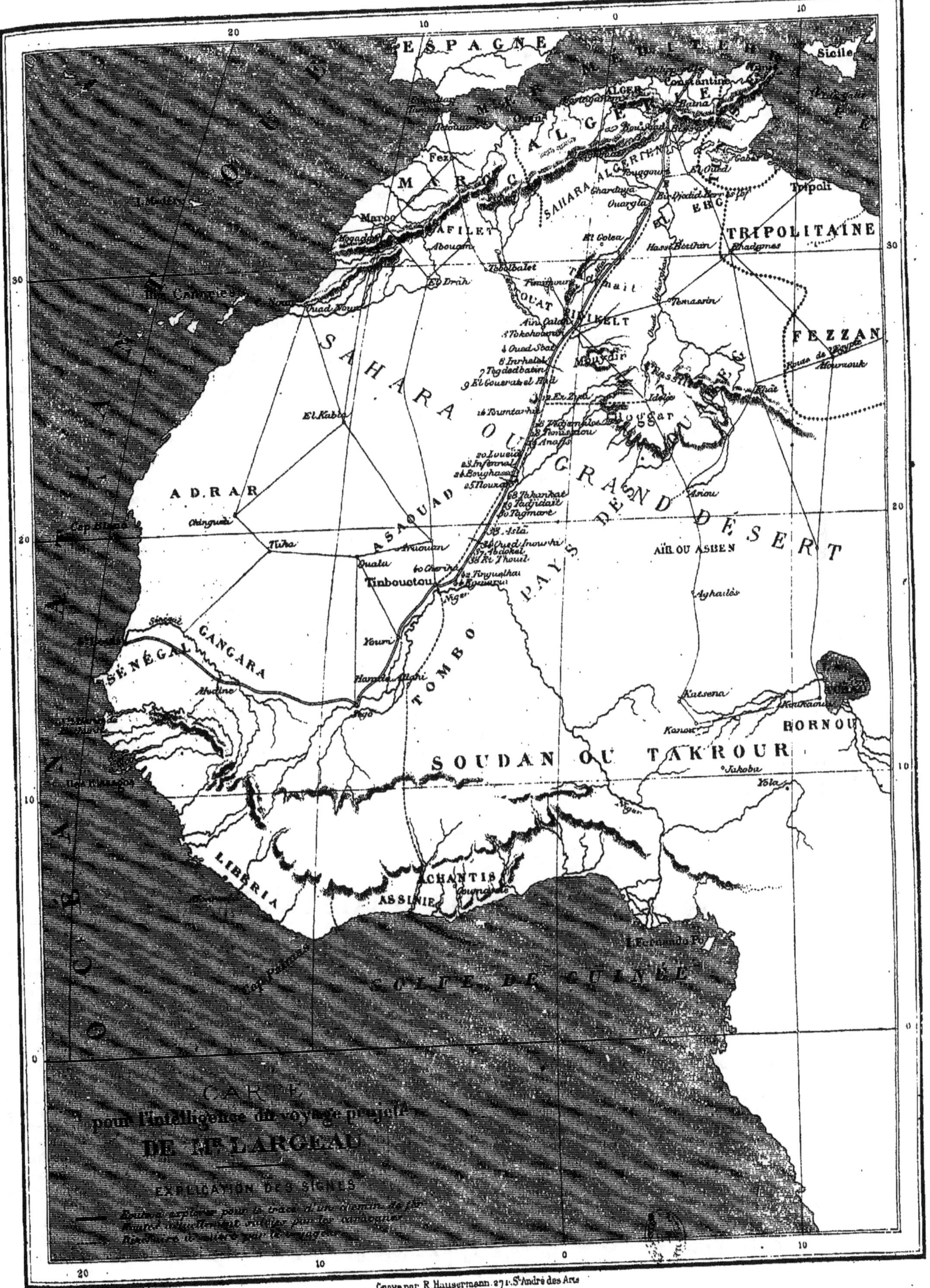

ESPAGNE
Sicile
MER MÉDITERRANÉE
MAROC
ALGÉRIE
Fez
Maroc
Mogador
TAFILET
Abouam
SAHARA ALGÉRIEN
Chardaya
Ouargla
El Golea
Hassi Bel R'ain
ALGER
Constantine
Batna
Tripoli
TRIPOLITAINE
Ghadames
Rhat
FEZZAN
Route de l'Égypte
Mourzouk
El Drah
Tidikelt
Ain Salah
OUAT
In Salah
Temasrin
In Zize
Idelés
Mourdir
Assiou
Anou
SAHARA OU GRAND DÉSERT
El Kabir
Chinguri
Tisha
ADRAR
ASAOUAD
Tinboustou
Niger
AÏR OU ASBEN
Aghailès
TOMBO PAYS
Katsena
Kanou
BORNOU
Kankaou
Jakoba
Yola
SOUDAN OU TAKROUR
SÉNÉGAL
GANGARA
Médine
Bakel
Ségou
Youri
Sinioni
Ahodine
Kayo
Hamdu Allahi
LIBÉRIA
Cap Palmas
ASSINIE
ACHANTIS
Coumassie
I. Fernando Po
GOLFE DE GUINÉE
Cap Blanc
Iles Canaries
R. Gambie
CARTE
pour l'intelligence du voyage projeté
DE M. LARGEAU
EXPLICATION DES SIGNES
Gravé par R. Hausermann, 27 r. St André des Arts

PRISE ET SAC DE L'OASIS DE RHAT

PAR LES TOUAREG-HOGGAR

Les journaux publient la nouvelle suivante que nous mettons à notre tour sous les yeux de nos lecteurs :

« Les Touareg-Hoggar ont pris et pillé l'oasis de Rhât ; ils sont « maintenant réunis à trois jours de marche d'Aïn-Çalah. »

Cette nouvelle nous remet en mémoire une phrase que notre collègue, M. Largeau, prononçait le 17 mai dernier, dans une conférence aux élèves de l'Ecole supérieure de Marseille et que nous avons reproduite dans notre numéro du 1er juin :

« Le pacha de Tripoli, dit le voyageur, a fait occuper arbitraire- « ment, par cinquante pauvres diables raccolés dans le Djebel-Nefouza- « la ville de Rhât qui fait partie du territoire des Touareg-Azguer. « Chacun sait que les Turcs n'ont jamais paru quelque part que pour « y porter la ruine et la désolation. Ils ont déjà plus que compromis « la prospérité de Rhadamès : leur présence à Rhât ne tardera pas à « en chasser les négociants sahariens qui chercheront un autre point « où ils pourront se donner librement rendez-vous. D'autre part les « Touareg dont les droits ont été aussi ouvertement violés, sont « devenus les ennemis acharnés des Turcs auxquels ils ne tarderont « pas à créer de sérieux embarras. Déjà, la route de Rhât n'est « plus sûre pour les caravanes qui devront ainsi choisir une autre « route pour remonter vers le Nord. »

Cette prédiction, qui vient de s'accomplir à la lettre, est une preuve que notre collègue voit clair dans les affaires du Sahara. Ainsi, ceux qui, redoutant l'influence que M. Largeau a su prendre sur les peuplades sahariennes, ont conseillé au pacha de Tripoli l'occupation arbitraire de Rhât, ont en effet obtenu un résultat tout opposé à celui qu'ils en espéraient.

L'occupation de ce marché important dont les Touareg eux-mêmes respectaient la neutralité, quoiqu'il se trouvât sur leur territoire, a été une violation du droit des gens qui, en Europe, eût soulevé toutes les consciences honnêtes. Aussi le châtiment ne s'est-il pas fait longtemps attendre. Il était impossible, en effet, qu'avec leur caractère chevaleresque, les Touareg demeurassent longtemps sous le coup d'une aussi criante injustice.

Nous savions déjà que les quelques tribus de Azguer dont les Tripolitains avaient réussi, à force d'argent et de promesses, à se faire des complices, avaient été, il y a quelque temps, taillés en pièces par les guerriers du Hoggar, à sept journées de marche au nord de Rhât ; par suite, toute communication avait été interrompue entre le Soudan et Tripoli par la voie de Ghadamès, et les cinquante faméliques qui composaient la garnison de la ville s'étaient trouvés isolés, avec leur agha et un vieux canon sans affût, au milieu d'une population composée des éléments les plus divers, dont les dispositions à leur égard n'étaient rien moins que sympathiques.

Enfin, par force, par famine ou par ruse, les Hoggar ont réussi à pénétrer dans la place, qu'ils ont saccagée et pillée, après avoir sans doute massacré la garnison, si les habitants eux-mêmes ne s'étaient déjà chargés de ce soin ; puis, après avoir été mettre leur butin en sûreté dans leurs oasis du Hoggar, ils se sont donné rendez-vous non loin d'Aïn-Çalah, où ils se trouvaient réunis aux dernières nouvelles.

Ainsi, même en admettant qu'elle ne subisse pas le sort de Rhât, la ville de Rhadamès se trouve fatalement condamnée à une ruine complète, car les produits dont elle était l'entrepôt et qui venaient du Soudan et du Bernou par le Tébou et le pays d'Aïr, seront maintenant dirigés sur Mourzouk et sur Aïn-Çalah, d'où ils seront écoulés par les ports de l'Egypte et par ceux du Maroc.

Il ne reste plus au commerce de Rhadamès que la seule ligne de Tinbouctou par Temacinin et Aïn-Çalah, et encore cette ligne traverse-t-elle le territoire des Touareg-Hoggar, dont les sympathies pour les Rhadamésiens laissent, comme nous l'avons dit, beaucoup à désirer.

J. G.

L'ART PÉRUVIEN MODERNE ET LA CATHÉDRALE DE LIMA

La manière dont les hommes se vêtissent est, jusqu'à un certain point, en rapport avec leur manière de penser et de sentir ; mais les costumes ne donnent jamais que l'idée de ce qu'un peuple a été à diverses époques ; la mode ne peut pas nous apprendre ce qu'il a d'immuable et de national. La littérature ne peut pas nous davantage nous faire connaître clairement le fond d'une nation. Les évolutions de la littérature sont rapides et les transformations qu'elles amènent sont radicales. Quelle différence entre les lettres françaises du moyen âge, du temps classique et du dix-neuvième siècle ! Où trouver dans ces trois littératures ce qui est vraiment et purement français? On tombe encore dans une plus grande erreur quand on cherche l'origine et la nature d'un certain groupe d'hommes dans les lois qu'ils ont promulguées. Si on n'étudiait l'Angleterre que dans sa législation écrite, le peuple Anglais paraîtrait comme un peuple barbare et arriéré ; si on n'étudiait le Pérou que dans son droit, il passerait sans doute pour le peuple le plus civilisé du monde, car nulle part on ne trouve de dispositions plus sages, de paroles plus humaines, de philosophie plus sociale que dans les Codes Péruviens. Ce n'est donc ni dans ses modes, ni dans sa littérature, ni dans ses lois qu'il faut espérer trouver l'empreinte du génie national d'un peuple. Il y a un autre art bien plus à l'abri des fluctuations et des caprices de l'esprit humain, qui, bien mieux qu'un livre, contient souvent les traits caractéristiques d'un peuple, c'est l'architecture. L'architecture ne varie que lentement. Pour élever un temple ou un palais, pour remuer ces blocs énormes de pierre et de marbre les hommes donnent toujours tous les efforts dont ils sont capables, et leur caractère s'imprime malgré eux en traits indélébiles dans ces constructions patientes et grandioses. Voilà pourquoi en visitant la cathédrale de Lima j'ai cru retrouver sur ses murailles quelques traits saillants du peuple qui l'a bâtie.

Fondée par François Pizarre, qui y a laissé ses restes mortels, la cathédrale de Lima fut presque détruite de fond en comble par le tremblement de terre du 28 octobre 1746. Ce terrible cataclysme accumula les ruines sur le sol du Pérou ; le Callao fut submergé avec 6,000 personnes ; enfin pour compléter ces misères, le pays tout entier fut la proie de soulèvements d'Indiens. Heureusement que le comte de Superunda, envoyé depuis peu par la métropole, répara par son intelligente administration tous les maux dont souffrait alors la colonie. Ce vice-roi, envers qui sa patrie allait bientôt montrer l'ingratitude qu'elle a témoignée à tant de ses grands hommes, fit aussi restaurer la cathédrale du conquérant espagnol. Pizarre, d'après Fuentès, aurait mis neuf années et dépensé 594,000 pesos pour la construire ; mais suivant Lorente la construction de cette église aurait duré presque tout un siècle. Quoi qu'il en soit, Superunda ne mit que cinq années à terminer son entreprise, mais il y dépensa probablement une somme d'argent plus forte que celle des premiers fondateurs.

L'ancienne cathédrale avait été bâtie sur les plans de celle de Séville; la nouvelle qui, dans la pensée des restaurateurs, ne devait qu'être la résurrection du sanctuaire détruit par la catastrophe de 1746, éprouva tant de modifications *inconscientes* que la cathédrale de Lima n'eut plus d'autre ressemblance avec celle de la *merveilleuse ville* espagnole sinon dans l'imagination populaire. La première avait été l'œuvre du génie castillan; la deuxième fut celui du génie péruvien; celui-là avait été grandissant et s'affirmant énergiquement; celui-ci naissant à peine se formait par un lent procédé d'élimination qui lui avait servi à rejeter tour à tour les principaux éléments de l'autre. C'est donc en laissant dans l'oubli certaines parties du plan primitif que le génie péruvien au berceau fit sa cathédrale. Elle sortit pour ainsi dire d'une négation; car après qu'on eut *refusé* d'admettre dans le temple nouveau la plupart des traits de l'ancien, ce qui resta ne fut plus espagnol, mais péruvien.

Quand on remonte à Lima les rues de Mercaderès ou de Bodégones et qu'on arrive sur la plaza Major, on voit d'abord la cathédrale sous l'angle de sa façade et du côté de l'église que longe la calle de Las Mantas. De là, la cathédrale a vraiment quelque chose d'imposant. Elle mesure 162 vares de front; aux deux extrémités sont deux tours d'ordre toscan de 14 vares de tour et de 55 de hauteur. La vare correspond à peu près à 88 centimètres. Il faut monter plusieurs marches en marbre blanc pour d'entrer dans l'église qui est un peu élevée au-dessus du niveau du palais et des autres maisons de la place. La porte principale, celle du « Pardon » a 5 vares et demie de largeur; sa hauteur est double en proportion. Le portique, en pierre de Panama, est digne de fixer un instant notre attention. On y trouve trois parties ou trois corps d'architecture se superposant les uns les autres et produisant sur l'œil, quand on se place à une grande distance, l'effet d'une pyramide en demi-relief. Le premier corps comporte quatre colonnes de l'ordre corinthien, et dans le vide qu'elles laissent de chaque côté quatre niches où s'élèvent les statues de saint Mathieu, de saint Marc, de saint Luc et de saint Jérôme. Je présume que chaque statue a, au plus, deux mètres de hauteur. Le deuxième corps a des proportions plus petites; il va se resserrant et les deux statues de saint Pierre et de saint Paul n'atteignent pas la hauteur des statues de la première partie. Entre les deux apôtres, et, au-dessus de l'entrée juste on a plutôt taillé que sculpté une Vierge. Ce n'était pas assez; pour surcharger encore ce portique, on a fait reposer sur la niche de la Vierge une statue de saint Torribio, confirmant un Indien agenouillé à ses pieds; derrière la tête du saint lui-même, on a gravé les armes royales et impériales de Charles-Quint. Enfin, le troisième corps, tout à fait exigu, sert de piédestal à saint Jean l'Évangéliste sous l'invocation duquel est bâtie la cathédrale. Deux portes collatérales correspondent aux deux vaisseaux secondaires de l'intérieur. On y trouve un mélange de dorique et de corinthien; mais cette forme pyramidale que la porte du « Pardon » prend de loin, disparaît pour laisser à l'ensemble la figure géométrique d'un carré ordinaire. C'est déjà beaucoup d'avoir ici des frises, des architraves, des corniches; bientôt, tout ce fouillis vivant dans la pierre, toute cette végétation fantastique de la feuille d'acanthe cesse brusquement et nous trouvons le désert. Tout l'art a été mis dans les trois portes; les murailles n'ont plus rien, pas même de fenêtres et de vitraux. N'allez pas chercher ici des chimères hardies ni un toit compliqué, léger, gracieux, étrange comme celui do Notre-Dame de Paris. Les murailles sont enduites de jaune et de rouge, espèce de couleur saumon. De la rue de Las Mantas, le passant n'a devant lui qu'un long pan de muraille peint en décor d'opéra, qu'on a couronné de six pétites pyramides de mosquée. On croirait voir six échassiers blancs perchés sur une jambe, le bec caché sous leur aile gauche comme les cigognes de Strasbourg. La cathédrale n'a que trois côtés, le quatrième est couvert par les maisons de la rue de l'Arzobispo et par l'archevêché lui-même, dont le front touche celui du sanctuaire sur la plaza Major. Ce grand édifice n'est donc pas même dégagé; il aurait pu, par le seul effet de sa masse, produire une impression sublime et puissante; on ne l'a pas voulu et, pour étayer l'édifice, on a mis à son côté un groupe de maisons. Ainsi maltraitée la cathédrale de Lima, me rappelle la création du lion attribuée à Milton. Là, on voit la tête de l'animal à peine pétri dans la terre par la main de Dieu s'animer et rugir; la crinière flotte aux vents du Paradis Terrestre; les pattes de devant font déjà des efforts pour que le lion puisse s'élancer dans l'espace; mais le reste de son corps n'est pas encore sorti du néant et l'animal demeure en cet endroit comme si on l'avait enterré vif. Ici on voit une cathédrale aux vastes proportions, elle semble par la largeur de ses bases massives vouloir d'abord lutter de solidité avec les Cordillères qui la dominent à l'horizon, et voilà que tout à coup on la trouve incomplète, tronquée, avec un côté qui, lui aussi, est encore dans le néant. En lisant le poète et en voyant la cathédrale de Lima, on éprouve le même sentiment; on admire une force qui semble se mettre en mouvement pour s'affranchir des liens où elle est retenue.

Avant de pénétrer dans l'intérieur du Dôme, qu'il nous soit permis de faire une remarque générale, puis tirons une conclusion d'ordre ethnologique. En architecture on a toujours eu ce que j'appellerai *la ligne maîtresse*, à laquelle les architectes ont dû donner une expression technique que je ne connais pas. La ligne maîtresse, c'est l'âme même de l'édifice, c'est ce qui fait sa vie, son originalité. La position et la forme de cette ligne varient à l'infini avec les diverses architectures. Tantôt elle est brisée et sinueuse, tantôt elle fléchit, s'arrondit, se courbe comme chez les Grecs; tantôt elle est droite et verticale comme chez nous; tantôt, enfin elle prend une position horizontale. Quand elle est droite et verticale, on construit surtout en hauteur; les édifices s'élancent alors vers le ciel, les toits, les tours, les clochers, les flèches apparaissent; on regarde en haut et on s'envole au ciel comme l'édifice tout entier. Quand la ligne maîtresse est au contraire horizontale, les édifices n'ont plus de hauteur, mais des largeurs, ils semblent alors s'attacher à la terre avec ténacité, on ne regarde plus en haut, mais en bas, et comme il faut toujours à l'œil une impression esthétique, on regarde de loin, et ces lourdes constructions prennent alors dans ce lointain un ensemble gigantesque qu'on admire. La cathédrale de Lima appartient à cet ordre d'architecture où la hauteur le cède à la largeur et où les détails se noient dans le grand tout; architecture essentiellement égyptienne. Cette digression nous permettra de formuler notre conclusion. On a déjà de fortes raisons pour rattacher les habitants primitifs du Pérou à la Chine; quant à l'origine chinoise des égyptiens elle ne fait plus, je crois, aucun doute. La cathédrale de Lima, bien que construite en plein dix-huitième siècle exprime une idée égyptienne. C'est une idée égyptienne et chinoise par conséquent qui s'est manifestée après le travail d'élimination des éléments espagnols dont nous parlions plus haut. La cathédrale de Lima s'ajoute ainsi au vase d'Ancon découvert par M. Ber, aux momies des Huacas et à ce bourg de la côte du Pérou où de tout temps l'on a parlé chinois; exemples assez frappants qui servent à prouver l'origine égyptienne ou chinoise des premiers Péruviens. Le Pérou était donc à peine conquis et peuplé par les Espagnols depuis deux siècles que déjà on voyait, dans la restauration de sa cathédrale modifiée, une séparation morale entre la métropole et sa colonie. Celle-ci remontait les âges et, par un phénomène singulier, les descendants mêmes de ces Espagnols, ayant dépouillé leur première nationalité en devenant colons sur ce sol nouveau, allaient retrouver une idée et un sentiment qui avaient appartenu aux ancêtres les plus reculés des indiens auxquels ils étaient venus mêler leur sang. Comment cela s'est-il fait? Comment le viel esprit chinois annihilé pendant toute la domination Quitchoa a-t-il pu reparaître dans le produit de l'union des sujets de Charles-Quint à ceux d'Atahualpa? voilà ce qui ne peut s'expliquer que par un de ces faits surprenants d'ethnologie, qu'il est permis jusqu'à présent de constater mais non de comprendre.

Nous entrons dans la cathédrale et nous nous trouvons tout de suite en face de l'autel de la Semaine Sainte, une œuvre capitale comme disent les Liméniens. Cet autel en marbre blanc est riche, mais je ne pense pas qu'il soit utile de s'y arrêter plus longtemps. Les études les plus curieuses qu'on puisse y faire sont celles des fidèles qui viennent s'y agenouiller. Tantôt de vieilles femmes en *manta* y poussent de gros soupirs et prient à haute voix tout tremblantes de colère de ne pas être exaucées; tantôt de jeunes Indiens, les cheveux noirs collant aux tempes, agenouillés les mains derrière le dos, contemplent muets, la bouche béante la douce figure de la vierge qui semble leur sourire et leur présenter comme couronne son diadème de perles fines. Passons aux chapelles: douze chapelles plus ou moins ruinées sont exposées symétriquement dans les deux vaisseaux collatéraux à la nef principale. Toute l'église ne contient en fait de tableaux que cinq ou six peintures à fresque; une Annonciation, un Saint-Michel Archange, la Canonisation de sainte Rose de Lima et la Consécration de la Cathédrale, sujet qui se répète jusqu'à deux fois. La Canonisation de sainte Rose représente une piquante légende. On dit que lorsque les envoyés péruviens se présentèrent au Pape pour obtenir la béatification de la patronne de Lima, le Saint Père les écouta sans les interrompre, mais qu'ayant ensuite levé les mains et les yeux au ciel il s'écria: « Canoniser une Péruvienne! Ah! Je ne croirai la chose possible que lorsqu'il tombera une pluie de rose. » Et aussitôt, termine la légende, la pluie de roses tomba. C'est ce moment-là que le peintre a choisi pour sa mauvaise composition. Cette pauvreté de tableaux dans la Cathédrale de Lima est digne de celle des galeries privées. Le commerce de vilaines copies, de pastichos et d'estampes se fait ici dans des proportions et dans des conditions extraordinaires. La peinture d'exportation française introduite au Pérou sur une vaste échelle se paye ici au poids de l'or. Les Péruviens adorent les tableaux, mais leur ignorance artistique est surprenante. Les Goupils de l'endroit font croire à leur clients tout ce qu'ils veulent, et on peut voir dans bien des salons tel petit tableau payé 20 francs à Paris, encadré à Lima comme la toile la plus précieuse. *(A suivre.)*

GRONINGUE (PAYS-BAS)

ÉTAT DU COMMERCE ET DE LA NAVIGATION PENDANT L'ANNÉE 1875

Il nous a paru intéressant de publier à titre exceptionnel le détail des opérations commerciales d'un des principaux ports de la Hollande ; les monographies commerciales ont souvent l'avantage d'expliquer les statistiques générales, et méritent quand elles sont aussi consciencieusement faites que celle-ci une attention particulière.

Marchés hebdomadaires et annuels. — Les tentatives qui avaient été faites les années dernières afin de remettre à un autre jour de la semaine, le marché hebdomadaire qui a lieu le vendredi n'ont pas eu de suite ; les auteurs de ce projet s'appuyaient sur les besoins de la population de se rendre ce jour-là au marché de Leeuwarden, en Frise; mais ils semblent avoir provisoirement au moins renoncé à leurs tentatives ; et l'ordre des marchés hebdomadaires ou annuels est resté intact.

Commerce intérieur. — Les résultats du commerce de détail ont été dans leur ensemble très-satisfaisants dans l'année 1875.

Spiritueux. — La somme des perceptions en accised démontre que le commerce des spiritueux a été important. Pendant les cinq dernières années la somme produite par cette perception s'est augmentée de 100,000 florins. En 1871 elle a été de 458,000 florins ; et en 1875 de 558,000 florins, représentant une quantité de plus de 10,000 hectolitres d'alcool à 50°. Le débit, quoique augmenté considérablement pendant les années précédentes, n'est pas la seule cause de cette progression ; la cessation de la contrebande y joue un large rôle. Bien que de temps en temps des marchandises de contrebande soient arrêtées aux frontières, la saisie des spiritueux dont les droits ne sont pas payés est fort rare à Groningue.

Café. — Le prix du café a moins varié en 1875 que l'année précédente. Aux enchères de mars 1874, les prix s'étaient maintenus de 10 à 14 cents au-dessous de la taxe; en février et mars au contraire il s'est manifesté une grande fluctuation qui a continué à baisser jusqu'à 58 cents avant la fin de l'année.

Le prix élevé de cet article et le peu de confiance qu'il inspirait à la spéculation, ont causé un ralentissement dans la vente.

Malgré cela, le commerce du café, par suite de la fluctuation des prix qui a presque continuellement été à l'avantage du vendeur, a donné des résultats très-avantageux.

Thé. — La consommation du thé augmente considérablement tant dans la ville que dans la campagne. En raison du prix très-élevé du café, le thé tend à le remplacer de plus en plus dans les classes ouvrières. Quant à sa valeur il n'y a rien de particulier à signaler.

Sucre et sucre cristallisé. Le commerce de ces articles n'a pas été important ; en automne surtout, quand on connut le projet de loi du gouvernement tendant à abaisser les droits sur les sucres, les achats s'arrêtèrent et se bornèrent aux provisions indispensables.

Riz. — Le commerce du riz est resté stationnaire; à la fin de l'année les prix étaient encore plus bas qu'au commencement. De là, achats et ventes peu avantageux.

Chicorée. — Par suite d'offres abondantes de matières brutes, résultant d'une ample récolte, par suite aussi d'une faible exportation, les fabriques de café, de chicorée ont travaillé régulièrement. Le bas prix et l'excellente qualité des racines ont eu une heureuse influence sur le débit et ont favorisé les fabricants. Ce prix qui était de 10 à 8 fr. les 100 kilog. l'année dernière, est descendu cette année à 7 fr.

Lard, panne et matières grasses. — Par suite de la cherté persistante des lards américains, l'importation en a cessé presque totalement. Rien ne faisant plus concurrence aux produits indigènes les prix se sont élevés et le commerce de cet article a été fort animé.

Les mêmes causes ont empêché l'importation de la panne américaine.

Par contre, la graisse anglaise a été importée régulièrement et la consommation en augmente.

Miel, Cassonade, Mélasse. — La cherté de la mélasse a causé une augmentation dans la consommation du miel. Une ample production indigène qui s'est vendue en grande partie à fr. 21 les 100 kilog. et est montée plus tard à fr. 23 et fr. 24 a permis une amélioration dans la fabrication des gâteaux de Groningue et a été un avantage pour les fabricants de pâtisseries. En raison de son haut prix, la mélasse a trouvé peu d'emploi ;

Le prix de la cassonade a baissé continuellement. Au commencement de 1875, elle valait encore 55 cents, tandis qu'en décembre on ne la payait plus que 43 cents. Les pâtissiers en profitèrent pour s'approvisionner et par suite la consommation des sirops d'oranges et de citrons confits, dont on

fait usage en cas de pénurie, diminua considérablement. Le stock de cassonade est assez important ; il aura une influence avantageuse dans la fabrication des pains d'épice qui aura lieu l'année prochaine.

Tabac. — Par suite de la récolte minime et de la qualité fort inférieure du Maryland, le prix du tabac restant de la récolte de 1874 a subi une augmentation de 8 à 10 cents par kilog. Le produit nouveau arrivé sur les marchés dans un état d'humidité et de fermentation a été en grande partie inutile aux fabricants, qui durent se procurer d'autres espèces. Le Mannheimer, dont la récolte avait été excellente, a été acheté en grande quantité au prix modique de 32 à 48 cents le kilog. Le tabac de Hongrie, de l'Ukraine et des Indes anglaises, a trouvé peu d'emploi ; on a employé pour la fabrication des produits secondaires les tabacs de Java et de la Grèce. Le tabac à chiquer du Kentucy étant rare et d'un prix élevé, les acheteurs se sont retranchés sur les espèces moins chères d'Amersfoort.

Les fabriques de cigares sont prospères et tandis qu'autrefois on ne faisait que les qualités inférieures, on s'applique à la fabrication des cigares de luxe qui se vendent avantageusement tant en Allemagne qu'à l'intérieur.

Manufactures. — La faveur dont ont continué à jouir les marchandises des grandes maisons parisiennes a été fort désavantageuse pour nos marchands. Les ventes publiques organisées en ville par les maisons indigènes ont contribué de leur côté à nuire au débit des boutiquiers.

Laines. — Le commerce des laines grasses, plus ou moins languissant au commencement de l'année, s'est animé plus tard. La laine nouvelle a été achetée avec empressement; celle de Frise valait de 1 fr. 40 cent. à 1 fr. 45 cent.; celle de Groningue de 1 fr. 25 cent. à 1 fr. 30 cent.; les qualités inférieures de 1 fr. 10 cent. à 1 fr. 15 cent. le kilog. Cependant les prix ne pouvant se maintenir faute de demandes de l'extérieur, la baisse a commencé bientôt et le stock disponible est considérable.

Dans le principe, la demande de laines longues a été médiocre.

Le marché des laines courtes est resté languissant pendant l'année entière.

Commerce extérieur. — En dehors des trois commissions d'arbitrage déjà existantes pour les qualités des céréales, des graines fourragères et de l'orge, on vient d'en créer une quatrième pour trancher les difficultés d'ordre général. L'arbitrage de cette commission a été invoqué plusieurs fois et son institution a eu les meilleurs résultats. En général, le commerce a donné des résultats moins désavantageux que l'année précédente, mais l'absence de fluctuation dans les prix a rendu impossible toute spéculation importante.

Froment. — Avant la récolte, le commerce du froment se bornait généralement à des achats faits par les minoteries et à des envois à l'intérieur. Les demandes de l'extérieur étaient peu importantes en raison de l'abondance de la récolte de 1874 et de la qualité inférieure de notre froment blanc indigène. La nouvelle récolte se signalait par son abondance et par son excellente qualité. Les arrivages, avant l'hiver, ont été peu considérables; cependant ils ont été importants.

Seigle. — Les envois de l'intérieur au marché de Groningue ont été peu considérables. De grandes quantités ont été employées pour la consommation indigène; une hausse de prix peu importante a signalé les marchés de mars et d'avril et en raison de la vive concurrence qui a régné dans le commerce de cet article, on peut conclure que les bénéfices réalisés n'ont pas été proportionnels aux transactions terminées.

Blé sarrasin. — La récolte des blés sarrasins dans les terrains tourbeux et principalement dans l'Oost-Friesland a été excellente; d'autre part, la culture de la pomme de terre s'est substituée presque partout à la culture du sarrasin dans les terrains sablonneux.

La farine de gruau de blé de sarrasin n'a été importée que de Saint-Pétersbourg et a pris généralement la voie d'Amsterdam et de Rotterdam. Ces importations moins considérables que l'année précédente ont donné peu de résultats satisfaisants.

Orge. — Une grande partie des provisions d'orge ont été faites au marché avant la saison nouvelle; d'un autre côté, l'orge des terrains élevés dont se composaient principalement les envois du printemps n'avait pas la blancheur qu'on désire y trouver. Les exportations ont donc été minimes.

La qualité de la dernière récolte est excellente. Par suite les arrivages qui ont eu lieu en hiver ont donné lieu à des transactions considérables, surtout pour l'exportation en Belgique.

La culture de l'orge printanier a été minime et les envois au marché peu importants. Les prix de l'orge ont peu varié.

Avoine. — Les arrivages de l'Oldampt ont été extrêmement considérables avant l'hiver. Par suite les envois au printemps de 1875, malgré la récolte abondante de 1874 ont cessé bientôt d'être de quelque importance. Ils avaient déjà diminué en avril et il aurait été difficile de s'en procurer des chargements à bref délai. De plus les prix n'ont pas cessé de hausser régulièrement et ont produit des bénéfices considérables. La récolte nouvelle est importante par suite de la grande étendue donnée aux cultures et de l'abondance de la production : la qualité peut concourir avec celle des meilleures années.

Le nombre des machines à battre à vapeur étant encore augmenté les envois de grains ont été considérables avant l'hiver. Les demandes ne se sont pas fait attendre et d'importantes expéditions ont déjà eu lieu pour la Belgique et pour l'Angleterre.

Les cultures de quelques qualités telles que l'avoine noire et l'avoine blanche pour le bétail semblent avoir diminué. Sauf quelques chargements d'avoine noire en destination de France et d'Angleterre, la majeure partie des envois a été faite pour l'intérieur ou pour la Belgique.

L'avoine de Robsteier, au contraire, devient un article de commerce important et en raison de la constante augmentation des demandes de l'intérieur et de la Belgique, la différence du prix entre elle et l'avoine supérieure a cessé d'exister dans presque tous les cas.

Colza. — La récolte a manqué totalement ; cela a été cause que les réserves faites sur la récolte précédente sont restées enmagasinées et que quelques importations ont eu lieu de la Hongrie et de la Baltique. Ces transactions ont été peu avantageuses et le débit a été lent parce que les fabricants d'huile indigène préfèrent la linette.

Linette. — La récolte du pays a été peu abondante ; les importations, principalement celles de la linette noire, ont été importantes. Les prix de cet article sont restés au-dessous de ceux de la linette de Saint-Pétersbourg, de Riga ou d'Arkangel.

En raison d'une baisse continuelle, troublée par quelques hausses subites et momentanées ; en raison aussi du bas prix de l'article, ces achats n'ont pas donné lieu à de grands bénéfices pour les importateurs.

La quantité de grains mesurés en 1875 par les mesureurs jurés est montée encore à 40,871 losts de 30 hectolitres ; elle n'avait été, en 1874, que de 36,380 losts.

Pommes de terre. — Les demandes d'Angleterre et de Hollande ont été beaucoup plus considérables que l'année précédente, surtout en automne, où le commerce en a été très-animé. Les prix ont subi de nombreuses modifications suivant les demandes. Pour la vente au détail on a payé de 1 fr. 50 à 2 fr. 20 par hectolitre. Quant aux fabricants, ils ont acheté de 1 fr. à 1 fr. 10. La culture, quoique peu étendue, a donné une récolte généralement satisfaisante, et les résultats ont été fort avantageux pour les producteurs.

Beurre. — Les prix des qualités supérieures ont beaucoup varié ; ils ont flotté de 56 fr. 50 les 25 kilog. en septembre, à 35 50 en mai. L'exportation a eu lieu généralement pour l'Angleterre. Les qualités secondaires se vendent à grand peine de 5 fr. à 10 fr.

Lin. — Les parties ensemencées étaient à peu près égales à celles de 1874. Pendant la semaille et les premiers temps de la culture, le temps s'était montré favorable. Plus tard, cependant, la plupart des linacées souffrirent beaucoup de la sécheresse persistante, de sorte que la récolte fut très-mauvaise. Le produit par hectare a été fort minime.

Au commencement de 1875, les prix se maintenaient ; à l'époque des semailles, il y eut une petite baisse. La sécheresse continuelle amena ensuite une hausse constante qui augmenta encore par suite des nouvelles défavorables sur la récolte des autres pays et particulièrement de la France. Avec des arrivages de la récolte de 1875, les prix montèrent encore beaucoup jusqu'à la fin de novembre ; puis ils se maintinrent jusqu'à la fin de l'année.

Une quantité considérable de linacées a été expédiée en Hollande et en Belgique ; cette récolte a produit en juin 500 à 600 fr. par hectare. La majeure partie a été consommée par les filatures de la province de Groningue, où une nouvelle usine s'est établie.

Chanvre. — Par suite d'une continuelle amélioration dans les communications par bateaux à vapeur entre notre pays et Saint-Pétersbourg et Riga, le chanvre se trouve de plus en plus à la portée des petites corderies qui peuvent s'adresser à la source ; de plus, les achats peuvent se faire maintenant par petites quantités et dans les diverses saisons. Il est résulté de là une diminution sur les années précédentes dans l'importation à Groningue par voiliers. Les prix de cet article, quoique ayant baissé plus ou moins pendant l'été, sont restés constants vers la fin de l'année et à peu près les mêmes que les deux années précédentes.

Goudron. — On s'étonne, à juste titre, que les plus grands consommateurs ne s'adressent pas directement à la source pour faire leurs achats. L'importation reste toujours dans les mains des maisons hollandaises de Haardingen et de Harlingen. Les prix ont subi des fluctuations considérables. Ils ont varié de 228 à 170 fr.

Charbon de terre. — Pendant 1875, 63 chargements de charbon sont arrivés d'Angleterre, dont 43 destinés à la fabrique de gaz de la ville et les autres à la consommation particulière. La fabrique de gaz a reçu en outre 2 chargements arrivés d'Angleterre par navires à vapeur de Diep et transportés par chalands à Groningue.

Depuis le printemps de 1875, le prix de cet article a baissé continuellement, de sorte qu'il se vend actuellement 10 p. 0/0 meilleur marché que l'année précédente.

Pétrole. — Le commerce du pétrole avait donné, pendant les deux années passées, des résultats très-désavantageux. Cette année, les résultats ont été favorables. Au commencement de l'année, le prix était si bas (12 fr. 50 par 100 kilog. en entrepôt), qu'on pouvait, avec certitude, compter sur une hausse. En effet, au printemps, le prix monta déjà à 15 fr. ; il baissa, pendant l'été, à 12 fr. 50, puis remonta continuellement, en subissant quelques fluctuations légères, jusqu'à 15 fr. et 15 fr. 25 en décembre.

Huile de colza, huile de lin. — La mauvaise récolte du colza, dans notre province, et le manque de matière première, ont causé un retard d'un mois dans le travail des fabricants. Le colza importé de Hongrie et d'Honingsbergen fut mêlé au colza indigène et donna une fabrication assez bonne quoique inférieure à la production indigène exclusive. On a produit fort peu et le commerce en huile de colza s'est borné à peu près à la consommation journalière. A la fin de l'année, par suite d'une hausse soudaine à l'étranger, il y eut des demandes de Londres. Bien que les prix, dans cette ville, et ceux qui se payaient à notre bourse, aient constitué des bénéfices considérables, la hausse a été trop courte et le stock était trop peu important pour que les fabricants aient pu en profiter. Quelques parties seulement ont été expédiées à l'extérieur.

Le commerce de l'huile de lin, quoique à la baisse, a été fort animé. Bien que les fabricants qui, les années précédentes, s'occupaient spécialement de presser le colza, aient travaillé cette année exclusivement sur la graine de lin, les produits se sont vendus régulièrement, surtout en Allemagne où les demandes étaient nombreuses principalement pour les teinturiers et les fabriques de laques. Nos fabricants maintiennent la haute réputation de leur huile de lin qui se vend à notre bourse comme étant la meilleure pour ces usages, et ils ont ouvert par là un débouché important à leurs produits.

Tourteaux de colza, tourteaux de lin. — Il y a eu peu de demandes en tourteaux de colza dont le prix très-élevé variait entre 115 et 120 fr. par 1,000 kilog. ; la production, quoique minime, n'a pas trouvé d'acheteurs. Le commerce en tourteaux de lin a été très-animé. On les a vendus aisément au prix élevé de 160 et 170 fr. les 1,000 kilog. Cette vente a été si suivie que, malgré la grande production, il n'existe plus de provisions de quelque importance.

Navigation de la ville de Groningue. — La navigation, pendant l'année 1875, a été généralement languissante aussi bien que la construction navale.

Le nombre des navires de mer appartenant à la ville de Groningue à été :

En 1875	168 navires de mer, jaugeant	14,362	tonneaux
En 1874	162 —	14,026	—

Donc, en plus de 1874,

il y a eu en 1875	6 —	336	—

Le nombre des navires neufs équipés par les armateurs de Groningue a été :

En 1874	11 navires de mer jaugeant	920	tonneaux
En 1875	7 —	513	—

Donc, avantage en faveur..

de 1874	4 —	407	—

Le nombre des navires vieux achetés par les habitants de Groningue à été :

En 1874	9 navires de mer jaugeant	832	tonneaux
En 1875	6 —	524	—
Avantage en faveur de 1874	3 —	306	—

Le nombre des navires vieux vendus par les armateurs de Groningue a été :

En 1874	8 navires de mer jaugeant	673	tonneaux
En 1875	5 —	606	—
Avantage au profit de 1874	3 —	67	—

Le nombre des navires de mer appartenant au port de Groningue qui ont fait naufrage a été :

En 1874	5 navires de mer jaugeant	388	tonneaux
En 1875	4 —	412	—
Surplus en 1874	1 navire.		
Surplus en 1875		24	—

Des 168 navires de mer du port de Groningue, 144 jaugeant 10,499 tonneaux appartiennent aux capitaines, tandis que les 24 autres appartiennent à 8 armateurs différents tous établis dans la ville de Groningue.

Pendant l'année 1875, un navire français, la goëlette *Sylphide*, capitaine Ledigabel de Nantes, jaugeant 80 tonneaux, a fait relâche à Groningue avec un chargement de seigle de la Baltique et est parti en lest pour le Sunderland.

Groningue, le 22 mai 1876.

ROVERS,
Membre correspondant de la Société
de géographie commerciale.

MOUVEMENT COMMERCIAL DE L'ALGÉRIE EN 1874 ET 1875

Les perceptions de toute nature, opérées l'année dernière, ont atteint le chiffre de 9,971,682 fr., appartenant pour 5,344,916 fr. au Trésor et pour 4,626,766 fr. à la caisse coloniale. Envisagées au point de vue des départements, elles reviennent pour 3,363,464 fr. à celui d'Oran, pour 3,863,535 fr. à celui d'Alger, et pour 2,744,683 fr. à celui de Constantine.

Ces recouvrements, rapprochés de ceux de 1874, présentent une augmentation de 1,135,176 fr., acquise pour 582,832 fr. à l'Etat et pour 552,355 fr. à l'octroi. Cette double amélioration dans les produits dont l'encaissement est confié au service des douanes, est due à une plus forte IMPORTATION, ainsi que le fait ressortir le tableau ci-après, de viandes salées, fromages, graisses, poissons, denrées coloniales, métaux, savons, boissons, poterie, faïences et verrerie et surtout aux arrivages de *tissus de coton d'origine anglaise*. Déjà, à diverses reprises, nous avons engagé la fabrique française à se mettre en mesure d'avoir raison de cette concurrence et rentrer ainsi en possession, sinon du monopole du marché algérien, du moins de la faveur, bien justifiée, dont ses envois jouissent dans la colonie. Elle doit, à cet égard, faire son profit de la tendance des indigènes, à délaisser les tissus anglais qui, malgré leur très-bas prix, sont loin de procurer une économie.

IMPORTÉES

		1874	1875
Viandes salées	kil.	532.932	538.555
Graisses	»	607.020	729.470
Fromages de toutes sortes	»	1.208.021	1.225.834
Poissons —	»	1.142.584	1.183.932
Farine de froment	»	769.141	1.385.000
Pommes de terre	»	9.060.766	9.090.708
Légumes secs et leurs farines	»	2.003.693	2.136.334
Riz	»	1.904.738	2.047.109
Fruits { frais	»	3.239.532	5.306.688
{ secs ou tapés	»	3.656.996	2.776.149
{ oléagineux	»	1.268.182	1.268.687
Sucre { brut ou terré	»	1.289.636	1.526.161
{ raffiné	»	7.315.966	8.118.473
Cafés	»	2.551.300	2.601.269
Tabacs en feuilles	»	2.122.197	1.543.293
Huiles { d'olive	»	1.617.440	1.567.599
{ de graines grasses	»	1.409.190	1.892.278
Bois à construire { bruts ou sciés à plus de 80 m/m st.	»	14.455	16.802
{ sciés, 86 m/m ou moins mét.	»	4.107.438	2.964.076
Matériaux	val.	1.005.416	1.648.700
Houille	kil.	680.879	671.513
Fonte, fer et acier	»	5.456.571	9.134.539
Savons ordinaires	»	5.763.850	5.835.052
Acide stéarique ouvré	»	623.753	761.135
Vins de toutes sortes	litre.	314.366	409.428
Eaux-de-vie et esp. de 3/6 lit. d'alcool		30.095	35.592
Poterie de terre grossière	kil.	1.248.194	1.763.360
Faïence, porcelaine et grès commun		1.520.000	829.680
Verres et cristaux	val.	1.627.678	1.747.646
Tissus { de chanvre et de lin	»	8.919.770	6.255.792
{ de coton	»	42.081.143	50.420.754
{ de laine	»	9.120.053	8.782.926
{ de soie	»	5.267.533	4.168.314
Papier et carton		1.424.016	1.599.123
Peaux préparées et ouvrées		8.382.528	7.954.503
Ouvrages en métaux		5.129.954	4.563.518
Poivre et piment		354.767	382.616
Houblon		39.315	33.551
Tabacs fabriqués		177.140	269.550

EXPORTÉES

		1874	1875
Chevaux et jumonts	têtes	525	502
Bêtes { bovines	»	3.079	2.592
{ à laine	»	341.055	372.201
Sangsues	»	346	1.683
Peaux brutes de toutes sortes	kil.	1.289.503	1.510 160
Laines en masse	»	7.290 507	11.490.102
Ciré non ouvrée	»	102.145	81.743
Suif brut	»	278.307	153.817
Soies	«	5.995	6.849
Poissons de mer secs, salés ou fumés	»	5.386.126	4.535.500
Corail brut	»	40.786	34.785
Os, sabots et cornes de bétail	»	1.556.214	1.248.333
Céréales : { blé	»	1.052.843	707.830
{ orge	»	767.325	678.963
{ avoine	»	90.057	115.135
{ seigle	»	30	10
Farines	»	60.397	46.000

		1874	1875
Légumes { verts	kil.	1.394.785	2.083.523
{ secs	»	9.758.571	10.039.124
Fruits { frais de toutes sortes	»	2.415.159	4.420.950
{ secs ou tapés	»	1.520.572	2.258.444
{ oléagineux	»	» »	» »
Graines de lin	»	4.489.134	3.996.406
Tabacs { en feuilles	»	3.367.573	5.638.411
{ fabriqué	»	737.996	471.047
Huile d'olive	»	1.472.704	2.924.658
Liége brut	»	3.381.902	3.139.143
Joncs et roseaux	»	58.857.000	57.147.732
Coton	»	156.520	350.297
Lin teillé et étoupes	»	68.792	27.543
Crin végétal	»	4.534.440	8.296.373
Feuilles de palmiers nains	»	4.376	388.731
Fourrages	»	4.594.951	7.874.391
Minerai { de cuivre	»	4.928	30.196
{ de fer	»	4.602.728	5.228.900
{ de plomb	»	30.497	23 549
Ecorces à tan	»	10.575.793	13.460.429
Marbres en bloc ou en tranchées	»	106.115	28.244
Vins de toute sorte	hect.	13.063	4 899

Toutefois, la valeur totale des importations qui est de 192,358,426 fr., a subi comparativement à 1874, une dépression de 3,896,788 fr., mais ce déficit n'est qu'apparent puisqu'il porte entièrement sur les monnaies, et même, si l'on s'abstenait, pour l'une et l'autre période, de tenir compte du numéraire expédié sur l'Algérie, le rapprochement des autres marchandises fera ressortir à l'actif de 1875 une amélioration de 4,023,519 fr.

Au demeurant, il y a accroissement sur les matières végétales, minérales, et sur les fabrications et il y a diminution sur les matières animales et les monnaies.

Les Exportations dont nous donnons aussi le relevé, ont alimenté un mouvement important d'affaires, tout en présentant une diminution de 5,420,473 fr., soit 143,932,422 fr., contre 149,352,895 fr. en 1874, mais il n'y a pas lieu de s'en préoccuper ; le déficit porte à peu près exclusivement sur le *froment* et l'*orge* dont le rendement a laissé à désirer en 1875. C'est là un fait accidentel, tout à fait indépendant des efforts tentés et poursuivis avec succès, du reste, pour maintenir la colonisation dans la voie du progrès. Au surplus, la récolte de 1876 répond largement aux espérances des cultivateurs ; chaque matin, depuis quinze jours, les quais d'Alger se garnissent de très-nombreux sacs de grains apportés par le chemin de fer.

Ce double courant d'affaires à l'entrée et à la sortie, a ménagé une large cargaison à la navigation soit côtière, soit de grande communication. La première a transporté 591,550 qx métriques de marchandises, avec une augmentation de 8,157 qx sur 1874. La seconde a mis en mouvement 4,639 navires jaugeant 1,055,531 tx. contre 4,043 navires et 999,625 tx. en 1874.

Les entrepôts ont eu aussi de l'activité. Les produits entreposés ont représenté une valeur totale de 6,043,291 fr.

Seulement les opérations de la pêche du corail, accomplies surtout dans les parages de Bône à Tunis, continuent à fléchir, 282 bateaux seulement y ont pris part, contre 388 en 1873 et 297 en 1874. Le résultat obtenu n'a pas dépassé 34,785 kil. de corail contre 40,786 kil. en 1874.

A l'entrée comme à la sortie, les relations de la colonie ont particulièrement lieu avec la France. Viennent ensuite, dans leur ordre d'importance, l'Angleterre, l'Espagne, les Etats Barbaresques, l'Italie, la Belgique, le Portugal et l'Autriche ; nous nous abstenons de mentionner les autres Etats dont les opérations, pour quelques-unes, restent au-dessus de 100,000 fr.

Les importations et les exportations ont lieu en Algérie par les frontières de la Tunisie et du Maroc et par le littoral méditerranéen ; la ligne du Sahara est également ouverte aux transactions commerciales ; mais jusqu'à présent il ne s'y est pas fait d'opérations susceptibles d'être signalées. Du côté du Beylick de Tunis, l'on trouve quatre bureaux : Soukara, Tébessa, Constantine et Biskra ; l'on en compte un, Lalla-Magnhia sur la ligne de l'ouest.

Les douanes maritimes, au nombre de seize, ne sont pas toutes pourvues de port, plusieurs n'ont que des rades foraines. Les navires ne sont réellement abrités qu'à Oran, Mers-el-Kébir, Arzew, Cherchell, Alger, Bougie, Collo, Philippeville et Bône. Les autres bureaux du littoral sont : Nemours, Mostaganem, Ténez, Dellys, Djidjelly, Stora et La Calle.

Quelques opérations d'embarquement et de débarquement ont eu lieu sur d'autres points, mais à titre d'exception et afin de faciliter tout à la fois l'avitaillement et l'exploitation de mines, et d'autres industries, dignes d'encouragement.

Alger, le 14 juillet 1876.   C. GUY

Membre de la Société de géographie commerciale de Paris.

LE COMMERCE DU JAPON

TABLEAU SYNOPTIQUE des Importations et des Exportations du port de Yokohama pendant les années 1871 à 1875 dressé d'après les tables de la Chambre de Commerce de Yokohama.

IMPORTATIONS

DÉSIGNATION DES ARTICLES IMPORTÉS	1871	1872	1873	1874	1875	TOTAUX DES 5 ANNÉES 1871-75
Cotons filés	$ 2.814.714	$ 3.696.095	$ 3.956.379	$ 3.881.250	$ 3.861.386	$ 18.209.833
Cotonnades diverses	2.231.953	2.541.111	2.680.793	2.903.805	2.623.214	12.989.876
Draps, lainages, couvertures de laine, etc	1.700.873	2.479.574	1.577.062	1.362.274	1.819.385	8.939.168
Métaux	135.390	105.176	180.150	220.744	109.723	751.692
Charbon étranger	55.285	—	—	840	11.625	67.750
Huile	61.386	384.700	205.990	—	—	652.076
— de Kérosine	—	—	—	103.996	148.107	252.103
Vaisseaux	378.000	—	—	—	—	378.000
Sucre	3.060.250	2.201.450	2.177.700	1.851.878	2.614.561	11.905.839
Coton brut	81.300	34.890	110.025	257.748	190.902	675.825
Riz	1.175.417	—	177	—	—	1.175.594
Armes et munitions	55.000	30.000	26.000	55.224	46.920	213.144
Totaux des marchandises	11.750.128	11.472.906	10.924.185	10.637.768	11.425.823	56.210.900
Métaux précieux et argent monnayé	4.336.789	26.647.319	25.192.553	4.008.064	6.784.526	66.969.251
Total général	16.086.917	38.120.315	36.116.738	14.645.832	18.210.349	123.180.151

EXPORTATIONS

DÉSIGNATION DES ARTICLES EXPORTÉS	1871	1872	1873	1874	1875	TOTAUX DES 5 ANNÉES 1871-75
Soie grége	$ 10.246.813	$ 8.001.700	$ 7.470.009	$ 5.004.110	$ 5.258.220	$ 36.070.843
Déchets de soie divers	759.596	1.311.370	728.188	538.926	470.698	4.008.778
Graine de vers à soie	1.560.000	3.456.000	3.400.000	490.680	327.150	9.233.800
Thé	4.031.847	3.438.776	3.287.587	5.133.008	4.691.710	20.583.027
Riz	—	1.411.994	347.822	2.349	425	1.762.590
Cuivre et bronze	—	484.853	446.832	273.320	206.843	1.411.354
Totaux des marchandises	16.798.256	18.104.603	15.680.420	11.532.459	10.953.055	73.070.892
Métaux précieux et argent monnayé	7.996.798	22.055.167	13.075.215	15.207.651	17.240.244	75.575.075
Total général	24.795.054	40.159.800	28.755.644	26.740.110	28.195.299	148.645.967

RÉCAPITULATION

Valeur des marchandises exportées en :
1871	$ 11.750.814
1872	11.472.996
1873	10.924.185
1874	10.637.768
1875	11.425.823

Total..... 56.210.900
Excédant de valeur des exportations..... 16.859.992
Somme égale..... 73.070.892

Valeur des métaux précieux et argent monnayé importés en :
1871	$ 4.336.789
1872	26.647.319
1873	25.192.553
1874	4.008.004
1875	6.784.526

Total..... 66.969.251
Excédant de valeur des exportations..... 8.605.824
Somme égale..... 75.575.075

Valeur des marchandises exportées en :
1871	$ 16.798.256
1872	18.104.603
1873	15.680.429
1874	11.532.459
1875	10.955.055

Total..... 73.070.892

Valeur des métaux précieux et de l'argent monnayé exportés en :
1871	$ 7.996.798
1872	22.055.167
1873	13.075.215
1874	15.207.651
1875	17.240.244

Total..... 75.575.075

Total des exportations, marchandises et métaux précieux compris dans les cinq années, 1871 à 1875..... $ 148.645.967
Total des importations, — 123.180.151
Balance en faveur des exportations..... 25.465.816

Excédant de la valeur des exportations de marchandises..... $ 16.859.992
Excédant de valeur des métaux précieux exportés, à déduire..... 8.605.824
Excédant total..... 8.254.168

Mouvement des métaux précieux des 5 années 1871 à 1875

IMPORTATIONS

De l'Europe et de l'Amérique..... $ 19.831.335
De la Chine et de l'Inde..... 4.064.109
D'Hiogo et de la Monnaie d'Osaca..... 43.073.807
Total..... 66.969.251
Excédant des exportations sur l'importation..... 8.605.824
Somme égale..... 75.775.075

EXPORTATIONS

En Europe et en Amérique..... $ 27.030.239
En Chine et dans l'Inde..... 15.609.034
A Hiogo et à la Monnaie d'Osaca..... 32.935.802
Total..... 75.575.075

INFORMATIONS

Boulogne-sur-Mer.— Cette ville maritime sollicite du gouvernement la réalisation d'un projet, qui avait été mis à l'étu le avant la guerre, et que nos désastres ont empêché de mettre à exécution.

Il s'agit de la création dans la rade d'un port en eau profonde, accessible en tout temps et à toute heure de marée aux navires de fort tonnage. D'après les études déjà faites en 1869, lesquelles ont démontré jusqu'à l'évidence la possibilité de faire à Boulogne ce que les Anglais ont réalisé avec succès à Douvres en face de nos côtes, ce port serait creusé au sud-ouest du port actuel et aurait à son entrée six mètres d'eau ; il pourrait offrir aux grands navires de commerce qui sillonnent le Pas-de-Calais un refuge praticable par les plus gros temps, grâce à ses passes larges et profondes, et, comme point de relâche, des facilités d'accès qu'aujourd'hui ils ne trouvent nulle part dans ces parages.

Le Conseil général du Pas-de-Calais et le Conseil municipal de Boulogne ont, dans leur session d'avril dernier, émis des vœux favorables à la prompte réalisation des travaux à exécuter au port le plus important du département, et le maire de la ville vient de prendre l'initiative d'une pétition à M. le ministre des travaux publics, signée par l'ensemble des habitants.

La marine marchande française. *On lit dans le Moniteur de la flotte :*
— La commission d'initiative chargée d'examiner la proposition de loi sur la marine marchande, présentée au Sénat par M. Vandier, a déposé un rapport tendant à la prise en considération.

Les causes de la décadence de notre marine marchande sont à peu près connues aujourd'hui ; le fret de sortie n'est pas assez considérable en France ; nous manquons de produits encombrants, tels que la houille ou le coton, qui font la richesse des marines d'Angleterre ou des États-Unis. En outre, les capitaux ne viennent pas à cette industrie : sauf sur le littoral, on rencontre bien rarement dans l'intérieur du pays quelques personnes intéressées dans les armements. Tandis qu'en Angleterre et dans les pays du Nord, l'industrie maritime est une vocation, elle n'est, en France, qu'un accessoire.

Le Sénat, conformément aux conclusions du rapport, a décidé qu'une commission spéciale sera nommée pour examiner la proposition de M. Vandier ; cette commission devra rechercher les moyens d'accorder des primes à la navigation maritime et de ramener vers elle, par des garanties d'intérêt, les capitaux qui s'en éloignent de plus en plus.

France. — *Le réseau des voies navigables.* — Nous devons mentionner, parmi les faits des dernières journées parlementaires, la délibération par laquelle la commission du budget a attribué, sur les fonds à provenir des allocations du budget de la marine, une somme de 4 millions destinée à l'amélioration de notre réseau navigable, suivant le programme défini par M. Krantz, lors de l'enquête parlementaire ouverte sur l'état de nos voies de transport.

Rappelons que, d'après le programme, l'amélioration et l'achèvement de notre réseau exigent encore des travaux considérables dont les dépenses peuvent se grouper comme suit, selon leur degré d'importance :

Première urgence.	435.370.000 fr.
Deuxième urgence.	191.500.000
Troisième urgence.	205.700.000
Total.	832.570.000 fr.

soit, en nombre rond, 833 millions.

Le groupe des travaux de première urgence, comprend l'établissement de nouvelles voies navigables dont l'ouverture représente une dépense totale de 285 millions, ainsi répartie :

Bassin de la Seine.	54 millions.
Bassin du Rhône.	95 —
Bassin de la Loire.	101 —
Bassin du golfe de Gascogne. . . .	33 —

Il est probable que, grâce à l'allocation des 4 millions accordés par la commission du budget, on entreprendrait sur le terrain les études concernant la création de ces voies nouvelles.   *(Le Coopérateur.)*

La Corse sollicitée par l'administration pour l'Exposition de 1878. — Le préfet de la Corse, dans une circulaire adressée aux maires, fait appel au patriotisme de tous les hommes de cœur, sans distinction de parti, pour que la Corse, la plus belle île de la Méditerranée, soit dignement représentée à l'exposition universelle qui doit avoir lieu à Paris, en 1878. Voici quelques passages de cette circulaire :

« Il faut concentrer tous nos efforts afin d'élever la Corse au degré où sont parvenues des contrées qui, cependant, ne renfermaient pas des éléments de richesse aussi nombreux et aussi précieux que ceux qui sont enfouis dans notre sol. Il faut prouver aux capitaux continentaux que leur emploi dans ce pays peut être très-fructueux et que le jour où un courant commercial et industriel se dirigera vers la Corse, il y trouvera un aliment assuré et rémunérateur.

« Une occasion solennelle s'offre en ce moment de montrer les richesses naturelles de l'île. Une exposition universelle doit avoir lieu à Paris en 1878 ; il faut nous mettre en mesure d'y figurer avec honneur et d'en retirer des résultats sérieux et durables.

« Dès aujourd'hui, Monsieur le maire, vous devez appeler l'attention de vos administrés sur les avantages que le pays trouvera à exposer ses produits de toutes sortes et inviter les producteurs à préparer leur contingent pour cette exposition.

« Lors des précédentes expositions, de très-louables efforts ont été tentés et la section Corse a eu un succès remarquable, mais les résultats définitifs ont été trop insuffisants pour le bien du pays. Il faudra profiter de l'expérience acquise et rechercher les moyens de créer des débouchés permanents à nos produits spéciaux.

« Je m'occupe de la formation d'un Comité chargé d'arrêter les mesures les plus efficaces afin de faciliter d'abord à tous les producteurs l'accès de l'exposition universelle de Paris et de leur assurer ensuite l'écoulement de leurs productions. Mais, en attendant que ce comité soit définitivement constitué et fonctionne régulièrement, j'ai voulu réveiller partout le sentiment de noble patriotisme des Corses pour qu'aux grandes assises de l'agriculture, du commerce et de l'industrie de 1878, notre département figure avec honneur et ne soit pas inférieur à lui-même. »

Angleterre. — La Société royale de géographie du pays de Cornouailles offre un prix à l'auteur du meilleur « essai » sur une des mines ou un des districts miniers du Cornouailles.

L'« essai » devra donner une description complète des filons, indiquer leur direction, leur gisement, ainsi que tous les phénomènes se rattachant à leur productivité métallique.

Construction navale en Angleterre. — Cette branche importante de l'industrie anglaise subit, comme le commerce d'importation et d'exportation, une baisse considérable.

Le nombre des navires construits pendant les cinq premiers mois de 1876 n'a été que de 315, contre 247 pendant la même période de l'année précédente. Parmi ces 315 navires, on en compte 136 à vapeur, d'un jaugeage collectif de 80,889 tonneaux, contre 149 vapeurs en 1875 jaugeant ensemble 133,947 tonneaux ; et 279 voiliers, de 92,742 tonneaux, contre 247 en 1875, de 98,460 tonneaux.

Un fait qui mérite d'être signalé, c'est que la construction des bâtiments à voiles a repris le dessus sur celle des bâtiments à vapeur dans une proportion assez large. L'excédant du nombre des voiliers sur les vapeurs, qui n'était que de 98 dans les cinq premiers mois de 1875, a atteint le chiffre de 143 en 1876.

Les ports qui construisent le plus de navires à voiles ne sont pas les mêmes où se construit le plus de navires à vapeur : pour la construction des premiers les chantiers principaux sont, par ordre : Sunderland, Glasgow, Liverpool, Durmouth, Plymouth, Grimsby, Faversham, etc., et pour les seconds, Glasgow, Newcastle, Londres, Sunderland, etc.

Russie. *Colonie israélite de Kiew.* — Les Juifs qui se livrent au commerce dans la province de Kiew, cultivent en général la terre. En 1847, on comptait à peine cent vingt familles israélites autour de Kiew ; mais l'agriculture était si défectueuse qu'elles avaient peine à suffire à leurs besoins bien qu'elles eussent à leur disposition des terres considérables, fertiles et bien arrosées. Il y a actuellement dans le gouvernement de Kiew, que l'on ne saurait compter parmi les contrées les plus pauvres de la Russie, six colonies juives qui forment autant de communes distinctes. Toutes s'occupent exclusivement de la culture des champs, et elles y apportent un soin bien plus grand que les chrétiens. Le prince Bjelkin, qui possède dans le pays des propriétés immenses, a fait cadeau à chaque commune de 100 déciatines de terre, et leur a fait obtenir du ministère de l'agriculture une prime de 1,000 roubles. Ces cadeaux de terres et ces 6,000 roubles ont mis les colonies juives dans une très-grande aisance au bout de quelques années. Elles ont pu acheter des semences, des instruments aratoires, se construire des maisons plus saines et élever de nouvelles écuries pour leurs troupeaux. Elles comptent actuellement en tout 1,333 personnes capables de travailler. Dans ce nombre ne sont pas compris les enfants au-dessous de quinze ans et les vieillards au-dessus de soixante ans. Elles ont une synagogue commune et une école dirigée par un professeur juif et par un professeur russe qui enseignent cinq jours par semaine le Talmud et toutes les matières qui font partie des programmes des autres écoles primaires.   T. L.

Les missions scientifiques pour 1877. — On s'occupe en ce moment, au Ministère de l'instruction publique, de l'organisation des missions scientifiques, ayant pour objet l'étude de certains points déterminés de philologie, de géographie, d'histoire, de commerce, autant en France et en Europe qu'en Afrique et en Amérique. Le nombre de ces missions doit être de 32; 28 sont déjà complètement organisées.

Neuf missions doivent s'occuper d'histoire naturelle; l'une d'elles étudiera plus spécialement la faune et la flore de la Suisse. Quatre se livreront à des recherches concernant la médecine et l'hygiène, quatre autres étudieront certaines langues, surtout au point de vue des ressemblances de leurs grammaires avec la nôtre. Douze s'occuperont de l'histoire et d'investigations particulières relativement aux peuples disparus ou presque détruits, ainsi qu'aux monuments qui restent. Enfin trois missions se livreront à des études astronomiques et météorologiques.

Italie. — *Abolition du droit de douane de réexportation.* — Par loi promulguée du 30 juin 1876, le gouvernement a aboli le droit de douane de réexportation qui frappait de 30 centimes, par unité de tarif, les marchandises étrangères extraites des entrepôts pour être réexportées directement par mer.

Commerce de Gênes. — La chambre de commerce de cette ville vient de publier le compte rendu statistique du commerce et de la navigation pendant l'année 1875.

Le mouvement collectif de la navigation dans le port de Gênes (bâtiments entrés et sortis) accuse un ensemble de 3,190,512 tonneaux : c'est un excédant de 117,816 tonneaux sur le mouvement de l'année précédente.

Nous trouvons, au contraire, une diminution dans le commerce d'importation et d'exportation, qui est évalué pour 1875 à la somme de 408,975,385 fr., présentant une baisse de 16 millions environ sur le même commerce en 1874. Cette diminution est de 15 millions sur les importations et de 5 millions et demi pour le transit, tandis que les exportations ont offert une augmentation, due en grande partie à l'abondance des récoltes, qui a naturellement fait diminuer les entrées et croître les sorties de marchandises.

La diminution signalée dans les importations a porté principalement sur celles des soies, où elle a été de 13 millions; le coton brut, 7 millions; les céréales, 9 millions; le fer, 1 million et demi. On a par contre à noter une augmentation dans les importations de café, de poivre, de gommes, de tamarin, de tissus de laine et de coton.

Le décroissement du transit s'accentue progressivement chaque année et dans d'énormes proportions depuis 1871. Cette année-là il s'était élevé à 41,021,112 francs; en 1872 il descendait à 22,308,026 fr. et remontait à 23,223,178 fr. en 1873; mais il retombait en 1874 à 18,320,110 fr. et en 1875 à 12,610,228 fr.; l'écart entré cette dernière année et 1871 n'est pas moindre de 28,410,884 fr.

Cet état peu favorable du commerce génois est attribué aux conséquences de la crise occasionnée par les spéculations des banques en 1872 et 1873, aux nouvelles directions prises par le commerce des grains, aux mauvaises conditions du port, aux vices des tarifs des chemins de fer, enfin aux effets pernicieux de la suppression du port franc.

La mer du Sahara. — La *Gazette de Voss* publie, à la date du 7, un article dans lequel elle conseille au gouvernement allemand de s'opposer à l'exécution du projet conçu par les Français et les Anglais, et tendant à faire couler les eaux de la Méditerranée ou de l'Atlantique dans le Sahara pour en faire une mer.

La feuille allemande se prononce contre le projet en question, parce que la transformation du désert en une mer abaisserait considérablement la température de l'Europe, et en particulier celle de l'Allemagne.

Sénégal. *Le nouveau gouverneur.* — Le colonel Brière de l'Isle, nommé gouverneur du Sénégal et dépendances, en remplacement de M. Vallière, est arrivé à Dakar, le 14 juin; il a visité cette localité, ainsi que Gorée, dans les journées du 14 et du 15. Il a débarqué à Saint-Louis le dimanche 18, à sept heures du matin et a pris immédiatement possession de ses nouvelles fonctions.

Dahomey. — Il paraît que le roi de ce pays est réellement décidé à combattre avec les Anglais, s'ils emploient la force pour le contraindre à payer l'amende qu'ils réclament de lui; il se prépare à la guerre par des actes de cruauté et de superstition, que le caractère féroce bien connu de ce potentat noir ne rend que trop vraisemblables.

Un indigène, qui avait été emmené en captivité à la suite d'une récente incursion du Dahomey sur le territoire d'Abbeokouta, a réussi à s'échapper et est arrivé à Lagos. Il rapporte que le roi a fait construire une grossière imitation d'un navire en bois, avec des chaînes et une ancre; puis il l'a fait dresser sur une sorte d'autel en terre. C'est le grand fétiche à l'aide duquel Sa Majesté se flatte de faire échouer les navires du Commodore anglais, qui tomberont alors entre les mains de ses sujets victorieux : tel est le vœu qu'on prie sans cesse le fétiche d'exaucer; on le supplie en outre de ne pas laisser prendre le roi de Dahomey par surprise. Et comme on paraît craindre que les prières ne suffisent pas pour se rendre le fétiche propice, on a recours à de nombreux sacrifices humains.

Le pauvre prisonnier rapatrié rapporte que le nombre des malheureux pris dans les campagnes était de 800. On les avait tous fait passer devant le roi. Le grand prêtre des fétiches leur donna à boire à tous, les uns après les autres; et selon l'attitude que chaque homme prenait après avoir bu, son sort était décidé : il était destiné à être vendu comme esclave ou à être mis à mort. Quant à lui, réservé pour l'esclavage, il avait pu se sauver.

Égypte. — *Explorations nouvelles.* — Les explorations entreprises sous les auspices du vice-roi, se poursuivent sans relâche. Des nouvelles reçues à Venise du consul austro-hongrois à Khartoum, nous apprennent que le voyageur italien Piaggia, déjà connu du monde savant pour ses recherches sur les bords du Nil, a rejoint l'état-major du colonel Gordon, et a reçu l'ordre de se diriger vers Magoungo, localité située sur le lac Albert-Nyianza.

Un allemand, le docteur Snitzer, originaire de la Silésie prussienne, qui se faisait passer pour Musulman à Constantinople, où il avait pris le nom d'Enrin Effendi, est entré aussi au service expéditionnaire du gouvernement égyptien. Un savant français, M. Lucas est en train de remonter le Nil jusqu'à Lado (près de l'ancien poste de Gondokoro); il doit ensuite revenir à Methra-et-Rek sur le Ghazal, puis suivre la direction prise précédemment par le docteur Schweinfurtk à une certaine distance vers le midi.

Le docteur Junker, naturaliste de Saint-Pétersbourg, était à Khartoum avec M. Kopp de Stuttgart. Ils vont attendre que les pluies soient passées, et ils essaieront de pénétrer dans l'intérieur du Darfour, s'ils ne rencontrent pas les obstacles qui ont déjà empêché le voyageur Marno d'y parvenir.

Afrique Equatoriale. — *Une expédition sur les bords du Chiré.* — Un officier anglais, M. Faulkner, qui a pénétré, l'année dernière, dans l'intérieur de l'Afrique avec plusieurs chasseurs, a publié récemment le récit de son excursion sur la rivière Chiré.

Le premier jour, pendant une marche longue et pénible, sous un climat brûlant, il n'a vu que des hippopotames qui peuplent la rivière. Dans le jour il a traversé le Lesangoué et des jungles épineux sur les bords de la rivière et a remarqué un vieux buffle.

Pendant la nuit il a campé sur les bords du Chiré, près des rapides de Sézane, et les Makololos qu'il avait emmenés avec lui n'ont cessé de faire partir des coups de fusil pour tenir à distance les Manganya et les Mavites.

Le lendemain, il est entré dans une contrée montagneuse, accidentée, boisée, rocheuse, qui a retardé considérablement la marche de l'expédition. Les porteurs éprouvaient les plus grandes difficultés à faire passer les grosses parties de la barque et les colis encombrants à travers les arbrisseaux étroitement serrés les uns contre les autres, ou sur les pentes escarpées. Pendant la marche de ce jour, M. Faulkner remarqua des traces de pas d'éléphants. Il laissa M. Young en arrière et se mit à leur poursuite. Il vit trente éléphants qui venaient de franchir une rivière profonde et très-rapide. Dans les marais voisins M. Faulkner aperçut des crocodiles et des hippopotames.

Ce même jour, il passa dans un village de Manganya qui étaient alors occupés à cultiver de petits jardins. A sa vue, les Manganya jetèrent leurs arcs et leurs flèches et s'enfuirent dans la forêt. Il lui fut impossible de les rassurer. Dans la soirée, un coup de fusil retentit tout à coup. Les Makololos furent tellement saisis de frayeur qu'ils déposèrent leurs fardeaux et s'enfuirent dans toutes les directions. M. Faulkner parvint à les rallier et à apprendre d'où partait ce coup de feu. C'était tout simplement l'un des membres de l'expédition, M. Buckley, qui était tombé dans une fosse d'éléphant. Son fusil était parti et il s'était cru mort. Il n'avait reçu aucune blessure et reprit facilement connaissance. Ces fosses sont creusées par les Manganya qui se servent de ce moyen pour prendre les éléphants. Les Ajaouahs font la chasse avec des fusils ou des flèches.

Les Makololos furent étonnés de voir M. Buckley revenir à lui, et ils demandèrent à M. Faulkner s'il rendrait la vie à un noir tombé dans une fosse.

L'expédition traversa un autre village de Manganya. Tous les habitants s'étaient cachés à son approche dans des herbages élevés, mais M. Faulkne dit plusieurs fois à haute et intelligible voix qu'il ne demandait qu'à acheter des volailles. Un Manganya sortit alors la tête des herbages et engagea une conversation avec M. Faulkner. Il finit par apporter dans un canot du blé et des volailles.

« Nous fûmes alors amis, dit M. Faulkner, et la rive opposée de la rivière ut aussitôt bordée d'hommes, de femmes et d'enfants qui nous regardaient comme si nous étions des gorilles. »

Le lendemain M. Faulkner aperçut plusieurs hippopotames. Il s'approcha lentement. Une mère, qui avait sans doute entendu le bruit, se tenait immobile tandis qu'un petit hippopotame la tourmentait continuellement. D'autres hippopotames s'amusaient à grogner ou à jeter l'eau à une grande distance. Un hippopotame, qui était à quelques pas du chasseur, montra l'inquiétude la plus vive. M. Faulkner fit feu et l'hippopotame disparut. A trente pas plus loin il reparut, la tête au-dessus de l'eau, soutenu par une grosse mère.

Lorsqu'il revint une demi-heure après environ, M. Faulkner vit autour du cadavre de l'hippopotame un certain nombre de crocodiles réunis évidemment dans le but de le dévorer. M. Faulkner n'avait pas un canot assez fort pour emporter l'hippopotame et il dut le laisser. Il retourna à la côte après avoir tué un tigre et plusieurs autres animaux.   T. L.

Afrique orientale. — *Reconnaissance du lac Albert Nyanza et hydrographie du bassin supérieur du Nil.* — Le *Times* a publié des lettres du colonel Gordon dont nous extrayons les passages suivants :

« Le 8 mars, M. Gessi partit de Dufli pour Magungo avec des provisions et des marchandises dans les deux bateaux. Il avait avec lui l'explorateur italien Piaggia et un équipage d'Arabes ; il avait le vent debout et le courant du Nil contre lui, en sorte qu'il n'atteignit Magungo que le 30 mars ; il débarqua son matériel à Magungo et paraît avoir remonté jusqu'aux chutes de Naruma (ou chutes Murchison), sur le Nil-Victoria ; car il décrit le bruit que faisaient la nuit les hippopotames, les crocodiles, les gros poissons et les animaux de proie, comme égalant presque celui de la chute. Piaggia débarqua à Magungo, ayant ordre de reconnaître le cours du Nil-Victoria.

« Le 12 avril, Gessi partit pour entreprendre la circumnavigation du lac Albert qu'il fit en 9 jours ; il évalue sa longueur à 140 milles et sa largeur à 50 milles.

« La côte Est possède quelques bons ports, mais la côte ouest est aussi inhospitalière que possible, les montagnes descendant par une pente abrupte jusque dans le lac. L'extrémité sud du lac est profonde et bordée de forêts. Il n'est pas certain que les montagnes de l'ouest rejoignent celles de l'est. Il pourrait bien y avoir une succession de lacs et de marais entre le lac Albert et le Tanganyika. Aucune rivière ne se jette dans l'Albert-Nyanza.

« Gessi remonta de l'extrémité sud jusqu'au nord du lac en deux jours. Il déclare que les bateaux, construits par Samuda, sont aussi bons qu'on peut le désirer. Il essuya de violents coups de vent et eut à lutter contre une mer très-grosse. Les Arabes étaient très-effrayés et ne se rassurèrent qu'en voyant comment les bateaux se comportaient sous l'habile direction de Gessi, qui avait passé de longues années de sa vie à naviguer sur la mer Noire avec un petit navire appartenant à son oncle.

« L'eau sortant du lac à l'extrémité nord se partage en deux branches à 100 milles au sud de Dufli. Une des branches est le Nil. L'autre de 200 mètres de largeur et avec un bon courant se dirige vers le nord-ouest et les indigènes affirment qu'elle court ainsi jusqu'à une immense distance. Ce pourrait être la rivière Welle de Schweinfurth, qui serait elle-même le Kubanda de Barth. »

Afrique méridionale. — *Le cannibalisme.* — Le cannibalisme, disait dernièrement le général anglais Bisset, s'est enraciné dans une peuplade, qui n'avait pas auparavant cette monstrueuse habitude, à la suite d'une famine terrible qui avait sévi dans le pays. Le fils d'un chef kafir qui avait été obligé de s'enfuir, prit du service dans l'armée coloniale anglaise ; lorsqu'il fut rentré dans sa patrie, il organisa les premières troupes sauvages disciplinées que l'Afrique ait jamais eues. L'un de ses capitaines perfectionna le système, lui succéda et commença une guerre d'extermination contre toutes les tribus environnantes. Il voulait anéantir tout être humain qui ne se soumettrait pas à son autorité. Il étendit rapidement son pouvoir et obtint l'alliance de tribus qui le secondèrent puissamment dans les conquêtes qu'il avait projetées. Il entra à Natal ; la famine se fit sentir dans le pays et fit périr un nombre immense de personnes. Un homme conçut l'horrible idée de se nourrir de la chair humaine. Il réunit autour de lui des malheureux mourant de faim et forma une bande de cannibales qui firent la chasse à l'homme pour le dévorer. Ils en conservèrent le goût lorsque la nécessité eut disparu. En 1807, lorsque des émigrants hollandais s'établirent à la colonie (du Cap, ils purent recueillir des récits abominables de la bouche de ceux qui avaient échappé

aux mains de ces cannibales. Ils les avaient entendus discuter sur la question de savoir s'ils les mangeraient crus ou cuits.   T. L.

L'expédition italienne en Afrique. — Nous avons annoncé dernièrement le débarquement sur le continent africain de l'expédition italienne, qui, sous la direction du marquis Antinori, doit se rendre dans le royaume du Choa. *Il Giornale delle Colonie* publie une lettre d'un de ses membres, M. Sebastiano Martini, datée de Zéila le 16 mai dernier ; nous en extrayons les passages suivants :

« ... Après un court séjour à Aden, je me suis embarqué sur un vapeur égyptien, qui m'a conduit à Zéila.

« Zéila, l'ancienne Avalites de Ptolémée, est située sur un promontoire sablonneux, dans la baie du même nom, entre le 11e et le 25e degré de latitude nord, le 43e et le 20e de longitude est (Greenwich). Sa rade est très-dangereuse pour la navigation à cause des nombreux bancs de sable qui s'avancent jusqu'à 25 milles en mer.

« Un cicerone de ces parages (à moitié en haillons, et tête-nue) s'est posé devant moi, un jour que je regardais ces rochers, et m'a expliqué que Zéila était autrefois l'ancienne capitale des Adelmas ; elle est aujourd'hui en pleine décadence, car elle ne compte qu'une dizaine de maisons mal construites en matériaux madréporiques et de 300 à 400 cabanes habitées par les Somalis et les Adels.

« Il a ajouté qu'en 1510, Zéila fut conquise par le Sultan Mamelouck, qui l'annexa à l'Egypte, et elle est demeurée continuellement sous la domination égyptienne, bien que les revenus et le gouvernement eussent été de fait cédés à un émir indigène, qui est tributaire de l'Egypte.

« L'émir actuel, Abou-Békre, a été créé bey au commencement de la guerre récente de l'Egypte avec l'Abyssinie ; il est, dit-on, élevé maintenant au rang de pacha. J'ai entendu circuler les bruits les plus étranges sur le compte de ce personnage, bruits vraiment peu encourageants pour les Européens. En ce qui me concerne, il s'est montré très-poli, même bienveillant en apparence, quoi qu'il m'ait soulevé mille objections, mille difficultés pour me laisser prendre le chemin de l'intérieur.....

« Pendant mon séjour de vingt-deux jours à Zéila, j'ai pu faire connaissance avec deux tribus, par le territoire desquelles notre expédition devait passer.....

« J'ai, en réalité, trouvé un bon accueil auprès de ces sauvages, nobles autant que fiers, de manières et d'aspect imposants. Ils m'ont donné l'hospitalité ; ils m'ont accompagné dans mes excursions et à la chasse ; et, peu à peu, ils m'ont inspiré une grande confiance.

« Les armes de ces indigènes consistent en une lance, un couteau recourbé, et un bouclier généralement en peau d'hippopotame ; ils s'en servent avec une adresse merveilleuse. Leurs femmes sont d'un type assez beau ; elles ont les traits réguliers et une rare perfection de formes. La chasse est abondante dans ces campagnes, où j'ai rencontré une grande variété de gazelles, de sangliers, de lièvres, de francolins, de cailles, de tourterelles, une foule d'animaux de toute espèce et de toutes couleurs, sans compter les singes, les chacals et les renards.

« Après vingt-deux jours donc de séjour à Zéila, je retournai à Aden, à bord d'une goëlette italienne, sous le commandement du capitaine Cecchi, qui m'a prodigué les soins les plus empressés pendant la traversée, qui a été des plus orageuses.

« Le 25 mars, peu de jours après mon arrivée, j'ai vu débarquer aussi le marquis Antinori et Chiarini, avec le nombreux bagage de l'expédition. Le 2 mai suivant, nous avons quitté Aden, faisant voile pour Zéila, sur un *bagolo*, sorte de barque arabe d'une forme singulière, mais sûre.

« Une fois arrivés, nous nous sommes occupés de réunir les animaux nécessaires à notre caravane ; mais ce n'a pas été sans de grands sacrifices d'argent, sans des difficultés et des ennuis sans pareils que nous avons pu parvenir à nos fins. Quoi qu'il en soit, notre matériel est aujourd'hui tout prêt, bien que nous manquions de divers objets de première nécessité, que nous aurions dû emporter d'Italie. Nous avons 50 chameaux, 5 mulets, 2 chevaux. La caravane sera accompagnée de 25 chameliers, de 2 guides indigènes et d'un domestique albanais nommé Vortik ; elle sera conduite par le frère et le fils de l'émir de Zéila. Aussi y a-t-il lieu d'espérer que tout marchera régulièrement, et que nous pourrons un jour arriver au Choa sains et saufs...

« Notre situation commence à devenir tout autre que digne d'envie et brillante. Il fait une chaleur de 47 à 50 degrés ; notre vin est fini, l'eau potable est chargée de sable ; heureusement nous avons de la *mastica*, du *cent'erbe* et du cognac pour l'améliorer. Pour nourriture habituelle nous avons de la viande de chameau, du mouton, des sardines avec des oignons et des œufs : tout cela, ma foi, nous semble bon et savoureux. »

Afghanistan oriental. — La domination anglaise n'est pas encore bien affermie dans cette nouvelle annexe à ses possessions de l'Hindoustan. Il est encore des tribus rebelles, qui ne cessent de harceler celles qui vivent paisiblement sous la suzeraineté étrangère. Une des plus turbulentes est la tribu des Afridies, qui refuse absolument de se soumettre. On attribue à leur chef, menacé récemment par le commissaire anglais de l'envoi d'une expédition au commencement de l'hiver, la réponse qu'il était prêt à éprouver la force du gouvernement de l'Inde.

La soumission de ces indigènes importe d'autant plus au commerce indo-anglais, que la passe de Kohat, qui est le chemin le plus court entre les districts anglais de Pichaouer (Peshawur) et de Kohat, traverse le territoire des Afridies; ce qui permet à ceux-ci de susciter constamment des embarras à l'administration britannique.

On a déjà, depuis plusieurs années, tenté de nombreuses expéditions contre eux; mais elles ont toutes eu les mêmes résultats, c'est-à-dire après une lutte de peu de durée, mais sanglante, la soumission apparente des tribus, avec payement d'une amende, une tranquillité relative pendant un à deux ans, au bout desquels les agressions recommencent.

Inde Anglaise. — Du rapport officiel sur le commerce et la navigation des Indes anglaises pendant les 12 mois qui ont fini le 31 mars dernier, il résulte que la valeur totale des marchandises importées, non compris les espèces monnayées, mais en y comprenant les provisions du gouvernement, a été de 38,51,50,572 roupies, contre 35,96,90,745 roupies l'année précédente. L'augmentation principale dans les importations se rapporte à Bombay, et la principale diminution au Birman.

La valeur des exportations, non compris les espèces monnayées, a été de 58,04,15,069 roupies, contre 56,31,22,498 roupies pendant les 12 mois précédents. L'augmentation dans les exportations a été générale, si l'on excepte Bombay, où il y a eu une diminution sensible.

La valeur des marchandises importées par la voie du canal de Suez a été de 27,11,01,688 roupies, de sorte que l'importation par d'autres voies ne dépasse celle par le canal que de 8,40,48,884 roupies. La valeur des marchandises exportées par la même voie a été de 21,81,30,067 roupies, de sorte que l'exportation par d'autres voies surpasse celle par le canal de 36,12,85,002 roupies. La valeur réunie des importations et des exportations par le canal s'est élevée à 97,55,65,641 roupies; or un pareil résultat a été obtenu pour l'Inde seule, sans compter le commerce des autres possessions anglaises et des autres pays de l'Asie et de l'océan Pacifique. On voit ainsi quelle immense importance le canal de Suez a pour l'Angleterre, aussi bien que pour les autres pays de l'Europe.

Le nombre des bâtiments entrés dans les ports de l'Inde pendant la même période a été de 3,634, jaugeant ensemble 1,978,303 tonneaux; ceux qui en sont sortis ont été au nombre de 5,347, d'un tonnage total de 2,674,122 tonneaux: — en tout, entrés et sortis, 8,981 bâtiments, jaugeant 4,652,425 tonneaux.

Chine. — *L'affaire de l'Anna.* — Nous apprenons d'une source digne de foi que le gouvernement chinois a accepté deux des trois conditions réclamées par le ministre d'Allemagne:

1° La punition des coupables: trois hommes de l'équipage, arrêtés il y a quelque temps, ont été condamnés, le premier à la décapitation, le second à la mort par strangulation et le troisième, qui n'était impliqué que très-indirectement dans le drame, à trois ans de bannissement. Les autorités chinoises ont promis de doubler la récompense qu'elles ont offerte à celui qui arrêtera un des autres coupables encore en liberté, et ne reculeront devant aucun obstacle pour arriver à mettre la main sur eux;

2° Le *Cheh-sien* de Foo-Ning, le mandarin militaire de Hsé-Yung (lieu où s'est passé le drame), et quatre autres mandarins, tous plus ou moins complices dans l'affaire ont été dégradés et renvoyés de leurs fonctions; l'un d'eux, le mandarin militaire, a été flagellé et emprisonné. Deux des villages situés dans le district de Hsé-Yung ont été incendiés, et les habitants, reconnus coupables d'avoir pris part au pillage du navire, ont été flagellés et mis à la torture.

Pour ce qui concerne la troisième question, celle de l'indemnité à payer, le gouvernement chinois est prêt à rembourser la somme de 11,000 piastres, valeur des marchandises retrouvées; mais les autorités allemandes déclarent cette somme insuffisante et réclament en outre 28,000 piastres. — (*Foochow Herald.*)

Les émigrations en Chine. — Un livre intéressant sur l'*Emigration chinoise*, par le Dr Friedrich Ratzel, vient de paraître à Breslau, chez l'éditeur Kern (Max-Muller). Cette question, toute moderne, car elle ne date guère que d'une trentaine d'années, est un des faits les plus curieux dans l'histoire des peuples. La Chine, jadis fermée, reléguée dans l'Asie orientale et méridionale, s'est tout à coup ouverte et a, pour ainsi dire, donné essor au trop plein de sa civilisation en émigrant sur divers points de l'Amérique et de l'Australie. L'auteur, qui connaît l'Amérique, a été frappé de ce fait et s'est mis à en étudier les causes et les effets.

Nous lui emprunterons les parties les plus saillantes de son œuvre, ne doutant pas qu'elles ne jettent un jour nouveau sur ce peuple étrange qui subit actuellement une véritable transformation.

Japon. — *Un nouveau vicariat apostolique.* — Dans sa séance du 22 mai 1876, la Congrégation de la propagande a décidé la création d'un nouveau vicariat apostolique au Japon. La mission formera désormais deux vicariats: le vicariat septentrional, comprenant la partie septentrionale de l'île Nippon et l'île Yesso; le vicariat méridional comprenant la partie méridionale de Nippon, depuis le lac Biona et les îles de Kiou-Siou et de Chikako.

Corée. — A la suite de la conclusion de la paix, cet État a envoyé au Japon un ambassadeur, qui est arrivé à Yeddo le 29 mai, accompagné d'une nombreuse escorte, composée de 10 officiers et de 70 suivants d'un rang inférieur, parmi lesquels on compte 20 musiciens: l'ambassadeur coréen veut sans doute que son entrée dans la capitale du Japon ait du retentissement.

Mais ce qui importe davantage aux étrangers, c'est qu'il a exprimé nettement sa répugnance à être mis en rapport avec des Européens ou des Américains; et il se montre très-ennuyé de l'insistance que met M. Parker, le ministre anglais, à vouloir entrer en communication avec lui. C'est là un présage peu favorable pour les espérances que le commerce de l'occident avait fondées sur l'établissement de relations amicales entre le Japon et la Corée.

Japon et Corée. — *L'ambassade coréenne à Yokohama.* — L'ambassade coréenne vient d'arriver le 29 mai à Yokohama, et après quelques instants de repos à l'Hôtel-de-Ville (Matchi-gaisho) elle s'est immédiatement rendue à Tokio.

Ça été réellement, dit l'*Echo du Japon*, un spectacle fort curieux que celui de leur départ du Matchi-gaisho pour la station du chemin de fer. En tête du cortège marchaient une demi-douzaine de musiciens: on voit d'ici ce que peut être la musique coréenne: Tam-tams, fifres et longues trompettes d'un mètre au moins, voilà quel est l'attirail instrumental de ces artistes primitifs, et l'on peut croire que c'est encore beaucoup trop, car cela leur suffit à produire des sons discordants à faire aboyer les chiens les moins délicats en matière d'harmonie. Les Japonais, qui cependant ne sont pas très-avancés sur ce chapitre, riaient beaucoup en entendant cette cacophonie.

Si l'on veut se faire une idée de la Corée par ses ambassadeurs, et surtout par leur suite, on se la fera bien pauvre et bien mesquine, et franchement les Japonais ont bien quelque raison de considérer ces gens-là comme des barbares: pour nous autres, ce sont des sauvages, et rien autre chose. Il se passera du temps encore avant qu'on en puisse faire des hommes à peu près civilisés, d'autant que, même aujourd'hui, ils sont encore et veulent rester réfractaires à tout progrès et à toute innovation.

Iles Philippines — *Exploration du docteur von Drasche.* — Le docteur Richard von Drasche, dont nous avons rapporté sommairement les excursions à l'île Bourbon et aux Philippines, annonce, dans une lettre adressée à la Société de géographie de Vienne, qu'il était de retour le 4 mai dernier à Manille, après six semaines d'études géologiques dans la partie sud de l'île Luçon. Il a dû partir entre le 6 et le 10 mai pour Hong-kong-Canton, la mer intérieure de Shanghaï et Yokohama. Le docteur von Drasche est allé à Dart, puis, en vingt-quatre heures, et en bateau, à Naga, capitale de la Camarinde du Sud. Près de cette ville, il a visité la grande grotte de Libmanan, qui est presque aussi belle que celle d'Adelsberg. De Naga, il s'est rendu à Érigia, et a fait l'ascension du volcan éteint haut de 4,000 pieds, et qui menaçait, en 1646, le côté ouest de l'île. A son départ d'Érigia, il a trouvé la cordillère calcaire, et s'est dirigé à l'ouest, vers Tobaco et Tibi, où il a vu des solfatares et des sources d'eau chaude fort remarquables. L'intrépide explorateur est allé ensuite à Daraga, et a fait l'ascension du volcan de Mayon, haut de 7,500 pieds. Il n'y a jusqu'à présent que deux Anglais et un Allemand qui aient fait cette excursion. La montée est pénible, parce que les flancs de la montagne sont couverts d'une cendre mobile, et qu'il n'y croît aucune sorte d'herbe ou de plante. L'inclinaison générale de la montagne est de 35 degrés environ. Au milieu de la route, des Indiens ont apporté de la nourriture au docteur von Drasche et aux autres membres de l'expédition. Le lendemain, le docteur von Drasche est retourné à Daraga, après être resté vingt-quatre heures sans boire ni manger. Il est revenu en quarante heures à Manille, à bord d'un bâtiment à vapeur. La chaleur est effrayante. Le docteur von Drasche a envoyé à Vienne quatre caisses pleines de minéraux. Le docteur Korbl, qui l'accompagne, a amené à Manille une riche collection d'animaux marins pris sur les côtes de l'île Cébou.

Le docteur von Drasche fait le plus grand éloge de l'hospitalité des Espagnols pendant son voyage dans le sud de l'île Luçon.   T. L.

Un aspirant instituteur devenu roi. — L'ex-avoué de Périgueux, Antoine-Orélie Ier, roi d'Araucanie, est distancé de plusieurs longueurs, dit le *Mémorial de Saint-Marcellin*. Aujourd'hui, la fée qui préside aux destinées royales vient de frapper avec sa baguette magique à la porte d'un jeune instituteur, natif de Poliénas, habitant actuellement à Teucin, près Grenoble, pour lui offrir le sceptre royal des îles Mariannes, dans la Micronésie.

Voici, en deux mots, l'histoire ou plutôt le bruit qui circule dans notre pays et que nous ne reproduisons pas sans réserves :

« Un sieur Lanfrey, originaire de Poliénas, près Saint-Marcellin, serait parti, il y a environ deux siècles, pour une expédition lointaine dans l'Océanie où il se serait établi.

« Plus tard, sa famille aurait acquis des Espagnols la possession et la souveraineté des petites îles Mariannes, et tout récemment le dernier rejeton de cette dynastie royale, M. de Colmont, n'ayant aucun descendant mâle, pour ne pas voir passer la couronne sur une tête étrangère, aurait fait faire par le consulat d'Espagne des recherches dans notre arrondissement sur l'ancienne famille des Lanfrey à Poliénas, et S. M. aurait offert, avec la main de sa fille, le trône mariannais au jeune Antoine Lanfrey, âgé de dix-huit ans, lequel se disposait, nous dit-on, à prendre son brevet d'instituteur.

« On nous assure que le futur monarque doit bientôt quitter notre pays avec plusieurs familles, et qu'il s'embarquera à Marseille où l'attend un beau navire espagnol.

« Une couronne de roi et la main d'une jeune reine offertes du même coup à un maître d'école, cela ne dépasse-t-il pas tous les rêves féeriques des contes de Perrault ? »

Australie. — On a des nouvelles jusqu'au 10 avril de M. Ernest Giles, qui a entrepris une exploration dans l'intérieur du continent australien. A cette date il se trouvait au mont Murchison ; il était satisfait des résultats obtenus.

On attend son arrivée à Beltana, dans l'Australie méridionale, vers le mois de septembre.

Australie. — *L'émigration des Chinois.* — L'émigration des Chinois dans la Terre de la Reine (Australie) inspire les plus sérieuses préoccupations aux colons établis dans cette contrée. Ces derniers ont même songé à diverses reprises à les expulser par force et à incendier leurs maisons, parce qu'ils leur font une concurrence terrible. Ces Chinois sont en effet très-sobres, laborieux, actifs, prévoyants et se contentent d'un salaire très-inférieur à celui que demandent les autres ouvriers. Ils sont protégés par la loi qui leur reconnaît aussi bien qu'à tous les autres étrangers le droit de venir se fixer dans la colonie. Ils sont presque complétement maîtres de l'exploitation des mines d'or de Palmer que les autres mineurs avaient abandonnées un instant pour se rendre dans les mines nouvellement découvertes d'Hodgkinson. Ces mines dont on avait exagéré les richesses ont causé un grand désappointement et des milliers d'ouvriers ont voulu revenir à Palmer. Les journaux et les hommes politiques du pays ont pris ouvertement la défense des Chinois. Il serait souverainement injuste, disent-ils, que l'Angleterre chassât de son territoire colonial de braves et honnêtes ouvriers venus de la Chine, après avoir demandé au gouvernement de ce pays l'autorisation pour ses nationaux de s'établir dans le Céleste Empire.

La population de la Terre de la Reine ne s'élève pas à 180,000 habitants. Les Chinois comptent dans ce nombre pour près de 20,000. On comprend que si 20 ou 30,000 Chinois venaient de nouveau à débarquer, ils acquerraient nécessairement une grande influence dans les affaires de la colonie. Les Chinois trouvent dans la Terre de la Reine presque le même climat et le même régime alimentaire que dans leur patrie. Ils ne sont pas sujets aux maladies que les Européens éprouvent après un séjour plus ou moins long et ils sont en général sains, robustes et jouissent d'une santé à toute épreuve. Il règne en Australie une sourde irritation contre les Chinois et elle éclaterait infailliblement si plusieurs milliers de Chinois venaient encore s'y fixer.   T. L.

Chili. — *Colonie allemande.* — La colonie allemande de Valdivia (Chili), fondée il y a quelques années à peine, est actuellement en pleine prospérité. Elle compte près de 5,000 âmes. Elle possède une école fréquentée par 300 enfants et entretenue à grands frais. 7 professeurs venus de l'Allemagne sont chargés de l'enseignement. L'ancien consul prussien au Chili a engagé en outre pour cette école, à d'excellentes conditions, M. Balde, professeur de l'école protestante de Trieste. M. Balde a signé un engagement pour cinq années.

Ces détails ont été fournis à l'*Allgemeine Zeitung* d'Augsbourg par le fils du directeur de l'école de Trieste, et l'un des industriels les plus importants de la colonie de Valdivia. Il est venu faire un voyage en Europe.   T. L.

Amérique du Sud. — *Délimitations de territoires.* — Une dépêche de Buenos-Ayres du 18 courant annonce la ratification par le congrès de la République Argentine du traité conclu le 3 février dernier entre ce gouvernement et ceux du Paraguay et du Brésil, traité par lequel Cerito est adjugé à Buenos-Ayres. La même convention stipule que les troupes brésiliennes évacueront dans les cinq mois le territoire de la Confédération Argentine, et réfère à l'arbitrage du président Grant, des Etats-Unis, la question du district contesté situé entre le Pilcomayo et le rio Verde.

Brésil. — Ce vaste empire sud-américain a été, dans les derniers douze

mois qui viennent de s'écouler, le champ de grandes explorations scientifiques, qui ont commencé le 15 mai 1875 sous la direction de M. Hartt, président de la commission de géologie.

L'attention s'est tout d'abord portée sur les gisements aurifères de la province de Minas Geraes, et il a été reconnu que cette contrée, grâce à l'application de méthodes d'exploitation qui ont été employées avec succès dans la Californie, pourrait, selon toute probabilité, être mise en état de produire de grandes quantités d'or.

Il existe dans le voisinage de Pernambouc des couches de pierre calcaire, dans lesquelles on a trouvé un grand nombre de nouvelles espèces fossiles ; puis on a procédé sur différents points à des analyses minutieuses en vue de constater la valeur de la pierre relativement à la fabrication de la chaux.

Des bancs de corail qui garnissent la côte voisine on a retiré de magnifiques collections de coraux, de poissons, d'animaux marins, remarquables par une variété extraordinaire de formes et d'espèces.

Une ascension au sommet des monts de la Sierra de Maria Farinha a fait découvrir de vastes portions des provinces de Sergipe, d'Alagoas, de Bahia, de Pernambouc, stériles et presque unies. Le plateau, composé de gneiss, est à une hauteur d'environ 1,000 pieds au-dessus du niveau de la mer ; çà et là sont des masses isolées de grès, débris de dépôts considérables qui couvraient autrefois le pays, mais qui ont été presque tous balayés en partie par l'action de la mer pendant l'élévation du grand plateau brésilien, en partie par le mouvement subséquent des eaux pluviales. Dans ces temps reculés le fleuve Saint-François (Sao Francisco) coulait sur ces couches de grès, à une altitude de plus de 1,000 pieds au-dessus de son lit actuel, se creusant un canal assez profond pour atteindre graduellement le gneiss dur de la roche située en dessous.

La végétation de ces régions est celle des plaines arides de l'Amérique du sud, dont on y rencontre les plantes en abondance.

Plusieurs groupes détachés se sont répandus dans diverses directions ; mais tous doivent se réunir prochainement à Rio de Janeiro, au siége de la commission de géologie, où l'on doit classer les différentes collections de fossiles et d'autres échantillons curieux, en écrire la description et rédiger un compte rendu complet de l'ensemble des explorations.

Etats-Unis. — *Un phalanstère dans l'Etat de Vermont.* — Le village de Springfield (Vermont) Etats-Unis, possède depuis plusieurs années une sorte de phalanstère formé par des jeunes gens et qui comptait d'abord 60 personnes. Ce phalanstère en a maintenant plus de 120. Les membres se livrent à toutes sortes de travaux industriels et avant peu d'années ils auront le plus bel établissement du pays. Ils reçoivent un salaire, paient leur pension et participent aux bénéfices généraux de l'association. Ils vivent ainsi à la campagne avec beaucoup plus d'économie et ont toutes les distractions et toutes les commodités que l'on rencontre dans une grande ville, telles que salles de jeux, de bal, de lecture bien fournies de journaux et de revues, pianos, salles de bains. L'association possède, en outre, un cheval et une voiture, deux vaches à lait, un jardin potager, etc. Ceux qui se retirent de l'association reçoivent tout ce qu'ils ont apporté. Les étrangers sont admis à l'essai à pour trois mois. Ce laps de temps écoulé, le conseil délibère et les admet ou les remercie. Le conseil renvoie encore les membres dont il a trop à se plaindre. La valeur totale des propriétés meubles et immeubles de l'association est de 500,000 francs.

T. L.

Etats-Unis. — *La guerre indienne.* — Un télégramme de Cheyenne annonce que la colonne du général Crook a été attaquée par des Sioux, le matin du 17 juin, sur la rive du Rosebud, tributaire du Yellowstone, dans le Montana. Une vive fusillade a été engagée et s'est prolongée pendant près de quatre heures, après quoi, les Sioux se sont éloignés au galop dans toutes les directions et ont bientôt été perdus de vue.

Le nombre des tués laissés par les Sioux sur le champ de bataille a été de treize. On ignore le nombre exact de leurs morts, attendu que, lorsqu'ils se sont dispersés, ils en ont emmené plusieurs, attachés à la queue de leurs chevaux.

La perte de la troupe, auxiliaires compris, a été de onze tués et vingt-sept blessés.

L'objet de l'attaque des Sioux était évidemment d'empêcher la colonne d'arriver jusqu'à leur village, établi à quelques milles seulement de l'endroit où l'engagement s'est livré, et ils ont pleinement atteint leur but, car le général Crook a reconnu la nécessité de se replier sur le camp de Goose Creek, retraite qui retardera les opérations de plusieurs semaines et donnera aux Sioux le temps de transporter leur village où il leur conviendra et de choisir eux-mêmes le théâtre des hostilités ultérieures. L'issue du combat a donc été en réalité tout à l'avantage des Sioux.

Il a eu une autre conséquence désastreuse pour les troupes. On sait qu'elles avaient avec elles deux cent cinquante auxiliaires, tant Snaks que Crows. Ce sont ces auxiliaires qui ont soutenu et repoussé la première attaque des Sioux, à la poursuite desquels ils se sont hardiment élancés, pensant être soutenus par les soldats. Mais il paraît que ceux-ci étaient occupés à choisir leurs positions, et qu'ils ont laissé les auxiliaires supporter seuls pendant longtemps tout le poids du combat.

Cette conduite a dégoûté les Crows. Dès que l'ordre de la retraite a été donné, ils ont tenu un conseil entre eux et décidé que, puisque les blancs ne les secondaient pas sur le champ de bataille, ils n'avaient qu'à retourner chez eux. Malgré tous les efforts du général Crook ils ont persisté dans leur détermination; et dès le lendemain ils sont partis pour leur village.

Les Snaks sont restés avec la colonne expéditionnaire, mais on craint qu'ils ne lui brûlent aussi la politesse un de ces jours.

Conformément aux ordres du général Crook, quatre compagnies du 14e régiment d'infanterie sont parties du camp Douglas pour renforcer la colonne expéditionnaire.

Voyage d'exploration autour du monde de la corvette *Friedrich*. — Le mécanicien Joseph Stegmann, de Budweis, qui a fait partie de l'expédition autour du monde de la corvette *Friedrich*, a envoyé ces jours derniers à sa famille une riche collection d'objets qu'il a recueillis dans un grand nombre de localités, dans les îles et dans les eaux de plusieurs mers. Dans cette collection se trouve des tasses chinoises et japonaises, des corbeilles tressées d'une façon artistique avec de la paille de riz, 136 pièces de monnaie de Yeddo, etc. Le journal de voyages de M. Stegmann contient les détails du plus haut intérêt sur les diverses péripéties de l'expédition. Parmi les passages les plus remarquables, nous pouvons citer celui où il raconte l'orage qui éclata le 21 décembre 1874 dans les eaux chinoises. Tous les passagers se voyaient si près de la mort qu'ils faisaient le sacrifice de leur vie. Citons encore celui où il raconte le débarquement de plusieurs membres de l'expédition, et entre autres du narrateur, à Sibokobaï, près de l'île Bornéo. Les sauvages habitants de cette île, située par 4 degrés de latitude nord et 120 degrés de longitude ouest, se jetèrent tout à coup sur eux, en saisirent deux, les tuèrent et les coupèrent en morceaux.

T. L.

L'expédition norvégienne qui doit aller explorer la profondeur de l'Océan Atlantique entre le Nord et l'Europe, le Groënland et le Spitzberg, et dont l'*Explorateur* a, dans son n° 73, annoncé l'organisation, est partie de Berghen le 1er juin, pour se rendre au Sognefiord, où la première semaine a été employée à procéder à des travaux préparatoires, à faire des sondages et des dragages dans 600 brasses de profondeur. On a constaté que la température du fond était exactement la même que les années précédentes : 43°7 Fahrenheit. La faune était un mélange de celles de l'Atlantique et des mers arctiques : on a trouvé divers spécimens de *brisinga coronata*, de *munida tenuimana*, une grosse actinie et une éponge, *Tisiphonia agariciformis*; et entre autres mollusques l'*Aximus cumarius*, la *Kelliella abyssicola*, la *Malletia obtusa* et le *taranis* Morchi.

Les explorateurs ont passé leur seconde semaine à Huso, petite île à l'embouchure du Sognefiord, où ils ont fait des observations magnétiques sur terre et à bord de leur navire.

Le 20 juin, l'expédition a quitté cet endroit pour longer le canal profond qui entoure le Nord de la Norwége depuis le Skagerrack en remontant jusqu'au cap Stadt. Les premiers sondages et dragages ont constaté un fond très-plat à une profondeur d'environ 200 brasses, et une faune principalement atlantique.

A 150 milles environ au Nord-Ouest du cap Stadt, la température a commencé à baisser, sans que la profondeur ait changé; mais aux sondages suivants, on trouva que la profondeur avait augmenté et que la température du fond continuait de baisser, au point qu'en dernier lieu le thermomètre Miller-Casella marquait 32° Farenheit à 300 brasses, et 30° au fond à 400 brasses.

Au cap Stadt, la faune était arctique et glaciale. Parmi les spécimens qu'on a recueillis figuraient une gigantesque *umbellularia* de 5 pieds de haut, un nymphon d'une largeur de 10 pouces entre les extrémités des pieds, un nouveau gros *archaster*, et plusieurs autres spécimens de formes caractéristiques.

A la profondeur que nous venons d'indiquer on n'a trouvé pas moins de 8 formes d'hydroïdes, 3 espèces différentes de *fucus* arctique, et plusieurs spécimens d'*Yoldia intermedia*, etc.

L'expédition est entrée le 23 juin dans le port de Christiansund; elle a dû en partir quelques jours après pour les îles Féroë et l'Islande.

T. L.

Impossibilité pour l'homme d'atteindre le pôle. — M. Théodore Overbéc publie à ce propos, dans l'*Ausland*, des réflexions qui nous paraissent fort ingénieuses.

— Pour franchir, dit-il, les cent milles géographiques qui séparent du pôle les points les plus septentrionaux que nous aurions atteints, il ne suffit pas seulement de braver la glace, le froid, la faim et la soif, les nuits d'un mois, etc. Si ce n'était que cela on pourrait dire : « La conquête du pôle est une affaire de temps. »

Mais il existe un facteur autrement important et qui nous dit : « Tu n'iras pas plus loin ! » Ce facteur, c'est la diminution ou même la cessation complète du mouvement de rotation du globe, aux pôles : Si, sous l'équateur, ce mouvement est de 1,300 pieds par seconde, de 6 à 700 pieds dans nos contrées, tandis qu'il cesse à peu près plus on se rapproche du pôle.

Or notre corps est soutenu par ce mouvement rotatoire qui, en rassemblant nos membres, soulage considérablement nos muscles et nos tendons.

En nous rapprochant du pôle, cet élément manque et nos muscles doivent supporter tout le poids de notre corps, que ne soutient plus la force naturelle de la rotation.

C'est ce que les voyageurs dans les régions australes ont attribué à la fatigue, à la nature du terrain ou au manque de nourriture, etc., tandis que leur fatigue provenait sans doute de la prédominance de l'attraction sur la rotation, phénomène qui se fait remarquer jusque sur les plantes rabougries et rampantes des zones glaciales.

Il est donc plus que probable que pour cette cause toute physique, le pôle ne sera jamais atteint par l'homme qu'au prix de sa vie.

W. R.

Voyage autour du monde en 160 jours. — Le comte Dessours-Walderode est revenu récemment de son voyage autour du monde, qu'il a accompli en 160 jours.

Il a suivi l'itinéraire suivant : Brindisi, Suez, Djedda, Aden, Bombay, Allahabad, Benarès, Calcutta, Penang, Singapore, Hong-Kong, Yokohama, San Francisco, Kansas-City, Saint-Louis, Philadelphie, New-York, Queenstown, (Irlande), Dublin, Holyhead, Londres, Ostende. Pendant ce voyage, il a fait des excursions aux Pyramides, à Elephanta, à Agra, à Delhi, à Futchpour, à Sikri à Canton, à Tokio, à la vallée Jo-Semite et à Montréal.

Il est resté dix semaines en mer, onze semaines sur terre (8,000 et 19,000 milles anglais).

Le voyage du Japon à la Californie s'est accompli en 19 jours et 10 heures dans les conditions les plus favorables ; le voyage de Calcutta à Hong-Kong a duré 16 jours ; de Suez à Djedda, d'Aden à Bombay (806 milles allemands), à bord du *Juno* (capitaine Sturly de la compagnie du Lloyd autrichien), en 18 jours. Le trajet le plus rapide en mer a été effectué à bord du *City-of-Richmond* (5.000 tonnes) de la compagnie des steamers de l'Inman Cie, de New-York à Queenstown, où M. le comte Dessours-Walderode est arrivé le 26 juin à neuf heures du matin, après être parti de New-York le 17 juin à deux heures après-midi. La distance à franchir était de 712 milles allemands. La traversée la plus lente a été celle de Hong-Kong à Yokohama, à bord du vapeur en bois à roues, le *Colorado* (4,000 tonnes), qui a mis vingt-quatre heures à franchir 24 milles allemands par un temps très-orageux. M. le comt Dessours-Walderode a compté deux fois le 19 mai, parce que c'est à cette date qu'il a passé le 180e degré de Greenwich. A Ogden à 1,032 milles à l'ouest de New-York, il a rencontré le train organisé par M. Jerrold, directeur du théâtre Booth et qui devait aller en quatre-vingts heures de New-York à San Francisco.

T. L.

Le Gorille vivant, débarqué récemment à Liverpool, a été transporté de Hull à Hambourg, au delà à Berlin, où il doit être installé dans une dépendance de l'aquarium de cette ville.

La jeune fille à la plume. — A Monsieur le *Directeur* de l'*Explorateur*. — Olmeto (Corse), 6 juillet 1876.

Monsieur et cher Collègue,

La nature a parfois des bizarreries bien étranges, il faut en convenir ! Après l'homme-chien, l'homme-poisson, l'homme-oiseau, elle nous réservait une surprise inattendue qui dépasse celles que nous ont causées les frères Siamois et la femme à deux têtes. Je me contente de vous donner la transcription d'une lettre adressée d'Ajaccio au *Patriote de la Corse*, tout en affirmant la réalité du phénomène dont elle contient la description, car je connais et l'enfant qui en est l'objet et le père qui est un bon habitant de la ville de Sartène.

Voici ce que nous lisons dans le *Patriote* :

« Le public de notre ville est invité à voir un phénomène merveilleux, unique sans doute depuis que le monde existe.

« Une enfant de six mois, Barbarina Tramoni, de Sartène, porte sur sa tête une plume qui tombe et repousse tous les six jours.

« Le phénix fabuleux, renaissant de ses cendres, devient une réalité.

« Nous avons vu les 23 plumes qui ont poussé successivement sur la tête de cette jeune fille.

« Nous avons assisté dimanche dernier à la chute de la dernière. Nous assisterons probablement, jeudi prochain, à la renaissance de la vingt-quatrième.

« Voici comment l'étrange phénomène se produit.

« Un bouton se forme sur la nuque de l'enfant. Au moment où le bouton doit s'épanouir, la fille éprouve un petit tremblement qui annonce une légère souffrance. Le bouton s'ouvre et la plume se montre, poussant en courbes de manière à atteindre toute sa grandeur, qui est de 10 à 12 centimètres. Elle est dorée sur ses bords et présente les nuances les plus variées.

« Quand elle tombe, quelques gouttelettes d'un liquide blanchâtre sortent du trou, qui se referme aussitôt, pour ne laisser aucune trace de son existence jusqu'à la réapparition d'un nouveau bouton.

« L'enfant porte cette plume sur sa tête tantôt six jours, tantôt quatre jours, et, ce qu'il y a de plus mystérieux, c'est que la nouvelle plume met autant de temps à pousser que son aînée à tomber.

« Le père partira avec cette fille par l'un des plus proches courriers pour aller montrer cet étrange phénomène dans les *grandes villes du continent.* »

Je crois devoir signaler un fait aussi extraordinaire à notre Société de Géographie commerciale et à la rédaction de l'*Explorateur.* — En le faisant, j'obéis à une pensée qui est celle-ci : On a fait la géographie du blé, — la géographie du fond de la mer, — la géographie de l'hygiène. — Pourquoi ne ferait-on pas celle des phénomènes humains? L'antiquité avait des monstres légendaires : le Sphinx, l'Hydre, le Minotaure, la Syrène, et nous avons de nos jours des monstruosités aussi surprenantes à étudier, à analyser, à décrire.

H.-A. CHARPENTIER.

Du rôle des perdrix dans l'agriculture. — La Société zoologique de France a tenu sa séance le 7 juillet dernier. Le président, M. Vion, y a fait une communication relative à l'utilité de protéger les perdrix contre le braconnage. Entre l'ouverture et la fermeture de la chasse, l'orateur a ouvert le gésier de 63 perdrix grises; dans la quantité d'aliments qu'il y a trouvée, il n'a pu constater en tout la présence que de 3 grains de blé. C'est là la condamnation d'une erreur populaire qui consiste à croire qu'au moment des semences les perdrix se gorgent dans les guérets de grains de blé déjà en fermentation et que cela excite en elles un phénomène nerveux qui se manifeste par un changement dans la rapidité de leur vol. M. Viau, qui reconnaît en effet à cette époque un redoublement de vivacité, l'attribue à ce que les perdrix viennent de terminer leurs nids.

Ce que l'observateur a trouvé surtout en grande partie dans l'estomac des perdrix, c'est la petite graine triangulaire de liserons et des petits bouquets de racines de cette plante. Or, on sait quel fléau constituent pour les cultivateurs ces liserons sauvages. Pour les détruire, les cultivateurs labourent trois fois leurs champs, ou pour nous servir du terme consacré, font trois façons consécutives. Ces bouquets de radicelles se trouvent placés au bout d'une longue racine qui plonge profondément dans le sol et si on les replace dans le sol ils donnent naissance immédiatement à un grand nombre de ces plantes parasites. Le labour les ramène sur le sol ; mais, s'il survient, avant qu'ils aient été entièrement desséchés par le soleil, une pluie qui les enterre de nouveau, l'action de la charrue devient tout à fait inutile. C'est là ce qui constitue le rôle bienfaisant des perdrix qui, friandes de ces bouquets de racines, en mangent et en détruisent des quantités considérables. Au moment de l'éclosion de leurs œufs, elles dévorent également une grande quantité de fourmis et d'œufs de fourmis.

M. Bemer croit que les perdrix ne sont pas aussi sobres de grains de blé que le pense M. Viau, et, pour son compte, il a constaté que des perdrix tuées par lui avaient le gésier gonflé de ces grains.

M. Bouvier, secrétaire de la société, a présenté une très-curieuse collection d'animaux et d'oiseaux de la côte occidentale d'Afrique.

M. Bemer annonce que le 13 mars dernier, M. le marquis d'Aigneau a tué, au phare de Cap-de-Ville, près de Cherbourg, une chouette complètement blanche qui fait aujourd'hui partie de la magnifique collection du docteur Marmottan. Cette capture est extrêmement rare en France et cette espèce (*harfang stryx nitea*) se trouve surtout dans le Labrador et sur les rivages de la baie d'Hudson. Un jeune mâle cependant a été tué récemment en Hollande.

J. G.

Nécrologie. — *Ehrenberg.* — On annonce la mort à Berlin du savant naturaliste allemand Christian Gottfried Ehrenberg, à l'âge de quatre-vingt un ans : il était né en 1795 à Delitzsch, en Prusse. En 1820, chargé d'une mission par l'académie des sciences de Berlin, il parcourut l'Egypte, l'Abyssinie et une grande partie de l'Arabie, d'où il rapporta des collections d'animaux et de plantes inconnus jusqu'alors. Quelques années plus tard, il explora avec M. Alexandre de Humboldt l'Asie centrale et plus particulièrement le plateau de l'Altaï.

On a de lui de nombreux ouvrages de physique, notamment sur les animaux infusoires et les infiniment petits, qui ont été en quelque sort l'étude spéciale de presque toute sa vie.

En fait de travaux qui se rattachent à la géographie, nous citerons la relation de ses voyages, sous le titre de *Voyage scientifique dans l'Afrique septentrionale et l'Asie occidentale pendant les années 1820 à 1825; les Coraux de la mer Rouge; Organisation, classification et distribution géographique des animaux infusoires; Formation des roches crétacées de l'Europe, de la Lybie et de l'Oural par des organismes microscopiques; distribution et influence de la vie microscopique dans l'Amérique du sud et du nord,* etc., etc.

Le docteur Ehrenberg (car il était docteur en médecine) était depuis 1842 secrétaire perpétuel de l'Académie de Berlin pour les sciences naturelles, et en 1860 l'Académie des sciences de Paris l'avait admis au nombre de ses associés étrangers.

T. L.

Densité de la mer. — *Travaux des docteurs Carpenter, Hubbard, Thorpe et Rucker.* — La théorie du docteur Carpenter sur la circulation générale des eaux de l'Océan due à la différence de densité des eaux de la mer produite par des climats extrêmes, a donné une grande importance au sujet de l'expansion thermale de ces eaux. Les meilleures observations, dit le *Galaxy,* ont été celles de feu le professeur Hubbard, de l'observatoire national des Etats-Unis, mais cette question a été étudiée à nouveau par les professeurs Thorpe et Rucker, du collége des sciences du Yorkshire. Ils se sont procuré de l'eau de l'Océan Atlantique sous 50°.40' de latitude nord, 31° 40' de longitude. La pesanteur spécifique de l'eau à 0 degré centigrade était de 1,02867. Ils ont fait trois séries d'observations avec l'eau naturelle, et d'autres avec la même eau mélangée à 1,020 et 1,025.

Et une autre quantité portée par l'évaporation à 1,033. Ils ont manipulé l'eau pour les dernières observations, parce que l'expédition du *Challenger* avait trouvé que la densité de l'eau variait entre 1,0278 et 1,0240. Les eaux dilatées et concentrées représentent par conséquent les extrêmes. Pour se rendre compte de l'expansion, les professeurs Thorpe et Rucker ont renfermé l'eau dans des tubes de la forme des thermomètres, nommés dilatomètres, calibrés et gradués avec soin. Ils ont présenté le résultat de leurs observations, leurs tables, tous les détails à la Société royale. Ils ne sont pas d'accord avec le professeur Hubbard, et ils en donnent les motifs. Les vues du docteur Carpenter ont été mises à l'épreuve par le docteur Hann, qui a travaillé sur les observations de l'expédition allemande au pôle Nord. Ces observations indiquent que la densité de l'eau de mer augmente avec la latitude, à la surface et à 900 pieds de profondeur.

Elle est par conséquent plus grande aux pôles que sous les tropiques, et la compensation de la température par des proportions inégales de sel n'existe pas. Cet excès de densité peut déterminer le déplacement vers l'équateur des eaux plus lourdes des pôles. Les observations du docteur Hann confirment la théorie du docteur Carpenter.

T. L.

Le véritable thé du Japon. — L'exportation du thé japonais a été jusqu'à présent assez importante : mais comme les étrangers ne l'expédiaient qu'après lui avoir fait subir une préparation spéciale, cela n'intéressait que médiocrement le commerce japonais. Nous apprenons, dit le *Hotchi-Chimboun,* que le *Kanghiorio* (département de l'Agriculture) vient d'envoyer en Amérique des échantillons de thé rouge et de thé vert pour avoir l'appréciation de chaque qualité. Le thé rouge n'est pas aussi estimé qu'on le pensait : mais le thé vert, dont la confection est particulière au Japon, a de la valeur. Le *Kanghiorio* en a expédié par le *Belgic* une centaine de caisses à titre d'échantillons. On croit que cette qualité est appelée à devenir un important objet d'exportation.

<hr>

Eau acidulée ferrugineuse d'Orezza (Corse), contre anémie, chlorose, gastralgie, fièvre des pays chauds.— Consultez les médecins.

Le Directeur-gérant, C. HERTZ.

6625.76. — Boulogne (Seine). — Imprimerie JULES BOYER.

L'EXTRACTEUR BAZIN

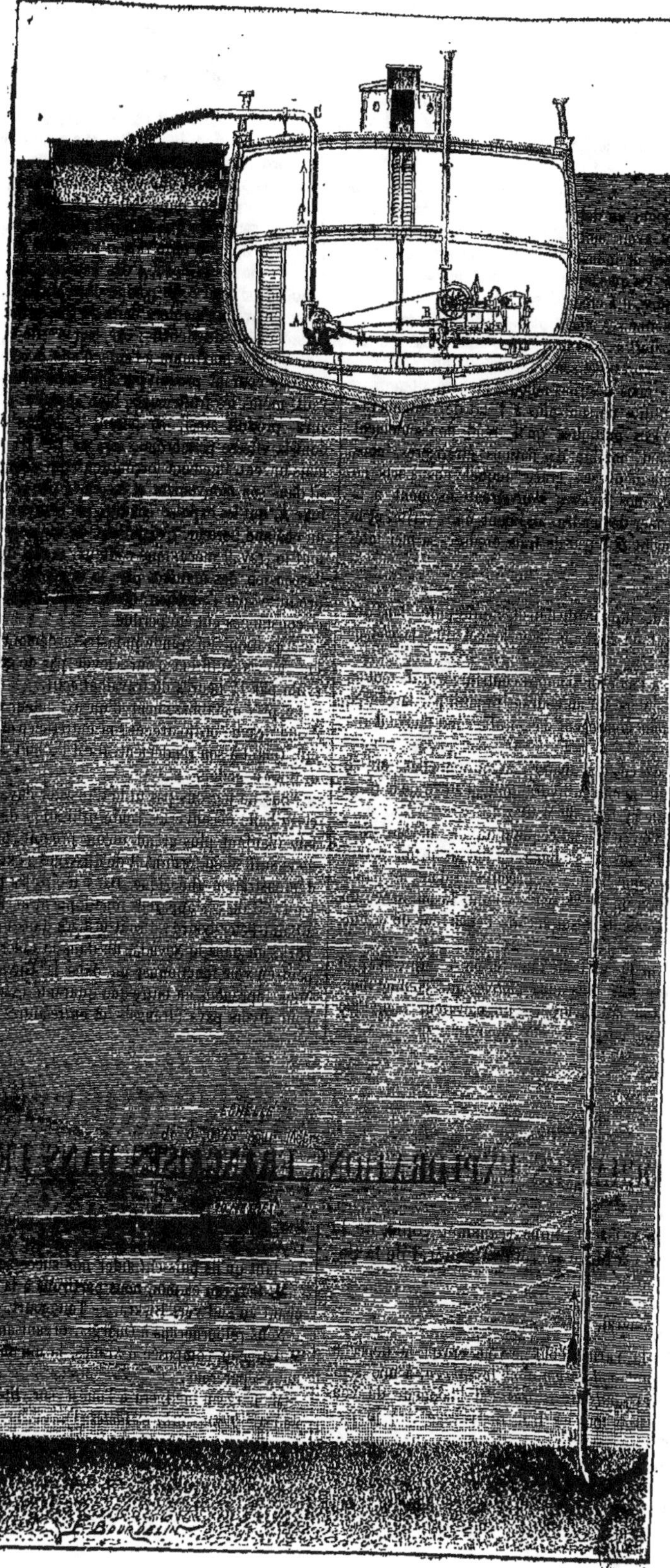

Les honneurs tout particuliers qui ont été décernés à notre collègue de la Société de géographie commerciale, l'ingénieur Bazin, à la fin de l'exposition internationale fluviale et maritime qui a eu lieu l'année dernière au Palais de l'Industrie, la flatteuse distinction dont il a été l'objet plus récemment à l'exposition de Bruxelles de la part de S. M. le roi des Belges; plus encore, l'énorme importance que quelques-unes de ses découvertes peuvent avoir pour le perfectionnement des voies de transport, soit par mer, soit par les canaux et les rivières, nous imposent l'obligation de faire de quelques-unes des inventions qui constituent son œuvre, un examen tout particulier. Nous nous contenterons aujourd'hui de décrire le nouveau mode de dragage qu'il a découvert et qui obtient actuellement, de toutes parts, une faveur si juste et si méritée.

Le monde et, disons-le avec orgueil, la France spécialement, voient fréquemment apparaître quelqu'un de ces hommes studieux, créateurs, dévorés par la soif de la nouveauté, qui consacrent leurs jours et leurs nuits à la recherche de quelque grand problème dont la solution leur fait d'un seul coup franchir la distance qui sépare des hommes de génie la multitude des citoyens. Il faut le reconnaître, à notre époque de scepticisme et de réalisme brutal, ces infatigables pionniers de la civilisation sont généralement méconnus ou mal appréciés.

De tout temps, on s'est moqué des inventeurs; le public, avare de ses admirations, ou qui ne les prodigue qu'au fait accompli, se complaît à voir en eux des hallucinés, des vaniteux ou des charlatans. Parfois, trop souvent même pour l'honneur de l'humanité, ceux qui avaient l'influence et l'autorité, ne se sont pas contentés de les poursuivre de leur ironie; on les a considérés comme des ennemis de la science acquise, comme de menaçants novateurs, comme des esprits remuants et dangereux, et on les a persécutés sans pitié.

C'est pourtant uniquement à ces ardents pionniers qu'on doit tout le progrès accompli depuis l'origine du monde et l'organisation des sociétés; c'est à eux qu'est dû tout le savoir qui constitue le domaine moral et l'existence matérielle de l'homme. Si l'on veut se rendre compte des cruelles iniquités dont ils ont été victimes, sans rappeler des histoires trop modernes qui peuvent réveiller encore des querelles politiques ou religieuses, on n'a qu'à reporter sa pensée vers les époques les plus anciennes. La légende nous a conservé les noms des conquérants, des tyrans, de tous les ambitieux qui ont usé et abusé de la force; elle nous a apporté aussi les noms de quelques rares poètes ou savants, mais presque toujours elle reste muette sur les inventeurs. Qui est-ce qui a inventé le feu et ses usages merveilleux si multiples? Qui connaît les noms des premiers ouvriers du fer, du pain, des tissus; en un mot, de tous les inventeurs dont les efforts ont constitué la richesse des civilisations modernes?

Certains hommes paraissant avoir été doués en naissant de facultés supérieures: c'est même cette vertu plus grande que nature qui s'appelle le génie. Newton, réfléchissant sur la chute d'un fruit, découvre la loi de la pesanteur, la loi de l'attraction, la loi de la gravitation. Un moderne savant crée d'un seul coup, sans tâtonnements ni hésitations, la grande loi sur laquelle s'appuie toute la science chimique : les équivalents et les affinités. Ces enfantements merveilleux sont des actes de génie. Depuis un siècle surtout, l'esprit humain s'est mis en marche; il a entrepris la sublime croisade contre l'inconnu, et au milieu des événements les plus inattendus, malgré les divisions et les haines, indifférent aux guerres et aux catastrophes, il a marché droit dans sa route, — et, nous pouvons le dire avec quelque fierté, il a déjà résolu la plupart des problèmes que nos ancêtres considéraient comme autant d'absurdités.

Nous avons vu ainsi la chimie naître des vaines cendres produites dans les laboratoires des alchimistes du passé ; l'astrologie est devenue l'astronomie, les locomotives ont succédé aux lourdes charrettes et aux lentes diligences ; les vieux navires couverts de toile se laissent chaque jour remplacer par les rapides et élégants paquebots. Que dirons-nous encore de l'éclairage électrique, du gaz, des télégraphes, de la photographie et de tant d'autres merveilles dont l'énumération seule nécessiterait un volume!

Ces progrès de l'humanité, cette marche en avant de l'esprit humain, cette source intarissable de nouveau bien-être, on les doit aux inventeurs; grandeur, prospérité, fortune, nous tenons tout de leur génie, et, selon nous, il est grand temps de protester contre les plaisanteries d'un goût douteux dont les crible la frivolité des uns, et contre les dénigrements dont les accable l'impuissance envieuse des autres.

M. Bazin (d'Angers) est de nos jours un des plus méritants de ces chercheurs. Son esprit fécond semble avoir embrassé d'un seul coup tous les problèmes mécaniques, économiques et industriels, des temps modernes. On l'a vu pousser ses recherches dans les questions les plus ardues de la marine, de l'artillerie; pour l'agriculture, il a créé des usines dans tous les coins de la France ; à l'industrie, il a donné ses *machines à filer*; à la navigation, il a apporté ses *lochomètres*, ses *torpilles*, ses *projectiles à tir prolongé*, son *éclairage sous-marin*, son *navire express*, et son *extracteur*. C'est de cette dernière découverte seulement que nous désirons aujourd'hui entretenir nos lecteurs. Son importance et son utilité ne sont plus à l'état de démonstration théorique; les immenses services pratiques qu'il rend non-seulement en France, mais chez le plus grand nombre des nations étrangères, nous font un devoir de décrire cet engin nouveau, grâce auquel nos ports ne seront plus ni ensablés, ni envasés, nos rivières s'ouvriront aisément à la grande navigation, Paris port de mer deviendra aisément une vérité, et le capitaine Roudaire pourra rapidement et à peu de frais creuser sa mer intérieure du Sahara.

L'extracteur Bazin est fondé :

1° Sur le principe de l'équilibre des liquides de densités différentes dans des vases communiquants, déterminant un courant ascensionnel dû à la *charge hydraulique*;

2° Sur un refoulement puissant à l'aide de pompes centrifuges qui, tout en expulsant le mélange d'eau et de déblais, dû au courant produit par la charge hydraulique, donnent cependant leur contingent d'aspiration, ne pouvant refouler sans aspirer.

En un mot, c'est la connexion de ces deux causes ascensionnelles, ou de ces deux courants, provenant l'un de la charge hydraulique, l'autre de la pression atmosphérique, qui constitue le système de M. Bazin.

Supposons, par exemple, que l'on perce la coque d'un des bateaux dragueurs de M. Bazin à $3^m 50$ au-dessous de sa ligne de flottaison, on déterminera ainsi une voie d'eau, et la veine liquide se précipitera dans les flancs du bâtiment avec une vitesse d'environ $8^m 28$ par seconde, la puissance du jet n'ayant à vaincre que les frottements résultant de l'épaisseur de la muraille du bateau.

C'est ainsi que, quoique reposant sur un milieu inerte, on se sera constitué une chute hydraulique, c'est-à-dire une puissance *motrice* qui, comme nous allons le voir, se transformera tout à l'heure en un élévateur énergique et presque gratuit. En effet, si l'on adapte à cette ouverture un tube re-

courbé dont l'autre extrémité repose sur le fond, on s'aperçoit bientôt que l'eau, ne pouvant pénétrer à travers les parois du tube, cherche son orifice inférieur, s'y précipite avec violence, forme un courant ascensionnel et pénètre par là à l'intérieur du bateau. Sa vitesse sera toujours de $8^m 28$ par seconde, moins les frottements que subira pendant son parcours cette veine liquide dans cette longue conduite.

Ce courant énergique de bas en haut est dû, comme on le voit, à la charge hydraulique, et, dans son parcours, cherchant à s'établir au niveau extérieur, il élève et entraîne même des corps lourds et de grande densité.

L'aspect de la gravure ci-jointe permettra aisément au lecteur de se faire une idée précise de l'ingénieux appareil de M. Bazin.

Supposons que la pompe A soit placée au-dessus de l'eau, sur le pont du navire et cherche à extraire par de grandes profondeurs, de 10 à 30 mètres, des sables dont la densité est considérable par la seule force d'aspiration, c'est-à-dire par le courant que peut produire la pression atmosphérique; cette force restera absolument impuissante. En effet, la pression atmosphérique est limitée; cette pompe qui, dans la pratique, ne saurait élever de l'eau même à $9^m 50$, serait à plus forte raison incapable d'élever du sable dont la densité est double de celle de l'eau, à des hauteurs variant entre 10 et 30 mètres.

Si l'on descend cette pompe dans la cale, à $3^m 50$ au-dessous de la ligne de flottaison, on augmentera dans de très-grandes proportions, l'énergie du courant élévateur des déblais: car, sur 4^m de vitesse par seconde qu'on peut obtenir comme maximum à l'aide d'une excellente pompe, viendra s'ajouter la force du courant produit par une chute hydraulique de $3^m 50$, force qui équivaut, moins les frottements, bien entendu, à $8^m 28$ de vitesse par seconde. On aura produit ainsi, en faisant la somme de ces deux forces, un courant dont la vitesse primordiale sera de $12^m 28$. Ce n'est plus un simple courant, mais un entraînement torrentueux qui désagrége d'abord les déblais, les saisit dans son mouvement et les élève par le tuyau D jusqu'à la pompe centrifuge A, qui les expulse ensuite, par le tuyau de refoulement C, dans un bac ou un chaland porteur. L'expulsion du mélange d'eau et de déblais de A en C est tout le travail mécanique coûteux, tandis que le principal travail, c'est-à-dire l'ascension des matières par le tuyau D jusque dans le corps de pompe est produite par l'addition d'une force naturelle à une force qui, dans d'autres circonstances, eût été perdue.

La pratique en grande industrie a démontré que 30 chevaux-vapeur de 75 kilogrammes suffisent pour élever par de grandes profondeurs 4,000 tonnes de sable par 12 heures de travail effectif.

Le prix d'établissement d'un extracteur est de beaucoup inférieur à celui d'une drague ordinaire, et son entretien peut être considéré comme à peu près nul. Quant à son rendement, il est de huit à dix fois supérieur à celui d'une drague à godets

Nous ne jugeons pas utile d'insister davantage sur l'extrême importance de cette belle découverte. Toute utilisation des forces de la nature est un bienfait d'autant plus grand qu'on produit plus de travail sans dépense. Qu'il nous suffise en terminant de dire que l'extracteur Bazin n'est plus à l'état de démonstration théorique. Dans toutes les parties du monde on l'utilise avec fruit. 23 de ces appareils fonctionnent en Russie sur le Volga, à Cronstadt et à Saint-Pétersbourg ; 4 sont utilisés dans l'Amérique du Nord, dont un à New-York, un dans le Nevada, un dans le Colorado et un autre aux Gold Bluffs. On peut en voir fonctionner un dans la Guyane française et deux en France. Nous apprenons en outre que quarante extracteurs sont commandés à M. Bazin pour divers pays étrangers, et entre autres 7 pour l'Angleterre.   J. G.

LES PROCHAINES EXPLORATIONS FRANÇAISES DANS LE SAHARA

M. Louis Say, enseigne de vaisseau, nous transmet copie de la lettre suivante qu'il a adressée à M. le secrétaire général de la Société de géographie de France :

Monsieur le secrétaire général,

Autorisé par M. le ministre de la marine, dont je vous envoie la dépêche, à entreprendre *un second voyage d'exploration dans le Sahara*, à une seule condition, celle *de me procurer les fonds nécessaires*, j'ai l'honneur de vous annoncer que je prends à ma charge tous les frais du voyage que je ferai l'hiver prochain.

Je puis disposer de 15 mille francs (15,000 fr.).

Le but que nous poursuivons, M. Largeau et moi, est de *relier le bassin du Niger à l'Algérie* et faire de nos ports d'Algérie les têtes de ligne des voies commerciales qui traversent le désert.

Nous voulons pénétrer chez les Touaregs (les maîtres des routes), *explorer* leur *massif montagneux du Hoggar*, poursuivre chez eux l'œuvre de M. Duveyrier, et les attirer pour leur confier la conduite de nos caravanes, en attendant qu'ils puissent aider nos successeurs à poser des rails.

M. Largeau et moi, nous partirons à la même époque de Constantine, marchant au sud vers Biskra, — Touggourt, — Ouargla.

Nous retournerons à Ouargla, organisant nos escortes respectives, celle de M. Largeau, composée d'Arabes, la mienne de Kabyles et de Touaregs; là nous nous séparerons.

M. Largeau inclinera à l'ouest sur *In-Salah*; moi, je ferai route droit au sud sur *Temassinin* et *Idelès* (1).

----

(1) A l'appui de cette lettre, M. Say nous communique la note suivante : *Route que je suivrai.* — 1 Biskra, — Touggourt, — Ouargla.

2. Aïn-Teiba.

3. Temassinin.

4. Idelès.

Nous nous retrouverons à Idelès; et, pendant que je *séjournerai dans le Hoggar*, M. Largeau descendra sur *Timbouotou*.

Comme vous le voyez, nous nous séparerons à Ouargla pour étudier deux routes différentes et atteindre plus sûrement le but que nous poursuivons. J'entreprends, moi, à mes propres frais, mon exploration dans le Hoggar, M. Largeau, lui, va être obligé d'avoir recours aux souscriptions et aux subventions d'Etat. Il aura encore bien des ennuis et des déceptions.

Je tiens à honneur de m'inscrire *pour 500 francs* en tête des listes que vous allez ouvrir et qui lui procureront le moyen de recueillir des renseiguements commerciaux à l'ouest, pendant que j'explorerai la route centrale du sud. C'est dans ces conditions qu'il nous sera permis d'unir encore nos efforts, comme nous l'avons fait cet hiver à Ghadamès.

Je souhaite que nous puissions avancer ainsi l'heure où notre pays saura profiter de sa situation en Algérie pour franchir le massif des Hoggar que les Romains ont su tourner, et faire des Touaregs nos plus puissants auxiliaires pour l'extension de nos relations commerciales et de notre influence.

Ainsi, monsieur, la Société de géographie n'a pas à s'occuper de moi. Je prends entièrement à ma charge les frais du voyage de Temassinin et Idelès, pour l'hiver 1876-77. Elle peut donc accorder tout son appui à M. Largeau, dont le dévouement et l'énergie se sont manifestés dans ses deux précédents voyages.

M. Largeau mérite certainement de nous tous une profonde reconnaissance; si l'on songe aux résultats scientifiques et si l'on compare les résultats commerciaux dont bénéficieront les maisons françaises, aux sacrifices qu'il a faits et aux souffrances qu'il a supportées. Si, enfin, on songe à ce que l'avenir peut nous réserver, et aux nombreuses victimes que compte la vaillante cohorte des explorateurs africains. Cet hiver encore, trois Français et autant d'Arabes d'Algérie ont payé de leur vie ces généreuses tentatives.

Veuillez agréer, etc.

L. SAY,
Enseigne de vaisseau.

Résultats de notre voyage à Ghadamès (hiver 1875-76.)

AU POINT DE VUE DE LA SCIENCE.

Profil de la route de Biskra à Ghadamès.
Détermination de la hauteur des dunes.
Dessins et photographies témoignant de la formation des dunes sur place.

Jusqu'à Ouargla les transports nous sont assurés par M. le général Chanzy. A partir de Ouargla, chameaux.

Escorte. — Mes chameliers
    .5 Kabyles (que je prendrai à Blidah.— Quelqu'un s'en occupe actuellement.)
    10 Touaregs (que je prierai l'Agha de Touggourt de faire venir à Ouargla).

Tous ces hommes seront *armés par moi* (carabines et révolvers).

Je prends 5 *Kabyles de Blidah*, d'abord parce qu'ils laissent derrière eux leur propriété en garantie de ma sécurité, ensuite parce qu'ils *sont berbères* comme les *Touaregs* — et qu'il y a entre eux sympathie de caractère ; — enfin parce qu'ils sont *industrieux* et *francs*, qualités dont les Arabes ont peu de souci.

Journal météorologique.
Spécimens d'eau et de vase des puits, remis, pour l'analyse chimique, à M. Brun, de Genève.
Carte des cotons de l'Oued-Rhirh.

AU POINT DE VUE DU COMMERCE A TRAVERS LE SAHARA.

Nous avons, par notre présence (quatre Français), appelé de nouveau l'attention publique sur les relations à nouer avec le Soudan, et prouvé que le voyage à Ghadamès n'avait rien de fantastique.

Nous avons constaté l'*importance* du commerce de Ghadamès (3,000 chameaux par an), celle du commerce d'In-Salah, qui longe notre frontière à Temassinin pour aller à Ghadamès.

Les ennuis diplomatiques que l'influence étrangère nous suscite ont prouvé l'attention que Tripoli et Malte apportent à la conservation de la route dont elles ont le *monopole*.

Nous avons démontré la *supériorité commerciale* de la *situation de l'Algérie*, due à
    La sécurité des routes de Ghadamès à Biskra ;
    La rapidité des transports de Biskra en France ;
    Le bas prix des frets d'Algérie à Marseille;
    La régularité des payements effectués par les maisons françaises.

Nous avons montré, par l'exposé des tentatives des Anglais au *cap Bojador*, et à *Port-Juby*, que, malgré la distance, le Sahara est encore la route la plus accessible du bassin du Niger. Je rappellerai les efforts infructueux du général Faidherbe pour relier Médine (du Sénégal) à Bamakou, sur le Niger; sur un parcours de 150 lieues seulement, on a eu à constater une mortalité effrayante sur les blancs. La supériorité du Sahara est due, au contraire, à la salubrité du climat, à l'absence des peuplades noires, à la présence d'un seul peuple, les Touaregs, qui séparent l'Algérie du Niger.

Nous avons constaté l'extension prodigieuse du prestige de la France sur ce peuple énergique, et la supériorité intellectuelle et morale des Touaregs sur les Arabes.

Nous avons démontré que leur misère doit les rendre tributaires de l'Algérie, et que leurs instincts (berbères) nous assurent en eux de puissants auxiliaires pour l'extension de notre influence dans l'Afrique du Nord et de nos relations commerciales (1).

Nous avons constaté que si nous voulons pénétrer chez eux aujourd'hui, c'est par Ouargla, Temassinin et Idelès, et que, grâce à la présence des nappes artésiennes alimentées par les torrents de l'Aurès et les neiges du Hoggar, il était possible d'échelonner des puits sur la route de l'Igharghar.

A la suite de notre voyage, le général Chanzy a fait publier par la correspondance algérienne que le devoir du gouvernement était d'envoyer des agents indigènes sur les marchés du Sahara pour en relever l'importance.

L. SAY.

---

(1) M. Delaporte, consul général à Tripoli, avec qui je viens d'avoir l'honneur de m'entretenir, partage ces dernières vues. Son opinion est qu'il faut se servir des indigènes pour nouer des relations commerciales entre l'Algérie et l'Afrique centrale.
L. S.

REVUE DES EXPLORATIONS CONTEMPORAINES
L'EXPLORATION DE M. BONNAT

Depuis sa création l'*Explorateur* s'est imposé le devoir de tenir ses lecteurs au courant de chaque fait et de chaque événement nouveau survenu dans les entreprises des nombreux et vaillants voyageurs français et étrangers qui, au péril de leur vie, s'enfoncent dans les terres inconnues, et viennent combler une des lacunes qui déshonorent la carte du monde.

Nous croyons que ce sera une œuvre utile et profitable de reprendre l'histoire de chacun de ces courageux champions de la science et de résumer le récit de leurs luttes et de leurs travaux. Nous commencerons aujourd'hui par M. Bonnat, grâce à qui nous connaissons le peuple Achanti, ses mœurs et ses richesses, et qui aura peut-être l'honneur d'ouvrir à l'Europe sur les côtes de Guinée une grande voie commerciale vers l'Afrique centrale. Successivement ensuite, nous rappellerons à nos lecteurs les travaux accomplis par MM. de Compiègne et Marche, puis par ce dernier et M. de Brazza sur l'Ogooué, les voyages à Timbouctou et dans le Maroc méridional accomplis par le rabbin Mardochée. Nous suivrons l'abbé David en Chine, en Mongolie et au Thibet, l'abbé Petitot et M. Pinard dans le Nord Amérique et dans l'Alaska ; nous raconterons l'épopée lamentable de Garnier chez les Annamites, et la mort violente de Dournaux Dupéré dans le Sahara.

Dans cette sorte d'analyse sommaire des explorations contemporaines, nous accompagnerons tous les intrépides voyageurs qui viennent de tenter et qui tentent encore de pénétrer jusqu'au pôle ; ceux de toutes nations qui s'enfoncent dans l'Afrique au Nord, au Sud, à l'Ouest et à l'Est, et ceux aussi qui au prix de leur vie, ont voulu arracher ses secrets au continent Australien.

M. Bonnat est né dans le département de l'Ain d'une famille de petits cultivateurs qui lui firent donner une instruction élémentaire. Son goût pour les voyages se manifesta subitement lorsque le capitaine Magnan et son second, M. Charles Girard, entreprirent d'aller faire une exploration au Niger sur la goëlette l'*Emma* qu'Alexandre

Dumas, le grand romancier, avait généreusement prêtée pour cette entreprise. Les débuts du jeune explorateur ne furent pas heureux, le pauvre navire sortait à peine du port qu'une violente tempête vint le jeter sur les côtes de France et que passagers et matelots, à part deux qui y trouvèrent la mort, durent gagner la rive à la nage. M. Bonnat ne renonça pas pour cela aux lointains voyages. Quand il apprit que M. Girard reprenait pour son compte l'entreprise échouée du capitaine Magnan, il sollicita l'honneur de l'accompagner et il partit à sa suite pour la côte de Guinée sur le *Joseph-Léon*, petit bâtiment à peine en état de tenir la mer.

On connaît la triste fin de cette expédition. M. Girard tué par le terrible climat du tropique, laissa son équipage sans chef aux bouches du Niger ; tous les matelots se firent rapatrier, à l'exception de M. Bonnat qui, parti pour faire une exploration, refusa de revenir sans avoir rien exploré. Il avait à lui une petite pacotille et résolut d'entamer avec les nègres des relations commerciales, il s'enfonça hardiment dans l'intérieur à ce point de la côte qu'on désigne plus spécialement sous le nom de Côte d'Or ou Côte des Esclaves. Ses affaires prospérèrent d'abord et M. Bonnat se croyait déjà sur la voie de la fortune, quand les Achantis envahirent le pays où il avait fondé son établissement, brûlèrent sa maison et ce qu'il possédait et l'emmenèrent lui-même prisonnier.

Sa captivité à Coumassie, capitale du royaume d'Achanti, cruelle d'abord, ne tarda pas à s'adoucir ; comme autrefois Joseph chez les Pharaons d'Egypte, M. Bonnat devint l'ami et le conseiller du roi qui le combla de bienfaits mais l'environna d'une surveillance d'autant plus jalouse qu'il appréciait davantage les qualités de son prisonnier. La guerre que les Anglais firent aux Achantis vint rendre la liberté à M. Bonnat après une captivité dorée de huit années.

Notre compatriote revenu en France s'empressa de publier le récit de son long séjour dans le pays d'Achanti, de faire connaître les immenses richesses de toute sorte qui s'y trouvent, et de chercher un capitaliste assez intelligent pour s'associer avec lui ; il était résolu à retourner dans cette contrée privilégiée pour y faire le négoce et y créer un comptoir important. Il faut, hélas, l'avouer, nous ne sommes pas entreprenants ; nos capitaux, si aisément livrés aux hasards des jeux de bourse, refusent leur aide à toute tentative lointaine. Si M. Bonnat eût été Anglais, ses compatriotes l'auraient à son tour fêté et choyé comme ils l'ont fait pour d'autres illustres voyageurs, Livingstone et plus récemment le lieutenant Cameron, par exemple. En France, son appel ne fut pas entendu; il fut contraint de passer le détroit et d'aller offrir à l'Angleterre cette fortune dont il aurait été si heureux de doter sa patrie.

Dans la Grande-Bretagne, si aventureuse et si disposée toujours aux entreprises lointaines, M. Bonnat ne tarda pas à trouver l'appui pécuniaire dont il avait besoin. Il repartit et se remit courageusement à l'œuvre. Parti de Cape Coast Castle le 28 mai 1875, il traversa le Prah le 2 juin et arriva le 7 à Coumassie. Le roi, les chefs, tout le monde en un mot le reçut à bras ouverts. Le pays était en guerre avec un peuple tributaire, les Djuabins. Le roi, heureux du retour de M. Bonnat, l'envoya chez les rebelles avec le titre d'ambassadeur et la mission d'amener une entente entre les partis.

Le gouverneur de la colonie anglaise de Cape-Coast Castle, le capitaine Strahan, qui n'était peut-être pas hostile au soulèvement des Djuabins, parut voir avec peine une intervention qui pouvait ramener la paix, et ses agents crurent pouvoir exciter les révoltés contre M. Bonnat, qui fut fait prisonnier contrairement à tout droit des gens.

Le courageux explorateur trompa la surveillance de ses ennemis, regagna Coumassie, et, se plaçant de nouveau sous la protection du roi des Achantis, poursuivit le cours de ses explorations le long du Volta, avec cette ténacité et cet héroïsme modeste qui forment le fond de son caractère. Les Djuabins, vigoureusement poursuivis par les Achantis, furent mis en déroute, et ne trouvèrent de salut qu'en se réfugiant sur le territoire anglais. Tel est l'homme dont nous avons cru devoir retracer à grands traits l'existence aventureuse. Il est aujourd'hui gouverneur d'une vaste province; le monopole de la navigation et du commerce sur le fleuve Volta lui est assuré pour six années à travers toutes les régions soumises à sa juridiction, c'est-à-dire depuis dix milles au sud d'Acrono, jusqu'à Yégiy, près de Salaga. La France, une fois encore, si elle n'a pas su en tirer le profit légitime, aura la gloire d'avoir produit un de ces infatigables pionniers qui vont porter la civilisation dans les contrées les plus reculées et les plus sauvages.

M. Bonnat a rapporté en Europe le récit de ses merveilleux voyages, et l'*Explorateur* les a fait connaître dans leur détail. Que nos lecteurs se reportent aux pages 163, 269, 327, 370, 460, 465, 543, 565, 589, 621, 624 et 629 du second volume, ils y trouveront la description et la peinture fidèles des mœurs de ce peuple singulier; plus récemment, aux pages 663 du troisième volume, 3, 36 et 66 du quatrième, ils ont pu suivre le récit journalier du dernier voyage de notre compatriote, et de la reconnaissance qu'il a faite du fleuve Volta. Nous continuerons à les entretenir des entreprises nouvelles qu'il est destiné à accomplir. Nous sommes heureux de terminer ce rapide résumé de ses efforts, en rendant justice à son courage, à son esprit d'initiative et à sa science d'observation.

NAVIGATION INTÉRIEURE DE LA FRANCE

L'importance économique du transport par eau n'a pas besoin d'être longuement démontrée : En parcourant d'un rapide coup d'œil la surface terrestre du globe, on voit partout mettre à profit cette commodité, cette puissance de l'eau prise comme « *chemin qui marche* » (selon l'originale expression de Pascal), indépendamment de sa première utilité comme élément liquide, principal agent vital de l'homme, de l'animal, de la plante.

Le rôle que joue l'eau dans toutes les contrées, à travers les continents qu'elle féconde, est, en effet, non-seulement dans la nature animée, le plus merveilleux agent de production végétale et animale, mais dans l'action humaine le plus facile et le plus généreux ressort du mouvement commercial et de la vitalité des nations.

Depuis les plus faibles agglomérations de familles et de peuplades aux débuts du monde habité, jusqu'aux plus considérables centralisations des civilisations modernes, le même phénomène se reproduit au bord des fleuves, des rivières, des lacs, des mers : c'est aux cours d'eau que s'adresse avant tout le double besoin de l'alimentation et du transport.

Les chefs d'Etats, les législateurs, les fondateurs d'empires, depuis la plus haute antiquité, proclament cette vérité fondamentale, et nos plus illustres économistes modernes ne font qu'en traduire ou répéter les diverses formules et l'unanime constatation. Il n'est pas nécessaire de multiplier ici les citations et d'étaler à cet égard une érudition facile et épuisée.

Rappelons seulement une considération générale qui domine la question : c'est que le peuple qui veut travailler, produire, s'enrichir, sur le sol même le plus fertile, doit, avant tout, *vivre à bon marché*, se procurer, avec le moins de frais possible, les objets d'alimentation qui lui manquent, l'outillage, les matières étrangères utiles à ses entreprises — cultures ou fabrications — et pouvoir, en retour, écouler, avec profit, les fruits de son travail. L'agriculteur, l'ouvrier, l'industriel, le manœuvre, ont le plus grand intérêt à employer le plus économique moyen de réalisation de ces approvisionnements, échanges et ventes; et les valeurs des matières s'équilibrant dans le mouvement général, c'est le transport à bas prix qui est la condition la plus essentielle de *la vie à bon marché*.

C'est donc à ce titre que le cours d'eau navigable, descendant plus ou moins lentement du haut des monts vers la mer, offre le plus précieux, le plus efficace moyen d'action et de développement d'un peuple intelligent et laborieux. On peut dire fort justement, avec M. Ménier, que la puissance et la prospérité d'un Etat se développent mathématiquement en raison exacte de l'étendue de la navigabilité de ses cours d'eau naturels ou artificiels.

Dans quelle proportion le transport par eau est-il plus économique que le transport par terre, sur route ordinaire ou chemin de fer ? Assurément il serait impossible de déterminer une moyenne de résultat précise sur les bases de comparaisons innombrables et très-variables que peut fournir un aussi vaste champ d'observation ; mais dans un cercle qui peut suffire à une très-juste appréciation, et, en puisant quelques données dans les faits principaux, on voit jaillir des conséquences frappantes de la plus haute importance et trop peu observées encore en ce qui concerne particulièrement le transport en France.

L'enquête parlementaire (*Journal officiel du 8 novembre 1873*), d'accord avec les constatations de nombreux entrepreneurs de transports, établit le fait suivant :

Sur l'un des plus petits canaux de France, le CANAL DU BERRY, les frais de transport, traction par ânes (y compris l'amortissement du bateau), sont de : 0 fr. 00 c. 919 par tonne et par kilomètre ;

Sur l'un des plus grands canaux, celui de Saint-Denis, nous trouvons d'un autre côté pour frais de traction par bœufs : 0 fr. 00 c. 719 par tonne et par kilomètre,

Ces chiffres font ressortir, A MOINS D'UN SIXIÈME, le prix de transport sur canal en comparaison de la plus basse moyenne des chemins de fer.

Une autre observation de détail d'un grand intérêt est celle-ci :

Prix de revient par tonne et par kilomètre :

Sur canal à bras d'homme....................	0 fr. 00 c. 75
» par cheval......................	0 01 50
» par vapeur......................	0 00 50

Si l'on compare, dit M. Résal, ingénieur en chef des mines, le prix de transport par la vapeur et par chevaux, en négligeant de part et d'autre les droits du canal, on arrive théoriquement pour la vapeur à une dépense égale aux *deux cinquièmes* de celle du halage ordinaire.

Quoi qu'il en soit, dans les faits connus, que la traction ou la propulsion soit opérée, sur le canal, la rivière ou le fleuve par l'homme, par le cheval, l'âne, le bœuf, ou par la vapeur (qui n'a pas encore dit son dernier mot dans son application à ce grand ressort), le prix du transport intérieur par eau, le plus élevé y compris tous payements de droits de frais généraux, d'amortissement et de larges bénéfices aux entrepreneurs, ne dépasse pas un maximum de *deux centimes et demi par tonne et par kilomètre.*

Sous le rapport du temps nécessaire au parcours, quoique le cours d'eau ne soit réellement le *chemin qui marche* que dans le sens de sa pente naturelle, il n'en reste pas moins, en sens inverse, un organe commode et souple, présentant, sur ses points d'appui mobiles, une plus grande facilité de mouvement que sur la voie ferme (nous ne parlons, bien entendu, que du cours d'eau modéré dit *navigable*). Le frottement de glissement sur l'eau est en effet infime pour la vitesse modérée, relativement au frottement de glissement ou de roulement sur terre, et par conséquent l'effort de traction bien moindre pour faire vaincre à des poids égaux la résistance due à l'inclinaison d'une même rampe.

Voici le résultat que donne l'expérience dans les conditions les plus générales :

Sur un chemin de fer où la moyenne de la rampe est de 0,002 par mètre, l'effort de traction est de *sept* kilogrammes par tonne pour un mètre de vitesse à la seconde, et, sur canal, de *un* kilogramme seulement pour la même vitesse, soit un septième de l'effort.

Quant à la dépense d'établissement, la différence est bien plus grande encore en faveur de la voie d'eau.

L'établissement d'un service public de transport par eau n'exige pas en effet la dépense première si considérable pour le chemin de fer ou autres routes de terre, l'expropriation des terrains. Le cours d'eau est gratuitement fourni par la nature, mis partout à la disposition du public, avec cet immense avantage d'être abordable dans toute son étendue, et de permettre sur tous les points de son parcours l'embarquement ou le débarquement.

La voie d'eau n'exige donc, pour être mise en exploitation, que des frais de construction de quais, d'écluses, de redressements, de berges, de régularisations de fonds que l'on peut assimiler, dans une moindre proportion encore, aux frais de terrassements, pentes, rampes, tunnels, travaux d'arts de toutes sortes des voies ferrées dans lesquelles il faut compter surtout l'établissement du rail, si dispendieux, et d'un entretien si onéreux sur l'étendue des lignes parcourues.

La dépense d'établissement des chemins de fer en France était déjà, au 31 décembre 1864, de plus de six milliards pour 13,057 kilomètres de parcours, et les frais d'organisation des voies d'eau navigables, pour le même parcours (13,115 kilomètres), exécutées depuis 1820, ne s'élevaient, à la même date, qu'à sept cent millions.

L'établissement d'un nouveau service général de navigation intérieure étudié pour le réseau qui relie les trois mers, et dont nous pouvons donner le plan général, en y comprenant des installations fixes de gares, bâtiments de dépôts, docks, pontons, grues, etc., partout où besoin serait, ainsi qu'un nouveau matériel flottant à vapeur est évalué par les ingénieurs les plus compétents à une somme de cinquante mille francs par kilomètre. Ce n'est pas le dixième des capitaux consacrés à la création du réseau ferré de la Méditerranée du Nord et de l'Est sur un même parcours de 6,000 kilomètres.

On sait que le plus bas prix de transport par chemin de fer est de *six centimes* par tonne et par kilomètre et que ce minimum doit demeurer irréductible, sinon être augmenté, pendant quatre-vingts ans encore, en raison des charges du capital et de la garantie de l'Etat.

II

LA NAVIGATION INTÉRIEURE EN FRANCE, est aujourd'hui tombée dans un déplorable état d'infériorité, non-seulement en regard des organisations fluviales, et des batelleries des Etats voisins, mais relativement aussi aux autres branches de l'outillage général des services publics en France même.

Ce n'est pas, heureusement, dans la disposition même des voies, fleuves, rivières ou canaux, ni dans leurs conditions d'établissement que réside, quoi qu'on en dise, le plus grand vice de la situation. Les nombreux cours d'eau qui sillonnent les trois bassins du Rhône, de la Seine et du Rhin, pouvant communiquer au besoin avec ceux de la Loire et de la Gironde, ainsi que l'indique la carte ci-jointe, présentent, sur un parcours de plus de six mille kilomètres, un excellent appareil de navigation, sans autres lacunes que celles des deux fleuves dont nous parlerons plus loin.

De magnifiques constructions de quais, de gares d'eau, d'écluses, permettent à un même bateau, même actuellement, de passer, sans rompre charge, de notre plus grande porte méditerranéenne, à celles de l'Océan ou de la Manche et de la mer du Nord, ou de pénétrer dans les rivières, fleuves et canaux de la Belgique, de la Hollande, de la Suisse et de l'Allemagne.

Cette vaste circulation est parfaitement possible dans des conditions bien moins difficultueuses qu'on ne le prétend généralement, et rien n'est plus facile que de la compléter et de l'améliorer à peu de frais sur les deux points où elle éprouve une interruption.

Que l'on relie fluvialement Marseille à ce réseau, soit en exécutant le travail indiqué par M. Krantz, soit en communiquant avec l'étang de Berre par un souterrain et un bout de canal ; que, d'un autre côté, on régularise également l'abord du Havre par un canal y rattachant le Trait ou Caudebec, et rien n'empêchera la batellerie de petit tonnage, la plus utile au commerce intérieur, en service accéléré surtout, de circuler d'une mer à l'autre à travers les contrées les plus productives de notre territoire et des Etats voisins.

Quelques ingénieurs sont convaincus que le principal avantage de la navigation sur canal est dans l'emploi de bateaux du plus fort tonnage possible, soit de trois cents à quatre cents tonnes ! Cela peut être vrai, particulièrement pour quelques transports spéciaux de matières premières, lourdes, sur des parcours limités ; mais le trafic général des plus nombreuses marchandises et produits qui réclament la voie d'eau pour les longs trajets surtout, trouvent au contraire leurs meilleures conditions de prompt chargement et d'expédition régulière dans l'adoption du bateau-porteur ordinaire de 120 à 150 tonnes au plus, et c'est précisément le type du véhicule qui, pouvant passer par le canal de Bourgogne actuel, peut se rendre directement, en service accéléré, à toutes les extrémités du réseau.

Malgré donc l'irrégularité des sections de certains canaux, malgré la faible capacité des écluses du *Canal de Bourgogne* (ce grand lien central des cinq fleuves français et des fleuves allemands), malgré ces deux grands défauts dont on exagère les inconvénients, et qui donnent lieu à des rêves de réformes inutiles et dangereuses ; malgré le peu de profondeur de certains passages de rivières et de fleuves, malgré quelques autres difficultés enfin dont on fait grand bruit et qui peuvent être facilement vaincues par la plus simple application de la puissance mécanique nouvelle la mieux éprouvée, ce gigantesque réseau est incontestablement praticable et susceptible de fournir les plus considérables résultats d'activité, de productions nouvelles et de mouvement commercial.

Ce n'est donc pas le réseau qui est mauvais, c'est son outillage mobile ; ce n'est pas la voie qu'il faut bouleverser encore et refaire, c'est la batellerie qu'il faut réorganiser, mettre au niveau des progrès de la révolution mécanique accomplie partout ailleurs ! C'est surtout son organisation de fonctionnement qu'il s'agit de réaliser, avec l'unité administrative, avec les conditions de régularité et de sécurité que l'agriculture, les industries, le commerce sont en droit d'exiger de l'Etat, comme de tout service public, et surtout quand il s'agit de rendre la vie à l'immense squelette de notre meilleur mécanisme véhiculaire.

A l'exception de quelques petits réseaux partiels de canaux et de rivières fructueusement exploitées dans leurs étroites limites au nord, et de quelques canaux d'inégales sections et de services irréguliers sur quelques autres parties du territoire, nos plus utiles voies navigables sont sinon entièrement abandonnées, du moins négligées, à peine desservies par quelques entreprises morcelées de batelleries routinières, n'offrant au commerce ni responsabilité administrative, ni régularité de services pour les départs et arrivées, ni sécurité pour la marchandise à bord. Ces entreprises isolées, indépendantes les s, des autres, obligent le trafic des longs parcours surtout à de nombreux transbordements et à des manœuvres qui sout autant de causes de découragements, de retards, de pertes de temps et d'argent.

Ce malheureux matériel flottant si divisé, si irrégulier, se borne, dans son impuissance, à peu près au transport de quelques matières pondéreuses, sans valeur élevée, auxquelles on le croit presque exclusivement applicable, tandis que son plus productif aliment de trafic, en service accéléré surtout, demeure paralysé et que d'innombrables sources de productions naturelles ou industrielles restent inexploitées et stérilisées dans ces riches vallées dont les Romains surent si bien apprécier les immenses ressources, et dont Tacite signale tout le parti à tirer à son époque (que dirait-il aujourd'hui ?) en reliant trois mers par la triple artère du Rhône, de la Seine et du Rhin.

Pourquoi, demandera-t-on, un aussi précieux instrument de mouvement industriel et commercial est-il resté si longtemps en arrière de la marche progressive imprimée par la vapeur à tous les autres outillages du travail national ?

Il y a eu jusqu'à ce jour, il faut en convenir, une raison presque légitime et, en tout cas, de force majeure, à cet état de choses, à ce temporaire abandon de la voie d'eau.

Les routes de terre qui, dès l'origine des exploitations du sol, ont pris une importance toujours croissante (même comme organes auxiliaires des grandes routes liquides), ont été appelées à jouer un rôle bien plus actif le jour où le génie de la mécanique fit jaillir de l'eau elle-même, en leur faveur, cette nouvelle force portative, obéissante et si puissante, LA VAPEUR !

Il fallut ferrer ces routes, et de nouvelles routes plus nombreuses ; le rail dut se multiplier et s'étendre dans toutes les directions afin de distribuer autant que possible à toutes les populations les échanges de tout genre auxquels donne lieu la vie moderne.

Le lent bateau, en un mot, dut être pour quelque temps sacrifié au wagon.

Mais dès que le réseau ferré, développé sur les plus grandes et les plus essentielles lignes, a atteint son chiffre normal d'activité et son plus haut degré de prospérité, la navigation doit être relevée, réorganisée dans les meilleures conditions d'établissement et de fonctionnement que comporte la révolution scientifique de notre époque. Elle doit, participant elle aussi aux bienfaits de la vapeur, qu'elle a utilisée la première, reprendre son rang naturel, le premier, le plus important dans le grand rouage du travail général.

III

LA RÉORGANISATION DE LA NAVIGATION INTÉRIEURE est donc devenue, en France, un besoin urgent. C'est une conséquence rigoureuse de ce qui a été fait, même dans le sens de son immolation accidentelle à l'établissement du réseau ferré. Les conseils généraux, les chambres de commerce, les hommes d'État au pouvoir, la presse, toutes les voix de l'opinion publique sont d'accord sur ce point.

C'est une nécessité qui s'impose.

Mais dans quelles conditions une restauration si importante doit-elle ou peut-elle être réalisée.

M. Teisserenc de Bort, ministre actuel de l'agriculture, a répondu d'avance à cette question :

« Que manque-t-il à notre navigation intérieure ?

« C'est le principe d'organisation, d'administration, d'autorité, de prévoyance. Constituez cette industrie sous le régime centralisateur auquel vous « avez soumis les chemins de fer, assemblez tous ces rouages épars, liez-les « entre eux, soumettez-les à un moteur unique, appliquez-leur une impul« sion intelligente, et vous aurez immédiatement réalisé un immense pro« grès. »

La marche à suivre est parfaitement tracée dans ces quelques lignes ; il reste à formuler un plan général d'organisation administrative sur le plus grand parcours possible français en communication avec les voies navigables des États voisins, comportant un établissement uniforme, sur toute l'étendue du réseau, d'un matériel fixe de gares, bâtiments de dépôts, pontons, grues, etc., et surtout d'un nouveau matériel flottant.

Mais procédons d'abord à un rapide examen comparatif des divers systèmes proposés, et dont quelques-uns s'écartent un peu des données générales présentées plus haut.

Les principales propositions produites, mises en discussion pour rétablir une active navigation intérieure, peuvent être réunies en trois groupes d'ordre distinct :

1º Ouverture de nouveaux canaux gigantesques, même maritimes, entre Marseille et Dunkerque (ou un autre port de la Manche ou de la mer du Nord qui feraient, en passant, de Paris, un port central ;

2º Réforme des voies actuelles, comportant une régularisation des courants des fleuves et rivières, et une reconstruction, à grande section, des principaux canaux, même de celui de Bourgogne, de manière à pouvoir faire circuler d'une extrémité à l'autre du réseau la batellerie du plus fort tonnage;

3º Organisation administrative d'un service général de transport accéléré praticable sur les voies actuelles, sans exclure la possibilité de leur amélioration progressive.

Un mot seulement sur les conséquences de ces trois hypothèses générales différentes, sans nous prononcer d'ailleurs sur les détails techniques de chaque projet et en n'admettant que ce qui est acquis par la science et l'expérience.

En fait, en ce qui concerne la première série, l'ouverture de canaux maritimes à travers la France, pourrait être favorable au grand transit étranger, et notamment au commerce direct de l'Angleterre avec le Levant ; mais ces gigantesques artères, peu faciles à relier évidemment avec nos petits réseaux intérieurs, ne satisferaient probablement pas notre agriculture et nos industries qui réclament beaucoup plus de *bateaux-wagons* maniables que de grands transports flottants. Nous ne mentionnons pas les plus hardies entreprises proposées dans ce premier système et qui prouvent qu'en France on passe un peu trop facilement quelquefois de l'inaction à une activité fiévreuse, de l'excès de prudence à la témérité.

Le second système, moins absolu, plus conciliant, n'en exigerait pas moins encore de longs et onéreux travaux de constructions et de reconstructions, qui auraient pour premier effet, non-seulement de retarder, mais de suspendre complétement sur beaucoup de points, pour plusieurs années, cette malheureuse navigation dont on réclame précisément le plus prompt rétablissement possible.

On se rend donc plus volontiers, sauf examen plus approfondi, à l'idée d'une simple organisation administrative, d'un service général de batellerie accélérée sous l'égide de l'État, sur toute l'étendue d'un réseau dont nous avons indiqué plus haut les dispositions et les puissantes ressources.

Plaçons ici une observation nécessaire à propos de cette question : Faut-il recourir encore à l'État pour l'exécution du meilleur projet à adopter dans le but de rétablir la navigation intérieure en France ?

Plus partisan que personne au monde du système de la liberté industrielle et de l'emploi de l'initiative privée pour toutes sortes d'entreprises, même d'intérêt général, nous sommes convaincu, dans ce cas, qu'il y a nécessité absolue de recourir à l'État, et devoir rigoureux pour celui-ci de relever l'instrument du *transport économique*.

Ce serait, selon nous, faire une confusion de principes et manquer complétement de logique que de ne pas demander à l'État l'établissement d'un grand service public de batellerie régulière sur toute l'étendue du réseau, sans en exclure, bien entendu, la liberté de navigation pour toute autre entreprise particulière.

Quelques mots doivent motiver cette opinion.

L'appareil général des voies de circulation et de transport se compose de trois réseaux différents :

1º Les *routes de terre* ordinaires, routes nationales, départementales, vicinales, etc. ;

2º Les *chemins de fer*, grandes lignes et embranchements ;

3º Les *voies navigables*, fleuves, rivières et canaux.

Ces trois natures de voies ne sont que les trois parties d'un même ensemble d'action ; elles concourent également à l'œuvre générale de la communication et du transport ; elles ont la même raison d'être, la même utilité publique et ne sauraient logiquement être séparées dans leurs conditions d'existence et de fonctionnement.

De même que l'État, dès l'origine des grandes exploitations du sol, a créé, organisé, entretenu et protégé la *Voie de terre*, subventionné les postes, etc., de même qu'il a créé, subventionné, organisé, protégé la *Voie ferrée* et garanti son service régulier ; de même il doit réorganiser, subventionner, protéger et faire fonctionner, sous sa garantie et avec unité administrative, sur toute son étendue navigable, la *Voie d'eau*.

ABEL DE BRUS.

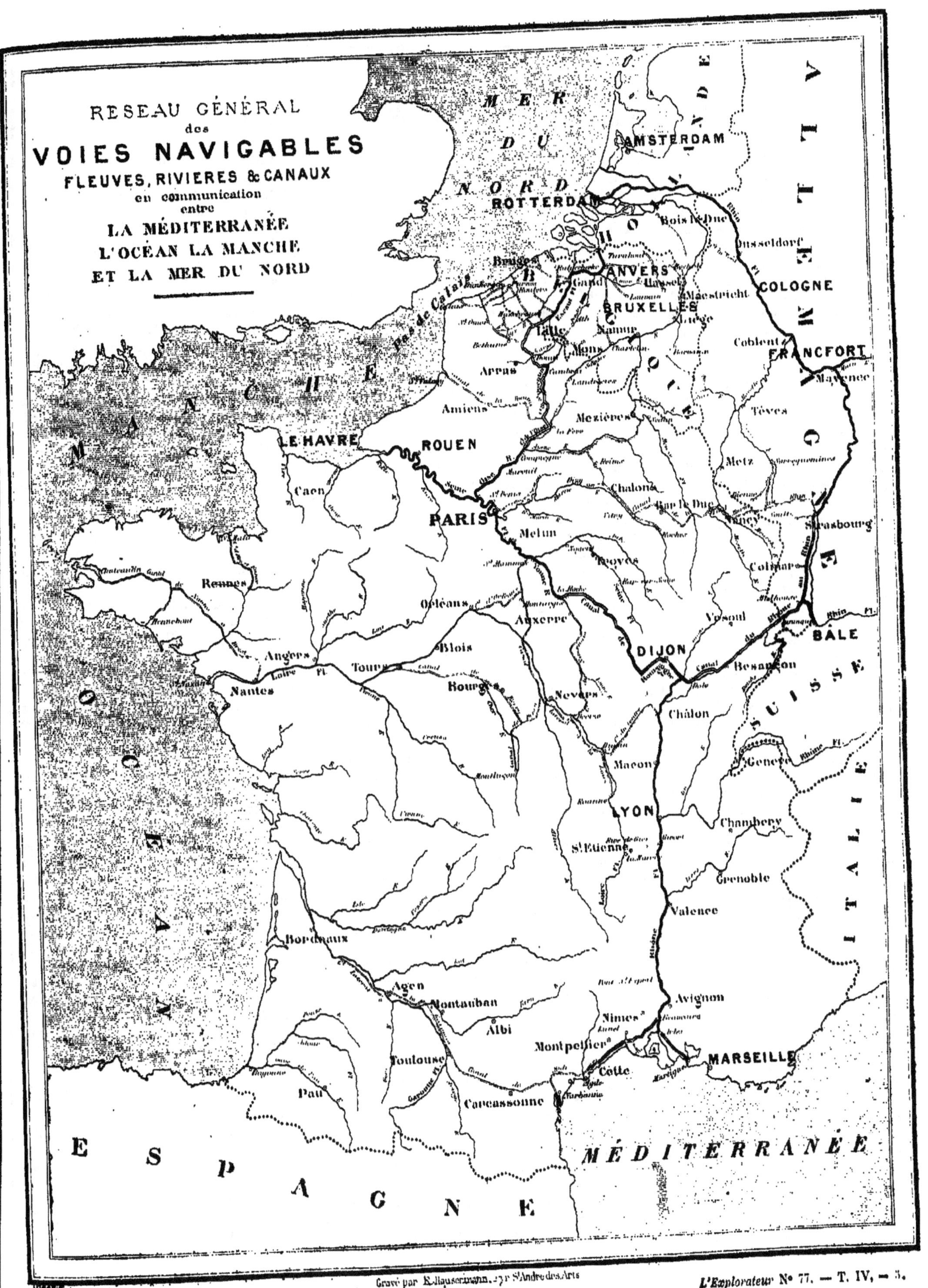

RÉSEAU GÉNÉRAL
des
VOIES NAVIGABLES
FLEUVES, RIVIÈRES & CANAUX
en communication
entre
LA MÉDITERRANÉE
L'OCÉAN LA MANCHE
ET LA MER DU NORD
MER DU NORD
ZÉLANDE
ALLEMAGNE
AMSTERDAM
ROTTERDAM
Bois le Duc
Dusseldorf
COLOGNE
Bruges
Gand
ANVERS
Hasselt
Maestricht
Coblent
FRANCFORT
BRUXELLES
Lille
Namur
Liège
Mayence
Mons
Arras
Amiens
Mézières
Clèves
Metz
Sarreguemines
LE HAVRE
ROUEN
Châlons
Bar le Duc
Nancy
Strasbourg
Caen
PARIS
Melun
Troyes
Colmar
Rennes
Vesoul
Rhin Fl.
Orléans
Auxerre
BÂLE
Blois
DIJON
Besançon
Angers
Tours
Bourges
Nevers
Nantes
Châlon
Mâcon
Genève
Rhône Fl.
LYON
Chambéry
St Étienne
Grenoble
Valence
Bordeaux
Avignon
Agen
Montauban
Nîmes
Albi
Montpellier
MARSEILLE
Toulouse
Cette
Pau
Carcassonne
ESPAGNE
MÉDITERRANÉE
MANCHE
OCÉAN
Pas de Calais
HOLLANDE
SUISSE
ITALIE

DE L'IMPORTANCE COMMERCIALE DE LA MER ROUGE

Depuis que l'Égypte participe au grand commerce du monde, la mer Rouge est devenue la principale route qui relie l'Europe à l'extrême Orient. Elle avait déjà acquis une certaine importance aux époques les plus reculées et surtout au temps de Psamméticus. Cette importance grandit énormément par la fondation d'Alexandrie et par la création des ports d'Arsinoë (Suez), Myos-Hormos (Kosseir) et Bérénice, par Ptolémée Philadelphe. Le dernier port surtout jouissait d'une grande prospérité par suite de sa situation favorable qui permettait d'éviter la partie septentrionale de la mer Rouge si dangereuse pour la navigation. Les noms des anciennes villes : Aclana (Akaba), Yamba, Leuce, Mieza (Mokka), Sotera-Portus, Ptolomaïsteron (Souakin), Bérénice-Panchrysis (près de Massaouah), témoignent de la prospérité qui régnait jadis sur cette mer célèbre de l'antiquité.

Après la conquête de l'Égypte par les Arabes, ce trafic éprouva un temps d'arrêt d'une assez longue durée. Il est vrai que les Abassides réussirent à le ranimer un peu, et que, plus tard, les Vénitiens parvinrent à reporter une partie de l'ancien commerce de ce côté ; mais ces résultats étaient loin de rappeler l'animation des siècles passés. A partir de l'époque où l'on découvrit la nouvelle route pour aller aux Indes en doublant le cap de Bonne-Espérance, le déclin s'accentuait de plus en plus, à ce point que les pays limitrophes devinrent sauvages et pauvres. L'Islam, avec son exclusivisme, s'était retiré au fond du désert, dans ses lieux saints, entourés de remparts inexpugnables.

Ce ne fut qu'avec la domination de Mehemet-Ali que s'ouvrit une ère nouvelle pour les pays qui entourent la mer Rouge. C'est lui qui ramena le trafic entre l'Europe et les Indes, par la voie de Suez et du Caire, ses effets ne tardèrent pas à se faire sentir également sur les bords de la mer Rouge. Le percement de l'isthme de Suez est venu compléter cette œuvre et doit être considéré comme une garantie de prospérité pour ces contrées qui pourront reconquérir peu à peu leur splendeur d'autrefois.

La mer Rouge a une longueur de 1,851 kilomètres de Bab-el-Mandeb à l'entrée de la mer des Indes jusqu'à Ras-Mohammed, le point méridional de la presqu'île de Sinaï où elle s'étend sur une longueur de 280 kilomètres et une largeur de 44 kilomètres jusqu'à Suez ; de l'autre côté, à l'Est, elle s'enfonce jusqu'à Akaba. Entre ces deux bras de mer se trouve la presqu'île de Sinaï.

La mer Rouge abonde en bancs de corail ; l'approche des côtes est fort dangereuse à cause des bancs de sable. Aucune rivière navigable ne verse ses eaux dans cette mer, mais un assez grand nombre de ports entretiennent des communications avec les plateaux élevés de l'intérieur des pays limitrophes. Les côtes de l'Afrique étant escarpées, les ports égyptiens sont plus profonds et par conséquent meilleurs que ceux de l'Arabie, que l'ensablement rend de plus en plus inaccessibles. La profondeur de ces derniers n'est généralement que d'un tiers de celle des premiers. Les fortes tempêtes sont rares, mais les vents sont assez violents et irréguliers. La partie septentrionale du golfe se trouve sous l'influence des vents du nord, la partie méridionale subit l'influence des moussons. Depuis le mois d'avril jusqu'au mois de décembre, les vents soufflent du nord-est, et le mousson du sud-ouest dure du mois d'avril jusqu'au mois d'octobre, pour faire place ensuite à un vent du sud très-vif qui ne varie presque jamais. La navigation à la voile y est donc à peu près impossible, car les navires ont toujours pendant la moitié du parcours entre Aden et Suez à lutter avec des vents contraires. Il arrive souvent que des voiliers restent pendant un mois à Mokka pour attendre un vent tant soit peu favorable. Les bateaux à vapeur font le trajet entre Suez et Aden assez régulièrement en cinq ou six jours.

Ajoutons à ceci que les marins arabes, quoique très-hardis, sont peu expérimentés, ignorants même, et que leurs navires sont lourds et mal construits. Ce sont des barques jaugeant généralement de quinze à vingt tonneaux, fort mal gréées, sans pont ni cale, de sorte que les marchandises ont beaucoup à souffrir de l'eau de mer. Ces barques, appelées *sambak*, viennent rarement à Suez, elles ne servent que pour entretenir les communications entre les ports de l'Arabie et ceux de l'Égypte. Pour faire le trajet de Suez à Massaouah, elles mettent environ vingt-quatre jours ; le fret qu'elles prennent pour le voyage varie en temps ordinaire, pour un sambak d'une bonne grandeur, de 37 à 48 £. Quelquefois, il arrive ce pendant que la pénurie est si grande qu'on est obligé de payer jusqu'à 100 £. De Djedda à Massaouah, le voyage dure environ huit jours ; une barque de 60 à 80 tonneaux coûte jusqu'à 300 francs. Outre ces barques, il y a des bâtiments plus grands, jaugeant jusqu'à 200 tonneaux, appelés *bagglah*, qui vont dans la mer des Indes. Les Arabes ne connaissent ni instruments ni cartes, ils suivent constamment les côtes et mouillent la nuit dans les criques formées par les récifs. La traversée de la mer Rouge est considérée par eux comme une entreprise fort risquée. On comprend facilement qu'en pareilles circonstances la navigation à la voile ne peut guère prendre un grand développement et que les bateaux à vapeur sont appelés à monopoliser tout le trafic. Depuis qu'on a établi des phares à Zafarana, Aschrafi, Dacdalus, Shoal et Périm, la navigation est devenue d'ailleurs beaucoup moins dangereuse. Cependant, un grand inconvénient pour les bateaux à vapeur résulte de la grande quantité de sel marin contenu dans les eaux de cette mer, qui rongent les chaudières en bien moins de temps que ne le font celles des autres mers du globe.

En dehors des vaisseaux de la marine militaire anglaise et française, la mer Rouge est sillonnée par les bateaux à vapeur de la Peninsular and oriental steam navigation Company, de la Bombay and Bengal steam ship Company, des Messageries nationales et de la Compagnie d'Azizié. Pendant la saison des pèlerinages à la Mecque, on y voit aussi quelques vapeurs indiens. A l'exception de ceux de la Compagnie d'Azizié, les bateaux ne touchent qu'à Aden et à Suez et n'ont par conséquent que peu ou point d'intérêt pour le commerce de la mer Rouge qu'ils ne traversent qu'en venant ou en allant aux Indes et en Chine.

La Compagnie égyptienne d'Azizié est issue de celle de Medschidyé, elle a également beaucoup de vapeurs sur la Méditerranée et le monopole exclusif de la navigation sur le Nil. Fondée avec d'immenses capitaux, elle marche lentement vers sa ruine. La faute en est à son administration qui, de même que celle de la plupart des Sociétés égyptiennes, est des plus mauvaises. Son prédécesseur, la Compagnie d' Medschidyé, est tombé de la même façon. Il est donc évident qu'une Société européenne de navigation, dans ces parages, n'a rien à craindre de la concurrence des entreprises locales de ce genre. La compagnie d'Azizié ne manque pas d'expérience, le khédive est son premier actionnaire ; on peut donc la considérer, en quelque sorte, comme une entreprise de l'État, mieux soutenue qu'aucune autre Société du monde, et pourtant sa chute est plus que probable. A part sa mauvaise administration, les lignes qu'elle dessert sur la Méditerranée et qui ne lui rapportent rien, sont une des causes principales de sa décadence. Sur la mer Rouge, elle fait de bonnes affaires, ce qui engage le gouvernement égyptien à mettre tout en œuvre pour écarter autant que possible la concurrence en sa faveur. Les moyens qu'il emploie à cet effet, sont des droits de feux exorbitants, l'obligation imposée aux pèlerins de se servir exclusivement des bateaux de la Compagnie d'Azizié. Elle a, sur la mer Rouge, neuf vapeurs, dont un construit par Tamollo, de Trieste, les autres en Angleterre et en Hollande. Ils sont commandés par des capitaines arabes, n'offrent aucun confort aux voyageurs qui sont même obligés d'avoir leurs provisions et leurs cuisiniers avec eux. Il est donc rare de rencontrer des Européens à bord de ces bâtiments qui servent principalement à transporter les voyageurs arabes. Ils sont censés faire le service régulier entre Suez, Djedda et Souakin, en partant tous les jeudi de Suez pour Djedda, traversée de quatre à cinq jours et de là pour Souakin, traversée d'une trentaine d'heures. Mais ce règlement peut être modifié selon les idées de l'agence à Suez, de sorte que, s'il n'y a pas assez d'aliments pour un vapeur, on diffère le départ à volonté, ce qui fait qu'en réalité il n'y a guère qu'un départ tous les quinze jours, et que les voyageurs qui arrivent à Suez aux jours fixés par la Compagnie, sont généralement désappointés en se voyant obligés de rester dans cet endroit, pendant plusieurs jours, à leurs propres frais. Si les bateaux trouvent à Suez des marchandises pour Yambo, Kernfuda, etc., ils touchent également à ces ports et y restent souvent plusieurs jours dans l'espoir d'y trouver à charger autre chose. Il faut donc compter que la traversée de Suez à Souakin dure généralement le double du temps indiqué sur les tarifs de la Compagnie.

Les voyageurs qui veulent prendre ces bateaux sont obligés de se munir d'un passeport visé par leurs consuls à Suez et par le gouverneur, de même que d'un certificat de santé de la commission sanitaire de Suez. Les domestiques indigènes doivent avoir un *teskereh* du magistrat de leur commune. La taxe de ces documents est assez forte. Comme on est obligé d'avoir sa propre literie à bord, les passagers européens prennent ordinairement la troisième classe, où ils sont mieux entre eux qu'à la première avec les Arabes, dont la propreté laisse beaucoup à désirer.

Un tarif très-compliqué du prix des transports, classe les marchandises en six catégories. Ce tarif est également sujet à des modifications importantes et continuelles, dépendant aussi de la volonté et du caprice des agents. Les marchandises doivent être accompagnées de déclarations en règle appelées *raftiés*. Elles arrivent généralement à destination en bon état, ce qui est fort heureux, car jusqu'à présent, aucune compagnie d'assurance maritime n'a voulu souscrire des polices concernant des expéditions faites à bord des vapeurs de la Société Azizié.

Malgré leur irrégularité, ces bateaux sont aussi chargés de la malle, et la Compagnie reçoit pour ce service un subside important du gouvernement.

Passons à présent en revue le commerce de tous les ports de la mer Rouge en commençant par celui de Suez, qui naturellement est le plus important. Sa rade, à trois milles de la ville, est très-sûre et présente une superficie d'environ deux milles marins carrés par une profondeur de six à dix mètres. Un grand nombre de bateaux à vapeur de la localité, de chalans et de barques font le service du port. Un quai superbe, où les navires du plus grand tonnage peuvent aborder, longe la voie ferrée qui conduit à Alexandrie.

La valeur des importations à Suez pour la consommation intérieure peut être estimée à environ 15 millions de francs et l'exportation, pour les ports de la mer Rouge, à environ 13 millions. Le Caire est le grand marché où se traitent ces affaires.

Vient ensuite au deuxième rang comme importance commerciale, le port de Toor, sur la côte ouest de la presqu'île de Sinaï. Ce port, bien situé, mais peu profond et petit, est principalement un dépôt de charbons, que les bateaux Azizié visitent quelquefois. Les communications entre Toor et Suez sont plutôt entretenues par des barques turques. C'est un 'endroit misérable comptant environ 300 habitants, qui font le commerce de provisions et de vêtements qu'ils vont chercher à Suez en échange d'une certaine quantité de coquilles de nacre. Toor exporte aussi des turquoises et des émeraudes provenant des carrières du Sinaï. Aux environs de cette ville on trouve des sources froides et thermales de même que des bois de dattiers. Toor sert de quarantaine aux pèlerins revenant de Djedda et de Yambo.

Yambo, sur la côte arabe un peu au-dessus du 24° degré de latitude septentrionale, possède un meilleur port que Djedda. C'est la résidence d'un gouverneur turc et l'on y trouve toujours de l'eau fraîche, de la bonne viande et des fruits. La population est d'environ 6,000 âmes. Le port doit son importance à la proximité de Médine et au commerce de grains entre Djedda et Kosseir. Le trafic entre Yambo et Suez, se borne principalement au transport des pèlerins qui débarquent à Yambo et à Djedda pour se rendre à Mé-

dine et à la Mecque. Mais ce qui donne un grand mouvement commercial à Yambo, c'est la caravane qui, venant du Caire passe par Suez, contourne le nord de la presqu'île de Sinaï pour gagner le sud, près d'Akaba et qui, après avoir touché à Mocile et Wedsch, le dernier port sur la route du Hedjaz, arrive à Yambo pour continuer le long des côtes jusqu'à la Mecque. A Bedr se réunissent ou se séparent les caravanes de pèlerins venant de l'Egypte et de Syrie. Le fanatisme y est tel, qu'il est souvent dangereux pour un chrétien de mettre pied à terre à Yambo.

Djedda est peut-être le point le plus important de la mer Rouge. Sa situation comme avant-port de la Mecque, à mi-chemin entre Suez, Souakin, Massaouah et les ports de l'Arabie méridionale en font le centre de tout le commerce de cette mer intérieure et en même temps l'entrepôt des produits importés de l'Inde.

Le port de Djedda est vaste mais peu profond, avec beaucoup de bancs de corail, ce qui force les grands navires de jeter l'ancre à quelque distance de la ville. Les bassins ne sont accessibles qu'aux chalans et aux bateaux à fond plat, dont on se sert pour décharger les navires en rade.

Les environs sont complétement déserts, le terrain est calcaire, plâtreux et riche en chlorure de sodium sans aucune végétation ; on y rencontre un nombre innombrable d'oiseaux ressemblant à nos perdrix et appelés Cauabis Heyi. Le climat est extraordinairement sec; seulement au mois de novembre il pleut deux ou trois fois. La température moyenne est de 30 degrés Réaumur et varie entre 15 degrés et 40 degrés. Le vent souffle presque constamment du Nord. Les maisons sont solidement construites en pierre ; la ville, bien entretenue et propre, possède de grands bazars. Tout offre l'aspect d'une grande prospérité. La population qui compte environ plus de 20,000 âmes, est plus que doublée à l'époque des pèlerinages. Un grand nombre d'Arabes de Java et de Bornéo, visitent annuellement cette ville comme pèlerins et y apportent des denrées coloniales. On voit de temps en temps le pavillon hollandais mouiller en rade de Djedda. Les Anglais bombardèrent cette ville il y a quelques années pour venger l'assassinat de leur consul.

Le commerce et la navigation y sont très-animés, surtout à l'époque des pèlerinages, où 60 à 70,000 passagers y débarquent venant de Calcutta, de Bombay, de Java, de Bassora, de Bender-Bouchir et autres ports du golfe Persique et de l'Egypte. Les navires qui transportent ces pèlerins sont tous chargés de produits des Indes dont la valeur s'élève annuellement à environ 125 millions de francs. Ces navires, d'un tonnage qui varie entre 800 et 1000, restent ordinairement en rade de Djedda jusqu'au retour des pèlerins qu'ils ramènent dans leurs pays respectifs. Ils se lestent alors avec du sel (chlorure de sodium) qu'on trouve en grande partie aux environs de Djedda.

Il n'y a guère d'Européens établis à Djedda. Les habitants ont peu de besoins, ils se nourrissent de blé, de riz, de moutons, de fruits et boivent de l'eau pure. Les domestiques y sont généralement des esclaves venant de la côte opposée d'Afrique, les Arabes ne voulant pas servir leurs coréligionnaires. La ville est sous les ordres d'un gouverneur turc, le bureau de poste est égyptien ; on y trouve des consuls anglais et français. Il n'y a pas de lazaret, pas plus qu'à Yambo.

Le commerce s'y fait d'une façon très-primitive. Les assurances n'y sont pas connues et l'on ignore complétement l'usage des lettres de change. Bien mieux, on n'y donne pas même quittance pour l'argent qu'on reçoit en échange des marchandises. Les ventes se font au comptant, mais on a généralement trente jours pour livrer la marchandise. On est assez sûr de son argent, mais il en faut beaucoup pour faire les affaires un peu en grand, parce que les importateurs sont obligés de payer aussi comptant tout ce qu'ils achètent au dehors, au Soudan et ailleurs. Aussi le taux de l'intérêt est de 2 à 3 0/0 *par mois, avec bonnes garanties.* Il y a à Djedda plusieurs négociants fort riches parmi lesquel nous pourrions citer Tarek-Jussuf, Ahmed Maschad Mohammed, Barrad. La première de ces maisons possède une douzaine de grands navires.

La monnaie courante est le *thaler de Marie-Thérèse.* Les droits d'entrée sont de 8 0/0 pour les Européens et de 4 0/0 pour les Persans. Il y a à Djedda une maison française de M. Michel Bourgarel; la commission de vente pour marchandises envoyées en consignation y est de 2 1/2 0/0, plus 1 0/0 de courtage. Il faut ajouter environ 2 1/2 0/0 au prix des marchandises pour couvrir les frais de transport de Suez à Djedda.

Djedda même ne produit rien; comme nous le disions déjà, ce n'est qu'un entrepôt pour les autres endroits de la mer Rouge. Les articles qu'on y traite sont du gingembre, de la gomme arabique, des peaux de bœufs, de moutons et de chèvres, de la cannelle, du café, moka, des clous de girofles, des défenses d'éléphants, des coquilles de nacre, du poivre, de l'écaille, de la graine de sésame de Yémen, des plumes d'autruche, du sucre des Indes, de la cire vierge, etc.

Après Djedda, il y a encore quelques autres petits ports qui méritent l'attention du commerçant. Lohheja, entre autres, au sud de Djedda est une ville fortifiée avec 6,000 habitants et une bonne petite rade, quoique accessible seulement aux petits navires. Lohheja exporte beaucoup de café et de *durrah* (espèce de blé égyptien), ainsi que des coquilles de nacre, de l'indigo, des peaux et des feuilles de séné. Les principales maisons de la place sont celles de Saïd Ahmed Abkis et de Ba-Keschwin.

Hodeïda, 10° 52' de latitude nord et 48° 8' longitude est de Paris, est un peu plus important que Lohheja mais ne possède qu'un bien mauvais port. Le café y est un des principaux articles d'exportation, beaucoup de négociants de Moka sont venus s'établir ici et à Aden. Hodeïda exporte aussi de l'encens, des feuilles de séné, des perles, du tamarin, etc., et reçoit en retour les produits manufacturés de l'Europe que lui expédie Djedda.

Moka, 13° 20' de latitude nord et 41° de longitude est de Paris, est le premier port de l'Imanat de Sana. Cette ville qui jouissait autrefois d'une réputation universelle pour son café, est aujourd'hui abandonnée et insignifiante. Elle a environ 4,000 habitants, et est située dans une contrée déserte où l'on est obligé de chercher l'eau à une grande distance. La rade est bonne mais fort éloignée de la ville, elle est formée par une suite de récifs sur lesquels on a établi un phare pour guider les steamers venant d'Aden, qui sont obligés de longer ces récifs afin d'éviter les bancs de sable d'Arrou.

A l'entrée de la mer Rouge, entre les deux côtes, se trouve un point important, l'île de Périm ou de Mayum, appartenant depuis 1857 aux Anglais qui y entretiennent une garnison et y ont établi un phare. Cette île, quoique peu peuplée et n'ayant aucun commerce est cependant d'une grande importance pour la navigation sur la mer Rouge. La mer forme à cet endroit une gorge qui n'a que 27 kilomètres de largeur. La situation de l'île au milieu de cette gorge est telle qu'elle domine les deux passages qu'elle forme d'une part avec le promontoire de Bab-el-Mandeb en Arabie, et d'autre part avec la côte de l'Afrique. Périm possède en outre un excellent port capable d'abriter une quarantaine de vaisseaux de ligne. Le seul inconvénient est l'absence complète d'eau potable, de sorte qu'on est obligé de s'y servir d'eau de pluie filtrée.

A *Obokh*, situé à 47 milles plus au sud, sur la côte d'Afrique, la France a une possession qui a sur Périm l'avantage d'avoir de l'eau de source, et qui offre toutes les ressources nécessaires à une colonie, mais la rade y est très-mauvaise et ne forme qu'une espèce de canal entre les bancs de corail ; elle ne peut loger qu'une dizaine de vaisseaux.

Aden, situé à 118 milles marins de Bab-el-Mandeb à l'extrémité méridionale de la presqu'île arabe, n'appartient pas en réalité à la mer Rouge ; mais son importance qui date de fort loin est telle qu'on nous permettra d'en parler. La plus grande partie du commerce arabe est concentrée à Aden. Le port est excellent et offre un point d'escale et de refuge superbe aux navires marchands venant des Indes et surtout de la mer Rouge. Aussi cette ville est appelée à une prospérité toujours croissante. En 1838, lorsque les Anglais s'en rendirent maîtres, elle ne comptait que 4 à 5,000 habitants. Aujourd'hui sa population est de plus de 35,000 âmes et augmente toujours. La commune d'Aden est presque exclusivement aux mains de Persans, d'Hindous et d'Arabes. Ces derniers ne méritent pas beaucoup de confiance, mais les autres, les Persans surtout, sont

fort bons. Les marchandises s'y vendent généralement le double de de leur valeur ; les marchands s'entendent fort mal à priser les objets, ils achètent en bloc et vendent ensuite tous les objets au même prix, de sorte que les uns sont beaucoup trop cher, et les autres trop bon marché. On voit depuis peu quelques maisons françaises s'établir à Aden.

Parmi les endroits de quelque importance sur la côte occidentale de la mer Rouge nous devons citer d'abord Kosseir où passent les pèlerins de Keneh pour Yambo, et où se faisait jadis un grand commerce de grains avec les ports arabes. Cette ville est bien bâtie et compte environ 3,500 habitants. Elle sert de résidence à un gouverneur, mais elle est mal pourvue de provisions de bouche qui doivent venir de très-loin; l'eau à boire y doit même être apportée à dos de chameaux, à 18 lieues de distance, et coûte fort cher. Cette eau a d'ailleurs un goût détestable et ce n'est que tout récemment qu'un médecin allemand, le docteur Klunziger, a réussi à la rendre quelque peu potable. Sa rade est bonne, mais elle est rarement visitée par les vapeurs. Au sud de Kosseir se trouvent les mines de soufre de Ranga, exploitées par la *Société soufrière* qui a fait de fort belles affaires, par suite de son contrat avec le vice-roi d'Egypte ; le prince avait payé cet article si cher qu'il était inabordable pour le commerce.

Souakin, le port du Soudan, est beaucoup plus important et plus fréquenté. Là réside également un gouverneur.

Cette ville est située dans une petite île fort rapprochée de la côte. Son port est bon et sûr, et permet aux plus gros navires de jeter l'ancre en face de la ville. Cependant l'entrée en est étroite et difficile. La ville compte plus d'une vingtaine de maisons en maçonnerie, construites en pierre de roche rouge et couvertes en bois rouge des Indes. Les autres maisons ne sont que des cabanes faites avec des roseaux.

En face de Souakin, sur le continent, on voit la ville de Kef avec 8 à 9,000 habitants, tandis que Souakin n'en a que 2,000. Le pays est très-pauvre et désert, il faut trois jours de voyage à l'intérieur pour rencontrer les premières traces de végétation. Là, sur un terrain couvert d'éminences, pousse une herbe fort longue, alternant de temps en temps avec des plaines de sables et de cailloux, où croissent une espèce de palmiers, des mimosas, des cactus, etc. En dehors de quelques rivières qui vont au Nil, on y trouve de l'eau dans des espèces de réservoirs d'eau de pluie, construits en paille et en roseau. Cependant ces réservoirs ne sont pas nombreux, et les eaux qu'ils contiennent sont peu abondantes et bourbeuses. La faune est très-riche, la contrée étant habitée par toute espèce de gibier, et une quantité innombrable d'insectes, de bubrestides, de coliades et de sauterelles. Les habitants de Souakin, au nombre desquels on ne compte que quelques rares Européens, parlent l'Arabe et le Bédouin, ils sont pauvres et vivent de ce qu'ils gagnent comme courtiers en marchandises. Ce métier leur rapporte autant que les impôts rapportent au gouvernement. Cette ville aura cependant un meilleur avenir, non-seulement à cause de son commerce avec le Soudan, mais encore du commerce avec l'Abyssinie. On a déjà établi une ligne télégraphique avec le Soudan, qui relie Souakin avec Kartoum, en passant par Kassala, et l'on construit un chemin de fer vers Kartoum *via* Berber, qui traversera six chaînes de montagnes parallèles. L'exploitation de cette ligne donnera une impulsion très-marquée à la prospérité de Souakin. Il est vrai que pour l'Abyssinie, Massaouah, est mieux situé, mais les communications entre cette dernière ville et la haute Abyssinie, sont si difficiles que le commerce avec l'Abyssinie sera indubitablement forcé de s'établir par la voie de Souakin d'où l'on peut atteindre, par Kassala et Sedaref, beaucoup plus facilement la résidence du *Négous*. Souakin deviendra donc un jour le port et l'entrepôt de tout le commerce avec le Soudan, l'Abyssinie et les pays voisins de l'Afrique centrale.

Massaouah, appelée Bari dans la langue du pays, est également située dans une île à environ 200 mètres du continent. Le petit détroit qui se forme ici est borné au nord par des récifs et des îlots, et offre une fort bonne rade. La mer est très-profonde le long du continent, mais elle forme une large plage du côté de l'île. Les maisons sont construites en bois et en paille, mais il y a beaucoup de petits magasins en pierre. La population, forte d'environ 6,000 âmes, consiste en Abyssiniens et en émigrants de Yémen, de l'Inde et du Maroc. On y parle le Bedouin et la langue du Tigré. Deux sources, creusées dernièrement, y fournissent une eau de fort bonne qualité; l'une de ces sources est la propriété d'un Autrichien, M. Wagner, qui l'a fait établir à ses frais.

Massaouah est la résidence d'un gouverneur égyptien et d'un évêque catholique romain, qui est le chef de la mission catholique en Abyssinie. Il y a à Massaouah un consulat anglais et un vice-consulat français. Depuis quelque temps beaucoup d'Européens viennent s'établir en cette ville, et parmi ceux-ci, beaucoup d'ouvriers hongrois et prussiens. Il y a ici également une ligne télégraphique avec Kartoum, et des caravanes y viennent de temps en temps du côté de l'Abyssinie et du Soudan, pour échanger leurs produits contre ceux des marchands arabes et indiens. Les grandes caravanes d'Abyssinie ne viennent qu'une seule fois par an à Massaouah en juin ou juillet, parce qu'elles doivent traverser la Takkazzé et sont, par conséquent, obligées de choisir l'époque où les eaux de cette rivière sont fort basses. Ces caravanes sont composées de marchands chrétiens et mahométans, dont les derniers sont les plus habiles. Une seule caravane porte souvent plus de 500,000 francs de marchandises.

D'après Barzelotti, secrétaire de la Chambre de commerce de Florence (V. *La questione commerciale d'Oriente, l'Italia e il canal di Suez*. Firenza, 1869, pag. 179), il viendrait à Massaouah, tous les ans, 18 à 20 de ces caravanes du pays des Gallas. Cet auteur appelle l'attention du commerce sur le grand débit que rencontrent dans ce pays les mouchoirs de coton, brodés de soie, en couleurs vives. Il paraît qu'il s'en vend des quantités considérables dans toutes les villes sur les côtes de l'Arabie et de l'Afrique, bordant la mer Rouge. De Massaouah on peut gagner la Haute-Abyssinie en 3 ou 4 jours de marche par le Samhar. Nous avons lu avec beaucoup d'intérêt, et recommandons à nos lecteurs l'intéressant voyage fait dans ces contrées par M. A. Raffray, publiée par MM. Plon et Cie, à Paris.

Ce n'est que par un long détour au travers de la vallée d'Arasebah, en passant par Aïn-el-Tsazegah et en suivant la route conduisant aux gorges de la vallée de Modat, vers Mensa et le pas de Halaï, qu'on peut atteindre le plateau élevé de l'Abyssinie. Comme ces chemins sont difficiles et même très-dangereux pour des bêtes de somme qui ont beaucoup de peine à suivre les sentiers étroits qui serpentent autour des flancs escarpés des rochers, il est plus que probable, ainsi que nous le disions plus haut, que le commerce, en se développant, prendra plutôt le chemin de Souakin. Le Samhar, cette plaine au nord et au sud de Massaouah, qui monte de la mer Rouge vers les montagnes, est généralement un pays désert et peu peuplé. Autour de Massaouah on rencontre plusieurs espèces de cactus, de même qu'à Souakin. Il y a cependant dans le Samhar quelques prairies où les habitants mènent paître leurs troupeaux pendant la saison des pluies, mais, cette saison passée, ils sont obligés de les conduire sur les versants des montagnes de l'Abyssinie. Bien que le Samhar soit une province égyptienne, le pays est en grande partie la propriété de tribus abyssiniennes qui appartiennent au grand peuple des Beni-Amer, qui s'étend à l'ouest du Samhar et qui comprend le Habab, le Mensa, le Bogos et l'Hamas. Au sud du Sambar, tout près de Massaouah, habitent les Chabos, et, plus loin, dans l'Abyssinie même, les Tigrés, les Amarahs, les Kouarahs, les Gallabats, etc.

Les caravanes de ces tribus abyssiniennes vendent leurs marchandises contre de l'argent; quelques tribus moins industrieuses font le commerce d'échange. A ce commerce le marchand étranger gagne toujours parce qu'il donne généralement des objets de moins de valeur que ceux qu'il reçoit en retour.

Tout ce commerce avec les caravanes, se fait à Massaouah ainsi qu'à Souakin, par des intermédiaires étrangers originaires de l'Inde ou de l'Arabie, dont les derniers viennent surtout du Hadramaut, contrée méridionale de l'Arabie. Ceux-ci ont le talent de faire souvent fortune en commençant avec rien ou plutôt en apportant comme unique mise de fonds, leur patience incroyable, leur persévérance, leur vie remplie de privations, leur astuce et leur soumission. Il n'y a donc rien d'étonnant que ces fils du Hadramaut soient aujourd'hui les premiers négociants de Djedda et des autres villes commerçantes de la mer Rouge; ils se sont emparés presque exclusivement du commerce qui se fait à Souakin et à Massaouah, avec les caravanes venant de l'intérieur de l'Abyssinie. On rencontre même de ces Hadramaut parmi les négociants de ces villes commerciales de l'intérieur de l'Egypte. On les reconnaît immédiatement à leur nom qui commence presque toujours par la syllabe *Ba*.

Dans l'intérieur du Soudan occidental ou de la Nubie et de l'Abyssinie septentrionale se trouvent les marchés de Gedaref, de Kassalah et de Metemmah. A Kassalah se trouve un comptoir de la seule maison européenne qui fasse du commerce avec ce pays. La maison Balli Negroponte. En dehors de celle-ci deux marchands forains de la Grèce se sont établis à Kassalah et à Gedaref. Ils y font principalement le commerce des spiritueux. Metemmah est le siège de quelques missionnaires protestants qui se livrent également au commerce.

Le principal article d'exportation est le café. En effet, Kaffa dans le pays des Gallas, est le berceau de cette fève qui lui donna aussi un nom. De Kaffa le produit fut implanté dans le Yémen où il acquit sa plus grande renommée. La qualité du café de l'Yémen est bien supérieure à celle du café du pays des Gallas. Dans cette dernière contrée, on ne trouve qu'une seule espèce, une petite fève jaune, appelée Gudru, qui soit bonne, mais le café ordinaire, une grande fève verte, y est d'une qualité très-inférieure.

Le café moka, qui continue toujours à occuper le premier rang parmi les diverses espèces de cafés, croît sur les montagnes de Yémen et se vendait jadis au marché de la ville d'où lui est venu son nom. Aujourd'hui on achète ce café beaucoup mieux à Hodeïda qui en exporte depuis une quinzaine d'années les plus grandes quantités.

La gomme s'obtient surtout dans le Samhar entre Dokono et Areko; près de Massaouah s'étend une plaine entièrement couverte de gommiers. Elle est d'une excellente qualité et est offerte au marché en grands morceaux d'une blancheur et d'une pureté irréprochables. On la vend à Djedda sous le nom de Haschab ou gomme arabique. La gomme de Souakin est d'une qualité moins bonne. Les plaines entre Kassalah et Gedaref, sont remplies de gommiers, dont les produits diffèrent beaucoup et sont par conséquent assortis en plusieurs qualités. Les plus beaux morceaux sont vendus pour du haschab. Les plus petits morceaux d'une teinte jaunâtre, s'appellent tatha et enfin, les morceaux creux et les déchets reçoivent le nom de kaddab et forment la troisième qualité de cette marchandise trompeuse. Lorsqu'une caravane chargée de gomme est surprise par la pluie, la gomme mouillée forme une croûte, qu'on est obligé de briser et qui est mélangée au kaddab. En définitive, la véritable gomme de Souakin est le kaddab.

La *cire* forme un article de grande importance; elle arrive à Massaouah principalement du Tigré et du Gallabat. Cette dernière espèce est d'une pureté remarquable; elle ne donne presque aucune peine au nettoyage. Elle se vend au marché de Metemmah en morceaux de 100 à 120 rotali. Les autres sont plus ou moins sales. Elles sont nettoyées et blanchies à Massaouah et fondues ensuite en grands morceaux pour le commerce.

Le *miel* est principalement consommé par les indigènes qui en font une boisson enivrante, ressemblant à du vin qu'ils appellent *tetsch*. On exporte cependant une grande quantité de miel en destination de Kartoum, de Suez et d'autres villes de la mer Rouge.

Comte MEYNERS D'ESTREY,
Archiviste de la Société de géographie commerciale de Paris.

(A suivre.)

LES ANCIENNES EXPLORATIONS

LES FRÈRES PONCET

M. Hayaux du Tilly, dans une des dernières séances de la Société de géographie, a fait une intéressante communication sur les régions de l'Afrique équatoriale où se sont illustrés tant d'explorateurs contemporains. Il a patriotiquement insisté sur la part qu'ont prise à ces découvertes un grand nombre de nos compatriotes, et démontré qu'il serait imprudent d'oublier les efforts tentés par ceux de nos voyageurs qui, il y a quelques années à peine, ont apporté un large contingent aux connaissances acquises sur ces régions encore peu connues. Nous avons pensé être agréable à nos lecteurs en faisant de cette conférence instructive une analyse aussi complète que nous le permettent nos souvenirs.

M. Hayaux du Tilly rapporte qu'il y a quelque temps la Société de géographie a eu la primeur des détails du voyage si important de Cameron qui, à travers l'Afrique, a rejoint l'océan Atlantique après être parti de l'océan Indien. Cette exploration d'une région jusqu'alors absolument inconnue a appelé vivement l'attention de l'Europe entière sur ces contrées de l'Afrique équatoriale, et le nom du lieutenant de la marine anglaise, Cameron, est venu se joindre légitimement et pour toujours à la pléiade des glorieux voyageurs qui se sont illustrés dans ces parages : les Speke, les Grant, les Magyar, les Henri Duveyrier, les Barth, les Livingstone, les Stanley, les Gordon et d'autres encore dont la liste serait trop longue.

Grâce à ces vaillants héros des conquêtes pacifiques, on sait aujourd'hui que ces contrées de l'Afrique centrale sont bien loin d'être incultes et désertes, comme on l'a cru trop longtemps. Grâce au lieutenant Cameron, on connaît une partie de l'hydrographie de ce pays, les altitudes des montagnes qu'il a franchies, la forme et l'étendue des lacs qu'il a traversés, la direction des cours d'eau qu'il a suivis. D'autres, marchant sur ces traces glorieuses, compléteront ce faisceau de connaissances précieuses, et ce pays, naguère laissé en blanc sur nos cartes, ne conservera plus de mystère pour les peuples civilisés.

Si les savants dévoués tracent la voie et ouvrent des horizons nouveaux, il est une autre classe d'hommes, trop rares en notre patrie, et qui ne sont pas moins méritants; nous voulons parler de ces hardis commerçants qui, suivant la route indiquée par les explorateurs de la science, n'hésitent pas à aller sur leurs traces tenter la fortune dans les terres lointaines et ouvrir au trafic et à la civilisation des régions nouvelles. C'est dans ce sens surtout qu'il convient d'accorder à plusieurs de nos compatriotes la part de gloire qui leur revient dans la conquête pacifique des pays nouveaux et inconnus. Parmi eux, citons les frères Ambroise et Jules Poncet, auxquels nous joindrons volontiers le nom du docteur Peney, bien que celui-ci fût chargé d'une mission officielle, tandis que les frères Poncet agissaient de leur propre mouvement, avec leurs ressources personnelles et à leurs risques et périls.

Ces héros, déjà trop oubliés, ont passé de longues années loin de leur patrie dans la partie de l'Afrique située au nord de l'Équateur entre le 15° degré et le 5° degré de latitude, c'est-à-dire dans la région qui s'étend de Khartoum à Gondokoro.

Leurs expéditions nombreuses qui, ont été bien antérieures à celles de Livingstone, de Stanley, de Gordon, n'ont pas eu le retentissement des voyages accomplis postérieurement par ces explorateurs; elles n'en ont pas moins été fructueuses pour la science, puisque non-seulement elles ont précédé les découvertes récentes, mais encore parce qu'elles ont confirmé les découvertes anciennes et apporté à leur entreprise le côté commercial et pratique, sans lequel les efforts des héros de la science n'offriraient que des satisfactions stériles et des résultats nuls pour les conquêtes de la civilisation.

Pendant un séjour de plus de dix années qu'ils firent dans cette région, les frères Poncet, dans des excursions constantes et prolongées, s'avancèrent de plus en plus en remontant le cours du Nil, et ils seraient sans doute parvenus à la région des lacs où il prend sa source, si la demande d'une mission officielle qu'ils adressèrent à cet effet au gouvernement avait été couronnée de succès.

Avant de s'étendre sur l'histoire de ces hardis explorateurs pratiques et sur la description des lieux qu'ils habitèrent si longtemps et qui a conservé le souvenir de leur activité commerciale, M. Hayaux du Tilly croit devoir revenir en quelques mots sur l'histoire de cette région inconnue il y a quelques années à peine, mais dont les anciens semblent avoir eu, même dans les temps les plus reculés, une connaissance profonde.

Un des travers de l'humanité, un des plus grands maux sortis de la fatale boîte de Pandore est l'oubli. Si une science semble avoir subi les lois de ce fléau, c'est sans contredit la géographie. Pendant des siècles, non-seulement elle ne s'enrichit pas de connaissances nouvelles, mais elle sembla prendre à tâche d'effacer à jamais les traces de ce qu'avaient connu les ancêtres.

Espérons qu'aujourd'hui, grâce à l'imprimerie, grâce aussi à l'esprit moderne qui a si bien compris les avantages immédiats offerts par la science géographique, le monde ne risquera pas de voir s'enfouir dans les ténèbres de l'oubli les découvertes de la science et le nom des héros qui les ont faites.

Il est certain qu'en raison de leur situation géographique et de l'antiquité de leur civilisation, les Égyptiens, avant tous les autres peuples, ont dû se préoccuper de rechercher les sources du Nil. Bien qu'on ne connaisse encore aujourd'hui aucun monument qui constate matériellement ce fait, il n'en reste pas moins avéré et nous ne doutons pas que le savant M. Marietto Bey ne trouve un jour ou l'autre la preuve écrite et certaine de la connaissance géographique que les anciens Égyptiens avaient de leur pays et de l'Afrique centrale.

Les Hébreux plaçaient les sources du Nil aux extrémités de l'Atbara, du Taccazé d'une part, et d'autre part du fleuve Bleu qu'ils faisaient descendre des versants N.-O. des montagnes de la Lune. Hérodote, plus tard (de 484 à 405 avant J.-C.), plaçait de même les sources du Nil en y ajoutant d'autres sources qu'il plaçait à l'extrémité du fleuve Bleu, dans le lac Tsana et plus au S.-O., dans d'immenses marécages situés par 8° de latitude et 25 de longitude Est. Cette région est exactement celle qui est encore connue sous le nom de *grands marécages*.

Un autre savant qui ne mérite pas moins que Hérodote les honneurs de l'immortalité, Eratosthène, qui vivait de 275 à 194 avant J.-C., plaçait la source du Nil en haut de la rivière Atbara et la faisait sortir d'un lac qui pourrait bien être le lac Tsana ; il indiquait d'autres sources encore qui prouvaient de sa part la connaissance fort complète des principaux affluents, qu'on a pu prendre longtemps pour le cours du fleuve principal lui-même. Ces conjectures se rapprochaient tant de la réalité que tous les géographes qui suivirent les admirent complétement. Strabon, qui vivait à l'époque de Jésus-Christ, leur donne une consécration nouvelle en leur apportant l'autorité de son savoir.

Eratosthène, d'ailleurs, méritait la confiance qu'il inspirait aux géographes ; il avait créé une carte du monde connu à son époque, qui resta long temps la base unique de la science géographique. C'est à ce savant justement illustre qu'est due l'idée de tracer et de calculer les degrés du méridien et d'évaluer ainsi les dimensions de la terre.

Ses calculs de l'arc du méridien, compris entre les deux tropiques furent si exacts que, lorsqu'à sa création, l'Académie des sciences, sur l'ordre de Napoléon Ier, se livra au même travail, elle trouva que le calcul d'Eratosthène était exact, à deux secondes près.

Ptolémée (175 ans après J.-C.) admettait encore les opinions professées par Eratosthène ; cependant il indiqua de nouvelles sources du Nil dans la direction et à l'extrémité du Kyr vers un grand lac ou marais qui pourrait bien être le lac Victoria Nyanza.

Quoi qu'il en soit, il est certain que ces pays étaient loin d'être aussi inconnus qu'on serait tenté de le penser. Leur histoire n'est même pas sans éclat.

Juba, roi de Mauritanie, qui vivait sous Auguste, après avoir fait une longue énumération des peuples vivant dans la région du Nil, dit que l'Oppidum d'Epis, près de Mœroé, était déjà détruite à l'époque où Bion écrivait, c'est-à-dire trois siècles auparavant. Au temps de Pline, il ne restait plus trace de ces villes.

Sous le règne d'Auguste, une armée entière s'avançait jusque vers Khartoum et s'emparait d'un grand nombre de villes qu'elle rencontrait sur son passage. Il s'arrêta à la cinquième cataracte du Nil où, disait-il, les eaux se précipitent avec un si grand fracas, qu'on en est assourdi.

Lorsque Néron occupa l'empire, il rêvait d'atteindre au delà des choses connues ; des soldats prétoriens, commandés par un tribun, partirent par son ordre, et poussèrent une nouvelle reconnaissance du pays jusqu'à la région des marécages située vers le 10° de latitude.

(A suivre.)

DANS LE BASSIN DU NIL

SIR SAMUEL BAKER

Nous avons publié (vol. II, p. 384) un prémier article sur l'expédition confiée, par le vice-roi, à sir Samuel Baker, pour soumettre à l'Égypte les régions du Haut-Nil.

Cette étude rétrospective, ayant été suspendue en raison de l'abondance des matériaux, nous la reprenons aujourd'hui parce qu'elle nous présente d'intéressants détails sur les régions où vient de se trouver le successeur de Baker, le colonel Gordon, et qu'elle permettra d'apprécier les détails que fournit actuellement ce dernier explorateur.

La seconde partie de l'exploration de Baker commence à son départ de Gondokoro, dans la direction de l'Équateur.

Ce fut le 22 janvier 1872, que Baker partit de Gondokoro, après avoir soigneusement choisi les hommes qui devaient l'accompagner.

Le courant avait une telle violence qu'il fit difficilement en deux jours les quelques kilomètres qui le séparaient du mont Redgiaf.

Là se trouve une des plus grandes curiosités naturelles de l'Afrique centrale. Je laisse la parole à M. Baker.

« A la base occidentale du Redgiaf se dresse un rocher porté sur un piédestal et ressemblant à une table gigantesque. Cette plaque de syénite est un des nombreux fragments du même genre qui se sont détachés de la montagne originelle, au moment de sa décomposition. Mesurée du fleuve, elle présentait les dimensions suivantes : longueur, 13m60 ; largeur, 13m70 ; épaisseur, 1m42 ; hauteur au-dessus du sol, 3m13 ; circonférence de l'accise d'argile, 20m70.

« Cette roche doit être tombée sur une masse d'argile extrêmement dure. La dénudation de la roche inclinée, produite par la pluie de siècles innombrables, doit égaler la hauteur du piédestal d'argile, tout l'extérieur ayant été entraîné par les eaux et le niveau s'étant abaissé. Le piédestal et le sol primitif sont garantis des pluies par le toit de pierre, il est resté intact.

« Les Baris professent pour cette pierre une grande vénération ; on nous assure qu'il était dangereux de dormir dessous, beaucoup de gens étant morts pour en avoir fait l'essai.

« Cette superstition provient évidemment de quelque vieille légende. Un individu aura été tué par une pierre détachée de la surface interne.

« J'examinai attentivement l'envers de cette table, et j'y constatai de nombreuses crevasses et solutions de continuité. Sur le sol, et dans la périphérie même de la plaque, gisaient plusieurs blocs pesant approximativement au moins cent livres chacun. »

Quittant le fleuve aux rapides, vers le 5° de latitude nord, Baker continua sa marche par terre.

Le 2 mars, il arriva au plateau d'Affouddo, s'élevant de 672 mètres au-dessus de l'Achoua, affluent du Nil. Un splendide paysage se développait autour des voyageurs. A l'est, à une distance d'environ quatre-vingts kilomètres, une belle chaîne de montagnes ; à l'ouest, le Neri, masse granitique de 1,000 à 1,200 mètres d'altitude, nommé par les marchands arabes Djebel-Koukou, et s'abaissant jusqu'au fleuve par une suite de terrasses rocailleuses ; à leurs pieds, le grand Nil Blanc, venant directement du lac Albert, et coulant, calme et profond, semblable à un ruban d'argent.

Baker abordait une plaine magnifique à laquelle il donna le nom d'Ibrahimóyah, en l'honneur du père du khédive. « C'est là, dit-il, que s'élèvera certainement un jour la capitale de l'Afrique centrale. »

Après avoir côtoyé les derniers contreforts du mont Choua et franchi deux coudes de la rivière Oun-y-Amé, il parvint à Fatiko.

S'il faut l'en croire, ce district est le plus beau pays de l'Afrique. La contrée est située entre les montagnes, à une hauteur de près de 1,000 à 1,200 mètres au-dessus de la mer. La température ne dépasse pas celle d'un très-beau mois de juillet en Angleterre ; le sol est d'une fertilité prodigieuse ; les chênes y sont nombreux ; le gibier abonde, et, fait surtout remarquable, la population est relativement douce et honnête.

Baker qui avait conservé les meilleurs souvenirs de son premier séjour à Fatiko, eut la douleur de constater que là, comme partout ailleurs, les chasseurs d'esclaves avaient porté la désolation. Il y établit une station, y laissa la moitié de sa troupe, sous le commandement du major Abdoullah, et le 18 mars, se dirigea, avec cent hommes seulement, vers l'Ounyoro, pays ri-

verain du lac Albert, et compris entre le premier et le second degré de latitude nord.

Kamsira, qui régnait sur l'Ounyoro lors du premier voyage de Baker, et sur l'amitié duquel l'explorateur anglais pouvait compter, était mort. Son fils, Kabba-Réga, lui avait succédé après avoir massacré tous ses proches avec l'aide des chasseurs d'esclaves du trop fameux Abou-Saoud. Le nouveau roi de l'Ounyoro était un rustre de vingt ans, gauche, désagréable, se considérant comme un grand monarque ; poltron, cruel, rusé et perfide au suprême degré. Un seul membre de la famille, Rionga, avait réussi à éviter toutes les embûches de Kabba-Rega, comme il avait su échapper à celles de Kamrasi, et s'était retiré, avec ses adhérents, dans une île du Nil-Victoria, à quelque distance du point où ce fleuve tombe dans l'Albert-Nyanza.

C'est le 21 août que l'expédition atteignit la capitale de l'Ounyoro, Masindi, assemblage de quelques milliers de huttes de chaume en forme de ruches disposées de la façon la plus irrégulière. Cette ville se trouve à 534 kilomètres de Gondokoro.

Kabba-Réga s'imaginait que Baker joindrait ses forces aux siennes pour écraser Rionga. Quand il eut reconnu que le pacha entendait garder, dans ces dissensions intestines, la plus stricte neutralité, il laissa éclater son animosité.

En dépit de ces sentiments hostiles, Baker prit possession de l'Ounyoro au nom du khédive, le 14 mai 1872. Dès lors, le territoire, nominalement annexé à l'Egypte, était limité par une ligne oblique se prolongeant de l'Equateur jusqu'au deuxième degré de latitude nord.

L'hostilité du roi nègre et de ses chefs se manifesta tout de suite. D'abord, on refusa les approvisionnements de blé nécessaires à l'alimentation des hommes ; on essaya de les empoisonner avec du cidre de banane ; puis, le camp fut attaqué. Baker crut devoir user de représailles et il incendia Masindi.

La bataille dura une heure et quart. Pas une maison ne restait debout. Et Baker avait perdu seulement quatre soldats.

C'était, certes, un beau succès que cette victoire remportée par une poignée d'hommes sur une multitude d'indigènes. Néanmoins, l'expédition se trouvait dans une situation plus périlleuse que jamais ; le roi vaincu, disposant de plusieurs millions de sujets, se préparait à prendre de sa défaite une revanche éclatante.

Il devenait absolument nécessaire de prendre un parti, et sans tarder. Convaincu que la stupide férocité de Kabba-Rega serait un obstacle invincible à l'établissement, dans l'Ounyoro, d'un établissement régulier et d'un commerce loyal ; dégagé d'ailleurs, par la félonie du roi, de sa détermination de s'abstenir de toute intervention dans les dissensions intestines des tribus, Baker se résolut à aller trouver Rionga et à le placer sur le trône, comme vassal du khédive, en place de Kabba-Rega dépossédé.

Mais la résidence de Rionga était située à cent cinquante kilomètres de Masindi, et, pour y arriver, il fallait se frayer un chemin à travers des forêts d'herbes rudes, épaisses, hautes au moins de trois mètres. On était dans la saison des pluies. On devait s'attendre à des embuscades, faciles à organiser, vu l'état des lieux, et se renouvelant à chaque pas. Et cependant Baker n'hésita pas un instant.

Cette traversée des jungles, qu'un moderne Xénophon pourrait nommer la Retraite des Cent, est tellement prodigieuse d'audace et d'énergie que, pour ne pas affaiblir l'intérêt qu'elle ne peut manquer d'exciter, je passe la plume à sir Baker.

III

« Le 14 juin 1872 fut le jour fixé pour le départ. La petite troupe avait hâte de se mettre en route. Sur les cendres de Masindi, on n'aurait eu à attendre que des attaques incessantes et perfides, la famine et la mort.

(A suivre.)

H. WATTEMARE.

LES ANTIQUITÉS DE GHADAMÈS

M. Largeau devant lire, à la prochaine séance de la Société de géographie, un rapport à la fin duquel il s'étend assez longuement sur les antiquités de Ghadamès, nous croyons devoir reproduire ici, pour l'intelligence de ce rapport dont nous publierons du reste un résumé, quelques dessins que notre collaborateur a bien voulu nous communiquer. Nous croyons devoir, dès à présent, accompagner ces dessins de quelques mots d'explications.

La première gravure représente des mausolées anciens dont la

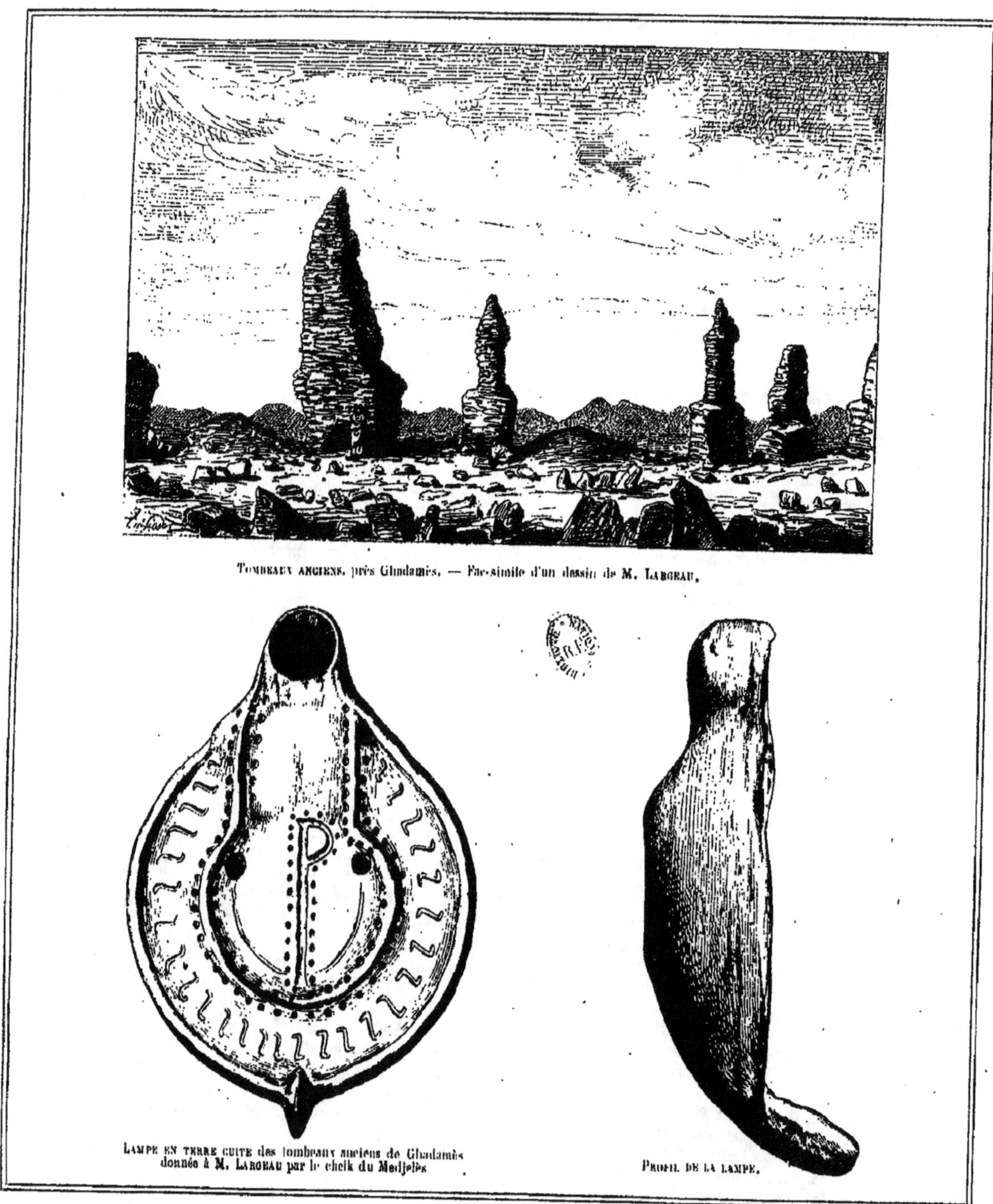

TOMBEAUX ANCIENS, près Ghadamès. — Fac-simile d'un dessin de M. LARGEAU.

LAMPE EN TERRE CUITE des tombeaux anciens de Ghadamès donnée à M. LARGEAU par le cheik du Medjelès

PROFIL DE LA LAMPE.

construction est attribuée au Garamantes, et qui sont peut-être ceux des anciens rois de Phazanie. Deux de ces tombeaux, dont l'un est aujourd'hui complétement ruiné, et l'autre fortement endommagé, étaient des obélisques en pierres brutes, liées avec du ciment de dolomie; des quatre autres, deux étaient en forme de croix, le troisième représentait une colonne carrée, et le quatrième une aiguille peu élevée. Sur le ciment qui recouvre encore certaines parties du piédestal, on distingue les traces d'un revêtement en pierres plates, qui a disparu sans qu'on sache ce qu'il est devenu.

Dans l'intérieur des piédestaux, on a découvert des chambres ovales dans lesquelles on a trouvé des ossements ainsi que des lampes en terre cuite dont le second dessin qui est de demi-grandeur, pourra donner une idée parfaite.

Derrière ces mausolées, s'étend un vaste cimetière dont les tombes sont formées de quatre pierres brutes, plates, plantées dans le sol, et disposées en carrés de 80 centimètres. Dans ces tombes on a aussi trouvé des lampes semblables à celle dont nous donnons le dessin.

A quelque distance, à l'ouest des mausolées, s'élève une tour ronde légèrement conique et surmontée d'une plate-forme; la partie est de cette tour est complétement ruinée. Un escalier en colimaçon qui comprenait la moitié de la circonférence extérieure de la tour, est aussi presque complétement détruit. Sur un côté de la plate-forme, s'élève encore une petite tour ovale dans laquelle est une petite chambre longue de 2 mètres, que M. Largeau croit être une sépulture. La voûte de cette chambre est effondrée.

La dernière gravure représente les ruines de Tekout, qui sont situées à 12 kilomètres au nord-ouest de Ghadamès. Tekout est un village abandonné, entouré de deux murs d'enceinte en assez bon état de conservation, perché sur le sommet d'une gara isolée au milieu d'une plaine usée. Un peu au-dessous de la première enceinte,

Tour en ruines, près Ghadamès. — Fac-simile d'un dessin de M. LARGEAU.

Les ruines de Tekout, près Ghadamès. — Fac-simile d'un dessin de M. LARGEAU.

existe un souterrain taillé dans le roc vif, qui communique à un puits creusé sur l'un des côtés de la plate-forme sur laquelle est construit le village. Les maisons, auxquelles il ne manque que la toiture, n'ont que sept pas de long sur quatre de large; elles sont très-basses et l'intérieur est creusé de 50 centimètres; elles sont construites en moellons de grès bruts, sans traces de ciment.

Les gens de Ghadamès sont persuadés que ces ruines renferment d'immenses trésors; mais une terreur superstitieuse les empêche de les fouiller. Ils croient qu'elles sont hantées par des *djenoun* (génies), qui entraîneraient les curieux au fond du puits où ils les dévoreraient sans pitié.

E. L.

BULLETIN DES SOCIÉTÉS

SOCIÉTÉ DE GÉOGRAPHIE COMMERCIALE DE PARIS

Séance du 21 juillet 1876

Présidence de M. le comte MEYNERS D'ESTREY

CORRESPONDANCE ET OUVRAGES OFFERTS

M. Hertz, secrétaire général, donne lecture de la correspondance :

MM. Blancheton, interprète général de France, à Shanghaï,

Candido Mendes de Almeida, à Rio de Janeiro,

Belmas, de la Société des architectes, à Madrid,

Lamairesse, ingénieur en chef des ponts et chaussées, à Bône,

Lucien Raulet, à Buenos Ayres,

Léon Fleurat, à Tunis,

Remercient de leur admission au nombre des membres de la Société.

MM. l'abbé Bouche, ancien missionnaire au Dahomey,

H. Pigeonneau, professeur d'histoire et de géographie au lycée Louis-le-Grand.

Le baron de Cambourg, conseiller général de Maine-et-Loire.

Gingembre, négociant à Paris,

Paul Gaffarel, professeur à l'Université de Dijon,

Georges Renaud, rédacteur en chef de la *Revue géographique*,

Ansart du Fiesnet, conseiller général du Pas-de-Calais,

Adhèrent par écrit à la Société de géographie commerciale.

Un très-grand nombre d'autres membres de la Commission ont apporté au secrétariat leur adhésion verbale.

MM. Babinet et de Morineau s'excusent de ne pouvoir faire partie de la nouvelle Société.

Notre collègue M. Morgan, agent consulaire de France à Adélaïde-Australie, signale l'apparition à Londres, chez M. Dutton Esq, agent général de l'Australie du sud (Westminster), à Londres, d'un ouvrage renfermant les statistiques et les divers documents que le gouvernement de l'Australie du sud vient de faire imprimer récemment au sujet des ressources de la province.

M. Foncin, secrétaire général de la Société de géographie de Bordeaux, signale, à la date du 30 juin, l'ouverture de l'Exposition de géographie commerciale et d'ethnographie de Bordeaux. Elle comprendra cartes, plans, photographies, lithographies, instruments et appareils divers, collections botaniques et zoologiques dont il sera rendu compte dans *l'Explorateur*.

Il confirme son adhésion à la Société de géographie commerciale.

M. Séguier, conseiller à la Cour d'appel d'Orléans, félicite la Commission de sa transformation en Société autonome.

M. Aubry Lecomte envoie le compte rendu des travaux de la Commission de l'Exposition permanente des colonies, qui a été imprimé dans l'avant-dernier numéro de *l'Explorateur*.

Il insiste sur l'authenticité du chiffre de 300,000 merles cuivrés, chiffre consigné dans un rapport de l'Exposition permanente et contesté par un des membres de la Société de géographie commerciale. (Voir le compte rendu, numéro 78, page 318, de *l'Explorateur*.)

M. Ardouin de Tlemcen, annonce la réunion d'un certain nombre de personnes de Tlemcen en vue de fonder dans cette ville une section de la Société de géographie commerciale (1).

Le Comité français pour l'exploration de l'Isthme interocéanique et le percement d'un canal a reçu de nouvelles adhésions. La Société de géographie de Londres lui accuse réception de l'avis qui lui a été adressé.

---

(1) Voici une nouvelle lettre que nous recevons de M. Ardouin :

« J'ai enfin le plaisir de vous annoncer une solution ; une délégation de la société de géographie commerciale est fondée à Tlemcen et n'attend plus pour se constituer définitivement, sous la tutelle de la société de géographie commerciale de Paris, que l'adhésion de celle-ci.

Un de mes amis, M. Sabatier, avocat à Tlemcen, qui mieux que personne, connaît la géographie du Sahara, M. Lapaine secrétaire de la sous-préfecture, et moi avons adressé des lettres d'invitation auxquelles une seule personne n'a pas jugé convenable de répondre. Nous avons ainsi réuni chez M. Lapaine, qui avait gracieusement mis son appartement à notre disposition, douze personnes huit autres avaient envoyé par lettre leur adhésion pleine et entière.

Il a été décidé qu'une nouvelle réunion pour l'organisation d'un bureau aurait lieu vendredi prochain ; mais hier a déjà été constituée une première encaisse destinée à faire imprimer dans trois semaines un numéro spécimen de la *Revue algérienne de géographie*, bulletin de la société qui paraîtra une fois par mois et pour lequel nous avons déjà à Tlemcen une dizaine d'articles émanant de personnes qui connaissent fort bien l'Algérie.

M. de Coello, président de la Société de géographie de Madrid, écrit à la Commission pour lui annoncer que cette Société adhère pleinement à son projet et nomme une section espagnole pour unir ses efforts à ceux de la section française dans le but de donner au projet une solution prompte et définitive. Cette section se compose des membres suivants :

MM. Francisco Coello, président ; Don Carlos, maître de camp. — Carlos Campurano. — Vizconde de la Vega. — Marcos J. de la Espada, secrétaire.

M. Hertz, secrétaire général, lit la liste des ouvrages offerts:

Plusieurs numéros du *Courrier de Tlemcen*, avec cartes.

El Mundo Americano (suite de la collection.)

Découverte de l'Amérique par les Normands, Gabriel Gravier.

Bulletin consulaire italien. N° de mai 1876.

Bulletin de la situation mensuelle des comptes (Italiens), à la date du 29 février 1876.

Relations statistiques sur les constructions et statistiques des chemins de fer italiens, pour l'année 1875.

Annuaire du ministère des finances d'Italie, pour l'année 1876.

Projet de colonisation en Algérie à l'aide des enfants assistés de la métropole. — La parole est à M. J. Gros, délégué par la Société, pour appuyer en son nom, le projet de création en Algérie d'un établissement colonial à l'aide des enfants assistés de la métropole.

M. Gros dit que, conformément au désir de la Société, ses efforts et ceux de son collègue M. de Morineau, ont eu pour objet la formation d'un comité de membres fondateurs ou d'un comité d'honneur destiné à appuyer de son influence et de ses lumières l'auteur du projet, M. Boutard. Un grand nombre de personnes les plus éminentes ont répondu favorablement à cet appel et il ne reste plus qu'à réunir le comité ainsi formé.

En raison de la démission que M. de Morineau vient d'adresser à la Société de géographie commerciale, il ne peut continuer à être son délégué ; M. Gros demande si devant la formation du comité d'honneur, le rôle de la Société ne cesse pas et il offre de se démettre à son tour de la mission que ses collègues ont bien voulu lui confier.

M. le capitaine Roudaire fait observer que le rôle de la Société ne peut cesser que lorsque le comité réuni aura composé un bureau.

La Société décide que M. Gros restera délégué, sans qu'il soit besoin de lui adjoindre un collègue, jusqu'à ce que, le comité d'honneur étant entré en fonctions, elle puisse se reposer sur lui du soin de mener à bien l'œuvre entreprise.

Expédition de M. Largeau dans le Sahara. — M. le Secrétaire général annonce à la Société la mesure adoptée par la Société de géographie, au sujet de l'exploration projetée par M. Largeau dans le Ahaggar et consulte l'assemblée sur les mesures qu'elle croit devoir prendre pour appuyer la Société de géographie dans la réalisation de son projet de souscription nationale.

La Société prend la résolution suivante :

« La Société de géographie commerciale, s'associant à l'initiative prise par la Société de géographie, désire que son bureau s'entende avec le bureau de cette Société au sujet des mesures à prendre pour venir en aide à l'expédition projetée par M. Largeau. »

M. Maunoir secrétaire général de la Société géographie, présent à la séance, approuve cette résolution.

Sur la demande de M. Puissant, des remerciements sont votés à la Société de géographie qui a bien voulu mettre son local à la disposition de la Société de géographie commerciale.

Je cite au hasard le nom des personnes qui ont dès aujourd'hui adhéré :

M. Zeis, président du tribunal civil. — M. Cabaud, docteur en médecine. — M. Coffort, avocat. — M. Sabatier, professeur. — M. Sabatier Camille, avocat. — M. Sabatier Germain, avocat. — M. Le Lad, employé du service télégraphique. — M. Leroy, professeur. — M. De Chelle, principal au collège. — M. Lapaine, secrétaire à la sous-préfecture. — M. Clerget, secrétaire de la commission mixte. — M. Briaud, pharmacien. — M. Lalanne, vétérinaire militaire. — M. Decieux, directeur de l'école arabe-française. — M. Mathieu, professeur au collège. — M. Hosté, propriétaire à Saf-Saf. — M. Tedeschi, avocat. — M. Ardoin, archiviste au bureau arabe. — Et enfin Si-Abd-el-Kader ben Miloud, marabout de Thyout (Ksoursoranais).

M. Sabatier nous garantit le concours de ce dernier qui est un personnage fort intelligent et qui depuis plus d'un an, fait des observations météorologiques fort régulières.

Ce chiffre de 20 membres sera probablement doublé car chacun de nous pourra amener quelque adhérent nouveau.

Formation du bureau de la Société de géographie commerciale. — L'assemblée passe à la nomination, au scrutin secret, des membres de son bureau. Sont nommés à l'unanimité ou à la presque unanimité des membres présents :

Président : M. Meurand, directeur des consulats au ministère des affaires étrangères ;

Vice-présidents : MM. Levasseur, membre de l'Institut, E. Cortambert, bibliothécaire de la section géographique de la bibliothèque nationale.

Secrétaire général : Ch. Hertz, rédacteur en chef de l'*Explorateur*.

Secrétaires : MM. Jules Gros, secrétaire de la rédaction à l'*Explorateur*; Paul Boutet, publiciste.

Archiviste : M. le comte Meyners d'Estrey.

Trésorier : M. Paul Mirabaud, banquier.

Scrutateurs : MM. Delagrange, capitaine de frégate, Jules Garnier, ingénieur.

Fixation d'un jour mensuel de réunion. — La Société arrête que ses réunions générales mensuelles auront lieu à partir du dernier vendredi d'octobre, tous les derniers vendredis de chaque mois.

Formation d'une commission pour le règlement. — Sur la demande de M. Gauthiot, on procède à la nomination d'une commission pour étudier un projet de règlement. Cette commission, ayant devant elle la période des vacances, pourra plus aisément se livrer à l'étude de l'ensemble et des détails de ce projet. La Société consultée nomme membres de cette commission, dont font de droit partie M. Meurand comme président, et M. Hertz comme secrétaire général :

MM. Delaire, ancien secrétaire de la Société géologique de France ;

Pigeonneau, professeur d'histoire de géographie au lycée Louis-le-Grand ;

Gauthiot, rédacteur au *Journal des Débats* ;

Jules Gros, secrétaire de la rédaction à l'*Explorateur*;

Le comte Meyners d'Estrey ;

Bazin, professeur de géographie à l'école Turgot et à l'école Colbert ;

Paul Boutet, publiciste.

Sont présentés à la Société, comme membres ordinaires :

MM. Guillory aîné, à Angers, rue Saint-Julien, 48.

E. de Patron, agent fiscal du Pérou, à Nantes, 11, rue Racine.

Dr O'Rorke (de la Société des colons-explorateurs).

Louis Hubert Wallon,   id.

J.-B. Tabel,   id.

Georges Chapel,   id.

Louis-Octave Gamas,   id.

Cornet Bichat, expert comptable, officier de l'instruction publique.

Théodore Lagrange, publiciste, 5, rue Carnot.

Paul Bourde, publiciste, 11, rue de Seine.

Georges Biard, lieutenant de vaisseau, 34, rue Laffitte.

Jonasco, publiciste, chef du bureau postal à Yassy-Gare (Roumanie).

De Saint-Maurice, directeur général d'assurances, 14, rue des Pavillons (Puteaux).

René Tener, artiste peintre, 5, rue Rochechouart.

Bellot, graveur, 37, rue Saint-Marc.

Eugène Cottin, artiste peintre, 195, faubourg Poissonnière.

Marie-François-Charles Doquin de Saint-Preux, banquier, 51, rue de Maubeuge.

William Reymond, ancien professeur à l'Université de Genève, 12, rue Lemercier.

Alban Stuart, ingénieur, 24, galerie Colbert.

Bazin, ingénieur, place Pereire.

Benassit, artiste peintre, rue Turgot.

Rougelet, artiste sculpteur, 41, boulevard Ornano.

Viellard, architecte, 72, rue Blanche.

Michal, publiciste, 5, rue Menessier.

Leblan, architecte, 78, rue de Sèvres.

Le général Robin, 14, rue Beauregard.

M. le comte de Goltstein, 26, rue Bayard.

Edmond Deville, fondé de pouvoirs en banque, 17, rue de Laval.

Pelletier, 20, rue Saint-Pétersbourg.

Georges Mayer, chef de bureau au ministère des Travaux publics, 34, rue des Abbesses.

Léon Cuisinier, artiste peintre, 21, rue Bréda.

Sont présentés comme membres correspondants :

MM. Camille Charvin, commissaire adjoint de la marine, à Cayenne ; Louis Fouché, employé du chemin de fer de Bône à Guelma, à Bône.

La séance est levée à 11 heures.

Jules GROS.

SOCIÉTÉ DE GÉOGRAPHIE DE PARIS

Séance du 19 juillet 1876. — Présidence de M. MALTE-BRUN.

M. Malte-Brun, président, donne connaissance à la société des décisions qui ont été prises par la commission centrale, dans sa dernière séance administrative.

Ouverture d'une souscription nationale en faveur de M. Largeau. — La commission centrale a pris une résolution importante. Elle a décidé, sur la demande de M. Largeau, qu'elle prêterait son concours à ce voyageur qui va tenter de pénétrer dans la région encore inconnue du Ahaggâr. Son fond de voyage étant épuisé, la société fera un chaleureux appel au public français, pour qu'il mette M. Largeau à même d'accomplir dans de bonnes conditions un voyage dont la réussite aurait une importance géographique considérable.

Le Ahaggâr, en effet, massif culminant du Sahara central, occupe une superficie plus étendue que la Suisse, et n'a été visité jusqu'ici par aucun Européen. Habité par les Touareg avec lesquels nous avons tant d'intérêt à nouer des relations pacifiques, le Ahaggâr est le point de partage de trois versants, dont l'un, celui qui regarde notre Algérie, donne naissance à la vallée de l'Igharghar ; un autre versant fait face à l'Atlantique et le troisième enfin est tourné vers la Nigritie.

De belles et riches vallées, disent les renseignements indigènes recueillis par le docteur Barth et M. Henri Duveyrier, des eaux courantes, des sommets où les neiges persistent pendant trois mois, tels sont les caractères principaux de cette sorte de région alpestre vers laquelle M. Largeau va se diriger tout d'abord.

M. Largeau, dans ses précédents voyages à Ghadamès, a fait preuve de qualités qui autorisent l'espoir du succès. Il va, grâce au concours de l'observatoire de Montsouris se mettre à même d'exécuter des observations de latitude et de longitude ; c'est là une des conditions auxquelles la société prêtera son appui. La société ne saurait manquer également au devoir de recommander à M. Largeau la plus grande prudence dans son exploration, de manière à éviter tout conflit qui serait de nature à créer des difficultés soit au gouvernement de l'Algérie, soit à la Société même.

Sous ces réserves, la Société soutiendra activement les courageux efforts de M. Largeau et lui donnera tout l'appui qui dépendra d'elle. Le public français voudra certainement faire pour nos explorateurs les sacrifices éclairés que le public en Angleterre et en Allemagne fait pour les siens.

Prix de géographie décernés aux élèves du concours général. — Une modification a été introduite dans le nombre des prix décernés par la Société aux élèves du concours général des lycées de Paris et des départements. Au lieu d'affecter le crédit de 300 francs à deux prix, l'un pour la classe de rhétorique, l'autre pour celle de mathématiques élémentaires, il sera appliqué à trois prix de cent francs chacun. Le premier sera donné à la classe de rhétorique, le second à la classe de mathématiques élémentaires pour Paris et le troisième à la même classe pour les départements. Cette modification a été faite sur les instances de M. Cortambert.

Projet de chemin de fer dans le nord de l'Afrique. — La commission centrale a entendu le développement du projet de M. Duponchel, ingénieur en chef des ponts et chaussées, sur la *création d'un chemin de fer dans le nord de l'Afrique.* Il a démontré la possibilité de son exécution sous le rapport industriel et sous celui de la construction. Il a terminé en demandant que son projet soit sanctionné par la Société.

CORRESPONDANCE :

Après que le procès-verbal de la dernière séance a été lu par M. Jules Girard secrétaire, la parole est à M. le secrétaire général Maunoir pour la lecture de la correspondance.

Thibet. — *Observations météorologiques.* — M. Desgodins annonce à la société qu'elle a perdu un de ses membres M. N. F. Magnon, avocat, docteur en droit. Il transmet en outre à la Société les observations météorologiques faites par l'abbé Desgodins, à Yerkalo, en décembre 1875 et janvier 1876. Il demande à ce sujet quelques éclaircissements sur l'exactitude des instruments à l'aide desquels l'abbé fait ses observations d'altitude (Renvoi à M. Germain).

Remercîments et divers. — Le prince de Hohenlohe, ambassadeur d'Allemagne et le prince Orloff, ambassadeur de Russie à Paris, remercient la Société de la médaille qu'elle leur a adressée pour leur participation au congrès, et acceptent de faire parvenir les médailles commémoratives destinées à leurs nationaux.

Une lettre du même genre est adressée à la Société par M. le baron Beyeno, ministre de Belgique.

M. Walker annonce qu'espérant retourner au Gabon, il s'efforcera de prêter son concours à la société de géographie et d'aider aux explorations à venir.

Régions polaires. — *Expéditions Nordenskiold.* — M. A Daubrée, de l'Institut, directeur de l'École des Mines, fait savoir que ne pouvant se rendre à la séance de la société, il croit devoir l'informer qu'il a reçu de M. Nordenskiold une lettre datée de Hull (Angleterre), où il s'était arrêté quelques instants à son retour de Philadelphie. Dans cette lettre, datée du 13 de ce mois, M. Nordenskiold dit à M. Daubrée : « Dans quelques heures je partirai pour Trondhjem en Norvége où m'attend un bateau à vapeur avec lequel je continuerai mon voyage au Jenissie, etc. »

Afrique orientale. — *Sources du Nil.* — Nous avons signalé la revendication faite par M. Behm en faveur de Speke, et la demande qu'il adresse aux Sociétés de géographie pour faire déclarer que Speke est bien le *découvreur des sources du Nil.* Nous connaissons d'autre part la modestie du colonel Gordon, qui refuse d'accepter le rôle *d'explorateur* et qui se contente de celui *d'administrateur.* Nous refusons donc d'une part de prendre fait et cause pour la lettre suivante de notre collègue, M. Hayaux du Tilly, tout en reconnaissant l'opportunité et le patriotisme de sa réclamation. L'*Explorateur* doit être une tribune où toutes les revendications peuvent trouver leur place.

M. Hayaux du Tilly écrit au président de la Société la lettre suivante :

« La parole est aux voyageurs, et l'attention du public est suspendue à leurs moindres récits. Si nous suivons avec un vif intérêt les progrès des découvertes, il ne faut pourtant pas que notre satisfaction présente nous induise en erreur, sinon sur les faits eux-mêmes, au moins sur ceux à qui revient le mérite de les avoir signalés les premiers. Il ne faut pas qu'en paraissant avoir oublié les travaux d'hier, surtout quand ils nous appartiennent, nous laissions sans réclamations, attribuer à des étrangers, l'honneur qui revient à nos compatriotes.

Ces réflexions me sont surtout suggérées par une lettre du colonel Gordon, datée de Kerri (Afrique centrale), 21 avril 1876, relative à la récente exploration du lac Albert Nyanza.

Dans cette lettre, le colonel Gordon, dit que Gessi, l'un de ses compagnons, a pu faire avec deux bateaux, le tour du lac en neuf jours ; que ce lac a une longueur de 140 à 150 milles sur une largeur d'environ 50 milles ; et que les tempêtes rendent la navigation dangereuse. Il dit encore qu'à l'extrémité sud, l'eau est peu profonde et qu'il existe une forêt.

La chaîne de montagnes de la côte nord-ouest ne rejoint pas les montagnes de l'est, et il y a entre elles une solution de continuité par où s'échappe le Nil, dans la direction du Nord. A peine sorti du lac Albert, le Nil se divise en deux branches dont l'une, celle de droite se dirige au nord vers Duffli et Gondokoro, tandis que l'autre court au nord-ouest, avec une largeur de près de 200 mètres (200 yards) et un courant très-fort. Cette dernière branche désignée sous le nom de Iaïe et celui de Bahr-Djemit est très-profonde pendant les pluies ; elle va se jeter dans le lac Djeck et est navigable jusqu'à Eliab. Elle se confond avec le Nil précisément à proximité du point où le Bahr-Zaraf s'en détache, et ces deux cours d'eau semblent n'en former qu'un seul, qui traverse le Nil pour venir s'y perdre à nouveau au-dessous du lac Nô. »

« Ces faits sont confirmés par une seconde lettre du colonel Gordon, adressée à M. Rutherford Alcock, président de la Société de géographie de Londres,

« Suivant cette version, les honneurs de cette découverte sembleraient revenir complètement au colonel Gordon.

« Et cependant, dès 1868, les frères Ambroise et Jules Poncet, écrivaient à M. de Chasseloup-Laubat, président de la Société de géographie de Paris :
« que le Iaïe sort du lac Albert (Luta N'zigi), se dirige vers le Nord, pour
« venir, sous le nom de Bahé-Djemit, se jeter incontestablement dans le lac
« Djeck qui s'écoule dans le Nil à travers les roseaux et forme, sur la rive
« droite le Zaraf qui n'en est que la continuation. »

« Dès 1863, le docteur Peney, de son côté avait placé la bifurcation du Nil et du Iaïe au pic de Gmri à l'extrémité des monts Rego, qui courent du sud-est au nord-ouest.

« Quoique dans le champ de la science il y ait place pour tous, et que les travaux de chacun soient pour ainsi dire mis en commun, il importe de laisser à qui de droit le mérite de ses découvertes ; et j'ai considéré comme un devoir de rappeler l'un des titres des frères Poncet, afin de ne pas leur laisser appliquer le terrible *sic vos, non vobis*, qui fausse la vérité au profit des uns et entraîne trop souvent le découragement des autres.

« En 1870, c'est-à-dire il y a six ans, John Manuel, membre de l'Institut d'Égypte a indiqué sur une carte très-détaillée les découvertes faites en 1868 et qui viennent d'être signalées comme nouvelles, par la presse anglaise, qui les attribue au colonel Gordon.

..... « J'ai pensé bien faire en revendiquant pour nos compatriotes les frères Poncet, l'honneur qui leur appartient bien légitimement d'avoir les premiers indiqué une seconde route vers le lac Albert par le Djemit et le Iaïe.

« Dans l'étude sur les premiers explorateurs français que j'ai soumise dernièrement à la Société de géographie (et dont l'*Explorateur* donne une analyse à ses lecteurs), ces faits ont été signalés et je les rappelle afin qu'il en soit pris acte.

« Je devrais borner là ma lettre. Cependant je ne puis résister au désir de présenter quelques observations au sujet d'assertions et d'hypothèses formulées dans la lettre du colonel Gordon.

« 1° Aucune rivière, dit-il, n'entre dans le lac Albert qui n'est pas même à sec pendant les sécheresses.

« Que fait-il donc du Nil qui descend du lac Victoria ?

« Il est impossible d'admettre qu'un lac aussi considérable, entouré de toutes parts de montagnes, qui s'élèvent à plus de 1,000 mètres au-dessus de son niveau, ne reçoive pas des versants qui l'environnent, un volume d'eau très-important. S'il ne s'y rencontre pas de *grandes rivières*, c'est parce que les pentes des montagnes descendent jusqu'au lac, mais en revanche, on doit rencontrer à chaque pas des ruisseaux qui deviennent des torrents dans la saison des pluies (1). On s'explique donc que ce lac ne reçoive qu'un petit nombre d'affluents méritant d'être signalés, par la configuration des montagnes qui forment autour de ses rives une ceinture infranchissable.

« 2° Gordon, se préoccupant du sort de Stanley suppose que du lac Victoria il a passé à l'ouest, a vu l'extrémité du lac Albert, et de là a continué sa route vers une *série de lacs et de marais* qui peuvent exister au sud entre le lac Albert et le Tanganyika.

« Quoique n'ayant pas qualité pour contrôler les hypothèses topographiques du colonel Gordon, je me permettrai d'exprimer un doute sur l'existence des marais supposés, par la raison fort simple que le pays qui sépare les deux lacs Albert et Tanganyika est couvert de montagnes élevées en moyenne de plus de 1,000 mètres au-dessus du niveau des lacs, et dont l'un des pics le mont Fumbrio, est à une altitude de 3,500 mètres.

« Qu'on trouve dans ces plateaux élevés qui s'étendent du nord au sud, sur environ trois degrés, un nombre plus ou moins considérable de petits lacs, c'est vraisemblable ; mais on n'y verra pas de marais. Ceux-ci ne pourraient se rencontrer qu'au Nord, dans la forêt immense qui descend vers le lac Albert, et au midi dans la vallée du Rassizi qui va se jeter dans le Tanganyika.

« Dans une autre direction, le colonel Gordon pense que les altitudes respectives du lac Albert (2,740 pieds ou 835 mètres) et de l'Ouelle (2,707 pieds ou 825 mètres) peuvent faire supposer que cette rivière sort du lac pour se diriger à l'ouest vers Manza.

« Cette hypothèse est peu vraisemblable. En effet, au nord-ouest du lac Albert les montagnes Bleues et les monts Karoli qui font partie du grand massif des montagnes de la Lune, forment au lac une ceinture continue s'élevant à 2,000 mètres et ne paraissant s'abaisser nulle part au niveau du lac pour donner passage à ses eaux dans la direction de l'ouest.

« L'Ouellé, ou rivière Welle sous les noms originaires de Gadda et de Kibali, descend des versants ouest des montagnes Bleues qui forment le lac Albert et sous le nom de Baboura et du Soiré, se dirige au nord-ouest, vers le lac Matouasset, et de là, par le Chari, vers le lac Tchad.

« C'est encore ce que nous apprenaient les frères Poncet en 1868, et c'est ce que n'ont fait que confirmer les dernières explorations du colonel Gordon. Il est juste de dire que les frères Poncet faisaient sortir l'Ouellé ou Baboura du lac Albert directement, quand en réalité cette rivière sort des montagnes qui entourent le lac au nord-ouest.

« 4° Le colonel Gordon espère que la nouvelle route par le Djemit et le Iaïe jusqu'au lac Albert, sera plus facile et moins encombrée d'obstacles que la branche de Gondokoro.

« Sur quoi se fonde cette présomption, quand rien n'autorise à penser qu'il en doive, *ni même qu'il en puisse être ainsi ?*

« En effet, le Iaïe, sortant du lac Albert par le 3e degré de latitude Nord, à une altitude de 2,740 pieds ou 835 mètres, se dirige vers le nord, à travers un pays montagneux et très-accidenté, à peu près parallèlement à la branche principale du Nil et arrive vers le 5e degré, c'est-à-dire à la hauteur de Gondokoro, dans la région des grands marécages où l'altitude n'est plus que de 628 mètres. Ainsi qu'on le voit, par la seconde comme par la première voie, le Nil, sur un parcours à peu près égal, deux degrés ou 200 kilomètres, descend de 207 mètres, c'est-à-dire à raison de plus *d'un mètre* par kilomètre, ce qui constitue une pente très-considérable et très-difficilement praticable pour la navigation. Aussi, à l'encontre des espérances du colonel Gordon, qui a cependant signalé la largeur du fleuve et la rapidité du courant, est-il d'autant plus présumable que le cours du Iaïe est entravé par des cataractes ou rapides, que cette rivière court dans un pays très-accidenté et dont la constitution géologique est à peu près la même sous les mêmes latitudes.

« Quant au Bahr-Djemit, qui coule dans la région des grands marécages, on peut être certain qu'il n'offre pas de cataractes, mais les obstacles peuvent être d'une autre nature et provenir de l'amoncellement des arbres, des plantes et des détritus de toute sorte entraînés péniblement par un courant souvent presque nul.

Amérique septentrionale. Sépultures antiques dans l'île de Vancouver. Par suite à la correspondance, M. de Quatrefages (de l'Institut) com-

---

(1) Dans une communication faite dans la même séance, par M. le baron d'Avril, sur l'exploration de Gessi, sur le lac Albert Nyanza, il est indiqué que loin de constater l'absence de tout cours d'eau se jetant dans ce lac, il y a d'une part à l'ouest une triple chute qui ne tarit pas et au nord un cours d'eau qui ne tarit que pendant les grandes chaleurs.

unique à la Société une note relative à des sépultures des anciens habitants que M. Alph. Pinard vient de découvrir au sud de Vancouver.

« Il existe, dit M. Pinard, sur les côtes sud-est et sud de Vancouver une quantité considérable de *tumuli* construits par les anciens habitants de l'île. Ces tumuli n'ont rien de commun avec les shellmounds, aussi fort nombreux sur cette côte et que j'ai lieu de supposer de date plus récente. On les trouve surtout groupés en grand nombre à environ 5 kilomètres à l'est de Victoria, sur la baie de Chebdoro, au territoire de l'Upland Farm.

« J'avais plusieurs fois entendu parler de ces monuments, mais mes informateurs s'étaient montrés d'avis si différents sur l'usage auquel ils les supposaient destinés, que je résolus d'y pratiquer des fouilles avec l'aide du propriétaire de la ferme, M. James Dears.

« Les dimensions des tumuli varient beaucoup, leur circonférence va de 2 à 15 mètres ; leur hauteur oscille entre 0 m. 50 et 1 m. 75.

« Nous ouvrîmes le premier jour deux des plus petits monticules sans y trouver autre chose que des cendres : le second jour, un des plus grands (circonférence 7 m. 50, hauteur 1 m. 25), nous donna le même résultat. Ce n'est que dans une quatrième sépulture, la plus petite que nous avons fouillée, mais offrant une particularité sur laquelle je reviendrai, que nous avons enfin découvert un crâne et différentes parties de squelette, mais dans un tel état de décomposition, que je crains qu'il ne soit pas possible de les faire parvenir au Museum.

« Je n'ai pas osé débarrasser la tête de la terre qui l'entoure, et je vais la photographier dans son état actuel. C'est une tête d'adulte extrêmement déformée qui rappelle par tout son ensemble les têtes des Cheenouks actuels de Colombia River, celle de Comcomby en particulier, l'un des héros de Washington Irving, et dont j'ai vu un moulage au Museum de Paris.

« Le squelette était replié, les genoux contre le menton, suivant une coutume encore en usage chez certaines tribus de la côte nord-ouest. La face regardait le sud.

« Aucun ornement, aucun instrument, de quelque nature que ce fût, n'accompagnait le mort.

Quant à la sépulture, je prends pour exemple le plus grand des tumuli que nous ayons ouvert. Il se composait d'un réceptacle central contenant les cendres ; (c'était là aussi que gisait le squelette replié dans le quatrième tumulus). Au-dessus des cendres était rapportée de la terre jusqu'au niveau du sol environnant. Une nouvelle couche de cendres, provenant sans doute d'un foyer, était superposée sur cette terre et sur le tout avait été appliquée une énorme dalle. Au-dessus de cette dalle venaient s'appuyer cinq pierres placées de champ et formant tout autour un premier cercle irrégulier.

« Un second cercle, composé de quatorze pierres debout, dans le monument qui me sert d'exemple, circonscrivait le premier, dont il était séparé par une zone légèrement inclinée, formée de pierres et de terre rapportée au-dessus d'une couche de cendres et de charbons dans laquelle on remarquait divers os calcinés. »

M. Pinard avait joint à sa note une figure représentant un de ces monuments de Chebdoro, débarrassé déjà en grande partie de son enveloppe et indiquant que tout cet ensemble architectural est entièrement enfoncé sous une couche meuble plus ou moins épaisse.

M. Pinard termine sa lettre en faisant remarquer que tous les tumuli ne contiennent pas de cercles de pierres, qu'il en est au contraire qui ne sont formés que de fragments de roches amoncelés, et que les naturels qui construisaient ces sépultures ont utilisé, chaque fois qu'ils l'ont pu, les roches en place, dont une des faces devenait un des côtés du polygone encaissant la dalle centrale. C'est dans un monument affectant cette dernière disposition que s'est rencontré le squelette dont il a été question plus haut.

M. de Quatrefages annonce que pour remercier M. Pinard de ces envois il a été nommé correspondant du muséum.

Australie. — La parole est à M. Mac Guire, auquel M. le président a souhaité la bienvenue. M. Mac Guire parle très-difficilement le français ; il arrive d'Australie et signale la présence dans ce nouveau continent d'une faune plus riche que nous n'avons l'habitude de le supposer. Il parle entre autres animaux malfaisants d'un grand nombre de chiens sauvages qui sont un véritable fléau pour les troupeaux des squatters. L'orateur a vu l'année dernière chez un de ses amis, qui possédait plus de 30,000 moutons dans une prairie, 1,000 de ces animaux mis à mort et dévorés par les chiens sauvages. On trouve aussi en Australie des aigles très-dangereux et des crocodiles.

Dans certaines régions, les indigènes sont aussi très-féroces et ont conservé des habitudes de cannibalisme ; dernièrement des Chinois ont été mangés par eux.

M. Mac Guire signale encore en Australie l'exploitation d'un grand nombre de mines de charbon, de fer, de cuivre, d'étain et surtout d'or ; une riche mine nouvelle de ce précieux métal vient encore d'être découverte. Enfin l'orateur termine sa petite allocution en signalant la culture de la canne à sucre introduite en Australie sur une vaste échelle. Dans dix ou vingt ans, assure-t-il, cette culture et la fabrication du sucre formeront une des industries principales de ce riche pays.

Société de géographie de Madrid. — M. le président signale la présence dans l'assemblée de M. le colonel Francesco de Coello, qui a été un des représentants de l'Espagne au Congrès des sciences géographiques de Paris, et qui est un des fondateurs de la Société de géographie de Paris. M. de Coello remercie en forts bons termes la Société de géographie de Paris qui, en lui faisant l'honneur de le nommer membre correspondant, lui a soufflé l'ardeur des études géographiques. Il s'estime heureux d'avoir contribué à la création de la Société de géographie d'Espagne, et il espère que les travaux de ce nouveau corps savant, facilités par les nombreux et précieux documents que renferment les collections et les bibliothèques espagnoles ne seront pas inutiles pour la géographie. Déjà la Société de géographie de Madrid, qui ne compte pas moins de six cents membres, malgré sa création récente, et les événements qui semblaient devoir entraver son essor, s'est occupée de deux graves questions, l'adoption d'un système d'orthographe géographique et l'adoption d'un méridien unique.

Dans la première question l'orateur et la Société de géographie espagnole penchent pour l'emploi sur les cartes de l'orthographe adoptée par la nation qui habite chaque pays, et sur la seconde question, ils sont portés pour l'adoption du méridien de l'île de Fer modifié légèrement en ce qu'on le ferait passer exactement à 20° 30' de celui de Paris.

M. le président remercie et félicite vivement M. de Coello sur ses travaux, et fait remarquer que c'est grâce à son activité et à son grand savoir, qu'on doit les premières cartes d'Espagne qui aient été publiées. Quant à la Société de géographie de Madrid, M. Malte-Brun n'hésite pas à penser qu'elle est destinée à rendre de grands services à la science, et surtout à la géographie historique de l'Amérique.

Des applaudissements unanimes accueillent les communications de MM. Mac Guire et de Coello.

Une nouvelle exploration dans l'Asie centrale. — M. Ujfalvy annonce à la Société qu'il vient d'être chargé par M. le Ministre de l'instruction publique d'une mission scientifique ayant pour but des études etnographiques, linguistiques et historiques dans la Russie et dans l'Asie centrale. M. Ujfalvy se propose de partir les premiers jours d'août pour Saint-Pétersbourg. De là il ira à Moscou, à Nijni-Novogorod, à Kazan, à Orembourg, et jusqu'à Irkousk, près du lac Baïkal.

Il a formé aussi le projet de descendre le Volga, depuis Nijni-Novogorod jusqu'à la mer Caspienne, puis de tâcher de pénétrer avec l'autorisation du gouvernement impérial, dans le Turkestan russe et dans le Kunat de Khokand. Il désire ensuite pénétrer à Kachgar, et enfin de revenir par la Sibérie méridionale.

Chotts algériens et mer intérieure du Sahara. — M. Delesse, ingénieur en chef des mines, vient au nom de M. Lechatelier, ingénieur des mines qui, on se le rappelle, avait été chargé par M. le Ministre des travaux publics d'accompagner M. le capitaine Roudaire, dans sa première expédition pour niveler les Chotts algériens et étudier la possibilité de créer une mer intérieure dans le Sahara.

M. Lechatelier a étudié la question, fort controversée, de savoir s'il a déjà existé, dans les temps historiques, une mer intérieure dans l'emplacement qu'occupent aujourd'hui les dépressions de terrain qu'on appelle *Chotts*. Il conteste formellement cette hypothèse, et M. Delesse dit qu'il penche complètement vers cette opinion, sans pourtant en rien conclure de défavorable au projet si bien et si consciencieusement étudié par M. le capitaine Roudaire.

En effet, dit M. Delesse, si on admet cette existence d'une mer intérieure à une époque relativement peu éloignée, c'est d'abord en raison de la dépression du sol qui se trouve fort au-dessous du niveau de la mer et ensuite parce que la surface de ces chotts est recouverte d'une couche de sels. Mais la présence du sel sur un sol ne saurait indiquer l'existence d'une mer ancienne, on en trouve non seulement dans les terrains situés au-dessous du niveau de la mer, mais on en rencontre à toutes les hauteurs.

M. Lechatelier a étudié la composition chimique des substances salines, trouvées dans les chotts, et il a constaté que rien ne justifie l'hypothèse qu'ils sont le résultat d'un dépôt d'une ancienne mer. Leur composition est très variable et souvent on y rencontre plus de sulfate de soude que de chlorure de sodium.

Si pour démontrer l'existence d'une ancienne mer on a recours aux preuves historiques les documents restés à ce sujet sont peu nombreux et peu explicites. Les faits indiqués sont même si vagues qu'on peut aussi bien les appliquer à une baie très-limitée, mise à sec par suite d'ensablement.

M. H. Lechatelier s'est occupé également de l'étude minéralogique des terrains qu'il a rencontrés dans son itinéraire, ils se divisent en dépôts d'alluvion, en sables et chotts proprement dits. Or, on ne trouve nulle part, d'après M. Lechatelier, de débris d'êtres organisés, autres que des bois en décomposition ; mais on n'y rencontre ni fossiles ni animaux marins établissant à une époque quelconque l'existence en ces lieux d'une mer. On sait en effet combien sont abondants les mollusques le long des rivages ; or, on ne trouve dans cette région qu'un seul mollusque bivalve qui ne vit pas dans la mer mais qu'on ne rencontre que dans les lacs d'eau saumâtre.

M. de Quatrefages fait observer que les remarques faites au nom de M. Lechatelier n'ont eu lieu que pendant la première expédition de M. le capitaine Roudaire, c'est-à-dire seulement sur les chotts algériens. Les résultats nouveaux constatés à l'emplacement des chotts Tunisiens permettent d'envisager la question d'une façon moins vague. L'absence de mollusques fossiles nombreux ne semble en rien concluante dans cette circonstance. Il est en effet probable, et les dernières études faites par M. Roudaire en donnent la preuve presque certaine, que la mer intérieure communiquait à la Méditerranée par un étroit goulet. Ses eaux se renouvelaient en grande partie au moyen de cours d'eau douce aujourd'hui disparus et parmi lesquels figurait sans doute le fameux Igharghar découvert par M. Duveyrier et parcouru par M. Largeau. On sait que le mélange d'eau douce avec l'eau de mer est fort peu favorable au développement des animaux marins et des mollusques en particulier. Ce fait est observé dans plusieurs mers intérieures dont les eaux sont alimentées par des fleuves.

Enfin nous ferons observer personnellement que d'après la description des chotts tunisiens faite par M. le capitaine Roudaire, les eaux de l'ancienne mer sont recouvertes par une couche de sable et que c'est en dessous de cette couche et non à sa surface qu'il conviendrait de chercher les débris fossiles qui représentent la faune de cette mer.

Afrique Centrale. — *Le lac Albert Nyanza.* M. le Baron d'Avril donne lecture d'une communication fort intéressante concernant la récente expédition de Gessi sur le lac Albert Nyanza dont il a fait le tour en neuf jours. L'importance de ce document et l'intérêt tout particulier qui s'attache aux découvertes et aux constatations récentes faites dans cette région de l'Afrique, nous engagent à faire de cette communication un extrait dont les dimensions allongeraient outre mesure ce compte rendu et qui constituera un article à part. JULES GROS.

SOCIÉTÉ ITALIENNE DE GÉOGRAPHIE.

Les Italiens en Amérique. — Le 8 courant a eu lieu une séance extraordinaire, dans laquelle M. Corte, ancien consul à Montevideo, a fait la proposition d'organiser une excursion scientifique et commerciale sur les bords du Rio de la Plata, ainsi qu'une expédition géographique dans la Patagonie.

M. Corte, pendant qu'il exerçait ses fonctions consulaires, a été à même d'observer la situation des colonies italiennes en Amérique; il en a étudié les besoins, et cherché les moyens d'y satisfaire. Au lieu de maudire, comme bien d'autres l'ont fait, un pays qui a donné du pain et des richesses à toute l'Europe et qu'on dit aujourd'hui épuisé, stérile, plein de déceptions et de misères, il a approfondi davantage les causes de ce changement d'opinion, et il les a trouvées non pas dans la réalité du mal, mais dans l'ignorance de ceux qui ont la prétention de l'accuser. Limitant ses recherches au Rio de la Plata et à la Patagonie, il a démontré que la première de ces contrées, la plus fréquentée par les Émigrants italiens, est assez peu connue, et encore plus mal appréciée; et que la seconde est tout à fait méconnue; ou moins connue certainement qu'elle ne l'était autrefois.

A ce propos, il a rappelé, dans une revue rapide, tous les voyageurs qui ont fait des découvertes dans ces deux vastes régions, tous les auteurs qui en ont écrit des descriptions. Il a ensuite fait voir que, malgré les efforts tentés par la science en général et la géographie en particulier, il reste encore beaucoup à découvrir, beaucoup de découvertes à éclaircir, bien des préjugés à détruire en ce qui regarde l'estuaire de la Plata; et tout cela est encore à faire par rapport à la Patagonie. Il a en conséquence fait ressortir l'opportunité d'une excursion scientifique et commerciale dans cet immense bassin, et l'opportunité, plus grande encore peut-être, d'une expédition géographique dans la Patagonie.

Il a tracé en homme pratique le plan de ces explorations; et, tenant compte de la règle des moindres moyens qu'on doit prendre pour guide dans toutes les entreprises, il a indiqué parmi les membres de la Société de géographie un grand nombre de personnages italiens très-distingués, demeurant à Montevideo et à Buenos-Ayres, qui certainement ne refuseraient pas leur appui pour atteindre ce noble but. Il a dressé approximativement l'état des dépenses que pourrait occasionner l'expédition de la Patagonie, et il a prouvé qu'elles ne pourront dépasser 60,000 francs tout compris.

Enfin il a exprimé la confiance que le bon accueil et le concours efficace des Italiens qui vivent en Amérique et du gouvernement Italien ne manqueront pas à son projet; et, comme tout bon conseil doit se recommander par l'exemple. M. Corte a déclaré ouvrir lui-même la souscription en s'inscrivant pour la somme de 300 francs.

INFORMATIONS

La mort du docteur Petermann. — Sur la foi de journaux américains, un de nos collaborateurs a annoncé la mort du célèbre rédacteur des *Mittheilungen.*

Nous apprenons avec plaisir que la science géographique n'a pas à déplorer la perte d'un des plus éminents, sinon du plus éminent, de ses représentants. L'explorateur allemand, M. Gerhard Rohlfs et notre collaborateur M. Habenicht, de l'Institut de Gotha, nous écrivent pour démentir cette nouvelle.

M. le docteur Petermann, actuellement en Amérique, doit revenir vers le mois de septembre à Gotha pour reprendre sa collaboration aux *Mittheilungen.* — C. H.

Etats-Unis. — *Le Cap Sandy-Hook.* — Dans un article publié par l'*Explorateur* (vol. IV, p. 32), notre collaborateur, M. Denizet, se demande quel est ce cap *Sandy-Hook* où ont été plus particulièrement étudiées les allures du Gulf-Stream. M. Gerhard Rohlfs nous fait remarquer que ce cap forme la pointe sud du port de New-York. — C. H.

Congrès de droit international. — Le 25 septembre prochain doit avoir lieu à Brême la troisième session du Congrès international pour la réforme et la codification du droit des gens, qui a tenu sa première session à Bruxelles en 1874 et sa seconde à La Haye en 1875.

A l'ordre du jour de cette troisième session sont plusieurs questions qui intéressent directement le commerce en général et plus particulièrement le commerce maritime, notamment l'établissement des tribunaux maritimes internationaux; les contrats maritimes; les cas de grosse avarie; les collisions en mer; les prises maritimes en temps de guerre; une loi internationale concernant les lettres de change et les valeurs au porteur; les jugements rendus en pays étrangers; une loi criminelle internationale; la législation des contrefaçons.

France. — *L'industrie des cotons et le régime douanier.* — Le conseil supérieur du commerce, de l'agriculture et de l'industrie s'est occupé, dans une de ses dernières séances, et sous la présidence de M. Teisserenc de Bort, de l'établissement du tarif général des douanes, relativement aux produits manufacturés dérivés du coton.

La commission des textiles, composée de MM. Sieber, Feray, Guillemin, Grée, Mallet, Cordier, Galline, Fernand Raoul-Duval, Sévène, Johnston, Constant Flévet, André, Balsan, Antonin Lefèvre-Pontalis et Gouin, a d'abord constaté que l'industrie cotonière n'avait pas cessé de mettre en œuvre, en France, des quantités de matières premières croissantes, qu'en même temps les importations, grandissant de jour en jour, étaient une source importante de revenus pour le Trésor, qu'elles complétaient ce que la production nationale ne suffisait pas à fournir à la consommation et empêchaient le prix des objets fabriqués avec le coton en France de dépasser d'une quantité exagérée le prix des denrées similaires à l'étranger, en conséquence, elle avait pensé que le tarif actuel conventionnel devait devenir le tarif général.

M. Fernand Raoul-Duval, rapporteur de la commission des textiles, a exposé au conseil supérieur du commerce que, s'il adoptait ces conclusions, l'esprit général de notre régime douanier dans l'avenir serait suffisamment caractérisé pour qu'en ce qui concerne les produits dérivés du coton, il n'y eût pas nécessité de consentir par voie de traités de commerce, sauf sur les points peu nombreux que des négociations contradictoires pourraient signaler, à des abaissements immédiats bien sensibles.

Il a ajouté que la majorité de la commission croyait désirable que les améliorations générales à apporter au régime de nos industries permissent un jour une réduction proportionnelle qui, par degrés et à des intervalles suffisants, ramènerait les droits à des quotités vraiment fiscales et de nature, par conséquent, à contribuer plus encore qu'à présent aux recettes de l'État.

Après une vive et intéressante discussion, le conseil supérieur a voté qu'en ce qui concerne l'industrie du coton, le tarif général serait basé sur le tarif conventionnel actuellement en vigueur, *augmenté d'un décime.*

Nous espérons que cette augmentation semblera suffisante pour donner satisfaction aux revendications incessantes de nos industriels cotonniers, et que le gouvernement tiendra également compte de l'intérêt des consommateurs dans son projet de nouveaux tarifs.

Protection des marques de fabrique. — Un décret en date du 19 juillet approuve une déclaration entre la France et l'Espagne relative à la garantie réciproque de la propriété des marques de fabrique et de commerce. Voici les principales dispositions de ce décret.

« Art. 1er. — Toute reproduction dans l'un des deux Etats des marques de fabrique et de commerce apposées dans l'autre sur les marchandises, pour constater leur origine et leur qualité, de même que toute mise en vente ou en circulation de produits revêtus de marques de fabrique ou de commerce, françaises ou espagnoles, contrefaites dans un pays étranger, seront interdites sur le territoire de l'un et de l'autre Etat et passibles des peines édictées par les lois respectives.

« Les opérations illicites indiquées dans le présent article pourront donner lieu, devant les tribunaux et selon les lois du pays où elles auront été constatées, à une action en dommages-intérêts, valablement exercée, par la partie lésée, envers ceux qui s'en seront rendus coupables.

« Art. 2. Les nationaux de l'un des deux Etats qui voudront s'assurer dans l'autre Etat la propriété de leurs marques de fabrique ou de commerce, sont tenus de remplir les formalités exigées par les lois et règlements de l'Etat qui doit accorder la garantie, à l'effet de constater que les marques ont été légitimement acquises, conformément à la législation de l'autre Etat, aux industriels et négociants qui en usent. »

L'Exposition des appareils scientifiques du Musée de South-Kensington à Londres. — Le directeur du « South-Kensington museum » eut l'idée de réunir, dans une exposition, tous les objets devenus la base de la science qui servent de points de repère aux grandes découvertes modernes. C'est l'histoire de la science par les instruments empruntés à toutes les collections d'Europe où ils étaient conservés avec un soin religieux. On y voit des spécimens chronographiques des sciences mécaniques, de la physique, des sciences naturelles appartenant aux diverses collections publiques et particulières.

On voit au premier rang des appareils concernant les grandes inventions modernes, les locomotives construites par Stephenson « Rockett » et « Puffing-Billy » prêtées par les ateliers de Crewe, où elles étaient conservées depuis quarante ans. En comparant ces modèles primitifs avec les locomotives perfectionnées de nos chemins de fer actuels, on ne peut s'empêcher de rendre un témoignage de vénération au génie créateur dont l'invention a révolutionné la surface du monde. A côté, nous trouvons : la machine originale du premier bateau à vapeur, « la Comète, » construite en 1812 ; le premier cylindre à vapeur de Denis Papin, fondu en 1699, prêté par le musée de Cassel ; les modèles de machines à vapeur, exécutés par James Watt, laissés tels qu'ils ont été trouvés à la mort du célèbre inventeur de la machine à vapeur, et ensuite, la première pompe à incendie, construite en bois en 1721, où l'on eut l'idée de combiner la pression de l'air au moyen du jeu des soupapes dans deux cylindres.

La série des machines historiques a été complétée par les envois du Conservatoire des Arts et Métiers de Paris, qui a dépouillé momentanément des galeries pour faire figurer dans le *loan collection*, plusieurs instruments inventés en France, tels que la locomotive routière de Cugnot, la première machine marine pour les navires de l'Etat, et d'autres ayant leurs titres de noblesse dans l'histoire de la mécanique. Le dépôt des phares français a envoyé le modèle du phare lenticulaire à échelon, exécuté par Fresnel en 1729, en y joignant la première lentille de grande dimension ; ce spécimen rétrospectif de l'art de couler le verre, est rempli de bulles, défectuosité que maintenant on sait éviter. Les phares de Fresnel subsistent encore dans l'intégrité de leur principe ; ils n'ont reçu que des perfectionnements de détails, rendus faciles avec les progrès de l'outillage.

La collection des modèles de navires occupe une large place dans l'Exposition ; elle comprend tous les types si variés de la marine militaire, depuis les trente dernières années, depuis le « Warrier » jusqu'aux navires à tourelles ; réformes précipitées dans la construction navale dont la valeur est encore mise en doute ; on y voit, à côté de ces redoutables engins destructeurs, aux formes diverses et bizarres, de jolis modèles de navires de commerce : bateaux à vapeur pourvus de tous les perfectionnements modernes ; clippers de toute nature à la mâture élégante ; yachts aux contours gracieux ; bateaux spéciaux pour travaux de différents genres.

L'*United service museum* a prêté ses modèles les plus curieux comme histoire de l'art naval chez tous les peuples, et les constructeurs de navires y ont joint les plus intéressants types qu'il ont créés dans ces dernières années.

L'attrait particulier de cette exposition réside dans les instruments prototypes dus aux grands inventeurs : une modeste vitrine renferme au-dessous du buste de Galilée, les instruments du célèbre physicien, prêté par la *Reale Instituto* de Florence : un aimant pesant six onces soutenant un poids de dix livres ; un microscope appelé *Occhialino*, dont les lentilles ont disparu, inventé par Galilée en 1596 ; un thermomètre à air et deux télescopes recouverts de peau.

Les débuts de l'astronomie sont représentés par les instruments élémen-

taires avec lesquels les astronomes du siècle dernier ont fait de nombreuses découvertes, qui ont servi de base aux travaux de leurs successeurs : le télescope de dix pieds, construit par Herschell en 1812, avec lequel, dit-on il a découvert la planète Uranus ; la lunette à réfraction de Van-Deyl, d'Amsterdam (1721) ; un vieil équatorial de la Société théologique du Yorkshire ; terdam (1721) ; un vieil équatorial de la Société théologique du Yorkshire ; un modèle des installations du télescope de six pieds, de Rosse, avec les constructions en maçonnerie supportant cet immense appareil ; les télescopes de Torricelli, de Campani, de Divini ; les anciens astrolabes et théodolites en usage à la fin du XVIIIe siècle ; cette époque a été caractérisée par un élan vers le perfectionnement du matériel des sciences exactes ; ce qui a contribué à l'extension de toutes les connaissances relatives à l'étude de la terre. Aussitôt après parurent les essais de physique expérimentale ; nous retrouvons à South-Kensington : l'hygromètre de Saussure avec huit cheveux ; celui de Richer, de Paris, employé par Renalds, à Ken, en 1843 ; un hygromètre formé de rondelles de papier placées sur une tige où elles faisaient contrepoids et communiquaient les indications à l'aide d'une aiguille. La collection des appareils de Faraday est un témoignage du talent de mécanicien, où le célèbre physicien anglais excellait pour traduire sa pensée avec une grande simplicité matérielle ; celui qui attire plus l'attention est sa machine électrique. Une série d'une quarantaine de modèles de toutes les lampes de mines du système Davy, en usage dans les mines anglaises, est un témoignage des perfectionnements apportés à l'idée du principe de la construction.

Le musée de South-Kensington possède un fond de collections permanentes, exposées perpétuellement pour l'instruction élémentaire du public ; parmi celles-ci, le matériel d'enseignement de la géographie est assez complet : modèles de plans-reliefs avec courbes de niveau ; cartes cosmographiques, cartes générales, parmi lesquelles nous avons remarqué la carte des Gaules, publiée par la maison L. Hachette et Cie ; un grand plan-relief de Londres, de six mètres de côté, exécuté par Fowles, et une quantité de mappemondes des différents systèmes.

Le *Palestine, Exploration Fund* a rempli une salle entière des travaux qu'elle accomplit avec tant de persévérance dans les localités bibliques : ils comprennent de belles photographies des monuments mis à jour par les fouilles ; des poteries découvertes dans ces excavations, où elles étaient ensevelies depuis dix-huit cents ans ; d es plans-reliefs, tels que ceux de Jérusalem, avec indication des découvertes, du Sinaï avec le Serbal et le grand plan-relief de Jérusalem, exécuté par l'*ordonnance Survey*, avec des courbes espacées de 10 pieds.

Envisagée dans son ensemble, la *loan collection* offre un véritable attrait pour la comparaison entre la science ancienne et moderne ; l'idée de réunir tous les objets curieux est fort appréciée en Angleterre où le mouvement scientifique pénètre plus profondément dans toutes les classes de la société. Elle est de plus une excellente indication servant à l'émulation internationale.

Jules GIRARD.

Allemagne. — *Berlin port de mer.* — La commission d'ingénieurs chargée d'étudier la régularisation de la voie navigable de Berlin à la mer, évalue à douze millions de francs au moins les frais qu'entraîneront les travaux. Il faudra régulariser et consolider les rivages de la Sprée à l'intérieur et en dehors de Berlin. Ils ne sont pas étendus et les ouvrages dont ils sont munis sont sans aucune importance et hors de proportion avec les bâtiments de grand tonnage que l'on songe à faire venir directement de la mer Baltique au sein de la capitale de l'empire allemand.

On n'évalue pas à moins de quarante mille le nombre des bâtiments qui entreraient ou sortiraient et transporteraient cinq cents millions de tonnes de marchandises. Les travaux d'assainissement des bords de la Sprée, qui traverse, comme on sait, même à Berlin, des terrains marécageux, coûteront des sommes considérables. On devra creuser le lit du fleuve à une profondeur assez considérable pour en abaisser le niveau et faire disparaître les cloaques infects qui existent aux abords de la Sprée et dans les rues avoisinantes. Le canal de Landwehr devra être élargi et encaissé entre des murailles perpendiculaires et d'une grande solidité. Il sera indispensable de créer un chemin de halage et de creuser un canal dans les prairies de Rixdorf jusqu'à la Sprée supérieure. Trois grands ports devront être établis, l'un sur la Sprée supérieure, le second sur le nouveau canal récemment ouvert entre le canal de Grandau et la Sprée inférieure, et le dernier sur le nouveau canal qui mène du canal de Landwehr à Potsdam.

T. L.

Autriche. — *Voyage autour du monde de la corvette Friedrich.* — La corvette autrichienne *Friedrich* est récemment revenue d'un long voyage d'exploration autour du monde, ainsi que nous l'avons déjà annoncé. Elle était partie de Pola le 16 mai 1874 avec une permission d'absence de deux années et elle a parcouru pendant cet intervalle 48,000 milles marins et a fait l'un des voyages les plus intéressants. A son départ de Pola, elle s'est rendue par le canal de Suez à Aden et le 5 juillet elle arrivait à la Pointe-de-Galles dans l'île Ceylan. De la Pointe-de-Galles, où elle est restée quelques jours afin d'attendre la saison la plus favorable pour se rendre au Japon, elle s'est dirigée vers Singapoure où elle a jeté l'ancre le 22 juillet. Il lui a fallu 13 jours pour atteindre Hong-Kong. Elle se trouvait à Changhaï le 8 septembre, après avoir passé à Amoy. Le 28 septembre, la corvette *Friedrich* se mettait de nouveau en route et après seize jours d'une navigation pénible contre le vent, elle touchait Hiogo et jetait l'ancre le 9 novembre dans le port de Yokohama. Elle a observé le passage de Vénus et a été favorisée par un temps magnifique. Cette observation faisait partie du programme, et afin d'arriver à Yokohama en temps utile pour l'installation des appareils, on avait dû précipiter la marche du bâtiment. La corvette *Friedrich* quitta le 18 décembre les côtes du Japon. Elle était de retour à Hong-Kong le 3 janvier 1875 où elle reçut quelques réparations indispensables. M. de Schaffer, ministre résident de l'empire d'Autriche dans l'Asie orientale monta à bord de la *Friedrich* dans le but de se rendre à Siam où il avait des lettres de créances à remettre au roi Norodon. La corvette *Friedrich* se dirigea ensuite sur Manille et arriva le 18 février à Bangkok. Elle en partit le 2 mars et le 13 du même mois elle se trouvait de nouveau à Singapoure.

Elle fit dans l'archipel malais la partie la plus difficile de son voyage, parce que les cartes et les renseignements géographiques font presque complétement défaut sur cette partie de l'Orient. Elle a recueilli sous ce rapport des notes précieuses pour la science géographique. Elle a visité ensuite Batavia et Sourabaya dans l'île de Java.

Elle a parcouru le détroit de Macassar, la mer de Célèbes, le long des côtes de Bornéo.

Lorsqu'elle a quitté ce port le 17 avril 1875, elle a rencontré jusqu'au 6 juin toutes sortes de difficultés. Elle n'avançait que très-lentement et qu'avec la plus grande attention dans des eaux peu connues ou sur lesquelles les cartes anglaises ne fournissaient que des indications très-insuffisantes.

Elle a passé dans un grand nombre d'écueils sans en éprouver aucun accident. A son arrivée à la petite île Labouan, où se trouve une colonie anglaise, au nord de Bornéo, le gouverneur de cette île voulait à peine croire qu'un si grand bâtiment eût fait si près des côtes le tour de Bornéo.

De Sourabaya, la corvette *Friedrich* s'est dirigée vers la pointe sud de l'île de Bornéo sur laquelle on ne possède que des connaissances très-imparfaites. Le 28 avril elle se trouvait à quelques milles du rocher Bira-Birakan, elle a ensuite longé le détroit de Macassar. Il a fallu constamment avoir recours à la sonde et exercer la surveillance la plus active. Dans maints endroits, la barque du steamer allait à l'avant absolument comme un guide. Le bâtiment autrichien atteignit ainsi l'embouchure du Passir que des barques remontèrent à une faible distance pour le reconnaître.

C'est au milieu du fleuve que se trouve le village de Badjie construit sur pilotis et habité par les Boudji. Ce village ressemble à ceux des îles Philippines et à ceux de l'Europe dans les temps préhistoriques. Le manque de temps ne permit pas au commandant autrichien de remonter jusqu'au village principal des Boudji connu sous le nom de Passir. Du 30 avril au 3 mai, elle doubla le cap Ranjong et la montagne de Célèbes, haute de 7,000 pieds. Le capitaine remonta jusqu'au fleuve Sibokou dans le but d'explorer cette partie de la côte qui est fort peu connue. Il en fait une esquisse rapide et donna à la baie qui est parfaitement à l'abri du vent entre les rivages, le nom de Friedrichshafen. Une barque, qui avait été envoyée sur la côte pour faire du bois, fut tout à coup attaquée par des indigènes armés et montés dans des canots. Un combat s'engagea entre les matelots et les barbares ; mais l'un de ceux qui avaient été chargés de garder les canots fut tué par le premiers coups de feu. Les barbares, qui paraissaient appartenir aux Malais de l'île Tawi-Tawi, battirent en retraite après avoir perdu un grand nombre des leurs. On attribue cette attaque inopinée à la méprise des Malais qui avaient considéré le drapeau de la corvette comme étant celui d'un bâtiment espagnol. Les Espagnols sont en effet détestés sur ces côtes, comme on peut s'en convaincre facilement à Sandakan. La corvette *Friedrich* se mit en route le 11 mai pour la mer des Célèbes, traversa le passage de Siboutou, entre Siboutou et Tawi-Tawi, doubla le cap Bengaloa et entra dans la mer de Soulou enfermée entre Bornéo, Palavan, les Philippines et les îles Soulou. Elle jeta l'ancre dans la baie de Sandakan où elle remarqua un village sur pilotis, presque toujours occupé à repousser les actes d'hostilité des Dayaks. Sandakan entretient des relations très-actives avec les îles Soulou dont les habitants, au nombre de 150,000, forment une belle race d'hommes.

Le 17 mai, la corvette quitta Sandakan et arriva par un labyrinthe de bancs de corail et de récifs, entre les îles Malawallé à la baie déserte de Malloudou, à l'embouchure marécageuse d'un fleuve. Le 23 mai, elle était à Victoria de l'île Labouan, et le 10 juin, elle touchait à Singapoure, après avoir fait voile le long des côtes ouest de Bornéo jusqu'au cap Api. Elle a fait en tout 1,400 milles le long des côtes de Bornéo et a recueilli, pendant ce voyage, de nombreuses observations.

La corvette resta à Singapoure jusqu'au 6 juillet ; le 17, elle était à Hong-kong et le 7 août à Yokohama. Elle a effectué son retour par le cap Horn. Il lui a fallu trente-sept jours pour traverser l'océan Pacifique. Le 4 octobre, elle jetait l'ancre dans la rade de San Francisco en Californie. Après un séjour de quatre semaines, consacré à des excursions dans l'intérieur de l'île, elle se mit en route pour Valparaiso où elle arriva le 20 décembre après une navigation de soixante jours. Le 16 janvier, elle leva de nouveau l'ancre et arriva le 7 février au détroit de Magellan qu'elle franchit en six jours. Elle jeta l'ancre à Montevideo le 25 février et se dirigea ensuite sur Gibraltar. Le voyage fut retardé par des vents contraires qui soufflaient continuellement, et après une navigation à la voile de soixante-dix-sept jours, qui ne fut interrompue que par un arrêt de trente-six heures, à Punto-Delgado, aux Açores, elle arriva le 3 juin à Gibraltar. Elle y trouva l'ordre de se rendre, à la vapeur, à Pola. Elle se remit en route le 7 juin, ne toucha qu'Alger et Palerme pour se procurer du charbon.

Elle était de retour à Pola le 21 juin. Pendant ce long voyage, la corvette *Friedrich* n'a éprouvé aucune avarie.　　　　T. L.

Finlande. — *L'Exposition des arts et de l'agriculture.* — Le *Dagbladet* nous donne quelques détails sur l'Exposition des arts et de l'agriculture qui a été inaugurée le 1er juillet à Helsingfors (Finlande).

Les objets admis à cette Exposition sont les produits naturels manufacturés du pays. Les bâtiments sont entièrement construits en bois ; ils couvrent une superficie de 60.000 pieds carrés. Les terrains environnants ont été disposés en promenades, cafés-concerts, théâtres. Du 30 août au 5 septembre, un Congrès agricole se tiendra près de l'Exposition générale, qui sera close le 16 septembre.

Le comte Adlerberg, gouverneur général de la Finlande, et le sénateur de Born, président du comité, ont prononcé un discours le jour de l'inauguration. Des chœurs ont ensuite entonné le *Vart-Land*, au bruit des canons et des vivats de la foule.

Pôle Nord. — *Une nouvelle expédition arctique.* — Le *Standard* apprend que le gouvernement prussien vient de proposer au gouvernement britannique une entente commune afin d'organiser, avec des navires appartenant aux deux nations, une nouvelle expédition au pôle Nord.

Algérie. — *Enquête sur la phthisie pulmonaire.* — *Acclimatement de l'Européen.* — Le N° 19 du *Journal d'hygiène* publié sous la haute et intelligente direction de M. le docteur Pietra Santa, contient les intéressantes conclusions communiquées à l'Académie de médecine, dans sa séance du 14 juin dernier, sur deux questions qui intéressent au plus haut degré la prospérité et l'avenir de l'Algérie.

Nous les reproduisons sans commentaires.

Phthisie pulmonaire. — La Société de climatologie d'Alger avait bien voulu nous déléguer pour rendre compte à l'Académie de médecine de l'enquête officielle entreprise par son initiative, et d'après ses instructions, sur la phthisie pulmonaire en Algérie.

D'après le savant rapport du docteur Feuillet :

1° Le nombre des décès par phthisie est beaucoup plus faible en Algérie qu'en Europe.

2° Le climat du littoral algérien, qui réunit les avantages de tonicité maritime et ceux des effluves paludéennes de la plaine, jouit parmi les phthisiographes d'un grand crédit pour le traitement des diverses tuberculoses.'

La phthisie est rare chez l'indigène.

3° La phthisie, même au degré de ramollissement, peut guérir ou présenter avec un état d'amélioration satisfaisante, des cas de remarquable longévité.

Les réserves que nous avons présentées, à propos de ces conclusions, se déduisent des conclusions divergentes, sur quelques points, que nous avons énumérées dans notre Rapport officiel de 1862, sur le climat d'Alger.

Acclimatement en Algérie. — Comme je l'avais démontré dès 1861, comme les études et les recherches nouvelles l'ont constaté d'une manière scientifique, il est permis de formuler les conclusions suivantes :

1° L'acclimatement de l'Européen en Algérie est un fait réel, incontestable.

2° Cet acclimatement se fera dans des conditions d'autant plus favorables, que l'immigré et le colon voudront s'astreindre aux règles salutaires édictées par l'hygiène privée et l'hygiène publique.

3° Les idées de fusion de sang français et de sang arabe, les velléités d'empire arabe, ne sont que de malheureuses utopies.

4° Les seuls croisements à favoriser, parce qu'ils sont plus faciles, plus immédiats, plus susceptibles de fournir, dans un avenir prochain, une race française acclimatée, sont ceux qui auront pour facteurs des rameaux de la race latine du bassin méditerranéen, et plus spécialement des Provençaux, des Corses, des Languedociens.

5° Ainsi constituée, cette race franco-algérienne, fille de la France, sœur des autres puissances latines, leur donnera la main, formera un faisceau complet et deviendra le meilleur boulevard contre les envahissements du flot montant du Germanisme.

Maroc. — Nous avons signalé l'autre jour que le gouvernement marocain a pris des mesures pour empêcher l'embourbement de ses ports; mais là, paraît-il, ne doivent pas se borner les réformes dans cette voie.

La plupart des ports du Maroc sont dangereux et sans abri ; on doit aviser aux moyens d'en améliorer à la fois la sûreté et l'accessibilité, de manière qu'ils puissent être utilement fréquentés par la marine européenne. On annonce aussi que le système douanier doit être réformé.

Les explorations au Gabon. — Monsieur le Rédacteur en chef. — Je regrette la nécessité dans laquelle je me vois d'abuser encore de votre publicité ; mais il est de mon devoir de me mettre en règle non-seulement avec M. de Compiègne, mais aussi avec vos lecteurs. Je serai aussi bref que possible, et je ne vous importunerai plus du même sujet.

M. de Compiègne est complétement dans l'erreur, lorsqu'il m'attribue le compte rendu de son premier volume paru dans l'*Athenæum* : non-seulement je n'étais pas l'auteur de l'article en question, mais encore j'en ignorais l'existence avant qu'il eût été publié en son temps ; si M. de Compiègne doute de ma parole, je le renvoie à l'éditeur de l'*Athenæum*, qui lui confirmera ce que je dis et qui pourra en même temps lui assurer que les seules notes fournies par moi à l'*Athenæum* sur son ouvrage consistent dans la lettre de peu d'étendue qui a paru dans ce journal (si ma mémoire ne me trompe pas) le 11 décembre 1875, et qui portait ma signature.

Je puis en outre assurer à M. de Compiègne que tout ce que j'ai pu publier relativement à ses deux volumes, dans l'*Athenæum*, le *Geographical Magazine*, le *Journal of the Society of arts* ou dans l'*Explorateur* n'a pas paru sous le couvert de l'anonyme ; mais, dans chaque cas, mon identité d'écrivain a été pleinement établie. M. de Compiègne verra aussi que si, comme il le suppose, je l'ai poursuivi avec acharnement, ç'a été toujours ouvertement.

Il peut être intéressant pour M. de Compiègne ainsi que pour vos lecteurs de savoir que je prépare un livre sur le Gabon, non, comme M. de Compiègne paraît le croire, par amour de la notoriété, mais dans le but de faire mieux connaître en Europe cette curieuse contrée.

Je pourrais, si j'en avais le désir, produire des preuves écrites à l'appui de mon opinion sur l'ouvrage de M. de Compiègne : preuves qui sont en ma possession et émanent de hautes autorités, qui, ayant visité le Gabon, sont dans la meilleure position pour prononcer un jugement correct.

Je prétends avoir fait pour le progrès de la science et de la civilisation au moins autant que M. de Compiègne ; et, certes, je ne me suis pas enrichi au Gabon ; la seule personne qui, autant que je sache, y ait jamais réussi, c'est M. Dubarry.

M. de Compiègne est totalement dans l'erreur s'il pense que je lui cherche querelle ; il le serait encore plus s'il pensait que j'aie quelque chose à craindre de ce qu'il pourrait dire de moi. Je rappellerai cependant à sa mémoire que, dans la lettre qu'il m'adressait le 1er septembre 1875, il me demandait pour sa seconde édition des rectifications, que je lui ai envoyées avec le plus grand plaisir ; mais je n'en ai jamais reçu d'accusé de réception. De plus, je lui ai demandé certaines explications importantes pour moi : dans une lettre datée du 25 septembre 1875, il m'a promis de me les envoyer ; cependant à partir de cette date jusqu'à aujourd'hui, *je n'ai jamais reçu de communication de lui*, quoiqu'il possède mon adresse privée et connaisse aussi le club dont je fais partie à Londres.

Vos colonnes, monsieur le rédacteur en chef, ne sont guère le champ convenable où M. de Compiègne et moi devions discuter nos affaires particulières ; c'est pourquoi je ne dirai rien de plus à ce sujet ; mais, pour terminer, tout en vous remerciant d'avance de la bienveillante permission que vous m'accordez de publier ces quelques lignes dans l'*Explorateur*, je suggérerai à M. de Compiègne que si, réellement, il n'a pas, comme il le dit, « oublié l'hospitalité qu'il a reçue de moi », ce serait un acte de politesse et de courtoisie de m'envoyer les explications que je lui ai demandées il y a plus de neuf mois et qu'il m'avait alors promis de me fournir, sachant qu'il m'était extrêmement nécessaire de les recevoir. Que M. de Compiègne juge ou non à propos maintenant de me donner ces explications, je m'abstiendrai, comme lui, à l'avenir, d'importuner les lecteurs de l'*Explorateur* d'affaires d'une nature purement personnelle.

J'ai l'honneur, etc.

R. B. N. WALKER.

Nous pensons, en effet, que le débat entre MM. Walker et de Compiègne ne saurait, en se prolongeant, intéresser nos lecteurs, et nous sommes heureux que ces auteurs aient admis chacun pour leur compte la nécessité d'y mettre fin.

Expéditions égyptiennes. — Un de nos collègues de la Société de géographie, membre de l'état-major égyptien, actuellement de retour de récentes explorations dans l'intérieur de l'Afrique, se plaint verbalement auprès de nous que les explorations entreprises sous les auspices du gouvernement égyptien éprouvent des difficultés à se ravitailler, et sont même entravées dans leur marche en avant par la raison qu'elles se trouvent sur des territoires dépendants des États du sultan de Zanzibar, qui s'abrite maintenant sous le protectorat britannique.

Cette question des frontières entre l'Egypte et la domination de Zanzibar paraît avoir attiré l'attention du public anglais, car nous voyons que dans la séance de la Chambre des Communes du 24 courant, M. Bourke, sous secré-taire d'État au ministère des affaires étrangères, répondant à une interpellation, a dit qu'il n'existe aucun traité fixant les frontières de l'Egypte sur les côtes de la mer Rouge ; il croit que cette frontière a été successivement étendue au moyen des firmans émanant de l'autorité suzeraine de tous les princes musulmans, le sultan de Constantinople. D'ailleurs, le *Foreign Office* n'est en possession d'aucun traité reconnaissant d'une manière exacte la frontière de l'Egypte sur la mer Rouge ; l'Angleterre ne saurait donc admettre le droit de l'Egypte, de posséder le territoire situé sur le littoral au sud de l'ancienne limite sous le 15e degré 30 minutes de latitude nord.

Afghanistan. *Les Afridies.* — Nous avons, dans notre dernier numéro, reproduit d'après les journaux anglais les griefs que l'Angleterre prétend avoir contre cette tribu de l'Afghanistan oriental.

Un journal indien, ou plutôt indo-anglais, le *Trans-Indus*, rectifie ainsi la position respective des parties en présence. « Nous n'avons, dit-il, aucun droit de faire une route à travers le pays des Afridies contre le gré de cette tribu. Les Afridies sont parfaitement indépendants, et n'ont jamais, par aucune parole, par aucun acte, reconnu l'autorité de l'Angleterre, ni d'aucun de ceux qui nous ont précédés à Pichaoner. » Il conclut donc que pour ouvrir le chemin projeté il faudrait obtenir préalablement l'assentiment des Afridies, qui demanderaient sans doute une indemnité pour laisser passer sur leur territoire, sans compter qu'il serait peut-être nécessaire d'exercer une surveillance active et effective afin de protéger les communications ; autrement ce sont des hostilités ouvertes, qui n'auront pas plus de résultat que les tentatives faites précédemment par la force des armes.

Au surplus, le *Trans-Indus* s'attache à démontrer que la route par le pays des Afridies n'est pas indispensable pour établir le passage qu'on a en vue entre les districts de Pichaoner et de Kohat.

Pichaoner doit être occupé, parce qu'il est situé au point où débouche une des routes les plus importantes de l'Afghanistan, et qu'il commande la vallée de la rivière de Kaboul ; mais cette position oblige le gouvernement anglais à y entretenir des forces militaires constamment prêtes à défendre cette porte de l'Inde au nord-ouest, et à protéger les habitants de la vallée contre les incursions des pillards de la montagne. Il faut aussi tenir garnison à Kohat pour protéger également les environs et les mines de sel du district. Mais pour faire passer les hommes et le matériel que réclament ces deux postes, il est une voie plus commode et mieux située que le pays des Afridies ; c'est Rawul Pindee, qui se trouve à une distance égale de Pichaoner et de Kohat : c'est par là que doivent passer toutes les correspondances, toutes les marchandises venant de l'est : quant à la passe de Kohat, elle n'a aucune importance au point de vue militaire et politique.

Inde-Chine. — Il paraît, d'après un article inséré dans le *Moniteur des soies*, que le port de Haïphond, ouvert dans le Tong-king, au commerce étranger par le traité dernier, ne procure pas les avantages qu'on était en droit d'en attendre.

Qu'est-ce que Haïphond ?

Haïphond est le port de Hannoï, comme Hannoï est la capitale du TongKing. Dans ce village malpropre et misérable, où toute l'occupation des habitants consiste à ne pas mourir de faim, il n'y a véritablement aucune ressource pour le commerce.

La riche mine de charbon qui existe dans les environs n'est pas exploitée, et l'exportation du riz tout à fait nulle, et cela du fait des mandarins qui ont frappé d'un droit énorme toutes les marchandises exportées.

Au mauvais vouloir, à la mauvaise foi des mandarins, à l'indolence des Annamites, joignons le peu de sécurité qui existe dans cette contrée, livrée aux mains de bandits et de vagabonds qu'il serait temps d'exterminer si l'on veut que nos marchands puissent s'y établir avec quelque chance d'y faire leurs affaires.

P. TOURNAFOND.

Cochinchine. — Un nouveau règlement vient d'être adopté concernant l'inspection et l'administration des affaires indigènes dans notre colonie de l'Annam.

Ce service est désormais confié à un corps composé de 7 inspecteurs ; 20 administrateurs de 1re classe ; 22 administrateurs de 2e classe ; 22 administrateurs de 3e classe.

Les inspecteurs sont chargés de l'inspection des divers services indigènes ; ils résident à Saïgon. Dans chacune des circonscriptions administratives, la direction des différents services est confiée à trois administrateurs appartenant à chacune des trois classes ; les administrateurs de 2e et de 3e classe pourront cependant, suivant les exigences du service, être appelés à remplir les fonctions dévolues aux administrateurs de 1re et de 2e classe.

Le premier administrateur est chargé de la direction politique, de l'administration générale, de la surveillance, de tous les services qui relèvent de la direction de l'intérieur, du commandement de la milice, de la justice à l'égard des indigènes et des Européens dans les limites fixées par les décrets des 25 juillet 1864 et 7 mars 1868 concernant l'organisation judiciaire de la Cochinchine et du notariat.

Le deuxième administrateur est chargé de l'encaissement de l'impôt, du payement des dépenses, de l'inspection des écoles, du magasin, de l'armement.

Le troisième administrateur est chargé de l'établissement des rôles de l'impôt, de l'enregistrement, du cadastre, du service de la poste et du télégraphe ; il seconde, en outre, le premier administrateur dans tous les détails des services dont celui-ci est chargé. Le premier administrateur a autorité sur les deux autres et correspond seul avec le directeur de l'intérieur pour la direction générale des divers services.

Cochinchine. — *Une exécution de pirates à Saïgon.* — Il y a quelques mois une jonque appartenant à la ferme d'opium et chargée de 25,000 piastres (138,750 fr.) fut pillée par cinq bandits dont on n'avait pu retrouver les traces. Vendus par des femmes auxquelles ils avaient confié leur secret, ils furent cependant arrêtés, jugés et condamnés à mort. C'est le récit de cette exécution que reçoit le *Figaro* de son correspondant de Saïgon, et que nous allons reproduire :

L'exécution a eu lieu à Cholon, ville commerçante par excellence de la Basse-Cochinchine. Tous les marchands avaient délaissé leurs boutiques et, suivis de leurs femmes et de leurs serviteurs, s'étaient répandus partout, avides du spectacle sanglant qui leur était offert ; pas de cris, pas de tumulte ; tout ce peuple était calme et silencieux. Une sourde rumeur annonça seule l'arrivée du funèbre cortége.

Les condamnés marchaient escortés de deux compagnies de miliciens indigènes, ils avaient les mains libres, mais le cou était engagé dans une sorte d'échelle de bambou qui ne leur permettait aucune tentative de résistance. Tout le long du chemin, un crieur annamite leur lisait leur sentence, et chaque lecture était accompagnée de coups de tam-tam. Les bourreaux étaient au nombre de quatre : un chef-bourreau ayant le grade de sergent des matas, un caporal-bourreau et deux aides-bourreaux.

A l'aide d'une forte scie, ils coupèrent les tringles qui formaient la cangue dans laquelle étaient engagés leurs cous ; cette première phase du supplice n'est pas la moins terrible ; elle exige un certain temps, et le bruit de ce fer qui grinçait près de leurs oreilles parut impressionner légèrement les misérables qui jusque-là avaient montré un superbe sang-froid. Sur la plate-forme de l'échafaud étaient dressés quatre piquets de bois de 0^m,80 c. de hauteur environ ; les patients y furent attachés le dos tourné aux piquets, se faisant face deux par deux. Le cinquième piquet formait un triangle avec deux des autres : il était réservé au chef, dont la tête ne devait tomber que la dernière, et il avait été placé de façon à voir mourir ses quatre complices. Les bourreaux leur bandèrent alors les yeux : les premiers se laissèrent faire ; le chef seul se refusa énergiquement de se laisser mettre le bandeau et parvint à obtenir de mourir les yeux ouverts.

Les bourreaux, armés de rasoirs, coupèrent alors les mèches trop longues de la chevelure des condamnés ; puis, leur chef saisissant chaque tête l'une après l'autre, les fit osciller deux ou trois fois, et marqua à l'index, de sa salive, le cou d'une large teinte rouge. On sait que tous les Asiatiques des régions méridionales ont sans cesse à la bouche une chique de bétel qui leur donne une salive rouge.

Cette hideuse opération accomplie, il fit un signe, et les deux aides-bourreaux, soulevant leurs sabres, les laissèrent retomber l'un après l'autre sur le trait que venait de tracer leur chef.

En une seconde, les deux têtes étaient tombées et roulaient grimaçantes sur le plancher de l'échafaud pendant que les deux torses, se redressant sous l'étreinte de la mort, lançaient vers le ciel quatre jets de sang. Une seconde plus tard, deux autres mouraient de même. Le caporal-bourreau se dirigea alors vers le chef. Les autres, au moment de mourir, avaient perdu leur contenance décidée, et la peur se lisait sur leurs faces, depuis qu'ils sentaient sur leur cou le sillon humide où la lame allait frapper ; lui, déclarant au bourreau, en sa langue, qu'il n'était pas digne de le frapper, baissa la tête et mourut avec e stoïcisme qu'il avait déployé jusque-là.

Une charrette reçut les corps et s'éloigna pendant que la foule s'écoulait toujours silencieuse.

Chine. — *Le commerce russe à Hankow.* — La *Gazette de Moscou* analyse e compte rendu sur le commerce russe à Hankow en 1875 qui circule actuellement sous forme de manuscrit dans les cercles commerçants de Moscou. Ce document révèle le fait très-regrettable d'une diminution marquée des transactions de nos négociants à Hankow ; c'est surtout le commerce de draps, article qui jadis était très-demandé, qui se trouve en décadence. De 1868 à 1870 il s'est vendu annuellement plus de 5,000 pièces de drap, en 1871 on n'en vend que 4,400 pièces, l'année suivante les ventes tombent au-dessous de 3,000 pièces, et depuis lors, elles n'atteignent que même à 2,000 pièces.

M. Ponomarew, l'auteur du compte rendu que nous citons, attribue cet insuccès à une baisse marquée que le prix de la soie a subi en Chine, ce qui pousse les Chinois à remplacer par les étoffes de soie le drap dont ils se servaient jadis, et en second lieu par la concurrence que nous font sur les marchés du Céleste-Empire les Anglais et depuis quelque temps aussi les Allemands. Ceux-ci se sont promptement aperçus que ce que les Chinois demandent surtout à la marchandise, c'est le bon marché, et qu'ils ne se montrent d'aucune façon difficiles par rapport à la qualité ; aussi ne fournissent-ils plus aux marchés de l'extrême Orient que des draps très-légers à des prix modérés. C'est là ce que nos commerçants ne veulent pas comprendre ; ils s'obstinent à envoyer au marché de Hankow des draps d'une belle qualité et par conséquent d'un prix élevé, très-recherchés autrefois lorsque les étoffes légères et peu coûteuses fournies par les Anglais et les Allemands ne leur faisaient pas concurrence.

Japon. — *Les îles Liou-Kiou.* — La chaloupe canonnière allemande le *Cyclope*, chargée par le gouvernement impérial de présenter à la population de l'île Ty-pin-San (du groupe Liou-Kiou) le monument et les présents offerts par l'empereur Guillaume pour les services qu'elle avait rendus en 1873 à des naufragés allemands, est partie le 5 mars de Yokohama. A son arrivée dans le port principal de Nafakiang du grand Liou-Kiou au Okinara, le commandant M. von Reiche et ses officiers ont débarqué et se sont rendus à cheval à la capitale de l'île Scheudi, éloignée de cinq milles de la côte.

Ils ont été reçus en grande cérémonie par le régent au nom du vice-roi malade, dans un château construit sur une hauteur dans le style bourgeois des Daïmios. Ce château est entouré de plusieurs murs concentriques, entre lesquels se trouvent des cours spacieuses. Le régent a attendu les étrangers à l'entrée d'une grande salle, entouré de tous ses dignitaires et d'une suite nombreuse. Après beaucoup d'inclinaisons et de marques de respect, ils ont été introduits dans la salle. Le régent et le commandant allemand ont pris place en face l'un de l'autre sur deux des siéges disposés en cercle... Les officiers du *Cyclope* se tenaient à gauche du régent, les ministres et les fonctionnaires à sa droite. Tous les autres dignitaires ou employés de la cour se tenaient debout autour du régent et du commandant. Les cours voisines du château et les fenêtres regorgeaient d'insulaires avides de voir les Européens.

Lorsque tout le monde fut à sa place, le régent se leva, prononça un discours en dialecte Liou-kiou qu'un fonctionnaire traduisait aussitôt en japonais, tandis qu'un interprète le traduisait à son tour en allemand.

Il exprima la joie qu'il avait ressentie en voyant apparaître pour la première fois le drapeau allemand dans les îles Liou-Kiou.

M. von Reiche a pris à son tour la parole, lui a annoncé le but de sa visite et lui a offert les présents au nom de l'empereur d'Allemagne. Après une légère collation dans la salle, les Allemands sont retournés à la côte et ont reçu à bord du Cyclope la visite des dignitaires des îles. Les insulaires ont suivi avec le plus vif intérêt les exercices de l'équipage avec le fusil et avec le canon.

M. von Reiche a donné en leur honneur un dîner dans la grande cabine.

La population des îles Liou-Kiou se livre à l'agriculture et à la pêche. Les principaux objets d'exportation sont le riz, le maïs, le chanvre, les bois de construction. On récolte encore dans la campagne de l'orge, des fèves, du tabac et de grosses raves d'une saveur et d'un parfum exquis. Les troupeaux sont nombreux et variés ; les chevaux son petits, élégants et ont le tempérament des chevaux arabes.

Il n'y a à Liou-Kiou ni métaux ni houille. Tout ce qui est nécessaire pour le genre de vie le plus simple, tels que les étoffes, les objets en laque, est importé du Japon. Les étoffes de lin ou de chanvre sont fabriquées dans le pays. Les communications entre les îles Liou-Kiou et le Japon sont assurées au moyen de jonques ; mais il est question d'établir une ligne régulière de bateaux à vapeur entre Nafa, Kiang et Kagosima (dans l'île Kiou-Siou).

Le 15 mars, le *Cyclope* s'est rendu à Ty-pin-San avec un interprète pour le dialecte Liou-Kiou. Elle est arrivée le 16 devant la capitale de l'île Hari-mid-Sa. Le gouverneur de l'île Ty-pin-San a donné un certain nombre de ses gens pour descendre à terre les énormes blocs de pierre pesant ensemble 36 quintaux. Plusieurs centaines d'insulaires ont tiré aux cordes pour les amener sur l'éminence désignée.

La population était émerveillée en voyant des matelots travailler dans une forge installée pour river les barres de fer. Le monument a été inauguré avec beaucoup de solennité le 22 mars, en présence du gouverneur, de ses fonctionnaires et d'une foule considérable. Le gouverneur s'est agenouillé devant le monument et a touché la terre de son front, en signe de profond respect.

Le commandant de la canonnière le *Cyclope* a ensuite offert au gouverneur des montres en argent, des lunettes, etc.

L'île de Ty-pin-San est formée par des dépôts de corail. On voit sur les montagnes des pics complétement dénudés. Il n'y a que dans les bas-fonds que l'on rencontre une couche profonde d'humus ; ailleurs, cette couche est très-légère. L'île récolte de l'orge, du maïs, des fèves, des pommes de terre, du tabac, beaucoup de chanvre et une matière dont les femmes se servent pour colorer leurs dents. Les bouleaux et les autres arbres qui croissent à Ty-pin-San ont été importés de Liou-Kiou il y a cinquante ans. On rencontre encore un grand arbre épineux qui donne des fleurs rouges en forme de calice.

Les îles Liou-Kiou, entre Formose et le Japon, sont au nombre de trente-six et forment trois groupes. La surface totale de ces îles est de 125 milles carrés. La population compte 200,000 âmes et se compose de Chinois, de Japonais et d'habitants des îles. Ils sont tous de la religion bouddhiste. Ils sont hospitaliers, généreux et sont très-peu civilisés.

T. L.

Commerce extérieur de Java. — L'importation annuelle aux Indes néerlandaises est évaluée de 70 à 80 millions de florins. Les importations de marchandises européennes entrent dans ce total pour 40 à 50 millions de florins. L'importation se fait surtout par l'intermédiaire de maisons anglaises, qui envoient leurs agents à l'intérieur du pays.

La France, pendant le premier semestre de 1875, a importé à Batavia 7,241 caisses de cognac, 11,501 caisses et muids de vin, 300 caisses et barils de bière, 6,802 colis de liqueurs et de provisions, 700 caisses de savon, 700 tonneaux de farine, 1 fût de goudron végétal et 1 caisse de verrerie.

Les exportations de Java en 1875 se sont élevées à 200,000 florins. Sur ce chiffre la France a reçu 21,000 picols de café, 33,577 de sucre, 169 de rotins et 12,195 pièces de cuir.

La navigation se fait pour 5 huitièmes par navires hollandais.

Nouvelle-Guinée. — On vient de publier les détails d'un nouveau voyage fait par le révérend Macfarlane, missionnaire anglais, sur les côtes de la Nouvelle-Guinée.

Le 5 avril, le révérend a abordé dans une fertile contrée, située à 150 milles à l'ouest du port Moresby. Elle paraissait contenir une population dense et assez nombreuse. Il a visité une ville renfermant au moins 2,000 maisons habitées, rangées de manière à former des rues. Ces maisons, qui avaient des jardins sur le devant, étaient tenues avec une très-grande propreté; elles étaient solidement bâties, et les jardins paraissaient bien cultivés. Tout indiquait un état assez développé d'intelligence et d'activité laborieuse. Une partie de la population se livrait à la pêche, et l'autre aux plantations; mais l'une ne se mêlait en rien des travaux de l'autre. Ces indigènes se montrèrent animés de dispositions amicales et du désir d'entrer en communication.

Attenant à la ville, se trouve un lac de 15 milles de circonférence et d'une profondeur de cinq à neuf brasses à l'entrée du côté de la mer, et jusqu'à moitié de son étendue. On a encore découvert d'autres ports excellents, et presque partout les habitants ont manifesté des sentiments d'amitié; cependant, dans quelques endroits, ils ont de prime abord paru comme frappés de peur à la vue des étrangers.

M. Macfarlane est d'avis qu'on ne peut encore déterminer d'une manière certaine l'extrémité la plus méridionale de la Nouvelle Guinée; mais que sur le littoral du midi de la presqu'île il y a beaucoup à faire dans l'intérêt du commerce et de l'humanité, pourvu qu'on observe une conduite paisible à l'égard des indigènes, qui sont entièrement sans défiance. Quant à l'œuvre des missionnaires en particulier, il pense que l'extrémité orientale de la presqu'île, avec les îles du voisinage, offre un champ plus fécond que le golfe, dont la navigation est hérissée de périls, où règnent des fièvres mortelles, et dont les habitants sont encore à l'état sauvage et enclins au cannibalisme.

Océan Indien. — *L'île Maurice.* — L'île Maurice, très-appauvrie par la ruine presque totale des sucreries, s'est tournée depuis deux ans vers Madagascar. Il s'est établi à Tamatave des maisons de commerce anglaises, françaises, américaines. Sous le rapport commercial, il y a encore peu à faire; mais l'agriculture offre des ressources considérables.

L'Angleterre possède dans le sud de l'Afrique un territoire considérable, appelé à prendre une grande importance, *Natal*; une grande compagnie anglaise y établit en ce moment un chemin de fer, qui le traverse de part en part. L'émigration des travailleurs de Maurice pour ce pays a lieu journellement. Les rues de Port-Louis sont pleines d'affiches offrant aux laboureurs des conditions assez avantageuses. Pour le moment c'est un bien; le trop plein de la population trouve un débouché. Le gouvernement anglais cède les terres de Natal à 5, à 6 fr. l'arpent. Le jour où la main-d'œuvre commencera à suffire aux besoins de la culture de la canne, Maurice ne pourra plus supporter la concurrence qui l'écrase de tous côtés.

Australie. — *Nouvelles.* — Les douanes anglaises ont reçu des colonies australiennes, pour le premier trimestre de cette année, de l'or pour une valeur de 1,918,985 livres sterling (47,974,625 francs). C'est une diminution de 28 pour 100 sur la production pendant la période correspondante de l'année précédente.

Dans le Queensland (Terre de la Reine), les mines de Hodge-Kinson paraissent ne pas avoir réussi; les mineurs les quittent par centaines.

Par contre, dans la Nouvelle-Zélande, une Compagnie a acquis 320 acres de terre dans le Nelson, dans le but d'exploiter des gisements argentifères; le minerai essayé a donné 300 onces à la tonne.

Dans cette même colonie, on projette d'établir une colonie d'émigrants suisses dans la province de Westland, où l'on a trouvé dernièrement des échantillons de pierres lithographiques, qu'on dit supérieures à celles de l'Allemagne.

Dans l'Australie du Sud, les statistiques constatent une étendue de 898,000 acres ensemencées en blés, soit 59,000 de plus qu'en 1875. La production a été de 10,739,000 boisseaux, dépassant de 900,000 boisseaux celle de l'année précédente. L'exportation s'est élevée à 117,000 tonnes.

Océanie. — *Hypothèse d'une variation de niveau de l'Océan à Tahiti.* — Nous lisons dans le *Messager de Tahiti* du 26 mai :

« Le *Messager* du 28 avril dernier (n° 17) a inséré une question, posée par M. William Martin dans le *Bulletin de la Société de géographie de Paris*, qui concerne le niveau de l'Océan aux environs de l'île de Tahiti.

« Cette question nécessiterait de longues recherches, qui ne peuvent se faire qu'avec le secours de riches bibliothèques et qui sont impossibles à Tahiti. Il y aurait donc de la présomption de vouloir répondre à fond.

« Cependant, après une résidence de plus de trente ans à Tahiti dont j'ai fait la triangulation ; après avoir consulté les *Sailing Directions* de Maury, l'*Astronomie populaire* d'Arago, ainsi que divers Voyages autour du monde qui existent dans notre bibliothèque, je puis me hasarder à dire quelques mots à ce sujet.

« L'observation de la longueur du pendule n'a jamais été faite à Tahiti. Les points les plus rapprochés où cette expérience a été faite sont l'île Maui (Mowi), dans l'archipel des îles Sandwich, et à l'îlot Rawak, au nord de la Nouvelle-Guinée, presque sous l'équateur. Ces observations ont été faites par le capitaine Freycinet pendant la circumnavigation de l'*Uranie* et la *Physicienne*. La longueur du pendule obtenue sur ces deux points du *Pacifique* ne paraît indiquer aucune anomalie. Ainsi on peut affirmer qu'une dépression anormale de l'Océan à Tahiti ne peut pas être fondée sur les observations du pendule.

« Arago, dans son *Astronomie populaire* (tome IV, page 178), dit « qu'il est « bien établi, par les observations du baromètre faites à bord des navires, qu'il « existe dans la vaste étendue de l'Océan d'immenses régions où la pression « atmosphérique est inférieure à ce qu'on trouve dans les régions environnantes. « Si de telles différences ne peuvent pas être révoquées en doute, on ne saurait, « à cause du peu d'exactitude des instruments employés, en assigner l'exacte « valeur. »

« Maury désigne, en citant de nombreux rapports de mer, les environs du « cap Horn comme présentant en général des hauteurs barométriques excep- « tionnellement basses.

« En admettant l'existence de ces régions bien constatée, le baromètre y « dénoterait un renflement des eaux de l'Océan au lieu d'une dépression.»

Reconstitution du Comité central d'agriculture et de commerce, à Tahiti. — Le nouveau gouverneur des établissements français de l'Océanie, M. le commandant Michaux, vient de reconstituer, par arrêté du 26 mai dernier, le Comité central d'agriculture et de commerce qui avait cessé de fonctionner à Tahiti, par suite de la dispersion ou de la perte de la plupart de ses membres.

« Le but de cette institution, dit l'article 4 du décret, est d'éclairer l'administration locale et la commission supérieure de l'Exposition permanente des colonies sur les besoins et les ressources du pays; d'étudier toutes les questions pouvant intéresser la colonie en ce qui concerne l'agriculture, le commerce et l'industrie; de proposer les mesures propres à améliorer ou à développer les produits agricoles et industriels; de soumettre à l'analyse et de faire connaître ceux qui paraissent pouvoir être utilisés; de provoquer des relations directes entre les producteurs et les consommateurs européens; d'ouvrir au commerce local de nouveaux débouchés; d'appeler l'attention de l'administration sur les encouragements et les récompenses à donner soit aux colons les plus méritants, soit aux personnes ayant rendu le plus de services à la colonie; d'envoyer, par l'intermédiaire de l'administration, des échantillons des produits du pays à l'Exposition permanente et aux expositions internationales; enfin de préparer les expositions locales, dont les produits primés pourront être envoyés à Paris. »

Il a été également constitué deux sous-comités au chef-lieu de chacun des archipels Marquise et Tuamotu.

Le canal interocéanique. — Le professeur Nourse, de l'Observatoire naval de Washington, nous écrit, à la date du 31 juin dernier, au sujet des démarches, que nous avons eu l'occasion de signaler récemment, de M. Antoine de Gorgoza dans les Etats-Unis de Colombie en vue de gagner des adhérents à son plan de percement de l'Isthme du Darien.

« Je regrette, dit le professeur Nourse, de voir rapporter dans les journaux de la Nouvelle-Grenade et à Panama, que M. Gorgoza a déclaré, dans une réunion publique à Bogota, que M. Nourse, professeur de l'Observatoire naval des Etats-Unis, avait dit, dans l'Assemblée du Congrès géographique du mois d'août dernier, que : « le gouvernement américain ne veut pas qu'il soit « construit un canal à travers l'Isthme, peu importe où ce canal soit situé. » C'est précisément le contraire que j'ai dit et répété, dans le groupe V et dans la salle des Etats-Unis. »

N.B. Nos lecteurs peuvent, en effet, s'assurer par eux-mêmes de l'exactitude des discussions qui ont eu lieu à propos du projet de Conseil interocéanique, en se reportant au vol. 11 de *l'Explorateur*, pages 175, 176, 191, 192 et 193.

Chili. — l'*Explorateur*, dans son n° 75, a publié le dernier récensement opéré dans cette république. Nous avions trouvé que le chiffre de la population n'éta it que de 2,067,524 habitants ; mais dans ce chiffre n'étaient compris ni le nombre des habitants des dépendances du Chili, ni celui des Chiliens absents : ce qui porte le total réel de la population au chiffre de 2,217,000 , qui se décompose ainsi :

Habitants des provinces		2,100,000
id	du détroit de Magellan	1,000
id	de l'Araucanie	70,000
id	des îles	500
id	en voyage	500
id	émigrés momentanément au Pérou, dans la Bolivie, à la Plata et dans les États de l'Amérique Centrale.	45,000

Sous le rapport des races, on évalue à 300,000 le nombre des descendants d'Espagnols, et seulement à 26,528 celui des étrangers. La race qui peuple les campagnes possède neuf dixièmes de sang indien et un dixième de sang européen.

La population des villes (*ciudades* et *villas*), au nombre de 212, est de 713,167 ou 34 pour 100; et celle des campagnes de 1,355,257 ou 66 pour 100.

Le nombre des habitations est peu considérable en proportion de la population ; la moyenne des personnes vivant sous le même toit atteint des chiffres fort élevés. On compte 75,014 maisons (*casas*), 27,246 logements (*cuartos*) et 151,262 cabanes (*ranchos*) : formant un total d'habitations de 253,522, renfermant en moyenne 7 personnes ensemble ; il est des provinces où cette moyenne n'est pas moindre de 22. Les maisons sont habitées par les fonctionnaires et les familles aisées, les logements ou maisonnettes par les artisans et les ouvriers, et les ranchos par les agriculteurs et les pauvres des villes.

Quoique le Chili ait un climat des plus salubres, et qu'on l'ait vanté comme le pays où l'on trouve le plus grand nombre de centenaires, la durée moyenne de la vie n'y atteint pas 25 ans : celaprovient de vices constitutionels du sang, résultant d'une mauvaise hygiène, d'une alimentation défectueuse, d'une fausse médication, et de diverses autres causes. Près de 10,000 individus souffrent de cet état de choses ; lors du dernier recensement on comptait 2,296 aveugles, 1,617 idiots, 794 aliénés, 1,803 invalides, 1,831 paralytiques, 1,003 sourds-muets, etc.

Le nombre des individus des deux sexes exerçant une profession quelconque est de 800,000 : professions libres 25,000, professions dépendantes 225,000, commerce 60,000 industries, 40,000 ; agriculture 450,000 ; professions incertaines 10,000.

Au Chili, aucune classe ne jouit légalement de privilèges. Les grandes fortunes du pays se trouvent dans les mines et surtout dans les propriétés rurales. Le nombre des propriétés n'atteint pas 35,000, ce qui prouve combien la propriété est encore peu divisée. Cet état de choses rend la position de l'ouvrier agricole pénible et produit une forte émigration des campagnes vers les villes.

Le salaire quotidien de l'ouvrier agricole varie entre 20 et 60 *centavos* ou centièmes de *peso* ou piastre (de 1 à 3 francs), tandis que l'ouvrier industriel gagne de 75 *centavos* à 1 *peso* (de 2 fr. 75 à 5 francs) par jour. Quant à l'ouvrier indigène ou le *péon*, c'est-à-dire travailleur en louage, il est principalement employé aux mines, pour lesquelles il a une aptitude particulière.

La plupart des industries sont en opération au Chili, où elles ont été implantées par des étrangers, principalement par les Français, les Anglais et les Allemands. Toutes celles qui ont été établies sur un pied modeste ont réussi ; témoin 77 brasseries, 46 distilleries, 652 moulins, 10 ateliers de construction de maisons, 90 tanneries, 31 fabriques de parfumerie et de chandelles, etc.; au contraire, celles qui ont été montées sur une grande échelle sont tombées, notamment les fabriques de soieries, de cotonnades, de papier, de sucre, etc. Il n'y a de chances propices que pour les industries propres à développer les richesses minérales et agricoles du pays.

Rien ne peut mieux donner une idée des progrès industriels du Chili que le tableau des patentés. En 1834, cet impôt produisait 18,734 piastres (93,670 fr.) ; en 1844, 38,550 piastres (192,750 francs) ; en 1854, 66 mille 731 piastres (333,655 francs) ; en 1864, 84,980 piastres (424,900 francs et en 1874, 421,526 piastres (2,107,630 francs). Le nombre des patentés était de 4,505 en 1864 , et en 1874 il s'élevait à 14,193.

Les recettes des douanes en 1875 ont dépassé de 4 millions de piastres (20 millions de francs), celles de 1870. Le commerce, qui était évalué en 1871 à 70 millions de piastres (350 millions de francs), a monté à 83 millions de piastres (415 millions de francs) en 1875.

On peut dire, en résumé, que parmi les pays de l'Amérique méridionale le Chili est, avec le Brésil, celui qui a accompli les plus grands progrès depuis 25 ans.

Amérique du Sud. — *État des affaires à Buenos-Ayres.* — Depuis 1870, on a observé à Buenos-Ayres une augmentation toujours croissante dans le mouvement de la navigation pour les bateaux à vapeur et une diminution toujours plus notable pour les bâtiments à voile. Ainsi en 1870, nous trouvons 105 bâtiments à vapeur et 1,197 bâtiments à voile ; en 1871, 139 bateaux à vapeur et 849 bâtiments à voile ; en 1872, 175 bateaux à vapeur et 1,149 bâtiments à voiles; en 1873, 329 bateaux à vapeur et 961 bâtiments à voiles; en 1874, 230 bateaux à vapeur et 623 bâtiments à voiles ; en 1875, 216 bateaux à vapeur et 587 bâtiments à voiles.

L'emploi de la vapeur a opéré une profonde transformation dans les rapports entre des pays éloignés. Ainsi, autrefois, avec les bâtiments à voiles, il ne fallait pas moins de 130 jours aux bâtiments pour venir d'Europe et débarquer leurs marchandises. Aujourd'hui, il suffit de 46 jours avec les bateaux à vapeur. Ce sont ces mêmes bateaux qui emportent tous les objets de valeur, tandis que le sel, le charbon, le bois, etc., sont confiés à des bâtiments à voiles.

Le commerce d'exportation est infructueux parce que les producteurs sont trop riches et donnent l'ordre à leurs agents de ne céder leurs marchandises qu'à des prix plus élevés que les offres ordinaires des étrangers. Un certain nombre de marchands reçoivent des ordres directs de France ou d'Allemagne et établissent en réalité les prix courants du marché.

Les ouvriers maçons, menuisiers et autres ont traversé une crise redoutable par suite de la cessation complète des constructions de maisons élevées en 1868 pour recevoir les nombreux immigrants de tout pays. Mais, depuis cette époque, on paraît avoir renoncé à la manie de bâtir et un grand nombre de maisons dans l'intérieur ou en dehors de la ville ne peuvent pas trouver de locataires.   T. L.

Brésil. — *Exploration des Sept Rapides de la Parana.* — Le capitaine Nestor Barba, dit le *Journal du Commerce*, de Rio de Janeiro, a résolu un problème qui avait paru insoluble à un grand nombre de personnes. Il a entrepris avec le plus grand succès l'expédition dangereuse de la Guayra ou des Sept Rapides de la rivière Parana.

Le capitaine Nestor Barba, partit de Coritiba le 4 décembre 1875 et arriva le 17 à la colonie militaire de Jatahy. Il organisa alors son expédition composée de douze personnes, parmi lesquelles son frère Telemacho Barba. Le 1er janvier il commença son voyage sur les rivières Tybagy et Paranapama jusqu'à la rivière Parana où il put se procurer pendant quelques jours du gibier et des poissons en abondance. L'expédition était constamment en relation avec les Indiens sauvages de la race dite *Indios Coroados*. Ces sauvages, qui voyaient des blancs pour la première fois, parurent fort surpris. Ils examinaient tous les objets appartenant aux membres de l'expédition et se montrèrent fort contents lorsqu'on leur offrit des vêtements, des chapeaux, etc.

Le 17, un mois après le départ de Jatahy, les voyageurs se trouvèrent sous l'influence du courant de la Guayra ou des Sept Rapides, qui les obligèrent à débarquer. Ils contemplèrent alors le spectacle magnifique que la nature offrait à leurs regards. Cette magnifique rivière qui mesure 5,000 mètres dans sa plus grande largeur, se rétrécit peu à peu avant de passer entre deux montagnes. Puis elle se jette, dans sept chutes rapides, d'une hauteur considérable et forme autant de murs d'eau. Ces chutes se rejoignent plus loin avec un fracas épouvantable. Les eaux rebondissent à plus de 30 mètres de hauteur. Les vapeurs forment continuellement des brouillards autour de la grande chute et produisent un nombre infini d'arcs-en-ciel. On entend le bruit des eaux à plusieurs milles de distance. On dirait le fracas du tonnerre. Le sol des environs tremble comme si un volcan secouait la terre. Les chutes de Guayra n'ont pas de rivales et l'on peut dire que la chute du Niagara vantée au loin, doit lui rendre hommage comme au roi de la nature.

Les cataractes les plus fameuses du monde entier seraient considérées comme pygmées à côté du géant du Parana.

Le capitaine Nestor a pu, après de grandes difficultés, prendre une épreuve photographique de ces chutes. Il possède également une photographie de la rivière près de ces cataractes. Le capitaine Parigot termine les esquisses pour le gouvernement du Brésil. Il doit lui présenter en outre un récit détaillé de toutes les péripéties de cette expédition.   T. L.

L'Exposition de Philadelphie. Nous lisons dans le *Courrier des États-Unis* : On a parlé de *fiasco*. Le mot est exagéré. Il est certain que tous les articles exposés ne sont point des merveilles, pas plus dans le domaine de l'art que dans celui de l'industrie, mais enfin il y a encore assez de choses remarquables pour intéresser les visiteurs, et si cette Exposition devait, au point de vue financier, être un échec, comme beaucoup de personnes le prévoient, nous pensons qu'il en faudrait accuser les États-Unis eux-mêmes — ou plutôt l'administration tracassière, oppressive et — disons le mot — déloyale qui semble ne prendre plaisir qu'à créer des entraves aux exposants par ses procédés étroits, comme elle a, par un esprit fanatique renouvelé d'un autre âge, entravé la liberté du public en décrétant arbitrairement — et sans l'avoir fait à l'avance connaître aux Européens — la fermeture du dimanche. Cette mesure qui lèse beaucoup d'intérêts légitimes, sera certainement la cause première de l'échec financier prévu dès à présent. Les tracasseries suscitées par la Douane viendront ensuite. Décidément l'intolérance et la cupidité sont mauvaises conseillères.

Nous allons rappeler en deux mots l'origine de ce débat entre le fisc et les exposants, débat qui a pris des proportions tout à fait militantes et dont l'importance est telle qu'une solution définitive ne peut plus être retardée. A la date du 1er juin, une circulaire du secrétaire du Trésor à Washington, fut adressée à tous les commissaires des différentes nations exposantes, leur portant sous le titre de « special regulations » une série d'instructions nouvelles à transmettre aux exposants dont ils représentent et défendent les intérêts. Ces règles, dont jamais il n'avait été parlé, et dont la plupart sont même inexécutables, tombèrent comme un coup de foudre sur la tête des intéressés. Ainsi, par exemple, chaque exposant est invité à préparer et à remettre aux officiers de la Douane, une liste complète de tous les articles exposés par lui dès qu'ils sont placés, avec description spécifique de chaque article et de sa valeur. Mais ce travail a déjà été fait une première fois concurremment avec la Douane, c'est donc là une pure tracasserie non motivée, à moins qu'on ne compte sur quelques erreurs ou différences de détail qui pourraient se produire pour y trouver un sujet de créer de nouvelles vexations aux exposants. Puis, fait plus grave et qui fait l'objet même du litige actuel, l'administration des finances éleva la prétention que les exposants qui ont des articles à vendre devraient payer les droits sur la totalité de ces articles, sauf à la Douane à restituer, à la fin de l'Exposition, le montant par elle perçu pour les articles qui resteraient alors invendus. Les négociants offrirent et offrent encore de payer les droits au fur et à mesure des ventes qu'ils feront ; exiger plus est non-seulement inique mais même absurde.

On se rappelle que les exposants français, à la suite d'un meeting tenu lundi dernier, nommèrent un comité chargé de se rendre à Washington pour présenter leurs griefs, et tâcher d'en obtenir le redressement, au secrétaire des finances, lequel devait agir sur le congrès. La commission française de l'Exposition étant sur cette question en communion d'idées avec les exposants, il sembla à quelques-uns qu'il fût naturel de ne pas agir en dehors d'elle et on résolut d'un commun accord, pour donner plus de poids à la faire présenter protestation, et à la demande de modification de la loi, de la faire présenter par M. Roulleaux-Dugage. Hâtons-nous de dire que le jeune et actif commissaire français s'était depuis longtemps déjà occupé de cette affaire et avait essayé de la mener à bonne fin. Puis les Français ne sont pas égoïstes et les démarches commencées par eux devinrent bientôt générales. Tous les exposants étrangers se groupèrent, et, lésés tous de la même façon, ils cherchèrent ensemble le redressement du grief commun et remirent avec confiance leurs intérêts aux soins de leurs commissaires respectifs. Ceux-ci se réunirent et un sous-comité fut nommé, composé de MM. le colonel Sandford, commissaire anglais, M. Reuleaux, commissaire allemand, M. Roulleaux-Dugage, commissaire français, M. Guyer, commissaire suisse, M. G. Dassi, commissaire italien. Ces messieurs eurent pour mission de préparer des propositions à soumettre à l'acceptation des autres commissaires ainsi qu'à la direction générale, et de porter ensuite eux-mêmes ces résolutions au secrétaire du Trésor. Mais ici, il se présenta une difficulté. Les commissaires de l'Exposition ne se croient point le droit d'imiter M. Goodrich ; ils n'ont affaire qu'à M. Goshorn, directeur de l'Exposition, et il n'est pas de leur ressort de communiquer officiellement avec un membre du cabinet américain. Les membres du corps diplomatique ont seuls mission de correspondre officiellement avec les ministres américains. On s'adressa donc à M. Bartholdi, ministre de France à Washington, qui se mit aussitôt à la disposition de ses nationaux. On gagna ainsi un temps précieux. Nous apprenons avec satisfaction que les efforts de notre ambassadeur ont de grandes chances d'aboutir, et cet heureux dénouement ne se fera probablement plus longtemps attendre. Nous le souhaitons au nom de l'équité et pour l'honneur de l'Amérique. En tout cas cet heureux résultat sera dû à deux causes seulement, à la bonne entente des exposants européens et à l'infatigable dévouement des commissaires, auquel on peut ajouter pour appoint l'inappréciable concours de M. Bartholdi, notre représentant à Washington. Il ne faut pas moins que ces honorables interventions pour briser la mauvaise volonté qui règne en haut lieu. Il ne manquera pas de frelons autour de la ruche pour s'attribuer une part du succès, ni de mouches du coche pour dire après l'événement : « ça, messieurs les chevaux, payez-moi de ma peine... » Il serait difficile qu'il en fût autrement. Ceux qui agissent parlent peu, ceux qui n'agissent point se mettent en évidence... Mais l'heure de la justice distributive finit toujours par sonner.

L'Exposition allemande à Philadelphie. — Monsieur, dans le dernier numéro de l'*Explorateur* (n° 75) se trouve un article ayant trait à la défaite subie par l'industrie allemande à l'Exposition de Philadelphie et constatée par le commissaire général lui-même. Je vous envoie la lettre d'un industriel allemand publiée par le journal l'*Italie* et qui attribue cette soi-disant défaite à l'abstention volontaire des Allemands. L'explication semble vraisemblable, et vous jugerez peut-être utile de publier ce document.

Agréez, Monsieur, l'assurance de mes sentiments les plus distingués.

Un de vos abonnés.

« Votre numéro du 18 courant contient une correspondance de Berlin, 14 juillet, signée Ch. W., qui dit entre autres choses que l'industrie allemande a subi une « défaite éclatante » à l'Exposition de Philadelphie.

« Votre correspondant aurait été dans le vrai, s'il s'était borné à dire que l'industrie allemande est très-peu représentée à Philadelphie, mais il ne faut rien connaître à la vie publique de l'Allemagne pour voir dans la section allemande de l'Exposition de Philadelphie la représentation complète de l'industrie de ce pays.

« Si M. Ch. W., votre correspondant, avait lu l'article de l'*Ellenfelder Zeitung* et les « Gutachten » des Chambres de commerce en matière de douane et d'exportation, publiés par les journaux, il aurait vu quelles sont les raisons qui ont poussé une grande partie des industriels allemands à s'abstenir de participer à l'Exposition de Philadelphie. Ces raisons, les voici :

« D'abord, l'exposant a en vue l'écoulement des produits de son industrie. Or, le système douanier des Etats-Unis équivaut en réalité à la prohibition, car, pour certains articles, les droits d'importation s'élèvent jusqu'à 50 et même 60 0/0 de leur valeur, et ils doivent payer en outre un droit à raison du poids. Ensuite, les vexations sans nombre auxquelles sont soumis les importateurs rendent leur commerce à peu près impossible. Si quelques fabricants se sont enrichis aux Etats-Unis, combien d'autres qui n'y ont trouvé que la ruine et la faillite.

« L'industrie allemande, partisan en majorité du libre-échange, n'a donc aucun intérêt à envoyer aux Etats-Unis ses dessins et ses modèles, sans autre compensation des frais énormes qu'elle doit supporter que des médailles américaines frappées en Europe.

« Telles sont les raisons pour lesquelles les industriels allemands, malgré les encouragements de leur gouvernement, ont refusé d'accourir en grand nombre à Philadelphie. Leur abstention est en quelque sorte une protestation contre la politique économique des États-Unis.

« Agréez, etc. « Henri BAEKER. »

Etats-Unis. — *La guerre des peaux rouges ; défaite des blancs.* — La campagne entreprise sous la direction du général Terry contre les Sioux de Sitting Bull, et comprenant trois divisions de troupes des Etats-Unis commandées par les généraux Crook, Custer et Gibbon, vient d'aboutir au plus cruel, — disons plus, au plus humiliant — désastre que les armes américaines, croyons-nous, aient jamais essuyé. Cette campagne avait pour objet de châtier la tribu des Indiens Sioux de Sitting Bull, qui refusait de se rendre dans la *réserve* qui lui était destinée, conformément aux stipulations du traité récemment passé avec lui. Depuis plus d'une année le bureau indien s'efforçait de déterminer Sitting Bull à obéir à ses engagements, lorsque, vers la fin de l'an dernier, il lui fut signifié qu'il y serait contraint par la force s'il ne s'était pas exécuté vers la fin de janvier. Sitting Bull n'ayant pas tenu compte de cette sommation, l'expédition en question fut résolue et placée sous les ordres du général Terry.

Le premier fait de la campagne a été la défaite du général Crook, d'abord présentée comme un succès, et sur laquelle les rapports ultérieurs n'ont pas tardé à dissiper de trop complaisantes illusions.

Voici le second fait bien autrement désastreux tel que l'annonce le *Times* de Salt Lake City.

« M. Taylor, porteur de dépêches de Little Horn pour Fort Ellis, annonce qu'une bataille a été livrée le 25 juin à 30 ou 40 mille en aval de Little Horn Un village indien de 2,500 à 4,000 guerriers a été attaqué d'un côté par le général Custer, de l'autre par le colonel Reno. Trois compagnies de réserve avaient été postées sur une colline. Le général Custer, quinze officiers et tous les soldats de cinq compagnies ont été tués. Le colonel Reno a battu en retraite sous la protection de la réserve. Le nombre total des tués a été de 315. Le général Gibbon a fait sa jonction avec le colonel Reno.

« La scène de la bataille était un ravin étroit, qui avait après l'action l'apparence d'un abattoir. Les corps étaient mutilés. La situation est sérieuse.

« Le général Torry, arrivé en bateau à vapeur au camp Gibbon, s'était mis en marche pour rejoindre Custer, et celui-ci, avant d'engager le combat, savait que des renforts lui arrivaient.

Le lieutenant Crittenden, fils du général, est parmi les tués.

« Le général Custer était un des plus braves officiers de l'armée des Etats-Unis, et l'un des plus expérimentés dans la guerre indienne. Il était né dans l'Ohio, et avait été élève de West Point de 1857 à 1861. Il en était sorti pour entrer dans l'armée comme second lieutenant dans le second corps de cavalerie. Il fit en cette qualité la campagne de Manossas, et prit part au premier combat de Bull Run. Depuis il a assisté à presque toutes les batailles de la guerre et s'y est constamment distingué. Il fut fait major général en 1865, et servit postérieurement comme chef de la cavalerie du département du Texas, puis comme commandant de la frontière de l'Ouest. Sa carrière a été des plus brillantes et sa mort laissera des regrets qui seront profondément sentis dans l'armée et dans le pays.

Les bouches du Mississipi sont, en raison des énormes quantités de sable et de limon que le fleuve y amoncelle, — quantités que le savant géologue Lyell a évaluées à 3 milliards 703 millions de pieds cubes par an, — d'un accès difficile et parfois dangereux pour les navires qui tentent de remonter « le Père des fleuves », afin d'atteindre la Nouvelle-Orléans, le troisième ou quatrième port le plus commerçant des États-Unis et l'entrepôt de coton le plus considérable du monde. Aussi l'attention du gouvernement fédéral s'est-elle portée depuis quelques années de ce côté, et des travaux importants ont été entrepris sous la direction du capitaine Eads, pour améliorer et faciliter les passes du grand fleuve aux navires de tous les tonnages.

On a déjà obtenu des résultats avantageux. On est parvenu notamment à boucher le Grand-Bayou (1), qui jusqu'ici avait épuisé la passe du Midi d'à peu près un tiers de ses eaux. La fermeture de ce bayou a tellement augmenté le courant dans la passe, qu'en moins de deux jours la profondeur du canal s'était accrue de plus d'un pied ; elle s'accroîtra encore à mesure que le curage s'achèvera.

Cette amélioration ne tardera pas à influer sur la barre principale, et les pilotes assurent que l'effet s'en est déjà fait sentir, au point qu'ils peuvent faire passer sur cette barre des navires d'un tirant d'eau de vingt pieds.

Ainsi le nouveau mode de travaux a plus fait pour la passe du Midi que n'ont fait jusqu'à présent de longues années de draguages très-dispendieux pour la passe du Sud-Ouest.

Les résultats que nous venons de signaler sont confirmés par une lettre que nous adresse à ce sujet le professeur J.-E. Nourse de l'observatoire naval de Washington, et dans laquelle il écrit :

« J'ai le plaisir de vous informer, à la suite d'une longue conférence avec le capitaine James B. Eads, ingénieur, directeur des nouveaux travaux pour l'amélioration des bouches du Mississipi, qu'on compte sur un succès complet. Grâce à la mise en pratique du système des jetées, on a obtenu une profondeur de 18 pieds et plus ; la profondeur par-dessus la barre n'était, il y a un an, que de 7 1/2, 8 et 12 pieds. »

La géographie française aux États-Unis. — M. Levasseur, membre de l'Institut de France et juré français à l'Exposition du Centenaire, à la suite de sa récente visite aux écoles publiques de New-York, a présenté au collège normal une grande mappemonde d'après ses propres dessins. Il a en outre fait don à M. Wood, président du Board of Education, d'une série d'atlas et de livres de géographie dont il est l'auteur et qui sont employés dans les écoles françaises.

Canada. — La durée de la traversée entre l'Angleterre et le Canada va être quelque peu abrégée par suite d'un arrangement entre le gouvernement canadien et la ligne des paquebots à vapeur de Liverpool.

Dorénavant les paquebots venant de cette dernière ville débarqueront les malles et les passagers à Rimouski au lieu de Québec. Rimouski est beaucoup plus près que Québec de l'embouchure du Saint-Laurent, et il possède une station ou grand chemin de fer principal (*Trunk railway*). A l'arrivée des paquebots, les malles et les passagers seront débarqués et dirigés par le chemin de fer sur Québec.

Les Colons-Explorateurs. — Le fondateur et directeur de la Société des Colons-Explorateurs, M. Brau de Saint-Pol-Lias, s'est embarqué dimanche matin sur le « Meïkong » des Messageries maritimes pour se rendre à Singapour et de là à Delhi, sur la côte nord-ouest de l'île de Sumatra, où il va fonder une colonie agricole, industrielle et commerciale française; en même temps, quelques-uns des sociétaires s'occuperont de découvertes et d'études sur les parties du pays encore peu connues et rayonneront même dans tout l'archipel indien. M. Brau de Saint-Pol-Lias emmène avec lui M. Tabel, ancien élève de l'École d'agriculture de Grand-Jouan, qui régissait une grande ferme dans les environs de Versailles ; M. Tabel est du Cantal. M. Guillaume, homme très-entendu dans la surveillance et la direction d'une maison, sera aussi un excellent collaborateur pour la colonie agricole. Un ingénieur distingué, M. Wallon, un publiciste, qui connaît plusieurs langues et qui a habité l'Angleterre depuis longues années, M. Chapel, et un docteur, M. O'Rorke, qui a déjà parcouru le monde dans vous les groupes des colons explorateurs, qui partent dans les meilleures conditions de réussite. Ils trouveront, en effet, à leur arrivée, des terrains fertiles à des prix excessivement bas et la main-d'œuvre abondante et à bon marché, car deux f is par mois un bateau caboteur verse sur la côte près de 400 coolis chinois qui ne demandent qu'à travailler à des prix très-bas. M. Brau de Saint-Pol-Lias a su parfaitement choisir ses collaborateurs, et tout fait présumer que cette société de colons-explorateurs réussira parfaitement dans ses projets, dont le but principal est de faire cultiver par les indigènes et les Chinois de grandes concessions de terrains, de vendre aux Européens les produits agricoles bruts ou transformés en produits fabriqués, et de fonder sur la côte nord-ouest de Sumatra une grande maison française. La Société débute avec un capital de 200,000 francs. Elle ne perd pas de vue l'avancement de la science géographique, et quelques-uns de ses membres s'occuperont surtout de l'étude des pays environnants.

On ne peut qu'encourager de pareilles entreprises; aussi adressons-nous nos sincères félicitations au promoteur de cette idée et faisons-nous les vœux les plus sincères pour la complète réussite et la prospérité de nos colons-explorateurs. Nous ne les perdrons pas de vue sur la terre lointaine où la France va compter bientôt de nobles enfants qui se dévouent pour porter son nom aux confins de la terre et tendent à réagir sur l'humeur casanière de notre beau pays. M. Brau de Saint-Pol-Lias a reçu sur le « Meïkong » un charmant accueil de la part de MM. Talon et Lecat, directeur et sous-directeur de l'exploitation des Messageries maritimes. M. Talon, avec sa bienveillance habituelle et son zèle à encourager toute œuvre propre à relever et à honorer le nom français à l'étranger, a présenté M. Brau de Saint-Pol-Lias à M. le capitaine du « Meïkong » en le lui recommandant chaudement.

Le directeur de la Société des Colons-Explorateurs nous a chargé de remercier en son nom, par la voie de la presse, M. Talon de l'accueil cordial qui lui a été fait et de la bienveillance dont il a été l'objet ; c'est une tâche que nous accomplissons avec le plus vif plaisir, en attendant que M. Brau de Saint-Pol-Lias puisse le faire lui-même.

(*Sémaphore de Marseille.*)   P. RAINIER.

Club Alpin français. — Dans sa dernière réunion, la direction centrale du club Alpin français a nommé à l'unanimité des membres présents, M. Adolphe Joanne, président du club, en remplacement de M. Cézanne, décédé le 21 juin 1876.

Le premier congrès du club Alpin français aura lieu à *Annecy*, les 13, 14 et 15 août prochain. Toutes les sections du club Alpin français y seront représentées; les clubs Alpins Suisse, Italien et Anglais y enverront aussi de nombreux représentants. La ville d'*Annecy* a voté 2,000 francs pour les frais de la fête vénitienne qui doit avoir lieu sur le lac, le soir du premier jour.

La Pieuvre artificielle. — On lit dans le *Journal de Boulogne*, 5 mai. — Une expérience fort intéressante a eu lieu, jeudi 13 courant, dans le Bassin à flot. Il s'agissait du fonctionnement du *Grappin bi-automoteur Toselli* et de sa puissance d'accrochement.

On sait que ce grappin particulier, surnommé avec raison : *Pieuvre artificielle*, est formé de pièces métalliques courbes qui s'ouvrent pendant leur descente vers le fond de la mer, et vont y saisir un objet quelconque, absolument comme font les bras ou tentacules de la Pieuvre.

Le capitaine du navire *Don-de-Dieu*, de Dieppe, avait mis très-obligeamment son canot et tous les accessoires nécessaires à la disposition de M. Emile Fortin, ingénieur, résidant dans notre ville depuis plusieurs années, et de M. le capitaine Gryson, l'un de nos compatriotes, qui se dirigèrent vers le milieu du Bassin et y laissèrent couler une ancre assez pesante.

Ayant fait ensuite tomber le grappin à direction du filin qui tenait à l'ancre, les deux expérimentateurs réussirent complétement à retirer cette ancre. Deux fois ils vérifièrent l'expérience qui eut deux fois le même résultat satisfaisant.

On put constater alors que l'engin est très-tenace et qu'il ne lâche pas l'objet quelconque qu'il a pu une fois saisir, et l'on peut s'étonner en quelque sorte de sa puissance, quand on sait que le modèle dont M. Fortin s'est servi n'a que 30 centimètres de diamètre et autant de hauteur, et qu'il peut lever plus de 300 kilogrammes effectifs sans se rompre, malgré son apparence délicate qui est loin de faire soupçonner une telle force.

Ce nouvel engin a cela de spécial qu'il fonctionne tout seul, soit pour s'ouvrir, soit pour se fermer, et qu'on n'a qu'à le laisser tomber dans la direction voulue.

C'est donc un appareil fort peu encombrant qui se recommande de lui-même et qui peut rendre les plus grands services aux marins, ce dont on ne peut douter après l'expérience dont nous venons de donner les détails.

Le Directeur-gérant, O. HERTZ.

---

(1) On nomme ainsi des rivières ou cours d'eau de toutes dimensions qui forment comme autant d'affluents du Mississipi sur ses deux rives et se jettent la plupart les uns dans les autres ou dans le fleuve même. Quelques-uns sont assez forts pour soutenir des bateaux à vapeur, qui les parcourent dans presque toute leur étendue.

LA LISTE DES FONDATEURS DE L'*EXPLORATEUR*

Le général lieutenant de l'armée russe au Caucase, M. J. Chodzko, membre correspondant de la Société de géographie de France, nous fait connaître par lettre datée de Tiflis, le 8 juillet 1876, que trois sociétés russes ont voulu témoigner leur sympathie à l'*Explorateur* en s'inscrivant chacune comme actionnaire au capital social de notre journal.

Ce sont :

1° La section caucasienne de la Société de géographie de Russie, dans la personne de M. N. Woronoff, son secrétaire;

2° La Commission statistique de Tiflis, dans la personne de son vice-président, M. Berger;

3° La section caucasienne de la Société technologique de Saint-Pétersbourg, dans la personne de son président, M. N. Seidlitz.

La section caucasienne de la Société technologique a bien voulu s'inscrire au nombre des abonnés de l'*Explorateur*, imitant en cela l'exemple donné par plusieurs sociétés étrangères et notamment celles de Londres, de Berlin, de Vienne, du Portugal et des Etats-Unis.

SOUSCRIPTION PUBLIQUE

OUVERTE PAR

LA SOCIÉTÉ DE GÉOGRAPHIE DE FRANCE

AU PROFIT

D'une exploration dans le Ahaggar (Hoggar) et à travers l'Afrique occidentale

Par M. LARGEAU

Au moment où nous mettons sous presse, la Société de géographie de France ouvre, dans sa dernière session ordinaire de l'année 1876, une souscription publique qui permettra à M. Largeau de faire à travers l'Afrique occidentale une des plus belles explorations qui puissent être accomplies de nos jours.

La Société de géographie commerciale de Paris dont le bureau s'est concerté avec celui de la Société de géographie de France, prend part à cette souscription.

Les Sociétés de géographie de Lyon et de Bordeaux sont également invitées à s'associer à cette œuvre patriotique.

Des notes ont été adressées aux divers groupes et à tous les journaux de France et d'Algérie, pour les engager à propager le mouvement.

L'*Explorateur*, qui a déjà annoncé cette mesure, recevra dans ses bureaux, les sommes, petites ou grandes, qui lui seront adressées, et les transmettra à la Société de géographie de France.

Il publiera, en dehors des noms des personnes qui auront eu recours à son intermédiaire, la liste de tous les souscripteurs, sans distinction.

Nous aurions déjà fait paraître une première liste, si nous n'avions voulu laisser aux membres de la Société de géographie de France, la plus ancienne de toutes les Sociétés géographiques du monde, l'honneur d'ouvrir la souscription.

Il importe que nos lecteurs veuillent bien considérer l'importance de cette manifestation. Elle est essentiellement nationale, car — accomplie en dehors de toute opinion, au seul point de vue du rôle que notre pays doit remplir dans l'histoire de l'humanité, elle est un témoignage de l'unité de notre attitude, quand il s'agit d'entreprises extérieures. — Il importe de dire et de redire qu'une souscription analogue, en Allemagne et en Angleterre, réunirait rapidement des sommes considérables, parce que chacun y contribue dans la mesure de ses ressources, et qu'il n'est si pauvre budget qui n'apporte son obole à une entreprise patriotique. La conscience de l'honneur national serait-elle moins vive chez nous que chez nos voisins? Les pionniers de la civilisation trouveraient-ils moins d'appui auprès de nos compatriotes que chez les Allemands et chez les Anglais ? C'est une question à laquelle les résultats de cet appel vont donner une réponse catégorique. Il n'y a donc pas à hésiter, que chacun de nous inscrive son nom en versant son offrande, et qu'on sente battre un cœur français derrière chaque souscription.

DÉPOPULATION DE LA FRANCE

*A M. le rédacteur en chef de l'*EXPLORATEUR,

Monsieur,

La lettre de Mgr Redvood, évêque de Wellington (Nouvelle-Zélande) que vous avez reproduite, nous apprend que dans cette colonie anglaise l'émigration n'est pas au-dessous de trente mille âmes par année.

Trente mille âmes par an pour une seule colonie! Hélas! dans l'origine, cette terre devait être française. Le capitaine Lambert, du Havre, y avait commencé un établissement quand, en 1839, elle fut déclarée possession britannique. Elle compte aujourd'hui quatre cent mille âmes. Demeurée française, la population européenne se compterait probablement par centaines. Si cette phrase étonne, voyez les Marquises, les Pomotou, Mayotte avec sa rade admirable, Nossibé à la porte de Madagascar. Ces terres, dont la France a pris possession vers 1840 pour servir de lieu de relâche à nos stations militaires et à nos baleiniers, il a été déjà question de les abandonner. La population indigène s'éteint comme elle fait d'ordinaire au contact des Européens, d'autre part aucun Français ne s'y établit à demeure! Notre pavillon n'est-il donc appelé qu'à abriter des solitudes?

Cette impuissance de notre race se manifeste tous les jours et de toutes les manières. Nous sommes immobiles, quand autour de nous les autres nations s'étendent et grandissent. Ainsi, l'on a calculé, d'après la proportion des naissances et des décès, le temps dont les divers peuples d'Europe ont besoin pour doubler leur population, et l'on est arrivé aux résultats suivants :

Norvège	51 ans.
Autriche	62 —
Angleterre	63 —
Danemark	73 —
Suède	89 —
Allemagne	98 —
France	334 ans!

Or, ce dernier chiffre, tout humiliant qu'il est, paraît encore être trop à notre avantage, car la France reçoit chaque année un certain nombre d'immigrants qui, attirés par la douceur du climat et des mœurs, se fixent parmi nous, et forment, avec le temps, des familles françaises. Or, ces immigrants échappent, du moins autant qu'ils peuvent, à la loi du recrutement. C'est donc par le nombre des jeunes Français sur lesquels porte cette loi que nous pouvons juger ce que devient, chez nous, la population vraiment nationale.

Or, voici, pour les dernières années, quel a été le nombre des Français qui atteignent l'âge de vingt ans.

En 1873	303,810.
— 1874	296,204.
— 1875	283,768.

En 1876, le nombre ne dépasse pas 277,000.

Si notre race s'étiole et s'éteint, comment pourrait-elle peupler des colonies ?

On a voulu expliquer cette décroissance en faisant observer que ces années correspondent, pour les naissances, à l'époque de la guerre de Crimée. Plaise à Dieu qu'il en soit ainsi; mais... est-ce bien à vingt ans que nos Français se marient ?

Nos journaux insistent, quelquefois peut-être plus qu'il ne conviendrait sur l'émigration de la population allemande, fuyant le régime militaire auquel ce pays est condamné.

Le fait est certain ; mais ce qui ne l'est pas moins, c'est que la population de l'empire d'Allemagne n'en éprouve aucune diminution. C'est donc un excédant qui se lance au dehors comme un essaim d'abeilles, et qui va porter sur toutes les terres la langue, les mœurs et les intérêts de l'Allemagne.

Notre infériorité est donc clairement démontrée, et la cause n'en est un mystère pour personne : c'est une conséquence forcée du partage obligatoire des successions.

A ceux qui en douteraient, qu'il suffise de faire observer que la stérilité comparée des mariages est en France le mal des possesseurs et non point le mal des deshérités. Les artisans, les ouvriers, tous ceux qui vivent au jour le jour ne craignent pas d'avoir de la famille : le bien patrimonial ne devant en souffrir aucune atteinte, comme cela arrive dans les familles fortunées.

Mais le déclin de la population française n'est pas la seule conséquence fâcheuse du partage forcé des successions. Il y a encore d'autres suites nuisibles, telles que le morcellement indéfini de la propriété foncière et la ruine des petits héritages par les frais de justice et les formalités de procédure. Ces maux sont devenus tels, que le gouvernement songe à y porter remède. L'attention des Chambres va donc être appelée sur ce point important. Puissent les faits secondaires ne pas faire oublier ce fait principal : la stérilité effrayante de la population française !

Agréez,

C. ROBERT.

LES COLONS-EXPLORATEURS

En mer, par le travers de Capri, à bord du *Meï-Kong*, 18 juillet 1876.

Mon cher Monsieur HERTZ,

Je vous dois au plus tôt des nouvelles des *Colons-Explorateurs* auxquels vous vous êtes intéressé à tant de titres, et dont les flots de la Méditerranée et de l'Océan indien portent en ce moment la fortune et les espérances.

Je suis parti de Paris samedi 15 juillet, vous savez dans quelles bonnes conditions de recommandations de toutes sortes, grâce à l'extrême obligeance de nombreux et puissants amis hollandais et français, de notre consul général à Batavia, M. Duchesne de Bellecourt, de la Société de géographie de Paris, de la Société de géographie commerciale, et, tout particulièrement, de son excellent et honorable président, M. Meurand.

Dimanche matin, malgré l'heure matinale, M. Bainier, notre si dévoué collègue, m'attendait à la gare pour me conduire au paquebot. Nous étions bientôt rejoints par un de mes bons camarades d'enfance, M. Emilien Massot, enseigne de vaisseau, tout récemment de retour de Cochinchine, et qui avait voulu venir de Toulon m'apporter, à mon départ, tous les renseignements encourageants qu'il avait recueillis pour moi dans l'Archipel indien.

En arrivant à bord, M. Bainier m'a présenté à M. Talon, le grand chef de l'exploitation des Messageries maritimes, qui a bien voulu me recommander aussitôt au commandant du navire dont j'allais être l'hôte pendant un mois.

Puis j'ai reçu les affectueuses accolades, je puis dire de ces deux amis qui représentaient près de moi, au moment où j'allais quitter la France, l'un la famille et les intimes, l'autre les sympathies si nombreuses et si chaudes aussi que j'ai trouvées dans ce monde dont otre journal est l'organe : ils ont chaleureusement serré la main à mes compagnons, avec mille souhaits de réussite, et ils ont regagné le quai. On relevait déjà la passerelle.

Que vous dirai-je de ce moment du départ ? — J'avais écrit à mon père quelques lignes rapides d'adieux que ces Messieurs emportaient pour les mettre encore à la poste à Marseille, et j'étais remonté sur le pont, qui offrait cet aspect tumultueux, indescriptible, d'un paquebot qui va prendre la mer. Des passagers de toutes classes, des hommes d'équipages de toutes couleurs, des Arabes, des Chinois, des noirs, allaient, venaient, se hâtant, s'entre-croisant dans tous les sens... Tout à coup la cohue cesse : le silence se fait à bord. Une file de matelots est rangée le long du câble, derrière le cabestan. Tous les officiers sont à leur poste sur les passerelles. On attend le coup de sifflet du capitaine qui va se répéter sur dix notes différentes pour commander les dernières manœuvres...

Il y a dans ce moment quelque chose de solennel, même pour les indifférents ou les curieux, toujours nombreux, qui regardent, du quai, cette parcelle flottante et habitée de la France qui va s'éloigner de son sol pour disparaître dans de lointains horizons !...

Notre bon Guillaume, si résolu d'ailleurs, pense en ce moment à sa femme dont il est obligé de se séparer pour quelques jours, jusqu'à notre installation définitive. On voit cela à un nuage à peine perceptible qui passe sur son front. Quant à notre agriculteur, M. Tabal, son humeur est inaltérable : il est enchanté du paquebot, enchanté de la mer, qui est merveilleuse, et déjà tout à fait dans son rôle ; il se préoccupe fort de savoir quelle est la destination de quatre beaux salers embarqués à l'avant du navire. Quelle colonie songe-t-on à peupler de cette belle race de bœufs français ? — La réponse est peu intéressante au point de vue agricole : ces belles bêtes sont menées par mer — à l'abattoir. Elles sont destinées, avec un certain nombre de veaux et de moutons, et de grandes volières pleines de poulets, canards, pintades, dindons, à la nourriture des passagers.

Nous avons attaché là les magnifiques chiens *slouguis* qui ont été envoyés par l'agha de Touggourt et que je viens de recevoir à Marseille, deux bêtes admirablement fines, qui pourront nous rendre, à Sumatra, de sérieux services de garde et de chasse.

Pendant que nous nous assurons de leur installation, le paquebot a tourné la jetée qui ferme le port de la Joliette. Nous voguons déjà sur la mer la plus calme et la plus bleue que l'on puisse rêver.

Notre traversée n'a pas discontinué, depuis, d'être une véritable partie de plaisir. Quelle vie calme et confortable que celle du bord ! — Le *Meï-Kong* est un solide et beau navire qui fait tranquillement ses onze nœuds à l'heure. Dix officiers, sans compter le commissaire et le médecin, président à ses manœuvres, exécutées par une vingtaine de matelots ; cinquante noirs servent sa puissante machine, — et je me suis arrêté plusieurs fois devant un groupe de ces hommes de bronze au torse sculptural, à la figure sombre, mais douce et souvent belle, qui remplissent les tâches pénibles dont ils sont chargés, avec une énergie sauvage. — Le domestique est très-nombreux, surtout pour le service des premières, et a encore en sous-ordre, une vingtaine de Chinois. — Un de ces *boys* du Céleste-Empire balance au-dessus de ma tête, pendant que je vous écris, un ventilateur, dont la brise caressante m'eût été souvent plus nécessaire à Paris que dans la vaste salle bien aérée où je suis en ce moment. — Tout est prévu ici pour l'utilité et l'agrément des passagers.

Mais la mer elle-même fait bien davantage encore pour le charme du voyage. Je comprends bien aujourd'hui les lettres enthousiastes que j'avais reçues de ceux de nos compagnons qui nous précèdent à quinze jours de distance, MM. Wallon, O'Rorke et Chapel et qui sont aujourd'hui dans le voisinage de Pointe de Galles. La couleur seule des eaux de la Méditerranée, cet azur profond, transparent, qu'aucun pinceau ne saurait rendre et qui s'étend à l'infini sur ce vaste horizon mobile, animé, est un sujet d'admiration inépuisable.

J'ai passé hier matin de longues heures, étendu sur mon fauteuil de bord, à contempler ce spectacle si simple et si grand ! Je suivais de ma lorgnette les capricieux contours de la côte italienne que nous longeons sur notre gauche, tantôt lointaine et brumeuse, ou tantôt plus rapprochée et éclairée par un soleil resplendissant, ou les évolutions d'un brick ou d'un trois-mâts, qui marche sur notre route, toutes les voiles au vent, mais que le paquebot a bientôt laissé derrière lui. Des bancs de poissons, sautaient joyeusement dans ce large sillage qui permet de reconnaître, du navire, l'horizon, comme une grande route parfaitement tracée, le chemin que le navire a parcouru. Parfois aussi une mouette au blanc plumage, planant mollement au-dessus des flots, venait de la côte nous rendre visite... C'était la première fois depuis longtemps que je goûtais un véritable repos, que je jouissais du plaisir de me laisser vivre.

Ce matin j'ai été réveillé à cinq heures par une aubade napolitaine : voix de femmes, d'enfants, accordéons et guitares, rien n'y manquait. Le bateau était arrêté, nous avions jeté l'ancre dans la baie de Naples. De nombreuses petites barques aux couleurs vives, couvertes d'un toit plat de toile, nous avaient accosté, chargées d'oranges, de citrons, de menus objets de toutes sortes, en sollicitant les passagers à descendre à terre.

Je n'ai rien à vous dire de Naples que vous ne sachiez déjà ; mais quelles charmantes impressions nous avons rapportées de notre visite à cette capitale de l'Italie méridionale. Un corricolo nous a permis en trois heures d'en voir assez complétement la physionomie si pittoresque et si vivante. Nous avons parcouru ces rues étroites aux maisons hautes dont les balcons se touchent presque pour garantir leurs habitants contre les ardeurs du soleil ; nous avons visité l'église Saint-Janvier, le patron de Naples, avec ses vieux souvenirs de l'empereur Constantin et de sa mère ; — la chapelle des ducs de San Severo d'une richesse sculpturale remarquable ; un de ses grands tableaux de marbre blanc à hauts reliefs représente un ancêtre de la famille qui s'étant fait passer pour mort, sortait de sa bière l'épée à la main, au milieu de ses ennemis pour les mettre en déroute.

Nous sommes allés à la tombe de Virgile, où l'on monte par un sentier rocailleux jonché de feuilles de figuier, sous des vignes grimpantes, monument sans faste dans un lieu retiré et agreste, — mais bien choisi pour la dernière demeure d'un poète qui l'avait habité vivant. On a de là une vue admirable, la baie de Naples dont il serait banal de redire les beautés, et au delà, majestueusement dressé, le Vésuve avec son blanc panache de fumée... Mais le site a été gâté par une profonde tranchée qui mène à un long tunnel et dont il ne faudrait pas accuser l'industrie moderne, car ces travaux ont un cachet romain très-prononcé. — Le tunnel qui traverse la montagne pour aboutir aujourd'hui au village de San Vitale est une des curiosités du pays. Éclairé par une trentaine de réverbères suspendus de distance en distance sous la voûte élevée, il est constamment traversé par cette foule bigarrée, bruyante, qu'on rencontre partout dans les rues de Naples: bizarres attelages de toutes sortes, depuis le corricolo élégant dont le cheval est conduit sans mors, au caveçon, jusqu'à la charrette attelée d'un bœuf ou d'une vache; chevriers poussant à grands cris leurs troupeaux ; âniers dont les bêtes piteuses ou fringantes ploient sous leurs charges de fruits ; nombreux piétons aux brillants costumes nationaux pourtant trop rares ; où lazzaroni déguenillés qui s'entassent sur vos pas et que les voitures poussent dans ces rues étroites sans produire d'autre mal que des jurons et des cris... Que de particularités curieuses, que de détails bizarres on peut noter là en quelques minutes ! Le type dominant est l'*Aguayolo*, avec son petit tonneau à bascule et ses piles de citrons qu'il entasse dans toutes les rues. Un des détails les plus typiques c'est le « banco lotto », ou banco del lotto, loterie nationale dont on voit les bureaux dans tous les quartiers... Le samedi, m'a-t-on assuré, avant l'heure fatale où la porte se ferme pour le tirage, on fait queue dans tous ces bureaux. Une foule de gens accourent au dernier jour avec des indices tellement certains pour bien choisir, qu'il tiennent énormément à avoir leur numéro : ce sont les rêves combinés de trois dernières nuits, ou une circonstance fortuite, un accident de voiture qui leur indiquent exactement le numéro qui gagnera. Il y a, à cet usage, des livres cabalistiques que l'on peut consulter.

Notre nacelle nous a ramenés au paquebot juste au moment où il levait l'ancre ; sa machine chauffé déjà et les premières bouffées de fumée nous donnaient de vives impatiences, car aucun de nous n'eût voulu être condamné à attendre le paquebot suivant dans le lieu le plus enchanteur.

Aussi avons-nous été pris d'un sentiment de sympathie profonde lorsqu'après le départ du paquebot nous avons aperçu encore dans le port une nacelle en détresse dont les passagers, que nous pouvions reconnaître avec nos lorgnettes, faisaient vers nous des signaux désespérés. Heureusement pour les retardataires, notre capitaine n'a point été inexhorable comme on peut l'être en pareil cas. La vapeur a été renversée et le paquebot mis en panne ; mais que d'efforts il a fallu à quatre vigoureux rameurs pour regagner l'avance que nous avaient donnée quelques coups de piston ! Toutes les lorgnettes ont été braquées un instant sur cette petite nacelle qui s'enlevait sur les flots et venait par bonds vers le navire. Elle était montée par une de nos plus charmantes passagères, embarquée à Marseille avec son mari, et qu'il eût été vraiment dommage de laisser en chemin.

Mais tout a été pour le mieux et nous repartons au grand complet, tous penchés en ce moment sur les bastingages, pour voir à notre gauche Sorrente, dont les maisons sont perdues dans les bois d'orangers, et cette radieuse côte d'Italie qui s'étend au-dessous de Naples, couverte d'oliviers et de vignes ; à notre droite, Capri, un charmant *buen retiro* au milieu de la Méditerranée, où des touristes qui étaient allés la visiter se sont fixés pour y finir leurs jours.

Ce soir nous verrons le Stromboli, dont le cratère lance des flammes intermittentes, ce qui nous promet un beau spectacle de nuit.

Vous le voyez, cette première partie de notre programme, la traversée ! qui pouvait paraître effrayante ou fastidieuse à des Français, trop peu familiarisés avec les voyages, n'offre qu'un premier motif d'attraction. — N'eût-on point un but aussi attrayant que le nôtre, que je conseillerais encore à ceux qui disposent de quelques jours et de quelque argent, et qui veulent goûter des jouissances saines et élevées, éprouver des sensations profondes et durables, d'aller aux Indes, ou de s'embarquer sur l'ingénieux navire de M. Biard. Je plains les hommes qui meurent sans connaître la mer : ils n'ont pas vécu une vie complète.

Mille remerciements encore pour ce que vous avez bien voulu faire pour nous avant notre départ. J'ai reçu dans ces derniers temps quelques demandes auxquelles il ne m'a pas été possible de répondre. Nos statuts permettent l'admission de nouveaux sociétaires ; et l'introduction de quelques membres libres encore, serait possible, même dans notre premier groupe, avant que le fonctionnement en soit définitivement établi.

Notre correspondant à Paris, *M. Mégemont*, 1, *avenue des Gobelins*, vous tiendra au courant de nos progrès auxquels je sais bien que vous vous intéressez. Nous aurons bientôt à en constater, j'en ai la confiance, grâce aux bonnes dispositions de tous mes compagnons et si nous sommes soutenus par la main de la Providence dans laquelle on se sent suspendu surtout lorsqu'on vogue depuis plusieurs jours sur un puissant navire, qui n'est qu'une coquille de noix entre l'immensité du ciel et l'immensité des flots.

BRAU DE SAINT-POL-LIAS.

LE CENTENAIRE AMÉRICAIN

LETTRES DE PHILADELPHIE DE NOTRE CORRESPONDANT SPÉCIAL

Philadelphie, le 11 juillet 1876.

A *Monsieur le* RÉDACTEUR EN CHEF *de l'Explorateur.*

Les journaux vous ont raconté avec quel enthousiasme les Américains ont célébré le centième anniversaire de leur existence nationale. Dans son discours d'inauguration de l'Exposition de Philadelphie, le président de la République invitait toutes les nations à constater les progrès accomplis par les Etats-Unis, et le gouvernement a fait préparer, pour cette occasion, des statistiques non moins utiles à consulter que les belles collections réunies par ses soins.

Aidé de ces documents, je me propose de comparer les Colonies réunies de 1776 aux États-Unis de 1876.

Dès le commencement de la révolution, le Congrès américain ordonna un recensement approximatif de la population afin de répartir également les charges de la guerre. On constata que les treizes colonies renfermaient environ 1,750,000 habitants, y compris 500,000 esclaves répartis dans les régions du Sud. Aujourd'hui les Etats-Unis occupent probablement le quatrième rang pour la population. En effet, en 1870, l'Empire chinois comptait environ 477,500,000 habitants, l'Empire Britannique 174,200,000 ; l'Empire russe 76,500,000 l'Empire allemand 40,200,000 et les États-Unis 38,558,371 habitants. Mais depuis 1870, on constate, dans les États dont le recensement est complété, une augmentation de 16 pour cent qui, appliquée à tout le territoire, donnerait, à la fin de 1875, un chiffre de 44 millions 695,000 habitants.

L'annexion ou l'achat de la Louisiane, de la Floride, de la Californie, du Nouveau-Mexique, du Texas et de l'Ordgon, n'a pas donné aux États-Unis plus de 250,000 citoyens ; c'est donc l'émigration qui a contribué surtout à l'augmentation extraordinaire de la population.

De 1845 à 1854, les États-Unis reçurent 1,500,000 Irlandais, un nombre à peu près égal d'Allemands, et l'on calcule que de 1820 à 1873 l'Irlande et l'Allemagne ont perdu 8,808,141 habitants par suite de l'émigration aux États-Unis. Ce courant d'émigration s'est d'ailleurs considérablement ralenti depuis 1873 par suite de la crise commerciale et industrielle que traverse l'Union et dont l'effet immédiat a été une réduction considérable dans le taux des salaires.

Si l'on concède le titre d'Américains aux premiers colons établis dans les possessions anglaises avant 1776, ainsi qu'à leur descendance directe, on trouve que la population actuelle comprend 10,000,000 d'étrangers et descendants d'étrangers. On estime en outre, que si la fusion des races était complète, 100 gouttes de sang américain en contiendraient 25 d'origine anglo-saxonne, 27 allemandes, 2 danoises ou scandinaves, 30 1/2 celtes ; 3 latines ; laissant une inconnue de 12 1/5, Mais en fait, il n'y a d'Américains que les 383,700 Peaux-Rouges contre lesquels les États-Unis continuent leur empiètement injuste et barbare. Tout le reste de la population est formé d'émigrants parmi lesquels domine l'élément anglo-saxon.

La proportion de sang indien parmi les Américains est faible et difficile à apprécier. En 1870, celle des personnes de couleur, dans toute l'Union était d'environ 14 1/2 pour cent ; toutefois, dans les États du Sud, le sang noir s'est infiltré assez largement dans la race blanche, mais à un degré de dilution qui échappe aux statistiques. De 1853 à 1874 les États-Unis ont reçu aussi 144,328 Chinois, dont ils méconnaissent l'utilité et contre lesquels l'opinion est excitée depuis quelque temps par la presse Californienne.

Depuis dix ans, la race noire s'est augmentée bien moins rapidement que la race blanche, mais pour celle-ci, malgré les dénégations récentes, il faut reconnaître que la fécondité des descendants d'Anglo-Saxons diminue dans une proportion inquiétante.

En 1790 un treizième seulement de la population habitait les villes dont six comptaient plus de 8,000 âmes. En 1870 il y avait dans toute l'Union 374 villes dont les habitants formaient un cinquième de la population totale. Quelques-unes de ces cités se sont développées avec une rapidité extraordinaire. En dix ans, la population de New-Jersey a gagné 180 pour cent ; celle de San-Francisco, 164, celle de Chicago, 174 pour cent.

Pendant la période coloniale, les principales occupations étaient l'agriculture, l'exploitation des forêts, le commerce, la chasse et la

ou Tabraka, Hippo-Regius (Bône), Chulla (Collo), Igilgilis (Djidjelli), Rusucurrum (Dellys), Icosium (1) (Alger), Cartenna (Ténès), Karkome (Oran), Akra (Rachgoun), Siga. Dans l'intérieur, nous ne mentionnerons que Suthul et Kalama (Guelma), Cirtha (Constantine).

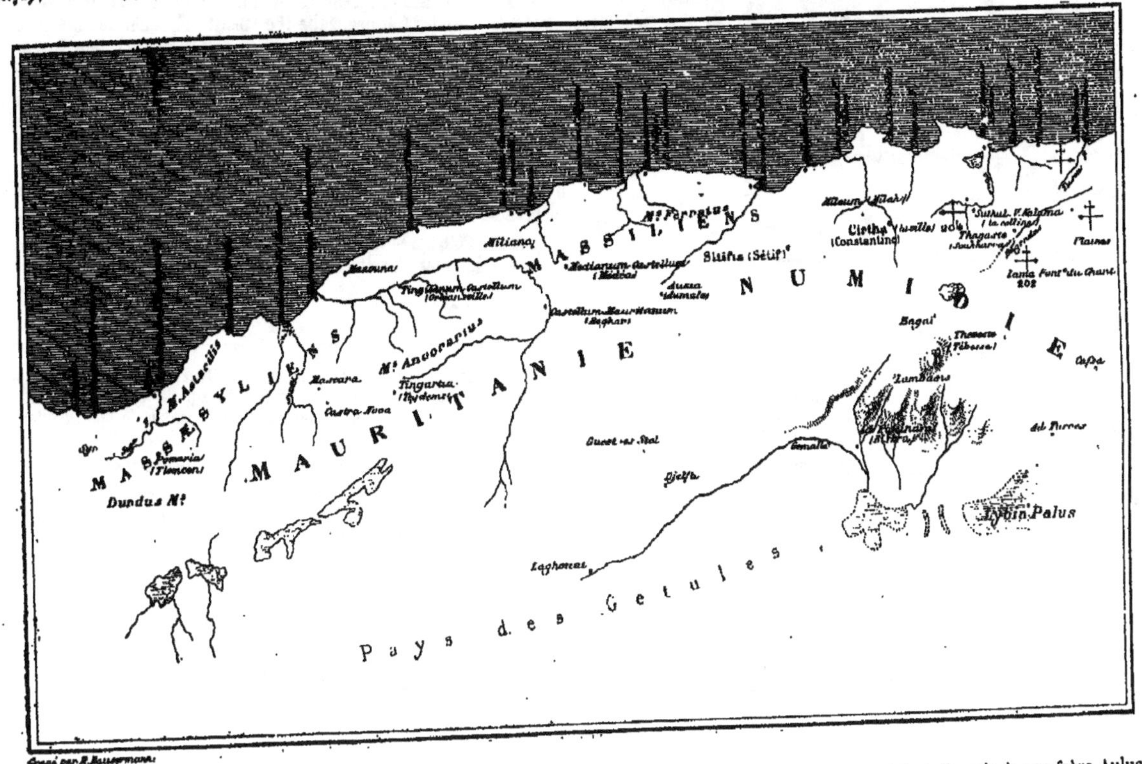

III

Lors de la deuxième guerre punique (200) les Romains et les Carthaginois recherchèrent l'alliance des rois numides. Syphax, roi de Siga, entra dans l'alliance romaine, les Carthaginois lui opposèrent Gula, roi de Cirtha dont le fils, Massinissa, s'empara de Siga. Tantôt pour, tantôt contre les Carthaginois, ces deux rois contribuèrent à la ruine de la puissante Carthage.

Après Zama (202) où les Carthaginois furent complétement battus par Scipion, Massinissa, roi de Cirtha, suscita de tels embarras à Carthage vaincue, mais encore redoutable, que les Romains s'empressèrent de la détruire pour qu'elle ne devint pas la proie des Numides (146).

En 204, Massinissa fut battu par Syphax, entre Cirtha et Hippône ; mais il reprit sa revanche en incendiant le camp de son vainqueur et en contribuant à la victoire des grandes plaines (près Tusca), puis à celle de Zama, où Annibal fut vaincu. En 193, Massinissa, qui, comme nous l'avons dit, contribuait à tous les malheurs de Carthage, détruisit près d'Oroscopa, l'armée d'Asdrubal. Il mourut peu après sans avoir vu la ruine de son ennemie.

IV.

DOMINATION ROMAINE.

Après la ruine de Carthage, Rome employant la politique de son ancienne rivale, favorisa également les chefs numides selon son intérêt, divisa entre eux le pouvoir et l'influence, maintint la zizanie à la faveur de laquelle, usant les forces des indigènes et paraissant se contenter du noble rôle de protectrice, elle augmenta insensiblement son pouvoir, étendit sa domination, livra la colonie à d'avides proconsuls, et l'enserra dans le réseau écrasant de son habile administration.

Micipsa, fils de Massinissa, embellit Cirtha et y attire une colonie de Grecs et d'Italiens. A sa mort (111), Jugurtha (2), son neveu, fait égorger Hiempsal et Adherbal, ses cousins, et s'empare de Cirtha par la famine. Il achète le pardon de son crime au sénat vénal. Mais ayant osé faire massacrer le jeune Massiva, dernier fils de Massinissa, il fut chassé de Rome, qu'il quitta, pleurant de ne pouvoir l'acheter. Pendant sept ans, il bat ou achète les généraux que Rome envoie contre lui.

En 110, le consul Albinus ayant laissé l'armée à son frère Aulus, celui-ci assiége Suthul, près de Guelma, se laisse attirer dans des lieux difficiles, où il est battu ; son armée passe sous le joug. En 109, Métellus bat Jugurtha près du fleuve Muthul ; en 108, il s'empare de Vacca (Bedja), dont il massacre les habitants, puis il prend Cirtha. Jugurtha se retire à Tala, qui est prise pas les Romains, puis à Gassa (1), capitale des Gétules, qui tombe au pouvoir de Marius (2). En 104, le fier et rusé Jugurtha, attiré dans une embuscade par Bocchus, son beau-père et son allié, est livré à Sylla, questeur de Marius. La capture du Numide rendit Marius jaloux de Sylla. Après avoir été traîné dans le triomphe du consul, Jugurtha mourut de faim dans son cachot : « Par Hercule, avait-il dit en descendant dans ce tombeau, les étuves des Romains sont bien froides ! »

Bocchus, donna à son fils Bogud la Mauritanie Tingitane, qui prit dès lors le nom de Bogudienne. Quant aux possessions de l'est : la Massæsylie fut laissée à son autre fils Bocchus ; la Numidie fut partagée entre Hiempsal, arrière-petit-fils de Massinissa, et Hiarbas, neveu de Jugurtha. Secondé par Domitius, partisan de Marius, Hiarbas détrôna Hiempsal, mais il fut vaincu à son tour par Pompée, près d'Utique, puis assiégé dans Bulla, sa capitale (sur le Bagradas). Obligé de se rendre, il fut mis à mort (81 av. J.-C.).

Le fils d'Hiempsal, Juba, ayant été maltraité par Jules-César, prit le parti de Pompée. Lorsque la guerre éclata entre ces deux Romains, il battit à 16 milles du camp cornélien (Porto-Farina), Curion, le lieutenant de César. Il en tira tant de gloire qu'il se crut supérieur aux Romains et écrasa de son insolent orgueil les pompéiens, ses alliés ; Caton (3) d'Utique fut le seul qui, par la force de son caractère et l'autorité de ses mâles vertus, sut résister à l'orgueil du barbare et faire respecter le nom romain.

---

(1) *Icosium*, du mot grec Εἴκοσι, les Vingt, fondé, d'après Solin, écrivain latin du IIIᵉ siècle, par vingt compagnons d'Hercule.

(2) *Jugurtha*. Célèbre par les luttes qu'il entreprit contre les Romains qu'il tint en échec pendant 13 ans. Il fut livré à Marius par Bocchus, son beau-père.

(3) *Gassa*, anc. Capsa, sud-ouest de Tunis, à 240 kilom.

(4) *Marius, Sylla*, deux Romains qui, par leur compétition, commencèrent la décadence de leur patrie.

(5) *Caton*. Nom de deux illustres Romains, l'un, le censeur (234 av. J.-C.) appelé à juger les griefs entre Carthage et Massinissa, jura la ruine de cette ville. Il était âpre et dur, mais ardent patriote et ennemi outré de l'injustice.

Caton d'Utique, son arrière petit-fils, se fit remarquer par la fermeté de ses principes et de son caractère. Après la défaite des Pompéiens à Thapsus, il ne voulut point survivre à la ruine de la République ni se soumettre à César et se donna la mort.

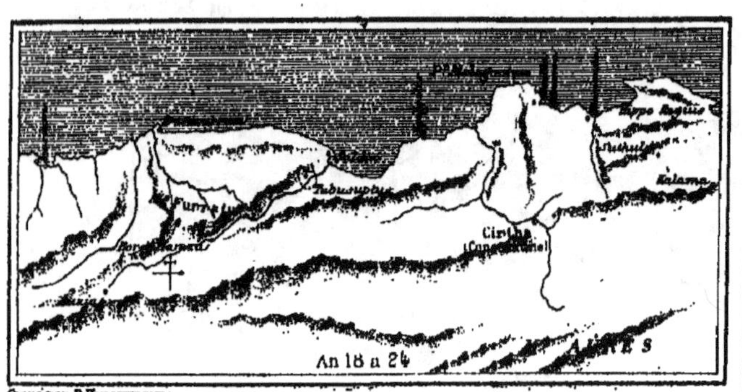

V.

RÉVOLTE DE TACFARINAS.

L'an 49, Juba l'ancien vainquit Curion, lieutenant de César, à Bagradas (Porto-Farina), mais trois ans après (46) Juba et les Pompéiens sont complétement vaincus à Thapsus par César lui-même. Déjà en l'an 43 av. J.-C., (707 de Rome), Publius Sittus, lieutenant de César, avait détruit dans le port d'Hippone (Seybouse) la flotte pompéienne de Métellus Scipion. Juba, échappé au carnage, voulut rentrer dans Zama, sa capitale, mais les habitants refusèrent de le recevoir et se soumirent au vainqueur. Juba désespéré se donna la mort

César récompensa Bocchus en lui donnant la Numidie ; le roi maure établit sa résidence à Jol (Cherchell). Après la mort de César, Antoine rendit la Numidie à Juba II, qui épousa Cléopâtre Sélène, fille de la fameuse Cléopâtre d'Egypte. En l'an 17, Auguste lui prend la Numidie (1), mais lui donne les deux Mauritanies et le pays des Gétules. Juba II embellit Jol, qu'il nomme Julia Cæsarea. Ce prince est resté célèbre par ses talents et sa douceur ; son peuple fut heureux sous son règne.

De 18 à 20 de notre ère, le Numide mercenaire Tacfarinas disciplina les Misulanes, peuplade puissante du nord de l'Aurès, s'allia aux Maures, vainquit une cohorte romaine près du fleuve Pagida, entre Cirtha et Igilgilis ; il assiégea Tubusuptus (2), mais s'enfuit devant Dolabella et établit son camp près d'Auzéa (Aumale), dans un fort retranché (le fort Homza). Dolabella vint l'y surprendre. Après une lutte acharnée, Tacfarinas se fit tuer l'an 24.

Vers l'an 260, après J.-C. on est assez étonné de voir une expédition franque s'engager dans les Mauritanies après un séjour de douze ans en Espagne (3).

(A suivre.)

(1) Les Romains tenaient à conserver sous leur administration directe le territoire de Carthage et près d'elle, formant un petit empire peu redoutable, la Numidie, ce grenier de Rome d'où nous vient encore le blé le plus beau et le plus abondant de l'Algérie.

(2) Tubusuptus, Tiklat sur la rive gauche de l'oued Sahel.

(3) Les Kabyles prétendent que les Aïth-Fraoucen sont les descendants de ces Francs. Zozime, historien grec du V° siècle, dit qu'ils furent repoussés en 275 par les troupes de la Byzacène.

DE L'IMPORTANCE COMMERCIALE DE LA MER ROUGE

(Suite)

L'encens de ces contrées, quoique ne valant pas celui des Indes orientales, donne cependant lieu à un commerce assez important. Il s'exporte principalement du Yémen par Hodeïda. L'Afrique en produit également un peu. Sur les bords de l'Atbara et du Nil Bleu on cultive beaucoup le sésame. Sa graine jaunâtre est employée tantôt comme épices, tantôt pour en extraire l'huile à manger et à brûler. Cette huile est épaisse et d'un goût peu agréable. Malgré la grande distance de ces plantations à Suakin, on expédie beaucoup de sésame vers ce port. Pourtant, le transport par eau, dans le Soudan, est tellement cher, qu'un navire gagne souvent dans un seul voyage plus de frêt qu'il n'a coûté.

Le *coton* vient fort bien en Abyssinie et au Soudan ; mais on s'applique peu à cette culture.

L'exportation de l'*ivoire* est beaucoup moins importante qu'elle pourrait être. Sur les rives de l'Atbara et de l'Homorau, les éléphants sont très-nombreux et leur nombre augmente à mesure que l'on se dirige vers le sud ; mais les indigènes ne se soucient guère de leur faire la chasse, pour faire le commerce de l'ivoire. Ce sont précisément les tribus qui habitent les contrées où vit l'éléphant, qui sont trop paresseuses pour se donner la peine de les prendre, et de faire ensuite de longs voyages pour vendre l'ivoire. On trouve souvent chez ces naturels les plus belles défenses d'éléphants servant comme fermeture d'un parc à moutons. Les plus grands chercheurs d'éléphants sont les Gallas qui vendent annuellement pour environ 100,000 francs d'ivoire à Massaouah, d'où on l'exporte aux Indes.

Les *plumes d'autruche* viennent principalement du Samhar et du désert de Nubie. Elles sont blanches, grises et noires. Ces dernières proviennent exclusivement des mâles. Celles qu'on exporte de Massaouah, vont presque toutes à Aden où arrivent également les plumes des autruches arabes.

L'exportation des *peaux* d'Abyssinie et de Nubie est très-considérable. Elles sont de beaucoup préférables à celles de l'Arabie parce qu'elles sont mieux nettoyées, préparées avec plus de soin et non trouées. On en emploie une grande quantité dans l'intérieur du pays pour toutes espèces d'objets, et notamment pour faire des outres à transporter l'eau. Le café est emballé aussi dans des peaux de chèvres ; ce qui est loin d'être avantageux. Ce sont surtout des peaux de bœufs que l'on exporte par Massaouah et Souakin.

Parmi les produits agricoles, le *beurre* occupe peut-être le premier rang. On le fabrique surtout dans le Bedouan, le Beni-Amer, le Habab et le Danâkil. On le transporte à l'état liquide dans des outres à Massaouah pour l'exporter ensuite en Arabie et aux Indes. Ce beurre est très-recherché quoiqu'il soit rarement pur et souvent mélangé avec de la graine. Le *bétail* est, comme nous le disions plus haut, très-abondant en Abyssinie et en Nubie, et par conséquent on l'achète à fort bon compte. Ainsi, une vache valait, il y a quelques années, environ deux thalers de Marie-Thérèse, c'est-à-dire à peu près 11 francs. On se sert souvent de ces animaux pour faire des échanges, et l'on en a expédié jadis plus d'une fois des cargaisons entières de Massaouah à Aden et même aux Indes. Les mules de ce pays sont aussi superbes. Massaouah en envoyait autrefois beaucoup à l'île Maurice.

Les *fruits* sont plus abondants en Arabie qu'en Afrique. L'Abyssinie produit du *blé*, mais de mauvaise qualité : il mûrit trop vite, de sorte que les grains renferment plutôt de la terre que de la farine. Le seul grain qui réussisse bien en Abyssinie et en Nubie, et dont on se nourrit principalement, est le *durrah*.

L'Abyssinie produit de l'*or* qui se présente dans le commerce à l'état de poudre. Cet or est presque blanc et de mauvaise qualité. Mais il y en a une autre espèce qui provient des mines de Sennaar (Fazokl), et qui se vend à Kartoum et qui est bien meilleur. On l'expédie le long du Nil et aussi par Souakin en Egypte. La quantité exportée n'est pas grande, mais elle échappe généralement au fisc, parce qu'on la fait passer dans des sacs de farine, de durrah ou de café.

Le *Musc* d'Abyssinie est d'une excellente qualité, on le conserve dans des cornes de bœuf. Mais le commerce en est fort limité.

L'Abyssinie exporte aussi du *tamarin*, on en estime à Massarouah la quantité à mille quintaux. Il faut ajouter à ce produit beaucoup d'épices et de médicaments, tels que la myrrhe, le kousso (remède employé contre le ver solitaire, dont les indigènes souffrent souvent), les feuilles de séné, etc. L'Arabie produit aussi des feuilles de séné, mais celles de l'Abyssinie sont meilleures. Pourtant l'Arabie exporte une quantité de drogues qui mériteraient qu'on en fît une description spéciale ; en dehors des articles déjà nommés, il nous semble important de signaler les exportations de *mastic*, d'*aloès*, de *sagou*, de *copal*, d'*assafœtida*, de même que les articles de teinture, tels que l'*indigo*, le *curcuma*, la *garance*, etc.

Ce que la Mer rouge produit en abondance c'est la *nacre*. On en trouve partout notamment près des côtes de Dahlack, dont les habitants se livrent presque exclusivement à cette espèce de pêche. Ils vendent la *nacre* immédiatement chez eux, ou bien ils vont la porter aux marchés de Massaouah et de Djedda, rarement à Souakin. De Massaouah on en exporte de grandes quantités par la voie d'Aden aux Indes, tandis que Djedda en fournit le marché d'Egypte et d'Europe. On trouve aussi des *perles* dans la mer Rouge, mais elles sont rares et de mauvaise qualité.

L'*écaille* s'achète aussi à Massaouah, venant des îles Dahlack. On en trouve peu aux autres endroits de la mer Rouge. Elle est mince et n'a que peu de valeur. Les meilleurs morceaux sont expédiés aux Indes.

Le *corail* de la mer Rouge est trop commun pour servir de parure. On s'en sert pour bâtir, et à Aden on le brûle pour en faire de la chaux.

Nous devons encore citer l'exportation de *charbons de bois* et d'*alcali* (soude). Ce sont les Bédoins du nord de Djedda qui fournissent ces deux produits. Le charbon de bois est expédié en Egypte par la voie de Suez et de Kosseir ; la soude prend le chemin de la Grèce pour la fabrication du savon de Syrie.

Jetons à présent un coup d'œil rapide sur les articles d'importation aux pays qui avoisinent la mer Rouge. Ceux-ci sont bien moins importants et se bornent aux étoffes pour vêtements et aux grains.

Parmi les étoffes, les cotonnades jouent le premier rôle, et, parmi celles-ci, les madopolams et les shirtings blanchis. Cependant la Nubie et l'Abyssinie fabriquent elles-mêmes ces espèces de tissus, d'une qualité grossière, parce que ceux de fabrication européenne sont généralement un peu trop frais et trop légers. La France fournit un peu de velours et de drap de couleur rouge, pour les riches du pays. Les autres produits manufacturés viennent de l'Inde, tels que les soieries et les mousselines, pour Djedda, et les *tuttahs* pour l'Abyssinie. Ces tuttahs, sont des morceaux d'étoffes en damas, de 2 mètres sur 80 centimètres, que les femmes portent autour des reins et autour de la tête.

On ne trouve nulle part du *fil blanc* dans les villes de la mer Rouge, mais il se vend, en Abyssinie, une espèce de fil rouge appelé *zig*. Il vient de Trieste, en petits paquets de 4 à 5 rotoli, qu'on paie 3 1/2 thalers. A Mehemmah, il s'en traite plus de 300 rotoli les jours de marché.

Parmi les minéraux, nous devons citer en premier lieu, le *sel* qui forme un article de commerce très-important dans les pays qui avoisinent la mer Rouge. On trouve du sel marin en grande quantité sur les côtes de l'Arabie et on l'exporte aux Indes. Souakin possède, à peu de distance de la ville, d'immenses lacs de sels dont elle approvisionne toute la Nubie et les contrées septentrionales de l'Abyssinie. Les caravanes rapportent généralement cet article en retournant dans l'intérieur du pays, et les marchands y gagnent souvent jusqu'à 200 pour cent.

Les *fez* sont d'une vente courante en Arabie, mais sur la côte d'Afrique on n'en porte qu'à Souakin, à Massaouah et aux environs. Les habitants à l'intérieur se contentent de leurs cheveux bouclés pour se couvrir la tête. Ces fez viennent en grande partie de Trieste mais ils sont généralement fabriqués à Chemnitz.

Il en est de même de la verroterie qui se vend beaucoup en Abyssinie. Ce sont surtout des perles en verre, dont la couleur dépend de la mode. Aussi, dans ces derniers temps on recherchait en Abyssinie les vertes et en Nubie les noires. On y importe aussi beaucoup de verres à boire de diverses couleurs, mais de qualité fort ordinaire et à pieds très-bas. Trois de ces verres se vendent à Mehemmah un thaler. De vieilles bouteilles à vin et à liqueur se paient en Nubie couramment un thaler la douzaine.

On importe aussi du fer forgé et de l'acier. L'Abyssinie possède des mines de fer, que les habitants ne savent pas travailler. Les *clous* se vendent bien, même à Djedda, mais sur les rives du Nil Bleu, ils sont d'un débit extraordinairement avantageux et facile, parce qu'on s'en sert pour la construction des embarcations naviguant sur ce fleuve. Il en est de même des *limes* et des *sabres damassés* de quatre doigts de largeur appelés *nemsamt* et qui viennent de Trieste.

Les *armes à feu* se vendent moins bien à Djedda et dans les villes arabes, au Soudan et en Abyssinie. Dans ce dernier pays, elles sont très-recherchées, mais le commerce en est très-difficile parce que l'Egypte en empêche l'importation en Abyssinie. Aussi les fusils destinés à l'Abyssinie sont expédiés d'abord à Aden en transit et de là introduits dans le pays. Ce sont généralement des fusils communs venant de la Belgique.

Cependant on a, pour la chasse à l'éléphant, une espèce de carabine d'un fort calibre à balle conique de trois centimètres de diamètre. Les chasseurs européens se servent de carabines plus légères, mais à balles explosibles. Le commerce de la poudre à canon est également très-entravé.

On emploie beaucoup d'*allumettes* dans tous ces pays. Elles sont généralement de fabrication autrichienne et leur qualité laisse beaucoup à désirer. Les *pierres à fusil* se vendent bien.

Autrefois, on n'y voyait en fait de *chaussures* que les souliers rouges d'origine arabe, mais dans ces derniers temps on a commencé à porter des bottines européennes en cuir et en étoffe avec des élastiques.

Le *savon* est un article d'importation fort important ; à Djedda on achète généralement le savon dur des îles grecques, notamment de Candie. Il est en morceaux oblongs et de couleur blanche. Dans le Soudan on préfère les petits morceaux carrés foncés.

C'est Marseille qui fournit les *chandelles*, la marque Fournier est la plus estimée.

L'Egypte exporte des quantités considérables de *grains* par la voie de Suez et de Kosseir vers les ports arabes et Souakin. Bassora fournit aussi des grains à Djedda. Mais la Nubie et l'Abyssinie consomment presque exclusivement du *durrah*. Ce n'est que depuis l'existence d'une garnison égyptienne à Massaouah, qu'on envoie des grains et des farines de quelque importance en cet endroit. Mais Djedda importe beaucoup de *farine* de même que des *légumes secs*, et l'Inde fournit à ce port des quantités de riz assez considérables. L'entrée des spiritueux est prohibée à Djedda, ce qui n'empêche pas qu'on y fait de superbes affaires en ces sortes d'articles. Sur la côte d'Afrique on importe du vin, des liqueurs et de l'eau-de-vie par Souakin et Massaouah, mais pour l'intérieur du pays il faut des qualités très-ordinaires, parce que le transport en augmente trop le prix. Malgré cela il se fait beaucoup de liqueurs et on les expédie généralement très-fortes pour pouvoir les couper lorsqu'elles sont arrivées à destination.

Le *sucre* est aussi un article d'une bonne vente, notamment les petits pains que fournit la raffinerie de Marseille.

Nous pourrions signaler encore beaucoup d'autres articles fabriqués en Europe mais, il faudrait que pour cela nous entrions dans trop de détails ; d'ailleurs les quantités de ces articles sont insignifiantes.

On peut estimer que le commerce des ports de la mer Rouge avec l'Europe et les Indes s'élève annuellement à près de 100 millions de francs. Ce commerce est nécessairement appelé à prendre une extension toujours croissante à mesure que les pays avoisinants se civiliseront. Aujourd'hui il est limité aux besoins les plus urgents, mais de nouveaux besoins ne tarderont pas à se faire sentir chez ces peuples, à mesure qu'ils prendront part à la civilisation européenne.

Le percement de l'isthme de Suez a fait faire un grand pas à ce progrès. L'ouverture du canal a pour ainsi dire rompu la barrière qui isolait ces peuples de la civilisation européenne. Nous sommes aujourd'hui en présence d'un nouveau monde, à peu de distance de nos frontières, qui ne demandera pas mieux que de se dépouiller de ses vieilles coutumes sauvages et de ses préjugés antisociaux lorsqu'il connaîtra nos mœurs et nos habitudes.

Comte MEYNERE D'ESTREY,
Archiviste de la Société de géographie commerciale.

LES ANCIENNES EXPLORATIONS

LES FRÈRES PONCET
(Suite.)

On est, à juste titre, frappé de la grandeur et de la hardiesse de ces expéditions quand on pense aux difficultés qui attendaient alors, plus encore qu'aujourd'hui, les voyageurs et les armées qui pénétraient dans ces contrées lointaines et inhospitalières. Il suffit, pour se rendre compte des obstacles que devaient rencontrer ces explorateurs de l'antiquité, de réfléchir à ceux qui s'opposent aux excursions et aux entreprises de nos voyageurs modernes qui, si souvent, ont payé de leur vie, leurs expéditions aventureuses. Il nous paraît donc juste de rappeler les noms de quelques-uns de ces héros auxquels la géographie ancienne devait la connaissance très-complète de ces contrées qui étaient redevenues complètement ignorées dans les temps modernes.

Dalion le premier, puis Aristogiton, puis Bion, puis Simonide le jeune, rencontrèrent le Nil jusqu'au delà de Mœroë. Plus tard, 100 ans environ avant Jésus-Christ, Thimostène, Sebosus et Artemidon visitèrent et décrivirent l'Éthiopie.

Ces voyageurs, non contents de nous donner des notions précieuses sur la géographie ancienne de ces régions, nous enseignent encore des choses extrêmement intéressantes à d'autres points de vue. C'est par eux que nous savons, pour la première fois, qu'on ne rencontre les premiers perroquets qu'entre Tergedus et Cynophalos, c'est-à-dire vers le 20° degré de latitude. Les singes, nommés *sphinx*, se trouvent dans la même région. Les premières pistes d'éléphants et de rhinocéros se montrent plus haut près de Mœroë. Pline nous apprend que les éléphants étaient si nombreux en ces lieux, qu'ils formaient la partie principale de la nourriture des habitants qu'on appelle pour cela éthiopiens, mangeurs d'éléphants (Éléphantophages). Dans les récits si précis, laissés par l'antiquité, sur ces régions plus connues alors qu'elles ne le sont encore aujourd'hui, on trouve des documents qui semblent datés d'hier; c'est ainsi qu'il y est question de peuples pasteurs qui habitent sous la tente, vivant du laitage et de la chair de leurs troupeaux, des peuples chasseurs (agriophages), qui vivent des produits de leur chasse : éléphants, lions, panthères ou autres animaux et qu'on retrouve de nos jours sous le nom de Schellouks et de Nouairs. On y rencontre aussi les peuples paresseux et misérables qui ne mangent que des sauterelles fumées et salées comme font aujourd'hui les Toudj et les Kitch qui, pendant la saison rigoureuse, vivent de poissons ramassés après les crues du Nil et séchés au soleil ; quand cette nourriture vient à manquer, i's se contentent de crapauds et d'autres animaux immondes péchés dans les marécages.

Pline dit, d'après Polybe, que, du temps de Gulussa, fils de Massinissa (123 ans av. J.-C.), dans la basse Afrique, voisine de l'Éthiopie, les éléphants étaient si nombreux et l'ivoire si commun que les défenses de ces animaux servaient à faire des chambranles de portes et des poteaux, et même qu'on en formait des palissades pour clore les jardins ou les enceintes destinées à renfermer des troupeaux.

Cette basse Afrique pourrait bien être la région des grands marécages comprise entre le 10° et le 7° de latitude, où les éléphants semblent encore de nos jours séjourner de préférence.

Une autre preuve que la région du haut Nil a été complétement connue des anciens et particulièrement des Romains, c'est que Pline, le grand et savant compilateur donne d'autres détails plus précis encore et plus semblables aux derniers documents fournis par les voyageurs européens. Suivant lui, dans la région des lacs, qui s'étend au Nord des montagnes de la Lune, se rencontre une race de nains ; or, nos modernes explorateurs ont constaté la présence des nains Akka du pays des Niam-Niam. Ailleurs sont les Syrbotes qui passent pour des géants et qui probablement n'étaient autres que les Nouaires qui sont des hommes d'une haute stature. Sur un autre point, le naturaliste romain signale les nègres hyporéens qui s'enduisaient le corps d'une couleur rouge très-pénétrante. De nos jours, nos explorateurs nous ont signalé les Djour, les Dor, les Niam-Niam et les Monboutou qui se frottent le corps d'une pommade fabriquée avec des produits tirés de la vache, et qui sont tout autres que le lait. Ces peuples se font distinguer des autres races de nègres par une teinte cuivrée et rougeâtre.

La trace la plus extraordinaire que les Romains aient laissée de leur passage et de leur domination dans ces contrées sont les routes qu'ils y ont construites en énorme quantité. On retrouve une de ces voies de chaque côté du Nil en suivant son cours pendant plus de 1,000 kilomètres. La partie de l'Égypte connue sous le nom de Delta était sillonnée à l'égal de nos provinces de la Gaule les plus fréquentées. Enfin, nous achèverons de donner au lecteur une idée de l'immensité de ces travaux, quand nous lui dirons qu'une route romaine partait des colonnes d'Hercule (détroit de Gibraltar) et venait en Égypte après un parcours de 5,000 kilomètres; et qu'une autre voie partant d'Alexandrie s'en allait par terre sans interruption jusqu'à Rome.

Après avoir ainsi rappelé quelques traits principaux de la géographie ancienne, M. Hayaux du Tilly est revenu à la description de la vallée du Nil, cette région qui fut le théâtre des travaux et des recherches des frères Poncet. C'est le souvenir de ces précieuses études qui a fait du nom des frères Poncet un de ceux qui sont chers aux amateurs de la géographie.

La partie de cette vallée qu'ont habitée et visitée les frères Poncet s'étend, nous l'avons dit de Khartoum à Gondokoro. Cette contrée fertile est enfermée par une ligne de montagnes qui s'étend à droite et à gauche et se dirige du nord au sud. La largeur de la vallée varie entre 18, 20 et 25 kilomètres.

La ville de Khartoum est située par 30° 10' de longitude, un peu au-dessus du confluent du Nil bleu qui vient d'Abyssinie, avec le Nil blanc. Cette position avantageuse presque au confluent de deux rivières, en a fait en peu de temps une ville de commerce de premier ordre. Khartoum compte aujourd'hui environ 40,000 habitants. C'est là que se trouvent réunis en grand nombre les négociants qui font le commerce de l'ivoire; et cette ville est devenue le grand marché où se traitent en outre toutes les négociations de trafic des marchandises de toute nature que produisent les contrées arrosées par le Nil et ses affluents.

Le Dr Peney a fait de précieuses observations hydrographiques au confluent du Nil bleu et du Nil blanc. Là, on peut, quinze jours à l'avance au moins, prévoir la crue des eaux; le savant observateur a constaté aussi que la différence de niveau entre les deux fleuves, s'élève en moyenne à 6 mètres, vers le milieu de septembre. Cela donne lieu à un phénomène qu'il nous est permis de constater à la jonction du Rhône et de la Saône à Lyon. Pendant longtemps après leur réunion, les eaux des deux cours d'eau s'avancent côte à côte, avec une vitesse différente et refusent de mélanger leurs ondes qu'on distingue à leurs couleurs différentes.

Quand on remonte le fleuve, avant d'arriver à Khartoum, et après avoir dépassé les ruines de la Thèbes antique, qui n'occupaient pas moins, sur les deux rives du Nil, d'une circonférence de 28 à 30 kilomètres, on rencontre les premières cataractes. On s'en ferait une idée fausse si on se les représentait s'élançant, comme les chutes du Niagara, en masses compactes, d'une hauteur démesurée. Ces cataractes sont formées d'obstacles divers semés dans le fleuve opposant au courant des digues partielles, analogues à nos piles de ponts ; ces obstacles, rochers, flots, pierres ou troncs d'arbres amoncelés, arrêtent les eaux, les font refluer, et ce n'est que lorsqu'elles ont dépassé ces digues qu'elles s'élancent avec rage pour reprendre plus loin librement leur cours.

La première cataracte a 16 m. de hauteur; c'est une des plus considérables: les autres n'atteignent que 4, 5, et 6 m. d'élévation.

De Khartoum à Gondokoro, la distance est d'environ 1,400 kilomètres ; le trajet s'accomplit entre ces deux points par bateaux; il dure environ deux mois et ne présente de difficultés sérieuses que pour la traversée des grands marécages.

En quittant Khartoum, après avoir traversé 3 degrés environ, on se trouve dans le pays des Soutts. L'aspect du pays est généralement agréable, le sol fertile est semé çà et là de collines ou de montagnes isolées.

Le Nil en ce point se partage en plusieurs branches que forment un grand nombre d'îles magnifiques. Ces îles émergent du fleuve comme de vertes oasis où les acacias noirs mêlent leur feuillage léger à celui des tamariniers dont les troncs sont couverts, comme d'une verte tenture, par des plantes grimpantes. C'est sous l'ombrage impénétrable de ces fourrés que les singes cherchent habituellement une retraite ; c'est là aussi que se cachent les buffles, les hippopotames, les éléphants et les crocodiles.

Le pays des Soutts est inondé pendant la saison des pluies ; les habitants se réfugient sur les hauteurs semées dans la plaine.

(A suivre.)

(Extraits de la conférence de M. Hayaux du Tilly par J. Gros.)

DANS LE BASSIN DU NIL

SIR SAMUEL BAKER

(Suite.)

« L'ordre de la marche, dit sir Baker, était ainsi réglé :

« En tête, un Bari, qui se prétendait capable de nous servir de guide;

« L'avant-garde, composée de dix-huit sniders, commandée par le lieute-nant-colonel Abd-el-Kader;

« Moi-même, avec dix sniders escortant les munitions, le lieutenant Baker ma femme et deux domestiques portant chacun un fusil double à éléphant, se chargeant par la culasse;

« Au centre, le corps de la troupe, avec les femmes, les enfants, les domestiques, deux chevaux et trois ânes;

« L'arrière-garde, comprenant quinze sniders.

« Les soldats d'avant-garde et d'arrière-garde ne portaient que leurs sacs et une petite poche de farine.

« Cinq des soldats m'accompagnant étaient également exempts de toute surcharge.

« Tous les autres, et même les femmes et les enfants, avaient chacun quelque bagage à porter.

« Le nombre total des soldats n'était que de cent.

« Ce qui restait de notre troupeau, soixante-dix bêtes, aurait encombré notre sentier. Ces animaux devaient nous suivre librement à droite et à gauche.

« Je ne dissimulai pas aux soldats qu'ils seraient souvent attaqués pendant la route, et d'une façon fort désavantageuse pour eux, mais que le succès dépendait de leur obéissance aux ordres donnés pour la marche et de leur sang-froid.

« Je leur fis bien comprendre les distances à observer d'homme à homme et la manœuvre à effectuer en cas d'attaque simultanée sur nos deux flancs.

« On marcherait en file. Chaque soldat devait pouvoir, en étendant le bras, toucher de la main le sac de celui qui le précéderait.

« Les clairons étaient répartis à l'avant-garde, au centre et à l'arrière-garde, de façon que nous puissions communiquer tout le long de la ligne au milieu des hautes herbes.

« En arrivant à un cours d'eau, ou pendant la traversée d'un marais ou d'une rivière, personne ne devait s'arrêter pour boire avant que le clairon de l'avant-garde eût sonné la halte.

« Il était défendu aux femmes d'ouvrir la bouche pendant la marche.

« Avant de donner le signal du départ, il me restait à consommer un sacrifice. Je fis étendre ma grande tente sur les bagages que nous ne pouvions emporter et répandre par-dessus une grande quantité d'éther sulfurique, d'esprit-de-vin, d'huile à brûler, d'essence de térébenthine et le contenu de ma grande caisse pharmaceutique, à l'exception d'un grand rouleau de sparadrap, d'un certain nombre de bandes et d'un gros paquet de charpie.

« Sur la toile de la tente ainsi saturée de liquides inflammables, je disposai environ soixante fusées.

« A neuf heures trente du matin, l'avant-garde défila le long de notre avenue sablée et fit halte à l'extrémité de la station de Masindi.

« Selon mes ordres, tout le monde était muet.

« La pluie tombait en brume et le ciel était d'un gris sombre.

« L'arrière-garde mit le feu à la toile. J'avais dû condamner à la destruction tout ce qui n'était pas absolument nécessaire pour soutenir ou défendre notre existence, et jusqu'aux portraits de mes enfants.

« Les flammes s'élevèrent dans l'air, et je dis à haute voix : « En avant ! »

« Bientôt nous abordâmes le fouillis inextricable d'herbes rudes, épaisses, surpassant de plusieurs pieds nos têtes, et qui, en ce moment, s'affaissaient sous la pluie.

« Ma femme me suivait de près, portant dans son sein des charges de rechange pour une carabine hollandaise, et à la ceinture un revolver.

« Nous descendîmes la colline où s'élevait la station et nous abordâmes en file indienne, comme il avait été convenu, un étroit sentier qui nous conduisit à un petit marais.

« Après avoir traversé la vase épaisse, nous trouvâmes un terrain solide et nous continuâmes à marcher lentement à cause des bestiaux qui vaguaient à droite et à gauche.

« Nous avions fait ainsi près de deux kilomètres sans qu'aucun bruit suspect fût encore venu frapper nos oreilles, lorsque éclatèrent derrière nous les voix tumultueuses des indigènes attirés par l'incendie de la station.

« Nous avancions lentement à travers des herbes de huit pieds de hauteur et des bouquets de bois çà et là disséminés.

« La pluie tombait maintenant en ondée, et je craignais que les fusils d'ancien modèle ne fissent long feu.

« On entendait résonner dans toutes les directions des tambours et des bouquins; l'alarme se répandait rapidement de village en village. A notre droite sur une colline boisée, retentissaient les tambours dominés par les cris des indigènes, évidemment en possession d'un sentier qui nous était inconnu et parallèle à celui que nous suivions.

« Nos haltes furent si fréquentes, en raison de la continuelle dispersion de nos bestiaux, qu'après sept heures de marche, nous n'étions encore éloignés que de seize kilomètres de notre point de départ.

« Nous entrâmes dans la vallée de Jon-Joke. Devant nous s'élevait une colline couverte de bosquets de bananiers où nous avions passé une nuit, en venant, en avril, de Foouira à Masindi. A cette époque, la marche à travers la jungle était relativement plus facile : la végétation, herbes et plantes rampantes, s'était multipliée depuis, et avait couvert et effacé toutes les traces de notre passage.

« Le sentier que nous suivions à travers les hautes herbes, n'avait pas plus d'un pied de largeur et ressemblait à un sillon tracé par des moutons. L'épaisseur du rempart d'herbes de chaque côté de la troupe était telle, que si l'on y entrait sa main on ne la voyait plus.

« Tout à coup l'avant-garde ouvrit un feu nourri, et le clairon sonna la halte.

« Des pointes de lances traversaient le sentier; sur mon ordre toute la ligne ouvrit son feu contre les hautes herbes.

« Un de nos hommes fut blessé mortellement d'un coup de lance.

« Quelques décharges des sniders déblayèrent la voie et, forçant notre chemin dans les hautes herbes, nous gravîmes la pente de la colline. Là, Dieu merci ! il n'y avait point d'herbes. Nous fîmes halte au milieu du bois de bananiers.

« Après que les sentinelles eurent été placées, les hommes se mirent à abattre les arbres et à les dresser en palissade autour du camp.

« Il n'avait cessé de pleuvoir pendant la journée.

« Nous étions tous mouillés et glacés. Heureusement nos allumettes, enfermées dans une boîte d'argent, avaient échappé à l'humidité. Avec beaucoup de peine nous parvînmes à allumer des feux autour desquels se couchèrent les soldats et les femmes.

« Un silence de mort régnait dans le campement. A l'exception des sentinelles, tout mon monde dormait. Moi, étendu sur mon lit de camp, je songeai au lendemain, aux difficultés que nous aurions à vaincre, le pays tout entier étant soulevé contre nous.

« Le matin du 15, dès que nous fûmes en marche, les bestiaux se remirent à vaguer : il fallait faire courir souvent à leur recherche. Je donnai l'ordre de les abandonner, certain qu'en cas d'attaque générale ils deviendraient une cause de désordre en bousculant notre ligne et en renversant les hommes.

« Nous pûmes alors accélérer notre pas et faire environ deux kilomètres et demi à l'heure dans l'étroit sentier à travers les grandes herbes et des bois épais.

« Après une heure et demie, nous arrivâmes à une déclivité au bas de laquelle s'étendait un grand terrain marécageux, coupé au centre par un cours d'eau.

« Notre avant-garde n'était pas à cent mètres du bas-fond, quand retentit un épouvantable vacarme; on aurait dit que l'enfer avait vomi tous ses démons. Hurlements, tambours, bouquins, sifflets éclatèrent à la fois sous le couvert, avec une intensité telle que les soldats en restèrent un moment stupéfiés. Le formidable bruissement des hautes herbes témoignait de la présence d'une multitude d'ennemis.

« Les fardeaux furent déposés, et les soldats, face à droite et à gauche, mirent genou en terre au moment où parurent les pointes de lances.

« Les clairons commandèrent le feu, et le feu commença.

(A suivre.)

LA NOUVELLE-GUINÉE [1]

L'*Explorateur*, à diverses reprises, a entretenu ses lecteurs de cette île vaste et mystérieuse de la Nouvelle-Guinée qui, depuis quelques années, semble solliciter, d'une manière toute spéciale, l'attention des grandes puissances civilisées. C'est ainsi, qu'après avoir donné, çà et là, quelques descriptions sommaires de ses côtes et de ses forêts, il n'a pas manqué de nous tenir au courant des demandes pressantes et réitérées que le gouvernement de Sydney a faites à la métropole de commencer, à l'ombre de son pavillon, la colonisation de cette grande île, et le peu de goût que semble avoir, à l'heure présente, l'Angleterre, de se lancer dans cette nouvelle et difficile entreprise. Il nous a tenu au courant également des diverses explorations hollandaises, russes et italiennes dont ce pays a été dernièrement le théâtre, et il n'a pas manqué de nous annoncer, en son temps, le départ, pour cette même île, de notre courageux et savant collègue à la Société de géographie commerciale, le docteur Raffray, chargé par notre gouvernement, d'une mission scientifique ; enfin, dans son dernier numéro, il nous annonçait la publication d'un nouveau voyage que le R. Macfarlane, chef de la mission anglaise établie infructueusement sur la côte septentrionale de l'île et dans les îles du détroit de Torrès, entre la Nouvelle-Guinée et l'Australie, vient tout récemment d'opérer sur la côte opposée.

Peut-être est-il temps aujourd'hui de résumer ces différents articles épars dans les trois premiers volumes de notre collection, et de présenter au lecteur un ensemble qui le mette rapidement au courant des faits acquis à la science géographique sur cette île si intéressante, et pourtant, si peu connue encore.

La Nouvelle-Guinée est une grande île, longue de 1,400 milles et large de 80 milles, ayant une superficie de 13,000 milles et peut-être de 20,000 milles carrés, c'est-à-dire double de celles des Iles britanniques, et qui se trouve située entre les 0° 19' et le 10° 2' de latitude sud et le 128° 23' et le 146° 15' de longitude est.

Cette terre, située sur la route naturelle des riches colonies de l'Océan Indien à celles du Pacifique, semble avoir été découverte en 1511 par les Portugais *Antonio Abreu* et *Francisco Serrano* ; quelques années plus tard, en 1526, *don José de Méneses* y fut entraîné par les vents et les courants, il y découvrit un port qu'il désigna sous le nom de *Versija* et qui, selon toute apparence est le même que le havre *Dori*. En 1528, le général espagnol *Alvar de Saavedra* la visita et lui donna le nom de *Islas de Oro*. Quelques années plus tard, en 1537, *Grijolva*, qui semble être le premier qui communiqua avec les Papous, rapporta, de ces sauvages, une fâcheuse impression : « Ce sont, dit-il, des hommes à cheveux frisés : ils mangent de la chair humaine, sont de grands coquins et se livrent à tant de méchancetés que les diables vont avec eux à titre de compagnons. » Enfin, c'est en 1545 que *Inigo Ortez* de *Rez*, donna, à cette île, le nom de *Nouvelle-Guinée*, à cause de la ressemblance qu'il trouva entre les indigènes du pays et ceux de la Guinée d'Afrique.

A partir du XVII° siècle, voici les Hollandais qui entrent en lice et qui donnent, dans les relations de leurs voyages sur les côtes de la Nouvelle-Guinée, des renseignements plus intéressants et plus exacts. Les expéditions de *Jacob Lemaire* et de *Cornelisz Schooten* eurent, à cette époque, un grand retentissement et provoquèrent les voyages du célèbre *J. Corstens*, *Abel Tasman* et *Dampier*.

A cette époque, la Hollande avait déjà, sur cette terre, des vues de colonisation auxquelles elle ne semble pas, du reste, avoir encore renoncé aujourd'hui.

Enfin, les pavillons français et anglais apparaissent à leur tour sur ces côtes. C'est en 1768, *Bougainville* ; *Forrest*, en 1773 ; d'*Entrecasteaux*, en 1793 ; la même année, les Anglais, *Bampton* et *Alt*, franchissent le périlleux détroit de Torrès. De 1822 à 1825, *Duperrey* se livre, dans le Pacifique, à une série de travaux scientifiques qui comblent bien des lacunes de la carte de l'Océanie ; en 1828, *Dumont d'Urville* poursuit ces savants travaux qu'il complète d'une façon remarquable.

Cependant, les Hollandais, cette même année 1828, essayent de mettre à exécution leur projet de colonisation, et le lieutenant Kolft prend possession du fort Dubus dans le détroit de Dourga, mais en 1835, l'insalubrité du climat fait, parmi les soldats hollandais, de si nombreuses victimes, qu'ils sont forcés d'évacuer le fort, sans pourtant renoncer à leur conquête.

En 1848, les Anglais, et particulièrement M. Owen Stanley font, sur les côtes de la nouvelle-Guinée, de savants travaux hydrographiques ; en 1849, les Hollandais reparaissent de nouveau et se livrent à d'importantes recherches géographiques et ethnographiques.

En 1850, un Anglais, *Russel Wallace* pénètre le premier dans l'intérieur des

terres ; il y séjourne huit ans ; en 1870, un jeune savant russe marche sur ses traces, M. *Miklucho-Mocloy*, qui bientôt est suivi par un italien *Odoardo Beccari* ; puis voici les missionnaires anglais sous la conduite de M. *Macfarlane*, et enfin, notre compatriote, dont nous avons déjà parlé.

Malgré tant d'expéditions de peuples différents, la Nouvelle-Guinée est très-loin d'être connue. En jetant les yeux sur la carte on verra qu'une grande partie de ses côtes sont encore inexplorées et que l'on n'a aucune donnée sur l'intérieur des terres.

Toutefois, en rassemblant les documents épars dans diverses relations, on peut arriver à avoir une certaine connaissance du sol de la Nouvelle-Guinée, de ses produits, des animaux qu'elle nourrit et des indigènes qui la peuplent.

Généralement, les côtes de la Nouvelle-Guinée sont basses, marécageuses et partout malsaines ; cette remarque s'applique particulièrement à celles de la côte sud. Ces côtes sont bordées de magnifiques forêts qui ont excité la légitime admiration [1] des voyageurs qui les ont visitées, et qui s'étagent sur le penchant des montagnes, dont quelques-unes semblent fort élevées et même couvertes de neige à leur cime, au dire de Stanley.

Le système orographique et celui des cours d'eau de cette île ne sont pas suffisamment connus pour que nous puissions en parler.

Les oiseaux qui peuplent les vastes forêts de la Nouvelle-Guinée sont aussi jolis que variés. (Il faut citer en particulier l'oiseau de paradis qui fournit aux Papous l'objet d'un commerce relativement considérable.) Le naturaliste Müller a pu constater vingt-cinq espèces d'amphibies encore inconnues ; les poissons abondent sur les côtes ; en un mot, après soixante-douze mois de courses, M. Russel Wallace a rapporté en Angleterre 125,660 échantillons du règne animal.

En revanche, les mammifères y sont très-rares ; quelques marsupiaux et phalangers, et une espèce de porc spéciale au pays sont les seuls que les voyageurs y aient jamais rencontrés.

Il semble que la Nouvelle-Guinée soit habitée par trois races spéciales, qui se distinguent facilement.

La *première* qui peuple la partie de l'île regardant la mer de la Sonde, à l'ouest, est *malaise*. Les indigènes de cette côte, en effet, professent la religion de Mahomet ; ils portent le turban et jouissent d'une civilisation relativement avancée, se livrent avec ardeur et succès au commerce et souvent même à la piraterie. Pendant longtemps les Hollandais, qui les redoutaient, durent se tenir en garde contre leurs incursions.

La *seconde* race est celle des *Papous*. Les Papous habitent la plus grande partie de la côte nord de l'île ; leurs villages ne se composent que de deux, trois ou quatre maisons, élevées sur de hautes colonnes en bois et placées ordinairement dans des endroits que la mer visite. On monte dans ces maisons aériennes au moyen d'une grosse poutre dans laquelle on a fait des échancrures qui servent d'échelons et qui se retire à l'intérieur quand tous les habitants de la maison sont rentrés. Ces maisons sont coupées en deux par un couloir sur lequel s'ouvrent les diverses cases occupées par les familles qui y sont réunies.

Les Papous se livrent à la pêche et au commerce ; ce sont eux qui servent d'intermédiaires entre les Malais de la côte et les habitants de l'intérieur pour l'écoulement de leurs divers produits, aussi ne laissent-ils pas facilement pénétrer dans le pays les voyageurs, de peur que ceux-ci ne leur enlèvent ce monopole.

Ils ne se couvrent guère le corps que d'une ceinture et d'un morceau de toile ; leur épaisse chevelure est retenue par un long peigne d'écaille ; ils sont armés d'arcs, de flèches, et d'une sorte de poignard. Ils se nourrissent de poissons, de légumes et principalement de la moelle du sagoutier. Ils fabriquent des corbeilles élégantes et des espèces de boîtes fort jolies avec la fibre de l'écorce d'un arbre particulier ; ils font aussi beaucoup de vases de terre de formes et de grandeurs diverses et, à l'aide d'un souffle tout à fait primitif, on en voit qui ramollissent l'argent sur des pierres qui leur servent d'enclumes.

La *troisième* race est celle des *Endamènes*. Ces sauvages paraissent avoir été les premiers habitants de l'île ; ils ont été, peu à peu chassés des côtes par les Papous, ont gagné l'intérieur, puis de là en reculant toujours, après avoir traversé le détroit de Torrès, ils sont allés peupler l'Australie.

Ces Endamènes sont des sauvages de la pire espèce ; ils sont presque tous anthropophages, menteurs et voleurs ; leur figure est tout à fait bestiale ; ils vivent misérablement dans des huttes fort mal construites, où ils sont à peine abrités ; quelques-uns habitent le creux des rochers. On les voit couverts à peine d'une ceinture d'herbes marines et quelquefois d'une peau de kangourou jetée sur leurs épaules. Ces hommes, rebelles à la civilisation,

---

[1] Voir la carte, *Explorateur*. Vol. II, p. 343.

[1] Voir la gravure pag. 60 du 1er vol.

seraient des ennemis dangereux pour tous les voyageurs qui auraient l'imprudence de se fier à eux.

Nous ne devons pas négliger de dire un mot des *Arfakis* ou *Horfours*. Ces indigènes, dans lesquels le savant Dumont d'Urville a voulu voir une race particulière, semblent être issus tout simplement des alliances des Papous avec les Endamènes. Ces sauvages aux mœurs paisibles habitent, non loin des côtes, des terrains fertiles qu'ils cultivent avec assez d'habileté.

L'époque n'est pas éloignée sans doute où l'on aura sur cette île des renseignements assez complets pour pouvoir essayer de la coloniser avec fruit; il n'est pas douteux, au moins quant à présent, que cet héritage n'échoie aux Anglais, au moins pour la partie que ne revendique pas la Hollande. S'il en était ainsi, peut-être pourrions-nous faire valoir nos droits sur les archipels voisins, celui de *Salomon* et des *Nouvelles-Hébrides*.

Quoi qu'il en soit nous conclurons par ces lignes que M Ch. Hertz a mises à la fin d'un article qu'il a fait sur le même sujet (1) :

« Le jour où nous aurons donné à nos possessions de la Cochinchine et à « nos protectorats du Cambodge de l'Annam et des îles Tahiti tout le développe- « ment qu'ils comportent, nous pourrons jeter les yeux sur d'autres territoires. « Si la terre appartient à tous les hommes elle revient tôt ou tard entre les « mains de ceux qui savent la faire valoir. Elle échappe à ceux qui l'exploi- « tent avec inintelligence. Il y a quatre siècles, tout ce qui n'était pas chré- « tien sur le globe était partagé entre deux puissances, l'Espagne et le « Portugal; que reste-t-il de ces deux Empires fictifs qui comptaient leurs nou- « veaux sujets par centaines de millions et dont les surfaces territoriales « étaient cinquante fois plus considérables que celles du vieux monde chré- « tien? — Tous les décrets diplomatiques valent-ils la mise en valeur de « quelques centaines d'hectares? »

P. Tournafond.

(1) V. l'*Explorateur*, n° 30, 7 octobre.

LES TRANSFORMATIONS DU RÉGIME DES EAUX

DANS L'AMÉRIQUE DU NORD

Le régime des eaux de l'Amérique du Nord présente certaines particularités, dont quelques-unes ne peuvent manquer de frapper un esprit attentif. La région des grands lacs, bien que bordée au sud par des plaines sans fin, où l'œil ne rencontre que des hauteurs à peine sensibles, n'a qu'un bassin d'une étendue minime sur le territoire des États-Unis ; la ligne de partage des eaux entre les lacs et le bassin du Mississipi est à peine indiquée sur toute sa longueur, et c'est par erreur que certaines cartes y indiquent des chaînes de montagnes qui n'existent pas dans la réalité.

La rivière Maumée, qui coule de l'ouest à l'est, et se jette dans le lac Érié, à Toledo, présente cette particularité bizarre, que les rivières Saint-Mary et Saint-Joseph qui la forment par leur jonction à Fort-Wayne, coulent presque parallèlement à elle, mais de l'est à l'ouest : l'eau de ces deux affluents, au lieu de suivre la direction qui serait la résultante des directions de ces deux rivières, et au lieu de se jeter dans le bassin du Mississipi par la rivière Wabash, revient en quelque sorte sur elle-même pour aller se jeter dans le lac. Il n'y a pourtant qu'une faible élévation entre les deux versants, et cette élévation est franchie par un canal.

La rivière des Haines longe longtemps les bords du lac Michigan, et passe tout près de Chicago, pour aller tomber dans la rivière des Illinois ; la différence de niveau entre son cours supérieur et celui du lac est si faible, que la ville de Chicago, pour se débarrasser de ses immondices et pour conserver son alimentation d'eau pure prise dans le lac, n'a eu qu'un canal de quelques kilomètres de longueur à établir pour faire écouler ses égoûts dans la rivière des Haines et pour faire ainsi déverser artificiellement le lac Michigan dans le bassin du Mississipi. On connaît un ancien lit de rivière, aujourd'hui oublié et partant du lac Michigan, au sud de Chicago, presque dans les faubourgs mêmes de la ville, qui servait autrefois d'écoulement vers le sud aux eaux du lac.

Lorsque le voyageur remonte cette grande et majestueuse vallée du Mississipi, où tout est taillé comme par la main des géants, et qu'il poursuit sa route au delà de Saint-Paul, il ne tarde pas à voir s'ouvrir sur sa droite une vallée beaucoup plus resserrée ; il lui semble apercevoir une ruelle étroite débouchant sur un large boulevard. C'est pourtant par cette vallée que descendent, après avoir passé par les gracieuses chutes de Saint-Antoine, à Minneapolis, les eaux noires du Mississipi (Grande Eau), beaucoup plus abondantes que les eaux blanchâtres du Minnesota (Eau Nuageuse). La grande vallée ne s'arrête pourtant point là ; elle remonte jusqu'à Maukato (Terre Bleue), où elle fait un coude pour se porter bien plus loin encore dans le nord-ouest, puis dans le nord, mais ce sont les eaux du Minnesota qu'elle renferme, et non plus celles du Mississipi. Le Minnesota n'est qu'un ruisseau comparé à la grande rivière qui va absorber ses eaux, et le voyageur se demande involontairement s'il n'est pas le jouet de quelque illusion en apercevant la grande vallée occupée par un si mince filet d'eau, tandis que la grande rivière n'occupe au delà du fort Snelling, où elle débouche dans la grande vallée, qu'un si étroit canal.

En remontant encore, de Saint-Paul à Maukato, la vallée du Minnesota, on peut voir, non loin du chemin de fer, des rapides dans le voisinage desquels une rivière, certainement beaucoup plus considérable que celle d'aujourd'hui, a labouré le sol en taillant, comme pour se jouer, d'immenses découpures dans le grès. Dans cette plaine, aujourd'hui garnie seulement d'un ruisseau, se rencontrent des îles entre lesquelles, autrefois, la rivière a dû se précipiter par des rapides gigantesques et par des chutes semblables à celles du Niagara, et où elle a laissé des arcades naturelles taillées dans le roc ; mais ces chutes se sont graduellement reculées, les rapides se sont successivement nivelés, et ces curiosités naturelles sont maintenant laissées à sec.

Le Minnesota prend sa source au lac Big Stone, qui n'est séparé du lac Traverse que par une faible distance ; mais ces deux lacs, comme les six kilomètres qui les séparent, sont encore encaissés dans cette longue et large vallée du Minnesota, qui fait suite à celle du Mississipi, et il faut remonter plus au nord encore et descendre la rivière Rouge pour trouver la fin de cette vallée, où le sol s'étale dans les plaines monotones de Pembina.

Ces faits étranges n'ont pas manqué de frapper les esprits attentifs de quelques-uns des explorateurs de ces lointaines régions, et le général G. K. Warren, qui, depuis plus de vingt ans, n'a cessé d'explorer avec assiduité les régions du haut Mississipi et du haut Missouri, nous fait jeter un coup d'œil entièrement nouveau sur les changements qui sont survenus à une époque géologique récente dans la configuration de l'Amérique du Nord. Le résultat de ses observations est condensé dans un travail de quelques pages, qui a été publié dans le rapport du général en chef du génie des États-Unis, le savant général A. A. Humphreys, au ministre de la guerre, et les modifications dont le général Warren a pu constater et étudier les traces pourraient se résumer dans les propositions suivantes :

La rivière Minnesota était autrefois beaucoup plus importante qu'elle ne l'est aujourd'hui, et aussi que ne l'est ou que ne l'a jamais été le Mississipi au-dessus du fort Snelling.

La masse des eaux qui a formé la large vallée du Mississipi, telle qu'on la voit au-dessous du fort Snelling, a formé la vallée du Minnesota, qui servait d'écoulement à toutes les eaux du bassin du lac Winnipeg jusque et y compris la rivière Mississipi.

Le lac Winnipeg avait autrefois une étendue beaucoup plus considérable que de nos jours, et couvrait la plaine où coule aujourd'hui, du sud au nord, la rivière Rouge. Celle-ci coulait alors en sens inverse de sa direction actuelle.

La branche méridionale de la rivière Saskatchewan déversait ses eaux par la rivière *Qui appelle.*

Le lac Otter Tail s'écoulait par la rivière Chippeway ou Medicine Fork.

Le bassin du lac Winnebago avait son écoulement par la rivière du Wisconsin, qui recevait directement les eaux de la rivière du Loup.

La rivière des Illinois servait d'écoulement aux lacs Michigan, Supérieur, Huron, Saint-Clair et Érié. Le Niagara et le Saint-Laurent n'ont servi de débouchés à ces lacs que depuis une époque récente.

Les rivières Saint-Mary et Saint-Joseph qui s'éloignent du lac Érié pour s'y jeter ensuite après s'être réunies à Fort-Wayne (Indiana) sous le nom de Maumee, se jetaient dans la rivière Walbash.

Pendant la période tertiaire, de grands lacs se trouvaient à la base des montagnes Rocheuses. L'élévation des régions sud-ouest des États-Unis et l'abaissement des régions nord-est de l'Amérique

du Nord, jusque dans les parages du Groëland où cet abaissement continue de nos jours, ont déplacé ces lacs vers le nord-est jusque vers les localités où nous les trouvons.

Entre les monts Wasatch et les monts Humboldt se trouvaient de vastes étendues d'eau recouvrant une partie du bassin de la Columbia River, et ayant leur écoulement vers le golfe de Californie. L'élévation des régions sud-ouest a fait couler ces eaux par les dépressions de la chaîne des monts Cascade dans le bassin de la Columbia River.

La péninsule de Floride est d'émergence récente.

Avant la période du « drift » le golfe du Mexique remontait jusqu'aux environs de Dubuque (Jowa) et formait un immense estuaire, dans lequel se jetaient, par de vastes embouchures, le Tennessee, l'Ohio, la rivière des Illinois, le Mississipi et le Missouri.

JAMES JACKSON.

UN VILLAGE DE TOUAREG — LA SEBKHAT EL MELAH

Les deux gravures ci-contre, ainsi que celles que nous avons déjà publiées dans nos précédents numéros, sont extraites de l'ouvrage actuellement sous presse que M. Largeau fait éditer par la maison Sandoz et Firbacher (1).

La première représente un village de Touareg aux portes de Ghadamès. Ce village se compose de petites cases rondes, en pierres brutes de grès, sans ciment ; ces cases, qui sont de la hauteur d'un homme de moyenne taille, sont couvertes d'une toiture conique en paille d'alfa, dont le centre est soutenu par un pilier en pierres ou en palmier ; la porte d'entrée, fort basse, est précédée d'une petite cour carrée enceinte d'un mur de 50 centimètres de hauteur. Le mobilier est des plus simples : une natte sert de lit ; dans un coin sont entassées les selles des *mehara* (chameaux coureurs) avec leurs accessoires ; aux murs sont accrochés les armes, lance, sabre, bouclier, etc., quelques hardes et les instruments de musique qui consistent en une sorte de violon à une corde tressée avec le poil de la queue d'un chameau, et en un tambourin sur lequel, les femmes

accroupies en cercle, frappent avec la main alternativement et en cadence.

La seconde gravure représente la sombre *Sebkhat el Melah* au milieu de laquelle se détache la gracieuse zaouïa de Sidi Mâabet bou-Djerida, avec ses jardins de palmiers.

Rien de triste comme l'aspect de cette sebkhat dont les bords abrupts sont formés de grès ferrugineux ou de calcaire bitumeux et dont le fond noir est couvert de fragments de roches détachés de ses bords. Malheur à qui s'exposerait, après les pluies, au milieu de cette dépression pour aller recueillir le sel qui brille au loin comme un mirage trompeur ; le sable aquifère que recouvre la couche noire s'écarte sous ses pas et une sorte d'aspiration souterraine attire lentement au fond de l'abîme d'où nulle force humaine ne peut l'arracher, l'imprudent qui se laisse entraîner par le mirage.

Le village, qui s'élève dans une partie élevée de la sebkhat, est entouré d'un mur d'enceinte qui le protége contre les surprises des pillards parfois fort nombreux aux alentours de Ghadamès ; il est alimenté par des puits à galeries qui vont prendre les eaux d'infiltration sur les bords de la sebkhat pour les conduire dans un vaste réservoir, creusé entre le mur d'enceinte et les jardins.   E. L.

---

(1) *Le Sahara*, 1er voyage d'exploration. — Sandoz et Firbacher, Paris, rue de Seine et Neuchâtel (Suisse).

ENVIRONS DE GHADAMÈS. — UN VILLAGE DE TOUAREG, d'après une aquarelle faite sur les lieux par M. LARGEAU.

ENVIRONS DE GHADAMÈS. — VUE DE LA SEBKHAT EL MELAH, d'après une aquarelle faite sur les lieux par M. LARGEAU.

NAVIGATION INTÉRIEURE DE LA FRANCE

PROJET D'AMÉLIORATION DES VOIES NAVIGABLES DE LA MANCHE A LA MÉDITERRANÉE

L'amélioration de nos voies navigables est une œuvre dont l'urgente néces-sité n'a plus besoin d'être démontrée ; objet des incessantes réclamations des Conseils généraux, des Sociétés d'agriculture, des chambres de commerce, du Comité des forges, des syndicats de l'industrie houillère ; formellement promise lors des traités de commerce, en 1860, comme le complément indis-pensable de l'outillage industriel de la France afin d'abaisser les frais de pro-duction, cette amélioration n'avait, jusqu'en 1870, fait aucun pas vers sa réalisation.

Depuis cette époque, les remarquables rapports de M. Krantz, sur l'état de nos voies navigables, ont révélé la situation lamentable dans laquelle se trouvent encore les plus importantes de ces voies, et indiquent les travaux urgents qu'il est nécessaire d'entreprendre pour les rendre sérieusement ex-ploitables.

En 1874, M. le Ministre des Travaux publics, interpellé par M. Ducarre, député de Lyon, qui réclamait la prompte exécution des travaux d'améliora-tion du Rhône, répondait qu'il reconnaissait l'utilité de ces travaux, mais qu'il n'était possible de procéder à leur prompte exécution que si les départe-ments ou les chambres de commerce intéressés offraient à l'État une com-binaison qui lui permît de trouver les fonds nécessaires.

A la suite de la réunion d'une commission interdépartementale provoquée par M. le Préfet du Rhône, la chambre de commerce de Lyon mit cette ques-tion à l'étude.

D'un autre côté, les chambres de commerce de Paris et de Rouen se préoccupaient, non moins vivement, de l'amélioration de la Basse-Seine.

L'étude de ces projets fit promptement reconnaître que l'œuvre à accomplir devait être entreprise dans son ensemble et comprendre l'amélioration de la voie navigable de la Manche à la Méditerranée, c'est-à-dire la Seine depuis Rouen, l'Yonne, le canal de Bourgogne, et le Rhône de Lyon à la mer.

C'est pour atteindre ce but que les chambres de commerce de Paris, Lyon, Rouen, Nîmes, Avignon, St-Etienne, Chalon-sur-Saône, Dijon, Vienne, Elbeuf, Honfleur, Bordeaux, Troyes, etc., se sont, avec l'autorisation de M. le Ministre de l'Agriculture et du Commerce, constituées en syndicat. Ce syndicat a confié à une commission permanente la mission d'obtenir du Gou-vernement la déclaration d'utilité publique des travaux, et de présenter un projet financier susceptible d'assurer les moyens d'exécution.

Il convient d'exposer d'abord et succinctement au moins, les dispositions du projet et d'en montrer l'extrême utilité.

Rappelons en premier lieu que les transports par eau sur les rivières et sur les canaux, comme sur mer, ne peuvent se faire à bon marché qu'au moyen de bateaux de tonnage un peu forts.

Un seul réseau de canaux en France donne à la batellerie des facilités suffisantes sous ce rapport. C'est le réseau des canaux du Nord avec son pro-longement sur la Seine, de l'embouchure de l'Oise jusqu'à Paris. Sur cette voie navigable, le tirant d'eau est de 2 mètres, et les dimensions des écluses permettent l'emploi de bateaux portant de 280 à 300 tonneaux. Aussi, voyons-nous, sur ces voies, le prix du transport descendre à 1 cent. 5 par tonne et par kilomètre, et, comme conséquence, le mouvement atteindre sur les sections principales 1,500,000 à 1,600,000, et même, dans certaines an-nées, 1,800,000, et 1,900,000 tonneaux par kilomètre, et cela, à côté de l'énorme trafic du chemin de fer du Nord.

En dehors de ce réseau, on ne trouve que des tirants d'eau ou des dimen-sions d'écluses trop faibles, et des tronçons successifs qui diffèrent entre eux de mouillage, de grandeur d'écluses et dont quelques-uns sont presque im-praticables.

Ces considérations qui s'appuient sur des faits nombreux et notoires ont conduit les chambres de commerce à reconnaître l'absolue nécessité :

1° De sortir des errements suivis jusqu'à ce jour et consistant à améliorer des sections de voies navigables en leur donnant des mouillages et des dimen-sions d'écluses spéciaux à chacune d'elles;

2° D'adopter un plan uniforme pour tous les travaux à exécuter sur ces voies, et de prendre pour type le mouillage et les dimensions d'écluses de la navigation du Nord qui permettraient l'emploi de bateaux de 300 tonneaux;

3° D'appliquer ce principe à la voie navigable de Rouen à la Méditerranée, qui est évidemment la plus importante de France, et en vue de l'amélioration

---

de laquelle des travaux ont été faits depuis longtemps à Saint-Louis ; enfin de ne pas laisser entre la Seine et la Saône une lacune qui stériliserait en majeure partie les sacrifices qu'on s'imposerait sur la Basse-Seine, sur le Rhône et la Saône.

Les chambres de commerce demandent donc et ne cesseront de demander, avec de pressantes instances, qu'on donne à toute la ligne, de Rouen à Lyon, le tirant d'eau de 2 mètres et qu'on allonge les écluses du canal de Bour-gogne, de manière à permettre la circulation des bateaux de 280 à 300 ton-neaux, et qu'on augmente l'alimentation de ce canal pour réduire la durée de ses chômages ; enfin, qu'on exécute, sur le Rhône, les travaux projetés par M. l'Ingénieur en chef de ce service, qui auraient pour résultat d'assurer en tout temps, sur ce fleuve, un mouillage minimum de 1 mètre 60.

Il paraîtra regrettable, sans doute, que le régime du Rhône ne puisse être fixé sur la base d'un mouillage permanent de 2 mètres ; ce mouillage sera toutefois obtenu très-probablement durant huit mois chaque année. Mais, quoi qu'il en soit à cet égard, lorsque la péniche de 280 tonneaux pourra librement circuler entre le Nord, Rouen et Lyon, l'industrie saura bien certainement trouver des solutions pour éviter les transbordements dans cette dernière ville ou pour en diminuer les frais et les inconvénients.

Le tirant d'eau de 2 mètres pourrait, sans aucun doute, être obtenu au moyen d'un canal latéral au Rhône ; mais cette solution exigerait des dépenses qu'on ne saurait demander au pays pendant la période financière que nous traversons. Ces dépenses, croyons-nous, se justifieront plus tard, alors que l'amélioration actuellement proposée aura montré le degré de prospérité que la batellerie peut atteindre, ainsi que l'importance des services qu'elle peut rendre dans ces contrées, et dont le calcul très-simple que nous allons indiquer donnera une idée.

Sur la Seine, de Paris à Conflans, le trafic est de 1,600,000 tonnes. Ce chiffre est dépassé sur l'Oise, sur le canal de Saint-Quentin, etc. ; en 1868, il a atteint 1,800,000 et 1,900,000 tonneaux. Des études très-complètes ont montré qu'on peut compter sur un mouvement d'un million de tonnes pour les nouveaux canaux de l'Est dont l'importance ne saurait être comparée à la grande voie de Rouen à la Méditerranée.

On ne saurait donc être taxé d'exagération en admettant, sur cette dernière ligne, une moyenne annuelle de 1,600,000 tonnes parcourant 1,228 kilomètres.

Ces 1,600,000 tonnes, transportées par le chemin de fer, supporteraient un tarif variant de 3 à 6 centimes.

Ne fût-il, pour toute la marchandise, que de 3 centimes, la navigation en abaissant, de même que sur les canaux du Nord, les tarifs à 1 centime 5, ferait réaliser au pays une économie de 29 *millions de francs*.

Pour un mouvement réduit à 1,000,000 de tonneaux, l'économie serait encore de 18 *millions*.

La dépense à mettre en regard de ces avantages, telle qu'elle résulte de ren-seignements officiels ou puisés aux sources les plus sûres ne s'élève qu'à 65 mil-lions, savoir :

La Basse-Seine, de Rouen à Conflans, prendrait.	10 millions.
La Haute-Seine et l'Yonne.	5
Le canal de Bourgogne.	10
Le Rhône.	40
Ensemble. . . .	65 millions.

Trois solutions ont paru, aux délégués des chambres de commerce, mériter un examen attentif.

La première solution consisterait en la formation d'un syndicat analogue à celui qui a été constitué par les départements de l'Est (mais auquel le rap-port trouve de grands inconvénients; nous ne croyons donc pas utile de la reproduire ici.)

Le second système repose sur le principe de l'association du capital prêté et de sa participation aux résultats de l'opération.

Il consiste à donner à l'État les 65 millions, moyennant :

1° Une subvention annuelle de deux millions ;

2° L'abandon pour 90 ans des droits de navigation, jusqu'à concurrence du produit de 800,000 tonneaux.

Au delà de 800,000 tonneaux, le produit des droits revient de moitié à l'État. En cas d'insuffisance de ces deux *items*, l'État fournirait le complément de l'intérêt de 4 fr. 65 c/° des 65 millions avancés.

La situation de l'État, dans chacune des hypothèses que nous avons faites, ci-dessus, d'un tonnage de 1,600,000 tonnes, et de 1,000,000 de tonnes serait la suivante :

Remarquons d'abord que le produit d'un tonnage de 600,000 tonnes, augmenté de la subvention de 2,000,000 de francs suffirait pour servir les intérêts à 4 fr. 85 c. 0/0 et dégagerait la garantie de l'Etat qui serait alors purement nominale.

Le produit de 1,600,000 tonnes serait de............... 3.792.000 fr.

De cette somme la part revenant à l'Etat s'élèverait à..... 948.000
Somme actuellement affectée aux améliorations........ 1.500.000

Ce qui ferait un total de.............................. 2.448.000

supérieur à la subvention et attribuant donc au Trésor un bénéfice de 448,000 francs qui, venant en déduction de la perte des droits actuellement perçus (692,000 francs), laisserait à l'Etat une charge insignifiante de... 244.000 fr.

Avec le tonnage de 1,000,000 de tonnes, un calcul analogue montre que l'Etat serait chargé de...................... 953.000

Enfin une troisième combinaison, dont le syndicat a été saisi, peut être ainsi résumée :

Intérêt fixe à 4 1/2 servi par l'Etat aux prêteurs, pendant 30 ans, sur 65,000,000...... 2.925.000 fr. } 3.990.000 fr.
Annuité d'amortissement, en 30 ans, à 4 1 1/2. 1.065.000

plus, attribution aux prêteurs pendant 30 ans de 30 % sur les produits des droits de navigation excédant les 692,000 francs actuellement perçus.

Cette combinaison assurerait aux prêteurs un revenu, avec amortissement en sus, de 4 1/2 %, plus un revenu supplémentaire aléatoire qui serait de 503,400 francs, avec un tonnage de 1,000,000 de tonnes et de 930,000 francs avec 1,600,000 tonnes, soit de 3/4 0/0 à 1/2 0/0 environ.

On présume que les capitaux pourraient se présenter à ces conditions ; au besoin on pourrait élever l'attribution sur les droits de 5 ou 10 0/0.

L'Etat n'aurait pas à se plaindre d'une combinaison de ce genre, car il n'est pas en mesure lui-même d'emprunter au taux de 4 1/2 0/0, puisque la rente 5 0/0 est encore loin de 110 à 111 francs, et l'attribution sur les excédants de recettes ne lui coûterait guère en définitive

L'examen de ces diverses combinaisons montre qu'il est possible de réaliser le projet proposé sans grever le Trésor jusqu'en 1881, et sans charger trop lourdement le budget dans un avenir plus éloigné, à la condition expresse d'exécuter l'amélioration d'ensemble, qui seule peut assurer au trafic un puissant développement.

Les Chambres de commerce ont cru devoir recommander de préférence des combinaisons financières qui missent à la disposition de l'Etat les sommes nécessaires, à mesure que l'avancement des travaux l'exigerait, parce que l'exécution directe par l'Etat, avec les seules ressources du budget, leur semble présenter de graves inconvénients, surtout au point de vue du prompt achèvement de l'entreprise. Les moindres erreurs de devis conduisent à l'épuisement des crédits, et tout se trouve remis en question ; c'est ainsi que l'amélioration de la Basse-Seine, décrétée en 1866, a fait si peu de progrès, depuis 10 ans, qu'elle est à reprendre presque entièrement.

En résumé, le syndicat, se référant à l'avis unanime des chambres de commerce et intimement persuadé lui-même qu'il n'est pas d'œuvre plus utile pour le pays que l'organisation de voies économiques de transport, insiste d'une façon pressante afin que l'amélioration méthodique de notre réseau de voies navigables soit entreprise dans le plus bref délai.

Il réclame l'application du type d'écluses et du mouillage des canaux du Nord comme minimum à la ligne entière de Rouen à Lyon, l'amélioration du Rhône et de la Basse-Seine, et surtout l'exécution simultanée des travaux, de manière à livrer, dans le délai maximum de six années à l'exploitation de la batellerie, la ligne entière de la Manche à la Méditerranée.

Il croit avoir démontré que, dans ces conditions, l'œuvre n'imposerait au Trésor, pendant une très-courte période, que des charges insignifiantes, très-largement compensées dans tous les cas par les perceptions indirectes dont elle serait la source.

Il propose enfin, pour en faciliter l'exécution, diverses combinaisons qui, après mûr examen, lui paraissent renfermer les éléments d'une solution satisfaisante de la question financière. Toutefois, il ne prétend en imposer aucune, s'en rapportant à la sagesse de l'Administration, et au patriotisme de nos deux Assemblées, du soin de choisir celle qui sera la plus avantageuse aux intérêts du pays.

Les membres de la Commission des délégués des Chambres de Commerce

MM. CARLHIAN, *président* (Paris) ; BÉRANGER, *Vice-Président* (Paris) ; MARIUS DUC, *Secrétaire* (Lyon) ; DE LA ROCHETTE (Lyon) ; POUYER-QUERTIER (Rouen) ; VALABRÈGUE (Avignon) ; BONNEFOY SIBOUR (Nîmes) ; TEZENAS DU MONTCEL (Saint-Etienne).

LA ROUMANIE ET LES BOUCHES DU DANUBE

Nous avons, dans notre n° 75, rapporté que la guerre entre la Serbie et la Turquie avait soulevé, relativement à la navigation du Danube, une question d'un vif intérêt pour le commerce international, qui se serait trouvé matériellement entravé, si ce grand cours d'eau était devenu le théâtre des hostilités.

A peine ces craintes sont-elles dissipées par l'engagement pris de la part des belligérants de ne se livrer sur le Danube à aucun acte offensif ou défensif respectivement, que surgit une autre question non moins importante au sujet des embouchures du fleuve. Le gouvernement roumain, dans un mémoire en date du 28 juin dernier, a réclamé de la Turquie une série de réformes de nature à établir sur une base plus sûre les bons rapports existant entre les deux pays, en prévenant des contestations qui ne peuvent manquer de survenir ultérieurement. Au nombre des concessions que la Roumanie demande à la Porte figurent une délimitation plus précise des îles du Danube et une nouvelle fixation de la frontière entre la Roumanie et la Turquie sur le littoral maritime.

Vers son extrémité, le Danube est parsemé d'une multitude de petites îles boisées, peu ou pas habitées, car elles sont fréquemment inondées, et dont l'exploitation est une source perpétuelle de conflits entre les habitants et les autorités des deux rives. Le gouvernement roumain désire mettre un terme à ces conflits par le tracé d'une ligne exacte de démarcation entre les îles qui appartiendront à la Roumanie et celles qui relèveront de la Turquie. Mais il serait un moyen encore plus efficace de prévenir toute contestation à l'avenir, ce serait, selon le gouvernement roumain, de restituer à la Roumanie le delta du Danube, à la possession duquel elle prétend avoir des droits, qui n'auraient été frustrés que par suite d'une erreur commise lors du tracé, fait en dernier lieu, de la frontière entre la Roumanie et la Turquie.

L'article 4 du traité de Bukarest de 1812 avait établi que la navigation du Danube appartiendrait en commun à la Russie et à la Turquie, sous la réserve que les vaisseaux de guerre russes pourraient descendre le fleuve jusqu'à l'embouchure du Pruth. En 1829, par la paix d'Andrinople, la Russie s'était emparée de fait de la navigation du Danube, son domaine exclusif sur l'embouchure de la Soulina ayant été formellement reconnu par la Porte. Aussi, lorsque le traité de Paris du 30 mars 1856 rendit à la Moldavie une portion de la Bessarabie, il avait fixé à la principauté du côté du Danube des limites déterminées, qui n'étaient autres que celles qui avaient existé avant la guerre entre la Russie et la Turquie, c'est-à-dire le thalweg du bras de Saint-Georges ; mais, environ un an plus tard, le protocole signé à Paris le 6 janvier 1857 modifia les dispositions du traité de Paris de manière à placer sous la souveraineté de la Porte une partie du territoire restitué, c'est-à-dire les îles comprises entre les différents bras du Danube à son embouchure et formant le delta de ce fleuve.

La solution de cette question du delta n'est pas affaire particulière entre la Roumanie et la Turquie ; elle appartient à une conférence européenne, qui seule a autorité pour prononcer une décision définitive.

Se renfermant dans la situation que lui a créée le protocole du 6 janvier 1857, et se bornant à la question des îles, la Roumanie s'appuie sur la teneur de l'article 4 du traité de Bukarest, qui avait stipulé que les îles du Danube, en commençant d'Ismaïl jusqu'à la mer, seraient à la Russie ; or, depuis cette époque, la Russie a concédé en pleine propriété toutes ces îles aux diverses communes riveraines de sorte que les possessions de ces communes forma ien ainsi l'extrême limite de son territoire avec les possessions immédiates de la Turquie d'Europe ; les communes riveraines d'Ismaïl possédaient donc et partant devraient posséder encore, toutes les îles bornées par les eaux des bras d'Ivanechti, de Stepovoï de Staroï Stamboul, dont le thalweg jusqu'à l'embouchure de la section fluviale de Kilia devrait servir de frontière à la Roumanie, et de limite d'un côté du delta, dont la base s'appuie sur la mer et les côtes touchent au thalweg des deux principales branches extérieures du Danube, et qui serait limité de l'autre côté par le thalweg du bras de Saint-Georges, comprenant ainsi le territoire qui contient les îles de Tatarsex, de Léti, de Tchatal, d'Algani, et l'île Saint-Georges avec les îlots qui en font partie.

En donnant pour frontière à la Moldavie, dans la région du bas Danube, la rive gauche du bras septentrional de ce fleuve, celui de Kilia, on a privé cette principauté du bénéfice légitime du cours d'eau qui baigne le territoire qu'on lui restituait : d'où il s'ensuit que, malgré tous les précédents et les usages reconnus, un seul des riverains du fleuve, la Turquie, est possesseur de tous ses débouchés sur la mer, tandis que l'autre est dépouillé d'un avantage qu'il tient de la nature et que le droit international sauvegarde partout ailleurs.

« Jadis le delta danubien, dit M. Elisée Reclus, appartenait à la « Moldavie, ainsi que le prouvent les ruines d'une ville construite « par les Roumains en face de Kilia, sur la rive méridionale du « fleuve. Jusqu'à la fin du siècle dernier le préfet moldave d'Ismaïl « avait juridiction sur le port de la Soulina et s'occupait du curage « de la passe. Néanmoins les puissances occidentales, attribuant la « possession du delta tout entier à la Turquie, n'ont laissé aux Rou- « mains que la rive gauche du fleuve de Kilia et des îles de ses « bouches. Il en résulte que la Moldavie n'a point d'issue directe « sur le Pont-Euxin, si ce n'est pour les embarcations d'un très- « faible tonnage, des barres de sable fermant toutes les embou- « chures aux grands navires.....

« La Kilia est barrée à son entrée par un seuil de sables trop « élevé pour que les navires, même ceux d'un faible tirant d'eau, « osent s'y hasarder. La bouche méridionale, celle de Saint-Georges « ou Chidrillis, est également inabordable. C'est la bouche inter-

« médiaire, connue sous le nom de Soulina, qui offre la passe la « plus facile, celle que depuis un temps immémorial pratiquaient « tous les navires »... De sorte que « le Sultan, devenu maître de « tout le delta, dont la superficie est d'environ 2,700 kilomètres « carrés, possède en outre celle des embouchures qui de nos jours « donne seule de la valeur à ce vaste territoire. »

Il est vrai que, depuis le traité de Paris de 1856, le delta danubien se trouve pratiquement neutralisé au profit de toutes les nations d'Europe, par suite de la nomination d'une commission composée de délégués de toutes les puissances représentées au congrès de Paris, et qui exerce à la Soulina et sur toute la partie du Danube située en aval d'Isaktcha une sorte de souveraineté. Grâce aux travaux que cette commission a achevés pour dégager les bouches du fleuve et les parties de la mer avoisinantes des sables et des autres obstacles qui les obstruaient, la Soulina est devenue un des ports de commerce les plus importants et en même temps un havre de refuge des plus précieux dans la mer Noire.

Cette mise de la Turquie en possession du delta a presque exproprié les communes roumaines, qui avaient antérieurement abandonné les terres labourables qu'elles possédaient à l'intérieur pour venir exploiter les pêcheries et le littoral, à elles cédés en toute propriété par acte du Sénat de Russie du 14 décembre 1844 ; car les habitants de ces communes sont contraints aujourd'hui de chercher leurs moyens d'existence dans un pays étranger, en Turquie, où ils sont traités comme étrangers sur leur propre territoire communal, et soumis à payer des droits, qui non-seulement rendent leur existence pénible, mais encore donnent lieu à des difficultés entre les autorités riveraines turques et roumaines, à des vexations qui aggravent journellement la situation réciproque. C'est au point que la commission européenne du Danube a reconnu le bien fondé des réclamations des pêcheurs roumains et proposé un arrangement propre à leur assurer le libre exercice de leurs droits de propriété.

Cette commission a également reconnu à l'unanimité, dans sa séance du 27 mai 1861, la nécessité de rectifier le tracé de 1857 de la frontière danubienne, dans le sens du principe général d'après lequel la frontière de deux Etats doit suivre le thalweg du cours d'eau qui les sépare. Or c'est un arrangement de ce genre que demande la Roumanie.

INFORMATIONS

Projet d'un canal maritime à grande section entre Bordeaux et Cette. — La Société de géographie commerciale de Bordeaux a adressé la lettre suivante aux membres du Conseil général de la Gironde :

« Messieurs,

« Nous avons l'honneur d'appeler votre attention sur une question d'une haute importance pour l'avenir commercial de notre région ; l'établissement d'une voie navigable entre l'Océan et la Méditerranée par Bordeaux.

« L'œuvre de Riquet est devenue insuffisante. Il est notoire, d'ailleurs, que les canaux actuels, le canal latéral à la Garonne et le canal du Languedoc, ont perdu la plus grande partie de leur batellerie, et qu'ils sont aujourd'hui à peu près inutiles au commerce.

» Il semble démontré, cependant, que les chemins de fer ne peuvent entièrement remplacer les canaux. Les pays qui ont le plus de chemins de fer sont justement ceux qui ont aussi le plus de canaux. En transportant à bas prix d'énormes quantités de marchandises lourdes et encombrantes, les canaux entretiennent, alimentent l'industrie, redoublent l'activité commerciale. Les départements du nord et de l'est l'ont bien compris lorsqu'ils se sont réunis en syndicat pour améliorer la ligne de navigation qui unit la Manche à la Méditerranée par le Havre, Paris et Lyon.

Il y a longtemps que, de leur côté, le Sud-Ouest et le Midi réclament l'amélioration de leur canal des deux mers. La Chambre de commerce de Bordeaux a été au-devant du vœu public, en adoptant sa délibération du 8 mars 1876. Vous la connaissez, messieurs. Nous venons l'appuyer de toutes nos forces auprès de vous.

Assurément, l'appel de la Chambre de commerce suffit à rallier votre adhé-

sion et celle des autres Conseils généraux intéressés. Mais à côté de l'entente étroite et de l'association de tous les corps constitués de la région, il y a place pour une œuvre importante aussi, celle d'une propagande active en faveur de l'entreprise qui sera placée sous votre patronage. Nous prenons la liberté de réclamer pour notre part l'honneur de diriger et d'étendre cette propagande. Vous pouvez compter, messieurs, sur notre concours le plus dévoué.

Veuillez agréer, Messieurs, l'assurance de nos sentiments les plus distingués.

Les Membres du bureau de la Société de géographie commerciale de Bordeaux.

Le *Républicain de Tarn-et-Garonne* dit que le Conseil municipal de Moissac a émis le vœu que le projet d'un canal maritime de Cette à Bordeaux fût mis à l'étude, et que le Conseil général s'occupât à la prochaine session de cette question, qu'ont déjà examinée le Conseil général de la Haute-Garonne et la Chambre de commerce de Bordeaux.

France. — *Chemins de fer.* — La Compagnie du Nord inaugure, sur la ligne de Calais à Paris, par Boulogne, un train exceptionnellement rapide qui est en relation avec le paquebot de nuit venant d'Angleterre, chargé du service de la poste.

Ce train part de Calais à 1 h. 20 du matin, pour entrer en gare à Paris à 6 heures 20. C'est-à-dire qu'il accomplit le parcours total de 297 kilomètres en cinq heures, arrêts compris.

Corse. — *La culture des cédrats.* — Monsieur le directeur. — Je viens vous entretenir aujourd'hui d'un des excellents produits de la Corse ; produit qui est appelé, à faire sinon la fortune des personnes qui le cultivent, du moins à leur procurer une honnête aisance. Je veux parler du cédratier.

En Corse, l'oranger réussit admirablement bien, ainsi que le citronnier et le mandarinier. Ce dernier, surtout, fournit en abondance des fruits d'une qualité exceptionnelle et très-supérieure, qui laissent bien loin d'eux les oranges si renommées du Portugal. Ici, nous n'avons point besoin de serres, de caisses, ni de soins de rempotement et de rencaissement; ces beaux arbres viennent en pleine terre et croissent rapidement et vigoureusement; le climat leur est entièrement favorable; nous n'en donnons pour preuves que les jardins d'Ajaccio, de Bastia, d'Olmeto, qui en sont remplis.

Le Cap-Corse, les cultive aussi avec succès, et principalement le cédratier, qui est l'espèce la plus délicate du genre *citrus*, et qui surpasse tous les autres par la richesse de ses produits. Différent du citronnier par ses rameaux plus courts, plus raides, le cédratier produit des fruits plus gros, d'une chair plus épaisse, plus abondante, que l'on confit, et dont il se fait un grand commerce. Seul, le Cap-Corse en exporte chaque année plus d'un million de kilogrammes. Depuis quelques années, on a fait dans l'île de nombreuses plantations de cédratiers, notamment à Ajaccio, à Porto, à Olmeto, à Propriano, à Sartène, à Coti-Chiavari et dans plusieurs autres localités. A Ajaccio, celle du baron de Césari, est en plein rapport; à Porto, une plantation âgée de 5 à 7 ans, assurait dès l'an dernier à son heureux propriétaire, M. Léon de Chauton, avocat, conseiller-général des Landes, un revenu annuel de 47,000 francs! A Olmeto, une plantation de 4 ans, faite par M. Jean-Dominique Balisoni, lui a donné, déjà l'année dernière, une riche récolte et lui en promet, pour l'année courante, une bien plus riche encore. On parle beaucoup aussi de la plantation qu'un de nos voisins d'Outre-Manche, M. le major Morton, a établie à Coti-Chiavari. A Olmeto, le docteur Charles Pajanani, et à Propriano, le riche M. Taffuni en ont aussi de très-remarquables. La célèbre voyageuse, miss Campbell, a calculé que si le Cap-Corse préparait lui-même les cédrats qu'il récolte, au lieu de les expédier à l'état brut, il réaliserait l'énorme bénéfice de 136,000 livres sterling, soit 3,400,000 francs. Trois manufactures de Livourne, en exportent annuellement en Angleterre, en Hollande et en Amérique, environ 1,020,000 kilog., qui représentent une valeur de 4,260,000 francs.

Je crois devoir attirer l'attention du commerce parisien et des autres grandes villes de France et de l'étranger sur ces produits par excellence, dont la Corse possède, comme je l'ai dit, une grande quantité, d'une qualité supérieure à ceux de n'importe quelle autre provenance, et qui ne peut qu'augmenter rapidement, pour peu que les personnes qui se livrent à ce genre d'exploitation y trouvent une rémunération suffisante pour les engager à continuer.

Le cédratier craint le froid et les grands vents; aussi demande-t-il une culture particulière, de grands soins et de forts abris contre les coups de vent, assez fréquents en Corse. Il lui faut aussi beaucoup de fumier et de copieux arrosages (au moins deux fois par semaine).

Si la confiserie de Paris et de nos grandes cités encourage cette branche de notre agriculture, le cédratier figurera au premier rang parmi les *arbres d'or* de la Corse.

Je me tiens d'ailleurs à la disposition de ceux qui auront besoin d'être renseignés, et je puis annoncer que la première récolte des cédrats devant avoir lieu en août, je pourrais dès aujourd'hui faire traiter pour des quantités considérables, selon les prix.

Olmeto, 26 juillet 1876.
H.-A. CHARPENTIER.

Service postal entre la France et l'Allemagne. — Les journaux de Berlin annoncent que, d'après une communication faite aux bureaux de poste par la direction générale, les lettres chargées avec valeurs déclarées circulant entre l'Allemagne, la France et l'Algérie, ne seront plus soumises, à l'avenir, au poids *maximum* de 250 grammes, grâce à un traité conclu avec l'administration des postes françaises.

Allemagne. — *Diminution de l'émigration.* — D'après la statistique récemment publiée par les soins du gouvernement impérial, les principaux ports vers lesquels se dirigent les émigrants allemands, sont Brême, Hambourg, Anvers et le Havre. On a constaté depuis 1872, une diminution notable dans le nombre des émigrants. En 1875, 32,204 émigrants allemands se sont embarqués dans les quatre ports indiqués plus haut, contre 46,359 en 1874; soit une diminution de 14,155 personnes ou 30 0/0. Cette diminution s'est fait surtout remarquer aux États-Unis, par suite des crises financières et commerciales dont on se ressent encore en Amérique. L'état déplorable des affaires avait même déterminé en 1875 le retour en Allemagne de 32,681 personnes.

En 1874, 41,228 Allemands s'étaient rendus aux États-Unis. En 1875, ce nombre est tombé à 27,769, soit 13,459 personnes de moins ou une diminution de 32 6 0/0.

Les pays les plus favorisés par l'émigration allemande sont, après les États-Unis, le Brésil et l'Australie. On a même constaté, dans ces deux pays, une recrudescence d'émigration. Ainsi, en 1874, le Brésil n'avait reçu que 1019 allemands, tandis qu'en 1875, ce nombre s'élève à 1387; en Australie, on ne comptait en 1874 que 900 Allemands qui eussent débarqué dans le courant de l'année. En 1875, ce nombre s'est élevé à 1026. L'Amérique du Nord anglaise n'a enregistré, en 1875, que 38 émigrants allemands contre 138 en 1874. Les États de l'Amérique centrale et ceux du Sud ont subi une diminution considérable, à l'exception du Brésil. En 1875, ces pays ont vu leurs listes d'immigration n'accuser que 450 nouveaux arrivants allemands contre 525 en 1874.

On ne compte en 1874 et en 1875 que 38 personnes qui se soient rendues en Afrique et en Asie.

D'après les lieux d'origine, les Allemands qui se sont embarqués à Hambourg, à Brême, à Anvers, se répartissent ainsi qu'il suit pour 1875 : Prusse, 20,836 (27,591 en 1874); la province de Prusse 3648 contre 4891 en 1874; le Brandebourg 1396 contre 1945 en 1874; la Poméranie, 3115 contre 4387 en 1874: le duché de Posen 2610 contre 3371 en 1874; la Silésie 1282 contre 1818 en 1874; la Saxe 541 contre 630 en 1874; le Schleswig-Holstein 2264 contre 3044 en 1874; le Hanovre 3334 contre 4245 en 4874; la Westphalie 851 contre 971 en 1874; la Hesse-Nassau 990 contre 1315 en 1874; la province du Rhin 791 contre 1278 en 1874; le Hohenzollern 14 contre 46 en 1874; la Bavière 2512 contre 4181 en 1874; le royaume de Saxe 802 contre 1150 en 1874; le Vurtemberg 1292 contre 2004 en 1874; le grand duché de Bade 1090 contre 2061 en 1874; le duché de Hesse 531 contre 988 en 1874; le duché de Mecklembourg Schwerin 850 contre 1935 en 1874; le duché de Saxe-Weimar 131 contre 198 en 1874; le duché de Mecklembourg Strelitz, 118 contre 158 en 1874; le duché d'Oldenbourg 382 contre 569 en 1874; le duché de Brunswick, 132 contre 176 en 1874; Brême 280 contre 388 en 1874; Hambourg 640 contre 780 en 1874; l'Alsace et la Lorraine 172 contre 265 en 1874; les autres États allemands 723 contre 753 en 1874.

En 1872, Brême était le port le plus important pour l'émigration; depuis cette époque, Hambourg est devenu le port de mer dont les bâtiments ont embarqué le plus grand nombre d'émigrants. Ce sont surtout les provinces de Prusse, de Posen, la Poméranie et la Silésie, qui fournissent le contingent le plus fort à Hambourg.

En 1871, Hambourg ne recevait que 42,224 émigrants, et Brême 60,516; tandis qu'en 1875, nous trouvons 31,180 émigrants à Hambourg et 24,503 à Brême. Le Hâvre qui avait reçu en 1872 et en 1873 beaucoup plus d'émigrants que Anvers, accuse maintenant un chiffre inférieur à celui de ce dernier port.

T. L.

Allemagne. — *Les droits d'entrée sur les fers.* — A partir du 1er janvier 1877, tous droits d'entrée sur les fers seront abolis dans l'empire d'Allemagne. Les maîtres de forges belges se préparent à lutter vigoureusement contre les Anglais, et ils se flattent de les vaincre.

Le Parlement allemand fait de grands efforts pour étendre le réseau des voies ferrées: de 1865 à 1875, les crédits votés dans ce but montent à un milliard 22 millions de marcs, et, quoiqu'il reste encore sur cette somme 230 millions de marcs qui n'ont pas été dépensés, un emprunt de 100 millions destinés à de nouveaux travaux a été résolu.

Angleterre. — *Marine marchande.* — L'archiviste général de la marine (*The registrar general of shipping*) porte le nombre des navires inscrits sur la liste maritime de l'Empire britannique en 1875 à 37,136, jaugeant ensemble 7,744,237 tonneaux, et manœuvrés par 342,335 hommes. C'est une augmentation sur l'année 1874 de 201 bâtiments, de 210,745 tonneaux et de 4,711 hommes d'équipage.

Le tonnage se décompose ainsi : Royaume-Uni, 6,087,701 tonneaux; îles de la Manche, 64,766; colonies anglaises, 1,591,770.

Les douanes du Royaume Uni ont reçu en 1875, 20 millions de livres sterling (500 millions de francs) de droits, dont 9,940,000 liv. (248,500,000 fr.) ont été perçus dans le port de Londres, et 2,919,001 liv. (72,975,045 francs) dans celui de Liverpool. Dans le premier de ces ports il est arrivé 11,311 navires venant de ports étrangers et jaugeant 4,910,533 tonneaux; et dans le second, 5,481 navires de 4,402,116 tonneaux.

Les rapports statistiques accusent une augmentation générale dans la quantité de produits étrangers entrés dans le port de Londres. Les importations de thé ont atteint, en chiffres ronds, un total de 197,000,000 livres, quantité sans précédent.

Autant qu'on peut en juger par les bagages inspectés, le nombre des voyageurs débarqués à Londres en 1875 a été de 111,789.

Turquie. — *Population.* — Le docteur Yakschich de Belgrade, qui est considéré comme une grande autorité en pareille matière, évalue la population de la Turquie d'Europe, non compris les Principautés, à 8,000,000 d'individus, dont 3,000,000 de Slaves.

Si à ce chiffre on ajoute 1,500,000 Serbes et Monténégrins, on obtient un nombre de 4,500,000 Slaves sur une population totale de 9,500,000.

Il porte le total des mahométans à 3,380,000. Ceux-ci, quoique inférieurs en nombre aux chrétiens, possèdent tous les avantages que procure le monopole du pouvoir.

Algérie. — *Exécution des bandits de l'Habra.* — Les bandits de l'Habra.

qui ont si longtemps terrifié la province d'Oran, viennent de subir la peine de leurs crimes.

Le 19 juillet, à 4 heures, on amenait à la prison civile d'Oran un fourgon du train des équipages pour effectuer le transport des condamnés au chemin de fer qui devait les transporter à Perrégaux, lieu choisi pour l'exécution.

Il fallut les porter tous les trois pour les faire entrer dans le wagon qui leur était destiné.

Les condamnés, arrivés par le train du soir à Perrégaux, ont été conduits en voiture de la gare à la gendarmerie. Ce n'est que le 21 juillet, à 4 heures 1/2, que, la sentence ayant été lue aux condamnés, ceux-ci comprirent que le moment suprême était arrivé. A 5 heures moins 1/4 commençait la fatale toilette : Bouzian sortit le premier, et, assis sur un tabouret, il se livra aux mains de Monsieur d'Alger. Si l'exécution est terrible, l'opération de la toilette n'en est pas moins saisissante. C'est l'apprêt pour rendre visite au Très-Haut.

Il fait à peine jour, des coups de marteaux résonnent sur le fer : c'est le rivet qui doit sauter pour donner place à une corde qui ne serre pas les pieds du condamné, mais seulement doit lui servir d'entrave.

Les poucettes sont décadenassées, et, alors, commence la ligature des mains derrière le dos; la corde serre; on sent qu'elle doit rentrer dans les chairs; mais Bouzian est impassible : pas un mouvement, pas une plainte; aidé, il quitte son tabouret pour prendre place sur une chaise, d'où il va assister à la même opération que doivent subir Kaddour-ben-Hamida et Larbi-ould-si-Kaddour, chacun à leur tour, comme Bouzian... pas une plainte, pas un geste : seul, Ben-Hamida récite des prières. Bouzian demande une cigarette, prend un verre de limonade, et, s'adressant à l'interprète, exprime son repentir, rejette ses fautes sur la fatalité, dit ne point en vouloir aux Français, et, après ce dernier adieu, exhorte ses deux amis à mourir courageusement.

Cinq heures sonnent, le silence est partout ; Monsieur d'Alger et ses aides prennent chacun leur homme. Bouzian, le premier; Ben-Hamida vient ensuite ; personne pour soutenir Si-Kaddour, mais il se livre seul et marche jusqu'à la porte de la gendarmerie, où le troisième aide vient le chercher.

Sans forfanterie, ces trois hommes marchent à la mort. Bouzian regarde la fatale machine; mais une minute ne s'est pas écoulée qu'il a cessé de vivre. Hamida s'avance, il y a chez lui plus d'hésitation; mais aussi rapidement que pour Bouzian, le couteau tombe. Si-Kaddour attend son tour; il entend des cris perçants ; les femmes se dérobent; il jette un regard du côté d'où viennent les voix, et, d'une voix vibrante encore, crie : « Taisez-vous, je vous entends! » Une troisième fois, le couteau tombe, et la justice des hommes est satisfaite.

Un détachement de la légion étrangère, des tirailleurs et une vingtaine de chasseurs d'Afrique, sont chargés de maintenir l'ordre. Peu de curieux, mais toujours les femmes en majorité. Malgré que ce fût un jour de marché, on remarque l'absence totale d'Arabes. Dans la foule quelques figures blêmes, sur lesquelles l'émotion est visible, font reconnaître les parents des suppliciés, qui doivent, après l'exécution, venir prendre les cadavres.

Aussitôt après l'exécution, les Arabes s'approchèrent de la guillotine pour enlever les cadavres et les faire inhumer. Ceux-ci, chargés sur des mulets, furent amenés dans leur tribu, où ils furent soigneusement lavés et les têtes remises et cousues à chaque tronçon au moyen de ficelles d'alfa, les Arabes ne se servant, pour cette opération, que de mauvaises aiguilles en bois. Ce ne fut qu'avec la plus grande peine que les chairs se rejoignirent; une fois cette opération terminée, les têtes furent totalement recollées avec une cravate de goudron tout chaud, ce qui faisait un singulier effet sur les faces blêmes de ces malheureux. Mis dans des linceuls de cotonnade blanche, les corps furent portés en terre accompagnés par les parents et amis des suppliciés.

(Echo d'Oran).

Maroc. — *Les consulats anglais et français à Mogador.* — M. William-F. Grace vient d'être nommé vice-consul britannique *ad honorem*. De cette façon le personnel du consulat anglais de Mogador compte un employé de plus, à l'instar de ceux de France et d'Espagne.

Une opinion fort accréditée consiste à croire que le consulat anglais de Mogador serait supprimé. Il ne resterait plus dans cette ville qu'un vice-consulat. On affirme, par suite de cette mesure regrettable, dit-on, au point de vue des intérêts anglais, que M. Robert Hay Drummond Hay, le titulaire actuel du consulat, absent depuis quelque temps de cette ville, n'y retournerait plus. On ajoute même qu'il va occuper les mêmes fonctions à Malaga.

M. Lurée vient d'être nommé consul de France à Mogador, poste resté vacant par suite du décès de M. Beaumier. Il est attendu vers la fin de ce mois. Ainsi tombent les suppositions que l'on avait faites sur la suppression de ce consulat.

(Echo d'Oran.)

L'Expédition française sur l'Ogôoué. — Le *Moniteur de la flotte* annonce que, d'après une correspondance du Gabon, du 1er juin, M. Savorgnan de Brazza avait expédié de Lopé au Gabon le Dr Ballay, pour recruter quelques noirs. M. de Brazza ne compte quitter Lopé que dans le courant de juillet seulement.

Afrique équatoriale. — *Le voyageur américain Stanley.* — L'Explorateur s'est fait à plusieurs reprises l'écho des inquiétudes qu'inspirait le sort de cet intrépide explorateur, sur la marche duquel on n'avait plus reçu d'informations directes et positives depuis plus d'un an ; car les dernières nouvelles qu'on a eues de lui datent du mois de juin 1875. Ces inquiétudes commençaient à devenir d'autant plus sérieuses qu'aucun des voyageurs qui, depuis cette époque, ont parcouru les grands lacs du centre de l'Afrique n'avait rencontré l'explorateur américain que cependant ses dernières lettres nous avaient représenté comme campé ou livré à des recherches dans ces mêmes parages ; aucun, non plus, ne nous avait rapporté que des conjectures sur ce qu'il avait fait ou ce qu'il était devenu, lui et ses compagnons.

Enfin après ce long silence, c'est M. Stanley lui-même qui dissipe nos alarmes.

Le *Daily Telegraph* annonce avoir reçu un paquet de lettres, pleines de détails intéressants, et surtout d'un caractère entièrement rassurant.

La première de ces lettres est datée du 29 juillet 1875 et écrite dans l'île Mahyiga, sur le lac Victoria ; elle contient la relation du retour de M. Stanley de l'Ouganda, royaume du roi Mtésa, au camp de Kadihyi, où il avait laissé ses hommes qui, pendant son absence avaient failli être massacrés par les indigènes de Bambireh. Ce n'est qu'à force d'adresse et de courage et après avoir éprouvé plusieurs tempêtes sur le lac, que M. Stanley est arrivé au camp sain et sauf.

La deuxième lettre, datée de Doumo (Ouganda), le 15 août 1875, raconte une visite à l'île Oukéréoué. une excursion de toute l'expédition sur le territoire d'Ouganda, et le sévère châtiment infligé aux sauvages de Bambireh pour leur perfidie.

La troisième lettre, écrite de Kaouanga sur les frontières de l'Ounyoro, à la date du 18 janvier de cette année, décrit la marche du voyageur depuis la capitale de Mtésa jusqu'au lac Albert (*Albert-Nyanza*), à la tête de ses compagnons et de 2,000 guerriers de l'Ouganda. Il fit camper sa petite armée sur les bords du lac Albert, à Ounyampoka. Le 18 janvier, M. Stanley était de retour chez le roi Mtésa, après avoir traversé deux fois le royaume de Kabba-Rega, mais sans avoir pu naviguer sur le lac Albert, dont il se borna à parcourir les alentours : c'est ce qui explique comment M. Gessi, qui traversa le lac au mois d'avril, n'avait pas entendu parler de lui. Stanley a été le premier à explorer les contrées situées entre les deux lacs, et entre autres les monts Gambaragara, sur les hauts et froids plateaux desquels vit un peuple au teint clair. M. Stanley a donné au bras du lac Albert sur lequel il a campé le nom de golfe Béatrice, d'après la princesse Béatrice, la plus jeune des filles de la reine d'Angleterre. Il a fait de curieuses collections d'objets ramassés sur les bords du lac.

La quatrième lettre, du 26 mars 1876, datée de Kafouro, décrit le départ définitif de l'Ouganda, l'exploration de la rivière Kadjera, du lac Windermere (dé Speke), et des sources chaudes du Karagoué.

Une cinquième et dernière lettre est du 24 avril dernier et a été écrite à Oubagoué, dans l'Ounyamouézi : elle contient la description de la contrée inter-lacustre. M. Stanley, qui n'était alors qu'à quinze jours d'Oudjidji, se proposait de se rendre dans cette ville, d'où il repartirait pour le lac Albert en remontant le Tanganiyka. Son dernier compagnon blanc, M. Frank Pocock, lui-même et toute sa troupe sont dans le meilleur état de santé possible.

Aussitôt que les lettres reçues par le *Daily Telegraph* auront été publiées, nous nous empresserons d'en donner une analyse plus complète, en nous attachant principalement aux détails qui intéressent plus particulièrement la science géographique et le commerce international.

La mer projetée par les Anglais à l'Ouest du Sahara. — On écrit des îles Canaries, à la date du 24 juin :

« Le vapeur *Volta* vient d'arriver à Arrecife, capitale de l'île de Lanza-rotte, avec une commission scientifique composée de dix Anglais, presque tous ingénieurs, qui se rendent sur la côte d'Afrique pour déterminer à quel endroit il faudra commencer les travaux qui doivent faire entrer les eaux de l'Atlantique dans le Sahara. Si le résultat de ce travail préliminaire répond à l'attente, une expédition de 500 Anglais *savants* (je traduis littéralement) suivra de près pour commencer cette œuvre gigantesque. »

C'est la contre-partie du projet soumis à la France pour faire entrer les eaux de la Méditerranée par la Tunisie dans le Sahara. MM. les Anglais ne veulent pas être en retard.

(Echo d'Oran.)

Comme complément à cet article nous constatons que l'on a reçu des nouvelles satisfaisantes de l'expédition dirigée par M. Donald Mackenzie, qui a mis pied sur le continent africain, en vue d'établir de ce côté, sous prétexte de mer intérieure, des relations avec le Soudan.

Elle a trouvé une rade et un lieu d'atterrissement excellents dans le voisinage du cap Juby.

Les indigènes, avec lesquels les voyageurs sont entrés en communication, ont témoigné des dispositions amicales et du désir de nouer des relations de commerce.

Égypte. — La lenteur des chemins de fer. — D'après le *Handels Zeitung* de Chicago, les conducteurs de chemins de fer en Egypte ne manifestent aun empressement pour donner aux trains dont ils sont chargés toute la vitesse nécessaire. Ils ne s'arrêtent jamais au moment indiqué et ne se conforment à aucun règlement. S'ils aperçoivent un voyageur qui leur fasse signe de la voix ou du geste qu'il veuille monter, ils s'arrêtent en pleine campagne.

Il ne faut donc pas compter sur la ponctualité et l'exactitude des conducteurs pour arriver dans une gare à l'heure indiquée. S'ils sont en retard, ils rejettent la faute sur le vent, sur le mauvais état de la voie, des machines. Nous devons dire cependant que ces reproches ne s'adressent pas aux anglais qui sont chargés de la direction d'un train.

Il y a trente ans environ, les capitaines de steamer faisant le service sur la rivière Ohio ne se mettaient jamais en route tant qu'ils espéraient avoir un voyageur. Aussi arrivait-il très-souvent que le steamer ne se décidait à partir que huit ou quinze jours après le jour fixé. Il en résultait des pertes considérables pour l'armateur et des ennuis tels pour les voyageurs que ceux qui avaient des affaires pressantes préféraient se rendre en voiture ou à cheval à leur destination.

Il y a quelques années encore, à Pittsbourg, il suffisait qu'un voyageur agitât son mouchoir pour faire rentrer un steamer au port. Le capitaine ne faisait plus aucune attention aux signaux que lorsqu'il ne lui était plus possible de recevoir quelqu'un à bord.

T. L.

Egypte. — Exploration de M. Lucas pour l'hydrographie du Haut-Nil. — Nous recevons du docteur Schweinfurth la lettre suivante :

« M. Lucas, qui voyage sous les auspices de la Société royale de géographie de Londres, s'était proposé d'explorer la région de la ligne sud-ouest du partage des eaux du Haut-Nil, en pénétrant par le *fleuve des Gazelles*; mais ayant pu profiter, à Khartoum, d'une occasion qui l'aurait amené directement à la Méchera du *Bahr-el-Ghazal*, il s'est trouvé dans la nécessité fâcheuse de faire le grand détour par Lado. Il lui a fallu, dans ces conditions, monter et descendre inutilement le *Bahr-el-Djebel* pour entrer enfin dans le fleuve des Gazelles.

« Voici un extrait de la lettre que me communique M. Lucas :

« Cette lettre, datée de Lado, le 3 juin, n'est parvenue au Caire que le 19 juillet.

« Lado, 3 juin 1876.

« Je suis arrivé, en bonne santé, le 30 mai. Au lieu de retourner au Bahr-el-Ghazal, le colonel Gordon va m'envoyer à l'extrémité méridionale du lac Albert, où il doit même m'accompagner en personne.

« Je vais me diriger sur le Nyangoué de Livingstone, et de là sur l'ouest. Le bateau à vapeur sera prêt pour l'époque où nous arriverons à Dufflé. Mes deux bateaux sont en bon état, ainsi que tous les instruments.

« Le colonel Gordon a été la bienveillance même pour moi et mon expédition, et je ne saurais trop reconnaître l'aide qu'il nous a prêtée.

« Je ne prends pas Freeman (1) avec moi; il a été si malade dans le voyage pour venir ici, qu'il y aurait de l'imprudence à l'emmener dans des contrées d'où il n'aurait pas chance de revenir. Le colonel Gordon l'a attaché à son service comme botaniste, et il doit faire une tournée de recherches botaniques dans le pays de Lado, etc.

« L'exploration du lac par Gessi est intéressante en ce qu'elle en a constaté le peu d'étendue du bassin. »

« Ces notes ont d'autant plus d'intérêt que nous étions depuis longtemps sans nouvelles de M. Lucas. Excusez le décousu de cette lettre écrite au départ du courrier; mais à mon avis : *bis dat qui cito dat*, et agréez, etc.

Dr G. SCHWEINFURTH.

Le Caire, 21 juillet 1876.

L'expédition italienne en Afrique. — On a reçu de cette expédition des nouvelles plus récentes que celles contenues dans une lettre datée de Zella le 16 mai, que nous avons reproduite dans notre n° 76.

Une lettre du marquis Antinori du 16 juin annonce que l'expédition ne pourrait quitter Zella que le lendemain, par suite des difficultés qu'elle a éprouvées à compléter ses préparatifs, à cause de la mauvaise volonté du gouverneur, qui s'est montré tout à fait inhospitalier à l'égard des voyageurs italiens. Il leur a fait refuser des tentes, les forçant ainsi à camper sans abri sous un soleil brûlant; de plus, il leur a fait payer des droits de douane exorbitants pour leurs chameaux et leurs bagages.

Pendant une absence temporaire du camp du marquis Antinori, on avait, à l'aide de fausses et traîtreuses informations, engagé la caravane à partir en avant en emportant toutes les provisions, de sorte que quand le directeur de l'expédition revint au camp, il lui fallut faire de nouveaux achats à des prix équivalents à de véritables extorsions, sans compter les vols de chameaux et de bagages et les avaries occasionnées aux objets que le roi Victor-Emmanuel envoie en présent au roi du Choa.

(1) Freeman est le compagnon de voyage et le préparateur de M. Lucas; c'est un ancien élève du jardin botanique de Kew, près de Londres.

Tous ces tracas ont causé un retard très-préjudiciable à l'expédition, qui, non-seulement a perdu l'avantage d'avoir pour compagne de voyage jusqu'au Choa une caravane envoyée au roi Menelik par l'émir même de Zella ; mais encore, comme la saison des pluies a déjà commencé en Abyssinie, elle est exposée à ne pouvoir passer l'Avasch avant la crue de cette rivière. Néanmoins le marquis Antinori écrit qu'il marchera à tout prix sur Ankober.

En présence de si tristes nouvelles, la Société italienne de géographie a sollicité le gouvernement italien d'adresser des réclamations à celui de l'Egypte.

A une dépêche qui lui a été expédiée à ce sujet, en date du 24 juillet, par le ministre des affaires étrangères d'Italie, le consul général italien à Alexandrie a répondu que, pour sa part, il a toujours déconseillé l'expédition, et que le khédive ne pouvait la protéger hors de ses possessions. Cette échappatoire ne se comprend guère de la part d'un consul italien; il est, en effet, de notoriété que l'émirat de Zella, en vertu d'un firman du sultan de Constantinople, dépend depuis un an environ du gouvernement du khédive ce n'est pas là un point à contester, d'autant plus qu'avant le départ d'Italie de l'expédition, le vice-roi d'Egypte, à la suite d'une lettre autographe du roi Victor-Emmanuel, avait envoyé le firman suivant au gouverneur de Zella :

« Quatre ou cinq Italiens viendront à Zella ; donnez-leur des hommes pour leur enseigner leur chemin, quel que soit l'endroit où ils veulent aller.

« Quant à l'achat de chameaux ou d'autres choses dont ils pourront avoir besoin, ne vous en mêlez pas. »

La responsabilité des mauvais traitements dont les voyageurs italiens ont eu à se plaindre à Zella incombe donc bien réellement au gouvernement égyptien ; plus loin, c'est différent.

P. S. Au dernier moment, une dépêche de Rome nous apprend que le khédive a fait aux remontrances italiennes une réponse dans ce sens, sans pourtant tenir compte des avanies faites à Zéila.

Le trafic des esclaves. — Nous avons indiqué, dans notre avant-dernier numéro, les mesures que, à l'instigation des agents de l'Angleterre, le sultan de Zanzibar a édictées en vue d'abolir la traite dans l'étendue des territoires soumis à sa domination.

Quoique, en tout état de cause, l'humanité ait à se louer des efforts tentés de ce côté, nous pensons malheureusement qu'elle ne doit pas encore fonder de bien sérieuses espérances sur des proclamations, qui courent le risque de n'être que des lettres mortes, adressées qu'elles sont à des indigènes qui n'en comprennent pas l'esprit et qui, en tout cas, recourent aux subterfuges les plus divers pour les éluder ou échapper à leur portée.

L'esclavage est une pratique traditionnelle chez les tribus africaines, à la nature desquelles elle ne semble nullement répugner; ce n'est pas du jour au lendemain qu'on parvient, même avec l'emploi de la force ou sous l'influence de la propagande religieuse la plus active, à l'extirper des usages de populations, qui en font depuis des temps immémoriaux une branche de leur trafic habituel, la source même la plus importante de leurs échanges.

L'Egypte en est un exemple frappant. On ne saurait nier les témoignages de progrès et de philanthropie que les derniers vice-rois et le khédive actuel ont si fréquemment donnés; il faut donc croire qu'ils ont des intérêts importants, des considérations graves à ménager, pour n'avoir pas encore aboli dans leurs États l'esclavage, qui continue d'y exister, sinon dans sa forme ouverte, du moins sous des déguisements qui le mettent sans doute hors de l'atteinte de la pénalité prescrite par les lois du pays.

Voici, en effet, ce que le *Times of India* publie à ce sujet, d'après les renseignements qui lui sont fournis par un voyageur, témoin oculaire des faits qu'il avance.

« Le gouvernement égyptien a pris, depuis quelque temps, de sérieuses mesures pour atteindre l'esclavage et en réformer les conditions. Mais les possesseurs d'esclaves s'ingénient de toutes les façons pour les esquiver; dans le but de donner une apparence de légalité à leur possession illicite, ils se munissent de contrats simulant des engagements de service entre eux et ceux qu'ils affectent d'appeler leurs employés. De plus les ventes publiques d'esclaves sont prohibées. C'est à l'aide de ces artifices et d'autres que le gouvernement a réussi à faire croire aux représentants des puissances étrangères que l'esclavage n'existe pas en Egypte. Cependant, si l'on ne se contente pas d'envisager les choses superficiellement, on acquiert une opinion bien différente; en effet les faits qui suivent démontrent que les souffrances des malheureux réduits à l'esclavage ne sont pas moins dignes de pitié en Egypte que dans aucun autre pays à esclaves.

« Les paquebots à vapeur du Khédive, qui font le service de la poste, amènent de Massouah et de Sonakim à Jeddah, un grand nombre d'esclaves, principalement des jeunes femmes, dont la plupart sont destinées pour l'Egypte. Des *buglas* et de petites embarcations arrivent journellement à Jeddah, à Hodeida, à Zembo et dans d'autres ports de la mer Rouge, où l'on débarque plusieurs milliers d'esclaves tous les mois. Les trafiquants payent maintenant une taxe de capitation, au lieu d'un huitième pour cent *ad va-*

lorem comme autrefois, aux autorités locales, qui mettent l'embargo sur les embarcations jusqu'à ce qu'on ait satisfait à leurs demandes.

« Les autorités turques reconnaissent ouvertement la position de maître et d'esclave; le maître reçoit toute la protection qui lui est accordée par la loi mahométane, et son droit sur la vie de l'esclave n'est rien de moins qu'absolu. Il y a fort à craindre que le nouveau Code égyptien n'ait laissé cette branche particulière de la législation dans le *statu quo*. Le gouverneur, le chef de la police, le capitaine du port ou tout autre fonctionnaire analogue administre publiquement des peines corporelles ou autres à un esclave, sur la demande de son maître, pour les motifs les plus insignifiants. Il n'est pas rare de voir même des Européens forcés de payer au possesseur d'esclaves les salaires gagnés par les travailleurs qu'il emploie. Cependant, si un esclave ne sait pas se procurer de l'ouvrage, son maître ne l'entretient pas. Si l'esclave est décrépit ou souffre d'une maladie ou d'une infirmité physique, tout refuge lui est refusé, et l'infortuné gît délaissé sur la grande route ou sur le marché, sans personne pour le soulager. Si quelqu'un secourt un esclave et le soigne, son maître le réclame aussitôt, et il n'est pas improbable qu'il demande une indemnité pour le temps que l'esclave est resté sous la protection de son bienfaiteur. Un pauvre, ou même l'esclave d'un maître bon ou indulgent peut acheter un esclave à crédit, tandis qu'il peut à peine se nourrir lui-même. Rien de surprenant si, à cette façon de procéder, le maître et l'esclave se trouvent impliqués dans des difficultés sans fin.

« Les pauvres créatures travaillent jour et nuit afin de se procurer une nourriture à peine suffisante pour soutenir un homme, attendu que la moindre somme qu'ils gagnent, si minime qu'elle soit, est accaparée par leur maître. Il n'y a que la souplesse extraordinaire d'esprit dont ils paraissent doués qui puisse leur faire supporter les misères de leur triste sort. Quand un esclave s'absente ou s'enfuit, la police le saisit — après que préalablement le fait ait été annoncé par le crieur public et qu'une récompense ait été offerte proportionnée à la valeur de l'esclave perdu ou à la difficulté de le reprendre.

« Les possesseurs de *dhows* et de *buglas* forment leurs équipages presque exclusivement d'esclaves; quelquefois un seul individu possède cinq ou six bâtiments; un fils ou un autre parent prend le commandement de chacun d'eux, et a pour toute rémunération de son travail la maigre ration de vivres qu'il donne aux hommes de l'équipage, qui comptent dans leurs rangs des matelots, des charpentiers, des forgerons capables.

« Un jeune garçon noir, nouvellement capturé, coûte, à Jeddah ou sur la côte, environ 40 dollars (200 francs); une jeune fille, un peu plus; et leur prix augmente à mesure qu'ils grandissent, s'accoutument à la vie domestique, et deviennent des travailleurs, des ouvriers sur lesquels on puisse compter. Avant leur captivité, la plupart de ces malheureux étaient des chrétiens de la secte Cophte : mais dès qu'ils se familiarisent avec la langue et les mœurs arabes, ils ont bientôt perdu les faibles notions qu'ils avaient de leur foi primitive.

« Un grand nombre de jeunes filles d'un teint clair sont arrachées de l'intérieur de l'Abyssinie et vendues pour les harems. Souvent des européens, eux aussi, achètent de belles abyssiniennes.

« Les jeunes nègres, la plupart du temps, ne sont rien moins que dociles; ils sont tellement obstinés que leurs maîtres ont beau les fustiger sans relâche, c'est à peu près peine perdue. Quand le possesseur d'un esclave n'a point d'ouvrage pour celui-ci, il le loue à d'autres. Il est à remarquer que les nombreux petits bâtiments, *buglas* et navires, qui naviguent sous pavillon anglais, et dont les propriétaires sont des Arabes sous la protection de l'Angleterre, ont la plupart, sinon tous, pour équipages des esclaves, qui sont, si ignorants, si peu rusés qu'ils ne profitent d'aucune occasion qui se présente de recouvrer leur liberté.

Palestine. — *La Mer Morte.* — La Mer Morte, qui est à 1340 pieds au-dessous du niveau de la Mer Méditerranée, est surtout alimentée par le Jourdain, et elle évapore une quantité d'eau aussi considérable que celle qu'elle reçoit. Lorsque le Jourdain subit une crue, la Mer Morte s'étend sur ses rives et l'évaporation se produit dans les mêmes proportions de manière à la ramener à son niveau ordinaire. On évalue à 400 livres d'eau par pied carré l'eau qui s'évapore annuellement, soit près de 2 milliards de tonnes d'eau, l'étendue de la Mer Morte étant évaluée à 372 milles carrés. 30 millions de tonnes d'eau tombent, pensa-t-on, chaque année, en Palestine; 6 millions s'écoulent par les ruisseaux et les rivières et le reste est absorbé par la terre et les plantes. Sur ces 6 millions, 2 millions à peine descendent dans le Jourdain, ce qui représente exactement la quantité totale d'eau qui s'évapore chaque année.

Pour troubler cet équilibre, il faudrait des bouleversements souterrains, des dépressions du sol ou des éruptions volcaniques.

Le Jourdain apporte continuellement dans la Mer Morte des sels qui y restent en dissolution et en saturent les eaux. Aussi suffit-il d'y plonger un objet pour le voir se couvrir immédiatement d'incrustations salines.

Pline et avec lui d'autres naturalistes anciens qui avaient étudié la Mer Morte, en s'appuyant sur les notions scientifiques si incomplètes qu'ils possé-

daient à cette époque, disaient que l'eau de cette mer était légère. On sait aujourd'hui que c'est le contraire qui est la vérité.   T. L.

Asie-Mineure. Le Dr Schliemann a abandonné les fouilles qu'il avait entreprises sur l'ancien emplacement de la ville de Troie, par suite des difficultés que lui susciterait, s'il faut l'en croire, Ibrahim Pacha, gouverneur des Dardanelles et de l'Archipel.

Asie centrale. — *Guerre entre le Kaschgar et la Chine.* — On annonce que l'Emir de Kaschgar, Yacoub Khan, dont nous avons fait connaître dernièrement le caractère entreprenant et ambitieux, a déclaré la guerre au gouvernement chinois, après avoir réglé ses affaires avec la Russie et conclu avec cette puissance un traité politique et commercial.

Il a confié les rênes du gouvernement à son premier ministre, Yacoub bey, et est parti pour la frontière, à la tête d'une armée de 40,000 hommes, bien disciplinée et pleine d'enthousiasme pour cette guerre.

Hindoustan. — *Chemin de fer de la vallée de l'Indus.* — Le journal de Lahore (Hindoustan) pense que le chemin de fer de la vallée de l'Indus sera ouvert au trafic de Moultan à Kotry vers la fin de 1877. Le seul travail qui ne sera pas terminé à cette époque sera le pont du chemin de fer à Sukkur; mais on a pris toutes les dispositions nécessaires pour faire passer les trains. Les ingénieurs chargés de la construction de la voie ont poussé très-activement les travaux. Le pont de Sutlej s'est élevé avec une rapidité extraordinaire qui fait le plus grand honneur à l'ingénieur M. Galway qui en avait été spécialement chargé.   T. L.

Hindoustan. — *Le Choléra et les agents de police.* — On craint très-vivement en Hindoustan que le choléra ne se propage dans le pays. C'est surtout par Bombay que l'on redoute de le voir arriver. Tous les passagers qui débarquent dans ce port sont soumis à l'examen de M. Smith, officier de santé. Mais M. Smith ne pouvant suffire à la tâche excessive qu'on lui a imposée, les autorités locales anglaises lui ont adjoint des agents de police qui n'ont aucune connaissance médicale.   T. L.

Birmanie. — *Mission de M. Grosvenor.* — MM. Grosvenor, Baber et Davenport qui ont traversé la Chine pour procurer au gouvernement anglais des éclaircissements sur la mort sanglante de Margary, sont arrivés le 5 juin à Rangem par la canonnière Irraouaddy. Ils se sont obstinés à garder le silence le plus profond sur le résultat de leur mission. L'heureux voyage de MM. Grosvenor, Baber et Davenport, jusqu'à Bhamo a produit une impression des plus favorables pour le commerce en Birmanie.

Un grand nombre de barques se sont rendues à Bhamo et au delà avec de grandes quantités de marchandises et surtout avec des cordages.

Il paraît que la mission de M. Grosvenor a rencontré à Mandalay où elle s'est arrêtée deux jours, une difficulté inattendue. Le souverain de la Birmanie supérieure a refusé de faire toutes les concessions qu'on lui demandait, parce qu'il a été informé de la situation de l'Europe, et qu'il s'attend de ce côté à de graves complications.

Voici en outre de nouveaux détails sur l'expédition anglaise envoyée au devant de M. Grosvenor, et dont nous avons parlé dans l'avant-dernier numéro de l'*Explorateur*. A son départ de Tsee-kun, elle a traversé le pays le plus sauvage qu'on puisse imaginer. Rien que des collines et des rochers, sans le moindre semblant de route ou de sentier; des amas de pierre, des cavités où le pied s'enfonçait à chaque pas. L'aspect du pays avait quelque chose de sauvage et de magnifique. Les villages que l'expédition a traversés ressemblaient absolument à ceux des Birmans; mais leurs habitants, les Katchinis, sont plus forts, mieux constitués. Ils sont aussi un peu noirs et ont une allure sauvage. Les Katchinis suivaient l'expédition et cherchaient toujours à voler. Ils sont parvenus à soustraire de menus objets et même des munitions pour lesquelles ils ont une prédilection toute particulière, ainsi que pour les armes offensives ou défensives. A son arrivée à Manwyne, elle apprit que la commission d'enquête présidée par les commissaires, tenait des séances depuis plusieurs jours. Les portes étaient closes et une garde européenne défendait les abords de la salle où elle était réunie. Mais personne ne fut pendu et le bruit se répandit que les coupables avaient été arrêtés et que le sang de Margary criait vengeance.

A son retour, l'expédition anglaise rencontra les mêmes difficultés. Les provisions commençaient à manquer et pendant deux jours, il fallut se contenter d'un biscuit et d'un verre de rhum par homme. Tous les membres de l'expédition supportèrent ces privations sans se plaindre. Un seul homme mourut en route de fatigue. Le colonel Jeble ne jugea pas à propos de s'arrêter à Mandalay comme il se l'était proposé. Le roi lui envoya des vivres, des fruits, de la volaille et lui offrit un certain nombre d'éléphants pour les hommes de sa suite qui voudraient en profiter. Le lendemain l'expédition partit pour Rangoum où elle devait attendre les commissaires qui étaient restés en arrière à Mandalay.

Les deux compagnies qui sont maintenant désignées sous le nom d'escorte de Bhamo, parce qu'elles étaient chargées d'aller au devant de la mission Grosvenor de Chine au Yunnan et de l'escorter au delà de Rangoum sont arrivées en pêche. Un tiers des travailleurs était employé à couper et débiter le bois. Aujourd'hui, il y a aux États-Unis environ 6,000,000 d'agriculteurs, 1,200,000 personnes engagées dans le commerce ou les entreprises de transports ; 2,700,000 dans les mines et les manufactures; 2,600,000 exercent des professions diverses parmi lesquelles on compte 43,000 éclésiastiques, 40,000 avocats, 62,000 médecins, 143,822 professeurs, 2,000 acteurs, 5,200 journalistes, 1,000,000 manœuvres et 975,000 domestiques.

Lorsque les Colonies anglaises se réunirent dans la déclaration de l'Indépendance, leur territoire comprenait environ 800,000 milles carrés mais en 1790 il n'y avait encore d'occupée qu'une superficie de 240,000 milles carrés. A peine quelques intrépides colons avaient-ils pénétré dans la vallée de l'Ohio, dans le Kentucky, l'Indiana, le Michigan et l'Illinois. L'acquisition successive de la Louisiane, de l'Orégon, du Nouveau-Mexique, du Texas et de l'Alaska porte la superficie actuelle des États-Unis à 1,952,000,000 d'acres (l'acre vaut 40 1/2 ares) dont la moitié appartient encore à l'État sous le nom de terres publiques. Les terres arables, aujourd'hui cultivées, ne forment pas un dixième de l'aire totale. Comme étendue de territoire, les États-Unis viennent après la Grande-Bretagne, la Chine et la Russie.

Bien que la science agricole soit étudiée et même appliquée par quelques Américains, ils ne lui ont fait faire aucun progrès, tandis qu'ils ont révolutionné les procédés d'exploitation par l'invention de machines qui se sont répandues dans le monde entier. Le président Jefferson eut lui-même l'honneur d'inventer une charrue. La fabrication des instruments et machines agricoles constitue l'une des branches d'industrie les plus florissantes , elle compte 2,200 établissements employant un capital de 275,000,000 de francs, exploitant 1,300 brevets, et la récolte de cette année sera faite par plus de 300,000 moissonneuses mécaniques.

Washington se plaignait déjà de l'appauvrissement de ses terres, et nous voyons, dans une de ses lettres, qu'il recommandait à son majordome l'alternance des récoltes. Les Américains n'ont pas cessé de se livrer à la culture épuisante, et dans quelques États du Sud les planteurs sont obligés de revenir aux engrais commerciaux : l'un d'eux en consomme annuellement pour 50,000,000. Dans l'Ohio l'acre de terre qui produisait, il y a cinquante ans, 30 boisseaux de blé de 36 1/2 litres, n'en donne plus que 15 boisseaux. Dans les États de la Nouvelle-Angleterre l'abaissement progressif du rendement des fermes a fait diminuer de beaucoup la population rurale, et les cultivateurs trouvent plus économique d'émigrer vers l'Ouest que de rendre la fertilité à leur terres par les moyens ordinaires. Heureusement que l'Ouest leur offre un champ immense, et même en supposant que l'émigration continue d'y affluer dans la proportion actuelle, il s'écoulera environ 250 ans avant que, toutes les terres se trouvant appauvries, les fermiers soient obligés de recourir à l'emploi de fumier de ferme et aux cultures alternantes,

A la fin de la période révolutionnaire, la production du coton dans les régions du Sud ne dépassait pas 100 balles par an. Bientôt l'invention du moulin à nettoyer le coton permit d'étendre tellement sa culture que la récolte de 1870, la plus forte de toutes, dépassait 5,000,000 de balles. On remarque depuis lors une diminution considérable, dont la politique du gouvernement central, hostile aux États du Sud, est en partie responsable.

En 1870, la production des céréales de toute sorte s'est élevée à 1,287,299,153 boisseaux, ce qui donne, par habitant, une moyenne de 33 boisseaux, soit 25 de plus qu'un homme ne consomme dans une année. Cependant les prix de transport jusqu'à la mer sont si onéreux que dans beaucoup de localités les fermiers préfèrent brûler leur récolte que de céder aux exigences exagérées des compagnies de chemins de fer. La valeur totale des produits des forêts, des fermes, jardins et vergers, y compris celle des animaux abattus, s'est élevée dans la même année, à 14,873,905,295 francs, soit 400 francs par habitant. La superficie des fermes comprenait 407,735,041 acres, soit environ un vingtième de la superficie du pays. On estimait leur valeur réelle à 45,114,015,305 francs, celle des instruments aratoires à 1,680,390,145 francs ; enfin le bétail représentait environ 7 billions 626.382,000 francs.

(A suivre.)

Dr SAFFRAY.
Membre de la Société de géographie commerciale de Paris.

LA DANSE MACABRE DU PROGRÈS

Dans son numéro du 26 juin, l'*Ordre* appelle l'attention du public français sur la disparition lente, mais réelle et incessante des Arabes dans notre colonie algérienne. D'après ce journal, ces derniers diminueraient de 20,832 par année, et près du tiers de la population aurait ainsi disparu depuis la conquête de 1830 ! Dans chacune des années 1866 et 1872, la diminution aurait atteint le chiffre énorme de 87,000! — Le gouverneur, ému justement d'un pareil état de choses, aurait, paraît-il, résolu de procéder à une enquête sérieuse pour trouver les causes de cette dépopulation, et y remédier si faire se peut. Or, il faut bien se rendre à l'évidence, et reconnaître que depuis le jour où nous avons mis le pied sur ce sol, aujourd'hui français, près d'un million d'indigènes a disparu. Quelques-uns, sans doute, ont cherché par l'émigration une terre plus propice à leurs mœurs, mais la plus grande partie a succombé?

Au premier abord, un tel état de choses a lieu de surprendre : comment, sous notre régime éminemment doux et humain, une telle hécatombe a-t-elle pu se produire ? — Nous comprenons tous ces regrets, nous les partageons vivement, mais ils sont inutiles. Toutes les fois que deux races se trouvent en présence, la race inférieure est condamnée à disparaître au bout d'un temps plus ou moins long : c'est la conséquence d'une loi naturelle, fatale et inexorable. La civilisation ressemble à ces élixirs des anciens alchimistes : une goutte ressuscitait : la dose double, achevait sans miséricorde le patient ; elle a besoin, pour produire des effets salutaires, d'être prise à petites doses, lentement; toutes les fois qu'elle arrive revêtue de sa plus haute expression, elle tue ! — Elle doit être le produit des connaissances accumulées pendant les siècles, et l'on force l'œuvre du temps pour mûrir chacune de ses évolutions.

Les exemples, malheureusement, sont nombreux, sans exception, et ne permettent pas l'équivoque. Au XIVe siècle, les Espagnols s'établissent aux îles Canaries, habitées par les Guauchy, que les historiens représentent comme formant une population dense et bien constituée. Un siècle et demi après, il n'en restait plus un, et ils auraient passé sans laisser de traces, si, par bonheur, imitateurs des anciens Egyptiens, on ne trouvait chaque jour de nombreuses momies, preuves irrécusables de leur existence. — Peu après, les mêmes Espagnols fondaient au centre de l'Amérique d'innombrables et puissantes colonies ; et les Antilles, le Pérou, le Mexique, la Colombie, couvertes chacune par une population robuste, offrant tous les caractères de la force et de la santé, deviennent en quelques années des déserts incultes, des solitudes immenses, ne servant plus de retraites qu'aux bêtes fauves. — Les forêts de la Tasmania abritaient jadis de nombreuses tribus d'Australiens : le contact seul des Anglais les a fait disparaître, et un journal de Sydney annonçait tout dernièrement la mort du dernier Tasmanien ! — Il y a un siècle, les habitants de la Nouvelle-Zélande s'élevaient au chiffre de cent cinquante mille : aujourd'hui, ils sont à peine quatre vingt mille. — Cook trouva, en 1779, trois cent mille indigènes aux îles Sandwich, et, grâce à notre contact, à notre civilisation trop forte, *trop capiteuse*, cette population belle, rieuse, célébrée par tous les voyageurs, s'élève à peine maintenant à quatre vingt-dix mille ! — Tahiti, notre verdoyante colonie océanienne, qui avait mérité d'être surnommée la nouvelle Cythère, dont les femmes couronnées de roses, rappelaient les trop fameuses Lesbiennes, n'a plus qu'une quinzaine de mille âmes rongées par la petite vérole, la syphilis, et surtout par l'abus de nos liqueurs. — Enfin, lorsque les Puritains abordèrent sur les côtes du Massachusset, et fondèrent Boston, d'innombrables tribus de Peaux-Rouges sillonnaient dans tous les sens les vastes prairies de l'Amérique du Nord ; les Pawnies, les Comanches, les Indiens-Serpents, les Sioux, les Natchez, et tant d'autres, se disputaient ce sol riche et fécond, dont ils se croyaient les légitimes possesseurs jusqu'à l'arrivée des visages pâles. Deux siècles ont suffi pour les anéantir, et quatre ou cinq cent mille sauvages, misérables, traqués comme des bêtes fauves, décimés par la faim, la maladie et les balles, voilà ce qui en reste! — Il nous serait facile de multiplier presque indéfiniment les exemples qui forment la vaste nécropole du progrès.

Si nous ne craignions pas d'être accusés d'émettre un paradoxe, nous ajouterions que plus tard, peut-être, dans un avenir que son éloignement rend impossible à fixer, la race blanche, par cette force d'expansion qui constitue son caractère distinctif, par suite des établissements nombreux qu'elle aura créés dans le monde entier, mais surtout faisant, par l'introduction de ses mœurs et de ses coutumes, de plus en plus le vide autour d'elle, sera la seule race humaine existante, et ainsi l'humanité tout entière sera ramenée à ce type unique, objet de tant de contestations dans le monde savant. Dans cette prévision, la race blanche, dernière expression des forces créatrices de la nature, régnera seule souveraine maîtresse du monde, sur les ruines du passé. — Peut-être aussi, mais nous tombons dans le champ de l'hypothèse la plus hasardée, cette même race unique, sous l'influence d'une civilisation perfectionnée, soumise peut-être aussi, à une climatologie différente, produite par l'action incessante mais indéniable qui modifie lentement la composition moléculaire de l'écorce terrestre, se divisera-t-elle pour donner naissance à de nouvelles espèces, et ainsi se développerait, dans un magnifique mouvement de bascule, la chaîne non interrompue de l'éternité. — Mais laissons de côté ces rêves et revenons à nos Arabes. La question est assez importante pour attirer toute l'attention des philantrophes; qu'ils l'étudient, elle en vaut la peine, mais qu'ils n'oublient pas que toute race qui a fait son temps est condamnée! Sans doute, au moyen de procédés plus ou moins artificiels on parviendra à donner un semblant de vie à ce corps déjà blessé du peuple arabe mais ce n'est qu'une affaire de temps. Nous vicions en quelque sorte l'air qu'ils respirent, nous modifions toutes les conditions physiologiques pour lesquelles ils ont été faits, nous leur imposons une existence qu'ils ne peuvent ni comprendre ni supporter, et notre conviction intime est que dans une nouvelle période de quarante années, on constatera une décroissance *au moins aussi forte* que celle que les derniers rapports accusent. — Nous tuons, non-seulement par notre contact, mais même, que l'on nous pardonne cette métaphore, par *rayonnement !*

H. Capitaine.

GÉOGRAPHIE HISTORIQUE DE L'ALGÉRIE

AVERTISSEMENT

Les nouveaux programmes d'enseignement conseillent de partir du connu, du point que l'on habite, pour arriver progressivement aux grandes divisions générales de la géographie nationale et à celle des autres parties du globe.

Partant de ce principe, j'ai pensé qu'il serait bon de mener de front l'étude de l'histoire et de la géographie. C'est dans ce but, que j'ai préparé ces quelques données, contenant les faits principaux et les plus remarquables de l'histoire de notre colonie, afin de mieux graver la leçon dans l'intelligence de l'élève et d'animer quelque peu son étude.

Ce cadre restreint ne m'a pas permis d'entrer dans de plus grands détails. Ce n'est d'ailleurs qu'une analyse sommaire sur laquelle je me propose de revenir.

Il m'a semblé possible (et en cela je suis les conseils de personnes qui ont bien voulu m'entourer de leur bienveillance), il m'a semblé possible, dis-je, d'accroître l'attrait de ces notions de géographie historique, aux yeux de la jeunesse algérienne en lui rappelant, sans cesse, les circonstances qui ont mérité à tant d'hommes célèbres l'honneur de prêter leur nom aux principales localités de l'Algérie et aux rues de nos capitales.

Ce sont là des faits d'histoire populaire qu'un Français ne doit pas ignorer et qui devraient trouver à notre avis, une petite place dans les ouvrages d'enseignement destinés à nos écoles.

Moliner-Violle,
Instituteur, membre de la Société climatologique d'Alger.

AFRIQUE DU NORD

La partie nord de l'Afrique baignée par la mer Intérieure (Méditerranée) portait divers noms; le mot Afrique étant spécialement réservé au territoire de Carthage (Tunisie moderne). La Lybie était peuplée par une race inculte observant, en partie, les mœurs des Egyptiens, ses voisins. La côte était habitée par des colons grecs qui fondèrent dans les abris naturels les plus sûrs : Apollonie, Cyrène, Arsinoé, Bérénice.

Des guerres cruelles et stériles ayant eu lieu entre les Cyrénéens et les Carthaginois au sujet des limites de leurs territoires, les deux peuples, pour arrêter l'effusion du sang, consentirent à traiter le différend à l'amiable. Des coureurs partis de deux villes devaient marquer la limite à leur point de rencontre. Il arriva que les coureurs carthaginois, les frères Philènes, firent un trajet bien autrement considérable que celui de leurs adversaires. Les Cyrénéens crièrent à la fraude et ne voulurent considérer l'épreuve comme valable qui si les Philènes étaient enterrés vivants à l'extrême limite du territoire qu'ils avaient conquis à leur patrie. Les frères Philènes acceptèrent cette condition et Carthage éleva un autel sur la fosse qui les engloutit.

La Numidie et les Mauritanies eurent des limites variables soumises aux bouleversements des conquêtes : le Maroc était appelé Mauritanie Tingitane ou de Tanger, et la partie de la Berbérie comprise entre la Mulucha (O. Moulouï) et le Thapsus (le Safsaf) portait le nom de Mauritanie Orientale (plus tard césarienne), le reste jusqu'à Tabarka formait la Numidie.

Nota. — Ces divisions de la Mauritanie furent changées sous Marius, César, Claude, Théodose.

II

L'ALGÉRIE DEPUIS LES TEMPS LES PLUS RECULÉS
JUSQU'A LA RUINE DE CARTHAGE (146 avant J.-C.)

D'après l'historien carthaginois Hiempsal et l'historien Salluste, qui fut proconsul de Numidie, le nord de l'Afrique était primitivement peuplé par les Gétules et les Lybiens que repoussèrent plus tard les compagnons d'Hercule. Ceux-ci, composés de Mèdes et de Perses, jetèrent les fondements d'Icosium (Alger), se fondirent avec les indigènes et formèrent la race numide qu'on retrouve dans l'indigène du sud.

Les Mèdes et les Arméniens alliés aux Lybiens auraient formé les Maures, plus doux et plus civilisés; les Gétules retirés sur les hauts plateaux et la région limitrophe du Sahara algérien avaient pour capitale Capsa. Ils formèrent la race montagnarde que les Romains nommaient dédaigneusement Barbares (Berbères ou Kabyles). Procope, historien grec, du VIᵉ siècle, prétend que des peuples de race sémitique, les Gergéséens et les Gébuséens, fuyant devant Josué, s'étaient établis au nord de l'Afrique.

Jusqu'au Vᵉ siècle, les habitants de la Berbérie parlèrent un langage phénicien comme le prouve la signification des noms de leurs villes, de leurs fleuves. Ce langage, dit-on, a été conservé en partie par les nomades du Sahara.

Plus tard, les Numides furent divisés en Massœsyliens, ayant pour capitale Siga à l'embouchure de la Tafna, et en Massyliens, dont la capitale était Zama, près de Carthage.

Pendant plus de six cents ans, Carthage, maîtresse de la mer, put établir des emporium (comptoirs) sur le littoral. Les principales stations sont Tabarka quatre jours et six heures de Rangoum à Madras, le 30 juin à bord du steamer transport *Tenasserim*.

Il paraît que leurs officiers avaient des parapluies pour se garantir des ardeurs du soleil et de la pluie, et ils étaient montés sur des poneys birmans, tandis qu'eux-mêmes étaient exposés à toutes les intempéries et qu'il leur fallait marcher rapidement dans une contrée abrupte et semée d'obstacles de tout genre. La nourriture était de mauvaise qualité et mal cuite. Il n'y avait de déjeuner et dîner qu'un jour sur deux.

Les soldats ont contracté une fièvre pernicieuse endémique. On a dû pour éviter la propagation de cette fièvre, les tenir sous des tentes pendant un mois et les soumettre à un traitement spécial.   T. L.

Cochinchine. — *L'insurrection du Cambodge.* — L'*Indépendant* de Saïgon, du 1er juin, annonce que des troubles sérieux auraient éclaté dans le Cambodge. L'un des frères du roi qui avait été fait prisonnier par le tribunal de Siam est parvenu à s'évader. Il a pénétré dans le Cambodge, et a pu réunir des partisans. Il a marché ensuite vers la capitale, avec l'intention de détrôner le roi régnant. Les insurgés auraient attaqué trois Européens, MM. Hunter, Harmand et Fourcross qui se sont défendus bravement et ont contraint leurs agresseurs à se retirer. On croit que le tribunal de Bankok soutient le prince rebelle.   T. L.

Le premier chemin de fer en Chine. — On écrit de Shanghaï au *Télégraphe*. Je profite du départ du vapeur des Messageries nationales, l'*Amazone*, pour vous rendre compte de l'inauguration du chemin de fer établi en Chine.

Il y a quinze ans à peine, la rivière Woussung qui relie la Chine intérieure au Yang-Tze, le plus grand fleuve du monde après l'Amazone, pouvait donner passage à trois vapeurs montant de front. Aujourd'hui l'ensablement a fait tant de progrès qu'à peine deux navires peuvent naviguer de concert, mais en cas d'accident ils ne peuvent pas tourner, et lorsqu'on demande au gouvernement du Céleste-Empire de faire quelque chose pour empêcher Shang-haï de dessécher, il vous répond : C'est Dieu qui envoie ce sable afin d'arrêter les envahissements des Européens! Force a donc été aux Européens de Shang-haï, et vous savez que cette ville est la seule du Céleste-Empire, de construire un port à l'embouchure du Woussung. Ce port est destiné à devenir un centre commercial des plus importants; mais comme il est éloigné de Shang-haï de 12 milles anglais, une société anglaise, voulant relier Shanghaï au port de Woussung a acheté des propriétaires chinois tous les terrains nécessaires pour y construire un chemin de fer. Le centre de la Chine étant un pays plat, nécessairement les travaux ont marché vite : le 1er juin tout était terminé et l'inauguration avait lieu au milieu d'un concours immense de Chinois venus, disaient-ils, pour assister à la foire.

Tandis que la population chinoise était tout entière à la joie de voir s'établir ce premier chemin de fer, le gouverneur de Shang-haï adressait une dépêche au ministre anglais pour le prier de détruire les machines à vapeur de ses nationaux qui avaient violé l'inviolable sol de l'Empire céleste en y apportant un instrument infernal. Le ministre anglais a répondu que les propriétés sur lesquelles passe le chemin de fer appartenant à des Anglais, ces derniers avaient droit d'y faire tout ce qu'ils voulaient. La locomotive a fonctionné le lendemain, malgré le refus persistant du gouverneur. Heureusement que Shang-haï est la station navale de tous les vaisseaux de guerre étrangers, et qu'à leur abri, le chemin de fer pourra librement continuer à marcher.

Au moment où l'on inaugurait ce premier railway, paraissait dans nos rues un journal rédigé en Chinois par un Anglais. Plus de dix mille numéros ont été écoulés le premier jour.

Laissez-moi vous dire, en terminant, deux mots sur la situation commerciale de la Chine. Elle est, comme au Japon, comme aux Indes, des plus tristes : le percement de l'isthme de Suez et la dépréciation de 25 0/0 de l'argent en sont les seules causes. Depuis le percement de l'isthme de Suez, les affaires se font trop vite et il faut charger quand même les navires qui passent. Cela fait que l'on achète à vil prix. Ensuite nos transactions avec l'Angleterre surtout s'effectuent en lingots, et il en résulte que tous nos bénéfices s'en vont sur la perte du change.

Chine. — *Tentative d'insurrection. Mesures prises par le gouvernement.* — La police chinoise a mis la main sur l'un des promoteurs d'une vaste insurrection, qui devait éclater dans le sud de la Chine. Le comité qui s'était formé dans ce but, était parvenu à s'assurer le dévouement et les services de médecins et de rebelles. Les listes d'enrôlement qui ont été saisies contenaient les noms de plusieurs dixaines de mille d'individus. A Canton seulement deux officiers avaient été chargés du recueillir des adhésions. Dans la liste qui se trouve maintenant au pouvoir des autorités on lit les noms de personnages influents de Canton. On a hésité jusqu'à présent à les poursuivre, dans la crainte que la seule révélation de leur nom n'inspirât du courage aux autres.

Le gouverneur de Canton est parvenu quelques jours après l'arrestation de deux officiers à faire incarcérer plusieurs individus convaincus de complicité.

Les deux officiers, Yue et Li, ont été décapités sur les terrains d'exécution de la ville, après ces procédures sommaires.

Le gouverneur de Canton a ordonné ensuite le recensement de tous les habitants de cette ville et a rendu le chef de famille responsable des actes de rébellion que pourrait commettre l'un de ses membres. Chaque chef de famille a reçu un petit livre signé par lui et contresigné par le gouverneur. Un double de ce livre a été déposé dans les archives du gouverneur qui pourra à toute réquisition exiger du père de famille, sous peine de mort, la comparution devant lui de l'un des membres de cette famille qu'il lui plaira d'indiquer. Des employés sont en outre chargés de se rendre à domicile sans avertissement préalable et de contrôler l'exactitude des deux livres.   T. L.

Chine. — *Réparations aux étrangers.* — Le gouvernement chinois exige de ses sujets que les étrangers ne soient ni inquiétés ni insultés, et il a donné récemment une preuve éclatante de ses excellentes dispositions. Un étranger, employé du gouvernement, traversait en palanquin le grand pont de Fouchou, lorsqu'un soldat, qui se trouvait en compagnie de plusieurs autres, lui jeta à la figure une peau de *loquot*. Il se plaignit immédiatement aux autorités, e. l'insulteur fut arrêté dès le lendemain. Il reçut cent coups de bambou. On lui perça ensuite les oreilles et l'on y attacha de petits drapeaux sur lesquels était écrite la nature de l'offense. Le soldat a été ensuite condamné à porter la gangue pendant trois semaines.   T. L.

Chine. — *Les coupeurs de nattes.* — La société secrète qui s'est donné en Chine la mission de couper les queues de cheveux que portent les sujets du Céleste Empire a causé une grande panique. Les Chinois tiennent beaucoup à leur chevelure, il est vrai, mais ce qui leur cause les plus vives inquiétudes, c'est de se rappeler que cette société ne fait jamais son apparition qu'à a veille de quelque grand malheur. D'après une croyance profondément enracinée dans les populations, cette société se compose de fantômes en papier dessinés et coupés par de puissants magiciens. Ces magiciens les envoient dans les grandes villes, dans toute l'étendue d'une province, après des incantations et des évocations diaboliques. Ce qu'il y a de vrai dans tout cela, c'est que ces magiciens ne sont autres que des chefs de file qui ont sous leurs ordres un certain nombre d'adeptes. Ils leur apprennent à se servir habilement des ciseaux, et ils les chargent de couper les queues de cheveux, afin de frapper l'imagination du peuple et de le rendre plus accessible à la peur à l'approche d'une insurrection. On prétend même qu'il se mêle à ces manœuvres des spéculations commerciales, et que la société secrète chinoise vend les cheveux à des négociants, qui les transportent en Europe.

Quoi qu'il en soit, et comme nous le disions plus haut, l'apparition de cette société coïncide toujours avec quelque bouleversement. C'est ainsi que les coupeurs de queues commencèrent leurs exploits quelques années avant la révolte des Taïpings. Ils se sont répandus successivement dans les grandes villes de l'empire, telles que Souchou, Ching-kiang, Yangchow, Nanking, Chang-haï, Péking, etc.   T. L.

Chine. — *Publication d'un journal illustré.* — Le propriétaire du journal chinois le *Shunpao* a fait paraître récemment un journal illustré. Ce journal contient dix-huit gravures ; le texte explicatif est en caractères chinois. Le prix du numéro n'est que de 20 centimes. Quelques gravures sont très-bonnes : citons en particulier celle du canal de Suez et celle du temple du Ciel. Les sujets chinois y sont trop nombreux. Ce journal n'en mérite pas moins d'être acheté aussi bien par les étrangers que par les Chinois.   T. L.

Chine. — *La sécheresse et la tablette de fer.* — Les Chinois croiront maintenant plus que jamais à la puissance de la mystérieuse *t'ich p'ai*, ou tablette de fer, pour avoir de l'eau lorsque la sécheresse peut être nuisible aux récoltes et aux fruits de la terre. Cette tablette est ordinairement au fond d'une citerne, dans le district de Han-tan, au sud de la province de Chihli. D'après une croyance qui remonte à un temps immémorial, la tablette a des relations avec les dragons qui contraignent les nuées à s'ouvrir. Les Chinois l'ont sortie dernièrement de la citerne avec beaucoup de cérémonies, l'ont placée sur un autel improvisé et ont brûlé une grande quantité d'encens. Le jour même, dans la soirée, une pluie abondante a commencé à tomber et a duré plusieurs jours de suite. La pluie était accompagnée d'éclairs qui sillonnaient continuellement le ciel, et causaient la plus vive allégresse aux Chinois. Il paraît cependant que la tablette a été moins puissante qu'en 1870.   T. L.

Chine. — *Les fonderies de l'arsenal des Kiangnan.* — On fait actuellement de grands préparatifs à l'arsenal de Kiangnan en Chine pour arriver à fondre en même temps trente tonnes de métal au moins. On coulera deux fontes de même poids. Ces masses sont destinées, paraît-il, à l'énorme pilon à vapeur que l'on construit en ce moment à la forge dépendant de la manufacture d'armes. Cette forge est placée sous la direction de M. Cowan qui possède dans ces matières une compétence toute spéciale. Aucun mouleur étranger n'a été employé dans l'usine; tous les ouvriers sont Chinois. On croit que c'est à Kíangnan qu'ont été exécutées les premières fontes essayées en Chine. Ces fontes sont les cylindres et les condenseurs des machines à bord des deux frégates, 5 et 6. Chacun des condenseurs pèse six tonnes.

T. L.

Chine. — *École de télégraphie de Fouchou.* — L'école de télégraphie de Fouchou fait des progrès sensibles. C'est, croyons-nous, le seul établissement de ce genre qui existe en Chine. Il a été fondé le 1er avril, à la suite d'un accord intervenu entre les autorités provinciales de Fuh-kien et la *Great Northern Telegraph Company.* Cette école a pour but d'apprendre la télégraphie aux jeunes Chinois et de l'introduire dans l'Empire. Elle est dirigée d'après un règlement qui a obtenu l'approbation des autorités indigènes. Le nombre des élèves avait été d'abord limité à 40. Les candidats doivent avoir une certaine connaissance de la langue anglaise et de la langue française écrites et parlées, ainsi que les éléments de toutes les matières enseignées dans les écoles ordinaires. Trente-deux élèves ont obtenu dernièrement la permission d'y entrer; vingt-huit d'entre eux étaient des élèves parlant anglais de l'école centrale de Hong-kong, et quatre des élèves parlant français de l'école de l'arsenal. L'école est divisée en deux classes, l'une pour l'éducation des ingénieurs des télégraphes, l'autre pour l'éducation des employés et des ouvriers. On apprend aux élèves tous les travaux télégraphiques pratiques ainsi que les mathématiques, le dessin, etc. On veut leur apprendre à construire et à diriger sans l'aide des étrangers ou du moins sans que ces derniers soient absolument nécessaires les lignes télégraphiques de la Chine. L'école est placée sous la direction immédiate du *Conseil de commerce étranger (Board of foreign trade)* et du gouverneur Ting qui paraît porter un grand intérêt à l'établissement. Il est question de faire passer des examens tous les six mois et d'accorder des récompenses et une promotion aux élèves qui se seront le plus distingués par leurs succès. Les élèves reçoivent du gouvernement une indemnité déterminée tous les mois. Ils seront confiés à la surveillance d'un officier qui entretient parmi eux la plus parfaite discipline. Ils sont tous logés dans une maison achetée par le gouvernement et située près du bureau du télégraphe.

T. L.

Japon. — Il vient de paraître à Tokio un journal hebdomadaire, imprimé en allemand, sous le titre de *Ost asiatische Zeitung.* Les compositeurs et les imprimeurs sont tous japonais.

C'est la première feuille allemande qui soit publiée au Japon, où l'on comptait depuis quelques années plusieurs journaux anglais et français.

Japon. — *Les femmes médecins.* — On ne parle plus au Japon que de deux vieilles femmes qui y jouissent, comme médecins, d'une immense réputation. On accourt auprès d'elles de tous les points de l'empire. L'une d'elles demeure près du temple Elkoin, elle est connue sous le nom de Baba. Elle chasse les esprits des personnes malades. Lorsque la fièvre est endémique, elle ne peut suffire à recevoir toutes les personnes qui se présentent chez elle. Une autre vieille femme, qui possède au Japon une aussi grande célébrité, porte le nom de Oshakababa. Elle est centenaire et très-courbée. Lorsqu'elle consent à soulager les malades, on la voit grossir et atteindre en quelques minutes un développement extraordinaire.

Elle dit que Shaka entre dans son estomac et se sert de sa bouche. Shaka est un véritable medium. Il répond à toutes les questions, indique l'origine de la maladie et la manière de la guérir. Il révèle en outre les actes et la conduite des vivants et des morts. Elle reçoit des visites de personnes de toutes les classes de la société.

T. L.

Missions grecques au Japon et en Corée. — Le gouvernement coréen fait les plus grands efforts pour empêcher la propagande religieuse sur son territoire; mais, malgré les mesures sévères qu'il a édictées à ce sujet, on signale de nombreuses conversions dans les régions du nord, près des frontières russes, où les missionnaires grecs mettent le plus grand zèle à prêcher et à baptiser les indigènes. On évalue à 70,000 le nombre des chrétiens qu'on compte déjà en Corée.

La propagande des missionnaires grecs n'est pas moins active au Japon, notamment dans le *Ken* ou province de Miyage. A cette occasion les prêtres bouddhistes ont présenté au Mikado un mémoire tendant à demander qu'on en arrête les progrès. Il leur a été répondu que les prédications étaient interdites dans l'intérieur de l'empire, mais qu'en vertu des traités elles ne pouvaient 'être dans les ports ouverts aux étrangers,

Iles Philippines. — *Guerre des Espagnols et des Soulous.* — Les Soulous continuent toujours, mais sans aucun succès, dans les îles Philippines, leur guerre de buisson et de surprise contre les Espagnols. Ils se tiennent à peu de distance des forts ou des bourgades gardées par les Espagnols et lorsque l'un d'eux sort dans la campagne, ils le tuent sans pitié. Mais on évite de les envoyer seuls au dehors. Lorsque les Soulous se montrent très-audacieux, les troupes espagnoles font une sortie générale au moment où elles sont le moins attendues et tuent un grand nombre d'ennemis.

Le 19 avril, un prahu (sorte de bateau) conduit par des Soulous et chargé de volailles, d'œufs, etc., se présenta dans le port de Manille. Les Soulous assurèrent aux autorités que si leurs compatriotes ne faisaient pas acte de soumission au gouvernement, c'était uniquement par peur des Datus. Le 28 avril, un prisonnier espagnol, qui s'était évadé, annonça que les Soulous avaient résolu, dans une grande réunion, de continuer la guerre, et que quatre ou cinq mille insurgés se trouvaient à peu de distance de Soulou et qu'ils n'attendaient que la concentration de leurs forces pour attaquer les Espagnols.

L'attaque eut lieu, en effet, le lendemain, et les Soulous furent repoussés avec de grandes pertes, tandis que du côté des Espagnols, quatre soldats seulement furent blessés. Les Soulous restèrent jusqu'au 4 mai sans inquiéter l'armée. Les troupes en garnison à Soulou sont exposées à des fièvres qui ne sont pas pernicieuses et qui sont produites, croit-on, par les miasmes qui s'élèvent des matières végétales en putréfaction et des herbages coupés dans les jongles. On pense que dès qu'il sera possible de couper et de brûler les branches et les troncs des arbres abattus, l'état de santé des troupes s'améliorera très-sensiblement.

Plusieurs pêcheurs soulous amis, s'étant plaints d'avoir été maltraités par leurs compatriotes, le gouverneur espagnol de la ville de Soulou envoya deux bâtiments de guerre et quarante soldats pour punir les agresseurs, qui s'enfuirent à leur approche. Des proclamations en langue arabe ont été affichées aux divers points du territoire pour assurer aux populations que les Espagnols ne poursuivaient que les rebelles et qu'ils n'inquiéteraient les propriétaires tranquilles ni dans leurs personnes ni dans leurs biens.

Le 19 mai, les Soulous ont placé un canon léger sur un arbre et sont parvenus à lancer le projectile dans le fort Princesa. Mais les Espagnols ont répondu par un feu très-vif qui a tué ou blessé un certain nombre d'ennemis. Il ne se passe pas de jour que des coups de feu ne soient échangés.

Les habitants d'une ville de Tawi-Tawi ont reconnu la suprématie de l'Espagne sur leur territoire. Une canonnière remorquant quatre prahus a été envoyée dans cette ville pour les ramener à Soulou.

T. L.

Sumatra. — *La guerre d'Atchin.* — Les nouvelles publiées par les journaux hollandais sur la guerre contre les Atchins sont peu rassurantes. Les indigènes ont organisé des bandes de guerillas qui tiennent constamment en éveil les troupes hollandaises et leur font subir des pertes cruelles. La surprise de Lampaggar, qui a eu lieu dans la première quinzaine de mai, a produit un effet désastreux sur le moral des soldats. Des fièvres malignes se sont déclarées, le choléra est sporadique et l'épidémie bovine sévit toujours avec la même intensité. Les malades et les blessés qui sont à bord des bâtiments dans le port de Singapoure sont installés dans de très-mauvaises conditions.

T. L.

Nouvelle-Zélande. — On vient de publier le rapport sur le commerce et le revenu de la colonie de la Nouvelle-Zélande pour le trimestre finissant le 31 mars dernier.

La valeur totale des importations pendant ce trimestre s'est élevée à 2,079,267 livres sterling (52,081,675 francs), contre 1,883,656 livres (67.091,400 fr.) pour le trimestre précédent. Les exportations pendant la même période sont évaluées à 2,594,727 livres sterling (64,888,175 fr.) contre 1,039,105 livres (26,277,625 fr.) le trimestre précédent.

Les principaux objets d'exportation sont l'or et la laine : pendant le dernier trimestre il a été exporté 89,954 onces d'or, d'une valeur de 357,055 liv. sterling (8,926,375 fr.) ; et 33,638,562 livres de laine, évaluées à 2,002,269 l. sterling (45,056,825 fr.) La quantité totale de la laine exportée dans le cours de l'année 1875, du 1er janvier au 31 décembre, a été de 54,481,540 livres, d'une valeur de 3,398,155 livres sterling (84,953,875 fr.).

Les revenus de la colonie pour le trimestre finissant le 31 décembre 1875 ont été de 600,489 livres sterling (15,012,225 fr.) ; et ceux du trimestre finissant le 31 mars dernier ont monté à 632,727 livres (15,818,175 fr.) ; soit une augmentation de 32,238 livres (805,950 fr.).

La population européenne de la colonie à la fin de décembre 1875 était estimée à 375,856 personnes ; elle n'était que de 310,576 lors du recensement précédent au mois de juin 1874 ; la population européenne avait donc augmenté de 62,280 dans l'espace d'un an et demi : progrès vraiment remarquable, si l'on considère que 20 ans auparavant, en 1856, la population totale de la colonie n'était que de 45,540 âmes.

Océan Pacifique. — *Études pour un nouveau câble.* — M. Cyrus Field, qui possède en électricité des connaissances si profondes, est parti le 1er juin à London, en se rendant aux îles Sandwich. Il a été chargé par les Etats-Unis d'étudier le projet d'établissement d'un câble à la Chine par ces îles.

La *Gazette de Penang* craint que le nouveau câble ne porte les plus graves préjudices à celui de l'Inde.

T. L.

Guano. — Depuis quelque temps des craintes s'étaient manifestées de l'épuisement des gisements actuels de guano; et elles étaient devenues tellement sérieuses que le gouvernement péruvien a cru devoir offrir un prix à ceux qui découvriraient de nouveaux dépôts du précieux engrais.

M. Ch. H. Williams a adressé à Lima un mémoire daté du 26 mai, dans lequel il déclare avoir trouvé de nouveaux dépôts de guano, situés dans la province maritime de Tarapaca, à environ 13 milles au midi de la rade de Punto Grande dont le port est sur le côté ouest de la presqu'île de ce nom. Ces dépôts occupent trois plateaux, dans une direction méridionale. Le guano s'étend sur une surface de 1,500 mètres de long sur 152 à 200 de large.

Il a trouvé aussi du guano, aux environs du port ci-dessus mentionné, dans trois petits ravins, qui finissent en se réunissant par former une vallée, ainsi que dans toute la partie des côtés du nord dont le sol a un aspect blanchâtre. On croit que ces dépôts contiennent au moins trois millions de tonnes de guano.

Amérique du Sud. — *Chemins de fer de la Plata.* — M. Woodgate a publié récemment un rapport sur l'état général des républiques du sud de l'Amérique. Il montre que depuis 1857, la république de Buenos-Ayres en particulier a fait d'énormes progrès. C'est à cette époque que remonte la construction du premier des chemins de fer que possède la République. La longueur totale des lignes ferrées livrées à la circulation ou sur le point d'être achevées est de 1,374 milles. 644 milles appartiennent au gouvernement, et le reste à une Compagnie de Londres.

En voici le détail :

	Commencement des travaux	Milles	Propriétaires
Ouest	1857	150	Gouvernement provincial
Nord	1862	18	Compagnie de Londres
Grand Sud	1864	292	—
Baa et Ensenada	1863	37	—
Central Argentine	1863	245	—
Villa Maria et Rio Cuarto	1870	82	Gouvernement national
Cordova et Tucuman	1873	336	—
Rio Cuarto et Mervoles	1873	76	—
Est Argentine	1873	96	Compagnie de Londres
Buenos-Ayres et Campana	1873	42	—

Buenos-Ayres est reliée avec l'Europe par un câble sous-marin et elle possède des communications télégraphiques avec chaque province de l'intérieur et même avec le Chili au delà des Indes.

Le mauvais état des affaires commerciales doit être attribué à l'excédant des importations sur les exportations. C'est surtout en 1873 que l'importation a dépassé toutes les bornes raisonnables. Le système des payements à époques éloignées a engagé les marchands à acheter beaucoup trop à la fois. Il en est résulté que l'écoulement n'ayant pas suivi dans les mêmes proportions, il leur a été impossible de faire face à leurs engagements.   T. L.

Brésil. — *Voyage de don Pedro II.* — Leurs majestés l'empereur et l'impératrice du Brésil ont quitté New-York le 12 juillet. Arrivées à Queenstown le 21 juillet et à Liverpool le 22, elles sont immédiatement reparties pour Londres, où elles ont passé la journée du 23.

Elles ont quitté Londres le 24, à 7 h. du matin, et se trouvaient à Calais à 11 h. 1/2, où elles étaient reçues par le personnel de la légation du Brésil à Paris (M. le chevalier d'Araujo, chargé d'affaires, et Mme d'Araujo, M. Vieira Monteiro, attaché, M. Regis d'Oliveira, attaché, et Mme Regis d'Oliveira), et par le vice-consul du Brésil à Calais. Le prince et la princesse de Joinville étaient allés à la rencontre de Leurs Majestés jusqu'à Calais, et la princesse a continué le voyage jusqu'à Bruxelles. Reparties de Calais à midi 1/2, LL. MM. étaient à la frontière belge à 9 h., où la légation du Brésil en France a pris congé de Leurs Majestés, qui ont été reçues par M. le baron d'Arinos, ministre du Brésil en Belgique, avec le personnel de sa légation, accompagné de Mme la comtesse de Barral, de MM. de Carapilres et de Siqueira, chambellans.

L'empereur et l'impératrice du Brésil sont descendus, à Bruxelles, à l'hôtel de Bellevue. Ils y ont reçu la visite, le jour même de leur arrivée, du roi Léopold II et de la reine de Belgique, de la comtesse d'Aquila, du prince Louis de Bourbon, du duc Auguste de Saxe, etc. La suite de Leurs Majestés se compose de dona Josephina de Fonseca Costa, du vicomte de Bom Retiro, du vice-amiral de Lamare, du docteur Lanza Fontes, de M. de Macedo et du vicomte de Nivac.

Les médecins ayant décidé que l'impératrice devait prendre les eaux de Gastein, LL. MM. sont parties de Bruxelles le 26 au matin. L'empereur accompagnera l'impératrice jusqu'à Gastein ; il commencera ensuite son voyage dans le Nord (Danemarck, Suède, Russie.)

LL. MM. voyagent dans le plus strict incognito.

L'émigration au Brésil. — La *Gazeta de Parana*, dans son numéro du 11 juin, semble vouloir nous prendre à partie pour ce que nous avons dit de l'émigration au Brésil dans l'*Explorateur* du 15 janvier dernier. Elle émet tout d'abord l'opinion que « ceux qui nous ont informés ne l'ont pas fait avec sincérité et justice. »

Nous n'avons pas à justifier nos informateurs, car nous n'avons publié aucun renseignement, mais uniquement exposé que les gouvernements d'Angleterre et d'Allemagne, ainsi que le ministre de l'agriculture et du commerce de France, déconseillaient leurs nationaux de s'embarquer comme colons pour le Brésil. Or de pareils conseils étaient-ils sans aucun fondement ? On ne saurait le prétendre, puisque la *Gaceta* nous apprend que le gouvernement brésilien a fait tous ses efforts pour briser les entraves qui s'opposaient à la venue des colons, — reconnaissant par là implicitement que les plaintes étaient jusqu'à un certain point motivées. Pour notre part, après avoir signalé les griefs, nous ne manquions pas d'annoncer que le gouvernement brésilien avait pris des mesures pour remédier aux abus. Aussi sommes-nous heureux de voir qu'il « a réussi à cette tâche. »

Maintenant nous concédons volontiers que « ce sont les immigrants eux-mêmes qui sont en grande partie les auteurs de leurs maux. »

Beaucoup, en effet, se laissent leurrer par de décevantes illusions, par des promesses exagérées que leur font des agents d'émigration bien au delà des offres réelles du gouvernement, de sorte qu'une fois arrivés au lieu de leur destination, n'y trouvant pas les merveilles de leur imagination ou de leurs rêves, au lieu de se mettre au travail, ils se livrent au découragement et à des récriminations intempestives. La plupart sont dans une ignorance presque complète du pays vers lequel ils se dirigent, ou n'en ont que des idées fausses.

Beaucoup n'ont pas d'aptitude pour les travaux pour lesquels on les appelle au Brésil ; ce qui ne les empêche pas de s'engager avec les agents, en se donnant comme agriculteurs ; mais, aussitôt débarqués, il n'est plus question d'agriculture ; ils cherchent à s'employer dans leurs spécialités, à exercer leurs métiers, s'ils en ont un, et c'est le plus souvent fort difficile.

Nous savons toutes ces choses-là par notre propre expérience ; aussi n'hésitons-nous pas à nous faire l'écho de ces sages recommandations par lesquelles conclut notre collègue brésilien :

« Les avantages que le Brésil offre à présent aux émigrants européens n'existent qu'en faveur des colons *agriculteurs*, décidés à un travail persévérant : ceux-ci, du moins, n'auront jamais lieu de se plaindre.

« Mais on ne doit pas oublier que ce pays, encore tout neuf, n'offre pour longtemps de travail et d'avenir qu'à ceux qui s'occupent exclusivement d'agriculture, et qu'il n'a besoin ni d'ouvriers ni de gens tentés de se livrer à des occupations fantaisistes.

« Il est, du reste, de toute évidence que les travaux publics aussi bien que privés n'ont quelque importance que dans les centres, et ne peuvent être alimentés dans le reste du pays, où ne se rencontre qu'une population clairsemée.

Brésil. — *La rivière Iça.* — Nous traduisons du *Journal du Commerce*, de Rio-de-Janeiro, du 22 juin :

« On peut maintenant regarder comme une réalité la navigation de la rivière Iça, un des grands affluents du fleuve des Amazones, qui, dans son long cours navigable à la vapeur, établit une communication sûre et avantageuse entre les marchés de la province des Amazones et le nord des Etats-Unis de Colombie.

« Dans la matinée du 4 mai dernier, est arrivé à la petite ville de Tocantins le bateau à vapeur, appartenant au citoyen colombien M. Raphaël Reyes, qui a inauguré le service de cette navigation à la fin de l'année dernière.

« Bien que M. Reyes ait eu à lutter contre de nombreuses difficultés dans l'accomplissement de son premier voyage, tant par manque d'hommes pratiques connaissant les canaux de la rivière, qui a une étendue navigable d'environ 1,200 milles, que parce que son bateau à vapeur n'était pas approprié à une navigation si longue, il a essayé de vaincre des courants de beaucoup supérieurs à 4 milles à l'heure ; persévérant dans son projet, il doit, sur le bateau à vapeur *Augusto*, se rendre à Para, à destination des Etats-Unis de l'Amérique du Nord.

« Le premier chargement, qui s'élevait à près de 4,000 arrobes (50,000 kilogrammes), dont 3,500 (33,500 kilogrammes) de quinquina, le reste de salsepareille et de bourrache compense déjà dans une certaine mesure les sacrifices de l'entreprise.

« A son voyage aux Etats-Unis, M. Rafaël Reyes prétend faire l'acquisition d'un bateau à vapeur qui se prête mieux à son entreprise ; on peut donc fonder de grandes espérances sur la navigation de la rivière Iça et sur les relations commerciales entre l'Etat de Cuença et la place de Manaos.

« Des informations dignes de foi venues d'Iquitos, au Pérou, assurent que le ministre de la marine de cette République a donné l'ordre d'équiper un bateau à vapeur pour remonter la rivière Iça et stationner dans le port péruvien de San-Christoval. En outre, une personne bien renseignée écrit de Lima qu'il existe des instructions réservées concernant la navigation des bateaux à vapeur de M. Rafaël Reyes, sans toutefois nous éclairer sur l'objet de ces instructions, que M. Reyes suppose devoir ne lui être pas favorables, quoique les rivières de la République soient ouvertes à la navigation des navires marchands de toutes les nationalités, conformément aux dispositions de l'article 1er du décret du 17 décembre 1868.

« Le vapeur *Tundama* est venu du port colombien de San-José-de-Guamuez au port brésilien de Tocantins. »

Haïti. — *Commerce extérieur.* — D'après des informations empruntées aux registres du consulat anglais à Port-au-Prince, le nombre des navires employés dans le commerce avec cette république a été, en 1875, de 293, dont 196 anglais, 76 américains, 35 français, 24 allemands, 7 danois, 4 suédois et 1 russe.

Pendant cette même année les recettes des douanes se sont élevées à 19,800,000 francs.

Dans le courant de 1874, les ports haïtiens, particulièrement ceux de l'ouest, ont été mis en communication directe, à l'aide de navires à vapeur, avec la France et l'Allemagne. Il y a en outre sept lignes venant régulièrement à Port-au-Prince, au moins une fois par mois, de Southampton, de Liverpool, de New-York et d'Espagne.

Les importations consistent en vins et eaux-de-vie de France, en étoffes et articles de fer d'Angleterre, en salaisons des Etats-Unis; et les exportations en café, coton, sucre, cacao, campêche et acajou.

Etats-Unis. — *Découverte d'un ancien lac tertiaire.* — MM Georges Grinnell et Edouard Dana ont découvert près du camp Baker, comté de Montana (Etats-Unis), un nouveau lac tertiaire qui contient les débris de deux lacs de l'âge miocène et de l'âge pliocène qui s'y sont succédé. Le camps Baker est à 50 milles à l'est de Hebna, il est entouré par les montagnes, le Big Belt au sud et aux sud-ouest, le Little Bent au Nord et le Crazy Woman au sud-est. Les lits sont des argiles de couleur de crème tellement homogènes qu'il est difficile de les entamer avec un couteau. Les dépôts sont à une plus grande élévation que tous ceux du même âge que l'on connaît actuellement sur le continent. Ils sont à 5,000 pieds au-dessus du niveau de la mer, tandis que les lits des rivières Whiter et Colorado sont à 3,000 pieds et les bassins de l'Orégon à une hauteur moins considérable encore.

MM. Georges Grinnell et Edouard Dana sont assez portés à croire que le lac Baker doit avoir versé le trop plein de ses eaux dans la rivière Whiter par quelque ancien canal maintenant inconnu. Mais la science géologique est trop peu avancée dans le territoire pour permettre d'établir un système sur cette question.   T. L.

Etats-Unis. — *La Colonie Française à San-Francisco.* — Le *Courrier de San-Francisco* du 1er juillet rend compte d'une fête qui a été donnée par le *Seignelay* aux Français de cette ville. Nous en extrayons les passages suivants :

« Nous avons assisté le 20 juin à la plus charmante excursion qu'on puisse voir. Quelques-uns de nos compatriotes avaient un yacht à vapeur, avec musique à bord, pour aller donner une sérénade à nos braves marins du *La Galissonnière* et du *Seignelay* en ce moment sur rade.

« Le *Monarch*, à bord duquel étaient montés les excursionnistes, portaient une multitude de lanternes chinoises. Les deux navires de guerre se trouvaient également illuminés. Au moment d'accoster le *La Galissonnière*, l'orchestre de la Société philharmonique entonna l'air d'*Alsace et Lorraine*, et, aussitôt après, la musique de la frégate y répondit. Puis les cris de Vive la France ! retentirent de tous les côtés à la fois.

« Il était malheureusement impossible de monter à bord de la frégate qui venait à peine de terminer son charbon, et l'on dut, après avoir remercié l'amiral Périgot, se diriger vers le *Seignelay*.

« Dès qu'on fut à portée de la voix, les musiques firent entendre des airs nationaux ; la corvette illumina, et des cris de Vive la France éclatèrent de nouveau. »

Conviés à monter à bord tous s'empressèrent de profiter de cette invitation si spontanée. En un clin d'œil, une salle de bal fut improvisée sous une immense tente.

Puis M. le commandant du *Seignelay*, prenant la parole, prononça le discours suivant :

« Messieurs,

« Je vous remercie, au nom du *Seignelay*, du nouveau témoignage de sympathie que vous nous donnez. Vous avez voulu une fois encore attester votre ardent amour pour la France ; et c'est à elle, plus qu'à nous-mêmes, que s'adresse cette manifestation si éclatante et si spontanée de la colonie française dont vous êtes les représentants.

« On a dit, et c'était presque un lieu commun après nos désastres, Que nous avions dégénéré de nos pères, que nous avions à jamais perdu ces qualités qui jadis avaient fait notre patrie si grande et si glorieuse. Est-ce vrai ? Si ces qualités sont l'énergie et la persévérance dans le travail, le patriotisme, l'amour idéal de cette liberté véritable qui, fondée sur le respect du droit, n'est possible que par la pratique du devoir ; n'est-ce pas, ces qualités que je retrouve parmi vous ? N'est-ce pas, grâce à elles, que la colonie française de San-Francisco compte comme un des éléments les plus réels de la grandeur et des progrès merveilleux de la Cité reine du Pacifique ? Si enfin ces qualités ont porté pour nous tous leurs fruits, sur cette terre où nos pères, il y a juste un siècle, combattaient et mouraient pour la liberté, c'est que cette liberté, toujours glorieuse, toujours vivante, toujours féconde, vous a servi d'appui et de guide dans votre pays d'adoption.

« Espérons, messieurs, qu'elle sera désormais l'appui, le guide de notre « Patrie, et alors, dans un avenir peut-être lointain, mais assuré pour eux, « nos enfants diront, dans la joie et comme une action de grâces, ces paroles « que tant de fois nous avons, nous, prononcées aux heures sombres de ces « dernières années comme un cri de suprême confiance, comme une prière : « *Dieu protége la France !!*

« VIVE LA FRANCE !!! »

Un tonnerre d'applaudissements a accueilli ces belles paroles qui avaient ému profondément l'auditoire. Puis les quadrilles furent organisés, et l'on dansa jusqu'à l'heure du départ, qui vint trop tôt terminer une fête dont tous les assistants garderont longtemps le souvenir.

Amérique. — *Construction d'un chemin de fer transcontinental.* — Le gouvernement des possessions anglaises aux Etats-Unis s'occupe très-activement du projet de construction d'un chemin de fer au Canada entre le lac supérieur et l'océan Pacifique. Il mettra en adjudication en 1877 la construction de cette ligne appelée à rendre de grands services au commerce, même après le percement de l'isthme de Panama dont on poursuit activement les études

Il offrira aux entrepreneurs 20,000 ares de terre et 50,000 francs en argent pour chaque mille de chemin de fer construit. Il demandera 4 0/0 par an pendant vingt-deux ans depuis l'achèvement des travaux pour toute somme qui lui aura été empruntée et qui sera stipulée dans le contrat à intervenir entre les représentants et les entrepreneurs.   T. L.

Le canal interocéanique. — Monsieur Hertz, rédacteur en chef de l'*Explorateur.* — Je viens de lire dans votre estimable journal du 27 juillet, n° 77, la réclamation du professeur Nourse, de l'Observatoire naval de Washington, se plaignant de ce que j'aurais déclaré, dans une réunion publique à Bogota, qu'il avait dit devant le Congrès géographique de Paris, « Le gouvernement « américain ne veut pas de canal à travers l'isthme, peu importe où il soit « situé. »

Je regrette que l'honorable professeur ait été induit en erreur. A ma conférence assistaient S. E. le Président de la République, Mgr l'archevêque, les ministres Colombiens, le Procureur général, le Directeur de l'instruction publique, les Consuls étrangers, les membres des deux Chambres. — En fait, tout ce qu'il y avait d'hommes marquants dans la capitale, de sorte que j'aurais de nombreux et respectables témoins à produire s'il en était besoin.

En outre, des journaux qui ont publié le résumé de ma conférence, — la *Ley* du 2 mai, n° 8; *El Boletin* du 6 mai, n° 279 ; *El Diario de Cundinamaria* du 8 mai, n° 1924 ; *El Tradécionista* du 9 mai, n° 493 ; — aucun ne donne prise à la plainte de M. Nourse.

Il est donc fâcheux également qu'il n'ait pas cité le nom, la date et le lieu de publication de ceux sur le dire desquels il voulait formuler une accusation aussi grave ; car je n'ai fait que répéter à Bogota ce que j'écrivais dans ma critique du commandant Selfridge (*American Register* de Paris à Londres, 29 mai et 5 juin 1875) « que l'opposition au canal ne venait que de « cette fraction gorvernementale qui ne représente plus ni le grand parti Ré- « publicain qui l'a élevée au pouvoir, — ni la majorité du peuple améri- « cain. » En insistant sur ce que ce peuple pratique serait celui qui profiterait le plus du canal, je m'appuyais sur l'opinion de M. Nourse, dite à la face du monde !

J'ai fait plus, je l'ai imprimée, et à la page 9 d'une brochure qui porte ma signature et la date de 1876, — et qui a été distribuée à Bogota aux principaux de la ville et à tous les consuls étrangers. J'ai l'honneur de vous la communiquer et vous pourrez y lire textuellement : « M. Nourse, officier de « marine des Etats-Unis, a insisté sur ce que LE GOUVERNEMENT ET LE PEUPLE « DES ETATS-UNIS VEULENT UN CANAL MARITIME LA OU IL SERA POSSIBLE; l'aug- « mentation constante des relations avec l'extrême Orient, en ont fait, a-t-il « dit, un des besoins impérieux de l'époque. »

J'espère que l'honorable professeur sera satisfait de cette explication et jugera mieux une autre fois de

Votre très-dévoué serviteur,
ANTHOINE DE GOGORZA.

Difficulté d'atteindre le Pôle. — *La pesanteur.* — Monsieur le Directeur. — Dans le dernier numéro de l'*Explorateur* vous rapportez les réflexions de M. Overbec sur l'impossibilité pour l'homme d'atteindre le pôle par suite de la diminution de la rotation du globe. Permettez-moi de rappeler qu'il y a un an je développais des considérations analogues dans une communication faite au congrès de Nantes sur l'exploration des régions polaires à l'aide d'un aérostat. Voici ce que je disais à ce sujet :

Le principal obstacle, auquel on n'a peut-être pas encore bien réfléchi, c'est qu'il faudra tenir compte de l'aplatissement du globe, du peu d'amplitude de sa rotation et, par conséquent, de la pesanteur dont les lois seront singulièrement bouleversées. N'arrivera-t-il pas un moment où la force ascensionnelle du gaz sera tellement modifiée que les aéronautes se verront contrains de se délester outre mesure pour n'être point exposés à rester indéfiniment cloués au sol ?

Le mouvement de rotation du globe sur son axe se trouve d'autant moins accéléré que l'observateur se rapproche davantage du pôle ; les cercles décrits dans le même temps deviennent d'autant plus petits, et la force centrifuge, qui agit en sens inverse de la gravité, devient d'autant moins considérable. La pesanteur et la gravité sont deux entités distinctes : la pesanteur est la différence existant entre la force centrifuge et la force de gravité et l'on sait que, sous l'équateur, la première est le 289e de la seconde. Par conséquent, 289 étant 17 élevé au carré, la force centrifuge, qui croît comme le carré de la vitesse, deviendrait égale à la gravité si la terre tournait 17 fois plus vite, la pesanteur serait annulée et les corps cesseraient de peser à l'équateur. A mesure qu'on s'avance vers le pôle et que diminue le rayon du cercle décrit, la force centrifuge décroît comme le carré du sinus de la latitude, et la différence qui existe entre elle et la gravité devient de plus en plus grande.

On admet que la longueur du pendule à seconde est au pôle de $0^m,997$ et, en appliquant l'équation destinée à mesurer l'énergie de la force d'après la latitude, on trouve, pour l'intensité de la pesanteur, $G = 9^m,84$, mais l'expérience ne viendra-t-elle pas renverser les déductions théoriques basées sur une simple équation ? En outre la différence entre le demi-grand axe et le demi-petit axe du sphéroïde terrestre est de 21,256 mètres : que de problèmes à résoudre dans cet aplatissement de plus de cinq lieues ! La pesanteur, qui s'accroît comme diminue le carré de la distance au centre de la terre, augmente donc encore de ce chef à mesure que l'on marche de l'équateur vers les pôles, et de toute façon, les lois de la statique seront infailliblement modifiées.

Cependant, malgré tous les formidables points d'interrogation que la science est, jusqu'à ce jour, impuissante à faire disparaître, je n'en persiste pas moins à regarder le chemin des airs comme infiniment plus facile, comme infiniment moins dangereux que le chemin des mers pour accéder au pôle. L'utopie de la veille devient toujours la réalisation du lendemain ; et si l'expédition anglaise ne réussit pas plus que toutes les expéditions maritimes qui l'ont précédée, nous devrons, de toute nécessité, nous écrier avec le poète :

Restat iter cœlo : cœlo tentabimus ire

LUDOVIC MARTINET.

Conférences géographiques à Montsouris. — Dimanche passé, M. Jules Gros a parlé sur *la Nouvelle Calédonie*. Le sujet aurait été épineux pour tout autre que pour un savant. Mais l'orateur a su se maintenir strictement sur le terrain géographique et intéresser par des traits d'histoire, par la description des mœurs, par de nombreuses anecdotes, le public le mieux disposé. L'éloignement et la grande chaleur empêchent encore beaucoup de personnes d'assister aux conférences du *Géorama* de Montsouris. Mais, si le public est peu nombreux, il est choisi, et on voit qu'il appuie avec le plus chaud intérêt la tentative des conférenciers du Géorama. L'étude de la géographie est un vrai besoin, surtout depuis les tristes événements qui ont trahi notre ignorance dans cette science. Aujourd'hui, le réveil est général. Il s'agit d'atteindre et même de dépasser en science géographique les nations qui nous entourent. C'est pourquoi les Conférences du Géorama méritent l'intérêt de tous. Presque toujours, faut-il le dire! c'est le public féminin qui y prend la plus grande part. On y amène les jeunes gens et même les enfants et tous en retirent un profit qui se montrera tôt ou tard.

Dimanche prochain, M. Henri Renou promet de nous entretenir du *Brésil*, de ses progrès et de ses richesses, et il nous racontera à ce propos ses impressions de voyage dans ce magnifique empire, beaucoup moins peuplé qu'il ne pourrait l'être et dont les richesses seront tôt ou tard la suprême ressource des nations épuisées.

R.

Les flèches empoisonnées des sauvages. — L'*Ausland* emprunte à un journal américain quelques considérations intéressantes sur les poisons dont se servent les sauvages dans leurs luttes avec leurs ennemis. C'est à tort, en effet, que l'on considère l'usage des poisons comme le produit d'une civilisation raffinée, puisque les peuples les plus arriérés, ceux qui se rapprochent le plus de l'état de nature en font usage. Il est vrai qu'ils tirent leurs poisons du règne végétal ou animal, tandis que les poisons minéraux sont les produits de la civilisation.

Les glandes des serpents venimeux leur fournissent un poison que quelques sauvages, entre autres les Bojesmans du midi de l'Afrique combinent avec le jus d'une euphorbiacée pour le rendre plus sûrement mortel. Ils y plongent une barbe de plume qu'ils assujettissent ensuite à la pointe de la flèche, afin de faire pénétrer le plus de poison possible dans la plaie.

Quelques insectes leur fournissent aussi des poisons qui, s'ils ne sont pas mortels, mettent le blessé dans un état de furie ou d'aliénation mentale. Les poisons animaux doivent être frais pour conserver leur effet. Une fois refroidis, ils perdent toute puissance. Les Indiens indépendants de la Guyane préparent un poison énergique dont la substance principale est tirée d'une espèce de fourmis. D'autres prétendent que ce poison se compose plutôt de strichnine. Avec leurs flèches de roseaux soufflées dans des sarbacanes de 14 pieds de long, ces Indiens atteignent souvent le but à trois cents pas. Le poison agit immédiatement en détruisant la sensibilité et en paralysant les mouvements des animaux.

Les Dyaks de Bornéo munissent leur sarbacane d'une pointe aiguë, à la manière de nos baïonnettes au bout du fusil, et s'en servent comme de lances. Le poison dans lequel ils trempent cette pointe se compose du suc de l'arbre appelé *upa*. Comme on trouve souvent des tombeaux à l'ombre de cet arbre magnifique, on a attribué à son feuillage une influence mortelle. Mais il est prouvé maintenant que c'est une pure fable. La sève de cet arbre qui devient une résine en se desséchant est essentiellement vénéneuse. Cependant la blessure faite avec ce poison est rarement mortelle. Elle est plutôt stupéfiante et paralysante, et son action, qui ne dure que dix minutes, peut être combattue par l'eau-de-vie ou l'ammoniaque.

Les indigènes du Gabon se servent d'un poison appelé *m'bandon*, pour exécuter les sentences de leurs dieux. Lorsqu'ils s'agit d'examiner si un accusé est coupable, on lui fait avaler une portion de ce poison. S'il survit, c'est que son innocence est prouvée, s'il meurt, c'est qu'il a subi la juste punition de son crime. En général le *m'bandon* est un poison indulgent qui fait plus d'innocents que de coupables. On le prépare avec la racine d'une plante qui porte le même nom.

Le plus connu des poisons employés par les sauvages est celui que les Indiens du sud de l'Amérique tirent d'une plante et qu'on appelle *curare, urari, wurrara* ou *wurrart*. Il est connu en Europe depuis l'an 1515. Sir Walter Raleigh rapporta de la Guyanne, qu'on venait de découvrir, les premières armes imprégnées de ce poison. Humboldt et Boussingault tenaient ce poison pour un produit purement végétal, tandis que d'autres voyageurs prétendaient qu'il était mêlé de venin de serpent. Enfin, Émile Carroy finit par prouver que le curare n'était point préparé de la même manière par les divers Indiens, que les uns y mettaient en effet le venin des serpents, mais que l'élément essentiel et constant du curare était la sève d'une liane appartenant à la famille de la strichnine.

Pendant son grand voyage dans le sud de l'Amérique, de 1799 à 1804, Alexandre de Humboldt eut l'occasion d'assister à l'opération de l'empoisonnement des flèches, opération ordinairement accompagnée d'une fête. Une fois qu'ils ont recueilli les lianes vénéneuses, les sauvages s'abandonnent aux vapeurs d'une boisson enivrante préparée par leurs femmes. Pendant deux jours on ne voit que des hommes ivres et trébuchants. Pendant ce temps, un vieillard qui est le sorcier et le médecin de la tribu, trempe les flèches dans le jus exprimé des plantes. Mais la vue de cette opération mystique fut refusée aux savants étrangers.

Une fois refroidi, le curare devient une substance solide et noire qui ressemble au réglisse. Il est facilement soluble dans l'eau, l'alcool ou les liquides animaux. Le physiologiste Claude Bernard, auquel nous devons un grand nombre d'observations sur le curare, en a conservé dix ans en solution dans l'eau sans que le poison ait perdu de sa puissance.

De même qu'on tire la strychnine de la noix vomique et la morphine de l'opium, M. Boussingault a réussi à tirer du curare la *curarine* sous la forme d'un alcaloïde cristalisé et d'une substance cornée possédant encore au plus haut degré son action vénéneuse.

Le curare se comporte comme la plupart des poisons de serpents. Il n'est mortel que lorsqu'il pénètre directement dans le sang, mais reste sans effet et sans danger quand il est avalé et qu'il n'est conduit dans la circulation du sang que par la voie de la digestion. Aussi peut-on sans grand courage sucer une plaie empoisonnée ce qui réussit souvent à empêcher l'action malfaisante. Les Indiens avalent de grandes quantités de curare que l'on considère comme un remède contre l'épilepsie.

Mais que le curare pénètre dans le sang par une piqûre ou une plaie, il devient alors un des poisons les plus terribles. De petits animaux en sont frappés avec la rapidité de la foudre et les gros succombent en cinq ou dix minutes. Les symptômes qui amènent la mort sont si étranges qu'ils méritent un examen particulier.

Ainsi, un lapin occupé à paître, légèrement blessé au dos par une flèche imprégnée de curare continua à manger sans trahir la moindre douleur. Au bout de trois minutes, il se retirait dans un angle de la cage, s'appuyait contre la paroi et couchait ses oreilles sur son dos comme pour dormir. Un instant après il tombait mais sans le moindre symptôme de souffrance ou le plus petit tremblement. Des poissons, des crapauds ou des reptiles périrent à peu près de la même manière, et les voyageurs ont observé les mêmes symptômes chez les hommes ou les animaux. La vie s'éteint sans agonie apparente et seulement par un doux sommeil.

Telle est du moins en apparence la mort causée par le curare. Mais cette appréciation est absolument fausse et cette mort est, au contraire, accompagnée des plus atroces douleurs intérieures, car, la conscience et l'intelligence subsistent, tandis que tout mouvement est paralysé! M. Claude Bernard a démontré en effet que le curare n'atteignait que les nerfs moteurs et non ceux de la sensation.

Cette action singulière du curare a même contribué à déterminer plus exactement les rapports entre le système musculaire et le système nerveux, et prouvé que la contractilité des muscles est indépendante de l'action des nerfs moteurs.

La preuve que les organes de l'intelligence ne sont pas attaqués par ce poison, c'est qu'on a vu des chiens déjà paralysés par son action, répondre à l'appel de leur nom par un léger balancement de la queue ou par un signe des yeux ou des oreilles.

La mort par le curare est donc une asphyxie de la respiration que l'on peut combattre en insufflant un nouvel air dans les poumons. M. Claude Bernard a démontré que la curarine pouvait être employée utilement, comme la morphine, la strychnine ou la digitaline, dans certaines maladies nerveuses.

Maintenant que les armes à feu remplacent, chez les sauvages, les arcs et les flèches, les poisons leur deviennent inutiles.

Le voyageur anglais, Murray, a réussi, à force de présents, à faire préparer devant lui des flèches empoisonnées, par deux Yahuas. La plante dont ils se servaient portait, sur de minces rameaux, des feuilles oblongues avec des baies noires et veloutées. On y ajoutait une mince liane dont l'écorce ressemble à celle du bouleau et qui portait trois grosses fleurs ressemblant aux légumineuses papilionacées. Un des Indiens remplit d'eau un vase de terre, tandis que l'autre plaçait dessous des branches sèches et y mettait le feu. Puis les rameaux de la première plante furent rompus dans le vase en petits morceaux sans les fruits. En cuisant, l'eau prit une teinte jaune, puis d'un brun de rouille.

Au bout d'environ deux heures les morceaux de bois furent rejetés hors du vase. A ce moment la liane fut rapée et jetée dans le liquide, tandis qu'on augmentait le feu. Alors il se produisit une écume épaisse que l'opérateur éloigna avec le morceau de bois qui servait à remuer le liquide. Ensuite on y versa trois petits paquets contenant : le premier, les épines pulvérisées du *Dari-Dari-Bochen*; le second, des glandes et des dents vénéneuses de serpents et le troisième, des milliers de fourmis de l'espèce *Taoua pira*.

Enfin, après avoir cuit pendant cinq heures en tout, le contenu du vase prit la consistance d'un sirop. Enfin le vase fut recouvert d'une feuille de holiconias, puis de terre, et, le jour suivant, on en retira, une fois le vase brisé, un bloc solide et très-lourd représentant une grande provision de poison.

Pour empoisonner une lance ou une flèche il suffit d'en enfoncer la pointe dans le poison un peu réchauffé.

Quant à la chair des animaux tués par le curare, elle peut être mangée sans danger. Aussi les Indiens de l'Amérique du Sud se servent-ils de ce poison aussi bien à la chasse que contre leurs ennemis. Le curare est ainsi devenu une marchandise comme notre poudre à canon, et un objet de commerce très-répandu parmi les races indiennes du Brésil et de la Nouvelle-Grenade. Les Indiens du Rio-Negro, de l'Orénoque et même des Amazones, viennent souvent en grandes caravanes échanger, l'*Urari* ou *Curare* contre les roseaux dont ils font des sarbacanes.   W. R.

Les travaux du club Alpin français. — L'*annuaire du Club Alpin français*, que nous venons de recevoir, est un magnifique volume de plus de huit cents pages, orné de trois cartes et de cinquante-quatre illustrations.

Cet ouvrage est un recueil géographique, scientifique et statistique où les faits, les observations et les chiffres sont présentés sous une forme charmante.

Nous ne ferons point la nomenclature des intéressants articles contenus dans ce volume, qui est digne assurément de figurer sur les rayons de la bibliothèque de tous réels amateurs des sciences géographiques : ce serait trop long.

Cependant nous devons en citer quelque chose, afin de piquer la curiosité du lecteur et de l'engager à lire cet excellent recueil.

En ouvrant au hazard le volume je tombe sur une relation intitulée : Voyage scientifique à l'île Saint-Paul. Cette relation est signée A. Cazin, professeur de physique au lycée Fontanes.

M. Cazin a fait partie de la mission envoyée par le gouvernement à l'île Saint-Paul pour y observer le passage de Vénus.

Certes ce n'est pas un lieu de plaisance que cette île perdue au milieu de l'Océan Indien par 38° de latitude australe et 75° de latitude orientale : dans un cercle de 500 lieues de rayons autour de cette île, on ne rencontre que la petite île d'Amsterdam.

Saint-Paul est un aride rocher volcanique. On y trouve quelques oiseaux de mer et en fait de quadrupèdes ceux qu'y ont importés les Européens, le rat, la souris, le chat et la chèvre.

Quant aux habitants nous allons si vous le voulez bien visiter avec M. Cazin es villages qu'ils habitent.

« Ils vivent en colonie au milieu des touffes d'herbes qui garnissent les pentes nord de l'île, à une hauteur de 150 mètres au-dessus de la mer... La colonie était dans une merveilleuse activité. Les uns descendaient à la mer pour chercher leur nourriture ; on les voyait apparaître sur la plage au moment où le flot se retirait : la vague les avait chassés comme des épaves. A peine dressés sur leurs pattes ils gravissaient le sol aussi rapidement que possible. Mais combien de fois la vague les reprenait à la course !

puis la vague suivante les ramenait. Toutefois après une lutte émouvante c'était l'oiseau marin qui triomphait. Il prenait quelques instants de repos et commençait l'ascension de la falaise ; que de difficultés à vaincre pour gagner le gai village, aux buttes touffues d'herbes qui préservent du vent, le nid si bien placé que la mer ne peut l'atteindre, que le vent de la tempête ne saurait le culbuter ! il faut escalader une falaise nue dont la pierre s'émiette sous les pas et alors que de chutes et de dégringolades quand on est lourd et maladroit ! mais nos intéressants *manchots* ont de précieuses qualités : le courage et la fermeté suppléent à l'agilité; ils finissent par gagner les hauteurs, où retentissent leurs cris triomphants.

Certes ces insulaires pourraient à bon droit réclamer dans le club alpin une place d'honneur tant ils escaladent avec bonheur les montagnes.

L'hospitalité de ces bons habitants est vraiment digne d'être signalée.

« N'ayant encore qu'une connaissance très-imparfaite des hommes, les habitants de l'île Saint-Paul ne témoignent aucune crainte à leur vue. Ils les contemplent avec placidité en lissant leur jolie houppe jaune et tournant leur tête de côté avec une sorte de coquetterie. Ils n'ont pas de crainte pour eux-mêmes, mais la garde de leur couvée est un devoir impérieux et ils ne faiblissent jamais dans l'accomplissement de ce devoir. Peut-être notre séjour leur a-t-il donné une triste expérience de la réalité ! Il m'a semblé qu'ils s'effarouchaient sensiblement à notre approche à la fin de la campagne. N'avions-nous pas trop souvent jeté le deuil et la désolation au milieu de ces tranquilles populations, qui ne connaissaient guère jusqu'alors d'autres ennemis sur la terre que le stercoraire et l'albatros. »

Tout le monde connaît le but que poursuivent les fondateurs du club Alpin : développer le goût des voyages au point de vue sérieux et scientifique ; arracher à la mollesse et aux plaisirs du boulevard, une foule de jeunes gens et leur offrir les moyens d'employer utilement et agréablement un temps que souvent ils gaspillent misérablement, faute de savoir à quoi l'utiliser. Ce but est trop voisin de celui que nous poursuivons nous-mêmes pour que nous ne souhaitions dans toute la sincérité de notre cœur, le développement le plus rapide possible à cette œuvre si réellement utile.

Du reste quoiqu'existant depuis trois années à peine, elle a acquis un développement assez important tant en France qu'à l'étranger, pour faire bien augurer de l'avenir qu'il lui est réservé.

P. TOURNAFONDS.

Le Tong-king et son explorateur, M. Dupuis. — La commission des pétitions de la Chambre des députés s'est occupée, dans sa réunion du 2 août, de l'affaire Dupuis. On sait que ce négociant a pris une part très-active à la dernière campagne du Tong-king et a appuyé de troupes levées à ses frais la glorieuse entreprise dans laquelle a succombé l'héroïque lieutenant de vaisseau, M. Francis Garnier.

M. Dupuis avait, quelque temps déjà avant cette expédition, obtenu du gouvernement français l'autorisation d'aller vendre des armes aux mandarins chinois chargés de repousser les bandes révoltées des Taïpings. C'est en revenant d'un de ces voyages au cœur de la Chine qu'il eut l'heureuse inspiration de s'embarquer sur le fleuve Sang-coï ou Tong-king.

Grâce à cette tentative, qui ne se termina ni sans danger ni sans gloire pour M. Dupuis, une route facile nous était ouverte pour gagner l'intérieur de la Chine, et les riches provinces de l'Empire du Milieu, que les Anglais cherchent à gagner par des chemins de fer immenses et coûteux, se trouvent aux portes de nos possessions cochinchinoises. Le traité d'Annam, récemment conclu, nous assure même la suprématie dans la navigation de ce fleuve.

M. Dupuis a été ruiné dans ces glorieuses entreprises, et il s'adresse aujourd'hui à la Chambre des députés pour lui réclamer une indemnité.

La commission des pétitions a décidé qu'elle prierait M. le ministre de la marine de lui présenter un mémoire, en réponse à celui de M. Dupuis. Elle se propose également de demander à ce sujet des éclaircissements à M. l'amiral Dupré, gouverneur de la Cochinchine.

Espérons que justice sera rendue à notre vaillant compatriote.
J. G.

Le Tour du monde. — *Nouveau journal des voyages.* — Sommaire de la 812e livraison (29 juillet 1876). — Texte : Voyage en Grèce, par M. Henri Belle. 1861-1868-1874. Texte et dessins inédits. — Onze dessins de Riou, J. Storck, E. Ronjat, Th. Weber, H. Clerget et Lix.

Bureaux à la librairie Hachette et Ca, boulevard Saint-Germain, 79, à Paris.

Le Directeur-gérant, C. HERTZ.

6629.76. — Boulogne (Seine). — Imprimerie JULES BOYER.

EXPLORATION FRANÇAISE DE L'AFRIQUE OCCIDENTALE PAR M. LARGEAU

C'est jeudi prochain que nous publierons la première liste de souscription ouverte par la Société de géographie de France en faveur de M. Largeau.

La Société de géographie de France ayant réclamé le concours des Sociétés de géographie de Lyon, de Bordeaux, et de la Société de géographie commerciale de Paris, a voulu que les dons recueillis par ces diverses institutions fussent désignés par un signe spécial à chacune d'elles ; il en sera de même pour toute autre association qui ouvrira une souscription parmi ses membres.

La même mesure pourra être prise pour chacun des journaux qui adresseraient un appel spécial à leurs lecteurs.

Dans ces conditions, tout groupe, tout organe peut faire acte d'initiative et concourir à un mouvement général de l'opinion publique, à un réveil de notre génie civilisateur.

De chaudes et nombreuses adhésions nous sont déjà parvenues. Des étrangers ont tenu à s'inscrire en invoquant leur nationalité, considérant que les entreprises de la science et du commerce profitent à l'humanité entière.

La Société de géographie de France vient d'envoyer à tous ses membres, aux personnages les plus éminents et aux principaux journaux, des circulaires, un mémoire et une carte destinés à les édifier sur l'exploration projetée. Elle nous a fait délivrer un cliché de sa carte que nos lecteurs trouveront reproduite dans le présent numéro.

De nombreuses lettres nous ont été adressées par des correspondants qui désireraient accompagner M. Largeau. Nous devons rappeler que les explorations en pays inconnu ne sont généralement favorisées par les géographes qu'à la condition d'être accomplies par un seul voyageur. L'expérience a démontré l'importance de cette mesure ; MM. Largeau et Louis Say, qui ont fait ensemble le voyage de Ghadamès, feront, par des routes différentes et chacun isolément, le voyage au Hoggar. On sait que M. Louis Say, qui peut subvenir aux frais de son exploration, s'est inscrit le premier pour une somme de cinq cents francs en faveur de M. Largeau.

Tout nous fait espérer que le succès couronnera la campagne entreprise par les Sociétés de géographie françaises que l'initiative si ferme et si généreuse de la Société de géographie de France a ralliées autour d'elle.

Le Directeur de l'Explorateur.
Secrétaire général de la Société de géographie commerciale de Paris,
Membre du Conseil de la Société de géographie de France,

C. HERTZ.

LES OBSTACLES A L'EXPLORATION DE M. LARGEAU

Nous recevons, au moment où nous mettons sous presse, un article destiné à une grande publicité et qui nous semble dépasser les limites dans lesquelles doivent se renfermer les organes officieux qui se font les interprètes trop prématurés de quelques idées officielles.

Les oppositions invoquées contre nos entreprises seraient celles-ci :

Tous les voyageurs français qui se sont engagés dans le Sahara ont succombé, victimes de leur dévouement, ou ont créé des embarras sérieux au gouvernement algérien en suscitant les défiances des indigènes.

On invoque à ce sujet la mort de Dourneaux-Duperré et Joubert, le massacre de trois missionnaires français sur la route d'In-Çalah ; — on a soin de ne parler ni de Caillé, ni de Duveyrier, ni de Barth, ni de Rohlfs, ni de Nachtigal, ... et dit que M. Largeau, après deux brillantes campagnes, s'est vu arrêté par les Turcs à Ghadamès dans une expédition non sans gloire, mais sans résultats commerciaux.

On ajoute : laissez arriver, n'engagez pas. On en conclut que les Sahariens et les Touaregs viendront d'eux-mêmes à la seule condition qu'on ne les aille pas chercher.

A ceci nous devons répondre, car l'*Explorateur* est mis en cause :

Nous sommes, pris individuellement, des *hommes* prêts à payer de leurs fatigues, de leur intelligence et de leur sang, pour faire que la France ne joue pas, au point de vue de la civilisation, un rôle inférieur à celui que jouent actuellement les Anglais, les Américains, les Russes, les Allemands et les Italiens.

Les Anglais envahissent l'Afrique de toutes parts, en vertu de ce prétexte que toute terre qui n'appartient à personne appartient à celui qui saura s'en emparer. Ils se sont donc emparés des bouches du Niger, de la côte d'Or, de la côte des Esclaves, de tout le golfe de Guinée ; ils cherchent à étendre ou à troquer, à des conditions avantageuses, leurs possessions de la Gambie ; ils ne dissimulent pas leur idée de pratiquer par tous les moyens possibles, une route du Maroc jusqu'à Timbouctou, fût-ce même en inondant le Sahara occidental ; ils gouvernent le pacha turc de Tripoli, comme ils gouvernent la Turquie d'Europe et d'Asie, comme ils ont la prétention de gouverner tout l'Islam ! Ils font ce que leur impose l'amour de la patrie ; ils obéissent, et nous les en félicitons, aux revendications que leur suggère le sentiment national ; — les blâmer serait nous interdire de les imiter.

Les Américains envahissent toute l'Amérique du Nord, qui fut jadis possession française ; ils y ont fait en dix ans cent fois plus que nous n'en avons fait depuis quarante ans en Algérie et au Sénégal. Ils se sont appropriés les territoires neutres ; ils les ont étranglés sous leurs lignes de fer ; ils ont créé le transcontinental, le chemin de fer de Panama, la navigation intérieure ; — dans dix ans ils auront percé, par cinq grandes voies, un continent plus considérable que l'Europe, de l'Atlantique au Pacifique.

Les Russes, il y a vingt ans, n'étaient que peu de chose dans l'Asie ; ils y possédaient les territoires les plus ingrats. Grâce à leurs efforts et à leur patriotisme, ils ont étendu leurs frontières jusqu'à la Chine, jusqu'à la Corée, jusqu'à l'Afghanistan. Partout où ils ont multiplié leurs conquêtes, ils ont été salués par les applaudissements des hommes civilisés.

Les Allemands, avec quelques misérables ports sur la mer du Nord, ont su étendre leurs établissements commerciaux sur toutes les parties du monde ; on les voit primer le commerce français, faire concurrence au commerce anglais au sud de l'Algérie, on Égypte, dans la Turquie d'Europe et d'Asie, dans la mer des Indes, dans l'archipel de la Sonde, dans toute l'Amérique septentrionale. L'humanité a trouvé que leurs efforts étaient légitimes ; il sont nos maîtres en géographie, et on leur rend ici, avec abondance, toute la gloire qui leur est due.

Les Italiens, nés d'hier, comme peuple uni, rassemblent avec patience les fils qui doivent relier leurs colonies en territoire étranger avec la métropole. Ils multiplient leurs tentatives et leurs efforts : vingt explorations sans succès ne les ont pas découragés. L'Autriche qui les suit d'un œil intelligent, cherche à leur faire concurrence dans l'Orient ; ils courent à l'Occident. Leur expédition d'Abyssinie peut échouer ; ils en préparent une autre dans l'Amérique du sud ; — les peuples civilisés applaudissent à leurs efforts.

Nous le répétons : il y a chez nous un bataillon sacré qui ne veut pas que la France aille à reculons quand tous les autres peuples civilisés progressent.

Nous ne sommes pas des adeptes de doctrine, de parti, d'opposition. Les croyants et les athées, les libéraux et les autoritaires, les Étrangers et les Français se sont donnés rendez-vous sur notre terrain par ce qu'il est exclusivement patriotique. Nous ne voulons nous, ne demander à la France qu'un acte d'affirmation ; nous demandons qu'elle accueille avec enthousiasme si elle en est capable, avec conscience si elle le peut, avec résignation s'il le faut, le rôle que la Providence lui a ménagé dans les destinées de l'humanité.

Ce sont des phrases dira-t-on ? — Nous répondrons que les phrases contrôlées par un amour sincère de la Patrie méritent considération.

Passons aux arguments :

La Société de géographie de France et, à sa suite, la Société de géographie commerciale de Paris, ont pensé qu'il y avait une exploration du plus haut intérêt à accomplir dans le Ahaggar, c'est-à-dire dans le point culminant du Sahara central.

Nul voyageur européen n'a pu y parvenir jusqu'à ce jour : deux français mettent leur existence en jeu pour réaliser ce desideratum scientifique : ce sont MM. Largeau et Louis Say.

Ils savent que tous les géographes du monde ont les yeux fixés sur ce mystérieux inconnu. L'un se propose de l'aborder à ses propres frais ; l'autre demande pour l'atteindre le concours de ses concitoyens : il espère, si ce concours se manifeste dans des conditions satisfaisantes, faire plus encore : traverser toute l'Afrique occidentale et accomplir, à la gloire du nom français, une œuvre qui rappelle celle de Caillé et qui soit digne de celle des Livingstone et des Cameron.

On leur répond : — Nous nous plaçons dans l'expectative ; nous attendons les indigènes ; gardez-vous d'aller plus loin : — sinon, soyez assurés que vous serez désavoués.

Désavoués dans le Sahara, au delà de la protection française immédiate, c'est *vouer* à la mort.

Qu'arrivera-t-il?

Ni M. Say ni M. Largeau ne reculeront ; ils seront désavoués ; ils peuvent être assassinés à quelques pas du protectorat français ; ils seront immédiatement remplacés par des explorateurs anglais et allemands *qui se feront protéger par l'autorité française*, qui cueilleront les lauriers de nos explorateurs et qui les porteront à Londres ou à Berlin. Nous savons déjà que nos voisins se préparent à ces entreprises. Ils y ont leurs intérêts commerciaux engagés, car les bénéfices qu'ils en retirent sont, à notre honte, bien autrement considérables que les nôtres. A défaut d'avantages économiques ils ont à poursuivre de grands résultats politiques. Admettons l'hypothèse d'une guerre européenne où la France soit forcée d'intervenir : ils peuvent, par leurs agissements, susciter des insurrections qui paralysent une vingtaine de régiments français pour la défense de l'Algérie. — La guerre de 1871 est là pour en témoigner.

Je regrette personnellement d'avoir été informé à la dernière heure de ces entraves suggérées aux explorations françaises du Sahara ; j'espère qu'elles n'auront pas de suite lorsqu'on saura qu'elles atteignent profondément le sentiment de notre honneur national, vivace encore dans un grand nombre de cœurs. Je n'hésite pas à me faire ici l'interprète du sentiment public. La circonstance est trop pressante pour qu'il m'ait été permis de prendre conseil d'aucun de mes collègues et en particulier d'un des plus éminents d'entre eux : M. le général Chanzy, pour lequel nous professons tous la plus haute et la plus légitime considération ; — à défaut d'autre protestation je crois devoir enregistrer la mienne, à titre exclusivement personnel.

C. HERTZ.

P. S. — Mercredi soir. — Nous recevons de M. Largeau une lettre dans laquelle il nous annonce la mort de Mme Largeau, compagne fidèle et dévouée, mère de quatre enfants, qui a partagé moralement, et souvent avec de cruelles angoisses, toutes les fatigues de son mari. M. Largeau, que nous savons cruellement frappé, ajoute qu'il n'oublie pas sa mission et qu'il est plus disposé que jamais à s'y dévouer.

C. H.

EXPLORATION DU LAC ALBERT-NYANZA (M'WOUTAN-N'ZIGÉ) PAR M. GESSI

Dans la séance du 19 juillet de la Société de géographie, M. le baron d'Avril a communiqué une lettre de M. Romolo Gessi, datée de Keri, 5 mai 1876. L'importance des découvertes géographiques contenues dans ce document, nous fait un devoir d'en citer les parties les plus intéressantes. On doit en conclure que le M'Woutan-N'zigé est bien moins considérable qu'on le croyait et ne dépasse pas l'Equateur.

L'intérêt que la France prend aux explorations et principalement à celles qui concernent les lacs, dit M. Gessi, m'encourage à vous mettre au courant de mon voyage de Dufli à Magungo et celui que j'ai entrepris au tour de l'Albert-Nyanza.

Grâce aux facilités que je devais à Son Excellence le colonel Gordon, gouverneur général de l'Afrique centrale, qui m'avait confié ce mandat, ma tâche fut aussi facile que possible.

J'avais à ma disposition deux barques de la longueur de trente pieds anglais. Bien approvisionné et avec un équipage de dix-huit hommes et une escorte de douze soldats, je me suis mis en route le 7 mars 1876.

Cette partie du Nil qui, de Dufli au lac, comprend une longueur de 164 milles, n'offre aucun intérêt, sinon qu'il est navigable, large et profond sur tout son parcours et que je le considère comme la plus belle rivière que j'aie jamais rencontrée. Aux deux tiers du chemin entre Dufli et le lac, il y un grand embranchement que je suppose devoir passer par Macreca ou le Nyam-Nyam. Le pays est beau et riche, les habitants paraissent jouir d'un bien-être que je n'ai rencontré nulle part. Leurs produits sont variés, et de très-nombreux troupeaux de bêtes à cornes sont disséminés dans les champs. Les habitants ont tous le corps couvert de peaux d'Antilopes ou de chèvres, et le pays est très-peuplé.

Les pluies de la saison, les vents contraires et le courant ne m'ont permis d'arriver à l'embouchure que le 18 mars.

.... Le 20 mars, le lac était calme et je me mis en route. Je venais de franchir presque la côte opposée, lorsque soudain un fort vent de terre nous empêcha d'accoster. Le vent doubla de force, le lac devint agité et nous dûmes courir avec les lames. Le rivage était sablonneux bien qu'on y vît quelque végétation, mais nous ne pûmes apercevoir un seul endroit qui nous permît d'amarrer. Après un parcours de 35 à 40 milles, nous rencontrâmes enfin une pointe de terre qui s'avançait dans le lac, et qui aurait pu nous donner un asile pendant la nuit, mais des milliers de sauvages accoururent avec leurs flèches et leurs lances avec l'intention bien arrêtée de nous tuer. Nous serrions les voiles, au risque même de nous noyer, la mort étant mille fois préférable au malheur de tomber entre les mains de ces forcenés qui trouvent le plus grand plaisir à torturer leurs prisonniers pendant des journées entières. Nous étions en guerre ouverte avec le sultan Kaba-Réga, et tous ces sauvages faisaient partie des troupes de l'ex-sultan qui avaient quitté les environs d'Anfina et qui étaient venues coloniser cette vallée. Pendant que nous continuions notre marche, ils nous suivaient par bandes de centaines pensant que tôt ou tard nous serions jetés à la plage. Je leur faisais signe de se retirer, et quand je vis qu'ils se refusaient à rebrousser chemin, je dus malheureusement user des moyens capables de les obliger à la retraite. Nous fûmes bientôt délivrés d'eux, et, une demi-heure après, nous mouillâmes dans un endroit qui avait la forme d'un fer de cheval. Les vents qui faisaient, à cause des orages, le tour du compas, soulevaient les flots du lac. Nous espérions avoir enfin échappé aux périls que nous menaçaient, tant du côté de l'eau que de celui des sauvages, quand à minuit le vent commença à souffler avec violence du côté du nord-est. — Trois heures après, l'ancre de la barque sur laquelle je me trouvais se mit à charrier parce qu'elle n'avait pas une bonne prise dans le sable mouvant. Enfin, une grande vague nous jeta sur la côte et la barque se remplit d'eau. Nous perdîmes tous nos approvisionnements, seuls les objets lourds restèrent au fond de la barque. Notre position était assez critique, car d'un côté nous avions des milliers de sauvages et de l'autre nous nous trouvions sans autres approvisionnements qu'un peu de viande salée.

Nos effets avaient été emportés et, bien que trempés jusqu'aux os, nous n'avions pas de linge à changer. A l'aide des objets que nous devions porter à Magungo et des caisses que nous avions trouvées le long de la plage, nous nous barricadâmes, car nous n'avions plus à craindre que d'un seul côté. Deux fusils avec de la mitraille furent mis en position, et nous attendîmes la venue du jour pour commencer nos opérations de sauvetage. La position où nous étions échoués n'avait pas permis aux sauvages de connaître notre malheur, et le vent ayant cessé, nous pûmes, avec l'aube du jour, commencer à renflouer notre barque. Aidés des deux équipages et des soldats, nous clouâmes une voile autour de la barque, et en deux heures de temps nous

réussîmes sans difficulté à la mettre à flot. Nous nous mîmes en route et en date du 30 mars nous nous trouvâmes à destination. Mais ici aussi les naturels étaient hostiles et vinrent pour nous attaquer.

Après bien des recherches, nous trouvâmes un cheik dévoué à Anfina qui accepta de se charger de nos lettres. Les villageois nous apportèrent des poules, des pommes de terre douces et de la farine de millet qu'ils échangeaient contre nos verroteries. Les deux rives du fleuve sont boisées et la chasse y est abondante. Les nuits offrent un curieux contraste. Le bruit de la chute, les mugissements des lions, les cris des hyènes, le grognement des hippopotames et les cris de l'aigle nous empêchèrent de dormir pendant toute la nuit. C'étaient les hippopotames que nous avions le plus à redouter, car nos barques étaient en acier d'une épaisseur d'un ou deux millimètres ; un seul petit coup de dent nous aurait coulés. Les crocodiles nous escortaient par centaines, et quoique nous en eussions tués plusieurs, ils ne nous perdaient pas de vue. Nous trouvâmes sur la rive plusieurs nids qui avaient 70 œufs et quelques-uns 90. Les soldats cassèrent les œufs dans un nid, et les petits crocodiles qui étaient prêts à sortir se trouvèrent assez forts pour marcher. Bien qu'ils vinssent à peine de sortir de l'œuf, ils serraient la mâchoire dès qu'on y introduisait un morceau de bois. Après une attente de dix jours, nous reçûmes enfin la nouvelle que les troupes étaient arrivées, et nous allâmes les trouver sur les lieux où elles étaient campées le long de la rivière.

Je commençai alors mon voyage autour du lac.

M. Gessi donne ensuite quelques extraits de son journal :

12 avril. — Quitté Magungo, arrivé sans incident aux premières îles. Les indigènes qui s'étaient réfugiés par milliers sur ces îles, voulaient nous empêcher d'y amarrer. Nous passâmes la nuit en cet endroit, au milieu de l'orage et de la pluie.

...14 avril. — Nous continuons notre voyage et nous passons successivement l'endroit où étaient les troupes de Kaba-Réga et l'endroit où je fus jeté à la côte. Dans la même journée, je remarquai une chute d'eau, puis une seconde plus importante et une troisième. D'informations prises auprès des indigènes qui avaient leur village tout près de la seconde, j'ai pu obtenir les indications suivantes. Ces chutes, dont la première s'appelle Ituima, la seconde Wahambia et la troisième Nanza, proviennent d'une grande rivière nommée Tisa, et qui, je crois, doit être le Kaugiri de Sir Samuel Baker. Les indigènes prétendent que cette rivière vient de très-loin, de l'Uganda, et quoiqu'ils en aient remonté fort avant le cours, pour y transporter de l'ivoire, ils ne sont jamais parvenus à savoir où la rivière commence. L'eau coule abondamment toute l'année.

A trois heures après minuit, nous mouillons dans un vrai port que j'ai dénommé port Schubrat. Il est situé sur l'emplacement que M. Baker a noté sur sa carte, sous le nom de Vacovia. Ce nom avait disparu, d'autres tribus ayant chassé les premières et ayant pris possession du sol. Les natifs étaient très-sauvages ; à notre apparition tous s'enfuirent avec leurs troupeaux dans les montagnes. Pourtant quelques-uns vinrent à parlementer avec nous ; mais ils se tenaient si loin qu'à peine pouvait-on s'entendre.

... 18 avril. — Nous nous mîmes en route et après un parcours d'une quarantaine de milles, j'observai de loin des îles et des végétations. En suivant la même direction, je vis que l'eau au lieu d'être claire comme par le passé, avait changé de couleur. Je montai sur le mât et je vis à peu de distance l'eau devenue rougeâtre. Je jetai la sonde ; il y avait douze pieds d'eau ; j'attachai au bout de la sonde du suif et ce fut de la boue qu'elle ramena. Je ne doutai plus que j'étais à proximité d'une rivière. Après un parcours encore de dix milles, j'entrai dans un fleuve qui avait, à son embouchure environ un mille de largeur, et qui se rétrécissait peu à peu jusqu'à 180 mètres. Je continuai à monter ce fleuve. Après avoir parcouru la distance de sept milles, je remarquai une grande chute qui descendait de la montagne et tombait d'une hauteur de 500 à 600 pieds. Le cours de cette rivière était inabordable à cause des papirus et des îles. Sur le côté gauche de la rive, il y avait un petit village, mais les naturels, à notre approche, l'avaient déserté, emportant tout leur ménage. Je jetai l'ancre près de la rive et je résolus de ne quitter cet endroit que lorsque j'aurais obtenu des informations.

Rentré dans la barque pour convaincre les sauvages que nous ne voulions pas les attaquer, je ne tardai pas à être appelé par les hommes qui m'indiquèrent un hippopotame sortant des jongles ; je lui tirai une balle du fusil Reilly 8, et la bête resta sur le coup. Le désir d'avoir de la viande rapprocha peu à peu quelques natifs ; quand je leur eus fait signe qu'ils pouvaient emporter de la chair, ils se mirent aussitôt à l'œuvre. D'autres accoururent, et l'hippopotame fut bientôt réduit à l'état de squelette. Je leur fis distribuer quelques verroteries, et je pus obtenir les informations suivantes. La chute provient d'une rivière qui se forme au temps des pluies, mais quand celles-ci ont cessé, le fleuve se dessèche, et par conséquent la chute se tarit aussi. La rivière sur laquelle nous naviguions se dessèche également. Je demandai si le fleuve est grand. Oui, très-grand, répondirent-ils et il devient très-rapide.

On me demanda où j'allais; quand je leur dis que je voulais aller au fond du lac, l'un d'eux me répondit : — Mais vous y êtes déjà, vous ne pouvez pas aller plus loin, car il n'y a que ceci d'eau, dit-il, en me montrant son genou. Je ne pouvais croire que le lac pût être si petit, car, en ligne droite je n'avais parcouru que cent quarante-un milles. Je continuai mes questions et je leur dis : — Mais au fond il y a une rivière qui vient dans le lac ? — Non, il n'y a pas de rivière, nous y sommes allés, nous n'avons vu aucune rivière. — Mais alors il y a une chute ? — Non, il n'y a pas de chute, nous ne connaissons que celle-ci. Là, il n'y a que des ambooch (espèce d'arbres aquatiques qui sont presque plus légers que du bois de liége). Après les embooch, il y a un champ qui va jusqu'aux montagnes. — Un orage survint, nous rentrâmes juste assez tôt à bord pour lever l'ancre et nous garer d'une île flottante qui, poussée par le vent, allait tomber sur nous.

Le 19 avril, nous sortîmes du fleuve pour tâcher de nous ouvrir un passage à travers les ambooch, mais ce fut inutilement; les embooch sont si épais que même les canots les plus petits des indigènes ne peuvent pas y pénétrer. Nous continuâmes de naviguer ainsi, touchant souvent avec la quille, car il n'y avait que deux pieds à deux pieds et demi d'eau; l'eau avait une couleur noirâtre et elle n'était pas potable. Je crois que cette couleur est produite par l'immense quantité d'ambooch. — Absence absolue de courant et fond sablonneux.

Nous ne tardâmes pas à atteindre la rive opposée qui a une largeur de quarante milles; comme nous n'avions trouvé aucun passage, nous nous adressâmes à un village pour obtenir quelques informations, mais les sauvages étaient très-hostiles et voulaient nous attaquer. Nous nous retirâmes de cet endroit, résolus à tenter un rapprochement le lendemain.

Pendant la nuit, la nogara (tambour) appela tous les guerriers de la montagne, et le matin on signala un grand nombre de natifs cachés dans l'herbe avec leurs lances et leurs flèches. Ils vinrent m'inviter à aller à terre, le cheik ayant fait-préparer de la viande et de la boisson. Je remerciai de l'invitation et je me mis à les questionner, mais ils me dirent d'aller chez le cheik si je voulais avoir la réponse à mes questions. Je m'éloignai de cet endroit et j'allai chercher un autre point pour y trouver des informations.

J'arrivai après une heure de route à la voile, auprès d'un autre village. Les natifs, bien qu'ils emportassent leurs effets sur la montagne, n'avaient pourtant pas l'air très-belliqueux, et quelques-uns s'approchèrent de la rive. Je fis demander le cheik par l'intermédiaire de mon interprète. On alla le chercher; une demi-heure après un vieillard qu'on désignait sous le nom de Matungolo vint s'asseoir tout près du bateau. Je lui fis distribuer de la verroterie, du cuivre, etc., et je lui fis les questions suivantes que j'extrais de mon journal :

D. Je voudrais aller au fond du lac, veuillez m'indiquer par où il y a un passage ?

R. Vous ne pouvez pas aller plus loin que les ambooch, car il n'y a pas assez d'eau.

D. Plus loin que les ambooch combien d'eau y a-t-il ?

R. Il me fit voir pour réponse le tuyau de sa pipe qui était de 25 à 30 centimètres.

D. Là, au fond, il y a une rivière qui se jette dans le lac ?

R. Il n'y a pas de fleuve ni au fond ni par ici, mais il y en a là, ajouta-t-il, en me montrant la rivière que je venais de quitter.

D. Pourtant il doit y avoir une chute qui se verse des montagnes ?

R. Par là il n'y a pas de chute, mais en allant plus en haut, vous en rencontrerez trois.

D. D'où proviennent ces chutes ?

R. D'un fleuve qui se forme pendant le temps du harif (pluies).

D. Comment s'appelle ce fleuve?

R. Je n'ai jamais entendu qu'il ait un nom.

D. Là au fond où finissent les forêts des ambooch qu'est-ce qu'il y a ?

R. Du sable et des herbes, et l'eau manque déjà là où est le milieu des ambooch.

D. L'eau, durant les pluies, augmente-t-elle à l'endroit où je suis ?

R. Non, elle est presque au même niveau; si elle augmente, c'est de peu de chose.

Toutes mes démarches pour trouver un passage étant restées infructueuses, et les informations que j'obtenais coïncidant parfaitement avec celles que j'avais recueillies à la rive opposée, l'eau colorée en noir par l'effet des écorces de l'ambooch, le manque absolu de courant, le bas-fond, et le fond sablonneux, tout me prouva qu'il n'y a de ce côté ni rivières, ni chutes. Il ne me restait donc rien à faire que de quitter ces parages et de m'en retourner.

Ce pays s'appelle Ouando, ainsi que la partie placée vis-à-vis, et les indigènes sont soupçonnés de cannibalisme. De Vacovia à la rivière, les montagnes descendent à pic; il en est de même du côté opposé.

Tels sont les faits les plus importants au point de vue géographique, signalés dans la lettre de M. Gessi. Son retour à son point de départ lui a permis d'établir d'une façon définitive la carte du lac Albert-Nyanza.

« — Je ne peux pas faire, dit-il en terminant, la description de l'intérieur du pays, car je ne pouvais me hasarder imprudemment parmi des tribus sauvages avec ma faible escorte, je ne pouvais pas non plus laisser les canots dépourvus de défense. Ainsi, je crois que le principal but de l'expédition a été atteint; la plus grave question était celle de savoir s'il y a des rivières qui se jettent dans le lac et de déterminer son étendue. La largeur du lac varie de 20 à 25, 30, 40, 50 et 60 milles. Je n'ai remarqué de courants nulle part; pourtant avec les forts vents de S.-O les eaux tournent le long du rivage vers le N.-E., de même que, avec les vents de N.-E., elles tournent vers le S.-O. J'ai remarqué sur les rochers une ligne de 4 pouces anglais au-dessus du lac. Je ne pourrais pas dire si cette démarcation a été produite par la plus grande hauteur des eaux, car les indigènes m'ont à diverses reprises assuré que les eaux du lac n'augmentent et ne diminuent jamais d'une façon sensible. »

Nous n'avons voulu rien modifier dans les extraits que nous avons empruntés à la communication de M. Gessi; il faut espérer que les explorations de M. Stanley confirmeront ces données, d'où il résulte qu'on a attribué jusqu'à ce jour au lac Albert des dimensions beaucoup trop considérables.

Pour extrait : J. G.

LA CHASSE DANS LES RÉGIONS ARCTIQUES DE L'AMÉRIQUE SEPTENTRIONALE

Les lecteurs de l'*Explorateur* savent depuis longtemps déjà que nulle contrée ne paraît plus inhabitable que ces immenses régions glacées qui s'étendent au nord du Canada depuis l'océan Atlantique jusqu'à l'océan Pacifique, formant les côtes encore peu connues de la baie d'Hudson et de l'océan glacial Arctique. De ces provinces, la plus grande partie appartient à l'Angleterre sous le nom d'Amérique anglaise. La pointe ouest qui termine l'Amérique et qu'on connaît sous le nom d'Alaska faisait autrefois partie du vaste empire russe; c'est aujourd'hui, par suite d'une acquisition faite, une possession des États-Unis.

D'immenses forêts, des lacs que traversent de grands fleuves, des marécages, des déserts et des prairies composent ce territoire. L'hiver y est long et rigoureux sous des froids qui atteignent 50 degrés. Les eaux de la mer, des lacs, des fleuves et des rivières s'y convertissent en blocs glacés pendant six mois. Les peuples qui habitent ces contrées inhospitalières tirent leur origine de toutes les tribus aborigènes de l'Amérique; on les appelle d'une façon générale Indiens ou Peaux-Rouges, bien qu'ils se divisent en nombreuses peuplades souvent ennemies les unes des autres, compliquant ainsi les difficultés de leur existence par les désastres qu'entraînent les dissensions intestines.

La chasse et la pêche sont les seuls moyens d'existence de ces malheureux; tous, Peaux-Rouges, Esquimaux, Aléoutes, livrent une guerre acharnée, sans paix ni trêve, à tous les êtres que nourrit le sol ou qu'abritent les eaux; les peaux et les riches fourrures des ours blancs, gris, bruns et noirs, des castors, des visons, des martres, des loutres, des hermines; l'huile des baleines, des phoques sont l'objet des recherches incessantes de ces populations nomades qui, peu vêtues, mal armées, presque sans moyens de transport, parcourent éternellement ces terres glacées et stériles. Parmi les ennemis les plus redoutables de ces intrépides chasseurs, en dehors même de l'énorme ours blanc et de l'ours gris dont les griffes mesurent jusqu'à sept pouces de longueur, se trouve le *Carcajou* qui fait aussi partie de la famille des tardigrades et qui est considéré par les indigènes comme le fléau des forêts et la ruine des établissements de pelleteries. Ces animaux, contrairement aux habitudes indolentes qui caractérisent les plantigrades, sont doués d'une activité fébrile et tout à fait extraordinaire surtout en hiver. Le *Carcajou*, de la grosseur d'un chien de moyenne taille, n'est pourtant pas prompt à la course ; il lui faut pour activer sa vitesse un sentier bien battu et sans obstacles. Malgré cela il accomplit des œuvres de destruction qui exigent une force et une habileté incroyables. Il dérobe et cache sous la neige ou ailleurs des objets de différentes espèces, non-seulement des aliments mais même des ustensiles et jusqu'aux fusils des chasseurs quand il peut les surprendre.

Dans son remarquable ouvrage sur l'Amérique anglaise, Mgr Taché, évêque de Saint-Boniface, a été, un jour, témoin d'un de ces tours d'adresse du carcajou qui l'a surpris au delà de toute mesure. Ses compagnons de voyage venant à sa rencontre, avaient laissé en dépôt un fusil à deux coups et un sac de provisions qui devait servir à leur retour. Connaissant le danger que couraient ces objets, ils s'étaient efforcés de les mettre en sûreté. Le fusil avait été encaissé avec effort entre deux troncs d'arbres très-rapprochés ; on plaça en travers une longue perche, appuyée sur deux arbres éloignés, et on y pendit une corde soutenant le sac des provisions. Quelle ne fut pas, à leur retour, la surprise des voyageurs, en voyant la manière dont le carcajou s'était joué d'eux. Non-seulement il avait grimpé dans l'arbre, mais il s'était aventuré sur cette perche faible et flexible qui semblait incapable de le porter, et était allé couper la corde qui rattachait à cette perche le sac des provisions ; tout avait été dévoré, gaspillé et enfoui. Quant au fusil, il avait disparu. Après de longues recherches, on trouva d'abord, soigneusement caché, le fourreau de cuir dont on avait extrait l'arme qu'il protégeait ; puis, dans une autre direction et à une plus grande distance, le fusil lui-même, placé sous un tronc d'arbre ; des feuilles avaient été jetées par-dessus le fusil et remuées jusqu'à une certaine distance, pour cacher les indices de cet habile recéleur. Les voyageurs auraient cru certainement à l'intervention d'un homme, si la solitude profonde de la forêt et les traces, partout visibles, du ravisseur, ne les avaient pas forcés à reconnaître un des traits de malice habituels au carcajou.

Si l'habileté du redoutable animal lui assure parfois le succès, voici un fait qui prouve que quelquefois aussi sa malice est punie. Un sauvage avait laissé sa hutte sans que personne y gardât les objets qui s'y trouvaient. Un carcajou pénètre bientôt dans l'habitation déserte, sort un à un tous les objets qui s'y rencontrent, et va les cacher à droite et à gauche, même à une grande distance. Il ne restait plus qu'un sac de poudre ; le carcajou s'en saisit pour l'enfouir dans les cendres du foyer ; mais il ignore les dangers que lui fait courir la substance explosible. Des charbons mal éteints mettent le feu au sac qui éclate et tue notre maraudeur.

Ce n'est donc pas en paix que vivent là-bas ces tribus d'intrépides chasseurs et de pêcheurs audacieux. A l'inclémence du climat, s'y joint la férocité et la ruse des fauves. Les ours, les carcajous, les renards, les chiens de prairies, les loups, les lynx, les panthères guettent leur proie et, par force ou par ruse, font une guerre sans merci aux indigènes mal armés. Mais ni le danger ni les froids intenses ne les retiennent dans leurs misérables villages. Ils partent à la conquête des richesses que la chasse et la pêche doivent leur procurer. Leurs moyens de transport sont des traîneaux auxquels ils attèlent des chiens, et qu'ils dirigent le plus possible sur les cours d'eau et sur les lacs. Pour que le dessous de leur véhicule soit poli et puisse toujours glisser aisément sur la surface glacée qu'ils par-

courent, ils ont un procédé aussi simple que peu coûteux : le traîneau est renversé, on répand sur la partie qui doit être en contact avec le sol une couche d'eau qui gèle instantanément et qui présente une surface unie comme un miroir.

Arrivent-ils à l'heure du campement ? Rien de plus primitif que leur façon de se construire une demeure : ils tirent de leur ceinture le grand coutelas qui ne les quitte jamais et qui est leur arme principale ; ils taillent, dans la neige durcie, de gros blocs semblables à nos moellons, et les entassent artistement, de manière à en former une hutte semblable à une grande ruche. Quand le monument est achevé, on y découpe une porte étroite, et l'on fait, pour y atteindre, un couloir couvert qui servira de magasin pour les provisions, et auquel on donne une direction en zig-zag, pour le mettre à l'abri des intempéries. Un amas de neige, placé à l'entrée de ce boyau, en interdit l'accès aux bêtes fauves. C'est alors que la tribu pénètre dans la hutte, et en ferme l'orifice en replaçant la paroi de neige qu'on a coupée pour faire la porte. Un peu d'eau versée dans les jointures gèle instantanément et constitue une clôture hermétique. Hommes, femmes et chiens se rangent et dorment dans cette demeure improvisée. Pas d'issue à l'air extérieur, par suite, point de feu ; à peine la lampe fumeuse et puante qu'alimente l'huile de poisson ; les Esquimaux se réchauffent par la seule température émanée de leur corps ; ils s'étendent sur des peaux de phoque ou sur des peaux d'ours ; ils passent ainsi la nuit dans un air vicié et nauséabond qu'aucun poumon européen ne pourrait respirer sans danger d'une asphyxie rapide.

Le grand romancier américain Cooper a fait connaître les ruses et les merveilleux efforts dépensés par les coureurs des bois et les trappeurs. Les Esquimaux et les Peaux-Rouges ne le cèdent en rien à ces chasseurs émérites comme adresse, comme ruse, comme courage et comme persistance. Chaque animal à riche fourrure est une proie enviée, mais chacun a ses ruses et ses moyens de défense ; chacun nécessite des moyens particuliers d'attaque, et, bien souvent, malgré toute l'intelligence déployée par le chasseur, échappe à tous ses pièges. Les Esquimaux ont, d'ailleurs, un compagnon dévoué dont les services sont pour eux inappréciables. Le chien partage leurs travaux, leurs souffrances et aussi leur prospérité. Non content de chasser avec son maître, il porte ses fardeaux et vit de ses misères profondes, au milieu de ses jeûnes rigoureux et prolongés. Bien que presque toutes les races de chiens connues en Europe aient été importées dans ces contrées, le chien esquimau, malgré de nombreux croisements, a conservé presque complétement son caractère distinctif ; il est d'une grande force et d'une grande puissance de travail. On en connaît qui ont parcouru, sans autre repos qu'une halte pendant la nuit sur la neige, des milliers de milles, attelés à des traîneaux chargés d'environ cent livres par chaque chien, et cela presque sans marque de fatigue.

Les chiens des sauvages des prairies sont ordinairement de plus grande taille que ceux qui vivent avec les peuples des lacs ou des forêts ; ils participent, en effet, au bien-être de leurs maîtres, chasseurs de bisons, tandis que leurs confrères *montagnais*, *peaux de lièvres* et autres montrent, par leur petite taille et leur extrême maigreur, les privations auxquelles les oblige leur vie d'aventures.

Telles sont ces contrées inhospitalières qu'ont pourtant étudiées avec un dévouement digne d'éloges, non-seulement de vaillants missionnaires, mais encore des explorateurs dévoués aux études géographiques. C'est là qu'a longtemps séjourné au milieu des Esquimaux, c'est de là que vient de retourner un jeune savant français, M. Ad. Pinard, préférant cette vie misérable, mais utile, aux avantages que lui assurerait dans sa patrie une immense fortune. De tels exemples sont trop beaux et trop rares pour qu'on ne s'empresse pas de les signaler.

Jules GROS.

GÉOGRAPHIE HISTORIQUE DE L'ALGÉRIE
(Suite)

VI.

RÉVOLTE DE FIRMUS.

De 371 à 429. — Pendant le temps qui s'écoula depuis Auguste jusqu'en 429, la domination romaine s'établit progressivement mais solidement sur la région du Tell (1). La Mauritanie, la Numidie étaient couvertes de magnifiques villes dont le soc de la charrue retrouve aujourd'hui les vestiges. Des ruines imposantes, des édifices encore debout, témoignent de la splendeur de ce pays, sous les empereurs romains et grecs. Il ne fallut rien moins que la désorganisation de Rome, les invasions des Vandales, les guerres intestines, les Arabes, pour détruire cette brillante colonie. On y comptait au moment de l'invasion des Vandales, en 489, 673 évêchés, tant en Mauritanie césarienne, Tingitane Numidie, Mauritanie Sitifienne, province proconsulaire, qu'en Tripolitaine (2).

De 371 à 372, un nouvel aventurier, Firmus, soulève le pays entre Sétif et Cherchell, pille Julia Césarea et Tipaza, mais il est vaincu à Fundus-Petrensis (vallée du Sebaou) par le comte Théodose, et fait rendre à l'impératrice Théodora tout le butin fait à Tipaza. Ce fut à Icosium que le rebelle envoya le fruit de ses pillages et qu'il en fit la restitution.

En 373, Firmus recommence la guerre, soulève les montagnards. Théodose le poursuit dans le mont Ancorarius ou Curaphi (Ouarensenis), mais il recule devant les difficultés du terrain et un ennemi insaisissable. L'année suivante, il frappe les alliés de Firmus, les Issafliens et les Jubaliens, et se cantonne à Arzia, puis à Castellum Medianum (Médéa). En 375, Igmazen, roi des Issafliens, tente de livrer Firmus à Théodose. L'africain, préférant la mort à l'esclavage, se tua lui-même.

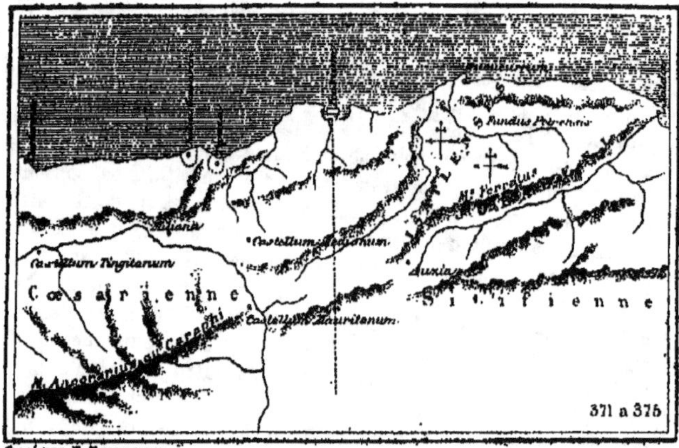

Gravé par R. Haussmann.

VII

LES VANDALES.

430 à 537. — Les Vandales, peuplades féroces et pillardes de la rive gauche de la Vistule, qui, à la suite d'autres peuples barbares, envahirent l'empire en 406 et virent tomber 20.000 des leurs sous les coups des Francs lors de leur invasion en Gaule, se répandirent néanmoins en Espagne, dont le sud, l'Andalousie (3) a conservé leur nom, et passèrent en Mauritanie en 429, appelés par le général Boniface, mécontent de Placidie, mère de l'empereur Valentinien III, et par les donatistes, qui troublaient les Mauritanies de leurs querelles religieuses.

Cette race destructrice, se faisant précéder par de doucereuses promesses, entraîna avec elle les peuplades refoulées dans les montagnes du sud, et ravagea impitoyablement et complétement les Mauritanies, sur les ruines desquelles leur chef Genséric se prit ensuite à pleurer ! Boniface comprit trop tard l'énorme faute qu'il avait commise; il voulut arrêter les progrès de ses hypocrites alliés, mais il fut battu à l'Ampsagas (O. Kebir et Rummel), assiégé dans Hippône qui, pendant quatorze mois, soutint l'effort des Vandales, mais finit par se rendre après la mort de son saint évêque, Augustin (430).

En 435, Valentinien III reconnut les conquêtes de Genséric par le traité d'Hippône. C'était affamer Rome, qui tirait de la Numidie de quoi nourrir sa population pendant six mois de l'année. Le vainqueur brisa ce traité en s'emparant de Carthage, et Valentinien conclut, en 442, un nouveau traité par lequel il abandonna à Genséric la Zengitane, la Byzacène, l'Albaritane, la Gétulie et une partie de la Numidie. Il est aisé de comprendre, en comparant les cartes 3 et 6, que Valentinien abandonnait la politique de Rome, qui avait toujours tenu loin d'elle ses puissants tributaires, ne souffrant aucun pouvoir rival près de ses côtes.

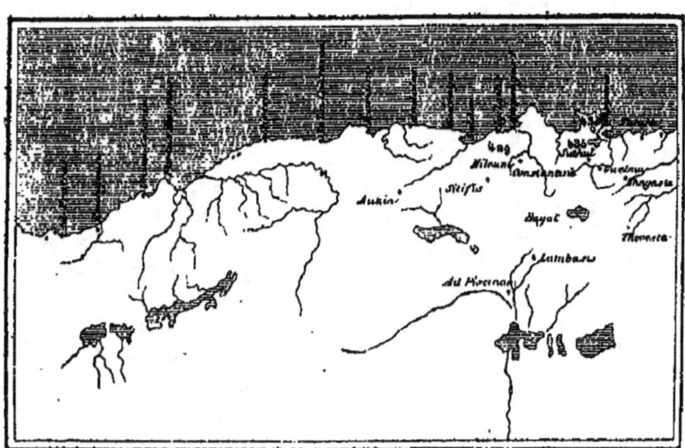

Gravé par R. Haussmann.

VIII

A la mort de Valentinien, Genséric s'empara des Mauritanies ; mais sous ses successeurs Hunéric, Gondamond, Trasamond et Hildéric, remarquables seulement par les persécutions qu'ils ordonnèrent, les Maures reprirent leur indépendance depuis Galès jusqu'à l'Aourasins. Trasamond fut battu par le Maure Kabaon dans la Tripolitaine; Hildéric le fut par Antalas, chef des Maures de la Byzacène.

En 537, Gélimer usurpe le commandement sur le faible Hildéric. Justinien, jaloux d'effacer le traité d'Hippône, envoie le célèbre Bélisaire contre le Vandale, qu'il bat à Décimum (1) puis à Médéos. Gélimer s'enfuit à Médéos, ville du mont Pappua (2). Bélisaire (3) arrive à Hippône, envoie contre Gélimer l'hérule le Fara qui le cerne. Pressé par la faim, Gélimer demande à son ancien compagnon d'armes une lyre, une éponge pour essuyer ses larmes et un morceau de pain. Il finit par se rendre. Justinien lui accorda un domaine en Galatie, où il mourut.

Ainsi finit une domination fondée sur la destruction. Cette race, incapable de rien établir, se prétendait comme le trop fameux Attila, poussée par une force invisible, providentielle. Il ne nous appartient pas d'entrer ici dans de

---

(1) Tell vient du mot latin *tellus* qui signifie terre cultivable.

(2) Morcelli qui donne la liste de ces évêques en omet 60 dont on n'a pu encore retrouver la résidence.
Notons en passant que le titre d'évêque n'avait pas dans ce temps-là une aussi grande importance administrative, les diocèses religieux étaient d'une moindre étendue que de nos jours.

(3) L'Andalousie tire son nom de Vandalousie, ou pays des Vandales. Il y a à peine quelques cents ans que Dellys s'appelait aussi Andalos, corruption du mot Vandale, facile à retrouver dans le mot Adellos, puis Dellos et enfin Dellys. N'oublions pas aussi les Gourala de Cherchell et de Bougie signifient (mon... ne) en langage vandale. Ces deux ou trois noms et les ruines amoncelées sont les seuls témoins, mais témoins accablants, de la fureur destructive des envahisseurs. C'était bien un fléau destiné à châtier la corruption de Rome, mais c'était aussi un instrument indigne dont la férocité se substitua aux vices du grand vaincu et en méconnut la grandeur.

---

(1) *Decimum*, ville située à 10 milles de Carthage (le mille ou 1,000 valait 1,472 m. 50; 10 milles valaient donc 14 kil. 725).

(2) *Pappua* est, dit-on, le mont Edough, près de Bône. Cependant cette montagne ne répond pas à la description de Procope. On n'y a pas trouvé non plus de ville ayant nom Médéos; plusieurs auteurs voudraient, non sans quelque fondement, placer ce mont dans les massifs qui s'étendent de Sétif à Djidjelli. Rien encore ne confirme aucune des deux opinions. Il semble cependant impossible que Gélimer se soit réfugié si près d'Hippône.

(3) Bélisaire (490-565 de notre ère), grand général de Justinien Ier. Un des plus habiles et des plus heureux généraux de l'antiquité.

longues digressions, mais, laissant de côté ce qu'on appelle la corruption de Rome, corruption malheureuse, trop réelle, il suffisait, pour détruire le trop grand empire romain, de l'avalanche innombrable de barbares qui fondit sur le sud de l'Europe, et du manque de discipline des légions composées en grande partie des frères de ces mêmes barbares accourus à la curée.

Dans les environs de Guelma sont les Chaouïa au teint clair, aux cheveux rouges et aux yeux bleus. Ce sont probablement des descendants des Vandales. Procope, secrétaire de Bélizaire, raconte qu'un assez grand nombre des Vandales envoyés à Constantinople pour servir dans les troupes de Justinien, s'emparèrent des navires qui les transportaient et revinrent de Lesbos au Péloponèse, puis dans les monts Aurès, en Mauritanie.

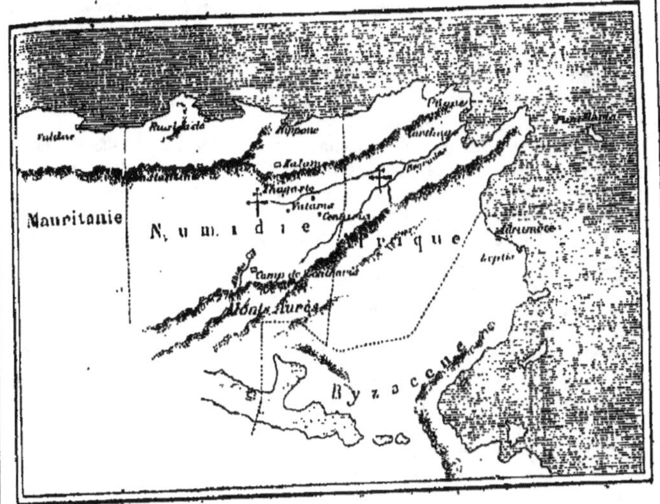

Grave par E. Haussermann.

IX

DOMINATION BYZANTINE.

537-654. Bélisaire laissa son lieutenant Salomon gouverner la nouvelle conquête. C'était un grand capitaine, mais avide et dur pour les peuples soumis. Dès que Bélisaire fut parti, Jaudas et Coutzinas, chefs maures, soulevèrent leurs tribus; Antalas, chef des Maures de la Byzacène, resta fidèle à l'empire.

Battu à Centuries (Firesch) par Althias, Jaudas s'empresse de rejoindre Coutzinas, qui fut, lui aussi, battu à Mamma et au mont Bourgaon par Salomon, qui poussa jusqu'à l'Aurès. L'année suivante, Bélisaire, revenu en Mauritanie, battit à Balgradas (Medjerda) Stotzas, soldat révolté, poussé par les Vandales soumis et leur clergé (536). Le duc Marcellus ayant voulu s'emparer du vaincu, fut tué à Gasaupala, ville située à deux journées de Cirtha. Le patrice Germain ayant remplacé Salomon tombé en défaveur, vainquit Stotzas à Vataris (ouest de Souk-Ahras). Mais Salomon, rentré en grâce, remplace le neveu de l'empereur et poursuit avec ardeur les Maures jusque dans l'Aurès (539) (1).

Jaudas qui, à la bataille de Vataris ou Scalæ Veteres s'était tourné contre Stotzas, ne fut pas épargné; Salomon lui enleva Zerbulle, Thumar et le château de Gemianum, dans les monts Aurès.

(A suivre.)   MOLINER-VIOLLE.

(1) Dans sa première expédition contre l'Aurès, un des lieutenants de Salomon Gontharin, faillit périr avec son armée; les Maures ayant dirigé sur son camp toutes les eaux de l'Abiga, qu'ils avaient coutume de détourner pour leurs cultures.

Entrée de la rue voûtée à Touggourt. — Gravure tirée de l'ouvrage *Sahara et Laponie*. — V. page 153.

LES ANCIENNES EXPLORATIONS

LES FRÈRES PONCET

(Suite.)

Si l'on continue sa marche en remontant le fleuve, on arrive au gué d'Abou-Zeit. Là le Nil, très-large, se trouve en quelque sorte barré par un banc de coquillages régnant d'une rive à l'autre, de manière qu'en été on peut le traverser à gué. Là se trouvent les Baggara-Selem, peuple pasteur dont le territoire s'étend parallèlement au fleuve de 12° 30' à 11° 40'. Pendant le Kharif, ou saison des pluies, les habitants quittent la vallée et se réfugient à l'Ouest sur les hauteurs.

Ils évitent avec soin, pourtant, de se rapprocher trop des Houasma, qu'ils redoutent beaucoup. Ce peuple, en effet, n'a d'autre occupation que la chasse et le pillage. Ils ont pour auxiliaires des chevaux qu'ils nourrissent avec des herbes, du lait et même du beurre et du maïs.

Les Baggara-Selem font de leur côté volontiers des excursions chez les Abou-Rof et chez les Dinka inférieurs. Comme ces peuples ne se gênent point à leur tour pour faire irruption sur les terres de leurs envahisseurs, il y a fréquemment de part et d'autre des prisonniers; mais ils ne sont jamais massacrés. Le rachat de ces captifs s'opère entre les peuples d'après un tarif reconnu et respecté qui, suivant le plus ou moins de bravoure accordée à tel peuple ou à tel guerrier, varie de 30 jusqu'à 80 bœufs. Les Baggara-Selem dépassent rarement le minimum, tandis que le maximum est la plupart du temps exigé pour le rachat d'un Dinka. Le prix auquel on estime un nègre ordinaire n'est que de 10, 15 ou 20 bœufs. La rançon payée est la condition *sine quâ non* du rachat de sa liberté; le prisonnier qui ne pourrait l'acquitter resterait définitivement la propriété de celui qui l'a capturé.

Ces incursions fréquentes dans leurs pays réciproques n'empêcheront pas les Baggara-Selem et les Dinka de vivre en assez bons voisins et de se réunir sur des marchés qui ont lieu tantôt sur un territoire, tantôt sur l'autre.

Les femmes de ces peuplades sont en général petites et néanmoins jolies pour la plupart. Leur plus grand luxe consiste à porter divers ornements à leur cou; elles se font remarquer par un grand amour de la danse. Les hommes et les femmes subissent indistinctement la circoncision.

Parmi les peuples qui vivent sur la rive droite du fleuve Blanc, les Baggara Selem sont ceux qui sont le moins hostiles au gouvernement du vice-roi d'Égypte.

Si l'on continue à s'avancer en amont du fleuve, on trouve entre le 10° degré 40' et le 9° 20' le fertile pays des Schellouk; on y récolte une grande quantité de sésame, de maïs blanc, de haricots, de riz et de tabac.

Ce peuple, comparé à ses voisins est très-puissant; il use d'un langage qui lui est particulier. Son gouvernement est une monarchie héréditaire et offre cette particularité que le souverain ne meurt jamais de mort naturelle. Lorsque le monarque est à l'agonie, ses sujets le frappent de plusieurs coups de lance, afin de l'exempter d'une mort qu'ils considèrent comme humiliante pour un roi.

La capitale de ce royaume, Denab, est composée d'une centaine de huttes en paille et n'est habitée que par les femmes du souverain. Un quartier y est spécialement affecté aux femmes enceintes et même à celles qui sont régulièrement incommodées. Ces huttes sont entourées d'une zaribba ou haie en jonc et nul homme n'est admis à y pénétrer. Une seule de ces maisonnettes est exceptée, c'est la trésorerie du roi qu'on nommerait plus exactement ses magasins, car c'est là qu'on enferme l'ivoire, les marchandises précieuses et tous les cadeaux destinés aux chefs. Ce lieu est sacré et les favoris seuls du souverain y peuvent entrer.

Le peuple Schellouk est presque sédentaire, bien qu'il n'ait guère d'autres moyens d'existence que la chasse, la guerre et le pillage. Tout le reste de leur vie se passe accroupis et fumant auprès de leurs femmes qui dansent au son des instruments.

Pour se défendre pendant la nuit contre les attaques des serpents, des lions, des léopards et des hippopotames ils entourent leurs huttes d'un cordon de feu précieusement entretenu. Comme les hommes ont l'habitude de s'arracher les incisives supérieures, la mâchoire inférieure est très-saillante et il en sort des dents longues et pointues semblables à des défenses de sanglier.

Pour se livrer au pillage chez les Dinka inférieurs, ils organisent secrètement des expéditions composées de 30 ou 40 barques montées chacune par quatre ou cinq rameurs. Leur commerce dans les marchés consiste dans la vente aux Abou-Rof et aux Selem, de musc de crocodiles ou de lanières d'hippopotames; quant à leur nourriture elle se compose généralement de viande séchée au soleil.

Les jeunes filles des Schellouk sont généralement très-laides; elles restent complétement nues jusqu'à leur mariage qui n'a lieu, comme chez tous les nègres de ces contrées, qu'à un âge assez avancé; elles se couvrent alors de deux peaux, l'une placée devant, l'autre derrière, qui se joignent seulement à la ceinture et laissent les hanches à découvert. Des bœufs en plus ou moins grand nombre, suivant la fortune de l'époux, constituent la dot de la jeune fille; cette dot doit être restituée lorsque la femme rentre chez son père, même après plusieurs années d'union. Cet usage est commun à tous les peuples qui vivent sur les rives du fleuve Blanc.

À l'ouest et au nord-ouest des Schellouk se trouvent des montagnes habitées par des tribus dont les unes, celles du nord-ouest, attendent, pour les piller, les caravanes qui se rendent au Darfour, tandis que celles de l'ouest cultivent la terre dans leurs montagnes et n'en descendent jamais pour ne pas se laisser surprendre par leurs voisins les Haouasona qui font paître leurs troupeaux dans le voisinage.

Plusieurs cours d'eau, le Sôbal, grossi par le Djouba, le Nuana, le Ghib et l'Addoura, forment un grand nombre d'îles très-fertiles en grains, en haricots et en tabac. Ces îles sont habitées par les Schellouk-Talonga, grands chasseurs d'éléphants et d'hippopotames. Les Nouais Balok qui habitent la rive gauche du Sôbat jusqu'au-dessus de l'Addoura, sont très-riches en bestiaux et en grains, et ils se livrent aussi très-fructueusement à la chasse des éléphants...

Les deux rives du Bahr-Djouba qui coule plus au sud, sont habitées par les Gougo. En 1855, Jules Poncet remontant ce fleuve jusqu'à cinq journées au delà de son confluant avec le Boudjak, fut obligé de rétrograder faute d'eau; il s'avança encore pendant une journée, espérant être plus heureux dans ses recherches, mais ce fut inutilement.

Les Djouba qui sont riches en bœufs ont l'habitude de les saigner fréquemment au cou pour en boire le sang cru. Ils pratiquent, ainsi que plusieurs autres tribus, des incisions profondes à leurs lèvres, et y introduisent des morceaux de bois qui les défigurent d'une horrible façon.

Le Nil blanc garde son nom jusqu'à sa rencontre avec le Bahr-el-Gazal par 9° 20' de latitude. À ce point il reprend du Sud au Nord sa course qu'il abandonne plus bas pour suivre pendant quelque temps la direction sud-ouest, et il prend le nom de Kye ou Bel-gebel qu'il garde même au delà de Gondokoro jusqu'à 4° dans la direction du lac Victoria Nyanza.

Les rives du Bahr-el-Gazal sont en général basses et marécageuses, et ne sont fréquentées que par des amphibies. Au dessus du 9° degré de latitude, le Gazal reçoit une rivière qui coule de l'ouest à l'est, appelée par les indigènes Buhr el Orab. Cette rivière est à sec pendant l'été.

Enfin le Bahr-el-Djour venant du sud, grossi par le Cazenga, le Bahr-Ouad et divers canaux, vient se jeter dans le Gazal après avoir traversé le pays des Djaour et des Djangué.

Ces peuples occupent de vastes territoires au sud-ouest des Schellouk; leur langue est basée sur un fond commun quoique formant deux dialectes. Les Djaour et les Djangué n'ont pas de bestiaux et ils n'achètent des bœufs que pour leur nourriture : ils vivent d'agriculture et de chasse; leur teint est roussâtre et ils sont armés de flèches courtes et de longues lames.

Chez eux on trouve le fer en abondance et ils sont tous forgerons; on a même signalé des mines de cuivre dans l'ouest de ce pays.

La contrée où vivent les Niam-Niam est généralement accidentée et coupée de nombreux ruisseaux qui entretiennent avec la fraîcheur, des pâturages verdoyants et fertiles. Chaillé Long-Bay dit que l'aspect en est si agréable qu'on se croirait dans un beau parc. Le pays est traversé du nord au sud par la rivière Djemit ou Jaïe, privée de cataractes et de rapides, navigable en toute saison et qui vient se jeter dans le Kyr.

Le costume des Niam-Niam est de la simplicité la plus primitive. Ils sont absolument nus et les chefs seuls ceignent leurs reins d'une bande de peau. Les femmes apportent dans leur parure les raffinements les plus délicats. Leurs deux lèvres sont percées de trous et ornées de morceaux de bois d'ébène; elles portent en outre une petite ceinture constellée de verroteries à laquelle elles suspendent par derrière un bouquet de feuilles d'arbres disposées avec coquetterie.

Extraits de la conférence de M. Hayaux du Tilly, par J. G.

(À suivre.)

DANS LE BASSIN DU NIL

SIR SAMUEL BAKER

(Suite.)

« Je vis plusieurs lances passer à un pouce ou deux de la tête de ma femme; heureusement, elle et moi, nous étions aussi agenouillés. Le feu de file se poursuivait sans intermission. L'épaisseur de l'herbe réduisait considérablement la portée des sniders. Mes domestiques me tendirent les carabines à éléphant, et un coup double à droite et à gauche fut suivi de l'explosion des balles de picrate de potasse frappant des objets inconnus, hommes ou arbres.

« Une nouvelle décharge de ce terrible projectile calma l'ardeur de l'attaque. Je m'imagine que la bruyante explosion de ces balles au milieu et peut-être aussi à l'arrière de l'ennemi, fit croire aux indigènes qu'ils étaient assaillis à revers.

« Il serait difficile de dire combien de temps dura le combat; mais nous dépensâmes une grande quantité de munitions avant que les lances cessassent de voler à travers notre ligne et d'entendre s'éloigner le bruit des tambours et des bouquins.

« Le clairon sonna la marche. Après avoir traversé les cours d'eau, nous abordâmes une sorte de champ marécageux d'environ quatre hectares de superficie. « Ah ! » s'écrièrent quelques soldats, « si nous pouvions les tenir « ici ! »

« L'arrière-garde avait été vivement pressée. Si nous n'avions eu à notre disposition que des fusils du vieux modèle, notre troupe eût été anéantie.

« On ramassa du bois et l'on en construisit un bûcher sur lequel je fis brûler tous les effets embarrassants, les brancards, une caisse d'excellente eau-de-vie de Macao, l'uniforme de marine du lieutenant Baker, etc. Les bouteilles d'eau-de-vie éclataient au feu. Les peaux brutes sur lesquelles les soldats reposaient la nuit étant devenues trop lourdes, par suite de l'humidité qui les avait pénétrées, furent jetées dans les herbes. Je donnai ensuite l'ordre du départ et bientôt nous nous trouvâmes engloutis de nouveau dans la gigantesque jungle.

« Nous y étions à peine entrés que les cris, les bouquins et les tambours recommencèrent leur vacarme.

« L'avant-garde ouvrit le feu. En même temps, l'arrière-garde était attaquée. Un feu de file bien dirigé nettoya le couvert ; en voyant mes hommes s'animer un peu trop, je donnai le signal de cesser le feu et de marcher en avant.

« Un des « Quarante, » Ali Gobour, avait reçu une lance dans la jambe, ce qui ne l'empêcha pas de nous suivre en boitant.

« Nous commencions à deviner les endroits où nous pouvions être sûrs de rencontrer des embuscades.

« Chaque fois que nous descendions une pente conduisant à un fond marécageux, nous devions nous attendre à trouver des ennemis cachés dans les grands roseaux. J'ordonnai qu'en approchant de ces emplacements l'avant-garde tirât quelques coups de feu dans les fourrés, à mi-corps d'homme. Nous forcions ainsi les ennemis à lancer leurs javelines avant que nous fussions au milieu du marais; puis nous ouvrions un feu nourri dans les roseaux et nous marchions rapidement en avant.

« Les embuscades avaient été soigneusement organisées par nos ennemis. Derrière une rangée d'herbes d'environ trois pieds d'épaisseur s'élevant le long du sentier, ils coupaient ou arrachaient l'herbe de façon à dégager assez de terrain pour leur permettre de prendre leur élan quand ils lançaient leurs javelines. Puis ils attendaient que nous fussions entrés dans cette sorte de chausse-trappe, et ils s'entendaient pour ne nous attaquer simultanément que lorsque notre ligne de marche se trouvait exactement en face d'eux. Ils ne pouvaient nous voir à travers l'épais rideau d'herbes, pas plus que nous ne les apercevions nous-mêmes.

« Il y eut un moment où après avoir marché près d'une rangée de collines rocheuses, il fallut nous diriger vers un bas-fond que nous ne pouvions atteindre qu'en franchissant d'énormes blocs de granit qui commandaient complétement notre sentier. Chacun des blocs avait au moins vingt ou vingt-cinq pieds, quelques-uns même dépassaient cette hauteur. A la base s'étalaient, comme partout, de hautes herbes et des bouquets de bois.

« Les soldats en étaient venus à se persuader que, pour avancer en sûreté dans ces hautes herbes regorgeant d'ennemis, il était nécessaire de se transformer en machines infernales crachant la flamme et les balles à tout instant et dans toutes les directions.

« Les cartouches furent comptées : il n'en restait que huit mille huit cent soixante-dix.

« Je distribuai alors à chacun quarante cartouches et je jurai que je ne leur en donnerais pas une autre depuis ce lieu (Chorobézé) jusqu'à ce que nous eussions rejoint le détachement du major Abdoullah, à Fatiko. J'ajoutai que si un soldat dépensait toutes ses munitions, il finirait la route avec une giberne vide.

« Le 17 juin, nous partîmes à six heures du matin, avec l'intention d'atteindre Koki. Nous arrivâmes enfin à une belle route; tout prouvait qu'elle avait été réparée récemment; évidemment c'était un leurre destiné à nous attirer dans une puissante embuscade.

« Je fis faire halte et j'allai en avant examiner la route. Il n'y avait pas d'autre sentier. Il nous fallut donc absolument la suivre.

« Pendant une heure, rien ne s'opposa à notre marche et nous arrivâmes à un endroit où la route se terminait brusquement. L'avant-garde s'arrêta.

« Nous cherchâmes un sentier et nous finîmes par découvrir, à quelques pas à notre gauche, la route originelle, intentionnellement cachée par des herbes et des branches d'arbres.

« A peine avions-nous abordé ce sentier, que nous fûmes attaqués. Un de nos palefreniers fut atteint d'une lance qui traversa sa jambe, derrière le genou, et trancha les tendons. On le plaça sur un âne. Le petit garçon qui conduisait mon cheval à quelques pas de moi poussa un cri perçant; il venait d'être traversé de part en part par une javeline. Le pauvre enfant, rampant sur les mains et les genoux, s'avança vers moi, disant: « Pacha, faut-il « entrer dans les herbes ? Où dois-je aller ? » — Il n'avait pas une minute à vivre.

« Un autre de nos palefreniers fut frappé à la hanche.

« Un feu violent dispersa l'ennemi, qui se retira en hurlant et en tirant de ses sifflets des sons aigus.

« Il y a, dans les forêts de l'Ounyoro, un oiseau dont le cri strident était imité par les bouquins de cornes d'antilope. J'avais observé qu'avant une attaque nous entendions toujours le cri de cet oiseau.

« Mes Baris prétendaient que l'oiseau nous avertissait du danger et chantait : « Co-co-mé ! Co-co-mé ! » mot qui, dans leur langue, signifie : « Veillez ! veillez ! »

« Mes soldats affirmaient qu'il criait: « Aux armes ! » Aussi armaient-ils leurs fusils dès qu'ils entendaient le signal.

« Ma femme ressentait une fatigue extrême. Une marche constante avec des bottes humides qui se remplissaient de gravier quand nous avions à traverser des cours d'eau ou des bas-fonds vaseux, lui avait endolori les pieds. Elle marchait difficilement et au prix d'intolérables douleurs.

« Nous nous avancions, en gardant le silence le plus absolu, quand j'entendis le cri : « Co-co-mé ! Co-co-mé ! »

« Immédiatement, les lances parurent ; aussi promptes que l'éclair, les carabines y répondirent.

« Le clairon de l'avant-garde sonna la halte. Je m'élançai et j'appris que le lieutenant Mohammed-Mustapha avait été blessé. Mon vieux cheval Zaïir avait reçu une javeline de chasse dans le flanc. Le trait avait traversé le corps de part en part.

« Un quart d'heure après, la lumière grandit, et nous entrâmes dans une large vallée entourée de bois et d'une superficie d'environ quatre hectares. Au centre, se trouvait un puits d'eau potable de quatorze pieds de profondeur et si évasé qu'un homme pouvait y descendre au moyen de marches creusées dans le gravier.

« Le 18 juin, quatre hommes furent blessés par des javelines.

« Le 19 juin fut une de nos plus pénibles journées de marche ; nous eûmes à traverser de nombreux ravins et d'inextricables forêts.

« Nous fûmes attaqués par diverses embuscades, dans l'une desquelles ma femme perdit un de ses favoris, le petit Jarvah, surnommé « le gras ». Ce pauvre garçon fut atteint de deux javelines à la fois; l'une lui traversa les deux jambes, l'autre le corps. Il fut tué à quelques pas seulement derrière ma femme.

(A suivre.)

LE CAUCASE. — LES RACES. — LES CHEMINS DE FER

LES RACES CAUCASIENNES

Nos lecteurs savent que le Congrès des sciences géographiques qui a tenu sa deuxième session l'an dernier à Paris, au palais des Tuileries, a décerné une médaille d'or à M. Rittich pour la carte ethnographique de Russie qu'il a publiée à Saint-Pétersbourg et envoyée à l'exposition du Congrès. Il résulterait d'une étude de cette carte et du texte qui l'accompagne, étude publiée par la section de géographie russe du Caucase, que le document récompensé est entaché d'un certain nombre d'erreurs. Cette étude a été publiée par M. Zagourski, professeur au Gymnase de Tiflis, le 11/23 novembre 1875, dans la première livraison du tome IV des comptes rendus de la section russe du Caucase. Malheureusement, elle a été rédigée en russe et nous n'avons pu en obtenir une traduction immédiate.

Il importe, non par esprit de dénigrement pour un travail qui peut renfermer d'autre part des documents précieux, mais pour édifier le lecteur sur la réserve qu'il doit apporter dans la consultation d'un document géographique si hautement recommandé par le Congrès, de signaler ici quelques-unes des remarques de M. Zagourski. Nous aurions volontiers publié *in extenso* le travail du professeur de Tiflis, mais dans beaucoup de cas ses critiques ne sont appréciables que des savants qui ont étudié le Caucase ; nous le tenons à la disposition des spécialistes qui désireraient en prendre connaissance et nous nous bornerons aux principales observations de M. Zagourski.

Le premier reproche fait à M. Rittich est la confusion qu'il introduit dans le sens si net qu'on doit attribuer aux mots *dialecte, groupe, tribu, famille*. Pour lui *dialecte* est l'équivalent de *peuple* ; c'est ainsi qu'il dit en parlant du dialecte des Abtchases :

« Ce dialecte très-sauvage, *rapace*, par ses qualités physiques, est le père « de tous les dialectes d'Adighé ; il confesse en partie le christianisme, en « partie l'islamisme et aussi le culte des Schamans, et adore des chênes sacrés.» Un dialecte quelconque, se demande M. Zagourski, peut-il avoir des mœurs et confesser quelque foi que ce soit ? Peut-on, par exemple, dire que le haut-allemand (hoch-deutsch) se distingue par ses mœurs paisibles (quand il est de bonne humeur), boit beaucoup de bière et confesse en partie la religion catholique et en partie la religion évangélique? »

La même confusion est introduite dans les mots *groupe, tribu, famille*, qui sont appliqués assez indistinctement à des associations tout à fait disparates.

On pourrait à la rigueur écarter ces critiques, qui ont un côté purement grammatical, mais elles accusent un défaut d'attention qui se révèle dans des cas plus graves. Ainsi, M. Rittich rattache les Arabes au groupe *iranien*, quand tout le monde sait qu'ils sont *sémites* ; il crée de toutes pièces une *nation des begs*.

Les sources auxquelles a puisé M. Rittich pour établir sa classification ethnologique du Caucase, sont pour la plupart dignes d'une haute considération, mais elles ont été très-altérées et en quelque sorte détournées de leurs conclusions. C'est sur les moins valables d'ailleurs que M. Rittich s'appuie. Il arrive de la sorte à trouver dans le Caucase des peuples qui n'y ont jamais existé.

D'après lui, le district de Djevat, dans le gouvernement de Bakou, compterait 5,510 descendants des Arabes : « les restes des Arabes, dit-il, avec leurs particularités, comme les *pépinières des chameaux*, se trouvent jusqu'à présent dans les villages et aux campements des pâtres, sous la dénomination de *Arublar*. » Or, ces Arabes parlent encore le tatare.

Autre part, M. Rittich découvre une nation turco-kourtine dans laquelle les Kourtines se trouveraient confondus avec les Tarakomans. Or, les Kourtines ne sont autre chose que les Kourdes qui appartiennent à la race iranienne et se séparent absolument des Tarakomans qui appartiennent aux peuples turcs.

Plus loin encore, il y aurait des restes de Francs, sur la foi d'un fabliau qui n'a aucune importance. On y trouverait aussi des *Mormons* (1) qui s'y seraient établis dès 1818. On arrive ainsi à loger dans le Caucase toutes les nations et toutes les croyances du monde. Il faut bien en rabattre, si l'on consulte les travaux ethnologiques accomplis au Caucase pendant ces vingt dernières années.

La critique de M. Zagourski est, comme on le voit, un peu dure. Nous lui en laissons toute la responsabilité, ainsi qu'à la section géographique du Caucase, qui en a décidé l'impression dans son bulletin. Qu'il nous suffise de la signaler à l'attention des géographes.

____

(1) Tout le monde sait que le culte mormon, fondé par Smith, ne remonte guère au delà de 1830.

LES CHEMINS DE FER DU CAUCASE

Le Bulletin de la Réunion des officiers emprunte au bulletin géographique italien les renseignements suivants sur les chemins de fer du Caucase, dont une partie commence à fonctionner.

La voie ferrée destinée à relier la province du Caucase aux grandes lignes du centre de l'empire, voie qui va de Rostow sur le Don au commencement de la grande chaîne caucasique, fonctionne déjà jusqu'à Wladikavkaz. C'est une distance de 651 verstes (694 kilomètres) qui représente un bénéfice de vitesse de plus de trois jours. Pétersbourg n'est plus à onze, mais seulement à huit jours de Tiflis.

A peine achevées, les études de la ligne qui doit joindre Tiflis à Bakù et compléter ainsi la communication rapide de la mer Noire à la mer Caspienne, ont reçu la sanction supérieure ; déjà sont entamées les négociations relatives à la concession de cette voie, qui aura une longueur de 500 verstes (532 kilomètres) et ne présente pas de difficultés sérieuses.

Elle suivra le cours du fleuve Kura qu'elle traversera en deux endroits, à travers un pays plat, en grand partie formé de steppes incultes et arides. Elle courra donc parallèlement à l'axe de la chaîne caucasique jusqu'au point où le Kura reçoit le tribut des eaux de l'Araxe, et de là, tournant la pointe extrême des contreforts sud-est de cette même chaîne, viendra par une courte pointe vers le nord rejoindre sur la mer Caspienne le port de Bakù. Elle ne touchera d'autres villes qu'Elisabethpol, chef-lieu du gouvernement, et traversera les terrains de la steppe de Karajas, récemment mis en culture et arrosés d'après les sytèmes d'irrigation du Milanais et de la Lomellina.

On a laissé de côté la vaste zone de terrain, dite de Kachetie, et baignée par l'Alazan, affluent du Kura; cette zone, situé à l'est de Tiflis, est la mieux cultivée; elle est riche en vins, grains, naphte, et autres produits, mais elle aurait fait faire un trop grand écart au tracé et présentait de plus grandes difficultés matérielles. Plus tard, peut-être construira-t-on pour cette région une ligne latérale.

Les seuls accidents de terrain qui méritent d'être cités sont quelques collines d'une médiocre hauteur à Tiflis même, non loin du point de jonction avec le chemin de fer de Poti, et d'autres collines et inégalités de terrain qui s'élèvent par intervalles pendant les soixante derniers kilomètres qui précèdent Bakù.

Il faut citer encore comme accidents remarquables les nombreux lits de torrents qui recueillent les eaux provenant du dégel et des pluies, et qui viennent tant de la grande chaîne que des versants septentrionaux des montagnes de l'Arménie. Ces lits ont quelquefois plusieurs kilomètres de largeur et roulent des masses imposantes d'eaux impétueuses.

La grande importance de ce chemin de fer est évidente, elle est capitale pour le transit des marchandises d'Europe vers la Perse et *vice versâ*.

Aujourd'hui, ces marchandises perdent de dix à quinze jours dans le trajet de Tiflis à Bakù, accompli soit à dos de chameau, soit en chariots, mais ce trajet n'en exigera plus que deux, une fois le chemin de fer terminé.

Ce sera un grand coup porté au commerce de transit du port de Trébizonde, qui se verra réduit aux seules provinces persanes frontières de la Turquie, et dont la capitale est Tébriz.

L'importance n'en sera pas moindre pour le trafic intérieur des provinces mêmes du Caucase. Dans le district de Bakù, et en particulier dans la péninsule d'Apcheron, on ouvre chaque jour de nouveaux puits de naphte et des fabriques de pétrole, et l'abondance de cette production est si grande, qu'elle suffirait à la consommation du Caucase entier. Mais la longueur du trajet et l'état des routes rendent si lourde la dépense du transport que, malgré le prix infime que le pétrole a sur le lieu de production, il ne peut, rendu à Tiflis et dans le reste du pays, soutenir la concurrence du pétrole américain.

Il en est de même des grandes masses de garance que produit le district de Kuba, qui ne trouvent plus d'écoulement dans l'intérieur de la Russie, et qui ne peuvent être envoyées à l'étranger qu'avec d'insupportables dépenses, tandis que, pour un prix modéré, elles pourront en peu de temps parvenir en Europe par la voie de la mer Noire.

Mais le commerce de transit du port de Trébizonde aura à supporter un coup encore plus rude dans un avenir peu éloigné.

En même temps que la ligne Tiflis-Bakù était approuvée, il était décidé que les études (déjà terminées) d'un chemin de fer traversant l'Arménie russe ou le gouvernement d'Erivan, et rejoignant à Giulfi la frontière persane, seraient reprises pour examiner quelques points de détail, et de nouveau rapidement soumises au gouvernement suprême. C'est un travail qui sera terminé dans un bref délai et l'approbation pour cette ligne ne se fera pas longtemps attendre.

Cette autre ligne se détacherait de celle de *Bakù* à une petite distance de *Tiflis*, et courant, pour ainsi dire, exactement dans la direction du sud, toujours à travers un pays montueux, s'élevant par des vallées resserrées de 1,500 pieds au-dessus de la mer, hauteur où se trouve Tiflis, jusqu'à une altitude de 4,500 pieds, descendrait à Erivan, chef-lieu du gouvernement du même nom.

Dans cette première partie du trajet, la ligne, tournant un peu vers l'ouest, s'approcherait de la frontière turque vers Kars, en cherchant à toucher l'importante forteresse russe d'Alexandropol. Cette dernière partie du développement et du détour de la voie reste spécialement à étudier et à terminer. Avant d'atteindre Erivan, elle contournerait les versants de la très-haute montagne d'Alaghès, un peu au-dessous d'Erivan, et à peu de distance de l'Ararat, elle rejoindrait la vallée de l'Araxe; courant ensuite entre la rive gauche de cette rivière et la vieille route, elle passerait à Nachicevan, et finalement à Giulfi sur la frontière persane. La longueur totale serait d'environ 400 verstes (426 kilomètres).

L'importance militaire de cette ligne est évidente; coordonnée avec un bon système de routes carrossables que l'on construit ou que l'on améliore avec diligence, elle mettrait la Russie à même de se garder et de lancer au loin, par les voies rapides, ses troupes sur les frontières de la Perse et de la Turquie. L'importance commerciale n'en est pas moins grande, soit pour le transport des riches productions de l'Arménie russe (coton, grains, peaux, sel, produit des mines), au marché de *Tiflis*, soit pour les exportations, les importations et le transit, déjà très-actif entre le Caucase et la province persane voisine d'Aderbeigian, dont Tébris est la capitale, et qui n'est pas à plus de 150 kilomètres de Giulfi.

Enfin, la sollicitude du gouvernement impérial, et particulièrement celle du chef de l'État, se concentrent sur le projet de construction du chemin de fer qui devra traverser le sommet de la Grande-Chaîne. Ce chemin de fer à travers les vallées sera le plus important de ceux qui, jusqu'ici, ont été construits, ou sont en voie de construction.

Cette ligne, outre la nécessité de traverser des montagnes sur une grande longueur, offre des difficultés exceptionnelles à cause de l'étroitesse des gorges dans lesquelles elle aura à décrire ses courbes, à moins, toutefois, que l'État ne veuille s'embarquer dans des dépenses énormes de temps et d'argent en tunnels et en viaducs d'une longueur indéfinie. Le problème est de rejoindre Wladikavkaz, le point le plus méridional auquel viennent aboutir, comme on l'a déjà dit, les chemins de fer de la Russie d'Europe, avec *Tiflis*, capitale du Caucase.

Pour le résoudre, il n'y a qu'à suivre en général le tracé actuel de la splendide route militaire dite de *Géorgie*, dont le point culminant est à 7,800 pieds au-dessus du niveau de la mer, si toutefois, dans sa partie moyenne, cette route présente la possibilité de décrire quelques courbes mieux appropriées à une voie ferrée.

LES MINES DU THIBET

Mgr Chauveau, vic. apost. du Thibet, a adressé un document très-curieux, sur les richesses minières de sa mission, à la correspondance indo-européenne de Calcutta.

Ce document a été traduit et reproduit dans l'ouvrage de M. Desgodins, la *Mission du Thibet*; nous en faisons ici l'analyse.

Le Thibet, dit un proverbe chinois, est le pays du monde le plus élevé et le plus *riche*.

Et, en effet :

Le sable d'or coule dans toutes les rivières et dans tous les ruisseaux du Thibet oriental.

Aux environs de Bathang, on rencontre en bien des endroits des groupes de vingt à trente Chinois occupés au lavage de l'or. Sur la route de Ta-tsien-lou à Bathang, six cents mineurs environ sont occupés à la recherche d'une sorte de métal assez semblable à celui des cloches; ils campent sur le territoire de la petite ville de Lee-thang, en thibétain Ly-tong, qui signifie plaine d'airain.

D'innombrables villages thibétains portent dans leur nom la terminaison *ka*, qui veut dire mine : *Tsa-ka*, mine de sel, *Ser-ka*, mine d'or, *Tchia-ka*, mine de fer, etc., etc.

Les montagnes du Thibet sont peuplées d'aventuriers chinois, semblables aux Européens que la soif de l'or, *auri sacra fames*, pousse vers les placers de la Californie et de l'Australie.

« Ils caressent, dit Mgr Chauveau, le rêve doré de tout cœur chinois: devenir riches en quelques années; mais les mandarins, les prêtres lamas, les voleurs, le vin, les excès sauvages, le jeu et les poignards ont bientôt emporté au loin le songe heureux des premiers jours. Sur un cent de ces pauvres gens séduits que nous avons vu arriver aux mines d'or, qu'on pouvait considérer comme d'aussi beaux garçons que possible et passablement bien habillés, quatre-vingt-dix-neuf repartaient quelque temps après, pour la plupart, mourant de faim et de misères de toutes espèces, couverts seulement de dépouilles déchirées et abandonnées par quelque mendiant inconnu. »

L'une des mines les plus remarquables de ce pays est la mine d'argent qui se trouve dans cette partie de l'Irrawaddy qui borde le fleuve Siao-long-kiang et qu'habite la tribu des Pani. Le métal qu'on en extrait est si pur et si affiné que les marchands l'acceptent tel quel.

Sur le même territoire, se trouve une mine qui produit un fer de première qualité, et, plus bas, sur le territoire habité par la tribu des Naongs, une belle carrière d'agathe.

Voici, d'après M. l'abbé *Desgodins*, la nomenclature des principales mines qu'il a visitées :

1° Bassin du Yang-tsé-kiang.

Moutin	or.
Dong-Ngaorng	or.
Pao-thsin-tchiung	argent.
Long-ta-ho	or. Cette mine est très-abondante.
Pe-tse	argent.

Lo-si-ouan	or.
Tchou-pa-long	or.
Ho-kin-tcheou	fer.
Pe-nieou-tchang	argent et cuivre rouge et blanc.

Quelques-unes de ces mines semblent appartenir plutôt à la province chinoise du Yun-nan.

2° Bassin du Lou-tsé-kiang ou Salouen.

Sur le territoire de la tribu des Arungs, près des villages de Tou-tchouen-tchang et de Tsien-ma-ly-tchang, mine considérable d'argent et de cuivre.

Près du village de Chan-lan, du côté de Tcha-mou-tong, mine d'or.

Près de Kio-na-ton, mine d'argent.

Près du pont appelé en chinois Rio-yu-kiao, mine de fer, ressource précieuse pour les industrieux habitants du joli village de La-gong.

Enfin « dans la vallée de Bonga, chacun peut voir un bloc de rocher rouge, quelque chose comme un roc escarpé au sommet de la montagne, c'est une mine d'argent. — Près de notre ancienne résidence de Bonga, on aperçoit la haute montagne du Do-ker-la, si célèbre parmi les sectateurs thibétains du bouddhisme; cette montagne est vantée par beaucoup de monde comme le pays de l'or. Ce que nous ne craignons pas d'affirmer, c'est que tous les cours d'eau, même petits, qui en découlent, charrient avec du sable d'abondantes paillettes d'or. »

3° Bassin de Lan-tsong ou Mey-kong.

A) *Rive droite.*

Jao-kouan-pe-ma,	argent.
Ma-long-tchang,	cuivre.
Ta-me-ty-tchang	argent.
The-men-to,	mercure.
Lao-tchang,	argent.
Sin-tchang,	mercure.
Ngue-tsa-oua,	or.
Tsien-eul-tsin,	sel.
Che-men-tsin,	—
Se-tsin,	—
Lo-ma-tsin,	—
Lo-ma-ou-tsin,	—
Ye-long-tcheou,	—
La-ky-my,	—

B) *Rive gauche.*

Hu-mo-ho.	or.
Sin-tchang,	—
Lao-thang,	—
Su-suc-tchang,	cuivre.
Lou-tang-tchang,	cuivre (fournit annuellement 480,000 onces à Péking).

Yong-pin,	or.
Houa-kiao,	or et fer.
Pe-to,	mercure.
Siao-kou-lo,	argent.
Ta-pa-tchang,	argent grossier.
Ta-kou-schang,	argent.
Ta-kou-ty-tchang,	argent.
To-y-tchang,	argent, mercure.
Long-pao-tchang,	argent, cuivre.
Siao-kou-tien,	or.
Pe-ky-huin,	—
Po-lo,	—
Tchouen-kiao,	—
Kalaché-chapa,	sable d'or.
Ye-tche,	argent, mercure.
A-oua-lo,	fer.
Lo-tong,	fer, mercure.
Djra-ni-za,	fer.
Kia-kong-tchang,	argent.
To-la,	cuivre.
Tse-re-tong,	sable d'or.
Gognia,	—
Na-po,	soufre.
Kiang-ka,	fer.

M. l'abbé Desgodins borne ici ses indications, n'ayant jamais visité le Kin-tchouan ou Thibet oriental, mais Mgr. Chauveau, qui a habité cette partie du royaume, les complète en ce qui concerne neuf principautés sur les onze dont il se compose :

1° Dans le pays de Lec-thang, il y a trois mines d'or renommées: Nabong-réou et Ho-hy-ka.

2° Dans la principauté de Rapstein sur la montagne de Theurni, une mine d'or, et à Balong, une mine de fer.

3° Dans la principauté de Zeurga, à Kio-kioung, une mine d'or; à Bara-Kang, une mine d'argent, très-riche.

4° Dans la principauté de Somo et 5° de Kioley, or partout.

6° Dans la principauté de Tcho-hiop, à Yu-ko, une très-belle mine d'or; à La-Dzi, une mine d'or. sur les rives de la petite rivière Guemong-neu-tchieu, sable d'or.

7° Dans la principauté de Tcha-la, près de la ville, une mine d'or. — Dans le district de Mounia, on voit l'or de tous côtés, ou peu s'en faut, dans le fond de tout ruisseau, si petit qu'il soit;—à Kon-yu, une mine d'or, à Jata-gia-pa, une mine d'argent; — à Tapoula et à Tao-oua-la, une mine d'argent; — à Sang-ga-zang, une mine de fer.

8° Dans la principauté de Yu-tong :

Thao-kyo,	mine d'or.
Pien-pa,	—
Ta-pen-chau,	
Ta-pen-llou,	mine d'or.
Kó-dza,	—
Kiang-tsong,	—
Han-ngui,	—
Tang-pa,	—
Siao-chouy-keou,	—
Ya-kolong,	—
Si-kia-tchay,	—
So-tsé-kong,	—
Ha-eul,	mine de cuivre

9° Dans la principauté de Mou-pin, qui est la plus riche de toutes, Mgr Chauveau se contente de citer les mines les plus importantes :

Long-tong,	or,
Siao-keou,	argent.
Ta-yuen-pao,	—
Ta-keou,	—
Kouan-in-ngay,	—
Han-yen-keou,	—
Mo-tse-keou,	cuivre et zinc.
Kao-ho-pa,	—
Mi-lay-keou,	argent.
Yang-sen,	—
Ta-tche-keou,	—
Ho-che-ky,	—
Ye-mao-pin,	—
Yen-tsin-kong,	—
Ten-tche keou,	—
Hong-chan-tin,	—
Ta-chouy-keou,	—
Ma-houang-keou,	or (vallée étendue de deux jours de marche, très-riche mine).
Yao-tsre,	or.
Kin-keou-ty,	—
Eul-lang-miao,	—
Ta-chen-keou,	argent.
San-tchia-keou,	argent et cuivre.

Mgr le vicaire apostolique termine ce document en faisant observer que ces mines sont très-mal aménagées, plus mal exploitées encore à cause des dérèglements et des excès auxquels se livrent les laveurs.

Il estime que si une expédition européenne, suffisamment nombreuse, pénétrait dans le Thibet pour s'y livrer à des opérations commerciales, les renseignements qui précèdent la conduirait indubitablement à quelque découverte qui aurait les plus grandes conséquences pour le commerce et l'industrie de l'Europe.

Pour extrait : P. TOURNAFOND,
Membre de la Société de géographie commerciale.

ÉTATS-UNIS

LA GUERRE DES PEAUX-ROUGES ET LES RACES DE COULEUR

Le *Courrier des États-Unis* traduit du journal américain le *Meschacébé*, l'article suivant que nous mettons, à notre tour, sous les yeux de nos lecteurs :

Il manquait un élément tragique à la grande représentation du Centenaire américain, et le voilà trouvé dans ce massacre de trois cents braves soldats, la fleur de l'armée des États-Unis, sur les confins du territoire national et du domaine indien, dans ces Collines-Noires où l'homme est plus sauvage encore que la nature. Quoi, un tel deuil dans la fête séculaire, une aussi large tache de sang à la bannière étoilée, un aussi funèbre jalon planté au seuil de la porte du glorieux anniversaire! On frémit d'horreur, on pleure les vaillantes troupes abattues et fauchées *more pecudum*, comme disait Velleius Paterculus des guerriers de Varus, puis on cherche les causes d'un désastre honteux pour la nation, sinon pour les victimes. Il faut bien qu'il y ait quelque part une responsabilité. L'expédition était organisée depuis longtemps et devait opérer en trois corps sous le commandement en chef du général Custer; mais celui-ci ayant figuré au nombre des témoins à charge dans l'affaire Belknap, fut relégué au second rang et remplacé par le général Terry, qui eut ainsi la haute main sur les opérations, et assigna leur place aux trois corps de Custer, Gibbon et Crook. Première faute du gouvernement de Washington dans ce changement inopportun. De plus, le gouvernement devait être parfaitement renseigné sur la force des Sioux et de leurs alliés, et leur opposer des troupes assez nombreuses pour broyer toute résistance. Si nous allons au delà des causes immédiates, nous voyons surgir les griefs des Indiens, l'ignoble exploitation dont ils sont l'objet de la part des spéculateurs qui souvent partagent le fruit de leurs rapines avec les plus hauts fonctionnaires d'une administration vénale et corrompue. Quoi d'étonnant si les tribus sauvages se retournent à chaque instant contre les blancs, surtout lorsque ceux-ci, comme tel était le cas, envahissent les régions qui ne sont pas encore annexées aux États-Unis, et que les chercheurs d'or viennent commencer contre eux une guerre injustifiable ? Dernièrement, Wendell Phillips, le logicien révolutionnaire, l'intrépide champion des races inférieures, déclarait que le meurtre du général Canby par les Modocs n'était pas une expiation proportionnée aux crimes des Visages-Pâles contre les Peaux-Rouges. Cette fois, il sera peut-être satisfait du sacrifice humain. Mais si nous remontons encore la chaîne des causes. nous reconnaîtrons l'incompatibilité et l'irréconciliabilité absolues des races entre elles. Comment en serait-il autrement, lorsqu'il est déjà si difficile de maintenir la paix entre les individus d'une même race, et de la race blanche, la plus civilisée de toutes ?

D'après le recensement de 1870, les Indiens des États-Unis sont encore en nombre de 383,712, dont 90,366 sont établis sur des réserves du gouvernement. Leur sort est écrit d'avance, ils seront exterminés, et il n'en restera plus pour maudire le second centenaire américain. On leur paie illusoirement en annuités les terres qu'ils ont vendues, et il y a, à cet effet, au trésor national, un fonds indien, dont le secrétaire Chandler confessait, il y a quelques jours, qu'un million et demi de dollars avait été récemment détourné. On les paie fort mal, en whiskey fraudé qui exalte leurs passions violentes, en armes et munitions dont ils se servent tantôt entre eux et tantôt contre les blancs, courtisant ainsi la destruction à laquelle ils sont voués. Ce n'est pas d'aujourd'hui que les malheureux Indiens ont des motifs de vengeance contre nous, et si William Penn conclut avec eux un honnête marché, Colomb introduisit, sur le continent qu'il découvrit, les chiens féroces qui devaient suivre leur piste.

L'arrêt de mort, évidemment prononcé contre les Indiens, fait songer aux autres races que leur mauvaise fortune a, de gré ou de force, conduites aux États-Unis. Les habitants de la Californie estiment qu'à l'égard de la race jaune il y a péril en la demeure, qu'il est urgent d'arrêter l'immigration chinoise, et en attendant que le congrès statue sur leurs réclamations, ils expédient sommairement les fils du ciel dans la céleste patrie. Il est arrivé, de 1853 à 1874, environ 145,000 Chinois à San Francisco, et un grand nombre encore depuis. Si les Indiens et les Chinois pouvaient devenir un capital politique comme les Africains, ils auraient des défenseurs, et on présenterait en leur nom des circonstances atténuantes; mais non, haro sur eux, car rien ne rachète le péché original de leur race et ne compense leur infériorité intellectuelle et morale.

Les noirs, ces porteurs de reliques, ces aveugles instruments des intérêts et des passions politiques, feraient d'amères réflexions s'ils pouvaient suivre du regard l'inévitable cours des choses. En 1870, ils formaient le septième de la population de l'Union, et on peut dire que le bouleversement politique et social qui a suivi l'émancipation a fait des affranchis, pour leur malheur, un État dans l'État, *imperium in imperio*. Nous avons fréquemment exposé les conséquences de ce brusque changement, de cette transformation soudaine de l'esclave en citoyen; mais il est dit que la mortelle épreuve ira jusqu'au bout pour la race noire, comme pour les races jaune et rouge, et les affranchis fourniront à leur tour une démonstration de l'inflexible loi de nature qui interdit la fusion des races humaines.

LE SAHARA

Parmi les dernières publications de M. Plon, nous signalons volontiers un livre dont l'originalité seule du titre attire l'attention. Cet ouvrage s'appelle *Sahara et Laponie* et a pour auteur M. le comte Goblet d'Alviella. Nous n'essayerons pas, comme le fait l'auteur dans une éloquente préface, de faire ressortir les contrastes auxquels peut donner lieu le rapprochement de ces deux contrées. Nous avons lu le livre et, comme il nous a paru intéressant et amusant, nous commencerons, aujourd'hui, une étude de la première partie, qui a trait au Sahara algérien. Dans un numéro postérieur, nous suivrons l'auteur dans les régions du Nord et nous avons lieu de croire que nos lecteurs nous sauront gré de leur avoir conseillé la lecture de ces deux beaux voyages, parfaitement illustrés et réunis en un seul volume.

M. le comte Goblet d'Alviella n'est pas allé sur les traces des Duveyrier, des Dournaux-Dupéré, des Largeau et des Soleillet, s'aventurer dans les profondeurs les plus reculées du grand désert, il n'a vu ni Ghadamès, ni Ghât, ni In-Çalah; il s'est contenté de parcourir, la plupart du temps, à la suite de notre armée, lors de l'expédition de l'Ouad-Souf, la partie du Sahara qui rentre dans nos possessions algériennes.

« El-Ouad, dit l'auteur, est le vrai chef-lieu du Souf. Elle représente actuellement, en Algérie, l'un des centres où débouchaient autrefois les caravanes de Ghadamès, des Touaregs et du Soudan. Dans tout le Sahara, elle possède une grande réputation de richesse et de splendeur. Elle n'a pas moins de cinq cheiks qui vinrent nous attendre à mi-chemin de Koninin avec une partie de leurs clients, groupés sur un mamelon que couronnaient plusieurs étendards flottant au vent. Nous savions, en outre, que des statistiques officielles lui attribuaient une population de huit à dix mille âmes, ainsi qu'une longueur d'environ neuf kilomètres. Quelles ne furent donc pas notre surprise et notre déception quand, après avoir dépassé plusieurs hameaux, nous débouchâmes devant une agglomération absolument identique en aspect, sinon en étendue, aux bourgades antérieurement visitées. Les seuls édifices qui rompaient l'uniformité terne de ses masures et de ses ruelles étaient un minaret élancé, et un *bordj* à deux étages qui contrastait un peu avec le délabrement de l'enceinte. On ne nous avait pas trompés en nous disant qu'El-Ouad était la ville la plus peuplée du Sahara; mais la majeure partie de sa population se compose de nomades, qui s'étaient empressés de décamper à notre approche. De plus, on étend le nom d'El-Ouad à toutes les agglomérations isolées qui s'échelonnent jusqu'au village d'El-Hamich, à neuf kilomètres dans la direction du sud; c'est probablement ainsi qu'on a pu y compter plus de mille maisons.

« La ville possède deux marchés, situés à l'angle nord-est, mais l'un, hors des murs, en plein vent; l'autre, à l'intérieur, sur une place que bordent de petites boutiques, généralement tenues par des merciers tunisiens. La *maison de commandement*, destinée au caïd, est un vrai fort, bâti au sud-est, sous la protection d'un mur crénelé et de deux solides bastions.

« Les jardins, qui sont extrêmement nombreux, renferment près de la moitié des palmiers recensés dans l'Oued-Souf; du minaret élevé qui domine la zaouïa, leurs cratères de verdure, égrenés au milieu des dunes, rappellent bien l'image que Ptolémée eut le tort d'étendre à l'ensemble du Sahara : une peau de panthère bigarrée de noir et de jaune.

« On n'a pas encore trouvé à El-Ouad, non plus que dans le reste du Souf, la moindre trace de l'occupation romaine. Il résulte cependant des dernières découvertes archéologiques que les légions impériales s'avancèrent jusqu'à Ghadamès et même jusqu'au pays d'Aïr, vers les frontières du Soudan.

« Les habitants d'El-Ouad devaient fournir quinze cents chameaux à la colonne, mais, à notre arrivée, il en manquait encore la moitié, par suite d'un malentendu plus ou moins volontaire. L'autorité déclara alors aux habitants qu'ils auraient à supporter l'entretien de la colonne, jusqu'à complète livraison du chiffre requis, outre une forte amende par jour de retard. Cette perspective leur fit immédiatement envoyer des émissaires aux nomades, qui avaient emmené vers la frontière tunisienne la majeure partie des troupeaux. Mais, soit que la distance fût trop considérable, soit que les nomades, se croyant en sûreté, restassent indifférents aux embarras de leurs compatriotes sédentaires, nous nous morfondîmes sept jours sous les murs d'El-Ouad, sans voir arriver plus d'une centaine de chameaux.

« Les distractions n'abondent pas dans la capitale du Souf. Parfois il m'arrivait bien de m'avancer avec quelques officiers jusqu'aux jardins d'El-Hamich. Mais cette oasis était la seule qui fût à portée, et il fallait se trouver en nombre pour s'éloigner du camp. D'ailleurs, les promenades dans les dunes n'ont d'agrément ni à cheval ni à pied. Aussi une bonne partie de mes journées se passait-elle à flâner dans les rues ensablées de la ville.

« On sait que dans les cités arabes, chaque profession est plus ou moins groupée dans un quartier spécial. A El-Ouad, ce sont les forgerons qui paraissent dominer. Je m'arrêtais quelquefois devant leurs petits ateliers à fleur de rue, pour admirer la patience et l'adresse avec laquelle ils suppléent à l'insuffisance des outils.

« J'avais aussi l'habitude de visiter les boutiques des merciers tunisiens. On y trouve d'ordinaire des objets fort curieux, apportés par les caravanes du sud et de l'est, tels que haïks et tapis de Tunis, plumes et œufs d'autruches, armes et ustensiles des Touaregs, tissus et parfums du Soudan. Mais les derniers troubles semblent avoir momentanément détourné le courant commercial de ces parages. D'autre part, la crainte inspirée par la colonne, poussait les marchands à cacher leurs objets les plus précieux, et principalement leurs engins militaires ; ce fut seulement au bout du troisième jour qu'on vit apparaître sur le marché quelques armes des Touaregs. Inutile de dire que, convoitées par la plupart des

Femme arabe en voyage et Cavaliers sahariens. — Gravures tirées de l'ouvrage *Sahara et Laponie*.

Une Tribu arabe en marche. — Gravure tirée de l'ouvrage *Sahara et Laponie*.

officiers, ces rares curiosités atteignirent bientôt des prix inabordables.

« Dès le soir de mon arrivée, les officiers du bureau arabe me firent errer aux flambeaux dans la rue voûtée, qui joue le rôle de promenade publique pendant la saison des chaleurs, quand le thermomètre atteint 50° centigrades à l'ombre ! C'est un passage circu

La carte que nous reproduisons ici a été dressée par la Société de géographie de France pour nous édifier autant que possible sur la contrée que doivent explorer plus particulièrement MM. Largeau et Say. Le Ahaggar ou Hoggar est le plateau culminant du Sahara. Aux temps où la végétation couvrait le grand désert, ses fleuves coulaient, comme on peut le voir, d'un côté vers la Méditerranée, de l'autre vers l'Atlantique. Tout fait supposer qu'il a été le siège d'un grand empire inconnu. Sa prospérité a peu à peu décru, à mesure que les sables comblaient les vallées, buvaient les fleuves, enfouissaient les routes et les oasis ; mais au commencement de ce siècle même il s'y trouvait encore, à Amaghdor, un grand marché qui était le point central du commerce entre le Soudan et la côte nord de l'Afrique. Il serait possible de rétablir le marché et d'en faire le centre des relations commerciales de l'Afrique occidentale, centre qui correspondrait directement avec l'Algérie, comme on peut le voir en consultant le cartouche placé à gauche et au bas de la carte.   C. H.

laire, que recouvre le premier étage des habitations latérales. Des troncs de palmiers, placés à des distances irrégulières, continuent à soutenir la voûte, et des bancs de maçonnerie, adossés aux façades des habitations, rétrécissent encore l'étroit passage. Avec ses couloirs transversaux, éclairés par de rares lampions qu'éclipsait à chaque instant la lueur vacillante de nos torches, cette galerie déserte et silencieuse me reportait à mes promenades dans les catacombes de Rome et de Syracuse, sauf quand une ouverture ménagée dans le plafond, entre deux maisons voisines, laissait apercevoir un pan d'azur nocturne, tout resplendissant d'étoiles.

« Le lendemain, on me mena visiter l'intérieur de l'oasis. Je n'avais pas encore rencontré une pareille luxuriance de végétation. On y trouve en quelque sorte deux couches de produits simultanément superposés; au niveau du sol, des carrés de luzerne, de pastèques, de fèves, de choux, de carottes et d'autres plantes encore, qui réclament ici la fraîcheur et l'ombre, de même que chez nous elles exigent la chaleur et la lumière; ensuite, à quelques mètres plus haut, les régimes en fleur des palmiers qui, entrelaçant leurs gracieux panaches, étendaient sur l'oasis un toit de verdure, presque partout impénétrable aux rayons du soleil.

« C'est qu'ici le palmier trouve réunies au plus haut point ses conditions d'existence et de développement, *les pieds dans l'eau et la tête dans le feu,* comme dit un proverbe arabe. On a calculé que chaque arbre donne en moyenne douze kilogrammes de dattes par an. Les noyaux, écrasés et triturés, servent à nourrir les chèvres et même les chameaux. Avec la fibre, les indigènes tressent des cordes assez résistantes. Avec les palmes, ils fabriquent des nattes et des paniers. Enfin, avec les troncs, ils étançonnent leurs terrasses et leurs puits. Lorsque le dattier se fait vieux, on le découronne pour en extraire une liqueur laiteuse qui, fermentée, donne le *lagmi* ou vin de palmier, fort apprécié dans le pays. »

BULLETIN DES SOCIÉTÉS

SOCIÉTÉ DE GÉOGRAPHIE DE FRANCE.

Séance du 2 août. — Présidence de M. MALTE-BRUN.

La lecture du procès-verbal de la dernière séance est faite par M. le secrétaire Jules Girard.

Ile de Vancouver. — M. le docteur Hamy demande la parole au sujet du procès-verbal. Il rappelle que, dans la dernière séance, M. de Quatrefages avait bien voulu prendre la parole à sa place pour faire connaître les découvertes d'anciennes tombes faites à Vancouver par M. Alphonse Pinard. M. Hamy a depuis étudié ces monuments mégaliques, et qu'on appellerait druidiques dans l'Europe occidentale. Il est arrivé, grâce à des documents précieux qu'il a eu la bonne fortune de consulter, à faire deux constatations importantes pour l'ethnologie de cette contrée.

1° Dans la région de la baie de Chebdoro, au sud-est de Vancouver, sur le territoire d'Upland Farm, où M. Pinard a trouvé les sépultures antiques qu'il a décrites, la race Nootka colombienne, possédant le type Chinouks, qui a construit ces monuments, n'existe plus; 2° Dans l'ouest de Vancouver, au contraire, suivant Macfie, et au cap Flatery, on retrouve des naturels qui, nonseulement rappellent ce type perdu dans l'autre partie de l'île, mais encore qui ont conservé des usages à peu près semblables à ceux de ces anciens habitants. Ils continuent notamment à construire des tombeaux qui, bien que plus simples, ont beaucoup d'analogie avec ceux qu'a découverts M. Pinard. Ce qui les en distingue, c'est que les Indiens Makachy de notre époque font à leurs tombes une enceinte de bois au lieu de leur en faire une en pierres comme faisaient leurs ancêtres.

Un géographe français du seizième siècle. — *Pierre Desceliers et ses deux portulans.* M. Malte-Brun fait à la Société l'importante communication qui suit :

Vous vous souvenez, Messieurs, d'avoir vu à la grande exposition du Congrès des sciences géographiques, dans une des salles de la section d'Autriche-Hongrie, et sous le n° 147, un beau portulan exposé par M. l'abbé Bubis, et qui portait dans l'angle droit inférieur la mention suivante : *Faicte à Arques par Pierre Desceliers, prebstre,* 1553. Ce portulan manuscrit, sur quatre grandes feuilles de vélin, admirablement conservées et assemblées, n'avait pas moins de 2 mètres et demi carrés; il était couvert de curieuses miniatures et renfermait de précieuses indications pour l'histoire de la géographie et de la cartographie; aussi était-il l'objet de l'attention des visiteurs.

« En examinant ce portulan, il me revint en mémoire qu'il y a vingt-quatre ans, en 1852, M. de Chalaye, alors consul de France à Erzeroum, avait adressé à la Société de géographie, une notice sur une grande carte manuscrite, un portulan également, rencontré par lui à Padoue, en la possession du professeur Cristoforo Negri, lequel portulan portait aussi la signature de Pierre Desceliers, avec la mention suivante : *Faicte à Arques, par Pierre Desceliers, prebstre l'an* 1550. Cette notice insérée à la page 235 du *Bulletin* de la Société (septembre 1852), donne à cette autre carte de Desceliers, 2ᵐ15 de longueur sur 1ᵐ 35 de hauteur, c'est-à-dire à peu près les mêmes dimensions que comporte la première. J'eus un instant la pensée que les deux cartes de Desceliers se réduisaient à une seule, que celle que M. de Challaye avait vue en 1852, à Padoue, était la même que celle qui figurait en 1875 à l'exposition du Congrès, et qu'une erreur de copie avait pu mettre au *Bulletin* 1853 au lieu de 1550.

Mais en lisant la notice de M. de Challaye, il me fut facile de me convaincre que la carte qu'il décrivait alors, différait de celle de l'exposition, et qu'il existait en effet deux cartes portulans de l'abbé Desceliers, ayant toutes deux la même grandeur, exécutées à trois ans d'intervalle. Celle de 1550 est beaucoup plus riche que celle de 1553, qui est elle-même fort remarquable.

« Elle paraît en effet avoir été dédiée ou destinée au roi Henri II, dont elle porte les armes, ainsi que celles du connétable de Montmorency et de l'amiral Claude d'Annebaud, connétable héréditaire de Normandie.

« Mais quel était ce Pierre Desceliers? ce prêtre érudit et assez au courant de la science géographique de son temps pour oser, le premier en France, publier un planisphère d'une telle étendue, alors que Gérard Mercator, l'illustre réformateur de la géographie ptoléméenne, n'avait pas encore mis au jour le sien, qui ne devait paraître que vingt ans plus tard, en 1586.

« Je m'intéressai à ce géographe inconnu, ou plutôt oublié, et ce que j'en appris successivement dans le cours de mes recherches, m'a paru digne d'être mis sous vos yeux.

« 1. Pour ce qui concerne les cartes marines, je dirai, fait remarquer David Asseline, l'auteur des *Antiquités et chroniques de la ville de Dieppe,* avec M. Dablon, que le sieur Pierre Descheliers, prestre à Arques, a eu la gloire d'être le premier qui en ait fait en France. Aussi était-il un si habile géographe et astronome qu'il fit une sphère plate; au milieu on voyait un globe qui représentait toutes les parties du monde. J'ajouterai à cela, à la louange de nos Dieppois, que le sieur Prétot (Prescot), surnommé le savant, excellait en la pratique des globes, et que le capitaine Coussin (Cousin), qui était habile à les construire, ne l'était pas moins à fabriquer des sphères. On tient qu'il en fit une dans un œuf d'autruche, avec tant d'industrie et de justesse que cet ouvrage imitait les mouvements des cieux.

« 2. Desmarquets, dans ses *Mémoires chronologiques,* pour servir à l'histoire de Dieppe, dit à l'article *Hydrographie* : Le premier qui ait cultivé cette science avec succès et qui lui ait donné les principes qui l'ont fait parvenir au point de perfection qu'elle a aujourd'hui, c'est Descaliers (Desceliers). Ce grand homme, né dans Dieppe, vers 1440, était doué de ce génie qui a la force de lever le voile dont la nature se couvre pour cacher ses secrets. Il fut le premier qui connut l'absolue nécessité de la rondeur de la terre et de l'existence d'antipodes. Ce ne fut même que sur la supposition de cette vérité qu'il posa ses principes d'hydrographie au moyen de la découverte qu'on avait faite alors de la boussole.

« Descaliers était prêtre, mais dès qu'il avait rempli les devoirs de cet état, il donnait à l'étude des mathématiques tout le temps dont il pouvait disposer. Il devint le meilleur astronome de son temps; il composa une sphère céleste et une sphère terrestre, et y désigna les côtes d'Asie à peu de chose près, te l s qu'on les a découvertes depuis.

« La gloire de Descaliers a perdu beaucoup de ce qu'il a vécu dans un temps d'ignorance, où le trop de connaissance à cet égard était taxé de magie ou de folle imagination; mais Descaliers, malgré ce préjugé, était trop certain des connaissances qu'il avait acquises pour n'en pas faire part à deux jeunes gens : Prescot et Cousin furent les premiers qui profitèrent de ses lumières. L'un était dans l'état ecclésiastique, et l'autre dans celui de la navigation.

« Après la mort de ce savant homme, Prescot, son disciple, continua de donner des leçons d'hydrographie aux jeunes marins; ceux-ci s'y portaient avec ardeur, parce qu'ils en entendaient tous les jours vanter l'utilité à leurs pères, qui, au moyen de cette science, couraient dans toutes les mers.

« Un fait digne de notre admiration c'est qu'il n'y a eu que le zèle patriotique qui ait engagé Descaliers et ceux qui le suivirent, à l'enseignement de l'hydrographie, afin de former des élèves pour la marine dieppoise. Ils n'en exigèrent ni n'en tirèrent d'autre récompense que celle qui flatte les grandes âmes : savoir le plaisir d'être utile à son pays et d'avoir droit à la reconnaissance des cœurs vraiment citoyens. »

Nous ne suivrons pas plus longtemps M. Malte-Brun dans l'étude qu'il a faite si consciencieusement de la vie de celui qui fut le véritable créateur de l'hydrographie française. Ce document sera publié *in extenso* dans le bulletin de la Société, et nos lecteurs s'empresseront certainement de l'y aller chercher. Disons pourtant, en passant, que M. Malte-Brun a cru devoir y joindre la note suivante, trop flatteuse pour notre photographe, M. Alexandre Quinet, pour que nous la passions sous silence :

« Nous devons remercier notre confrère, M. Quinet, photographe autorisé du Congrès, d'avoir, avec d'autres curiosités géographiques de l'exposition, reproduit la carte de Descaliers (1553). Malheureusement, cette reproduction est à une si petite échelle qu'elle ne peut que donner une idée générale de l'ensemble de la carte, sans permettre d'en étudier les détails.

CORRESPONDANCE.

M. Maunoir, secrétaire général, donne lecture de la correspondance.

Tahiti. — *Niveau de la mer.* — M. Adam Kulczycki a lu dans le *Messager de Tahiti* du 28 août dernier, la question posée à la Société de géographie par M. William Martin, au sujet du niveau de l'Océan, aux environs de Tahiti(1).

« Cette question, dit-il, nécessiterait de longues recherches, qui ne peuvent se faire qu'avec le secours de riches bibliothèques et qui sont impossibles à Tahiti. Il y aurait donc de la présomption de vouloir répondre à fond.

« Cependant, après une résidence de plus de trente ans à Tahiti, dont j'ai fait la triangulation ; après avoir consulté les *Sailing Directions* de Maury, l'*Astronomie populaire* d'Arago, ainsi que divers voyages autour du monde qui existent dans notre bibliothèque, je puis me hasarder à dire quelques mots à ce sujet.

« L'observation de la longueur du pendule n'a jamais été faite à Tahiti. Les points les plus rapprochés où cette expérience ait été faite sont l'île Maui (Moioi), dans l'archipel des îles Sandwich, et à l'îlot Rawak, au nord de la Nouvelle-Guinée, presque sous l'équateur. Ces observations ont été faites par le capitaine Freycinet, pendant la circumnavigation de l'*Uranie* et de la *Physicienne*. La longueur du pendule obtenue sur ces deux points du Pacifique ne paraît indiquer aucune anomalie. Ainsi, on peut affirmer qu'une dépression anormale de l'Océan à Tahiti ne peut pas être fondée sur les observations du pendule.

« Arago, dit qu'il est bien établi, par les observations du baromètre faites à bord des navires, qu'il existe dans la vaste étendue de l'Océan d'immenses régions où la pression atmosphérique est inférieure à ce qu'on trouve dans les régions environnantes. Si de telles différences ne peuvent pas être révoquées en doute, on ne saurait, à cause du peu d'exactitude des instruments employés, en assigner l'exacte valeur.

« Maury désigne, en citant de nombreux rapports de mer, les environs du cap Horn, comme présentant en général des hauteurs barométriques exceptionnellement basses.

« En admettant l'existence de ces régions bien constatée, le baromètre y dénoterait un renflement des eaux de l'Océan au lieu d'une dépression.

« Les observations barométriques faites à Tahiti, assez imparfaites d'ailleurs, ne dénotent aucune dépression du niveau de la mer, car la moyenne générale de la hauteur barométrique y est de 762 à 763$^{m/m}$, ce qui ne s'écarte pas de la moyenne admise au niveau de la mer.

« Ainsi rien ne paraît prouver l'existence d'une dépression de l'Océan aux environs de l'île Tahiti.

« Cependant, M. William Martin a dû trouver quelque part l'assertion qu'une dépression de l'Océan existe près de Tahiti. Il serait utile pour ceux qui voudraient s'occuper des recherches concernant ce fait, de connaître le point de départ qui l'a engagé à formuler sa demande.

« Si l'on examine les cartes magnétiques du capitaine Duperrey, on trouve, sur celle qui représente les lignes d'égale déclinaison (variation des marins), un point singulier, situé entre Tahiti et la côte d'Amérique, qui se manifeste par une série de courbes fermées formant ombilic. M. Martin n'aurait-il pas, par hasard , considéré cette série de courbes magnétiques comme représentant une dépression de l'Océan ?

« La triangulation de Tahiti ne peut être d'aucun secours pour la résolution de cette question. L'angle que soutend l'île au centre de la terre ; du Nord au Sud, dépasse peu un quart de degré (il est de 18'). On ne peut pas fonder la longueur du rayon d'un cercle sur la connaissance d'une si petite portion

de sa circonférence, et cela même dans les opérations géodésiques de la plus grande exactitude, ce qui n'est pas le cas pour Tahiti. De plus, l'arc mesuré en mètres , et réduit par le calcul en parties de degré dans la supposition de la longueur du rayon terrestre qui résulte de l'ensemble des grandes opérations géodésiques, se trouve à Tahiti notablement plus petit que l'angle résultant des observations astronomiques. Cette discordance, qui provient, pour la plus grande partie, de l'attraction des montagnes, très-élevées à Tahiti en comparaison de son étendue, complique la question de manière à rendre la solution tout à fait impossible.

Société géographique de Roumanie. — M. le vice-président A. Cantacuzène et M. le secrétaire général Georges J. Lahovari, de la Société géographique de Roumanie, annoncent officiellement à la Société de Paris, la fondation de leur Société sous la présidence et le haut patronage de S. A. le prince Charles de Roumanie. Cet avis est accompagné des cinq premiers bulletins de cette société, bulletins qui contiennent ses statuts et un travail économique des plus complets et des plus importants sur la Roumanie.

Asie centrale. — Lord Lyons, ambassadeur d'Angleterre en France, annonce à la Société qu'il a reçu la montre qu'elle a décernée au Pandit, pour son voyage à Lhassa (Thibet). Il fait savoir qu'il s'empressera de faire parvenir à M. le colonel Montgomerie cette récompense pour qu'il la remette à son destinataire.

Exploration du haut Nil. — M. le général Stone transmet à la Société une carte du cours du Nil entre Dufli et le lac Albert, d'après un croquis fait sous les ordres de S. E. M. le général Gordon pacha par M. R. Gessi, qui a fait la reconnaissance de cette partie du fleuve.

L'*Explorateur* donnera une réduction de cette carte lorsqu'elle aura été comparée aux documents fournis par M. Stanley ; en attendant, il vient de publier un extrait de la communication qu'a faite à la Société, dans sa dernière séance, M. le baron d'Avril.

Société des sciences et arts de Bayonne. — *Étude du fond des mers.* — La Société des sciences et arts de Bayonne appelle l'attention des Sociétés savantes de France sur l'œuvre des *fonds de la mer* et la recommande à leur bienveillant concours.

L'œuvre des *fonds de la mer* a pour but l'étude des phénomènes qui s'accomplissent à la surface inférieure des parties du globe recouvertes par les eaux ; cette étude embrasse des analyses chimiques, des descriptions d'organismes végétaux et animaux, des constatations scientifiques de divers ordres. Son importance scientifique est indiscutable ; il y a, ainsi que l'expérience l'a démontré, une liaison intime entre les circonstances atmosphériques extérieures et les phénomènes physiques et chimiques qui s'accomplissent au fond des eaux : l'intérêt en est incontestablement général.

Conçue vers 1860, sous l'inspiration des théories de M. le commandant Maury, encouragé par l'illustre Agassiz, elle est représentée aujourd'hui, en France, par une revue spéciale, les *Fonds de la mer*, dirigée par MM. de Folin de Bayonne et Périer, de Pauillac, qui a déjà publié, de 1867 à 1876, plus de deux volumes pleins de remarquables mémoires et où sont mentionnées de très-nombreuses et très-curieuses découvertes.

C'est à l'étranger que cette œuvre a été principalement comprise. Agassiz lui-même a obtenu, du gouvernement des États-Unis, les moyens d'exécuter sa belle et fructueuse exploration du Gulf-Stream, puis celle du Hassler. Le savant professeur Baird, du British-Museum, suivit l'exemple d'Agassiz. L'idée était lancée ; elle put au moins, à l'étranger, arriver à un développement qui en fît valoir la raison d'être. L'Angleterre organisa les expéditions du *Lightning*, du *Porcupine*, du *Challenger* qui, dans son dernier voyage, a parcouru 68,184 milles en trois ans et demi, et découvert des êtres organisés jusqu'à des profondeurs de 4,750 brasses. Le champ de la vie animale est ainsi plus en plus agrandi, et les limites de la variabilité des formes reculent ainsi de jour en jour. Des expéditions analogues ont été organisées par la Suède, la Norwége et la Russie.

La France seule, son gouvernement du moins, n'a rien fait encore. MM. de Folin et Périer n'ont pu travailler que sur des spécimens partiels de fonds marins, obtenus de la complaisance de quelques officiers de marine et capitaines du commerce. Sur ces données médiocres, ils ont fait cependant d'importantes découvertes : ainsi, dans les valves de méléagrines prises sur un seul point, Panama, M. de Folin a trouvé plus de cent espèces de mollusques. L'exemple de la ville de Marseille est à signaler : une souscription privée a produit 30,000 francs qui ont été mis à la disposition d'un professeur pour des recherches sous-marines.

C'est pourquoi, persuadée qu'il y a lieu de sortir de l'apathie et de faire contribuer la France à une œuvre où elle risque de se laisser devancer par l'Europe entière, la Société des sciences et arts de Bayonne a adopté le projet de résolution ci-dessus.

M. le Président dit qu'il y aura lieu de remercier cette Société savante de sa patriotique initiative.

Afrique occidentale. — *Expédition sur l'Ogooué de MM. de Brazza et*

<hr>

(1) Nous avions donné cette note à reproduire par l'imprimeur dans notre avant-dernier numéro, mais une erreur dans la mise en pages en a supprimé la plus grande partie. Nous la restituons *in extenso*.

Marche. — M. de Brazza écrit à la Société une lettre datée de Lope (Okanda) le 22 avril 1876. Nous extrayons de ce document les passages suivants :

« Je vous envoie une boîte contenant des plaques photographiques du système Deyrolle ; ces plaques, au nombre de treize, ne peuvent être conservées et exposées à la lumière sans qu'un photographe les ait fait paraître et finies complétement, je crois qu'il serait bon de faire faire ce travail par M. Deyrolle même qui vous remettrait ensuite les clichés et les épreuves qu'il aurait pu tirer...

« Ici, tout va bien. Les marchandises achetées à la factorerie, que le Dr Ballay m'a rapportées, ont réparé nos pertes des rapides. En ce moment, pour passer la saison des pluies, aussi bien que pour faire croire aux Okanda que je reviendrai à Lope après mon voyage chez les Adouma, j'ai fait construire une belle case aussi confortable que les ressources du pays le permettent, et j'attends la fin de la saison des pluies, époque probable de mon départ pour le pays des Adouma et des Ossyebo. Je profite de ce moment d'inaction pour envoyer le docteur Ballay au Gabon où il emmène quatre laptots malades. J'avais déjà précédemment renvoyé au Gabon comme malades, deux laptots et un Pahouin. M. Ballay est chargé de remplacer tous ces hommes et de faire au Gabon différents achats. Il reviendra ici le plus tôt possible, probablement avant la fin de juillet, époque à laquelle nous commencerons nos préparatifs de départ.

« D'après ce que je crois, cette fois, tous les Okanda se réuniront pour partir ensemble et forcer le passage qui leur est interdit par les Ossyeba. Il est bon d'être en force pour repousser une attaque : mais de mon côté je fais tout pour l'éviter, d'autant plus que mes alliés, les Okanda sont loin d'être un peuple aussi guerrier que les Ossyoba. C'est pour cela qu'au commencement d'avril, j'ai fait seul une excursion chez les Ossyeba (Fam-Make), qui habitent au delà de la rivière Ofoué. J'ai été au village de Mamiaka, chef assez influent qui se trouve à une journée de marche à l'est de la rivière Ofoué. Mes fusils de guerre et mes fusils à longue portée, leur ont donné une haute idée de ma puissance. Néanmoins, en véritables sauvages, ils ont bien peu laissé paraître leur émotion.

« En rentrant à Lope, je ramenai avec moi le chef Mamiaka, qu'avec beaucoup de peine, je décidai à m'accompagner et auquel j'avais promis une partie de mon escorte pour le ramener sur son territoire. Mon voyage chez les Pahouins, et ce que je compte faire par la suite, aura, je crois, pour résultat, d'empêcher une attaque de la part des Ossyeba, et l'arrivée à Lope de Mamiaka et de ses hommes qui ont traversé sous ma protection le territoire de leurs ennemis, les Okanda, me prouve la haute idée qu'ils ont encore des blancs. Cette venue des Ossyeba a aussi pour moi un grand avantage vis-à-vis des Okanda, sur lesquels elle me donne une grande influence par la menace que je puis leur faire de quitter leur territoire en faisant transporter mes bagages par les Ossyeba que j'enverrais chercher.

« J'ai ainsi le moyen de combattre l'inertie volontaire des Okanda, la seule force qu'ils auraient pu m'opposer avec succès, car il se peut très-bien que les Okanda heureux d'avoir des blancs et des marchandises, ne se soucient plus d'aller au pays des Adouma et des Ossyeba.

« M. Ballay part demain, et il m'est arrivé ce soir Mamiaka, avec 35 Ossyeba, qui vient me chercher pour aller chez lui. Dans deux jours je serai sur leur territoire où je compte faire des excursions en remontant vers l'Est. Je serai absent de Lope probablement 15 ou 20 jours, car je veux aller cette fois chez le chef qui a conduit l'attaque dirigée contre MM. Marche et de Compiègne quand ils remontaient le fleuve.

« Dans cette excursion parmi les cannibales, je crois n'avoir absolument rien à craindre, car je pars presque sans marchandises. »

D'un autre côté la Société de géographie de Lyon a reçu de M. de Brazza une lettre en date du 22 avril, qui confirme la précédente.

Percement de l'isthme interocéanique. — *Concession d'un canal par le Darien.* — M. le lieutenant de vaisseau Wyse annonce à la Société que l'hiver dernier, à la suite de l'étude minutieuse des questions relatives au percement de l'isthme américain, le général Turr, président d'un groupe d'hommes considérables par leur savoir et par leur situation politique et financière, a confié à M. Antoine de Gogorza l'importante mission de demander au gouvernement colombien la concession d'un canal interocéanique sans écluses à travers l'isthme du Darien. Le mandataire du général a complétement réussi. Le congrès votait le 26 mai 1876 une loi autorisant le pouvoir exécutif à passer un contrat à cet effet, et le 29 mai le président Parra et les ministres de l'intérieur et des affaires étrangères signaient au nom du gouvernement le contrat concédant le privilége demandé et en accordaient la possession immédiate.

« Pendant que ceci avait lieu en Amérique, ajoute M. Wyse, vous formiez, Messieurs, à Paris, sur la proposition de M. l'ingénieur Drouillet, un comité international d'études dont l'illustre M. de Lesseps était nommé président. Ce comité dont le but est de désigner les localités par lesquelles il y a lieu de commencer les travaux de réexploration scientifique, ne manquera pas sans doute, lors de sa prochaine réunion, de donner son appui aux hommes entreprenants qui ont obtenu la concession du canal projeté à travers la seule partie de l'isthme américain où il soit possible sans écluses.

« La saison favorable à une étude complète du terrain est la saison sèche qui s'étend de décembre en mai. Une commission d'ingénieurs et de savants de divers pays partira donc au mois de novembre pour faire un nivellement définitif et présenter un tracé général du canal ainsi qu'un devis des dépenses. Ces travaux seront dirigés sur le passage par les marais de Cacarica, que M. de Gogorza a trouvé indiqué dans les archives d'Espagne et dont il a fait vérifier l'existence dès 1866. Espérons que d'ici là le comité d'études aura pris une résolution et qu'il pourra même déléguer un de ses membres auprès de la commission susdésignée. Le noble but que poursuivent les hommes éminents qui font partie du comité d'études sera ainsi hâté en se trouvant dégagé des lenteurs officielles, administratives et autres.

« Me sera-t-il permis d'ajouter que m'occupant de cette intéressante question depuis près de 9 ans, et ayant fait plusieurs explorations dans diverses parties du monde, entre autres dans l'isthme américain à l'est de Panama, je compte accompagner la commission chargée de l'examen du tracé et y discuter les questions hydrographiques et maritimes de ma compétence. Je me mets par suite entièrement à la disposition de la Société de géographie pour la renseigner sur tout ce qui serait de nature à l'intéresser et pour lui communiquer, toutes les fois que cela sera possible, le résultat des travaux qui seront faits et les découvertes qu'ils pourront amener.

Comité d'études pour l'exploration de l'Isthme interocéanique. — M. Léon Drouillet, ingénieur, et secrétaire du comité d'études présidé par M. de Lesseps, fait à la Société la communication suivante. La part d'éloges faite à l'auteur de ce compte rendu nous oblige à la citer textuellement.

« Je viens annoncer à la Société mon prochain départ pour New-York, Philadelphie et Washington. Je m'embarquerai le 12 août courant sur le paquebot *Amérique*. Mon séjour dans ces trois cités sera de courte durée, car j'espère être de retour à Paris au mois d'octobre prochain.

« L'exposition de Philadelphie absorbera une grande partie de mes moments ; mais je profiterai cependant de mon court séjour dans ces trois villes pour faire, dans la mesure de mes moyens, tout mon possible pour hâter la constitution de la section américaine du comité international d'études pour l'exploration de l'isthme américain, en vue du percement d'un canal interocéanique.

De nombreux projets de percement ont surgi dans les isthmes de Tehuantépec, de Honduras, de Nicaragua, de Panama et du Darien. Chaque auteur de projet s'efforce naturellement de prouver que son tracé est le plus avantageux ; aussi chaque fois qu'un nouveau projet apparaît, la question du percement, loin d'être élucidée, n'en est que plus compliquée, malgré les sacrifices faits par chacun des auteurs. Notre comité international a été institué pour faire une étude générale sans s'arrêter à aucune considération d'intérêt particulier ou local ; elle ne poursuivra que le but d'étudier la question au point de vue général international.

C'est pour cela que nous avons invité, sans exception, toutes les sociétés de géographie du monde à concourir à la reconnaissance géographique complète des parties les plus intéressantes de l'isthme américain. Les réponses que nous avons déjà reçues sont toutes très-favorables et nous espérons que celles qui leur succéderont ne le seront pas moins.

« Avant mon départ pour les États-Unis, je viens remercier les membres de l'ancienne commission de géographie commerciale qui ont bien voulu, après la première lecture de mon rapport sur les isthmes américains, nommer la *section française* dont je désirais et sollicitais la formation. Je remercie en même temps les membres des bureaux de la Société de géographie et de l'ancienne Commission de géographie commerciale pour le haut patronage qu'ils ont bien voulu donner à cette œuvre scientifique.

« Enfin, Messieurs, il est deux de nos collègues qui ne faisaient pas partie de ces bureaux que je tiens à remercier tout particulièrement.

« Le premier est un homme arrivé à l'apogée de la gloire et de la renommée ; il a l'honneur d'avoir soutenu la lutte la plus vive des temps modernes et quand bien même il aurait succombé, il aurait encore droit à toute notre admiration. Aujourd'hui qu'il est sorti du combat, couronné par le succès, c'est le respect, c'est l'admiration du monde entier qui lui sont dus. M. de Lesseps, que vous avez tous déjà reconnu, est le levier le plus puissant du monde pour faire triompher de tous les obstacles la question du percement de l'isthme américain ; son nom, de l'aveu même des étrangers, ne saurait porter ombrage à aucune nationalité, à aucune personnalité même, car M. de Lesseps est le seul qui ait déjà réalisé une entreprise semblable.

« Le second de nos collègues auquel s'adressent aussi mes remercîments est M. Jules Gros qui, sentant le moment venu de tenter une étude complète de la question du canal interocéanique, a bien voulu prêter son concours le plus dévoué et le plus éclairé à la formation de la section française. »

M. Léon Drouillet termine son allocution en offrant aux membres de la Société de géographie et de la Société de géographie commerciale son concours le plus dévoué s'il peut leur être de quelque utilité pendant son séjour aux États-Unis.

Commerce de l'ivoire en Angleterre. — M. Hayaux du Tilly rappelle à la Société que depuis cinq ans l'Angleterre a importé en moyenne chaque année 1,200,000 livres d'ivoire de diverses provenances. Pour obtenir cette quantité d'ivoire, il a fallu abattre chaque année environ trente mille éléphants (1), soit pendant cinq ans cent cinquante mille éléphants. Ces chiffres viennent confirmer les déclarations de Jules Poncet qui, dans l'espace de vingt ans, dans l'Afrique centrale, a tué personnellement un millier d'éléphants et en a fait tuer de soixante-dix à soixante-quinze mille dans les grandes chasses organisées par ses soins et par ses différents comptoirs.

Si pour les seuls besoins de l'Angleterre, il est nécessaire d'abattre un si grand nombre d'animaux, on restera au-dessous de la vérité en estimant à 100,000 par année le nombre d'éléphants qu'il faut détruire pour fournir de l'ivoire au monde entier. Or, on sait que les éléphants se rencontrent principalement dans l'Afrique centrale et dans les Indes; on sait en outre que l'éléphant d'Afrique donne plus d'ivoire que l'éléphant d'Asie. L'éléphant d'Afrique doit donc fournir à la consommation un plus large contingent que l'éléphant d'Asie. On ne peut plus dès lors révoquer en doute les récits des voyageurs qui parlent des innombrables troupeaux d'éléphants qu'on rencontre dans l'Afrique centrale, du Sénégal à la région des grands marécages et des grands lacs de l'Afrique équatoriale.

Ces immenses hécatombes qui se renouvellent depuis de longues années déjà, détruisant indistinctement les animaux mâles, femelles ou jeunes, amènent le renchérissement de l'ivoire et font rechercher les dents d'hippopotames et même les dents de mammouths qu'on retrouve en grande quantité dans les glaces de la Sibérie.

Nouvelles de Stanley. — M. Malte-Brun lit une lettre datée des États-Unis et qui donne des nouvelles de Stanley, l'explorateur subventionné par deux journaux américains et qui a eu l'honneur de retrouver Livingstone.

Ces nouvelles ont déjà été publiées dans l'*Explorateur*.

Mémoires scientifiques. — M. Gauthiot présente à la Société deux mémoires manuscrits dus à la plume savante du général d'artillerie de *Hauslab*, membre de la Société de géographie et membre correspondant de l'Académie

des sciences. Dans l'un, l'auteur traite des lois de la nature qui ont donné naissance à la configuration du globe terrestre. Dans l'autre il traite de la méthode d'induction à suivre en géographie pour déterminer l'inconnu.

Exploration du Sahara. — M. Largeau lit à la Société un mémoire très-intéressant sur sa dernière expédition à Ghadamès et sur les observations scientifiques qu'il lui a été permis d'y faire.

Cochinchine. — *Exploration du docteur Harmand.* — M. le docteur Hamy fait l'analyse des résultats obtenus principalement au point de vue de l'ethnographie par le docteur Harmand, dans son exploration en Cochinchine. M. de Quatrefages complète cette communication en faisant ressortir l'importance des travaux du savant docteur explorateur, au point de vue de ses découvertes géographiques et archéologiques. Ces trois dernières communications sont trop importantes pour trouver leur place dans un compte rendu déjà trop long; elles feront l'objet d'articles à part que nous nous proposons de publier dans l'*Explorateur*.   Jules GROS.

SOCIÉTÉ ZOOLOGIQUE DE FRANCE.

Séance du 4 août 1878.

M. le docteur Jousseaume fait une communication sur les caractères différentiels des *cyprœa errones* (Linné) et *cyprœa ovum* (Gmelin) (vulgairement appelées porcelaines) confondues par la plupart des auteurs. Il s'étend sur leur distribution géographique, et sur le caractère constant que revêtent la plupart des espèces du genre *cyprœa* quand leur station s'étend jusqu'aux mers de la Nouvelle-Calédonie.

Le D' Jousseaume montre aussi et décrit une nouvelle espèce du même genre et provenant des mers du Japon, qu'il nomme *cyprœa artuffeli*.

M. Bureau nous promène avec beaucoup de charme, sur les rochers et dans les îlots des côtes de Bretagne, où il vient d'étudier les nidifications d es oiseaux qui y habitent. Sa communication porte plus particulièrement sur le grand corbeau, *Corvus corax* (Linné), le choucas, *Corvus monedula* (Linné) et le cormoran huppé, *Phalacrocorax graculus* (Leach) qui seul fréquente la Bretagne, tandis que son congénère le cormoran ordinaire vit plus particulièrement sur les côtes de Normandie. Le cormoran huppé, en certains endroits, vit en communauté avec le pingouin macroptère, mais ce dernier recherche les points les plus inaccessibles tandis que le cormoran vit et niche beaucoup plus près de la mer dans des crevasses de rochers où il établit un vaste nid formé de zostère marine et de débris de toutes sortes au milieu desquels il pond toujours trois œufs.   J. G.

---

(1) Nous pensons qu'il y a là quelque exagération. En effet, il faut comprendre dans cette quantité d'ivoire importé, l'ivoire fossile ou *ivoire mort*, qui provient en général des Mamouths de Sibérie et qui entre pour plus de la moitié de la consommation.

INFORMATIONS

L'Exposition de géographie commerciale et d'ethnographie de Bordeaux. — Il était bien digne certainement de cette grande cité commerçante qui est journellement en relations avec les diverses parties du monde, d'ouvrir une exposition de cette nature, et il était digne aussi de la Société de géographie commerciale, qui s'est fondée dans son sein, il y a deux ans à peine, — quoique les travaux qu'elle a accompli et les services qu'elle a rendus semblent lui donner plus d'âge, — d'avoir été la promotrice et l'organisatrice de cette œuvre utile à tant de titres.

Dans ces salles décorées de cartes, de plans, d'ouvrages, d'instruments, de collections, d'échantillons de tous genres, le commerçant et le savant vont se rencontrer : ils se souhaiteront la bienvenue, ils comprendront que désormais ils doivent mettre en commun, l'un son expérience, puisées dans une longue habitude des choses du haut commerce, l'autre sa science, péniblement acquise dans de patientes recherches ou de dangereuses explorations pour arriver appuyé l'un sur l'autre à des résultats certains et féconds.

La jeunesse des diverses écoles, à qui du reste les portes de cette belle exposition ont été si libéralement ouvertes, y viendra puiser l'amour de cette science géographique qui sert d'appui à tant d'autres.

« Si l'on considère la géographie comme science, dit l'auteur de remarquables articles que publie en ce moment, sur l'exposition, le journal *la Gironde*, « il est difficile d'assigner des limites à son vaste domaine. Envisagée seulement au point de vue du contingent et du secours qu'elle peut apporter à « la production commerciale en général, elle comprend une immense variété « de sujets qui doivent la faire partager en un certain nombre de divisions. « En réalité, l'étendue de cette branche de nos connaissances embrasse tout « ce qui concerne l'état et la condition naturelle et artificielle du globe. Que « de connaissances s'appuient sur la science géographique! histoire, politique, « ethnographie, science nautique, art de la guerre sur terre et sur mer, « sciences naturelles, autant d'objets qui ne peuvent en être séparés, sans « compter un grand nombre d'autres branches des connaissances humaines qui

« s'y rattachent de la façon la plus intime. Quant au commerce, quant à l'in-« dustrie ils reposent tellement sur la science géographique, qu'en dehors « d'elle ils n'offriraient que le cahos.

« Comprise largement, la géographie, en dehors des avantages qu'elle « assure, et que chacun connaît, développe considérablement les idées, « élargit les aperçus, fortifie l'intelligence, l'élève même au-dessus de l'es-« pace et permet à l'homme d'embrasser d'un regard l'immense étendue du « globe. Chacun étudie ainsi la constitution physique de la terre, ses produc-« tions innombrables, ainsi que les peuples qui se sont partagé la possession « de la surface terrestre; l'homme entrevoit enfin l'humanité entière. »

Il ne nous est pas possible de faire parcourir, même rapidement, à notre lecteur, ces salles si bien remplies de choses géographiques du plus haut intérêt, l'espace qui nous est réservé dans ces pages ne nous le permet pas et d'ailleurs la plume est impuissante à décrire ce qui a été fait spécialement pour parler aux yeux ; contentons-nous donc de citer au hasard.

Voici les cartes commerciales dressées par les soins de la Société commerciale de Bordeaux et qui lui ont justement mérité une mention spéciale au grand Congrès géographique de 1875, puis le nécessaire métrique de M. Duru ainsi que sa boîte d'arpentage, ingénieux appareils plusieurs fois récompensés: déjà les écoles d'agriculture, les fermes-écoles, les écoles normales primaires, les écoles régimentaires en ont été munies par les soins du gouvernement. Ici c'est le magnifique atlas de la mer, ou monde aquatique exposé par M. Chaigneau, à côté la sphère de M. Chaumas, avec la bouée Roturier.

La salle d'ethnologie renferme la collection de conchyliologie commencée dès 1853, par le P. Montrouzier, l'apôtre infatigable de la Nouvelle-Calédonie. Dans cette vitrine, se trouve toute une révélation de la vie sauvage dans la Guyane hollandaise; dans cette autre vitrine, est exposée la collection de silex de M. E. Lalanne, chercheur infatigable, aussi modeste que savant.

Mais, passons; voici les collections d'armes, d'instruments de pêche, des poteries, des peintures, des vêtements, que sais-je encore, de tous les peuples du monde. Ce sont MM. de Chasteigner, Th. Malvezin, Berchon, Gassies,

Dulignon, Desgranges, Campredon, Bailby, T. Hubler, Surcaud, Descamps, Ambroise Lines, de Perry, qui ont apporté là tous leurs trésors.

Aussi, comme la foule afflue dans la rue Vital-Charles, comme elle se presse autour de ces vitrines ! On lit les étiquettes mises sur chaque objet ; on s'interroge, on se répond, on s'instruit mutuellement et chacun en rentrant chez soi peut ajouter à son actif quelques connaissances de plus.

« Dernièrement, les élèves de l'institution nationale des sourdes-muettes « ont visité les galeries sous la direction de leurs professeurs. M. Gassier, « président de l'exposition, s'est trouvé un moment fort embarrassé; sa bonne « volonté, pourtant si étendue, était paralysée. Comment fournir à ces jeunes « filles, privées de l'ouïe et de la parole, les explications dont elles parais- « saient avides ? Et pourtant leur infirmité même les rend plus intéressantes ! « Les jeunes filles se sont rangées alors en longues files devant lesquelles, tout « près des galeries, se sont placées les religieuses. Le directeur donnait ses « explications en passant devant les divers lots et les religieuses s'adressant « aux yeux des enfants, leur transmettaient ces explications dans le langage « mimique.

« Il y avait quelque chose d'intéressant et d'attendrissant à la fois dans cet « exercice. Qu'on s'imagine des centaines de petites mains, levées tour à tour « ou simultanément le long des galeries et décrivant cette variété de mouve- « ments qui constitue le langage des sourds-muets ! »

Félicitons donc la Société de géographie commerciale de Bordeaux, d'avoir organisé cette belle fête de la science, et comme le but qu'elle poursuit est le nôtre, et que la communauté des sentiments nous unit, joignons-nous à elle pour remercier tous les hommes spéciaux qui, répondant à son appel, lui ont libéralement offert le concours de leur bonne volonté et de leurs précieuses collections.

P. Tournafond.

La Statue de Pierre Balguerie, à Bordeaux. — Dans un de ses derniers numéros, le *Figaro* raconte l'anecdote suivante :

« David (d'Angers) faisait partie de la Constituante en 1848. Un jour, dans le sein de la Commission chargée de rechercher les meilleurs moyens d'organiser le travail, le célèbre sculpteur prit la parole et, préchant assez naturellement pour son art :

« — Je demande, dit-il, qu'on décrète une double rangée de statues à dresser aux Champs-Elysées depuis les chevaux de Marly jusqu'à l'Arc-de-Triomphe ; 150 statues de chaque côté, total : 300.

« — Trois cents statues de grands hommes ! répondit avec un sourire Armand Marrast : eh ! cher collègue, laissez d'abord à la France le temps de faire trois cents modèles !

« Armand Marrast avait raison quant au nombre, mais David n'avait pas tort quant à l'idée. »

Nous ne sommes pas tout à fait de l'avis du spirituel rédacteur du journal que nous avons cité et nous croyons — l'orgueil national nous aveugle-t-il ? — qu'en cherchant bien il ne serait peut-être pas si difficile de trouver ces trois cents modèles. Quand est-ce que la France a manqué d'hommes, dévoués cœurs et biens à la patrie, à l'humanité, à la science !

Voici que Bayeux, plus heureuse qu'Esope et Diogène, vient de trouver son homme : c'est le savant archéologue de Caumont; Caen a aussi découvert le sien dans le célèbre géologue Elie de Beaumont; le Creusot a M. Schneider, et la Société de sauvetage et de naufrages le contre-amiral Béhic, qui lui a légué toute sa fortune, 500,000 francs.

Bordeaux, la grande cité commerçante n'avait que l'embarras du choix ; mais, parmi tant d'enfants illustres, il en est un qui avait forcément sa place marquée à la tête de tous les autres, et elle lui a été justement gardée.

Pierre Balguerie est né en 1778 d'une honorable famille bordelaise que la crise commerciale, résultat fatal de la lutte soutenue par la France contre les puissances coalisées, avait totalement ruinée.

Agé de quatorze ans à peine, le jeune Balguerie entra en qualité de petit commis chez un riche négociant. Sa figure franche et ouverte, son caractère simple et toujours égal, son amour du travail l'ont bientôt mis en relief, et en l'année 1805 il est placé à la tête de cette même maison qu'il a su faire grandir et prospérer.

Cette même année, il épouse la fille d'un négociant allemand établi à Bordeaux, Stuttemberg, et joignant au commerce des toiles celui des vins, il ne tarde pas à devenir un des notables commerçants de sa ville et l'un des plus riches armateurs de l'Europe, à ce point qu'il peut mettre quarante transports au service du roi d'Espagne lors de l'émancipation américaine du sud. Quelques années plus tard, 1820, il fonde une maison au Havre pour le commerce des cotons, achète à Floirac une vaste propriété.

Quel usage va faire d'une fortune aussi considérable cet homme qui, il y a quelques années, remplissait dans un magasin les plus humbles fonctions !

Il dotera sa ville natale, sa province de monuments utiles et d'institutions fécondes et quand, âgé de quarante-six ans à peine, il mourra, usé par les travaux auxquels son activité dévorante n'a jamais voulu donner un moment de relâche, il aura fondé une banque et une caisse d'épargne à Bordeaux. y

aura achevé ce magnifique pont de dix-sept arches monumentales qui, déclaré d'utilité publique dès l'année 1676, n'avait pu encore être terminé, enfin, fondé un *entrepôt réel* des marchandises, édifice indispensable à tout port de commerce actif.

Mais son action s'étend plus loin : il patronne de ses capitaux la construction de ponts en pierre à Libourne, à Bergerac, à Aiguillon, à Agen, à Moissac.

Pendant que ces ponts s'achèvent, Balguerie fonde une compagnie de bateaux à vapeur pour le remorquage des navires et le transport des voyageurs de Bordeaux à Royan, perce pour l'embellissement de sa chère ville l'avenue de Paris qui en est sans contredit l'un des plus beaux monuments, construit l'établissement de bains des quinconces, crée une compagnie de fonderie et de construction de machines à vapeur et introduit ainsi dans son département l'industrie métallurgique, commence l'assainissement et la mise en culture des dunes stériles du département des Landes qu'il veut sillonner par des routes, des voies ferrées et des canaux de desséchement et d'irrigation, mais la mort qui vient tout à coup le surprendre s'oppose à l'exécution de ces projets aussi vastes que féconds, et Balguerie, président du Conseil général de la ville de Bordeaux, directeur de la Caisse d'épargne, membre du Conseil municipal, membre du Conseil général du commerce à Paris, membre de la Chambre de commerce à Bordeaux, administrateur de la compagnie des ponts de Bordeaux et de Libourne, directeur de la Compagnie des Cinq ponts, administrateur de la fonderie et des bains publics, directeur de la Compagnie des dunes, négociant et armateur de premier ordre, grand propriétaire, riche capitaliste, — s'éteint à Bagnères-de-Bigorre, le 19 août 1825.

Mais le grand mérite de Balguerie, celui qui détermine la Société de géographie commerciale à Bordeaux à demander par l'organe de son savant et infatigable secrétaire M. P. Foncin, au Conseil municipal, qu'une statue lui soit élevée sur l'une des grandes places de la cité, c'est d'avoir su employer sa fortune en œuvre utiles à tous, d'avoir compris les merveilles que peut accomplir l'esprit qui nous rassemble tous ici, messieurs, — c'est M. Foncin qui termine devant ses collègues le panégyrique de Balguerie — l'esprit d'association. Remarquez en effet qu'il eut toujours soin dans toutes ses grandes entreprises d'unir à ses efforts ceux de ses concitoyens. L'union des capitaux, l'union des volontés, l'union des intelligences, l'union des cœurs; là est le secret des grandeurs de notre époque. On le soupçonnait au début de ce siècle. Pierre Balguerie a la gloire de l'avoir deviné un des premiers.

P. Tournafond.

Commerce de la France. — De documents statistiques récemment publiés il résulte que le mouvement commercial de la France pendant le premier semestre de cette année a été d'une valeur de 3.580,703,000 francs; le premier semestre de 1875 n'avait donné qu'une valeur de 3 milliards 518,000,000 fr.

Les importations se sont élevées, du 1er janvier au 30 juin 1876, à 1 milliard 811,057,000 fr., et les exportations à 1,769,646,000 fr.

Ces chiffres se décomposent comme suit :

Importations	1876	1875
Objets d'alimentation	398.704.000	328.400.000
Produits naturels et matières nécessaires à l'industrie	1.072.204.000	1.006.435.000
Objets fabriqués	254.329.000	224.718.000
Autres marchandises	85.820.000	80.931.000
Total	1.811.057.000	1.640.484.000
Exportations		
Objets fabriqués	968.920.000	1.029.281.000
Produits naturels, objets d'alimentation et matières nécessaires à l'industrie	715.568.000	758.205.000
Autres marchandises	85.158.000	90.696.000
Total	1.769.646.000	1.878.182.000

D'après les chiffres qui précèdent, le mouvement général du commerce pendant les six premiers mois de 1876 présente donc un surplus de 62 millions de francs sur la période correspondante de 1875 ; malheureusement cette augmentation est plus que compensée par la disproportion signalée cette année-ci entre les exportations et les importations.

A la fin du mois de juillet 1875, les exportations surpassaient de 237 millions les importations ; or, à la fin de juin 1876, les exportations sont, au contraire, de près de 41 million et demi au-dessous des importations ; c'est donc, en résumé, une perte de plus de 278 millions pour l'année courante.

Cette situation inspire ces réflexions au *Journal du Commerce maritime* :

« Tandis que l'étranger n'hésite pas à nous faire un crédit qui n'a encore jamais été atteint, le commerce français restreint ses livraisons à l'extérieur d'une quantité qui n'est pas moindre de 107 millions de francs.

« Nous croyons cependant que le commerce français agit sagement dans les circonstances actuelles en usant de la plus extrême circonspection. L'important n'est pas d'entreprendre beaucoup, mais de réaliser de bonnes affaires. Tant que les circonstances resteront ce qu'elles sont, on ne devra chercher qu'à équilibrer d'une manière générale les exportations et les importations, de façon à n'avoir en fin d'exercice aucune soulte d'argent à fournir à l'étranger. Il est très-important que la liquidation puisse se faire de part et d'autre par l'échange de marchandises pour des valeurs correspondantes. »

Le Tunnel de la Manche. — Tandis que, du côté de la France, on a commencé à creuser le tunnel; que, déjà, un puits d'essai traverse le banc de craie dans une épaisseur d'environ cent mètres, et que l'on se prépare à ouvrir la galerie d'exploration, les deux comités français et anglais arrêtent les conditions de l'exploitation de la voie sous-marine.

La propriété du tunnel sera divisée par moitié de la longueur, c'est-à-dire que chaque Compagnie possèdera la moitié du parcours, calculé d'une rive à l'autre, à marée basse. Les dépenses de chaque tronçon resteront afférentes à chaque pays. L'exploitation se fera en commun entre la Compagnie française du chemin de fer du nord, d'une part, et les deux compagnies du South-Eastern et du Chatam, qui ont chacune une voie directe de Londres à Douvres. Le matériel de tous les chemins de fer français et anglais passera par le tunnel afin d'éviter les dépenses et les délais de transbordement.

Déjà, en France et en Angleterre, comme on le sait, les Compagnies de chemins de fer se prêtent mutuellement leur matériel, et la marchandise passe d'une ligne à l'autre sans changer de wagon. Un compte de cet échange de matériel est tenu, et, chaque année, les Compagnies établissent ce que l'une peut devoir à l'autre pour frais de location, si les prêts n'ont pas été égaux. Une convention d'échange semblable sera établie entre toutes les Compagnies anglaises et les Compagnies du continent.

Telles sont les bases de la convention projetée. Mais le tunnel appartiendra à ses fondateurs, parmi lesquels les trois Compagnies Chatam, South-Eastern et Nord-Français tiennent le premier rang. Au bout de trente ans, les deux États pourront prendre possession de la propriété du tunnel à certaines conditions.

L. V.

Mouvement des voyageurs entre Douvres et Calais. — On lit dans la *Liberté* du 7 août :

« Notre correspondant nous écrit de Calais, 7 août :

« Le mouvement des voyageurs entre la France et l'Angleterre, par Calais et Douvres, pendant le mois de juillet dernier, a été de 20,588 passagers, et, pendant les sept premiers mois de cette année, de 103,608 passagers.

La nouvelle ligne de fer de Calais à Dunkerque sera ouverte aux voyageurs le 10 août courant.

Le service de nuit entre Londres et Paris, par Douvres et Calais, a commencé mercredi dernier; il transporte dépêches et voyageurs de Londres à Paris en moins de dix heures, ce qui permet de comprendre à Paris, dans la première distribution, la correspondance anglaise.

Le navire à double coque *Castalia*, supprimant le mal de mer, continue son service entre Calais et Douvres avec succès; à chaque traversée, il amène des centaines de voyageurs.

L'ambassade marocaine, composée de quatorze personnes, vient d'arriver à Calais par le paquebot spécial *Wave*, et est partie par le train-poste arrivant ce soir à Paris.

L. V.

Angleterre. — Il résulte du rapport du département vétérinaire du conseil privé que l'importation des animaux étrangers dans la Grande-Bretagne a été beaucoup plus considérable en 1875 que l'année précédente. Il y a eu une augmentation de 70,409 dans le nombre des bœufs et des vaches, et de 228,187 dans celui des moutons; mais on constate une diminution de 42,240 dans l'importation des porcs.

Angleterre. *Population.* — D'après le rapport du *Registrar general*, le nombre des naissances dans le Royaume-Uni pendant le trimestre finissant le 30 juin 1876 a été de 296,350, tandis que celui des décès n'a été que de 171,082. On en conclut à une augmentation de la population de 125,268.

Le total de la population résidente du Royaume-Uni, au milieu de l'année 1876, est de 33,093,439 habitants, ainsi répartis : Angleterre et pays de Galles, 24,244,010 ; Ecosse, 3,527,811 ; Irlande, 5,321,618.

L'accroissement de la population dans l'Angleterre proprement dite a été plus considérable que d'ordinaire; il est attribué à l'excédant des naissances sur les décès, ainsi qu'à la diminution de l'émigration.

Chemins de fer anglais. — Les voies ferrées exploitées dans le Royaume-Uni (Angleterre, Ecosse et Irlande), à la fin de 1875, forment un ensemble de 16,658 milles, sur lequel le nombre des voyageurs pendant l'année, non compris les porteurs de billets d'abonnement, n'a pas été moindre de 506,975,234.

Les recettes brutes des diverses lignes ont monté à 61,237,000 liv. sterl. (1,520,925,000 francs), qui se décomposent comme suit :

Transport de voyageurs : 25,714,681 liv. sterl. (642,867,025 francs).

Id. marchandises : 33,208,072 liv. sterl. (830,201,590 francs).

Loyers, péages, etc. : 2,254,247 liv. sterl. (56,356,175 francs).

Les recettes nettes ont été de 28,016,272 liv. sterl. (700,406,800 francs), ce qui donne une proportion de 4.45 sur le capital total versé, lequel s'élève à 630,223,404 liv. sterl. (15,755,587,350 francs).

La statue de Livingstone. — La statue que les compatriotes du célèbre missionnaire-voyageur de l'Afrique équatoriale, le docteur Livingstone, ont résolu d'élever à sa mémoire, est terminée. Elle sera inaugurée le 15 de ce mois, à Edimbourg, sa ville natale, sur une des places principales, à quelques mètres à l'est du *Scott Monument* (monument écossais.)

Héligoland. — Cette île, située dans la mer du Nord, à 13 kilomètres des côtes du Holstein, au nord des bouches du Weser et au nord-ouest de l'embouchure de l'Elbe, est un exemple frappant du travail que les eaux de la mer accomplissent dans ces parages et qui menace les flots qui y sont épars d'une destruction inévitable.

Le *Geological magazine* vient de publier une carte de Héligoland, copiée d'après une ancienne carte en la possession du gouverneur actuel de l'île. Au moyen de trois teintes différentes, elle en indique les dimensions à trois époques. En l'an 800 de notre ère, Héligoland est représentée comme ayant 120 milles de circonférence; en 1300 elle n'en a que 45, et seulement 4 en 1649. Depuis elle a tellement diminué qu'elle a aujourd'hui moins d'un tiers de mille d'étendue superficielle. La diminution s'est opérée presque entièrement dans une seule direction, la mer ayant envahi 30 milles du côté nord, et 1 mille seulement du côté sud-ouest.

La marine marchande belge est en pleine décadence.

En 1836 cette marine comptait 225 navires; or le 31 décembre 1874, d'après des statistiques précises, elle ne se composait plus que de 79 navires, savoir : 25 bâtiments à vapeur de mer; 31 voiliers et 23 navires, vapeurs et voiliers, naviguant sous pavillon belge, avec des lettres de mer provisoires.

Le mouvement général de la navigation, à vapeur et à voiles, au long cours et au cabotage international, par navires de tous pavillons, était représenté pour 1874, entrée et sortie réunies, par 7,796 bâtiments, jaugeant ensemble 3,585,000 tonneaux.

Dans ce total la part du long cours à l'entrée comprend 815 bâtiments, dont 44 sous pavillon belge, c'est-à-dire seulement 5 1/2 pour 100.

La part du cabotage international à l'entrée était de 3,734 navires, dont 156, ou seulement 4 pour 100, sous pavillon belge.

A la sortie, pour le long cours et le cabotage réunis, sur un total de 3,340 bâtiments chargés sous tous pavillons, la marine belge n'est représentée que par 161, ou seulement 5 pour 100.

Ainsi, dans le mouvement total de la navigation maritime internationale de la Belgique, le pavillon belge figure, à l'entrée et à la sortie, pour 348 navires seulement, soit une proportion moyenne de 4 1/2 pour 100.

La part de la marine à vapeur y est représentée par 2,618 voyages et un jaugeage de 518,000 tonneaux pour le port d'Anvers, qui représente à lui seul la totalité du mouvement maritime de long cours et plus des 9 dixièmes de celui de cabotage. Le pavillon belge n'y a participé également que dans une proportion moyenne entre 4 et 5 pour 100.

Les pavillons étrangers qui prennent la plus large part du mouvement général de la navigation belge sont, à l'entrée et à la sortie : l'anglais, pour 3,821 navires chargés, d'un jaugeage de 2,070,000 tonneaux ; le suédois et le norvégien, 754 navires et 260,000 tonneaux; l'allemand, 708 navires et 250,000 tonneaux; l'italien, 163 navires et 75,000 tonneaux.

La navigation du port d'Ostende, qui occupe le second rang, est représentée presque exclusivement par le mouvement postal, qui donne lieu à un échange journalier de quatre voyages, aller et retour, par bateaux à vapeur du gouvernement belge et des Compagnies de chemins de fer anglais. Son exploitation peut donc être considérée jusqu'à un certain point comme en dehors du mouvement maritime purement commercial.

Les bois de la Roumanie. — Nous empruntons à l'*Economiste roumain* les détails suivants sur l'industrie du bois en Roumanie :

Les industries fabriquées dans les forêts de la Roumanie sont : la boissellerie, la fabrication des douves et la tonnellerie, le sciage du bois, la vannerie.

La boissellerie est une des industries les plus importantes de la Roumanie, à cause de l'emploi si fréquent des vases en bois chez les populations rurales. Dans les villes, on se sert, il est vrai, de vases en différentes substances, selon les besoins; mais, à la campagne, le bois remplace presque entièrement les métaux, la faïence, le verre, dans le mobilier, dans la vaisselle et dans les ustensiles domestiques; à part les articles de poterie grossière, tous les meubles des appartements, les vases à eau, baquets, seaux, coffres, fourches, pelles, fuseaux, métiers à tisser, auges, assiettes, écuelles, cuillers, bassins, etc., tout est en bois dans la maison du paysan roumain.

Ce sont les bandes de Bohémiens ou Tziganes errants qui s'occupent plus spécialement de cette industrie. Ils vont s'établir l'été dans les bois, où ils trouvent les essences nécessaires, et y travaillent jusqu'à l'hiver. Les bois les plus fréquemment employés dans cette industrie sont le peuplier, le saule, le hêtre, l'aulne et le sapin.

On débite aussi dans les forêts des pièces de charronnage et de grosse menuiserie, telles que jantes de roues, essieux, arbres de moulins, brosses de puits, croix tumulaires et autres, que les paysans transportent et vendent en gros dans les villes et les foires de la plaine.

Il y a en Roumanie, aux pieds des montagnes, environ 600 scieries qui emploient un millier d'ouvriers. Ces scieries, dont le moteur est l'eau des torrents et des rivières, sont, pour la plupart, d'une construction primitive. Elles débitent surtout des planches de sapin, au nombre de 40 environ par jour pour chaque scie. Les sapins, roulés aux pieds des montagnes, en grume, arrivent en flottant jusqu'aux scieries ; là, on les empile et on les débite au fur et à mesure des besoins.

L'abondance et les bonnes qualités du bois de chêne font que l'industrie des douves est des plus importantes.

Les douves sont employées dans le pays pour la confection des foudres et des tonneaux, qui ont quelquefois jusqu'à deux et trois cents vèdres de capacité (la vèdre vaut 15 litres 20), ainsi que pour des barils et des seaux de petites dimensions.

On rattache ordinairement ces vases avec de nombreux cerceaux en bois d'orme, de charme, de chêne, de saule et même de noisetier. Les tonneaux se confectionnent principalement dans les régions des vignobles, aux pieds des monts Carpathes.

L'exportation des douves est moins considérable qu'elle ne le serait si les voies de communication étaient meilleures dans ces parties. Sous cette condition, le commerce des bois en général prendrait en Roumanie un grand développement.

La vannerie est exercée dans les bois des collines et surtout des falaises. On emploie pour cette fabrication les jeunes pousses de saules. La vannerie de luxe n'est pas encore pratiquée dans le pays.

Ces immenses forêts de chênes et de hêtres produisent des quantités considérables de glands et de faînes. Ces fruits sont employés comme nourriture pour les porcs, qui les consomment sur place. Le fruit de l'aulne est recherché pour le tannage, de même que l'écorce des jeunes chênes et surtout du *quercus cœri*.

Le sumac des corroyeurs est cueilli aussi pour la tannerie.

Le roseau, le jonc et le scirpe sont employés pour la fabrication des nattes, industrie très-répandue en Roumanie, principalement dans le district de Prahova.

Le roseau est employé aussi pour faire des toitures, des clôtures et des engins de pêche.

Le climat de la Roumanie, très-chaud pendant l'été et froid pendant l'hiver, fournit aux bois des qualités excellentes. Ils sont durs et se conservent longtemps, et si dans les forêts on ne les trouve pas toujours dans de bonnes conditions, la faute en est au manque de culture régulière.

Quant aux dimensions, il suffit de dire qu'on trouve des chênes, des sapins et autres essences qui ont un diamètre de 2 mètres 50 et une hauteur de 16 à 20 mètres.

T. L.

Commerce de la Russie. — Au 9 juillet les recettes des douanes de l'empire russe s'élevaient à 23,468,351r., soit 2,895,940 r. de moins qu'à la même date de 1875, et 282,433 de plus qu'en 1874.

L'importation de l'or et de l'argent était de 1,814,661 r., c'est-à-dire inférieure de 1 million 626,255 r. à celle de 1875, et de 4 millions 799,638 r. à celle de 1874. L'exportation de numéraire et de métaux précieux atteignait le chiffre de 49,998,899 r., dépassant de 35,987,802 r. celui de 1875, et de 39,709,880 r. celui de 1874.

Perse. — *Voyage du colonel Valentine Baker.* — Le colonel Valentine Baker a publié récemment, à Londres, le récit d'un voyage qu'il a fait, en 1873, sur la frontière perso-turcomane, en compagnie du capitaine Clayton et du lieutenant Gill.

Ces trois voyageurs se sont rendus en Orient par Vienne et Constantinople. A Poti, sur la côte occidentale de la mer Noire ils ont pris le chemin de fer jusqu'à Tiflis. Ils ont franchi ensuite le passage de Dariel et ont visité Vladicavkas. Ils se sont embarqués à Bakou, sur la mer Caspienne et après avoir touché Lenkoran, Enzali et Mashhad-Sar, ils sont descendus à Parivale ou Gaz, d'où ils se sont rendus par terre à Astrabad et ont visité la colonie russe de Achourada. Ils ont exploré les bouches de l'Atrek et la côte voisine. Ils étaient, le 18 juillet, à Téhéran, le 18 juin, après avoir passé à Achraf, à Sari et à Friouzkouh. Pendant deux mois, deux d'entre eux sont restés à Goulhak pendant la saison d'été ou dans les montagnes de l'Alburz, où ils ont joui d'un spectacle magnifique et ont pu se livrer aux plaisirs de la chasse et de la pêche. Le dernier avait dû retourner en Angleterre, à cause du mauvais état de sa santé.

Parmi les nombreuses villes visitées par les deux voyageurs nous pouvons citer Kalat-Nadiri au centre d'une vallée entourée de montagnes. La forteresse de Kalat-Nadiri a pour murailles des montagnes de 800 à 1,200 pieds de haut, avec une escarpe perpendiculaire de 300 à 600 pieds et quelquefois plus. Elle a la forme oblongue irrégulière et mesure 21 milles de long sur 5 à 7 de large. Il y a cinq entrées à travers autant d'escarpes naturelles et étroites. Ces entrées sont fortifiées. Trois sont au nord, une à l'est et l'autre au sud. La terre qu'elle renferme est très-sèche et peut facilement servir de jardin. Le courant d'eau qu'ils ont suivi entre dans la place au sud et en sort au nord. Il y a quelques cultures au delà des travaux des fortifications. Après avoir servi à irriguer une étendue de terre considérable, le courant d'eau revient sur ses pas et fournit aux habitants la plus grande partie de l'eau dont ils ont besoin. Il existe plusieurs sources dans la forteresse et une près de la porte sud, en dehors.

Les Persans y maintiennent un bataillon de troupes régulières, quelques escadrons de cavalerie irrégulière et un certain nombre de canons. Le bataillon qui l'occupait au moment de la visite du colonel Valentine Baker et du lieutenant Gill, contenait 900 hommes. Il était arrivé depuis trois mois. 300 ont succombé en peu de temps aux ravages du typhus et les autres étaient dans une situation déplorable. Les officiers avaient tous abandonné leurs hommes et s'étaient éloignés, ainsi que les soldats qui pouvaient disposer d'une certaine somme d'argent. Mais la masse ne recevait pas de paye, 200 occupaient encore les maisons près de la porte sud et y montaient une sorte de garde ; mais ils ressemblaient à des spectres et on les voyait, çà et là étendus et mourants.

Le palais en briques du gouverneur Nadir Chah, qui tombe maintenant en ruines, est situé sur une colline au nord-ouest de la ville, à 1.500 pieds de haut.

Après une excursion à Muhammabad, à Daringa et à Téhéran, les voyageurs se sont embarqués à Enzali, à bord d'un steamer russe.

T. L.

Sibérie. — *Le nouveau chemin de fer central asiatique.* — Le correspondant du *Morning Post*, à Saint-Pétersbourg, assure que les travaux du chemin de fer de la Sibérie au Turkestan, commenceront prochainement. Le major général Besnossikoff a quitté Orenbourg pour faire le tracé de la ligne jusqu'à Tachkend. Dès qu'il aura remis son rapport, les ouvriers se mettront à l'œuvre. Il paraît que la route d'Orenbourg à Tachkend ne présente que peu de difficultés. Quant à la sécurité du chemin de fer, les Russes n'ont pas de grandes inquiétudes à ce sujet, parce que les Kirghizes ne montrent aucune opposition, bien qu'ils sachent que ce sera le dernier coup à leur indépendance ; le khan de Bokhara et l'émir de Kachgar regardent avec une horreur non déguisée, la ligne qui rendra le Syr-Daria tributaire du Volga et de la Neva. On ne s'attend pas toutefois, à Saint-Pétersbourg, à une résistance matérielle de la part de ces deux princes, et l'on espère que, dans cinq années, il sera possible de se rendre de Saint-Pétersbourg à Tachkend en quelques jours. Les communications par caravanes, qui sont devenues beaucoup plus fréquentes pendant les derniers mois et ont augmenté en importance dans des proportions considérables demandent la protection toute spéciale du gouvernement russe contre les nomades turcomans qui sont devenus plus nombreux et plus hardis.

Six compagnies d'infanterie et une *sotnia* de Cosaques, munies d'artillerie légère et de fusées, ont été chargées de garder la route de la caravane. Des sentinelles et des retranchements ont été établis à moitié chemin, entre Khiva et Krasnovodsk, dans le voisinage d'Elsboï, dans le lit desséché de la rivière. Amou, au centre des opérations. La sécurité parfaite de la route de la caravane du centre de l'Asie, est d'une importance vitale pour le commerce de la Russie avec cette partie du monde ; commerce qui a acquis un développement considérable, et jusqu'à présent, l'Asie centrale avait été le monopole exclusif des marchands anglais. L'ancien khan de Khokand, Khudajar, qui s'était réfugié, il y a un an, à la légation russe, pour demander protection, et qui avait été envoyé à Orenbourg, se rendra maintenant dans l'intérieur de la Russie, à Vladymir. Son ancien agent diplomatique, à Tachkend, est entré au service de la Russie, et a été nommé conseiller privé. En même temps, l'empereur lui a confié les insignes de première classe de l'ordre de Stanislas, avec les distinctions pour les non chrétiens, en récompense des services qu'il a rendus à la Russie pendant la guerre contre les rebelles du Khokand. Un autre sujet de Khudajar khan, qui avait été gouverneur de la province a été nommé lieutenant-colonel dans un régiment de cavalerie et a reçu l'ordre de Stanislas de seconde classe. Il a été également placé à la disposition du gouverneur général du Turkestan.

Un troisième bek a eu le brevet de major, dans la milice, comme troisième gré de l'ordre de Saint-Stanislas. Un quatrième a été décoré du même ordre. Tous ces officiers sont assurés sur les recettes du Khokand (Ferghana) d'un revenu actuel de 500, 1,000 et 2,000 roubles. L'empereur a accordé une pension à Abdourrhaman, le principal chef des khokands, qui a été contraint, après une lutte courageuse, de se rendre aux Russes et qui est maintenant interné à Orenbourg. Le général von Kauffman, qui vient de revenir de son poste de Tashkend, ne sera plus gouverneur du Turkestan que pendant trois mois. Il sera alors remplacé par le général Kasnakoff, gouverneur général de la Sibérie occidentale et qui a déjà donné de nombreuses preuves de capacité et d'énergie.

T. L.

Les Tziganes dans la Turquie d'Europe. — Venus on ne sait d'où, offrant le type particulier aux races nomades, voyageant par bandes de vingt à trente personnes, y compris les femmes et les enfants, moitié mahométans, moitié chrétiens, n'allant ni à la mosquée ni à l'église, s'établissant aux abords des villages, dans des huttes adossées à quelque remblai, très-basses, construites en branches et terre glaise, le toit à deux mètres au plus du niveau du terrain, recouvertes, à défaut de tuiles, de mottes de terre et gazonnées, tels sont les Tziganes et leurs demeures, toujours provisoires, dans les provinces centrales de la Turquie d'Europe.

Le teint de leur visage est bronzé, leurs traits sont réguliers ; les enfants grouillent tout nus dans le fumier et sur les charrettes de leurs campements. Les femmes, déguenillées, la poitrine découverte, offrent le type du dévergondage ; toutes, vieilles et jeunes, fument dans de petites pipes en terre noire et à long tuyau en roseau.

Lorsque les enfants et les femmes nous voyaient passer sur la route, ils accouraient tous nous demander quelques paras : *Tchelebi, bech paras véré jek.* On ne pouvait s'en débarrasser ; il fallait, bon gré mal gré, leur donner quelque menue monnaie.

Les hommes sont ferblantiers, étameurs, portefaix, joueurs de cornemuse et de grosse caisse, etc ; ils portent tous un turban enroulé, qui fait plusieurs fois le tour du fez. Leurs haillons sont sales et abjects ; voleurs, pillards, lorsqu'ils en trouvent l'occasion, ce sont, pour les pauvres Bulgares, des hôtes extrêmement incommodes. Ils volent furtivement, jamais à main armée.

Espagne. — *Manifeste réclamé aux bâtiments étrangers.* Le ministère de l'agriculture et du commerce de France croit devoir rappeler aux armateurs et capitaines de navires français se rendant en Espagne, même sur lest, qu'ils doivent être porteurs d'un manifeste visé par l'autorité consulaire espagnole ou, à défaut par l'autorité locale, le maire du point de départ, sous peine d'encourir une amende de 1,000 pesetas (1,080 francs).

Fondation en Algérie d'un établissement agricole à l'aide des enfants assistés. — La première réunion du Comité d'honneur fondé pour aider de son influence à la fondation en Algérie d'un établissement agricole à l'aide des enfants assistés de la Métropole a eu lieu, jeudi soir 3 août, au siège de la Société de géographie commerciale, 24, galerie Colbert.

Dans cette séance, le bureau de ce comité a été nommé au scrutin secret et a été composé ainsi qu'il suit à l'unanimité des voix : Président, M. de Quatrefages, membre de l'Institut.

Vice-présidents : MM. E. Cortambert, bibliothécaire de la section géographique de la bibliothèque nationale ; Foucher de Careil, sénateur ; Ménier, député.

Secrétaires : MM. Jules Gros, secrétaire de la Société de géographie commerciale et secrétaire de la rédaction à l'*Explorateur* ; Pigeonneau, professeur d'histoire et de géographie au lycée Louis-le-Grand.

Assesseurs : MM. Gauthiot, rédacteur au journal des *Débats* ; marquis Ludovico de Beauvoir, Ch. Hertz, secrétaire général de la Société de géographie commerciale et directeur de l'*Explorateur.*

Agent général : M. Boutard, promoteur de l'œuvre.

La nomination d'un trésorier a été ajournée ; mais il a été décidé que tous les fonds, au fur et à mesure qu'ils seraient recueillis, seraient déposés à la caisse de crédit industriel et commercial.

L'assemblée a décidé qu'en raison des vacances elle ne se réunirait pas avant le 15 octobre, mais, en attendant, elle a délégué ses pouvoirs à son bureau et à son agent général.

J. G.

Algérie. — *La concession des terrains à alfa au chemin de fer d'Arzew à Saïda.* — La limite ouest des terrains à alfa concédés à la Compagnie Franco-Algérienne partira de l'embouchure de l'Oued-Hammam dans le chott Chergui ; elle suivra le thalweg de l'Oued-Hammam jusqu'au confluent de l'Oued-Nouala, l'Oued-Nouala jusqu'au Djebel Béguira, et enfin une ligne partant du Djebel Béguira et suivant le faîte séparatif des eaux de la Mekerra et aboutissant à Daya.

La limite nord de la concession suivra, en partant de Daya, la ligne des points culminants des crêtes depuis Daya jusque vers Taoudmout, puis la ligne de partage des eaux de la Méditerranée et des chotts depuis Taoudmout

jusqu'à la rencontre de cette dernière ligne avec le chemin d'Aïn-Guétifa à Frendah.

La concession comprend en outre une enclave de terrains à alfa, situés au nord de la ligne de partage des eaux de la Méditerranée et des chotts entre le Djebel Chaala et Madéna, telle que cette enclave a été définie dans les procès-verbaux et plans des commissaires de la délimitation.

La limite Est de la concession sera formée par le chemin de Guétifa à Frendah.

La limite sud sera formée par la rive nord des chotts de Guétifa jusqu'à l'embouchure de l'Oued-Hammam.

La Compagnie Franco-Algérienne aura le privilège exclusif de l'exploitation de l'alfa sur toutes les surfaces des terrains renfermés dans le périmètre ci-dessus défini.

Algérie. — *Les écoles dans l'intérieur.* — Nous n'avons pas encore sous les yeux la statistique de l'instruction publique pour l'année scolaire qui va finir. Mais déjà les renseignements qui nous parviennent nous permettent de constater un nouveau progrès très-sensible sur l'année précédente, principalement parmi la population scolaire des villages. Dans beaucoup de centres, le nombre des enfants fréquentant les écoles s'élève au cinquième de la population totale européenne, proportion que l'on ne rencontre, croyons-nous, dans aucun autre pays.

Généralement, ces écoles sont bien tenues, et les communes s'imposent des sacrifices considérables, eu égard à leurs ressources modestes, pour assurer tous les bienfaits de l'éducation ; quelques-unes, qui n'ont pas encore de bâtiments spéciaux d'école, louent même à des taux fort élevés les locaux où elles sont installées.

C'est là une situation qui ne peut avoir qu'un caractère provisoire, et les ressources dont le Gouvernement espère être à même de disposer après la révision des biens domaniaux, lui donneront les moyens d'accorder aux communes mal partagées jusqu'ici, des subventions territoriales qui les mettront à même de faire édifier leurs écoles et d'accroître leurs revenus du prix des locations qu'elles sont actuellement obligées de payer.

Un autre fait qui, à côté du nombre des enfants, frappe vivement les voyageurs parcourant les villages de l'intérieur, est leur parfait état de santé et leur vigueur précoce.

Cette santé florissante des enfants prouve combien l'état hygiénique s'améliore partout où n'existent plus des causes permanentes d'insalubrité, et leur nombre est une démonstration palpable de la possibilité de l'acclimatement des Européens, que rendrait encore bien plus facile l'observation, surtout au début, de bonnes habitudes hygiéniques.

Mouvement de la navigation en Algérie. — Le mouvement de la navigation sur les côtes d'Algérie a donné, pendant le deuxième trimestre 1875 les résultats suivants :

A l'entrée, 2,623 navires jaugeant 368,404 tonneaux :
A la sortie, 2,408 navires jaugeant 366,553 tonneaux :
Alger occupe, au point de vue du tonnage, le premier rang à l'entrée et à la sortie ; en ce qui concerne le nombre des navires, c'est Oran qui occupe le premier rang et Bône le second : Alger ne vient qu'en troisième ligne.

Voici le mouvement des entrées et des sorties :

ENTRÉES

Alger	393 navires jaugeant		102.459 tx.
Oran	582	—	—	99.830
Bône	455	—	—	95.625
Philippeville	330	—	—	73.267
Bougie	74	—	—	23.432
Djidjelly	105	—	—	20.314
Collo	96	—	—	11.268
Dellys	38	—	—	8.773
La Calle	232	—	—	8.421
Arzew	28	—	—	6.815
Mostaganem	20	—	—	5.984
Nemours	33	—	—	5.103
Ténès	53	—	—	2.284
Cherchell	23	—	—	2.052
Mers-el-Kebir	21	—	—	1.177
Stora	101	—	—	1.430
Total	2.623 navires jaugeant		368.404 tx
Alger	400 navires jaugeant		112.734 tx
Oran	570	—	—	99.019
Bône	432	—	—	94.671
Philippeville	316	—	—	72.894
Bougie	76	—	—	23.873
Djidjelly	105	—	—	22.314

Collo	95	— —	11.267
Dellys	38	— —	8.773
La Calle	101	— —	7.560
Arzew	26	— —	7.467
Mostaganem	30	— —	5.908
Nemours	68	— —	5.477
Cherchell	22	— —	2.860
Ténès	53	— —	2.272
Mers-el-Kebir	23	— —	1.273
Stora	44	— —	922

Total....... 2.408 navires jaugeant 366.553 tx.

Les Oasis de la vallée du Nil. — Cette contrée étroite et sinueuse où coule le Nil depuis la mer jusqu'aux cataractes de Syène, est de toute part entourée de déserts. A l'est jusqu'à la mer Rouge, ce sont des plaines accidentées, sablonneuses, qui rappellent l'Arabie ; à l'ouest l'immensité du Sahara. Cependant ces solitudes, que n'atteint pas l'inondation et où les vents brûlants du kamsin et du simoun soulèvent des nuages de sable qui ensevelissent parfois les caravanes, ne sont pas complètement inhabitées.

Là où des sources ont jailli du rocher, elles ont donné la vie au désert, de la terre végétale s'est formée et des bouquets de palmiers, de sycomores sont venus ombrager le sol, qu'on a pu livrer à la culture. On rencontre plusieurs de ces îles de verdure ou oasis dans le désert Lybique : celle du Fayoum, au sud des curieuses pyramides de Sakhara, de Dachour et de Mheïdoun ; l'oasis *Parva* ou Petite-Oasis ; l'oasis de Farafrek ; celle de Siouah, l'Ammonium des Anciens, qui est à 7 ou 8 jours de la Petite-Oasis ; la grande oasis de Thèbes ou d'El-Kargeh, près de laquelle périt l'armée de Cambyse ; enfin, le Wahel-Garbi ou l'oasis de Dakhleh.

Le Fayoum est le mieux connu de tous ces petits pays, qu'Hérodote appelait les « Iles des Bienheureux » ; on s'y rend davantage, sans doute parce qu'étant peu éloigné du Caire, il est d'un accès moins difficile et aussi parce que le souvenir des grands travaux qui s'y rattachent (Labyrinthe, lac Mœris), offre un attrait de plus aux voyageurs.

C'est ce curieux pays qu'a exploré le savant botaniste anglais, le docteur P. Ascherson, dont nous avons rapporté les découvertes scientifiques dans notre n° 70, page 589.

Abyssinie. — Selon le *Newspaper of Aden*, les hostilités ne seraient pas complétement terminées entre l'Egypte et l'Abyssinie ; il n'y aurait même qu'un armistice, la paix n'ayant pas été conclue d'une manière définitive.

Pendant cette trêve, les troupes égyptiennes s'occupent à creuser des tranchées afin de défendre les détachements restés pour garder les frontières. Le roi Jean aurait vu ces travaux d'un mauvais œil, et, fondant à l'improviste sur les Egyptiens, il aurait détruit ces fortifications et fait éprouver des pertes très-graves aux troupes chargées de les garder.

Madagascar. — *Le roi Laymérisa.* — Dans une lettre sur Madagascar (côté ouest) et sur les mœurs et coutumes des Salkalaves, que publie le *Sémaphore*, nous trouvons des renseignements intéressants sur le roi Laymérisa et sa famille.

La province de Péhérogue, où se trouve situé Tuléar-Bay, est actuellement placée sous la domination du roi Laymérisa.

Son règne date de l'année 1849 et son avènement fut retardé de seize années par l'usurpation d'un oncle qui s'empara du pouvoir à la faveur de l'extrême jeunesse de Laymérisa ; celui-ci, relégué dans l'intérieur, ne reparut qu'à la mort de l'usurpateur et dut alors à soutenir contre ses cousins une lutte acharnée pour entrer en possession du trône héréditaire. Parmi les rivaux qu'il eut ainsi à combattre, il s'en trouva un qui a laissé après lui un sinistre renom de cruauté ; c'est lui qui présida au massacre de l'équipage du navire *La Grenouille*, de Marseille, que des vents contraires avaient poussé sur la côte. Son passe-temps favori consistait à se procurer le spectacle de la mort, sous les formes les plus hideuses ; tantôt il faisait ouvrir les entrailles d'une femme enceinte ; tantôt c'était un vieillard dont il tranchait lui-même la gorge et dont il recueillait le sang pour s'en barbouiller la face et se raser plus facilement.

Dans une rencontre avec la tribu commandée par Laymérisa, ce monstre fut atteint par une balle perdue et son cadavre fut abandonné, sans sépulture, dans un fortin, où il devint la proie des chiens errants ; les bracelets demeurés attachés au squelette servirent à le faire reconnaître longtemps après.

Laymérisa lui fit faire alors des funérailles royales ; mais tel était encore le souvenir laissé par ses crimes que, contrairement à l'usage, aucun des hommes de la tribu ne consentit à se couper la chevelure en signe de deuil.

Laymérisa est donc aujourd'hui souverain incontesté de ces contrées ; c'est un homme de cinquante ans, d'une prestance assez belle, qui se montre doué de sens et de perspicacité lorsqu'il est à jeun, ce qui ne lui arrive pas souvent. Son état le plus habituel est l'ivresse brutale et abjecte ; il y reste plongé, en compagnie de ses femmes, au nombre de dix, et qui s'emploient de leur mieux à abrutir leur seigneur et maître.

Elles y sont puissamment aidées par les quatre fils de Laymérisa, scélérats de la pire espèce, et par ses filles, au nombre de cinq, qui se livrent aux plus honteux déréglements.

Afrique australe. — *Guerre du Transvaal contre les Cafres.* — Nous n'avons que peu de détails sur les causes qui ont mis les armes aux mains des habitants du Transvaal et des Cafres. On apprend cependant que cette lutte a pris de sérieuses proportions et qu'elle vient d'aboutir le 14 juillet à une victoire complète des troupes de la république sur les Cafres. Mothibi, leur principale forteresse, a été prise d'assaut.

Siam. — *Progrès de la civilisation.* — Le roi de Siam fait construire actuellement une annexe somptueuse au palais qu'il habite avec sa cour. Cette annexe est destinée aux réceptions des princes et des représentants étrangers qui ne peuvent être admis dans les appartements du souverain, d'après les lois du royaume. Le roi de Siam a pris, pour l'érection du nouveau palais, l'avis des architectes de la cour, et il n'a rien épargné pour le rendre digne de la patrie des éléphants blancs.

Il tient beaucoup, d'ailleurs, à ce que les divers services publics soient très-convenablement installés. C'est ainsi qu'il a transporté dans un local vaste, bien aéré, parfaitement entretenu, le ministère des finances. Il y a dans les antichambres du directeur, des administrateurs et des bureaux, des huissiers en tenue chargés de répondre aux personnes qui se présentent et de les introduire. Il règne partout un ordre et une tranquillité qui rappellent les maisons de banque de l'Europe. Il est formellement défendu de mâcher de la noix de bétel dans les salles. Le ministère des finances est sous la direction immédiate du frère et de l'oncle du roi, assistés d'un certain nombre d'hommes versés dans les affaires et d'une honnêteté à l'épreuve. Une commission spéciale est chargée de contrôler tous les comptes du gouvernement, les estimations de fournitures, avant de les soumettre définitivement à la signature du roi. Ce monarque travaille lui-même avec plus d'activité que ses fonctionnaires. Pendant les chaleurs, il s'occupe de une heure du soir à cinq ou six heures, et reçoit ensuite souvent jusqu'à une heure très-avancée dans la nuit ses ministres et les nobles du royaume, et il discute avec eux les questions d'intérêt public. Pendant l'hiver, il déploie plus de zèle encore. Cette application soutenue au travail l'oblige de changer souvent d'air.

Près du ministère des finances se trouve la Monnaie. C'est une vaste construction dont l'outillage n'a pas d'égal dans le monde entier.

On peut y frapper une quantité illimitée de médailles et de pièces de monnaie de diverses grandeurs. Leur beauté et leur fini peuvent à peine être surpassés. Les nouvelles pièces qui doivent sortir prochainement de la Monnaie seront supérieures même à celles de l'Europe.

Les étrangers qui visitent Bangkok sont admis facilement à visiter cet hôtel. Le gouvernement a fait construire derrière la Monnaie une vaste usine où l'on pourra fabriquer toutes sortes d'objets en fer, depuis les plus petits clous jusqu'aux cuirasses d'acier des bâtiments de guerre.

A quatre-vingts mètres environ du palais se trouve l'usine à gaz, qui fournit l'éclairage aux rues et aux maisons de la ville au moyen de conduits souterrains. Le roi s'occupe sérieusement de procurer à toutes les classes de la population une eau fraîche et pure. Les eaux saumâtres et malsaines dont se servent les habitants de Bangkok occasionnent de fréquentes maladies.

Le royaume de Siam aux Expositions universelles. M. Gréhan, consul à Paris de S. M. le roi de Siam, nous adresse la lettre suivante :

« Monsieur le Directeur,

« De retour à Paris, après une assez longue absence, je lis dans un numéro de votre journal (n° 73, page 677), un petit article sur Siam où l'on dit que :

« Cet État qui n'a jamais pris part encore à aucun des concours industriels « internationaux qui se sont succédé en Europe dans ces dernières années, « va figurer à l'Exposition de Philadelphie où elle fera connaître les produc- « tions de cette contrée si imparfaitement connue encore de l'extrême « Orient ; »

Et pour affirmer davantage cette grave erreur, on ajoute :

« Nous le répétons, c'est la première fois que Siam sera représenté à une « exposition universelle. »

« J'aurais trop beau jeu, Monsieur le Directeur, pour réfuter cet article, mais je préfère vous offrir un exemplaire d'un petit ouvrage sur Siam que j'ai publié d'après le désir de l'Empereur et de S. M. le Roi de Siam à la suite de l'Exposition de 1867 ; vous y trouverez la liste des récompenses obtenues non-seulement pour l'Exposition universelle à Paris, mais aussi celles décernées après l'Exposition maritime internationale du Havre en 1868 ;

« Je ne vous dis rien des nombreux articles qui ont été publiés par la presse entière sur ces expositions où les nombreux objets envoyés par le roi de Siam ont figuré avec succès.

« Je compte, Monsieur le Directeur, que vous voudrez bien insérer dans notre prochain numéro ma lettre rectificative, et je vous prie de recevoir, etc.

« Le consul de Siam à Paris,
« A. Gréhan. »

Inde. — *La question du cérémonial.* — Les Hindous sont, paraît-il, très-susceptibles en général, et dans certaines contrées ils nourrissent contre les Anglo-Hindous une haine des plus vives, parce que ces derniers refusent de les admettre à leurs soirées et à leurs bals. Cette exclusion leur paraît d'autant plus offensante et plus incompréhensible que, lorsqu'ils viennent en Europe, on leur ouvre toutes grandes les portes des salons. Rien n'est épargné pendant leur séjour : ni repas magnifiques, ni promenades, ni soirées, ni bals, pour leur faire passer le temps le plus agréablement possible. Les Hindous conçoivent une assez mauvaise opinion des femmes qui paraissent à ces réunions. Ils ont l'habitude chez eux de laisser les femmes dans l'intérieur de leurs maisons et de ne jamais les faire voyager avec eux. Les Anglo-Hindous tiennent à relever à leurs yeux la réputation de leurs propres femmes, et ils n'invitent jamais les indigènes à des réunions où elles peuvent se trouver.

Chine. — *Le commerce Européen en 1875.* — *L'Economiste français* publie un tableau montrant la part que chaque nation a prise au commerce de la Chine pendant l'année 1875.

Nationalités.	Tonnage total étrangers et cabotage.		Résidents étrang.		Valeurs totale de toutes les marchandises étrangères et indigènes à l'entrée et à la sortie.
	Entrées et sorties.	Tonnage	Nombre des maisons de comm.	Nombre des rési-. dents.	
Anglais.................	8.277	5.167.435	211	1.611	1.633.124.384
Américains.............	3.836	2.777.367	46	541	657.547.874
Français..............	239	165.551	6	311	125.295.666
Allemands.............	1.577	561.577	52	367	144.371.954
Hollandais	32	7.538	1	28	1.229.085
Danois	176	56.319	4	66	9.595.726
Espagnols . :..........	73	24.038	1	103	7.639.397
Suédois et Norvégiens..	63	23.373	2	33	3.444.506
Russes................	30	33.502	12	55	33.979.905
Autrichiens...........	11	2.228	»	36	528.342
Belges................	»	»	»	11	»
Italiens...............	»	»	2	26	»
Japonais..............	92	96.553	1	26	17.663.292
Etats sans traités.......	172	78.018	5	365	10.657.322
Chinois...............	2.411	871.439	»	»	211.992.380
Péruviens.............	5	2.703	»	»	305.920
Total.............	16.974	9.867.641	343	3.579	2.865.275.753

Ainsi nous faisons *six fois moins de commerce* en Chine que les Allemands, et sept fois moins que les Anglais; et cependant nous avons entre la Chine et la France un des plus beaux services de navigation du monde.

Chine. — *L'apprentissage de la guerre à l'Européenne.* — Sept officiers chinois, un capitaine et six lieutenants, viennent d'arriver à Berlin, où ils sont envoyés par leur gouvernement pour prendre du service dans l'armée prussienne et s'initier au système militaire de l'Allemagne.

Japon. — *Voyage du Mikado.* — Le Mikado est parti le 2 juin pour son voyage dans les provinces d'O-ou. Son absence doit durer au moins six semaines ; on pense même qu'elle se prolongera au delà de ce terme, car il est question que le souverain visite les provinces d'Oshiou, d'Etchizen et de Yetchigo, qui ne figuraient pas sur l'itinéraire projeté. On dit même qu'il poussera jusqu'à l'île de Yesso. Dans ce cas, il est bien probable qu'il ne rentrera pas à Tokio avant deux mois.

Son départ de cette ville a eu lieu avec un cérémonial inaccoutumé et un grand déploiement de troupes. Il semblait presque que ce fût une manifestation militaire à l'adresse des ambassadeurs coréens. Ce que nous avons constaté, c'est qu'en somme l'armée est aujourd'hui parfaitement organisée, et fait honneur à la Mission militaire française, qui a su faire de vrais *soldats* de gens qui n'était rien moins que cela, dans le sens que le mot a chez nous. C'était plaisir de voir défiler infanterie, cavalerie et artillerie, marchant et manœuvrant comme nos vieux troupiers.   (*Echo du Japon.*)

L'ambassade coréenne à Tokio (Japon). — Comme nous l'avons déjà annoncé, l'Ambassade coréenne est arrivée à Tokio le 29 mai par le train partant de Yokohama, à 10 heures 45 du matin; elle occupait un wagon de première classe, et les personnes de sa suite étaient dans deux autres wagons, l'un de 2me, l'autre de 3me classe.

Le cortége se composait en tout de plus de 80 personnes.

Les policemen gardaient les abords des rues, et étaient échelonnés de distance en distance sur le parcours suivi par l'ambassade, maintenant la foule qui était accourue de tous côtés pour assister à ce spectacle nouveau pour elle.

Détails assez curieux : les Coréens se sont nourris pendant toute la durée de leur traversée avec les provisions qu'ils avaient emportées. Ils avaient 70 sacs de riz, contenant environ chacun un picul, du charbon de bois et du bois à brûler, et 600 caisses de bagages, le tout calculé pour un séjour d'un mois. Cependant ils ont acheté, il y a quelques jours, 200 livres de bœuf, 100 canards, 100 poissons crus et des légumes.

Après leur déjeuner, ils dorment pendant deux ou trois heures, et jouent ensuite jusqu'à la nuit.

Ce qui a surtout frappé les Coréens, c'est, paraît-il, la grande quantité de navires de guerre et de commerce japonais qu'ils ont vu dans les divers ports où ils se sont arrêtés. Quant aux Européens, ils manifestent toujours la même répugnance, la même aversion pour tout ce qui vient d'eux. Ils paraît qu'ils n'ont pas voulu visiter la machine du navire qui les a amenés lorsqu'ils ont su qu'elle était de construction anglaise.

On prétend, mais nous ne savons jusqu'à quel point cette rumeur est fondée, qu'il y a beaucoup d'exagération dans ce que disent les Japonais de l'antipathie manifestée par les Coréens au sujet des étrangers, et de tout ce qui vient d'eux. On assure qu'il y a là un calcul politique de la part des Japonais, et que s'ils veulent propager cette créance, s'ils ont prié officiellement les Européens employés dans leurs administrations de ne pas se montrer lorsque leurs hôtes s'y présenteraient pour les visiter, c'est tout simplement par ce qu'ils tiennent à ce que ceux-ci ignorent combien ils ont encore d'étrangers à leur service. Ils veulent passer aux yeux des Coréens pour être suffisamment initiés à la civilisation européenne, et n'avoir plus besoin de ceux qui la lui ont donnée, ce qui eût été difficile à soutenir si l'on avait vu partout des étrangers.

Pauvres gens, somme toute, et que les Japonais n'ont réellement pas tor d'appeler des barbares, si l'on juge la nation par les échantillons que nous en avons eus sous les yeux, et qui probablement la flattent encore, car il est à supposer que l'on a dû choisir pour former l'ambassade parmi ce qu'il y avait de mieux et de plus convenable dans le pays. Il est juste toutefois de reconnaître que le chef a un certain air de majesté, et un regard fort intelligent derrière ses grosses lunettes de corne. Mais pour les autres, quel ensemble ! C'est une véritable mascarade.

A voir tout ce monde, on ne peut se figurer la Corée que comme un pays tout à fait misérable, et dont l'ouverture ne saurait avoir pour nous Européens d'autre intérêt que celui de la curiosité. Quant à y trouver des ressources pour le commerce et l'industrie, s'il en contient, elles sont encore bien cachées, et ce ne sont pas ses habitants qui paraissent jusqu'ici les avoir utilisées.

Iles Philippines. — La lettre de notre correspondant de Manille, datée du 12 juin dernier, n'annonce aucun changement dans le taux des espèces.

Voici les dernières cotes du change sur Paris, pour vendeurs : billets de banque à six mois, 5 fr. 03 ; à trois mois, 4 fr. 98 ; à trente jours, 4 fr. 90 ; à vue, 4 fr. 85. — Sur Londres, pour vendeurs : billets de banque à six mois, 4/0 1/2 ; à trois mois, 4 ; à trente jours, 3/11 1/2 ; à vue, 3/11 1/4 ; pour acheteurs : crédit à six mois, 4/0 3/4 ; sur titres, à six mois, 4/0 7/8 à 4/1. — Sur Madrid, à vue, 4 0/0 de prime ; sur les provinces de l'Espagne, à vue, 5 0/0 de prime. — Piastres, mexicaines ; 8 0/0 d'escompte.

Du 29 mai au 12 juin inclusivement, il est arrivé neuf navires, dont trois barques anglaises, jaugeant ensemble 1,555 tonneaux, et venant de Hong-kong, de Glasgow et de Sunderland ; deux bâtiments espagnols, de 1,104 tonneaux, venant de Singapore et de Hong-kong ; deux américains, de 2,558 tonneaux, l'un venant de la Nouvelle-Zélande. Du 31 mai au 12 juin, il est sorti six bâtiments, dont une barque française à destination de Londres, deux bâtiments espagnols pour Singapore et Hong-kong, deux anglais pour Hong-kong et un américain pour Changhaï. Il restait dans le port trente bâtiments, dont deux français, dix espagnols, neuf anglais, six américains et un italien. Trois sont sans engagement.

Le marché des principaux produits a subi les variations suivantes :

Sucre sec. — Nº 15, p. 5.87 1/2, par picoul ; extra, nº 9, p. 4.37 1/2 ; supérieur courant nº 7, p. 4 ; nº 6, p. 3.87 1/2 ; brut, nº 5, p. 3.75. Yloylo supérieur, p. 3.37 1/2 ; Cébu, p. 3 à p. 3.12 1/2. — Marché ferme.

Cassonade. — Taal, p. 2.37 1/2 par picoul ; Pangasinan, p. 2.31 1/4 ; Yloylo, p. 2.25 à p. 2.31 1/4 ; Cébu, p. 2.25. — Marché ferme.

Chanvre. — Godown courant par picoul : Quilot, p. 7 à p. 6.75. — Marché lourd.

Riz. — Pangasinan courant, p. 1.40 5/8 ; blanc, nº 2, p. 1.53 1/8 par cavan. — Marché calme.

Café. — Indien et Batangas, p. 19.50 par picoul. — Marché ferme.

Indigo. — Pas de ventes.

Peaux. — Vache, p. 14 par picoul ; buffles, p. 8.12 1/2 à p. 8.25 ; coupures, p. 9.25. — Marché ferme.

Cornes de buffle. — P. 5.50 à p. 6 par picoul. — Marché lourd.

Gomme. — Dure, p. 3,50 par picoul. — Marché calme.

Bois de Sapan. — Bonne qualité, p. 1,50 par picoul. — Marché ferme.

Nacre. — Zamboanga, p. 55 1/4 par picoul, moins 2 0/0. — Marché ferme.

Écaille de tortue. — Bonne qualité, p. 700 à p. 880 ; ordinaire, p. 550 à p. 600 ; commune, p. 380 à p. 600 par picoul. — Marché calme.

Cauris. — Pas d'arrivages.

Cigares. — Mêmes prix.

Tabac en feuilles. — Pas d'offre aux enchères publiques du 10 juin de 10,000 quintaux aux prix de p. 12 et de p. 15,44. De nouvelles enchères devaient avoir lieu le 15 juillet.

Charbon. — Arrivé depuis le 29 mai, 750 tonnes, lesquelles ont été vendues à p. 7 1/2. On attendait 2,108 tonnes de Cardiff pour le gouvernement ; et 1,459 de Newcastle (Nouvelle-Galles du sud), pour la vente.

Java. — *Une nouvelle colonie hollandaise.* — Les Hollandais ont fondé une colonie à Pedir, l'un des États importants de la côte nord de Java. Trois cents soldats y sont maintenant en garnison. L'établissement de Pédir a parfaitement réussi. Le commerce est florissant, et les autorités hollandaises paraissent être dans d'excellentes relations avec la plupart des rajahs de la côte orientale.

A Padang, dans l'île Sumatra, on a eu à déplorer une terrible inondation. Vingt-neuf personnes ont péri ; 17,000 plants de caféier ont été détruits. Les dégâts et les pertes causés par cette inondations sont très-importants.
T. L.

Batavia. — On n'a encore reçu aucune communication de M. de la Savinière, envoyé en mission scientifique à Batavia par le gouvernement français. On sait pourtant qu'il y est arrivé en bonne santé.
D^r H.

Brésil. — Nous sommes heureux d'annoncer qu'on a reçu de très-bonnes nouvelles de nos deux compatriotes MM. Gorceix et Jobet, envoyés en mission dans l'intérieur du Brésil pour le compte du gouvernement brésilien.
D^r H.

Sumatra. — *L'expédition hollandaise.* La Société allemande de géographie d'Amsterdam dispose maintenant, grâce à la libéralité de la famille royale et d'un certain nombre de maisons de banque, de la somme nécessaire pour l'expédition sur la rivière Jambie, à Sumatra. Cette expédition a été décidée à la suite d'une lettre de l'amiral de Casembroot disant que le bassin de la Jambie supérieure et de la vallée Corinthi, d'une étendue de 1,000 milles carrés allemands, se trouvait entre 1° 30' et 2° 30' de longitude sud. Il faisait remarquer que cette terre n'était indiquée que par un blanc sur les cartes les plus complètes.

M. Van Ophuizen avait remonté la Jambie en 1861, 1867 et 1869.

On savait, en outre, qu'il y avait dans les archives de Palembang des rapports et des cartes qui n'avaient pas encore été publiés, et qui pouvaient fournir des indications précieuses.

C'est à la suite de ces divers renseignements que la Société de géographie hollandaise fit un appel aux sociétés savantes et au public pour organiser une expédition sur la rivière Jambie et demanda 25,000 fr. au minimum pour une année.
T. L.

Nouvelle-Calédonie. — *Les mines.* — Le ministre de la marine vient d'être officiellement informé de la découverte de deux nouvelles mines de nickel à la Nouvelle-Calédonie. Ces mines sont aussi riches et plus importantes encore que celles déjà en exploitation.

Le nickel tient décidément le premier rang parmi les richesses de notre colonie pénitentiaire, et, comme le faisait remarquer naguère le gouverneur, contre-amiral de Pritzbuer, en ouvrant l'exposition de Nouméa, c'est là, qu'est l'avenir de la Nouvelle-Calédonie.

« Sagement exploitée», disait-il, les mines de ce métal feront la fortune du pays. Les capitaux qu'elles appelleront, les gains qui en seront la suite, influeront sur l'agriculture et l'industrie, qui se développeront à leur tour. Ces mines hâteront l'achèvement de nos voies de communication et répandront ainsi le bien-être de la civilisation d'un bout à l'autre de la colonie. »

Puis le gouvernement ajoutait : « Peut-être la délimitation de la propriété indigène aidant, le temps est-il proche où cette civilisation sera appréciée par la race kanaque, et où nous trouverons en celle-ci un concours des plus précieux. »

Chili. — *Publication de l'annuaire hydrographique.* — Le bureau hydrographique créé en 1874 par le gouvernement chilien, a fait paraître récemment son premier annuaire, sous la direction du capitaine Vidal Gornay.

Cet annuaire contient un certain nombre de cartes, de récits, d'explorations et compte 469 pages. Le premier récit est celui de l'exploration de l'archipel Chomos et de la côte voisine par le capitaine Don Enrique Simpson à bord de la corvette *Chacabino* en 1870 et en 1873 avec des appendices de botaniques et autres, un journal météorologique complet et des cartes.

Le second rapport est dû au capitaine Vidal Gornay, qui a exploré en 1874 la Maullen, rivière importante du sud du Chili, qui traverse le lac de Slanguisrue. Malheureusement, les rapides ne lui ont pas permis de continuer son voyage jusqu'au lac, mais il y a une bonne route pour les voitures jusqu'à Port-Montt, pour le transport des productions de la vallée. Un certain nombre d'Anglais et d'Allemands cultivent dans cette vallée des champs d'une étendue considérable et récoltent du froment et des légumes.

Le troisième rapport concerne deux îles isolées, San Felix et San Ambrosia, en vue des côtes de l'Amérique du Sud, par 26 degrés 9. Ces îles connues autrefois sous le nom de *Las islas desventuradas*, furent découvertes en 1574 par le pilote Juan Fernandes, le fameux navigateur qui montra le premier la direction qu'il fallait prendre dans un voyage du Pérou au Chili contre le vent sud. En 1789, ces îles furent visitées par la frégate espagnole *San Pablos*, et en 1793 par le baleinier anglais aux ordres du capitaine James Colnett, qui éprouva les plus grandes difficultés pour débarquer. Ensuite, Dumont d'Urville les aborda ainsi que Dupetit Thouars en 1842, à bord de la frégate *Vénus*. Don Léono Senoret, était en 1841 près de ces îles, à bord de l'aviso chilien *Colorolo*. Le lieutenant anglais Parkins du bâtiment *Portland* les visita en 1850, dans le but d'y rechercher du guano. Le capitaine Simpson s'y trouvait en 1868 avec la corvette Chacabino.

L'exploration des îles San Felix et San Ambrosio a été exécutée en 1874 par le capitaine Vidal Gornay, à bord de la canonnière *Conadonga*. Son rapport est une monographie très-complète de ces petites îles, avec des dessins de botanique et de géologie.

L'annuaire contient encore des notices détaillées sur divers rochers découverts ou examinés, sur des naufrages et autres accidents survenus dans une des possessions chiliennes. Les cartes sont de très-beaux spécimens de lithographie et ont été dressées à Santiago.

Le Gouvernement chilien a rendu de très-grands services à la géographie par l'établissement de ce bureau et la publication de l'annuaire hydrographique.
T. L.

République argentine. — Le nombre des émigrants pendant l'année 1875 n'a été que de 42,066 ; c'est moitié moins qu'en 1874 ; cette diminution est attribuée à l'insurrection et aux incursions des Indiens qui ont troublé quelques provinces. Mais on considère comme un symptôme favorable qu'au moins 9,828 immigrants se sont établis dans les campagnes, tandis que les années précédentes, ils avaient l'habitude de rester dans la capitale. On espère voir ainsi progresser le développement de l'agriculture dans le pays.

Les exportations ont monté, en 1875, à 50,300,000 *pesos* (251,500,000 fr.) : chiffre qu'elles n'ont atteint encore dans aucune des années précédentes, ce qui est plus du double de ce qu'elles ont été en 1870.

Amérique du Sud. — *Nouvelle ligne de steamers sur les rivières de la Bolivie.* Le colonel Georges Church, ingénieur, de New-York, s'est engagé, par un contract signé avec le gouvernement bolivien, à organiser une compagnie aux États-Unis ou en Europe, pour remonter avec des bateaux à vapeur ou d'autres bâtiments, les rivières de la Bolivie, tributaires de la Madeira, le principal affluent du fleuve des Amazones. Cette société, qui prendra le nom de Compagnie nationale bolivienne de navigation, est fondée au capital de 1 million de dollars en or, qui pourra être augmenté suivant les besoins.

Deux bateaux à vapeur de cinquante ou soixante-dix tonnes devront être placés au premier rapide de San Antonio, sur la rivière Madeira. Ils auront un tirant de 20 à 30 pouces, et pourront recevoir à bord de vingt à vingt-cinq passagers. Ils devront être facilement déboulonnés et mis en pièces afin de les transporter au delà des rapides.

Le gouvernement bolivien fournira le nombre d'Indiens nécessaire pour le transport de ces pièces, à la charge toutefois de la Compagnie.

Le gouvernement bolivien s'est engagé à s'entendre avec le Brésil pour canaliser les rapides qui peuvent exister sur le territoire de cet empire, ou pour écarter les obstacles à la navigation. Un port de débarquement et d'embarquement sera établi au premier rapide de San Antonio.

Le gouvernement bolivien cédera à la Compagnie dans les ports peuplés un quart de mille des terres de l'État pour les emplacements. Quant aux endroits où elle voudra établir des ports, elle recevra sur les rivages une étendue de terre de deux lieues de front et de deux lieues de profondeur.

Elle pourra couper dans les forêts qui n'ont pas de propriétaire privé, autant de bois qu'elle voudra pour son service et pour l'exportation. Elle aura droit en outre à huit mille bêtes à cornes prises dans les troupeaux de l'État, dans le département de Beni. Elle recevra en outre 10,000 dollars en or, le jour où le premier steamer marchera sur les eaux de la Mamore.

Pendant vingt-cinq ans, il ne pourra être prélevé aucun impôt de douane sur les marchandises sortant de la Bolivie par le fleuve des Amazones. Le gouvernement prélèvera cependant des droits sur les marchandises à l'entrée, d'après les mêmes tarifs usités ou à peu près usités dans les ports de l'océan Pacifique. Les trois quarts des droits seront remis comme subvention à la Compagnie nationale. Toutes les embarcations qui se trouveront dans les eaux de la Compagnie lui payeront un droit fixe pour le tonnage.

Le gouvernement bolivien pense que la circulation des bateaux à vapeur sur les cours d'eau de son territoire communiquera une vigoureuse impulsion au commerce et à l'industrie, et engagera un grand nombre d'étrangers à venir s'y établir.   T. L.

Amérique du Sud. — *Province de Tucuman.* — La province de Tucuman a une superficie de 29,000 carrés et compte 109,000 habitants.

Elle est après Buenos-Ayres l'une des provinces les plus populeuses de la république.

Le recensement de 1869 n'avait accusé que 351 étrangers; il y en a maintenant plus de 2,500. Sur une étendue de 200 milles du nord au sud, le pays est arrosé par la Salé et trente affluents. Près de Tucuman le terrain vaut comme achat 5,000 francs l'acre, ou 30 shillings pour le fermage; mais les propriétaires préfèrent donner aux colons des fermes à moitié.

A Monteros, les colons trouveraient beaucoup plus d'avantages qu'à Tucuman. Cette province n'offre pas les mêmes avantages que Santa Fé pour former des colonies d'agriculteurs. Il n'y a pas de terres publiques, et les propriétaires particuliers ne croient pas aux colonies parce qu'ils retirent de grands profits du système actuel. Néanmoins les familles européennes accoutumées à l'agriculture peuvent toujours obtenir des conditions favorables des propriétaires de vastes domaines. Les départements ruraux varient de 20 à 80 milles de distance de Tucuman et plusieurs d'entre eux sont traversés par le nouveau chemin de fer de Cordoba à Tucuman.

Le sol est d'une fertilité incomparable. On y récolte principalement la canne à sucre, le riz, le maïs, l'orge, les oranges, les pommes de terre, les melons, etc. Il y a des plantations de cannes à sucre fort importantes et qui fournissent en abondance le sucre nécessaire pour la province et les provinces voisines. Le prix du sucre est de 65 centimes et au-dessus. Le sucre hollandais sera meilleur marché lorsque le chemin de fer sera ouvert, et il n'y aura que les riches propriétaires qui pourront supporter la concurrence.

Le meilleur riz est récolté à Lules, près de la ville, mais il existe au sud des terres qui sont tout aussi favorables à cette culture. Il se vend fort cher, 65 centimes la livre.

On recueille beaucoup de tabac à Medinos et à Lules, et une partie en est exportée au Chili ou dans les provinces voisines. Il vaut au plus bas prix, 50 centimes la livre. Les cigares valent de 30 à 45 francs le mille. Le tabac est bon, mais mal préparé. Il est exposé à l'humidité, parce qu'on ne le place pas dans des endroits bien secs.

Tucuman est par excellence le pays des oranges. On en récolte d'énormes quantités autour de Lules, de Monteros et dans d'autres districts. On fait actuellement de grandes plantations d'orangers dans l'espérance d'en trouver un débit facile lorsque le chemin de fer sera terminé. Les oranges valent 1,25 le 100.

Les pêches, les pommes, les poires, les groseilles, les amandes, les olives sont très-abondantes dans les parties montagneuses. La vigne réussirait aussi bien à Tucuman qu'à Calamarca ou à Salta.

Les chevaux et les moutons sont rares, les vaches et les porcs sont nombreux. Un bœuf sauvage vaut 125 francs, un cheval 60 francs, un mouton 7 francs, et une vache à lait 75 francs.

Tucuman possède 36 espèces d'essence de bois, telles que le laurier, le cèdre, le noisetier, le lapacho, le bois à lance, le tala, le yuchan qui sert à fabriquer des colons et des mèches de chandelle, etc.

On compte un certain nombre de moulins, de tanneries, de scieries, de tuileries, de distilleries, de fabriques d'indigo, de magnaneries.

Les gauchos ont disparu et la province a plus besoin de cultivateurs que de marchands.

Jusqu'à présent les principaux étrangers sont les Français qui s'y sont mariés. Quelques-uns sont fort-riches, d'autres sont morts en laissant à leurs enfants des fortunes considérables. Dans les dernières années l'affluence des Italiens a été telle qu'ils ont dépassé les Français en nombre.

En 1875 le comité d'immigration a enregistré les noms de 128 Italiens, de 99 Français, de 79 Espagnols, de 12 Anglais, de 26 Allemands, soit en tout 341 personnes, dont 294 hommes, 27 femmes et 20 enfants. Tous ont trouvé des occupations à Tucuman, à l'exception de 70 qui ont été envoyés à Salta aux frais du comité d'immigration.   T. L.

États-Unis. — *Un nouveau journal géographique.* — Le club Appalachian Mountain de Boston (États-Unis) vient de fonder un nouveau journal géographique sous le titre de *Appalachia.* Il veut explorer avec méthode les montagnes de la Nouvelle-Angleterre et des régions voisines, ouvrir des passages, modifier les sommets et faire d'autres améliorations.

En outre, il veut encourager l'étude de la géographie en accueillant des communications sur la géographie zoologique et botanique, sur la géologie, la topographie, l'hydrographie, les voyages et les explorations.

Les noms des membres du Conseil, MM. les docteurs Sherry, Hunt, professeur Hitchcock, professeur Fay, Pourtalès et Nowell, sont une garantie que la science ne sera pas négligée et que d'excellents travaux seront exécutés. Parmi les articles que contient le premier numéro, nous pouvons citer : *Une nomenclature des White Mountains, avec une carte; Nouvelles formes du baromètre de montagne; Un jour sur la Tripyramid,* groupe connu dans la localité sous le nom de *Haystacks.*

T. L.

États-Unis. — *Vol d'une ville.* — Les tribunaux américains vont être saisis d'une affaire des plus curieuses. Il ne s'agit de rien moins que du vol de la ville de Meadow-Lake dans le comté de Nevada. Cette ville, qui comptait de 300 à 400 maisons, fut abandonnée, en 1865, par ses habitants parce que les mines qu'ils exploitaient dans le pays, ne leur assuraient pas un salaire assez rémunérateur.

Quelques années après, de nouveaux colons vinrent s'y établir et ils s'approprièrent, naturellement, les maisons abandonnées. Mais ces maisons, avec leurs dépendances, sont maintenant revendiquées par une compagnie qui prétend avoir reçu du gouvernement des titres de propriété en règle. Elle a rencontré la plus vive opposition de la part des occupants et elle a dû s'adresser aux tribunaux.   T. L.

États-Unis. — Le Président Grant vient de publier sa proclamation, par laquelle le *territoire* de Colorado est élevé au rang d'*État* : ce qui porte à 38 le nombre des membres de la Confédération de l'Amérique du Nord.

Ce nouvel État, qui embrasse une superficie de 104,500 milles carrés, avait été, en 1861, formé en territoire de parties détachées des États du Kansas et de Nebraska et du territoire de l'Utrah, fragments de la province du Nouveau Mexique, annexée aux États-Unis en 1848.

Sa population actuelle ne surpasse pas de beaucoup le chiffre de 40,000 habitants fixes.

États-Unis. — *Le massacre de Hamburg.* — Le 4 juillet courant, une compagnie de couleur de la milice de l'État marchait sur le long d'une des rues de Hamburg. La rue avait plus de 100 pieds de large, et la compagnie marchait par colonnes de quatre de front. Pendant sa marche elle a été accostée par deux jeunes gens blancs en tilbury, qui ont insisté pour aller droit devant eux dans la rue, sans égard pour le mouvement de la milice, et qui ont dirigé leur voiture sur la tête de colonne, laquelle, conséquemment a fait halte. Après quelques pourparlers la compagnie a cédé; elle a ouvert ses rangs pour permettre aux jeunes gens de poursuivre leur route.

Le lendemain, ces jeunes gens ont obtenu des mandats d'arrestation contre quelques-uns des officiers de la compagnie de milice, qui ont été menés au tribunal pour être jugés. Le jugement a été ajourné à 4 heures de l'après-midi du samedi 8 courant. Samedi, avant cette heure, beaucoup de citoyens blancs des environs de Hamburg ont commencé à se rassembler dans la ville et se sont armés de fusils et de pistolets. Pendant ce temps la compagnie de milice s'est réunie dans la salle d'armes, et, à l'heure fixée pour le jugement, les défendeurs n'ont pas comparu parce qu'ils craignaient des violences de la part des hommes blancs armés; le juge n'a pris d'autres mesures pour les faire comparaître devant la cour, en vue de l'excitation et de l'évidence d'un conflit imminent.

Les affaires étant en cet état, et, suivant tous les rapports, 200 à 300 hommes blancs du pays voisin étant en armes dans le village, les blancs ont informé la compagnie de milice que, si elle ne livrait pas ses armes dans un court délai, — la plupart des témoins disent une demi-heure — les blancs ouvriraient le feu sur la milice. La milice a refusé de rendre ses armes, disant que la demande était tout à fait injustifiable et illégale, et que les miliciens avaient lieu de craindre pour leurs vies s'ils livraient leurs armes.

Alors un feu nourri a été ouvert par les blancs sur le bâtiment dans lequel la milice était assemblée, et bientôt après un des assaillants a été tué d'un coup de feu tiré par la milice dans le bâtiment. On a amené d'Augusta par le pont une pièce d'artillerie chargée à mitraille, et cette pièce a été déchargée plusieurs fois contre le bâtiment dans lequel était la milice. Ceci a eu pour effet que les miliciens ont essayé de s'échapper par le derrière du bâtiment. Le marshal de Hamburg, homme de couleur, qui demeurait dans ce bâtiment, a été tué par les assaillants au moment où il sortait. Vingt à vingt-cinq miliciens ont été capturés par les agresseurs et retenus prisonniers plusieurs heures.

Finalement, vers 2 heures du matin, le dimanche 9 juillet, après consultation parmi les agresseurs et apparemment avec complète délibération, cinq des miliciens capturés ont été appelés, un par un, et fusillés en présence d'un grand nombre de ceux qui les avaient capturés. Les autres prisonniers ont été relâchés ou se sont échappés. On leur a tiré dessus pendant qu'ils couraient, et trois d'entre eux ont été grièvement blessés, un mortellement sans doute.   (*Courrier des États-Unis.*)

États-Unis. — *Traversée sur la corde roide des chutes du Niagara par Mlle Spelterini.* — Une correspondance de Niagara Falls du 12 juillet donne quelques détails intéressants au sujet de la promenade dangereuse de

Mlle Maria Spelterini sur une corde tendue au-dessus des chutes du Niagara.

Un vieux spectateur, qui avait vu tous les exercices de Blondin, s'est exprimé ainsi : « Cette dame a effectué le passage avec beaucoup plus d'aisance que Blondin, car il fut obligé de s'arrêter plusieurs fois, avec son balancier à un angle de 45 degrés, tandis que Mlle Spelterini, du moment du départ à celui de l'arrivée, n'a pas changé d'un pied la position horizontale du balancier. »

Après s'être reposée un quart d'heure du côté du Canada, elle est revenue; arrivée au milieu de la corde, elle s'y est mise sur un genou et a gracieusement salué les spectateurs.

Quand elle s'est retrouvée du côté américain, elle était très-fatiguée, ce qui tenait à ce qu'ayant fait la double traversée en costume et sans chapeau, elle avait eu un léger coup de soleil et avait ressenti un moment un étourdissement qui lui eût été fatal sans son indomptable énergie et sa puissance merveilleuse sur ses nerfs.

Bien qu'il y eût de deux à trois mille personnes présentes, l'affaire n'a pas été un succès au point de vue financier. Presque tous les spectateurs étaient des villageois qui, pour ne rien payer, se sont assis en dehors de l'enceinte. On semblait penser généralement que Mlle Spelterini faisait cette périlleuse promenade pour son seul plaisir, et beaucoup des principaux citoyens de Suspension Bridge et de Clifton ont mené leurs femmes dans les terrains avoisinants et les ont soulevées dans leurs bras pour leur permettre de voir le spectacle par-dessus la clôture sans avoir à payer le quart de dollar qu'aurait coûté l'admission.

Amérique. — *Acclimatation des chèvres d'Angora.* — Les chèvres d'Angora dont nous avons déjà parlé dans l'*Explorateur*, peuvent parfaitement s'acclimater aux Etats-Unis. Il existe des contrées entières qui ne sont propres qu'à leur élevage. M. Gilmore, sous-intendant de l'association d'élevage des chèvres, à deux milles au sud d'Eldorado a sous sa direction 2,000 chèvres de race. Presque toutes sont blanches et ont un poil abondant et soyeux. On estime à 200,000 le nombre de chèvres qui pourraient facilement être élevées sur cette côte. La laine recueillie pendant la saison atteindra probablement 40,000 livres; la tonte se fera surtout dans les contrées de Monteray, Santa-Cruz, Santa-Clara, Maréposa, Calavera, Amador, Eldorado et Placer. L'association de Gilmore a envoyé en 1875 à la manufacture de Jamstown, 9,000 livres de laine.

M. Cummings de Georgetown possède 1,200 chèvres; le docteur Shaw, à Pheasant Valley, 800; M. Schleiffer à Latrole, 800; M. Clark, à Shingle Springs, 600; M. Litten à Green-Vally, 250... On constate en tout dans l'Eldorado 15,000 têtes de chèvres.   T. L.

Les Chinois dans la Colombie britannique. — Dans le n° 69 de l'*Explorateur*, nous avons dit que le parlement de cette colonie anglaise avait pris des mesures pour empêcher l'immigration chinoise sur son territoire. Le journal de Victoria *le Colonist*, du 27 juin, explique ainsi les griefs des colons contre les immigrants de race mongole :

« Le nombre des Chinois dans la Colombie britannique est de 4,000; mais, sur ce nombre, c'est tout au plus s'il en est une douzaine qui soient de réels colons, qui aient l'intention formelle de se fixer dans le pays. Il n'y a pas dix hommes et dix femmes qui vivent en mariage légitime; et, dans la totalité, on compte à peine trois familles ayant des enfants. Le Chinois n'aime pas les embarras, l'encombrement; c'est un oiseau de passage. Quand le travail vient à cesser, il cherche un climat plus propice : ce qui ne lui est pas difficile, puisqu'il est à lui seul toute sa famille.

« Ici il s'entasse avec une cinquantaine de ses compagnons dans des habitations pas plus grandes que des cabanes, et dont l'atmosphère empoisonnerait une famille de blancs. Sa nourriture consiste en des légumes de rebut, de la viande d'étal de boucherie et du riz de Chine, le tout formant un mélange dont l'odeur soulèverait l'estomac d'un Européen. Ses vêtements sont importés par des compagnies avec lesquelles il a un engagement d'un an, en considération de ce que l'argent de son passage a été payé à la province.

« Sur les 30 dollars (150 francs) qu'il reçoit par mois comme gages, pas plus de 5 dollars (25 francs) ne retournent dans la circulation; le reste est envoyé en Chine pour y être placé. »

Ainsi le grand tort de l'immigrant chinois, c'est de ne rien dépenser et de faire des économies; c'est de ne rien rapporter, au point de vue pécuniaire, au pays qu'il habite, qui ne paraît pas lui tenir compte de ce qu'il produit par son travail, surtout au bas prix auquel il se loue généralement.

Amérique du Nord. — Dans l'océan Pacifique, non loin de la côte de la Basse-Californie, à 220 milles au sud-ouest de San Diego, on rencontre une petite île qui porte le nom de Guadeloupe, — et que, par conséquent, il ne faut pas confondre avec l'île de ce nom dans l'archipel des Antilles.

L'île du Pacifique a attiré récemment l'attention des naturalistes américains; elle présente, en effet, un phénomène assez singulier. Le docteur Palmer en a emporté onze spécimens d'oiseaux de terre, qu'il a déposés au musée national de Washington; or chacun de ces oiseaux est différent de ceux de la même espèce qu'on trouve sur le continent voisin, et qui offrent plus ou moins de rapports de similitude. Il paraît que ces espèces subissent rapidement des changements dans l'île de Guadeloupe.

Ile de Vancouver. — Nous apprenons qu'une dépêche arrivant à Paris annonce que l'un de nos explorateurs les plus distingués, M. Pinard, quittant Vancouver revient vers le Sud des Etats-Unis et peut-être même viendra passer l'hiver en France.   D' H.

Société française de Navigation aérienne. — *La souscription en faveur des familles Crocé-Spinelli et Sivel.* — Monsieur le Rédacteur, — Vous avez bien voulu, l'année dernière, annoncer à vos lecteurs la souscription que la Société française de navigation aérienne avait ouvert en faveur des familles de MM. Crocé-Spinelli et Sivel, victimes de leur dévouement à la science dans la catastrophe du ballon *Le Zénith*. La Commission chargée de distribuer les fonds recueillis, vous prie de lui permettre de rendre compte dans vos colonnes de l'emploi qu'avec l'assentiment de la Société elle a cru devoir faire de la somme considérable mise à sa disposition par la générosité des souscripteurs. La souscription a atteint le chiffre de 91.948 75

Les fonds, au fur et à mesure qu'ils étaient recueillis, ayant été placés dans des Sociétés de Crédit, la souscription a bénéficié, de ce fait, d'une somme de. 1.218 40

Total. 93.167 14

Les dépenses funéraires, le payement de dettes urgentes, ont nécessité une dépense de. 13.130 75

Les familles Crocé-Spinelli et Sivel ayant désiré jouir de toute liberté pour l'érection du monument funèbre, il a été mis à leur disposition pour solder les dépenses de cet ordre une somme de. . 3.000 »

Restaient par suite disponibles 77.036 39

Dans la répartition de cette somme, la commission nommée par la Société de Navigation aérienne a dû tenir le compte le plus scrupuleux de la situation de fortune des parents laissés par les défunts, de leur âge, de leurs infirmités, de leurs charges.

Elle leur a attribué à tous à titre alimentaire des rentes viagères incessibles et insaisissables, qui doivent les mettre à l'abri du besoin. Le reliquat a été placé à fonds perdu sur la tête de la fille de Sivel, afin de lui constituer une dot au jour de son mariage ou de sa majorité. Les opérations exécutées ont été les suivantes :

1° Rentes viagères payables par trimestre; Compagnie d'Assurances *La New-York* :

		Rentes viagères	Sommes versées
M. Crocé-Spinelli père.	56 ans. 1/2	2.500 F.	24.176 F. 50
Mme Ve Poitevin.	52 » 1/2	1.500 »	14.506 50
M. Sivel père.	76 »	300 »	1.696 25
Mme Sivel mère	71 »	300 »	1.949 68
Mlle Marie Sivel	7 » 1/2	1.200 »	20.408 »

2° Dot de Marie Sivel, 13.948 fr. 55 placés à la Cie d'Assurances Générales (qui avait versé à la Souscription une somme de 500 fr.) et devant à 21 ans former un capital de 27.000 fr. rachetable suivant les tarifs en cas de mariage à partir de 18 ans.

La Commission a voté des remerciments au Trésorier de la Société de Navigation aérienne, monsieur Félix Caron, dont le dévouement lui a été des plus utiles.

Elle remercie, avec une émotion profonde les souscripteurs qui, de tous les points du globe, sont venus à son aide pour secourir de grandes infortunes et honorer la mémoire de deux savants morts en faisant leur devoir.

Suivent les signatures de MM. E. DIDE, Président de la Société de navigation aérienne ; PAUL BERT, Professeur à la Faculté des sciences; MAREY, Professeur au Collège de France ; PÉRARD, avoué; HERVÉ-MANGON, de l'Institut; MASSON, éditeur; SOLIGNAC, directeur de l'Ecole centrale; FÉLIX CARON ; ABEL HUREAU DE VILLENEUVE, lauréat de l'Institut ; CH. DU HAUREL D'AUDREVILLE, ingénieur des Arts et Manufactures.

Le Directeur-gérant, O. HERTZ.

6629.76. — Boulogne (Seine). — Imprimerie JULES BOYER.

L'EXPLORATION DE M. LARGEAU

Nous recevons d'un de nos collègues les plus actifs et les plus considérés de la Société de géographie de Paris :

Monsieur,

Je vous envoie mon offrande pour la souscription destinée à faciliter la *troisième* exploration de M. Largeau dans le Sahara, et à là rendre plus complète et plus fructueuse que les précédentes.

De toutes les entreprises géographiques qui se peuvent concevoir, pour augmenter le domaine de nos connaissances, et étendre le cercle de nos relations commerciales, il n'y en a pas une seule qui puisse avoir, pour notre pays, une aussi grande importance pratique, que nous ayons autant d'intérêt à soutenir par tous les moyens, et qui ait un caractère aussi national.

Aussi ai-je suivi avec le plus grand intérêt les deux tentatives faites par notre courageux compatriote pour nouer des relations commerciales avec les Touaregs, et, en présence des *oppositions* et des *obstacles* que vous signalez, dans le dernier numéro de l'*Explorateur*, je ne puis résister au désir de vous envoyer une vive protestation.

Il y a des personnes qui se font une notoriété scientifique en s'opposant avec éclat, de très bonne foi je le veux bien, aux entreprises qui ont pour but d'étendre le prestige de notre influence à l'extérieur ou d'accroître les progrès de la civilisation à la surface du globe.

C'est un triste moyen de faire parler de soi.

Sans m'étendre sur la faute commise par certains membres de notre Institut, disant que le télégraphe transatlantique était impossible à réaliser, et sur l'erreur d'un des plus grands ingénieurs de l'Angleterre, qui affirmait qu'on ne pourrait pas percer l'isthme de Suez (prédictions téméraires auxquelles les faits ont donné un éclatant démenti), je rappellerai, pour ne pas sortir du Sahara et de l'actualité, qu'il n'a pas manqué d'hommes distingués pour nier récemment, à la Société de géographie, la possibilité de créer, par les procédés ordinaires de l'ingénieur, une *mer intérieure*, qui vivifierait la région comprise entre Tougourt et Gabès, à la place des chotts, et des sables mouvants qui barrent le passage aux caravanes.

Bien que mes fonctions me tiennent presque constamment éloigné de Paris, et me privent d'assister aux séances de notre Société de géographie, je m'y trouvais ce jour là par un heureux hasard ; j'ai cru devoir protester, en affirmant que les observations barométriques sur lesquelles on étayait cette opinion, et dont on a d'ailleurs toujours soigneusement refusé de communiquer le texte, n'avaient aucune valeur scientifique. Les résultats de la dernière mission du capitaine Roudaire sont venus donner tort, d'une manière irréfutable, aux adversaires de son beau projet.

Cette fois, j'ignore absolument quelle est la personnalité qui, au dernier moment, vient se mettre si inopinément en travers d'une entreprise que la Société de géographie a honorée de son puissant patronage, après y avoir mûrement réfléchi ; mais, à coup sûr, on peut être convaincu de son ignorance sur le pays dont elle parle.

J'ai fait deux voyages dans le Sahara ; j'ai traversé en 1869 ces chotts que remplira bientôt, je l'espère, la mer saharienne, et franchi ces grandes dunes du Souf dont M. Largeau nous a donné la description (à cette époque, peu de voyageurs avaient pénétré dans ces curieuses contrées) ; j'ai étudié avec soin et sur place la question des relations commerciales entre l'Algérie et le Soudan, et j'affirme qu'une entreprise comme celle pour laquelle la Société de géographie réclame le concours de tous ses membres, est la seule manière d'aboutir à un résultat pratique et prochain.

On vous écrit, dites-vous : « Laissez arriver, n'engagez pas ; » et on en conclut que les Sahariens et les Touaregs viendront d'eux mêmes ! Profonde erreur !

En dehors de notre intérêt, qui nous pousse en avant, nous avons l'amour de la science et cette curiosité développée par l'éducation qui nous donne le désir de pénétrer l'inconnu. Chez le nomade du Sahara, ces mobiles n'existent pas ; ces idées ne font vibrer aucune corde de leur intelligence, et, comme ils n'ont aucun besoin à satisfaire, ils ne sortiront jamais d'eux-mêmes de leur immense désert, dont ils sont les maîtres incontestés, et où ils respirent la liberté à pleins poumons, pour venir se mêler à un peuple dont ils redoutent la domination, et dont les éloignent à la fois leur religion, leurs mœurs, leurs goûts et leurs traditions.

Ce ne sont assurément pas les maraudeurs Touaregs que j'ai vus l'an dernier à Médéa et à Alger, où on les retenait prisonniers, qui serviront de guides à leurs compatriotes pour les amener chez nous. Il n'y a pas d'autre parti à prendre que d'aller *chez eux*, et d'y aller en voyageur, sans attirail militaire ; nous avons pu conduire nos colonnes expéditionnaires jusqu'à Figuig et à Goléa, mais nous n'avons pas pu entrer dans la première de ces oasis et nous n'avons pas pu rester plus de trois jours dans la seconde.

Quant à l'administration française, jusqu'à ces dernières années, elle a tout fait pour détourner de nous les caravanes du Sud. Lorsque nous avons pris l'Algérie elles y venaient encore ; mais, par amour pour la statistique et la réglementation, nous avons établi des bureaux de douane à Biskra, à Laghouat et à Geryville, et cela a suffi pour les faire dévier sur le Maroc et la Tunisie, sans que le Trésor en ait d'ailleurs retiré le moindre profit.

L'Arabe ne comprend pas qu'on arrête ses chameaux, qu'on ouvre ses tellys et qu'on les visite, pour le seul plaisir de savoir ce qu'ils contiennent ; la statistique est, pour lui, un mot vide de sens ; il croira toujours que le douanier veut le rançonner, et il n'hésitera certainement pas à faire 7 ou 800 kilomètres pour s'éviter ce désagrément.

Plus tard le commandant Mircher a conclu à Ghadamès un traité de commerce avec les Touaregs ; mais c'était pour la forme, et il n'a jamais reçu d'exécution. D'ailleurs, nous nous étions engagés à creuser des puits sur la route de Tougourt à Ghadamès, et nous n'en avons creusé aucun ; il eût mieux valu ne rien promettre.

La confiance des Sahariens est perdue ; pour la reconquérir, il faut aller leur offrir chez eux les produits que nous voulons leur vendre et qu'il faut d'abord leur faire désirer. Le général Chanzy l'a parfaitement compris, et, l'année dernière, il a décidé l'établissement de *foires* dans le Sahara, à l'extrémité sud de nos possessions algériennes ; mais, vaincre la routine est une lourde tâche ; lorsque le gouverneur général de l'Algérie a fait appel à l'*initiative* des Chambres de commerce, pour alimenter ces nouveaux marchés, aucune n'a répondu, et ce projet si pratique et si opportun est resté à l'état de lettre morte.

Ce qu'il faut, c'est pénétrer nous-mêmes dans ces régions lointaines et inhospitalières, les étudier, les faire connaître, y implanter des *consuls*, comme savent si bien le faire les Anglais, qui nous renseignent d'une manière permanente et précise sur les ressources, les besoins et les querelles de leurs habitants.

C'est là le point de départ, et je sais que le gouverneur général s'en préoccupe : c'est la conclusion à laquelle l'a conduit l'examen préliminaire du mémoire de M. l'ingénieur en chef Duponchel sur le chemin de fer de Timbouctou.

Or, un homme se présente, qui est disposé à faire cette exploration et à planter ce premier jalon, au prix de mille fatigues ; il vient de faire ses preuves deux fois de suite ; la perspective d'un voyage de l'Atlas au Niger ne l'effraie pas ; les hommes de cette trempe sont rares et nous devons venir à leur aide.

C'est un *devoir patriotique*, vous avez raison de le dire, et vous aurez pour vous tous les hommes de cœur qui aiment sincèrement leur pays.

Je vous souhaite donc courage, persévérance et succès, ainsi qu'à M. Largeau, et je vous félicite d'inscrire hardiment sur votre drapeau cette fière devise : En Avant !

Harold Tarry.

Comme complément à cette lettre nous faisons connaître à nos lecteurs que les offrandes en faveur de l'exploration de M. Largeau continuent à nous parvenir. Nous ne possédons pas encore la liste des souscripteurs qui se sont adressés à la Société de géographie. Elle nous parviendra trop tard pour que nous puissions l'insérer dans le présent numéro, mais nos lecteurs ne perdront rien pour attendre.

LA GUERRE DES PEAUX-ROUGES

LES COLLINES NOIRES DES ÉTATS-UNIS (BLACK HILLS), LEUR ENVAHISSEMENT PAR LES MINEURS AMÉRICAINS, LES TRIBUS INDIENNES AUXQUELLES ELLES APPARTIENNENT ET LES COMLATS ACHARNÉS QUI ONT EU LIEU ENTRE LES SIOUX ET LES TROUPES FÉDÉRALES AU SUJET DE CE NOUVEL ELDORADO.

RENSEIGNEMENTS FOURNIS A LA SOCIÉTÉ DE GÉOGRAPGIE COMMERCIALE PAR SON CORRESPONDANT AUJOURD'HUI A BOSTON

Les collines Noires des États-Unis sont, en raison de leur sol fertile et des richesses minérales qu'elles renferment, fort convoitées par les mineurs américains, et, quoique ces collines fassent partie de la réserve des Sioux indiens et que, par conséquent, personne n'ait le droit d'envahir leurs terres, des bandes d'aventuriers armés s'y rendent depuis quelque temps pour exploiter les mines d'or; ils le font à leurs risques et périls, car lorsque les Sioux peuvent les surprendre sur leurs réserves, ils les massacrent sans pitié et s'emparent de leurs chevelures.

Ces collines sont situées au sud-ouest du territoire de Dakota et embrassent toute l'étendue des terrains renfermés entre les bras nord et sud de la rivière Big Cheyenne, à partir de leur jonction et en avançant vers l'ouest jusqu'au 105° méridien.

La nation des Sioux est forte de 28,300 personnes parlant le même langage ; elle est divisée en 12 tribus. Elle a, de plus, pour alliés, 2,700 Cheyennes et Arapahoes du Nord, qui vivent chez elle ; les Sioux ont donc une population totale de 31,000 âmes, dont 10,000 sont des guerriers bien montés et armés de fusils du nouveau modèle et à longue portée. Ils occupent le territoire borné au nord par le 46° degré de latitude, et au sud par la limite nord de l'état de Nebraska, à l'est par la rivière Missouri, et à l'ouest par le 101° degré de longitude ouest de Greenwich. Leur réserve forme ainsi une étendue de 40,570 milles carrés, soit 25,964,800 acres de terre, qui leur est spécialement attribuée par le traité de 1868, sous le nom de Réserve des Sioux. Par le même traité, ils ont le droit de chasse sur la rivière Platte, au sud de la rivière Yellowstone, et au nord et à l'est du Missouri, jusqu'au sommet des montagnes du Big Horn.

Les Sioux sont venus du haut Mississipi, d'où ils furent chassés par les Chippeways dans le Minnesota. De là, ils traversèrent le Missouri, chassant devant eux les Pawnies, les Cheyennes, les Arapahoes, les Crows, et les Shoshones. Tous ces indiens habitent des wigwams ou loges ; chaque loge contient six personnes dont deux sont des guerriers. Les Sioux sont constamment en guerre avec les Pawnies, les Utes, les Crows, les Snakes et les Arickarées.

Les Sioux sont divisés en douze tribus, dont voici les noms, ainsi que ceux des chefs qui les dirigent, et la force numérique (1) :

Les Brûlés, ayant pour chefs Red Cloud et Spotted Tail, forts de . . . . 2.220 individus
Les Ogallallahs, ayant pour chef Man-Afraid forts de . . . . 3.000 —
Les Yanctonnais . . . . forts de. 2.500
Les Minnecoujoux, ayant pour chefs Lone-Horse et Roman-Nose . . . . forts de. 3.000 —
Les Sans-Arcs, ayant pour chefs Scabby-Bull et Yellaw-Horse . . . . forts de. 5.400 —
Les Uncapapas, ayant pour chefs Sitting-Bull et Black-Moon . . . . forts de. 4.200 —

A reporter. 20.410

Report. 20.410
Les Blackfeet. . . . . forts de. 4.200 —
Les Two-Kettles. . . . . forts de. 1.200 —
Les Santies . . . . forts de. 987 —
Les Cut-Heads. . . . . forts de. 900 —
Les Cheyennes du Nord ont pour chef Medicine-Man . . . . 1.800 —
Les Arapahoes du Nord ont pour chefs Friday et Medicine-Man . . . . forts de. 1.100 —

Total des douze tribus . . . . 30.597 individus

Ces Indiens campent pendant l'hiver autour des collines Noires, où ils trouvent du bois pour se chauffer et du gibier en abondance.

Le pouvoir des chefs indiens est limité, les tribus qu'ils président, sont pour la plupart gouvernées par des sociétés de guerriers telles que la société du « ceinturon blanc », la société des « cœurs braves ». Ces sociétés donnent des lois à leur tribu et décident de la guerre ou de la paix ; leur décision est sans appel et ils sont vraiment les gouvernants de leur tribu respective.

Ces Indiens n'ont aucune idée de la population, des richesses et des ressources des Etats-Unis. Quand Red-Cloud et Spotted-Tail ont été visiter, comme délégués des Sioux, leur *Grand-Père*, le président des Etats-Unis à Washington, en 1874, on les a fait voyager dans les principales villes des Etats-Unis et ils ont pu voir, par eux-mêmes, la force numérique, les richesses et le pouvoir des Américains. Etant arrivés à New-York, ils furent invités à une grande réunion publique au « Cooper-Institute ». On les plaça sur une estrade en vue d'un immense auditoire ; comme il voyait devant lui un océan de visages blancs, un des chefs indiens voulut s'assurer s'il n'était pas là en présence de toute la population des Etats-Unis ; il sortit furtivement de la salle et, quand il fut dans la rue, il trouva que la multitude des blancs qu'il avait laissée dans la salle n'avait pas diminué la foule des passants qu'il voyait aller et venir, il put alors se faire une idée de l'immense population des Etats-Unis.

Un autre chef avouait avoir été stupéfait de la multitude des blancs et de leurs richesses. Il se figurait qu'ils étaient éparpillés dans le pays, occupant de petits forts, éloignés les uns des autres, comme à la frontière. Mais il a vu, disait-il, tant de grandes villes qu'il ne peut s'en rappeler le nombre, et, quant aux habitants, il lui serait impossible de les compter. Il est monté sur le toit de l'hôtel où il logeait, et, regardant de tous côtés, il n'a trouvé que des maisons à perte de vue. On penserait, disait-il, que le monde entier vit dans cette ville, et cependant il a vu une autre grande ville au sud-ouest avec des maisons à n'en plus finir. Quant aux grands canots (les steamers) ils sont énormes et rapides, mais il n'aime pas entrer dedans. Celui sur lequel il a traversé la rivière (le bateau *Ferry*), faisait un bruit infernal et était secoué avec tant de force qu'il est surprenant qu'il n'ait pas été mis en pièces. Ce chef se trouve bien à l'hôtel où on lui donne abondamment de quoi manger, mais il lu

---

(1) Il n'est question ici que des Sioux soumis qui vivent sur leurs réserves et qui sont entretenus par le gouvernement des Etats-Unis.

tarde d'être de retour dans sa tribu. Les dames américaines, ajoutait-il, sont très-belles, mais il trouve que leurs toilettes sont disgracieuses et qu'elles s'habillent d'une manière extravagante.

Quand ces chefs furent de retour dans leurs tribus, ils dirent aux Indiens que les blancs étaient aussi nombreux que les grains de sable sur la rive des grands fleuves, mais leurs compatriotes leur ont répondu qu'ils mentaient et que les blancs leur avaient fait prendre une mauvaise médecine pour les tromper et les bercer d'illusions. Ces chefs se trouvèrent alors en danger de perdre leur influence sur leur tribu. Depuis lors, ils n'osent plus dire ce qu'ils ont vu et ce qu'ils savent être un fait certain. Les guerriers Sioux ne veulent pas croire que les blancs soient aussi nombreux et aussi forts qu'eux, et ils pensent qu'ils pourront, par leurs prouesses, forcer le gouvernement des Etats-Unis à abandonner les postes militaires qu'il occupe sur le territoire indien, et en chasser ensuite les colons américains.

C'est malgré les avertissements et les défenses des autorités fédérales, que les expéditions des mineurs se sont organisées ouvertement dans les territoires voisins des collines Noires pour y aller chercher de l'or. Pour prévenir les conséquences de cette violation du traité avec les Sioux, le gouvernement fédéral avait envoyé sur des points voisins des localités menacées, plusieurs détachements de troupes avec ordre de repousser toute tentative d'envahissement des terres appartenant aux tribus indiennes. Mais comme les mineurs paraissent déterminés à ne pas renoncer à leur projet, il y avait lieu de redouter des conflits d'autant plus fâcheux que les Sioux ne manquèrent pas d'y prendre part et qu'il peut en résulter un soulèvement général des indigènes.

En prévision de ces complications et en vue de les écarter, on avait tâché de faire comprendre aux Sioux qu'il serait avantageux pour eux de rétrocéder au gouvernement des Etats-Unis cette partie de leur territoire où se portent les blancs. Ils repoussèrent d'abord cette proposition, mais circonvenus et pressés par d'entreprenants agents, un certain nombre de leurs chefs consentirent à se rendre encore une fois à Washington pour écouter et discuter les propositions qu'on avait à leur faire. Nous avons raconté les négociations et l'insuccès auquel elles aboutirent.

Les chefs indiens demandaient que le Gouvernement leur promit, en échange des Black-Hils, de les nourrir et entretenir durant sept générations (environ deux cents ans). De plus, ils voulaient qu'on leur donnât en présent des chevaux, des vaches, des moutons, des poules, des outils d'agriculture, des fusils, des munitions, des maisons et des meubles, et surtout ils insistaient pour qu'on établît dans leurs réserves des missions catholiques.

Les Commissaires leur offrirent pour prix de la rétrocession de leurs collines 6,250,000 dollars (environ 31,250,000 francs), payables en quinze versements annuels ; lesdites sommes devant être employées annuellement pour leur subsistance et leur civilisation.

Les chefs indiens trouvèrent cette somme insuffisante, refusèrent de l'accepter et se retirèrent après avoir serré la main aux commissaires et les avoir assurés qu'ils partaient en amis comme ils étaient venus. Mais comme ils avaient refusé les offres du gouvernement et qu'ils paraissaient mécontents, on devait craindre qu'ils eussent recours aux armes pour protéger leurs réserves contre les envahissements des mineurs américains.

Ces prévisions ne se sont que trop réalisées, car on apprit que le chef indien, Sitting-Bull, s'était retiré avec une force considérable de jeunes guerriers dans les montagnes du Big-Horn, d'où il répandit la terreur par le pillage et le meurtre sur le territoire de Montana.

Le gouvernement des Etats-Unis envoya alors le général Crook avec des troupes suffisantes pour forcer ces indiens hostiles à retourner dans leurs réserves.

Le général Crook partit avec ses troupes le 16 juin 1876 au matin avec des rations pour quatre jours, et s'avança sur la rive du Rosebud, un des affluents de la rivière Yelowstone, dans le territoire de Montana. Le lendemain, à cinq heures du matin, ses éclaireurs, composés de Crows et de Snakes indiens, lui apprirent que les Sioux hostiles étaient en force sur les collines voisines. A huit heures et demie Crook mit ses troupes en position. L'ennemi commença l'attaque par un feu très-vif, et comme les soldats étaient engagés dans une gorge de la montagne, ils recevaient un feu d'enfilade qui leur blessait beaucoup de monde. Le général, voyant le péril de ses hommes, ordonna aux Crows et aux Snakes auxiliaires de chasser l'ennemi de sa position, ce qu'ils firent avec beaucoup d'entrain et de succès. Les soldats s'avancèrent alors pour charger les Sioux, mais ceux-ci ne les attendirent pas et se sauvèrent en grande confusion. Le combat avait duré quatre heures.

Le général Crook resta maître du champ de bataille et y établit son camp où il passa le reste de la journée.

La perte des soldats était de neuf tués et vingt et un blessés, celle des Crows et des Snakes auxiliaires de treize.

Après le combat, les Crows indiens qui avaient soutenu la première attaque des Sioux et avaient eu treize des leurs tués, tinrent conseil entre eux et trouvèrent que les soldats ne les avaient pas bien soutenus pendant l'engagement. Ils prévinrent le général Crook qu'ils allaient retourner dans leur tribu, ce qu'ils firent à l'instant. Les Snakes indiens restèrent avec le général, mais il était à craindre qu'ils ne suivissent l'exemple des Crows.

Le général, manquant de vivres, et voulant que ses blessés fussent bien soignés, fut obligé de retourner à son camp où il avait laissé ses fourgons et ses bêtes de charge. Il envoya le général Custer à la poursuite des Sioux.

Le général Custer partit de Rosebud-Creek, territoire de Montana, le 22 juin 1876, avec douze compagnies du 7e régiment de cavalerie et s'avança dans la direction de Little-Big-Horn. Dans la soirée du 24, ses éclaireurs indiens découvrirent des traces fraîches des Sioux hostiles, et, le 25 au matin, on aperçut à environ quinze milles de distance, un village indien s'étendant sur une longueur de deux ou trois milles. Quoique la troupe eût fait une marche de soixante-dix-huit milles en vingt-quatre heures, Custer s'avança rapidement et quand il fut à peu de distance du village, il vit que les Sioux paraissaient se sauver à la hâte, en abandonnant leurs loges. Le général plaça quatre compagnies de cavalerie en réserve sur une colline et ordonna au major Reno de se porter avec trois compagnies sur les derrières du village pour couper la retraite aux Indiens, pendant que lui, Custer, les chargerait de front.

Reno, avec ses trois compagnies, partit à l'instant pour exécuter les ordres de son supérieur, mais il fut bientôt entouré par une multitude de Sioux qui firent feu sur son détachement de toutes les directions et lui tuèrent beaucoup de soldats.

Après une heure d'un combat acharné, il traversa la rivière, fit descendre ses hommes de cheval et se retrancha sur une colline escarpée où il fut bientôt rejoint par le colonel Benton avec les quatre compagnies de réserve. Les Sioux les attaquèrent avec fureur, mais furent repoussés avec perte des leurs. Cependant les Indiens parvinrent à s'établir sur une colline plus haute que celle que Reno occupait et, leurs fusils ayant une plus longue portée que les carabines de la cavalerie, ils purent faire sur les soldats un feu continuel et meurtrier, jusqu'au soir.

Le major fortifia sa position pendant la nuit, et se prépara pour une autre attaque qui, en effet, eut lieu au point du jour et dura toute la journée.

Depuis trente-six heures, les soldats de Reno étaient privés d'eau et ils souffraient horriblement de la soif. Dans cette extrémité, le colonel Benton prit la résolution d'atteindre le bord de l'eau à tout hasard. Il fit une sortie pendant la nuit avec une compagnie de soldats et chassa les Sioux qui gardaient les approches de la rivière. Des tirailleurs indiens étaient embusqués vis-à-vis l'ouverture d'un ravin par où les soldats s'approchaient ; mais, malgré le feu incessant de l'ennemi, ceux-ci atteignirent l'eau et en puisèrent assez pour étancher leur soif et celle de leurs compagnons d'armes.

Le combat durait depuis quarante-huit heures et l'on n'avait eu aucune nouvelle du général Custer.

Les Sioux recommencèrent le feu de plus belle le lendemain matin et pendant toute la journée ; mais, tout à coup, ils s'enfuirent avec grande confusion et le major Reno comprit alors que des renforts venaient à son secours. En effet, les généraux Ferry et Gibbon avec un corps d'infanterie, s'avançaient rapidement pour opérer leur jonction avec le 7° de cavalerie.

Quand ces deux généraux furent arrivés, ils demandèrent à Reno où était le général Custer et sa troupe, mais il leur répondit qu'il n'avait pas entendu parler de lui depuis près de *trois jours*. On se porta alors à l'endroit où Reno avait laissé Custer prêt à charger avec ses cinq compagnies le front du village indien, et on le trouva mort et horriblement mutilé, ainsi que tous ses officiers et ses soldats.

Un des éclaireurs indiens qui avait échappé au massacre en se cachant dans un ravin, raconta que la fuite apparente des Sioux et l'abandon simulé de leur village n'était qu'un stratagème pour attirer Custer dans une embuscade. Lorsqu'il crut pouvoir charger l'ennemi de front pendant que Reno les chargerait par derrière, il se trouva tout à coup entouré par quatre mille Indiens qui, embusqués derrière des arbres et des rochers, tiraient à bout portant sur ses soldats et les massacrèrent tous en moins de temps qu'il ne lui en fallut pour le raconter.

Custer, les officiers et les soldats morts avaient été dépouillés de leurs habits et leurs corps étaient horriblement mutilés. Les Sioux avaient dû faire un grand butin, car ils avaient emmené près de 400 chevaux et emporté les armes, les munitions, les uniformes et l'argent des soldats qui avaient reçu leur paye au moment de leur départ, et dont la somme totale est évaluée à 20,000 dollars.

L'Indien qui a vu le massacre ajoute que c'est le chef Rain-in-the-Face qui a tué Custer, lui a ensuite arraché le cœur, l'a fixé au bout d'une pique et a exécuté, avec ses guerriers, une danse de guerre autour de ce sanglant trophée.

Le rapport concernant le nombre des tués et des blessés est fort contradictoire, mais comme il est certain que les cinq compagnies de Custer donnaient un total de 300 hommes et que Reno, avec sept compagnies, en comptant la réserve, avoue avoir perdu le tiers de ses soldats, on peut aisément conclure que la perte est d'environ 400 tués et 50 blessés.

Les généraux Perry et Gibbon, après avoir fait enterrer les morts et donné les premiers soins aux blessés, les ont fait transporter au confluent de la rivière Big Horn, où ils ont été embarqués sur un vapeur de l'Etat, qui les a conduits à l'hôpital le plus proche de l'embarcadère.

On vient d'apprendre que, le 16 juillet, le lieutenant Sibley était parti du camp du général Crook avec 34 cavaliers pour faire une reconnaissance et tâcher de communiquer avec les forces du général Perry, lorsqu'il fut tout à coup attaqué par une immense bande de Sioux. Il n'eut le temps de faire démonter ses hommes, abandonner ses chevaux et ses équipements, et s'échapper promptement dans les montagnes. Quand les soldats purent rejoindre leur camp, ils étaient entièrement épuisés de fatigue et de faim, étant restés deux jours entiers sans manger.

On rapporte encore que le corps de réserve du général Gibbon a été attaqué par une bande de Sioux victorieux, montés sur les chevaux et vêtus de l'uniforme des soldats de Custer qu'ils avaient massacrés et pillés.

On a reçu la nouvelle que, le 17 juillet, 800 Cheyennes et un grand nombre de Sioux étaient partis, armés en guerre, de l'agence de Red Cloud, pour aller se joindre aux bandes de Sitting Bull dans les montagnes de Big Horn.

(A suivre.)

LA VILLE DE SFAK'S ET LES ILES KERKENA (TUNISIE)

TOPOGRAPHIE, CLIMAT ET COMMERCE DE S'FAK'S (TUNISIE) ET DES ILES KERKENA

Par M. CHAUVEY, Employé des lignes télégraphiques

I.

SFAK'S ET SES ENVIRONS (1).

Sfâk's, ville de la régence de Tunis, à 94 k. de *Mahdia*, par 34° 43', latitude nord et 8° 20 longitude est, a été construite par Ben Yolob el Karouï, entre le II° et le III° siècle de l'Hégire, d'après les légendes locales. Les matériaux extraits des ruines romaines de *Thina* et *Taphrura* auraient servi à jeter les premières fondations de Sfâk's.

La ville arabe est entourée de remparts (*espagnols*, dit-on) peu solides et qui la séparent du faubourg européen. Elle a au N.-O. une porte, appelée *Bab-Djebeli*, qui donne sur la campagne; une autre donne sur le faubourg européen. Ce dernier a deux portes s'ouvrant sur la campagne et sur la mer.

A l'époque de la construction de la ville, la mer arrivait jusque sous ses murs où s'étendait autrefois un bois d'oliviers qui fut détruit entièrement par les arabes qui envahirent la contrée sous le prince zirite El Moëz. On remarque encore aujourd'hui, à 500 mètres de la porte *Bab-Djebeli*, un olivier isolé, que les Sfâk'siens assurent avoir environ un millier d'années d'existence.

Les débris des matériaux employés lors de la construction de la ville, furent jetés en contre-bas du côté de la mer. C'est sur cet emplacement produit par les décombres que s'éleva ensuite le faubourg européen. Avec tous ces débris, on limitait alors le bassin de la mer, comme on le fait encore aujourd'hui, dans l'espace situé entre la mer et le faubourg européen, qui créera bientôt un deuxième faubourg si l'on en juge par les nouvelles constructions faites et projetées. Les murs d'enceinte du faubourg européen actuel auraient été construits, il y a environ deux siècles, aux frais et par la famille Djellouli dont l'un des chefs était caïd à Sfâk's.

Le *Nadour* (grande tour, vedette) a été construit par des esclaves chrétiens, ce qui confirmerait l'opinion admise que Sfâk's n'a été jusqu'au XVIII° siècle qu'un repaire de pirates.

Sfâk's, d'après le Dr Shaw, tirerait son nom de la grande quantité de concombres (*Fakous*) qu'on y cultive. Une autre légende dit qu'un chef avait donné, à un nommé Sfa, un morceau de cuir avec l'ordre de le couper par bandes, de les réunir et de tracer avec elles une circonférence et que sur ce cercle on aurait construit la ville à laquelle on a donné le nom de l'ouvrier *Sfa*, ajouté à celui de *Kes* qui signifie, « découper. » La réunion de ces deux syllabes donne *Sfakes*.

La ville n'a de remarquable que sa belle mosquée. Les rues sont étroites comme toutes celles des villes arabes.

Climat. — Le climat est généralement sain et tempéré. Les saisons se succèdent sans brusque transition. L'hiver n'est jamais bien rude et ne dure que rarement plus de deux mois. Le thermomètre baisse le plus, et le froid se fait le plus sentir, lorsque soufflent les vents du sud et du sud-ouest, mais je ne crois pas que le thermo-

---

mètre descende jamais jusqu'à zéro. On ne se rappelle pas avoir vu tomber de la neige à Sfâk's, Le froid y est généralement humide.

La chaleur en été est également supportable. A part les journées de siroco et de calme, la chaleur n'est pas excessive. La brise de mer qui souffle de 9 h. du matin à 4 h. du soir, rafraîchit la température pendant l'été.

Pour peu qu'il pleuve, les rues deviennent extrêmement malpropres, les eaux séjournent sur le sol; il est difficile de sortir sans être bien botté, et sans courir le risque de se salir. Si les pluies sont abondantes, les rues sont interceptées, les magasins se remplissent d'eau, et il n'est pas rare de voir des barques flotter dans le faubourg européen. Ajoutez à cela que presque tous les magasins jettent leurs ordures à leur porte, que tous les quadrupèdes dont se servent les Maltais logent en dehors des magasins, chevaux, chameaux, mules, mulets, cochons, chèvres, moutons, pataugent ou fouillent dans les immondices et la boue, — et vous comprendrez de suite l'état dans lequel sont les rues lorsqu'il pleut. Le manque d'égouts pour écouler les eaux, fait que cette humidité ne disparaît que sous l'action du soleil; il n'est pas rare alors dans cette saison de constater bon nombre de coryzas et bronchites. Le quartier israélite est surtout le plus inabordable en hiver; même en été les exhalaisons fétides qui s'en échappent en font éloigner les promeneurs. En revanche la pluie tombe rarement à Sfâk's, de sorte que l'on oublie vite ses inconvénients compensés du reste par les immenses avantages qu'elle donne à la campagne. La pluie, c'est la richesse du pays : aussi, apparaît-il un nuage à l'horizon, la pluie commence-t-elle à tomber? tous les fronts rembrunis se dérident, et tous les Sfâk'siens s'abordent avec le sourire, le contentement et le bon espoir d'une abondante récolte.

Aspect. — La ville, vue de loin, du côté de la mer, apparaît comme une grande cité; mais, à faible distance, elle ne présente qu'une agglomération de maisons blanches entassées, serrées les unes contre les autres. L'aspect le plus agréable est le tableau que présentent tous les jardins de campagne de Sfâk's vus du haut du Nadour. On évalue à 8 ou 10,000 environ le nombre des jardins fruitiers de Sfâk's. En général tous ceux qui sont rapprochés de la ville, ont une maison de campagne où les habitants vont passer le temps des chaleurs, ce qui rend la ville saine en été puisqu'elle est presque déserte en cette saison. Le coup d'œil est alors vraiment superbe. Au milieu de chaque jardin s'élève une maison blanche entourée d'amandiers, d'abricotiers, d'oliviers, de pommiers, de vignes, etc. Tous ces arbres sont, il est vrai, disposés pêle-mêle, mais ces jardins rapprochés les uns des autres donnent l'illusion d'une deuxième cité apparaissant comme un immense faubourg de la première.

Oliviers. — Le nombre des propriétés d'oliviers (*Hueza*) s'élève jusqu'à 30,000 dans chacune desquelles le nombre des pieds varie de 50 à un millier. La culture de l'olivier est très-bien faite ; on prétend que les oliviers de Sfâk's sont les plus renommés de la régence; du reste depuis dix années, cette culture a pris un très-grand développement.

Dépôts d'eau. — La majeure partie des maisons de Sfâk's ne possédant pas de citerne, les habitants sont obligés d'acheter l'eau potable à des Arabes, qui vont la chercher dans les divers réservoirs qui existent à quelque distance de la ville.

A 1,200 mètres environ au S. O. se trouvent deux de ces réservoirs appelés *Feskias*, alimentés par le torrent de *l'oued Aghars* qui vient de *Sid Aghareb* village situé à 24 kilomètres de Sfâk's, habité par la tribu des *Agherba*, relevant du caïdat de Sfâk's. Ce torrent n'apparaît qu'après les grandes pluies. Il arrive alors avec force, remplit les *Feskias* qui se trouvent sur son passage, et va ensuite se jeter à la mer près de la porte de Sfâk's, dite *Bab-el-Gharbi*, porte de l'ouest.

Un autre réservoir situé au N. O. à 500 mètres de la ville s'appelle *Nasria*. La *Nasria* est une réunion d'environ 300 citernes, alimentées par *l'oud Ghenater*.

C'est auprès de cette *Nasria* que se trouve l'olivier isolé dont il a déjà été question.

Enfin, un troisième réservoir, qui n'est utilisé que pendant les grandes sécheresses, est constitué par les puits de Sérabouimi, au nombre de trois qui se trouvent à environ 3 kilomètres de Sfâk's vers l'ouest. Les eaux de ces puits sont devenues de très-bonne qualité et paraissent provenir d'une rivière souterraine.

Population. — On évalue la population de la ville à environ 30,000 habitants, La ville est petite, mais les rues sont si étroites, les maisons tellement rapprochées, que cette population peut y tenir quoique un peu entassée.

Les Européens sont au nombre de 1,000 environ, répartis ainsi qu'il suit : 750 Maltais, 200 Italiens et 50 Français y compris les protégés français israélites, demeurant dans le faubourg européen et séparés des Arabes pendant la nuit. Une heure après le *Magrob* (coucher du soleil), les portes de la ville se ferment; il en est de même de celles du faubourg. Cette mesure permet aux Européens de jouir d'une certaine tranquillité qui ne leur serait pas accordée s'ils se trouvaient mêlés avec les Arabes pendant la nuit. Toutes ces portes se rouvrent le matin, à la pointe du jour.

Autorité civile et militaire. — Le gouvernement tunisien est représenté à Sfâk's par un caïd qui tantôt a le grade de général, tantôt est un civil ; cela dépend entièrement du bon plaisir du Bardo.

La ville n'a pas de garnison, à moins qu'on ne veuille désigner quelques troupiers habillés en bourgeois, dont le service consiste à être gardiens à la Casbah, ou douaniers aux portes. Malgré cela, le pouvoir militaire est représenté à Sfâk's par un adjudant-major et un officier d'artillerie faisant les fonctions de commandant de place.

Caïdat de Sfâk's. — Le caïdat de Sfâk's s'étend au S. O. jusqu'à *Sidi-Aguereb* distant de 24 kilomètres ; au N. E. jusqu'à *Djebiliana* à 40 kilomètres et au N. jusqu'à la *Masra Abdel-Djouad* à 24 kilomètres de Sfâk's. Le territoire est en partie planté d'oliviers par les Sfak'siens ; le reste est inculte ou utilisé pour les céréales, tant par les habitants de Sfâk's que par les Arabes des *Metelit*, tribu relevant d'un caïd spécial, et qui est, pour ainsi dire, l'enclave de Sfâk's. Sur le littoral de la plage N.-E. les villages de *Louza, Mellouléche, Chebba* relèvent de Sfâk's, mais le terrain au delà est habité par les *Metelet.* Tout le pays environnant est plat : les collines les plus rapprochées se trouvent à 24 kilomètres. A *Louza*, une société prussienne (Walker, Rabbé et Flukiger) vient d'acheter une Masra et un terrain avoisinant pour se livrer à l'agriculture. Leur but serait de s'étendre sur le rivage.

Industrie. — On fabrique à Sfâk's des étoffes de coton (*Fonta*, serviettes, essuie-mains, etc.) et de laine (couvertures et *haiks* assez grossiers), ainsi que des étoffes de soie, en forme de ruban d'une largeur de 5 centimètres servant à la confection des chemises arabes. Les centres principaux de fabrication des tissus en laine, laine et soie, etc., sont *Djerba* et *Gafsa, Touzer* et, dans le *Djerid* tunisien, *Nefta.* Les burnous de *Djerba* sont très-estimés et les couvertures du *Djerid* sont aussi très-appréciées.

La cordonnerie à Sfâk's se fait sur une vaste échelle, principalement pour la confection des *Balghas* (pantoufles arabes). La tannerie est aussi une industrie assez florissante, et la sellerie a pris, de même, un certain développement. A part l'orfévrerie qui est monopolisée par les Israélites, tous les divers métiers sont représentés par les Arabes, mais imparfaitement.

Commerce. — Le commerce d'importation et d'exportation est assez étendu. Les chiffres suivants représentant approximativement le commerce de va-et-vient de diverses puissances.

IMPORTATION

Angleterre	France	Italie	Belgique
2,000,000ᶠ	20,000ᶠ	40,000ᶠ	30,000ᶠ

EXPORTATION.

Angleterre	France	Italie	Belgique
750,000ᶠ	600,000ᶠ	150,000ᶠ	60,000ᶠ

Les principaux articles d'importation sont les toiles de Manchester, les bois de construction, planches, fers, fontes, aciers, denrées coloniales, vins et spiritueux, fusils de Belgique, etc.

Depuis trois ans, l'importation des fusils de Belgique en Tunisie a pris une assez grande importance.

L'année 1875 paraît être celle pendant laquelle la vente de ce armes a été la plus considérable.

On calcule que pendant ces trois années, on en aurait importé de 8 à 10,000 (Lefaucheux, pistons et canons pour fusils à pierre), dont 3,000 auraient été vendus à Sfâk's soit isolément, soit par quantités de 20, 25 et 30.

Cette vente importante paraît avoir été provoquée par la courte insurrection, en 1875, des Hamemas contre les cavaliers du gouvernement tunisien après le recouvrement extraordinaire des impôts ; ou peut-être aussi, et je crois plutôt ceci, par leur introduction en Algérie par le Djérid, Tozer, Nafta et le Souf ; car, en ce moment, les tribus de l'intérieur sont tranquilles et les fusils se vendent constamment. Le 22 courant une vente de 35 fusils a encore eu lieu.

Ces fusils sortent des manufactures belges, la plupart de la maison Dumoulin et Colombier de Liége. Leur prix varie de 40 à 120 piastres tunisiennes. (La piastre de 0,60 centimes.)

Cette vente est presque toute entre les mains de deux français établis à Sfâk's. En ce moment un nouveau vendeur de fusils a entrepris ce commerce à la Chebba. C'est encore un Français, jadis gardien à Saint-Louis de Carthage, aujourd'hui employé d'une maison italienne, qui possède un établissement agricole à la Chebba, village à 50 milles au nord de Sfâk's.

Les principaux articles d'exportation consistent en huiles, laines en suint, éponges, dattes, amandes, pistaches, raisins secs, figues, poulpes, céréales, alfa, cordages en sparterie et tissus en laine ; ces divers produits peuvent être répartis ainsi qu'il suit :

Le territoire de Sfâk's donne à l'exportation :

L'huile, les amandes, raisins secs, figues sèches ;

L'île Kerkena : les éponges, les poulpes et les cordages en sparterie ;

Les tribus des environs de Sfâk's jusqu'à Gabès (pet S:)te)rtye l'alfa ;

Le Djérid tunisien : les dattes.

Relations avec Tripoli. — Les relations commerciales entre la Tripolitaine et la Tunisie ont lieu par voie de terre et par voie de mer. Les premières, qui se réduisent à des transports à dos de chameaux des produits tunisiens dans la Tripolitaine, et *vice versâ*, constituent un commerce arabe bien difficile à préciser. Les Arabes vont et viennent entre les deux pays et rentrent chez eux. Le plus grand commerce est la vente des bêtes à laine exportées en Tripolitaine, et de chevaux que les gens de Tripoli amènent en Tunisie.

Ce commerce est presque nul dans les années de bonne récolte, l'Arabe ne vendant que lorsque le besoin le presse. S'il y a disette à Tripoli, les habitants viennent vendre leurs bestiaux en Tunisie ; si la récolte a manqué dans les deux provinces, c'est vers l'Algérie que se dirigent alors les indigènes.

Les relations commerciales maritimes se font par de petits bateaux caboteurs (*Chabeks*), jaugeant de 15 à 25 tonneaux.

Les articles qu'on exporte de Sfâk's pour Tripoli se composent de tissus en laine, en coton, cordages en sparterie (*Alfa*), *Chechia* de Tunis, et autres produits de l'industrie tunisienne : huile, laine, savon, etc. Ceux qu'on importe sont : piment rouge (*Felfel*), *Alizari* ou garance de Tripoli, dattes *Bekrari* (qualité ordinaire), nattes de Misurate, oranges et citrons.

Ce commerce n'est pas très-important, et il est presque monopolisé par les indigènes : c'est un commerce local que les Européens ne pourraient pas faire.

Relations avec l'Algérie. — Des relations commerciales assez fréquentes et assez importantes sont établies entre Sfâk's et l'Algérie.

Notre exportation pour l'Algérie est surtout composée de : produits anglais de Manchester (Malte), d'huile d'olive, *Balghur* (industrie du pays), bonnets rouges de Tunis, haïks ordinaires, poudre à canon et fusils belges.

Il est très-difficile de donner à cette exportation un chiffre même approximatif, je me bornerai à dire que les relations sont très-suivies et que les Sfâk'siens retirent de sérieux bénéfices.

Rade. — Sfâk's possède une excellente et très-vaste rade, mais les navires sont obligés de mouiller au large à environ 1,200 à 2,000 mètres ; car les bas-fonds ne permettent pas aux gros bâtiments de s'approcher. Sur le bord de la mer tout est plage ; pourtant,

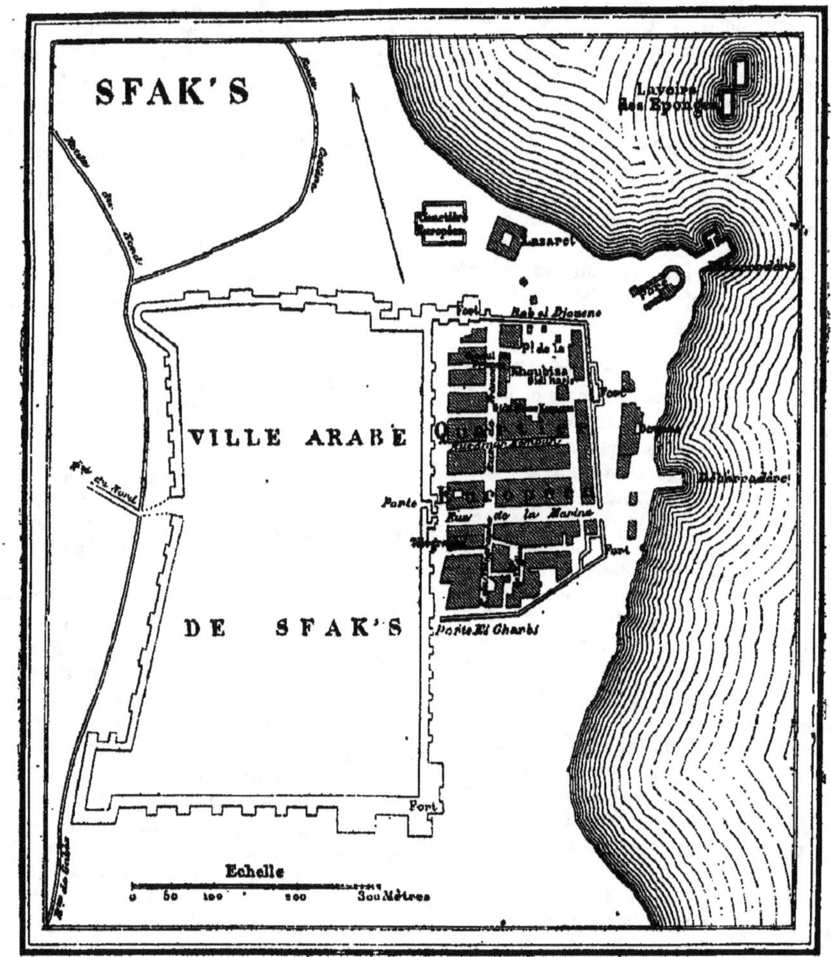

si le gouvernement tunisien voulait en faire l'essai, il pourrait transformer la rade de Sfâk's en un port très-important. Il suffirait de la construction d'un quai, et de quelques mois de dragage, pour permettre aux navires de s'approcher. Les frais d'embarquement et de débarquement des marchandises se trouveraient ainsi diminués de beaucoup.

Telle qu'elle est en ce moment, cette rade est la plus sûre de la côte. Le bey de Tunis envoie tous les ans ses deux bateaux pour hiverner à Sfâk's, le mouillage de la Goulette ne lui présentant pas assez de sûreté.

Marées : maréographe. — La marée est très-sensible sur le littoral du golfe de Gabès. A marée basse, les navires touchent le fond et ils flottent pendant la marée haute. Les plus fortes marées montent à plusieurs pieds, mais on manque d'appréciations exactes à cet égard.

Un maréographe nous donnerait évidemment des renseignements précis, mais c'est peut-être beaucoup demander à l'autorité locale qu'il soit procédé à une installation de ce genre. Cependant l'importance d'un observatoire de ce genre justifierait bien les dépenses qu'il occasionnerait (1).

Service postal. — Les communications postales avec Tunis ont lieu par terre et par mer.

Le service par terre est fait à pied par des courriers arabes qui portent les lettres à *Soussa* une fois par semaine, le jeudi, et qui retournent avec le courrier de France, apporté à Soussa le lundi, par des courriers arabes également. Ce service a été organisé par des négociants de Sfåk's, mais il est loin d'être sûr, aussi ne lui confie-t-on jamais d'argent ni d'objets précieux.

Le service par mer est fait par un vapeur italien desservant la côte de Tunis à Sfåk's et, partant de Tunis le mercredi pour arriver à Sfåk's le vendredi suivant.

Service télégraphique. — Les communications télégraphiques se terminent à Sfåk's. De grands intérêts, de nombreuses demandes sollicitent le prolongement de la ligne jusqu'à *Gabès* et *Djerba*. Le besoin en est bien reconnu, mais pour le démontrer il faudrait faire connaître longuement ces deux localités, leur commerce et leur industrie ; ce serait sortir du canevas que nous nous sommes tracé. Du reste, une demande doit avoir été faite par le gouvernement tunisien et par notre consul. Nous espérons qu'elle aura un heureux résultat et que bientôt nous verrons, par ces jalons, nos relations françaises s'étendre jusqu'aux portes de Tripoli, où devrait aboutir notre fil. Aux dires de M. Mattei, agent consulaire de France à Sfåk's, la sécurité de cette ligne nous serait à peu près acquise et presque garantie.

Thina. — A 12 kilomètres de Sfåk's, au S.-S.-O., on trouve les restes de *Thina.* Lors du passage du *Kléber*, M. le capitaine Bernard, aide de camp du gouverneur général de l'Algérie, visita ce poste et y fit exécuter des recherches archéologiques.

Itinéraire romain. — Sfåk's n'a jamais été une ville romaine. Le port de Tébessa était plutôt Thina ; là seulement, ou à Macomadès (aujourd'hui Maharès), les navires pouvaient mouiller.

Il serait bien difficile de retrouver la voie romaine qui reliait l'ancienne Thina à Tébessa, mais en suivant la route actuelle des caravanes, par les ruines nombreuses que l'on y rencontre, il est facile de juger que la voie romaine ne devait pas être éloignée de la route actuelle.

Les caravanes partant de Sfåk's pour se rendre à Tébessa passent par S.-el-Aguerba, S.-Ali-Bel-Aabda, Djebel-Matélégue, Dj.-Hamra-Kamouda, S.-Bou-el-Aaba, Fedj-Oum-el-Houts et Tébessa.

Tous ces points sont signalés sur la carte de Pricot de Sainte-Marie, et on rencontre assez fréquemment des ruines sur ce parcours.

La voie romaine de Tébessa à Gabès est plus connue : partant de Tébessa, elle traverse le territoire des *Frachich-Oudzas*, pour arriver à *Thelepte* ou *Feriana* ; on descend directement sur *Gafsa*, et de là on se dirige sur Tacape en traversant les Beni-A'ïssa, les Beni Ia'k'oub, passant à côté d'un puits de la Sebkba el-Fedjedje, jusqu'à Dabdaba pour marcher ensuite directement jusqu'à Gabès.

II

ILES KERKENA

Kerkena. — A 12 kilomètres environ de Sfåk's se trouvent les *Kerkena*, la *Cercina* et la *Cercinitis* des anciens : deux iles peu élevées au-dessus de la mer que réunissait autrefois un pont dont on voit encore aujourd'hui les restes. Elles sont favorisées d'un excellent climat.

Sous les Romains, Kerkena devait être assez importante, si l'on en juge par les ruines qui existent encore. En quatre points de l'île se trouve une tour qui servait sans doute de signal aux navigateurs anciens. Dans l'intérieur de l'île il y a de nombreuses citernes ; sur d'autres points des *Columbaria*, et, çà et là, des édifices assez importants (rempart, maison carrée, temple, etc.)

Les habitants sont tous d'actifs travailleurs. Avec les régimes et les branches (*Djerid*) du dattier, ils fabriquent des couffes, des chapeaux, des nattes et surtout des *Bordigues* pour prendre le poisson sur les bas-fonds qui entourent l'île à une circonférence d'environ 30 milles. Le plus grand qu'on rencontre est, dit-on, de 4 mètres. Ces bas-fonds sont très riches en poissons et en éponges, que l'on pêche pendant l'hiver. On évalue la pêche de Kerkena, pendant une année, à environ 100,000 fr.

(A suivre.)

(1) Voir à la suite de ce mémoire une *Note sur les marées du golfe de Gabès.*

LES ANCIENNES EXPLORATIONS

LES FRÈRES PONCET

(Suite et fin.)

Les Niam-Niam sont anthropophages; ils enterrent pourtant leurs morts et ne mangent que les ennemis tués à la guerre. Les femmes les suivent dans leurs chasses et dans leurs expéditions ; pendant la bataille elles font provisions de pieds et de mains des morts; cela constitue leur régal de prédilection.

Les Nouairs forment aussi une nation forte et belliqueuse. Ils sont hospitaliers et généralement propres ; leurs demeures sont des huttes coniques en paille qui sont espacées les unes des autres de deux à trois cents pas ; bien qu'armés seulement de lames et de bâtons ils passent pour les meilleurs chasseurs d'éléphants.

Entre les 9° et 4° degrés de latitude, le fleuve Blanc, Kyr ou Bahr-el-Gebel forme des îles nombreuses et coule au milieu d'immenses marécages. En été, sur tout son parcours dans cette région, il a une largeur moyenne d'environ 70 mètres et plus de 7 mètres de profondeur ; la vitesse de son courant n'est que de 24 mètres à la minute.

Pendant les grosses eaux et la saison des pluies cette vitesse se double, bien que la profondeur n'augmente pas sensiblement, parce que les eaux débordent et couvrent les rives sur une largeur variant de deux à huit lieues. Ces inondations durent habituellement du commencement de juillet à la fin d'octobre et se continuent quelquefois jusqu'à décembre.

Il est difficile de se faire une idée des grèves, du Kyr pendant ce Kharif. Cette saison est si affreuse que toutes les barques à son approche, descendent jusqu'à Khartoum.

M. Jules Poncet, chassé par les eaux du village qu'il habitait, remonta le fleuve pour chercher un autre abri. Il trouva un lieu élevé, s'y installa et fut bloqué pendant trois mois sur un flot de terrain de 50 pas de longueur sur huit de large, avec une pluie continuelle, durant jour et nuit, du 20 août au 20 septembre. A la fin de décembre, le pays présentait encore l'aspect d'un immense marais.

On se rend compte de l'abondance des eaux dans cette région marécageuse quand on en étudie l'hydrographie. En effet, non-seulement le Nil se divise en deux branches principales le Kyr et le Bahrseraf, mais encore son affluent le Bar el Chascel reçoit les eaux d'un nombre immense de rivières qui viennent du sud-est ou du sud.

De nombreuses tribus habitent les bords du Kyr; les principales sont les Touidj, les Bor, les Gok, les Djérouil, les Djak, les Lao, les Rec, les Eouadj qui toutes sont Dinka d'origine. Parmi ces tribus, quelques-unes sont si pauvres que leurs habitants meurent fréquemment de faim; ce sont elles qui, aujourd'hui encore, trouvent une ressource précieuse dans les crapauds et autres animaux immondes qui grouillent dans les marécages.

Tel est le pays qu'ont, pendant de longues années, habité les frères Poncet, le centre de grandes opérations commerciales tentées par eux. C'est le pays des grands animaux et des grandes chasses et il s'étend de l'est à l'ouest sur un parcours de 250 lieues environ. Là le fleuve est parfois arrêté par des amoncellements de détritus, par des abatis d'arbres si considérables, qu'il est forcé de changer son cours et que, pendant longtemps, toute navigation remontant plus près de ses sources a été déclarée impossible.

Quand il y a peu de temps encore le colonel Baker arriva avec une flotille d'environ 150 embarcations pour surmonter ces obstacles, il trouva tous les passages obstrués sur des espaces de 10, 15, 20 et même 30 lieues, et dut renoncer à son entreprise. Depuis, on a trouvé des débouchés latéraux qui ont permis de passer au delà de ces grands marécages.

Les éléphants s'y rencontrent encore, et malgré la chasse incessante que leur font les indigènes, en quantité prodigieuse et, dans ces terrains pleins d'eau, ont leur escorte obligée d'hippopotames, de rhinocéros et de crocodiles. Là, depuis les temps les plus anciens, les traitants, ceux qui font le commerce de l'ivoire et des autres produits de ces riches contrées, ont, malgré les obstacles, les maladies et les dangers, établi leur centre d'opérations. Là, les frères Poncet ont, pendant vingt ans, récolté l'ivoire de 3,000 à 3,500 éléphants chaque année, ce qui constitue pendant cette période une destruction de 60,000 éléphants. Or, dit-on, et c'est l'appréciation des chasseurs les plus compétents, il faut ajouter à ce chiffre 70 pour cent en plus représentant les éléphants blessés et morts de leurs blessures, sans avoir pu être capturés; on arrive ainsi au nombre colossal de 200,000 éléphants mis à mort en vingt ans.

Aujourd'hui de grandes routes viennent d'être établies dans ces lieux pour les caravanes; les anciens traitants ont disparu pour faire place aux représentants du vice-roi qui cherche à se rendre maître de toutes les industries de son pays; et pourtant, disons-le, ce qui prospérait entre les mains des particuliers semble décliner dans les mains du souverain de l'Egypte. Nous pensons avoir trouvé la raison de cette diminution dans le trafic. Tant que les traitants ont agi solitaires, les peuplades se sont volontiers rapprochées d'eux qu'elles ne redoutaient pas; elles fuient aujourd'hui devant les forces militaires, les armes perfectionnées et l'amour des conquêtes qui amènent dans leur pays les redoutables trafiquants de l'Egypte.

M. Hayaux du Tilly termine son intéressante et éloquente communication en rappelant les honneurs de tout genre que les Anglais ne cessent de rendre à leurs glorieux explorateurs.

« Je ne voudrais pas, dit-il, faire de la critique, mais ces honneurs rendus par les Anglais à leurs voyageurs, l'appui qu'ils leur prêtent pour accomplir leur œuvre, me forcent à faire ici un rapprochement.

« Les Anglais envoient en ce moment, aux bords du lac Nyassa, une mission qui a la colonisation en vue et dont l'organisation, qui me paraît excellente, nous est peut-être empruntée, comme tant d'autres bonnes choses qui éclosent chez nous et qui sont appliquées à l'étranger. Cette mission comprend agriculteur, ingénieur, médecin, mécanicien, administrateur, tous les spécialistes qui peuvent former un groupe complet pour le but qu'il se propose. C'est là exactement le plan exposé il y a déjà plus d'un an par un de nos collègues, M. Brau de Saint-Pol-Lias, qui a appelé à lui, pour former la Société de ses Colons-explorateurs, les anciens élèves de nos écoles supérieures d'agriculture, d'industrie, de commerce. Sans doute son projet a trouvé chez nous de vives sympathies, dans le monde savant surtout. Son premier groupe va s'embarquer pour l'archipel Indien, lieu de sa destination : mais son organisation a été laborieuse; elle n'a réussi que grâce à une volonté persévérante et à de méritoires efforts. J'ignore l'appui matériel qu'elle a eu, mais je puis dire que l'expédition anglaise, conçue postérieurement, part déjà avec un capital de quatre cent mille francs. »

Les limites d'un article de journal nous ont forcé à écourter considérablement la communication de M. Hayaux du Tilly. Ceux de nos lecteurs qui désireraient la lire dans toute son étendue et étudier d'une façon plus complète que nous n'avons pu le faire, l'histoire des découvertes anciennes sur le cours du Nil et la description des peuplades qui vivent aujourd'hui sur ses bords, trouveront au complet la consciencieuse étude de notre collègue dans un des prochains numéros du bulletin de la Société de géographie.

Pour extrait de la communication de M. Hayaux du Tilly :
J. G.

SIR SAMUEL BAKER

« Dans une de ces embuscades, au moment où l'ennemi venait d'être repoussé, Faddoul, l'homme le plus vigoureux des « Quarante-Voleurs », me dit qu'il était grièvement blessé. Une lance, le frappant par derrière, s'était arrêtée à l'aine. Il perdait tant de sang que, tandis qu'il se tenait debout devant moi, une mare se formait à ses pieds.

« Enfin nous arrivâmes à Kisouna, où nous entrâmes après une rapide marche.

« Nous nous trouvions alors sur un terrain dégagé d'herbes et de bois, avec des huttes pour nous abriter et de vastes champs où nous pouvions récolter une quantité illimitée de pommes de terre.

« Dès que l'arrière-garde arriva, j'assemblai officiers et soldats. Je leur appris que nous n'étions plus qu'à trente-trois kilomètres de Foouira et que nous en connaissions le chemin ; que Rionga serait bientôt informé de notre arrivée; que je fortifierais l'emplacement ou nous nous trouvions et que nous y resterions quelques jours pour donner à nos blessés le temps de se remettre ; que, pendant ce temps, tous les hommes prépareraient les conserves de pommes de terre.

DANS LE BASSIN DU NIL

SIR SAMUEL BAKER

(Suite et fin.)

« J'ordonnai ensuite à la musique de jouer aussi vigoureusement que possible, afin de prouver aux indigènes qui pourraient être aux écoutes que nous nous trouvions dans une excellente situation d'esprit.

« Nous nous entourâmes d'une forte palissade, à l'abri de laquelle nous nous reposâmes quelques jours.

« Nos blessés ayant repris des forces, et les pieds de ma femme étant à peu près guéris, nous partîmes le 23 juin.

« Le 24 juin, nous arrivâmes à Foouira. »

IV

Désormais, Baker était maître de la situation.

Rionga, bel homme d'environ cinquante ans, n'ayant rien de la raideur affectée de Kamrasi ni de la gaucherie innée de Kabba-Réga, très au courant des faits accomplis, accueillit comme il le devait la proposition du Pacha. Il promit de rester le fidèle représentant du gouvernement du khédive. Mais il ajouta qu'avant toute consécration, il fallait *échanger du sang* — irrévocable contrat qui, seul, pourrait inspirer confiance aux indigènes et les décider à se soulever en sa faveur.

En dépit de ses répugnances, bien compréhensibles d'ailleurs, sir Samuel dut se soumettre.

Il avait été convenu que le colonel Abd-el-Kader et le lieutenant Baker accompliraient la même intéressante cérémonie avec Kamissoua et Madjobi, le ministre et le fils du roi nègre.

« Les préparatifs, dit Baker, commencèrent le soir même. La nuit se passa en chants et en danses. Tout le monde, nous compris, but une énorme quantité de cidre de banane.

« Le lendemain nous restâmes à jeun jusqu'à ce que le soleil fût arrivé à une certaine hauteur dans le ciel, moment auquel le roi devait venir me trouver.

« A neuf heures du matin, Rionga se présenta et me pria de le suivre dans une tente avec le lieutenant Baker, le colonel Abd-el-Kader, Kamissoua et Madjobi.

« Plusieurs chefs furent admis comme témoins.

« Heureusement mon couteau était muni d'une petite lancette avec laquelle je me pratiquai, sur le bras gauche, un légère incision d'où s'échappèrent quelques gouttes de sang.

« Rionga me saisit aussitôt le bras et suça avidement l'égratignure.

« C'était mon tour. Je pris soin de faire sur son bras une piqûre si légère qu'une seule goutte de sang en sortit, ce qui me parut suffisant.

« Dès ce moment nous étions amis à la vie et à la mort.

« Le lieutenant Baker et Abd-el-Kader échangèrent de la même façon leur sang avec leurs partenaires respectifs.

« Quand nous sortîmes de la hutte, parut un barde indigène qui, s'accompagnant sur une sorte de harpe, entonna mes louanges et celles de Riouga, en même temps qu'il déversait un torrent d'invectives sur Kabba-Réga.

« Je fis à ce ménestrel un présent considérable de perles ; il s'en alla dansant, raclant son instrument et chantant la déconfiture de nos ennemis. »

Immédiatement après cette cérémonie « dégoûtante, » Baker proclama Riouga vakil du gouvernement et roi de l'Ounyoro, aux lieu et place de Kabba-Réga.

Après avoir établi des relations amicales avec les tribus voisines et reçu les envoyés de M'téséa, roi de l'Ouganda, pays riverain du lac Victoria, Baker revint à Fatiko.

Le jour même de son arrivée — 2 août 1872 — il fut attaqué par les chasseurs d'esclaves d'Abou-Saoud. Il leur infligea une rude défaite et détruisit leur campement de fond en comble.

Il séjourna à Fatiko près de huit mois qu'il consacra presque exclusivement à la construction d'un fort destiné à protéger cette station du gouvernement. Puis il reprit le chemin de la patrie, du *home*, si cher aux Anglo-Celtes.

Il arriva à Gondokoro le 1er avril 1873, le jour même où finissait son temps de service, conformément à son traité avec le khédive. Le 26 mai, il partit pour le Caire.

Le khédive le reçut avec la distinction que méritaient les services rendus au gouvernement. La haute société égyptienne, au contraire, l'accueillit assez froidement, et Baker eut le chagrin d'entendre souvent mettre en doute l'efficacité de ses efforts pour supprimer la traite et pour étendre jusqu'à l'Equateur la domination de l'Egypte.

Au reste, cette suspicion *illégitime* ne pouvait surprendre le pacha qui avait eu si souvent l'occasion de constater la connivence des autorités avec les chasseurs d'esclaves.

Avant son départ pour l'Angleterre il eut une nouvelle preuve de cette complicité.

Déjà, dans ses dépêches, il avait dénoncé au khédive et à ses ministres les agissements d'Abou-Saoud et les entraves que cet invétéré négrier mettait à l'accomplissement des ordres du vice-roi.

En arrivant au Caire, il renouvela de vive voix ses accusations et demanda formellement qu'Abou-Saoud fût traduit devant un tribunal public.

Non-seulement cette satisfaction lui fut refusée, mais encore Abou-Saoud reçut une *récompense ;* on en fit le lieutenant du colonel Gordon, successeur désigné de sir Samuel Baker.

La traite subsiste aussi vivace que jamais, dans l'Afrique centrale, à la honte du gouvernement égyptien.

Hippolyte WATTEMARE.

Nous ne pouvons présenter à nos lecteurs ce résumé complet des informations les plus récentes dans le bassin du Nil, sans leur rappeler qu'un Français a dû prendre part aux intéressantes découvertes dont cette région a été le théâtre.

Au commencement de la fatale année de 1870, M. le vicomte de Bizemont, officier de marine, était parti pour rejoindre l'expédition de sir Samuel Baker avec une mission spéciale de la Société de géographie de Paris. Il devait, sans jouer aucun rôle dans les conquêtes militaires qui étaient le principal objectif des troupes égyptiennes, réunir les documents nécessaires pour dresser une carte aussi exacte que possible du haut Nil et des lacs où ce fleuve prend ses sources. Notre compatriote ne put partir du Caire que dans le mois de mai, parce qu'il avait consenti à se charger de la conduite jusqu'à Khartoum d'un vapeur de 250 tonneaux démonté en 1800 morceaux. Il obtenait ainsi de faire son voyage jusqu'à la capitale du Soudan aux frais du vice-roi. Mais ce matériel énorme lui causa de grands retards et de sérieux ennuis. Parmi les colis dont il se composait, il y en avait qui ne pouvaient être portés par des chameaux ; il fallut donc les charger sur des voitures improvisées avec des roues d'artillerie et des planches et les faire traîner par des corvées de 500 hommes pour chacune des dix voitures. Qu'on songe que ce trajet doit être effectué au mois de juin, dans un désert réputé pour son aridité et que les voitures mirent près d'un mois à se rendre de Korosko à Berber.

Ce ne fut qu'en septembre que M. de Bizemont rejoignit Bakir-pacha à Khartoum.

Peu de jours après, il reçut la nouvelle de la déclaration de guerre entre la France et l'Allemagne et, en même temps, il apprenait nos premiers désastres. Il n'y avait pas à hésiter : d'une part son devoir de militaire le rappelait impérieusement dans les rangs de nos armées ; d'ailleurs, les fonds nécessaires à son entreprise, et dont il avait laissé une partie en France, à titre de réserve, allaient lui manquer. Il fallait revenir en toute hâte.

Nous devons ajouter que le voyage de M. de Bizemont jusqu'à Khartoum n'a pas été tout à fait inutile pour la science. Nous lui devons un itinéraire détaillé du désert de Korooko avec quelques renseignements géologiques. Il utilisa son séjour forcé à Khartoum en recueillant divers documents fournis par des négociants arabes souvent appelés par les intérêts de leur commerce dans des régions peu connues. C'est ainsi qu'il eut connaissance du fleuve Ouellé qui fut découvert à la même époque par Schweinfurth. Enfin, des observations astronomiques très-nombreuses, soumises au contrôle du Bureau des longitudes ont permis de déterminer avec une précision qu'on peut considérer désormais comme absolue, la latitude et la longitude de Berber et de Khartoum. Ces deux villes pourront servir désormais de bases aux géographes qui se consacreront à la détermination astronomique des points principaux du cours du Nil. Ces divers résultats ont été consignés dans les Bulletins de la Société de géographie de Paris.

EXPLORATION DU LAC VICTORIA NIYANZA

PAR M. HENRY STANLEY

Les dernières nouvelles que nous avons publiées sur la marche de l'expédition de M. H. Stanley (voir les numéros 39, 40, 43 et 46 de l'*Explorateur*), antérieurement aux lettres récemment reçues, desquelles nous avons donné un résumé succinct dans notre avant-dernier numéro, avait annoncé le départ du voyageur américain du pays du roi Mtésa. Il s'était dirigé d'Ouganda vers Ousoukouma en suivant la côte occidentale du lac Victoria et était parvenu à la rivière Kajeraou Kitangoule.

C'est à ce point que commence le récit contenu dans la première lettre, datée de l'île Mahyiga, le 29 juillet 1875.

Après avoir quitté la rivière Kagera, M. Stanley et ses onze hommes d'escorte passèrent la nuit à un endroit appelé Kagya, sur une plage de sable uni au pied du plateau d'Ousongara ; le lendemain, dans l'après-midi, ils campaient à Makongo d'où, par suite de la perfidie des indigènes, il leur fallut, dès le jour suivant, se rembarquer pour l'île de Musira, à quatre milles de là. Dans la soirée, M. Stanley mit à voile pour l'île d'Alice, à 35 milles plus loin, où il arriva à près de minuit. Le lendemain, à la même heure, il jetait l'ancre sous le vent de l'île de Backer, au milieu d'un orage qui dura toute la nuit et contre lequel il ne put maintenir son bateau qu'en faisant constamment vider l'eau.

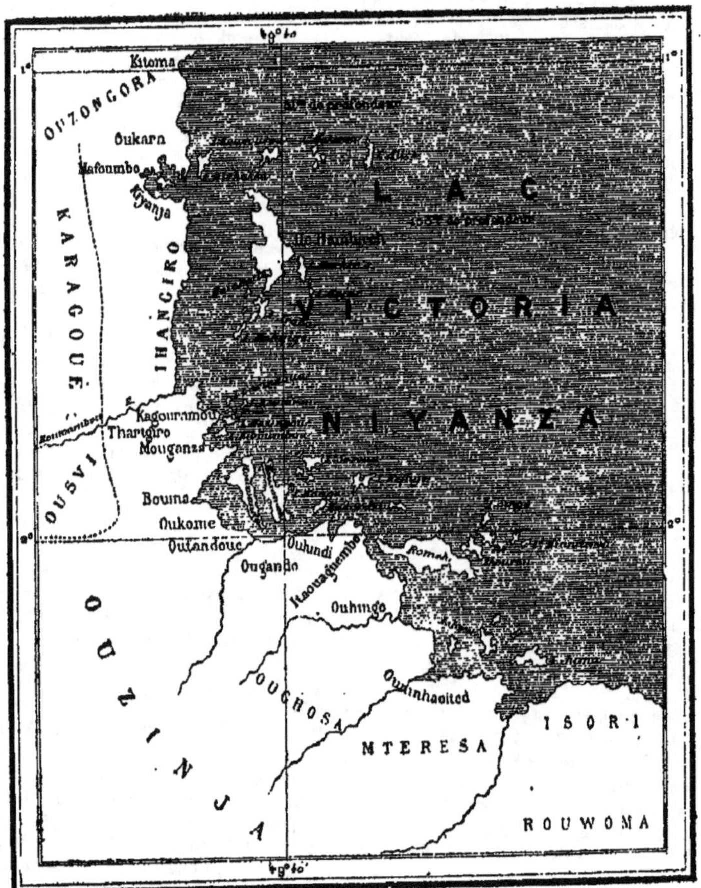

Le matin, de bonne heure, il aborda dans une petite anse très-commode près du village de Kajouri, à l'extrémité sud-est de l'île de Bambireh. Là, la petite troupe n'échappa à un massacre certain que par le courage de chacun de ses membres et la présence d'esprit de son chef. Elle eut à soutenir un véritable combat contre toute une population de sauvages, qui n'abandonnèrent la lutte qu'après avoir eu quatorze morts et leurs canots chavirés et coulés à fond.

Dans la soirée du même jour, les voyageurs étaient à 8 milles de cette terre inhospitalière ; après avoir ramé toute la nuit, ils en étaient à 20 milles, et à 25 milles le lendemain. Au coucher du soleil, ils se trouvaient à 12 milles au nord-est de l'île de Sosua ou Gosua. Survint une tempête qui les força à laisser aller leur embarcation au gré des vents et des vagues ; ils arrivèrent ainsi à la dérive à 8 milles à l'ouest de l'île de So-ua, à 6 de la grande île de Mysomet, et passant à l'est de Sosua, ils atteignirent, sur les deux heures de l'après-midi, une île à laquelle M. Stanley a donné le nom de l'île du Refuge, et sur laquelle ils se reposèrent pendant un jour. D'après l'exploration qu'ils en firent, cette île, qui a environ deux milles de circonférence, doit avoir été autrefois habitée et cultivée. Ils se dirigèrent ensuite sur l'île d'Iso, située à un mille au sud de celle de Singo ; attirés par les coteaux couverts de bananiers verdoyants, ils se disposaient à mettre pied à terre, lorsqu'ils furent repoussés par une foule d'indigènes, qui leur lancèrent des pierres à l'aide de frondes.

Deux jours plus tard, le canot doublait l'extrémité sud-ouest d'Ouiro, presqu'île dans l'île d'Oukérive, et voguait sur les eaux sombres du golfe de Speke, ayant en vue, à environ 22 milles au midi, la côte d'Ousoukouma, vers laquelle ils firent voile à minuit, afin de profiter d'une brise favorable ; mais tout à coup le vent changea et une tempête de grêle vint fondre du nord-nord-est sur la frêle barque, qu'on ne put, malgré les plus grands efforts, empêcher d'aller à la dérive. Les malheureux voyageurs craignaient à chaque instant de voir se réaliser la malédiction des sauvages de Bambireh, qui, en guise d'adieux, leur avaient crié : « Allez mourir dans le Niyanza ! »

Quand le jour se leva, ils reconnurent qu'ils étaient à 10 milles au nord de Ronoma et à 20 milles au nord-ouest de Kagehyi, où était dressé le camp que M. Stanley avait quitté pour contourner le lac.

La lettre se termine par l'arrivée à ce camp, où le chef de l'expédition et ses compagnons furent accueillis avec d'autant plus de joie par les hommes qu'il y avait laissés que ceux-ci, alarmés par de faux bruits répandus sur leur chef, étaient en proie à de vives inquiétudes ; la longue absence de M. Stanley — il y avait 57 jours qu'il les avait quittés — ne tendaient que trop à les justifier et à les aggraver. Dans l'incertitude où ils étaient du sort du « Bana M'kuka » (le grand-maître, M. Stanley), les gens du camp avaient résolu que s'il n'était pas de retour dans les quinze jours à partir du commencement de la nouvelle lune, ils lèveraient le camp et se mettraient en

Partie S.-O. du Victoria-Niyanza récemment explorée par M. STANLEY. (V. l'*Explorateur*, vol. II, p. 442.)

Gravé par R. Hausermann.

marche pour Ounyanyembé; or, M. Stanley est arrivé juste lederier jour de la vieille lune, c'est à dire la veille du départ projeté ; ainsi, un jour plus tard, il n'aurait plus trouvé personne.

Dans ses autres lettres, M. Stanley rend compte de ses explorations sur les bords du lac Albert et à travers les contrées situées entre les deux Niyanzas.

SPEKE

DESCUBRIDOR DES SOURCES DU NIL

Un fait considérable pour la géographie de l'Afrique va trancher une question débattue depuis longtemps. Par une lettre datée de Kerry, 21 avril, le colonel Gordon annonce que M. Gessi, membre de la mission qu'il dirige, vient de reconnaître par eau le Luta Nzigé (1). Il en résulte que le bassin du Nil est maintenant délimité à l'ouest sous l'équateur même, et, coïncidence singulière, au moment où Gordon s'étonnait, avec le monde entier, d'être sans nouvelles de Stanley, celui-ci, presque le même jour, 24 avril, en donnait d'un lieu situé à quinze jours de marche d'Ujiji : on dit qu'il a fait d'importantes découvertes.

Nous ne pouvons donc manquer de recevoir prochainement de nouveaux détails sur la question des sources du Nil, problème né il y a deux cents ans et dont quelques données connues de l'antiquité et des Arabes, mais complétement oubliées pendant de longs siècles, réapparaissent aujourd'hui avec un degré surprenant d'exactitude.

En attendant ces détails, la question en elle-même est définitivement résolue, et cette exploration du Luta ou M'woutan-Nzigé devient le dernier anneau de cette chaîne de preuves concordantes par lesquelles les plus célèbres voyageurs ont fait ressortir l'éclatante vérité des affirmations de ce pauvre (2) Speke. Toutes les objections que l'on avait opposées à ses conclusions si nettes, si logiques, sont tombées une à une. Mais depuis dix-huit ans que l'illustre mort a foulé pour la première fois les rives du Victoria-Nyanza, c'est aujourd'hui seulement que les conséquences tirées de ce fait capital deviennent indiscutables. Speke doit être désormais et irrévocablement considéré comme le *découvreur des sources du Nil* : nous allons voir que c'est à bien juste titre (3).

Le capitaine Burton désigné par la Société géographique de Londres pour reconnaître les lacs ou, disait-on, la mer intérieure de l'Afrique centrale, s'était adjoint le lieutenant Speke, avec lequel il avait fait peu auparavant une tentative d'exploration désastreuse au Somal. Partis de Zanzibar en juin 1857, les deux explorateurs, à peine à trois journées de la côte, trouvent gravé en lettres de sang sur un arbre de l'Ouzaramo le premier nom du nécrologue de l'Afrique centrale et équatoriale, ce nom est celui d'un Français, l'enseigne de vaisseau Maizan, tué de la manière la plus barbare à Ndidjé-la-Mohra en 1845. Saluons en passant la mémoire d'un compatriote qui, au prix de sa vie, a planté le premier jalon des découvertes dans cette zone alors inconnue, et rappelons aussi qu'avant et depuis cette époque, le bassin du Nil a été l'objet des recherches de plusieurs Français, auxquels Baker rendit un magnifique hommage devant la Société de géographie de Paris. Lorsqu'en 1868, celle-ci lui remit la grande médaille d'or, il remercia en disant : « S'il nous a « été permis à nous, Anglais, de pénétrer jusqu'aux grands lacs, aux « sources du Nil, c'est que les Français, par leurs entreprises, ont « jeté sur ce fleuve un pont d'or dont nous avons su profiter (4). »

Que l'on pardonne cette digression au sentiment qui l'a dictée et revenons au capitaine Burton et au lieutenant Speke. Malgré la fièvre qui les dévorait et des difficultés de tous genres, ils parvinrent au lac Tanganyika, eux premiers Européens, en février 1858. Cette immense nappe d'eau fut explorée par eux, en barques, dans sa partie septentrionale et, dès ce moment, remarquons-le bien, il fut constaté que le lac ne se déversait pas au dehors à cette extrémité : constatation qui n'a pas été faite, il est vrai, *de visu*, par suite du mauvais vouloir des indigènes ; mais, à quelques milles de l'embouchure du Rouzizi, « tous ceux qui étaient présents affir- « maient qu'au lieu de sortir du lac, cette rivière y apportait ses « eaux (5). » Revenu dans l'Ujiji, Burton reprit le 26 mai la route de la côte et fut obligé de s'arrêter à Kazeh, capitale de l'Unyaniembé, où il fut cloué pendant plusieurs mois sur un affreux lit de douleurs.

Moins éprouvé par les maladies de toutes sortes qui envahissaient la caravane, et auxquelles il avait payé un cruel tribut à l'aller, Speke mit à profit ce délai forcé pour pousser une pointe de 360 kilomètres vers le nord. Le 30 juillet 1858, après vingt-cinq jours de marche pénible, sur un sol vierge de pas européens, il découvrit un lac beaucoup plus vaste que le Tanganyika, dont on ne pouvait distinguer les deux rives à la fois et dont personne ne savait l'étendue dans le sens du méridien. L'altitude de son niveau ayant été trouvée de 1140^m tandis que celle du Tanganyika n'était que de 600^m environ (6), l'idée d'une communication entre les deux devait être abandonnée. Cette circonstance, rapprochée de l'absence d'un exutoire au nord du dernier et de l'opinion des naturels relativement aux eaux du Nyanza (7) qui, d'après eux, devaient s'écouler vers l'Egypte, détermina Speke à considérer le Victoria Nyanza (8) comme la principale source du Nil.

Fier de son succès, il rejoignit le capitaine Burton à Kazeh, le 25 août, et, en mars 1859, les deux explorateurs regagnaient Zanzibar.

Dix-huit mois après, le 2 octobre 1860, le capitaine Speke, cette fois chef d'expédition et accompagné du capitaine Grant, partait de Bagamayo pour vérifier (9) « si le Victoria Nyanza était bien, comme « il l'avait conjecturé, la source et le point de départ du Nil « blanc (10). »

Notez bien qu'en faveur de cette présomption, les entreprises d'Andrea Debono remontant à 1854-55, venaient de révéler que le Saubat n'était pas le lit principal du Barh-el-Abiad, mais seulement un de ses affluents secondaires.

Si, dans ce nouveau voyage, les difficultés égalèrent celles du premier jusqu'à l'Unyaniembé où l'on pouvait trouver l'appui des bonnes relations établies en 1858, elles furent bien autremen

---

(1) Luta Nzigé, d'après Speke; Albert Nyanza, d'après Baker; M'woutan, d'après les cartes de Petermann de 1870 et celles qui ont suivi.

(2) Lettre de M. Behm.

(3) Voir les cartes de l'*Explorateur*, t. I, pages 141 et 301; t. II, pages 12 et 442 ; et notamment t. III, pages 450 et 469.

(4) Ces paroles, que nous avons entendu nous-même, ne sont peut-être pas textuelles; mais le sens en est exactement reproduit, et le mot *Pont d'or* a été prononcé.

(5) *Tour du Monde*, tome 11, p. 340.

(6) Ces chiffres ont été rectifiés depuis, mais la différence constatée est toujours dans le même sens.

(7) Nyanza, Speke ne le sut que plus tard, est le nom que les Africains donnent aux eaux aussi bien des lacs que des rivières du système du Nil.

(8) Victoria-Nyanza, d'après Speke et Stanley; Ukerewe, d'après les cartes de Petermann, 1870.

(9) Sur la côte en face de Zanzibar.

(10) *Tour du monde*, t. IX, p. 274.

grandes au delà de Kazeh, sur la route suivie pour côtoyer le Victoria Nyanza par l'ouest.

Sur les confins de l'Unyamouezi, dans l'Uzinza, dans l'Usui, les marches et les contre-marches pour recruter des pagazi, pour trouver à vivre, pour se soustraire aux exigences des roitelets nègres fourbes et avides, firent perdre beaucoup de temps et une partie des ressources de l'expédition. Peu s'en fallut même que les explorateurs ne succombassent aux maladies (1) et aux attaques des pillards. Ils furent en revanche, on ne peut mieux accueillis par Roumanika, roi du Karagué, chez lequel ils n'arrivèrent qu'à la fin de novembre 1861.

La situation de Grant s'étant aggravée malgré le repos et le bien-être dont il jouissait dans le palais de Roumanika, Speke fut obligé de l'abandonner aux bons soins de ce prince et s'en sépara le 10 janvier 1862.

Peu après, il traversa la Kitangulé-Kagera, seule rivière importante de la côte occidentale de l'Ukerewé. Il en voyait descendre les eaux des cimes du Mfumbiro, massif élevé qui forme comme une sorte de nœud entre les trois grands lacs équatoriaux. En présence des renseignements géographiques réunis par lui de toutes parts, il se disait que ces *montagnes de la Lune* donnent naissance au Congo (2) tout aussi bien qu'au Nil (3).

Arrivé dans l'Ouganda, il côtoya de très-près l'angle nord-ouest du lac Ukerewé, parvint en février à la cour du roi M'tesa, et devint l'hôte de ce monarque fantasque, dont la notoriété commence à se faire en Europe. Speke fut condamné près de lui à un repos de cinq mois, vivant à quelques milles de ce lac dont l'exploration était l'objet de toutes ses aspirations et dont la côte septentrionale se confond à peu près avec l'équateur. Il savait néanmoins que la branche principale du Nil s'en échappait non loin de là, mais il n'eut la liberté de parcourir les rives du voisinage que pendant trois ou quatre jours, en partie de chasse et de pêche avec cette majesté dont les fantaisies et les caprices arrêtaient toute entreprise sérieuse.

Cependant Grant, sur une litière, était parvenu à rejoindre l'expédition. Les deux voyageurs ménageant avec habileté les vues ambitieuses de leur hôte, faisant luire à ses yeux des espérances qui tempéraient vis-à-vis d'eux son despotisme, et, transformant à leur profit sa vaine ostentation en générosité pratique, s'arrachèrent de ses mains en juillet.

Ils se dirigèrent vers le nord pour se séparer de nouveau, Grant cherchant à gagner la résidence du roi de l'Ounioro et Speke les rives du fleuve qu'il atteignit bientôt en appuyant vers l'est.

« Enfin, enfin, s'écrie Speke le 21 juillet, je me trouvais sur les « bords du Nil » et le 28, après en avoir remonté le cours jusqu'aux chutes du Ripon situées par la même latitude que le palais du roi M'tesa, l'intrépide voyageur ajoute :

« L'expédition avait désormais atteint son but. Je voyais l'an- « tique Nil sortir du Victoria N'yanza par le canal Napoléon. Je « m'assurais que, selon toutes mes prévisions, ce grand lac donne « naissance au fleuve sacré sur lequel a flotté Moïse enfant. Je re- « grettais, il est vrai, que mille et mille retards inévitables m'eussent « empêché d'aller examiner à l'angle nord-est du Niyanza ce détroit « mentionné si fréquemment, qui l'unit à un autre lac (Baringo) où « les gens de l'Ouganda vont chercher leur sel et d'où s'écoule vers « le nord un second fleuve entourant l'Ousoga d'une véritable cein- « ture d'eau. Mais cette question, qui demeure indécise, n'intéresse « et ne contredit en rien ce fait bien établi que le point de départ « du Nil est sous le troisième degré de latitude sud, au même en- « droit où, dans le cours de l'année 1858, je signalais l'extrémité mé- « ridionale du Victoria Niyanza (4). »

Speke revient alors sur ses pas en descendant le Nil Victoria, et retrouve Grant qui s'est vu interdire l'entrée de l'Ounioro, pays du

roi Kamrasi dont les sujets attaquèrent la flottille des explorateurs. Obligés de mettre pied à terre, ceux-ci abandonnent les berges du fleuve, mais ils le retrouvent non loin du palais de Kamrasi, à l'endroit même où il se réunit à la Kafu, autre branche du Nil sortant du lac et déjà traversée par Speke avant d'arriver chez M'tesa.

Dans l'Ounioro, nouvelles difficultés pour apprivoiser un prince orgueilleux et défiant, nouveau séjour forcé de deux longs mois au bout desquels, 10 novembre, la route vers le nord est reprise sur des barques.

Par la Kafu on arrive à une assez vaste nappe d'eau à laquelle on a donné le nom de lac : mais Speke affirme que ce n'est que le point de jonction de cette branche occidentale et secondaire avec le Nil-Victoria dont les eaux débordées s'épandaient alors sur les rives basses au sein d'une nature luxuriante de beauté. Il continue sa navigation jusqu'aux chutes de Karuma, au pied desquelles le fleuve fait un coude à l'ouest en passant à travers des peuplades dont l'hostilité ferme la route du Luta-Nzigé. Speke entend depuis longtemps parler de ce lac, il a recueilli de nombreux renseignements sur son existence, il sait que le Nil y pénètre pour en ressortir dans sa course au nord. Aussi quels sont ses regrets de ne pouvoir vérifier par lui-même les indications si intéressantes des naturels. C'est une cruelle nécessité qui s'impose à lui. Il prend donc la route de terre pour suivre la corde du vaste détour que le fleuve fait à l'ouest, traverse le Kidi, et dans le Gani rencontre les gens que M. Debono avait envoyés au-devant de lui.

Avec ceux-ci il retrouve le Nil à Paira, et à Appudo l'arche qui porte le nom de Miani, ce hardi voyageur qui en 1860 avait atteint presque seul le point le plus méridional auquel fût arrivé jusqu'alors un Européen. Le 15 février 1863, sans avoir quitté les bords du Nil, les voyageurs arrivent à Gondokoro où ne se trouve pas Pétherick, celui qui devait les y attendre ; mais en revanche Baker est là, avec des moyens de transport préparés, pour se porter au secours de ses compatriotes sur le sort desquels on s'inquiétait et non sans raison.

Speke engage Baker à utiliser ses préparatifs pour aller vérifier l'existence du Luta-Nzigé, et après avoir descendu le Nil jusqu'à Alexandrie, il termine son récit en disant : « J'en avais assez vu, « désormais, pour être convaincu que le fleuve qui sort du Nyanza « par les chutes de Ripon, est bien le vrai Nil, le père des fleuves, « car il l'emportait d'une manière éclatante sur tous ceux qui « venaient s'y embrancher, et cela dans la saison sèche, qui est la « meilleure époque pour apprécier l'importance permanente et les « forces relatives de ces rivières (5). »

« Quant au petit Luta-Nzigé, je me rallierai volontiers à l'hypo- « thèse du docteur Murie d'après laquelle ce lac servirait de réservoir « au trop-plein des eaux à l'époque des inondations qu'il tend à ré- « gulariser. »

Et maintenant nous sommes en Angleterre en présence d'une tombe. Speke, l'intrépide chasseur qui avait affronté tous les dangers, franchi les continents et les mers, les rivières et les lacs, est tombé vulgairement en franchissant un simple fossé et s'est tué avec la même arme dont les balles avaient fait rouler à ses pieds les buffles sauvages, les rhinocéros et les éléphants. Frappant et singulier contraste des grandeurs et des misères de ce monde !

Devait-il au moins recueillir avant de mourir les palmes de la gloire acquise ! Non. Si l'on ne contesta pas sa valeur, on discuta ses conclusions, et ce Nil, parce qu'il ne l'avait pas suivi pas à pas sur tout son parcours, on douta qu'il l'eût réellement trouvé, on nia qu'il en eût découvert l'origine.

Procédant par voie d'élimination, nous allons voir cependant que le bassin de ce fleuve est à peu près tel que l'avait déterminé Speke. Consultons les explorateurs qui ont marché sur ses traces ou l'ont devancé dans les régions voisines et commençons par le plus illustre d'entre tous.

(A suivre.)   B. DE VILLEMEREUIL.

---

(1) Grant était extrêmement éprouvé.
(2) Voir page 12, lieutenant Cameron.
(3) *Tour du monde*, t. IX, p. 331.
(4) *Tour du monde*, t. IX, p. 300 et 367.

(5) *Tour du Monde*, t. IX, p. 384.

MADÈRE

ÉTUDE ADRESSÉE A LA SOCIÉTÉ DE GÉOGRAPHIE COMMERCIALE DE PARIS

L'archipel de Madère, dans l'océan Atlantique, comprend l'île de ce nom, celle de Porto-Santo et les îles Désertes.

L'île de Madère, découverte en 1422, est située entre 32° 49' 44" et 32° 37' 18" latitude nord, et 16° 39' 30" et 17° 16' 38" longitude ouest de Greenwich. Sa configuration générale ressemble à une pyramide couchée ayant pour base la côte de l'occident. Sa longueur est de 32 milles géographiques, sa largeur de 12 milles et sa circonférence de 75 à 76 milles. De l'est à l'ouest, elle est sillonnée, vers le milieu, par une cordillère surmontée de crêtes étroites et de pics plus ou moins élevés, et dont un, le pic Ruivo, n'a pas moins de 2,000 mètres au-dessus du niveau de la mer. Cette chaîne de montagnes, sur laquelle il n'existe que trois plateaux un peu notables, peut être considérée comme divisant l'île en côte méridionale et septentrionale, le versant nord étant plus escarpé que celui du sud.

Le sol présente les effets des horribles catastrophes dont, dans la nuit des temps, il a été la victime de la nature, par les volcans et tremblements de terre qui l'ont bouleversé et déchiré dans tous les sens. Il est évidemment volcanique et la lave en est basaltique. Le basalte s'y présente sous toutes les formes : couches épaisses et compactes, agglomérations de différentes espèces, structure dense, globuleuse, spongieuse, vitriflée, sablonneuse et cendrée; on y voit aussi de l'argile végétale, quelques pétrifications, et même, sur un seul point du versant nord, un peu de calcaire grossier avec silice sur des formations basaltiques, et aussi, un peu plus loin, une couche de lignite noire et consistante, reposant sur de l'argile endurcie, et qu'elle pénétre, et sous laquelle on trouve immédiatement le basalte.

L'île n'est pas cultivée sur les montagnes, et l'on n'y voit que des genêts, des bruyères, de la fougère, des sapins, et plusieurs belles variétés de lauriers : le châtaigner, le chêne, le noyer et les arbres à fruits d'Europe ou des tropiques, ne viennent que plus en bas, ainsi que l'eucalyptus globulus que l'on a commencé à introduire dans l'île.

Le terrain est fertile sur les deux versants, mais il donnerait de bien plus riches résultats, si l'agriculture y était mieux comprise et surtout si l'on savait tirer un meilleur parti des eaux d'irrigation venant de la montagne, qui, dans les années de sécheresse ou même ordinaires, sont si nécessaires à toutes nos cultures, et si les routes de communications avec l'intérieur étaient convenablement entretenues. Les produits du versant nord sont inférieurs, en qualité, à ceux du versant sud, et, parmi ceux de ce dernier, il faut citer, en première ligne, le blé qui est très-bon, la canne à sucre, dont le rendement est prodigieux, et la vigne si renommée pour ses vins. Malheureusement, depuis la replantation de nos vignobles, à partir de 1857, nous ne récoltons plus, par an, que de 8 à 9,000 pipes de vin (de 400 litres chacune) ou le quart de ce que l'île rapportait anciennement, et, pour comble de malheur, outre l'oïdium, nous avons, depuis trois ans, le terrible phylloxera qui fait déjà de sérieux ravages sur différents points du versant sud, et, tout notamment, dans les meilleurs crus de l'île. Avec la diminution des récoltes de la vigne, augmente la falsification des vins de Madère, par le mélange qu'on y fait soit de vins blancs ordinaires de Portugal, soit de fruits, de cidre surtout, et même jusqu'à du jus de cannes à sucre, le tout plus ou moins bien préparé, avec force eau-de-vie et sucre, pour le maintenir pendant un an ou deux. Ces préparations se vendent, souvent, à des prix assez élevés, comparativement à ceux du Madère pur qu'il est assez difficile aujourd'hui, même dans l'île, d'acheter, de pleine confiance, à moins qu'on ne le prenne nouveau, sortant du pressoir, ou vieux chez un négociant honnête et consciencieux.

Le climat de Madère est doux et présente, dans quelques-uns de ses éléments, et surtout dans sa température, une égalité et une régularité toutes spéciales, avec une moyenne de 10 à 14° centigrades au-dessus de zéro, en hiver, à Funchal; de 15 à 18° au printemps, et de 20 à 24° en été. Nous avons aussi des pluies très-fortes, des orages, quelquefois des vents très-violents, des tempêtes, des inondations et des neiges sur les montagnes; mais, ce n'est point à des époques ou saisons fixes, ni avec la même durée, et il en résulte des variations tranchées qui rompent l'uniformité et la monotonie supposées.

La population de Madère est de 118 à 120,000 âmes dont 24,000 pour sa capitale, Funchal, et ses dépendances : c'est la seule ville de l'île, le reste ne se composant que de gros bourgs ou villages, plus ou moins importants, et dont la plupart, ainsi que Funchal, sont situés sur le bord de la mer, et se livrent, lorsque le temps le permet, à un commerce assez actif de transports, par bateaux pontés ou non, des diverses denrées de l'île qui, presque toutes, sont destinées à la capitale.

La ville de Funchal est disposée en amphithéâtre sur le versant des montagnes, avec sa principale exposition au sud; elle est assez coquettement tenue, et se trouve entourée de charmantes villas pour le besoin des invalides étrangers qui, tous les ans, viennent y passer la saison d'hiver. Le port est une rade foraine exposée aux vents, assez rares, du reste, du sud et du sud-ouest, et l'eau y est très-profonde, même tout près de terre; il y paraît chaque année, en moyenne, plus de 600 bâtiments dont 50 de guerre, et au moins 300 vapeurs, aller et retour, qui viennent y prendre du charbon et s'y ravitailler, afin de pouvoir suivre route, soit pour l'Europe, soit pour l'Afrique, le Brésil, etc., etc. Les principales lignes de ces steamers sont les suivantes :

Deux de Liverpool, tous les samedis de chaque mois, avec escale à Madère, Sierra-Leone, Lagos, cap Palmas, cap Coast-Castle, Fernando-Po, Old-Calabar, Benin, Yehah-Coffee, Monrovia, Accra, Grande-Canarie, Ténériffe, Gabon, Black-Point, Landana, Congo, Ambrizette, Hinsembo, Ambriz, Loanda, Bathurtst, Halfach, Brass, New-Calabar et Opobo.

Une de Southampton pour le cap de Bonne-Espérance, partant les 5, 15 et 25 de chaque mois, et touchant, suivant les départs, à Madère, Sainte-Hélène, Ascension, Cap-Town, Port Elisabeth, Port Alfred, East London, Delagoa Bay, Mozambique et Zanzibar.

Une pour la même destination du Cap de Bonne-Espérance et avec le même itinéraire, et dont les départs ont lieu de Londres les 5 et 22 de chaque mois, et de Dartmonth, les 7 et 23.

Une de Lisbonne pour l'Afrique, par vapeur portugais, partant le 5 de chaque mois, avec escale à Madère, Saint-Vincent et Saint-Thiago (cap Vert), Principé, Saint-Thomé, Ambriz, Loanda et Benguella.

Enfin, une ligne régulière et directe entre Lisbonne et Madère, partant, tous les mois, le 20, du premier de ces ports et le 24 du deuxième.

Outre ces différentes lignes, il y en a d'autres qui touchent fortuitement à Madère, au retour, et, parmi elles, la ligne anglaise du Pacifique, celle du Havre (chargeurs réunis) et celle de Hambourg, venant toutes les deux du Brésil.

L'île de Madère a un phare sur la pointe Saint-Lourenço, à l'est, et un autre sur le fort Loo, au fond de la rade : elle a ses télégraphes sur la côte et est reliée au continent par le câble électrique qui vient du Brésil par le cap Vert.

L'habitant de Madère, en général, est de mœurs paisibles, sobre, frugal, laborieux, mais routinier dans ses vieilles habitudes; robuste, il peut endurer les plus rudes fatigues : il est simple, peu ambitieux et ce n'est que, depuis une trentaine d'années, qu'il a rêvé à la fortune dans l'émigration, surtout à Démérary (dans la Guyane anglaise), à la Trinité, à la Barbade, à Saint-Hilts, Antigoa, au Brésil et en Amérique. Un très-petit nombre s'y est enrichi et la plus grande partie y a trouvé la misère ou la mort.

Le commerce de l'île est assez actif, quoique d'une importance encore peu considérable, mais il a à lutter contre bien des entraves fiscales et autres, de peu de valeur, souvent, mais qui causent quelquefois de sérieux ennuis et embarras.

Les importations annuelles qui s'élèvent à environ fr. 10,000,000, consistent principalement en produits manufacturés de toute espèce charbon de terre, farine, maïs, planches, morue sèche, riz, café, sucre, huile d'olive et de pétrole, tuiles, sel, douves pour tonneaux, etc., etc. L'Angleterre y contribue pour la majeure partie et le Portugal vient immédiatement après : le reste se partage entre l'Allemagne, la Hollande, l'Espagne, les États-Unis, les Antilles, le Brésil, le Maroc et la France dont la part est approximativement de 5 à 600,000 francs en tissus de toutes sortes, nouveautés, parfumeries, quincailleries, papeterie, pianos, veaux cirés, vins de Bordeaux et de Champagne, porcelaines, cristaux, horlogerie, orfévrerie, etc., etc.

Les exportations de chaque année sont, en moyenne, de francs 3,600,000, et consistent en vins de Madère, broderie, vannerie, quelques chargements d'oignons et pommes de terre, du thon et du maquereau salés, des peaux fraîches de bétail, du beurre, beaucoup de régimes de bananes, quelques bœufs et moutons vivants et enfin 500 à 600,000 kilogrammes de sucre de très-belle qualité, mais revenant fort cher, à cause du prix élevé de la canne à sucre, et de la main d'œuvre ; ce qui est cause que cette denrée ne peut être que consommée dans le pays ou exportée en Portugal où elle est favorisée de légers droits protecteurs. Ce sucre est fabriqué dans l'île et dans des usines à vapeur dont l'une, qui est la principale et de première classe, a été fournie par MM. Lecointe et Villete, de Saint-Quentin (Aisne).

En terminant ce travail résumé sur l'île de Madère que j'habite depuis 1840 et où j'ai l'honneur de représenter la France depuis 20 ans, malgré l'état assez précaire de ma santé dans ces dernières années, il est de mon devoir, Monsieur le secrétaire, de vous avouer que, tout en essayant de vous fournir des éclaircissements exacts, je reconnais qu'ils ne sont pas aussi complets qu'ils devraient l'être. Puissent cependant ceux que j'ai pu donner suffire à faire connaître un peu plus, cette riante île, si ignorée, et qui pourrait être le plus riche joyau de la couronne de Sa Majesté Très-Fidèle le Roi de Portugal.

Madère, le 18 juillet 1876.

C. Blaize.

LAPONIE

Nous avons fait connaître à nos lecteurs, dans le dernier numéro de l'*Explorateur*, la première partie du livre que M. le comte Gobletd'Alviella a publié, chez l'éditeur Plon, sous le nom de *Sahara et Laponie*. Nous parlerons aujourd'hui de la seconde partie qui a trait à un voyage que l'auteur a fait en Laponie et nous pensons ne pouvoir mieux édifier nos lecteurs sur cette intéressante excursion que par des extraits destinés à expliquer les deux gravures que nous en extrayons.

On sait que dans

Le soleil de minuit sous le cercle polaire. — Gravure extraite de *Sahara et Laponie*, ouvrage édité par M. E, Plon.

franchir la Tornéa et gravir sur la côte opposée le mont Avasaxa.

« Tout était plongé dans ce calme et cet apaisement extrêmes qu'on ne saurait retrouver qu'à cette heure et sous cette latitude. Pas une ride sur la surface du fleuve, qui s'épanchait majestueusement dans un cirque de collines veloutées; pas un bruissement sur les nombreux îlots dont notre barque longeait les roseaux endormis. Seul le vol pesant d'un canard sauvage, que le bruit de nos rames chassait de sa retraite, troublait ce solen-

la vallée du Tornéa-Elf, sur le confin de la Suède et de la Finlande russe, sous le cercle polaire, un pic aigu, le mont Avasaxa, domine un amphithéâtre de montagnes et semble être un observatoire élevé tout exprès par la nature pour faciliter l'observation d'un phénomène astronomique que chaque année ramène à cet endroit. Le 24 juin le soleil y est visible à minuit. C'est ce fait curieux que représente une de nos deux gravures et nous laissons nos lecteurs suivre le récit qu'a fait de ce phénomène l'auteur de *Sahara et Laponie*:

« Si nous voulions contempler ce jour-là le soleil de minuit, nous n'avions pas une minute à perdre pour nous jeter dans une barque, nel et poétique silence.

« Nous contournâmes un long promontoire de la rive russe pour arriver au pied même de la montagne.

« Taillée à pic sur la vallée du Ten'gali, Avasaxa descend jusqu'au Tornéa-Elf en pente douce et boisée. Cependant elle s'escarpe vers sa cime et nous eûmes quelque peine à gravir les éboulis du dernier plateau. Comme nous arrivions au sommet, le soleil avait encore une dizaine de minutes à s'incliner sur l'horizon. Déjà les montagnes du Nord avaient étendu leur ombre jusqu'au centre de la vallée, où la Tornéa reflétant les teintes resplendissantes du ciel, se détachait sur le fond crépusculaire du sol comme un filon de mercure. Tous les points encore éclairés nageaient dans une lueur jaunâtre, fauve, fantastique, que reproduisent faiblement certains couchers de soleil dans l'hiver de nos propres contrées.

« Tout à coup une légère vapeur couvrit le globe rougeâtre qui s'arrêtant dans son déclin, nous apparut comme immobile à travers une gaze de pourpre frangée d'or. Il était minuit.....

« Cependant l'astre avait repris son cours, et le matin avait succédé au soir entre la coupe et les lèvres. Etait-ce l'illusion d'un esprit prévenu? Instantanément les symptômes de l'aurore nous parurent remplacer les apparences du crépuscule; l'azur passa du violet au lilas, l'air devint plus vif, une brise glacée s'éleva de l'Est, et le brouillard surgit du fleuve, escaladant les montagnes dont le sommet s'allumait en rose sous les premiers feux du jour. »

La seconde gravure que nous avons empruntée à l'ouvrage édité par M. Plon a été plaisamment intitulée pas l'auteur: *une grande ville de Laponie*. Ces modestes et pauvres cabanes isolées sont en effet ce qui représente la ville lapone de Keresuando. La déception ne fut pas moins grande quand le voyageur aborda d'autres lieux dont on lui avait par avance signalé l'importance. Ecoutons le raconter ses impressions aux abords de Kautokemo:

« Nous étions fort impatients d'atteindre cette ville qu'on nous avait dépeinte comme formant, avec Karasjock, dans le Finmark oriental, les deux seules cités franchement laponnes de la Norvége.

Nous avions entendu vanter dans tout le nord de la Suède sa population, ses ressources et même son luxe.

On nous avait parlé de quatre à cinq mille Lapons qui s'y tenaient avec leurs rennes. Or, une couple d'heures après notre embarque-

ment, nous découvrîmes un groupe de baraques en ruines qui paraissaient presque inhabitées. Un instant nous craignîmes que ce ne fût la fameuse Guadvagucino elle-même, mais ce n'en étaient que les faubourgs ; car presque aussitôt une plaine se dessina sur notre droite et la ville apparut enfin à nos yeux. C'est-à-dire que, devant nous, quatre à cinq cabanes, à toit de gazon, s'espaçaient au pied d'une petite église en planches. Décidément la mystification dont nous étions victimes depuis Haparanda prenait des proportions de plus en plus fabuleuses. Nous commencions à trembler, même en songeant à Hammerfest.

« Heureusement, hâtons-nous de l'ajouter, malgré les toits de mousse, usage que justifie d'ailleurs, comme en Islande, l'extrême rigueur des hivers, l'intérieur de ces quatre ou cinq cabanes se distinguait par une propreté et un confort que nous n'avions plus rencontrés depuis longtemps. C'étaient d'ailleurs les habitations du pasteur, du lensmand et d'un ou deux marchands norvégiens qui concentraient dans leurs magasins tout le petit commerce du pays. Quant au reste des habitants, Kautokeino possède réellement quatre à cinq mille Lapons ; mais ils n'y habitent jamais dans le sens ordinaire du mot et ils n'y campent qu'en hiver, sous des huttes de mousse, qu'ils renversent aux approches de l'été, quand ils se retirent avec leurs rennes dans les montagnes de l'Ouest. »

On voit par ces citations que M. le comte Goblet d'Alviella sait enrichir le compte rendu de ses voyages d'un style pittoresque et charmant dont beaucoup d'explorateurs actuels feraient bien de revêtir leurs impressions.

Une grande ville de Laponie. — Gravure extraite de *Sahara et Laponie*.

J. G.

M. DE LESSEPS A LA DISTRIBUTION DES PRIX DU COLLÉGE HENRI IV

M. de Lesseps, ancien élève du collége Henri IV, invité à présider la distribution des prix, a prononcé à cette cérémonie le discours suivant.

Jeunes élèves et chers camarades,

M. le Ministre de l'instruction publique m'a fait l'honneur de m'offrir la présidence de votre distribution des prix.

Je me suis empressé de lui répondre qu'ancien élève du lycée Henri IV, de 1815 à 1822, je serais heureux, après plus d'un demi-siècle, de donner ce témoignage d'attachement à mon cher lycée, et de reconnaissance à l'enseignement universitaire.

L'Université, après tant d'épreuves et de triomphes, après tant de services rendus à l'esprit national, n'a rien à redouter de la concurrence qu'elle a elle-même contribué à faire consacrer par la loi.

Son passé est le garant de son avenir ; elle se fera gloire d'accroître encore de jour en jour les perfectionnements successifs qu'ont essayé d'apporter dans l'instruction la jeunesse tant de ministres éminents.

Guidée par leurs exemples, elle saura s'acquitter de la noble mission de diriger cette partie de l'administration publique que nous devons maintenant plus que jamais, considérer comme la plus importante et la plus féconde pour la véritable grandeur et la force de notre patrie.

C'est bien à tort que l'on a reproché à l'Université d'être restée stationnaire. La vérité, c'est qu'elle a toujours mûrement étudié les améliorations possibles avant de les adopter, et elle n'a cessé de suivre, lorsqu'elle ne l'a pas précédé, le progrès général des esprits.

Les hommes de ma génération l'ont vue inaugurer, dans ses institutions, l'enseignement de l'histoire si brillamment commencé et poursuivi par des savants dont plusieurs sont devenus d'illustres hommes d'Etat.

Pour ma part, je me suis souvent senti fortifié en me rappelant que, dans ma jeunesse, je m'étais trouvé parmi leurs premiers etplus fervents disciples.

Comme je crois avoir tiré quelque fruit de leurs leçons, vous me permettrez, mes jeunes amis, de vous citer, au sujet de l'utilité des études historiques, l'avis expérimenté et toujours excellent d'un vieil historien grec, Diodore de Sicile, qui commençait ainsi, il y a près de deux mille ans, son ouvrage sur l'histoire universelle :

« L'histoire est l'enseignement de la sagesse par le récit varié des peines « et des malheurs d'autrui... Il est bon d'avoir pour guide, dans les hasards « de la vie, non la recherche de l'avenir, mais l'expérience du passé... La « connaissance de l'histoire rend de simples particuliers dignes du commandement et, par la perspective d'une gloire immortelle, elle encourage les « chefs à entreprendre les plus belles actions.

« Par les éloges que l'histoire donne à ceux qui sont morts pour la patrie, « elle rend les citoyens plus ardents à la défendre et, par la menace d'un « opprobre éternel, elle détourne les méchants de leurs mauvais desseins. »

Les sages conseils donnés par Diodore, du temps d'Auguste, n'ont pas cessé d'être pratiques, et nous pouvons nous les appliquer avec profit, si nous savons les comprendre.

A côté de Diodore, nous ferons bien d'écouter aussi un de ses contemporains, Strabon, qui nous recommande avec plus d'autorité encore, l'étude de la géographie.

On nous accuse, nous autres Français, d'ignorer la géographie. Ce reproche n'est peut-être pas aussi justifié qu'on le croit, mais l'Université s'attache à perfectionner cette belle science qui fait tous les jours, sous nos yeux, tant de conquêtes.

C'est sous l'inspiration et la protection du ministère de l'Instruction publique, il ne faut pas l'oublier, que s'est formée, en France, la plus ancienne des Sociétés géographiques de l'Europe. Les autres Sociétés, organisées sur son modèle, ont rendu hommage à leur devancière en venant ouvrir l'année dernière à Paris le grand Congrès universel de géographie, dont les élèves des lycées ont visité l'intéressante exposition.

Nous pouvons avec orgueil parcourir la liste, et quelquefois le martyrologe des nombreux voyageurs et navigateurs français qui ont enrichi et enrichissent continuellement le vaste domaine des sciences géographiques.

Je ne veux pas retarder davantage, mes chers et jeunes camarades, le moment où vous allez recevoir vos récompenses.

Je termine en me réjouissant avec vous des victoires nouvelles que notre lycée continue d'ajouter à toutes celles qu'il a déjà remportées.

Cette année vous avez obtenu au concours général neuf prix et 33 accessits.

C'est un succès dont vous devez être fiers, si vous comparez le petit nombre des élèves du lycée avec le nombre des élèves de chacun des grands lycées concurrents.

Cependant votre ambition ne doit pas être satisfaite, car il appartient aux générations qui se succèdent d'augmenter sans cesse le patrimoine scientifique des générations précédentes, sans oublier que la science doit être appuyée par la force et la constance du caractère. Votre excellent proviseur m'a donné l'assurance que, par votre conduite et par le bon esprit dont vous avez fait preuve au cours de vos études, vous promettez de rester fidèles aux traditions de courage et de loyauté que j'ai toujours vu maintenir dans le monde par mes anciens condisciples, et que vous porterez dignement comme eux le drapeau du lycée Henri IV.

Puisse donc notre lycée prendre tous les ans une place plus large dans les luttes glorieuses d'une jeunesse patriotique ! C'est ainsi que, même dans cette studieuse et modeste enceinte, vous commencerez à répondre aux espérances de la patrie qui a tant besoin du dévouement et du travail de tous ses enfants.

PROJETS DE CANAL MARITIME DE L'OCÉAN A LA MÉDITERRANÉE

I. — *Insuffisance et dépérissement des canaux actuels du Sud-Ouest.* — Le canal latéral à la Garonne, le canal du Languedoc, le canal des Étangs, le canal de Beaucaire, le canal d'Arles à Bouc et leurs dépendances mettent en communication l'Océan et la Méditerranée par une voie navigable de plus de 600 kilomètres. Ils ne sont accessibles qu'à de simples barques plates ; ils n'ont en effet en moyenne que 2 mètres de profondeur sur 10 mètres de largeur au plafond, et 20 mètres à la superficie.

Le tonnage des marchandises transportées sur ces canaux n'a cessé de décroître depuis l'établissement du chemin de fer ; la batellerie est réduite des trois quarts ; les services réguliers n'existent plus.

Les raisons de ce dépérissement sont de deux sortes :

1° La concurrence naturelle du chemin de fer, qui transporte les fardeaux et les voyageurs huit ou dix fois plus vite que le canal.

L'insuffisance même du canal qui, du temps de Riquet, était une innovation hardie, mais ne se trouve plus en rapport avec les exigences du commerce contemporain.

De telles causes sont fatales, et l'on n'y peut rien changer.

2° Les tarifs élevés maintenus sur le canal par la *Compagnie des chemins de fer du Midi* qui en est devenue concessionnaire ou fermière (1)..

On peut cependant remédier à cet état de choses.

Le meilleur moyen serait d'obtenir de l'État le rachat du canal latéral, et de la *Compagnie du Midi*, comme des héritiers de Riquet, la résiliation du bail d'exploitation du canal de Languedoc (2). Les canaux du Sud-Ouest reprendraient ainsi leur vie normale ; ils pourraient abaisser leurs tarifs ; rendre tous les services que dans le Nord, en Belgique, en Angleterre, aux États-Unis, rendent des canaux analogues ; lutter enfin avec avantage contre le monopole actuel des voies ferrées méridionales, en transportant à bon marché les vins, les bois, la houille et autres marchandises lourdes ou encombrantes.

Si complète que redevînt alors l'activité du canal, il n'établirait nullement une communication directe entre les deux mers ; il ne serait toujours qu'une annexe de la route de terre ou du chemin de fer ; il ne supprimerait pas la perte de temps, les manutentions, les avaries qu'occasionneraient forcément à Bordeaux et à Cette ou ailleurs le transbordement des marchandises. Il ne serait toujours, en un mot, qu'un canal *fluvial*, d'après l'ancien système du seizième siècle, et non un canal *maritime*, d'après le type conçu au dix-neuvième.

Ainsi donc, affranchir les canaux du Sud-Ouest, c'est ne leur rendre qu'incomplètement leur ancienne prospérité. Pour les accommoder aux nécessités commerciales des temps nouveaux, il faut les transformer en un *grand canal maritime des deux mers.*

II. — *Divers projets de canal maritime.* — L'idée d'un canal maritime des deux mers n'est pas nouvelle. Riquet et Vauban y avaient songé (3).

De nos jours un assez grand nombre de projets ont été émis ou étudiés par diverses personnes. Voici l'indication de tous ceux que nous avons pu découvrir, ou dont on a bien voulu nous donner communication :

Projet de M. Victor Codderens, signalé par M. Metgé, et rappelé par M. Tédié dans le *Courrier de l'Aude* (4). — Il consiste à transformer le canal actuel en canal de grande navigation.

Projet de M. de Giral (5). — Le canal maritime irait de Bordeaux à Cette. Il coûterait 660 millions. La somme serait fournie par un syndicat de propriétaires riverains.

Projet de M. Courtejaire, président de la Société d'agriculture de Carcassonne, indiqué par lui dans un *Mémoire* publié en 1861 *avec cartes et plans à l'appui* (6). — Le canal projeté par M. Courtejaire part de La Franqui, sur la Méditerranée, franchit l'Aude, près de Carcassonne, le canal du Midi, près de Naurouse, puis le chemin de fer du Midi, évite les grands centres populeux et aboutit à la Garonne, près de son embouchure, au nord de Bordeaux. Il a 8 mètres de profondeur et 36 mètres à la ligne d'eau. Il est alimenté par l'Aude, le Tarn, la Garonne, etc. Ce n'est pas une étude technique.

Projet de M. Cornet-Peyrusse, président de la Société des arts et sciences de l'Aude, indiqué par lui dans un *Mémoire* manuscrit qui est entre nos mains (7). Il se rapproche du précédent. M. Cornet-Peyrusse insiste sur l'importance de la Franqui ; il rappelle que dès le moyen âge il fut question d'y

---

(1) Voir à ce sujet les discours de M. Peyrusse au Corps législatif en 1868 ; la brochure de M. P. Bellet ; les articles de M. Laliman dans la *Gironde* du 12 mai, 31 août et 26 novembre 1869 ; les statistiques officielles.

(2) En 1862, 35,000 pétitionnaires ; en 1863, 44,000 ; en 1864, 65 ,000 ; autant en 1865, ont réclamé, de tous les points du Midi, l'adoption de ces réformes.

(3) Voir *P. P. Riquet ;* Étude historique, par G. Guibal. Toulouse, 1866, p. 4.

(4) Numéros de janvier et février 1867.

(5) *Idée sur le canal maritime de Bordeaux à Cette,* par M. de Giral, propriétaire au château d'Herbesante, br. in-4°. Toulouse, boulevard Napoléon, 55, 1868.

(6) Ce Mémoire a été soumis, à cette époque, à l'examen de M. le Ministre des travaux publics. — Voyez aussi une lettre de M. Courtejaire, dans le *Journal de Toulouse,* du 23 février 1870.

(7) Nous le croyons encore inédit.

créer un grand port, et qu'en dernier lieu, en 1857, une Société fut fondée par des capitalistes du pays pour exécuter cette œuvre importante. Elle n'a pas été réalisée jusqu'à ce jour.

Projet de M. Oulmières, ingénieur du service des eaux de la ville de Castres, mentionné par l'auteur même dans un article (1) du *Journal à Toulouse.* — L'auteur paraît avoir démontré que toutes les eaux de la Montagne-Noire pourraient être facilement amenées au canal, comme celles qui ont été recueillies par Riquet, à la prise d'Alzau, et dans les bassins de Lampy et de Saint-Fériol.

Projet de M. Thomassy, capitaine de frégate en retraite (rue de la Dalbade, 3, à Toulouse). Il a été développé par lui dans divers articles du *Messager de Toulouse* (2). — M. Thomassy demande la transformation pure et simple du canal actuel en canal de cabotage accessible aux navires de 300 tonneaux. Il voudrait que ce canal eût seulement 3m,70 de profondeur et 12 et 28 mètres de largeur. Il affirme que 1,400,000 tonnes seraient assurées à cette voie de communication. Il s'appuie sur un grand nombre de considérations sérieusement étudiées.

Projet de M. de Crozaux-Bridier, de la Société archéologique de France, inspecteur d'assurances, à Toulouse. Il a été exposé dans un numéro du *Progrès libéral* (3). — Le canal projeté par M. de Crozaux-Bridier irait de la Franqui à Bordeaux. Il serait alimenté par les eaux de la partie nord de la Montagne-Noire et par celles de l'Ariége. Les frais pourraient être couverts par une souscription de 25 francs par action, ouverte dans toute la France, sous la direction d'un Comité de patronage.

Projet de M. Mathieu, ingénieur à Toulouse. Il a été indiqué dans le *Messager de Toulouse.* Il est cité dans la brochure de M. P. Bellet (4). — Nous savons que depuis 1866 M. Mathieu a complété ses études, dressé des cartes et plans, et donné à son travail une grande extension (5).

Projet de M. Magués, directeur des Canaux du Midi. Il est mentionné dans la brochure de M. P. Bellet (6). — L'auteur voudrait agrandir le canal actuel et le rendre accessible à des caboteurs de 600 tonneaux. Il estimerait la dépense à 104 millions. Depuis 1866, M. Magués a donné de nouveaux développements à ce projet.

Projet de M. Tissinier (rue Croix-Baragnon, 7, à Toulouse). Il a été développé dans une brochure (7) publiée à Toulouse en 1870. — M. Tissinier propose Arcachon et Narbonne comme points extrêmes du canal maritime. Il prévoit une dépense de 320 millions. Ajoutons à ce propos qu'actuellement la ville de Narbonne est en instance auprès du gouvernement pour obtenir la création d'un port de mer près de Gruissan. M. Thomé de Gamond a fait les études de cet important projet.

Projet de M. de Staal de Magnoncour, ancien pair de France (8). — L'auteur s'est attaché à mettre en lumière les avantages financiers de l'entreprise ; il n'a pas formulé de projet technique proprement dit. Il indique cependant Bordeaux et Cette comme principaux points extrêmes du canal. Il parle aussi d'embranchements sur la Franqui et Marseille d'une part, Rochefort de l'autre. Il prévoit une dépense de 550 millions. Il propose une profondeur de 7 à 8 mètres, une largeur de 22 et 46 mètres, et 100 écluses longues de 100 mètres chacune. Il compte sur un tonnage de 14 millions.

Projet de M. Auguste du Peyrat, ingénieur (9). — Voici l'analyse succincte de cet important travail : Le canal actuel serait transformé en canal maritime. Il irait de Bordeaux à Cette ou à la Franqui. Il serait alimenté par la Garonne, le bassin de Saint-Fériol, l'Aude et au besoin l'Ariége. Les navires y seraient halés par des locomotives roulant sur des rails établis parallèlement au canal, d'après un système dû à M. J.-S. Russel et expérimenté par lui, sur les canaux d'Écosse, en 1834 et 1839 (10). La durée du trajet serait ainsi de trente heures seulement. La dépense serait au minimum de 600 millions. M. du Peyrat fit part de son projet au Congrès scientifique de Bordeaux, en 1861. Il exposa ses plans à Paris en 1867. Il habite aujourd'hui, croyons-nous, l'île de la Réunion (11).

Tels sont les divers projets de canal maritime des deux mers dont nous avons eu connaissance.

III. — *Propagande pour l'établissement d'un canal maritime.* — Dans tout le Midi, l'établissement d'un canal des deux mers a été l'objet d'une propagande active, mais qui jusqu'ici n'a obéi à aucun centre commun de direction.

1° Département de l'Hérault.

Le Conseil général de l'Hérault, dans sa dernière session de l'année 1869, sous l'inspiration de M. Michel Chevalier, a émis le vœu « que le gouvernement veuille bien faire étudier un projet de transformation du canal du « Midi, de manière à le rendre accessible, comme celui de Suez, aux navires du plus fort tonnage (12). »

Les journaux de ce département, et notamment le *Courrier de l'Aude,* dans divers articles publiés par MM. Metgé, Fédié, Seguevesses (13), ont montré toute l'importance du canal maritime et insisté sur l'utilité qu'il y aurait à placer son embouchure à Narbonne ou à la Franqui. Il est rappelé dans un de ces articles, que les Anglais connaissent toute l'importance du mouillage de la Franqui, depuis la publication très-remarquée d'un travail de l'ingénieur Hawshaw à ce sujet (14).

Signalons, à Toulouse, les efforts de Théron de Montaugé auprès de la Société d'agriculture de la Haute-Garonne ; — divers articles du *Messager de Toulouse* et de la *Gazette du Languedoc* ; — l'importante brochure de M. Paul Bellet (15) ; —une pétition adressée au Sénat le 8 décembre 1869 par les soins de M. Bonnal, rédacteur de la *Revue contemporaine,* du *Journal des économistes,* membre de la Société de géographie ; — divers articles publiés par M. Bonnal aussi dans la *Revue de Toulouse* (16).

Il a été également question à Agen du canal maritime dans un article du *Courrier agenais* (17) et dans une conférence faite par M. Bonnal (18). La Société d'agriculture, sciences et arts de la même ville, nous demandait à nous-même une conférence, en février 1870. Nos occupations ne nous permirent pas de nous rendre à son invitation.

En 1863 (19), M. Piétri, préfet de la Gironde, sachant combien l'établissement du canal des deux mers était dans les vœux de la population, en promit formellement la construction, à propos des élections. M. Emile Pereire, candidat à la députation, répéta les mêmes promesses. En 1867, M. Ellies exposa au conseil général toute l'importance du canal maritime. La presse locale la fit connaître au public à diverses reprises. Citons, entre autres, les articles de M. Ribadieu, dans la *Guienne,* de M. Divin, dans la *Gironde* et surtout de M. Laliman dans le même journal (20). M. Laliman, promoteur infatigable de l'œuvre, en a entretenu également plusieurs fois la Société d'agriculture de la Gironde, dont il est membre (21). Nous fîmes de notre côté, à Bordeaux, le 29 février 1870, une conférence publique sur les projets de canal maritime, dans l'amphithéâtre de la Faculté des sciences, et les journaux du pays en rendirent compte (22). Nous allâmes quelques jours après traiter la même question à Libourne. Une pétition couverte de plusieurs centaines de signatures fut adressée par nous au Sénat. Elle resta sans résultat. Quelques mois après, la guerre de Prusse éclata et le mouvement de propagande entrepris à Bordeaux, et qui commençait à s'étendre, fut tout à coup arrêté.

Dans l'un de ses discours au Corps législatif, M. Jules Simon, à la fin de l'année 1869, parlait du projet de canal interocéanique, dont l'exécution semblait prochaine.

En février 1870, M. Ernest Desjardins, en faisait part à la Société de géographie (23).

MM. les députés du Midi s'occupaient activement de cette grande affaire. La guerre, à Paris comme à Bordeaux, vint brusquement tout ajourner. .

---

(1) Daté de Castres, le 21 septembre 1867.

(2) Numéros des 2, 3, 4, 5, 16, 17, 19, 21 et 23 décembre 1869.

(3) De janvier 1870.

(4) Page 13.

(5) *Canal maritime du midi de la France, de la Franqui (Aude) à Toulouse, de Toulouse à Rochefort.* Paris, 1870 ; in-8° de 14 pages.

(6) Pages 23 et 24.

(7) *Canal maritime français,* sans nom d'auteur, in-8° de 30 pages, avec carte. — Toulouse, 1870.

(8) Ce projet n'a pas été imprimé, à notre connaissance. Il est exposé partiellement dans divers mémoires autographiés en 1869 et 1872 et distribués par l'auteur.

(9) *Canal maritime de jonction de l'Océan à la Méditerranée,* par M. du Peyrat.

(10) L'expérience a été répétée à Compiègne, en 1867, par M. Pilter.

(11) En dernier lieu, il dirigeait la ferme-école de Beyrie.

(12) Voyez aussi les considérants remarquables de ce vœu dans la *Gironde* du 3 janv. 1870.

(13) Numéros de janvier 1868, janvier et février 1869.

(14) En 1866.

(15) Paul Bellet, *le Canal de Suez et le Canal du Midi.* Br. in-8°, 32 p. Paris, Toulouse, chez Gimet, 66, rue des Balances (1869).

(16) Numéros de décembre 1869 et janvier 1870.

(17) Du 6 février 1870.

(18) Le 12 mars 1870.

(19) Le 25 mai.

(20) Numéros du 12 mai, 31 août, 17, 39 septembre et 26 novembre 1869.

(21) Séances des 3 avril 1867 et 12 janvier 1870.

(22) Notamment la *Gironde,* la *Guienne,* la *Province,* le *Journal de Bordeaux* du 1er et du 2 février 1870. Citons aussi des articles du *Bordelais,* rédigé par MM. Lallemand et de Lorbac.

(23) Voir *Bulletin de la Société de géographie,* juin 1870.

Tel est le résumé, sans doute incomplet, des divers efforts tentés en faveur de la création d'un canal maritime de l'Océan à la Méditerranée.

IV. — *Utilité du canal maritime.* — Elle est de plusieurs sortes :

1° *Militaire.* Le canal permettrait à nos flottes de se rendre d'une mer dans l'autre sans passer sous le canon de Gibraltar et par le plus court chemin possible.

2° *Maritime.* Il ajouterait à la France un millier de kilomètres de côtes (1), accroîtrait sa marine, le nombre de ses matelots, faciliterait l'établissement de chantiers de construction dans le voisinage des forêts des Pyrénées.

3° *Agricole.* Il ouvrirait des débouchés nouveaux et faciles aux produits du Midi, apporterait aux agriculteurs diverses matières, telles que les engrais exotiques, qu'ils se procurent difficilement. Le surplus des eaux serait employé en irrigations. Les retenues d'eaux, digues et réservoirs établis dans les montagnes rendraient les inondations moins fréquentes et moins désastreuses.

4° *Industrielle.* Les chutes d'eau des *rigoles* d'alimentation pourraient servir à des usines ; le canal fournirait à l'industrie méridionale les matières premières qui lui font défaut, et favoriserait en même temps l'écoulement des produits manufacturés de la région.

5° *Commerciale.* C'est la plus frappante de toutes. Elle peut se résumer ainsi :

Suppression de tous transbordements et manipulations de marchandises : donc diminution des avaries, des frais de transport et d'assurances (2). — Économie de temps, par conséquent de salaires et de fret, comme de charbon pour les vapeurs. (L'économie de temps serait de près d'un mois pour les bateaux à voiles, et de plusieurs jours pour les bateaux à vapeur.) — Diminution des chances de naufrage, puisque les navires éviteraient le passage dangereux de Gibraltar (3), et ne courraient aucun risque sérieux pendant la traversée du canal.

Les pays dont les marines seraient intéressées à suivre la voie du canal sont :

A. *Pour aller de l'Océan dans la Méditerranée,* tous les départements français voisins de l'Océan, les Iles Britanniques, la Belgique, la Hollande, les États Scandinaves, l'Allemagne et la Russie, en Europe ; les États-Unis au moins et le Canada, en Amérique.

B. *Pour aller de la Méditerranée dans l'Océan,* tous les départements français voisins de la Méditerranée, l'Italie, l'Autriche, la Turquie, la Russie, l'Égypte, Tripoli, Tunis et l'Algérie.

C. *Pour aller de l'océan Atlantique dans l'Inde,* vià *Suez* et *vice versà,* tous les pays riverains des mers de l'Inde d'une part ; de l'autre tous les pays du nord de l'Europe, et, en Amérique, les États-Unis et le Canada.

Pour Bordeaux, en particulier, la création du canal maritime est presque une nécessité commerciale. Situé à 96 kilomètres de la mer, ce port, dont les passes s'ensablent peu à peu (4), voit s'éloigner progressivement de ses quais les gros navires. Il deviendra, au contraire, le port le plus favorisé de l'Océan, le jour où le canal sera ouvert. De même, le port qui se trouvera à l'embouchure orientale du canal sera le port le plus favorisé de la Méditerranée.

On voit par ce résumé rapide que l'utilité du canal est incontestable.

V. *De la possibilité du canal maritime.* — Le canal tant de fois projeté est-il possible ? Un ingénieur, après des études longues et minutieuses, pourrait seul répondre à une telle question. Nous n'en dirons que quelques mots.

Matériellement, ce canal paraît possible, puisque les canaux analogues, le canal d'Amsterdam (5), celui de la Calédonie, celui de Gothie, le canal Erié, le canal de Suez, le canal impérial de Chine (6), le plus étonnant de tous, ont été exécutés. On objecte la difficulté de l'alimenter. Mais il y a de l'eau dans les Cévennes, les Corbières, les Pyrénées, et si l'on emmagasinait seulement les pluies diluviennes qui se changent en torrents et ravagent chaque année les vallées du Languedoc, on n'aurait pas besoin de recourir aux sources ou aux rivières. Quant aux travaux d'art, notre siècle en a accompli de tels qu'on ne saurait, en vérité, déclarer à l'avance insurmontables les obstacles que rencontrerait le canal des deux mers. Le percement du Mont-Cenis et le chemin de fer du Pacifique sont des précédents de nature à nous inspirer quelque confiance et quelque espoir (7).

Financièrement, ce canal paraît plus possible encore. Nous ne comptons plus aujourd'hui par millions, mais par milliards, et les estimations les plus élevées pour l'établissement du canal maritime n'ont pas dépassé 600 ou 700 millions. Le péage établi sur le trajet d'une mer à l'autre fournirait d'ailleurs d'importants revenus (8) aux capitalistes, quels qu'ils fussent, qui entreprendraient ce grand travail d'utilité publique.

CONCLUONS. — Le canal actuel est insuffisant et dépérit rapidement. L'idée d'établir un canal maritime et de compléter aussi avantageusement l'œuvre de Riquet a été émise à plusieurs reprises par diverses personnes, et plusieurs fois par des hommes compétents ; elle fixe de plus en plus l'attention publique, surtout dans le midi de la France. Le canal projeté aurait une utilité incontestable au point de vue militaire, comme pour l'agriculture, l'industrie et le commerce ; il n'intéresse pas seulement la France, mais tous les peuples civilisés ; il est le complément naturel du percement de l'isthme de Suez. Il ne semble pas impossible matériellement ; financièrement, il paraît exécutable. Nous demandons qu'une commission d'ingénieurs, répondant à l'appel de l'Association pour l'avancement des sciences, veuille bien enfin étudier la question technique de ce projet, afin d'éclairer absolument et complètement l'opinion de tous. Si la science déclare que le canal des deux mers n'est pas une utopie irréalisable, il sera digne de la France d'affirmer son énergie impérissable en l'exécutant, comme expression de son génie sociable en ouvrant à travers son territoire un large chemin à toutes les nations. Tout ce qui tend à rapprocher les hommes les uns des autres est une œuvre de paix, de progrès et de civilisation.

P. FONCIN.

Secrétaire général de la Société de géographie commerciale de Bordeaux.

(Extrait des *Comptes rendus du Congrès de Bordeaux.* — Séance du 11 Septembre 1872.)

---

(1) 500 d'un côté, 500 de l'autre.

(2) Voir à ce sujet un article de M. P. Talabot, dans la *Revue des Deux-Mondes,* du 1er mai 1855.

(3) Les navires à voiles se rendant de la Méditerranée dans l'Océan sont quelquefois forcés d'attendre un mois à Gibraltar que le vent contraire ait cessé. Ce fait est connu de tous les capitaines.

(4) Voyez à ce sujet les études publiées par M. Delcussot dans la *Gironde* de 1869.

(5) Sur le point d'être achevé.

(6) Long de 2,800 kilomètres, avec 5 mètres de profondeur et 60 à 80 mètres de largeur.

(7) N'a-t-on pas proposé une œuvre plus difficile encore ? L'union de la mer du Nord et de la Méditerranée, par un canal de grande navigation (*Revue marit. et colon.,* juillet et août 1870.)

(8) L'Angleterre seule envoie 3,600,000 tonnes dans la Méditerranée, et 30,000 navires doublent par an le détroit de Gibraltar.

LA PATAGONIE

Nous avons vu dernièrement que la République Argentine a mis fin au différend qui existait entre elle et le Paraguay relativement à la délimitation de sa frontière du nord-est. Il lui reste encore à régler une question du même genre, au sud de son territoire, avec son voisin de l'ouest, le Chili, qui ne lui conteste rien de moins que la possession de toute la Patagonie.

Le litige est pendant depuis plusieurs années déjà, sans qu'il ait fait encore un seul pas vers une solution amiable ; il menace, au contraire, de jour en jour d'altérer l'accord si désirable entre des États limitrophes. Des incidents peuvent survenir qui compliquent la situation et fassent dégénérer une simple contestation en un véritable conflit. Or nous nous trouvons aujourd'hui en présence d'un de ces faits-là, gros des plus dangereuses conséquences, si les parties intéressées n'apportent pas, dans les explications auxquelles il ne manquera point de donner lieu, le plus ferme esprit de prudence et de conciliation.

Le 27 avril dernier, la corvette de guerre chilienne *Magallanes* captura, au pied du mont Léon, à 22 milles au sud du Rio Santa Cruz, la barque française *Jeanne-Amélie,* de Bordeaux, sous le prétexte que ce bâtiment chargeait du guano, dont il avait déjà 460 tonnes à bord. Cette capture fut aussitôt dirigée sur le port de station chilienne Punta Arenas ; mais dans le cours du trajet, la *Jeanne-Amélie,* sous le coup d'une violente tempête, coula à fond avec son chargement dans les parages du cap Horn ; on réussit à sauver l'équipage composé de 25 hommes. Il est à présumer que le gouvernement français ne faillira pas à réclamer une juste réparation pour l'outrage dont ses nationaux sont victimes en cette circonstance, avec d'autant plus de fondement que la barque bordelaise était munie de papiers en règle et d'une autorisation des autorités Argentines de ramasser du guano sur les côtes de la Patagonie. Il est à désirer que ce précédent ne se renouvelle pas et qu'il détermine les deux républiques voisines à trancher définitivement le différend qui les divisent.

On désigne sous le nom de Patagonie toute la portion australe de l'Amérique du Sud située entre le 40° et le 53° degré de latitude méridionale, et le 05° et le 7° de longitude ouest, bornée au nord par le Rio Negro, à l'est par l'Océan Atlantique, à l'ouest par la Cordillère des Andes qui la sépare du Chili, et au sud par le détroit de Magellan. Sa superficie est de 12,000 myriamètres carrés, y compris la Terre de Feu : elle a 168 myriamètres de long du nord au sud sur 84 de large de l'est à l'ouest.

Depuis que cette région extrême du continent américain a été découverte en 1520 par le navigateur portugais Magellan, on n'en a étudié que les côtes et une faible partie du cours inférieur des rivières ; l'intérieur est encore peu connu.

La grande chaîne des Andes ou Cordillères, qui traverse le continent américain dans toute sa longueur et diminue progressivement à mesure qu'elle approche des terres antarctiques, partage la Patagonie en deux parties inégales : celle de l'est, qui est beaucoup plus grande que celle de l'ouest.

Du côté de l'est, de l'embouchure du Rio Negro au cap des Vierges, où commence le détroit de Magellan, la Patagonie offre une longue suite de côtes — plus de 1,200 kilomètres — échancrées par divers golfes d'une certaine étendue et sur lesquels on rencontre quelques ports ; le plus vaste de tous est le golfe de San Matias, au fond duquel on trouve le port de San Antonio au nord et celui de San José au sud. Mais les côtes sont en général arides, inhospitalières, par conséquent peu favorables à l'organisation de centres de population de quelque importance ; cependant l'embouchure du Rio Chubut est accessible aux embarcations d'un assez fort tirant d'eau, et les bords de la rivière sont boisés. Quant à la côte occidentale, elle est entourée d'îles, dont la plus grande est celle de Chiloé.

Plus on s'éloigne des côtes, plus le terrain s'élève en plateaux larges, mais bas, formant une série de grandes plaines, couvertes de hautes herbes, qui vont en s'échelonnant jusqu'aux Cordillères.

Le climat de ces contrées est généralement tempéré ; au nord c'est à peu près celui de la France, bien que les gelées comme les chaleurs et les sécheresses y soient quelquefois plus fortes ; au midi, vers le détroit de Magellan, la température moyenne n'excède pas 13° ; les gelées y sont faibles, mais l'hiver y est d'une longue durée.

Tous les arbres et les légumes du centre de l'Europe s'y reproduisent avec succès. On y trouve en abondance des bois de construction et d'excellents pâturages ; aussi les cerfs, les vigognes y sont nombreux, ainsi que des animaux primitivement domestiques et qui ont repris leur liberté, tels que bœufs, sangliers, ânes, chevaux, etc. Jusqu'au détroit, on rencontre des autruches, des perroquets et des oiseaux-mouches ; et l'on a découvert des couches de guano bonnes à exploiter sur plusieurs îlots des côtes. Les poissons, les amphibies, les crustacés, les mollusques abondent dans les eaux de l'archipel austral, où la pêche est très-fructueuse : les indigènes de la Terre de Feu ne vivent guère que de son produit.

Ce vaste pays, comme on le voit, offre, sur une grande partie de son étendue, de fécondes ressources à la colonisation ; aussi, en 1865, des émigrés du Pays de Galles sont venus s'établir dans une vallée boisée baignée par le petit fleuve de Chupat ou Chubut, qui déverse ses eaux dans l'Océan Atlantique, au fond de l'anse de Bahia Nueva, à environ 3 degrés au sud de l'embouchure du Rio Negro. Il est probable que d'autres colonies se seraient formées plus loin, si l'on n'avait pas à craindre les incursions des Indiens.

Ceux-ci sont à peu près au nombre de 80,000, dont 8,000 guerriers au moins, répartis en plusieurs tribus nomades. On a exagéré la grandeur de taille des Patagons, car elle ne dépasse guère en moyenne 1 mètre 73 centimètres : ce qui a pu engendrer la légende populaire, c'est que ces Indiens ont le buste long, mais les jambes proportionnellement courtes, de sorte que les premiers voyageurs qui les ont vus à cheval leur ont attribué une taille gigantesque ; de plus, le tatouage dont ils ont le visage et le corps littéralement couverts, et le manteau de peau velue dont ils s'enveloppent de la tête

aux pieds leur donnent un aspect féroce, rendu plus effrayant encore par l'accent guttural très-prononcé avec lequel ils parlent.

Tel est le pays dont le Chili et la République Argentine se disputent la propriété.

Il a été presque généralement admis en principe par les républiques hispano-américaines, lors de leur organisation après la conquête de leur indépendance, que leurs frontières devaient être les mêmes que celles qui avaient été fixées pour les provinces équivalentes de l'Espagne dans les documents émanant des rois ou de leurs agents en Amérique. Dans le cas présent, nous voyons que, par acte du 21 mai 1684, le roi d'Espagne, Charles II, déclare que les cimes neigeuses de la Cordillère séparent le royaume du Chili des provinces du Rio de la Plata et de Tucuman ; et, en vertu d'une cédule royale de 1776, la vice-royauté de Buenos-Aires, créée récemment par Charles III, est investie de la juridiction sur les côtes patagoniques. Aucun autre document n'est intervenu de cette dernière date à 1810, époque de l'indépendance de Buenos-Aires ; c'est pourquoi la nouvelle république n'a cessé depuis lors de faire acte d'autorité sur la Patagonie jusqu'au-delà du cap Horn, y compris le détroit de Magellan, la Terre de Feu, et même les Iles Malouines, où elle envoyait un gouverneur, L. Vernet, en 1820. A partir de 1846, le gouverneur de Buenos-Aires a fait des concessions de terres et interdit l'extraction du guano des côtes de la Patagonie sans son autorisation ; et tout cela s'est passé sans opposition de la part du Chili ; ce n'est que dans les derniers temps, en 1872, que le gouvernement chilien a protesté de fait, en pratiquant lui-même des actes de juridiction qu'il n'avait jamais exercés, en pénétrant dans la Terre de Feu, en vendant le *guano* du littoral au détroit de Magellan et jusque sur les côtes de l'Atlantique.

Le Chili, comme base de ses revendications, oppose aux décrets royaux qui ont créé et délimité la vice-royauté de la Plata, une carte dressée en 1775, antérieurement par conséquent à la cédule de 1776, par Jean de la Cruz, et sur laquelle la Patagonie est qualifiée de « Chili moderne. » Cependant toutes les constitutions du Chili, ses lois territoriales, beaucoup de ses actes diplomatiques ou internationaux, ses historiens, se réunissent pour constater que la Cordillère des Andes, dans toute l'étendue du territoire chilien, forme sa limite du côté de l'est. L'article 1er de la Constitution du 25 mai 1833 s'exprime en ces termes : « Le territoire du Chili s'étend depuis le désert d'Atacama jusqu'au cap Horn, et depuis les Cordillères jusqu'à la mer Pacifique, comprenant l'archipel de Chiloé, toutes les îles adjacentes et celle de Juan Fernandez ; » c'est cette délimitation, invoquée d'ailleurs dans le traité de 1843 avec l'Espagne au sujet de la reconnaissance de l'indépendance de la République, qui a servi de base à la fixation des frontières avec la Bolivie.

Quoi qu'il en soit, le gouvernement chilien se prévaut aujourd'hui d'un droit de priorité d'occupation : en 1843 il fit occuper le canal de Magellan et les deux rives, sur l'une desquelles fut fondée une station permanente, le port Bulnes, ainsi nommé du président d'alors de la république ; mais quelques années plus tard cet établissement fut transporté à 16 lieues plus loin sur la côte, au petit cap de Punta Arenas, sur la presqu'île de Brunswick, dans le détroit même de Magellan. Situé à l'orient de la Cordillère, l'établissement chilien de Punta Arenas empiétait sur le territoire que Buenos-Aires s'était habitué à considérer comme lui appartenant ; aussi cet État ne manqua-t-il pas de protester, en déclarant qu'il n'en tolérait le maintien que pour des motifs d'humanité, le port de Punta Arenas étant devenu, en effet, un point de relâche et de refuge très-utile pour les bateaux à vapeur qui traversent le détroit, dont le passage est généralement regardé comme dangereux. Ces protestations aboutirent au traité de 1855, par lequel les droits territoriaux de la République Argentine sont réservés ; mais la solution définitive de la question est remise à d'autres temps. Aucune difficulté ne survint jusqu'en 1866, où le traité de 1855 fut dénoncé et de nouvelles négociations entamées. Le représentant du Chili déclara alors que son pays n'élevait aucune prétention sur le territoire qu'on était convenu d'appeler la Patagonie orientale, mais qu'il entendait faire établir ses droits sur la Patagonie occidentale jusques et compris l'entrée ouest du détroit. Le Chili a depuis cette époque étendu encore ses prétentions ; à l'heure qu'il est il réclame la rive sud du Rio Santa Cruz et veut qu'on ne touche pas au *statu quo* avant qu'un arbitrage en ait décidé ; mais il prétend que l'arbitrage porte, non plus seulement sur les terres *magellaniques*, mais sur les terres *patagoniques*, dénomination qu'il a substituée à celle de ses premières protestations, de manière à englober la totalité de la Patagonie ; enfin, joignant les actes aux paroles, nous voyons qu'il interdit, même par la force, l'extraction du guano, autorisée par la République Argentine, jusque sur les côtes patagoniques de l'Atlantique.

En tout état de cause, une réparation est due à la France pour la perte de la *Jeanne-Amélie* ; espérons que ce fâcheux incident, qu'une obstination intempestive pourrait gravement compliquer, ouvrira les yeux aux deux rivaux et les engagera à ne point rompre la cordiale harmonie qui leur est si nécessaire, à l'un comme à l'autre. Le premier effet de cette rupture serait de détruire, de stériliser du moins pour longtemps, l'objet du litige ; car la Patagonie ne peut se développer, se coloniser qu'à l'aide de l'émigration, et l'émigration serait peu disposée à se diriger vers des contrées, quelque riches qu'elles fussent en ressources naturelles, où la sécurité ne serait pas garantie, non-seulement, comme jusqu'à ce jour, contre les incursions des Indiens, mais en outre contre les conflits d'autorité de gouvernements dont les titres ne sont pas consacrés par des actes ou des antécédents irréfutables, ou par un accord mutuel et décisif.

MŒURS DES INDIENS — CÉRÉMONIES FUNÈBRES

...... En ce moment, une musique discordante vint à se faire entendre et chacun courut à la fenêtre. Une procession bizarre s'avançait. Une demi-douzaine de Cholos, armés de tambours, de violons, de flûtes primitives, marchaient lentement en exécutant quelques airs sauvages. Derrière eux gambadait un Indien, soutenant sur sa tête une petite chaise sur laquelle était attaché un enfant mort. Le siége était richement orné, et l'enfant, habillé en prêtre, était assis avec le visage découvert ; à quelque distance, venaient les parents et les conviés à l'enterrement.

— C'est un garçon, fit Vogelaz.

— A quoi le connaissez-vous ?

— A son habit clérical. Les petites filles sont vêtues en nonnes avec des robes de bure ou de soie, suivant la fortune des parents. La pompe diffère aussi quand il s'agit de l'enfant de quelque Cholo aisé. Dans ce cas, le petit mort est couché sur un corbillard que portent quatre hommes. Ce lit funéraire est peint et doré et les porteurs, affublés de châles, ont des manches bouffantes en mousseline, retenues au poignet par des nœuds de ruban. Sous leur chapeau se déploie un grand voile d'étoffe transparente qui les recouvre de tous côtés jusqu'à la ceinture ; souvent l'enfant a des ailes de papier doré. Les parents, éplorés, se dirigent ainsi, musique en tête, jusqu'au Panthéon, — nom qu'on donne au cimetière, — où le petit défunt est enterré avec ses habits. Alors la chicha circule et l'ivresse tarit bientôt les larmes, effaçant le souvenir du petit ange. Mais c'est le 2 novembre qu'il faut rendre visite au cimetière pour se faire une idée du christianisme des Indiens. La tradition catholique leur enseigne que ce jour est plus spécialement consacré à la mémoire de ceux qu'ils ont perdus. Aussi, dès que s'ouvre la grille du séjour funèbre, des compagnies d'Indiens se présentent successivement et l'envahissent bientôt. Chacun apporte de la chicha, du maïs bouilli ou rôti, des fromages, des gâteaux, et la motte de terre, qui recouvre la tombe de leurs parents, d'abord arrosée par une libation, leur sert de table à manger et devient bientôt le théâtre d'une orgie complète. Les chants de l'ivresse troublent la demeure des morts et rien ne rappellerait la destination du lieu, si des prêtres, l'étole passée au cou, ne se promenaient silencieusement au milieu de ces groupes avinés, vendant pour un medio, leurs répons et leur eau bénite. Les gardiens, l'heure venue, ont grand'peine à expulser ces visiteurs qui vont achever, dans quelque bouge des faubourgs, la fête de leurs trépassés.

La tradition chrétienne n'apparaît jamais qu'à la surface ; au fond, ce sont toujours les croyances de l'Inca. Un Indien meurt-il sans confession ? on le porte au cimetière ; on le dépouille de ses habits et on le frotte avec de l'urine pour le laver de ses péchés. Cela fait, les femmes se placent en file, à gauche, mâchent de la coca et la mettent, mâchée, sous l'aisselle gauche ; les hommes, en file à la droite, mettent leur coca sous l'aisselle droite. On procède alors à l'enterrement ; mais en même temps, on charge un lama de vêtements neufs pour le mort : aiguilles, fil, flûte, motte (maïs bouilli), ojotas (espèce de sandales), tout doit y être. On attache solidement le paquet sur le lama et on le lance à travers les cerros (nom qu'on donne aux pics de la cordillère), afin que l'âme du pauvre mort ne manque de rien !

Il est d'usage aussi, quinze jours après la mort d'un Indien, de laver tout ce qui a appartenu au défunt. Toute la famille se réunit pour cette cérémonie qui est entremêlée de gémissements et de verres de chicha, ce qui fait durer le *lavatorio* pendant plusieurs jours.

A la ville, un commencement de civilisation, une façon de respect entoure le cadavre et l'accompagne jusqu'au cimetière. A la campagne, les choses sont bien simplifiées. Une femme meurt : — et je ne cite que ce que j'ai vu : — le pueblo est distant de quelques lieues ; on jette sur la plage le corps de la malheureuse dans un état révoltant de nudité ; puis l'alcalde de l'hacienda, où vivait la morte, requiert deux Indiens et une échelle ; on lie la défunte sur cette civière rustique et on la transporte jusqu'aux confins de la propriété voisine, où elle est de nouveau déposée sur la grève jusqu'à ce qu'un nouvel alcalde ait requis d'autres porteurs. Ce voyage et ces haltes peuvent durer plusieurs jours avant que la dépouille inanimée ait atteint la demeure funèbre sanctifiée par la croix. Tant pis si les condors affamés sont plus pressés et plus prompts que les alcades ; tant pis si quelque orage déchaîne sur la quebrada l'avalanche de ses eaux. L'alcade constate alors que le cadavre a disparu ; et personne n'y songe plus.

Parfois, la rapacité des prêtres espagnols entretient les coutumes au lieu de les détruire. Quelques-uns de ces ministres ignorants ne voient, dans l'Indien, qu'un moyen de fortune. Un pauvre diable se meurt et envoie chercher un confesseur qui adoucisse ses derniers moments.

— Est-il riche ? demande le curé.

— Hélas ! non.

— Comment ! il n'a pas de bœufs de labour, au moins quelques chèvres ?

— Non.

— Lui reste-t-il du maïs de la récolte ?

— Pas davantage.

— Mais enfin, il a bien quelque jeune enfant ?

— Pas même cela !

— Et alors, comment pourra-t-il payer l'enterrement ? allez, allez, j'ai bien d'autres choses à faire !

Et le curé ne bouge pas de son presbytère, laissant le patient mourir sans confession.

On voudra savoir pourquoi cette demande : a-t-il un enfant ? La chose, en effet, est assez curieuse et mérite une explication.

Les curés se font payer grassement toutes les cérémonies du culte. Les enterrements surtout, sont pour eux, une source de richesses. Après avoir persuadé à leurs ouailles que c'est l'unique moyen de gagner le paradis, ils les pillent sans rémission, faisant main basse sur tout ce que pouvait avoir le défunt. Quand il n'y a rien à prendre, ils s'emparent des enfants, les conduisent à la cure, en font des serviteurs gratuits jusqu'à leur majorité et souvent les cèdent, moyennant finances, à quelque hacendado éloigné qui aura besoin de leur travail. La plupart du temps, ces pauvres petits prennent le nom du maître qui leur est échu, oubliant le leur propre. J'ai vu des mères fuir le rancho où venait d'expirer leur époux et se cacher au loin pour soustraire leurs enfants à cette triste destinée.

— Y a-t-il, demanda M. d'Aiguebelette, un service médical organisé pour les campagnes ?

— Y pensez-vous, M. le Comte ? vos souvenirs d'Europe vous font oublier que nous sommes en pleine cordillère et que la civilisation est encore bien loin de ces précautions philanthropiques. Quand un Indien est malade, ses parents et ses amis le livrent à toutes les médications que leur suggère leur imagination et les suppositions les plus fantaisistes n'atteignent pas la réalité. J'avais souvent entendu parler de leur connaissances des simples et l'histoire des Incas, qui relate leurs miracles, est en partie confirmée par ce qui se passe de nos jours. Des naturels de Mojos, Chiquitos et autres provinces orientales de Bolivie quittent leurs huttes, chargés de plantes médicinales. Ils vont ainsi de ville en ville, ou plutôt de bourgade en bourgade, débitant leurs remèdes et très-souvent guérissant les maladies les plus rebelles. Ils descendent jusqu'à Salta, au Tucuman, et même jusqu'à Cordova, mettent plusieurs années à leur voyage et rentrent ensuite dans leurs foyers avec un bénéfice qui ne leur manque jamais.

Mais ces médecins nomades ne remontent pas les vallées hautes. Dans toutes ces quebradas peuplées de quichuistas, la nature robuste des indigènes est le seul obstacle contre le mal. Elle triompherait presque toujours sans les préjugés inouïs par lesquels on paralyse ses efforts. On conjure la fièvre avec une décoction de poivrier qui ne fait qu'en redoubler les accès; Saigne-t-on le malade avec l'éclat de verre qui sert de lancette? on recueille son sang, on le mélange avec de l'urine croupie et quelques aromates et on lui fait avaler cette étrange boisson. Inutile de dire que l'Indien, même à la mort, ne se prive jamais d'aliments. Sa croyance est qu'il doit, en ce monde, se griser de chicha et manger le plus possible pour être *lleno* (plein) en arrivant dans l'autre.

L'Indien a horreur de l'hôpital et n'y va jamais de plein gré. Le voilà étendu sur une peau de mouton qui est toute sa couche, vêtu, si c'est un homme, en chemise si c'est une femme et couvert d'un simple poncho. Si c'est dans la puna, hommes et femmes ne se déshabillent jamais. Quand l'étoffe tombe en lambeau, l'Indien prend un autre vêtement; l'Indienne se contente d'attacher une *pollera* (jupon) neuve sur la pollera déchirée, sans jamais dénouer le cordon de la taille de sorte qu'on suppute la richesse d'une femme par le nombre de ses ceintures.

Revenons au malade. S'il est marié, sa femme et sa famille le soignent comme je viens de le dire. S'il ne l'est pas, l'Indienne qui a partagé son lit, fût-elle mère de six enfants, l'abandonne aux mains de Dieu et le pauvre diable ne tarde pas à mourir. On lui a dit, en effet, que leur concubinage les mettait en état de péché mortel, mais on lui a laissé croire qu'au moment de la mort de l'Indien, le diable se présente en personne pour s'emparer de son âme et que si elle était là, il pourrait bien aussi prendre la sienne !

Alors commence la comédie funèbre. La veuve prépare la chicha, tue les chevreaux, les moutons, fait griller les maïs. Les parens et les amis se succèdent à la file auprès du cadavre que recouvre une étoffe noire sans laquelle il serait mal reçu à l'église. Chaque nouveau venu s'agenouille, prend le défunt dans ses bras et chante sa douleur dans une cantilène tristement rhythmée, mêlée d'éclats de voix larmoyants et de cris, tantôt sourds, tantôt aigus. Puis, après avoir payé son tribut à la mort, le visiteur va s'accroupir là où bout le mote (maïs bouilli), où pétille le maïs blanc, où suinte le rôti sur les braises. Ceci dure vingt-quatre heures, après quoi on forme une échelle de branches fraîchement coupées et dépouillées de leurs feuilles. On revêt le cadavre de ses meilleurs habits, on le ficelle solidement et le trépassé se met en route, porté par deux Indiens. Ne cherchez point cette lenteur de la marche qui imprime à nos convois en Europe un cachet de gravité solennelle. Les deux porteurs courent de toute la vitesse de leurs jambes et toute la troupe indienne, hommes et femmes, trotte derrière eux, sans ordre, dans la poussière du chemin. Seulement les haltes sont fréquentes. A chaque rancho qui borde la ravine, le convoi s'arrête. Les habitants descendent avec un cantaro de chicha, donnent au défunt l'embrassement de rigueur et versent la liqueur de maïs à la suite funèbre, accroupie autour du cadavre. On doit vider le cantaro jusqu'à la dernière goutte, quelle que soit sa dimension, puis on remercie le donateur et l'un des parents en deuil donne le signal de la reprise de cette course échevelée en entonnant la note suraiguë de l'hymne funéraire. On court ainsi de rancho en rancho jusqu'au village voisin. Si le curé y est, il débite quelques prières à prix d'argent. S'il n'y est pas, on va droit au cimetière, on y creuse une fosse et on y jette le cadavre, sans croix ni oraisons, mais avec force pierres, sans quoi le condor ne tarderait pas à déterrer et à dépecer le pauvre mort.

(Extrait d'un ouvrage inédit sur la Bolivie, par M. L. FAVRE-CALVAIROZ.)

L'ART PÉRUVIEN MODERNE, LA CATHÉDRALE DE LIMA

(Suite et fin.)

Le mérite le plus inégal caractérise les douze chapelles secondaires. Toutes celles de droite, dans un état de délabrement incroyable, sont arrangées avec ce goût espagnol si douteux où les saints sont brodés et habillés comme des poupées de grandeur naturelle; trois chapelles de gauche mériteraient au contraire les visites d'un artiste consommé. Ce sont des chapelles en bois sculpté, dont l'une au moins égale cette fameuse chapelle d'une église de Rouen, où se trouve le tombeau du cardinal d'Amboise. Il y a là des sculptures vraiment péruviennes qui font comprendre que ce pays sera lui aussi capable de produire un jour des Towaldsen. Les saintes de la chapelle du Noumiento ou de l'Annonciation reproduisent le type de la femme du pays telle qu'elle est en réalité, et non pas idéalisée comme on l'a fait jusqu'à l'hyperbole. Peu de pays au monde ont été décrits avec autant d'infidélité que le Pérou. Ce que les voyageurs ont menti pour ou contre en parlant de ses mœurs, de ses habitants, de ses ressources est prodigieux. Il semble qu'il soit dans la destinée de ce pays d'être honni ou loué à l'excès. Jusqu'à présent la terre des Incas n'a été qu'un kaléidoscope, où l'on a vu les choses es plus magiques et les plus opposées. Cette beauté des Péruviennes, si célèbre, appartient aux exagérations qui ont cours dans nos conversations. La vraie Péruvienne, c'est celle des statues de la chapelle de l'Annonciation ; une figure joufflue, une grosse taille, de fines attaches, un lot restreint de grâces physiques, de grands yeux bruns assez doux, un teint pâle que l'art embellit enfin de la réserve dans la tenue malgré un regard hardi et persifleur.

Nous avons passé rapidement en revue les deux vaisseaux secondaires de la cathédrale, il nous reste à pénétrer dans la nef principale où le chœur est pour ainsi dire comme un temple à part, enfermé dans une première église. Jusqu'à présent, aucun sentiment religieux ne nous a maîtrisé. Rien dans la cathédrale ne nous a porté à la contemplation, un jour abondant est venu nous éclairer d'en haut par de simples vitres jaunies, et nous sommes sans cesse passé devant des choses où le beau ne régnait pas souvent, et où le goût manquait toujours. Le Péruvien a, en effet, l'esprit le moins contemplatif du monde. M. Emile Carrey, dans son ouvrage sur le Pérou, a parlé de la vie contemplative qu'on y menait. Sa remarque ne peut certainement pas s'appliquer au Liménien qui ne trouve, dans le paysage qui l'entoure et dans la société où il est immergé, aucun objet de rêverie. Le Péruvien est quelque peu hâbleur et vaniteux; les contemplateurs ne sont ni l'un ni l'autre; aussi la cathédrale de Lima, loin de provoquer la mélancolie a-t-elle un air froid et réaliste. Le chœur forme une nouvelle enceinte en bois de chêne sculpté. Je compte quarante-huit stalles de chanoines et quarante-huit statues de saints, tous les apôtres, tous les pères et tous les docteurs de l'Eglise. L'orgue s'étale dans sa splendeur derrière le siège archiépiscopal. Cet orgue a été donné en 1855, par Mgr de Lima-Pizarro, un des meilleurs archevêques de Lima depuis l'Indépendance. Les Péruviens devaient posséder un bien magnifique instrument pour être fidèles à leur amour des boîtes à musique : celles-ci, comme les tableaux, sont à Lima dans la plus haute faveur et presque toujours il y en a une à côté du piano, lorsqu'elle ne le remplace pas tout à fait. Dix marches en marbre conduisent au maître-autel entouré de deux balcons. Toute cette partie du sanctuaire est or et blanc, avec des colonnes qu'on m'affirme être en argent massif. Il y a là, dans cet arrangement, quelque chose de frais et de léger; on dirait que Watteau et Boucher ont voulu devenir architectes comme Michel-Ange. De petits anges voltigeant çà et là dans le sanctuaire, ressemblent plutôt à des amours malins venus pour agacer les chanoines pendant leurs offices.

Trop moderne pour intéresser par des légendes, la cathédrale de Lima n'a eu qu'une terrible aventure. C'est le jour où le peuple indigné a pendu, à une poutre de sa tour, les deux frères Gutierrez.

Entre l'homme et son œuvre, il y a une relation évidente. Où est donc, pour finir, la parenté entre le peuple Péruvien et sa cathédrale? Elle est au fond de cette même conscience nationale qui a fait également l'indépendance et le sanctuaire de Lima. Le Pérou a le sentiment vivace de sa nationalité; mais son caractère, tel qu'il paraîtra un jour dans l'histoire, n'a pas encore eu tout le temps de se développer. De même, la cathédrale de Lima, tout en portant l'empreinte du sceau d'une originalité certaine, laisse paraître toute l'imperfection d'un style qui n'est pas encore fondé.

INFORMATIONS

Explorateurs anglo-saxons. — MM. Hachette et Cie ont certainement eu une heureuse idée, quand, tout récemment, ils ont donné du livre si intéressant de M. H. Stanley « *Comment j'ai retrouvé Livingstone* » une édition abrégée à la portée des bourses les plus modiques. Si l'on veut que les sciences se répandent en se popularisant, il faut que les ouvrages qui les enseignent ne soient pas coûteux : c'est une condition *sine quâ non*.

Au moment où toutes les sociétés de géographie françaises vont entrer en campagne pour fournir à M. Largeau les moyens d'entreprendre vers le centre de l'Afrique une exploration nouvelle, il ne sera pas sans intérêt de rappeler avec quelle désinvolture les Américains patronnent ou entreprennent de semblables expéditions. A les voir à l'œuvre, on dirait en vérité qu'il s'agit simplement d'un petit voyage de quelques lieues.

Écoutez plutôt M. Stanley.

« Le 16 octobre de l'an du Seigneur 1869, j'étais à Madrid, rue de la
« Croix; j'arrivais du carnage de Valence. A dix heures du matin, Jacopo
« m'apporte une dépêche; j'y trouve les mots suivants : « Rendez-vous à
« Paris; affaire très-importante. » Le télégramme est de James Gordon.
« Bennett fils, directeur du *New-York-Herald*. »

« A trois heures j'étais en route. Obligé de m'arrêter à Bayonne, je n'arri-
« vai à Paris que dans la nuit suivante. J'allai directement au Grand-Hôtel et
« frappais à la porte de M. Bennett.

« Entrez, » dit une voix.

« Je trouvai M. Bennett au lit.

« Qui êtes-vous, me demanda-t-il ?

« — Stanley.

« — Ah ! Oui. Prenez un siège. J'ai pour vous une mission importante.

« Il jeta sa robe de chambre sur les épaules et me dit vivement :

« Où pensez-vous que soit Livingstone?

« — Je n'en sais vraiment rien, monsieur.

« — Croyez-vous qu'il soit mort?

« Possible que oui, possible que non.

« Moi, je pense qu'il est vivant, qu'on peut le trouver, et je vous envoie à sa recherche.

« Avez-vous réfléchi, monsieur, à la dépense qu'occasionnera ce voyage ?

« — Vous prendrez d'abord 25,000 fr.; quand ils seront épuisés vous ferez une traite d'autant, puis une troisième et ainsi de suite; mais retrouvez Livingstone.

« — Dois-je aller directement à la recherche de Livingstone ?

« — Non; vous assisterez à l'inauguration du canal de Suez. De là vous remonterez le Nil. J'ai entendu dire que Baker allait partir pour la haute Egypte; informez-vous le plus possible de son expédition. En remontant le fleuve vous décrirez tout ce qu'il y a d'intéressant pour les touristes et vous nous ferez un guide — un guide pratique, — vous direz tout ce qui mérite d'être vu et de quelle manière on peut le voir. — Vous ferez bien après cela d'aller à Jérusalem : le capitaine Warren fait, dit-on, là-bas, des découvertes importantes; puis à Constantinople, où vous vous renseignerez sur les dissentiments qui existent entre le khédive et le sultan. Après... voyons un peu, Vous passerez par la Crimée et vous visiterez ses champs de bataille; puis vous suivrez le Caucase jusqu'à la mer Caspienne; on dit qu'il y a là une expédition russe en partance pour Khiva. Ensuite vous gagnerez l'Inde, en traversant la Perse; vous pourrez écrire de Persépolis une lettre intéressante. Bagdad sera sur votre passage : adressez-nous quelque chose sur le chemin de fer de la vallée de l'Euphrate; et quand vous serez dans l'Inde, embarquez-vous pour rejoindre Livingstone. A cette époque, vous apprendrez sans doute qu'il est en route pour Zanzibar; sinon, allez dans l'intérieur et cherchez-le jusqu'à ce que vous l'ayez trouvé. Informez-vous de ses découvertes. Enfin, s'il est mort, rapportez-en des preuves certaines. Maintenant, bonsoir; et que Dieu soit avec vous. »

« — Bonsoir, monsieur, tout ce que l'humaine nature a le pouvoir de faire, je le ferai, ajoutai-je, et dans la mission que je vais accomplir, veuille Dieu être avec moi ! »

T.

Commerce de l'Angleterre. — Selon le rapport de la Direction du commerce, pour le mois de juillet dernier, les exportations présentent une diminution de plus de 20 pour 100 sur le mois correspondant de l'année précédente, et de plus de 23 pour 100 sur juillet 1874; en effet elles sont évaluées à 16,084,387 livres sterling en juillet 1876 contre 20,249,618 en 1875 et 21,142,062 en 1874.

Répartie sur les sept premiers mois de l'année actuelle, la diminution n'est pas aussi considérable; la valeur totale jusqu'au 31 juillet 1876 étant de 115,294,446 livres sterling contre 130,092,968 pour les sept premiers mois de 1875, et 138,973,276 pour 1874 : ce n'est donc qu'une baisse de 11 pour 100 comparativement à 1875, et de près de 17 pour 100 comparativement à 1874.

Il y a une faible augmentation dans les exportations de charbon, mais une diminution de 17 pour 100 sous le rapport de la valeur. Une diminution est constatée aussi pour les exportations de cuivre, de cotonnades (18 pour 100), de poterie et de porcelaine, de mercerie, de quincaillerie (28 pour 100), d'objets de fer et d'acier (30 pour 100), de toiles (29 pour 100), de machines et appareils d'usines, d'étoffes de laine et d'estame (25 pour 100). Il y a de l'augmentation dans les cuirs et les soieries.

Les importations du mois de juillet 1876 sont évaluées à 31,876,608 livres sterling contre 34,461,554 livres en juillet 1875, et 32,764,236 en 1874 : soit une diminution de 7 pour 100 comparativement à 1875 et de 2 pour 100 par rapport à 1874.

Les sept premiers mois de cette année présentent également une légère diminution. — De janvier à fin juillet 1876, les importations ont été de 217,747,001 livres sterling, tandis qu'elles avaient monté à 219,305,641 en 1875 et à 210,750,605 en 1874,

Les exportations de matières d'or et d'argent pendant le mois de juillet 1876 ont été de 979,398 livres sterling, contre 1,449,600 livres en juillet 1865 et 2,612,336 en 1874.

Pendant les sept mois finissant le 31 juillet dernier, les exportations ont été de 10,117,562 livres sterling; elles avaient monté à 12,458,468 livres en 1875 et à 15,095,499 livres en 1874.

Les importations d'or et d'argent pendant le mois de juillet 1876, sont évaluées à 4,623,368 livres sterling, contre 1,076,204 livres pour le même mois de 1874. Pendant les sept premiers mois de 1876, elles ont été de 19,755,788 livres sterling, contre 22,117,260 en 1875 et 16,917,832 en 1874.

L'émigration anglaise. — Du « rapport sur l'émigration du Royaume-Uni en 1875 », il ressort que cette émigration a été de 173,809 personnes.

Comparativement aux années précédentes, c'est une diminution considérable; car voici quels chiffres l'émigration avait atteint dans les deux années précédentes : 1873, 310,612; 1874, 241,014. Le chiffre de l'année 1875 est le plus bas qu'on ait à signaler depuis 1862, où il n'avait été que de 121,214.

Toutefois sur ce nombre de 173,809 celui des personnes d'origine anglaise qui ont quitté le Royaume-Uni est de 140,675 seulement, et si l'on en déduit le nombre des émigrants enregistrés — 94,228, — le total net de l'émigration ne serait que de 46,447.

Quant aux destinations recherchées par les émigrants, des 140,675 émigrants d'origine anglaise 81,193 se sont rendus aux États-Unis; 12,306 dans l'Amérique anglaise du nord; 34,750 en Australie, et 12,426 en divers endroits.

C'est dans l'émigration aux États-Unis que la diminution est la plus sensible par rapport à l'année 1874; elle est descendue en effet de 113,744 à 81,193, ce qui donne une diminution de 32,551, ou 28.6 pour 100. La diminution a été très-grande aussi dans l'émigration à l'Australie : de 52,581 en 1874, elle est tombée l'année suivante à 34,750, soit une diminution de 17,831, ou 38.7 pour 100.

La décroissance relativement aux provinces anglaises de l'Amérique du Nord a été également considérable.

Par contre l'émigration pour divers autres endroits présente une augmentation de 10,189 en 1874 à 12,426 en 1875; d'ailleurs cette augmentation était signalée de ce côté déjà depuis plusieurs années.

Du mouvement maritime de l'Italie. — La direction centrale de la statistique nous fournit les données que nous reproduisons sur le mouvement de la navigation maritime dans le royaume, y compris les îles de Sardaigne et de Sicile, pendant l'année 1875.

Les centres principaux de cette navigation sont les douze ports suivants : sur la Méditerranée, Gênes, Livourne, Civita-Vecchia et Naples, dans la péninsule des Apennins; Cagliari, dans l'île de Sardaigne; Palerme, Messine, Catane et Trapani, dans la Sicile; sur la mer Adriatique, Venise, Ancône et Brindes.

Le total des navires, tant entrés que sortis, à voiles ou à vapeur, sous pavillons étrangers ou sous le pavillon national, faisant le commerce international ou le cabotage, a été de 80,178, jaugeant ensemble 17,073,400 tonneaux, ce qui donne un jaugeage en moyenne de 213 tonneaux par bâtiment.

Les ports que nous avons nommés plus haut peuvent être classés ainsi quant au nombre des navires, et presque sans exception, pour la quantité du tonnage, savoir : Gênes en premier lieu, et successivement Palerme, Naples, Livourne, Messine, Venise, Trapani, Catane, Civita-Vecchia, Cagliari, Ancône et Brindes.

C'est le port de Gênes qui occupe le premier rang pour le commerce international, et celui de Livourne pour le cabotage.

Voici la répartition des entrées par rapport aux diverses parties du monde :

Europe,	bâtiments	à voiles	5,207,	jaugeant	865,042 tonneaux.
—	—	à vapeur	2,818	—	1,916,963 —
Afrique,	—	à voiles	818	—	46,256 —
—	—	à vapeur	241	—	235,762 —
Asie,	—	à voiles	149	—	21,022 —
—	—	à vapeur	53	—	79,146 —
Amérique,	—	à voiles	295	—	103,182 —
—	—	à vapeur	20	—	20,773 —

Le sorties se répartissent comme suit :

Europe,	bâtiments	à voiles	5,137,	jaugeant	812,841 tonneaux.
—	—	à vapeur	2,755	—	1,781,289 —
Afrique,	—	à voiles	581	—	73,673 —
—	—	à vapeur	316	—	344,133 —
Asie,	—	à voiles	82	—	29,531 —
—	—	à vapeur	42	—	52,923 —
Amérique,	—	à voiles	483	—	207,418 —
—	—	à vapeur	86	—	94,550 —

Ainsi l'Europe a contribué au mouvement général — entrées et sorties — par 15,917 bâtiments et un jaugeage de 5,376,135 tonneaux; l'Afrique par 1,946 bâtiments et 699,824 tonneaux; l'Asie par 326 bâtiments et 182,622 tonneaux; l'Amérique par 884 bâtiments et 425,923 tonneaux.

Le nombre des navires entrés et sortis sous pavillon italien a été de 64,656, jaugeant collectivement 9,239,392 tonneaux; le total des bâtiments sous pavillons étrangers n'a été que de 15,522, d'un jaugeage de 7,834,008 tonneaux. Le nombre des navires italiens a donc été plus considérable que celui des navires étrangers, dans la proportion de 80.64 pour cent du nombre total.

Quant au tonnage, la proportion est de 54.12 pour cent en faveur des bâtiments italiens, dont la moyenne de jaugeage est de 143 tonneaux.

Autriche. — *Industrie de la cérésine.* — Nous avons parlé récemment de la cire minérale, dont il existe en Allemagne des gisements très-importants. L'Autriche en extrait aussi chaque année des quantités considérables. On n'évalue pas à moins d'un million de livres le chiffre de cette production pour une fabrique seule. La cérésine est extraite de l'ozokérite, sorte de cire fossile impure, dont il existe des gisements à Drohobiez et à Bornslaw, en Galicie, sur le flanc nord des monts Carpathes, dans la Transylvanie, et dans les vallées de la Moldavie, à Gersten en Autriche, à Newcastle en Angleterre et au Texas. On obtient la cire en soumettant à un feu très-intense le sable et la glaise qui la contiennent. Elle exhale une odeur de benzine, et a une couleur grisâtre. Elle se manie avec la même facilité que la cire, et brûle très-facilement. Elle remplace la cire d'abeilles pour la bougie, les pommades, etc. On la blanchit avec l'acide sulfurique de Nordhausen. Le point de fusion est plus élevé que celui de la cire.

MM. Henrichs, Nyley et Cⁱᵉ ont fait figurer à l'Exposition de Philadelphie un grand nombre de bougies, de cierges, etc., fabriqués avec la cérésine. Ces divers objets attirent très-vivement l'attention des visiteurs.   T. L.

Laponie. — *Population, mœurs, usages.* — Les Lapons, dit le *Morning Star and Catholic messenger*, sont divisés en trois classes bien distinctes : les Lapons des plaines, les Lapons des forêts et les Lapons pêcheurs. Tous ont un genre de vie particulier; mais ils portent les mêmes vêtements, parlent la même langue et manifestent tous la même aversion pour les travaux des champs. Les Lapons pêcheurs ne sont pas nombreux dans la Laponie suédoise; mais en Norvège la plupart d'entre eux mènent une vie précaire et misérable dans les forêts du Nord. Ils ne possèdent guère que leurs barques et leurs filets et endurent quelquefois tous les tourments de la faim. Un certain nombre ont des chèvres, mais ils ne comptent généralement que sur le produit de leur pêche dans les lacs, sur les bords desquels ils se sont construit des cabanes grossières. Les Lapons des forêts sont ensuite les plus importants. Leur richesse consiste principalement en troupeaux de rennes, avec lesquels ils errent en été à travers les forêts. Chaque famille a le droit de pacage sur une vaste étendue de terres boisées moyennant une faible redevance au gouvernement. En été, les rennes se nourrissent d'herbes et de feuilles; en hiver, ils se contentent d'un lichen blanc qui croît sur la terre dans les forêts.

Ils sont obligés d'écarter la neige avec leurs pieds de devant pour trouver cette plante. Lorsque la neige est trop épaisse, les jeunes rennes mangent le lichen abandonné par des rennes plus robustes. Lorsque la neige fond et gèle immédiatement ensuite, les rennes éprouvent les plus grandes difficultés à mettre le lichen à jour. Les Lapons en perdent alors beaucoup. Les rennes deviennent sauvages et vont à des distances considérables pour se procurer des herbages. Beaucoup d'entre eux meurent de faim, tandis que d'autres retombent dans l'état de nature. Ceux qui survivent sont très-affaiblis par les longues privations qu'ils ont endurées.

Les femmes laponnes n'ont pas l'habitude de rester dans la cabane avec leurs enfants. Lorsqu'elles vont à l'église avec leurs maris ou leurs parents, ces derniers font un trou dans la neige, y déposent les enfants soigneusement enveloppés dans des couvertures, relèvent la neige autour d'eux, laissent un chien pour les garder et vont sans inquiétude faire leurs prières et assister aux offices. On voit souvent jusqu'à trente enfants qui sont ainsi laissés à la porte des églises. Les Lapons prennent cette mesure afin de ne pas troubler le silence et le recueillement qu'ils observent dans les temples avec un respect tout religieux.

Sibérie septentrionale. — L'expédition dirigée par le professeur Nordenskiöld, dont le but est d'explorer le cours du grand fleuve Jénisséi, est partie, vers la fin du mois dernier, de Gothembourg, à bord du navire à vapeur *Ymer*, qui a fait voile pour Drontheim, en Norvège.

A bord se sont embarqués deux jeunes savants, dont l'un quittera le navire lorsqu'il aura atteint la région la plus septentrionale de la Norvège, où il doit se livrer à des recherches botaniques; l'autre suivra l'expédition jusqu'au terme de son voyage.

L'*Ymer* a emporté des provisions pour une année, et du charbon pour un voyage de 5,000 milles anglais.

Sibérie. — *Les explorations de géographie commerciale vers l'océan glacial Arctique.* — Saint-Pétersbourg, le 23 juillet-4 août 1876, à Monsieur le Rédacteur du journal l'*Explorateur*. — Je m'empresse de vous communiquer les nouvelles récentes des expéditions entreprises en vue d'un but si légitime dans les mers polaires et en Sibérie. Je viens de les recevoir de l'infatigable propagateur des entreprises destinées à l'exploitation des richesses de la Sibérie l'honorable M. Sidoroff, qui lui-même rejoint en ce moment les explorateurs.

M. Sidoroff m'informe que le professeur Nordenskiold, qui s'est signalé par sa dernière expédition au Jénissei, à peine rentré de Philadelphie, où il est allé visiter l'exposition universelle, se trouve déjà le 10/22 juillet courant sur le vapeur « Ymer », navire de 400 tonneaux à Tromsée dans le nord de la Norvège : M. Nordenskiold a obtenu de notre gouvernement le droit de franchise pour les marchandises qu'il aurait chargées sur son steamer en destination du Jénissei, d'où il a l'intention d'exporter différents produits de la Sibérie. Il se proposait de faire le tour du Nordcap en deux jours et espérait atteindre le Jénissei après cinq jours et cinq nuits de voyage par son bateau à vapeur.

Le capitaine Wiggins, aux frais de l'expédition duquel M. Sibirjakoff, un des millionnaires de la Sibérie, a pris part pour 1,000 st. liv., est parti, sur son vapeur « Thames » de 120 tonneaux et construit à Aberdeen, de Sunderland vers le même point, pour explorer le golfe et la péninsule de Baidaratzk, d'où il se dirigera sur le golfe de l'Obi; il espère arriver à temps, avant que le froid lui crée des obstacles, jusqu'au golfe du Jénissei; le capitaine Wiggins est suivi de près par un yacht sur lequel se trouve M. Harener, qui a, lui aussi, contribué à l'expédition du capitaine Wiggins. L'éditeur du journal « *Times* » a déclaré, de son côté, que le surplus des frais de l'expédition serait à sa charge.

Grâce à l'initiative de M. le gouverneur général de la Sibérie du nord, aide de camp de Sa Majesté, le général Kuznakow, il a été envoyé une expédition d'ingénieurs, topographes et autres fonctionnaires dans les environs de la Sibérie du nord par terre. Cette expédition est accompagnée par l'ingénieur Matwiejero, envoyé aux frais de la Société d'encouragement de l'industrie et du commerce; ils sont arrivés le 24 juin (6 juillet) à Berezoff; ils poursuivent leur route jusqu'à l'embouchure de l'Obi.

Le marin Schwanenberg, expédié par M. Sidoroff, se trouve depuis le 20 juin (1er juillet) dans le pays des Tourouchans. Il veut préparer du graphite dans les mines de ce pays et en faire charger des envois pour l'exportation en Europe sur le navire du professeur Nordenskiold dans le golfe du Jenissei.

Les membres de l'expédition suédoise par terre, composée des docteur Brener, Arnel, Tel et Troubon, ont passé par la ville d'Ienisselsk se dirigeant vers le golfe du Jenissei à la rencontre du professeur Nordenskiold.

L'expédition de Brême, composée des docteurs Brein et Finsch, et du comte Zeil-Waldstein venant de l'Altaï, a été attendue le 26 juin (7 juillet) à Berezoff sur l'Obi. J'ai déjà dit, monsieur le rédacteur, que Sibiriakoff est venu en aide à cette expédition par une offrande de st. liv. 1,000; à propos de cette expédition, je dois ajouter que, ayant eu occasion de lire le programme du voyage, il se compose de plus de cent questions scientifiques et commerciales, dont la réponse doit être donnée sur place, entre autres combien de chevaux on pourrait exporter de la Sibérie, et s'il y a lieu de trouver des placements avantageux pour les gouvernantes et bonnes allemandes en Sibérie.

En dehors de ces expéditions, la Société d'encouragement du commerce maritime à Moscou a délégué M. Dal pour faire des sondages de l'Obi à l'estuaire du fleuve ainsi que dans les rivières donnant dans l'Obi; son arrivée à Berezoff était attendue aussi vers le 24 juin (6 juillet).

Le professeur Poliakoff, délégué par l'Académie des sciences, continue ses recherches géologiques, botaniques et autres, dans le centre de la Sibérie; en poursuivant son itinéraire, il est arrivé le 15/27 juin à Samaroff (qu'il ne faut pas confondre avec Samara sur la Volga).

En somme, il y a maintenant douze expéditions tant russes qu'étrangères, qui parcourent la Sibérie et les mers polaires. Tous les membres de ces expéditions se louent des procédés et de la prévenance avec laquelle les autorités locales les ont accueillies. La science, le commerce et l'administration agissant donc avec autant d'émulation que de bon concours, il est à espérer que leurs buts seront couronnés des meilleurs résultats au point de vue de la science et au profit du commerce de la Sibérie avec le monde entier.

Agréez, etc.

J. POSNANSKI.

Le congrès international des explorations Africaines. — L'*Augsburger Zeitung* annonce que la Société de géographie de Berlin se fera représenter à Bruxelles par M. le docteur Nachtigall, le célèbre voyageur d'Afrique. Le roi des Belges est depuis quelque temps membre honoraire de cette Société. La Société de géographie de Weimar enverra M. le docteur Gerhard Rohlfs. On croit que MM. Schweinfurth et Güssfeldt prendront également part au congrès convoqué par le roi des Belges.

Des moyens de développer la colonisation en Australie. — Un de nos lecteurs nous écrit à ce sujet une lettre que nous reproduisons avec plaisir, parce que les indications qu'elle renferme peuvent être utilisées au profit d'autres colonies.

L'homme qui s'occupe de progrès général en lisant les relations de voyage des touristes en Australie relatant la colonisation de cette vaste contrée reste vraiment étonné devant les résultats magnifiques que les Anglais y ont déjà accomplis. Cette île, qui est presque aussi grande que l'Europe entière, est déjà occupée sur un tiers de sa surface par une population virile et laborieuse, qui y accomplit des prodiges de travaux, apportant un énorme surcroît de produits à la consommation générale du globe, et par conséquent à son bien-être.

Quand on considère qu'il y a 40 ans à peine l'Australie était à peu près tout entière inhabitée, et qu'aujourd'hui avec la belle Nouvelle-Zélande et la saine Tasmanie elle compte 3 millions d'habitants, formant une véritable Europe australe; qu'on considère les travaux fabuleux que cette population a accomplis: écoles nombreuses et de toutes sortes, chemins de fer immenses, routes, villes de plus de deux cent mille âmes, population magnifique, on reste littéralement frappé d'admiration, et l'on voudrait pouvoir prendre une part active à d'aussi belles choses.

Il y aurait cependant un moyen de hâter encore la colonisation de l'Australie, et de faire qu'en moins de dix ans tout son littoral immense fût peuplé assez pour atteindre ces deux buts : 1° Dans toutes les anses, creeks ou ports, il faudrait une population assez nombreuse pour porter secours aux naufragés, et pour ravitailler leurs navires en cas de besoin ; 2° Pour créer une base d'opérations en tout point assez complète pour que les squatters fussent sans danger

et trop de peine colonisés dans l'intérieur. De la sorte l'Australie acquerrait un surcroît de population égal à peu près partout, et qui ferait que le jour très proche où elle compterait 10 millions d'habitants, elle se trouverait partout explorée et pour ainsi dire occupée, car on ne doit pas perdre de vue que l'Australie n'est pas essentiellement une terre agricole; sa richesse existe surtout dans l'immensité de ses pâturages, et à cause de la chaleur suffocante dans le nord ce serait un non-sens économique de lui faire produire, au moins de quelque temps encore, des denrées agricoles pour l'exportation. Si les colons continuent à bien comprendre la colonisation, l'agriculture, sauf pour de certaines exceptions toutefois, telles que le vin, peut-être le café, ne devra y être développée amplement que pour la nourriture de ses habitants : les prairies non-seulement doivent être conservées, mais dès que la population sera un peu plus dense, être améliorées par la canalisation des rivières, ce qui, indépendamment de la navigation, permettra de les arroser sur des espaces considérables.

Le gouvernement anglais, qui, par son esprit libéral inconnu à toute autre monarchie européenne, a déjà tant fait pour ce pays, peut faire plus encore s'il le peut : ce serait de faire occuper par des troupes, comme il l'a fait au bout de la péninsule d'York sur le détroit de Torrès, tous les points du littoral aptes à abriter des vaisseaux et à servir de base à la colonisation : 10 ou 15,000 cipayes commandés par des sous-officiers anglais suffiraient à cette tâche. Des bateaux à vapeur faisant le cabotage relieraient tous ces points entre eux; de la sorte les hardis colons de race arryienne, voyant à peu près leurs travaux assurés contre les anthropophages, étant certains de faire fortune par l'élevage des bestiaux afflueraient partout et commenceraient tout à l'entour de l'île, une colonisation qui se répandrait facilement dans l'intérieur. L'espace est immense; les ports sont nombreux ; mais une vingtaine d'hommes dans chaque poste, 10 dans de certains, suffiraient à atteindre ce but, et les troupes, se retirant à mesure que la colonisation s'accomplirait, auraient au moins pour cette fois accompli une belle œuvre de civilisation.

L'expédition italienne dans l'Afrique orientale. — On a reçu des nouvelles plus rassurantes des voyageurs italiens. Ils étaient arrivés sur le territoire des Acuba-Eissa, qui leur ont fait un accueil cordial. Ils poursuivaient leur route vers le royaume de Choa.

La Société italienne de géographie a envoyé un de ses membres à Zeïla pour procéder à une enquête sur les avanies faites à l'expédition dans cette localité.

Afrique Australe. — *Les projets de confédération.* — Le samedi 5 août, a eu lieu à Londres, à la direction des colonies, une réunion qui, ainsi que le fait observer le *Morning Post,* « malgré la forte opposition que le gouvernement du Cap a manifestée à la conférence proposée par le secrétaire d'État pour les colonies et le refus de la législature d'y prendre part, peut être regardée virtuellement comme une conférence sur l'union des territoires de l'Afrique australe. » Il est bien entendu que la colonie du Cap ne s'y était pas fait représenter, ainsi que la république du Transvaal. Il y avait des délégués de la colonie de Natal et de l'État libre d'Orange ; le Griqualand occidental, en l'absence d'un délégué spécial, était représenté par M. J.-A. Froude, qui a pris dès le principe une part si active à la question d'une confédération projetée entre les Européens du sud de l'Afrique.

La réunion a été présidée par le secrétaire d'État lord Carnadvon, qui a déclaré que la conférence avait un caractère purement délibératif, et que ses résolutions ne seraient obligatoires pour aucun État ni aucune colonie. Il a expliqué qu'il n'a jamais considéré comme nécessaire que tous les membres de la confédération aient la même constitution ; il est d'avis, au contraire, que chaque État confédéré peut conserver ses propres lois, ses usages, ses traditions, sauf un certain nombre restreint de questions réservées à la discussion et à l'administration des législatures et des gouvernements centraux. Les tribus indigènes peuvent devenir une source de dangers communs ; il importe donc de diminuer autant que possible la gravité de ces dangers en s'unissant pour les conjurer.

Ici M. Brand, président de l'État libre d'Orange, a répliqué qu'il n'était point venu pour prendre part à une conférence relative à un projet de confédération entre les États et les colonies de l'Afrique méridionale ; que toute discussion à cet égard lui était interdite par une résolution de son Volksraad (Législature).

Il n'y a donc pas encore de résultat sérieux à attendre de cette conférence.

Indes anglaises. *Affaire de l'Afghanistan.* — Les arrangements pour ouvrir d'une façon permanente la passe de Bolan prennent une tournure favorable, et l'on espère que les caravanes de l'automne pourront passer par cette route.

Il n'en est pas de même de la passe de Kohat. Bien que quelques tribus des Afridies paraissent mieux disposées et aient demandé à s'entendre, d'autres continuent à se montrer très-hostiles. Ces dernières ont tué récemment deux sujets anglais, et s'occupent de fortifier la passe de Kohat. On dit qu'ils peuvent mettre sur pied un grand nombre de guerriers.

Afrique australe. — *Les gisements de diamant.* — On écrit du Cap, à la date du 14 juillet, que les hommes de couleur qu'on employait à fouiller les gisements de Dio Toits Pau et de Kimberley sont renvoyés ; que les possesseurs de concessions sont déterminés à ne plus accepter les prix imposés pour les diamants ; ils préfèrent arrêter les fouilles dans leurs terrains jusqu'à ce que ces prix s'améliorent.

D'autre part, on lit dans le *Cape Standard and Mail* : « Les diamants sont « affreusement bon marché. Il se signe une pétition pour demander au gou- « vernement de définir les droits des mineurs à la tenue par bail perpétuel « de concessions et d'emplacements choisis. Les gisements sont à moitié dé- « serts ; la production a beaucoup diminué. »

Hindoustan. — *Les quatre routes du commerce du thé.* — Une Société par actions vient de se former à Lahore (Hindoustan), dans le but de faciliter les relations commerciales entre l'Hindoustan, le Thibet et l'Asie centrale. Elle transportera le thé de la Chine par le Thibet et le fera ensuite parvenir en Europe par voie de terre et par voie de mer. Bombay en Hindoustan et Trieste en Autriche sont appelés à desservir des entrepôts importants pour le commerce du thé. On sait que jusqu'à présent le thé chinois arrivait en Europe par trois routes différentes : la Russie, les Etats-Unis et l'océan Indien.

La quatrième route pourra exercer une influence des plus heureuses sur ce commerce et amener, par suite de la concurrence, une réduction notable sur le prix du thé.

T. L.

Birmanie. — *Le nouveau chemin de fer italien.* — La *Gazette de Rangoun* annonce qu'un contrat a été signé entre un Vénitien nommé Sandon, au nom de plusieurs Italiens, et le roi de Birmanie, pour la construction d'un chemin de fer entre Mandalay et la frontière anglaise. Ce chemin de fer devra être terminé dans le délai de six années et demie, à partir de la signature du contrat. Il sera remis au roi de Birmanie, qui en payera tous les frais. Sa Majesté assure un intérêt annuel de 10 0/0 jusqu'au moment où la ligne sera dirigée par la Compagnie et ses employés. Cette ligne rendra de grands services aux deux provinces. Plus elle restera longtemps sous l'administration d'Européens mieux les chemins de fer du côté de la frontière de Rangoun pourront s'entendre avec le nouveau chemin de fer pour établir des communications avec Mandalay. On croit que la ligne de Mandalay sera construite en beaucoup moins de temps que celle de Promé et de la vallée de l'Irraouaddy.

T. L.

Cochinchine. — Le prince Sivota, dont nous avons annoncé la rébellion au Cambodge, était encore immobile à la date du 15 juin dernier. Il se tenait dans la province de Campong-toui, sur les frontières du royaume de Laos et réunissait les mécontents autour de lui. L'insurrection peut causer de graves préjudices aux villes de la côte de la Cochinchine et paralyser le commerce avec l'intérieur. On place la plus grande confiance dans l'amiral Duperré, gouverneur de la Cochinchine française. Tous les colons espèrent qu'il agira avec énergie et s'occupera de mettre un terme à ces rébellions périodiques de princes indigènes. Tous ces princes ont déjà reconnu le roi Norodom 1er comme le seul souverain légitime du Cambodge, sous le protectorat de la France.

On se plaint à Saïgon de la stagnation du commerce du riz dans la colonie : les frets n'ont jamais été aussi bas qu'à présent. Ils ont descendu à 50 ou 60 centimes par steamer. À l'intérieur, le riz est coté 6 fr. 75, tandis qu'à Hong-Kong, d'après des dépêches télégraphiques, il ne vaut que 7 francs. Depuis le 1er janvier, 4,500,000 piculs ont été envoyés à Hong-Kong ; mais c'est le seul port qui ait fait des demandes.

T. L.

Chine. — *Traité avec l'Allemagne.* — Le représentant de l'empire d'Allemagne cherche à conclure un traité avec le gouvernement chinois. Il demande l'ouverture au commerce des ports de Ouen-chou, Ouou-hou et I-chang, l'abolition dans tout l'empire des impôts sur les marchandises, et la réduction des droits de douane.

T. L.

Chine. — *L'institution polytechnique de Chang-Haï.* — L'institution polytechnique de Chang-Haï et la salle de lecture ont été ouvertes dans le courant du mois de juin dernier. L'institution possède une riche et nombreuse collection d'instruments scientifiques de tout genre et des échantillons de produits et de marchandises de tous les pays du monde. Mais il lui manque encore des cartes, des livres illustrés, etc.

T. L.

Chine. — *Nouveaux détails sur les coupeurs de queues de cheveux.* — Le gouvernement chinois n'a pu prendre au sérieux les récits fabuleux des Chinois rejetant sur le compte de démons en papier la coupe systématique des queues de cheveux. Il a découvert que les coupeurs de queues avaient

des visées politiques très-dangereuses. Leur but paraît être en effet d'effrayer le peuple et de le préparer à une grande révolution.

Le gouvernement de Koueïchou assure, dans un rapport adressé à ce sujet à l'empereur de Chine, que ce sont des sociétés secrètes qui se livrent à ces odieuses exécutions.

Les mandarins de cette province croyaient y voir l'œuvre de la Société du Lis Blanc. Quant au gouverneur de Koueïchou, il fait planer tous les soupçons sur la *Vieille-Confrérie*. Il approuve le remède radical suggéré par Li-Han-chang, demandant la décapitation de tous ceux qui se livreraient à l'ablation des nattes.

Des médecins ont examiné l'extrémité des cheveux d'un enfant auquel on avait coupé les cheveux, lorsqu'il se rendait à l'école. Ils ont reconnu que les chevaliers du ciseau n'employaient pas d'acides. Ils se servent uniquement d'une paire de ciseaux très-effilés, qu'ils doivent dissimuler habilement dans la manche de leur habit, comme le font les Espagnols et les Italiens avec la dague.

T. L.

Chine. — On signale l'apparition, à Seaou-Shan-Hien, dans la province de Chekiang, d'une nouvelle secte religieuse, dont l'origine et le développement ont quelque chose d'assez extraordinaire.

Cette secte a son quartier général dans un temple en ruines, situé près d'un petit village où se tient un marché. Ce temple était autrefois consacré à une divinité nommée Weïto-Pusa. Dans le voisinage immédiat, on rencontre quelques maisons couvertes en chaume, mais d'une propreté remarquable : c'est là qu'habitent des chefs de la secte.

La nouvelle croyance a eu, dit-on, pour origine, les extases de deux vieilles femmes, la mère et la fille, l'une âgée de quatre-vingts ans et l'autre de cinquante. A de certaines époques, ces grandes prêtresses sont inspirées par un Pusa ou esprit particulier, avec lequel elles ont de fréquentes communications, et dont les paroles, transmises par ces sibylles, sont regardées comme des oracles divins.

Quand on passe aux alentours dans la journée, on y voit régner la plus grande tranquillité.

On ne remarque rien de nature à attirer l'attention ; mais à la nuit, l'endroit devient le théâtre des scènes les plus bizarres : il y afflue de toutes parts des gens de tout genre et de toute classe, hommes et femmes, pauvres et riches, bons et méchants, qui viennent consulter la Pythonisse, ou savoir ce qui se passe. L'intérieur du temple est brillamment éclairé, et en général, on y boit et l'on y mange ; car la secte, à l'encontre de beaucoup d'autres, encourage la bonne chère et condamne l'usage exclusif des légumes. Les deux femmes sont assises sur des fauteuils élevés sous des dais, ayant des cierges allumés de chaque côté d'elles, pendant que la foule les adore en leur offrant de l'encens. On les regarde comme les incarnations du Pusa ; quelques fanatiques prétendent avoir, en les voyant, des visions de cette divinité ; aussi tous les oracles des prêtresses sont-ils obéis sans sourciller. Une des règles particulières de la secte consiste à rejeter tous les vêtements de soie pour ne porter que de simples étoffes de coton.

Les initiés se croient fermement doués de pouvoirs magiques et capables de rendre les hommes fous au moyen d'enchantements et en leur administrant de singuliers poisons.

Le nombre des adhérents de cette secte s'accroît ; car, quoiqu'elle n'existe que depuis quelques semaines, elle compte déjà plus de sept cents membres.

La musique au Japon. — Les musiciens se divisent en quatre classes : la première se compose des exécutants de musique religieuse ; la seconde, des exécutants de musique profane ; la troisième, des aveugles, et la quatrième, des femmes.

Ces musiciens religieux et profanes forment certaines tribus, qui se réunissent à des époques déterminées, dans le but d'exécuter de la musique de l'une ou l'autre classe. Autrefois les princes faisaient ostentation d'entretenir des chapelles privées, et il y a beaucoup de musiciens qui vont pour de l'argent jouer dans les maisons particulières. Il existe dans les tribus différents grades, distinctions et catégories.

Outre les tambours, les Japonais se servent d'instruments à cordes et à vent ; mais aucun de ces instruments n'est en cuivre, ni pourvu de clefs, de pistons et autres accessoires. Les instruments sont divisés en instruments *purs*, pour la musique religieuse, et instruments *impurs* pour la musique profane. On distingue douze espèces de modes, un pour chaque mois, et chacun de cinq sons.

Les instruments employés pour donner l'accord sont de diverses formes ; un ressemble à la flûte de Pan. Deux instruments à cordes se fabriquent avec de la soie imprégnée de cire. Les notes indiquent simplement le numéro de la corde qu'on doit toucher, ou, s'il s'agit de flûtes, le trou qu'il faut boucher. Elles peuvent aussi désigner le numéro et le nom du son.

Quant aux tons intermédiaires, à côté du signe indicateur du ton se trouve un second signe qui indique s'il faut appuyer ou non. Il y a d'autres désignations particulières pour la valeur des notes. Ni la mesure ni le rhythme nè s'indiquent; les mesures en deux et en quatre temps paraissent les plus en usages. Les notes s'écrivent de haut en bas, et les paroles se placent à gauche.

Le chant est toujours à l'unisson avec l'instrument principal.

La musique japonaise en général a beaucoup d'analogie avec la musique chinoise, qui a, comme on sait, l'agrément de nous déchirer les oreilles ; mais les Japonais trouvent la musique européenne encore plus désagréable que nous ne trouvons la leur.

Japon. — L'évacuation de l'île de Saghalien par les Japonais et des îles Kouriles par les Russes est un fait accompli.

Le nombre des nouveaux sujets que le Japon acquiert à cet échange est beaucoup plus considérable que celui qu'y gagne la Russie, attendu que presque tous les pêcheurs russes des Kouriles sont décidés à demeurer sur ces îles, tandis qu'environ 40 familles japonaises seulement restent dans l'île de Saghalien.

Le Bouddhisme au Japon. — Peu de temps avant le départ du Mikado pour son voyage dans les provinces, il a été décidé, dans un conseil de cabinet, de reconstruire le temple de Mondseki, quartier-général du Bouddhisme, qui avait été incendié il y a quatre ans. Le gouvernement japonais montre ainsi qu'il a renoncé à l'idée de supprimer les cérémonies du culte bouddhiste et de faire de la croyance de Sinto la religion exclusive de l'Etat, d'autant plus qu'il a payé des subsides à des temples et à des prêtres de Bouddha, accordé des terres et des matériaux pour bâtir dans certains villages des écoles de missionnaires chrétiens, et sanctionné l'observance générale du dimanche des chrétiens.

Voici les motifs et l'interprétation de cette dernière mesure : il est ordonné, par un arrêté du ministre de l'intérieur, que les jours de fête *Isohi-Rokou*, c'est-à-dire les jours du mois dans la date desquels il entre un 1 ou un 6, sont désormais supprimés et remplacés par le dimanche et l'après-midi du samedi. On se propose ainsi de remédier aux perturbations qu'apportait dans les affaires administratives la sanctification du dimanche par les Européens au service du Japon, tandis que pendant ce temps les Japonais, qui n'avaient pas les mêmes temps de repos, ne pouvaient pas être à leur unisson. On voit, en outre, dans cette décision une manifestation du désir sincère du gouvernement japonais d'introduire autant que possible au Japon les mœurs européennes.

Iles Philippines. — La *Gazette officielle* de Madrid nous apprend que le gouvernement espagnol vient de nommer une commission chargée d'une enquête sur la situation et les ressources naturelles des îles Philippines.

Un professeur de botanique doit accompagner l'expédition, avec mission de faire un rapport sur la nature de la flore de l'intérieur des îles, sur l'étendue des forêts, etc.

La commission devra explorer avec soin le groupe tout entier, afin d'en dresser une carte exacte sur une grande échelle. Les chaînes de montagnes seront l'objet d'investigations particulières: la hauteur de tous les points saillants devra être déterminée avec la plus grande précision.

Les officiers chargés de l'expédition auront à prendre des notes, à faire des observations propres à les mettre à même, à leur retour, de rédiger une monographie complète de toutes les îles qu'ils auront explorées.

Il y a lieu d'espérer que plusieurs branches de la science tireront de sérieux avantages de ces recherches dans des contrées si longtemps négligées, malgré l'intérêt qu'elles présentent.

Sumatra. — *Pacification de la colonie hollandaise.* — Les dernières nouvelles d'Atchin sont plus favorables pour les Hollandais. Les révoltés sont découragés par les échecs qu'ils ont essuyés dans deux attaques sur deux points différents. Ils ne se montrent plus le jour et ne cherchent plus à inquiéter les sentinelles.

Abdul Rachman, le seul chef révolté qui tienne encore la campagne avec 2,000 hommes environ, voit ses forces s'affaiblir de jour en jour. Des hommes s'éloignent continuellement de son camp parce qu'ils n'ont pas une nourriture suffisante et qu'une maladie contagieuse a envahi les rangs de sa petite armée.

T. L.

Nouvelle-Zélande. — *Un nouveau royaume tributaire de l'Angleterre.* — Le 6 juin dernier, sir D. Maclean a conclu avec le roi des Maoris une espèce d'arrangement relativement à la reconnaissance de l'autorité de ce souverain, comme cela a lieu pour les Rajahs de l'Inde. Il sera payé par le gouvernement comme étant son agent pour administrer la loi anglaise dans les limites de son royaume. Il a consenti aussi à restituer de vastes terrains qui avaient été confisqués dans le voisinage de la rivière Waïpa. Ces terrains seront rendus aux sujets du roi, complètement dépourvus de terres par suite des confiscations. Cet arrangement équivaut virtuellement à concéder le point qui a donné naissance à la guerre, en 1863. Si le Parlement l'approuve, le gouvernement de la colonie aura une entrevue avec le roi Tawhiao pour l'échange des ratifications.

On a fait également des essais d'introduction du saumon dans les eaux de la Nouvelle-Zélande, et cette tentative semble y avoir mieux réussi qu'en Australie.

Les œufs de saumon déposés dans les étangs de Southland sont tous éclos; et l'inspection des boîtes porte à croire qu'on n'obtiendra pas moins de 15,000 poissons

La Société d'acclimatation de Christchurch a voté une somme de 150 livres sterling en vue de coopérer avec la Société d'Auckland à l'importation d'œufs d'Amérique.

Mines d'or de l'Australie. — D'après des données officielles du département des mines de Victoria, la quantité d'or extraite des mines de la colonie pendant le premier trimestre de cette année a été de 240,930 onces, soit 2,574 onces de plus que l'année dernière.

De ce total 97,986 onces sont le produit des terres d'alluvion, et 142,944 des gisements quartzeux. La production moyenne de ceux-ci en or est une fraction de 19 grammes par somme.

Le nombre des mineurs occupés est de 40,673, dont 11,216 Chinois.

Amérique du Sud. — *Nouveau chemin de fer d'Azul.* — Le chemin de fer d'Azul a été livré à la circulation dans le courant du mois de juillet. Azul est à 190 milles de Buenos-Aires, et cette nouvelle branche du chemin de fer du Sud, qui est en pleine prospérité, sera très-favorable au développement des richesses agricoles et industrielles du pays. La nouvelle ligne de Bragado, qui aura 30 milles de longueur et se rattache au chemin de fer de l'Ouest, ne rendra pas des services moins importants. On pousse activement les travaux, et l'on a lieu d'espérer que la ligne sera ouverte au commerce avant la fin de l'année. On a fait courir le bruit que M. Telfener avait suspendu temporairement les travaux du chemin de fer de Tucuman, à cause d'un cas d'arbitrage sur quelques modifications de la route. Les arbitres, choisis par M. Telfener et par le gouvernement, se sont rendus à Cordoba pour examiner le point en litige et donner leur assentiment.

T. L.

Femmes centenaires. — Les journaux brésiliens annoncent la mort à Cachambas-Victoria, à l'âge de 116 ans, de dona Maria Emerenciana. Elle laisse un fils âgé de 92 ans, un petit-fils âgé de 78 ans et une postérité si nombreuse que 150 enfants, petits-enfants, etc., ont assisté à ses funérailles. Une autre dame, Anastasia Azevedo, est morte à Bahia à l'âge de 109 ans. Une troisième dame, dona Archanja dos Angos, s'est éteinte à Ilheos dans sa 115e année.

Le dernier recensement de New-York donnait 78 personnes au-delà de 100 ans, 40 d'entre-elles étaient nées en Irlande, 3 en Angleterre, 4 aux Etats-Unis et le reste dans divers pays.

T. L.

Pérou. — *Projet d'exploitation d'anciennes mines.* — Le *South Pacific Times* annonce que M. Henry Meiggs a présenté au gouvernement péruvien un projet destiné à lui procurer des ressources plus abondantes que le guano et le nitrate. Il demande les fonds nécessaires pour creuser un tunnel à 40 pieds au-dessous de celui qui existe déjà dans les anciennes mines d'argent de Cerro de Paseo. Ces mines ont été découvertes en 1630 par un berger, qui remarqua que les pierres placées autour de son foyer s'étaient fondues et avaient formé de petites plaques de métal. Depuis cette époque on a travaillé sans relâche à Cerro de Paseo, et l'on a calculé que de 1630 à 1840 plus de 475 millions de dollars d'argent ont passé entre les mains des employés du gouvernement. On sait en outre que des quantités énormes ont échappé au contrôle de l'administration. De 1786 à 1833, moins les quatre années de 1820 à 1824, pendant la guerre de l'Indépendance, l'argent fondu et marqué par les autorités pesait 8,476,716 marcs, ce qui, à 9 soles par marc, faisait 76,290,440 soles. Si les rapports avaient été très-exacts, il est probable que l'on aurait atteint un chiffre encore plus élevé. On aurait trouvé peut-être que la production annuelle s'élevait à 2 millions de soles.

On a dépensé des sommes importantes pour creuser des tunnels d'irrigation et faire sortir les eaux qui empêchaient les mineurs de suivre des filons d'une richesse incalculable. L'expérience a prouvé que plus ils creusaient profond, plus ces filons étaient abondants. On a dû renoncer dans la suite à l'exploitation de ces mines, parce que les capitaux sont venus à manquer.

M. Henry Meiggs pense que le creusement du tunnel mettrait les mineurs en possession de trésors d'une valeur inappréciable, et que le métal extrait couvrirait les intérêts, le fonds d'amortissement, et qu'il serait en outre possible de terminer le chemin de fer d'Oroya et de le mener jusqu'à Cerro de Paseo.

Venezuela. — Tandis qu'en France, comme dans plusieurs autres pays de l'Europe, on diminue le frappage de la monnaie d'argent, le gouvernement vénézuélien vient d'adopter le système contraire.

La *Gazette officielle* de Caracas, du 6 juillet dernier, publie un décret, qui concède à MM. Jeroehl et Cie de Caracas le privilège de faire frapper, à l'Hôtel des Monnaies de Paris, une somme de 240,000 piastres(1,200,000 francs) en argent et de les introduire au Vénézuéla par les ports de Laguayra et de Porto Cabello.

Par contre l'introduction de monnaie d'argent étrangère est interdite, sous peine de confiscation. Cette interdiction est applicable à l'Europe après un délai de soixante et un jours, aux États-Unis après quarante jours, et aux Antilles au bout de quinze jours seulement.

Délimitation de frontière entre les États-Unis et l'Amérique anglaise. — Le major Cameron, commissaire anglais chargé de procéder avec M. Campbell, commissaire des États-Unis, de déterminer et de marquer la frontière entre les possessions de Sa Majesté britannique et celle des États-Unis à partir du point du Lac des Bois le plus avancé au nord-ouest en longeant le 49° parallèle de latitude nord jusqu'aux montagnes Rocheuses, vient d'adresser au *Foreign Office* son rapport, dans lequel sont indiqués les poteaux, les colonnes, les constructions qui fixent la ligne frontière. Cette ligne avait été précédemment marquée entre le pic d'Akomina, dans les montagnes Rocheuses, et la côte occidentale de l'Amérique du nord.

Commerce des États-Unis. — Il résulte du rapport du chef du Bureau de statistique pour l'année fiscale finissant le 30 juin 1876, que les exportations, évaluées en espèces, se sont élevées à 536 millions de dollars (2,680 millions de francs), dont 522 millions de dollars (2,610 millions de francs) de marchandises du pays et 14 millions de dollars (70 millions de francs) de marchandises étrangères ; les importations de marchandises sont évaluées à 460 millions de dollars (2,300 millions de fr. Les exportations surpassent ainsi les importations de 76 millions de dollars (380 millions de francs) ; l'année précédente c'étaient les importations qui dépassaient les exportations de plus de 19 millions de dollars (195 millions de francs) : le commerce extérieur de 1876, comparé à 1875, présente donc en faveur du pays un avantage de 95 millions de dollars (475 millions de francs).

Les exportations d'espèces ont, en 1876, excédé les importations d'une valeur de 53 millions de dollars (265 millions de francs).

États-Unis. — La fabrication du fromage est devenue une branche de commerce importante aux États-Unis. La production totale est annuellement de plus de 250 millions de livres, dont 96,600,000 livres sont exportées à l'étranger.

La Hollande, qui passait pour le principal producteur du monde, n'en exporte aujourd'hui que 60 millions de livres ; et les exportations de l'Angleterre ne s'élèvent qu'à 25 millions.

C'est donc aux États-Unis que la fabrication du fromage est la plus considérable, surtout dans les États du Nord.

L'État de New-York compte à lui seul près de 1,000 fromageries, qui emploient le lait de 250,000 vaches et fabriquent 80 millions de livres de fromage : c'est une proportion moyenne de 1,000 par chaque vache.

États-Unis. — La ville la plus importante du sud de l'Union est sans contredit la Nouvelle-Orléans, dont la population est actuellement de 220,000 habitants. Ses maisons couvrent une superficie de 15 milles carrés ; les habitations privées sont au nombre de plus de 42,000, sans compter les édifices publics. L'autorité municipale de la ville s'étend sur une surface de 203 milles carrés et demi.

L'agriculture aux États-Unis. — C'est surtout dans les contrées de l'ouest que l'agriculture a fait des progrès vraiment prodigieux dans ces dernières 25 années.

Pour n'en citer qu'un exemple, nous voyons que l'État du Minnesota, qui en 1850 ne comptait que 3,000 acres de terre en culture et ne produisait que 1,400 boisseaux de blé, 6,000 de maïs et 16,000 d'avoine, avait, en 1875, 2,816,413 acres de terre cultivés et produisant ensemble 31,475 boisseaux de blé, 15,775,000 d'avoine et 9,500,000 de maïs.

Les Chinois aux États-Unis. — Il résulte du rapport officiel du bureau de statistique pour l'année fiscale finissant le 30 juin dernier, l'immigration chinoise aux États-Unis a augmenté au lieu de diminuer.

Le nombre des Chinois débarqués en 1876 a été de 22,572, dont 259 femmes seulement ; 21,282 se sont fixés à San Francisco, 915 sont allés dans l'Orégon en 395 se sont dirigés sur le détroit de Puget.

En 1875 l'immigration chinoise n'avait été que de 16,437 individus, dont 82 femmes. C'est donc en 1876 une augmentation de 6,135 sur 1875.

Le canal interocéanique par l'isthme de Darien. — On écrit de Panama au *New-York Herald*, à la date du 17 juille : Un contrat a été passé entre M. Gogorza et le gouvernement Colombien, et il est fonctionné par le Congrès, pour les études, et, dans le cas où cela serait praticable, la construction d'un canal interocéanique à travers l'isthme de Darien. Les ingénieurs doivent se mettre à l'œuvre dans les six mois à partir du 28 mai. Ils doivent appartenir à diverses nationalités. Le résultat de leurs études sera soumis

au gouvernement Colombien dans les six mois après le commencement des études.

Les gens qui habitent les terrains par où M. Gogorza propose de faire passer son canal prétendent, ce qui est du reste répété par un journal de Bogota, que le bruit d'un mousquet qu'on décharge au débarcadère de Cacarica s'entend distinctement à l'embouchure de la Paya, un des affluents de la rivière Tuira. Ce fait est garanti par Silverio Quesada, un notable parmi les habitants.

Arfenio Viano, ramasseur de caoutchouc de cette contrée, dit que le «saut» entre Paya et Cacarica est très-étroit et peu profond. Il a allumé un cigare à Cacarica, et il est arrivé à Paya avant que le cigare fût brûlé entièrement. Il y a trois collines peu élevées sur le chemin. Le « saut » n'a point d'arbres, mais il est rempli d'agaves communs ; on trouve des coquillages de mer dans le voisinage : d'où l'on infère qu'il y a plusieurs siècles ce « saut » était inondé par un bras de l'Atrato. »

De la difficulté d'atteindre le Pôle. — Monsieur le Rédacteur. — Je crois vous rendre service en intervenant officieusement dans le singulier débat soulevé par un de vos correspondants, d'après lequel l'augmentation de la pesanteur résultant de l'aplatissement de la terre et de l'absence de rotation au pôle Nord serait pour les explorateurs du pôle Nord un obstacle bien supérieur à celui qui résulte du climat, des glaces et de la stérilité des régions boréales.

Il est difficile de voir, dans les craintes exprimées par votre correspondant au sujet de l'affaissement musculaire qui se produirait au pôle Nord, autre chose qu'une fantaisie à la Jules Verne.

En passant de l'équateur au pôle, la double augmentation de poids du corps humain, résultant de la diminution de la force centrifuge et de l'aplatissement de la terre, n'atteindra pas *un kilogramme*. Si P est le poids d'un homme à l'équateur, son poids au pôle sera diminué de $P \times 0,0034$ par l'absence de rotation, et de $P \times 0,0063$ par l'aplatissement. Pour l'homme le plus lourd, le total n'atteint pas un kilogramme ; une telle variation de pesanteur ne peut apporter à nos fonctions aucun trouble comparable à celui qui résulte du froid, du changement de climat, etc., etc. Il y a lieu d'observer, d'ailleurs, que cette augmentation de poids se produit progressivement à mesure qu'on avance vers le nord

Du reste, *l'expérience est faite*, et votre correspondant aurait dû le remarquer. En effet la force centrifuge décroît comme le cosinus de la latitude (et non comme le carré du sinus) et, par suite, la force centrifuge est réduite à la moitié, vers le parallèle de 60°. L'effet de l'aplatissement se produit dans une proportion analogue.

Donc l'effet de la variation de la pesanteur sur un voyageur se rendant de nos régions au pôle Nord est le même que sur un voyageur se rendant des régions équatoriales à Christiania.

Vous voyez qu'il n'y a rien à craindre, et que ce n'est pas la variation de la pesanteur qui nous empêchera d'atteindre le pôle Nord.

L. PHILIPPE.

Cuba. — *Fraudes colossales sur les tabacs.* — Le gouvernement espagnol de l'île de Cuba s'est justement ému des proportions qu'a prises depuis près de deux ans l'importation dans cette île de t gers. Ces tabacs proviennent des États-Unis, du Brésil, de Saint- u Honduras et des autres États de la côte américaine. En Allem rtout à Brême et à Hambourg, il se fait continuellement des chargements co rables de cigares fabriqués dans ces deux villes. Ces cigares sont transpo à Porto-Rico, d'où ils sont ensuite introduits sans difficulté à la Havane. r il a été établi par les calculs les plus exacts qu'il était impossible que Porto-Rico pût fournir à lui seul autant de tabacs et de cigares. Il y a plusieurs mois déjà, un bâtiment de commerce débarqua à la Havane une cargaison de tabac, et le capitaine déclara, ce qui était complétement impossible, que tout ce tabac provenait de Viegues, petite île appartenant à Porto-Rico.

Ces tabacs et ces cigares sont ensuite vendus sur le marché avec le cachet de la Havane, pour être expédiés dans les pays d'où ils ont été tirés. Cette fraude qui prend des dimensions colossales est très-préjudiciable aux îles de Cuba et de Porto-Rico et tend chaque jour à déprécier leurs produits. Les journaux de ces îles réclament hautement du gouvernement espagnol les mesures nécessaires pour y mettre un terme.

T. L.

Les chapeaux de Panama. — C'est par erreur que l'on donne généralement le nom de Panama aux chapeaux fabriqués d'une espèce de sparterie, qui nous viennent de l'Amérique du Sud. Le principal siège de cette fabrication est la ville de Jipugapa, dans la république de l'Équateur, et la plante qui sert à faire les chapeaux est la *Carludovica palmata*.

Avant que la feuille ait commencé à s'ouvrir, lorsqu'elle a la forme d'un éventail fermé, on la coupe au ras du pétiole, dont la base forme le milieu de la calotte du chapeau. Ensuite on la divise en bandes longitudinales avec l'ongle du pouce, et l'on rejette la partie épaisse composant la nervure médiane. Le nombre des bandes en lesquelles on la divise dépend de la finesse du chapeau qu'elles doivent servir à fabriquer. Après avoir été ainsi fendue, la feuille, qui est d'un blanc verdâtre, est plongée d'abord dans de l'eau bouillante et ensuite dans de l'eau tiède acidulée avec du jus de citron ; en dernier lieu on la laisse tremper dans de l'eau froide pendant quelque temps, puis on la fait sécher au soleil.

Chaque chapeau est, ou du moins doit être fait d'une seule feuille. Ils varient de prix selon la finesse, depuis 36 sous jusqu'à autant de piastres (autant de fois 5 francs).

Les opérations du trempage et du séchage font prendre aux bandes une forme arrondie ou cylindrique, qui en augmente beaucoup la force sans nuire à leur souplesse. Avant le tressage, on trempe dans l'eau les feuilles de qualité grossière; mais on expose les plus belles à la rosée du matin et on les travaille avant le lever du soleil.

Il faut plusieurs mois pour achever un chapeau de qualité supérieure, fait d'une seule feuille; la tresse en est si fine qu'on en distingue à peine les raies à une courte distance.

Le *Carludovica palmata* est une plante nullement difficile à cultiver; c'est une des espèces les plus vigoureuses du genre. Elle vient bien à la chaleur humide d'une serre, dont la température ne tombe pas au-dessous de 60 degrés centigrade.

Une nouvelle pâte à papier. — Monsieur le Directeur. — Il y a quelque dix ans la question de la fabrication du papier, surtout du papier blanc, était à l'ordre du jour, et l'on se plaignait partout du manque de matières premières propres à le fabriquer.

Depuis lors les savants ont dû s'occuper activement de cette question et l'ont résolue victorieusement en trouvant dans nos bois des matières premières en quantité plus que suffisante pour parer à toutes les éventualités du présent et même de l'avenir.

Parmi les essences forestières de nos contrées, on a dû tout naturellement chercher d'abord parmi les bois blancs. Jusqu'à présent on n'en a trouvé qu'un, le Tremble (*Populus tremula*), qui ait réuni les conditions nécessaires pour une bonne et belle fabrication, soit comme fond, soit comme couleur.

Des essais sur les autres bois blancs, tels que le pin, le sapin, le saule et le bouleau, ont eu lieu déjà; mais le résultat est bien inférieur à celui du bois de tremble. La pâte de cette dernière essence est la seule qui puisse se travailler seule, et celle qui se rapproche le plus de la pâte de chiffons.

Cette industrie nouvelle s'est depuis quelques années déjà implantée dans notre pays, surtout dans le département des Vosges, où chaque jour elle prend plus d'importance et d'extension et donne lieu à un mouvement assez considérable d'affaires.

Les usines où l'on prépare de la pâte de bois de tremble sont nombreuses dans ce département; nous ne citerons que les principales, qui sont celles de Docelles, de Raon-l'Etape, de Laval-sous-Bruyères et du Souche près d'Anould: toutes sont situées dans la région montagneuse qui se trouve entre Epinal et la frontière nouvelle.

On peut évaluer, sans exagération, à trois millions de francs le mouvement d'affaires auquel donne lieu cette fabrication.

Voici les renseignements que nous avons pu recueillir sur les procédés de désagrégation du bois de tremble aujourd'hui en vigueur.

On peut traiter ce bois de trois manières diverses et chaque procédé donne un produit particulier, qui forme une pâte différente, qui a son emploi spécial.

1° *Pâte chimique de bois.* — Cette pâte est sans contredit la meilleure sous tous les rapports; mais on n'a encore pu la fabriquer en France, à cause de son prix de revient par suite de la cherté du combustible. L'Angleterre, la Suède et la Norwége en ont à peu près le monopole.

Dans ce procédé, le bois de tremble est placé dans de grandes chaudières, où on le fait cuire avec des substances chimiques pendant 24 heures sous une pression de 18 à 20 atmosphères, de manière à bien désagréger les fibres du bois, tout en les conservant entières autant que possible. De cette manière, on arrive à obtenir une pâte de bois à longues fibres, très-tenace et qui se blanchit parfaitement, comme la pâte de chiffons.

On fait avec cette pâte du papier blanc, voir même du papier à lettre, exclusivement composé de cette substance, seulement ce papier à un aspect *sui generis* qui lui est particulier et le fait reconnaître facilement. Toutefois, il n'en vaut pas moins pour cela.

2° *Pâte de bois fabriquée suivant le procédé Aussedat et Bourdillat.* — Dans toutes les conditions le bois de tremble doit être rond, — non fondu, blanc et frais, afin de donner une pâte bien blanche. Par ce procédé, on divise le bois en rondelles de dimensions en rapport avec la capacité de la chaudière, puis on le lessive à la vapeur pendant plusieurs heures.

Cette opération a pour but de rendre le bois plus tendre et plus facile à râper. Ce rapport a lieu en employant une meule de grès d'une grande dureté.

Ce procédé conserve à la pâte qui en résulte une force assez grande pour permettre son emploi dans la fabrication du papier dans une proportion de 80 à 90 0/0. La différence est fournie par la pâte de chiffons.

Quelques fabricants même sont arrivés à faire du papier composé uniquement de cette pâte; seulement ce procédé, qui est le plus économique et le plus facile, a un grave inconvénient, c'est celui de donner à la pâte une teinte brune, qui ne permet plus de l'employer dans la fabrication des papiers blancs. Je ne sache pas que dans l'état actuel de la science, on soit arrivé à blanchir complètement la pâte de bois ainsi préparée.

3° *Pâte de bois râpé par le procédé Vœlter.* — Par ce procédé, on obtient dans les conditions actuelles la pâte à papier, en appliquant directement, par un moyen mécanique, la bûche de bois de tremble, dans son état normal, contre une meule tournant avec une grande rapidité. Le produit qui en résulte, traité chimiquement, donne de la pâte blanche de bois.

Ce procédé, en laissant au bois sa teinte naturelle, permet d'employer la pâte qui en résulte à la fabrication des papiers blancs. On la fait même entrer dans la fabrication des papiers à lettre, dans la proposition de 1/3 contre 2/3 de pâtes blanches de chiffons.

Mais ce genre de travail a bien aussi un grave inconvénient, c'est celui d'enlever à la pâte qui en résulte la force et la résistance, qu'il faut ensuite reconstituer par l'addition d'une grande quantité de pâte d'un prix plus élevé, ce qui augmente le prix de revient.

Notons encore que ce râpage coûte fort cher, car il faut une grande dépense de force pour y arriver. Je crois être dans le vrai en disant qu'un cheval-vapeur, travaillant pendant vingt-quatre heures, ne peut râper que de 10 à 12 kilog de bois de tremble.

Disons encore que, pour arriver aux meilleurs résultats possibles, il faut que le bois sorte, non de la fosse, où on le dépose pour l'empêcher de sécher, mais bien du bois où il vient d'être abattu ; car plus le tremble est sec, plus la teinte de la pâte est jaunâtre et par conséquent impropre à la fabrication des papiers à écrire, ce que l'on a surtout en vue.

Telles sont les conditions actuelles de cette fabrication; elles sont bonnes relativement, car cette industrie gagne de l'argent ; mais on espère beaucoup mieux pour l'avenir, la science n'ayant pas dit à cet égard son dernier mot. On espère pouvoir bientôt employer comme nous l'avons dit déjà tous les bois blancs, et des essais ont lieu encore journellement à cet égard. Tous sont aptes à faire d'excellents papiers. Comme nos forêts abondent en bois de ces essences, nous pouvons être tranquilles encore longtemps sur la production de nos papiers, symbole de la civilisation moderne.

Agréez, etc.
          JOLY,
Membre correspondant de la Société de Géographie commerciale.

Appel aux poètes. — Le dix-septième concours poétique, ouvert à Bordeaux le 15 août, sera clos le 1er décembre 1876. Douze médailles or, argent, bronze seront décernées. Demander le programme, qui est envoyé franco, à M. Evariste Carrance, président du Comité, 7, rue Cornu à Bordeaux (Gironde). — Affranchir.

Le Directeur-gérant, O. HERTZ.

Eau acidulée ferrugineuse d'Orezza (Corse), contre anémie, chlorose, gastralgie, fièvre des pays chauds.— Consultez les médecins.

8629.76. — Boulogne (Seine). — Imprimerie JULES BOYER.

QUELS SONT LES DÉBOUCHÉS COMMERCIAUX DU SOUDAN?

L'Echo d'Oran signale, d'après l'*Explorateur*, le projet d'expédition conçu par M. Largeau et patronné par la Société de géographie de France ; il rend compte également du projet de M. Louis Say.

« Nous reconnaissons, dit l'auteur de l'article, M. Ad. Berthoud, que ces deux projets sont réellement grandioses dans leur conception. Au point de vue scientifique et géographique, ils combleraient plusieurs des lacunes si nombreuses dans la connaissance du continent africain.

« Si ces messieurs accomplissent cette œuvre, ils acquerront la légitime gloire conquise par les plus grands voyageurs de notre époque. Nous ne pouvons donc qu'admirer leur courage, leur persévérance et leur dévouement. Certainement leurs compatriotes ne leur marchanderont pas les témoignages d'admiration et de reconnaissance auxquels ils ont droit.

« Quant à fonder sur l'exploration du Sahara central et sur la reconnaissance de cette région qui nous sépare de l'Afrique tropicale, de grandes espérances au point de vue des relations commerciales, comme nous avons eu l'occasion de l'exposer bien des fois, nous sommes convaincu que c'est se bercer d'illusions qui seront inévitablement déçues par l'événement.

« Nous ne croyons pas à l'utilité, à la possibilité, aux avantages vraiment économiques et rémunérateurs des relations que l'on croit pouvoir établir entre l'Algérie et l'Afrique centrale à travers le Sahara, par le moyen des caravanes. Toutes les parties de l'Afrique centrale, susceptibles de fournir des produits réellement riches, compensateurs des frais et utilisables pour l'Europe, capables de donner lieu à des rapports de commerce et d'échange s'élevant à un chiffre important, trouveront toujours une issue infiniment plus facile, plus profitable, moins coûteuse, préférable à tous les points de vue, soit par la côte occidentale, soit par la côte orientale du continent africain. »

Ici, M. Berthoud énumère les voies fluviales qui conduisent naturellement les produits du Soudan aux divers points de ce double littoral et conclut par les considérations suivantes :

« Nous croyons fermement que jamais les produits de cet empire, ni ceux du Massina, ni ceux du Ségou, ni ceux même de la haute vallée du Niger, dont Timbouctou est le centre principal, ne choisiront de préférence la voie saharienne plutôt que la voie tout indiquée que leur fixe la nature.

« Si jamais ces régions sont appelées à un grand développement commercial avec l'Europe, c'est par les fleuves et par la voie maritime que ces relations s'établiront ; mais quant aux caravanes et aux voyages au travers de cette région horriblement désolée et dépourvue, qui mérite si bien le nom de « Pays de la soif » que les Arabes lui ont donné, malgré toute l'estime et toute l'admiration dont nous sommes animé à l'égard des hommes généreux qui se consacrent à l'étude de ce pays, nous croyons faire *notre devoir* en refusant de nous associer aux espérances de trafic que l'on entretient à ce sujet, parce qu'elles nous semblent absolument illusoires et fécondes en déceptions amères. »

Voilà qui semble concluant, même pour l'esprit le moins prévenu. Cependant nous regrettons que M. Berthoud n'ait pas pris conseil des hommes compétents et ne tienne aucun compte des considérations qui ont été exposées avec tant d'autorité dans le dernier congrès des sciences géographiques.

Il y a juste un an, M. Henri Duveyrier lisait, au sein du cinquième groupe, un mémoire qui réfutait de point en point la thèse reproduite par l'*Echo d'Oran*.

M. Duveyrier, reprenant après M. Napoléon Ney l'histoire du commerce de l'Algérie avec l'intérieur de l'Afrique, établissait que les produits du Soudan ont toujours recherché la voie saharienne de préférence aux voies fluviales. La raison qu'il en donnait est bien simple et nous l'avons exposée nous même à plusieurs reprises :

Du Soudan à l'Algérie le commerçant n'a affaire qu'à un seul peuple, les Touaregs, qui, depuis la plus haute antiquité, ont été mis au monde et ne vivent qu'à la condition de pourvoir à la circulation et au salut des caravanes. — Partout ailleurs, pour atteindre la côte, il est rançonné de cinq en cinq lieues par des roitelets qui s'embusquent à chaque détour de route, à chaque rapide de rivière. S'il a cent lieues à franchir de l'intérieur au littoral, il est arrêté au moins dix fois. A chaque fois il lui faut séjourner en moyenne une semaine pour disputer par la force ou par la ruse les marchandises qu'il espère amener à la côte. Il est parti avec un chargement de mille kilogrammes ; c'est une fortune extraordinaire s'il arrive avec cent kilogrammes. Presque toujours il revient nu, couvert de plaies, exténué de fièvre et de fatigue. Le plus souvent il expire en chemin.

Quand les caravanes continuent à marcher du Soudan à la Méditerranée nous demanderons où sont les caravanes qui marchent du Soudan à l'Océan Atlantique et à l'Océan Indien ? L'histoire atteste que le Sahara a toujours été leur seule route ; ce mouvement n'a été entravé que par la conquête turque ; il appartient à la France de le rétablir.

C'est un bien singulier *devoir* que s'impose l'*Echo d'Oran* quand il proteste contre des traditions séculaires, quand il refuse de s'associer aux espérances que l'Algérie pourrait si légitimement fonder sur les entreprises de nos explorateurs. Sous la haute inspiration de ce *devoir*, les chambres de commerce de l'Algérie pourront avec une noble fierté refuser leur obole à M. Largeau ; elles GARDERONT L'ARGENT avec une patriotique grandeur d'âme. Il ne restera plus qu'à ouvrir une souscription pour leur décerner une couronne civique.

CH. HERTZ.

LES ANGLAIS DANS LE SAHARA OCCIDENTAL
ET LE CHEMIN DE FER VERS LE SOUDAN

A M. le rédacteur en chef de l'*Explorateur*.

Monsieur,

Après avoir manifesté l'intention très-évangélique de fonder sur la côte occidentale du Sahara une colonie de missionnaires, nous voyons nos voisins d'outre-Manche y envoyer une légion de savants. On ne voit pas que le mot de négociants soit prononcé, pas plus que celui de soldats. Peut-être n'est-ce pas sans raison, eu égard au traité de 1783, encore en vigueur, et dont l'art. 11 interdit formellement aux Anglais « d'élever dans la rivière Saint-Jean, sur la côte, « ainsi que dans la baie de Portendick, aucun établissement permanent de quelque nature qu'il soit. » Cet ancien traité a même été complété il y a une quinzaine d'années au moyen d'une nouvelle convention en vertu de laquelle les Anglais, désireux d'obtenir de la France la cession du poste d'Albréda, au nord de l'embouchure de la Gambie, ont renoncé au droit de faire, même *sous voiles*, aucun commerce avec les tribus qui habitent au nord du Sénégal et c'est ainsi que la Gambie est devenue en entier en possession britannique.

Mais sans nous arrêter à un ancien traité dont nous ne connaissons qu'un article et à une convention moderne dont nous ne connaissons que la substance, examinons en elle-même l'entreprise de nos voisins. Leur but est évident : le cours du Niger ne se prêtant pas à des relations faciles avec cette Afrique centrale, objet de tant de convoitises légitimes, ils désirent y pénétrer par l'occident du Sahara.

Dans ce but, après avoir parlé de missionnaires, ils ont mis en avant un projet de canal; mais évidemment cette parole n'avait rien de sérieux, et il n'en est plus question à l'heure présente.

Il s'agit maintenant de créer une mer intérieure allant jusqu'aux environs de Timbouctou. Cette pensée semble avoir surgi à l'occasion de l'étude d'un autre projet du même genre à l'orient du Sahara ; mais il y a entre les deux projets des différences telles que cette comparaison ne saurait se soutenir.

La mer *des Chotts* aurait environ 15,000 kilomètres carrés de superficie. La mer projetée par les Anglais aurait 900,000 kilomètres carrés. Elle serait donc soixante fois plus étendue que la première et, comme sa profondeur serait triple (80 mètres au lieu de 27) sa capacité serait cent quatre-vingts fois plus grande que celle de la mer projetée sur les confins de l'Algérie.

De telles différences donnent à réfléchir. Pour remplir *en un an* cet immense réservoir de l'Ouest, il faudrait que la passe supposée de 7 mètres de profondeur, eût 15 kilomètres de largeur. Cette même ouverture de 15 kilomètres a été démontrée nécessaire par un des correspondants les plus autorisés de l'*Explorateur*(1) pour entretenir le niveau de cette mer, malgré l'évaporation journalière qui ne serait pas moindre que de deux centimètres. Or, comme, sous ce climat, la saison sèche dure huit mois sans une goutte de pluie, le niveau de la mer intérieure *isolée* baisserait de 5 mètres dans un seul été. Il faut donc une alimentation puissante, et un calcul bien simple a fait voir que, pour y subvenir, la passe devait avoir en largeur au moins 15 kilomètres.

Mais ce n'est pas encore tout : cette immense cuvette qui descend

à 80 mètres au-dessous du niveau de la mer, ne doit pas être dépourvue d'eau, et, si elle a de l'eau, elle doit être habitée. Nous n'avons sur la géographie de cette partie du désert le récit d'aucun témoin oculaire.

Dans leur voyage au Maroc, M. Passet, parti de St-Louis, a laissé cette région à sa droite et René Caillé, parti de Timbouctou, l'a laissée à sa gauche.

Nous n'avons d'autres renseignements que ceux recueillis par les missionnaires d'Afrique, lesquels nous apprennent « que l'immense « pays des *Bèrabers* (probablement Berbères), qui occupe tout l'ouest « du Sahara, est habité par un peuple qui parle la langue des « Kabyles et dont les tribus forment une confédération. Ces Bera- « bers sont habiles dans tous les métiers. *Leurs oasis sont les mieux* « *cultivées de tout le Sahara*. Ils sont très-blancs, portent les cheveux « longs et se rasent une partie de la barbe. »

Enfin ces tribus sont signalées non-seulement comme très-populeuses, mais aussi comme se livrant au pillage, ce qui n'a rien de surprenant de la part des indigènes africains.

Il est peu probable que la partie saine de la nation anglaise voulût mettre sur la tête de ces Sahariens 80 mètres de hauteur d'eau salée. Heureusement pour ces Berbères que des difficultés insurmontables, même à l'industrie moderne, étendent sur eux leur protection.

Mais la dernière pensée de nos voisins ne serait-elle pas l'établissement d'un port auprès du cap Juby, comme terminus d'un chemin de fer lancé dans l'intérieur, vers le Soudan ? Il faudrait, pour la réaliser, non-seulement de l'argent, mais probablement du canon. C'est là ce que le temps nous apprendra; mais si ce projet se réalisait, combien ne serions-nous pas blâmables de nous être laissés devancer, nous qui avons des ports tout créés, puis au départ, les contrées fertiles du Tell, puis la zone lucrative de l'alfa, la région industrielle des ksours, les besoins des Mozabites et autres tribus qui attendent de nous des aliments qui leur sont indispensables, et enfin la terre libre de tout obstacle jusqu'à Goléa. Un marché établi près de cette ville mozabite, à quelques journées du Touat, ferait promptement dériver le prolongement de la voie.

Ces facilités sont évidentes, mais il y a autre chose qui ne l'est pas moins, c'est que nous n'avons pas de temps à perdre.

Agréez, etc.,
                                              C. ROBERT.

---

(1) Tome III, page 393.

LES FOIRES DU SUD EN ALGÉRIE

L'idée de la création des foires sur un ou plusieurs points de nos possessions de l'extrême Sud n'est pas nouvelle ; le Gouvernement général a eu souvent l'occasion d'exprimer son opinion à ce sujet, et depuis le premier jour où elle a été émise, il s'est préoccupé de réunir tous les éléments d'informations propres à en assurer la réalisation.

A cette occasion, la Chambre de commerce d'Alger a fourni, à la date du 13 juillet dernier, un rapport très-détaillé et très-circonstancié, qu'on nous saura gré de résumer.

La commission nommée pour étudier cette importante question a commencé par rechercher les conditions que devait réunir la localité qui serait choisie pour être le siége de la première foire.

Tout d'abord, la commission estime qu'il est de la première urgence que cette localité soit située de telle sorte qu'on puisse y converger de tous les points de l'intérieur de l'Algérie par des chemins praticables, tout en étant accessible aux caravanes de l'intérieur par des routes déjà connues des convoyeurs et pourvues d'eau.

Le point choisi devrait être aussi une ville assez importante pour qu'elle puisse se défendre au besoin contre un coup de main et offrir ainsi toute sécurité aux négociants qui s'y rendront avec des marchandises.

Il est indispensable encore que l'alimentation des forains, la nourriture et le pacage des chameaux et autres bêtes de somme soient assurés par des ressources suffisantes, et qu'il existe, sur le point choisi, la salubrité nécessaire pour ne pas effrayer les Européens.

Il faudrait enfin que cette localité fût déjà en relations commerciales avec les populations voisines et que celles-ci fussent déjà habituées à s'y rendre.

Enfin, il serait important qu'il existât dans le voisinage un poste occupé militairement qui pourrait au besoin protéger les forains.

Les trois villes désignées sont Géryville, Gardaïa et Ouargla.

Route de l'Ouest. — Géryville est en relations, intermittentes il est vrai, avec le Gourara et le Touat, mais réelles, ainsi que le prouvent les caravanes qui partent de ce point pour le Touat. Une caravane d'un millier d'individus, de 1,500 moutons et de 3,500 chameaux chargés d'objets d'échange, partie en décembre dernier de Géryville, est heureusement rentrée en février rapportant des dattes, du tabac, du Takaout (tan pour le cuir dit *filali*), du filâli, du henné, des poivrons, de l'alun, etc., etc.

Toutefois, cette circonstance que les gens de Géryville se rendent assez volontiers au Touat, serait peut-être peu favorable à l'établissement d'une foire sur ce point ; car habitués à voir les denrées d'échange arriver chez elles, les populations du Gourara et du Touat n'auraient qu'un intérêt médiocre à se rendre à Géryville. D'autre part, la crainte des Oulad-Sidi-Cheick, contre lesquels le Gouvernement général a dû protéger le retour de la caravane partie de Géryville, pourrait constituer un obstacle sérieux ; et, en l'état, il semble que le meilleur moyen de faciliter les relations que les habitants de Géryville, point d'ailleurs trop éloigné de la route habituelle des caravanes venant de l'intérieur de l'Afrique, ont su nouer avec les Tourara, est de leur continuer la protection qui leur a été accordée jusqu'à ce jour.

Route du Centre. — La route d'Alger à El-Goléa par Laghouat, Berrhian, Gardaïa et Metlili, est celle qui a été suivie par l'explorateur Soleillet dans son dernier voyage ; la même aussi que M. Berbrugger indiquait comme fréquentée autrefois par les caravanes qui, venant d'In-Salah, remontaient jusqu'à Metlili, Beni Yguen et Gardaïa. A cette époque, les Chamba conduisaient des troupeaux de bétail depuis Metlili jusque dans l'Aouguerout, sans emporter d'eau pour les abreuver. Certaines circonstances semblent donc plaider au premier abord en faveur de El-Goléa. Mais si on considère que ce point, peu important en lui-même, est isolé et dépourvu de ressources, que son éloignement à 450 kilomètres de Laghouat grèverait la marchandise de frais considérables, et qu'enfin il serait difficile d'y assurer une sécurité complète, on est conduit à donner la préférence à Metlili, point plus rapproché de Laghouat de 250 kilomètres, où existe une ville presque aussi importante que Blida et une maison de commandement, où l'eau est très-bonne et le climat très-sain. Malheureusement, Metlili, la ville sainte des Chamba est peu hospitalière aux étrangers, et l'intérêt du commerce et de la domination française commandent de ménager les susceptibilités religieuses des musulmans.

Au nord de Metlili, Gardaïa, capitale des Beni-Mzab, offre d'ailleurs à peu près les mêmes avantages comme salubrité et alimentation d'eau. Les ressources pour l'hébergement des caravanes y sont suffisantes, et les Mzabites qui nous servent déjà d'intermédiaires pour l'écoulement des marchandises françaises dans les pays limitrophes de l'Algérie, avec lesquels ils sont en relations commerciales très-suivies, accueilleraient sans doute avec faveur la création d'une foire qui leur permettrait de développer leur commerce et leur assurerait le placement à un taux rémunérateur des marchandises qu'ils achèteraient aux caravanes venant de l'intérieur.

Route de l'Est. — Cette route part de Constantine pour arriver à Biskra et Ouargla, ville située à 150 kilomètres à l'est du M'zab et reliée à Laghouat par une route passant à Guerrara et qui a environ 300 kilomètres de longueur, soit, pour les caravanes, un parcours de dix journées. Ouargla, très-fréquentée autrefois par les caravanes, à qui elle devait une grande prospérité, est aujourd'hui bien déchue de son ancienne splendeur, et la population de la ville est descendue de douze mille âmes qu'elle comptait autrefois à cinq ou six mille. Toutefois, au dire du Cheik Ali, en y comprenant les groupes voisins, N'gouça, Rouissat, Ba-Mendil et Forment, la population totale de cette contrée atteindrait encore quinze mille âmes.

Le pays est bien cultivé ; il renferme 60,000 palmiers, des jardins arrosés par cinquante puits artésiens et une foule de puits à bascule dont l'eau est à fleur de terre. Les ressources pour nourrir et abreuver les bestiaux y sont considérables, et il s'y fait déjà un commerce actif d'échange portant sur les grains, les dattes et la laine, à l'est avec l'oued Souf et Rhadamès, à l'ouest avec le M'zab et le Gourara.

Tout semble donc désigner cette ville comme celle où une foire présenterait le plus de chances d'attirer le commerce de l'intérieur de l'Afrique, et tel est l'avis de M. Duveyrier. Mais là ne gît pas la plus grande difficulté, et les points essentiels sont d'amener à bon marché les marchandises françaises sur le champ de foire et d'y attirer des acheteurs pour les marchandises apportées par les caravanes.

La première question à résoudre est donc celle d'une bonne route permettant aux marchands et aux touristes de se rendre à Ouargla, la seconde, l'adoption pour la tenue de la foire d'une époque qui ne coïncide pas avec les saisons réputées fiévreuses à Ouargla, tout en correspondant à l'arrivée des caravanes du Sud dans les oasis du Nord et à la saison des pâturages. Or, de décembre à mars, toutes ces conditions se trouvent réunies. Il serait en outre très-important, comme M. le Gouverneur semble le vouloir, de déclarer *pays franc* tout le territoire algérien situé au sud de Laghouat, la certitude qu'aucune mesure fiscale n'atteindrait leurs marchandises devant être pour les caravanes un puissant encouragement à tenter le voyage.

En somme, la Chambre de commerce d'Alger estime que, quand les Arabes seront assurés de trouver sur le territoire algérien sécurité des routes, protection pour leurs personnes et leurs biens, liberté des transactions, répression des fraudes de quelque côté qu'elles viennent, justice par leurs cadis pour les différends surgissant entre eux, respect à leur religion et absence de toute propagande, ils n'hésiteront pas à venir sur les nouveaux marchés qui leur seront ouverts.

Quant aux marchands européens, si la prudence leur commande de ne pas se hasarder dans des spéculations nouvelles avant de s'être rendu compte des bénéfices qu'ils pourront y trouver, leur intérêt leur conseille aussi de ne pas laisser échapper l'occasion qui leur serait offerte de développer leur commerce, si surtout le Gouvernement encourageait au début les expéditions de marchandises par la prise en charge de tout ou partie des frais de transport.

De ces considérations que nous extrayons de la *Correspondance algérienne*, il nous est facile de conclure que la grande appréhension au sujet de la création des foires du Sud, est l'indifférence des Sahariens. Il y aura donc de longs sacrifices à faire pour amener peu à peu chez nous et à la façon dont s'étend une tache d'huile les trafigènes les plus voisins.

Pourquoi procéder avec cette réserve ? Qu'attendons-nous des indigènes dans un rayon de cinquante et même de cent lieues ; ils sont pauvres et défiants, quand ils ne sont pas hostiles ; ils habitent une zone dans laquelle se sont réfugiés tous ceux qui ne voulaient pas s'assouplir à la domination française.

C'est au Soudan qu'il faut aller ; c'est le Soudan qu'il faut ouvrir à l'Algérie par l'intermédiaire des Touaregs. Que M. Largeau annonce au-delà de la zone rebelle les intentions pacifiques et commerciales de la France, et, sous la pression des blancs et des noirs, les races intermédiaires ouvriront un passage volontaire ou forcé. Là est le véritable nœud de la question.

Voici comme confirmation des richesses du Soudan une note insérée dans le *Mobacher*, journal officiel de l'Algérie :

« Si l'on est encore réduit aux conjectures, en ce qui touche l'importance commerciale des grands marchés du Soudan, les récits des voyageurs qui ont pu parcourir cette mystérieuse contrée, permettent du moins de se faire une idée des ressources que donnerait, au point de vue de la production agricole, ce vaste pays. Sa constitution géologique, embrassant tous les terrains, depuis les sables quaternaires de l'ouest, jusqu'aux montagnes granitiques du centre, et la diversité du climat, semblent devoir se prêter à la production de tous les végétaux que nous empruntons aux contrées lointaines, depuis le coton des Etats-Unis jusqu'au café des Antilles et aux épices des Moluques. La plupart de ces végétaux, tels que le coton, le riz, l'indigo, croissent en effet naturellement à l'état sauvage sur toute la zone septentrionale, dont le climat leur est plus particulièrement propre. Le sucre et le café, bien qu'ils ne soient pas en général cultivés, paraissent aussi susceptibles d'être acclimatés sans peine dans la zone suivante, et Barth signale même la parfaite réussite d'une petite plantation de sucre faite par un ancien esclave revenu dans son pays après s'être échappé de nos colonies des Antilles.

Mais en dehors de ces productions usuelles que le Soudan pourrait fournir aussi bien que les autres pays tropicaux, il en possède certainement beaucoup d'autres qui lui sont spéciales, et dont l'emploi pourrait se propager en Europe, le jour où existeront des communications régulières ; on peut citer entre autres exemples, le beurre végétal, dont l'introduction, si son usage était adopté, produirait une véritable révolution économique.

L'arbre qui le produit, pousse, en effet, presque sans culture sur de grandes étendues. Réné Caillé en a trouvé des forêts continues pendant un mois de marche sur les coteaux de la rive droite du haut Niger, en amont de Jeniée. Cette arbre porte un fruit d'où on extrait la matière butireuse que les indigènes estiment à l'égal du beurre fabriqué avec du lait de vache, et son prix sur les lieux de production ne dépasse pas 40 centimes le kilogramme au détail.

LA VILLE DE SFAK'S ET LES ILES KERKENA (TUNISIE)

OBSERVATIONS DE M. MAC CARTHY SUR LE MÉMOIRE DE M. CHAUVEY (1)

Il faudrait, une fois pour toutes, jeter nos vieilles orthographes géographiques de côté et ne pas nous occuper des remarques plus ou moins banales de gens qui veulent que tout le monde vive avec eux des débris du passé. Les transcriptions fautives que nous employons ont l'inconvénient de nous exposer aux risées des autres peuples et celui, beaucoup plus grand, de nous ôter la possibilité de reconnaître la signification des dénominations indigènes, lesquelles en ont toujours une. Il est vrai que ce n'est pas ici le cas, comme on va le voir, mais c'est par une exception très-rare, qui n'enlève rien à la valeur de l'observation que nous venons de faire.

M. de Slane a déjà fait remarquer, il y a longtemps, dans sa *Description de l'Afrique*, par Ibn Haoukâl, que le mot *Sfâk's*, ne pouvait, par sa forme, appartenir à aucune racine arabe. Shaw, par erreur, a cru qu'il dérivait du mot *Fakous*, qui, en arabe, signifie *concombre*, et cette hérésie a été trop souvent répétée. Le savant orientaliste signale aussi l'orthographe de sir Grenville Temple, *Asfakkes*, forme, ajoute-t-il, que l'on ne trouve dans aucun écrivain arabe.

Du reste, chaque peuple a transcrit le mot suivant le génie de sa propre langue ; les Français ont dit *Face, Asfaques, Sfakes* et *Sfax ;* les Espagnols *Los Asfacos ;* les Italiens *Siface* (Sifate) ; les Anglais *Sfakus* (Sfakeus), variantes qui proviennent surtout des difficultés imaginaires que l'on a cru trouver à rendre les deux dernières lettres. Quoi qu'il en soit, comme en arabe, le mot s'est toujours écrit *Sfâk's* (les accents indiquant les lettres dures) ; écrivons de même en français puisque rien ne s'y oppose, et qu'en définitive on ne voit pas que l'*X* vaille mieux ici que le *K'S* par lequel on a voulu le représenter.

J'aurai d'autres remarques à faire sur les orthographes de M. Chauvey, mais je me borne à la plus essentielle. L'importance de son travail doit facilement faire passer sur ces petites questions de détail. Cette importance sera surtout appréciée par ceux qui peuvent se rendre compte de l'état pitoyable de la géographie des régions limitrophes de l'Algérie.

O. MAC CARTHY.

NOTE SUR LES MARÉES DU GOLFE DE GABÈS.

Voici ce que dit l'amiral Smyth, le grand explorateur de la Méditerranée, sur les mouvements de la mer, je n'ose pas dire sur les marées du golfe de Gabès, ou l'ancienne *Petite Syrte* (*The Mediterranean*, 1854, p. 187.)

« A la Goulette de Tunis les eaux s'élèvent et s'abaissent chaque jour de trois pieds (*three feet*, 0m,91), avec des retours si variables qn'on doit les attribuer plutôt à des causes locales qu'à des influences lunaires, mais du côté de la Petite Syrte, ces dernières deviennent moins problématiques. Dans le canal qui sépare les Kerkena de la côte de Sfâk's, les marées (*tides*) se développent sans obstacle avec un courant de 2 nœuds (3,600 mètres par heure), moyenne qui dépasse souvent 3 nœuds (5,400 mètres) dès qu'elles s'enflent en faisant le tour du golfe de Gabès ; mais au delà de Djerba, elles s'avancent dans l'Est, à travers la mer libre et s'affaiblissent de plus en plus. Nous sommes, devant Djerba, à une des plus grandes distances de Venise en latitude que l'on puisse atteindre dans la Méditerranée (12 degrés) et nous devions dès lors nous attendre à y voir s'accroître la puissance des marées (1).

« Et cependant je fus assez surpris de voir nos embarcations à sec, soit au-dessus des eaux, à un mille (un peu plus de 1600 mètres) au large du château, près duquel nous avions pris terre deux ou trois heures auparavant. Le séjour prolongé que nous avions déjà fait dans la Méditerranée nous avait complétement fait négliger la prescription si sage des règlements de la marine de tenir toujours à flot les chaloupes et les canots ; heureusement cette baisse de mer n'eut pas pour nous les terribles conséquences qu'elle eut jadis pour les Espagnols, sous La Cerda et André Doria, en 1561, alors qu'eut lieu ce massacre d'hommes dont les têtes sanglantes servirent à édifier, au voisinage de l'endroit même où nous nous trouvions, cette hideuse pyramide appelée par les Arabes, *Bordj el Rous*, la tour des crânes (2). A Djerba, la mer monte jusque vers 3 h. 10 m. de 3 à 4 pieds (1m,22 à 1m,83) et quelquefois jusqu'à 8 (2m,44) ; les eaux au milieu desquelles se fait ce mouvement doivent donc en être plus ou moins troublées, mais le grand banc qui s'étend de Djerba à Lampedouse a une pente si régulière que les lames de fond y roulent, s'y étalent et meurent sans même produire le moindre brisant. »

O. MAC CARTHY.

(1) Voir *l'Explorateur*, vol. IV, p 172

(1) La surélévation des eaux dans la Petite Syrte n'est-elle pas due bien plutôt à leur accumulation dans un fond où leur jeu est singulièrement gêné qu'à des influences luni-solaires? Il se passe là quelque chose de semblable à ce qui a lieu dans le golfe de Saint-Malo. (Voir les cartes précédemment publiées.)

(2) Elle a été démolie il y a quelques années, à la suite de réclamations faites par un de nos consuls généraux à Tunis.

GÉOGRAPHIE HISTORIQUE DE L'ALGÉRIE

(Suite)

X

Cependant les neveux de Salomon, Sergius et Cyrus, gouverneurs de la Tripolitaine, ayant fait massacrer quatre-vingts chefs maures venus sur parole à Leptis, les soulèvements recommencèrent. Salomon s'avança contre les Maures commandés par Antalas ; il les atteignit à Theveste (Tebessa), mais mal secondé par ses soldats, il fut battu et tué. Son neveu Sergius, nommé gouverneur, ne put réduire les insurgés ; cette gloire était réservée à Jean Troglita qui vainquit les Maures réunis au camp d'Antoine, dans la Byzacène ; il les poursuivit jusque dans le désert, mais il dut revenir sur ses pas faute d'eau et de vivres. Il les attaqua plus tard au camp de Caton et les défit complétement 548. (Vinci.)

Sous Justin, les soulèvements continuèrent ; Gennadius, vice-roi d'Afrique, défit Gasmul, chef des Maures, et le tua en combat singulier. Ce même Gasmul avait étendu sa conquête jusqu'au littoral et avait tenté une expédition en Gaule d'où les Francs le repoussèrent.

Suinthila, roi des Goths d'Espagne, s'empara de plusieurs villes de la côte mauritanienne et y établit un comté (621-631).

La domination byzantine touchait à sa fin ; les guerres civiles et les invasions barbares avaient brisé le sceptre des empereurs (1).

XI

DOMINATION ARABE

Les Carthaginois n'avaient guère fait sentir leur intelligence que dans le périmètre étroit de leurs *emporiœ*; les Romains protégèrent solidement leurs colonies en occupant tous les points stratégiques et en lançant jusque dans les oasis du Sahara algérien leurs postes avancés. Le joug fut dur pour les indigènes, il ne le fut pas moins sous les Vandales ni sous les Byzantins ; aussi les nouveaux conquérants, les Arabes, eurent-ils peu de peine à s'établir dès qu'ils promirent de respecter la croyance des populations.

Mahomet (2) arrivait dans un moment où l'Empire d'Orient était déchiré au dedans par les querelles théologiques, au dehors par les Persans. Il sut réunir dans une aspiration commune les Arabes des diverses sectes, ces hommes qui, d'après Elien (3), ne touchaient jamais la charrue, ne soignaient aucun arbre, ne demandaient à la terre nulle subsistance. Que ne pouvait-on faire avec de telles gens incapables de travail, mais enthousiastes !...

Le successeur du prophète, Abou-Bekr, réunissant dans un même élan ces peuplades énergiques les jeta toutes sur tous ses ennemis à la fois. L'Empire et l'Egypte engourdis furent surpris; la Berbérie résista cependant avec opiniâtreté ; l'Espagne fut d'une conquête facile, la trahison de Julien perdit les Goths de la Péninsule.

Sans les Arabes, les Berbères et les Maures secouant le joug des Byzantins auraient peut-être pu se relever, mais dès que les nouveaux conquérants eurent fait miroiter à leurs yeux des butins faciles, une communauté d'origine, ils cessèrent de résister et, pris d'une folie destructive, ils rivalisèrent avec les Arabes pour détruire tout ce que le génie latin avait créé.

XII

Dès sa naissance, le mahométisme faillit être étouffé par les dissensions élevées entre les chefs ; ce qui le sauva, ce fut le désir ardent des sectaires de marcher de conquête en conquête, de pillage en pillage. Ces sortes d'invasions ont toujours réussi, l'envahisseur n'ayant rien à perdre est soigneusement maintenu dans un état d'exaltation par le chef qui lui montre constamment un nouveau but à atteindre.

642. — Omar brûle la bibliothèque d'Alexandrie (4) ; pendant six mois les bains de la ville sont chauffés par les écrits des savants. Il meurt enfin et son successeur Abdallah, poursuivant la conquête, s'empare de Tripoli, bat et tue le patrice Grégoire, auprès duquel combattit sa belle et valeureuse fille. Les populations effrayées se soumettent, et Abdallah, épuisé par ses victoires, retourne en toute hâte en Egypte.

654. — Oukbah-ben-Nafy, surnommé le vainqueur de l'Afrique (5), soumet la Byzacène, fonde Kaïrouan, puis s'empare de Bougie, Tanger et pousse son cheval dans l'Océan. Il avait suivi les vallées où il était sûr de trouver un appui chez les Maures, ennemis des Grecs qui possédaient encore tout le littoral. Cependant les Berbères joignant leurs forces à une armée byzantine attaquent Oukbah qui est vaincu et tué (6) (an 63 de l'hégire — 682 de l'ère chrétienne). Koucila, le chef de ces Berbères, reprend Kaïrouan, et s'y établit.

695. — Treize ans plus tard, Hassan bat les Berbères, reprend Kaïrouan, s'empare de Carthage : Kouoila étant mort, la devineresse Dania-Kiahna continue la lutte, elle bat Hassan et le poursuit jusqu'à Gabès. Cinq ans plus tard, l'Arabe plus heureux envahit l'Aurès; Kahina (7) marche à sa rencontre, elle est battue et mise à mort. Ses fils soumis furent envoyés au Maroc à la tête d'un corps de Berbères; ils contribuèrent puissamment à la conquête de l'Espagne, 711. En 754, Ben Restan établit le siége de son commandement à Tekdemt, sur les ruines d'une cité romaine.

XIII

DOMINATION BERBÈRE. — TASCHEFIN.

Les schismes religieux, le désir d'indépendance poussèrent les Berbères à se choisir des chefs nationaux. Ils s'emparèrent encore de Kaïrouan que Djafar-el-Mansour, second khalife abbasside, leur enleva en 772. Ibrahim Aghlab que Haroun-al-Raschid appelait le Grand, soumit les Berbères et se déclara, à son tour, indépendant (800).

1001. — Le Maghreb était partagé en deux parties vers Alger (Mezranna) : en Etat de l'Ouest soumis aux khalifes de Cordoue, et Etat de l'Est soumis aux khalifes du Caire (8). Le gouverneur de l'Est, un Berbère, s'étant soulevé, le khalife du Caire fit un appel aux croyants. 50,000 Arabes se ruèrent sur Kaïrouan, le détruisirent de fond en comble après avoir mis le gouverneur à

---

il donc, sinon un mélange confus de toutes races ? les Germains, Goths, Wisigoths, Francs, Vandales, etc., etc., avaient les charges, commandaient les armées, se couvraient parfois de la pourpre. Il n'y avait plus dans Rome de Romains. Quant aux malheureux peuples de la Mauritanie, ils étaient ce qu'ils sont encore par moments : des peuplades fanatiques au sang chaud, suivant avec ardeur le premier audacieux qui leur promet un bien-être passager, mais incapables par elles-mêmes de jamais rien constituer.

(2) Mahomet, fondateur de la religion musulmane, né à la Mecque, en 569.

(3) Elien, écrivain grec du troisième siècle.

(4) Cette bibliothèque n'était pas le fameux Serapeum brûlé depuis longtemps auparavant, mais celle au sujet de laquelle Omar répondit à son lieutenant Amrou : que le Coran tenait lieu de tous livres.

(5) On appelait encore Afrique l'ancien territoire de Carthage.

(6) Oukbah fut tué à Taouda ou Thouda, près de l'oasis de Sidi Okbah ou Oukbak dans les Ziban.

(7) Dans cette lutte, Kahina s'empara de Constantine tombée au pouvoir des Arabes.

(8) Ziri ou Zelri, de la tribu berbère des Senhadja, commandait le Maghreb pour le khalife de Cordoue, il fixa sa résidence à Achir, au sud de Bougie, entre Zamoura et les Zibans. Ben Ziri, son fils, s'empara de Tlemcen dont il transporta les habitants à Achir.

Dans la guerre qui eut lieu entre les khalifes de Kaïrouan et ceux de Cordoue, Mouez, le plus magnifique des chefs berbères, fut battu par le khalife de Kaïrouan.

1270. Sous le commandement d'El-Fadhel, saint Louis meurt à Tunis. Fadhel était fils d'un pauvre tailleur de Mella qui se faisait passer pour le fils d'Abou-aba-Allah, l'Almohade vaincu dans les plaines de Tolosa, 1212.

---

(1) On s'étonne de la facilité avec laquelle certains peuples se laissent subjuguer. Tenons compte cependant de ce qu'étaient les peuples d'alors : les Athéniens et les Spartiates, deux peuples de deux grandes villes seulement, n'existaient plus depuis des siècles; le peuple de Rome avait lui aussi disparu. Que restait-

mort. En 1026, Abd-Allah ben Jasim, marabout de Suz (1), réunit sous son commandement les populations berbères et attaqua les Musulmans. Son successeur, Joussef Taschefin, continua son œuvre, fonda la ville d'Agmat (Maroc) et étendit sa domination jusqu'à Mezranna ; puis jusqu'à Bougie et Tunis.

Les mêmes causes qui avaient aidé les Arabes dans leur conquête, les dissensions des Byzantins, aidèrent les Berbères qui profitèrent de la rivalité des chefs arabes. L'Espagne était divisée en une multitude de petits Etats et l'Orient était menacé par les formidables invasions chrétiennes, les croisades (1086). Taschefin, appelé par les Musulmans d'Espagne, fit, dit-on, jeter un pont sur le détroit de Gibraltar pour faire passer sa cavalerie. Ce qui est plus vrai, c'est qu'en 1087, il vainquit Alphonse de Navarre et Sanche d'Aragon à Zalaca et prit pour lui toutes les possessions des Musulmans d'Espagne.

XIV

L'émir Taschefin mourut à l'âge de cent ans. Son fils Ali ben Joussef ne put défendre l'empire que son père lui avait laissé, contre les attaques des Almohades. Le dernier des Almoravides, Taschefin ben Ali, vaincu près de Tlemcen regagna Oran, d'où il voulut se rendre à Alméria, dernière ville qui lui était restée fidèle. Mais étant sorti de nuit sur sa jument Rihhana, tenant en croupe Haziza, son épouse, il roula dans un précipice et y perdit la vie. Abd-el-Moumen, l'Iman Almohade, s'empara de tout le Maghreb jusqu'au désert de Barka ; Maroc, Tlemcen, Tunis, furent pillés et leurs populations massacrées.

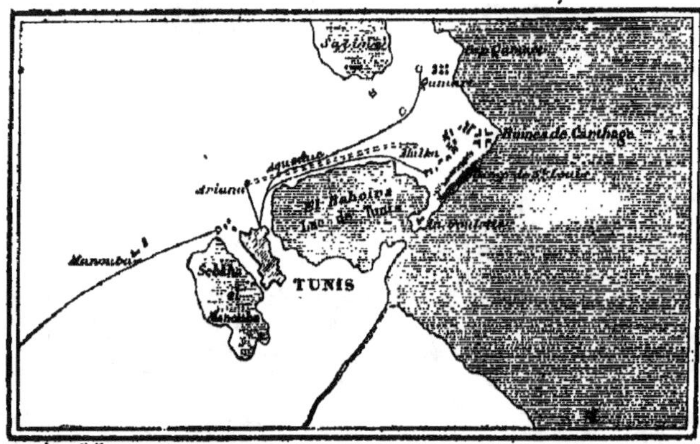

Gravé par K. Maurermann

SAINT LOUIS

En 1270, Louis IX entreprit la huitième croisade qui fut dirigée contre Tunis. L'armée débarqua sous les murs de la vieille Carthage qui fut prise d'assaut et abrita une partie des troupes.

Cependant les chaleurs, les fatigues incessantes occasionnées par des combats continuels, épuisaient l'armée qui attendait avec impatience les secours promis par Charles d'Anjou, frère du roi.

La peste se mit dans l'armée et y fit d'affreux ravages ; elle emporta le roi qui mourut après avoir donné le plus éclatant témoignage d'intrépidité et d'héroïque résignation. A peine était-il mort que Charles d'Anjou arriva avec les secours promis ; mais il était trop tard pour frapper un grand coup.

Les Français qui avaient supporté avec courage les maux partagés par leur saint roi, regrettèrent de n'avoir pas pris le chemin de la Palestine et demandèrent à retourner dans leur patrie. Le nouveau roi, Philippe III, ne songeait lui-même qu'à ceindre la couronne ; on négocia donc avec le roi de Tunis, El-Mostancer, qui rendit les captifs chrétiens, ouvrit ses ports au commerce des Français et promit de payer annuellement 20,000 onces d'or au roi de Navarre. Ce fut la dernière croisade.

« Là, dit M. Ch. Lavallée, depuis les croisades, tout est encore français dans ces lieux abreuvés « du sang de nos pères ; mers, villes, montagnes, ruines, jusqu'aux sables du « désert, sont pleins des traditions de notre « gloire ; partout où un pan de muraille, un débris de monument peut se faire « jour à travers les ronces de la solitude, on y voit des armoiries, un nom, « quelque chose de la France. »

----

(1) Sus ou Suz, partie du Maroc.

Gravé par K. Maurermann

XV

RAPPORTS ENTRE LES MAURES ET LES ÉTATS EUROPÉENS

C'est sous les Zirites que les peuples chrétiens après avoir, ou maintenu, ou refoulé l'invasion arabe, viennent à leur tour porter la guerre dans le Maghreb (2).

Sous les Aghlabites, les Musulmans tenaient en leur pouvoir : Marseille, Avignon, Arles, Fréjus, Fraxinet. En 968, l'empereur Othon Ier essaye en vain de les chasser. En 1060, après avoir expulsé les Arabes de l'Italie et de la Sicile, les Normands les attaquent en Afrique. — 1035. Les Pisans ravagent la côte, de Tunis à Bône. — 1085. Le pape Victor III organise une croisade qui saccage Méhédia (3). — 1134. Roger de Sicile vient au secours de Méhédia où règne Hassan, son allié, et bat les Bougiotes qui l'attaquaient. Ce même Roger s'empare de Djidjelli et de l'île de Kerkena (4) en 1146 et fonde un Etat chrétien en Numidie.

A cette époque, Oran et tous les ports de la côte faisaient un grand commerce avec Marseille et l'Italie. En 1284, Roger s'empare de Loria, s'empare de l'île Djerba. En 1382, la France, l'Espagne et le Portugal essayent d'arrêter les progrès des pirates en s'emparant des principaux points du littoral. Pierre d'Aragon prend Collo — 1390. Le duc de Bourbon assiége Méhédia. — 1505. Diego de Cordoue s'empare de Mers-el-Kebir. — 1506. Ximénés (5) s'empare d'Oran. — 1510. Pierre de Navarre prend Bougie, Alger ; Dellys, Tlemcen, Mostaganem étaient tributaires de l'Espagne ; il fit construire le Peñon (6) d'Alger pour tenir la piraterie en respect.

(2) Les musulmans d'Espagne qui se réfugièrent dans le Maghreb furent assez mal reçus par leurs coréligionnaires qui redoutaient leur astuce. Ils se fixèrent généralement sur le littoral et faute de terres, se livrèrent à la piraterie. La haine qu'ils portaient aux chrétiens, aux Espagnols surtout qui n'avaient eu nul ménagement à leur égard, les rendit tellement redoutables qu'ils furent bientôt en faveur dans les guerres que le mahométisme livra aux chrétiens.

(3) Méhédia, ville de Tunisie.

(4) Kerkena, ancienne Cercina, île à 15 kilomètres de la frontière tunisienne.

(5) Ximénés, de Ciméros, fut le Richelieu de l'Espagne. Il ne parvint aux hautes dignités qu'à l'âge de 46 ans. Il fut à Ferdinand le Catholique qui ne l'aimait pas. Le grand inquisiteur entreprit la conquête d'Oran qu'il paya de ses propres deniers et mena à bonne fin quoique le roi désirât être débarrassé du bonhomme. Le jeune Charles-Quint le relégua dans son diocèse de Tolède pour le récompenser de son patriotisme.

(6) Peñon (de l'espagnol, roc), îlot uni à la terre par la jetée du Kair-ed-din (Phare d'Alger).

XVI

DOMINATION TURQUE

1514. Deux pirates : les frères Barberousse (1) (Khair-ed-din-el-Haroudj) s'étaient fait une grande réputation par leur hardiesse, lorsqu'en 1514 quittant leur repaire, l'île Djerba, ils enlèvent Djidjelli aux Génois et se donnent politiquement un protecteur puissant dans le sultan de Stamboul auquel ils font hommage de leur conquête. En 1515, ils assiégent Bougie, mais Haroudj y perd un bras ainsi que ses vaisseaux ensablés dans l'oued Soummam; il est contraint de les brûler. 1516, Salem ben Toumi, chef des Beni-Mezghanna d'El-Djezaïr (Alger) appelle les deux frères contre les Espagnols qui occupent le Peñon. Aroudj après des efforts infructueux contre ce rocher fortifié, fait donner les principaux emplois d'Alger à ses Turcs, s'empare de Toumi, le pend à la porte Bab-Azoun et se fait proclamer roi d'Alger et vassal du Sultan. Cependant une conspiration se forme, Aroudj profite de la prière du vendredi qui a réuni les conjurés dans la mosquée, il les saisit et les fait mettre à mort.

Diego de Vero appelé par le Sultan de Tanger et par le fils de Ben Toumi (Tutemi) débarque à Hussein-Dey, divise ses 8,000 hommes en quatre corps et se fait battre. Les Arabes de la Mitidja qui devaient lui donner des secours ayant manqué à leurs promesses, il se rembarque. Khair-ed-din établit sa résidence à Dellys. Aroudj bat les Arabes de la Mitidja à l'oued Djer, soumet tout le pays, bat Bou-Hammon, roi de Tlemcen, près d'Oran, et s'empare de Tlemcen.

XVII

Martin Argote, privé de vivres par la prise de Tlemcen, marche sur Kala, forteresse située sur la route de Tlemcen à Alger, s'en empare et massacre la garnison. Une nouvelle armée espagnole débarque à la Tafna, se joint à Hammou, entre dans Tlemcen et s'empare de la forteresse après vingt-six jours de siége. Haroudj s'enfuit avec ses Turcs, il est poursuivi par les Espagnols quoiqu'il tente de les arrêter en semant ses trésors sur la route. Atteint près du Rio-Salado, il se retranche dans des ruines et y périt, 1518. Peu après, dans la même année, Hugues de Moncade, vice-roi de Sicile, conduit une armée contre Alger; les pillages de ses troupes ayant indisposé contre lui les Tlemcéniens, il dut se rembarquer faute de secours. Au moment de l'embarquement, il est attaqué, sa flotte est dispersée par la tempête.

Khair-ed-din s'empare du pouvoir et pour assurer son autorité, comme pour être libre dans ses expéditions de pirate, il cherche à se rendre maître du Peñon. Il se fraye un passage en faisant combler la faible distance qui séparait la côte du Peñon par les captifs chrétiens; puis, après quinze jours d'une vive canonnade, il démantèle le fort, s'en empare et fait mettre à mort Martin de Vargas, l'héroïque commandant qui seul était resté debout, 1530.

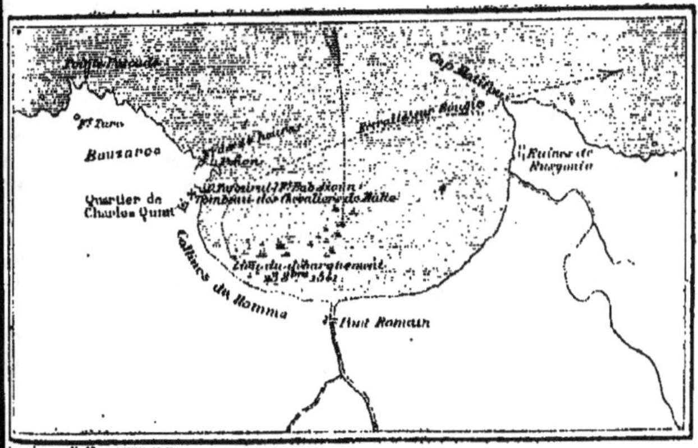

XVIII

En 1531, André Doria débarque à Cherchell, ses soldats se débandent pour piller, ils sont massacrés. En 1541, Charles-Quint voulant en finir avec la piraterie, s'avance contre Alger avec une flotte de 65 galères, 451 navires de

transport et 34,480 soldats parmi lesquels 150 chevaliers de Malte, Fernand Cortès, André Doria et d'autres célèbres capitaines de l'époque.

Le 23 octobre, l'empereur débarque à l'Harrach, campe au Hamma, dispose ses batteries sur les hauteurs; mais, avant que ses canons eussent été débarqués, une effroyable tempête brise la flotte: l'armée, attaquée au milieu du désordre, repousse néanmoins les Arabes. Ponce de Balaguer, chevalier de Malte, enfonce son poignard dans la porte d'Azoun; mais le brouillard, la pluie, le manque de munitions forcent les Espagnols à se retirer.

150 navires furent brisés sur la plage ou contre les rochers sur lesquels s'élevaient les murs de la ville, et, avec ces navires, étaient perdus les gros canons et le matériel de siége. Il fallut penser à la retraite. Doria rallie les restes de la flotte à Matifou. L'armée gagna le cap en suivant la côte, sans cesse harcelée par les Turcs ou les Arabes de la plaine. Le chef kabyle (2) qui avait envoyé à Charles-Quint mille indigènes, vit son petit corps massacré. Il revint en toute hâte à Bougie, où l'escadre relâcha et se ravitailla. Hassan, agha de l'Odjak, étend sa domination jusqu'à Biskra, pendant que Kheir-ed-din menace l'embouchure du Tibre. Après avoir porté la désolation sur les côtes d'Italie et d'Espagne, il va mourir à Constantinople (1547), à l'âge de quatre-vingts ans. Son fils, Hassan agha, est nommé chef de l'Odjak. Ce pacha entretient soigneusement la rivalité entre Kouko et Collah (villes kabyles); il s'empare de Tlemcen qu'il érige en beylik. Ce pacha embellit Alger : c'est de cette époque que datent les plus belles maisons mauresques de cette ville.

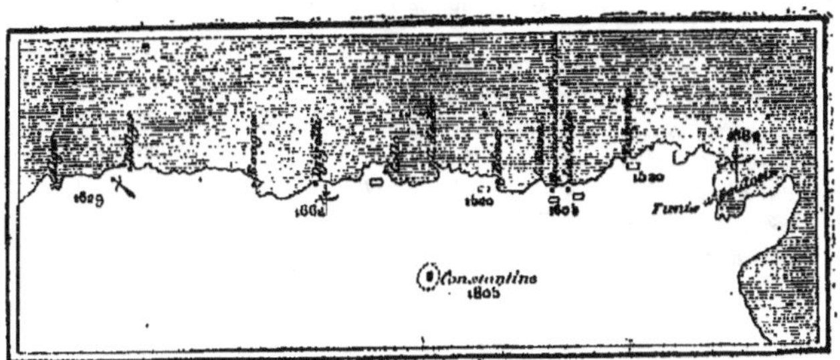

XIX

Sala Reïs, successeur d'Hassan agha, voulant punir le cheik de Touggourt qui refusait de payer l'impôt aux Turcs, s'empara de cette localité, après vingt jours de marche pénible, et passa la population au fil de l'épée. Ouargla épouvantée, s'empresse de se soumettre. En juin 1555, Alphonse de Péralta, avec 500 hommes, défend Bougie contre Sala Reïs qui l'attaquait avec tous ses Turcs et 30,000 Arabes. Péralta se rend, à bout de ressources, il est envoyé en Espagne avec vingt des héroïques défenseurs. Un conseil de guerre le condamne à mort pour s'être rendu. Sala Reïs mourant, désigne pour son successeur le renégat génois Jaya, mais le Corse Hassan usurpe la place. Il investit Oran, les Espagnols le repoussent. Hassan pacha le remplace : ce fils de Kheir-ed-din se porte au secours de Mostaganem qu'attaquait le comte Alcaudette.

Pendant ce temps, Dragut est assiégé dans Méhédia, par Doria (3), qui s'en empare. Dragut se venge en saccageant Tripoli.

Quant au comte Alcaudette, compromis avec peu de monde au milieu de populations ennemies, il ne put résister au choc des Turcs et mourut dans l'action. Hassan bat ensuite Abd-el-Aziz, cheik de Callah. Il est renversé ensuite par les janissaires, qui mettent à sa place le sultan Soliman. Sous ce dernier, le fils du comte Alcaudette, Martin de Cordoue, défend héroïquement Mers-el-Kébir. Ce fut en 1565 que, de concert avec les Turcs, Dragut assiége Malte. Après une résistance opiniâtre, dans laquelle périt le chevalier de Médréan et l'assiégeant Dragut, Soliman, déconcerté, abandonne le siége. Déposé, puis rétabli, Soliman est encore renversé et remplacé par le Corse Ali-Fartas-Kilidj, le plus habile marin depuis Haroudj.

MOLINER-VIOLLE.

(A suivre.)

---

(1) Barberousse (Baba Haroudj) célèbre corsaire originaire de Métélin (1474-1516) soumit le Tell à la domination turque et fut tué par les Espagnols près du Rio-Salado (Oran).

(2) Roi de Kouko, ville de Kabylie.

(3) Doria (André), célèbre marin du seizième siècle, servit tantôt la France, tantôt l'Espagne, selon que la politique de ces deux nations était favorable à Gênes, sa patrie, qu'il finit par délivrer de l'occupation française. Il refusa d'en être le doge; aussi, en récompense de ses services, ses concitoyens lui élevèrent une statue avec ces mots : « Au père de la patrie! » Ce marin commandait l'escadre que Charles-Quint amena contre Alger en 1541.

LA ROUTE COMMERCIALE FRANÇAISE DU GOLFE DU TONG-KING A LA CHINE

PAR LE FLEUVE ROUGE

Paris, le 18 août 1876.

Monsieur le Rédacteur en chef,

Permettez-moi de venir apporter les rectifications suivantes, aux quelques lignes que l'*Explorateur* a bien voulu me consacrer dans son numéro du 3 août courant.

Ce court article, malgré la bienveillante sympathie qui l'a inspiré et pour laquelle je m'empresse de vous témoigner ma vive reconnaissance, ne m'a pas paru de nature à établir aux yeux du lecteur l'exacte vérité. Les termes dans lesquels il est conçu, tendent à supprimer presque mon initiative personnelle et à suggérer l'idée, que j'ai dû au hasard d'une inspiration passagère, l'heureuse issue d'un projet dont je n'ai au contraire atteint la réalisation qu'à travers toutes sortes d'obstacles, et j'ose le dire en déployant une énergie que je n'ai laissé fléchir devant rien. Cette fermeté que j'ai constamment mise à poursuivre mon œuvre, avait d'ailleurs sa source, dans la profonde conviction que m'avait donnée la longue et laborieuse étude de mes projets.

Vous comprendrez aisément, Monsieur, le sentiment qui me fait réclamer la satisfaction de ne pas voir séparer le succès de mon entreprise des efforts, des sacrifices et des peines qu'elle m'a coûtés. D'ailleurs, l'intérêt seul de la vérité rend nécessaires les revendications que j'ai l'honneur de vous adresser, surtout à l'approche du jour, qui n'est pas loin j'espère, où il me sera permis de les voir pleinement et publiquement triompher.

Mon retour en France est trop récent et les préoccupations qui m'y ont assailli tout d'abord sont trop nombreuses, pour que j'aie pu consacrer un moment, à la question scientifique qui se rattache à mes explorations. De nombreuses notes sont entre mes mains ; je les destine à une publication prochaine ; mais les documents encore inconnus qu'elles contiennent, expliquant les fréquentes inexactitudes qui se rencontrent dans les divers écrits publiés sur l'expédition du fleuve Rouge. Quand le moment de livrer ces notes à la publicité sera venu, peut-être appréciera-t-on mieux en France l'importance de cette œuvre et les résultats qu'elle comporte.

Arrivé en Chine en 1859, je m'étais dès 1861 intéressé d'une manière toute particulière à la recherche faite par les Anglais d'un passage pour atteindre les provinces sud-ouest de la Chine. Le voyage de Shanghaï à Han-kéou, que je fis à cette époque en compagnie de la mission Sorel et Blakiston qui montait au Thibet, redoubla mon attention sur cette importante question. Dès ce moment, je cherchai moi aussi, le moyen de trouver cette route par quelque fleuve du versant de la mer de Chine. Le fleuve de Canton attira d'abord mes regards, mais renseignements pris, il ne pouvait être utilisé pour atteindre le Yûn-nân. C'est en 1864, que je jetai les yeux sur le fleuve du Tong-king et après avoir étudié ce fleuve autant qu'il était possible de le faire, je me décidai à en tenter l'exploration. Dès lors, je préparai les voies. C'est grâce à la situation que je m'étais créée en Chine, que j'ai pu résoudre le problème dont la solution a depuis longtemps préoccupé les Anglais dans l'Inde : *Ouverture d'une voie de communication, courte, rapide et économique de la mer aux provinces sud-ouest de la Chine.*

Dans mes explorations de 1870-1871, je démontrai la navigabilité du fleuve Rouge (Hong-kiang) et en 1872-1873 je parvenais après des difficultés sans nombre avec les Annamites, à ouvrir cette voie au commerce. Ce passage, que les Anglais cherchent par *Bhamo*, du côté de l'Inde, je l'avais trouvé du côté de la Cochinchine française.

L'ouverture de cette voie met en relation directe avec la civilisation européenne, plus de 50 millions d'individus, elle crée un nouveau et immense débouché à nos produits et établit à proximité de Saïgon, une communication facile et peu coûteuse avec les plus riches contrées du monde jusqu'ici presque entièrement fermées au commerce étranger.

Tels sont les résultats qui doivent fixer notre attention. Il y a loin, comme on voit de l'élaboration lente et progressive d'un projet conçu en 1864 et définitivement réalisé en 1873, à la version qui a voulu me faire arriver à ces résultats d'une manière imprévue, et dans l'intérêt d'un simple transport d'armes.

Si j'ai été amené à faire passer par la voie que je venais de découvrir, des armes pour les besoins de la province du Yûn-nân (qui combattait les Musulmans et non les Taï-pings), ce fait doit être considéré comme purement accidentel et secondaire. Une voie qui ouvrait au commerce une partie des riches contrées du Sze-tchuen, du Koueï-tcheou, du Yûn-nân, du Kouangsi,

du Thibet, du Laos et du Tong-king, méritait à d'autres titres mon attention.

Si j'insiste sur ce point, c'est que je retrouve partout cette insinuation tendant à présenter cette question de fournitures d'armes comme la seule qui pût exciter mon intérêt et que c'est par suite d'un heureux hasard que j'ai pensé au fleuve Rouge, sur lequel j'ai eu la bonne inspiration de m'embarquer.

Je n'ai pas davantage demandé d'autorisation au gouvernement français, pour aller vendre des armes aux mandarins chinois, affaires d'ailleurs où le gouvernement français n'a rien à voir. Voici à quoi se réduit la démarche que j'ai faite en France auprès du gouvernement.

L'ouverture du fleuve Rouge au commerce que je méditais de concert avec les autorités du Yûn-nân, était un fait trop considérable pour ne pas prévoir et essayer de détourner les obstacles, là où ils pouvaient se présenter. C'est la raison qui m'a fait réclamer l'appui moral de mon pays dans l'œuvre que j'allais tenter. Je voulais posséder toutes les garanties de succès, je voulais être assuré qu'après des sacrifices de toutes sortes le gouvernement français ne viendrait pas m'entraver.

J'allais ouvrir une voie qui, avant tout, devait profiter à mon pays ; si le gouvernement français eût hésité à m'assurer de sa neutralité bienveillante, j'eusse pris des mesures pour sauvegarder du moins mes intérêts.

Le gouvernement français, dans une déclaration formelle, promit de faire officieusement tout ce qu'il pourrait pour m'aider et m'assura que dans aucun cas il n'interviendrait officiellement ni pour ni contre moi.

Aujourd'hui que les faits accomplis démentent les promesses qui m'avaient été faites, je ne viens pas accuser le gouvernement français, mais ceux de ses agents qui n'ont pas suivi ses instructions.

Après avoir remonté le fleuve Rouge jusqu'au Yûn-nân en 1872, le maréchal Mâ (le Mah-ta-jen de la commission du Mékong) me donna environ 150 hommes de sa garde pour m'escorter et m'aider à protéger au Tong-king, la voie du fleuve. Cette escorte était commandée par un mandarin militaire, cousin du maréchal, auquel on adjoignit un attaché diplomatique, le mandarin Ly, préfet du Haupé, pour aplanir les difficultés avec les Annamites. Ces soldats n'avaient donc pas été levés pour soutenir Francis Garnier, comme on semblerait le croire en lisant l'article auquel je réponds.

Je ne veux pas terminer cette lettre sans relever un point important de mon œuvre qui a été discuté dans l'*Explorateur* même. Mon éloignement de la France, les tracas qui m'ont été suscités un moment et contre lesquels j'ai dû réagir, m'ont empêché d'y répondre.

On a mêlé mon nom à l'histoire de la commission du Mékong et on m'a présenté comme l'exécuteur testamentaire de cette commission. On a dit que je devais à ses membres, à leurs indications et à leurs conseils d'avoir tenté et mené à bonne fin l'exploration du fleuve Rouge, de telle sorte que la découverte de cette route voie serait plutôt leur œuvre que la mienne. Si telle était la vérité, il ne m'en coûterait nullement de l'avouer, sachant bien que nul autre que moi n'a exploré le fleuve depuis la mer jusqu'au point où il cesse de devenir navigable. Il est parfaitement exact que dans mes entrevues à Han-kéou, avec les membres de l'expédition du Mékong, les hardis explorateurs m'ont fait part de leur idée que l'issue qu'ils n'avaient pas découverte au sud, devait, selon toute probabilité, se trouver du côté de l'est. C'est ce que Garnier, dans un discours à la Société de géographie, en 1872, dit aussi, mais il n'y avait là que des hypothèses tant que mon exploration n'en avait pas démontré la réalisation.

Ceci étant admis, je dirai que depuis 1864, je méditais une exploration de ce côté, sachant comme tous ceux qui connaissent le pays qu'un fleuve d'une certaine importance partait des montagnes du Yûn-nân dans la direction du Tong-king. Frappé des avantages immenses que procurerait une navigation directe avec les provinces du sud-ouest de la Chine et le golfe du Tong-king, j'avais préparé les voies à ma future exploration bien avant ma rencontre avec les membres de l'expédition du Mékong, et j'ai des documents pour établir que mes projets avaient été communiqués en confidence à deux personnes, le consul de France à Han-kéou et un lieutenant de vaisseau de la marine française.

L'histoire peut enregistrer en toute sécurité les déclarations que je viens de vous faire.

Veuillez agréer, etc.

J. DUPUIS,
Chef de l'expédition du fleuve Rouge.

LES CANAUX DU MIDI

ET LA CRÉATION D'UN GRAND CANAL MARITIME DE L'OCÉAN A LA MÉDITERRANÉE

(Extrait d'un rapport fait par M. Labrunie et approuvé par la Chambre de commerce de Bordeaux, dans sa séance du 8 mars 1876) (1).

Le versant de l'Atlantique forme avec celui des Pyrénées le bassin de la Garonne. Les hauteurs de l'Auvergne, du Limousin et du Poitou le séparent de la Loire, et si le canal du Languedoc ne le mettait en communication avec le versant méditerranéen, son isolement, en dehors de la mer, serait complet. Le canal du Languedoc est donc la voie maîtresse de nos communications avec tout le Midi, et si elle ne joue plus qu'un rôle effacé dans l'échange des produits et dans le transit des deux mers, c'est qu'elle est aux mains d'une Compagnie puissante qui redoute sa concurrence et poursuit depuis longtemps le but plus ou moins avoué d'en anéantir le trafic (2).

Vous savez, Messieurs, que le canal du Languedoc commence à 2 kilomètres en aval de Toulouse et finit à l'étang de Thau. La jonction des deux mers se fait ainsi par la Gironde jusqu'au Bec-d'Ambès; par la Garonne, du Bec-d'Ambès à Castets; par le canal latéral, joint au canal du Languedoc, par l'étang de Thau et par le canal de Cette.

En 1852, dans la fièvre des grands travaux publics, l'Etat, à titre de subvention, céda pour quatre-vingt-dix-neuf ans le canal latéral à la Garonne à la Compagnie concessionnaire des chemins de fer du Midi, avec cette clause que le rachat n'en pourrait être fait avant quinze ans, et que, dans tous les cas, il entraînerait le rachat simultané de la voie ferrée. Ces conditions restrictives des droits de l'Etat disent assez combien ce marché était onéreux pour le public. Mais à ce moment on était fasciné, il n'y avait pas de combinaisons chimériques qu'on ne bâtit sur la puissance économique des chemins de fer; il en fallait à tout prix, et les canaux n'étaient plus considérés généralement que comme une superfétation dans le régime nouveau des transports. Toutefois, il arriva ce qui se produit toujours après les grandes crises : la réflexion succéda à l'effervescence; des mécomptes dans les dépenses prévues, des embarras financiers, les lenteurs de la construction et l'attente prolongée de la période d'exploitation découragèrent les plus exaltés, et l'Etat dut venir au secours des compagnies. C'est ainsi qu'en 1858 les chemins de fer obtinrent pour quarante ans la ferme du canal du Languedoc et la faculté de remanier les droits de navigation à leur profit.

Cet état de choses donne évidemment à la Compagnie des chemins de fer du Midi le droit de maintenir, envers et contre tous, les tarifs qui ont ruiné la batellerie. Il n'en faut pas conclure cependant que la Compagnie des chemins de fer du Midi soit inexpugnable dans son monopole. Si personne ne songe à lui reprendre le canal latéral au moyen d'un rachat de la voie ferrée, on pourrait peut-être par d'autres moyens arriver à Toulouse et lui retirer la ferme du canal du Languedoc pour cause d'utilité publique. Les conseils généraux de la Haute-Garonne et du Lot-et-Garonne l'ont demandé, et si le Conseil général de la Gironde ne s'est pas associé à leurs revendications, c'est que des influences alors toutes puissantes ont étouffé sa voix; mais la résiliation du bail n'en est pas moins de droit et d'intérêt public.

Ouvrir à la navigation intérieure un accès facile d'Agen à Toulouse, et rentrer en possession du canal du Languedoc semblent donc la combinaison la plus simple et la plus sûre pour annihiler les résistances de la Compagnie des chemins de fer du Midi, et rétablir les transports à bas prix entre la Méditerranée et l'océan Atlantique. Mais il faut le vouloir résolument, et le concours de l'Etat nous est bien dû après la faute qu'il a commise en livrant nos canaux au chemin de fer, après les 18 millions qu'il a consacrés au canal de Saint-Louis, les millions qu'il a accordés à la canalisation de la Saône, les 65 millions dont il a doté les canaux de l'Est, les 66 millions que le Syndicat du Rhône et de la Seine est sur le point d'obtenir, et sans compter les autres Nous ne sommes pas des déshérités de justice.

Mais ce résultat acquis, l'on n'aura pas satisfait à toutes les exigences du trafic moderne. Le canal de Suez a changé l'axe maritime de la route du monde. La France, placée entre l'océan Atlantique et la Méditerranée est devenue topographiquement à peu de frais ses flottes, la tête de ligne des deux grandes stations de l'Amérique et de l'Inde, et pour en monopoliser le transit, elle n'a qu'à lui livrer le passage. La création d'un canal maritime, où les navires du plus fort tonnage puissent se croiser et se dépasser en se rendant d'une mer dans l'autre, a pris une large place dans les préoccupations publiques, et, sous la réserve de ques'ions qui se rattachent à son exécution, il faut reconnaître que la grandeur de l'œuvre est bien digne de fixer l'attention des hommes à qui le devoir de leur charge impose le soin d'aider au développement des grands intérêts dont ils ont la garde.

Vous êtes, Messieurs, de ces hommes-là, et par votre compétence commerciale, et par les avantages considérables que les intérêts que vous représentez en retireraient concurremment avec l'Etat. Pour l'Etat qui, désormais, pourrait transporter à peu de frais ses flottes, son matériel et toutes ses forces maritimes et militaires de la Méditerranée à l'Océan, sans passer sous le canon de Gibraltar, ce serait un très-grand accroissement de puissance; pour les villes qui borderaient le canal et pour les départements limitrophes, pour Bordeaux en particulier, ce serait une ère nouvelle où le travail, l'agriculture, l'industrie et le commerce auraient une part incalculable d'activité et de prospérité. Marseille doit sa fortune à sa situation sur la Méditerranée; le canal maritime ferait de Bordeaux à la fois un port océanique et un port méditerranéen; l'extrême Orient serait mis à ses portes, les blés de la mer Noire, les cotons de l'Egypte, les produits de l'Inde et de la Chine afflueraient dans ses docks. Ce n'est là, Messieurs, ni de l'exagération, ni de l'enthousiasme, c'est de la simple logique commerciale basée sur des analogies. Je viens de vous citer Marseille. Eh bien! Marseille qui ne recevait pas de thés ou n'en recevait que des quantités minimes avant l'ouverture du canal de Suez, en a reçu 3,120,428 kil. en 1874; ses importations en blés de l'Inde sont montées de zéro à 10,945,000 kil., et en coton elles ont atteint 2,022,699 kil. contre 300,000 kil. dans la période antérieure. Il en a été de même des graines oléagineuses, des cafés, des sucres, de l'indigo et de tous les produits exotiques dont l'importance a doublé, triplé, quintuplé !

Il est donc tout naturel que la conception d'un grand canal maritime ait exalté les espérances de ceux qui n'ont peut-être pas assez étudié les difficultés de son exécution. Il ne suffirait pas non plus qu'il fût la ligne la plus directe et la plus courte de l'ancien et du nouveau monde. Pour que ces avantages n'aient rien de chimérique, il faut que cette ligne assure à la navigation une régularité, une célérité, une économie plus grande que toute autre.

En est-il ainsi? C'est ce qu'une étude approfondie, complète, technique, peut seule nous apprendre. De graves objections, que je dois vous signaler, sont faites à la création d'un grand canal maritime alimenté par les eaux des mers dont le niveau, du côté de la Méditerranée, est de 189 mètres en contrebas du canal du Languedoc à son point de partage. Il y aurait donc à faire des tranchées énormes et des expropriations considérables sur une partie du parcours pour établir le lit du canal, et quoiqu'il existe une foule de projets, aucun d'eux ne s'accorde assez sur le chiffre de la dépense pour y placer d'utiles indications; d'après les plus modérés, elle paraît hors de proportion avec les produits réalisables. Ainsi, en portant la vitesse réglementaire à 8 kilomètres par heure, il faudrait trois jours à un navire à vapeur pour franchir le canal, et, par Gibraltar, la traversée de Bordeaux à Cette est de six à sept jours au plus. Il n'en résulterait donc qu'un accourcissement de trois à quatre jours, au maximum. Or, un steamer de 1,200 tonneaux de port

---

(1) V. l'*Explorateur*, vol. IV, p. 128 et 184.

(2) Pour les marchandises courantes : Sucres, cafés, cacaos, cotons, laines, essences, etc., les droits de canaux sont :

    De Castets à Toulouse...........F.   7 76
    De Toulouse à Cette...... .... 12 25

    La tonne.........................F. 20 01
    Les frais de traction............. 10 »

Il en coûte par la batellerie.......................F. 30 01

Le chemin de fer transporte ces mêmes marchandises à 20 fr. 50 c. Avant que les canaux fussent entre les mains du chemin de fer du Midi, les droits étaient :

    De Castets à Toulouse.........F.   5 82
    De Toulouse à Cette.............   4 90

    Au lieu de 20 fr. 01 c.........F. 10 72

Il y avait, en outre, un tarif de transit pour les marchandises de la Méditerranée à l'Océan qui réduisait les droits à 7 fr. 92 c. par tonne.

Pour les marchandises qui jouissent d'un tarif spécial, la situation est la même; tandis que le chemin de fer transporte à 15 fr. les sésames, les riz, les blés, les avoines, etc., il perçoit 13 fr. de droits de canaux.

et de 150 chevaux de force, par exemple, qui dépenserait 750 fr. par jour dans sa traversée par Gibraltar, et 500 fr. seulement dans sa traversée par le canal, n'économiserait jamais 3,750 fr., soit l'équivalent de 3 fr. par tonne. Sur cette base, à quel trafic impossible ne faut-il pas prétendre pour obtenir des droits de navigation rémunérateurs? On dit aussi que l'introduction des eaux de l'Océan, dont le niveau est supérieur à celui de la Méditerranée, déterminera un courant de chasse formidable, non moins préjudiciable à l'entretien du canal qu'à la navigation.

A ces objections, les partisans du canal maritime répondent que l'on se préoccupe à tort de la rapidité du courant, attendu qu'il fera obstacle à la formation des dépôts, et qu'il sera toujours facile de le modérer. Quant aux produits du canal, ils ne sont pas, à leur avis, aussi précaires qu'on le craint : le canal maritime n'ouvrirait pas seulement une route plus courte aux navires des Etats-Unis, du Canada, de l'Angleterre et de l'Europe septentrionale qui se rendent dans l'Inde, en rapprochant les ports de la Baltique, de la Manche et de l'Océan, de ceux de la Méditerranée et de la mer Noire, il développerait les échanges entre le Nord et le Midi, et alors qu'à Gibraltar il passe plus de 10 millions de tonnes, ce n'est pas exagérer que de prévoir à l'aller et au retour, avec le progrès de la navigation, un passage annuel de 12 à 15 millions par le canal. Et puis, un intérêt non moins grand, c'est celui de la raison d'Etat, dont on ne tient pas assez compte; c'est aussi l'avenir de notre commerce bordelais.

L'Etat, en effet, ne saurait se refuser à prendre sa part de charges de l'entreprise, et, partant, le chiffre de la dépense laissé à l'intérêt privé en serait notablement réduit.

Vous ne voudrez, Messieurs, ni partager l'incrédulité des uns, ni la confiance aveugle des autres; mais vous vous inspirerez des vastes intérêts engagés dans cette difficile question d'un canal maritime. Notre vieux port, qui a tant besoin d'être régénéré et vivifié, exige de votre sollicitude que vous ne négligiez aucun effort pour le relever et le replacer au rang qu'il a perdu.

Notre rade s'envase, nos passes se ferment, l'argent manque pour les travaux urgents que vous réclamez; le canal maritime, s'il est exécutable, donnera à nos plus grands navires une voie profonde et constamment navigable. Les difficultés sont grandes assurément, mais en ce siècle de miracles humains, il est défendu de douter et de désespérer ; l'invention des chemins de fer, de la télégraphie à travers les profondeurs de l'Océan, le percement du Saint-Gothard et du mont Cenis, le tunnel projeté sous la Manche ne sont des œuvres ni moins étonnantes, ni moins difficiles que la création d'un canal maritime que, de son temps, Vauban voulait creuser pour y faire naviguer les galères du roi de l'une à l'autre mer. De nos jours, des ministres, des hommes d'Etat en ont patronné l'idée, et le Conseil général de l'Hérault, en 1869, sur la proposition de M. Michel Chevalier, demandait au gouvernement de faire étudier un projet de transformation du canal du Midi, de manière à le rendre accessible, comme celui de Suez, aux navires du plus fort tonnage.

Par tous ces motifs, j'ai l'honneur de vous proposer, Messieurs, le projet de délibération suivant :

La Chambre de commerce de Bordeaux offre son concours au Conseil général de la Gironde et aux Conseils généraux des départements traversés par les canaux du Midi pour la fondation d'un prix très-important à décerner au meilleur travail inédit sur la création d'un canal fluvial de Castets à Toulouse joignant le canal du Languedoc, et d'un grand canal maritime de l'Océan à la Méditerranée par Bordeaux.

Le canal fluvial a pour objet de restituer à la batellerie ses communications avec le Midi dont les tarifs exagérés du canal latéral à la Garonne, combinés avec ceux du canal du Languedoc, l'ont dépossédée.

Le canal maritime doit donner passage aux plus grands navires à voiles et à vapeur se croisant d'une mer à l'autre, soit par la jonction naturelle de leurs eaux, soit par tout autre système, et concilier les intérêts agricoles, industriels et commerciaux des départements traversés avec les grands intérêts de la navigation interocéanique, à des conditions qui facilitent le concours des capitaux et celui de l'Etat.

SPEKE

DESCUBRIDOR DES SOURCES DU NIL

L'immortel Livingstone, qui a consacré plus de la moitié de ses soixante années d'existence à sonder l'inconnu de l'Afrique, n'a jamais abordé le bassin du Nil, quoiqu'il ait estimé en avoir trouvé « la « source dans le fleuve qui, sous les différents noms de Chambézé, « Louapoula, Loualaba, s'écoule dans la grande vallée » (1) lacustre à l'ouest de Tanganyika. Cependant il avait contourné ce lac par le sud et ne lui avait trouvé aucune issue; plus tard il avait, avec Stanley, renouvelé au nord l'exploration de Burton, et Speke a constaté comme eux la même circonstance ; seul enfin, il avait abordé le pied des monts Balégga qui forment une barrière infranchissable pour les eaux entre le Loualaba et le Luta-Nzigé. L'étude attentive des journaux de Livingstone a démontré qu'il n'existe aucune communication entre ce dernier lac et le Tanganyika (2), dont le grand voyageur avait fini par soupçonner l'écoulement dans le Loualaba.

C'est au lieutenant Cameron que revient l'honneur d'avoir démontré l'exactitude de cette hypothèse. Par la découverte du Loukouga il a établi, en 1873, que le Tanganyika et le Loualaba faisaient partie du même système hydraulique, et que vraisemblablement, ils se déversaient dans l'océan Atlantique par le Congo ; car Livingstone, bien qu'il ait côtoyé de très-près le Loukouga, n'en a pas eu connaissance : exemple saisissant du rôle que joue souvent le hasard dans les explorations, et tout semblable à celui qui fit, en 1858, arriver Speke au Victoria-Niyanza par une voie parallèle aux affluents du Chimiyou et très-voisin de ces cours d'eau.

Stanley, plus avisé, lorsqu'il abandonna les routes de Burton, Speke et Grant pour obliquer au nord avant d'atteindre l'Unyaniembé en 1874, a traversé les plateaux qu'il assigne comme limite méridionale au bassin du Nil. A leur pied et sous la même latitude qu'Ujiji, l'intrépide américain a trouvé les sources du Liwoumbou dont les eaux descendent par le Chimouyou jusqu'au Victoria-Niyanza. S'ouvrant, de haute lutte, un passage à travers les tribus hostiles, il apporte à dos d'hommes une embarcation sur les bords du lac dont il parvient, en 1875, à explorer par eau les baies, les îles, les embouchures de rivières sur presque tout son périmètre.

De cette entreprise aussi admirablement conduite que singulièrement heureuse, il résulte, dans l'ensemble, la confirmation des notions générales acquises par les travaux de Speke. Si le lac Baringo, que celui-ci faisait judicieusement communiquer avec l'Ukéréwé, n'existe pas; si la forme de cette mer intérieure se trouve assez sensiblement modifiée ; si sa côte septentrionale est reportée d'un quart de degré au nord, fait qui a besoin d'être contrôlé, du moins le niveau et la superficie totale des eaux (3) diffèrent très-peu, selon que l'on consulte les calculs de l'un ou de l'autre des deux voyageurs.

En réalité, le Victoria-Niyanza doit être considéré comme la véritable source du Nil ; car il constitue le réservoir où viennent se déverser, de trois côtés, les eaux de cette immense cuvette au centre de laquelle il se trouve, cuvette aujourd'hui bien limitée.

D'une part, Livingstone, puis Cameron, ont établi que le bassin du Loualaba et du Congo en était distinct. De l'autre, Speke a indi-

---

(1) Dépêche du Dr Livingstone au Ministre du *Foreign office* datée du 12 novembre 1870.

(2) Bulletin de la Société de géographie, mai 1876, p. 533.

(3) Voir les appréciations de Grant, Société de géographie de Londres (*Explorateur*, t. II, p. 609) (*Bulletin de la Société de géographie de Paris*, mai 1876, p. 527 à 532). La superficie comprenait le lac supposé de Baringo et l'Ukéréwé ensemble. Speke n'admettait leur séparation qu'à la condition d'une communication, et en fait, assignait au Baringo la place occupée réellement par un angle rentrant de l'Ukéréwé. Livingstone a été induit de même en erreur en isolant le lac Siember du Tanganyika. Les géographes européens croyaient d'ailleurs si bien à ces fausses divisions données par les nègres, qu'ils avaient même considéré d'abord le Niyanza comme un groupe de lagunes isolées.

qué la ligne de partage, à l'ouest, dans le massif du Mfumbiro où prend naissance la Kitangule, le plus important tributaire du lac avec le Chimiyou ; au sud-ouest, dans les hauts pays de l'Usui, de l'Uzinza et de l'Uniamuezi. Enfin, Stanley a désigné au sud, comme se reliant à ces derniers et formant la ligne de faîte entre le versant de l'océan Indien et celui de la Méditerranée, les plateaux élevés d'où sortent les affluents du Chimiyou. Mais à l'est, cette ligne reste indéterminée, c'est peut-être à l'expédition italienne qu'il appartiendra de la reconnaître et de dire quelle position y occupe le Kilima-Ndjaro.

Du quatrième côté, c'est-à-dire au nord, le Nil tombe pour ains dire du Niyanza dans l'hémisphère boréal par les chutes du Ripon. Les assertions de Speke, à cet égard, ne font plus doute depuis longtemps. Les voyageurs infatigables qui, d'Alexandrie, sont remontés jusqu'à l'Uganda, les ont confirmés sans apporter de détails bien circonstanciés.

Prenons-les dans l'ordre chronologique et rappelons, qu'en 1863, Speke, à Gondokoro, laissait à Samuel Baker des indications précieuses relatives à l'existence du Luta-Nzigé, placé sur le passage du Nil comme pour en absorber le trop-plein. Baker, accompagné de sa courageuse épouse, en entreprit la reconnaissance et, au péril de sa vie atteignit, en mars 1864, l'extrémité nord-est du lac où il vit le Nil-Somerset (1) y pénétrer pour en ressortir, à peu de distance, sous le nom général de Nil blanc. Cinq ans plus tard, il recevait du Khédive le commandement d'une expédition considérable, la mission de soumettre à l'Egypte tous les territoires du Haut-Nil, et celle d'y détruire le trafic des esclaves. Cette entreprise, à laquelle prenait part, en 1870, M. le lieutenant de vaisseau de Bizemont, rappelé en France par la guerre, rencontra de sérieuses difficultés. Ce n'est qu'en 1872 qu'il parvint à pénétrer à l'est du Luta-Nzigé, dans l'Ounioro, où Baker dut se frayer la route à coups de fusil. Les naturels l'avaient attaqué sous la conduite de Kaba-Rega, successeur de Kamrasi. L'audace héroïque et désespérée du chef sauva la colonne, mais les résultats géographiques ont été tout à fait négatifs, les naturels ayant assuré que le Luta-Nzigé et le Tanganyika ne formaient qu'une seule et même nappe d'eau, alors que leur séparation absolue venait d'être constatée par Livingstone et Stanley.

En 1874, le colonel Gordon prenait le gouvernement général des régions de l'extrême Egypte en remplacement de sir Samuel Baker. Son chef d'état-major, le colonel Chaillé-Long-Bey, après une exploration du Saubat, se rendit jusque dans l'Uganda (2) par une route qui s'accorde à peu près avec celle de Speke et celle de Baker à son second voyage. M'tésa, qui depuis quatorze ans n'avait plus revu d'hommes blancs, lui accorda facilement de faire une navigation de trente-six heures sur le lac et lui fournit les moyens de s'embarquer à Ouroudogami sur le Nil-Victoria, qu'il descendit jusqu'au poste militaire égyptien de Fouira, près des chutes de Kanuma. En traversant l'Ounioro, il eut à livrer un combat naval meurtrier aux agresseurs de Baker, qui subirent un échec sanglant.

Dans le courant de 1875, le colonel Gordon envoya un second officier, Linant de Bellefonds, pour conclure un traité de commerce avec M'tésa, chez lequel notre digne et malheureux compatriote trouva Stanley.

Les deux voyageurs, pour qui cette rencontre était une bonne fortune inespérée, se communiquèrent les notions acquises de chaque côté relativement à la géographie de ces contrées, et discutèrent les conclusions à en tirer.

De cet échange d'idées sur les lieux mêmes et de la relation du colonel Long (3), il résulte que :

Le cours d'eau qui sort du lac Victoria est le même qui se jette dans l'Albert-Niyanza.

Il existe peut-être une autre branche (4) de communication plus orientale, comme Speke l'a indiqué, mais innavigable. Dans tous les cas, l'Uvuma, signalé par ce dernier, est une île.

Le Nil-Victoria, dont certaines parties des cours sont encore vaguement déterminées, est accessible à de grands vapeurs.

Le confluent de la Kufa est réellement situé près de l'une des résidences royales de l'Ounioro : mais on ignore si cette rivière est un affluent ou un bras du Nil.

Enfin, il existe un lac, auquel le colonel Long a donné le nom d'Hussein, en amont de ce confluent, et qui ne serait, par conséquent, pas celui dans lequel Speke n'avait vu que l'effet d'un débordement.

Pendant que ces questions se résolvaient loin de lui, le colonel Gordon, dans une situation difficile au milieu de populations hostiles, poursuivait avec constance son double but de soumettre ces populations et d'atteindre le lac Luta-Nzigé. Il fallait y conduire un navire à vapeur, et l'on était en présence d'une succession de rapides échelonnés de Lado à Duflié, station à partir de laquelle, d'après tous les rapports, le Nil blanc devient navigable jusqu'au lac. Aussi les mois s'écoulaient, péniblement employés à un travail de transports rebutant.

Heureusement, le colonel gouverneur général était entouré d'une pléiade d'officiers déterminés et recrutés chez toutes les nations dévouées aux progrès de la science. Parmi eux se trouvaient deux Français, deux frères, MM. Auguste et Ernest Linant de Bellefonds, qui, tous deux, ont succombé, tués, l'un par le climat pernicieux, l'autre par les gens d'une tribu sauvage, peu après son retour de l'Uganda, d'où il rapportait les missions de Stanley. Nous devons ajouter que Gordon a sévèrement châtié ses assassins.

Grâce à son habile direction et au zèle dont on rivalisait autour de lui, ses gens et ses bateaux sont enfin parvenus jusqu'au Luta-Nzigé et, sous la direction de Gessi, en ont fait le tour en neuf jours, juste douze ans après que Baker y avait abordé.

Nous n'entrerons pas dans les détails que les lecteurs de l'*Explorateur* connaissent. Nous ajouterons seulement cette phrase significative de la lettre du colonel Gordon : « Speke, d'après le rapport des indigènes, mettait le lac Albert à peu près dans la même situation et lui donnait la même étendue que Gessi a constatées. Gessi, ainsi que moi, a trouvé de grands secours dans la carte de Baker. La cataracte de Murchison est à 22 milles de l'entrée, dans le lac. Il existe cependant une autre cataracte entre cette dernière et l'île Aufina. » —« Ainsi, dit le *Times*, cette importante question des rapports existant entre le lac Albert et le Nil est clairement résolue. » Le Luta-Nzigé ou Albert-Niyanza fait partie du bassin de ce père des fleuves; mais le faîte des montagnes qui enveloppent le lac marque de ce côté la limite même du versant méditerranéen.

Toutes les découvertes postérieures à celles de Speke ont donc successivement attesté l'exactitude de ses renseignements soit qu'il ait parlé *de visu*, soit qu'il ait donné des conclusions tirées de ses conversations avec les indigènes.

Bientôt la géographie s'enrichira de nouveaux détails qui compléteront ces données. Déjà Stanley par des lettres, dont la dernière date de trois mois, annonce qu'à la tête de sa troupe et d'une armée de gens de l'Ouyanda il a traversé le redoutable Ounioro et campé sur les bords du Luta-Nzigé; qu'il a marché sur les traces de Speke dans le Karagué, et qu'il se dirige sur Ujiji pour regagner l'Albert-Niyanza par la dépression orographique située au nord de Tanganyika.

Un autre explorateur, M. Lucas, se dispose à accompagner, au lac récemment exploré par Gessi, son compatriote Gordon, à bord du fameux bateau à vapeur depuis si longtemps en route (5).

Il gagnera ensuite le Nyangoué de Livingstone et de Cameron et tentera de vérifier la possibilité du retour par le Congo, pendant que MM. de Brazza et Marche remontent en sens inverse par l'Ogôoué.

Ainsi l'Afrique ne tardera pas à être littéralement percée à jour, et lorsque l'on songe à la somme d'efforts nécessitée par cette tâche ardue, l'on est pris d'admiration pour ces hommes dont la volonté

---

(1) Dans son trajet du Victoria à l'Albert-Niyanza, le Nil a reçu le nom de Victoria et celui de Somerset.

(2) *Bulletin de la Société de géographie*, nᵘ

(3) *Bulletin de la Société de géographie*.

(4) Lettre de M. E. Marno. — *Explorateur*.

(5) Le colonel Gordon prendra sans doute des dispositions pour faire explorer la seconde branche du Nil dont la sortie de l'Albert vient d'être découverte, et qui fait espérer une voie fluviale plus praticable que le Bahr-el-Djebel.

de fer a brisé tant d'obstacles. Nous n'avons pu tous les citer, nous n'avons pu dire tout ce que chacun de ceux dont nous avons parlé a dépensé d'énergie, parce que nous n'avons en vue que les travaux de Speke, dont le compagnon de voyage, le colonel Grant, a le bonheur aujourd'hui de voir le mérite mis en pleine lumière.

Deux expéditions dans la septième décade du dix-neuvième siècle ont entre elles une singulière analogie : l'une en Afrique, celle de Speke et de Grant, l'autre en Asie, celle du Mé-kong, où Doudart de la Grée avait sous sa direction MM. F. Garnier, Delaporte, Joubert, Thorel et de Carné.

Toutes deux parties d'une mer, ont traversé d'abord des pays tout à fait inconnus pour aboutir à une autre mer par le cours d'un grand fleuve, le Nil d'une part et le Yang-tse-kiang de l'autre, après un parcours d'environ 8,500 milles marins accompli en vingt-cinq et trente mois.

Les deux chefs d'expédition se voient dès les premiers mois de leur campagne séparés de leurs seconds atteints de maladies, puis envoyés l'un pour chercher des passe-ports en retard, l'autre des porteurs. Les marches et contre-marches du commandant de la Grée dans le Laos birman et sa lutte d'adresse contre les mandarins ne rappellent-elles pas les obstacles du même genre que Speke a rencontrés dans l'Usui, et les retards éprouvés ne sont-ils pas les mêmes ? L'avide curiosité des Chinois cause aux Européens, dans le Yunnan, autant de gêne et de déboires que la convoitise des rois nègres qui condamne les explorateurs africains à séjourner des mois entiers dans l'Ouganda et l'Ounioro.

Vers ses dernières étapes, Speke expédie Grant pour reconnaître d'avance le terrain dans l'Ounioro, comme de la Grée fait descendre le Ho-ti-kiang par M. Garnier pour en sonder le cours. Grant est repoussé par le roi Kamrasi, et M. Garnier, arrêté par un rapide, est menacé par la population de Lin-gnan.

Et qu'il nous soit permis de dire en passant que M. Garnier ne s'est pas détaché de l'expédition, comme cela vient d'être avancé dernièrement dans la *Revue maritime*, et n'a pas de lui-même abandonné le Mé-kong pour venir explorer le Song-coï. Il y a contre cette erreur involontaire deux raisons d'ordre positif. La première, c'est qu'il était sous les ordres d'un chef qui n'eût pas permis et ne pouvait permettre une décision prise en dehors de sa volonté ; la seconde, c'est que M. Garnier avait nettement exprimé le désir de voir continuer la route sur les bords du Mé-kong, et l'opinion qu'il ne fallait pas, malgré la gravité des circonstances, se détourner de cette voie (1).

(1) Voir l'*Explorateur*, t. II, pages 59 et 616, relativement à la détermination

De même, c'est sur la résolution du commandant de la Grée et pendant sa maladie à Tong-tchouen que M. Garnier a découvert la route de Taly, comme Speke, pendant la maladie de Burton au premier voyage, a découvert l'Ukeréwé, découvertes qui appartiennent en propre, l'une à M. Garnier, l'autre au capitaine Speke, sans qu'on en puisse séparer les noms des chefs d'expédition Doudart de la Grée et Burton.

Dans les circonstances de leur mort seulement diffèrent les destinées des deux grands explorateurs : de la Grée succombe à la maladie sur le terrain de ses découvertes : Speke est tué accidentellement à la chasse, mais l'on peut dire encore de lui qu'il succombe sur le terrain de ses exploits, car c'était un chasseur émérite et brave jusqu'à la témérité.

La similitude de ces deux nobles destinées réapparaît après la mort de chacun d'eux. A l'un on marchande la gloire d'avoir découvert la principale source du Nil, on finit même un instant par nier absolument le fait, et, le maître des explorations africaines, Livingstone lui-même dit : « Ce pauvre Speke tournait le dos aux sources qu'il cherchait. » Pour l'autre, une succession de circonstances, parmi lesquels il faut compter de n'avoir plus été là pour rédiger son voyage lui-même, amène presque l'oubli de son nom, et lorsqu'enfin ce nom reprend la place que ses travaux lui assignaient, on lui discute le mérite d'avoir trouvé la voie de Song-coï (2), idée neuve dans sa conception, et grande, nous l'espérons, dans ses résultats à venir.

Mais l'humanité ne laisse sommeiller la justice que pour rendre plus éclatante, par les jugements de la postérité, la reconnaissance qu'elle voue toujours à ceux qui ont bien et résolûment servi les intérêts du progrès et de la prospérité des peuples.

B. DE VILLEMEREUIL.

Dans le n° 80, page 179, nous avons imprimé que le problème des sources du Nil était né il y a deux cents ans : c'est deux mille ans qu'il faut lire. Se reporter aux pages où l'*Explorateur* a donné l'exposé des connaissances des Romains sur cette question et celles des Arabes, dont une carte a été publiée. Les uns et les autres faisaient sortir le Nil de deux ou trois lacs. Nous ne rappelons que pour mémoire l'assimilation des pygmées de l'antiquité aux Akkas récemment découverts dans le pays de Nyam-Nyam.   B. DE V.

____

prise par le commandant de la Grée, et exprimée nettement dans son rapport daté de Se-mao, 30 octobre 1867. Consulter la carte, t. II, page 108.

2) Voir plus haut, p. 204, col. 2. Il est bien entendu que l'*Explorateur* laisse à chacun de ses collaborateurs la liberté de ses affirmations.

EXPLORATION DES ALENTOURS DU LAC ALBERT-NIYANZA

PAR M. HENRY STANLEY

(Voir les n°s de l'Explorateur 78 et 80)

Nous avons laissé M. Stanley, de retour à son camp de Kagchyi, prendre un repos si nécessaire après les fatigues et les épreuves que lui avaient coûté l'achèvement de la pénible tâche qu'il s'était imposée, c'est-à-dire l'exploration complète du lac Victoria-Niyanza, dont il venait de parcourir, par eau, les côtes occidentales depuis son départ de chez le roi M'tésa, souverain du pays d'Ouganda, où l'avait amené deux mois auparavant son exploration des côtes orientales du lac. Ce repos ne fut pas de longue durée; car neuf jours s'étaient à peine écoulés, que l'intrépide voyageur faisait lever le camp à sa petite troupe et entreprenait une nouvelle exploration du littoral de l'ouest, mais cette fois par la voie de terre, autant que cela était praticable.

Nous ne suivrons point M. Stanley et ses braves compagnons pas à pas dans cette excursion; nous n'entrerons point dans tous les détails des péripéties périlleuses par lesquelles ils ont eu à passer avant d'atteindre leur but; ces détails de ce genre, ces souffrances, ces dangers ne servent qu'à nous montrer, à nous faire apprécier à quel prix ces hommes dévoués élargissent le domaine de la science, propagent la civilisation en ouvrant de nouvelles carrières au commerce, à la navigation, à l'industrie ; mais ils ne nous apprennent que peu de chose au point de vue du progrès géographique ; or c'est ce progrès qui nous intéresse plus particulièrement. C'est pourquoi, négligeant la partie du récit de M. Stanley consacrée spécialement aux aventures, aux vicissitudes du voyage, nous passons tout de suite au résumé qu'il fait lui-même de sa seconde et de sa troisième lettre, du 15 août 1875 et du 18 janvier 1876, et dans lequel il passe en revue les résultats que ses récentes explorations ont désormais acquis à la science, et notamment à la géographie.

M. Stanley termine ainsi la lettre qu'il écrit de Kaouanga, village de la frontière entre l'Ounyoro et l'Ouganda :

Les connaissances géographiques que nous avons été à même de recueillir dans notre marche forcée vers l'Albert-Niyanza sont considérables. Le contour du plateau qui sépare les grands réservoirs du Nil, le Victoria-Niyanza et l'Albert-Niyanza, la structure des montagnes et de leurs chaînes, la direction des cours d'eau et celle des rivières Katonga et Rousango nous ont été révélés. La grande montagne de Gambaragara, avec la race singulière qui l'habite, a été découverte, ainsi qu'une partie d'un golfe profond du lac Albert, que j'ai pris la liberté d'appeler golfe Béatrice en l'honneur de la jeune princesse de ce nom. Ce golfe, qui est lui-même presque un lac, est formé par le promontoire d'Ousongora, situé au sud-ouest à trente milles environ d'un point à dix milles géographiques au nord d'Ounyampaka. La rive orientale du golfe est bornée par les pays d'Irangara, d'Ounyampaka, de Bouboujou et de Mpororo ; cette côte suit une direction presque sud-sud-ouest. Entre Mpororo et Ousongora, on remonte les îles de l'État maritime d'Outoumbi. A l'ouest d'Ousongora se trouve Oukonjou, sur la côte occidentale du lac Albert, qui passe pour être habitée par des cannibales. Au nord d'Oukonjou est le grand pays d'Oulegga. Si l'on passe sur la rive orientale du lac Albert, on entre dans le Rouanda, qui s'étend depuis Mpororo à l'est jusqu'à Oukonjou à l'ouest, occupant toute la côte sud et sud-est du lac Albert. Au nord d'Ounyampaka, sur le côté est, se trouve Irangara, et au nord d'Irangara le pays de Toro. Ounyoro occupe tout le côté est à partir des chutes de Murchison du Nil-Victoria jusqu'à Mpororo, car Ounyampaka, Toro, Bouboujou et Irangara sont simplement des provinces de l'Ounyoro. Le grand promontoire d'Ousongora, qui s'avance à moitié dans le golfe de Béatrice, est tributaire du roi Kabba-Regga, quoiqu'il soit gouverné par Nyika, roi de Gambaragara. Ousongora est la grande saline d'où tous les pays voisins tirent leur sel. C'est, d'après tous les récits, une véritable terre de merveilles ; mais le voyageur qui désire l'explorer doit avoir un millier de sniders pour le protéger ; car les indigènes, comme ceux d'Ankori, ne se soucient que de lait et de peaux de chèvre. Au nombre des merveilles qu'on lui attribue, on mentionne une montagne qui lance « du feu et des pierres », un lac salé d'une étendue considérable, plusieurs collines de sel gemme, une grande plaine couverte d'une couche épaisse de sel et d'alcali, une race de très-gros chiens d'une férocité extraordinaire, et une population d'indigènes qui ont les jambes si longues que les mortels ordinaires les regardent avec une surprise mêlée de terreur. Les Ouagandas, qui ont envahi leur pays dans l'intention d'en rapporter du butin, attribuent du courage et du sang-froid à ces indigènes, contre lesquels leur ont peu servi leur grand nombre et leur adresse à manier le bouclier et la lance. Ils sont, en outre, d'un patriotisme extrêmement exclusif, et ne laissent aucune personne de leur tribu contracter mariage avec des étrangers. Leur nourriture se compose uniquement de lait. Leur seule occupation consiste à garder leurs vaches, dont ils possèdent un nombre prodigieux : c'était pour s'emparer de quelques-unes de leurs troupeaux que l'empereur d'Ouganda avait envoyé à Ousongora 100,000 hommes sous le commandement de son premier ministre. L'expédition réussit, car, au dire de tout le monde, les Ouagandas retournèrent dans leur pays avec environ 20,000 têtes de bétail, mais cela au prix de tant d'existences humaines qu'il est douteux qu'on renouvelle une pareille incursion à Ousongora.

(A suivre.)

LE DAHOMEY

Le télégraphe nous transmet une dépêche qui mérite quelques développements.

Madrid, 17 août.

« Le steamer *Roquette*, qui vient d'arriver ici, rapporte que le roi de Dahomey retient comme otages quatre *Français*; il menace de les tuer si les navires anglais commençaient le bombardement. »

Nos lecteurs savent que des sujets anglais ayant été insultés gravement à Whydah, le capitaine Lees, sous-gouverneur de la côte d'Or et administrateur du Lagos, se présenta devant cette ville importante du Dahomey pour obtenir réparation. Une enquête prouva que les faits allégués par les Anglais étaient vrais, et le capitaine Lees demanda au roi de venir en conférer avec lui. Celui-ci refusa de se rendre à cette invitation et envoya, pour le remplacer, un esclave muni de son bâton (1). Le commodore anglais vit à juste titre, dans cette démarche du roi, une nouvelle insulte ; en conséquence il lui adressa une lettre en forme d'ultimatum et, le 22 février, sir William Hewet se rendit dans les eaux de Whydah avec plusieurs vaisseaux de l'escadre. Après une enquête sommaire, l'amiral anglais imposa au roi une amende de 500 poinçons d'huile de palme (un poinçon contient 600 litres) d'une valeur de 150,000 fr., le délai pour le payement de cette contribution fut fixé au 1er juin, et il fut signifié en même temps au monarque nègre que si à cette époque il ne s'était point acquitté, les ports de son royaume seraient bloqués et les villes de la côte détruits par le canon.

Sir Hewet s'attendait au refus du roi de payer cette amende, ce qui arriva en effet ; en conséquence il se mit en devoir d'exécuter ses menaces.

Les bâtiments désignés pour cette expédition sont : l'*Active*, corvette de 10 canons avec 327 hommes d'équipage ; l'*Encounter*, corvette à hélice de 14 canons avec un équipage de 120 hommes ; l'*Ariel*, chaloupe canonnière de 4 canons avec 59 hommes d'équipage ; le *Spiteful*, chaloupe à vapeur à roues à aubes, de 6 canons, avec 177 hommes, et enfin le *Merlin*, le *Foam*, et le *Contest*, canonnières de 4 canons comptant chacune 59 hommes.

Il paraît que ces forces, relativement considérables, bloquent rigoureusement les deux rivières par lesquelles le Dahomey reçoit ses marchandises ; on croit que la diminution que ce blocus va amener forcément dans les revenus du roi ne tarderont pas à le faire entrer dans des voies plus pacifiques.

Toutefois, jusqu'aujourd'hui, il est bien résolu à la guerre ; il a déclaré que les étoiles tomberaient du ciel, que les poissons sortiraient de la mer avant qu'il ne se décidât à payer l'amende qui lui a été infligée, et il a invité les Anglais à se rendre à Abomey sa capitale pour y être soldés en poudre et en balles.

Ses troupes, paraît-il, possèdent beaucoup de fusils Snider, des munitions en suffisante quantité ; elles sont très-bien exercées dit-on.

L'affaire en est là.

Maintenant, quelles en seront les conséquences ?

Elles sont faciles à prévoir, et du reste la presse anglaise n'en fait pas mystère : établissement du protectorat anglais sur cette partie du littoral de la côte d'Or. Ainsi la colonie anglaise s'étendra sans interruption des bouches du Niger au territoire des Achantis ; Widah, Cotonou, territoire cédé à la France par le roi de Dahomey, et Porto-Novo deviendront comme le sont actuellement Badagri, Lagos, Epé et Leké des ports de première importance commerciale dont les Anglais auront absolument le monopole.

Il ne faudrait pas croire cependant, que le motif de la querelle, que le gouvernement britannique fait aux Dahoméens, repose absolument sur les injures dont certains de ses sujets ont à se plaindre.

Sur le fleuve Ogoun (2), directement au nord de Lagos, se trouve la grande et florissante ville d'Abékouta, que l'on peut bien appeler la clef du Soudan ; elle est située sur le territoire des Egbas. Cette ville, dont les murailles ont un développement de plus de trente kilomètres, et qui contient près de cent mille habitants, est bâtie sur une hauteur formée d'énormes masses granitiques, d'où elle semble défier sa rivale acharnée Abomey ; Abékouta est de fondation moderne.

« Les Egbas, dit le P. Borghero (3), qui sont une branche de la « famille des Nâgos, étaient depuis bien des années déjà victimes « des razzias des tribus voisines et fournissaient ainsi à la traite

---

(1) Le bâton que le roi ou un grand remet à un individu indique que ce dernier tient le lieu et place de celui qui l'envoie.

(2) Consultez la carte de la côte des Esclaves, *Explorateur*, vol. III, p. 582.
(3) *Ann. de la Propag. de la Foi*, n° 232.

LE DAHOMEY ET LA GUERRE AVEC L'ANGLETERRE

Types de Dahoméens. — Croquis de Cottin, d'après une photographie transmise par M. l'abbé Bouche, ancien missionnaire au Dahomey.

Un supplicié au Dahomey. — Croquis de Cottin, d'après un dessin photographié transmis par M. l'abbé Bouche.

Un Dahoméen converti et une Sœur française. — Croquis par Cottin, d'après une photographie de M. l'abbé Bouche.

Enfants du Dahomey, d'après une photographie transmise par M. l'abbé Bouche.

« un nombreux contingent d'esclaves, lorsque vers l'année 1825
« une partie de ces Egbas conçurent le dessein d'abandonner leurs
« villages, pour se réunir et se défendre contre de nouvelles attaques.
« Ils choisirent comme point de ralliement l'immense rocher qui
« surplombe au centre de ces masses granitiques et le nom d'Abé-
« kouta, qui veut dire sous les rochers, est un souvenir de ce premier
« abri. Bientôt d'autres peuplades, en grand nombre, suivirent cet
« exemple ; mais elles emportaient avec elles l'amour des lieux qui
« les avaient vues naître et, tout en se groupant pour la défense
« commune, chacune d'elles conserva son nom. La ville d'Abékouta
« se trouve ainsi partagée en quartiers qui portent le nom des
« villages abandonnés ; chaque peuplade a même gardé ses droits,
« ses priviléges, ses usages et jusqu'aux nuances de son dialecte. »

La population de cette ville immense est industrieuse, intelligente,
hospitalière et bonne ; tandis qu'une partie se livre à l'agriculture,
l'autre fait le commerce avec les nègres de l'intérieur et les ports
de la côte. M. l'abbé Bouche dit qu'entre autres produits les Anglais
y importent une quantité énorme de cotonnade en échange desquelles ils reçoivent de l'huile de palme, de l'ivoire et d'autres marchandises précieuses. C'est pour être à même de profiter de cet important et fructueux trafic qu'ils se sont emparés du port de Lagos.

Malheureusement les rois du Dahomey font à cette ville une
guerre acharnée ; ils ont juré sa ruine, c'est leur *delenda Carthago*.

Quand Bahâdou ou Gréré (1), le roi actuel d'Abomey, succéda à
son père Ghèzo il se leva de son trône et tira son épée : « Maintenant,
dit-il, que je suis roi de ce royaume, je mettrai sous mes pieds tous
les ennemis de mon père et j'irai à Abékouta venger la défaite de
mon père. »

C'est qu'en effet cette cité populeuse, bien fortifiée et bien armée,
défendue par des troupes formées à la discipline européenne par le
nègre Samuel Crowther, qui, vendu tout jeune comme esclave, fut
recueilli par un croiseur anglais et conduit à Londres, où durant
vingt années il se forma aux coutumes et aux mœurs européennes,
cette cité, dis-je, a, jusqu'aujourd'hui, opposé une barrière infranchissable aux chasseurs d'hommes du Dahomey.

« Or les Dahoméens ont fait le désert au nord et au couchant
« jusqu'au Volta, jusqu'aux montagnes de Kong, qu'ils ne sauraient
« franchir. Le gibier commence donc à manquer à ces chasseurs
« d'hommes et, sans quelques milliers de captifs à vendre aux con-
« trebandiers en chair humaine de la côte, comment entretenir le
« faste de la cour d'Abomey, le harem et l'armée ? Toutes les autres
« ressources du royaume, disait feu Ghèzo à un voyageur, n'y suf-
« firaient pas une semaine. » Il faut donc qu'Abékouta soit anéantie
« ou que les monarques dahoméens, privés de leur faste barbare,
« d'armées, d'amazones et de grandes coutumes, descendent aux
« rang de ces roitelets qui vivent sur la côte d'Afrique dans l'oubli
« du reste du monde (2). »

Mais si Abékouta disparaît que deviendra le commerce anglais
dans ces parages ? Que deviendront surtout les brillantes espérances
d'un prochain trafic par cette voie avec le Soudan ? Il importe donc
que les Dahoméens soient mis dans l'impossibilité d'attaquer désormais cette florissante cité et nous devons le dire, tel a été tout
d'abord le premier résultat du blocus, car au moment même où la
division anglaise venait fermer ses ports, Bahâdou (Gréré), allait
entrer en campagne pour accomplir ses projets de destruction sur la
ville des Egbas.

Nous n'entreprendrons pas ici de raconter l'histoire du Dahomey
ni de faire la description de ses coutumes de barbarie cruelle et de
superstition grossière. Ce travail a été fait tout récemment, ici même,
par l'un de nos savants et plus dévoués collègues, M. l'abbé
Bouche (3).

Nous nous contenterons, pour terminer, de rappeler à nos lecteurs
que c'est en l'année 1861 que les premiers missionnaires catholiques
français vinrent aborder sur la côte encore bien peu connue du Dahomey. C'étaient MM. Borghero, Edde et Fernandez, appartenant
tous trois à la société des Missions africaines de Lyon, fondée, sur
le modèle de celle des Missions étrangères de Paris, par Mgr Marion
de Brésillac. Ces trois prêtres s'embarquèrent à Toulon sur l'*Amazone*, le 8 janvier 1861, et arrivèrent à Whidah le 11 avril suivant.
Ils trouvèrent dans cette ville quelques catholiques et les restes des
anciennes missions portugaises. Ces premiers fidèles, nègres revenus
de l'Amérique du Sud où ils avaient été esclaves, leur furent au
début d'un grand secours.

Les missionnaires furent du reste fort bien reçus par le roi qui les
admit à une audience solennelle et leur permit d'exercer librement
leur religion à condition toutefois qu'ils n'y amèneraient aucun de ses
sujets. Toutefois ils ouvrirent des écoles où ils instruisirent des
petits nègres qu'ils achetaient ou qu'on leur donnait. Plusieurs de
ces enfants furent même confiés aux soins de l'archevêque d'Alger
et élevés avec les autres enfants de leur race dans les fermes-écoles
fondées à cet effet en Algérie.

Aujourd'hui le personnel de la mission se compose de douze missionnaires et de huit religieuses ; il y a environ cinq cents catholiques
à Whidah.

Nous devons ajouter du reste que le champ ouvert au zèle des missionnaires des Missions africaines de Lyon n'est pas borné aux frontières du Dahomey ; il s'étend des bouches du Niger au Volta, comprenant ainsi toute la côte des Esclaves et porte le nom de Vicariat
apostolique de la côte de Benin.

Nos lecteurs consulteront avec fruit les intéressantes lettres que le
P. Borghero a publiées sur ce pays dans le recueil des *Annales de la
Propagation de la Foi* (nᵒˢ 198, 201, 202, 206, 217, 210, 231, 232).

Le *Tour du Monde* a également publié une très-intéressante relation
d'un voyage de M. Rapine, chirurgien de marine, à Abomey (nᵒˢ 161,
162, 165).

Enfin en dehors des articles que nous avons publiés nous citerons
de M. l'abbé Bouche, dans la *Revue de France* (nᵒ 52) : *Les établissements
de la côte des Esclaves et les visées de l'Angleterre*, et, dans le *Dictionnaire des noms propres*, de M. Dupiney de Vorepierre, l'article
Dahomey.

P. Tournafond.

---

(1) Il serait difficile de trouver, même en Afrique, dit le *Manchester Guardian*,
un autocrate plus dévoué aux horribles coutumes et aux pratiques monstrueuses
du fétichisme, ou qui ait plus contribué à la renommée sinistre du Dahomey.
que Gréré son roi actuel. Au physique c'est un bel homme, grand de taille, aux
traits réguliers, au teint plus clair que ceux d'un nègre ordinaire, à l'apparence
moins brutale qu'on pourrait l'imaginer d'après les actes qu'il produit. Ses manières sont dignes, courtoises, surtout avec les hommes blancs, mais sous ce
masque il cache une cruauté de tigre, un soif de sang et de pillage réellement
monstrueuse et si de tels hommes sont autorisés à vivre, il vaudrait mieux les
reléguer dans un coin solitaire et isolé où ils n'ont plus le pouvoir de nuire à tout
ce qui vit. Personne, pas même ses propres sujets, ne peut lui parler que par
l'entremise d'un interprète, et par conséquent aucune communication ne peut lui
être faite sans passer par ses ministres. Comme d'ailleurs la moindre infraction
à cette règle coûterait la tête à celui qui se la permettrait, comme pour le même
motif on n'ose rien dire de désagréable à cette majesté redoutable, le roi entend
rarement la vérité et ses sujets, littéralement aplatis, doivent sourire dans leur
abjection et avoir l'air heureux devant lui sous peine d'encourir sa fureur. Il y a
un grand nombre de dignitaires de la cour qui dans les occasions ordinaires ont
l'air aussi misérables et aussi sales que les derniers parias du royaume. Mais
dans les grands jours ils se parent de soie, d'or et d'argent.

(2) *Tour du Monde* nᵒ 163.
(3) Voir l'*Explorateur* nᵒˢ 66, 70, 71, 72.

LA GUERRE DES PEAUX-ROUGES

Les collines Noires des États-Unis (Blacks Hills) ; leur envahissement par les mineurs américains ; les tribus indiennes auxquelles elles appar-tiennent et les combats acharnés qui ont eu lieu entre les Sioux et les troupes fédérales au sujet de ce nouvel Eldorado. — Renseignements fournis à la Société de géographie commerciale par son correspondant à Boston.

(Suite)

Comme le principal chef des Indiens hostiles attire en ce moment l'attention du monde civilisé, quelques détails sur ce personnage pourront intéresser le lecteur.

Sitting-Bull, chef des Uncapapas, est un homme d'environ qua-rante-cinq ans, il possède beaucoup d'intelligence, d'habileté, et exerce une grande influence sur ses partisans. Les Sioux, établis au sud et à l'ouest du Missouri, le considèrent comme le véritable chef de leurs tribus. Il a près de sa personne un indigène des îles Sand-wich, nommé Frank, qui a reçu une assez bonne éducation et parle plusieurs langues modernes, mais déteste les blancs encore plus que les Sioux.

La bande Sitting-Bull est formée en grande partie des Unca-papas et des Indiens mécontents de toutes les tribus, mais principa-lement des Sioux, des Cheyennes et des Arapahoes. Les forces de ce chef indien peuvent être évaluées actuellement à 3,000 loges ou à 6,000 guerriers, tous bien montés et armés de fusils du nouveau mo-dèle et à longue portée.

Le projet favori de ce chef rusé a toujours été de former une grande confédération indienne, embrassant toutes les principales tribus guerrières des territoires indiens ; il a fait des ouvertures aux chefs avec lesquels il a pu communiquer. Si ses prouesses, peuvent fixer sur lui l'attention des Indiens du Far-West, il est probable qu'il pourra réunir autour de lui une multitude de guerriers et faire une guerre d'extermination aux Etats-Unis, ce qui pourrait durer plusieurs années et coûter plusieurs centaines de millions.

Sitting-Bull a établi son camp dans les montagnes du Big-Horn, territoire du Montana, position centrale et élevée où le gibier abonde et d'où il peut voir venir ses ennemis et les massacrer dans des embuscades.

Bear-Stand-Up, un des Sioux de l'Agence de Spotted-Tail, ré-cemment revenu du camp de Sitting Bull, dit que ce terrible chef menace de faire une guerre acharnée aux blancs tant que la question des collines Noires ne sera pas réglée à la satisfaction des Indiens, et que si elle n'est pas réglée ainsi, il continuera à guerroyer tant qu'il vivra.

On pourrait croire que Sitting-Bull, dont le nom signifie *le Taureau as-sis*, est constamment assis et affublé d'une peau de taureau ; il n'en est rien, les Indiens n'ayant pas de nom de famille, reçoivent de leurs parents des noms qui sont le résultat d'accidents ou d'un phénomène de la nature. Sitting-Bull fut nommé ainsi par son père parce que le jour de sa naissance un buffle blessé et poursuivi par les chasseurs s'est réfugié dans le camp et est tombé sur son train de derrière, comme s'il était assis.

Red-Cloud, *le Nuage rouge*, reçut ce nom parce que le jour où il vint au monde il y avait un nuage rouge sur la voûte du ciel.

Le rapport du commissaire des affaires indiennes a porté, pour l'année 1875, le nombre des Indiens vivant actuellement sur les territoires des Etats-Unis à 280,000, dont 100,000 sont classés comme sauvages, intraitables et païens, ne vivant que du produit de leur chasse. C'est principalement de cette classe d'Indiens qu'on craint les hostilités.

Ceux qui sont en partie civilisés sont au nombre de 50,000, qui ont presque abandonné le paganisme et fait des progrès dans la ci-vilisation ; ceux-là cultivent la terre.

Les Indiens civilisés sont les plus nombreux et peuvent sub-venir à leurs besoins par l'agriculture ; ils sont au nombre de 115,000.

Il y a, en outre, 15,000 Indiens vagabonds à l'ouest du Missis-sipi, mais ils sont si dispersés qu'ils ne peuvent nuire aux blancs qui habitent cette partie de l'Union.

Un cinquième de tous les Indiens des Etats-Unis appartient à la nation des Sioux. De ces 56,000 Sioux, près de 50,000 sont classés comme sauvages.

La tribu des Sioux est de toutes les tribus indiennes des Etats-Unis la plus nombreuse et la plus guerrière.

Le gouvernement fédéral des États-Unis, comprenant la gravité de la situation, vient de mettre à la tête des opérations le général Shéridan, le plus populaire et le plus redouté des États-Unis. La petite guerre, qui a déjà tourné à la grande guerre, va se transfor-mer en une lutte implacable, car le général Shéridan ne recule de-vant aucune extrémité.

Le général Shéridan, ne fait d'ailleurs que diriger l'ensemble des opérations sans y prendre personnellement une part active. Il s'est préoccupé d'organiser une campagne en règle.

Cependant voici à ce sujet quelle est l'opinion du *Courrier des Etats-Unis* : « Les généraux vont avoir sous leurs ordres un plan d'ensemble, ne donnant plus rien au hasard. Des renforts leur ar-rivent de tous côtés, et ils auront à leur service une artillerie contre laquelle les Indiens, si nombreux et si aguerris qu'ils soient, ne sauraient offrir une sérieuse résistance. Deux compagnies du second régiment d'artillerie leur sont envoyées du fort Mac Henry, Maryland ; une compagnie du second régiment de Charlestown, Caroline du Sud ; une compagnie du même corps du fort Macon, Caroline du Nord ; deux compagnies du premier régiment, du fort Adams, Rhode Is-land ; une compagnie du même régiment, du fort Warren, Massa-chusetts, et une compagnie du fort Trumbull, Connecticut. Ces forces, jointes à celles des autres armes déjà réunies, ou en route pour ral-lier l'expédition, sont certainement suffisantes pour aborder n'im-porte quelle agglomération d'Indiens hostiles et l'écraser. Mais la question est de savoir si ceux-ci attendront le choc et s'y expose-ront. Les apparences le font penser. Les Peaux-Rouges y semblent résolus. Ils ont éloigné leurs familles et les ont mises en sûreté dans les retraites inaccessibles des montagnes ; ils se sont débarrassés de tout ce qui pouvait gêner leurs mouvements ; ils se sont établis dans les forteresses naturelles que leur offrent les anfractuosités d'une région hérissée de roches abruptes et coupée de ravins profonds ; et ils se préparent à disputer le terrain pied à pied. Vaincus même, ils n'offriront que peu de prise à l'ennemi. Conduits par des chefs ha-biles et connaissant toutes les passes du labyrinthe où ils sont re-tranchés, ils pourront se diviser et défier la poursuite, — laissant aux généraux et aux soldats des Etats-Unis un champ de bataille aride et une victoire stérile. Ce sera une nouvelle phase qui com-mencera, et dispersés, les Indiens pourront soutenir longtemps une guerre d'escarmouches et de combats partiels, qui coûteront à l'Etat de dispendieux et douloureux sacrifices. Telle est la perspective qui s'ouvre, et quelque vigoureuse que soit la campagne à laquelle nous allons assister, il n'y a que trop lieu de craindre que les résultats n'en soient pas aussi immédiats qu'on voudrait l'espérer.

« Les Agences Red-Cloud et Spotted-Tail, ont été transférées des autorités civiles aux militaires. Beaucoup sont mécontents de ce changement. Les Indiens des Agences expriment aussi leur mécon-tentement qu'on leur distribue seulement du maïs, de la farine et du bœuf, tandis que d'après les traités il leur est dû du sucre, du café et du tabac. C'est à ce fait, plutôt qu'au désir de joindre les bandes hostiles, qu'il faut attribuer le départ de la plupart des In-diens qui ont quitté les Agences.

« Le Sénat a été saisi d'une communication du secrétaire de la guerre accompagnée d'une copie d'une dépêche du général Sheridan recommandant de porter à 100 hommes l'effectif de chacune des compagnies des troisième, quatrième, cinquième et septième régiments de cavalerie, comme cela a été fait pour les corps servant sur le Rio-Grande. A cette communication était joint un projet de loi ouvrant un crédit de r. 1,634,700 pour faire face aux dépenses de cette augmentation de personnel. Le bill a été adopté. »

Un correspondant de *Chicago Tribune* donnait dernièrement sur le caractère et l'éducation du terrible chef indien quelques autres détails intéressants ; les voici :

« Pendant mon séjour au fort Seward, dit ce correspondant (qui ne paraît pas ajouter foi à la mort de son héros), j'ai appris l'histoire complète de Sitting-Bull. C'est un Sioux-Teton, âgé de 35 ans seulement. Le capitaine Mac Garry, du steamer *Benton*, l'a connu pendant bien des années aux postes commerciaux du haut Missouri. Il trafiquait principalement au fort Peck, mais ces dernières années sa bande et lui ont suivi le buffalo au nord des rivières Souris et Pembina, et ils ont échangé leurs langues fumées et leurs fourrures contre des fusils et des munitions, avec des métis français de Manitoba. Sitting a été converti au catholicisme par le célèbre jésuite belge, le père de Smet, dont il était l'ami et qui lui a appris à lire et à écrire le français. Il a toujours dédaigné d'apprendre l'anglais, mais il est bien versé dans la littérature française. Il connaît aussi l'idiome de Dakota, et on le dit plus grand orateur que Little Pheasant. chef des Yanktonnais. Le capitaine Mac Garry dit que Sitting-Bull a lu l'histoire des guerres de Napoléon et que, dans ses propres guerres, il prend pour modèle le Petit-Caporal. Malgré les bruits contraires, Sitting-Bull n'a jamais accepté de propositions de paix. Il a toujours été pour les Américains le sauvage vindicatif et implacable qu'était Chamil pour les Russes.

« Jusqu'en 1868, le père de Smet a réussi à détourner les Sioux-Tetons du sentier de la guerre, mais après le départ du prêtre belge du haut Missouri, Sitting-Bull fut élu chef. Bien qu'il n'y eût pas eu d'effort organisé de la nat.on Sioux contre les blancs, Sitting-Bull s'est toujours rangé parmi les mécontents depuis le massacre du Minnesota en 1863, époque où les Sioux furent rejetés à l'ouest du Missouri, dans les Mauvaises Terres et dans les montagnes du Dakota. Il a aspiré dès lors à devenir un chef, mais les autres chefs, Red-Cloud, Spotted-Tail, Little-Pheasan, etc., refusaient de le reconnaître. Toutefois, grâce à son éloquence persuasive, il attira à lui des centaines de jeunes braves, tant de la nation sioux que des Creeks et des Assiniboines du Manitoba. Ces tribus, qu'il fréquentait chaque été, depuis cinq ans, lui envoient aujourd'hui beaucoup de jeunes guerriers. On dit qu'il en aura 5,000, tous armés de fusils à répétition, dans la prochaine bataille qu'il livrera à la troupe. Ce qui, probablement, retarde les opérations de Sitting Bull, c'est la difficulté de faire soigner ses blessés, ce qui est un devoir sacré pour les Indiens. Il va sans doute, s'il ne l'a déjà fait, les envoyer à ses amis du Manitoba, après quoi il reprendra les hostilités. »

UNE EXCURSION AUX CAVERNES DU MAMMOUTH (ÉTATS-UNIS)

Parmi les nombreuses curiosités que les États-Unis offrent au touriste européen, une des plus intéressantes et en même temps des plus grandioses, est, sans contredit, l'immense cavité souterraine désignée sous le nom de *grottes du Mammouth* (*Mammoth caves*). Cette caverne, située au pied des coteaux calcaires qui bordent la *Rivière-Verte* (*green River*), dans l'Etat de Kentucky, est la plus vaste connue jusqu'à ce jour. Il y a bientôt un siècle que des chasseurs, en guise d'un refuge pour la nuit, la découvrirent, et, déblayant les broussailles qui en obstruaient l'entrée, ils trouvèrent une grande chambre pleine d'ossements d'Indiens, qui venaient là autrefois y déposer leurs morts ; ils firent part de leur trouvaille, et aujourd'hui, la grotte du Mammouth, malgré les *trente lieues d'allées* qu'on en a parcourues, n'a encore livré que la moitié à peine des mystères qu'elle renferme.

Le 13 novembre 1869, je quittais Louisville, et quatre heures après, le *Louisville and Nashville railroad* me déposait à *Glasgow*, où un *stage*, rappelant assez bien les vieux coucous d'autrefois, met deux heures à me faire franchir les sept milles qui séparent *Mammoth caves* de la station. Le trajet, toujours en plein bois, doit être charmant en été : malheureusement, à cette époque de l'année, il était moins agréable. Enfin nous arrivons à un hôtel d'assez bonne apparence qui appartient au propriétaire des caves. — Quelques instants après, accompagné d'un guide, je me dirige vers l'entrée des grottes situées à quelques pas seulement de l'hôtel. Je vais explorer aujourd'hui la partie de Mammoth caves qui constitue *the short way* (la petite excursion). Un escalier assez rapide, taillé dans le roc, conduit à une fissure naturelle de vingt-cinq pieds de haut et de trente de large. Là, nous allumons nos lampes : nous passons, en nous courbant, sous une petite voûte qui donne accès dans *main cave*, c'est-à-dire la grande grotte, qui a six milles de long, et qui se compose d'un certain nombre de salles reliées entre elles par de larges avenues. La première de ces salles, nommée la *Rotonde*, a cent pieds de haut sur un diamètre de cent soixante-quinze ; à droite s'étend une avenue longue d'un demi-mille nommée *Bats-Room*, à cause de la prodigieuse quantité de chauve-souris qui y ont élu domicile. A l'entrée, on voit les débris de quelques maisons construites, il y une vingtaine d'années, pour y loger des malades atteints de phthisie. On avait espéré que le séjour des caves, dont la température est constamment la même (+ 17° 7' C.), exercerait une influence heureuse sur leur santé ; mais les résultats furent loin d'être brillants, et tous les patients virent leur mal s'aggraver avec une effrayante rapidité : tous moururent dans un délai très-court. Inutile de dire, après cela, que l'on a abandonné ce moyen curatif. — A gauche de la rotonde, nous passons sous une énorme masse de rochers escarpés ; au sommet est une sorte de pupitre naturel, où l'on a lu quelquefois l'Evangile. On nomme cet endroit : l'*Eglise méthodiste*. Tout près, se trouve un ancien conduit d'une source minérale aujourd'hui tarie. Pendant des siècles, à en juger par l'épaisseur des incrustations, l'eau a passé là ; puis, un beau jour, un éboulement, sans doute, s'est produit, le passage a été bouché, et ce conduit est le seul indice qui révèle son existence. — Quelques pas plus loin est une magnifique arche de cinquante pieds de haut et de soixante de large. Parmi les nombreux fragments qui se sont détachés de sa voûte, un, surtout, attire l'attention par sa ressemblance frappante avec un sarcophage : on l'a appelé *bière du géant*. On remarque sur le plafond un grand nombre d'incrustations dont les figures bizarres affectent les formes les plus variées : et, entre autres, la tête d'un colossal Mammouth, frappante de vérité, autant, du moins, que nous pouvons en juger à la lueur douteuse de nos lampes. La galerie que nous parcourons donne accès à une vaste chambre, *chamber star* (la chambre étoilée) qui mesure soixante pieds de hauteur, soixante-dix de largeur, et pas moins de cinq cents de longueur. Le plafond présente de nombreuses efflorescences cristallines qui simulent des étoiles. On jouit là d'un effet de lumière très-curieux ; lorsqu'on dispose les lampes de manière à ce qu'elles éclairent seulement le plafond, on peut se croire au fond d'une gorge de montagnes : d'innombrables étoiles scintillent au firmament, tandis que l'observateur est plongé dans les plus profondes ténèbres. En éloignant quelque peu les lampes, l'ombre des rochers vient se projeter sur la surface cristalline et imite tout à fait un nuage sombre qui s'avance. L'illusion est complète. — A l'extrémité de *chamber star*, est peut-être le plus beau tunnel naturel du globe : il mesure cent pieds de large, quarante-cinq de haut et sa longueur est de trois quarts de mille (le mille vaut 1856 mètres). La voûte est unie et luisante comme si elle avait été polie, et ses murs tombent verticalement comme coupés au cordeau. De ce tunnel on passe successivement dans deux grandes salles dont la dernière présente un diamètre de quatre cents pieds ; le plafond, élevé de quarante pieds, est parfaitement plan et uni; il est très-heureux qu'il n'y ait aucune infiltration sur ce point, car sans cela, il se produirait très-certainement un éboulement. Dans le fond se dresse une colonne de douze pieds de circonférence qui, partant du sol, va rejoindre la voûte. — Nous nous engageons dans une galerie longue de cinq cents mètres, aboutissant à une sorte de carrefour ayant près d'un kilomètre de tour : ce lieu est nommé *chief city* : le sol est couvert de rochers amoncelés figurant les ruines d'une antique cité. De ce point, pendant trois milles, nous suivons une avenue qui termine *main cave*, et qui a dû être brusquement fermée par un éboulement, ce qui permet de supposer que l'obstacle, une fois enlevé, la galerie se continuerait beaucoup plus loin. — En revenant, à peu de distance de l'entrée des grottes, nous gravissons un escalier en bois, d'une vingtaine de marches, et nous pénétrons dans une avenue nommée *gothic arcade*. A gauche, on aperçoit une niche naturelle formée par la jonction de deux stalactites, juste assez large pour contenir un être humain. On y a trouvé, dit-on, le corps d'une femme indienne dans un état parfait de conservation : aussi lui a-t-on donné le nom de *siége de la momie*. Tout auprès, un énorme pilier, produit par de nombreux dépôts de calcaires, simule une colonne. Après avoir traversé une grande chambre longue de trois cents pieds, terminée par un large dôme soutenu par de gigantesques stalactites, nous pénétrons, par une gorge étroite, dans une salle longue d'un kilomètre, rafraîchie par une jolie cascade.— Là se termine la promenade d'aujourd'hui. Nous revenons sur nos pas en suivant la même route, et c'est avec un plaisir infini que je me retrouve en plein air après une réclusion de quatre heures dans ce lieu de ténèbres. — A demain *the great way*, la grande excursion.

21. — A sept heures du matin, mon guide et moi, nous nous mettons en route. — Nous franchissons rapidement la première partie de *main cave*, et, arrivés à la bière du géant, tournant brusquement à gauche, nous traversons une salle où l'on a trouvé jadis de nombreuses poteries indiennes. Le sol s'affaisse brusquement en cet endroit; nous descendons deux escaliers nommés, je ne sais trop pourquoi, la *descente du Temps*, aboutissant au *palais de Marthe*, rotonde de quarante pieds de diamètre et d'autant de hauteur. De là, nous pénétrons dans une galerie fortement inclinée qui a servi autrefois de passage à un fleuve souterrain, car l'action de l'eau y est manifeste. De là, nous entrons dans le *dôme de Minerve*, haut de cinquante pieds et large à peine de dix. A peu de distance se trouve un puits improprement nommé *bottom lets pit* (précipice sans fond), dont la profondeur est de cent soixante-dix pieds. Au moyen de papiers huilés enflammés que l'on y jette, on éclaire assez bien ce gouffre béant pour permettre de distinguer au fond plusieurs avenues encore peu explorées, qui viennent y aboutir. — Ce puits, grandi par tout ce qui l'entoure, imparfaitement éclairé par ces lueurs fugitives, prend des proportions effrayantes. — Nous traversons deux grandes salles : la dernière se termine par un couloir dont la voûte, élevée à peine de un mètre trente, est nommé, pour ce fait, *vallée de l'Humilité*. Puis nous descendons dans un trou profond de cinq pieds, la *trappe*, au-dessus duquel est suspendu un rocher dont la chute interdirait le retour. Cependant, si cet accident se produisait, on ne serait pas perdu : il existe en effet un étroit passage qui communique avec le fond de *bottom lets pit*, et d'où l'on pourrait être retiré au moyen de cordes. — La trappe passée, nous nous engageons dans un chemin étroit, tortueux, long de cinquante pieds et qui a été, en quelque sorte, creusé par l'action mécanique de l'eau qui devait couler là avec une grande violence (on l'a nommé assez justement la *misère du gros homme*), et qui aboutit à une grande salle du plafond de laquelle se détachent suspendus d'énormes nodules de calcaire ferrugineux. De là, on parvient dans *river hall*, avenue de soixante pieds de largeur présentant sur sa droite, un petit lac que l'on côtoie et qui mène au *fleuve du Styx*. Nous nous embarquons dans un bachot, et en quelques coups de rames, mon guide, nouveau Caron, me dépose à l'extrémité opposée. Le Styx a un peu plus de cent cinquante mètres de longueur, et sa largeur varie entre quinze et cinquante pieds. Il paraît démontré que ce lac, ainsi que tous les autres cours d'eau

des grottes, a une communication souterraine avec un rivière voisine du monde supérieur, *green river*. Cependant, cette communication ne doit pas avoir lieu directement, mais par infiltration, car les poissons et les écrevisses, qui y végètent, appartiennent à des variétés qui ne se trouvent absolument que dans Mammoth caves.— Nous quittons notre barque, et, gravissant une pente escarpée, longue de quinze mètres, pont naturel, suspendu au-dessus de l'eau, nous arrivons à un petit étang le *Léthé*, qui a environ cent soixante pieds de long et 40 de large. On le traverse en bateau, et l'on entre dans une grand avenue : la *grande promenade*, qui ne mesure pas moins d'un demi-kilomètre de longueur.

Le plafond, élevé de quarante pieds, est couvert d'incrustations calcaires, et l'on marche sur un amas considérable de sable jaune provenant d'alluvions. La grande promenade débouche directement sur la rivière *Echo*, la plus considérable des grottes. A cet endroit, la voûte n'a pas plus de trois pieds de haut, mais immédiatement après elle s'élève et reste à une hauteur moyenne de quinze pieds. Par suite, si la rivière avait une crue subite de trois pieds, le retour vers le monde supérieur serait interdit, sans avoir même l'espoir incertain, comme le voyageur perdu dans les catacombes, de retrouver le fil conducteur. Un bateau est amarré sur le bord : nous y montons et nous voguons sur cette onde qui emprunte aux objets environnants quelque chose de lugubre. Cette barque qui glisse lentement sur ce lac que jamais rayon de soleil n'a éclairé, la lumière tremblotante et indécise de nos lampes qui revêt les objets environnants d'une lueur fantastique, le moindre bruit se répercutant par les échos sonores de ces sombres voûtes où, dans l'ombre, chaque anfractuosité semble un gouffre : tout concourt à donner à cette simple promenade un caractère profondément émouvant. Tout est étrange dans ce monde souterrain : les poissons, d'un blanc pâle, qui végètent dans cette eau couverte d'épaisses ténèbres, sont dépourvus d'yeux, destinés qu'ils sont à vivre et à mourir dans une éternelle obscurité. La rivière, longue de trois quarts de mille, décrit plusieurs courbes qui la font paraître plus grande encore. Elle se termine à l'entrée d'une avenue d'un mille et demi de longueur, *Lilliman's avenue*, où nous nous engageons. La hauteur varie entre vingt et quarante pieds, et sa largeur est tout au plus d'une vingtaine. On y remarque successivement : la *salle de la cascade* qui mesure deux cents pieds de diamètre et qui doit son nom à une petite cascade qui sort de la voûte; la *colline de fatigue*, assez dure à gravir; un énorme rocher nommé le *great western*, affectant tout à fait l'apparence de l'arrière d'un navire gigantesque. Nous passons sous l'*arche de Rhodes*, voûte de cinq cents mètres de long et de cinq à dix de haut; les murs, incrustés de cristaux de gypse et de carbonate de chaux, étincellent comme s'ils étaient recouverts de brillants. L'arche se termine par un dôme qui a soixante pieds de diamètre et cent cents de hauteur! Des parois se détachent de nombreuses stalactites affectant la forme de rideaux dont les replis viennent balayer le sol. En quittant ce dôme, on franchit un couloir long de deux milles, ressemblant beaucoup à Lilliman's avenue, mais plus large et d'apparence plus sauvage. On y remarque un rocher, *table Rock*, qui se détache en relief de la muraille et s'avance surplombant sur un espace de dix pieds; il en a vingt de long et deux d'épaisseur. Tout près, est un autre dôme haut de deux cent cinquante pieds. Dans un angle murmure une petite source minérale, chargée d'hydrogène sulfuré, qui a reçu le nom gracieux de *fontaine d'Hébé*. — Nous laissons sur notre gauche un mince cours d'eau, la *rivière mystérieuse*, dont l'étendue est inconnue par suite de la déclivité de la voûte qui n'en a pas permis l'exploration, et nous arrivons à la *vigne de Marthe*. Là le sol s'élève brusquement, de vingt pieds au-dessus de l'avenue; on y parvient au moyen d'une échelle. En cet endroit, les parois sont couvertes d'amas de carbonate de chaux coloré en noir par de l'oyde de fer, qui ont absolument l'apparence de grappes de raisin. Une stalactite, entres autres, de trois pouces de diamètre (le *cep de vigne*), paraît chargé de grappes. Une grande avenue riche en stalactites curieuses aboutit à une vaste salle par des cristaux de gypse d'une grande beauté imitant à s'y méprendre des boules de neige. De là nous entrons dans *Cleveland's cabinet*, avenue longue d'un mille et large de soixante pieds : les murs et le plafond sont revêtus d'incrustations d'une extrême délicatesse ; un endroit, surtout, nommé le *bosquet de Marie*, est peut-être unique au monde ; des centaines de roses d'un travail exquis sont accrochées à la voûte et paraissent dues à la main exercée de quelque habile sculpteur, tant leur exécution est parfaite. Tout près se trouve la *gloire de Bacchus*, sorte d'alcôve étroite dont tout l'intérieur est rempli de nodules de gypse affectant la forme de grappes de raisin. Enfin, une petite rotonde, justement appelée la *grotte des diamants*, produit, sous les rayons de nos pâles lumières, l'aspect le plus éblouissant ; on se croit réellement transporté dans le jardin d'Aladin, mais, hélas ! les pierres précieuses ne sont autres que des cristaux de sélénite. Une belle chose que la minéralogie pour ramener à la réalité l'imagination qui s'égare ! — En sortant de Cleveland's cabinet nous gravissons de nombreux blocs tombés de la voûte, dont l'amoncellement, haut d'une centaine de pieds, forme la *montagne rocheuse*, au delà de laquelle est une galerie longue d'un quart de mille, dont les murs sont couverts d'une grande variété de produits calcaires, corniches, rubans, etc. ; quelques-uns même transparents et sonores. Enfin, nous arrivons à un lieu nommé *Groghan's-Hall* où se dressent de splendides stalactites d'une grande hardiesse. A l'extrémité de cette salle s'ouvre un gouffre, le *Maëlstrom*, large de vingt pieds et profond de cent soixante-dix, au fond duquel on voit distinctement plusieurs avenues qui n'ont pas encore été parcourues. Là se termine l'excursion.

Il est une heure ; voilà six heures que nous avançons toujours dans ces sombres abîmes, et il faut songer au retour qui s'effectue par le même chemin. A la *vigne de Marthe* nous nous arrêtons quelques instants pour faire honneur aux provisions frugales dont mon guide s'est muni, et nous lunchons assis sur un bloc rugueux, séparés du monde vivant par treize kilomètres de ténèbres. — A six heures du soir, nous revoyons la lumière du jour, ayant parcouru plus de trente-trois kilomètres (18 milles). — On peut dire, d'une façon générale, que les grottes de Mammouth sont composées d'un certain nombre de grandes salles reliées entre elles par des galeries qui se croisent en tous sens, et où plus d'un voyageur égaré est mort de faim et de terreur. Les guides font suivre au touriste les voies les mieux connues et qui offrent le plus de curiosités naturelles, mais il s'en faut de beaucoup que j'aie parcouru la moitié des avenues que l'on connaît.

Cette excursion est très-émouvante : ces voûtes massives soutenues par d'énormes pilliers, ces stalactites suspendues menaçantes sur votre tête, ces brusques détours, ces salles surmontées de dômes d'une parfaite régularité, où viennent aboutir de larges galeries qui feraient croire à des tunnels faits de main d'homme pour croire que l'on est dans un monde surnaturel ; — tout d'un coup, sans transition, les parois se resserrent, le sol disparaît sous vos pieds, et l'œil épouvanté plonge avec peine dans des gouffres où l'on descend au moyen d'échelles vermoulues et tremblantes, et où l'on se glisse en rampant, tandis que le moindre éboulement vous rayerait à jamais du nombre des vivants. Puis ces lacs souterrains dont jamais brise n'a ridé la surface et qui semblent dormir ; ce calme solennel troublé seulement par endroits par le bruit d'une goutte d'eau provenant d'infiltration, et tombant avec une désolante régularité, horloge du temps qui sonne l'éternité, et dont la monotonie est plus triste encore que le silence qu'elle rompt. C'est d'abord de l'étonnement que l'on éprouve ; peu à peu on se sent envahi par une sorte de terreur involontaire.

22. — A huit heures du matin, je vais à trois mille de Mammoth caves, à travers les bois, visiter une grotte peu étendue, appelée du nom de son propriétaire, *Proctor's cave*. On descend par un mauvais escalier dans un long corridor, étroit, venant aboutir à une rotonde d'où partent cinq avenues tortueuses, resserrées, mais offrant une grande variété de stalactites et de stalagmites de toutes dimensions. Cette végétation calcaire affecte là les formes les plus bizarres et les plus singulières : tantôt larges rubans enroulés, tantôt grands rideaux dont les plis rigides semblent les draperies d'un immense catafalque. Les dômes succèdent aux dômes ; un d'eux n'a pas moins de cent cinquante pieds de haut. A chaque instant l'on est obligé de se courber pour passer sous des voûtes produites par la jonction de plusieurs stalactites, tandis qu'à vos pieds s'ouvrent des abîmes vertigineux qui mesurent jusqu'à cent mètres de profondeur. Je parcours ainsi trois milles ! En somme, *Proctor's Cave* offre au visiteur, même sortant du Mammoth caves, d'intéressants sujets d'observation ; on peut y surprendre le mode de formation des dépôts calcaires, et saisir, pour ainsi dire, la nature sur le fait. — A trois heures de l'après-midi, je reprenais le chemin de Louisville, où j'arrivais dans la soirée, rapportant de ma rapide excursion une ample provision d'études et de souvenirs amusants.

H. Capitaine,
Membre de la Société de géographie commerciale

LE SERVICE CONSULAIRE DE FRANCE

Nous croyons utile d'extraire, à titre de documents, des pièces qui viennent d'être déposées sur le bureau de nos Chambres, les renseignements les plus complets et les plus authentiques sur l'organisation du service consulaire français en ce qui concerne les postes qui comportent un traitement de l'Etat. On sait en effet que les agences consulaires ont le bénéfice des frais de chancellerie.

Service consulaire. — Notre service consulaire, institué par une série d'actes dont plusieurs remontent à près de deux siècles, est organisé dans des conditions qui peuvent lui permettre de jouer un rôle de premier ordre.

Ce service comprend : les consulats généraux, — les consulats, dont les titulaires sont de première ou de seconde classe, — les vices-consulats et agents consulaires.

Auprès de chaque consul général ou consul, est placé un chancelier, qui remplit, sous la surveillance et le contrôle immédiats du chef de poste, des fonctions spéciales, entre autres celle de notaire et de comptable.

Quinze élèves consuls peuvent constituer un élément précieux de recrutement.

A ce service se rattache également le personnel des drogmans et interprètes, fonctionnant auprès de nos consulats en Orient, en Chine, au Japon et dans le royaume de Siam.

En Allemagne, les consulats généraux de Francfort et de Hambourg, ont remplacé les légations entretenues précédemment sur ces deux points. Les circonstances dans lesquelles ces postes ont été créés suffisent à justifier leur existence, indépendamment de l'intérêt qu'ils présentent au point de vue commercial.

Des consulats ont, en outre, été rétablis ou institués, depuis la conclusion de la paix et à la suite de négociations, quelquefois délicates, avec le cabinet de Berlin, à Leipsig, Brême, Breslau, Dantzig, Dusseldorf, Mannheim et Stuttgard. Les consulats de Kiel, Cologne et Stettin ont été supprimés.

Dans sa constitution actuelle, acceptée par le gouvernement allemand, notre service consulaire semble devoir être conservé intact pour garantir les intérêts généraux de notre commerce et protéger les intérêts privés des Français établis ou de passage dans les divers Etats de l'empire d'Allemagne, où, nous le répétons, nous n'avons plus de légations.

En Angleterre, le nombre des postes consulaires a été réduit dans ces dernières années. Le consulat d'Edimbourg, qui a été un moment occupé par un agent du grade de consul général, a été transformé en un simple vice-consulat ; les consulats de Birmingham et de Leeds, institués à la suite et pour surveiller l'exécution du traité de commerce conclu en 1860 avec la Grande-Bretagne, ont été supprimés, ainsi que plusieurs vices-consulats.

Nous comptons aujourd'hui, dans le Royaume-Uni, un consulat général siégeant à Londres, et de consulats à Dublin, Glasgow, Liverpool et Newcastle. Il semble inutile de rappeler l'importance du consulat général de Londres qui, dirigé par un agent d'un mérite supérieur, rend des services quotidiens à notre commerce et notre navigation, ainsi qu'à une nombreuse colonie française, et entretient, tant avec le département qu'avec l'ambassade, une correspondance du plus grand intérêt sur les faits économiques qui s'accomplissent en Angleterre. Le titulaire de ce poste, M. Langlet, a, depuis deux ans, adressé au ministère une série de rapports qui forment une étude complète de la situation des diverses industries britanniques. Ces remarquables travaux ont été successivement communiqués au ministère de l'agriculture et du commerce, qui en a hautement apprécié la valeur.

Liverpool, la seconde ville du Royaume-Uni, dont le port est le centre d'un mouvement maritime considérable ; Dublin, la capitale de l'Irlande, poste d'observation politique ; Glasgow, dont les chantiers de construction navale sont renommés dans le monde entier ; Newcastle, que visitent annuellement 250 navires français, doivent conserver nos agents à côté des autres agents consulaires étrangers qui, de tout temps, ont résidé dans ces importantes cités.

Dans les Etats-Unis du Nord, nous comptons :

En Danemark, un seul consulat, celui d'Elseneur, dont le titulaire est souvent appelé à diriger des affaires d'administration, de naufrages et de règlements d'avaries d'une nature délicate.

En Russie, un consulat général à Varsovie, dont la nécessité, au point de vue politique, n'a pas besoin d'être justifiée ; et cinq consulats : à Saint-Pétersbourg, à Moscou, à Odessa, à Riga et à Tiflis. Le maintien du consulat de Saint-Pétersbourg a été jugé indispensable, en raison de la multiplicité des affaires qui intéressent une nombreuse colonie française et qui exigent le recours fréquent auprès de l'administration locale. Moscou, seconde capitale de la Russie, qui renferme une population de 400,000 âmes, est devenue, depuis la construction du réseau de chemin de fer qui la met en communication avec les points les plus importants de l'empire russe, un centre commercial, industriel et économique fort intéressant.

Cette ville contient une colonie française très-prospère. Il n'est pas besoin d'insister sur l'utilité du consulat d'Odessa, centre d'un commerce considérable de grains, de laines et de graines oléagineuses ; Riga présente une grande importance par son commerce d'exportation de lin, chanvre, bois de construction, etc. Tiflis, dans la Russie asiatique, offre, surtout depuis la conquête complète du Caucase, un intérêt politique qu'il suffit de mentionner.

En Suède et Norvége, nous n'entretenons, comme en Danemark, qu'un seul consulat établi à Christiania et qui est, pour le département, une source d'autant plus précieuse d'informations, en ce qui concerne le commerce des bois, que cet article est souvent l'objet de hasardeuses spéculations.

Si nous revenons aux pays limitrophes, nous trouvons, en Belgique, le consulat général d'Anvers ; le seul consulat qui existait à côté de ce poste, celui d'Ostende, a été supprimé et remplacé par un vice-consulat. Est-il besoin d'insister sur les raisons qui justifient l'existence du consulat général d'Anvers ? On sait quelle est l'importance commerciale et maritime de cette place : le mouvement général de la navigation du port d'Anvers présente un total de 8,500 navires et de plus de 4,000,000 de tonneaux, et la part du pavillon français est représentée par 900 bâtiments environ. Les rapports de notre consul général signalent le développement continu des opérations du port d'Anvers qui est le point de transit le plus important entre l'Angleterre, l'Allemagne, la France et les Pays-Bas.

Dans ce dernier pays, la France entretient deux postes consulaires : un consulat général à Amsterdam et un consulat à Rotterdam. L'intérêt des informations que reçoit le département des affaires étrangères sur le mouvement commercial maritime et économique de la Hollande et de ses possessions coloniales justifie l'existence de ces deux postes, occupés par des agents anciens et expérimentés.

En Suisse fonctionnent deux consulats, établis l'un, à Genève, l'autre, à Bâle. Le premier de ces deux postes a dans ses attributions nombre d'affaires concernant les intérêts privés des Français qui résident dans le canton ; il est en outre, en correspondance suivie, pour des questions diverses, souvent d'un intérêt politique, avec les préfets de nos départements limitrophes. Quant au consulat de Bâle, il a été institué pour suppléer au défaut d'agents consulaires en Alsace-Lorraine : le gouvernement allemand n'ayant pas admis d'agents étrangers dans ces provinces, le consulat de Bâle est un intermédiaire très-utile pour les affaires des Alsaciens-Lorrains qui résident en Suisse ou qui ont opté pour la nationalité française.

Deux consulats généraux existent en Autriche-Hongrie : l'un, à Trieste, l'autre, à Pesth. Le premier de ces postes a une importance commerciale et maritime qui s'est encore accrue, depuis la suppression du consulat général de Venise. A Pesth, on n'avait institué, d'abord, qu'un simple consulat ; des considérations politiques, tirées du caractère autonome du gouvernement hongrois, ont déterminé le gouvernement français à placer dans la capitale de la Hongrie, à l'exemple des principales puissances, un agent d'un grade supérieur.

L'Italie avait été dotée d'un service consulaire français constitué sur des bases très-larges, à la suite des événements qui avaient réuni sous l'autorité du roi Victor-Emmanuel les différents Etats qui, antérieurement, jouissaient d'une existence indépendante. Par des considérations de convenance, des consulats généraux avaient été maintenus dans les anciennes résidences, à Naples, Florence, Milan, Venise, Gênes et Palerme. Deux seulement de ces postes ont été conservés, ceux de Gênes et de Naples ; en outre, les consulats de

Port-Maurice et d'Ancône ont été supprimés, et le consulat de Civita-Vecchia a été transféré à Florence, centre politique important, où l'esprit municipal des anciennes villes italiennes a conservé une grande activité. On peut assurer que la représentation consulaire de la France dans un Etat auquel nous unissent tant d'intérêts politiques et commerciaux est maintenant ramenée à de justes proportions.

Peut-être a-t-on dépassé la mesure dans les suppressions opérées en Espagne sous l'empire d'exigences budgétaires indiscutables : en effet, les événements survenus depuis ont donné lieu de regretter que les postes de Séville et de Valence eussent été convertis, comme celui de la Corogne, en simples agences consulaires. Le zèle des agents maintenus a suppléé autant que possible aux lacunes de l'organisation consulaire, signalées plusieurs fois par l'ambassade de Madrid ; le rétablissement de la paix rend suffisante aujourd'hui notre organisation consulaire dans la péninsule, qui comprend : le consulat général de Barcelone, poste très-important situé dans la province la plus industrielle du royaume et ayant à s'occuper de nombreuses affaires maritimes ; les consulats de Bilbao et de Saint-Sébastien, où résident des colonies françaises nombreuses ; de Santander, important par le commerce des céréales et les exportations de minerai ; de Carthagène dont le port est le trait d'union entre l'Espagne et l'Algérie ; de Malaga où nos intérêts commerciaux sont considérables : de Cadix, port fréquenté par 200 navires français ; de Palma, capitale des îles Baléares, qui entretient des relations commerciales assez importantes avec la France et l'Algérie.

Deux consulats ont existé en Portugal jusqu'en 1872, ceux de Lisbonne et de Porto. Ce dernier a été supprimé à la date du 1er janvier 1873, et remplacé par un vice-consulat ; il avait même été question de supprimer le consulat de Lisbonne, dont le traitement aurait été appliqué à la création d'un consulat à Hiogo, au Japon. Mais on a reconnu que cette mesure aurait eu pour conséquence de désorganiser notre service consulaire en Portugal, réduit aujourd'hui à un seul poste, qui réunit sous sa direction 37 agences consulaires non rétribuées, la plupart situées sur les possessions coloniales et qui ont à s'occuper, principalement, d'affaires de navigation, réclamant le contrôle très-attentif d'un agent expérimenté, tel que le titulaire actuel du consulat de Lisbonne.

La Grèce nous servira de transition pour les postes d'Orient : dans le royaume hellène, nous entretenons deux consulats, l'un à Syra, l'autre à Corfou, qui ont tous deux un intérêt incontestable au point de vue commercial, maritime et politique. Le moment serait moins que jamais propice pour la suppression d'un de ces postes.

La vaste étendue des provinces sur lesquelles s'étend l'autorité de la Porte ottomane explique le nombre relativement considérable des postes consulaires du Levant. Il n'est pas possible de faire entrer dans ce rapide aperçu des renseignements particuliers à chacun de ces postes. On se bornera donc à rappeler que, lorsqu'il fut nécessaire d'opérer des réductions dans le service consulaire, la commission instituée pour l'exécution de ces mesures se prononça à l'unanimité, sur la nécessité de maintenir tous les consulats du Levant, dont l'importance s'accroît des attributions spéciales conférées à leurs titulaires en matière de juridiction. On se contenta donc de transformer le consulat général de Smyrne en simple consulat, avec une réduction du traitement, et le consulat de Suez, moins occupé depuis l'ouverture du canal, en vice-consulat.

Les mêmes considérations s'appliquent à la Perse, où nous ne possédons, d'ailleurs, qu'un seul consulat, établi à Tauris.

Si, maintenant, nous jetons un coup d'œil sur les deux continents de l'Amérique du Nord et de l'Amérique du Sud, nous ne pouvons que constater l'évidente utilité des postes consulaires qui, dans ces lointaines contrées, veillent aux intérêts de notre commerce et de notre navigation. Aux Etats-Unis, est-ce trop de quatre postes : un consulat général à New-York et trois consulats, l'un à San-Francisco, où réside une colonie française de 20,000 âmes, dont la sympathie, pour la mère patrie s'est traduite, à l'époque de nos désastres, par l'envoi de dons s'élevant à un million et demi ; les autres, établis à la Nouvelle-Calédonie et à Charlestown ? N'est-il pas à regretter plutôt que nous n'ayons plus de consulat à Philadelphie, au moment où s'ouvre la grande Exposition internationale organisée dans cette ville à l'occasion du centième anniversaire de la proclamation de l'indépendance ?

Dans le centre Amérique, nous n'entretenons qu'un consulat général, au Guatemala ; dans l'Amérique du Sud, les intérêts de notre marine et de notre commerce justifient l'existence et le maintien des postes consulaires établis au Brésil, empire avec lequel nos échanges s'élèvent au chiffre de près de 200 millions, dans la République orientale de l'Uruguay et dans la République Argentine où comme on le sait, affluent nos nationaux, dont le nombre, dans ce dernier Etat seulement, ne s'élève pas à moins de 50,000 ; au Chili, nous signalerons l'utilité particulière du consulat de Valparaiso. Dans la Colombie, au Venezuela, dans l'Equateur, nous entretenons des consulats généraux d'affaires et dont le maintien est réclamé par un double intérêt politique et commercial.

On connaît la gravité des événements dont les possessions coloniales de l'Espagne sont, depuis plusieurs années, le théâtre, et l'importance des intérêts français compromis par ces événements ; on ne pouvait donc songer à réduire la représentation consulaire dans l'île de Cuba, où nous entretenons deux postes, le consulat général de la Havane et le consulat de Santiago. Des considérations du même ordre ont déterminé le rétablissement du consulat de Porto-Rico, au moyen de la suppression du poste de l'Assomption, au Paraguay, qui n'avait plus d'importance. Enfin, notons ici que la commission instituée par les ministres des affaires étrangères et du commerce, pour rechercher les moyens de développer notre commerce extérieur, non-seulement a demandé le maintien des consulats français existant en Amérique, mais encore a exprimé le regret que plusieurs de ces postes eussent été supprimés.

Des considérations analogues militent en faveur du maintien des consulats créés dans les possessions anglaises de l'Inde, à Singapour, à Bombay, à Calcutta et dans celles de l'Australie, à Sydney et à Melbourne, ainsi que du consulat de Batavia dans les Indes néerlandaises et de celui de Manille aux îles Philippines appartenant à l'Espagne. Notre commerce fait de louables efforts pour étendre ses débouchés sur ces importants marchés et récemment à Sydney, la participation d'un certain nombre d'industriels français, engagés par notre consul à faire figurer leurs produits dans une grande exposition locale, leur a valu un succès qui les encouragea à renouveler ces tentatives.

Mentionnons en passant, le consulat établi aux îles Hawaï et qui a été maintenu pour des motifs d'une nature politique.

Mais c'est dans l'extrême Orient que notre service consulaire a reçu sa principale extension.

Après la conclusion de la paix avec la Chine, en 1860, il était urgent de ne rien négliger pour protéger nos nationaux et leur faciliter l'exploitation des vastes marchés qui venaient d'être ouverts à leurs entreprises. Il fallait, à cet effet, les soustraire aux hasards et aux dangers de la juridiction territoriale et rendre efficace la clause des traités qui stipulait que leurs différends — comme aussi la connaissance des faits délictueux qui pourraient leur être imputés — seraient de la compétence exclusive des consuls que nous accréditerions dans le Céleste-Empire. Il importait, enfin, de profiter de la situation que nous venions de conquérir pour favoriser, par la présence et l'autorité d'agents français dans ces parages, le développement de notre commerce maritime dans les mers de la Chine.

En conséquence, en même temps que nous subventionnions largement la ligne des paquebots des messageries de l'Indo-Chine, nous arborions le pavillon consulaire sur tous les points du littoral de la Chine, du Japon, de Siam, où nos établissements commerciaux naissants paraissaient susceptibles d'un prompt développement.

Shanghaï, où nous établîmes alors un consulat général, est le grand centre d'affaires de cette partie du monde. Son importance est accusée par une navigation de 4,200 bâtiments et un mouvement commercial de 700,000,000 de francs, représentant le douzième du commerce extérieur de la France.

A Tientsin ville de près d'un million d'habitants, sorte d'avant-poste de Pékin, notre agent a pour mission de maintenir les communications libres entre la légation et le littoral et de faciliter à notre commerce l'exploitation d'un marché où, en raison de la similitude du climat, les produits de l'industrie française répondent mieux qu'ailleurs aux besoins des consommateurs indigènes.

Kankao, la première place de commerce de la Chine après Shanghaï, est située au cœur de l'Empire, dans une région éminemment fertile, sur un fleuve accessible aux bâtimens de haut bord.

Foutchéou occupe le 3° rang en importance commerciale. Un établissement métallurgique considérable, qui a coûté 30 à 40 millions, a pour directeur un ancien officier de notre marine militaire.

Enfin, Canton, malgré la diminution de son mouvement commercial, nécessite encore, avec ses quinze cent mille habitants, et son centre d'émigration de coolies chinois, la présence d'un consul français sur ce point du littoral asiatique.

Dans les mêmes parages, mais ailleurs qu'en Chine, trois autres consulats ont été créés depuis 1860.

Un à Bankok, capitale du royaume de Siam, — où, alors même que les opérations de notre marine marchande n'auraient pas pris dans ces dernières années un accroissement notable, des considérations politiques d'un ordre supérieur, tirées du voisinage de notre colonie de Cochinchine, nous commanderaient le maintien de ce poste.

Un pour le port franc de Hongkong, possession anglaise, dont l'importance ne cesse de s'accroître, où résident les chefs des principales maisons de commerce étrangères établies en Chine et au Japon, où viennent s'entreposer la plupart des produits échangés entre l'Europe et l'extrême Orient, où relâchent et se ravitaillent chaque année des milliers de navires, et où nos intérêts commerciaux et maritimes nécessitaient constamment l'intervention du consul de France.

Le troisième enfin au Japon, à Yokohama. De tous les pays de l'extrême Orient c'est celui où les aptitudes commerciales et industrielles de notre nation paraissent devoir trouver l'emploi le plus fructueux.

Les résultats ont répondu aux sacrifices financiers que nous nous sommes imposés.

En 1857 le mouvement de nos échanges avec l'extrême Orient était à peine de 8 à 10 millions. Il s'élevait à 56 millions en 1867 ; aujourd'hui sa moyenne est, depuis plusieurs années, de 107 millions.

Le mouvement maritime était à peu près nul. De quatre navires seulement en 1857, il s'est élevé, en moyenne, pendant les dix années suivantes, au chiffre de 40. Il est aujourd'hui de soixante-treize bâtiments jaugeant 107,000 tonneaux.

Etat détaillé des postes consulaires français de toute classe.

EMPIRE D'ALLEMAGNE

OBSERVATIONS GÉNÉRALES. — Les postes consulaires existant aujourd'hui dans l'Empire d'Allemagne ont été rétablis ou créés après la guerre, à la suite d'une entente avec le gouvernement impérial. Quelques-uns de ces postes ont été déplacés sur la demande formelle du cabinet de Berlin. On ne pourrait donc apporter à l'organisation actuelle du service consulaire, dans ce pays, aucune modification sans l'assentiment préalable du gouvernement allemand. Il serait, d'ailleurs, inopportun de réduire un service qui fournit, indépendamment des renseignements concernant chacun des postes, des informations générales dont l'ensemble offre beaucoup d'intérêt.

Du reste, dans la réorganisation du service consulaire français en Allemagne, on a supprimé les sept légations de Carlsruhe, Stuttgard, Hanovre, Cassel, Darmstadt, Dresde et Weimar, on a remplacé les légations de Francfort et de Hambourg par des consulats généraux, et celle de Stuttgard par un simple consulat ; on a supprimé les consulats de Stettin, de Cologne et de Kiel ; le consulat général de Leipzig est devenu un simple consulat, on a remplacé les trois premiers de ces postes par les consulats de Breslau et de Dusseldorf.

Il convient d'observer que le mouvement du commerce général entre la France et l'Allemagne, en 1874, représente une valeur d'environ 884 millions, dont près de 455 millions au compte de l'exportation française.

HAMBOURG (30,000 fr.) — *Consulat général.* — Le premier des ports de commerce allemand. L'importation et l'exportation réunies, dépassent annuellement une valeur de 4 milliards de francs. Envoi de rapports sur toutes les questions commerciales, maritimes et économiques en Allemagne. La navigation sous pavillon français représente environ 100,000 tonneaux de jauge. Perceptions de chancellerie 13,500 fr.

FRANCFORT ET DARMSTADT (30,000 fr.) — *Consulat général.* — Ce poste, qui a remplacé la légation qui existait autrefois sur ce point, centralise et fournit au département des renseignements commerciaux très-importants. La population française à Francfort, à Darmstadt et dans la circonscription, est de plus de 800 âmes ; la moyenne des recettes de chancellerie s'élève à 4,000 fr.

BRÊME (12,000 fr.). — *Consulat.* — Sur le chiffre de 6 millions de francs environ, qui représente l'exportation française à destination de Brême, les vins français figurent pour la somme de 4 millions.

BRESLAU (15,000 fr.). — Le consulat de Breslau a été créé à la fin de l'année 1871, en compensation des postes consulaires français supprimés en Allemagne. La capitale de la Silésie est, en effet, l'un des grands centres industriels et commerciaux de la monarchie prussienne. La population est de 200,000 habitants ; des opérations considérables s'y font chaque année sur les grains et les laines ; des industries, entre autres celles des draps et des ouvrages en fer, contribuent également à donner à Breslau une importance qui justifie la création du consulat.

DANTZIG (15,000 fr.). — *Consulat.* — Renseignements sur l'exportation des céréales, des bois, et sur l'émigration. Moyenne annuelle des perceptions de chancellerie : 1,000 fr.

DUSSELDORF (16,000 fr.) — *Consulat.* — Poste créé, après le rétablissement de la paix, en remplacement du consulat de France supprimé à Cologne, place de guerre, où des consuls ne peuvent résider. Renseignements sur les provinces rhénanes. On n'a admis à Cologne qu'une simple agence consulaire dont le titulaire est Allemand.

MANNHEIM (16,000 fr.). — Le consulat de France à Mannheim, qui existait avant la guerre, a d'autant plus d'utilité aujourd'hui que notre légation dans le grand-duché de Bade a été supprimée. Ce poste fournit des renseignements sur toutes les questions commerciales et économiques qui intéressent le grand-duché, et son voisinage de l'Alsace, dans laquelle nous ne pouvons établir de postes consulaires, n'est pas sans intérêt.

LEIPZIG (18,000 fr.). — *Consulat.* — Ce poste est un centre commercial et industriel des plus importants en Allemagne ; il envoie des renseignements commerciaux et législatifs, ainsi que des statistiques sur tout l'Empire.

Depuis la mise en vigueur de la loi allemande sur le dépôt des marques de fabrique (1er octobre 1875), c'est au tribunal de commerce de Leipzig que se font les inscriptions des marques étrangères pour toute l'Allemagne. Le consulat a effectué l'enregistrement des marques de la régie des tabacs et des poudres de France, ainsi que de celles d'un très-grand nombre de nos commerçants. Perceptions de chancellerie : 2,000 fr.

STUTTGARD (18,000 fr.). — *Consulat.* — Ce poste remplace l'ancienne légation de France, qui a été supprimée. Outre les informations politiques sur l'Allemagne du Sud, le consulat de Stuttgard fournit, en ce qui concerne le Wurtemberg, des renseignements sur les récoltes, le rendement de la vigne, le commerce des chevaux, diverses industries, notamment celle de la fabrication des draps, sur le service et l'exploitation des chemins de fer, des postes et des télégraphes, sur l'instruction publique, primaire, secondaire et supérieure etc.

KŒNIGSBERG (8,800 fr.). — *Vice-consulat.* — Le poste de Kœnigsberg, où le mouvement du commerce avec la France représente plus de 10 millions de francs, est d'autant plus important que le consulat de Stettin, également en Poméranie, a été supprimé. Navigation sous pavillon français : environ 25,000 tonneaux de jauge ; perceptions de chancellerie : 1,000 fr.

AUTRICHE-HONGRIE

PESTH (25,000 fr.).—Le consulat général de Buda-Pesth a été créé en 1868, après la reconnaissance de l'autonomie hongroise, afin de développer les relations commerciales de la France avec la Hongrie et pour suivre la marche des institutions économiques et politiques dans ce pays. Correspondance très-active, tant avec le ministère des affaires étrangères qu'avec l'ambassade de France à Vienne. Ce poste, en raison de la constitution autonome de la Hongrie, a une importance politique spéciale. La population française est d'environ 400 âmes. Les recettes de chancellerie s'élèvent à 1,800 fr.

TRIESTE (24.000 fr.). — *Consulat général.* — Principal port d'exportation de l'empire autrichien. Le mouvement général du commerce représente une valeur de 1,200 millions ; les transactions avec la France s'élèvent à 35 millions. La navigation sous pavillon français est de 70,000 tonneaux. Les perceptions de chancellerie atteignent 6,000 francs. La population française est d'environ 250 âmes.

FIUME (12,000 fr.). — Vice-consulat sur l'Adriatique, destiné à compléter le service du consulat général de Trieste, dans le ressort duquel il est placé. La navigation marchande française y est représentée par 7,000 tonneaux de jauge.

RAGUSE (6,000 fr.). — Vice-consulat en Dalmatie. Poste d'observation politique fort important dans les circonstances actuelles.

BELGIQUE

ANVERS (20,000 fr.). — *Consulat général.* — Le mouvement des échanges entre la France et la Belgique représente, en 1874, une valeur de 670 millions (commerce spécial) ; la navigation sous pavillon français forme un total de 200,000 tonneaux. Bien que le port d'Anvers ait la principale part dans ce mouvement commercial et maritime, les statistiques belges ne permettent pas de déterminer exactement la proportion pour laquelle il y figure. Mais le consulat général d'Anvers a, de tout temps, transmis aux départements, des travaux d'un grand intérêt concernant les diverses industries de la Belgique, les questions économiques qni s'y agitent, et qui ont souvent, avec les questions analogues en France, une corrélation dont il y a lieu de tenir compte. Les recettes de la chancellerie du consulat général de France s'élèvent actuellement à environ 18,000 fr. La population française en Belgique est d'environ 20,000 âmes.

ARLON (10,000 fr.). — Le vice-consulat d'Arlon a été créé en vue de suppléer, autant que possible, au poste qui existait précédemment dans le grand-duché de Luxembourg et que des considérations d'un ordre politique n'ont pas permis de rétablir.

LIÉGE (10,000 fr.). — *Vice-consulat.* — Ce poste envole des renseignements très-importants sur la fabrication des armes à feu et sur la vente des armes aux nations étrangères, ainsi que sur le commerce du fer et du charbon. Notre ministre à Bruxelles, en signalant le développement du commerce à Liége, a émis l'avis qu'il justifierait la création d'un consulat, au lieu du vice-consulat actuel. Les recettes de chancellerie s'y élèvent à la somme de 3,000 fr.

CHARLEROI (9,500 fr.). — *Vice-consulat.* — Fournit des informations sur les industries métallurgique, verrière et charbonnière. Perceptions de chancellerie, 3,000 fr.

MONS (10,000 fr.). — Vice consulat. — Fournit des renseignements sur l'industrie houillère, les grèves d'ouvriers mineurs, etc., etc. Perceptions de chancellerie : 3,500 fr.

OSTENDE (8,500 fr.). — *Vice-consulat.* — Chargé principalement de la protection des bateaux de pêche français. Le poste d'Ostende, qui était précédemment un consulat, a été transformé en un simple vice-consulat en 1873. Il n'y a plus, en Belgique, qu'un consul général, à Anvers. Perceptions de chancellerie à Ostende : 2,000 fr.

DANEMARK

ELSENEUR (15,000 fr.). — *Consulat.* — Le mouvement annuel des marchandises échangées entre la France et le Danemark est d'environ 8 millions de francs. Dans l'intercourse entre les deux pays, le pavillon français couvre 14,000 tonneaux. Les statistiques danoises ne permettent pas de déterminer la part afférente aux ports d'Elseneur et de Copenhague. Outre les renseignements sur le commerce du Danemark, le consulat d'Elseneur transmet des informations concernant la pêche française en Islande, qui occupe près de 900 bateaux français et dont le produit s'élève à environ 7 millions de francs. L'agence consulaire française à Reikiavick (poste gratuit), dépend du consulat d'Elseneur. Ce consulat liquide les avaries très-nombreuses qui surviennent sur les côtes du Jutland et en Islande. Les perceptions de chancellerie sont d'environ 2,000 fr.

SAINT-THOMAS (7,000 fr.). — *Vice-consulat.* — Saint-Thomas, dans les Antilles danoises, est un point central où se croisent les bâtiments allant d'Europe en Amérique et *vice versâ*. Le nombre des navires français arrivant à Saint-Thomas et sortant de ce port atteint annuellement le chiffre de 250 environ. La population française est de plus de 200 âmes. Les perceptions de chancellerie s'élèvent à une moyenne de 14,000 fr.

ESPAGNE

BARCELONE (24,000 fr.). — Le consulat général de Barcelone est de création fort ancienne. Il existait déjà en 1833. Le mouvement commercial et maritime de ce port était représenté, en 1874, par 3,000 navires, jaugeant 900,000 tonneaux, 9,000 Français environ sont établis à Barcelone : cette nombreuse colonie donne lieu à un travail considérable de chancellerie ; aussi les perceptions du poste sont-elles importantes ; elles ont atteint, pour 1874, la somme de 28,000 fr. Le consulat général de France à Barcelone a sous ses ordres immédiats onze vice-consuls ou agents consulaires.

BILBAO (15,000 fr.). — *Consulat.* — Importance du mouvement de la navigation française représentée par 500 bâtiments environ qui viennent charger les minerais de la Biscaye. La colonie française dans cette province est assez considérable (2,600). Ce poste avait une importance particulière pendant la guerre civile qui a désolé l'Espagne, et les agents français y ont fait preuve de beaucoup de dévouement.

CADIX (15,000 fr.). — *Consulat.* — Le mouvement des échanges de Cadix, en 1874, est représenté par une valeur de 75 millions de franc. Ce port est fréquenté annuellement par 200 navires français. Treize agences consulaires relèvent de ce poste, un des plus importants de l'Espagne au double point de vue de l'intérêt politique et des affaires maritimes.

CARTHAGÈNE, (12,000 fr.). — *Consulat.* — Carthagène existait déjà comme consulat en 1833 : cette ville renferme une assez nombreuse colonie d'ouvriers français la plupart verriers ou mécaniciens. Les communications entre l'Espagne et l'Algérie se font presque toutes par ce port, d'où part, chaque année, une quantité considérable d'agriculteurs espagnols qui se rendent en Algérie. Beaucoup y restent et font d'excellents colons. Les perception des chancelleries ont donné près de 19,000 fr. en 1874.

MALAGA (14,000 fr.). — Le consulat de Malaga existait antérieurement à 1833. La province de Grenade, qui compte une colonie française de 9,000 individus, effectue des transactions importantes avec la France sur les huiles à graisser, les fruits secs et frais et les vins.

PALMA (12,000 fr.). — *Consulat.* — Capitale des îles Baléares, Palma entretient avec la France et l'Algérie des relations commerciales assez suivies. Le consulat de Palma existait déjà en 1833. Les principaux produits exportés sont les huiles et les oranges qui donnent lieu à un commerce important. Six agents consulaires relèvent de ce consulat.

SAINT-SÉBASTIEN (12,000 fr.). — *Consulat.* — Un intérêt politique sérieux justifie l'existence de ce poste placé sur notre frontière. La colonie française établie en Guipuzcoa et Navarre est d'ailleurs importante. Elle était avant la guerre civile de 4,000 personnes environ. Saint-Sébastien est la tête de ligne des chemins de fer espagnols.

SANTANDER (14,000 fr.). — *Consulat.* — Le mouvement de la navigation française dans le port de Santander a été, en 1874, de 1,404 navires, jaugeant 168,965 tonneaux. Les perceptions de chancellerie de ce poste, dont la création est antérieure à 1833, ont dépassé 12,000 francs, en 1874. L'exportation des minerais destinés à la France est un des principaux éléments de l'activité commerciale de ce port. — 18 agents consulaires relèvent aujourd'hui du consulat de Santander, par suite de la suppression du consulat de la Corogne.

LA HAVANE (40,000 fr.). — *Consulat général.* — Le maintien du poste de la Havane est à la fois réclamé par nos intérêts politiques et commerciaux. Plus de deux mille Français résident à Cuba où le consul général doit encore s'occuper d'affaires maritimes. Cet agent exerce, en outre, un contrôle sur les achats considérables de tabacs faits pour la régie.

PORTO-RICO (18,000 fr.). — Le consulat de Porto-Rico avait été momentanément supprimé par une mesure d'économie en 1872. Il a été reconnu nécessaire de le rétablir au mois d'avril 1876. Le titulaire de ce poste a la surveillance et la direction des nombreuses agences consulaires établies dans l'île de Porto-Rico, où plus de 1,500 Français ont fixé leur résidence et où relâchent de nombreux navires français, notamment les paquebots de la Compagnie transatlantique.

Santiago de Cuba (18,000 fr.). — *Consulat.* — Les intérêts de notre commerce et de notre navigation réclament la présence d'un agent consulaire français sur ce point de l'île de Cuba trop éloigné de la Havane pour que l'action du consulat général puisse s'y faire utilement sentir. 850 Français résident dans la circonscription du consulat de Santiago de Cuba.

Manille (30,000 fr.). — *Consulat.* — Plusieurs maisons françaises entretiennent avec Manille, où elles ont des représentants, des relations d'affaires importantes. Ce poste, où se traitent des affaires de tabac considérables, est le seul consulat que nous ayons dans les possessions espagnoles de l'Inde orientale. Le titulaire de ce consulat est en rapports fréquents avec la marine militaire qui, dans plusieurs circonstances, a trouvé dans cet agent un auxiliaire fort utile pour le ravitaillement des navires de guerre employés dans l'Indo-Chine. Le ministre de la marine a souvent signalé les services qui ont été rendus par notre consulat aux îles Philippines.

Algésiras (7,000 fr.). — *Vice-consulat.* — Algésiras est le foyer d'une contrebande très-active, dont notre agent vice-consul a pour devoir de surveiller les expéditions. Il a, en outre, à régler chaque année un certain nombre d'affaires de douane et d'avaries. Les tabacs algériens sont l'objet d'une importation assez considérable dans ce port.

Alicante (8,000 fr.). — Le vice-consulat d'Alicante a perçu en 1875, près de 30,000 fr. de droits de chancellerie. Ce chiffre suffit pour établir l'utilité de ce poste, qui rend de nombreux services à la navigation française très-active dans ce port (200 navires en 1873).

Alméria (8,000 fr.). — *Vice-consulat.* — Alméria est le centre d'un district minier dont l'exploitation prend un développement de jour en jour plus considérable. L'exportation des minerais pour la France a donné lieu à des perceptions de chancellerie qui, en 1874, se sont élevées à 12,640 fr. L'importance des recettes de ce poste a engagé le département à convertir en vice-consulat rétribué (4 juin 1876), l'agence à titre gratuit que nos intérêts commerciaux avaient fait établir, il y a quelques années, dans ce port.

La Corogne (8,500 fr.). — *Vice-consulat.* — Le consulat de la Corogne a été converti, en 1872, en un simple vice-consulat par suite des nécessités budgétaires. De fréquentes affaires d'avaries rendent indispensable la présence d'un agent consulaire français sur cette partie du littoral espagnol. La population française établie en Galicie compte environ 300 individus.

Rosas (6,500 fr.). — *Vice-consulat.* — Il a paru nécessaire de confier ce poste à un agent au courant des affaires maritimes, les caboteurs français étant fréquemment obligés de se réfugier à Rosas en raison de la position géographique de ce port. Surveillance de police comme poste frontière.

San Carlos de la Rapita (7,000 fr.). — *Vice-consulat.* — De nombreuses affaires maritimes réclament la présence à San Carlos d'un agent expérimenté s'occupant exclusivement des intérêts de la navigation et du commerce français.

Sainte-Croix de Ténériffe (9,000 fr.). — *Vice-consulat.* — Ténériffe est un point de relâche important soit pour la marine militaire, soit pour la marine marchande. Les îles Canaries donnent, en outre, lieu à un commerce assez important de cochenille employée par l'industrie française.

Saragosse (5,200 fr.). — *Vice-consulat.* — Poste maintenu sur la demande de l'ambassade de France à Madrid sous la direction immédiate de laquelle cette agence est placée. Intérêt politique. Protection des sujets français employés par la compagnie des chemins de fer de Pampelune à Saragosse.

Séville (9,500 fr.). — *Vice-consulat.* — Le consulat de Séville, établi en 1854, a été converti en un simple vice-consulat en 1872, par suite des réductions imposées au budget du département. Des considérations d'un ordre politique ont motivé la création et le maintien de ce poste.

Soller (8,000 fr.). — *Vice-consulat.* — Le port de Soller est fréquenté chaque année par un nombre considérable de bateaux français qui viennent prendre des chargements d'oranges pour la France.

Tarragone (8,400 fr.). — *Vice-consulat.* — Le mouvement du commerce général de Tarragone peut être évalué à environ 30 millions de francs. Indépendamment de la surveillance de la navigation française et du visa des patentes de santé, l'agent vice-consul doit pourvoir chaque année au rapatriement d'un assez grand nombre de Français indigents et exercer une surveillance sur les déserteurs qui ont passé à la frontière.

Valence (9,500 fr.). — *Vice-consulat.* — Valence était, depuis 1833, le siége d'un consulat, supprimé en 1872, par suite des réductions apportées au budget du ministère des affaires étrangères, mais il a été reconnu qu'à défaut

de ce consulat, il était indispensable de maintenir sur ce point un vice-consulat rétribué. Les perceptions de chancellerie se sont élevées, en 1875, à 11,629 francs ; 1,500 Français environ sont fixés dans la province de Valence. Cette place entretient avec la France un important commerce de soies d'une qualité spéciale employée par la rubannerie de Saint-Etienne (environ 10 millions de francs). Plusieurs grandes filatures de soie françaises sont établies dans cette province. Les transactions sur les vins et les oranges sont également assez considérables avec la France. Quant à la navigation sous pavillon français, elle est représentée en moyenne par 300 navires, jaugeant plus de 50,000 tonneaux.

Vigo (8,000 fr.). — *Vice-consulat.* — Le mouvement des affaires à Vigo est évalué à 31 millions de francs environ. 50 navires français viennent annuellement dans ce port. Les intérêts de notre navigation sur cette côte, où ont lieu de fréquents sinistres rendent nécessaire le maintien de ce poste.

GRANDE-BRETAGNE ET IRLANDE

Londres (40,000 fr.). — *Consulat général.* — Le commerce entre la France et la Grande-Bretagne représentait, en 1874, une valeur d'environ deux milliards, dont plus de 1,200 millions au compte de l'exportation française à destination de l'Angleterre. L'exportation des vins y a participé pour 50 millions de francs. Les navires sous pavillon français forment un jaugeage total de près d'un million de tonneaux.

On ne saurait indiquer la part proportionnelle de chacun des ports anglais dans ce mouvement commercial dont la plus forte partie revient au port de Londres. La correspondance très-active du consulat général de France dans cette ville fournit des renseignements détaillés sur le commerce, la navigation et les diverses industries de Londres, ainsi que du Royaume-Uni; le consul général surveille les liquidations d'avaries des navires français, tant à Londres que dans les vingt agences gratuites dépendant de ce consulat; il délivre les titres de francisation provisoire des navires de commerce achetés en Angleterre; il opère le dépôt des marques de fabrique dans le Royaume-Uni, etc., etc.

La population française résidant à Londres dépasse 20,000 âmes; les recettes de chancellerie s'élèvent annuellement à environ 40,000 fr.

Dublin (18.000 fr.). — *Consulat.* — Envoi de renseignements sur le commerce et la navigation en Irlande; sur la statistique agricole, l'industrie linière, etc., etc., informations politiques.

Glasgow (20,000 fr.). — *Consulat.* — Poste très-important, surtout depuis la réduction du consulat d'Edimbourg en simple vice-consulat. Renseignements sur le commerce et la navigation de l'Ecosse; sur le commerce des laines; sur celui des grains; sur l'industrie métallurgique; sur les constructions navales dans les chantiers de la Clyde; sur les grèves d'ouvriers, etc. Population française: 150 âmes. Recettes de chancellerie: 6,500 fr.

Liverpool (22,000 fr.). — *Consulat.* — Le premier des ports d'Angleterre après Londres; le revenu de la douane s'y élève au tiers de celui de la capitale du Royaume-Uni. Renseignements sur le commerce et la navigation de Liverpool et des agences consulaires qui en dépendent; sur le commerce des cotons; sur l'industrie sidérurgique; liquidation d'avaries, etc.; population française: près de 400 âmes; recettes de chancellerie: 7,000 fr.

Newcastle (16,000 fr.). — *Consulat.* — Port charbonnier, fréquenté par un grand nombre de navires français; informations sur le commerce et la navigation dans la Tyne; sur les constructions navales dans les chantiers de ce fleuve; sur l'exploitation des houilles; sur le mouvement de l'exportation et le cours des charbons, etc. Population française: environ 300 âmes; recettes de chancellerie: 9,000 fr.

Jersey (11,500 fr.). — *Vice-consulat.* La population française à Jersey est de 4,253 âmes. Relations fréquentes de nos nationaux avec les îles normandes. Protection de bateaux de pêche français. Recettes de chancellerie: 5,000 fr.

Southampton (11,200 fr.). — Vice-consulat dépendant du consulat général de Londres. Protection des navires français; surveillance des procédures d'avaries. Perceptions de chancellerie: 4,000 fr.

Belfast (9,000 fr.). — Vice-consulat dépendant du consulat de Dublin. — Protection de la navigation française; avaries et naufrages fréquents. Envoi de renseignements sur le commerce du lin, l'importation des houilles, etc. Perceptions de chancellerie; 1,100 fr.

Berwick-sur-Tweed (1,000 fr.). — Vice-consulat placé dans le ressort du consulat de Glascow pour la protection de la navigation française dans la Tweed.

(A suivre.)

INFORMATIONS

Commerce de la France. — *L'Explorateur*, dans son n° 75° a publié le résultat du mouvement commercial de la France pendant les six premiers mois de cette année. Aujourd'hui le *Journal officiel* nous fournit celui des sept premiers mois, c'est-à-dire un mois de plus.

Les importations se sont élevées, du 1er janvier au 31 juillet 1876, à 2,139,792,000 fr., contre 1,961,448,000 fr. en 1875, et les exportations à 2,054,547,000 fr., contre 2,180,554,000 fr. en 1875.

Voici comment se décomposent ces chiffres, que nous comparerons avec ceux de la période correspondante de 1875 :

IMPORTATIONS. — Objets d'alimentation, 480,569,000 fr. en 1876, contre 398,553,000 fr. en 1875. Produits naturels et matières nécessaires à l'industrie, 1,255,607,000 fr. en 1876, contre 1,206,116,000 fr. en 1875. Objets fabriqués, 294,499,000 fr. en 1876, contre 263,158,000 fr. en 1875. Autres marchandises, 109,117,000 francs en 1876, contre 93,571,000 francs en 1875.

EXPORTATIONS. — Objets fabriqués, 1,131,574,000 francs en 1876, contre 1,206,273,000 fr. en 1875. Produits naturels, objets d'alimentation et matières nécessaires à l'industrie, 821,240,000 fr. en 1876, contre 862,639,000 fr. en 1875. Autres marchandises, 101,733,000 fr. en 1876, contre 121 millions 642,000 fr. en 1875.

Ainsi dans les sept premiers mois de 1876, nos importations dépassent nos exportations de 85,245,000 fr.; en 1875, nos exportations étaient supérieures à nos importations de 219,106,000 fr.

Il est donc incontestable que la situation est un peu moins bonne en 1876 qu'elle ne l'était en 1875; mais nous devons faire observer que cette supériorité de nos importations n'a rien qui doive nous alarmer, car, à tout prendre, ce léger excédant prouve que nous faisons des approvisionnements pour développer notre production. Enfin, cette situation est d'autant plus satisfaisante que les principaux pays du monde traversent en ce moment une véritable crise commerciale. Or les chiffres que nous venons de reproduire d'après le *Journal officiel* démontrent que c'est à peine si la France subit l'influence de cette crise.

Ce résultat est encore plus évident, si l'on compare notre situation commerciale à celle de l'Angleterre.

Pendant les six premiers mois de l'exercice courant, les importations se sont élevées dans ce pays à 4 milliards 628 millions de francs, alors que les exportations n'ont atteint que 2 milliards 480 millions de francs. Dans le premier semestre de 1873, les exportations anglaises s'étaient élevées à 3 milliards 125 millions; c'est donc une diminution de 645 millions en trois ans.

Il convient, en outre, de faire remarquer l'énorme intervalle qui existe entre les importations et les exportations de l'Angleterre ; les premières sont presque le double des secondes.

On en peut donc conclure que le commerce anglais éprouve une souffrance profonde, tandis que le commerce français ne fait que traverser une période de langueur.

Colonies françaises. — *Projet de création d'un port à la Réunion.* — Le ministre de la marine et des colonies a présenté à la Chambre des députés un projet de loi relatif à la création d'un port à la Pointe-des-Galets, dans l'île de la Réunion, et l'établissement d'un chemin de fer reliant ce port à Saint-Pierre et à Saint-Benoît. La dépense totale est évaluée à 34 millions.

Ce projet, dont les principales dispositions ont été élaborées par le savant directeur des travaux du tunnel de la Manche, M. Lavalley, mérite à tous égards d'être pris en considération. On ignore généralement que les navires ne peuvent aborder à la Réunion ; ils sont forcés de s'arrêter à une distance considérable de l'île, qui ne peut être abordée que par des embarcations légères. La création d'un port où les navires puissent atterir est donc de la plus haute importance.

Nous aurons l'occasion de revenir sur cette intéressante question.

Le tunnel anglo-français. — On lit dans le *Journal des Travaux publics* :

« La Commission anglo-française, chargée d'arrêter les bases de la convention internationale qui réglera l'exploitation du futur tunnel entre la France et l'Angleterre, a terminé son rapport; la reine a ordonné le dépôt, sur la table du Parlement, du projet de traité en question.

« D'après ce projet, la nationalité du tunnel sera divisée entre la France et l'Angleterre, au milieu de la distance comptée à partir de la marée basse. Toutes les Compagnies des chemins de fer anglais et français ont été admises à s'en servir. Une Commission internationale inspectera et réglementera le tunnel, et ses règlements seront soumis à l'approbation des deux gouvernements.

« La concession du tunnel à la Compagnie sera faite pour une durée de quatre-vingt-dix ans. A compter de la trentième année à partir de l'ouverture du trafic, chacun des deux gouvernements pourra acheter la portion du chemin de fer souterrain afférente à son territoire, en basant l'indemnité sur le chiffre des recettes. L'un ou l'autre gouvernement pourra, s'il le juge nécessaire pour sa sûreté, suspendre l'exploitation du tunnel, le détruire ou l'inonder, sans être tenu de donner d'indemnité en argent à d'autres qu'à ses propres sujets ; mais, dans ce cas, la Compagnie sera indemnisée par une prolongation de concession.

« Les travaux de défense, seront à la charge de la Compagnie. »

Les études pour le tunnel de la Manche seront terminées à la fin d'août.

Le vapeur *Ajax*, qui est consacré à ces opérations, ayant à bord les ingénieurs, est revenu ici pour quelques jours afin de procéder à des réparations.

Les sondages ont donné des résultats très-favorables.

La statue de Livingstone. — L'érection de la statue en bronze de Livingstone vient d'avoir lieu à Edimbourg en présence de la famille du célèbre explorateur et d'une foule immense. Livingstone est représenté en habit de voyage, une main tenant la bible, l'autre appuyée sur le manche d'une hache.

Angleterre. — *Les sujets musulmans.* — D'après le grand recensement général fait en 1871-72, le nombre des mahométans des territoires anglais s'élevait, dit la *Pall Mall Gazette*, à 40,882,537. Par conséquent, si l'on ajoute à ce chiffre le nombre des mahométans résidant dans les Etats indépendants, on arrive à 50,000,000 de mahométans, sur lesquels s'exerce plus ou moins directement le contrôle de l'Angleterre. Le Bengale seul en possède plus de 20,000,000. Dans certains districts ils forment 80 pour 100 de la population.

On ne saurait douter, ajoute la feuille anglaise, que les mahométans se sont multipliés au milieu des Hindous et sous nos lois avec plus de rapidité qu'ils ne le firent pendant le temps de leur suprématie, et rien n'indique que la proportion de cette augmentation soit restée la même depuis le recensement de 1871-72. Ce qu'il y a de plus remarquable, c'est qu'il n'y a en tout que 896,658 chrétiens dans notre empire indien.

Commerce italien. — La direction générale des gabelles en Italie vient de publier les résultats du commerce spécial d'importation et d'exportation à partir du 1er janvier jusqu'au 30 juin 1876.

La valeur des marchandises importées pendant le premier semestre de cette année s'est élevé à 614,577,335 fr.; dans le premier semestre de 1875 cette valeur avait monté à 624,026,444 : c'est donc pour l'année courante une diminution de 9,449,009 francs sur la totalité des importations.

Les marchandises exportées pendant les six premiers mois de cette année ont été d'une valeur de 573,205,019 francs; et celles exportées pendant la période correspondante de 1875 ne sont évaluées qu'à 561,832,330 fr. Les exportations du premier semestre de 1876 présentent donc une augmentation de 11,372,689 fr.

Les entrées en douane du 1er janvier au 30 juin 1876 ont été de 47 millions 935,035 fr. contre 49,114,431 fr. pendant les six premiers mois de 1875. — soit, pour l'année courante, une diminution dans les entrées de 1,179,396 francs.

Commerce austro-hongrois. — Du mois de janvier au mois de mai de l'année courante inclusivement, les importations sont évaluées à 206 millions 715,000 florins contre 215,963,000 florins pendant la période correspondante de l'année précédente : c'est donc une diminution de 9 millions 248,000 florins.

Par contre, on signale une augmentation dans les exportations : pour les cinq premiers mois de l'année 1875, elles avaient été de 185,078,000 florins ; ce qui donne un accroissement de 7,540,000 florins en faveur de cette dernière année.

Russie. — Le gouvernement russe a fait savoir qu'il a l'intention d'abolir certains privilèges accordés jusqu'ici aux compagnies de chemins de fer dans leur charte de concession, de supprimer notamment l'entrée en franchise des rails introduits à de certaines conditions, et d'accorder pour une période déterminée — douze ans par exemple — une prime aux producteurs indigènes de rails de fer et d'acier, afin d'encourager l'industrie nationale.

De plus, il serait stipulé dans toutes concessions où les contrats futurs pour la construction de chemins de fer en Russie, que la moitié au moins des rails employés devra être commandée à l'industrie indigène.

Algérie. — *Les cultures industrielles* en 1873-1874-1875. — *Vignes.* — Les Européens possédaient en 1873 10,316 hectares plantés en vignes. En 1874, ces cultures ont été portées au chiffre de 11,360 hectares, et à celui de 12,182 en 1875.

Les quantités de vin récoltées pendant la même période sont les suivantes : 1873, 170,679 hectolitres; 1874, — 228,999 hectolitres; 1875, — année mauvaise par suite des pluies prolongées et des brouillards du printemps, 196,313 hectolitres.

De leur côté, les indigènes ont suivi l'exemple donné par les Européens et ont sensiblement accru l'étendue de leurs cultures en vignes. Embrassant seulement 6,929 hectares en 1873, elles en comprenaient 7,862 en 1875.

Cotons. — La décroissance de la culture du coton en Algérie s'accentue chaque année davantage, bien que le rendement continue d'être bon.

On constate, en effet, que les Européens, qui en 1873 avaient cultivé 1,328 hectares en coton, ont réduit en 1874 les espaces consacrés à cette culture à 592 hectares et à 193 seulement en 1875.

La récolte après égrenage a donné en 1873 — 338,100 kil.; en 1874, — 247,800 kil.; en 1875, — 33,320 kilogrammes.

Même abandon de la culture du coton par les indigènes, qui en 1873 ont cultivé 60 hectares, ayant produit, après égrenage, 15,800 kil. contre 47 hectares en 1874; récolte, 1,595 kil., et 8 hectares en 1875.

Tabacs. — On constate, au contraire, une extension de plus en plus considérable dans les espaces consacrés par les Européens à la culture du tabac.

En 1873, le nombre d'hectares cultivés, qui s'élevait à 1,347, ayant produit 2,843,264 kil., a été porté en 1874 à 2,802; récolte, 2,690,509 kil., et en 1875 à 2,931 hectares, récolte, 3,575,588 kil.

En 1874, les indigènes avaient, de leur côté, cultivé en tabac 3,658 hectares, ayant produit 2,007,253 kil.; en 1875, ils ont affecté à la même culture 3,689 hectares et récolté 2,046,742 kil.

Lins. — On cultive en Algérie deux sortes de lin, le lin de Riga et le lin d'Italie.

Lin de Riga. — Les superficies cultivées en *lin de Riga* par les Européens ont été les suivantes pendant la période triennale qui nous occupe :

1873, — 3,402 hectares dont le rendement a produit : paille, 549,920 kil.; graines, 1,761,370 kil.

1874, — hectares cultivés, 3,500; rendement : paille, 260,349 kil.; graines, 2,175,615 kil.

1875, — hectares cultivés, 1,888; rendement : paille, 130,400 kil.; graines, 2,007,485 kil.

En 1875, — 65 hectares cultivés en lin de Riga par les indigènes ont produit en graines 62,650 kil.; en 1875, le rendement de 79 hectares a été de 48,400 kil. graines, et celui de 76 hectares, en 1875, de 44,500 kil.

Lin d'Italie. — En 1873, les Européens ont cultivé en lin d'Italie 5,754 hectares qui ont produit 1,332,161 kil. paille, 4,740,830 kil. graines, et 1,000 kil. filasse.

En 1874, — 4,761 hectares sont consacrés à cette culture; leur rendement est de : paille, 454,205 kil.; graines, 1,819,102 kil.; filasse, 600 kil. En 1875, les ensemencements de cette sorte descendent à 3,692 hectares; rendement : paille, 785,400 kil.; graines, 1,297,205 kil.; filasse, 10,800 kil.

Pendant la même période, les indigènes ont cultivé en *lin d'Italie* : 1873, — 221 hectares récolte en graines 165,550 kil.; 1874, — 294 hectares, récolte en graine, 67,789 kil.; 1875, — 241 hectares, récolte en graines, 200,057 kil.

Sériciculture. — Le nombre des éducateurs, qui était de 84 en 1873, s'est élevé à 111 en 1874, pour redescendre à 39 en 1875.

En 1873, — 2 kil. 808 gr. de graines ont été mises à l'éclosion; elles ont produit 4,801 kil. de cocons, sur lesquels 3,225 ont été vendus pour le filage et 1,452 kil. pour le grainage.

En 1874, — 7 kil. 500 gr. de graines mises à l'éclosion ont fourni 10,724 kil. de cocons. Il a été vendu 4,776 kil. pour le filage et 3,223 pour le grainage.

En 1875, — 5 kil. 547 gr. mis à l'éclosion ont produit 4,075 kil. de cocons. Il a été vendu pour le filage 2,558 kil. et 4 kil. pour le grainage.

L'expédition au nord-ouest de l'Afrique. — Le directeur de cette expédition, M. Donald Mackenzie, a pris le parti de revenir en Angleterre dans le but de prendre des arrangements dans son pays, afin d'ouvrir et d'établir des relations de commerce sérieuses avec le nord de l'Afrique centrale.

Il paraît que les chefs des tribus indigènes ont approuvé les propositions qu'il leur a faites, et que les autorités des îles Canaries se sont montrées disposées à seconder ses projets, autant que cela dépend d'elles.

On a découvert, les bouches véritables de l'ancienne mer intérieure. La dépression derrière la barre de terre qui ferme l'embouchure du canal est, dit-on, d'environ 230 pieds au-dessous du niveau de l'Océan; la barre a à peu près un mille et demi de longueur et 300 yards de largeur, de sorte qu'il n'y aurait à couper qu'une étendue de terre de 300 yards pour faire revenir la mer dans son ancien lit.

Le consul anglais à Lanzarote (une des îles Canaries), accompagnait l'expédition au moment de cette importante découverte; il a assisté aussi à une conférence qui a eu lieu entre M. Mackenzie et les chefs indigènes de la côte nord-ouest de l'Afrique.

L'expédition italienne en Afrique. — Le ministère des affaires étrangères d'Italie a reçu, dans l'après-midi du 16 août, le télégramme suivant du consul italien au Caire : « Les officiers égyptiens qui ont rencontré le marquis Antinori appartiennent à la garnison de Harrar. La rencontre a eu lieu le 17 juillet, précisément à Adagalla. »

Ce télégramme a été transmis sans retard à la Société italienne de géographie, à laquelle elle a suggéré les observations suivantes :

« Harrar est indiqué dans une région située à 9 degrés au nord de l'équateur. La ville capitale de cette région porte le même nom; elle est renommée pour son excellent café; elle est à 230 kilomètres de Zeila, ligne droite. Harrar, où une garnison égyptienne est stationnaire, n'était pas dans l'itinéraire de l'expédition, qui se proposait de parcourir une route plus septentrionale et plus directe de Zeila à Ankober.

« Dans les cartes de la Société de géographie, nous n'avons pu trouver Adagalla; peut-être a-t-on voulu dire Halay-Dagi. Cette région est sur la ligne de l'itinéraire, à la frontière du Choa, et, d'après les dernières cartes de Stieler, pas plus éloignée que 80 kilomètres, à peu près quatre journées à dos de chameau. »

Quoi qu'il en soit, l'expédition serait très-près du but qu'elle se proposait d'atteindre en premier lieu, car, lors de la rencontre qui est signalée, elle n'était plus qu'à quatre jours de marche environ d'Ankober, capitale du Choa. Tous ses membres étaient en bonne santé.

La Société italienne de géographie a prié le ministre de l'assister dans les efforts qu'elle fait pour établir à Zeila un moyen de correspondance assuré avec Ankober.

Asie centrale. — *Exploration de M. Sévertsow dans l'ancien Khokand.* — Nous lisons dans le *Messager du Turkestan* que M. Sévertsow se propose d'entreprendre cet automne un voyage d'exploration dans la vallée du Ferganah et dans les montagnes qui l'avoisinent. L'été prochain M. Sévertsow a l'intention d'explorer l'Altaï et les montagnes du Khokand méridional, en poussant, dans l'automne 1877, jusqu'à Pamir. M. Sévertsow sera accompagné, dit-on, de MM. Schwartz, qui a été chargé des observations astronomiques pendant l'expédition de Guissar, de Mouchkétow, ingénieur des mines, de Smirnow, botaniste, et de Scroniakow, préparateur. L'expédition aura une escorte de six cosaques.

Siam. — *Inauguration de l'hôtel de la Monnaie.* — Voici des détails fort curieux sur l'inauguration, à Siam, de l'hôtel de la Monnaie, par le roi du pays, le 29 et le 30 mai dernier.

Le roi arriva à l'hôtel de la Monnaie à l'heure indiquée. Il monta dans la salle du premier et y alluma, comme offrande aux dieux, des cierges sacrés. Puis les prêtres firent diverses cérémonies pendant près de deux heures.

Le lendemain matin, les cérémonies recommencèrent. Le roi alluma les cierges et un grand-prêtre récita dans le langage Bali les cinq commandements. Au signal donné, les instruments de musique se firent entendre et le prêtre consacra l'hôtel. Le roi jeta de l'eau sacrée sur les machines qui doivent servir à la fabrication des monnaies; puis il prit dans la main gauche un gâteau de farine desséchée et en jeta de la main droite sur plusieurs parties de la machine. Les ouvriers la mirent ensuite en mouvement. Pendant ce temps, le roi faisait manger avec la main les prêtres qui avaient accompli les cérémonies. Après ce repas, le roi distribua des pièces de monnaie nouvellement frappées entre les princes, les nobles et les employés présents.

Le nouveau gouverneur de la Monnaie porte le nom de Somdetch P'rachow Boroma-Wong-t'oe Chowfa Maha Mala Kroma P'ra Bamrap Parapaks.

Les pièces qui seront frappées dans l'hôtel auront la même valeur que celles du feu roi P'ra Chaum Klow.

Il n'y avait pas de nouvelles monnaies depuis 1869. A cette époque, les machines furent mises par un accident hors de service. Le roi et ses conseillers s'occupèrent alors de faire venir d'Angleterre de nouvelles machines plus puissantes que les premières. Lorsqu'elles furent arrivées, on s'occupa de construire un autre hôtel.

Les pièces porteront d'un côté le buste du roi en costume militaire, avec la décoration connue sous le nom de Nopp'a-ratana-racha-wara-p'aun et la décoration du nouvel ordre de Chula Chaum Klow.

T. L.

La Chine et l'Angleterre. — Des nouvelles de Changhaï du 1er juillet nous représentent les relations de ces deux puissances sous les couleurs les plus sombres.

Le résultat de l'enquête de l'Yunnan relativement au meurtre de M. Margary est loin d'être satisfaisant pour les réclamations de l'Angleterre, qui se voit dès lors dans la nécessité de se faire donner par la force la réparation qu'elle demande. En présence d'une telle éventualité sir Thomas Wade, ministre britannique à Pékin, a quitté la capitale, avec l'intention de se rendre à Shanghaï, tout prêt à quitter le Céleste-Empire.

Ce départ subit aurait donné à réfléchir au gouvernement Chinois, qui paraît d'autant plus inquiet de la gravité de la situation que des troubles sérieux agitent plusieurs provinces au nord et au sud de l'Empire, et que la famine en désole cinq autres.

Chine. — *Suicide du général Tso. Insurrections. Menaces contre les chrétiens.* — Les désastres de l'armée chinoise dans sa guerre contre le Kachgar ont causé la plus douloureuse impression dans tout l'Empire. Le général en chef, Tso, n'a pas eu le courage de survivre à la déroute de ses soldats. Il s'est tué d'un coup de poignard. La nouvelle de ce suicide a contribué encore à augmenter la panique générale. Les Chinois ne s'abordent plus maintenant qu'on s'écriant : «Ai-ya, le pays marche à sa ruine.» La destruction de l'armée de Tso est le coup le plus terrible que la Chine ait éprouvé depuis longtemps. Cette malheureuse guerre a été entreprise contre l'avis des mandarins qui occupent les rangs les plus élevés. Tous connaissaient l'état des finances de l'empire, la bravoure et la férocité des ennemis que Tso allait combattre, ils étaient d'avis qu'il attendit les barbares afin de leur couper toute retraite. Tso tenait la campagne depuis 1873. Il avait d'abord commencé les hostilités avec 70,000 hommes ; puis il avait vu les rangs de son armée se grossir peu à peu et arriver jusqu'à 110,000 hommes. Tant que Tso resta dans le Kansouh, il fut heureux. Il prit des villes fortifiées, les pilla, écrasa la rébellion et parvint à rétablir la paix et la tranquillité. Mais les difficultés commencèrent lorsqu'il reçut de Pékin l'ordre de franchir la grande muraille. Les vivres manquèrent ; les soldats ne furent plus payés. Des centaines d'entre eux tombèrent à moitié morts de faim et de fatigue et perdirent toute contenance devant l'ennemi. Les rebelles, qui s'en étaient aperçus, les harcelèrent continuellement. Tso demanda à maintes reprises des vivres et des munitions. Il ne reçut que des secours dérisoires. Les soldats furent réduits à manger les herbes, les feuilles et les écorces des arbres. Enfin Tso chercha à battre en retraite ; mais sa retraite fut coupée et il perdit un grand nombre des siens.

Le gouvernement chinois avait d'abord voulu faire un emprunt pour envoyer des renforts à Tso. Mais il contremanda les ordres qu'il avait donnés à ce sujet, en apprenant la déroute de l'armée et le suicide de son général.

La Chine traverse sans aucun doute une crise redoutable, dont l'issue inspire les plus graves inquiétudes au gouvernement. Une armée considérable se trouve maintenant réunie à Tien-tsin, à Takou, à Chin-cheng et dans les camps de la côte pour parer à tout événement.

Des désordres ont éclaté dans la province de Tien-tsin, à la suite de la famine, et le gouvernement est résolu à poursuivre sévèrement les meneurs. Il a envoyé des agents dans les provinces du Sud, où on lui a déjà signalé des tentatives de rébellion. A Chang-p'oo, les rebelles ont mis en pièces le mandarin. Les *Chai fei*, secte de bouddhistes, se sont emparés de la ville provinciale de Chao-Wou, dans la préfecture de ce nom. Chang, ancien Taoutaï dans la région de Yen-kien. Chaou, a été envoyé sur les lieux avec 3,000 hommes.

Le Chehsien a désavoué énergiquement le manifeste publié sous le titre : *« Coup de mort de la doctrine corrompue »* et répandu dans tout l'Empire par centaines de mille d'exemplaires. Ce manifeste est une diatribe très-violente contre les chrétiens et les Européens. L'auteur réclame leur expulsion de l'Empire et la cessation de toutes relations avec eux.   **T. L.**

Chine. — *Insurrection.* — La rébellion qui a éclaté dans la province de Kwang-tung a pris des proportions sérieuses. Plusieurs villes sont assiégées, et la position des mandarins de Canton est critique.

Chine. — *La famine.* — Des correspondances adressées de Pékin et de Tien-tsin au *Celestial Empire* portent que la famine commence à se faire sentir dans les provinces de Chihli, Shantung, Honan et Nankin. Les récoltes ont été détruites par la sécheresse sur une étendue de pays qui dépasse 800 milles carrés. Dans la province de Chihli, des nuées de sauterelles se sont abattues sur les champs cultivés jusqu'au bord des rivières. Les approvisionnements en céréales des années précédentes sont épuisés.

Du 10 au 15 juin, une inondation épouvantable a eu lieu dans la province de Foochou. Plus de 5,000 personnes ont été noyées.

Chine. — *Encore les coupeurs de queues.* — Nous avons parlé, dans le n° 79 de l'*Explorateur*, de la Société secrète qui s'était donné, en Chine, la mission de couper les queues de cheveux que portent les sujets du Céleste-Empire. La terrible société a fait son apparition à Ningpo. Tous les Chinois qui sortent maintenant dans les rues, sont continuellement inquiets. Ils regardent de côté et d'autre, s'évitent mutuellement et tiennent leur chignon étroitement serré entre leurs mains ou sous leurs vêtements. Lorsqu'un étranger passe à côté d'eux, on les voit redoubler de précaution et serrer leurs chignons plus étroitement encore.

Les Chinois disent que sous le règne de Tao-Kouang, on observa des faits analogues. Seulement les chevaliers du ciseau n'en voulaient qu'aux animaux à plumes. Ils coupaient les ailes et les queues aux poules. Ils opéraient souvent avec douleur ; mais lorsque les malheureuses poules s'en apercevaient ou que les larrons les saisissaient, elles poussaient des cris qui attiraient l'attention des indigènes. On disait alors : « Voilà l'esprit de papier qui fait sa tournée. » Des essaims d'esprits ont été lâchés, paraît-il, par le grand sorcier, et les Chinois sont dans la plus terrible perplexité.

T. L.

Chine. — *Revendications françaises.* — Le ministre des affaires étrangères a fait transmettre aux agents diplomatiques de la France en Chine les instructions les plus énergiques, afin d'obtenir réparation pour le meurtre d'un de nos missionnaires à Ning-Pongsoo et la prise d'assaut par la populace de la chapelle catholique de cette ville.

Roumanie. — Le Sénat roumain, à la date du 2 août, a adopté un projet de loi aux termes duquel est désormais applicable à l'Allemagne, à l'Angleterre, à la France, à la Grèce et à l'Italie le tarif douanier en vigueur avec l'Autriche-Hongrie.

Les forêts de la Nouvelle-Zélande. — Le voyageur qui, parcourant les forêts de la Nouvelle-Zélande, s'élève sur un point culminant, embrasse un horizon immense de feuillage, dans lequel tous les genres de verdure sont représentés : le vert sombre des karaka contraste avec la teinte jaune du kowhai, rehaussée de distance en distance par les larges taches produites par le pohutu kawa ; de loin en loin s'élève un de ces arbres gigantesques, dominant toute une étendue de forêt. Autant cet aspect est agréable à contempler pendant les beaux jours de l'été, autant il est effrayant de traverser ces grandes forêts quand souffle la tempête ; les éléments déchaînés dévastent d'une manière effrayante ces bouquets si pittoresques d'arbres verts.

Les essences de bois de ces forêts vierges sont multipliées à l'infini ; déjà on en a fait usage dans la charpente, la construction navale et la menuiserie. Le commerce des bois coloniaux est une immense industrie, dont le centre est à Auckland. La gomme du kauri est fort recherchée ; on trouve ce produit végétal enfoui dans la terre, parce qu'à une époque fort reculée, de grandes étendues de bois ayant été brûlées, la gomme qui était sécrétée en abondance n'a pas été fondue par la chaleur et s'est conservée intacte dans le sol. La recherche de cette substance emploie aujourd'hui une grande quantité d'indigènes ; la gomme de kauri est soumise à un droit de deux livres sterling par tonne.

Les accumulations qui existent dans certaines localités sont extraordinaires ; aussi en fait-on un grand commerce d'exportation ; on l'estime à cinq millions de francs. Cette gomme est une sécrétion naturelle de l'arbre, qui se produit entre l'écorce et le bois ; elle s'écoule ainsi, sans traduire sa présence extérieurement, jusqu'aux premières racines, où elle forme un amas. Il existe plus de cinq à six millions de kauris en Nouvelle-Zélande ; chaque arbre produit en moyenne 1 kilogramme de gomme, valant 1,250 francs les 1,000 kilogrammes.

(Chronique du Bulletin de la Société d'acclimatation.)

Australie. — *Les peaux de Kangourous.* — En Australie, les peaux de kangourous commencent à devenir un article important de commerce. D'après le journal *The House*, ces peaux donneraient le cuir le plus souple que l'on connaisse ; elles sont principalement employées pour les tiges de bottes ; on en confectionne aussi des gants, ainsi que des fouets et d'excellentes cravaches. Ces peaux sont importées en Europe soit brutes, soit déjà ouvrées.

Une race perdue. — On écrit de Hobart-Town, chef-lieu de l'île de Van Diémen ou Tasmanie, au sud de l'Australie, que le dernier rejeton de la race indigène, la reine Trucamini, veuve du roi Billi, à laquelle les Anglais avaient donné le surnom de Lalla Rook, vient de mourir à l'âge de soixante-treize ans. Avec elle s'éteint complètement la race des Tasmaniens.

La navigation dans les eaux des États-Unis. — La législature américaine s'occupe depuis quelque temps d'introduire des changements importants dans les règles de la navigation concernant les bâtiments à vapeur et les officiers qui les commandent. A cet effet, un bill, connu sous le nom de « Steamboat Bill, » a été voté par l'une des Chambres et vient d'être présenté au Sénat. La commission du commerce à laquelle il a été renvoyé en a presque entièrement modifié le texte primitif, grâce aux nombreux amendements qui ont été adoptés. Voici quel est actuellement le sens général du projet, après les modifications en question :

Les règles actuellement en vigueur de la loi pour éviter les abordages dans la marine militaire et marchande, sont rendues obligatoires pour la marine marchande étrangère dans toute la juridiction navale des États-Unis. Elles s'appliquent aussi aux steamers « gréés pour porter la voile, » qu'ils soient sous voiles ou non. Les règles relatives au sondage, aux signaux de brouillards par cornes ou cloches, sont modifiées en ce sens que les sondages devront être exécutés toutes les deux minutes au lieu de toutes les cinq minutes, et que les sons des instruments devront être produits avec assez de puissance pour qu'ils puissent être entendus d'une distance de deux milles, au lieu de celle d'un mille, comme précédemment.

Une pénalité de 1,000 piastres est imposée aux chargeurs qui négligeront d'informer les officiers de bord de la nature dangereuse des produits qu'ils auront embarqués.

Le nouveau projet fixe les droits qui seront payés par les capitaines, mécaniciens, pilotes, pour les certificats d'inspection relatifs aux ancres, chaînes, câbles, etc., des navires.

Enfin, il demande à ce que tout les pilotes naviguant dans des parages où le chenal est susceptible de variations, soient astreints à tenir un livre de loch ou un mémorandum notant tous les changements, toutes les obstructions, etc., qu'ils auront pu observer et indiquant, en même temps, la direction à suivre pour éviter tous les obstacles. Une copie de ces observations devra être déposée à la première station de l'*Army signal service* (station météorologique) où ils arriveront.

Telles sont résumées les principales modifications qui paraissent devoir être adoptées définitivement et qui ont chance d'être mises en vigueur. Notre marine est intéressée à en tenir compte, car, ainsi que nous le disons plus haut, la nouvelle loi est applicable aux navires étrangers dans la limite des eaux américaines.   (*Journal du commerce maritime.*)

Etats-Unis. — *Nouvelle version sur le massacre de Hamburg.* — Le récit que nous avons donné d'après le rapport du gouverneur Chamberlain, qui a été reproduit dans tous les journaux du Nord, serait un tissu de faussetés d'un bout à l'autre.

Les milices noires de Hamburg, qui viennent d'être châtiées dans le conflit, avaient été organisées par le juge de paix noir Prince Rivers. Ces soi-disant milices s'étaient montrées fort turbulentes et tous les voleurs de basses-cours du voisinage avaient trouvé dans leurs rangs refuge et protection. Il plut un jour au commandant de cette milice de former ses hommes en travers d'une route et d'interdire le passage de dix heures à deux heures. Deux jeunes gens arrivant en voiture, ayant voulu passer quand même, furent maltraités et portèrent plainte devant le juge de paix Rivers.

Les chiefs de cette milice cités à comparaître, au lieu d'obéir, allèrent se barricader dans leur salle d'armes annoncèrent hautement l'intention de résister à tous les ordres de la justice et prirent des dispositions et une attitude menaçantes pour la population blanche.

Telle est l'origine du conflit qui s'est terminé, comme toujours, par la déroute des noirs, qui ont perdu plusieurs tués et blessés. Dans l'excitation du combat, les blancs se sont-ils laissés aller à des représailles et y a-t-il eu des noirs tués après la cessation de la résistance ? Cela est possible, et, si regrettable que cela soit, il faudrait, pour apprécier sainement les choses, connaître exactement les circonstances dans tous leurs détails.

Mais ce qui est certain, c'est que la version radicale mise en circulation après le combat, était non pas seulement exagérée mais grossièrement mensongère. (*L'Abeille de la Nouvelle-Orléans.*)

Etats-Unis. — *La statue de Lafayette à New-York.* — Le *New-York Herald* nous apprend que de grands préparatifs se font en ce moment à New-York pour l'inauguration de la statue du général Lafayette, qui aura lieu dans cette ville le 6 septembre prochain, jour anniversaire de la naissance du compagnon d'armes de Washington. Un changement s'est produit dans les dispositions primitivement arrêtées. La statue ne sera pas élevée au Central-Park, mais à l'Union Square, dans le quartier le plus beau de New-York. Le piédestal offert par les résidents français aux Etats-Unis est achevé, il est en granit américain, rehaussé d'ornements gravés dans la pierre et portant sur sa face le nom de Lafayette. Le monument sera élevé au sommet d'un angle ayant pour base une ligne tirée de la statue de Washington à celle de Lincoln, et sera en perspective dans l'axe de Broadway.

Etats-Unis. — *Les chiens de berger.* — Au Texas on agit de la manière suivante pour dresser les chiens de berger : On enlève le petit chien à la mère avant que ses yeux soient ouverts, et on lui donne une brebis pour nourrice, laquelle s'habitue bien vite à son nourrisson. Celui-ci suit le troupeau comme un agneau, s'y identifie, et plus tard ne permet à aucun homme étranger, loup ou chien, de s'en approcher ; il reconduit le troupeau de lui-même à l'heure de son repas. (*Land and Water.*)

L'isthme du Darién. — Cet isthme n'attire pas l'intérêt seulement à cause des projets de canal interocéanique dont il est l'objet ; mais encore pour les richesses naturelles dont il est pourvu.

Des nouvelles récentes nous apprennent qu'une compagnie minière américaine a remonté la rivière Atrato avec des machines hydrauliques dans le but d'exploiter des gisements aurifères qui abondent sur les bords de cette rivière.

D'un autre côté, une compagnie anglaise offre d'établir un service de bâtiments à vapeur sur l'Atrato, si le gouvernement colombien ouvre des routes propres à servir de débouchés au commerce dans ces parages.

L'expédition norvégienne au nord de l'océan Atlantique, que nous avions laissée dans le port de Christiansund, en est partie le 27 juin. Le lendemain elle abordait dans l'île de Storeggen.

Le 8 juillet, l'expédition débarquait à Thorshaven, une des îles Féroë, où elle demeura jusqu'au 14, à cause de réparations à faire à son bateau à vapeur par suite des mauvais temps qu'il avait eu à supporter.

Enfin, le 26 juillet, on arriva à Reikiavik, en Islande, d'où, après avoir fait du charbon et procédé à des observations magnétiques qu'on n'avait pas pu faire en mer à cause des orages presque continus, on se disposait à partir pour le sud de l'île et ensuite à retourner en droite ligne en Norvège, en se dirigeant sur Namsos. L'idée de faire le circuit de l'Islande est abandonnée pour cette année, la saison étant trop avancée.

Une traversée audacieuse. — L'Américain Alfred Johnson, de Gloucester (Massachusetts), qui avait quitté New-York le 15 juin dernier pour traverser l'océan Atlantique, complétement seul, à bord d'une frêle baleinière, le *Centennial*, vient de débarquer au port d'Abercastle, sur les côtes du pays de Galles, dans le comté de Pembroke. Le voyage de ce hardi navigateur a duré cinquante-sept jours. Il avait encore des provisions pour deux semaines.

Acclimatation des hommes et des animaux. — Parmi les sujets mis au concours cette année par l'Académie de médecine, nous remarquons le prix fondé par notre confrère M. le docteur Rufz de Lavison :

« Etablir par des faits exacts et suffisamment nombreux, chez les hommes et chez les animaux qui passent d'un climat dans un autre, les modifications, les altérations de fonctions et les lésions organiques qui peuvent être attribuées à l'acclimatation. »

Ce prix sera de la valeur de 2,000 francs.
                    (*Chronique de la Société d'acclimatation.*)

Abyssinie. — S'il faut ajouter foi à une dépêche d'Alexandrie du 21 août, publiée par le *Standard* de Londres, l'Abyssinie serait troublée par une insurrection considérable.

Le chef des insurgés Waïda Mikaël aurait défait les troupes du gouvernement à Zakraga ; quinze villages auraient été brûlés et quinze mille personnes massacrées.

Afrique équatoriale. — Des indigènes habitant les rives du Niger ont fait feu sur le vapeur anglais *Sultan*, qui remontait le fleuve.

A la nouvelle de cet outrage fait au pavillon britannique, la corvette à hélice *Active*, le bâtiment le plus puissant en station sur la côte occidentale de l'Afrique, s'est rendue sur les lieux, accompagnée d'un autre vaisseau d'une force moindre. Il a été aussitôt procédé à une enquête dans le but de rechercher l'origine de l'hostilité des habitants du Niger contre les Anglais, et, selon les résultats de l'enquête, on prendra des mesures pour en prévenir dorénavant les conséquences.

Récompenses destinées à un lieutenant Cameron. — La *Gazette officielle* de Londres annonce que le lieutenant Cameron, en récompense des services qu'il a rendus à la science géographique par son voyage d'exploration en Afrique, vient d'être promu au grade de commandant dans la flotte de Sa Majesté.

Le Tour du monde. — *Nouveau journal des voyages.* — Sommaire de la 815e livraison (19 août 1876). — Texte : La Conquête blanche, par M. William Hepworth Dixon, 1875. Texte et dessins inédits. — Dix dessins de Riou, Th. Weber, E. Guillaume, A. Marie, Taylor et Bertall.

Bureaux à la librairie Hachette et Cie, boulevard Saint-Germain, 79, à Paris.

<hr>

Le Directeur-gérant, O. HERTZ.

Eau acidulée ferrugineuse d'Orezza (Corse), contre anémie, chlorose, gastralgie, fièvre des pays chauds.— Consultez les médecins.

6629.76. — Boulogne (Seine). — Imprimerie JULES BOYER.

2ᵉ Année. — 4ᵉ Volume

BUREAUX : 24 & 26, PASSAGE COLBERT, A PARIS

Nᵒ 80. — 17 Août 1876.

(Pour les conditions d'abonnement voir au verso)

Chaque volume, broché, 14 fr.
Pour les Abonnés le prix est réduit.

Un Numéro, 50 centimes
Prix aux bureaux et chez tous libraires

L'EXPLORATEUR

DE LA SOCIÉTÉ

L'EXPLORATEUR

JOURNAL HEBDOMADAIRE ILLUSTRÉ

SOUS LE PATRONAGE DE LA SOCIÉTÉ DE GÉOGRAPHIE COMMERCIALE DE PARIS

Ce journal a été fondé au mois de janvier 1875, par MM. CHARLES HERTZ et ADOLPHE PUISSANT, sous le patronage de la Commission de géographie commerciale, déléguée par la Société de géographie et les Chambres syndicales de Paris, Commission qui s'est transformée depuis en société autonome, avec le concours de souscripteurs et de collaborateurs qui répudient, au point de vue des entreprises de la France à l'extérieur, toute affirmation doctrinale de secte ou de parti.

L'Explorateur a déjà publié trois forts vol. gr. in-4° contenant la matière de plus de quarante volumes in-12 (texte, gravures et cartes originales). Il constitue une encyclopédie permanente et constamment à jour des connaissances géographiques. La géographie, telle que notre publication l'envisage, est une application de toutes les sciences aux conditions d'existence et d'activité de l'homme sur les différents points du globe.

BUREAUX DE L'EXPLORATEUR, ADMINISTRATION & RÉDACTION, 24 et 26, passage Colbert, PARIS.

Toutes les communications relatives soit à la direction, soit à l'administration, doivent être adressées à M. HERTZ, directeur du journal.

Les lettres non affranchies sont refusées. — On ne s'engage pas à rendre les manuscrits.

Les documents (texte et dessins) transmis à la Rédaction ne peuvent être rétribués qu'après une approbation signée du Directeur et antérieure à la publication

ABONNEMENTS

PARIS	Un an. . **25** fr. »	Six mois. .	**13** fr. »
DÉPARTEMENTS, ALGÉRIE, ET PAYS DE L'UNION POSTALE	Un an. . **30** »	Six mois. .	**16** »

AUTRES PAYS : le port en sus de l'abonnement de Paris.

INSERTIONS

ANNONCES COMMERCIALES.	la ligne. . . .	**1** fr. »
RÉCLAMES.	—	**2** »
FAITS DIVERS	—	**3** »

Les ANNONCES FINANCIÈRES sont traitées de gré à gré, mais sous la réserve de l'approbation d'un comité d'examen.

Le meilleur mode d'abonnement est l'envoi, à M. HERTZ, d'un mandat-poste ou d'une valeur négociable à vue, sur les places Paris ou de Londres.

Pour changements d'adresse, envoyer la dernière bande imprimée avec 50 centimes en timbres-poste.

SOCIÉTÉ EN COMMANDITE DE L'EXPLORATEUR

CAPITAL 160,000 FRANCS

En actions de 400 francs, payables chacune en quatre versements mensuels successifs de cent francs à partir de la souscription.

Chaque action à souscrire peut être transformée en un abonnement à vie. Dans le cas contraire, elle donne droit à un intérêt annuel de 5 0/0 et à la répartition d'un tiers des bénéfices au profit des actionnaires, mais elle ne comporte qu'un abonnement gratuit de six mois pour les souscripteurs. Tout souscripteur d'action est inscrit sur la liste des fondateurs du journal. Cette liste comprend les noms des membres actifs les plus autorisés de la Société de géographie de Paris et de la Société de géographie commerciale, de souverains, de hautes notabilités de la France et de l'étranger. Elle est restée ouverte par suite d'une décision de la dernière assemblée générale des actionnaires.

POUR LES ANNONCES
DE
L'EXPLORATEUR
S'ADRESSER A L'ADMINISTRATION
24 et 26, Passage Colbert, 24 et 26 — Paris

PUBLICATIONS EN PRIMES
OU EN
BROCHURES EXTRAITES DE L'EXPLORATEUR
En vente au Bureau du Journal, 24 et 26, passage Colbert, Paris.

Doudart de la Grée, capitaine de frégate, chef de l'exploration du Mé-kong et de l'Indo-Chine, exécutée en 1866-67-68, par ordre et aux frais du gouvernement français, et la Question du Tong-king, par M. A.-B. DE VILLEMEREUIL, capitaine de frégate, membre du Congrès international des sciences géographiques, de la Société de géographie de Paris et de plusieurs Sociétés des départements. 1 broch. in-8°, avec 1 carte hors texte. Prix : 1 fr.

Les tracés du Chemin de fer Central-Asiatique, projetés par MM. *F. de Lesseps* et *Cotard*, par A. STUART, ingénieur. — Une brochure in-8°, avec trois cartes hors texte. Prix : 1 fr. 50 cent.

Étude sur le desséchement des marais et sur la colonisation nécessaire des côtes et des plaines orientales et occidentales de la Corse, adressée à la Commission de géographie commerciale de Paris par Hector-Auguste CHARPENTIER, membre de la Société de géographie de Bordeaux ; membre correspondant de la Commission de géographie commerciale de Paris ; membre de la Société des auteurs, compositeurs et éditeurs de musique de France, etc., etc. — Une brochure in-8°. Prix : 50 cent.

Chemin de fer Central-Asiatique. Communication faite à la Société de géographie dans sa séance annuelle du 20 décembre 1875, par M. Ch. COTARD, ingénieur. — Une brochure in-8°. Prix : 50 c.

Organisation d'une expédition dans l'archipel indien (*Exploration et colonisation*). Rapport sur le projet de M. BRAU DE SAINT-POL-LIAS, présenté à la Commission de géographie commerciale dans sa séance du 23 décembre 1875, par M. le comte MEYNERS-D'ESTREY. — Une brochure in-8°. Prix : 50 cent.

Les Isthmes américains. Projet d'une exploration géographique internationale des terrains qui semblent présenter le plus de facilités pour le percement d'un *canal maritime interocéanique*, par M. Léon DROUILLET, ingénieur, membre de la Société de géographie et de la Commission de géographie commerciale de Paris. — Une brochure in-8° avec une carte hors texte. Prix : 50 cent.

Etat actuel de l'hydrographie maritime, d'après la carte dressée par le commandant HULL, de l'amirauté anglaise, avec les modifications du lieutenant de vaisseau PESCETTO, de la marine italienne. — Planisphère hydrographique. Prix : 50 cent.

Tableau général de navigation ou des *routes à travers les Océans*, indiquant les directions les plus généralement suivies dans la pratique de la navigation. — Grand planisphère. Prix : 3 fr.

MAISON SECRETAN
SUCCESSEUR DE SECRETAN ET LEREBOURS
Place du Pont-Neuf, 19

CATALOGUE ET PRIX
DES
INSTRUMENTS D'OPTIQUE, DE PHYSIQUE, DE CHIMIE, DE MATHÉMATIQUES, D'ASTRONOMIE ET DE MARINE
De **SECRETAN**, Successeur de LEREBOURS et SECRETAN
Lauréat du Congrès des sciences géographiques de 1875

Cet ouvrage mérite d'être signalé, non-seulement aux personnes qui s'occupent de science, mais aussi au grand public de notre pays. Ce volume ne renferme pas exclusivement une sèche et aride nomenclature des appareils; il contient un grand nombre de descriptions claires et concises des instruments qui servent à l'étude des sciences et des méthodes dans lesquelles ces instruments sont employés. Il y a, entre autres, de vraies notices sur certains appareils de géodésie, sur l'épreuve des miroirs et des lentilles par la méthode Foucault, etc., notices d'autant plus précieuses qu'on les cherchait vainement dans la plupart des traités ordinaires.
Deuxième partie : 5 francs.

E. ANDRIVEAU-GOUJON
ÉDITEUR-GÉOGRAPHE A PARIS

Ses magasins de cartes géographiques sont transférés RUE DU BAC, n° 4

Assortiment de Cartes, Globes et Sphères. Cartes du dépôt de la guerre
Cartes et plans publiés par la Ville de Paris et le département de la Seine.

FAITES VOTRE PORTRAIT VOUS-MÊME
PHOTO-TYPE
Le Photo-Type (breveté s. g. d. g.) est un petit appareil photographique, à l'aide duquel toute personne peut obtenir en vingt minutes des copies de photographies, dessins, gravures, etc. Cet appareil est fourni de papier pour reproduire six exemplaires et renferme l'instruction pour opérer.
Prix : 3 francs
DAUTEUIL et Cᵉ, 4, rue Mayet, Paris.

MARIAGES
Rue
7, Grange-Batelière, **D. PINCHART** Grange-Batelière, 7
Paris. Paris.
MAISON UNIQUE
comme
LOYAUTÉ — DÉLICATESSE — DISCRÉTION

Cabinet d'Études industrielles et de Travaux publics
HOLFELD Fʳᵉˢ ET H. COMMIN, INGÉNIEURS CIVILS
Études mécaniques. Installations d'usines. Constructions économiques. Expertises.
Ponts et charpentes en fer. Études, Tracés et Plans de Chemins de fer. Représent. industrielle.
89, RUE TURBIGO, 89

En vente chez H. PLON, Éditeur, 10, rue Garancière, Paris

VOYAGE AUTOUR DU MONDE
OCÉANIE : Les îles des Pins, Loyalty et Tahiti
La Nouvelle-Calédonie (côte orientale),
PAR
JULES GARNIER
2 beaux vol. illust. de grav.-photogr. et de cartes.
Prix : 4 fr. le volume

EN VENTE A LA LIBRAIRIE DE VICTOR PALMÉ
25, RUE GRENELLE-SAINT-GERMAIN, A PARIS

LA MISSION DU THIBET
De 1855 à 1870
Comprenant l'exposé des affaires religieuses et divers documents sur ce pays, accompagnée d'une carte du Thibet, d'après les lettres de M. l'abbé *Desgodins*, miss. apost., par C.-H. DESGODINS. — Prix : 6 fr. (un fort vol. in-8°).

L'ANNAM ET LE CAMBODGE
Accompagnés d'une carte, par C.-E. BOUILLERAUX, miss. apost. — Prix : 6 fr. (un fort vol. in-8°).

HISTOIRE DE L'ÉGLISE DE CORÉE
Précédée d'une introduction sur l'histoire, les institutions, les mœurs et coutumes coréennes; avec carte et planches, par CH. DALLET, miss. apost. — Prix : 12 fr. (deux forts vol. in-8°).

HISTOIRE NATURELLE
A. BOUVIER
55, Quai des Grands-Augustins, PARIS

FAUNES PARTICULIÈRES — COLLECTIONS D'AMATEURS
SÉRIES D'ÉTUDES — GENERA DE ZOOLOGIE

Préparations pour Musées et Amateurs

Envoi de Catalogues sur demandes

CANCER
Tumeurs, Plaies, Ulcères cancéreux et Vices du sang; guéris radicalement par le **CONDURANGO DE LOJA**, le meilleur dépuratif du sang dans les maladies chroniques. Vin, Elixir et Extrait fluide. Lotion et poudre pour usage externe. — Bouteille, 5 francs; envoi *franco* de port contre mandat de 15 fr. (3 bouteilles), ou de 25 fr. (6 bouteilles). — *Pharmacie anglaise*, P. BON, 4, rue Meyerbeer, Paris.

E. PLON ET Cⁱᵉ, ÉDITEURS-IMPRIMEURS
3 ET 10, RUE GARANCIÈRE, PARIS

L'Ile de Cuba. Santiago, Puerto-Principe, Matanzas, La Hauane, par H. PIRON. Joli volume in-18, enrichi de gravures. — Prix..... 4 fr.
Le Monténégro contemporain, par G. FRILLEY, officier de la Légion d'honneur, et JOVAN WLAHOVIVJ, capitaine au service de la Serbie. Rn joli volume in-18 jésus, orné d'une carte et de dix gravures. Prix.................. 4 fr.
La Vie aux Etats-Unis, notes de voyage, par Xavier ENMA. — Un volume in-18 jésus. — Prix................................. 3 fr. 50.

L. COMPANYO
IMPRIMEUR-GRAVEUR
12, rue Vivienne, — PARIS

IMPRESSIONS DE LUXE ET DE FANTAISIE
SPÉCIALITÉ DE CARTES DE VISITE
ET DE MENUS
GRAVURE HÉRALDIQUE
IMPRESSION ADMINISTRATIVE ET COMMERCIALE
FOURNITURES DE BUREAU

EXPOSITION UNIVERSELLE
De 1878
REPRÉSENTATION, ACHATS
RENSEIGNEMENTS, ETC., ETC.
TH. EMON
PARIS — 59, rue de Lancry, 59 — PARIS

Papeterie administrative et commerciale, fabrique de registres perfectionnés J. Strauss, 5, rue du Croissant, Paris.

MALADES ET BLESSÉS
Soulagés par lits et fauteuils mécaniques
Vente et location

DUPONT, successeur de Gellé,
18, rue Serpente, à Paris.

TETES CHAUVES!
Repousse certaine et arrêt des chutes (s'il forfait). Env. gratis renseig. et preuves. On jugera.— MALLERON, 110, r. Rivoli, Paris

Alexandre QUINET
PHOTOGRAPHE DE L'EXPLORATEUR
AGRÉÉ PAR LA
COMMISSION EXÉCUTIVE DU CONGRÈS DE 1875
DES SCIENCES GÉOGRAPHIQUES
43, rue Cadet, 43 — Paris
Médaille de première classe et mention 1874.

CANAL INTEROCÉANIQUE

Le Congrès des Etats-Unis de Colombie a, par une loi spéciale, dûment autorisé le président de l'Union à donner la concession d'un canal à travers l'isthme de Darien, entre le golfe d'Uraba et celui de San-Miguel. Cette concession ayant été donnée, dans les termes les plus libéraux à un syndicat présidé par M. le général Türr, une Société civile internationale s'est constituée pour effectuer, suivant les termes de ladite concession, les études et projet préparatoires.

Le Conseil de direction provisoire est composé de :

MM. le général Türr, aide-de-camp honoraire du roi d'Italie ;

Charles Cousin, inspecteur principal, délégué du chemin de fer du Nord ;

Eugène Rampon, ancien consul général des Etats-Unis de Colombie ;

G. de Reinach, banquier.

Suivant les prescriptions du contrat de concession, M. Philipe Zapata, ministre plénipotentiaire des Etats-Unis de Colombie à Paris et à Londres, ainsi que M. le docteur Joaquin Sarmiento, directeur de la Banque de Bogota et délégué à cet effet, sont venus à Paris pour coopérer au choix de la commission internationale d'ingénieurs qui seront chargés des travaux sur les lieux, et sont restés d'accord à ce sujet avec le Comité de direction.

Paris, le 19 août 1876.

Signé : Zapata, Cousin, J. Sarmiento, E. Rampon, J. de Reinach, E. Türr.

Siége provisoire de la Société, chez MM. Kohn Reinach et Cie, 4, rue de la Bourse, Paris.

Conditions de la concession faite au syndicat international pour l'ouverture d'un Canal interocéanique sans écluses ni tunnels, à travers l'isthme du Darien.

— Possession immédiate du privilége pour 99 ans, qui se compteront de la date de la complétion de l'œuvre.

— 18 mois pour faire études, et 18 mois pour constituer la Compagnie d'exécution.

— 10 ans et au besoin 14 pour faire et livrer le Canal.

— Outre tous les terrains nécessaires pour le Canal, chemins de fer auxiliaires, télégraphes et annexes — don gratuit et direct de 250 mille hectares de terres domaniales à choisir.

— Tarif de transit 10 fr. par tonneau de charge réelle, plus 1 fr. par tonneau comme route nationale.

— Les ports des deux extrémités, et les eaux du Canal, libres pour le commerce de toutes les nations du monde, — et même en cas de guerre avec la Colombie.

— Une réserve de 10 0/0, comme au Canal de Suez, est accordée par la loi, aux promoteurs du Canal interocéanique.

PUBLICATIONS EN PRIMES
OU EN
BROCHURES EXTRAITES DE L'EXPLORATEUR
En vente au Bureau du Journal, 24 et 26, passage Colbert, Paris.

Doudart de la Grée, capitaine de frégate, chef de l'exploration du Mé-kong et de l'Indo-Chine, exécutée en 1866-67-68, par ordre et aux frais du gouvernement français, et la **Question du Tong-king,** par M. A.-B. de Villemereuil, capitaine de frégate, membre du Congrès international des sciences géographiques, de la Société de géographie de Paris et de plusieurs Sociétés des départements. 1 broch. in-8°, avec 1 carte hors texte. Prix : 1 fr.

Les tracés du Chemin de fer Central-Asiatique, projetés par MM. *F. de Lesseps* et *Cotard,* par A. Stuart, ingénieur. — Une brochure in-8°, avec trois cartes hors texte. Prix : 1 fr. 50 cent.

Étude sur le desséchement des marais et sur la colonisation nécessaire des côtes et des plaines orientales et occidentales de la Corse, adressée à la Commission de géographie commerciale de Paris par Hector-Auguste Charpentier, membre de la Société de géographie de Bordeaux ; membre correspondant de la Commission de géographie commerciale de Paris ; membre de la Société des auteurs, compositeurs et éditeurs de musique de France, etc., etc. — Une brochure in-8°. Prix : 50 cent.

Chemin de fer Central-Asiatique. Communication faite à la Société de géographie dans sa séance annuelle du 20 décembre 1875, par M. Ch. Cotard, ingénieur. — Une brochure in-8°. Prix : 50 c.

Organisation d'une expédition dans l'archipel indien (*Exploration et colonisation*). Rapport sur le projet de M. Brau de Saint-Pol-Lias, présenté à la Commission de géographie commerciale dans sa séance du 23 décembre 1875, par M. le comte Meyners-d'Estrey. — Une brochure in-8°. Prix : 50 cent.

Les Isthmes américains. Projet d'une exploration géographique internationale des terrains qui semblent présenter le plus de facilités pour le percement d'un *canal maritime interocéanique,* par M. Léon Drouillet, ingénieur, membre de la Société de géographie et de la Commission de géographie commerciale de Paris. — Une brochure in-8° avec une carte hors texte. Prix : 50 cent.

Etat actuel de l'hydrographie maritime, d'après la carte dressée par le commandant Hull, de l'amirauté anglaise, avec les modifications du lieutenant de vaisseau Pesoetto, de la marine italienne. — Planisphère hydrographique. Prix : 50 cent.

Tableau général de navigation ou des *routes à travers les Océans,* indiquant les directions les plus généralement suivies dans la pratique de la navigation. — Grand planisphère. Prix : 3 fr.

L'EXPLORATEUR

JOURNAL HEBDOMADAIRE ILLUSTRÉ

SOUS LE PATRONAGE DE LA SOCIÉTÉ DE GÉOGRAPHIE COMMERCIALE DE PARIS

Ce journal a été fondé au mois de janvier 1875, par MM. CHARLES HERTZ et ADOLPHE PUISSANT, sous le patronage de la Commission de géographie commerciale, déléguée par la Société de géographie et les Chambres syndicales de Paris, Commission qui s'est transformée depuis en société autonome, avec le concours de souscripteurs et de collaborateurs qui répudient, au point de vue des entreprises de la France à l'extérieur, toute affirmation doctrinale de secte ou de parti.

L'Explorateur a déjà publié trois forts vol. gr. in-4° contenant la matière de plus de quarante volumes in-12 (texte, gravures et cartes originales). Il constitue une encyclopédie permanente et constamment à jour des connaissances géographiques. La géographie, telle que notre publication l'envisage, est une application de toutes les sciences aux conditions d'existence et d'activité de l'homme sur les différents points du globe.

BUREAUX DE L'EXPLORATEUR, ADMINISTRATION & RÉDACTION, 24 et 26, passage Colbert, PARIS.

Toutes les communications relatives soit à la direction, soit à l'administration, doivent être adressées à M. HERTZ, directeur du journal.

Les lettres non affranchies sont refusées. — On ne s'engage pas à rendre les manuscrits.

Les documents (texte et dessins) transmis à la Rédaction ne peuvent être rétribués qu'après une approbation signée du Directeur et antérieure à la publication

ABONNEMENTS

PARIS . . . . Un an . **25 fr.** » Six mois . **13 fr.** »
DÉPARTEMENTS, ALGÉRIE, ET PAYS
DE L'Union postale . . . . . Un an . **30** » Six mois . **16** »
AUTRES PAYS : le port en sus de l'abonnement de Paris.

INSERTIONS

ANNONCES COMMERCIALES . . . . la ligne . . . .
RÉCLAMES . . . . —
FAITS DIVERS . . . . —
Les ANNONCES FINANCIÈRES sont traitées de gré à gré, mais sous la ré . . . de l'approbation d'un comité d'examen.

Le meilleur mode d'abonnement est l'envoi, à M. HERTZ, d'un mandat-poste ou d'une valeur négociable à vue, sur les places Paris ou de Londres

Pour changements d'adresse, envoyer la dernière bande imprimée avec 50 centimes en timbres-poste.

SOCIÉTÉ EN COMMANDITE DE L'EXPLORATEUR

CAPITAL 160,000 FRANCS

En actions de 400 francs, payables chacune en quatre versements mensuels successifs de cent francs à partir de la souscription.

Chaque action à souscrire peut être transformée en un abonnement à vie. Dans le cas contraire, elle donne droit à un intérêt annuel de 5 0/0 et à la répartition d'un tiers des bénéfices au profit des actionnaires, mais elle ne comporte qu'un abonnement gratuit de six mois pour les souscripteurs. Tout souscripteur d'action est inscrit sur la liste des fondateurs du journal. Cette liste comprend les noms des membres actifs les plus autorisés de la Société de géographie de Paris et de la Société de géographie commerciale, de souverains, de hautes notabilités de la France et de l'étranger. Elle est restée ouverte par suite d'une décision de la dernière assemblée générale des actionnaires.

2ᵉ Année. — 4ᵉ Volume   BUREAUX : 24 & 26, PASSAGE SOLBERT, A PARIS   N° 81. — 23 Août 1876.

Chaque volume, broché, **14 Fr.**   (Pour les conditions d'abonnement voir au verso)   Un Numéro, **50** centimes
Pour les Abonnés le prix du semestre.   Prix aux bureaux et chez tous libraires

L'EXPLORATEUR

SOMMAIRE. — Débouchés commerciaux du Soudan. — Les Anglais dans le Sahara occidental et le chemin de fer d'Algérie au Soudan. — Les foires du Sud en Algérie. — *Géographie historique de l'Algérie :* Les Arabes ; les Berbères ; expédition de saint Louis ; la domination turque (avec sept planches). — Les canaux du Midi ; création d'un canal maritime de l'Océan à la Méditerranée. — Speke et les sources du Nil. — Exploration du lac Albert Niyanza, par M. Stanley. — Le Dahomey et la guerre avec l'Angleterre (avec quatre gravures). — La guerre des Peaux-Rouges. — Une excursion aux cavernes du Mammouth (Etats-Unis). — Les consulats français. — Commerce de la France. — Projet de création d'un port à l'île de la Réunion. — Les sujets musulmans de l'Angleterre. — Cultures industrielles de l'Algérie. — L'expédition au nord-ouest de l'Afrique. — L'expédition italienne en Afrique. — Inauguration de l'hôtel de la Monnaie à Siam. — Le triomphe du Kachgar. — Affaires de Chine ; suicide du général Tso. — Les forêts de la Nouvelle-Zélande. — La navigation aux Etats-Unis. — Informations diverses.